D1723745

Jan Fries

Der Kessel der Götter

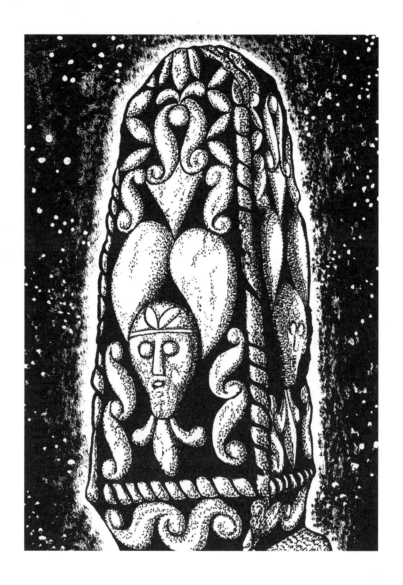

Handbuch der keltischen Magick

1. Auflage 2010

Die Originalausgabe erschien 2003 bei Mandrake of Oxford unter dem Titel „Cauldron of the Gods - A Manual of Celtic Magick"; © 2003 by Jan Fries and Mandrake of Oxford.

Copyright © 2009 by Edition Roter Drache für die deutsche Ausgabe.
Edition Roter Drache, Holger Kliemannel, Postfach 10 01 47, D-07391 Rudolstadt.
edition@roterdrache.org; www.roterdrache.org
Buch- und Umschlaggestaltung: Edition Roter Drache.
Titelbildmotiv: Astrid Bauer. Alle Fotos auf den Umschlag stammen von Jan Fries.
© Bilder by Jan Fries. Der keltische Bildrahmen bei den Übungen und Impressum ist dem Buch „Celtic Frames and Borders" von Dover entnommen.
Übersetzung aus dem Englischen: Almut Friederich.
Übersetzung der Lieder & Gedichte: Jan Fries.
Lektorat: Helge Lange.
Gesamtherstellung: Wonka Druck, Deutschland.

ISBN: 978-3-939459-28-6

Inhaltsverzeichnis

4

Verwendete Abkürzungen im Buch

BvT = Buch von Taliessin
RBvH = Rotes Buch von Hergest
SBvC = Schwarzes Buch von Carmarthen
BvA = Buch von Aneirin

Hinweis: Für alle, die damit nicht vertraut sind: Der Stern (*) am Anfang eines Wortes bedeutet, dass es sich um ein rekonstruiertes Wort handelt.

Wildschwein Knoten

Vorwort zur deutschen Ausgabe

Die Übersetzung dieses Buches wurde von Rasputinka gemacht. Vor einigen Jahren überraschte sie meinen Freund Volkert mit der Nachricht, sie hätte aus purer Begeisterung eine komplette Übersetzung verfasst. Was eine gute Meditation ist. Denn das, was man sorgsam übersetzt, liest man auch wirklich ganz genau. Du liest, was da ist und bemerkst, was fehlt. Und beobachtest Dich selbst bei der Wahrnehmung. Und verstehst viel intensiver, als wenn du schnell und schlampig drüberfliegst. Denn manche Texte sollten gut bedacht werden. Und als der Verlag *Edition Roter Drache* die deutschen Rechte erwarb, stand diese Übersetzung erfreulicherweise schon zur Verfügung. Ich habe dann den Prosatext neu bearbeitet und um einige Kapitel erweitert.

Um bei den Gedichten eine größtmögliche Genauigkeit zu erzielen, habe ich die Übersetzung aller Lieder und Gedichte selbst verfasst. Ich habe mich, was die *Four Ancient Books of Wales* angeht, zunächst an die von William Skene editierte Version gehalten. Diese vier Manuskripte gehören zum wichtigsten Material über die mittelalterlichen britischen Barden und ihr erstaunliches Weltbild. Eigentlich kommen die Lieder nur teilweise aus Wales, viele von ihnen stammen aus dem heutigen Nordengland und den Gebieten um das südliche Schottland, wo das ursprüngliche Königreich Rheged vermutet wird. Hier sang der erste (bekannte) Taliesin für Urien, hier kämpften die Briten gegen Pikten und Gälen. Und von hier wurden sie ins schöne, aber arme und gebirgige Wales verdrängt, wo ihre Lieder dank viel Glück aufgezeichnet und bewahrt blieben. Die *Four Ancient Books* und das *Mabinogion* (mittlerweile auch teilweise in deutscher Sprache erhältlich) sind unsere wichtigsten Quellen zum britischen Keltentum nach der römischen Besetzung.

Da Du ja gerne schwierige Sachen liest, möchte ich zunächst erklären, was es mit dieser Übersetzung auf sich hat. Im deutschen Sprachraum sind die Lieder und Texte der inselkeltischen Barden vernachlässigt worden. In England wurden vor mehr als 150 Jahren die Geschichten aus dem *Roten Buch von Hergest* (verfasst um ca. 1300) veröffentlicht. Lady Charlotte Guest besorgte die Übersetzung und brachte elf Legenden unter dem Titel *Mabinogion* heraus. Genau genommen werden nur die ersten vier dieser Geschichten als *Mabinogi* bezeichnet. Wie auch immer, sie landete mit ihrer Publikation einen Bestseller, der auf die Romantiker des 'Celtic Twilights' enormen Einfluss hatte. Bei uns sind erst vor wenigen Jahren die ersten vier Geschichten des *Mabinogions* in deutscher Sprache erscheinen. Zum Glück in einer qualitativ hochwertigen Übersetzung von Bernhard Maier, die ich jedem Leser dringend empfehlen möchte.

Die Lieder der britischen Barden sind in den letzten Jahrhunderten etliche Male von der kymrischen in die englische Sprache übertragen worden. Dabei stand bedauerlicherweise meist die persönliche Vorliebe der Übersetzer im Vordergrund. Die Kooperation von Owen Pughe, Owen Jones und Edward Williams (1801) litt unter stark romantischen und nationalistischen Interessen. Edward Williams, besser bekannt als Iolo Morgannwg, war vor allem an der Etablierung seines neo-druidischen Ordens interessiert. Iolo sammelte zahlreiche alte Manuskripte und übersetzte wie, es ihm passte. Was er nicht in den Quellen finden konnte, fälschte oder erfand er. Wobei er reichlich Opiumtinktur konsumierte und erstaunliche Kreativität bewies. Das Ergebnis war eine uralte neuerfundene bardisch-druidische Tradition, die sich ungebrochen von der Megalithzeit bis ins 18. Jahrhundert fortsetzte. Und noch heute in Stonehenge zelebriert wird.

Edward Davies *Mythology of the British Druids*, 1809, und Algernon Herberts Werke *Britannia after the Romans* (1836) und *The Neo-Druidic Heresy* (1838) waren einflussreiche Werke, die mit Hilfe heftigster Übersetzungsfehler eine heidnisch-druidische Tradition in der britischen Bardenpoesie nachwiesen. Auf diese Autoren geht auch die Theorie zurück, die Druiden hätten das britischen Christentum geprägt. Was dann zu den bekannten Konflikten zwischen der 'keltischen' und der römischen Kirche geführt hätte. Sie waren der Ansicht, die Druiden, welche in den Handschriften flüchtig erwähnt werden, wären direkte Nachfolger jenen Druiden, die zur römischen Besatzungszeit in Gallien die herrschende Klasse ausmachten. Dabei ignorierten sie, dass die gallischen Druiden nicht mit den britischen und irischen Druiden identisch waren, und dass das Wort 'Druide' in vielen mittelalterlichen Texten einfach 'Zauberer', 'Hexer' oder 'Wahrsager' bedeutet. Was nicht ganz das selbe ist wie ein Angehöriger einer vorchristlichen Priester-, Gelehrten- und Juristenklasse. Vor allem wollten sie beweisen, dass auch die britischen Barden einen Korpus an uralten heiligen Überlieferungen hinterlassen hätten, der dem schottischen *Ossian* gleichwertig wäre. Nun, *Ossian* war damals

europaweit ein Bestseller (sogar Goethe und Napoleon waren davon begeistert). Heute ist das Werk als eine typisch romantische Fälschung in Vergessenheit geraten.

Auf die 'druidische' Begeisterung folgte dann eine starke Ernüchterung. Verschiedene Forscher gingen daran, die (möglicherweise) heidnisch-keltischen Elemente aus den Texten zu tilgen, und bewiesen schlüssig, dass der Großteil der britischen Gedichte auf die mittelalterlichen Gogynfeirdd Barden zurückging, von denen einige ihre Lieder mit älteren Bruchstücken schmückten. Und wieder wurde hoffnungslos übertrieben. Wo die Vorgängergeneration die Lieder, wenn möglich, ins vorchristliche Heidentum verlegte, datierte Thomas Stephens *The Literature of the Kymry* (1849) und D.W. Nash *The Bards and Druids of Britain* (1858) das Material, wann immer möglich, zwischen dem elften und vierzehnten Jahrhundert. Leider lieferten auch sie Übersetzungen, die bestenfalls als einseitig gelten dürfen. Heidnisches Gedankengut oder Hinweise auf die ältere Geschichte wurden prinzipiell nicht für möglich gehalten oder gleich umgedeutet. Nashs Übersetzung erfreut sich, dank ihrer Verwendung durch Robert Graves in seinem Bestseller *Die weiße Göttin* (1948), immer noch größter Beliebtheit. Diese Version der bardischen Gesänge dürfte zur Zeit im deutschen Sprachbereich am bekanntesten sein. Sie hatte großen Einfluss auf die Matriarchatsforschung und auf die Glaubenswelt des modernen Wicca. Zahllose begeisterte Heiden hielten Graves' extrem schlampig recherchiertes Werk für eine glaubwürdige Geschichtsstudie. Wobei man Nash nicht vorwerfen kann, was Graves aus seinen Übersetzungen gemacht hat. Denn wo Nash bemüht war, die bardischen Lieder zu entmystifizieren, hat Graves ganz einfach seine persönlichen und reichlich durchgeknallten

Visionen der griechischen und vorderasiatischen Mythologie in sie hineininterpretiert. Die Mischung verkauft sich immer noch.

Womit wir zu Skenes *The Four Ancient Books of Wales* (1868) kommen. Die von ihm editierten Gedichte wurden von namhaften Philologen erstellt. Reverend Silas Evans aus Llanymawddy übersetzte *das Schwarze Buch von Carmarthen, das Buch von Aneurin* und *das rote Buch von Hergest*. Reverend Robert Williams aus Rhydycroesau übernahm das wesentlich schwierigere *Buch von Taliesin*. Ihre Arbeiten wurden mit einer neuen Abschrift der Originaldokumente von Skene bearbeitet und veröffentlicht. Das Ergebnis war die erste wissenschaftliche Übersetzung des bardischen Liedergutes. Für ihre Zeit eine einzigartige Leistung. Ich habe bei der deutschen Übersetzung der Lieder die Skene Version als Grundlage genommen. Aber auch diese weist zahlreiche Schwachpunkte auf. Die Sprachforschung hat mittlerweile viele Fortschritte gemacht. Und auch das Englisch von 1868 ist reichlich altmodisch. Dennoch haben sich bis heute nur wenige Philologen bemüht, eine so umfassende Übersetzung der kymrischen Poesie zu wagen. Es gibt neuere, verlässliche Übersetzungen von Teilen vom *Schwarzen Buch von Carmarthen*, vom *Roten Buch von Hergest*, vom *Aneirin* und von einer Reihe von Taliesin Liedern. 2007 sind endlich die späteren, mystischen Taliesin Lieder von Marged Haycock auf hohem wissenschaftlichen Niveau neu übersetzt worden. Es sagt einiges über die Schwierigkeit des Materials, dass sich hier über hundertdreißig Jahre lang die Skene Übersetzung behauptet hat. In Haycocks Übersetzung werden 26 der schwierigsten Taliesin Lieder auf über 550 Seiten Wort für Wort und Zeile für Zeile genau übertragen, diskutiert und in vielen alternativen Lesungsarten vorgestellt. Das Ergebnis ist

einfach begeisternd. In meiner Bearbeitung der mystischen Taliesin Gedichte habe ich häufig ihre Studie konsultiert. Ich möchte hier Marged Haycock für die freundliche Genehmigung danken, ihre Arbeit zu verwenden. Und ich möchte allen begeisterten Keltophilen von ganzem Herzen empfehlen, sich ihr Buch sofort zu bestellen. *Legendary Poems from the Book of Taliesin* ist direkt bei CMCS Publications, Department of Welsh, Aberystwyth University, Ceredigion, SY23 2AX, Wales, GB erhältlich. Wer wissen will, wie schön, spannend und kompliziert mittelalterliche Manuskripte sein können, ist hier bestens aufgehoben.

Nur um einmal einen kleinen Einblick in dieses verwirrende Thema zu geben, hier ein paar Anmerkungen. Das *Buch von Taliesin* ist nur in einem einzigen, unvollständigen Manuskript erhalten, und die beiden Lieder daraus, die auch in anderen Dokumenten erscheinen, zeigen Unterschiede in der Länge und Rechtschreibung. Garnicht zu reden von der chaotischen Interpunktion. Wir wissen also mangels Vergleichswerten nicht, wie verlässlich unseres vorliegendes Dokument ist. Das mittelalterliche Kymrisch war keine genormte Sprache, sondern stand am Anfang einer weltlichen Schriftkultur. Die Rechtschreibung hatte keine Norm, sondern richtete sich nach dem örtlichen Dialekt. Dazu kommt, dass das Alter der Lieder stark variiert. Die ältesten Taliesin-Lieder stammen aus dem sechsten Jahrhundert, die neuesten aus dem dreizehnten. Niedergeschrieben wurde das uns erhaltene Manuskript etwa im späten dreizehnten Jahrhundert. Leider verstand der Schreiber nicht alles, was er da so sorgfältig kopierte. Schon die Barden der Gogynfeirdd Zeit (11. - 13. Jahrhundert) kannten nicht mehr alle Worte der älteren Sprache, denn diese hatte sich in den vorherigen Jahrhunderten mehrmals stark verändert. Sie verwendeten gelegentlich älteres Material, das sie bei Bedarf erweiterten und umschrieben, um Versmaß und Reime zu erhalten, aber dabei schlichen sich Missverständnisse und Unklarheiten in den Text ein. Sie waren auch ausgesprochen kreativ und erfanden manchmal kurzerhand neue Geschichten zu alten Themen. Aber nicht genug damit. Die vorliegenden Lieder enthalten häufig unverständliche Worte. Viele davon dürften Rechtschreibfehler sein. Aber wenn wir raten müssen, von welchen anderen Worten, haben wir schnell für einen einzigen Begriff eine ganze Reihe möglicher Lesungsarten, die weit voneinander abweichen.

Es gibt also, besonders bei Taliesin, keine sichere Übersetzung. Wir müssen oft Möglichkeiten abwägen. Oder den Kontext betrachten, das Versmaß oder den Endreim rekonstruieren oder vergleichbare Redewendungen der bekannteren mittelalterlichen Literatur zu Rate ziehen. Ich habe also bei meinen Übersetzungen alternative Lesungsarten in Klammern aufgeführt. Das sieht nicht besonders schön aus, ist aber ehrlicher als jede Übersetzung, die glatt und locker über die zahlreichen Möglichkeiten hinwegtäuscht. Wobei ich nun wirklich nicht entscheiden will, welche Interpretation stimmt. Es gibt immer noch andere Interpretationsmöglichkeiten. Manchmal können wir uns nicht einmal sicher sein, wo ein Satz anfängt oder aufhört. In ganz besonders schlimmen Fällen, wenn eine Zeile völlig unsicher ist, habe ich sie mit einem (!) gekennzeichnet.

Für einen tieferen Einblick kann ich nur empfehlen, William Skene im Vergleich mit Marged Haycocks Übersetzung Wort für Wort durchzugehen, und dabei, wenn möglich, weitere Quellen zu konsultieren. Genau so ist meine Übersetzung entstanden. Bei den Liedern aus dem *Roten Buch von Hergest* waren dies vor allem Übersetzungen

von Kenneth Jackson (1935), bei Texten aus dem *Schwarzen Buch von Carmarthen* Meirion Pennar (1989) und beim *Buch von Taliesin* John Coe & Simon Young (1995), Ifor Williams (1968) Meirion Pennar (1988) sowie Squire (1975) und Tolstoy (1985). Nash (1858) wurde, in Bezug zum *Buch von Taliesin*, nur sehr vorsichtig mit beachtet. Beim *Hanes Taliesin* wurde die vereinfachte Lady Guest Version mit den Übersetzungen von Nash verglichen.

Ich bin sicher, dass meine Übersetzung viele Fehler enthält. Aber die sind unvermeidbar. Denn jede Taliesin Übersetzung ist in erster Linie die Interpretation eines reichlich schwierigen und fehlerhaften Manuskripts. Die Sprachforscher werden noch in Jahrhunderten damit ihren Spaß haben.

Taliesin hat es uns nicht leicht gemacht.

Die britischen Barden sind berühmt für ihre 'dunkle Sprache'. Genau wie die Kelten der Vorzeit liebten sie Andeutungen, Symbole und Rätsel, verwendeten obskure Metaphern und waren einfach gerne schwierig. Manche ihrer Lieder, wie Lobpreisungen und Sterbegedichte, wurden feierlich und gemessen vorgetragen. Andere wurden in Trancezuständen in voller Raserei und im Telegrammstil improvisiert. Viele Taliesinverse haben ein sehr kurzem Versmaß; manche bevorzugen fünf Silben pro Strophe. Wobei manchmal ein Dutzend oder mehr Zeilen den selben Endreim haben. Bei so kurzen Versen kommt es zu grammatikalischen Problemen. Oft beschränkten sich die Barden auf knappe Andeutungen. Von denen wir viele nicht verstehen. Und die Taliesins waren berühmt dafür, ständig von Thema zu Thema zu hüpfen. Wir wissen nicht einmal, ob sie überhaupt verstanden werden wollten.

Einige der späteren Taliesin Lieder sind so verworren, dass sich die Frage stellt, ob sie aus Bruchstücken zusammengesetzt sind.

Wenn in einem Lied aus dem dreizehnten Jahrhundert plötzlich über die Gwyddyl Ffichti (gälischen Pikten) geschimpft wird, ist dies ein guter Hinweis auf ein hohes Alter der Passage. Denn die Pikten waren schon 850 von Kenneth MacAlpin erobert und in die schottischen Völker assimiliert worden. Dummerweise sagt uns dies nichts über das Alter des restlichen Gedichtes. Von den höheren Barden wurden auch prophetische Gesänge erwartet. Gerade wenn es um Wahrsagungen und geschichtliche Referenzen geht, scheint immer wieder an den Liedern herumgebastelt worden zu sein.

Wenn dies Dein erster Ausflug in die verwirrende Welt der bardischen Gesänge ist, mach Dich auf einiges gefasst. Es gibt viel zu staunen, lernen, lachen. Diese Lieder sind nicht einfach zu verstehen. Dafür bleiben sie auch lange interessant. Du kannst immer wieder etwas Neues darin entdecken.

Was Du jetzt vor Dir hast, ist weder geschönt noch exakt. Es ist einfach das Beste, was ich mit meinen begrenzten Mitteln und Kenntnissen machen konnte.

Für Dich sind die Lieder und Gedichte eine Herausforderung. Mehr noch, sie bieten Dir die Chance, viele Jahre lang über Rätsel zu staunen, die vermutlich nie mit Sicherheit gelöst werden. Ein gutes Rätsel kann Dich Dein Leben lang begleiten. Es bleibt immer alt und immer jung und macht immer wieder neuen Sinn. Genau den Sinn, den du jetzt für Dein Leben brauchst. Und wenn Du gerne Gedichte schreibst oder vielleicht eines Tages Taliesin vertonen willst, kannst Du sie ja immer noch umschreiben, verbessern und für Dich neu interpretieren. Das haben die Barden schon immer gemacht. Die dunkle Göttin der Inspiration begleitet Dich. Hier ist Deine Chance!

Nemetona, Göttin der Heiligen Haine

0. Einführung:

Willkommen im Nemeton

it folgenden drei Wörtern aus der gallischen Sprache möchte ich Dich bekannt machen: Brixtia, *Nerto und *Nemetos.

Brixtia oder Brictia bedeutet *Magie*. Eine spätere Version davon finden wir in dem altirischen „bricht", *Zauberformel, Zauberspruch* oder *Zauber*. Brixtia kann sich auf eine große Anzahl verschiedener Aktivitäten beziehen. Viele haben mit Sprache, Klängen und Poesie zu tun. Bei den Kelten finden wir Zauber, Anrufungen, Gebete, beissende Satiren, Flüche und sich bewahrheitende Prophezeiungen. Die Leute liebten Segenssprüche, Schutzformeln, Rätsel und das Erzählen von Geschichten. Crowley definierte Magie als „die Kunst und Wissenschaft, Veränderungen in Übereinstimmung mit dem Willen herbeizuführen". Zu diesem Zweck muss der Wille konzentriert und auf irgendeine Art und Weise ausgedrückt werden. Wir müssen zu Bildern und Symbolen greifen, wenn wir unseren Willen kommunizieren möchten. Der Magier teilt seinen Willen mit, und diesen kann man auf viele unterschiedliche Arten ausdrücken. Die keltischen Magier und Zauberer verwendeten meistens Worte für Brixtia, aber wenn wir genauer hinschauen, gibt es da einiges zu entdecken. Ein Wort ist ein Stimulans für die Imagination, und Imagination, insbesondere, wenn sie geschult und inspiriert ist, ist die wichtigste Quelle aller Magie. Da gibt es beispielsweise die Sprache der Gestik. Tänzer (gelegentlich unbekleidet) und Ritualteilnehmer tauchen in der vorrömischen, keltischen

Kunst auf, und maskierte oder halbmenschliche Gestalten, oft mit tierischen Attributen versehen, sind häufig auf keltischen Münzen abgebildet. Lieder und Musik spielten eine Rolle im Ritual, in Kulten und Zeremonien; stell' Dir Rasseln vor, scheppernde Metallteile, Panflöten, Bronzetrompeten und einfache Harfen. Sakrale Architektur ist eine weitere Sprache. Die Symbolik von Kultplätzen in freier Natur und, noch stärker, die Bildersprache und Symbolik, die ein nicht weg zu denkender Bestandteil von Tempelanlagen, Hügeln, Gräben, Pfeilern, Opfergruben, Brunnen, Prozessionsstraßen und Viereckschanzen ist. Dann gibt es da noch die Sprache des Opfers und der Opfergaben. Die prähistorischen Kelten gingen sehr systematisch damit um, was sie wie opferten. Das gleiche gilt für Begräbnisriten, die dem Verstorbenen sicheres Geleit in die Anderswelt geben und die Gemeinschaft vor der Wiederkehr der „gefährlichen Toten" schützen sollten. Und es gibt die Sprache der symbolischen Handlungen. Einen Talisman segnen, das Abbild eines Feindes erdolchen, eine Botschaft an die Götter der Unterwelt vergraben, eine Pflanze unter Beachtung besonderer Riten ernten, eine Prozession über die Felder unternehmen... all das sind die Wörter einer Sprache.

*Nerto bedeutet Macht und Stärke. Das Wort hängt zusammen mit *narito, *magisch gestärkt*, und geht zurück auf das indo-europäische *ner, was soviel wie *kreative Kraft* oder *magische Energie* bedeutet. Nerto ist die Kraft, Energie oder Macht, die dafür sorgt, dass ein Ritual funktioniert. Diese Kraft macht sich auf vielen Ebenen bemerkbar. Auf der physischen Ebene äussert sie sich als Lebensenergie, Vitalität und Freude. Sie erfüllt und belebt besondere Orte, die entweder natürlich entstanden sind oder von Menschen geschaffen wurden und zu Ritualen einladen, wie beispielsweise die Felsen und Anhöhen, die die Kelten der Hallstattzeit für Opfer unter freiem Himmel bevorzugten, oder die Löcher, Gruben, Brunnen und Opferschächte, die in der La Tène-Zeit bevorzugt wurden. Heilige Orte, Tempelbauten, Bilder, Symbole und so weiter haben den Zweck, Nerto zu verstärken. Das gleiche gilt für Kostüme, Masken, rituelle Werkzeuge und sakrale Objekte. Nerto erfüllt Brixtia mit Leben, Nerto nährt die Götter, Nerto verbindet uns mit allen Lebewesen. Wenn man mit den Göttern kommuniziert, sorgt eine gewisse Menge an Nerto dafür, dass der Kontakt klar bleibt und die Visionen fliessen. In alten Zeiten wurde das durch das Opfern von Tieren, Lebensmitteln, Getränken, Wertsachen und gelegentlich Menschen erreicht. Opfer wecken Emotionen, und Emotionen sind es, die Götter und Geister benötigten, um sich zu manifestieren. Heute haben sich andere Verfahren als zweckmäßiger herausgestellt. In Ritualen kann Nerto durch leidenschaftliches Tanzen, wilde Musik, lange Gebete, Sprechgesang, rhythmisches Atmen, Schütteln und Schwanken, Erschöpfung, intensive Lust und jede beliebige andere Aktivität, die starke Emotionen, ein luzides Bewusstsein, Freude, Entzücken und Ekstase bewirkt, erreicht werden. Diese Kräfte werden durch den Einsatz der Vorstellungskraft kanalisiert und mit dem Glauben fokussiert. Nerto kann auch durch den Einsatz weniger angenehmer Gefühle aufgebracht werden, wie zum Beispiel Furcht, Schrecken und Ekel, oder auch

durch Hunger, Verlangen und Entbehrungen. Beachte, dass unterschiedliche Formen der Beschwörung unterschiedliche Arten von Nerto produzieren. Im Ritual und in der Magie ist es wichtig, dass die emotionale Energie dem Wesen des Geistes, der Kraft oder der Gottheit entspricht, die gerufen wird. Wenn man eine Liebesgottheit anruft, ist dazu ein völlig anderer Bewusstseinszustand erforderlich als der zur Anrufung von Kriegsgöttern. Führt man das Ritual allein durch, braucht man dazu Vorstellungskraft, Identifikationsvermögen und Schauspieltalent. In einer Gemeinschaft können Masken, Kostüme und symbolische Handlungen nützlich sein, wenn man Emotionen stimulieren will.

Wenn Nerto und Brixtia kombiniert werden, führt das zu einem starken Ritual, das der Anderswelt eine Botschaft übermittelt. Wer empfängt diese Botschaft? Wer vollzieht den Wandel? Wer antwortet auf den Ruf und sorgt dafür, dass der Zauber sich verwirklicht?

*Nemetos bedeutet *heilig* und bezieht sich auf jede Erfahrung oder jedes Bewusstsein vom Göttlichen.

Bevor wir das Heilige weiter erforschen, möchtest Du vielleicht kurz überlegen, was Dir heilig ist. Woran erkennst Du das Heilige, das Geweihte, das Transzendentale? Wann spürst Du die Eigenschaften des Göttlichen? Wann hast Du zuletzt eine spirituelle Erfahrung gemacht? Hatte es mit einer Gottheit, einem Ort, einer bestimmten Umgebung, einem Zeitpunkt oder einer Jahreszeit zu tun, waren andere Personen oder Lebewesen daran beteiligt? Gibt es Orte, Jahreszeiten, Tage oder Zeitpunkte, die Dir heilig sind? Soweit wir wissen, manifestierte sich für die Kelten die Eigenschaft des Heiligen in heiligen Hainen, oder zumindest überlieferten es die römischen Autoren so. Abgesehen von dem Dichter Lukan, dem wir noch

Nantosuelta

später begegnen werden, machten sie sich nicht die Mühe, festzuhalten, wie ein derartiger Hain aussah und wie man ihn von der restlichen Landschaft unterscheiden kann. Auch die Archäologie hat da nur wenige Einsichten zu bieten, weil Haine kaum Spuren hinterlassen, es sei denn, es befand sich ein kleiner Schrein oder ein Gebäude darin, oder eine Barriere, die den heiligen Raum von der Alltagswelt abgrenzte. Das war gelegentlich der Fall, insbesondere im Gallien der mittleren und späten La Tène-Zeit. Die Anbetungsformen in früheren Zeiten sind schwieriger zu erforschen. Die eigentliche Frage ist aber nicht, wie keltische Haine nun wirklich aussahen. Viel interessanter ist es, herauszufinden, wie sie für Dich aussehen.

Wie würdest Du Dir einen heiligen Hain vorstellen? Träum mal ein bisschen. Setz Dich hin, atme ein paar Mal tief durch, komm zur Ruhe, entspann Dich, schließ die Augen und stell Dir vor, wie Dein Hain aussehen müsste. Befände sich der Ort im Gebirge, in den Hügeln, im Tal oder in der Ebene? Gibt es Wasser in der Nähe – eine Quelle, einen Fluss, See oder Sumpf? Wie sieht es innerhalb des Hains aus? Gibt es Steine, Felsbrocken oder eine Höhle? Uralte Bäume, wucherndes Gebüsch, Dickicht, überdachte Räume, offene Orte? Ist der Hain in irgendeiner Weise kultiviert? Kannst Du Trophäen, Opfergaben, Statuen aus Holz oder Stein sehen? Gibt es Pfade? Was ist mit heiligen Pflanzen oder Tieren?

Wenn Du Dir Dein Nemeton vorstellst, kannst Du allerhand entdecken. Nemeton ist ein gallisches Wort, das von *nemetos, „heilig" herstammt. Für die zahlreichen keltischen Stämme konnte Nemeton eine Reihe verschiedenster Dinge bedeuten. Manche waren heilige Haine, andere Versammlungsorte, komplett mit Sakralbauten und Tempeln und so weiter. Eines im Zentrum

der Türkei hiess Drunemeton, was soviel wie „heiliger Eichenhain" bedeuten könnte. Aber nicht alle Nemetons waren Eichenhaine. Es gibt Hinweise darauf, dass viele verschiedene Arten von Bäumen von dem einen oder anderen keltischen Stamm in Ehren gehalten wurden. Lukan überliefert uns einen packenden Bericht über einen heiligen Hain in einiger Entfernung von Massilia (Marseilles), den Cäsar abholzen liess, um das Holz bei einer Belagerung zu verwenden. Der Hain, reimte Lukan, war ein düsterer, schattiger Ort, wo beängstigende Stille herrschte und weder Vögel sangen noch Tiere herumstreiften. Hier standen mit Blut beschmierte Stämme und hoben sich schwarz vom Himmel ab. Im gleißenden Mittagslicht, und in finsterster Mitternacht, den beiden gefährlichen Tageszeiten der Antike, streifte die Gottheit des Hains angeblich dort herum, und weder Gläubige noch Priester wagten sich zu dieser Zeit an den Ort.

Keine wilder Windstoß bewegt die
tanzenden Blätter,
doch schauderlicher Schrecken erhebt sich in
den Zweigen.
Pechschwarze Wasser aus finstren Quellen
teilen den Grund,
und strömen, schaumig, und mit dumpfem
Klang.
Uralte Statuen von missgestalteter Form
stehen hier,
grob gefertigt, von keiner Künstlerhand
berührt;
gräulicher Dreck verkrustet jedes hässliche
Haupt
und füllt die Seele des Betrachters mit
Entsetzen…
Oft, wie die Legende sagt, ist es die Erde
selbst,
die aus den hohlen Tiefen schrecklich
stöhnt,

die unheilvolle Eibe, noch lang nach ihrem
Tod, wurd' oft gesehen,
wie sie vom Grund erwächst und staubig
grüne Triebe spriesen,
Die Bäume lodern, in leuchtenden
Flammen, unverbrannt,
gewaltige Schlangen winden sich um ihre
Stämme.

Pharsalia, 3, 5 Übersetzung Rowe

Diese düstere Atmosphäre hielt Cäsar
nicht davon ab, die Bäume fällen zu lassen.
Als er sah, dass viele seiner Soldaten, in Gallien rekrutiert und daher mit heiligen Hainen vertraut, Angst davor hatten, sagte er:
„Fällt ihr das Holz, ich nehme alle Schuld
auf mich!" und schlug mit einer Axt auf eine
starke Eiche ein. Schon bald fällten seine
Soldaten Eschen, Stechpalmen, Erlen und
Zypressen, sehr zum Missfallen der Einheimischen.

Bäume und Pflanzen konnten heilig sein,
so dachten viele Kelten. Das gleiche galt für
Tiere. Wieder einmal ist Abstraktion ein
Teil des Glaubens. Tier- und Pflanzenarten,
wie im Weiteren zu lesen, waren nicht per
se heilig. Häufiger konnten sich in einem
bestimmten Tier oder einer bestimmten
Pflanze die Energien und das Wesen einer
Gottheit manifestieren. Wir haben es hier
mit Göttern zu tun, die in vielen Gestalten
erscheinen. Wer waren die Götter der frühen Kelten? Wir wissen nicht viel über die
Religion der Hallstattzeit, aber die späteren
La Tène-Kelten hinterliessen uns eine Anzahl von Götterbildern. Das war definitiv
eine Weiterentwicklung. Die Kelten der
frühen Hallstattzeit waren bemerkenswert
schüchtern, wenn es um eine naturgetreue
Darstellung von Menschen oder Tieren
ging, von Göttern in Menschengestalt ganz
zu schweigen. Sie wussten zwar, dass so
etwas möglich ist (da sie griechische Töp-

ferwaren und Kunstwerke importierten),
versuchten sich aber nur selten selber daran.
Diese Tendenz ist angesichts der Tatsache,
wie gut die Künstler und Handwerker dieser
Zeit waren, so überraschend, dass wir es hier
wahrscheinlich mit einem religiösen Tabu zu
tun haben. Wenn diese Leute religiöse Riten durchführten, begnügten sie sich oft mit
etwas sehr Einfachem, zum Beispiel einer
simplen hölzernen Statue oder einem Mo-
nolithen mit einem grob eingemeisseltem
Gesicht. So grob, dass es primitiv erscheint.
Aber was motivierte diese Leute dazu, kunst-
lose Götterbilder zu erschaffen, wo es ihnen
doch leicht möglich war, ein wunderbares
Abbild aus Bronze oder kunstvoll behaue-
nen Sandstein zu schaffen! Einige Kelten taten das. Andere, und sie befinden sich in der
Mehrzahl, taten es nicht. Erst in der Mitte
der La Tène-Zeit bekamen die meisten Götter eine sorgfältig definierte Gestalt. Denn
viele Kelten waren gereist, und nachdem sie
zunächst über die Einfalt der Griechen, die
ihre Götter in Menschengestalt verehrten,
gelacht hatten (das geschah, als Delphi geplündert wurde), waren sie früher oder später
auf den Geschmack gekommen. Nachdem
die Römer Gallien besetzt und die Druiden
verboten hatten, ahmten die überlebenden
Religionen den mediterranen Brauch nach
und begannen, lokale Varianten römischer
Prototypen zu produzieren. Das war der
Beginn des sogenannten gallo-römischen
Stils, und es gab mehr Statuen, Altäre und
Inschriften keltischer Götter denn je. All das
zeigt, dass sich die Darstellung des Göttlichen wandeln kann. Wenn man an einen
Gott denkt, benötigt man ein gewisses Maß
an Vorstellungskraft, um eine Verbindung
herzustellen. Die Gottheit benötigt eine
(oder mehrere) Formen, um zu kommunizieren. Bei einer Religion, die kaum Gebrauch
von anthropomorphen Idolen macht oder sie

so einfach gestaltet, dass man sie schwerlich für menschliche Wesen halten kann, es sei denn sternhagelvoll in tiefster Nacht, muss man die Götter in anderen Formen darstellen und wahrnehmen. Hier streckt die Natur einladend einen Ast aus und bietet Eintritt ins Wildwald-Bewusstsein. Wenn Du Dich draussen in der freien Natur befindest (geh am Besten allein oder mit verständnisvollen, stillen Freunden), wirst Du feststellen, dass ständig lauter interessante Dinge passieren. Hektik und Geschwätz unterdrücken sie, aber wenn Du Dir Zeit lässt und Dich ihnen öffnest, bekommst Du alles mit. Die Natur kann Dir vieles beibringen und Dich in ihre Geheimnisse einweihen. Das ist der Grund, weshalb die Druiden ihren Unterricht an verborgenen Orten tief im Wald abhielten, und deshalb gingen Barden und Poeten in der Wildnis spazieren. Wenn man die frühkeltischen Götter verstehen will, muss man sie überall suchen. Daraus ergibt sich eine Vorstellung von Göttern, die teilweise abstrakt ist und auf Nichtdefinition aufbaut. In einem anderen Sinn ist Manifestation auf vielfältige Weise möglich. Wenn die Welt eine Sprache wäre, würden sich die Götter als einige Substantive, einige Adjektive und eine Menge Verben ausdrücken. Keltische Götter werden oft von Tieren begleitet. Einige von ihnen haben tierische Wesenszüge, andere sind Tiere. Arduinna, die Göttin der Ardennen, reitet einen Eber. Artio und Andarta sind Bärengöttinnen, Matunus und Artaios Bärengötter. Cernunnos hat die Hörner eines Hirschs und trägt eine gehörnte Schlange in der Hand. Raben und Krähen werden im Allgemeinen mit Göttern des Kriegs und des Todes in Verbindung gebracht. Nantosuelta wird oft von Krähen begleitet, vielleicht ein Hinweis darauf, dass ihr Name, „schlängelnder Fluss" sich auf den Pfad der Toten bezieht, die Milchstraße. Ihr

Gemahl Sucelus, „der gut zuschlägt", trägt einen Hammer oder Knüppel und ein Gefäss. Er wird von einem Wolf oder Hund begleitet. Verbeia trägt Schlangen, Epona reitet Pferde und Esel, Tarvos Trigaranus ist der Stier mit den drei Kranichen. Cocidius wird von Hirsch und Hund begleitet; ein weiterer Hundegott ist Cunomaglus, der Herr der Hunde. Damona ist eine Rindergöttin, Sirona von den Sternen trägt eine Schlange und drei Eier. Denk an die vielen Tierstatuetten, Fibeln und Ornamente, die in keltischen Gräbern zum Vorschein kamen! Wenn man einen großen, bronzenen Eber in einem Grab findet, kann man sicher sein, dass das Tier wahrscheinlich nicht in seiner Eigenschaft als Eber verehrt wurde, sondern als Symbol göttlicher Wesenskräfte und Energien. Wenn ein Gott wie ein Tier aussehen kann, dann kann ein Tier, wenn man ihm in der Wildnis begegnet, eine Erscheinungsform eines göttlichen Wesens sein. Glaubten die Kelten an heilige Tiere! Wir haben das Glück, ein bisschen über die Ernährungsgewohnheiten der Kelten zu wissen, dank archäologischer Analysen von Knochen und Nahrungsresten. Nach allem, was wir wissen, machten sie Jagd auf alles. Keine Spezies als solche wurde verschont (wohl aber einzelne Individuen, wie spätere irische Mythen andeuten), und so müssen wir überlegen, ob irgendein Tier als heilig gelten konnte oder ob es nur bestimmte Tiere waren, die unter besonderen Umständen göttliche Qualitäten annahmen. Also solche, die man in Trancen, Visionen oder Träumen sah, denen man unter rituellen Umständen begegnete, und so weiter. Das gleiche mag auf Pflanzen und Bäume zutreffen. Die Eiche war zwar sicherlich ein heiliger Baum für manche Kelten, aber das hielt sie nicht davon ab, große Mengen davon zu fällen, um ihre Ringwälle zu befestigen.

Was ist Dir heilig? Ist es eine bestimmte Tierart, oder sind es vom Göttlichen erfüllte Tiere, die in diese Kategorie fallen? Wenn einige Bäume heilig sind – gilt das für alle Exemplare der Spezies, oder ist es eine besondere Qualität eines besonderen Exemplars?

Was, wenn wir die Vorstellung von heiligen DINGEN hinter uns lassen und uns mit dem Heiligen als solchem befassen, dass sich dem offenen Geist erschliesst? Nemetos. Ein Bewusstsein für das Heilige - eine erwachte Seele, die sich an den Wundern der Welt erfreut. Etwas, was Du im Geist tust, um zu erfahren, dass die Welt voller Wunder ist - in Dir und überall um Dich herum. Eine Handlung, die Deinen Geist so stark beeinflusst, dass es ihn erschüttert und er sich ausdehnt, erhebt und sich neu erschafft. Das Heilige ist oft sehr neu, genau wie jedes Ritual nicht die Wiederholung eines früheren Ereignisses, sondern das ursprüngliche Ereignis selber ist. Nemetos bedeutet, dass Du das spürst, in jedem Ritual, in jeder Erfahrung, bei jeder Gelegenheit, die sich Dir bietet, wahrzunehmen, aufzuwachen und zu Dir selbst zu kommen. Was bringt Dich über Dich selbst hinaus? Wieviel brauchst Du, um zu erkennen? Diese Qualität des Bewusstseins ist eins der verborgenen Elemente der keltischen Religion. Woran erkennst Du, dass ein bestimmter Baum heilig ist? Woher weißt Du, ob ein Ereignis ein Omen oder einfach ein Zufall ist? Wann ist der Flug der Vögel, die Form einer Wolke oder die Art, wie eine Spinne ihr Netz webt, von Bedeutung? Die Antwort liegt natürlich bei Dir. Du erschaffst den Traum Deines Lebens nicht nur in Deinem Geist und gehst dann Deinen Weg, sondern Du stattest ihn auch mit Toren und Passagen aus, die darüber hinaus führen. Wie kannst Du die Freude am Heiligen, die Ganzheit in Deinem Leben kultivieren? So wie die Kelten bestimmte Orte zum Nemeton erklärten,

so nannten sie auch eine Göttin Nemetona. Kaum etwas ist über sie bekannt, abgesehen von ein paar Inschriften aus dem besetzten Gallien, Germanien und Britannien. Sie zeigen, dass sie wichtig und weithin bekannt war, genau wie die Nemetons, aber in Bezug auf ihre Ikonographie, Mythologie und ihre Rituale hat nichts überlebt. Wurde die Göttin in einer menschlichen Gestalt verehrt? Oder erschien sie lachend im Krächzen der Krähen, dem Flattern dunkler Schwingen, in der sanften Berührung dunkler Nadelbäume, dem Gurgeln des Baches und den Stössen des Geisterwindes in bebenden, schwankenden Bäumen? Stell Dir Augen vor, die in der klaren Bernsteinfarbe der Vogelbeeren leuchten, die Pupillen winzig, fokussiert, die sich dann öffnen, dunkel und glänzend mit der tödlichen Süße des Nachtschattens; das blicklose Starren eines toten Fischs, der sich langsam in einem Teich dreht, der unbewegte Blick der Viper im morgenfeuchten Heidekraut, dann erleuchtet in funkelndem Sternenlicht, ein Lied, das zu seiner Quelle zurückkehrt. Stell Dir Wurzeln und Borke vor, Ranken und Flechten, Fell und Schuppen, Federn und rohe Erde. Stell Dir Zähne vor, glänzend wie Quarz, wie geschärfter Feuerstein, grausam gebogen wie Brombeerdornen, die packen, halten, zerreissen... Gesichter, mit durchbohrendem Blick, wild, verwegen, lustberauscht, die erscheinen und vergehen, sich aus dem heraus materialisieren, was in der Landschaft gerade zur Hand ist. Und versuch, Dir den Bewusstseinszustand vorzustellen, der dies alles möglich macht. Freude und Leidenschaft dieser Erfahrungen ist in die Zeichnungen in diesem Buch eingeflossen. Viele der fantastischeren Bilder wurden von Evokations- und Besessenheitstrancen mit Nemetona inspiriert, die sich als eine schwer fassbare, aber bezaubernde alte Göttin entpuppte. Vielleicht ist aber auch die Bezeichung „Göttin" irreführend. Nemetona verkörpert das Heilige als solches, die Matrix des Bewusstseins, die es Göttern und Geistern erlaubt, sich zu manifestieren. Es ist nicht leicht, damit umzugehen. Das Heilige kann manchmal erschreckend oder schockierend sein oder sogar an Wahnsinn grenzen – aber wenn Du Dich wirklich in die Welt der keltischen Magie hineinträumen und etwas Neues, Wertvolles aus dem schäumenden Kessel zurückbringen willst, ist es eine Erfahrung, die es wert ist, gemacht zu werden. Nemetona machte den Weg frei für andere Gottheiten. Artio der Berge des Anfangs erschien und öffnete die Tore zum Reich der Tiefe. Cernunnos tanzt im mondhellen, nachtdunklen Wald. Nantosuelta führt die Seelen den langen, strömenden Fluss der Sterne entlang zur Viereckfestung im Zentrum des Himmels. Sucelus braut die Zutaten für den Zauber in seinem Kessel zusammen und schlägt die Erde, damit die Jahreszeiten wechseln. Die Kelten hatten viele Götter, da ihr Konzept des Göttlichen viele Gesichter hatte.

Die keltische Kunst ist einer der Schlüssel zu diesem Buch. Zwar hinterliessen Priester, Druiden und Zauberinnen keine heiligen Texte für spätere Generationen, aber sie produzierten Kunstwerke, die als Traumschlüssel zu ihrem Geheimwissen dienen können. Um zu verstehen, was diese Gegenstände erzählen können, verwende sie als Fokus in einer Trance. Betrachte das Bild, leere Deinen Geist, werde ruhig, erlaube der Stille, Dich zu umgeben, lausche der Leere, während Du schaust und fühlst... wenn Du leer, still und abwesend bist, kommst Du dem geheimen Selbst allen Bewusstseins sehr nahe... und es wird nicht lange dauern, bis Du feststellst, dass die Linien sich bewegen, Farben erscheinen, Dinge sich verschieben, vereinfachen, transformieren... und während Du das spürst, kannst Du Dich an dem Bewusstsein erfreuen, dass die Bilder mit den Tiefen Deines Geistes sprechen, und dass früher oder später – in einem Augenblick, in einem Tag, in einem Monat – diese Begegnung Deinen Geist, Dein Wesen, Deine Realität verwandelt, wie der Mond, der aus den Wolken hervorbricht, wie die Sonne nach einem Gewitter erscheint, wie das donnernde Tosen der neunten Welle. Es handelt sich um eine sanfte, subtile Form der Magie, wie das Weihen eines Sigills. Es funktioniert am Besten, wenn Du es geniesst, Dich entspannst und es fliessen lässt.

Das Abstrakte – erinnerst Du Dich, wie wir mit Abstraktion angefangen haben? – ist mehr als offensichtlich in der keltischen Kunst. Die keltische Kunst ist in der Hauptsache religiös, und sie befasst sich tiefgreifend mit der Wahrnehmung und den Mysterien des Bewusstseins. Viele Kunstwerke können auf unterschiedliche Art und Weise interpretiert werden; das mag durchaus in der Absicht des Künstlers gelegen haben.

Kultwagen von Strettweg

Steiermark, Österreich. Ha C, 7. Jh. vor unserer Zeit, Bronze.
Höhe der Göttin im Zentrum 22,6cm. Der Gegenstand scheint eine zeremonielle Prozession nackter männlicher und weiblicher Figuren darzustellen, einige davon bewaffnet, dazu Reiter und Hirsche. Die zentrale Figur ist vermutlich eine Göttin, die eine Schale hochhält, in die ein verzierter Kessel (nicht im Bild) gesetzt wurde. Von oben gesehen ist der Wagen rechteckig, aber die Göttin im Zentrum steht auf einem Rad. Die Kombination von Kessel und Streitwagen entstand in der Bronzezeit und blieb bis weit in die Hallstattzeit hinein ein populäres religiöses Bild.

Sucelus

Man nimmt ein Gesicht wahr, dann eine ganze Figur, dann eine Szenerie, wo vorher nur ein sinnloses Durcheinander von Blasen, Blättern, Blüten und Röhren zu sehen war. Dies ist eine weitere verborgene Eigenschaft keltischer Kunst und Magie: Es gibt mehrere Blickwinkel. Der Gott, der sich in ein Tier verwandelt, erforscht die Welt in verschiedenen Gestalten. Dem Gläubigen, dem klar wird, dass er/sie mit dem Gott identisch ist, verlassen die Beschränkungen der Einzelpersönlichkeit. Der Priester, Schamane oder Zauberer, der von einem Gott oder Tier besessen ist, übernimmt beider Eigenschaften und manifestiert sie zu einem bestimmten Zweck, wie zum Beispiel für ein Heilritual, ein Jahreszeitenritual oder um einen bösen Einfluss zu verbannen. Götter können menschlich sein, und Menschen können Götter sein. Wenn der Gott auch ein Tier ist, hat unser Gestaltwandler Zugriff auf beide Arten von Bewusstsein. Wenn Du *Visuelle Magie* gelesen (und die Übungen gemacht) hast, ist Dir bewusst, dass von einem Tiergeist besessen zu sein Dein Bewusstsein und Deine Fähigkeiten verändern kann. Das Verändern der Gestalt spielt in keltischen Mythen und keltischer Zauberei eine so wichtige Rolle, dass wir von schamanischen Trancetechniken sprechen können (allerdings nicht notwendigerweise von schamanischen Heilritualen).

Sei es, wie es sei, was anfänglich verwirrend erscheint, wird nach und nach seine Bedeutung enthüllen. Wir folgen einem verschlungenen Pfad durch den Schattenwald, wenn wir nach Visionen des ewig Alten, ewig Jungen, ewig Seienden und niemals Gewesenen suchen. Tut mir leid, das sagen zu müssen, aber dieses Buch ist randvoll mit höchst verwirrendem Material. Unsere fröhlichen keltischen Künstler und Dichter hatten Spaß daran, Dinge halb enthüllt, halb verborgen zu präsentieren. Eine Konsequenz davon ist, dass man sich das Ganze nicht mal so eben nebenbei aneignen kann. Es gibt aber immer Mittel und Wege, um es leichter zu machen. Um in das keltische Gedankengut einzutauchen, könntest Du Folgendes tun. Fühlst Du Dich gut! Versuchen wir mal etwas Neues. Schließ das Buch. Komm zur Ruhe und entspann Dich. Wenn Du an nichts Bestimmtes denkst, beginnt Dein Hirn, Alphawellen zu produzieren. Es fühlt sich wie Dösen an. Das Gute an Alphawellen ist, dass sie ganz von selber einsetzen, wenn Du die Augen schliesst, an nichts Bestimmtes denkst und das Nichtstun kultivierst. Während Du den Halbschlaf geniesst, kannst Du das Buch gegen Deine Stirn pressen und Deinem Tiefenselbst mit langsamer, klarer Stimme mitteilen, dass Du dieses Buch lesen und alle Informationen auswählen und behalten willst, die wirklich wichtig für Dich sind, damit Du Dich daran erinnern kannst, wann immer Du willst. Verwende einfache Sätze, positive Ausdrücke und wiederhole sie ein paar Mal. Allerdings nicht zu oft, denn wenn Du ein intelligentes Unterbewusstsein hast, verabscheut es vielleicht drängelnde Befehle. Sei nett und freundlich, und Dein Tiefenselbst wird kooperieren. Dann öffne das Buch und blättere es einmal durch. Halte die Augen weit geöffnet, so dass Du beide Seiten mit einem Blick erfassen kannst. Betrachte jede Seite ein oder zwei Sekunden lang, ohne sie zu lesen. Das kann eine Versuchung sein, es kann aber auch Spaß machen. Wie oft veranstaltest Du seltsame Rituale mit neuen Büchern! Blättere das ganze Buch durch. Dann schliess es, und Deine Augen ebenfalls. Drück es nochmals gegen die Stirn, bitte Dein Tiefenselbst erneut, auszuwählen, was nützlich ist, und es für später aufzubewahren, damit Du Dich leicht erinnern kannst. Sag Danke!

Und dann tu etwas ganz anderes. Nach einer Pause setzt Du Dich nochmal hin. Blätter das Buch noch einmal durch. Diesmal siehst Du Dir alle Bilder an und liest die Bildunterschriften. Dann bittest Du Dein Tiefenselbst ein weiteres Mal, auszuwählen, was nützlich ist, und es für später aufzubewahren. Mach noch eine Pause. Der dritte Durchlauf ist ganz ähnlich. Sag Deinem Tiefenselbst, was Du vorhast. Dann blätterst Du das Buch durch und liest alle Gedichte. Das ist wahrscheinlich noch viel verwirrender als alles andere vorher, da die besten Poeten und Barden der britannischen Inseln grundsätzlich außer sich, neben sich, um die Ecke, jenseits von diesseits, über die Hügel und weit, weit weg waren, wenn sie komponierten, sangen und prophezeiten. Ihre Lieder stecken nicht nur voller Anspielungen und Abstraktionen, sondern zeigten auch alle Anzeichen wirren, zusammenhanglosen Geplappers, wie es in solchen Trancen häufig vorkommt. Es dauert eine Weile, bis man sich daran gewöhnt hat, daher kannst Du auch gleich damit anfangen. Nachdem Du das Buch in dieser Weise ein paar Mal durchgeblättert hast, legst Du es für ein oder zwei Tage beiseite. Dann nimmst Du es zur Hand und liest es systematisch durch. Du wirst feststellen, dass das frühere unterbewusste Lesen eine Struktur geschaffen hat, ein Netz, das Informationen sortiert und ordnet. EDV-Spezialisten kennen den Effekt: Systemüberlastung ist gleich Mustererkennung. Programmierer finden das gefährlich, für Magier, Visionäre, Barden und Poeten ist es eine wunderbare Quelle der Inspiration. Wer verwebt eigentlich den chaotischen Stoff sinnlicher Wahrnehmung zu einem Muster! Was die keltischen Visionäre damals anregend fanden, wissen wir nicht, aber wenn wir ihre Techniken nutzen, können wir ein neues Bewusstsein schaffen,

Bronze-Eber

Höhe 39cm, ursprünglich auf einer Standarte platziert, Soulac-sur-Mer, Département Gironde, 1 Jh. vor unserer Zeit

Torque-Ende mit mehreren Gesichtern
Bronze. Courtisots, Marne, Frankreich. Spätes
4. Jh. vor unserer Zeit

unterwegs waren und ihre eigene Vision von der heidnischen Magie für die Zukunft entwickelten. Von all denen, deren persönlicher Zauber, Inspirationskraft und Originalität dieses Projekt unterstützt haben, möchte ich besonders Anad und Julia danken. Andere, die halfen, lachten und eigene Ideen beisteuerten und denen ich sehr dankbar bin, sind Astrid & Gavin, Mike & Maggie (Nema), Mogg & Kym (Mandrake of Oxford), Kenneth Grant, Paul, Ronald Hutton, Ruth, Sally und ihre Gemeinschaft und Volkert. Für die deutsche Ausgabe möchte ich Holger & Christiane danken, Silvana Eris, weil sie so cool ist und ihren Eltern das Editieren leicht macht, Rasputinka, Marged Haycock für die Verwendung ihrer Forschung. Mein Dank gilt auch den vielen Forschern, Wissenschaftlern, Zauberern, Poeten, Geschichtenerzählern und Künstlern, deren Werke zu diesem Buch beigetragen haben. Danke auch meinen Eltern und allen Ahnengeistern. Ich möchte den Geistern der Wildnis überall danken, den Kelten, die im Taunus lebten, und allen Göttern und Musen, die in den Kessel atmen. Und ich möchte Dir danken – dafür, dass Du die Magie der Vergangenheit nutzt, um etwas Neues, Wertvolles für die Zukunft zu erschaffen. Ipsos

ein Gefühl für das Heilige entwickeln und es jetzt, in unserer Welt zu lebendiger Wahrheit machen.

Zum Schluss möchte ich noch allen danken, die mich beim Schreiben dieses Buches unterstützt haben. Ich hatte das Vergnügen, die hier beschriebenen Themen mit meinen Freunden und Bekannten zu diskutieren. Und dann waren da noch jene Wagemutigen, die sich tatsächlich daran gemacht haben, die keltische Magie praktisch zu erforschen, die Trancen erlebten, in der Wildnis

Artio. Der lange Weg weg von Andumnos

1. Das Volk der Hügel

enk Dich in den Wald. Wenn es dunkel wird, verschwinden die düsteren Buchen im nebligen Zwielicht, und Schatten scheinen sich unter ihren Ästen zu sammeln. Von weither ertönt der Ruf der Amsel, der den Anbruch der Nacht ankündigt. Die Vögel hören allmählich auf zu singen, es wird stiller, und schon bald erscheinen die Tiere der Nacht. Zwischen gekrümmten Wurzeln, von Nesseln und Dornenhecken überwuchert, scheint die Erde Wellen zu schlagen. Sanfte Erhebungen werden sichtbar. Es handelt sich um die letzten Überreste von Grabhügeln – Hügeln, die vor 2.500 Jahren noch groß und hoch waren. Viele von ihnen sind unter den ausgreifenden Wurzeln der Buchen und Eichen verschwunden oder wurden von achtlosen Bauern untergepflügt; bei anderen ist die Kuppe eingestürzt. Dort sind Grabräuber durch Schächte in die Zentralkammer vorgedrungen. Die Anwohner meiden diese Hügel. Geschichten über geheimnisvolle Feuer, die man auf den Hügeln brennen sehen kann, gehen um, und in Spuknächten sollen sich dort bewaffnete Krieger von ihrem Ruhelager erheben. Dann werden die Tore zur Tiefe weit aufgestoßen, und arglose Wanderer müssen sich in Acht nehmen, nicht unversehens in die Hallen der Toten und Ungeborenen eingeladen zu werden. Hier feiern und schmausen die Könige der Tiefe, die Zeit vergeht anders, und man kann seltsame Schätze finden. Wer weiß, in welchen Nächten die Tore offen stehen? Wer trägt die Schlüsselblume, die Wunschblume, die wundersame Blüte, die die Tore zu den hohlen Hügeln öffnet?

Die vorrömischen keltischen Kulturen werden üblicherweise in zwei Abschnitte unterteilt. Sie tragen die Namen der Orte, an denen diese Kulturen zuerst erforscht wurden; die Hallstattkultur wurde nach einem österreichischen Dorf benannt, bei dem ein großer Friedhof entdeckt worden war, und die La Tène-Kultur heißt nach einem Ort in der Schweiz. Grob gesprochen konnte eine erste, charakteristisch keltische Kultur während der Hallstattzeit beobachtet werden, die von 750 vor unserer Zeit bis 450 vor unserer Zeit vorherrschte, von wo an dann die La Tène-Zeit beginnt. Wenn Du Bücher über die keltische Kunst liest, wirst Du bald feststellen, dass Hallstatt und La Tène nicht nur Perioden der kulturellen Entwicklung waren. Die Hallstattzeit hat eine eigene Kunstform, und auch die La Tène-Zeit weist eigene, charakteristische Entwicklungen auf. Es geht dabei um mehr als um Kunststile oder Moden. Mitten in der Hallstattzeit fand ein kultureller Umbruch statt, und zur Beginn der La Tène-Zeit ereignete sich ein noch wichtigerer Umsturz. In diesen Zeiten des Übergangs machten gesellschaftliche Organisationsformen, Religion und Bestattungsbräuche große Veränderungen durch. Magie und Religion dieser Zeit zu erforschen ist eine schwierige Aufgabe. Wir könnten es uns leicht machen, das heißt, wir könnten mittelalterliche bardische Poesie und Romantik rückwärts in die finstere Vergangenheit projizieren und vorgeben, so müsse die altkeltische Magie ausgesehen haben. Bücher dieser Art sind reichlich auf dem Markt, daher hoffe ich, dass mir vergeben wird, wenn ich diese Seiten nutze, um mich lieber archäologischen Befunden zu widmen.

Bevor wir uns der Magie zuwenden, könnte es von Nutzen sein, sich zunächst eine Vorstellung vom kulturellen Kontext machen zu können. Da wäre zunächst mal ein kurzer Blick auf die Gesellschaft der Hallstattzeit angebracht. Wissenschaftler unterteilen die Hallstattzeit in zwei Abschnitte. Die frühe Hallstattzeit wird als Ha C bezeichnet, die späte Hallstattzeit, die Zeit der sogenannten „Fürstengräber", Ha D.

Man mag fragen, was aus Hallstatt A und B geworden ist, wenn die Hallstattzeit mit Ha C beginnt. Die Antwort ist einfach. Die Begriffe Ha A und Ha B wurden ursprünglich verwendet, um die frühe und späte Urnenfelderkultur zu bezeichnen, in einer Zeit, in der die Wissenschaftler glaubten, die Hallstattkultur sei direkte Nachfolgerin der Urnenfelderkultur.

Heute ist diese Vermutung aus der Mode gekommen, und die Begriffe Ha A und Ha B ebenfalls. In der Hallstattzeit beobachten wir zum ersten Mal das Hervortreten einer frühen, aber charakteristisch keltischen Kultur. Unsere ersten Hinweise auf Leute, die man als Kelten beschreiben kann, stammen aus der Hallstattzeit. Hekataios von Milet (ca. 560 – 480 vor unserer Zeit) informiert uns, dass die Kelten hinter Massilia (Marseille) leben, jenseits vom Land der Ligurer. In dieser Zeit hatten griechische Händler eine blühende Kolonie in Marseille gegründet, von wo aus sie die Ortsansässigen mit einer Anzahl mediterraner Luxusgüter wie Wein, Glas, Töpferwaren. und so weiter versorgten. Solche Gegenstände kamen rasch in Mode und waren beim Adel sehr begehrt, was zu beträchtlichen wirtschaftlichen Problemen geführt haben mag. Was die griechischen Händler im Gegenzug dafür bekamen, lässt

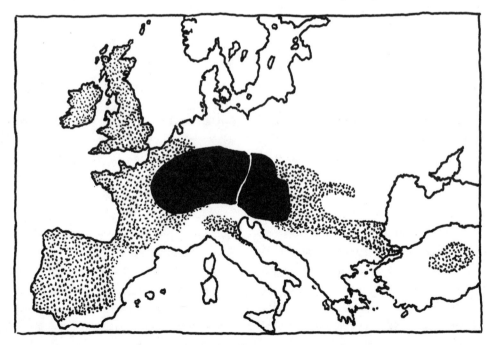

Karte der Hallstattkultur

Osten und Westen (schwarz) und der La Tène -Kultur (gepunktet) nach der großen keltischen Expansion im 3. und 2. Jh. vor unserer Zeit.

sich nicht ohne Weiteres feststellen. Felle, Sklaven, Honig und Bienenwachs mögen wertvolle Exportartikel gewesen sein, aber bisher gibt es keine Beweise, die diese Annahme untermauern.

Sei es, wie es sei, für die Griechen, die hauptsächlich am Küstenhandel interessiert waren, lag das Land der Kelten landeinwärts, zwischen Massilia und dem Land der Ligurer. Da laut Hekataios' Bericht die Iberer westlich von Massilia lebten, bleibt nur noch das Land nördlich der Provence als Kandidat für frühe Keltensiedlungen übrig.Der nächste Berichterstatter, Appollonius von Rhodos, hielt in seiner *Argonautica* fest, dass man die Kelten finden kann, wenn man dem Lauf des Rhodanus (der Rhône) flussaufwärts folgt, und eine Anzahl häufig von Stürmen heimgesuchter Seen überquert. Appollonius lebte zwar im 3. Jh. vor unserer Zeit, er griff aber auf Quellen zurück, die bis ins 5 Jh. vor unserer Zeit zurück reichten, was mit der späten Hallstattzeit übereinstimmt. Die in unserer Quelle genannten Seen könnten der Genfer See oder die Schweizer Seen sein, vielleicht sogar der Bodensee.

Unsere dritte und letzte Quelle in Bezug auf die frühen Kelten sind die *Historien* Herodots (ca. 484 – 430 vor unserer Zeit), den man auch als „Vater der Geschichtsschreibung" bezeichnet, obwohl „Vater des Sensationsjournalismus" wahrscheinlich zutreffender gewesen wäre. In den Werken Herodots werden die Kelten zweimal erwähnt. Herodot gibt freimütig zu, dass er ihr Land niemals bereist hat, und so ist einiges an Spekulationen nur zu erwarten. Er beschreibt die Lage des Landes vage als jenseits der Säulen des Herkules liegend (damit ist Gibraltar gemeint, also außerhalb des Mittelmeerraums), im Nordwesten, wo, außer den Kelten, nur eine Fantasierasse namens Kyneter zu überleben weiß. Nähert man

sich ihnen über Land, kann man die Kelten am Ursprung der Donau in der Nähe einer Stadt namens Pyrene finden.

Der „Ursprung der Donau" passt hervorragend zu den Hallstattleuten. Was nicht passt, ist die Stadt Pyrene. Es ist möglich, laut den Spekulationen vieler Wissenschaftler, dass Herodot hier auf die Pyrenäen anspielt. Die liegen allerdings von der Donau weit entfernt. Die seefahrenden Händler, von denen Herodot vielleicht einige seiner Kenntnisse hatte, haben möglicherweise behauptet, dass sich die Pyrenäen landeinwärts erstrecken und dann in die Alpen übergehen. Herodot wusste offenbar auch nichts von den Alpen oder den Karpaten. Stattdessen sprach er von zwei Flüssen namens Alpis und Karpis, links und rechts von der Donau, daher sollten wir es mit seinen geographischen Angaben nicht allzu genau nehmen. Vielleicht war er einfach in Bezug auf die Lage der Pyrenäen und der Donau verwirrt. Andererseits ist es möglich, dass es einst eine Stadt namens Pyrene gab, von der wir einfach nichts wissen. Was die Kelten angeht, bezog Herodot sein Wissen aus älteren Quellen, denn zu seiner Zeit war den Griechen der Handel im westlichen Mittelmeer verboten.

Diese drei Quellen sind die ältesten in Bezug auf die keltischen Völker. Wir haben also zwei Elemente. Zum einen ist da jene Kultur, die von den Antiken Autoren lose als 'Keltoi' bezeichnet wurde. Zum anderen ist da eine (namenlose) Kultur, die Dank der Ausgrabung der Archäologen nördlich der Alpen entdeckt wurde. Nimmt man beide zusammen, erhält man das, was heute als „frühe Kelten" bezeichnet wird. Es handelt sich dabei um eine wissenschaftliche Konstruktion, denn schliesslich haben wir keine Ahnung, wie die Hallstattleute sich selbst nannten. Der Name „Kelten" ist zwar bequem, aber auch irreführend. Die frühe Hallstattkultur beschränkte sich auf ein viel kleineres Territorium als die spätere La Tène-Kultur. Siedlungen vom Hallstatttyp finden sich nördlich der Alpen, also in der Schweiz, in Österreich, in Süd- und Mitteldeutschland, in Teilen Frankreichs und im Osten, in Richtung Böhmen, Tschechien, Slowenien und Ungarn.

Die Wissenschaftler unterscheiden zwischen der östlichen und der westlichen Hallstattkultur. In den Hallstattgräbern des Ostens sind überwiegend schwer bewaffnete Männer mit Streitäxten begraben. Man findet sie im Ostteil Österreichs, in Südostdeutschland und noch weiter im Osten. Die westliche Hallstattkultur wird in zwei Phasen unterschieden (Ha C und Ha D). In der ersten Phase liegt die Betonung auf langen Eisenschwertern; in der zweiten Phase kamen Waffen als Grabbeigaben größtenteils aus der Mode. In Bezug auf die Kunst waren die frühen westlichen Hallstattleute bemerkenswert zurückhaltend, wenn es um die naturgetreue Abbildung von Menschen und Tieren ging. Das ist erstaunlich, wenn man bedenkt, dass sie zahlreiche Töpfe und Vasen kauften und schätzten, auf denen naturalistische Szenen aus der Mittelmeerwelt dargestellt waren. Aus irgendeinem Grund imitierten sie diese Darstellungen nicht. Man findet abstrakte Darstellungen von Menschen und Tieren in einigen wenigen Gräbern der westlichen Hallstattzeit, sowie eine Anzahl halbmenschlicher Steinfiguren, die die Kuppen von Grabhügeln schmückten. Und dann gibt es da noch eine Anzahl faszinierender kleiner Köpfe von Ungeheuern und anderen Wesen, die Fibeln und Trinkgefäße zieren. Diese Abbilder meiden trotz ihrer hervorragenden Ausführung die naturgetreue Darstellung. Menschliche Gesichter – vorausgesetzt, es handelte sich

tatsächlich um Menschen, nicht um Götter oder Dämonen – waren entweder abstrahiert oder entstellt, während es sich bei Tieren oft um eine Vermischung mehrerer Spezies handelte.

Die östliche Hallstattkultur war etwas liberaler in dieser Hinsicht – es sind zuweilen Personen abgebildet, die boxen oder kämpfen (oder tanzen?), oder auch Musiker, Personen in Röcken (oder Roben?), die ihre Hände betend erhoben haben, Jagdszenen, Feldarbeit, Wild, Pferde, Wasservögel, aber alles stark abstrahiert und verhältnismässig selten dargestellt. Die keltische Kunst hätte zu diesem Zeitpunkt naturalistisch sein können, aber sie war es nicht; und in der Tat dauerte es bei den Kelten lange (bis in die La Tène-Zeit hinein) bevor sie es wagten, Personen realistisch abzubilden. Könnte das ein Hinweis auf irgendein religiöses Verbot sein? Oder zogen es die Künstler jener Zeit vor, naturgetreue Abbildungen nur auf vergänglichen Materialien anzubringen, wie zum Beispiel als Holzschnitzerei oder Stickerei auf Textilien?

Vielleicht wäre es für den Anfang ganz nützlich, einen Blick darauf zu werfen, in welcher Art von Gesellschaft die Hallstattleute lebten. Sehen wir uns dazu doch mal die exzellenten Studien von Konrad Spindler an. In Ha C, der frühen Hallstattphase, lebten unsere Kelten in Dörfern und Hügelsiedlungen. Die meisten bearbeiteten das Land, aber wir wissen nicht, ob diese Leute den Status von Freien hatten oder ob sie Sklaven waren. Es wurde Getreide angebaut (mindestens neun Varianten, darunter unsere modernen Formen von Roggen, Hafer und Weizen); die Leute aßen Erbsen, Linsen, Bohnen und wilde Trauben. Fleischlieferanten waren vor allem Haustiere, hauptsächlich Schweine, Rinder und Schafe, aber man ergänzte den Speiseplan durch die Jagd. Eine breite Palette von Tierknochen kam bei Ausgrabungen zum Vorschein, daher wissen wir, dass die Leute der Hallstattzeit so ziemlich alles jagten: Bären, Wölfe, Eber, Hirsche, Wisente, Auerochsen, Adler, Raben und Geier eingeschlossen. Bis jetzt gibt es keine Hinweise auf Jagdtabus.

Die Auswahl an Bekleidungsmaterialien und Textilien war weit größer als bisher angenommen. Schafwolle kann manchmal bis in unsere Zeit überdauern, daher favorisierten die ersten Rekonstruktionen Abbildungen von keltischen Häuptlingen in schottischen Pullovern. Leinen und Baumfasern waren wahrscheinlich viel populärer (Schafe wurden gehalten, aber nicht in großer Anzahl).

Das Grab von Hochdorf bietet viele faszinierende Einsichten. Der Edelmann auf seinem erstaunlichen Metallsofa lag auf mindestens dreizehn verschiedenen Schichten von Textilien. Wir wissen darüber Bescheid, weil die Bronze glücklicherweise kleine Stoffmengen konserviert hat. Es gab da feines Tuch, gewebt aus Fasern von Baumrinde, importierte Seide aus China, Felle, Wolle, Leinen und Decken aus Pferde- und – was noch viel schwieriger herzustellen ist – aus Dachshaar. Die Hallstattleute hielten Vieh und Schweine, außerdem Hunde, Schafe, Ziegen und Pferde. Pferde waren selten und wahrscheinlich ausgesprochen teuer. Es ist nicht einmal sicher, ob Pferde überhaupt geritten wurden, denn alles deutet auf den Gebrauch vierrädriger Wagen hin, von denen viele mit in die Begräbnishügel wanderten.

Die Haustiere waren kleiner als heute. Das gleiche galt für die Menschen. Die Durchschnittsgröße der Männer war 1,72m, die der Frauen 1,59m. Damit waren sie größer als die meisten Leute der Antike, was erklärt, warum die Kelten den griechischen und römischen Autoren wie Riesen erschienen. Adlige, wie man sie in den reichsten

Gräbern gefunden hat, waren häufig größer, woran man sieht, was eine proteinreiche Ernährung ausmacht.

Die durchschnittliche Lebenserwartung der Männer war 30 - 40 Jahre, die der Frauen 30 - 35 Jahre. Die Kindersterblichkeit kann schlecht eingeschätzt werden, da nur wenige Kindergräber gefunden wurden.

Eine Lebenserwartung von 35 war übrigens gar nicht schlecht für die Zeit. Im Mittelalter mit seiner mangelnden Hygiene sank die durchschnittliche Lebenserwartung nochmals um gut 10 Jahre, womit bewiesen wäre, dass Christentum gesundheitsschädlich ist. Einige Keltenvölker hatten eine besondere Schwäche für das Waschen und erfanden die Seife, während christliche Missionare verkündeten, dass Waschen sündig sei und vermieden werden sollte. Der Adel der Hallstattzeit rasierte sich regelmässig, und in mehreren Gräbern fand man Gegenstände, die der persönlichen Hygiene dienten, wie Pinzetten und Geräte, um die Fingernägel zu schneiden und die Ohren zu reinigen. Außerdem färbten sie gern ihre Haare mit rotem Saft. Die Frage nach der Hygiene ist aber immer ein bisschen schwierig zu beantworten. Wir wissen zwar, dass die Adligen sich definitiv gern wuschen und rasierten, haben aber keine Möglichkeit, festzustellen, wie die gesundheitlichen und hygienischen Bedingungen bei ärmeren Leuten aussahen, die nicht so aufwendig bestattet wurden. Viele Kleidungsstücke, die in den Salzminen von Dürrnberg gefunden wurden, sind voller Nissen. Außerdem ist die Anzahl der Frauen, die beim Gebären von Kindern starben, so hoch, dass wir einigermaßen sicher sein können, dass die Hebammen sich nicht allzuviel Mühe machten, ihre Hände sauber zu halten.

Mit einer durchschnittlichen Lebenserwartung von achtzig Jahren kann man sich heute nur schwer vorstellen, wie es ist, wenn Leute mit vierzig schon zu den Alten zählen. 1881 betrug die durchschnittliche Lebenserwartung in Deutschland 35,5 Jahre bei Männern und 38,5 Jahre bei Frauen. Wenn man solche Maßstäbe anlegt, müssen die Leute der Hallstattzeit doch ein recht gesundes Leben geführt haben. Andererseits hatten sie recht viel Arbeit in einem risikoreichen und oft zu kurzem Leben.

Die meisten Landbewohner bestellten das Land oder hüteten Vieh. Ein kleinerer Teil der Gesellschaft übte besondere Berufe aus, beispielsweise Händler, Schmied, Goldschmied, Bronzegiesser, Tischler und so weiter. Es muss auch Leute gegeben haben, die sich auf Medizin und Religion spezialisiert hatten. Es gab geschickte Ärzte zur Hallstattzeit. Der Edelmann von Talhau 4 hatte einen bösen Unfall gehabt. Er hatte sich größere Verletzungen am rechten Arm und Schienbein zugezogen, und sein Schädel war durch irgendeinen Gegenstand versehrt worden. Die Heiler seiner Zeit flickten ihn so gut zusammen, dass er den Rest seines Lebens problemlos mit einem Loch von der Größe einer Münze in seinem Schädel verbrachte.

Ob derartige Dienste auch für einfache Leute zur Verfügung standen, ist eine andere Frage. Was natürlich am meisten Aufmerksamkeit erregt, ist der sogenannte Adel mit seinen reichhaltig ausgestatteten Gräbern. Es ist sehr leicht, sich Phantasien darüber hinzugeben, wie diese Adligen gewesen sein könnten. In der frühen keltischen Gesellschaft gab es privilegierte Individuen, aber man weiß nicht, ob es sich dabei um Adlige im mittelalterlichen Sinn des Wortes gehandelt hat, ob sie ihren Status der Erbfolge, einem Orakel oder einer Wahl verdankten und ob sich ihre Befugnisse auf Weltliches beschränkten oder ob sie auch religiöse Pflichten hatten. Es könnte sich um Aristo-

kraten gehandelt haben, sie könnten aber auch irgendeine priesterliche Funktion ausgeübt haben. Priestergräber als solche sind nicht gefunden worden, wer also nahm sich dieser Funktionen an! Es ist schade, dass wir so wenig über die Lebensweise der frühen Kelten wissen. Das Meiste, was wir wissen, verdanken wir den Gräbern.

Jeder weiß, dass die Kelten ihre Toten unter Grabhügeln bestatteten. Soviel zum allgemein Bekannten; die Realität ist, wie üblich, viel komplexer. Es gab Hügelgräber verschiedener Typen in den frühesten mitteleuropäischen Kulturen. Die ersten neusteinzeitlichen Bauern hatten bereits Hügelgräber, aber sie waren seltener als zur frühen Bronzezeit. Auf dem Höhepunkt der Bronzezeit waren sie fast schon obligatorisch. Die frühe Hallstattzeit hat zahlreiche Hügelgräber zu bieten, favorisierte aber auch Brandbestattungen. In der späten Hallstattzeit (Ha D) verschwinden die Brandbestattungen von Adligen fast völlig, werden aber weiterhin beim einfachen Volk gepflegt. Zu Beginn der La Tène-Zeit schwingt das Pendel wieder in Richtung Brandbestattung und Flachgräber um.

Die große Mehrheit europäischer Hügelgräber entstammt der Hallstattzeit – manche Wissenschaftler schätzen ihren Anteil auf 90%. Das bedeutet allerdings nicht, dass sie zu Beginn der La Tène-Zeit verschwanden. Trotz der gewaltigen Veränderungen hörten die Leute der La Tène-Zeit nicht damit auf. Manche Hügel stammen aus der La Tène-Zeit, manche sogar aus der Zeit der römischen Besatzung, und eine kleine Anzahl frühmittelalterlicher Hügel wurde ebenfalls entdeckt. Die Hallstattgrabhügel weisen bei aller Beliebtheit recht unterschiedliche Formen auf. Es gab im Wesentlichen zwei Größen, das heißt, Hügel für einfache Leute mit einem besseren Lebensstandard, die einen Durchmesser von 6 bis 20m haben, und die berühmten Hügel des Hochadels, die ab einem Durchmesser von 30m begannen und beliebige Größen bis zu der des Magdalenenberghügels mit seinen 102m haben konnten. Es wurden auch kleine Hügel mit einem Durchmesser von 3m gefunden, aber sie waren kaum groß genug, um die Leiche zu bedecken.

Bevor wir einen Blick auf die riesigen Hügel werfen, die meistens der späten Hallstattzeit entstammen, sollten wir uns generell mit Begräbnishügeln beschäftigen. Als Regel kann gelten, dass ein Hügel über einem zentral gelegenem Grab errichtet wurde, bei dem es sich um eine mittig platzierte Holzkammer mit Steinwänden und –decke handeln konnte (oder auch nicht). Die Hügel erscheinen in runder oder ovaler Form, wobei jüngste Forschungen erbracht haben, dass auch quadratische Hügel (Pyramiden?) existierten und dass sie vielleicht verbreiteter waren als allgemein bekannt ist. Die quadratische Form mag mit den quadratischen Formen heiliger Stätten der späteren La Tène-Zeit in Beziehung stehen, das ist aber eher Spekulation als Tatsache. Wenn sie den Elementen ausgesetzt sind, dem Regen und dem Schnee, der Hitze und dem Wind, dann sehen runde und quadratische Grabhügel schon nach wenigen Jahrzehnten ziemlich gleich aus.

Um den Hügel aufzuschütten, wurde die vor Ort vorhandene Erde verwendet. Holzschaufeln und Körbe aus Weidengeflecht wurden benutzt, um die Erde zu transportieren; manchmal zogen Pferde und Rinder Wagen voller Erde. Um den neu geschaffenen Hügel vor Erosion zu schützen, wurde er mit Grassoden bepflanzt. Die Zentralkammer eines Hügelgrabs bestand oft aus Eichenholz. Das führte zu umfangreichen Spekulationen über die mögliche sakrale Bedeutung von Ei-

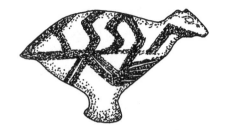

Töpferwaren der frühen Hallstattzeit
Oben: Keramikrassel in Vogelgestalt, gefunden in einem Grab bei Waldenbuch, Bayern, Deutschland, 7. – 8. Jh. vor unserer Zeit.
Mitte: Keramikpferd mit Schüssel, Kirchensittenbach, Bayern.
Unten: Gefäß, dass eine menschliche Gestalt mit enorm vergrößerten Händen zeigt, Staufersbuch, Bayern.

chenholz. Vielleicht wurde Eichenholz auch wegen solcher Eigenschaften verwendet, vor allem aber wurde es als dauerhaftes und zuverlässiges Bauholz geschätzt. Die Hallstattkelten bevorzugten Eichenholz, und wenn es ihnen ausging, nahmen sie Tannenholz als Ersatz. In Ha D war das häufig der Fall, da man für die Ringwälle der Zeit enorme Mengen an großen, alten Eichen benötigte. Ringwälle müssen häufig repariert werden, da das Holz im Inneren zum Verrotten neigt und nach 15 bis 20 Jahren zerfällt.

Ein Ergebnis davon scheint gewesen zu sein, dass einige Hallstattsiedlungen auf ziemlich kahlen und windumtosten Hügelspitzen standen. Ringwallreparaturen sind übrigens ein weiteres Rätsel. Wenn man sich auf manche Abschnitte der Befestigung nur ein paar Dutzend Jahre verlassen kann, dann bedeutet das, dass die Ringwälle konstant repariert wurden. Das mag die Bewohner vor einige interessante wehrtechnische Probleme gestellt haben. Die Leute von der Heuneburg hatten die ständigen Reparaturen offenbar so satt, dass sie einen Großteil ihrer Festung mit einer Mauer aus gebrannten Ziegeln schützten, eine Befestigungsart, die in Griechenland populär war. Aller Wahrscheinlichkeit nach hatten sie eine Anzahl von Experten vom sonnigen Mittelmeer in die dunklen Wälder an der Donau eingeladen. Die weiß gekalkte Mauer sah zwar fehl am Platze aus, hatte aber eine längere Lebensdauer als die einheimische Version. Griechische Ziegelsteine oder lokales Bauholz und Steine – wer arbeitete wohl an solchen Monumenten? Um eine Hallstattsiedlung oder -festung zu unterhalten, benötigte man eine große Anzahl an Arbeitskräften, es muss also überzählige Arbeiter gegeben haben, zusätzlich zu den Leuten, die auf dem Feld arbeiteten und Vieh hüteten. Monumentalarchitektur lässt sich in einem warmen Klima leicht

bauen. In der Hallstattzeit war das Wetter nicht sonderlich freundlich, und es gab nur wenig überschüssigen Reichtum. Die Frage nach den Arbeitskräften bleibt ein ungelöstes Rätsel.

Manche Hügelgräber besaßen eine kleine Mauer oder einen Steinring um die Basis herum, die in der Regel einfach und naturbelassen waren. Nur wenige wissen, dass Hügelgräber meist mehrere Leichen beherbergen. Dieser Brauch setzte sich schon früh durch. Schon die frühen Hallstattleute bestatteten gelegentlich Leichen in Hügeln, die der früheren Urnenfelderkultur angehörten, und wann immer möglich platzierten sie ihre Toten im Zentrum. Dies setzten sie in den Hallstattgrabhügeln fort. Die kleineren Hügel enthielten schätzungsweise im Durchschnitt 4 bis 10 Leichen, die großen Hügel von Ha D konnten dagegen bis zu 126 Individuen aufnehmen.

Wenn Du also von Elfen liest, die in einem hohlen Hügel feierten, hätte es sich dabei wahrscheinlich um einen Hügel aus Hallstatt D gehandelt; das war definitiv eine Zeit der Massenbegräbnisse. Falls Du also in Deinem Vorgarten einen eigenen Grabhügel aufschütten möchtest, lass reichlich Platz für Deine Familie und Freunde. Nebenbei gesagt sind auch Grabhügel selbst kein isoliertes Phänomen; oft treten sie in Gruppen auf. Es gibt kleine Gruppen von 10, die mit 40 sind bereits bedeutend, und wenn Du 60 Hügel an einem Ort findest, handelt es sich garantiert um einen wichtigen Platz.

Archäologen haben ihr Bestes getan, um herauszufinden, ob es irgendwelche religiösen Vorschriften für das Errichten von Hügelgräbern gab. Bisher wurde jede Regel durch zahllose Ausnahmen widerlegt. Man findet Grabhügel in Tälern, auf Feldern, in der Nähe von Flüssen, in Wäldern, auf Berghängen, in der Nähe anderer Hügel oder allein.

Hügelgräber waren nicht die einzige Bestattungsform. Manchmal entdeckt man flache Gräber zwischen den Hügeln, und zu der Zeit, wo die La Tène-Kultur beginnt, werden Flachgräber die Regel. Was wir am Besten kennen, sind die eindrucksvollen Hügel der späten Hallstattzeit. Diese Zeit (Ha D) ist charakterisiert durch eine Anzahl von Veränderungen. Zunächst einmal kam das vertraute Bronzeschwert komplett aus der Mode. Des weiteren wurde der Handel mit dem Mittelmeer so wichtig, dass viele Häuptlinge in ihrer Gier nach Luxusgütern und Wein möglicherweise eine Verarmung der von ihnen Abhängigen in Kauf genommen haben. Die ländliche keltische Gesellschaft hatte im Allgemeinen wenig überschüssigen Reichtum, da schlechte Ernten und Viehpest es zuweilen schwierig machten, auch nur an das Nötigste zu kommen. Einige keltische Stämme handelten mit Salz oder profitierten von ihrer räumlichen Nähe zu den Handelsrouten. Andere waren sehr viel ärmer und konnten es sich nicht leisten, so viele Reichtümer gemeinsam mit ihren Toten zu beerdigen.

Es bleibt ungewiss, womit die Adligen von Ha D den Reichtum verdienten, den sie für Luxusgüter aus dem sonnigen Süden ausgaben. In dieser Phase werden Begräbnisse extrem teuer, und jede Generation „verschwendete" wertvolle Güter, indem sie sie in Hügeln begrub. Es ist sicher eine interessante Frage, ob die Adligen von Ha D ihre Untertanen ausbeuteten, bis die soziale Stabilität bedroht war. Noch nie zuvor in der keltischen Welt gab es einen so starken Kontrast zwischen reich und arm. Dies gilt allerdings nicht für alle Teile der so genannten „keltischen Welt". Neuere Forschungen in Hallstatt belegen, dass der Salzbergbau, sowie der Handel mit Pökelfleisch soviel Reichtum erbrachte, dass sogar einfache

Bergleute mit Schmuckgegenständen und gelegentlich mit (bescheidenen) Bronzeartikeln beigesetzt wurden. Was vielleicht ein kleiner Trost war für ein gefährliches und ungesundes Handwerk, das oft genug zu körperlicher Deformation führte. Bei Männern litten vor allem Schlüsselbeine und Oberarme durch die tägliche Nutzung des Pickels, während Frauen von früh bis spät das gewonnene Salz schleppten und dabei Unterarme und Hände zu Schaden kamen. Nichtsdestotrotz war die Arbeit gut bezahlt und prestigeträchtig. Die Bergleute wurden gut gekleidet und mit vielen Beigaben beerdigt.

Andererseits wurde eine Anzahl neuer Technologien entwickelt. Die Töpfer von Ha D benutzten eine Drehscheibe, und die Holzverarbeiter erlernten die Kunst, hölzerne Kelche und Schüsseln zu drechseln. Die Ha D-Gräber bieten die reichsten Schätze der keltischen Geschichte.

Ein typisches Element dieser Zeit ist das sogenannte Fürstengrab. Dieser Name ist keine sonderlich geglückte Wahl, da damit die Existenz eines mittelalterlichen Feudalsystems in eine Zeit hinein projiziert wird, über die wir kaum etwas wissen. „Fürstengräber" sind eine archäologische Kategorie; sie werden durch ihre Nähe zu einer großen Siedlung, einen gewissen Umfang an Reichtümern, Gold und mediterranen Import definiert. Derartige Definitionen sind aber irreführend, weil sie nur dauerhafte Grabbeigaben in Betracht ziehen. Nehmen wir beispielsweise mal die Gräber von Pazyryk im Altaigebirge in Sibirien zum Vergleich. Diese Gräber enthalten verblüffende Reichtümer – feine Textilien, Teppiche, Seide, Musikinstrumente, Pferdegeschirre, einen vierrädrigen Wagen – alles hervorragend erhalten, da der Boden nach dem Begräbnis eingefroren ist. Die gleichen Gräber hätten, hätte es sie in Mitteleuropa gegeben, nur eine metallene Pferdetrense und Tongeschirre enthalten, da alles andere verrottet wäre. Archäologen hätten diese Kultur wohl als sehr arm eingestuft.

Ähnliche Probleme gibt es bei keltischen Ausgrabungen. In den meisten Gräbern können Horn, Leder, Holz und Textilien nur nachgewiesen werden, wenn sie so nah bei Bronzegegenständen lagen, dass die Toxine die organischen Materialien konserviert haben. In manchen Fällen kann das zu interessanten Fehlern führen. Ein keltisches Gräberfeld bei Mühlacker wies zwei Gräberarten auf, eine von ihnen mit einigem Reichtum ausgestattet, die andere eher ärmlich. Als Konsequenz nahmen die ersten Archäologen an, es habe sich hier um eine Zwei-Klassen-Gesellschaft mit unterschiedlichen Begräbnisriten gehandelt. Heute weiß man, dass es sich bei den beiden „Klassen" auf dem Mühlacker-Friedhof ganz einfach um Männer und Frauen gehandelt hat, wobei die Frauen, die mehr Schätze bei sich hatten, die „Oberschicht" bildeten. In den „Fürstengräbern" von Ha D ist es umgekehrt. Die Mehrzahl der Bestatteten ist männlich, und das gilt nicht nur für zentrale Gräber, sondern auch für zahllose Menschen, die spä-

ter begraben wurden. Ein „Fürstengrab" war in der Regel eine größere Angelegenheit. Es gibt nicht allzuviele von ihnen, und die meisten wurden zum einen oder anderen Zeitpunkt geplündert. In den meisten Fällen handelt es sich um riesige Hügel mit einer Zentralkammer aus Eichenholz, umgeben von Steinwänden. Gelegentlich waren diese Grabkammern üppig mit Textilien ausgekleidet. Die Grabbeigaben sind eindrucksvoll und gehen weit über den Bedarf der verstorbenen Person hinaus.

Hier bekommen wir einen Einblick in die Vorstellungen des Ha-D-Adels vom Leben nach dem Tod. Für gewöhnlich wurde der Verstorbene reich gekleidet und mit allen möglichen Statussymbolen versehen. Gold rangiert hier an erster Stelle. Da die meisten Kelten keinen direkten Zugang zu Gold hatten, mussten sie es importieren. Goldene Schüsseln waren ein besonders populärer Erwerbsartikel, da man sie in Streifen schneiden und diese jeweils zu goldenen Halsreifen (Torques) verarbeiten konnte. Viele Adlige trugen im Grab Torques; ob sie sie auch im täglichen Leben trugen, ist eine andere Frage, da viele dieser Goldgegenstände zu fragil waren, um einen täglichen Gebrauch zu überstehen.

Anthropomorphe Figuren (Götter?) der westlichen Hallstattkultur

Oben links: Stele von Ebrach, Bayern, Höhe 1,03m. Trägt die Figur eine Kapuze oder eine Totenmaske?

Oben rechts: Stele von Breuberg, Hessen, Höhe des Fragments 0,45m. Eine weitere Totenmaske?

Mitte: Quarzfelsplatte, auf der eine Gestalt und eine Axt zu sehen sind, Sietschen, Graubünden, Höhe 1,8m.

Unten links: Statue von Hirschlanden, Baden-Württemberg, Höhe 1,5m. Der Krieger trägt ein Schwert und etwas, was möglicherweise ein Hut aus Birkenrinde ist. Der grobe Penis könnte später hinzugefügt worden sein.

Unten Mitte: Stele von Tübingen-Kilchberg, Fragment, Baden-Württemberg, oben auf einem Grabhügel stehend gefunden.

Unten rechts: Statue von Holzgerlingen, Baden-Württemberg, Höhe inklusive „Hörner" 2,3m, hier mit Hörnern abgebildet. Die Statue ist janusköpfig, d.h. ein Gesicht und ein Arm zeigen jeweils nach vorne bzw. nach hinten.

Der Fürst von Hochdorf beispielsweise trug nicht nur einen goldenen Torque, sondern auch Schuhe mit goldenen Auflagen und Ornamenten. So ein Schuh wäre nach zwei Schritten auseinandergefallen, und die goldenen Fibeln (Sicherheitsnadeln) hätten seinen Mantel nicht zusammenhalten können. Es handelte sich um einen Triumph der Goldschmiedekunst: Goldene Zierfolie, die nur einen Zehntelmillimeter dick war! In Hochdorf errichteten die Goldschmiede ihre Werkstätten in unmittelbarer Nähe der Grabhügel und stellten Objekte speziell für die Toten her. Selbst solche Gegenstände wie ein Ritualdolch wurden in papierdünne Goldfolie gewickelt, und nachdem die Arbeit getan war, wurde die Werkstatt niedergebrannt.

Dank solcher Bräuche wissen wir, dass man davon ausging, dass die Toten ein Nachleben hatten, in dem sie repräsentieren mussten. Der Tote sollte noch goldener, glorreicher und strahlender als zu Lebzeiten erscheinen. Ein weiterer Gegenstand im Hochdorfgrab ist ein massiver Kessel griechischen Ursprungs, der etwa 300 Liter Honigmet enthielt, neun Trinkhörner (eins aus Eisen, acht von Aurochsen) und neun Bronzeplatten. Trinkgefässe gehören zur regulären Ausstattung von Fürstengräbern; ebenso grosse Mengen an Nahrung. Schweine oder Teile davon waren so beliebt als Grabbeigaben, dass später in der inselkeltischen Literatur (s. „Das Mabinogion", vierter Zweig) Schweine mit der Anderswelt in Verbindung gebracht wurden. Der Umfang an Geschirr für ein Festmahl geht weit über den persönlichen Bedarf hinaus und lässt vermuten, dass im Reich der Toten wichtige gesellschaftliche Anlässe und hemmungslose Besäufnisse an der Tagesordnung waren. Auch fischen und jagen konnte man in der

Anderswelt, der Fürst von Hochdorf hatte Utensilien für beides bei sich.

Das Hochdorfgrab ist insofern eine Ausnahme, als dass es nie geplündert wurde. In den meisten anderen grossen keltischen Grabhügeln waren die Zentralkammern schwer versehrt. Was bleibt, sind die zahllosen Gräber in den Seitenteilen der Hügel. Es ist möglich, dass ganze Dynastien in diese Hügel wanderten. Ein Hügel, der, sagen wir mal, hundert Leichname aufnehmen soll, muss notwendigerweise eine grosse Angelegenheit sein. Die Aufschüttung des Magdalenenbergs kann dank der Dendrochronologie datiert werden. Der Magdalenenberg besteht aus etwa 45.000 Kubikmetern Erde, die über 18 Jahre hinweg zusammengetragen wurde. Wenn man von diesen Schätzungen ausgeht, kann man extrapolieren, dass die Errichtung des Hohmichele-Hügels mit seinen 30.000 Kubikmetern rund 12 Jahre gedauert hat, und so weiter. Natürlich sind solche Schätzungen spekulativ. Am Rand des Schwarzwalds (am Magdalenenberg) erlaubt es das Klima nur sieben Monate im Jahr mit Aufschüttungsarbeiten zu verbringen. Näher an der Donau sind die Temperaturen freundlicher, und die armen Kerle konnten das ganze Jahr durch schuften. Kleinere Hügel wurden wahrscheinlich in ein bis zwei Jahren fertiggestellt.

Oben auf den Fürstengräbern wurde gelegentlich ein Steinpfeiler aufgestellt. Diese haben nur in einigen Fällen überlebt – wie beispielsweise die Figur von Hirschlanden, die Stele von Breuberg und die Statuen vom Glauberg, aber es gibt auch noch ältere Berichte, die von der Existenz anthropomorpher Steinpfeiler sprechen. Die Figuren und Stelen zeigten oft eine Art Totenmaske und seltsam geformte Hände. Üblicherweise sind die Arme über der Brust gekreuzt, und manchmal haben die Figuren starke, übergroße Beine, die den Torso stützen. Dass eine sehr ähnliche Statue der Picener-Kultur in Norditalien ausgegraben wurde, mag etwas über die Handelsrouten und Kontakte zu verschiedenen norditalienischen Kulturen aussagen.

Frauengräber findet man ebenfalls in den großen Hügeln. In der Regel wirken sie weniger gut ausgestattet, aber es kann gut sein, dass viele darin enthaltene Reichtümer im Laufe der Jahre verrottet sind. Gold ist ziemlich selten, ebenso Importgüter aus dem Mittelmeerraum, abgesehen von Glasperlen und Korallenhalsbändern. Vier besonders reich ausgestattete Frauengräber wurden entdeckt, zwei von ihnen enthielten Streitwägen, ein drittes die Überreste eines Pferdegeschirrs, also gab es dort vielleicht auch einmal einen Streitwagen. Über hundert Streitwagen (bzw. Überreste von ihnen) wurden in Gräbern der Hallstattzeit gefunden, einige von ihnen komplett ohne Metallteile gebaut. Es mag noch mehr davon gegeben haben. Da diese Streitwagen offensichtlich zum Gebrauch bestimmt waren und häufig eine Art Thronsitz gehabt zu haben scheinen, stellt sich uns die interessante Frage, ob solche Streitwägen vielleicht bei zeremoniellen Anlässen benutzt wurden und ob die Toten vielleicht zeremoniell herumgefahren wurden, bevor man sie begrub.

Ein Zeichen von hohem Status scheinen auch breite Tonnenarmreifen gewesen zu sein. Sie wurden aus einem Stück hergestellt: Die Frau, die sie trug, legte sie im späten Kindesalter an und nahm sie dann nicht mehr ab (das gleiche scheint für einige Halsreifen der Hallstattzeit gegolten zu haben). Da sie von eindrucksvoller Größe waren, wäre alltägliche Arbeit damit nur schwer zu verrichten gewesen, daher wird davon ausgegangen, dass Damen, die solche Gegenstände trugen, sich vermutlich nicht die Hände schmutzig machen mussten.

Zwei dieser Damen waren so dick, dass ihre Knochen nicht in der geraden Stellung liegenblieben, wie man sie in normalen Gräbern vorfindet – eine hatte einen Taillenumfang von 1,20m, wie man an ihrem Gürtel sehen konnte (ein edler, 9cm breiter Gegenstand, geschmückt mit ungefähr 7.000 winzigen Bronzeornamenten). Dieses Grab ist ohnehin interessant, da es sich um eins der seltenen Doppelbegräbnisse handelt: Oberhalb der Kammer der Dame wurde die sehr viel dünnere Leiche einer Frau gefunden, die nur einige Stücke billigen Schmuck trug. Könnte es sich dabei um die Zofe oder Sklavin der wohlhabenden Dame gehandelt haben, die weiter unten begraben war?

In der Hallstattzeit waren die eindrucksvollsten und am reichsten ausgestatteten Gräber die von Männern. Allerdings nur in Bezug auf Reichtümer, die dem Zahn der Zeit widerstehen.

Wir wissen nicht, ob Frauengräber nicht vielleicht vergänglichere Reichtümer enthalten haben, wie beispielsweise teure Kleidung, Holzschnitzereien und dergleichen. Manche Reichtümer haben auch eher spirituellen als materiellen Wert, und wenn ein sakrales Objekt nun zufällig aus Holz besteht, ist es unwahrscheinlich, dass es die Jahrhunderte überdauert. Man darf nicht vergessen, dass es sehr schwer ist, auf das tägliche Leben der Leute zu schliessen, wenn einem nur Grabbeigaben zu Verfügung stehen. Es ist beispielsweise keineswegs sicher, dass der Reichtum im Inneren eines Grabes tatsächlich auch zu Lebzeiten der betreffenden Person gehörte oder von ihr im Alltag getragen wurde.

Die wenigen Kindergräber der Hallstattzeit enthalten Schmuck, der zu groß für sie ist und den sie erst hätten tragen können, wenn sie erwachsen geworden wären. Das regt zu einer weiteren interessanten Idee an: Kinder können in der Anderswelt erwachsen werden. Bitte denk einen Moment lang darüber nach. Kinder, die ein reguläres Begräbnis erhielten, hatten oft Talismane bei sich. Vielleicht glaubte man, dass sie einen besonderen Schutz auf dem Weg benötigen.

Das gleiche gilt für junge Frauen, die gelegentlich auf der Seite liegen oder auf dem Bauch – manchen von ihnen fehlten Knochen, oder sie waren seltsam arrangiert. Das sieht so aus wie bei den Fällen, in denen man gefährliche Personen auf bizarre Weise bestattet, um sie daran zu hindern, zurückzukommen. Kandidaten für solche Begräbnisriten waren auch Verbrecher und Selbstmörder, vor allem aber Personen, die zur Unzeit oder auf unschöne Weise gestorben waren.

Vielleicht waren diese Frauen bei der Geburt eines Kindes oder bei irgendeiner gefährlichen oder Unglück verheißenden Gelegenheit verstorben, so zu einer Bedrohung für die Lebenden geworden und erhielten daher ein ungewöhnliches Begräbnis. Allerdings findet man nur selten junge Frauen in Gräbern, aber noch seltener sind Jugendliche oder Heranwachsende. Waren sie unwichtig, oder wurden sie nicht als vollwertige Mitglieder der Gesellschaft betrachtet? Noch schwieriger wird es, wenn es um Kinder geht. Manche Kinder wurden in den Siedlungen begraben, und einige ausgewählte fand man sogar in den großen Grabhügeln. Oft tragen sie viele Amulette bei sich. Zu welchem Zweck? Warteten Gefahren auf sie auf dem Weg in die Unter- oder Anderswelt? Andererseits könnte man fragen, ob auch die Erwachsenen Amulette oder magische Objekte bei sich trugen?

Die Antwort ist nicht einfach. Amulette als solche sind selten in Gräbern, aber es ist durchaus möglich, dass manche ornamentale Gegenstände ähnliche Funktionen hatten. Viele Fibeln haben ein besonderes Aussehen, bei dem man sich die Frage stellt, ob sie vielleicht eine sakrale oder symbolische Bedeutung hatten. Das gleiche gilt für Bernstein, der gelegentlich direkt an dem Ort, wo das Begräbnis stattfand, zu Schmuck verarbeitet wurde. Wurde Bernstein auch von den Lebenden getragen, oder war er exklusiv

---

Große Gräber mit Mehrfachbegräbnissen aus der Hallstattzeit

1. **Magdalenenberg**, Villingen-Schwennigen, Baden-Württemberg, Deutschland, Durchmesser 102m, Zentralkammer in einem polygonalen Steintumulus plus 126 Nachbegräbnisse, nach Spindler

2. **Dautmergen**, Baden-Württemberg; die Zentralkammer enthielt einen Mann und eine Frau, sieben Nachbegräbnisse in der Peripherie, 6. Jh. vor unserer Zeit Der Hügel war umgeben von einem Kreis aus Pfosten und einem Graben, nach Reim.

3. **Breisach-Oberrimsingen**, Baden-Württemberg, Zentralkammer plus 21 Nachbegräbnisse, von Ha D bis LA 1. Schwarze Punkte zeigen Töpferwaren, die nagelförmigen Symbole sind die Leichen und verdeutlichen die Lage der Köpfe. Der Hügel war ursprünglich gekrönt von einer Stein-Stele oder Figur, die 1930 gewaltsam entfernt und zerstört wurde. Nach Wamser und Bittel.

4. **Glauberg**, Hessen, Deutschland, späte Hallstattzeit oder früher La Tène-Hügel mit zwei Gräbern und einer quadratischen Grube im Zentrum, angeordnet in einem System aus komplizierten Gräben. Eine „Prozessionsstraße" 350m lang, die vom Tal aus zwischen den Gräben hindurch zum Hügel führt. In der Nähe des Hügels befand sich ein kleines, quadratisches Gebäude (ein Schrein?). Punkte symbolisieren große Pfosten, x den Ort, wo die Statue in einer Grube gefunden wurde, die 1 im linken Graben den Ort, an dem eine alte Frau und ein Kind begraben waren. Teilweise ausgegraben, nach Schmid.

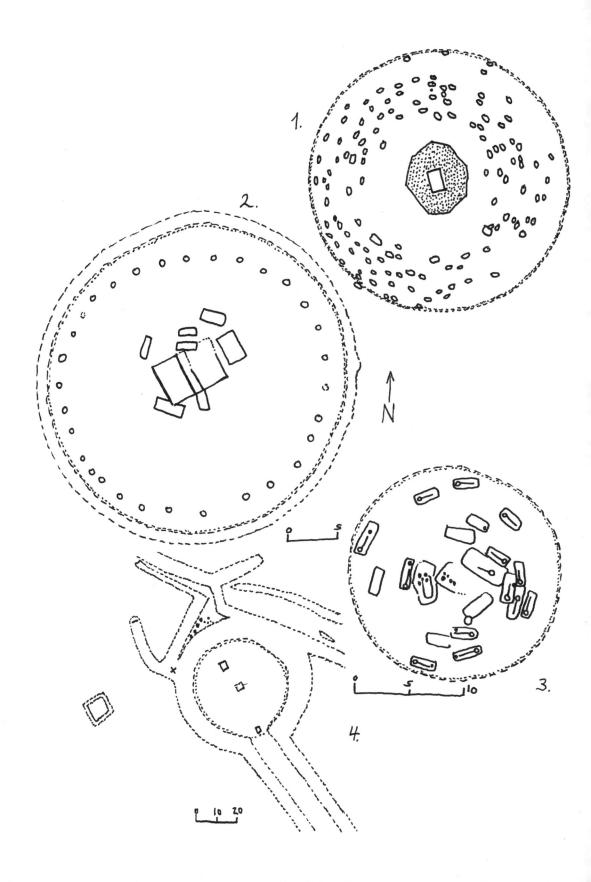

1.

2.

3.

4.

N

Begräbnisriten vorbehalten! Mehr über Talismane und ungewöhnliche Begräbnisarten findet sich im nächsten Kapitel.

Die edle Dame, die oben erwähnt wurde, und die dünnere Frau, die sie auf dem Weg in die Anderswelt begleitete, wirft die Frage nach Doppelbegräbnissen auf. Eine Anzahl von ihnen tritt in der Hallstattzeit auf, was die Frage aufwirft, warum eine Person eine andere in die hohlen Hügel hinein begleiten sollte. Es wäre trügerisch einfach, indische Traditionen als Erklärungshilfe zu verwenden und zu behaupten, es habe vielleicht etwas wie die Sati, das Witwenopfer, gegeben, oder das abscheuliche Ritual, das Ibn Rustah um das 10. Jahrhundert herum bei den Wikingern erlebt haben will. Cäsar, der über die späte La Tène-Zeit in Gallien schrieb, behauptet, dass die Toten oft zusammen mit ihren Verwandten und Dienern verbrannt wurden. Bei den Kelten der Hallstattzeit war das aber definitiv nicht die Regel.

Es gibt einige wenige Gräber, die für Paare gemacht worden waren. In diesen Zusammenhang ist es vielleicht interessant, sich mit dem Magdalenenberg-Grab 100 zu beschäftigen. Es beherbergte zwei Erwachsene, einen Mann und eine Frau, in einem von Steinwällen umgebenen Grab. Anders als bei den meisten anderen Gräbern lagen die Toten nicht nebeneinander auf dem Rücken, sondern Rücken an Rücken auf der Seite. Vielleicht handelte es sich um ungewöhnliche Menschen – die Frau trug den einzigen Zehenring der gesamten Hallstattperiode. Die Positionierung Rücken an Rücken mag magische Gründe gehabt haben. Es ruft einem das Grab einer jungen Frau in Esslingen-Sirnau ins Gedächtnis. Ihre Grabbeigaben umfassen achtzehn goldene Ohrringe, Armreifen, Korallenperlen, neun Bronzereifen, die an der Hüfte getragen wurden, einen Ring mit einem mondförmigen

Anhänger und ein einzigartiges Bronzeamulett, dass ein nacktes Paar zeigt, welches Rücken an Rücken liegt. Die Begeisterung für die Zahl neun ist bemerkenswert; mehr als ein Toter der Hallstattzeit wurde mit Gegenständen begraben, deren Anzahl drei, neun oder achtzehn betrug. Diese Tradition setzte sich über lange Zeit hinweg fort, man findet sie noch in der La Tène-Zeit und sogar noch später in den Schriften der mittelalterlichen Barden. Es ist umstritten, ob eine der Personen im Magdalenenberg der anderen ins Grab folgte; vielleicht war es auch keine ganz freiwillige Angelegenheit. Es ist auch möglich, dass beide zur gleichen Zeit starben, vielleicht an einer Seuche oder durch die Hand von Feinden.

Es gibt etwa vierzig Paargräber in der westlichen Hallstattregion, was etwa ein bis zwei Prozent aller bekannten Gräber ausmacht. Bei manchen scheint es sich um Ehepaare zu handeln, so zum Beispiel im Seitengrab 6 im Hohmichele (zwei Leichen, die Seite an Seite auf einem Kuhfell liegen), andere deuten möglicherweise auf eine Herr-und-Diener-Beziehung hin (im Hügel *Croix Du Gros Murger*, zwei Leichen und ein Pferdeskelett. Eine der Leichen trägt Schmuck, die andere nicht), und noch andere geben uns Rätsel auf, wie zum Beispiel Grab 93 im Magdalenenberg, dass einen erwachsenen Krieger mit einem Kind im Arm enthält.

In mehreren Fällen ist es sogar wahrscheinlich, dass die Toten, die ein Grab miteinander teilen, nicht zur gleichen Zeit gestorben sind. Das bedeutet, dass die Leichen aufbewahrt wurden, vielleicht für Jahre, und deutet auf ein Zwei-Phasen-Begräbnis hin.

Bevor wir uns von den Hügeln abwenden, möchte ich einige andere interessante Themen ansprechen. Eins davon ist die Möglichkeit, dass Leichen gelegentlich einbalsamiert worden sind. Einige Haare, die im Zentralgrab des Magdalenenberghügels gefunden wurden, sind extrem reich an Arsen. Dem Adligen von Hochdorf war sein goldener Torque gewaltsam nach dem Tod entfernt und vor dem Begräbnis repariert und wieder angelegt worden, möglicherweise wurde die Leiche in der Zwischenzeit irgendwie präpariert. Eine einbalsamierte Leiche würde uns etwas über die Glaubensvorstellungen der Zeit verraten. Haben wir es hier mit Personenkult zu tun oder mit einem Glauben an eine körperliche Wiederauferstehung?

Ein weiteres faszinierendes Thema ist die Art, wie die Hallstattleute über ihr zukünftiges Leben nach dem Tod dachten. In der frühen Hallstattzeit trugen die meisten Männer, im Osten wie im Westen, schwere Waffen. Bei vielen Leichen liegen Schwerter, Äxte, Speere, ein Helm, Brustpanzer, Beinschienen, Schilde und so weiter. Als diese Menschen ins Jenseits gingen, rechneten sie mit Kämpfen und waren dementsprechend bewaffnet.

Dann ergaben sich massive Veränderungen in der westlichen Hallstattzeit. Die immens reich ausgestatteten „Fürstengräber" und riesigen Grabhügel waren der Beginn eines neuen religiösen Trends. Körperbestattungen kamen in Mode, es fing bei den Adligen an und wurde später von fast allen Bevölkerungsschichten nachgeahmt. Noch verblüffender ist die neue Ideologie.

Die Adligen von Ha D hatten nur wenige Waffen in ihren Gräbern. Nur 10 – 20% der Männer sind für einen Kampf gerüstet.

Die anderen tendierten dazu, kurze Zeremonialdolche bei sich zu tragen, deren Griffe für einen echten Gebrauch zu kurz waren, und es sind nur einige wenige, leichte Jagdspiesse oder eine Ausrüstung an Jagdpfeilen vorhanden. Anstelle von Rüstungen findet man teure, bestickte Stoffe und anstelle von schweren Helmen leichte, aus Birkenrinde genähte Hüte.

Das Leben in Ha D war genauso gewalttätig wie in den Jahrhunderten davor und danach. Trotzdem deuten die Begräbnisriten dieser Zeit darauf hin, dass die Adligen an ein friedliches Nachleben glaubten, wo keine echten Kämpfe nötig waren. Diese Einstellung änderte sich gegen Ende der Periode, als die meisten der alten Dynastien verschwanden. In La Tène A wurden plötzlich Feuerbestattungen beliebt, und die Asche wanderte in Flachgräber, zusammen mit Unmengen an Waffen.

Nun haben wir einige Bräuche und Traditionen in Bezug auf Begräbnisse betrachtet. Es gibt wenig feste Regeln in dieser Sache, die Grabbeigaben und die Art der Bestattung variieren sehr stark. Ein gemeinsames Merkmal der reicheren Begräbnisse ist einfach, dass eine Art Hügel errichtet wurde. Was bedeutet ein Hügel? Soll er einen schwangeren Bauch darstellen, ist er ein Gefäss des Übergangs von einer Welt in die andere? Eine kleine Meditation könnte jetzt nutzen. Willkommen in der weiten Welt der subjektiven Träume! Wenn Du etwas Originelles lernen möchtest, dann führe jetzt diese Übung durch.

Übung:
Trancereise in die hohlen Hügel

Fangen wir ganz einfach an. Wir haben hier eine fortgeschrittene Übung vor uns, die für Magier/innen mit Erfahrung gedacht ist. Ich setze mal voraus, dass Du bereits Erfahrungen in Imagination und elementarer Trancetechnik hast, und körperlich, geistig und seelisch gesund bist. Diese Praxis verlangt Fitness auf allen drei Ebenen. Falls Du Dir nicht sicher bist, lerne erst mal die Grundlagen. Zum Beispiel mit *Visueller Magie*.

Alles bereit! Fangen wir ganz einfach an. Denn mit guter Vorbereitung geht alles sehr viel leichter. Eine Trancereise geht am einfachsten, wenn Du weißt, Du machst es Dir jetzt erst einmal bequem. Fangen wir mit einem guten Gefühl an. Alles geht leichter, wenn Du Dir gute Gefühle machst. Das ist wesentlich sinnvoller, als darauf zu warten, dass das Universum oder sonstwer sie Dir macht. Gefühle kommen nicht vom Himmel gefallen, wir machen sie uns selbst. In unseren Drüsen, in unseren limbischen Systemen und mit Hilfe von jeder Menge Gehirnchemie. Du hast eine großartige alchemistische Werkstatt in Deinem Körper, die Dich mit vielen neuen Erlebnissen überrascht. In den drei Kesseln kannst Du Gefühle und Bewußtseinszustände gestalten, die Dir völlig neue Erfahrungen erlauben. Und weil Du jetzt die Wahl hast, willst Du Dir ein gutes oder gleich ein sehr gutes Gefühl machen! Oder eins, das besser ist als alles was Du bisher erlebt hast! Das geht in Trance, es geht im täglichen Leben, und es geht wenn Du aufwachst und Verantwortung für Dein Erleben übernimmst.

Jeden Tag und immer wieder neu.

Such Dir einen friedlichen Ort, an dem Du in Ruhe sein kannst. Mach es Dir bequem. Vielleicht möchtest Du Dich vorher erst etwas bewegen. Vor allem wenn Du nur rumgesessen hast. Ein bisschen auf der Stelle laufen, springen, Arme ausstrecken, Hüfte kreisen lassen, Körperbewußtsein. Das gibt Dir ein Gefühl für Dich selbst. Und jetzt mach es Dir gemütlich. Gute Trancen brauchen keine heiligen Haltungen, sondern einfach solche, in denen Du Dich wohlfühlst und Dein Körper bleibt sich selbst überlassen und findet Erholung. Es ist einfach, im Geist zu reisen, wenn der Körper bequem ruht und auf sich selber aufpasst. Vielleicht möchtest Du für diese Reise liegen. Oder Du setzt Dich bequem hin. Sind Deine inneren Bilder klarer wenn Du es hell oder dunkel hast! Ich persönlich bevorzuge Dunkelheit, und lege mir deshalb ein Tuch über die Augen. Was eine nicht ganz neue Idee ist. Gallorömische Darstellungen zeigen Rituale, in denen die opfernden Personen ein Tuch über dem Kopf hängen haben. Es trennt sie von der materiellen Welt und bringt sie den Göttern näher. Oder vielleicht macht es einfach nur die inneren Bilder deutlicher. Vielleicht sieht es etwas bescheuert aus, funktioniert aber. In der Antike hat sich niemand was dabei gedacht. Aber vielleicht imaginierst Du auch lebendiger vor einem hellen Hintergrund. Such Dir aus was Dir gut tut.

Und jetzt mach' es Dir bequem. Wenn Du sitzt, stelle beide Füße flach auf den Boden. Wenn Du liegst, bewege nochmal die Beine und Arme hin und her, bis Du Dich richtig bequem fühlst. Lass die Arme an Deiner Seite ruhen. Und werde ganz locker, während Du merkst dass Du in Dir selber ruhst. Und dass Dein Körper friedlich und entspannt sein kann, während Dein Geist sich für neue Erfahrung öffnet. Genau so. Jetzt. Arme schwer, Beine schwer, Körper ganz ruhig und locker. Atem fließt von selbst: Du bist in Dir daheim. Und Du lässt ein gutes Gefühl durch Deinen ganzen Körper leuchten. Von der Mitte bis zur Peripherie. Vielleicht ist es noch ein kleines gutes Gefühl. Du kannst es stärker machen. Dreh das gute Gefühl voll auf, lass es Deinen ganzen Körper füllen. Und das geht noch stärker. Überrasche Dich, indem Du es besser und wohliger machst als Du denkst. Sehr gut. Jetzt ist Dein Körper gut vorbereitet.

Es gibt viele Wege in Trance. Du kannst nochmal Deine Muskeln lockern. Arme und Beine, Hände und Füße. Und Dein Gesicht. Locker, schwer, warm, und gut durchblutet. Vielleicht möchtest Du Dich mit Suggestionen in Trance bringen. Du kannst Dir sagen, dass Du jetzt einfach los lässt. Und jetzt immer tiefer und tiefer in Trance. Tief in Dich hinein. Und während Dein Atem ruhiger wird, sinkt Deine Aufmerksamkeit in Dich hinein und Du fühlst wie Du immer tiefer sinkst, genau so, in eine bessere und tiefere Trance. Denn jetzt kann Dein Körper da draussen auf sich selber aufpassen, denn Du tauchst in Dir drinnen in die Stille und den Frieden ein und Du wirst immer ruhiger und Deine Gedanken werden langsamer und Deine innere Stimme klingt angenehm ruhig und relaxed und spricht Dich sanft und freundlich immer tiefer. Sprich langsam und behutsam. Ein paar einfache Worte bei jedem Ausatmen. Und noch langsamer. Richtig schön beruhigend. Und während Du langsamer und ruhiger wirst, denn Du hast Zeit, viel Zeit, kommst Du ganz von selbst in eine ruhige und tiefe Trance in Dir drinnen und jetzt noch tiefer und vielleicht merkst Du wie dieses gute Gefühl aus Deiner Mitte Dich durchströmt und Du sendest es nach außen, weit nach außen in Deinen Körper und der lockert sich noch mehr, immer tiefer, denn jetzt ist genau der Zeitpunkt sich richtig gut zu fühlen und während Du noch tiefer sinkst bist Du bereit etwas wirklich Neues zu lernen. Oder Du denkst einfach gar nichts bestimmtes, denn jetzt kannst Du loslassen. Wenn Du einfach vor Dich hin döst, fängt Dein Hirn an Alphawellen zu produzieren. Diese Rhythmen sind langsamer als Dein Alltagsbewußtsein. Du kennst sie vom Einschlafen, aber diesmal bleibst Du wach. Es passiert ganz von selbst wenn Du nichts Bestimmtes tust. Und auf diesen Wellen findest Du den Weg, ganz langsam und wohlig, in eine gute Halbschlaf Trance die Deinen Geist für neue Erfahrungen öffnet. Noch langsamer jetzt. Denn jenseits von Alpha geht's erst richtig los.

Und jetzt denk Dir ein nettes, freundliches Hügelgrab. Vielleicht möchtest Du ein Hügelgrab auf der weiten Ebene wo die großen Winde wehen, oder vielleicht ein Hügelgrab unter schattigen Buchen im Zwielicht der Dämmerung oder eines auf einer Anhöhe über dem endlos langen Strand. Vielleicht ist es allein im Dickicht, oder umgeben von anderen Grabhügeln. Mit Gras überwachsen, vielleicht mit einem Ring von Steinen umgeben, oder alt und verfallen und flach, ganz wie es Dir zusagt. Oder es ist eins was Du kennst und bei dem Du Dich wohl fühlst. Oder eins in einer dramatischen Umgebung, das Dich aufregt und verunsichert. Such Dir aus was Dir gut tut.

Geh um den Hügel herum. Sieh ihn Dir von allen Seiten an. Fühle die Erde, spüre die Luft, horch in Deine Welt hinein. Nutze alle Deine Sinne. Imagination wird realer, wenn Du alle Sinne vereinst. Du kannst sehen, hören, fühlen, riechen und schmecken. Und Du kannst das alles noch stärker machen. Viel stärker. Wenn Du innere Bilder siehst, dreh die Farbe auf, mach Sie groß, hol sie immer näher ran, wickel sie um Dich herum oder gehe hinein! Wenn Du den Wind spürst, fühl ihn am ganzen Körper! Höre die Geräusche um den Hügel herum, rieche diesen Geruch und schmecke diese Stimmung.

Was möchtest Du noch! Ein wenig mehr Atmosphäre, eine bestimmte, verzauberte Tageszeit, eine Landschaft die Deine Phantasie beflügelt! Imagination sollte begeistern. Sie sollte groß und deutlich und eindrucksvoll sein. Sie sollte Dich von Kopf bis Fuß berühren und bewegen. Vielleicht brauchst Du ein paar Wiederholungen um den Hügel 'echt' zu machen. Oder es passiert ganz von selbst, denn dieser Hügel hat nur auf Dich gewartet.

Der Hügel ist bereit wenn Du es bist. Vielleicht verunsichert Dich das. Sehr gut. Manchmal ist Furcht ein deutliches Signal, dass Du etwas belebt hast, was weit über Dein Denken hinaus geht. Und das es etwas zu entdecken gibt, was Dein Ego schaudern macht. Was Du brauchst ist ein imaginärer Hügel, der magisch aktiv und lebendig ist, und in sich Geheimnisse birgt, die Deine Träume übertreffen. Ein Hügelgrab mit Eigenleben.

Als nächstes öffnet sich ein Weg ins Innere. Vielleicht findest Du einen Eingang. Oder, hier sind wir im Land mittelalterlicher Märchen und Legenden, Deine Seele (oder was auch immer Du für Dich hältst) verwandelt sich in ein kleines Tier. Manchmal ist das innere Ich eine Schlange. Oder eine Maus, oder ein Wurm, ein Käfer oder eine Spinne. Oder etwas völlig Fremdes. Es kann auch abstrakt sein, eine Farbe, ein Nebel, ein Symbol oder eine Flamme. Eine menschliche Gestalt kann manchmal im Wege sein, aber auch tierische Formen haben ihre Grenzen. Was bist Du jenseits aller Formen! Such Dir aus was zu Dir passt. Und finde einen Weg in Deinen Hügel. Immer tiefer und tiefer. Durch das dunkle, schwere Erdreich. Durch die warme, feuchte Finsternis. Zwischen Wurzelfasern und Steinen und den Wassern der Unterwelt, durch Ritzen und Höhlen hinab. Denn hier geht es immer tiefer. Bis Du zu den verborgenen Kammern kommst. Es gibt jede Menge davon. Und jede ist eine eigene Welt. Jede birgt neue Erfahrungen. Denn dies ist Dein Jenseitshügel, Dein Weg in die Anderswelten, und davon gibt es unendlich viele. Jede voller Träume, jede voller Realität. Denn was in den Anderswelten geschieht, verwandelt das Diesseits auf magische Weise. Tief innen ist auch draußen. Aber Du musst erst richtig draußen sein um das drinnen zu verstehen, dass Dich nach draußen bringt, und umgekehrt.

Was Du aufgebaut hast ist Imagination, aber was sich daraus entwickelt ist mehr. Früher oder später wirst Du Ideen und Traumvisionen erleben, die Dich überraschen. Wo kommen sie her und was bedeuten sie? Manche von Ihnen könnten geschichtliche Relevanz haben. Manche mögen von den Erbauern der hohlen Hügel kommen, oder von den Generationen, die auf sie folgten. Andere könnten Deine eigenen Inspirationen sein, oder Botschaften Deines Tiefenselbst, oder einfach Erfahrungen die Dich begeistern und weiterbringen. Vielleicht sind es reale Ereignisse und vielleicht Szenen im Anderswelttheater. Oder es sind Spukbilder, Wunschträume oder Zufallsschemen, Wünsche und Alpträume. All das ist möglich. Und noch viel mehr. Bewahre einen ruhigen, klaren Geist und staune. Hier geht es nicht darum, nach 'wahr' und 'falsch' zu unterscheiden. Vielleicht empfängst Du geschichtliche Realität und vielleicht ist es einfach ein Traum, der Dich auf Deinem Weg weiterbringt. Alles ist möglich, und von allem kannst Du etwas lernen. Eine Vision muss nicht unbedingt 'wahr' sein um Dein Leben zu verändern. Wichtig ist, dass die Veränderung Dich zu einem freieren, glücklicheren Menschen macht, der gerne lernt und viel lacht und ganz neu durchs Leben geht.

Nur wenn Du Zeug in Deinen Kopf bekommst, das nichts mit den Hügelwelten zu tun hat oder Dich nervt, solltest Du eingreifen. Wenn Dir zum Beispiel Erinnerungen von der Arbeit hochkommen, oder Spekulationen über die Zukunft, oder den Alltagskram, den Crowley die 'tägliche Zeitung' nannte, ist es Zeit, Dich wieder an den Hügel zu erinnern. Denk an den Hügel. Mach das Bild groß und nah, bringe Gefühl und Klang dazu, rieche und schmecke das Erdreich und Dein Alltagsdenken wird schnell vergessen sein.

Vielleicht kommen Dir sogar Szenen aus anderen Leben in den Kopf. Manchen Trancereisenden geht es so. Vielleicht sind es Erfahrungen die Du gemacht hast, als Du noch nicht Du warst (denn Du warst damals ganz bestimmt nicht Du, jedenfalls nicht so), oder Erfahrungen anderer Leute. Wer weiß schon, wo das Tiefenselbst mit anderen verschmilzt, wo die Individualität aufhört und das Allselbst beginnt. Solche Erinnerungen sind leichter zu empfangen, wenn Du darauf verzichtest, sie als Deine eigenen zu betrachten. Je mehr Du am 'ich' hängst desto weniger wirst Du verstehen, denn dieses Ich ist nicht das Ich von jetzt und schon garnicht das Ich von morgen. Ich ist ein Fokus von Bewußtsein und stufenlos veränderbar. Es formt sich in jedem Leben neu. Du lernst mehr, wenn Du weniger Du bist, denn hier ist alles möglich.

Wir sind hier im Land der hemmungslosen Subjektivität. Wichtig ist vor allem, was Deine Visionen Dir bedeuten. Wenn sie Dich bewegen, wenn sie Dich verwandeln und wenn sie Dich auf Deinem Weg weiterbringen, sind sie, pragmatisch gesehen, wahr genug. Dein Hügel ist eine Vorstellung, aber dasselbe gilt für Deine Persönlichkeit, Deine persönliche Geschichte und all das was Du für Dich für wahr hältst. Es ist eine bardische Wahrheit, die die Welt zu einer Geschichte macht, und Dir Deinen eigenen Mythos verleiht. Das ist natürlich nicht das selbe wie eine wissenschaftliche Wahrheit, denn Subjektivität lässt sich nicht von anderen ermessen. Und all das entspringt einer Repräsentation.

Du repräsentierst Deinen Hügel in Deiner Vorstellung. Du gibst ihm Bild und Ton und Gefühl. Die andere Seite gibt ihm Leben.

Vielleicht ist die Repräsentation überzeugend und vielleicht nicht. Nun, eine detaillierte Repräsentation überzeugt stärker als eine hingehudelte, schlampige oder schwache Vorstellung, aber was den Realitätsgehalt angeht ist eine so gut wie die andere. Beide könnten wahr oder falsch sein. Denn die Qualität Deiner Vorstellung ist keine Garantie für ihren Wahrheitsgehalt.. Ob eine Vision wahr oder falsch ist, hat hier keine Relevanz. Viel wichtiger ist, welche Vision für Dich jetzt nützlich ist. Auch das gehört zu den Wahrheiten der Druidinnen und Druiden, Barden, Zauberer, magischen Frauen, Hexen und Geschichtenerzähler. Der Hügel in den Du gehst ist ein unbekannter Teil von Dir selbst, und die Höhlen und Tunnel darin führen Dich weit darüber hinaus.

Gehe behutsam, lerne mit offenem Geist, finde die Schätze in Deiner Tiefe, vergiss das Beste nicht und kehre erfrischt und neu erschaffen zurück. Denn der Grabeshügel ist auch ein schwangerer Bauch und aus der Tiefe kommt ein neuer Mensch zurück. Jung und offenherzig und bereit zu staunen, lernen und zu lachen. Wie neugeboren.

Wenn Du so weit bist, kehre um. Gehe den Weg zurück den Du gekommen bist. Verschließe die Durchgänge und Pforten hinter Dir sorgfältig. Erinnere Dich an Deinen Körper und fülle ihn auf, bis in die Zehen, bis in die Fingerspitzen, vom Beckenboden bis zum Kopf.

Nimm tiefe Atemzüge. Und während Deine Gedanken schneller werden, fange an Dich zu räkeln, strecke die Arme und Beine, öffne die Augen, jetzt wach und klar und ganz hier, erfrischt und gut gelaunt, und wenn du so weit bist, stehe gemächlich auf. Lass Dir ruhig Zeit dabei. Wenn Du lange in Trance warst, brauchst Du einen Augenblick um in der Welt anzukommen. Dein Hirn stellt sich um, Dein Nervensystem passt sich an, die Welt ist neu und frisch und Du auch.

Und schreib' sofort auf, was Du erlebt hast. Egal ob viel oder wenig, Du wirst Deine Erinnerung leichter behalten, wenn Du die Welten verbindest und den Erinnerungsbericht festhältst.

Und falls Du Dich neben der Spur fühlst, mach' eine Bannung, nimm' eine kalte Dusche und geh eine Runde spazieren in der frischen Luft.

Die Toten auferstehen lassen

Im Reich der Toten gibt es viel verborgenes Wissen zu entdecken, beziehungsweise in dem Teil Deines Geistes, den Deine lebendige Persönlichkeit für tot hält (d. h. der jenseits des Ego existiert). Darum geht es bei Nekromantie. Wenn Du einen Grabhügel erforschst, führst Du tatsächlich ein Ritual zur Beschwörung der Toten durch. Das klingt wild und dramatisch; allerdings passiert das Selbe, wenn Du Bücher von einem bereits verstorbenen Autor liest. An diesem Punkt möchte ich hinzufügen, dass Rituale zur Beschwörung der Toten einen respektablen Platz im magischen Repertoire der mittelalterlichen Barden hatten. Das berühmte irische Werk *Dindsenchas* beruht auf genau dieser Idee. Wörtlich übersetzt bedeutet der Ausdruck „Hügel-Geschichten", oder, genauer, Geschichten über Grabhügel und Hügelsiedlungen. Diese Geschichten wurden in der Zeit vom 9. bis zum 11. Jahrhundert unserer Zeit gesammelt und bestehen im Wesentlichen aus der Erklärung von Ortsnamen. Die irischen Poeten glaubten, es sei wichtig, das Wissen über das Land am Leben zu halten. Ihr Repertoire an Geschichten geht in die Hunderte und umfasst örtliche Traditionen, die Geschichten von Hügeln, Straßen, Grabhügeln, Dörfern, Flüssen und Teichen. Wenn derartiges Wissen oder irgendein anderes Stück Geschichte zufällig in Vergessenheit geraten war, versammelten sich die Poeten, um einen Ritus zur Beschwörung der Toten durchzuführen. Sie nutzten einen Grabhügel, der irgendeinem verstorbenen Helden zugeordnet wurde und ließen ihn auferstehen, um zu erfahren, wie es sich wirklich zugetragen hatte – und zwar von jemandem, der dabei gewesen war. (Ein gutes Beispiel dafür findest Du im *Tain*). In ähnlicher Weise wurde Taliesin (oder zumindest einer, der diesen Namen trug) von Fürst Elffin gebeten, die Namen der Helden zu nennen, die unter den Grabhügeln Britanniens schlummerten (*Schwarzes Buch von Carmarthen*, 19).

Die Gräber, die der Regen nässt!
Männer, nicht gewohnt, mich zu enttäuschen -
Cerwyd, und Cyrwyd, und Caw.
Die Gräber die das Dickicht bedeckt!
Sie würden nicht nachgeben ohne Rache zu üben:
Gwryen, Morien und Morial.
Die Gräber die der Schauer nässt!
Männer, die nicht heimlich aufgeben würden -
Gwen, und Gwrien, und Gwriad.
Das Grab von Tydain, Vater der Muse,
im Bezirk von Bron Aren:
wo die Wellen traurig klingen,
das Grab von Dylan in Llan Beuno
…
Wahrlich, Elffin brachte mich,
mein ursprüngliches Bardenwissen zu erproben,
bezüglich eines Anführers -
das Grab von Rwvawn von gebieterischem Wesen.
Wahrlich, Elffin brachte mich,
mein Bardenwissen zu erproben
bezüglich eines frühen Anführers -
das Grab von Rwvawn, zu früh ging er ins Grab.
Das Grab von March, das Grab von Gwythur,
das Grab von Gwgawn Gleddyvrudd;
der Welt ein Rätsel, das Grab von Arthur
…
Wer kennt dieses Grab! Jenes Grab!
Und dieses?
Frag mich, ich weiß es…

(SBvC 19)

Es handelt sich hier nur um eine kurze Auswahl, das ganze Gedicht hat 73 Zeilen und nennt mehr erschlagene Helden, als je Bedarf an ihnen bestünde. Von Taliesin, der überall gewesen war und jede denkbare Erfahrung gemacht hatte, wurde erwartet, dass er die Namen und Taten aller Toten kennt.

Wem gehört das Grab? Dieses Grab?
Und jenes?
Frag mich, ich weiß es;

In späteren Versen ist es das Awen selbst, der Geist der Inspiration, der die verborgenen Mysterien offenbart.

Wenn Du Dich daran wagst, die Geheimnisse der Toten zu erkunden, indem Du ein Tranceritual bei den Grabhügeln durchführst, könnte das Awen Dir ähnliche Einsichten gewähren. Falls es in Deiner Gegend bequemerweise irgendwelche Hügelgräber geben sollte, möchtest Du vielleicht herausfinden, wer in den hohlen Hügeln begraben liegt. Am besten führst Du dieses Ritual mit einem gewissen Maß an Respekt durch. Es kann von ziemlich schlechten Manieren zeugen, auf einem Grabhügel herum zu trampeln, dessen Bewohner man nicht kennt. Ein Gebet und eine Anrufung können hier hilfreich sein. Ich möchte vorschlagen, vorgefertigte Formeln zu vergessen und einfach zu sagen, was Dir am Herzen liegt. Emotionen, die durch Gebete kanalisiert werden, Opfergaben, Rituale und Musik können genau das Richtige sein, um Deine Phantasie anzuregen und Dich in die richtige Stimmung zu bringen.

Für draußen durchgeführte Evokationen verwende ich gerne eine Schütteltrance; zum einen erhöht sie die Klarheit der Visionen, und zum anderen hält sie mich warm. Erregung setzt das Zittern in Gang. Wenn Du das Lernen willst, findest Du eine praktische

Einführung in *Seidwärts*. Auch hier ist es nützlich, wenn Du einfach Deinen Geist offen hältst. Das heißt, ganz egal, ob Deine Visionen vage oder überwältigend sind – Du solltest sie als echt empfinden, aber nicht als die einzig mögliche Wahrheit. Eine bardische Wahrheit ist nicht die Art von Wahrheit, die ein Wissenschaftler anerkennen würde. Sie ist weder besser noch schlechter; sie bewegt sich ganz einfach auf einer völlig anderen Verständnisebene. Die Barden und Poeten, die Nekromantie benutzten, um etwas über die Vergangenheit zu erfahren, setzten ihre Phantasie als legitimes Mittel zur Erforschung des Unbekannten ein. Daraus folgt, dass Deine persönlichen Einsichten, wenn Du in Trance in einen Hügel gehst, mit dem derzeitigen Wissensstand übereinstimmen können oder auch nicht. Ungeachtet dessen übst Du damit eine typische Aktivität der keltischen Seher aus.

Opferplätze unter freiem Himmel: Vom Ende der Hallstattzeit

Zuletzt noch ein paar Bemerkungen zum Kult der späten Hallstattzeit. Wie schon gesagt, wissen wir viel zu wenig über die religiösen Bräuche der Hallstattkultur. Wir wissen noch nicht einmal, ob es eine organisierte Priesterschaft gab, wieviele Götter verehrt wurde, was genau die damalige Bevölkerung für göttlich hielt und wann die Riten erfolgten. Vermutlich gab es keine einheitliche Religion, sondern eine Vielzahl von örtlichen Entwicklungen. Aber auch das ist geraten. Über manche Kultplätze wissen wir dagegen ein wenig. Ich bin sicher, dass die Hügelgräber ein wichtiger Teil der Religion waren, wir hätten es hier also mit vergöttlichten Ahnen zu tun. Aber es gibt auch Opferplätze, die ohne Gräber auskamen. Von diesen sind nur sehr wenige bekannt. Es liegt vor allem am Mangel von Funden. Woran erkennen wir heute, nach rund zweieinhalb Tausend Jahren, einen ehemaligen Kultplatz? Solange keine Megalithen aufgestellt sind, bleiben wenig Spuren zurück. Die Landschaft verändert sich ständig. Quellen können versiegen und andernorts neu hervortreten. Seen halten selten länger als ein paar Generationen, bevor sie, gefüllt mit Laub und organischen Abfällen, versumpfen und zuletzt zu ganz normalem Erdreich werden. Gärten, Wiesen, Felder und Wege werden früher oder später vom Wald verschluckt. Pfostenlöcher zeigen, wo es Gebäude gab, sagen aber nicht, was für Gebäude es waren. Manchmal erlaubt es eine gründliche Bodenuntersuchung, einen Opferplatz zu bestimmen. Orte, an denen viele Tiere geopfert wurden, haben, dank des vergossenen Blutes, einen höheren Eisengehalt als die Umgebung. Aber solche Stellen sind meist klein und schwer zu bestimmen, gar nicht zu reden von den Kosten der Laboranalyse. Was die Jahrhunderte überdauert, sind oft nur Knochen und Scherben. Häufige Tierknochen können auf Schlachtplätze hinweisen und sind also kein sicheres Zeichen für Opferkulte. In Kombination und in Verbindung mit landschaftlich auffälligen Orten sagen sie allerdings wesentlich mehr aus. Zum Glück gibt es etliche solche Plätze aus der Hallstattzeit. Bisher sind sieben mit Sicherheit bestimmt worden. Was ein nützlicher Hinweis ist, aber nun wirklich nicht genug, um zu verallgemeinern. Es handelt sich durchweg um landschaftlich schöne Orte, die sich zum Himmel orientieren. Hier gibt es Felsnadeln, Klippen, Steilhänge und Hügelkuppen.

Hoch sind die Gipfel der Felsen, weit ist der leuchtende Himmel. Der Wind weht und die Bäume schwanken: Die Götter empfangen, was von Herzen gegeben wird. So hätte es zumindest ein Barde ausgedrückt.

Soweit wir wissen, wurden die Opfer an erhöhten Orten dargebracht. Teilweise auf derartig hohen Felssäulen, dass es erstaunlicher Kletterkünste bedarf, um sie zu erreichen. In Eggli bei Spiez, Kanton Bern fanden sich um einen Monolith die Reste von Schafen und Ziegen, die als Brandopfer dargebracht wurden. Zusammen mit den Resten von Tongefäßen, die vermutlich Speise- und Trankopfer enthielten, alles in allem dreißig Zentner Tonscherben. Die Scherben datieren von der Urnenfelder- bis zum Ende der Hallstattzeit. Solche Gefäße sind auch für die anderen Kultplätze typisch. Offen bleibt dabei, ob die Gefäße (es handelt sich vor allem um Töpfe und Schüsseln) aufgestellt wurden, und im Laufe der Jahrhunderte zersprangen, oder ob sie direkt beim Ritual zerschlagen wurden. Ein Teil scheint von Felsen oder Klippen gestürzt zu sein. Vielleicht hat der Wind sie herab befördert und vielleicht haben die Opfernden sie in die Tiefe geworfen. Heute ist das schwer zu bestimmen. In Scheuerlesfels bei Buchheim, Kreis Tuttlingen ist es ein Felskegel, der sich in einer heute trockenen Schleife der Donau erhebt. Im Schutt der Hänge sind große Mengen Scherben aus der Urnenfelder und Hallstattzeit enthalten. Eine Felsnase bei Rockenbusch (auch bei Buchheim) hat etliche natürliche Terrassen, die nach Spindler (1983: 373) mit Scherbennestern übersät sind. Auch hier geht der Befund von der Urnenfelderzeit bis zum Ende der Hallstattzeit. In Dellingen bei Waldhausen, etwa 15km vom Magdalenenberg fanden sich Scherben von etwa 1000 Tongefäßen, sowie verbrannte und kalzinierte Knochen von Schafen, Ziegen und Rindern. Dieser Kultplatz war in der mittleren Hallstattzeit in Betrieb. In Osterstein bei Unterfinningen, Kreis Dillingen waren es etwa 70.000 Scherben, zusammen mit tierischen Überresten. Dazu gab es auf einem exponierten Felsturm eine eigentümliche, vielleicht künstliche Anordnung von Felsen. Hier begann die Opferung lange vor der Hallstattzeit. Sie begann während der Bronzezeit, setzte sich die Urnenfelderzeit hindurch fort, und blieb die ganze Hallstattzeit erhalten. Erst mit dem Beginn der La Tène-Zeit verschwand der Brauch. Auch in Messelstein bei Donzdorf (Kreis Göppingen) haben wir eine Felsklippe, unter der große Scherbenmengen von Opferbräuchen zeugen. Der Ort wurde von der Bronzezeit bis zum Ende der Hallstattzeit rituell genutzt. Was hier belegt ist, sollte zu denken geben. Denn eine kontinuierliche Nutzung von bronzezeitlichen, urnenfelderzeitlichen und hallstattzeitlichen Kultplätzen deuten auf starke religiöse Gemeinsamkeiten hin.

Vielleicht blieb die ortsansässige Kultur über beinahe tausend Jahre erhalten und übernahm die Sitten und Gebräuche des jeweiligen kulturellen Umfelds. Oder verschiedene Stämme oder Kulturen bevölkerten die Umgebung, hatten aber ähnliche Opferbräuche. Wie Spindler zusammenfasst: *Die jeweils exponierte Lage der Opferstellen wie auch die Übergabe der Spenden im emporsteigenden Flammenrauch weisen auf eine Verehrung überirdischer, himmlischer Götter hin* (1983:374).

So ging es bis zum Ende der Hallstattzeit. Und dann gab es eine Serie von drastischen Veränderungen, die uns vor neue Rätsel stellt. An all den bekannten Open-Air-Kultplätzen hörte das Opferwesen auf. Die großen Hügelgräber kamen rasch aus

---

Münzen

Diese Münzen sind keine repräsentative Auswahl aus dem weiten Feld der keltischen Münzkunde. Wäre das der Fall, dann würde die große Mehrheit Gesichter im Profil und Pferde, Reiter und Wagenlenker auf der Rückseite zeigen. Was ich hier gezeichnet habe, sind die magischeren unter den Bildern, eine Reihe von Tieren und symbolische oder abstrakte Formen.

Die meisten Münzen sind nicht maßstabsgerecht oder exakt wiedergegeben. Zu viele Bücher über keltische Münzen geben die Bilder im Maßstab 1:1 wieder, und da die meisten keltischen Münzen weniger als 2cm Durchmesser hatten, strengt das die Augen doch sehr an. In einigen Fällen habe ich die Linien klarer wiedergegeben, als sie im Original erscheinen, von denen viele sehr abgenutzt sind.

Die Zuordnung der Münzen zu keltischen Stämmen ist oft hypothetisch und beruht auf größeren Verteilungsräumen und wissenschaftlichen Spekulationen. Das ist aber nicht weiter schlimm, da Karten, die die Territorien keltischer Stämme zeigen, ebenfalls spekulative Rekonstruktionen sind.

Da Münzen zirkulieren und viele Stämme viel unterwegs waren, sind Fehler bei Zuordnungen wahrscheinlich. In Bezug auf meine Quellen konsultiere bitte die Bibliographie.

Münzen 1 - Gottheiten, Seher, Visionäre

Oben links: Sequaner, gallisch, man beachte den Tausendfüßler (!)

Oben rechts: Coriosoliter, gallisch, sich auflösender Kopf.

Mitte: Remer, gallisch, rechte Seite sehr abgenutzt, man vergleiche mit gehörntem Gott (Gundestrup-Kessel).

Unten links: Tincommius-Münze, britannisch, Frau, mit Hut!

Unten rechts: Namneter, gallisch, Barde oder Prophet! Man beachte den Blick zum Stern hin und den Atem (!) oder die Worte (!) die aus dem Mund kommen.

der Mode. Auch der Jenseitsglaube änderte sich. Adlige Tote, die in der späten, westlichen Hallstattzeit noch für Freizeit, Sport und Jagd ausgerüstet wurden, bekamen ab der frühen La Tène-Zeit jede Menge Waffen ins Grab. Und auch in der Kunst zeigen sich große Veränderungen. Über Jahrzehnte setzte sich ein völlig neuer Kunststil durch, der auch die religiösen Darstellungen stark veränderte. Das ging nicht von einem Tag auf den anderen. Im französisch-schweizerischen Gebiet war die La Tène-Kunst sehr früh im Kommen, während Fürstensitze wie Mont Lassois und die Heuneburg die ästhetischen Neuerungen erst einmal ablehnten. Auch diese Entwicklung war alles andere als einheitlich. Denn am nördlichen Rand des Hallstattgebiets wurde die La Tène-Kunst wesentlich schneller populär. Vielleicht kann ein Teil dieser chaotisch wirkenden Ausbreitung mit exogamen Hochzeiten erklärt werden. Und die Veränderung war nicht mehr aufzuhalten. Die meisten der großen Hallstatt Fürstensitze zerfielen. Nur Camp-du-Château blieb unzerstört weit in die La Tène-Zeit bestehen. Alle anderen, Heuneburg, Hohenasperg, Rastatt, Mont Lassois, Britzgyberg, Münsterberg usw. verwahrlosten einfach. Manche von ihnen, wie die Heuneburg, zeigen deutlich ein kriegerisches Ende der Befestigung. Doch wer auch immer hier den Fürstensitz zerstörte, hatte kein Interesse die Festung zu restaurieren oder dort auch nur zu bleiben.

Das alles geschah nicht ganz gleichzeitig. Der Wechsel von der Hallstatt zur La Tène-Kultur brauchte Jahrzehnte, um sich durchzusetzen. Doch warum endeten die großen Fürstensitze? Warum wurden in relativ kurzer Zeit die großen Höhenfestungen zerstört, verlassen, und letztendlich vom Wald überwuchert? Wurden die dortigen Dynastien von fremden Heeren zerstört? War es eine politische oder religiöse Veränderung? Waren die La Tène-Kelten ortsfremde Invasoren? Oder handelte es sich um eine einheimische, möglicherweise religiöse und soziale Revolution?

Der Befund gibt Rätsel auf. Bei einigen Hallstatt Fürstensitzen wurden auch einfache Siedlungen und Gräberfelder ausgegraben. Und während die großen Festungen zerstört wurden oder verlassen in Wind und Wetter erodierten, blieben die Siedlungen erhalten. Das ist zumindest sonderbar. Eine Invasion hätte nicht nur eine Hochfestung, sondern auch die darum liegenden Ortschaften vernichtet, und auch die Bestattungskontinuität der Gräberfelder unterbrochen. Doch die existierten weiter, ganz als wäre nichts geschehen.

Aber sparen wir uns die Verallgemeinerungen. Zur Zeit sind einfach noch nicht genügend Ortschaften bei Fürstensitzen ausgegraben worden. Denn solche Forschungen kosten viel und bringen wenig. In Dörfern und Gehöften sind die Funde spärlich und nicht besonders eindrucksvoll. Solche Grabungen erbringen oft nur Pfostenlöcher, Wallreste, Abfallgruben, Keramik und vielleicht ein paar verkohlte Getreidekörner aus einer Vorratsgrube. Und auch die bäuerlichen Gräberfelder sind alles andere als reich. Wen wundert es, dass dafür wenig Gelder zur Verfügung stehen? Zur Zeit ist es mit archäologischer Finanzierung sowieso schlecht bestellt. Die wenigen Fachkräfte werden dringend benötigt, um in Eilgrabungen mit Hilfe unbezahlter Studenten Zufallsfunde vor Bauarbeiten zu bergen. Für Extras ist da wenig Spielraum. Es wird also noch eine Weile dauern, bis wir mehr über das Ende der Hallstattkultur wissen.

Was sehr schade ist, denn einen derartigen Umbruch an Glauben, Kunst und Lebensweise gab es nur selten. Zum Beispiel das

Thema Grabräuberei. Aus der Hallstattzeit ist so etwas bisher nicht belegt. Die großen und kleinen Hügel scheinen zu heilig (und vielleicht auch zu gut bewacht) gewesen zu sein. Im Gegenteil. Wenn die Hallstattkelten einen großen Hügel erbauten, und dabei auf ältere Beisetzungen stießen, bleiben diese erhalten. Dasselbe gilt für Artefakte, also z.B. Feuersteinspitzen oder Steinwerkzeuge. Was in der Erde gefunden wurde, blieb vor Ort. Mit dem Beginn der La Tène-Zeit ging das Gräber plündern los. Dabei wurde systematisch die zentrale Grabkammer der Hügel aufgebrochen. Was natürlich Sinn macht, denn hier waren die Schätze am größten. Andererseits war sie auch am schwersten zu erreichen. Viele Zentralkammern waren durch große Felsblöcke geschützt. Die Grabräuber hatten reichlich Arbeit damit. Soweit könnte man Grabräuberei aus Profitgier vermuten. Und wieder ist die wirkliche Welt rätselhafter als vermutet. Denn um die zentrale Kammer herum gab es ja viele weitere Begräbnisse. Die waren zwar nicht ganz so reich, aber beileibe nicht wertlos. Immerhin waren es vermutlich Adlige oder Priester, die hier bestattet waren. Die hatten immer noch reichlich Gold, Schmuck und Wertsachen dabei, und ihre Gräber waren sehr viel leichter zu erreichen. Doch soweit bekannt ist, blieben diese Grabstätten verschont. Wußten die Grabräuber nichts davon? Ich finde das reichlich unwahrscheinlich. Wer auch immer die Zentralkammer des Magdalenenbergs plünderte, hat dabei über hundertzwanzig weitere Gräber verschont! Oder ging es beim Plündern der Zentralkammer um die religiöse Schändung eines Kultplatzes? Sollten vergöttlichte Vorfahren entsorgt werden?

Doch die Veränderungen gingen noch weiter. Während die Kultplätze unter dem offenen Himmel ungenutzt überwucherten,

entstand eine ganz neue Ausrichtung. Am Ende der späten Hallstattzeit finden wir die ersten sicheren Hinweise auf Gottheiten der Unterwelt, in Tournus, nicht weit von der Saône, am südlichen Rand der Hallstattregion. Hier wurde ein schmaler Schacht entdeckt. An der Oberfläche war er 5 m breit. Dann verengte er sich, bis er in 2,5m Tiefe, einen Durchmesser von einem Meter erreichte. In 4,5m Tiefe liegt der Boden des Schachtes. Er ist also noch ein recht bescheidenes Exemplar. Und dieser Schacht war mit Tierknochen, manche davon verbrannt, und den Scherben von Tongefäßen gefüllt. Die Knochen stammen von Schwein, Schaf, Rind, Pferd, Ziege und Hund, also nur von Haustieren. Und dazwischen sechs späthallstattzeitliche Fibeln und die Reste von zwei Gefäßen aus dem Mittelmeerraum. Ziemlich genau die Sorte Opfergaben, die zuvor an exponierten Orten den Gottheiten dargebracht wurden. Die Opfer waren also gleich geblieben. Aber die Richtung der Opferung hatte sich verändert. Es war der Anfang einer neuen Tradition, die für die La Tène-Kultur typisch wurde und ihre stärkste Ausprägung in Kultschächten von 35m Tiefe erreichte. Die Gottheiten der Tiefe hatten die Götter der Höhe an Bedeutung übertroffen.

Die Magie der Anderoi

2. Die Rätsel von La Tène

Die Hallstattkultur im Osten und im Westen endete, als die alten „Fürstenburgen" außer Gebrauch gerieten – ein Prozess, der oft (aber nicht immer) von gewalttätigen Umstürzen begleitet war. Das passierte allerdings nicht von jetzt auf gleich. Da die Territorien, die von den Hallstatt-Kelten besiedelt wurden, eher groß waren und über keine zentrale Autorität verfügten, dauerte der Übergang zur frühen La Tène-Kultur mehrere Jahrzehnte. In einigen abgelegenen Gegenden, wie zum Beispiel in Mitteldeutschland nördlich des Mains, folgten die Leute noch immer den Bräuchen der Hallstattzeit, während die alpinen Kelten schon lange zu den Bestattungsbräuchen und religiösen Praktiken der La Tène-Zeit übergegangen waren. Wenn man also liest, dass die La Tène-Zeit 450 vor unserer Zeit begann, ist das nur eine ungefähre Angabe und braucht nicht allzu wörtlich genommen werden. Die La Tène-Zeit brachte eine Menge charakteristischer Veränderungen in Kunst und Religion mit sich. Zum Beispiel wurde an den meisten Orten die Sitte, Grabhügel überreich auszustatten, plötzlich nicht mehr fortgesetzt. Stattdessen gibt es Anzeichen dafür, dass viele Hügel der Hallstattzeit ausgeplündert wurden.

Dann entwickelte sich die Kunst in eine völlig neue Richtung. Die Hallstattzeit wagte sich kaum an naturalistische Darstellungen lebendiger Wesen, und hinterließ auch nur wenige (zumindest auf dauerhaften Materialien), außerdem bevorzugte sie eckige und gerade Formen in abstrakter Ornamentik. Die La Tène-Zeit dagegen entwickelte wilde Kurven, Fischblasen-Ornamente, Eifor-

men und alles Mögliche, was dem üppigen Wachstum der Vegetation entsprach. Sie begann außerdem, zahllose lebendige Wesen in ihr ästhetisches Repertoire aufzunehmen, menschliche Gesichter, dämonische Monstrositäten und alle erdenklichen Kreaturen, die ein von Met berauschter Künstler sich nur erträumen kann. In der Hallstattzeit erscheinen diese Bilder – üblicherweise groteske Gesichter oder Masken – nur in relativ wenigen Hügeln, und fungierten vielleicht als Talismane, die Böses abwehren sollten.

Wenn wir uns die keltische Kunst ansehen, sollten wir bedenken, dass die Kultur, von der sie entwickelt wurde, zutiefst religiös war. Keltische Kunst ist sakrale Kunst. Der Übergang von der Hallstatt- zur La Tène-Kultur war ein religiöser und sozialer Wandel, aber es bringt uns nicht viel, allgemeine Überlegungen hinsichtlich der exakten Natur dieses Wandels anzustellen, da so wenig darüber bekannt ist. Dieses Buch beschäftigt sich vorwiegend mit der Natur der keltischen Religion und Magie und ist nicht der Ort, an dem die vielen historischen Veränderungen erläutert werden können, die zwischen Hallstatt D und der Ankunft der Römer stattfanden. Der Umfang ist schlicht überwältigend, und glücklicherweise gibt es zahlreiche Bücher, in denen man nachlesen kann, wie Siedlungen angelegt waren, wie mediterrane Einflüsse Technologie und Lebensformen verändert haben, was passierte, als die keltischen Stämme neue Landstriche eroberten, und so weiter. Alles, was ich hier anbieten kann, ist ein Einblick in die okkulte Seite der La Tène-Kultur. Ich hoffe, Du gehörst zu denen, die sich nicht mit meinen Kommentaren begnügen und sich den kulturellen Kontext mit Hilfe aktueller wissenschaftlicher Literatur selbst erschließen. Erstaunlicherweise hat die populäre Keltenliteratur einen so begrenzten Horizont, dass man kaum, wenn überhaupt, archäologische Studien als Grundlage für aktuelle Bücher findet. Stattdessen scheinen die Massen von Neo-Keltisten Literatur zu bevorzugen, die seit Jahrzehnten, wenn nicht bereits seit Jahrhunderten veraltet ist. Ich möchte einige Aspekte der La Tène-Kultur auf diesen Seiten beleuchten, mit dem Hinweis, dass die Forschungen noch nicht abgeschlossen sind und jeden Tag neue Erkenntnisse gewonnen werden. Auch muss ich darauf hinweisen, dass ich den Begriff „keltisch" nicht gern verwende. Es handelt sich um einen irreführend modernen Begriff, der von einer Handvoll nicht allzu gut informierter Autoren der Antike geprägt wurde und von fast allen populären Autoren schlampig verwendet wird. Man findet Autoren, die sich allgemein mit „keltischer Magie", der „keltischen Gesellschaft" und der „keltischen Religion" beschäftigen und das mit einer Sorglosigkeit tun, die jedem ernsthaften Forscher Schauder über den Rücken jagt.

Stell Dir einfach einen Autor vor, der in 2500 Jahren über die „europäische Magie" oder die „europäische Religion" schreibt. Du wärst bestimmt entzückt zu erfahren, dass „die Europäer" Stierkämpfe veranstalteten, einen schiefen Turm gebaut haben, Tartans getragen haben, auf langen hölzernen Hörnern Musik gemacht haben, Spaghetti gegessen haben, Bälle in Tore geschossen haben (wahrscheinlich ein Fruchtbarkeitskult), in Ballons gereist sind, Kuckucksuhren als Talismane besessen haben und eine große Anzahl von Göttern verehrt haben, darunter einen nackten Mann an einem Kreuz, ein Lamm, eine Taube, einen Hasen, eine Kiste mit sich bewegenden Bildern, rechteckige Papierstücke, lärmende Metallfahrzeuge und kleine Plastikschachteln, die in einer Geste der Anbetung ans Ohr gehalten wurden. Wenn Du liest, was „die Kelten" getan oder nicht getan haben, denk bitte an diese mysteriösen Europäer.

Leider ist es bereits schwierig, über die westliche Hallstattkultur allgemeine Aussagen zu machen, wobei ihr Wirkungskreis ja lediglich auf einen relativ kleinen Teil Zentraleuropas beschränkt war. Die La Tène-Kultur ist sehr viel komplexer, da sie die keltische Expansion einschließt und damit keltische Völker umfasst, die sich in Frankreich, Britannien, Irland, Spanien, Portugal, Norditalien, Tschechien, der Slowakei, Rumänien, auf dem Balkan und sogar in der zentralen Türkei niedergelassen hatten. Es wäre einfach, davon auszugehen, dass die einfallenden Kelten der Ur-Bevölkerung dieser Länder ihre Kultur aufzwangen, in Wirklichkeit aber führt jede Eroberung zu einer Vermischung der Bevölkerung. Dabei entstehen verschiedene Länder, die unterschiedliche keltische Dialekte sprechen; jedes verfügt über eine keltische Adelsschicht, die aber stark von der einheimischen Kultur beeinflusst ist. Das Ergebnis ist eine Reihe kultureller und religiöser Unterschiede. Aber selbst in den keltischen Heimatländern in Zentraleuropa ist die Lage überraschend kompliziert. Die Völker, die man in unserer Zeit so unbefangen als „keltisch" bezeichnet, waren niemals eine einzelne oder einheitliche Kultur, und für jede Ähnlichkeit findet man ein Dutzend eigenartiger Unterschiede, dank der geduldigen Schaufelei unserer Archäologen. Hier einige Beispiele aus der wunderbaren Welt der Begräbnisriten.

Wie Du Dich sicher erinnerst, ergaben sich zu Beginn der La Tène-Kultur mehrere wichtige Veränderungen in den Begräbnisriten. Die großen Hügel kamen aus der Mode, und Einzelgräber wurden die Regel. An manchen Orten wurden die Leichen verbrannt, an anderen Orten wurden sie auf dem Rücken liegend bestattet. Verglichen mit den Reichtümern von Hallstatt D sind La Tène-Begräbnisse beinahe billig zu nennen, und anders als in Ha D waren die meisten Männer bewaffnet. Eine Sache, die für die Leute von La Tène A und B wirklich wichtig gewesen zu sein scheint, war die Ausrichtung des Grabes. Als noch die großen Hügel gebaut wurden, hat das wohl keine Rolle gespielt – wenn man bis zu hundert Leute in einem einzigen Hügel begräbt, liegen die Leichen in allen möglichen Richtungen. Bei den Einzelbegräbnissen in der La Tène-Zeit wurde die richtige Ausrichtung des Leichnams zu einem Muss. In der Champagne und am Mittelrhein wurde die Mehrzahl der Bestattungen mit einer Nord-West- (45%) und West-Ausrichtung durchgeführt. Zur gleichen Zeit wird bei Begräbnissen in der Schweiz und in Baden-Württemberg eine Ausrichtung des Kopfes nach Süden (45%), nach Norden (18%) und nach Osten (19%) favorisiert. Das scheint kompliziert, hängt aber teilweise mit dem sozialen Status des Bestatteten zusammen. Die reicheren Krieger lagen mit dem Kopf nach Westen. Bestattete in Österreich und jenseits der Donau lagen mit dem Kopf nach Süden (57%) und Südosten (28%). In der Slowakei liegen 50% aller Bestatteten mit dem Kopf nach Süden, 35% nach Südosten. In Bayern, Mähren, Schlesien und Böhmen haben fast 80% eine Ausrichtung nach Norden und etwa 5% eine Ausrichtung nach Nordwesten.

Diese Prozentzahlen sind grobe Schätzungen, die auf H. Lorenz' *Die Kelten in Mitteleuropa*, 1980, basieren. Wie man sieht, ging man in jeder dieser Gegenden

sehr systematisch in Bezug auf Begräbnisse vor. Nun haben Begräbnisriten viel mit der Religion und dem Glauben an irgendeine Form von Leben nach dem Tod zu tun. Die La Tène-Kelten glaubten definitiv an heilige Richtungen; sie konnten sich nur nicht auf eine einigen. Wenn man die Ausrichtungen betrachtet, kommt man nicht umhin zu bemerken, dass die frühen La Tène-Leute bereits unterschiedlichen Religionen und/oder Kosmologien anhingen. Man vergesse auch nicht die Leichen, die nicht in die Richtung ausgerichtet lagen, die in ihrer Gegend in Mode war. Gelegentlich mögen solche Unterschiede durch Zufall oder Sorglosigkeit zustande gekommen sein, insgesamt aber erinnern sie doch eher an die „gefährlichen Toten". Oft genug liegt der Tote in einem solchen Grab in einer seltsamen Position, mit überkreuzten Beinen, erhobenen Armen, gefalteten (oder gefesselten?) Händen, mit ausgerenkten Gliedern, auf dem Bauch, und so weiter. Es gibt keine Regel für das Begraben gefährlicher Leute, die Hauptsache scheint gewesen zu sein, dass man sie anders begrub. Wir befassen uns später noch damit.

Die frühen La Tène-Leute begruben noch häufig die Körper in flachen Gräbern, später wurde es dann notwendig, die Toten zu verbrennen, und so ging es weiter bis zur römischen Besatzung. Doch auch diese Bräuche wurden nie exklusiv befolgt.

Auch die Praxis der Leichenverbrennung folgte nie einer einzigen Regel. Es gab Stämme, die sorgfältig die Knochenstücke aus der Asche holten, um sie zu begraben, und andere, die den ganzen Leichenbrand aus Asche, Knochen- und Holzstücken ins Grab legten. Manche bestatteten alle verbrannten Knochen in einem Grab von der Größe der Leiche, andere legten sie in irgendeinen Behälter – einen Beutel oder eine Urne – oder vergruben nur einen kleinen Teil davon, der das Ganze verkörperte. Wieder andere legten die verbrannten Knochen in Form eines Skeletts aus. Grabbeigaben wurden manchmal verbrannt, manchmal unversehrt vergraben; manche Leichen wurden entkleidet verbrannt, andere mit ihren Kleidern. Es gibt sogar Gräber, in denen offensichtlich gemischte Bräuche zur Anwendung kamen. Wir können behaupten, dass Leichenverbrennung zur mittleren La Tène-Zeit die Regel geworden war, aber es gab keine Standardregel, die befolgt wurde, nicht einmal in den relativ kleinen Distrikten.

Dann gibt es da noch das Problem der Friedhöfe. Die meisten Kelten zogen es vor, die Toten in einiger Entfernung von ihren Siedlungen zu begraben, was von einer gewissen Furcht vor den Toten zeugen mag – oder auch nicht. Ob Friedhöfe umzäunt waren, ist unbekannt. Genauso wenig weiß man, wer eigentlich begraben wurde. Abgesehen vom Friedhof von Nebringen (Baden-Württemberg) weist nichts auf Begräbnisse in Familiengruppen hin. Die Theorie, dass Männer, Frauen und Kinder getrennt begraben wurden, wurde ebenfalls durch Funde widerlegt. Egal ob Feuer- oder Körperbestattung, die Anzahl an Leichen spiegelt nicht die Bevölkerungszahlen wider. Kindergräber sollten die Hälfte aller Gräber ausmachen, sind aber extrem selten. In einigen Gegenden fehlen Frauengräber ganz; nicht so in der Pfalz, wo Frauen und Kinder fast die Hälfte aller Gräber belegen. Viele Orte entziehen sich jeder Erforschung, da die Toten so gründlich verbrannt wurden, dass man nicht mehr sagen kann, welchem Geschlecht sie angehörten. Abermals deutet die Behandlung von Frauen und Kindern auf extrem unterschiedliche soziale Systeme hin. Aber wie auch immer es gewesen sein mag, es war immer nur eine kleine Minderheit, die überhaupt ein richtiges Begräbnis erhielt.

Was mit dem Rest der Bevölkerung geschah und welchen Glauben diese Leute hatten, bleibt ein Rätsel. Es wird sogar noch rätselhafter, wenn wir die Begräbnisse im späten 2. und 1. Jh. vor unserer Zeit betrachten, als die sogenannten Oppida-Kulturen immer größere Ringwälle errichteten, die die Siedlungen ganzer Stämme umschlossen. Die erodierten Wälle dieser großen Hügelstädte sind noch zu sehen; man kann sich leicht die Tausende von Bewohnern vorstellen, die dort lebten, aber ihre Begräbnisriten entziehen sich dem Archäologen seltsamerweise völlig. Was immer die meisten Kelten der Oppida-Zeit mit ihren Toten taten, sie taten es, ohne Spuren zu hinterlassen. Es gibt keine Gräber, keine Grabbeigaben, gar nichts. Natürlich existieren jede Menge wilde Theorien, vom Verstreuen der Asche im Wind über das Versenken in Flüssen, spurlosem Begraben und Bestattungen unter freiem Himmel, bei denen dann die Vögel oder wilde Tiere die Leichen verzehrten. Alles Mögliche könnte zutreffen. Und auch das ist wieder nicht die Regel, denn was immer man findet oder nicht findet, es gibt immer Ausnahmen.

Bevor wir mit unseren Studien fortfahren, möchte ich Dich bitten, einen Augenblick inne zu halten und Dir über die weite Reihe möglicher Begräbnisbräuche Gedanken zu machen. Unsere eigenen Zeitgenossen sind häufig der Ansicht, dass Begräbnisse langweilig sind. Aber für eine Kultur, die an ein sehr lebendiges Jenseits glaubt, ist ein gutes Begräbnis genauso wichtig wie ein gutes Leben. Wenn man bedenkt, wie hart das Leben in jenen Zeiten war, könnte es gut sein, dass diesen Menschen die Anderswelt sogar noch wichtiger war. Sie nahmen den Tod und die Reise in die Anderswelt sehr ernst. Stell Dir vor, Du solltest Deinen Ehepartner, einen Freund oder Gefährten begraben. Was würde es Dir bedeuten, zu wissen, dass Du Dich den vielen anderen eines Tages in einem hohlen Hügel anschliessen würdest? Oder wie wäre es, in einem Einzelgrab auf einem Friedhof zu liegen? Was würdest Du denken, wenn Du eine Opfergabe ins Feuer wirfst, und gleichzeitig wüsstest, dass ein ähnliches Feuer eines Tages auch Dich verzehren würde? Welche Gegenstände würdest Du gern mit ins Grab nehmen? In welcher Richtung würdest Du gern liegen? Was für einen Unterschied macht es, ob Dein Körper intakt, verbrannt oder gar nicht in einem besonders bezeichneten Grab begraben wird? All das kann uns etwas über die Natur der Seele und über die eigene Identität verraten. Denk darüber nach, wenn Du die Kelten verstehen möchtest.

Talismane

Die Menschen der späten Hallstattzeit und der frühen La Tène-Zeit legten gerne Objekte mit Talisman-Funktion in Gräber. Mit dem Wort Talisman meine ich einfach jede Art von ungewöhnlichem Gegenstand, der weder in der Kleidung noch in der Anderswelt eine Funktion hat. Wir wissen sehr wenig über Talismane, die im Alltagsleben getragen wurden, aber es gibt zahlreiche Talismane in Gräbern. Es mag hilfreich sein, sich klar zu machen, dass die Gegenstände, die in Gräbern gefunden wurden, nicht notwendigerweise Gegenstände sind, die man im täglichen Leben trug oder besaß. Bei einigen von ihnen war das vielleicht der Fall, aber da viele Grabbeigaben keinerlei Abnutzungsspuren aufweisen oder nicht funktionsfähig sind, sollten wir uns keine stolze Kelten vorstellen, die in ihrer Bestattungskleidung herumwandern. Wir laufen ja auch nicht in Totenhemden herum.

Du fragst Dich jetzt vielleicht, wie man sicher sein kann, ob ein bestimmter Gegenstand, sei es nun eine Glasperle, ein Stück Bernstein oder ein ungewöhnlicher Bronzeanhänger, als Talisman fungierte und nicht einfach nur ein beliebtes Schmuckstück war. Hätten wir nur ein oder zwei Begräbnisse als Anhaltspunkte, wäre das in der Tat eine schwierige Frage. Aber es wird sehr viel leichter, wenn man mehrere Begräbnisse untersucht. In vielen Fällen findet man Talismane nicht als Einzelstücke, sondern gleich in Massen oder als Sammlung. Harmlos aussehende Gegenstände entpuppen sich als Talismane, wenn sie in den Gräbern spezieller Bevölkerungsgruppen und in Gesellschaft von Gegenständen zu finden sind, deren magische Natur offensichtlich ist.

Für diesen Abschnitt möchte ich Gebrauch machen von der faszinierenden Studie von Ludwig Pauli, der 1975 alle bekannten (und zuverlässigen) Funde keltischer Talismane katalogisierte. Talismane fallen in unterschiedliche Kategorien, ebenso wie die Leute, die sie bei sich trugen.

Stark vereinfacht könnte man sagen, dass die meisten Objekte mit Talismanfunktion aus den Gräbern von Frauen und Kindern stammen. Männer hatten selten Talismane bei sich (oder zumindest Talismane, die als solche zu erkennen sind) und unter diesen scheint ein großer Anteil zur Gruppe der „gefährlichen Toten" zu gehören. Man kann sich einen Talisman in mehreren Funktionen vorstellen. Es kann sich um ein sakrales Objekt handeln, das seinen Träger schützt, sei es im täglichen Leben oder auf der Reise in die Anderswelt. Man könnte auch vermuten, dass manche der Toten als eine solche Bedrohung angesehen wurden, dass die Gesellschaft ihnen Talismane mitgab, um dafür zu sorgen, dass der Geist der Verstorbenen auch wirklich sicher im Grab blieb. Wenn wir uns mit Talismanen beschäftigen, müssen wir uns natürlich mit den Gegenständen begnügen, die bis in unsere Zeit erhalten ge-

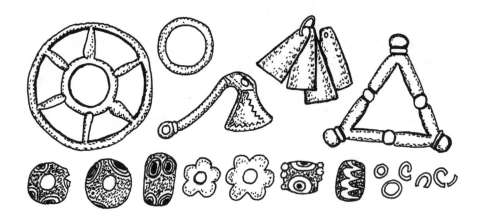

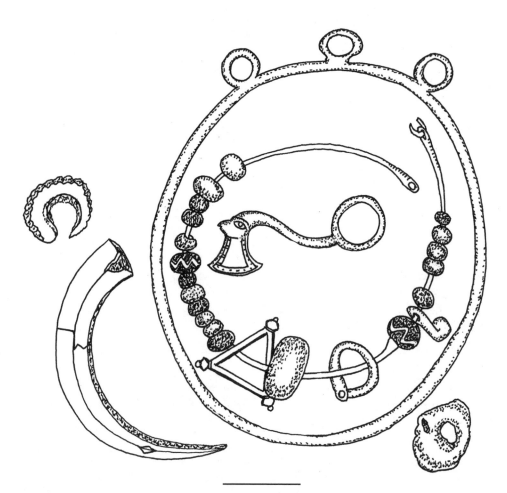

Amulette (nach Pauli)

Oben: Dürrnberg Grab 71/2, Kleine Auswahl an Talismanen, obere Reihe Bronze,
untere Reihe Glasperlen & Metallabfälle.

Unten: Dürrnberg Grab 77/3, Auswahl an Talismanen, Bronze, Glas, Hirschhorn, Eberzähne,
Eisenstücke.

blieben sind. Wir müssen davon ausgehen, dass auch Talismane aus Holz, Leder, Horn, Federn, Pflanzen und organische Materialien existierten, die es nicht bis in unsere Zeit geschafft haben. Schauen wir doch mal, was wir da finden.

Rasseln: Tonrasseln, gefüllt mit kleinen Tonperlen, findet man in mehreren Gräbern der Hallstattzeit. Oft sind sie wie Wasservögel geformt. Frühere Archäologen nahmen an, dass es sich dabei um Kinderspielzeug oder Musikinstrumente gehandelt hat. Da sie kaum (oder überhaupt keine) Gebrauchsspuren aufweisen, sind sie wohl direkt für Begräbnisse angefertigt worden. Damen der Hallstattzeit hatten oft Metallrasseln – klimpernde Bronzestücke und dergleichen – in ihren Gräbern. In der frühen La Tène-Zeit wurden diese Gegenstände immer kleiner und kamen nach und nach aus der Mode. Man würde sie nicht als Talismane betrachten, wenn sie nicht zusammen mit einer Anzahl ungewöhnlicher Gegenstände gefunden worden wären. Manchmal wurde sogar nur ein einzelnes Bronzeplättchen vergraben – ein Beweis dafür, dass der Gegenstand nicht als Musikinstrument gedacht war.

Bronzegegenstände: Hier gibt es unterschiedlichste Gegenstände. Anhänger in Form von Rädern, Dreiecken, Quadraten, Äxten, Schuhen, Füssen, Hirschen und nackten Menschen werden oft in Gräbern gefunden, häufig gleich mehrere auf einmal, auf eine Schnur oder Bronzedraht aufgefädelt oder neben die Leiche gelegt. Auch kleine Bronzekeulen als Anhänger hat man gefunden. Sie sind verhältnismäßig ungewöhnlich, da man sie nie in Gemeinschaft mit anderen Amuletten gefunden hat. Da die Orte, an denen man diese Beigaben in Gräbern findet, stark variieren, können wir davon ausgehen, dass sie für gewöhnlich nicht als Bestandteil der normalen Alltagskleidung getragen wur-

den. Dreiecke findet man übrigens auch in Norddeutschland, also weit ab vom Gebiet der La Tène-Kelten.

Unfertige Gegenstände: Hier handelt es sich um eine Anzahl von Gegenständen, die speziell für das Begräbnis hergestellt wurden. Man findet nicht entgratete Bronzeringe und Armreifen, die so rauh und zackig sind, dass man sie nicht hätte tragen können. Manche von ihnen sind einfach Fehlgüsse, andere sind schlicht Abfall oder wurden absichtlich zerstört. Es gibt unzählige solcher Gegenstände, was zeigt, dass es sich dabei nicht um Einzelfälle, sondern um reguläre Bräuche handelte.

Metallstücke: Viele junge Frauen und einige verdächtige Männer hatten seltsame Metallstücke in ihren Gräbern liegen. Es konnte sich um ein gefaltetes Stück Bronzefolie handeln, Bruchstücke von Lanzen oder Schwertern, Stücke von Draht und so weiter. In vielen Fällen waren alte und kaputte Metallgegenstände für die Gräber bestimmt. Stücke von Eisen sind besonders in Kindergräbern verbreitet. Es wäre verführerisch, solche Gaben mit dem wohlbekannten mittelalterlichen Glauben in Verbindung zu bringen, dass Elfen, böse Geister und all ihre Verwandten vor Eisen Angst haben und dass es möglich ist, einen bösen Menschen damit an sein Grab zu binden. Es liegt im Rahmen des Möglichen, dass ähnliche Überzeugungen schon in der Mitte des ersten Jahrtausends vor unserer Zeit gepflegt wurden. Allerdings bestehen in unseren frühkeltischen Gräbern nicht alle diese Gegenstände aus Eisen. Besondere Aufmerksamkeit sollte den winzigen Bronzeringen geschenkt werden, wie man sie erhält, wenn eine Halskette kaputt geht. Sie waren ein populärer Gegenstand in Gräbern, und manchmal findet man solche kleinen Ringe über die ganze Leiche verstreut.

Dicke, hohle Bronzereifen ohne erkennbare Funktion kennt man aus einigen Gräbern junger Frauen und aus wenigen Kindergräbern. Manche von ihnen waren mit ungewöhnlichen Substanzen gefüllt, wie zum Beispiel Baumharz oder Pech; bei einem Kind war ein solcher Ring mit Jett gefüllt, bei zwei anderen Ringen bestand das Innere aus Eisen. In jedem Fall war die Substanz innen nicht von aussen zu sehen und der Gegenstand hatte keinen funktionellen Nutzen.

Mineralien ungewöhnlicher Art waren ebenfalls eine populäre Beigabe. Vier Kinder und eine junge Frau (!) in Dürrnberg hatten kleine Quarzkristalle in der Nähe ihres Kiefers liegen; möglicherweise waren sie ihnen vor dem Begräbnis in den Mund gelegt worden. Kiesel, Quarz, Jett, Jaspis, Muscovit und Eisen wurden alle in Amulettsammlungen gefunden, alle unpoliert und offensichtlich nicht zum Schmuck bestimmt. Sogar große Steinbruchstücke wurden vergraben – große Kiesel, Stücke von Sandstein, oder auf natürliche Weise entstandene Lochsteine.

Ein halbes Dutzend Gräber enthielt steinzeitliche Feuersteinwerkzeuge wie beispielsweise Axtköpfe oder Pfeilspitzen, während Gräber, die kleine Bruchstücke von Feuerstein enthielten, zu zahlreich sind, als dass man sie alle aufzählen könnte. Versteinerte Schnecken, Seeigel und Muscheln treten ebenfalls in Erscheinung.

Muschelschalen waren genauso wichtig. Man kennt nur drei Kauri- (Cyprea)-Muscheln aus dieser Zeit, was ungewöhnlich ist, wie Pauli anmerkt, da sie in der Steinzeit, der frühen Bronzezeit und im frühen Mittelalter sehr populäre Importgüter waren. Flussmuscheln tauchen in mehreren Talismansammlungen auf. Der Friedhof von Dreitzsch enthielt viele – mehrere zeigten Spuren von roten Pigmenten.

Schneckenhäuser hatten ebenfalls Talisman-Qualitäten. Mindestens 14 Gräber enthielten welche. In den meisten Fällen war es offensichtlich, dass sie nie Bestandteil der Kleidung gewesen waren. Man findet sie über die Leiche verstreut, sie liegen zwischen den Beinen, in der Nähe der Hände und Füsse, in Haufen über dem Kopf, und drei Gräber sind sogar in einem Kreis von Heliciadae-Schneckenhäusern umgeben. In zwei Fällen bildeten die Schalen (Schneckenhäuser und Flussmuscheln) eine ganze Schicht unter dem tatsächlichen Grab.

Eberhauer waren wahrscheinlich die beliebtesten Amulette, die aus Teilen von Tieren angefertigt wurden; mehr als zwanzig von ihnen wurden ausgegraben. Manche von ihnen wurden in Kriegergräbern gefunden, aber die große Mehrzahl entstammt Frauen- und Kindergräbern. Einige wenige sind in Bronze gefasst und waren offensichtlich dazu bestimmt, getragen zu werden, die meisten aber wurden einfach in das frisch ausgehobene Grab gelegt.

Hirschhorn ist ein weiterer Favorit. Man findet Geweihfragmente in mehreren Gräbern, oft ohne irgendeinen Hinweis auf ihren Zweck, und der ungewöhnliche Frauensarg von Dannstatt war ganz mit Geweihen bedeckt. Es lag auch einer dieser ungewöhnlichen irdenen Ringe innerhalb ihrer Hüften, – wurde der Leib versiegelt, oder haben wir es hier, wie einige naive Enthusiasten vorgeschlagen haben, mit einer Art primitiven Pessar zu tun? Ähnliche Ringe oder Lochsteine wurden im Beckenbereich mehrerer Frauen gefunden. In Bezug auf Tier-Amulette sind Eber und Hirsche die absoluten Favoriten.

Hier ein paar Spekulationen. Etliche Wissenschaftler haben darauf hingewiesen, dass Schweine und Eber von mehreren keltischen Kulturen als Kreaturen der Anderswelt betrachtet wurden. Die spiegelte sich in frühen Begräbnissen wider, aber auch in der mittelalterlichen inselkeltischen Literatur, wie im *Mabinogi*, wo ausdrücklich festgestellt wird, dass Schweine eine Gabe von Arawn, dem Herren der Anderswelt, waren. Es existiert auch eine Szene, in der der göttliche Zauberer Gwydion mit Hilfe einer schwarzen Sau die Seele seines ermordeten Ziehsohns Llew sucht. Archäologische Funde zeigen, dass, wenn es um Grabbeigaben geht, Hirschgeweihe und –zähne fast ebenso beliebt waren wie Eberhauer. Der Hirsch als Andersweltgeschöpf wurde allerdings von den Forschen übersehen, obwohl das *Mabinogi* damit beginnt, dass König Pwyll einen verzauberten Hirsch jagt, der von besagtem Arawn als Köder gesandt worden ist. Indem Pwyll dem Hirsch in die Tiefen eines schattigen Tals folgt, betritt er die Anderswelt. Ähnliche Hirsche findet man überall in der europäischen und orientalischen Folklore; es scheint sogar, dass immer dann, wenn die Bewohner der Anderswelt einen Fürsten oder König fangen möchten, sie ihre Beute mit einem Hirsch ködern. Dies bringt uns zu einer mysteriösen Zeile, die von einem der Taliesins stammt: *Ihr Ende ist nicht bekannt. Was der Schweine, was der Wanderung der Hirsche?.* (BoT 7). Könnte es sich dabei um die Wanderungen der Schweine und Hirsche in die Anderswelt handeln? Wie auch immer die Wahrheit aussehen mag, wir können sicher sein, dass die Menschen der frühen La Tène-Zeit sich ein gewisses Maß an Schutz von den Geistern dieser Tiere versprachen.

Teile von Tieren: Bärenzähne als Talismane wurden in mindestens elf Gräbern gefunden. Weniger verbreitet sind andere Tiere, wie zum Beispiel Pferdezähne oder –knochen (9), Rinder- und Kuhzähne (4), Wolfszähne (2), Hundezähne (2), Nage-

tierzähne (2), Knochenfragmente vom Aurochsen (3), Kieferknochen von Katzen (2) und eine große Anzahl an Sprunggelenken verschiedener Spezies.

Menschenzähne als Talismane sind aus vier Gräbern bekannt.

Bernstein stellt uns vor das Problem, dass er als Schmuck gedient haben könnte. Allerdings findet man ihn häufig in Gräbern, die reich an Talismanen sind. Das gleiche gilt für

Glasperlen. Hier ist die Lage einfach. Die meisten Bernstein- und Glasperlen stammen aus den Gräbern junger Frauen und Kinder. Der Dürrnberg beispielsweise wies 359 Glasperlen in 331 Gräbern auf. Von diesen gehörten 314 Gräber jungen Frauen unter 25 und Kindern. Ähnliche Statistiken könnte man für andere mitteleuropäische Friedhöfe aufstellen. Was immer auch der Grund sein mag, Frauen über 20 hatten nur selten Glas in ihren Gräbern. Das sieht nicht nach einem Modetrend aus. Plinius der Ältere wies auf die Talisman-Qualitäten von Bernstein in der Welt der Antike hin. Denke daran, dass junge Frauen und Kinder verhältnismässig selten begraben wurden. Wir können nicht wissen, welche Kinder so bevorzugt wurden, insbesondere auch deshalb, weil es Fälle gibt, in denen Kindern überhaupt keine Talismane mitgegeben wurden. Das Kind mit den meisten Amuletten in der frühkeltischen Welt (Dürrnberg 71/2) war vom Wachstum her zurückgeblieben, und möglicherweise glaubten seine Eltern, es benötige mehr Schutz. Bis zum heutigen Tag glauben viele Kulturen, dass Kinder von bösen Geistern oder Einflüssen bedroht werden, und geben ihnen praktische Talismane dagegen mit. Dass das in der frühen La Tène-Zeit auch der Fall war, ist wahrscheinlich, wenn es auch nicht alles erklärt (ein Begräbnis mit Talismanen war das eines Fötus, ein guter Hinweis darauf, dass tatsächlich nicht alle Amulette im täglichen Leben getragen wurden). Im türkischen Kurdistan sah ich viele Kinder, die einen einzelnen polierten Stein an einer Schnur um den Hals trugen; das sollte gegen den bösen Blick schützen. Es war natürlich kein gewöhnlicher Stein. Um seine beschützenden Kräfte zu entfalten, musste er erst nach Mekka gebracht werden. Solche Steine, die den vielen Perlen aus den keltischen Gräbern nicht unähnlich sehen, wurden im allgemeinen vergeben, um Kinder und Jugendliche durch die schwierige Zeit zu bringen, die vor dem Erwachsen werden liegt. Das bringt uns zur Frage nach den jungen Frauen. Es ist gut möglich, dass bei den frühen Kelten Frauen als Kinder betrachtet wurden, bis sie verheiratet waren. In diesem Fall hätten sie dann wohl auch einen Talisman getragen, wenn sie zufällig vorher gestorben wären. Wir brauchen hier nicht nur an Kurdistan zu denken, in der gesamten Welt der Antike waren solche Bräuche an der Tagesordnung. Selbst römische Kinder trugen Talismane, bis man sie zu den Erwachsenen rechnete. In diesem Fall müssen wir uns Talismane als Schutz für die Verstorbenen vorstellen. Von der Art her, wie viele junge Frauen begraben wurden, müssen wir aber auch folgern, dass man sie oft für eine Bedrohung für die Gesellschaft hielt. Vielleicht galt aber auch der Kindbetttod als unheilvoll. Und wie sieht es mit dem Freitod aus!

Fibeln:
Nur teure Broschen oder Talismane?
Oben: Eberfibel, Hallein-Dürrnberg, Österreich, 4. – 3. Jh. vor unserer Zeit.
Mitte: Fibel in Gestalt eines schwarzen Hahns mit Ornamenten in roter Koralle, Grab der „Fürstin von Reinheim", Deutschland, 370 – 320 vor unserer Zeit.
Unten: Fibel, die das Abbild eines Schuhs (eine populäre Talismanform) mit einem Raubvogel kombiniert. Dürrnberg, Österreich, 380 – 350 vor unserer Zeit

Gefährliche Tote & ungewöhnliche Begräbnisse

Die meisten Kulturen auf diesem Planeten kennen Leute, die gefürchtet und gemieden werden, sei es lebend oder tot. Gefährliche Irre zählen zu dieser Kategorie, ebenso Unfallopfer, Selbstmörder, Schamanen, Hexen, Menschen, die zur Unzeit gestorben sind und vor allem Frauen, die im Kindbett gestorben sind. Man erkennt die gefährlichen Toten an der seltsamen Art, wie sie begraben wurden. An Orten, wo die Mehrzahl der Leichen auf dem Rücken liegend bestattet wurde, findet man die Gefährlichen auf der Seite liegend, möglicherweise gefesselt, kauernd, auf dem Bauch liegend, mit überkreuzten Beinen oder ausgestreckten Armen und, in besonders ernsten Fällen, mit abgetrennten Gliedern. All das und mehr findet man in der frühen La Tène-Zeit. Viele Talismane entstammen solchen Begräbnissen. Fehlende Glieder treten in mehreren Gräbern auf, vor allem auf dem Friedhof von Manre (Monte-Trote), wo 32 von 89 Skeletten kopflos waren. Einige Archäologen hielten das für einen Beweis für Menschenopfer. Die Anordnung der Knochen zeigt allerdings, dass die Toten auf einer Art Plattform gelegen haben müssen, wo sie verwesten, bis sie stückchenweise zu Boden fielen.

Es handelt sich hier um ein Zwei-Phasen-Begräbnis. Auf Zwei-Phasen-Begräbnisse kann man auch von einer Leiche mit abgetrennten Gliedern schließen. Die männliche Leiche von Ilvesheim wurde so lange der Verwesung überlassen, bis man ihre Glieder ganz einfach rearrangieren konnte. Die Unterschenkelknochen wurden dann zwischen die Oberschenkel gelegt; die Füsse blieben, wo sie waren. Die Hände blieben ebenfalls am Platz, aber die Arme wurden vom Rumpf getrennt und in sicherer Entfernung zur Seite abgelegt. Zahlreiche Eisengegenstände sollten dafür sorgen, dass der Tote sich niemals erheben und unter den Lebenden herumspuken würde. Derartige Manipulationen sind leichter, wenn die Leiche bereits gründlich verwest ist. Das geschah häufig und ist leicht nachzuweisen. Fünf Begräbnisse sind bekannt, bei denen die Leiche komplett auseinander genommen wurde.

Es mag aber ein Fehler sein, zu glauben, nur unbeliebte Verstorbene hätten ein Zwei-Phasen-Begräbnis bekommen. Die Funde aus dem Manching-Oppidum könnten auch darauf hinweisen, dass die übliche Form des Begräbnisses es einschloss, die Leiche erst eine Weile lang verwesen zu lassen. Ein Hallstattgrab aus Kappel enthielt einen Gürtel, in dem sich Eier von Aasfliegen fanden (ein Hinweis darauf, dass die Leiche vor dem Begräbnis einige Zeit der Verwesung ausgesetzt war), und in der Tat werfen Doppelbegräbnisse aus den Hügeln der Hallstattzeit die Frage auf, ob vielleicht gelegentlich eine Leiche aufbewahrt wurde, bis man sie gemeinsam mit einer anderen begraben konnte, aus welchem Grund auch immer. Vielleicht hat es keltische Gräberfelder voll von verwesenden Leichen gegeben, die auf ein anständiges Begräbnis warteten.

Die einfachste Möglichkeit, die Toten am Zurückkehren zu hindern, war natürlich, die Beine oder Füsse umzudrehen, abzuhacken oder festzubinden, und es gibt Hinweise auf jede dieser Methoden. Die Entfernung des Kopfes war eine weitere Lösung. Bei einem Krieger aus Chouilly lag der Boden eines Köchers anstelle des Kopfes. In Marson fand sich eine Frau, bei der anstelle des Kopfes eine dunkle Schüssel lag (das erinnert vielleicht an den viel späteren irischen Glauben, dass der Kopf der Kessel der Inspiration und des Wissens ist). Die Patina im Grab eines Mädchens aus Villeneuve-Renneville enthüllt, dass ihr Kopf und ihr Halsring einige Zeit, nachdem sie gestorben war, entfernt wurde. Der Dürrnberg erbrachte ein Skelett, dessen Kopf 50cm rechts von der Leiche lag, in Kamenin fand sich ein Schädel, der im Beckenbereich lag, und am seltsamsten der Fund von Wohlen: Die Leiche eines alten Mannes, dessen deformierter Kopf 50cm zur Seite verschoben war. An dessen Stelle befand sich eine Schüssel, die die Schädel mehrerer Spitzmäuse enthielt. Was für eine Erklärung mag es dafür geben? Es könnte unterhaltsam sein, darüber nachzudenken. Aber weiter im Text: Es gab ein Dürrnberggrab, das eine Person enthielt, die verbrannt worden war, bis auf ihren Unterkiefer. Und in Vevey einen jungen Mann, der sich bestimmt nicht wieder aus dem Grab erheben würde, weil seine Füsse an der Stelle, wo er lag, verbrannt worden waren. Es gibt Berichte über wenigstens ein Dutzend Fälle von teilweisen Verbrennungen. Und während man viele Skelette ohne Kopf gefunden hat, gibt es auch mehrere Begräbnisse von Schädeln ohne Körper, ganz zu schweigen von den Fällen, wo eine einzige Leiche gemeinsam mit mehreren Schädeln ins Grab wanderte.

Dass manche Geisteskranken auf diese Art und Weise bestattet wurden, wird aus Gräbern ersichtlich, die schwer deformierte Schädel enthielten, oder Krieger, die einmal zu oft am Kopf getroffen worden waren, oder aus einigen Fällen, in denen jemand durch Trepanation (chirurgische Schädelöffnung) nicht glücklicher geworden war. Wir können auch davon ausgehen, dass magiekundige Personen, also Hexen und Zauberer, von ihren Gemeinschaften gefürchtet wurden. Ich denke mir, dass die Frau von Dannstatt, in ihrem mit Geweihen bedeckten Sarg, so ein Fall gewesen sein mag. Dann gibt es da die Selbstmorde. Nun ja, jeder Freitod kann als ein unerfreuliches Statement über

den Wert des Lebens in einer bestimmten Gemeinschaft gewertet werden. Aber was ist so gefährlich an Frauen, die im Kindbett verstorben sind? Ich persönlich kann das überhaupt nicht verstehen. Vielleicht galten sie als von einem bösen Geist befallen, oder sie waren eine Bedrohung für ihre Männer und verbliebenen Kinder. Dennoch gibt es viele Kulturen, die genau diesem Glauben anhängen. In der katholischen Kirche gibt es einen speziellen Ritus, der Frauen bei ihrem ersten Besuch in der Kirche gilt, nachdem sie geboren haben (und der impliziert, dass sie unrein sind) und Heinrich Heine hielt einen österreichischen Aberglauben fest, demzufolge Frauen, die vor der Heirat sterben, zu Luftgeistern werden, die junge Männer verfolgen und mit ihnen tanzen, bis sie tot umfallen.

Was unsere La Tène-Kelten glaubten, darüber kann spekuliert werden, aber die Tatsache, dass so viele junge Frauen wie gefährliche Dämonen behandelt wurden, bleibt krass offensichtlich. Ein Doppelbegräbnis zweier solcher Frauen im Alter von zwanzig, in Grafenbühl, ist ein ausgezeichnetes Beispiel. Abgesehen von der Beigabe einer ganzen Reihe von Amuletten (einschliesslich eines Dreiecks, Bronzefolie, Bernstein, Glas, Knochenperlen, Eberhauern, einer kleinen Feuersteinaxt und einem kleinen Anhänger, der aus einem Pferdehuf gefertigt wurde) wurden die beiden sicher am Boden gehalten durch eine große Steinplatte, die quer über ihre Brüste gelegt worden war. Dass manche schottischen Barden mit einem großen Stein auf der Brust meditierten, mag damit zusammenhängen oder auch nicht. Sei es, wie es sei, nicht jede junge Frau erhielt ein solches Begräbnis oder wurde zusammen mit Amuletten begraben. Ältere Frauen hatten nur äusserst selten Amulette bei sich (obgleich der hallstattzeitliche Friedhof von

Tauberbischofsheim-Impfingen zeigt, dass in dieser Gemeinschaft alle reiferen Frauen einen besonderen Gürtel trugen), was vielleicht bedeutet, dass ihre Position im Leben sicherer war. Und was ist mit junge Männern? Sie wurden überhaupt nur sehr selten begraben. Ältere Männer hatten oft Waffen in ihren Gräbern, und vielleicht galten auch diese als Schutz vor den Gefahren, die einen Reisenden in der Anderswelt erwarten mochten. Es ist möglich, dass manche Fibeln (schmuckvolle Verschlussspangen) eine Talisman-Funktion hatten.

Und wo wir uns gerade mit ungewöhnlichen Begräbnissen befassen, könnte es interessant sein, die Dietersberg-Höhle in der Nähe von Egloffstein in Süddeutschland zu erwähnen. Dort, in der Höhle, gibt es eine tiefe Grube. Archäologen haben festgestellt, dass sie die Überreste von 35 Individuen enthält – beide Geschlechter und jedes Alter sind vertreten, sogar kleine Kinder und Säuglinge. Zu Beginn, in Ha C, reinigten religiöse Leute den Schacht mit einem Feuer, das in einer Schüssel brannte, und begannen dann, Leichen hineinzuwerfen. Das setzten sie bis in La Tène A fort. Gemeinsam mit den Toten wurde eine Reihe ungewöhnlicher Amulette ausgegraben, und zudem die Überreste zahlreicher Tiere. In Linz, Österreich, legten die Archäologen die Überreste von neun Menschen frei, hauptsächlich Frauen und Kindern, die mit einem brennenden Pfahl durchstoßen worden waren und in einen drei Meter tiefen Schacht geworfen worden waren. Ob wir diese Schächte nun für einen Beweis für Menschenopfer halten oder für bequeme Orte, um die gefährlichen Toten loszuwerden, darüber kann nur spekuliert werden. Und zu guter Letzt hier ein Fall, der wirklich jeder Interpretation trotzt. In Beilngries entdeckten die Archäologen ein künstliches Skelett. Es bestand aus Men-

schen- und Tierknochen (Pferd oder Rind), die sorgfältig in einem Grab ausgelegt worden waren, so dass sie ein künstliches Skelett bildeten, in der typischen Nord-Süd-Orientierung der Gegend. Es ist eins der Rätsel, die uns nur allzu klar zeigen, wie wenig wir wirklich über den Glauben und die Bräuche der La Tène-Kelten wissen.

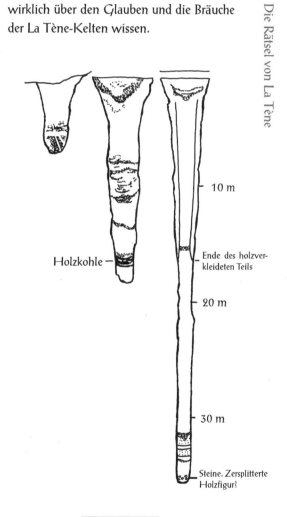

Holzkohle

10 m

Ende des holzverkleideten Teils

20 m

30 m

Steine. Zersplitterte Holzfigur!

Die Kultschächte von Holzhausen
(nach K. Schwarz)

Viereckschanze von Holzhausen:
Links: Nordschacht mit Holzpfahl, der zwischen Felsen gesetzt wurde.
Mitte: Südwestschacht.
Rechts: Nordostschacht. Ton vermischt mit verbrannten Opfergaben.

Opfergaben für die Tiefe

Beim Anbruch der La Tène-Zeit gewann die Welt unter der Oberfläche an Wichtigkeit. In der späten Urnenfelder- und frühen Hallstattzeit waren zahlreiche Opfergaben auf luftigen Anhöhen, Felsspitzen und aufragenden Berghängen dargebracht worden. Mit Beginn der La Tène-Zeit verlagert sich die Betonung nach unten. Beginnen wir mit den viereckigen Einfriedungen oder *Viereckschanzen*, wie ihre technische Bezeichnung lautet. Die Archäologen, die diese spezifischen Arrangements von Umfriedungen und Gruben zuerst entdeckten, hielten sie zunächst für Befestigungen. Heute wissen wir, dass viele Viereckschanzen heilige Bezirke kennzeichneten; sie dienten keinen militärischen Zwecken. Bei einigen aber handelt es sich nur um befestigte Höfe. Es existieren mehrere hundert bekannte Viereckschanzen. Die meisten verfügen über Wälle und eine Grube und sind mehr oder weniger quadratisch. Man findet sie in einem weiten Gürtel von der Bretagne bis Böhmen. In Britannien wurden bisher nur einige wenige Viereckschanzen und Schreine identifiziert. Das ist verständlich, da man nur solche Gebäude als religiös klassifizieren kann, die keinen bestimmten Zweck oder keinen funktionellen Gebrauch aufweisen - oder Votivgaben enthalten, die den Archäologen Hinweise geben können. Das bedeutet, dass die überwiegende Mehrzahl an religiösen Bauten und Orten nicht nachgewiesen werden kann.

Es bleibt zu vermerken, dass von den zwei Dutzend derartigen Fundorten, die in Britannien identifiziert wurden, 70% rechteckig oder quadratisch waren (Hutton). Die meisten Viereckschanzen wurden in Süddeutschland entdeckt. Oft befanden sich Viereckschanzen in der Nähe einer Quelle, eines Baches oder Stroms, was von religiöser Bedeutung oder vielleicht einfach nur bequem gewesen sein mag. Viereckschanzen befinden sich oft in unspektakulärer Umgebung – nur wenige lagen exponiert oder boten erwähnenswerte Ausblicke auf die Umgebung. Im Allgemeinen wiesen solche Orte ein einzelnes Tor auf. Die Lage dieses Eingangs variiert sehr stark, mit der bemerkenswerten Einschränkung, dass keiner dieser Eingänge nach Norden lag.

Innerhalb mancher Viereckschanzen wurden Spuren kleinerer Gebäude entdeckt. Wir wissen von kleinen, überdachten Schreinen aus der gallo-römischen Periode, also waren diese Gebäude möglicherweise von ähnlicher Art. Zugegebenermaßen informieren uns Pomponius Mela und Lukan, dass die Gallier ihre Götter in abgelegenen Hainen im Wald verehrten, und Tacitus sowie Dio Cassius behaupten das gleiche von den britannischen Kelten. Es mag sich da um eine Verallgemeinerung gehandelt haben. Dennoch haben die Archäologen Beweise für viele kleine Tempelgebäude und Schreine entdeckt.

Es wäre verlockend, Spekulationen über Viereckschanzen und quadratische Hallstattgrabhügel anzustellen und sie mit der andersweltlichen viereckigen Gralsburg der frühen britannischen Poesie in Verbindung zu bringen. Sei es, wie es sei, die Viereckschanzen wiesen gelegentlich Kultschächte auf, tiefe Löcher, denen alle möglichen Arten von Opfergaben anvertraut wurden. Solche Schächte fanden sich in verschiedenen keltischen Kulturen. Manche dieser Schächte befanden sich innerhalb von Viereckschanzen; in anderen Fällen wissen wir nur von dem Schacht, haben aber keine Ahnung, ob er sich innerhalb eines heiligen Bezirks befand oder nicht.

Die Schanze von Holzhausen in Bayern wies drei solcher Schächte auf. Der Nordschacht hatte eine Tiefe von 6m und enthielt einen Holzpfahl (2m lang), der unter

Verwendung von Lehm und Steinen sorgfältig befestigt worden war. Der südwestliche Schacht mit seinen 18m Tiefe enthielt mehrere Schichten verbrannter Opfergaben. Der tiefste der drei ist der Nordwestschacht mit einer Tiefe von 35m. Der Pfahl, Pfeiler oder Baumstamm im kürzesten Schacht ist interessant. Warum sollte jemand einen einzelnen Pfeiler so tief in der Erde errichten und, wie sorgfältige Analysen ergeben haben, ihn solchermaßen behandeln, dass Spuren von Fleisch und Blut an ihm zurückbleiben? Auf die Verehrung heiliger Bäume bei den keltisch-germanischen Stämmen (und vielen anderen indo-europäischen Kulturen) zu verweisen, reicht nicht. Es erklärt nicht, weshalb der Baum im Untergrund verehrt worden wäre. Was würdest Du vorschlagen? Sieh Dir einmal die Schächte in der Vendée in Frankreich an. Der mit 12m tiefere von beiden war sorgfältig in vier Abschnitte unterteilt worden. Am Grunde des Schachts befand sich eine kleine Statue, und er war mit Erde aufgefüllt, die von Hirschgeweihen, Zweigen und Muscheln durchsetzt war. Dieser Abschnitt war mit einer Lage Steine abgeschlossen worden. Dann folgte der nächste Abschnitt – hauptsächlich Erde, durchsetzt mit Tierknochen und Töpferwaren. Eine weitere Lage Steine schloss diesen Teil ab. Darüber entdeckten die Archäologen eine Schicht Holzkohle, von noch mehr Steinen bedeckt. Oberhalb dieses Teils war der Schacht gefüllt mit Steinen und Knochen, manche von menschlicher Herkunft. Der obere Teil des Schachtes war gemauert, und der Steinmetz hatte ihn sorgfältig mit einem Deckel verschlossen. Der andere Schacht in der Vendée mit seinen 8m Tiefe enthielt ebenfalls einen Baum, der grob gestutzt worden war, so dass einige seiner Äste herausstanden. Hier könnte auch vermutet werden, dass der Baum als Leiter diente. In der Nähe lag ein ausgehöhlter Baumstumpf. Rundherum fanden sich Erde, Töpferwaren, Krüge, Menschen- und Tierknochen. Der obere Teil war durch Mauerwerk verschlossen.

Was könnte der religiöse Hintergrund für diesen Schacht gewesen sein? Wir kennen ein britannisches Beispiel, den Schacht von Swanwick in Hampshire, 24 Fuß tief, 14 Fuß im Durchmesser. An seinem Fuß befand sich ein 5 Fuß hoher Pfahl, mit Lehm befestigt. Der Schacht hatte eine Lage Holzkohle. Darüber waren etwa 20 Webgewichte (aus Ton) und Fragmente einer Kornquetsche vergraben. Wie auch in anderen Fällen fanden sich an dem Pfahl Spuren von getrocknetem Fleisch und Blut. Die Webgewichte gehen in etwa auf 1200 bis 1000 vor unserer Zeit zurück, womit die gesamte Konstruktion wesentlich älter ist als die Hallstattzeit.

Kultschächte waren keine Erfindung der La Tène-Kelten, obgleich sie sie zweifellos perfektionierten. Es existiert einer in Vledder in den Niederlanden, der auf die Bronzezeit zurückgeht. Ein weiterer, zwei Meilen entfernt von Stonehenge, ist ein Schacht, der 110 Fuß tief in den Kreidestein gegraben wurde. Er war größtenteils leer, bis auf etwas Abfall, den seine Erbauer aus der Bronzezeit zurückgelassen haben, und einige Fragmente von Töpferwaren. Es ist keineswegs sicher, ob es sich hier um einen Kultschacht, einen Brunnen oder vielleicht eine Mischung aus beidem handelte. Seine Nähe zu Stonehenge macht eine kultische Nutzung wahrscheinlich. Es gab also Erbauer von Schächten in der späten Bronzezeit, aber dennoch tritt dieser Brauch nicht typisch in der Hallstattzeit auf. Richtig populär wurde er erst mit Anbruch der La Tène-Zeit.

Er wurde noch bis hinein in die Zeiten der römischen Besatzung gepflegt, ebenso wie manche Viereckschanzen in Gebrauch blieben (auch wenn es nicht immer der Gebrauch war, den man ursprünglich davon gemacht hatte), nachdem die Römer gekommen waren. Bedenke, dass das Versenken von Opfergaben in Löcher und Schächte auch im alten Rom und Griechenland populär war; die Römer hätten also keinen Grund gehabt, etwas dagegen einzuwenden.

Kultschächte enthielten alle möglichen Arten von Gegenständen. Der Schacht (oder Brunnen?) von Biddenham enthielt ein menschliches Skelett, Teile einer Altartafel, eine beschädigte Statue, Scherben von ca. 50 römischen Urnen, Pferde-, Fuchs-, Ochsen- und Hundeknochen sowie Kieselsteine. Der Schacht oder Brunnen von Wolfhamcote enthielt einen großen, quadratischen Steinblock mit einem Loch im Zentrum, sowie 24 Urnen, 12 davon intakt. Am bemerkenswertesten ist der Schacht von Ashill in Norfolk, wo der oberste Abschnitt Teile von bemaltem Wandverputz, Töpferwaren, Knochen (darunter auch Krötenknochen, wie Ann Ross in ihrer hervorragenden Studie vermerkte), Überreste eines Eimers, einen Korb aus Weidenbast und ein eisernes Messer enthielt. In der Lage darunter befanden sich intakte Urnen, in Haselnussblätter und -nüsse gebettet. Zwischen den Urnen fand sich das eine oder andere Knochenfragment, eiserne Utensilien (Talismane?) und Fibeln. Ganz unten, am Grunde des Schachts, fand sich eine Lage Feuerstein.

Die unter- und andersweltlichen Qualitäten des Haselstrauchs sind Gegenstand des Kapitels über Baumwissen. Alles in allem kann man sehen, dass unsere La Tène-Kel-

ten fröhlich alle möglichen Dinge in tiefen Löchern verscharrten – sakrale Güter, profane Güter und gewöhnlichen Müll. Das war allerdings nicht ihre einzige Art, sich mit der Anderswelt auszutauschen. Viele Kultschächte sehen Brunnen ziemlich ähnlich, und in einigen Fällen sind sich die Wissenschaftler alles andere als sicher, womit sie es nun eigentlich zu tun haben. Viele mittel- und nordeuropäische Märchen erzählen, dass ein Brunnen ein Tor zur Tiefe ist. Nun hatten die La Tène-Kelten eine besondere Schwäche dafür, den Göttern der Unterwelt Opfer darzubringen. Zahlreiche Opfergaben wurden den Brunnen überantwortet. In Carrawbrough gibt es einen der Göttin Coventina geweihten Brunnen. Er enthielt Schmucknadeln, mehr als 14.000 Münzen, Glas, Schmuckstücke, Töpferwaren, einen Bronzehund und -pferd und einen menschlichen Schädel. Außerdem enthielt er mehrere große Altäre, einige davon der Göttin des Brunnens selbst geweiht. Man kann Opfergaben darbringen, indem man wertvolle Dinge in einen Brunnen wirft, aber man kann durch dieses Tor auch Nachrichten übermitteln.

Ein heiliger Ort in der Nähe einer heißen Quelle bei Chamalières enthielt außergewöhnliche Gegenstände. Die Überreste Tausender von Holztäfelchen, die einst in den heiligen Brunnen geworfen worden waren, wurden 1971 ausgegraben, zusammen mit einer Bleitafel. Auf letzterer war noch die Inschrift lesbar; eins der seltenen Zeugnisse der gallischen Sprache:

Oben links: kleine Bronzegegenstände aus dem Heidetränk-Oppidum, Taunus, Hessen, Deutschland, späte La Tène -Zeit. **Oben rechts:** Pferdekopf mit langem Hals, unbekannter Ort, Taunus. **Unten:** La Tène -Grabgüter aus der Wetterau, Hessen, Deutschland. Widderschädel aus Bad Nauheim, Einäscherungsurne aus Rockenberg, stachelbesetzte Becher aus Heldenbergen und Bad Nauheim. Kultobjekte, Punk-Kunst oder ein Scherzartikel?

Mit dieser magischen Tafel ehre ich den göttlichen Maponos Arvernatis, in dem ein Gott wohnt. Gib uns Schnelligkeit (im Angriff) und auch den folgenden Männern dank der Magie der Anderoi (=Brixtia Anderon, vermutlich: die Magie der Unterweltgötter): dem Beschwörer C. Lucios Floros Nigrinos, Aemilios Paterin(os), Claudios Legitumos, Caelios Pelign(os), Claudios Pelign(os), Marcios Victorin(os), Asiati(os), dem Sohn des Addedillos und den Segovii, die den Eid schwören werden. Das Kleine wird groß werden, wenn er es gesät hat. Ich werde das Gebogene gerade machen. Obschon blind, werde ich sehend sein durch die Liedtafel. Er wird jenen (den Feind) niederschlagen. Ich bereite sie für Lugus vor. Luxe (?)

(Übers. Karl Horst Schmidt, 1981)

Was immer auch der okkulte Zweck dieses Ritus gewesen sein mag, einige der Namen sind uns vertraut. Da sind Maponos (von den Arvernern) und Lugus. Wir werden später mehr von ihnen lesen. In der Version von Schmidt hat die Tafel einen entschieden aggressiven Ton, da von schlagen, Angriff und so weiter die Rede ist. Das passt sehr gut zu einem Zaubermittel, das oft für Verfluchungen verwendet wurde. Wie deutest Du diesen magischen Text? Planten die Verfasser eine Revolte, oder wollten sie einen gemeinsamen Feind verfluchen? Eine Interpretation von Wolfgang Meid (1992) besagt, dass wir es hier mit einer Gruppe betagter Männer zu tun haben, die Maponos, den Gott der Jugend, bitten, sie von Leiden wie Impotenz (*das Kleine ... soll groß werden*), Rheuma (*Ich mache das Gebogene gerade*) und nachlassendem Augenlicht (*als jemand, der nicht mehr sehen kann, sehe ich*) zu heilen. Als Zauberspruch ergäbe das durchaus einen Sinn, obgleich wir nicht vergessen dürfen, dass die ursprüngliche Bedeutung unsicher

war, ist und bleiben wird. Der Text beinhaltet einige interessante Begriffe wie zum Beispiel *risu naritu* (mit zauberkräftiger Inschrift) vom keltischen **nerto* – Kraft, Stärke, was von der indo-europäischen Wurzel **ner*, kreative (also magische) Kraft herstammt. Denk mal darüber nach. Etwas weniger klar ist der Ausdruck *brixtia anderon* (Magie der Unterirdischen, Magie der Götter der Unterwelt), von *anderos* – unter, infernus. Das ist die üblichste und vielleicht auch wahrscheinlichste Deutung. Wie dem auch sei, während *brixtia* definitiv Magie bedeutet, könnte *anderon* auch vom keltischen **andera* (junge Frau) stammen, wie P. L. Henry vorschlägt. Es ist vielleicht ein bisschen frivol, davon auszugehen, dass die Verfasser des Zaubers hofften, die Auswirkungen des Alters mit Hilfe des Charmes von jungen Frauen zu beseitigen, aber es liegt durchaus im Bereich des Möglichen. Und wenn man bedenkt, auf was für unsicherer Grundlage Übersetzungen aus dem Gallischen stehen, lässt es sich nicht komplett von der Hand weisen.

Zur *Brixtia* der Frauen sieh Dir bitte den Abschnitt über das Bleitäfelchen von Larzac im Kapitel über das klassische Druidentum an. Vielleicht wäre es ganz nützlich, sich einmal in das Wesen der Unterweltgötter hineinzudenken oder zu –träumen. Wer sind eigentlich die Götter der Unterwelt? Wer sind sie heute, und wer waren sie zur Zeit der Kelten? Die irische Mythologie sagt uns, dass die Söhne des Mil die früheren Götter, die Tuatha de Danann, in die hohlen Hügel hineingetrieben haben, in die Tiefe unter der Erdoberfläche. Wie viele Generationen älterer Götter wurden wohl von den Göttern jüngerer und aggressiver Kulte gezwungen, in den Untergrund zu gehen? Wen würdest Du wohl treffen, wenn Du in Trance gehen und diese verborgenen Reiche bereisen würdest? Die Magie der Tiefe zu erforschen ist nicht einfach; die Zaubersprüche und sichtbaren Formen der Götter, die aus dem strahlenden Himmel und dem vielgestaltigen Antlitz der Erde verjagt wurden, änderten sich, als der unbeständige Geist der Menschen sich neuen Idealen zuwandte. Viele keltische Götter, die in ihrer Zeit stark und mächtig waren, ruhen jetzt wie tot, aber dennoch träumend, halb erinnert, halb vergessen, in einem Schattenreich verzerrter Erinnerungen. Sie zu wecken ist kein Spiel, sondern eine gefährliche Einweihung, die Phantasie, Verantwortung, Geduld und Hingabe erfordert. Es hilft auch, wenn Du über Dich selbst lachen kannst und bereit bist, unerwartete Dinge zu lernen. Vergessene Götter kommen als Schock oder Überraschung; man muss einige Anpassungen vornehmen, damit sie mit einer Zeit zurechtkommen, die so ganz anders ist als die Zeiten, in denen sie mit Blut und Knochen verehrt wurden. Wie können sich die keltischen Götter verwandeln, um in unsere Zeit zu passen? Wenn Du das herausfinden möchtest, wie wäre es, wenn Du den Begriff *brixtia anderon* als Mantra verwenden würdest, wenn Du auf Reisen gehst?

Metall- oder Holztäfelchen wurden gern verwendet, um der Anderswelt Botschaften zu schicken. Tausende von Leuten hinterließen Inschriften am oder in der Nähe des Brunnens von Chamalières, und jede war eine Bitte um Hilfe oder Unterstützung. In einer Zeit, in der nur sehr wenige lesen und schreiben konnten, hatte sogar eine einfache Inschrift wie die zuvor beschriebene einen höchst magischen Charakter. Vergleiche einmal den Akt, eine Botschaft an die Tiefe zu schicken, mit moderner Sigillenmagie. Was fällt Dir auf?

Die Heiligkeit des Wassers

Wasserverehrung fand in mehreren Formen statt. In den meisten keltischen Ländern wurden heilige Brunnen verehrt. Die Anwohner glaubten an die heilenden Kräfte des Wassers, und sie glaubten auch an die Gottheiten des Ortes. Oft waren es Göttinnen, die mit bestimmten Quellen und Brunnen in Verbindung gebracht wurden. Die La Tène-Leute auf dem Kontinent, in Britannien und Irland identifizierten ihre Flüsse und Ströme oft mit ganz bestimmten Göttinnen. Es gibt zahlreiche Beispiele für diesen Brauch – man denke nur einmal an die Flüsse Wharfe (Verbeia), Boyne (Boand), Shannon (Sinann), die Seine (Sequaner), Yonne (Icauna), Saônne (Souconna), Marne (Matronen), Reuss (Rigusia), Main (Mogons) und so weiter. Das bedeutet, dass der Fluss selbst die Gottheit war, in all ihren Freude spendenden und schrecklichen Aspekten. Die Flussgöttin konnte ein freundliches Gesicht zeigen, aber sie konnte auch verheerende Überflutungen verursachen, Boote versenken und Fischer ertränken. Es ist kein Zufall, dass viele der keltischen Völker glaubten, ihr Fluss verlange einmal im Jahr ein Opfer, damit die Flussgöttin zufrieden sei. Wurde das Opfern vergessen, nahm sich der Fluss selbst welche. Es gibt da ein seltsames Märchen. Fischer am Ufer eines Flusses hörten eine seltsame Stimme, die verkündete: „Die Zeit ist hier, der Mann noch nicht." Dann erblickten sie einen armen Narren, der wie betäubt vor sich hin wanderte. In einigen Versionen stürzt das Opfer in den Fluss und ertrinkt sofort, in einigen versuchen die Fischer, es aufzuhalten und zu retten – allerdings vergeblich, da es sich bei der ersten bietenden Gelegenheit in den Fluss stürzt. Ich habe Variationen dieser Geschichte in der schottischen Folklore gefunden, in Legenden aus Vorarlberg (Österreich) und an der Kinzig in Hessen. Was unsere Forschungen angeht, sollten wir im Gedächtnis behalten, dass für die Kelten, von denen wir wissen, Flüsse oft, aber nicht immer Göttinnen waren. Spuren heidnischer keltischer Schreine wurden nahe dem Ursprung mehrerer solcher Flüsse gefunden, die zeigen, dass es als klug galt, sich der Göttin da zu nähern, wo sie gute Laune hat und noch jung, frisch und verspielt ist.

Andere wichtige Wasserorte waren die Stellen, wo Flüsse ineinander mündeten, sie spielen später in volkstümlichen Bräuchen eine Rolle. Es ist wahrscheinlich, dass man das Wasser als solches für eine heilige Substanz hielt. Denke nur an Tau, das geheimnisvolle Wasser, das aus dem Nichts heraus erscheint und das von den mittel- und nordeuropäischen Heiden verehrt wurde. Bis zum heutigen Tag besiegeln Bewohner des ländlichen Schottland einen Vertrag, indem sie sich die Hände über einem fließenden Gewässer schütteln, das soll bindender sein als ein schriftlicher Vertrag. In die Hand spucken, ehe man sich die Hände schüttelt, scheint einer ähnlichen Tradition zu entstammen. Und was ist mit den Heilkräften des Osterwassers, das zu Sonnenaufgang am Ostermorgen in vollkommener Stille geschöpft werden muss, eine Tradition, die man in germanisch-keltischen Ländern auf dem Kontinent findet? Viele Kelten legten bemerkenswerte Strecken zurück, um heilige Brunnen und Quellen zu besuchen und dort das Wasser einzunehmen. Auch während der römischen Besatzung ging dieser Brauch weiter. In Bezug auf die Quellenverehrung hatten die Römer mit den Kelten und den Germanen eine gemeinsame Grundlage, so dass sich ihre Kulte problemlos vermischten. Beschäftigt man sich mit den heiligen Brunnen im Rheinland, stellt man fest, dass die Ankunft der Römer die Popularität dieser Orte noch erhöht hat. Während man sich

in früherer Zeit mit ein oder zwei kleinen Schreinen begnügte, findet man unter römischer Herrschaft ganze Gebäudekomplexe, viele von ihnen Herbergen, die in der Nähe der segensreichen Quelle entstanden. Die wenigsten heiligen Brunnen Britanniens geben Aufschluss über heidnische keltische Aktivitäten. Nicht etwa, weil sie nicht beliebt gewesen wären, sondern weil die folgenden Generationen, die Römer und die Menschen des Mittelalters, diese Orte so gründlich umbauten und renovierten. Unter römischer Herrschaft finden wir zahlreiche Weiheinschriften für die „Nymphen" eines Ortes. Es handelte sich dabei ursprünglich um die Göttinnen von Brunnen und Quellen, die Römer machten sich nicht die Mühe, sie beim Namen zu nennen.

Nicht nur bei heiligen Brunnen stehen die Tore zwischen den Welten offen, damit man auf die andere Seite hinüber wechseln kann. Auf ähnliche Denkweisen stößt man, wenn man die zahllosen Gegenstände erforscht, die in Flüsse, Seen und Sümpfe geworfen wurden. Von der Schweiz bis nach Schottland weihten Menschen wertvolle Gegenstände, teils alt, teils neu, und warfen sie in die Tiefen. Manche wurden absichtlich zerstört oder beschädigt, wie um ihren Wert in dieser Welt zu verringern, oder um klar zu machen, dass sie nicht mehr von Menschenhand benutzt werden sollten. Ringe, Armreifen, Torques, Schwerter, Schilde, Rüstungen, Helme, Kessel, Trompeten, Münzen... alles wurde dem hungrigen Wasser anvertraut. Man kennt das von vielen keltischen Völkern, aber der Brauch selbst scheint um einiges älter zu sein, wenn man bedenkt, dass in manchen Gegenden neusteinzeitliche Bauern Feuersteinwerkzeuge in Flüsse warfen und die Leute der Bronzezeit eifrig Waffen und ähnliche Güter opferten.

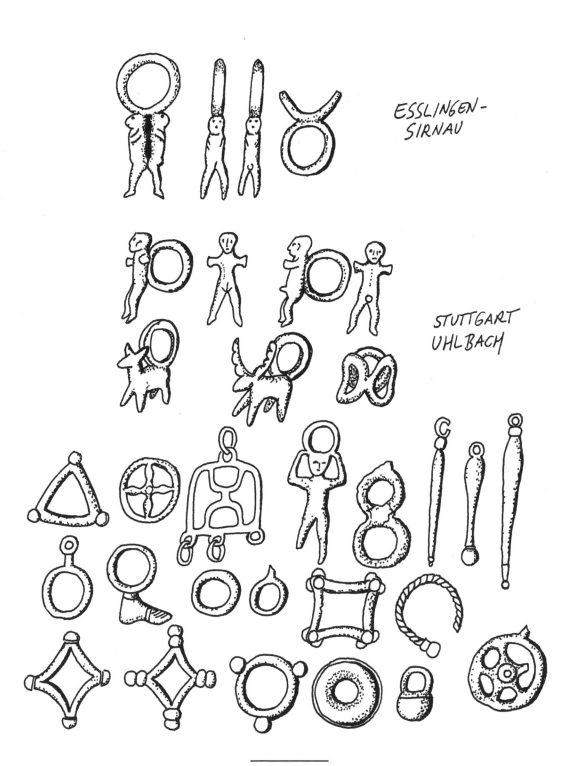

Bronzeamulette aus verschiedenen Gräbern (nach Pauli)
Oberste Reihe: Esslingen, Sirnau. Alle übrigen: Stuttgart, Uhlbach

In Britannien fließen die meisten Flüsse, die solche Opfergaben enthalten, ostwärts. Ronald Hutton schreibt von einem seltsamen Muster, das im Hinblick auf britannische Opfergaben zwischen 1200 und 400 vor unserer Zeit sichtbar wird. In dieser Periode wurden *Schilde und Gefässe fast immer in Sümpfen und Teichen versenkt, während Schwerter in Flüsse geworfen wurden. Halsbänder wurden in beiden Orten nicht gefunden.* In der mittleren Eisenzeit wurden die Wasserhorte Britanniens weniger populär, während in der späten Eisenzeit (die etwa 100 vor unserer Zeit in Britannien begann) Schwerter durch Kessel als populärste Opfergabe ersetzt wurden und die Zerstörung der Gegenstände vor dem Versenken zum allgemeinen Brauch wurde. Die Opfergabe war etwas, was man teilte; eine Geste des Dankes für den Reichtum oder Sieg, den die Götter geschenkt hatten.

Natürlich bleibt die Frage, wer genau die Opfergaben darbrachte und in welcher Absicht. Warum finden wir verblüffend wertvolle Waffen in Flüssen, wenn im Vergleich dazu so mancher Kriegerhäuptling mit minderwertigen Waffen begraben wurde? Wie sollen wir die Aussagen von Strabo und Diodorus Siculus deuten, die anmerken, dass die gallischen Völker Schätze und Beute, die sie im Krieg gemacht hatten, in Teiche zu werfen pflegen, als Opfergaben für die Götter? Was ist mit den Holzstatuen mit den goldenen Torques, die in den Schweizer Seen (Genf, Villeneuve) gefunden wurden? Oder, um mal eine der ekligeren Opfergaben zu betrachten, welche Bedeutung hatten die Masken, die aus der behaarten Haut von Männerbeinen angefertigt worden waren und die man mit einiger Regelmässigkeit in norddeutschen Sümpfen gefunden hat, aber auch im südlichen (keltischen) Deutschland und in der Schweiz (Rosenheim, Singen

und am Chiemsee)? Und, als letzte, aber ganz und gar fiktive Idee, was ist mit König Arthur, der sterbend anordnete, dass sein heiliges Schwert in den See geworfen werden sollte? Es wäre einfach, Opfergaben für Flüsse und Seen zu verallgemeinern, es könnte aber auch in die Irre führen. Obwohl der Brauch weit verbreitet gewesen zu sein scheint, kann er in verschiedenen Ländern durchaus auf verschiedene Weise interpretiert worden sein. In manchen Fällen sind die Gegenstände, die in Flüsse und Teiche geworfen wurden, den in Gräbern gefundenen sehr ähnlich. Könnte der Fluss als eine Art Grab fungiert haben? In dem Fall wäre dann die Asche der Toten schon lange fortgespült worden, während die Grabbeigaben erhalten sind.

Das Einzige, dessen wir uns sicher sein können, ist, dass die Orte, an denen die Unterwelt nah war, bei einer Anzahl von Ritualen genutzt wurde, bei denen Opfergaben irgendeiner Art dargebracht wurden. An jedem dieser Orte ist der Schleier zwischen den Welten sehr dünn. Das trifft sozusagen auch physisch zu – man braucht kein Loch zu graben, man kann einfach etwas hineinwerfen, und plopp – ist es verschwunden. Das gilt übrigens auch für Geisteszustände.

Nur wenige natürliche Phänomene haben eine so hypnotische Qualität wie das Beobachten kleiner, auf der Oberfläche zitternder Wellen an einem abgeschiedenen See. Betrachte die Wellen, wie sie am Ufer anlaufen. Erlaube Deinen Augen, sich zu defokussieren, und beruhige Deinen Geist. Wenn Du möchtest, kannst Du Deinem Körper oder Kopf erlauben, sich leicht zu wiegen; das ist nützlich, um die Trance auszubauen. Versuche es mit verschiedenen Geschwindigkeiten; langsames Wiegen lässt das Bewusstsein tief und ruhig werden, während schnelles Wiegen leicht zu Schütteln, Zittern und wilden, erregten Trancestadien führen kann. Bei Wasser und dem besänftigenden Glitzern des Lichts auf der Oberfläche kann eine langsame Trance passender sein. Lasse Deine inneren Stimmen langsamer werden und allmählich verstummen. Schon bald wird der sanfte Rhythmus des Wassers einen traumähnlichen Trancezustand herbeiführen. Betrachte die sich spiegelnden Zweige und Bäume im Wasser, blicke nach unten und sieh die Wolken vorbeiziehen. Oder betrachte die Wasseroberfläche, wenn ein sanfter Regenschauer sie in eine Mandala sich ewig erneuernder Kreise verwandelt. Was ist mit dem Glitzern von Sonnenlicht? Leere Deinen Geist, umarme die Stille und sieh.

Trancen müssen nicht immer eigens herbeigeführt werden; unter bestimmten Bedingungen ergeben sie sich natürlich. Die Seher der Antike wussten ebensoviel über die Mechanismen des Bewußtseins wie moderne Forscher, sie wussten, dass bestimmte natürliche Phänomene Trancen induzieren können, wenn man sich ihnen geduldig und mit offenem Geist nähert. Wie Du später noch lesen wirst, sagten manche Seher wahr, indem sie die Wasserwirbel in Flüssen be-

trachteten. Irische Poeten pflegten das Reich zu besuchen, wo Erde und Wasser sich treffen, um wahrzusagen und zu prophezeien.

Wer immer sich einem heiligen Brunnen, einer Quelle, einem See oder Fluss näherte, hatte gute Chancen, einen massiven Bewusstseinswandel zu erleben, vorausgesetzt, er näherte sich mit ruhigem, aufnahmebereitem Geist. Du kannst das auch.

Welche Götter ruhen in den Flüssen in Deiner Nachbarschaft? Wie sahen diese Flüsse in früheren Zeiten aus? Wer wird Deine Träume empfangen? Welche Gaben würdest Du ihnen darbringen, und welche Botschaft möchtest Du für die aufschreiben, die unter der Oberfläche leben? Worauf willst Du sie schreiben? Blei ist keine besonders elegante Lösung, und die meisten Holzarten schwimmen. Du könntest etwas Lehm nehmen, ihn glatt streichen, Deine Botschaften oder Sigillen einritzen, ihn eine Weile trocknen lassen und dann der bodenlosen Tiefe anvertrauen. Was verbirgt sich am Grunde des Brunnens, des Schachtes, der Höhle oder der glitzernden Wasser des Flusses? Was verbirgt sich unter der Oberfläche des Bewußtseins?

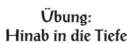

Übung:
Hinab in die Tiefe

Wasser ist eine erstaunliche Flüssigkeit. Denn Wasser kommt herum. Es kreist um die ganze Welt und geht beständig durch alle Lebewesen. Seit dem Anfang unserer Erde ist das Wasser praktisch erhalten geblieben. In diesem Augenblick hast Du Wassermoleküle im Körper, die in den Urmeeren die ersten Lebewesen berührten, in denen Trilobiten tollten, die durch Saurierblasen gingen und die in der Eiszeit Nordeuropa überzogen. Du enthältst Moleküle, die im Indus und Ganges waren, im Huang He, im Yangzi, im Nil, im Orinoko, Mississippi, Rhein, Donau, Wolga und jedem anderen Fluss und Meer der Weltgeschichte. Und in Dir sind genau jetzt Moleküle, die in sämtlichen (!) Menschen der Vorgeschichte, des Altertums und des Mittelalters waren. Egal, wo auf der Erde. Nur das Wasser, das durch die Menschen der letzten Jahrhunderte ging, hat sich noch nicht überall verbreitet. Doch das ist nur eine Frage der Zeit. Denn Wasser kommt herum. Und es ist ungeheuer voll mit Information.

Im letzten Kapitel gab es eine praktische Meditation. Und ich bin sicher, dass Du sie auch gemacht hast, denn sonst ist vieles, was folgt, einfach unverständlich für Dich. Was ziemlich schade wäre. Gehen wir nochmal zum Anfang zurück. Beim letzten Mal hast Du dich in einen Grabhügel geträumt. Das ist ein nützlicher Ort mit Verbindungen nach vielen Seiten der Welt. Diesmal machen wir etwas anderes.

Such' Dir einen ruhigen Ort, mach es Dir bequem und gehe in eine nette und wohlige Trance. Die Sorte, in der Du Dich richtig gut fühlst. Du hast ein limbisches System, direkt in Deinem Gehirn, und ein erstklassiges Nervensystem. Sie sind dafür da, dass Du Dir die Gefühle machst, die Dich richtig weiterbringen. Beim letzten Mal haben wir Suggestionen verwendet, diesmal machen wir es anders. Denn es gibt viele Wege in Trance. Trance ist etwas ganz Natürliches. Du kennst das schon. Aber es geht noch viel besser. Zeit für eine Überraschung. Zum Beispiel Atem zählen. Leg oder setz Dich also erstmal ruhig hin und lockere Deinen Körper. Spann die Arme an und lass die Spannung wieder los. Spanne an und lockere Dich wieder. Und nochmal. Loslassen tut gut. Und den Rest des Körpers gerade mit. Besonders den Bauch, die Brust und den Kopf. Wann war Dein Gesicht das letzte Mal so richtig weich? Jetzt ist eine gute Gelegenheit. Lass ein Lächeln durch Deinen Körper gehen. Ein richtig gutes, intensives Lächeln, das Dich mit Freude erfüllt. Und noch stärker. Sowas entlädt Endorphine. Lächle in Deinen Körper während er locker und weich wird. Arm rechts weich und schwer, Arm links ruhig und locker, Bein rechts ruhig und schwer und so weiter. Und verwende eine wohlige, ruhige und relaxte innere Stimme die immer ruhiger und langsamer wird. Ganz langsam. Sanft und behutsam. Mit jedem Ausatmen nur ein paar Worte.

Und jetzt fühlst Du in Deinen Atem hinein, wie er ganz von selbst herein und hinaus fließt. Frische Energie strömt sachte herein, alte abgestandene Luft fließt raus. Achte auf das Ausatmen. Beim Ausatmen wird Dein parasympathisches Nervensystem angeregt. Denn Ausatmen bedeutet, schwerer und lockerer zu werden und Du kannst richtig gut loslassen. Und jetzt kannst Du immer ruhiger werden. Denn Du hast viel Zeit. Du hast die Zeit Deines Lebens. Und jetzt, während Du immer tiefer in Dich herein sinkst und immer friedlicher und lockerer wirst, kannst Du langsam zählen. Eine Zahl mit jedem Ausatmen. Zähle 'Neun' und fühle wie Du ruhiger wirst. Zähle 'acht' und gähne richtig gut. Zähle 'sieben' und lass los. Zähle 'sechs' und sinke noch tiefer hinab. Zähle 'fünf' und weiter geht's in die Tiefe. Zähle 'vier' und bemerke, wie gut es Dir gehen kann. Ganz natürlich und von selbst. Einfach loslassen. Jeden Atemzug ein wenig tiefer. Weiter hinab in eine erholsame, ruhige Erfahrung, in der Du ganz in die Tiefen Deiner Selbst eintauchst. Zähle 'drei' und Du wirst immer einfacher. Zähle 'zwei' und es geht weiter in Dich hinab. Zähle 'eins' und Du genießt den Urgrund des Seins. Und zähle wieder 'neun' während du ausatmest und noch tiefer gehst. Zähle 'acht' und sinke sanft. Und mach so weiter bis Du in einer richtig guten Tieftrance angekommen bist. Und wenn Du glaubst, Du bist richtig angekommen, sag Dir selbst zwei oder drei mal: 'Das nächste Mal wenn ich mich in Trance zähle, gleite ich viel schneller in einen tiefen und guten Bewußtseinszustand. Denn vom Wachbewußtsein zur Tieftrance kann es so einfach sein. Die nächste Trance wird doppelt so tief und viel besser und wohliger.'

Funktioniert jedes Mal. Im Laufe der Zeit wirst Du lernen, in weniger als fünf Sekunden in Tieftrance zu kommen. Es ist einfach eine Frage der Übung. Du wirst überrascht sein, wie einfach das ist.

Gut. In Trance zu kommen ist eine schöne, erholsame Sache, aber viel wichtiger ist, was Du darin machst. Du willst ja nicht nur relaxen, sondern auch etwas Neues lernen. Du bist also tief innen drin und Dein Körper fühlt sich angenehm ruhig und locker. Umwelt ist da draußen, die Körperperipherie ist da draußen, Alltagsgedanken sind da draußen, alles weit weg. Denn hier wo Du bist ist alles einfach und klar. Und Du bist ganz weit unten in Dir drin. Manchmal muß man in sich hineingehen um richtig raus zu kommen. Stell Dir vor, dass Du Deinen Körper verlässt. Vielleicht gleitest Du hinaus. Vielleicht drehst Du Dich heraus. Oder Du stellst Dir einfach vor, dass Du Deinen Körper da ruhen siehst, bevor Du zu reisen beginnst. Oder Du öffnest eine Tür aus Deinem Inneren, die in eine andere Welt führt. Es gibt so viele Wege. Jeder ist eine Metapher, aber jede Metapher enthält eine ganz eigene Wahrheit. Welche Geschichte willst Du heute erleben? Mach es eine lebenswerte Geschichte. Denk Dir eine Tür zur Anderswelt. Vielleicht ist es ein ruhiger See. Nebel gleiten über die Oberfläche, Seerosen blühen und ein Reiher schreitet leise durch das taunasse Schilf. Oder denk Dir eine Quelle. Die Wasseroberfläche kräuselt sich, und ein sanftes Rinnsal strömt über die satte, saftige, feuchte Erde. Oder ein Wasserfall. Hinter dem rauschenden, perlenden, schaumigen Vorhang liegt eine Höhle, die Dir den Weg zu neuen Erfahrungen eröffnet. Und wie wäre es mit einem Sumpf? Einem heiligen Ort wo nass und trocken ineinander übergehen, wo jeder Schritt so leicht sein muss wie eine Feder. Wo der Boden gurgelt, wo Binsen im Zwielicht schwanken und nachts Glühwürmchen über das Wasser gleiten. An solchen Orten ist der Schleier zwischen den Welten dünn. Du kannst hindurch gehen, und lernen was Dich auf der anderen Seite erwartet.

Oder ein gewaltiger Strom. In der Anderswelt kannst Du unter Wasser atmen. Du kannst mit der Strömung treiben und hinauf zum Himmel schauen. Zu den Weiden und Erlen die das Ufer säumen. Zu den Vögeln die weit über Dir fliegen. Du kannst den Fischschwärmen folgen, den Ottern beim spielen zusehen, und eine Ruhe finden, die Dich durch und durch erfrischt. Und Du kannst die Göttin des Flusses erleben, wie sie, auf Hunderten von Kilometern gleichzeitig, das ganze Land mit Segen erfüllt. Vielleicht möchtest Du mit ihr verschmelzen. Götter sind da, um erlebt zu werden. Und das selbe sagen die Götter über die Menschen. Wir kommen in einander nach Hause, denn Bewußtsein ist eins und überall.

Diese Trancen laden zur Wiederholung ein. Jedes Mal wenn Du hierher zurück kehrst, werden Deine Erlebnisse intensiver sein. Die Welt der Träume und Imagination wird stabiler, wenn Du sie oft besuchst. Und Dein Erleben wird intensiver, je mehr Du Deine inneren Sinne einbringst. Fühle das Wasser, höre seinen Klang, genieße seinen Geschmack und Geruch. Bring Dich ganz in Deine Vision ein. So wird die Anderswelt real für Dich.

Hier gibt es viel zu erleben, viel zu lernen und zu staunen.

Die Anderswelt wird Dich in vielem überraschen. Denn hier ist der Ort, an dem verborgenes Wissen ins Bewußtsein kommt. Hier ist die Chance, Dich selbst in anderer Form zu erleben. Und hier ist die Gelegenheit, Dich und die Welt neu zu erschaffen. Du kehrst verwandelt zurück. Gute Dichter, Barden, Künstler und Zauberer werden in der Anderswelt geboren. Immer und immer wieder.

Und wenn Du genug hast, kehre einfach auf dem selben Weg zurück. Schließe alle Türen und Durchgänge sorgfältig, komme in Deinen Körper nach Hause und fühle Dich wohl. Sag Dir 'die nächste Trance erlebe ich noch intensiver.'. Und jetzt kannst Du in die andere Richtung zählen. Zähle 'eins' und merke wie Du wacher wirst. Zähle 'zwei' und spüre wie Deine innere Stimme schneller wird. Zähle 'drei' und strecke Deine Arme und Beine. Zähle 'vier' und räkele Dich nach allen Seiten. Zähle 'fünf' und Dein Atem wird tiefer und schneller und all der frische Sauerstoff geht belebend in Dich ein. Zähle 'sechs' und Du steigst immer weiter auf, zur Oberfläche des Bewußtseins. Zähle 'sieben' und Deine Augen öffnen sich. Zähle 'acht' und Du bist frisch und wach und klar da. Zähle 'neun' und Du setzt Dich auf, völlig erfrischt und neu und dieses gute Gefühl durchströmt Dich. Zähle 'zehn!' und Du bist klarer und wacher als je zuvor. Willkommen in der Welt!

Und wenn Du das Ganze richtig erden willst, denn gute Magie will geerdet sein, mach bald einen Ausflug an einen Fluß, See oder Sumpf, um das Wasser auch vom Diesseits zu erleben. Das verbindet die Welten.

Kultplätze

Es ist nicht leicht zu entscheiden, ob ein Kultschacht innerhalb einer Viereckschanze nun als Opfergrube gedacht war oder einfach als Brunnen diente. Bei Ausgrabungen in einer Viereckschanze bei Fellbach-Schmiden in der Nähe von Stuttgart hat man einen „Kultschacht" gefunden, bei dem es sich definitiv um einen Brunnen mit holzverkleideten Wänden handelt. Er hatte eine Tiefe von 20m, und in einer Ecke lehnte sogar eine grobe Leiter. Trotzdem tut das der Heiligkeit des Ortes keinen Abbruch. Für die Kelten, die Germanen und die Völker der Bronzezeit, die ihnen vorausgingen, haftete Wasser und Brunnen immer etwas Heiliges an – und der oben beschriebene enthielt eine Anzahl von Opfergaben, darunter Tongefässe, Tierknochen und drei Holzfiguren, die einen wunderschönen Hirsch darstellen und zwei Tiere mit ziemlich langen, spitzen Hörnern – man denkt an Ziegen oder Steinböcke. Die letzteren beiden flankierten das Abbild eines Gottes, das leider verloren gegangen ist. Eine hohe Konzentration an Phosphat in bestimmten Schichten des heiligen Brunnens zeigt, dass an irgendeinem Punkt der Geschichte unfreundliche Leute eine Menge Mist in das Loch geworfen haben – eine beliebte Methode, um das Wasser zu vergiften. Düngervergiftung finden wir auch in einem Brunnen in Pforzheim, wo eine hölzerne Statue der Göttin Sirona gefunden wurde.

Uns steht kein Mittel zur Verfügung, um zu erfahren, wie viele Kultschächte ursprünglich mit Wasser gefüllt waren. Andererseits existieren viele Viereckschanzen, die keinerlei Schächte oder Gruben aufweisen, und eine hat sich kürzlich als befestigter Bauernhof herausgestellt, der keinerlei sakralen Zwecken diente. Das wirft eine Menge Fragen auf. Es war eine Zeit lang in Mode, jede halbwegs quadratische Schanze als sa-

kral einzuordnen. Heutige Forscher sind da vorsichtiger, und wenn innerhalb einer Viereckschanze keine Spuren von Opfergaben zu finden sind, wissen sie meist nicht, was sie damit anfangen sollen. Und das trifft auf viele Viereckschanzen zu. Tatsächlich hat sich herausgestellt, dass es sich um einen der wichtigsten Unterschiede zwischen den sakralen Bezirken Galliens und Süddeutschlands sowie des Ostens handelt. Gallische Viereckschanzen, speziell in Nordfrankreich, sind im Allgemeinen reich an Überresten von Opfertieren, sie enthalten zerbrochene Waffen, Kriegstrophäen und oft menschliche Knochen. Viele von ihnen machten mehrere Jahrhunderte des Wandels mit, wiederholte Neuaufbauten des Tempels inbegriffen. Obgleich die Rituale sich stark veränderten, blieben die heiligen Orte populär. Es gibt Kultorte in Gallien, die in der mittleren La Tène-Zeit populär waren und es bis in die Zeit der römischen Besatzung blieben, manchmal sogar bis hinein in das 4. Jahrhundert nach Christus.

Im Gegensatz dazu weisen die Viereckschanzen Deutschlands gelegentlich faszinierende Kultschächte oder Brunnen auf. Aber abgesehen davon findet man dort kaum Opfergaben vor, und wenn, dann sind sie oft plump, billig oder schlicht Abfall. Wenn Gebäude Teil der Schanze waren, standen sie üblicherweise an den Ecken. Sie scheinen auch nicht mehr benutzt worden zu sein, nachdem die Römer das Land erobert hatten. Was auch immer das bedeuten mag, es macht den Eindruck, dass massive religiöse Unterschiede zwischen diesen Orten bestehen. Hier zu guter Letzt eine verblüffende Frage, gestellt von Ludwig Pauli, in Bezug auf die süddeutschen Viereckschanzen. Wenn die Kelten Süd- und Mitteldeutschlands Viereckschanzen als Versammlungs- und Ritualorte nutzten, wie kommt es dann, dass die süddeutschen Kelten, die sich in der späten La Tène-Zeit in der Schweiz niederliessen, diesen wichtigen Brauch nicht auch in ihrer neuen Heimat einführten? War die Migration von einer religiösen Reform begleitet?

Heilige Haine

Du magst Dich nun fragen, was mit unseren naturliebenden Kelten passiert ist, die Bäume und Statuen in heiligen Hainen verehrten. Was macht ein Nemeton aus? Unsere römischen Quellen behaupten wiederholt, dass keltische (oder druidische) Rituale in heiligen Hainen stattfanden, abgeschiedenen bewaldeten Tälern oder sogar in Höhlen. Das mag so gewesen sein oder auch nicht, jedenfalls führte es zu der irrigen Idee, für die Kelten sei das Natürliche und das Heilige mehr oder weniger identisch gewesen, was man auch von den sogenannten Germanen behauptete. Vielleicht war das bei den Kulten der Hallstattzeit der Fall. Wo befinden sich die Kultplätze der Hallstattzeitleute? Abgesehen von den Grabhügeln und einigen verdächtigen Anordnungen von Gräben und „Prozessionsstraßen" sind nur noch einige wenige hoch aufragende Felsen übrig, wo man eine regelmässige Ritual- und Opferpraxis nachweisen kann. Es ist sehr wenig Beweismaterial, und es wirft die Frage auf, ob die Hallstattleute tatsächlich manche ihrer Rituale an wilden Orten in der Natur zelebrierten, wo ihre Aktivitäten kaum Spuren hinterließen. Wie Du weißt, existiert kein archäologisches Beweismaterial für heilige Haine als solche, da heilige Bäume und dergleichen keine Spuren hinterlassen, die spätere Generationen identifizieren können. Hinzu kommt, dass ein Hain schön und gut sein mag für Rituale kleineren Maßstabs wie Initiationen und Übergangsriten, aber war das wirklich der Ort, wo große öffentliche Rituale abgehalten wurden?

Die Wissenschaftler der letzten Jahrhunderte tendierten eher zu romantischen Visionen. Sie glaubten den römischen Berichten, die auf der Vorstellung beruhen, dass die gallischen Barbaren in der Abgeschiedenheit verborgener Waldtäler primitive Riten praktizierten. Diese Vorstellung hat einen gewissen Charme, besonders für uns heute, die wir fast alle mehr oder weniger gezwungen sind, in Städten zu leben. Je mehr Beton in unserer Umgebung auftaucht, desto stärker sehnen wir uns nach dem Frieden und dem Zauber der grünen Welt. Wir sind diejenigen, die Nemetona eine Maske aus Blättern, Beeren, Haar und Federn aufsetzen. Es ist allerdings fraglich, ob tatsächlich alle Kelten den Wald für friedlich hielten und für seinen Zauber empfänglich waren. In jenen Tagen gingen die Leute im Allgemeinen nicht spazieren, und wenn sie es doch taten, nahmen sie sich sehr in Acht.

Ausgrabungen der letzten Jahrzehnte haben gezeigt, dass abseits aller heiligen Haine, die es vielleicht gab oder auch nicht, durchaus eine Reihe von Sakralgebäuden und Tempeln in der mittleren und späten La Tène-Zeit existiert hat. Der heilige Hain, Geburtsort des erwachenden Bewusstseins, wurde zu einem abgetrennten Ort, der durch eine Mauer oder einen Graben gekennzeichnet wurde, später auch durch Palisaden und Gebäude. Er war immer noch Nemeton, im Sinne eines heiligen Platzes, aber was als heilig galt, unterlag einer Anzahl drastischer Veränderungen. Und hier kommen wir zu den Kulten des alten Gallien. Während die Viereckschanzen Deutschlands nur wenig Aufschluss über die Ritualpraxis geben und viele von ihnen kaum Spuren von Opfergaben aufweisen, haben Ausgrabungen von über fünfzig gallischen Tempeln Material erbracht, das den Sensiblen unter uns abstoßend erscheinen dürfte. Glaubst Du an die

Männlicher Kopf mit einer Aushöhlung für Opfergaben, Corbridge, Northumberland, Britannien. Manchmal auch als „Maponuskopf" bezeichnet, obgleich es keinen Anhaltspunkt dafür gibt, daß es sich gerade um diese Gottheit handeln könnte. Ein gutes Beispiel für den Kopf als Kessel.

romantischen Kelten! Du bekommst gleich eine Gelegenheit, Deine Aufgeschlossenheit zu testen. Falls Du es ekelhaft findest, was eine Anzahl keltischer Völker für Religion, Sieg und gute Ernten zu tun bereit war, schlage ich vor, dass Du Deine Reaktionen beobachtest, während Du liest, und für Dich herausfindest, was Du persönlich in Bezug auf heilige Handlungen als angemessen empfindest. Und wie wär's, wenn Du anschliessend diesen Kelten eine Chance gibst und Dir eine Welt vorstellst, in der widerwärtige Opferpraktiken einen Sinn ergeben!

Die Tempel Galliens

Zunächst einmal einige Verallgemeinerungen im Hinblick auf gallische Tempel, die in den letzten Jahrzehnten ausgegraben wurden. In den meisten gab es einen heiligen Bezirk, der durch seine quadratische oder rechteckige Form definiert und von einer Mauer oder ein bis zwei Gräben und vielleicht einer Palisade umgeben war. Wie bereits erwähnt sorgten die Mauern und Gräben für etwas Ungestörtheit – sie waren definitiv nicht zu Verteidigungszwecken gedacht. In den meisten Fällen befand sich der Eingang irgendwo im Osten. Beachte, dass die Tempel selten präzise in eine spezifische Richtung orientiert waren.

Auch die Innengebäude waren nicht präzise ausgemessen. Im Zentrum einer gallischen Viereckschanze finden wir für gewöhnlich eine tiefe, kreisförmige Grube vor, manchmal umgeben von einer Ansammlung kleinerer Löcher. Die zentrale Grube hat eine Funktion, die der eines Altars nicht unähnlich ist: Sie dient als Mittelpunkt für das Ritual und nimmt die Opfergaben auf. In der frühen La Tène-Zeit war die Grube einfach ein rundes Loch. Spätere Generationen verbesserten sie, indem sie sie mit einem Dach versahen, um Regen abzuhalten, und nicht lange danach erschienen kleine, einfache Schreine als Gebäude über der zentralen Grube. Oft hatten diese Gebäude anfangs einen runden oder ovalen Grundriss, genau wie die Grube.

Von oben gesehen besteht so ein Tempelplatz aus einer Viereckschanze mit einer runden Grube und/oder einem runden Gebäude in der Mitte. Von der mittleren bis zur späten La Tène-Zeit wurden diese Gebäude sehr stark ausgebaut. In der Mitte des 2. Jahrhunderts vor Christus kann man bereits von Tempelgebäuden sprechen. In einigen Fällen hatte das Gebäude über der Grube eine rechteckige Form bekommen, und den Pfeilern nach zu urteilen, die das Dach trugen, müssen einige von ihnen recht hoch gewesen sein. Gleichzeitig änderte sich die Funktion der Grube. Vorher war es ein Ort gewesen, wo die geschlachteten Tiere verwesten. In der späten La Tène-Zeit wurde sie durch einen Feuerplatz ersetzt.

Es wäre verführerisch, Spekulationen darüber anzustellen, ob die Bestattungsbräuche der Zeit diesen Brauch beeinflusst haben. Manche gallischen Tempel wurden benutzt, um Speiseopfer darzubringen, wie zum Beispiel in Mirebeau, wo eine große Anzahl von Miniatur-Speisegefäßen, sorgfältig nachgebildet, entdeckt wurden; vermutlich waren sie mit Speisen und Getränken gefüllt. Speiseopfer spielten eine Rolle bei Bestattungsritualen, ebenso wie das Opfern von Schmuck, Torques, Fibeln, Armreifen, etc., die alle in gallischen Heiligtümern als Opfergaben an die Götter auftauchen. Manche Tempel scheinen auf bestimmte Opfergaben spezialisiert gewesen zu sein. Der vielleicht am besten bekannte Fall ist Snettisham in Norfolk, wo 75 mehr oder weniger intakte Torques von bester Qualität ausgegraben wurden, Fragmente von 100 weiteren, sowie 100 Armreifen und bisher 234 Münzen.

Münzen waren beliebte Opfergaben in gallischen Tempeln der späten La Tène-Zeit. Es mag seltsam klingen, aber als die Römer

---

Taraske

Monster von Noves, Bouche-du-Rhone, sogenannte „Taraske" nach einem Monster aus einem ländlichen Volksmärchen, späte La Tène-Zeit, Höhe 1.12m. Ursprünglich wurde das Monster dargestellt, wie es einen Mann verschlang, von dem nur noch ein Arm und ein Bein zu sehen waren.

Gallien besetzten und anfingen, über etwas zu klagen, was ihnen wie grausame Menschenopfer erschien, war der Höhepunkt der gewaltsamen gallischen Opfer bereits vorbei. Gegen Ende des 2. Jahrhunderts vor Christus kamen symbolische Opfergaben in Mode. Statt des üblichen Sortiments an Schädeln, Knochen, verwesenden Tieren und Waffen begegnen uns zahlreiche radförmige Amulette (Rouelles) aus Gold, Silber, Bronze oder Blei und eine zunehmende Menge an Münzopfern.

Ein gutes Beispiel ist Villeneuve-au-Châtelot, wo anfangs, im 4. Jahrhundert vor Christus, Waffen geopfert wurden und man im 1. Jahrhundert vor Christus zu Rouelles und Münzen überging, was sich bis in die Zeit der römischen Besatzung hinein erhielt; bisher wurden über 70.000 entdeckt. Die Münzen wurden manchmal in Löcher vergraben, manchmal auch achtlos verstreut. Drei in einem Loch versteckte Münzen wurden im Holz einer der Statuen entdeckt, die man im Genfer See in der Nähe von Villeneuve gefunden hat. Es wurde vermutet, dass Münzen geopfert wurden, weil sie Reichtum bedeuten. Ich vermute, dass das nicht der einzige Grund war. Keltische Münzen gehören zu den schönsten Kunstwerken, die je in Europa produziert wurden. Die Bilder auf ihnen üben einen starken Zauber auf den Geist aus – Grund genug, sie mit Religion in Verbindung zu bringen und in Rituale einzubeziehen.

All das waren allerdings reichlich späte Entwicklungen. Kehren wir zur Frühzeit zurück, als geschlachtete Stiere in heiligen Gruben verwesten und man Trophäen aus der Schlacht als schicke Tempelausstattung betrachtete.

In vielen Tempelbezirken wurden die Gräben (oder eine Reihe von Gruben) mit Opfergaben gefüllt. Es handelte sich um Tiere, Menschenknochen und in einigen Fällen um Waffen, Schilde, Rüstungen, Streitwagen und erlesene Kriegstrophäen. Diese Trophäen sind oft die gleichen wertvollen Güter, die dazu tendieren, auch in Kriegergräbern aufzutauchen. Opfertiere findet man in allen bekannten gallischen Tempeln. Es gibt allerdings beträchtliche Unterschiede im Hinblick auf die Spezies und die genaue Art der Opferung.

Ein weiteres Element, das oft innerhalb von Viereckschanzen auftritt, sind hoch aufragende Kultpfeiler. Wir wissen nicht, wie sie ausgesehen haben, ob sie schlicht waren, geschnitzt oder irgendwie dekoriert. Das Holz ist vor Unzeiten verrottet, aber die tiefen Löcher, in denen die Pfeiler steckten, sind noch sichtbar. Es handelt sich hier vielleicht um eins der älteren Elemente in der Ausstattung keltischer Tempel. Eine Reihe von Kultpfeilern wurde in der Nähe eines komplizierten Systems von Gräben und Grabhügeln der späten Hallstatt- bzw. frühen La Tène-Zeit auf dem Glauberg in Hessen entdeckt. Derzeit wird spekuliert, sie hätten als Sonnen- und Mondkalender gedient.

Soviel zum allgemeinen Überblick in Bezug auf gallische Tempelschanzen. Derartige Bauten sind nicht auf Gallien beschränkt. Archäologen haben ein hübsches Beispiel für den gallischen Tempelbaustil auf Hayling Island vor der südbritannischen Küste entdeckt; ein guter Beweis für die zahlreichen gallischen und belgischen Kelten, die über den Kanal segelten, um eine neue Heimat zu erobern.

Um diesen Bericht über sakrale Architektur etwas farbiger zu gestalten, möchte ich einige der eindrucksvollsten Orte Galliens näher beschreiben.

Die Erforschung von Gournay

Sehen wir uns zunächst einmal Gournay-sur-Aronde in Nordfrankreich an, wo die Bellovaker ihr Oppidum hatten. Wir werden uns diesen Ort sehr genau anschauen, unter Einbeziehung der umfangreichen Forschungsergebnisse von Brunaux, da es sich um faszinierendes Beweismaterial für die sich wandelnden Trends in den gallischen Religionen handelt. Außerdem kann es als Traumschlüssel zur Religion der La Tène-Zeit dienen, für Leser, die gern etwas Praktisches unternehmen (ich hoffe, Du fühlst Dich angesprochen!) Die Anlage von Gournay hat einen nahezu quadratischen Grundriss von 45 x 38m, mit einem Eingang im Nordosten, wo die Sonne über einem Fluss und sumpfigen Marschen aufgeht. In Gournay wurde bereits im frühen 4. Jahrhundert vor unserer Zeit gebaut, allerdings handelte es sich dabei nicht um die Schanze, sondern um die Aushebung einer 2 x 2m großen, quadratischen Grube. Entlang der Ränder dieser Grube wurden ungefähr 20 irdene Gefäße verschiedener Größe aufgestellt; die Mitte blieb frei. Die Gefäße enthielten vielleicht Speise- und Trankopfer. Die Grube blieb eine Zeit lang offen. Dann wurde sie mit Erde zugeschüttet und ein kleiner Hügel mit einem Durchmesser von ca. 10m über ihr errichtet. Zu dieser Zeit wurde mit dem Bau der Tempelanlage begonnen, die in etwa östlich des Hügels angelegt wurde. Anfangs war die Anlage eine bescheidene Angelegenheit. Stell Dir eine freie Fläche vor, umgeben von einem 2m tiefen und breiten Graben. Das ist Phase 1 des Heiligtums (s. Illustration) – eine quadratische, offene Fläche, umgeben von einem Graben und einer Aufschüttung innerhalb des Grabens.

Mehrere lange Pfähle wurden innerhalb dieses Platzes aufgestellt, und der hauptsächliche rituelle Fokus war eine tiefe, runde Grube, etwas westlich des Zentrums.

Es gibt keine Anhaltspunkte für Gebäude, Trophäen oder Opferhandlungen in dieser Periode, und was innerhalb dieser Umfriedung vor sich ging, weiß keiner. Es könnte sich um Feste, Versammlungen, gemeinsame Gottesdienste, Rituale oder Volkstänze gehandelt haben – man weiß es nicht. Was immer es war, es hat keine Spuren hinterlassen. In der zweiten Phase, zwischen dem vierten und dem dritten Jahrhundert vor unserer Zeit, wurde der Graben mit Holzplanken verkleidet und von einer hohen Holzpalisade umgeben, um die Grenzen zwischen außen und innen stärker zu betonen. Vielleicht wurden die Riten weniger öffentlich, oder es gab ein stärkeres Bedürfnis, den sakralen Bereich von seiner Umgebung zu trennen. Die Palisade sah zwar ein bisschen wie eine Verteidigungsanlage aus, stellte aber eher eine symbolische Grenze dar. Die Priesterschaft von Gournay vermaß den Platz sorgfältig und umgab die zentrale Grube mit einem Ring von neun kleineren Gruben. Es sagt einiges aus, dass alle diese kleineren Gruben exakt die gleiche Distanz zum Zentrum hatten (soviel zur Präzision), dabei aber etwas unregelmässig geformt waren, was einen allgemeinen Eindruck von Symmetrie macht, ohne dass die Erbauer davon besessen gewesen wären. Eine weitere Neuerung dieser Phase war eine geheimnisvolle Grube außerhalb des Eingangs. Phase 3, zwischen dem dritten und dem zweiten Jahrhundert vor unserer Zeit, zeigt weitere Veränderungen. Die neun kleinen Gruben um die große, zentrale Grube wurden zugeschüttet. Dafür erscheint ein primitives Gebäude über der zentralen Grube – ein paar Holzpfeiler, die ein Dach tragen. Das „Gebäude" hatte keine Wände – vielleicht war sein einziger Zweck, Regen von der Grube fernzuhalten. Der Grundriss des Bauwerks ist rund. Zu dieser Zeit verschwinden die meisten anderen Pfeiler von

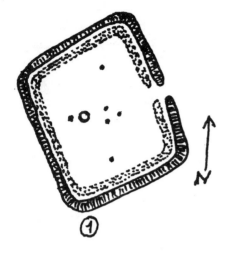

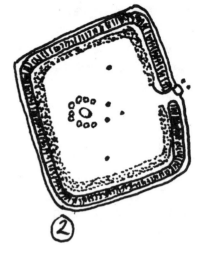

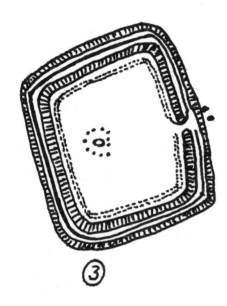

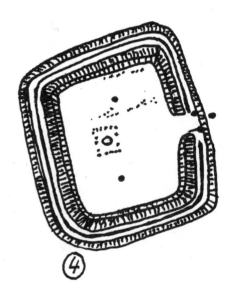

	Graben

Graben

Böschung

Palisade

Grube

Pfähle

Grobe Skizze der Entwicklung von Gournay-sur-Aronde
Departement Oise, Nordfrankreich, nach Brunaux.

der Viereckschanze. Wir sind auch Zeugen der Aushebung eines weiteren Grabens, der die Schanze außerhalb der Palisade umgab.

In Phase 4, im zweiten Jahrhundert vor unserer Zeit, wird das runde Gebäude durch ein rechteckiges ersetzt. Das neue hat Wände aus Flechtwerk an drei Seiten, aber Eingangsseite blieb völlig offen. In dieser Phase stehen mehrere hohe Pfeiler innerhalb der Schanze. Der Eingang wurde leicht nach Norden verschoben und liegt daher auf einer Linie in Richtung des rechteckigen Gebäudes. Ein Ergebnis davon war, dass das Licht der aufgehenden Mittsommersonne durch das Tor fallen und das Gebäude und seine Sakralgrube erleuchten konnte. Der innere Graben wird erweitert, um mehr Trophäen aufnehmen zu können. Der äußere Graben umgibt die gesamte Schanze, man betritt sie aller Wahrscheinlichkeit nach über eine kurze Holzbrücke. Am Eingang können wir uns ein hoch aufragendes, auf sechs Säulen ruhendes Portal vorstellen, einen massiven, eindrucksvollen Bau, wo eine Ansammlung von Trophäen und Menschenschädeln ausgestellt wurde. Es sind die einzigen Menschenschädel, die man in Gournay gefunden hat. In der Nähe fand man Schädel von Stieren und Kühen, zweifellos ein wesentlicher Teil der Dekoration. In dieser Periode wurden die meisten Opfer dargebracht.

Nun zu einer Rekonstruktion der blutigen Details. Zu bestimmten Anlässen wurde ein älterer Stier oder eine Kuh in die Schanze geführt und an einen der Pfähle in der Nähe der Grube gebunden. Im Verlauf einer unbekannten Zeremonie wurde das Tier mit einem Axthieb, Schwerthieb oder Speerstoß getötet (all diese Methoden konnten nachgewiesen werden) und intakt in die Grube geworfen. Dann überließ man es sechs bis acht Monate der Verwesung. Anschließend wurden die Knochen eingesammelt und die

Grube gesäubert. Der Schädel wurde sorgfältig abgetrennt und in die Nähe des Eingangs gelegt; die restlichen Knochen wurden in den Graben geworfen. Der innere Graben enthielt die Knochen von etwa 40 Stieren und Kühen.

Man könnte sich darüber Gedanken machen, ob der massive Stier am Boden des Gundestrup-Kessels vielleicht ein geschlachtetes Rind in der Opfergrube darstellt (s. Illustration). Der Kessel und die Opfergrube haben eine Menge gemein – beide sind Fokus eines Rituals, Gefäße, die die Opfergabe empfangen, bewahren und transformieren, Tore in die Tiefe, Eingänge zur Welt unter der Oberfläche.

Stiere und Kühe waren nicht die einzigen Tiere, die geschlachtet wurden. Es gibt auch Hinweise auf die Opferung von Haustieren (Schweine, Schafe und Hunde). Auf welche Weise sie geopfert wurden, unterlag mehrmaligem Wandel. Im dritten bis zweiten Jahrhundert vor unserer Zeit wurden Vieh und Schweine getötet, aber nicht zerlegt oder gegessen. Im zweiten bis ersten Jahrhundert vor unserer Zeit tauchen sie bei Opfermählern auf, wie auch Schafe und Hunde. Pferde wurden in allen gallischen Tempeln geopfert, sie waren aber nie Teil des Opferfestmahls. Das ist erstaunlich, da Haffner (1995) darauf hinweist, dass Pferde durchaus auf dem alltäglichen Speiseplan standen. Die Opfertiere wurden in den inneren Graben geworfen, aber nicht achtlos, sondern nach einem regelmäßigen und symmetrischen Muster (s. Illustration).

Die inneren Gräben von Gournay enthielten sehr viel mehr als nur Teile von Tierkörpern. Im frühen dritten Jahrhundert vor unserer Zeit fing die Priesterschaft von Gournay an, Trophäen zu sammeln. Eine überraschende Anzahl an Waffen, Rüstungsteilen und Schilden wurde gefunden,

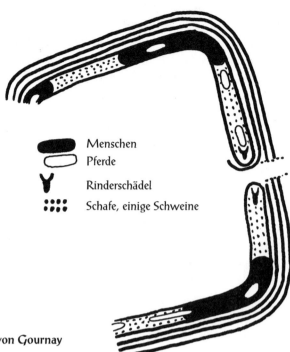

Menschen
Pferde
Rinderschädel
Schafe, einige Schweine

Die Inhalte des innersten Grabens von Gournay
nach Brunaux, 1986

alles in allem etwa 3000 Waffen und mindestens 300 komplette Rüstungen. Die meisten von ihnen wurden jahrelang offen zur Schau gestellt. Dann, zu irgendeiner wichtigen Gelegenheit, wurden sie rituell zerstört: Verbogen, zerbrochen, zerschmettert und in die Gräben geworfen. Eine Auswahl an Waffen scheint auf einer Plattform über dem Tor zur Schau gestellt worden zu sein. Dieses rituelle Verhalten (Zurschaustellung gefolgt von ritueller Zerstörung) wurde in mehreren gallischen Heiligtümern nachgewiesen. Es mag sich dabei um ein wichtiges Element in der Denkweise der La Tène-Zeit gehandelt haben; eine ähnliche Idee liegt zugrunde, wenn ein unbezahlbar wertvolles Schwert verbogen oder zerbrochen wurde, bevor man es der Gottheit eines Flusses, Sees oder Sumpfes überantwortete. Vielleicht kann hier eine Äußerung von Polybios Aufschluss geben, der nach einer wichtigen Schlacht bemerkte, die siegreichen Gallier hatten die gesamte

eingesammelte Beute zerstört – die Waffen ihrer Gegner und sogar einige ihrer eigenen Waffen. Für Polybios sah das so aus, als hätte sich eine Horde betrunkener Barbaren einfach einem Anfall hirnloser Zerstörungswut hingegeben. Aber ob sie nun betrunken waren oder nicht, das Ereignis kann sehr wohl einen religiösen Hintergrund gehabt haben. Abgesehen davon enthielten die Gräben die Knochen von etwa einem Dutzend erwachsener Menschen beiderlei Geschlechts, deren Glieder mit einem Messer abgeschnitten worden waren (zu welchem Zweck?), außerdem sechs (oder mehr) Schädel, die alle sorgfältig vorbereitet waren, indem man das Gehirn herausgenommen hatte und die oberhalb des massiven Portals Platz gefunden zu haben schienen.

Es könnte sich lohnen, auf eine Phantasiereise zu gehen, um die von den Leuten von Gournay favorisierte Kosmologie kennenzulernen. Was Gournay angeht, sind unsere Rekonstruktionen hypothetisch und beschränken sich auf eine bestimmte Zeitspanne. Der Eingang lag ursprünglich im Ost-Nordosten, nicht auf einer Linie mit der Opfergrube oder dem ersten Gebäude. Im allgemeinen kann man im Osten die Richtung sehen, wo alle Himmelskörper - die Sonne, der Mond und die Sterne - aus der Unterwelt aufsteigen. Das Gegengewicht ist der Westen, wo sie alle in der Tiefe verschwinden, und damit in die Unterwelt. Die Schanze selbst enthielt nichts Ungewöhnliches, aber westlich der Grube befand sich der verborgene Bereich, direkt hinter dem rechteckigen Tempel. Und darüber hinaus gab es außerhalb der Schanze, westlich davon, den Hügel, der die Gefässe mit den Opfergaben enthielt, die alle in einer quadratischen Grube lagen und den Bewohnern der Unterwelt übergeben worden waren. Wir wissen nicht, ob die Priesterschaft des zweiten Jahrhunderts vor unserer Zeit wusste, was sich in dem vor zweihundert Jahren erbauten Hügel befand. Vielleicht hielten sie ihn für ein Grab aus früherer Zeit. Das wäre nicht ungewöhnlich; so manche Tempelanlage in Gallien oder Germanien lag in der Nähe älterer Grabhügel. Um Gournay zu betreten, musste man nach Westen gehen (d. h. in die Richtung des Verschwindens, des Todes und der Unterwelt), während man nach Osten ging, um die Schanze zu verlassen, in die Richtung der Geburt und des Wiederauftauchens. Im Süden der Schanze befand sich eine freie Fläche, die, wie Experten spekulieren, bei zeremoniellen Festmählern benutzt wurde.

Solche Aktivitäten waren wichtige Rituale im zweiten und ersten Jahrhundert vor unserer Zeit. Ich frage mich, wie sie an einem solchen Ort einen gesunden Appetit entwickeln konnten. Außerhalb der Anlage und etwa 100m südlich davon befand sich

eine Befestigung, die während der frühen und späten La Tène-Zeit bewohnt war; man könnte überlegen, ob der Süden Versammlungen, Siedlungen oder menschliche Aktivitäten ganz allgemein symbolisierte. Was den Norden angeht, so enthält der nördliche Abschnitt der Anlage ein Rätsel. In dem fetten Lehmboden wurden Spuren von Ästen und Holzstücke entdeckt. Sie waren dort nicht einfach achtlos verstreut, sondern ebenfalls sorgfältig gesammelt und in besonderen Gruben begraben worden. Eine Hypothese bezüglich dieser Funde ist, dass sich vielleicht eine Koppel im Nordabschnitt befand, wo die Opfertiere vor dem Schlachten gehalten wurden. Das würde das Vorhandensein von Ästen erklären, aber nicht, weshalb die Äste so sorgfältig gesammelt und vergraben wurden. Eine andere Theorie, die ich überzeugender finde, ist, dass sich im Norden eine Gruppe heiliger Bäume befand, vielleicht ein winziger „Hain", der jene heiligen Haine symbolisierte, die so oft mit keltisch-germanischen Riten in Verbindung gebracht werden. Wenn wir an heilige Bäume denken, können wir uns vorstellen, dass herabfallende Äste und Zweige nicht achtlos behandelt wurden wie Abfall, sondern sorgfältig vergraben wurden. Die Assoziation zwischen Bäumen und hoch aufragenden Pfählen im Norden ergibt ebenfalls einen Sinn, da der Norden üblicherweise mit dem Weltenbaum oder dem Himmelspfeiler in Verbindung gebracht wurde, eine Vorstellung, die in der eurasischen Kosmologie sehr verbreitet war.

Das ist natürlich nicht alles, was Gournay ausmachte, da der heilige Bezirk über Jahrhunderte hinweg kontinuierlich umgebaut und immer wieder neu gestaltet wurde und wesentliche Veränderungen der Religionsausübung mitgemacht hat. Genausowenig, wie wir wissen können, welche Glau-

bensinhalte die Priester von Gournay pflegten, können wir wissen, wer diese Priester
eigentlich waren. Es mag in der späten La
Tène-Zeit Druiden in Gournay gegeben haben, aber was die früheren Ritualisten angeht, kann man das nur herausfinden, indem
man auf Zeitreise geht, und vorübergehend
vorgefertigte Vorstellungen außer Acht lässt.
Wenn Du gut in Trancereisen bist und Dich
von der einen oder anderen Leiche nicht
abschrecken lässt, dann begib Dich in das
Zwischenreich der Tempelanlage, erfahre
ihre Mysterien und lerne die verborgenen
Bedeutungen zu verstehen, die sie für Dich
bereithält. Du wirst dabei keine Fakten im
historischen Sinn erfahren, aber Du könntest
eine subjektive, magisch gültige Einweihung
erleben.

Unter die Oberfläche zu gehen kann ich
nur Praktikern empfehlen, die eine Menge
Erfahrung im Umgang mit halb vergessenen
Gottheiten haben, und außerdem die Weisheit, sich mit dem auseinanderzusetzen, was
erwacht, sowie das Taktgefühl, das ruhen zu
lassen, was in Ruhe gelassen werden will.
Du könntest die Himmelsrichtungen Gour-
nays und ihre Bedeutung den sechs Seiten
eines Würfels zuordnen und ein darauf beru-
hendes neues System der Wahrsagung erfinden. Wenn vier Augen für die Erde stehen,
drei für den Himmel und sechs für das Tor,
könntest Du sogar ein numerologisches System entwickeln. Kein altkeltisches, sondern
ein neues, das offen ist für neue Interpretationen. Versuche, jede Richtung durch ein paar
Substantive, Adjektive und Verben zu definieren. Im Verlauf dieses Prozesses wird die
ganze Kosmologie in Deinem Geist sehr viel
lebendiger werden. Es handelt sich nicht um
einen Akt der Rekonstruktion, sondern der
kreativen Re-Interpretation. In diesem Sinn
war Gournay nicht nur ein Brennpunkt für
viele religiöse Weltanschauungen, er könnte

es wieder werden, wenn auch in einer neuen
Form, die Deiner Zeit und ihren Überzeugungen angemessen ist.

Das Ende der streng genommen rein gallischen Periode kam 125 vor unserer Zeit,
als die sakrale Schanze aus unbekannten
Gründen systematisch abgebaut wurde. Die
Opfergrube und die Gräben wurden aufgefüllt, die Palisade und die Gebäude wurden
niedergebrannt, und der ganze Ort wurde
sorgfältig gereinigt. Dann folgte eine Zeit der
Inaktivität. Während des ersten Jahrhunderts
unserer Zeit und unter römischer Herrschaft
wurde ein neues Tempelgebäude genau an
dem Ort errichtet, wo sich früher die Opfergrube befunden hatte (Phase 5). Statt einer
Grube enthielt der „Tempel" einen Ort für
Brandopfer. Um das Jahr 100 herum wurde
der Ort erneut zerstört, im folgenden Jahrhundert aber wieder aufgebaut (Phase 6). Er
diente bis ins 4. Jahrhundert hinein als gallo-
römischer Tempel, was zeigt, dass sich zwar
Riten und Religion änderten, die heiligen
Orte aber die gleichen blieben.

Ein Trophäenhort

Die Dinge werden noch extremer, wenn
wir einen kurzen Blick auf die sakrale Anlage von Ribemont-sur-Ancre werfen, etwa
50km nördlich von Gournay. Mitte der
90'er Jahre war nur ein Drittel von Ribemont freigelegt, aber was man dann fand,
macht diesen Ort zu einem der wertvollsten
und makabersten Kultplätze, die je gefunden
wurden. Anders als Gournay ist Ribemont
nicht sehr typisch für gallische Kultanlagen.
Manche Experten halten sie nicht einmal
für einen Tempel, sondern eine Art Krieger-
denkmal, mit dem eine Anzahl von Siegen
des späten 3. Jahrhunderts vor unserer Zeit
gefeiert wurde. Da Ribemont eine komplexe
Geschichte hat und bis in die Zeiten der römischen Besatzung hinein in Gebrauch war,

möchte ich mir nicht die Mühe machen, all seine Entwicklungsschritte aufzuzählen. Es genügt zu sagen, dass die Viereckschanze von Ribemont von einer Palisade umgeben war, die 3m hoch aufragte und dass die offenen Gräben, die für Gournay so charakteristisch waren, hier fehlen. Allerdings ist Ribemont vielleicht der einzige Kultplatz, wo sich Teile der heiligen Gebäude außerhalb der Schanze befanden. Zwei dieser Gebäude wurden bisher erforscht. Eins ist das Portal über dem Eingang, wo die einzigen Schädel des Ortes aufbewahrt wurden. Das andere ist ein hohes Gebäude außerhalb der Umfriedung. Es scheint sich um eine überdachte Plattform gehandelt zu haben, die in einiger Höhe errichtet worden war, wo eine große Anzahl unheimlicher Trophäen aufbewahrt wurde. Und von hier an wird es extrem kompliziert.

Ich kann leider nicht die gesamten Hintergründe aufzählen, die zu den genannten Schlussfolgerungen führen; daher hoffe ich, dass der interessierte Leser sich die Mühe machen wird, etwas zu dem Thema nachzulesen (s. Brunaux, 1995). Wo das Gebäude stand, haben die Archäologen mehr als 10.000 Menschenknochen und mehrere hundert Waffen auf einer Fläche von nur 60 Quadratmetern entdeckt. Diese Gegenstände waren nicht achtlos verstreut. Die meisten Knochen befanden sich an ihrem anatomisch richtigen Ort, die Schwerter steckten in Scheiden, die Scheiden waren an Gürteln befestigt, und so weiter. Allerdings hatte man sich definitiv an den Leichen zu schaffen gemacht. So hatte zum Beispiel keine von ihnen einen Kopf. Und, was noch seltsamer war, jeder Körper war an der Taille durchgeschnitten worden. Die Priesterschaft von Ribemont hatte die Leichen sorgfältig so aufgestellt, dass jeder Oberkörper auf einem anderen Unterkörper als dem seinen ruhte!

Es ergibt sich ein reichlich seltsames Bild. Wir haben hier diese mehrere Meter hohe Plattform am äußersten Ende der Schanze, direkt an der Wand. Auf ihr befindet sich eine Anzahl verstümmelter Leichen, die auf sehr wenig Raum aufrecht stehen oder sitzen. Sie tragen Waffen, Schilde und Rüstungen, aber sie haben keine Köpfe, und ihre Körper bestehen aus zwei verschiedenen Kadaverteilen. Die Leichen verwesen, aber da sie sich hoch über dem Boden befinden, wo sie dem Luftzug ausgesetzt sind und das Dach sie vor Nässe schützt, fallen sie nicht völlig auseinander. Die Muskeln und die Weichteile verwesen, aber Sehnen und Haut mumifizieren. Während dieses Prozesses scheinen sich die Gliedmaßen auf groteske und unnatürliche Weise zu bewegen. Als aufgrund eines unbekannten Ereignisses die Plattform zusammenbrach (oder zum Einsturz gebracht wurde), fielen die mumifizierten Leichen mehrere Meter in die Tiefe, verblieben aber größtenteils in ihrem ursprünglichen Zustand. Das Ganze erinnert an eine Bemerkung Diodors, der behauptete, dass der Sieger nach dem Kampf seinem gefallenen Gegner den Kopf abschnitt und ihn an die Zügel seines Pferdes hängte. Während er heimritt, um seine blutigen Trophäen über die Tür seines Hauses zu hängen, sammelten die Diener den Rest der Leiche und die Waffen ein. Könnte es sein, dass diese Teile in derartige Tempel wanderten!

Ribemont hat aber noch mehr zu bieten als das. Auch um die Palisade herum fand man menschliche Knochen. Wieder finden wir kopflose Körper vor, die aus verschiedenen Ober- und Unterkörpern zusammengesetzt waren, und wiederum waren diese Körper vollständig mit Waffen und Rüstungen ausgestattet. Ihrem Zustand nach zu urteilen ist es wahrscheinlich, dass diese morbiden Dekorationen aufrecht an der Wand lehnten und über Jahre hinweg friedlich vor sich hin verwesten. Innerhalb der Anlage und nahe bei ihren Ecken kommt es noch knochiger. Hier finden wir winzige, offene Einfriedungen, die wie Quadrate aussehen, mit einer Seitenlänge von 2m. Die kleinen Wälle waren komplett aus Langknochen erbaut worden, die man sorgfältig aufeinander gestapelt hatte. Etwa 2000 von ihnen (von etwa 600 Leuten) wanderten in das Nordgebäude. Die meisten von ihnen stammten von Menschen und einige auch von etwa zwei Dutzend Pferden. Daraus wurde ein kleiner Wall erbaut, der etwa 70 – 100cm hoch war. Wahrscheinlich hatten diese frühen „Knochenhäuser" kein Dach. Die Knochenwände umgrenzten einfach einen kleinen, heiligen Ort, wo unbekannte Riten durchgeführt wurden. Innen war der Boden mit menschlichen Beckenknochen gepflastert. Im Zentrum befand sich eine kleine Grube von nur 25cm Durchmesser, aber fast einen Meter tief, gefüllt mit den zermalmten, verbrannten Überresten von hunderten menschlicher Langknochen. Das Knochenhaus im Südosten enthielt ebenfalls eine Anzahl menschlicher Langknochen. Außerdem wurden Fragmente von Knochen gefunden, die verdächtig danach aussahen, als sei das Mark extrahiert worden. Kannibalismus! Oder vielleicht nur Reinigung! Denk mal darüber nach. Erwäge alle Möglichkeiten. Da die Knochen vorher bereits eine Zeit lang der Verwesung ausgesetzt waren, bevor man sie zerbrochen hatte, ist es wahrscheinlich, dass das Mark nicht mehr essbar war. Alles in allem haben die Ausgrabungen von Ribemont bisher mehr als 15,000 menschliche Knochen zu Tage gefördert. Mehrere tausend Metallobjekte kamen zum Vorschein, unter ihnen etwa 500 Lanzenspitzen. Die Ausgrabungen sind noch nicht beendet. Vielleicht erwarten uns noch viele Überraschungen.

Das Ausstellen der Trophäen, Leichen und Knochen fand zu Beginn des ersten Jahrhunderts vor unserer Zeit ein Ende. Ab diesem Zeitpunkt wurde Religion in Ribemont zu einer eher symbolischen, weniger nekrophilen Angelegenheit. Der Glaubenswandel muss gründlich gewesen sein, denn als die Römer kamen, um das Land zu besetzen, fanden sie nichts vor, gegen das sie etwas einzuwenden gehabt hätten (außer den Druiden). Eine große Siedlung entstand um den Komplex herum, der Tempel wurde wieder aufgebaut, und alles war bis ins dritte Jahrhundert hinein voll funktionsfähig.

Abschliessend könnte man sagen, dass die gallischen Tempel, speziell in Nordfrankreich, sich intensiv dem Sammeln und Verehren morbider Trophäen verschrieben hatten. Natürlich wäre es leicht, die vielen Menschenknochen als Beweis für Menschenopfer zu interpretieren. Das könnte sein, muss aber nicht notwendigerweise so gewesen sein. Die Krieger von Ribemont waren vielleicht Opfer, vielleicht wurden aber auch würdige Feinde ausgestellt, die auf dem Schlachtfeld gestorben waren, oder es handelte sich um eine Massenexekution von Kriegsgefangenen oder sogar eine Anzahl stammeseigener Krieger, denen die Ehre zuteil wurde, den Tempel beschützen zu dürfen. Wer weiß schon, ob die verbrannten Knochen in den Gruben Freund oder Feind gehörten! Wer weiß, ob es ein Privileg oder eine Beleidigung für die Toten war, wenn aus ihren Knochen Wälle gebaut wurden! Wessen Knochen bildeten den Boden des Knochenhauses, und wessen Knochen wurden zerschlagen und verbrannt! Sei es, wie es sei, ich möchte darauf hinweisen, dass, ganz egal, wer in diesen Tempeln endete, sie mit Sicherheit Orte des schieren Verfalls waren. Es ist eine Sache, Knochen zur Schau zu stellen; tatsächlich tun das viele Völker überall auf dem Erdball. Die Frage ist nur, wie sie eigentlich das Fleisch entfernen. Die Leiche zu kochen ist eine viel sauberere Sache, als sie einfach verrotten zu lassen. Wenn ein Stier in der Grube von Gournay verweste, muss das ein ziemlich übler Anblick gewesen sein. Kannst Du Dir den Gestank vorstellen, die sich windenden Maden, kannst Du das Summen einer Million von Aasfliegen hören? All das hatte offensichtlich seinen Platz in der Welt der gallischen Religion der La Tène-Zeit. Diese Menschen, ganz egal, ob wir glauben, dass sie Druiden oder eine unbekannte Priesterschaft waren, machten aus ihren heiligen Orten Tempel der Verwesung und des Verfalls. Was ist heilig an der Verwesung? Kannst Du Dir ein totes Tier am Straßenrand ansehen und seine ästhetischen Aspekte schätzen, wie Baudelaire es tat? Es ist nicht einfach ein Totenkult, es ist ein Kult der Verwesung. Ich würde allerdings dafür eintreten, dass das nicht zwangsläufig bedeutet, dass die gallischen Priester morbid oder vom Tod besessen waren.

Für den modernen Menschen ist der Anblick einer Leiche etwas Schreckliches, aber das liegt daran, dass die westlichen Kulturen offenbar große Angst vor dem Tod in allen seinen Erscheinungsformen haben und daher versuchen, ihn aus dem Alltagsleben zu verbannen. Darf ich fragen, wie viele meiner Leser jemals einen Menschen haben sterben sehen? Und wie viele von denen, die Fleisch essen, haben jemals versucht, ein Tier zu töten? Ja, es ist einfacher, einem anderen die Schmutzarbeit zu überlassen. Ich frage mich, ob das eine gesunde Einstellung ist. Die Kelten waren näher am Sterben dran; jedes Kind war daran gewöhnt, zu sehen, wie Tiere geschlachtet wurden, nicht zu reden von den Dingen, die geschahen, wenn Verbrecher hingerichtet wurden oder wenn im Frühling wieder Krieg, Viehraub und nächtliche An-

griffe zur Begleichung alter Schulden angesagt waren. Wenn Du ein verwesendes Tier betrachtest, wird es Dir vermutlich schwer fallen, zu akzeptieren, dass Tod und Verfall eine eigene Ästhetik haben. Viele Buddhisten und einige obskure tantrische Sekten meditieren angesichts verwesender Leichen oder besuchen Orte des Todes und Gräber, um sich an solche Erfahrungen zu gewöhnen. Es kann gut sein, dass die Priesterschaft solche Orte des Schreckens benutzte, um ihre eigenen Ängste und Befürchtungen zu besiegen und ein reifes Verständnis für die Tatsache zu entwickeln, dass Materie immer irgendwann zerfällt. Vor diesem Hintergrund könnte ein Tempel des Gestanks und der Verwesung genau der richtige Ort sein, um Ängste und Sorgen zu überwinden. Die Ästhetik des Grauens kann einen kathartischen Effekt haben, der zur Gewöhnung und schliesslich zum Seelenfrieden führt.

Anstatt nun zu Schlussfolgerungen zu kommen, möchte ich Dich bitten, diese Gelegenheit zu nutzen. Schließe die Augen, lass in Deiner Phantasie eine Tempelanlage entstehen und erforsche sie. Kannst Du die mumifizierten Leichen der Krieger oder den Stier in seiner Grube verwesen sehen, ohne dass Dich dieser ungewöhnliche Anblick emotional durcheinander bringt?

Roquepertuse

Zuletzt lass uns einen Blick auf Roquepertuse werfen. Dieser sakrale Distrikt gilt als Musterbeispiel für keltische Tempel, seit er in den 20'er Jahren ohne allzuviel Sorgfalt freigelegt wurde. Das Museum von Marseille hat die Möchtegern-Rekonstruktion stolz ausgestellt; es handelt sich im Wesentlichen um ein paar Steinpfeiler mit Nischen für Schädel, Teile von Statuen, die unbekannte Götter darstellen und einen sitzenden Vogel, der auf mehr unterschiedliche Arten interpretiert worden ist, als gut für ihn war. Das Ergebnis ist zwar eindrucksvoll (s. Illustration), lässt aber eine Menge Fragen offen. Ausgrabungen in den frühen 90'ern von B. Lescure haben ergeben, dass Roquepertuse sehr viel geheimnisvoller war. Zunächst einmal war die heilige Anlage kein abgeschiedener, isolierter Ort, sondern lag direkt neben einer Siedlung. Sie war auch viel größer als bisher angenommen. Wo die frühere Archäologie nur einen kleinen heiligen Bezirk gesehen hat, geht die moderne Forschung von einem so großen Bereich aus, dass sich die Frage stellt, ob tatsächlich der ganze Komplex sakral war. Die Steinpfeiler, die im Museum mit 70cm Abstand aufgestellt sind, waren tatsächlich mehr als 2m auseinander. Es gab eine Menge von ihnen, und auch Kopfstücke, die sie verbanden, und ein Dach über ihnen. Abgesehen von Anzeichen für eine Plattform im zweiten Stock und einer massive Steintreppe, die hinaufführte, dürfen wir uns die Steine in lebhaften Farben bemalt vorstellen. Heute kann man sie nicht mehr mit blossem Auge wahrnehmen, aber wenn man die Fluoreszenzmethode verwendet, sieht man Pferde, eine Schlange, ein Pferd mit einem Fischschwanz und eine große Anzahl geometrischer Symbole.

Diese Bilder werfen mehr Fragen auf, als sie beantworten; die grüne Farbe beispielsweise war ein Importartikel aus Verona in Norditalien. Das gleiche gilt für die Bilder: Das Pferd mit dem Fischschwanz ist weder Teil der keltischen noch der griechischen Ikonographie, es taucht hauptsächlich bei den Etruskern auf. Das wirft die Frage auf, ob Roquepertuse überhaupt ein typisch keltischer Tempel war. Bemerkenswert wenige rein keltische Gegenstände wurden an dem Ort gefunden. Das Material weist nicht nur auf umfangreiche Importe aus Norditalien hin. Wir müssen uns auch fragen, ob die

Leute von Roquepertuse vielleicht einer der Keltenstämme waren, der sich im vierten Jahrhundert vor unserer Zeit in Norditalien niedergelassen hatte und seither unter dem Einfluss seiner etruskischen und ligurischen Nachbarn starke kulturelle Veränderungen erfahren hatte. Ach ja, und was die Schädel in den Nischen angeht, stellt sich jetzt heraus, dass sie ins Innere des Sakralgebäudes gewandt waren. Darüber könnte man einmal nachdenken. Bei Schädeln über der Eingangstür oder an der Aussenseite einer Mauer kann man vernünftigerweise davon ausgehen, dass sie eine apotropäische Funktion hatten und benutzt wurden, um Feinde und böse Geister abzuschrecken. Man könnte auch annehmen, dass die Schädel nicht unbedingt von freundlichen oder verehrten Personen stammten. In Roquepertuse konnte man die Schädel innen im Tempel sehen, sie wurden durch ein Dach geschützt und aller Wahrscheinlichkeit nach geschätzt und respektiert. Ein gutes Beispiel dafür, dass die Verehrung von Schädeln in der keltischen Welt alle möglichen Formen annehmen konnte. Die Siedlung und das Heiligtum von Roquepertuse wurden um 200 vor unserer Zeit herum von unbekannten Personen zerstört – ein guter Hinweis darauf, dass das Leben im keltischen Gallien nicht so friedlich war, wie manche es gern hätten.

Um es noch einmal zusammenzufassen, würde ich vorschlagen, dass es sich bei den Kultorten der La Tène-Zeit-Kelten nicht einfach um Orte gehandelt hat, sondern um Orte des Übergangs, Passagen in andere Reiche und Realitäten. So, wie sich der geschlachtete Stier in einen Schwarm summender, krabbelnder Fliegen und Würmer verwandelte und nur die nackten Knochen zurückließ. Waren Aasfresser wie Krähen, Raben, Wölfe, Hunde, Schweine, Fliegen, Insekten und so weiter den Kelten heilig!

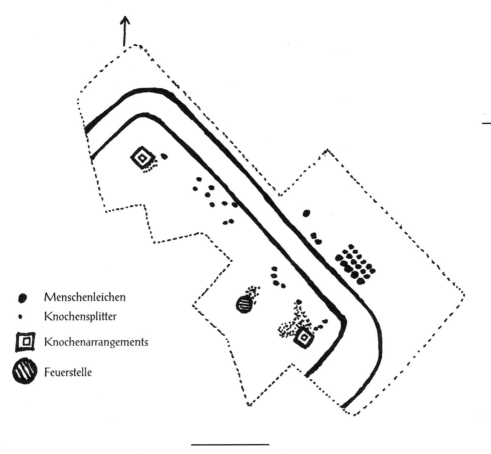

Karte der Ausgrabung von Ribemont

- Menschenleichen
- Knochensplitter
- Knochenarrangements
- Feuerstelle

nach Brunaux. Ribemont-sur-Ancre.

Viele von ihnen tauchen in keltischen Mythen auf. Und da wir gerade von Aas sprechen, kannst Du Dir vorstellen, was für ein gesundheitliches Risiko diese heiligen Schanzen darstellten? Jemand kümmerte sich ja um diese Plätze. Jemand stellte die Leichen auf, und säuberte die Grube, nachdem der Stier verwest war. Waren es Druiden oder eine uns unbekannte Priesterschaft? Und wie gingen sie mit Infektionen, Leichengift und einer hohen Sterblichkeitsrate um? War das der Preis, den man für die Fähigkeit zahlte, die Bevölkerung einzuschüchtern, die Adligen zu beherrschen und die Herrscher in Schach zu halten? Denk mal darüber nach. Wenn die Druiden Galliens so große Macht

hatten wie die römischen Autoren behaupten, wie sicherten sie sich dann ihre Macht in einer aus streitlustigen Hitzköpfen bestehenden Gesellschaft? War es der Zweck von Ribemont und Gournay, die Bevölkerung zu Tode zu erschrecken?

Und was hat es mit der Viereckform der Anlage auf sich? Ist es nicht verführerisch, sie mit der viereckigen Gralsburg in Verbindung zu bringen, mit der viereckigen, rotierenden Burg der Anderswelt oder mit dem menschlichen Körper mit seinen vier Hauptpunkten (zwei Schultern, zwei Hüftknochen) der mittelalterlichen, bardischen Lehre? Was macht eine quadratische oder leicht rechteckige Form heilig? Und warum gibt es keine einzige *exakt* quadratische Viereckanlage? Was ist an Trapezformen so Besonderes? Vielleicht möchtest Du eine Weile darüber meditieren. Man sollte meinen, dass ein quadratischer oder rechteckiger Grundriss bereits bekannt war, ebenso wie Wälle, Gräben und Palisaden, und zwar von Verteidigungsanlagen her. Doch das ist nicht der Fall. Die Kelten bauten Verteidigungsanlagen und Ringwälle auf Berg- oder Hügelkuppen. Manchmal halfen sie der Natur ein wenig nach und machten Abhänge etwas steiler oder flachten sie oben etwas ab. Trotzdem passten sie ihre Verteidigungsanlagen dem natürlichen Terrain an. Keltische Festungen haben meist unregelmäßige Formen und abgerundete Ecken. Es waren die Römer, die rechteckige Forts einführen und bewiesen, dass sie allen Erdwallfestungen der Frühzeit überlegen waren.

Den militärischen Hintergrund können wir also vergessen. Was könnte den Kelten noch Modell gestanden haben für ihre Tempel? Denk mal darüber nach, wo man quadratische Formen in der Natur findet. Du wirst schnell feststellen, dass sie selten sind. Was als Grundriss für von Menschen bewohnte Gebäude, Siedlungen und Straßen so außerordentlich nützlich ist, stellt sich in der Natur als verblüffend rar heraus. Wo finden wir also den Prototyp der Viereckanlage? Wurde die Form gewählt, gerade weil sie so „un-natürlich" ist? Oder sollten wir die Antwort suchen, während wir den Himmel betrachten? Um der kreativen Spekulation willen möchte ich Deine Aufmerksamkeit auf die Konstellation Ursa minor am nördlichen Himmel lenken. Ich möchte Anad danken für diese bemerkenswerte Idee. Hier finden wir eine moderate Viereckschanze vor, obgleich ich vielleicht hinzufügen sollte, dass zwei der vier Sterne, die sie zu einem Viereck machen, an unserem modernen verschmutzten Nachthimmel schwer zu er-

kennen sind. Ursa minor, der kleine Bär, ist wichtig, weil er so nah an der Nordachse liegt, wo frühere Kulturen den Ort vermuteten, an dem der Himmelspfeiler den Himmel stützt. Heutzutage befindet sich Norden fast exakt am Polarstern, der selbst Teil des Schwanzes von Ursa minor ist.

Der Nordpunkt, der vom Winkel der Erdachse definiert wird, bewegt sich. In der La Tène-Zeit lag er näher an der „Viereck-„ oder „Rechteck"-Schanze Ursa minor als und Polarstern. Man könnte die Konstellation spekulativ als viereckige, rotierende, sich um sich selbst drehende Burg bezeichnen und sie mit Taliesins Lied „den Herrscher will ich preisen", BoT 30 (s. im Kapitel „der ewig hungrige Kessel") vergleichen, oder mit Cu Rois Burg in den irischen Mythen und dem Plan heiliger kelto-germanischer Spiele wie Gwyddbwll, Tawlbwrdd, Tablud, Tafl, Fithcheall, Brandubh oder mit den verzauberten viereckigen Burgen, die in der frühen Gralsliteratur so reichlich vorkommen.

Sei es, wie es sei, es ist wahrscheinlich nützlich, sich keltische Kultorte als Plätze des Übergangs, der Transzendenz und der Umwandlung vorzustellen. Was ihnen heilig war, war immer auch ein Tor zu einem anderen Bewusstsein. Heilige Haine, Tempelanlagen, Brunnen, Sümpfe, Seen, Felsspitzen, Höhlen und so weiter ergeben einen Sinn, wenn man sie sich nicht einfach als Plätze vorstellt, sondern als Orte des Übergangs. Heiligkeit beinhaltet die Erfahrung des Numinosen, und was heilig ist, ist nicht notwendigerweise ein Ding oder ein Ort, sondern eine bestimmte Qualität der Erfahrung. Das gilt für von Menschenhand erbaute Gebäude ebenso wie für geweihte Wälder oder heilige Flüsse. Halte nach den Toren Ausschau!

Schatten im Labyrinth

Es ist einfach Pech, dass wir so wenig über die Götter der keltischen Vorzeit wissen. Dass es viele Götter gab und dass Dutzende von Religionen existierten, ist halbwegs sicher, aber worum genau es sich dabei handelte, ist eine Frage, die nur das sprudelnde Wasser, die Flammen des Lagerfeuers, die heulenden Winde und der sternfunkelnde Himmel beantworten können. Wie auch immer die frühkeltische Religion ausgesehen hat, können wir nicht wissen. Diese Situation bessert sich ein bisschen, wenn wir zu den letzten Phasen der La Tène-Zeit kommen, als griechische und römische Autoren begannen, die eine oder andere Kuriosität über den Glauben der Kelten Galliens aufzuzeichnen. Nun ist Gallien nach allem, was wir wissen, nicht repräsentativ für die vielen Kulturen der sogenannten keltischen Welt. Dennoch sind diese kleinen Bruchstücke, so zweifelhaft sie auch sein mögen, das Einzige, was wir in der Hand haben. Wie sahen die keltischen Gottheiten aus?

Im Hinblick auf die meisten hat fast nichts überlebt. Sehen wir uns einige wenige von ihnen mal an. Nehmen wir dazu die berühmte Passage von Lukan (*Bellum Civile/ Pharsalia*). Lukan berichtet seinen Lesern, die drei höheren Götter Galliens seien Teutates, Esus und Taranis gewesen. Die Namen von drei gallischen Göttern zu kennen war schon mal gar nicht schlecht für einen römischen Dichter, der wahrscheinlich nie in Gallien gewesen war! Seine kurze Anmerkung wurde allerdings von Wissenschaftlern und populären Schriftstellern sehr missbraucht, da die meisten von ihnen sie ohne irgendwelches Nachfragen einfach abschrieben. Insbesondere die Gelehrten des 19. Jahrhunderts neigten dazu, „die Kelten" als eine einzige Nation anzusehen, oder, noch schlimmer, so etwas wie ein schlecht organisiertes Imperium. In Übereinstimmung mit den Vorurteilen ihrer eigenen Zeit gingen sie von einer einheitlichen Religion aus, und Lukans Aussage war genau das, was sie in ihren irrigen Annahmen bestätigte. In vielen von den älteren Studien findet man die Fabel von den drei höheren Göttern als plattes Faktum präsentiert – heute sind die Wissenschaftler vorsichtiger, das gilt aber nicht für zahllose Anhänger der neokeltischen Kulte.

Die religiösen Inschriften Galliens erwähnen 375 Götter, von denen 305 nur einmal genannt werden (Hutton, 1991). Das bedeutet nicht, dass die nur einmal genannten weniger wichtig waren, es bedeutet nur, dass es wenig Beweismaterial gibt. Die meisten Inschriften stammen von Altären, Statuen und Sakralgebäuden romanisierter Gallier. Vor der Besatzung wurden die meisten Gottheiten nicht in Gestalt von steinernen Statuen verehrt, und man hielt auch ihre Namen nicht fest. Die Völker des besetzten Gallien, Germanien und Britannien lernten von den Römern, wie man Statuen anfertigt und Altäre beschriftet. Früher existierte die eine oder andere Stein- oder Holzstatue, aber erst durch den Kontakt mit den Römern wurden diese Gegenstände wirklich populär. Wir müssen davon ausgehen, dass die Menschen der späten La Tène-Zeit oft abstrakte Vorstellungen vom Erscheinungsbild ihrer Gottheiten hatten. Nach der Besatzung begannen die Steinmetze, Statuen für die Legionen anzufertigen, und schon bald folgten Statuen der Lokalgottheiten - die meisten von ihnen ähnelten den römischen Vorbildern. Es gibt viele gallische Götterbilder, die fast exakt so aussehen wie die römischen Götter, sie haben lediglich einen gallischen Namen und ein paar andere Attribute.

Das Knochenhaus. Ribemont-Träume.

Teutates, Esus und Taranis

Hier rennen wir geradewegs in die „römische Interpretation" hinein. Die Römer tendierten dazu, die Namen der Götter ihres Landes den Göttern der besetzten Provinzen zuzuordnen. In manchen Fällen war das hilfreich, da es auf die Funktion eines bestimmten (unbekannten) Gottes hinwies. Aber häufiger täuschte es, so zum Beispiel, wenn verschiedene römische Götter einer einzigen keltischen Gottheit zugeordnet wurden, oder wenn die Gottheit so ausgefallen war, dass die Römer keine richtige Entsprechung dafür fanden. Und wenn wir das archäologische Beweismaterial für Lukans drei Götter in Betracht ziehen, wird es richtig obskur. Teutates (oder Toutates) könnte möglicherweise von *Teuto-Tatis stammen, was soviel bedeutet wie „Vater des Stammes". Das macht ihn sicher zum wichtigsten Stammesgott, aber wir erfahren nicht, wer oder wie dieser Gott ist. „Vater des Stammes" deutet auf Ahnenverehrung hin, vielleicht auch vergöttlichte Ahnen, aber natürlich leitete jeder Stamm seine Abstammung von einem anderen Ahnen her und hatte wenig Respekt vor den Stammesvätern seiner Nachbarn oder Feinde (diese Begriffe waren häufig austauschbar).

Ihm sind einige Inschriften gewidmet, die in Britannien, in der Steiermark und sogar in Rom gefunden wurden. Die ersteren setzen ihn mit dem römischen Kriegsgott Mars gleich, die letzteren mit Merkur, dem Gott der Händler, der Reisenden, der Diebe und der Journalisten. Weder das Eine noch das Andere verrät sonderlich viel über seinen Charakter, geschweige denn die Mythen und Riten seines Kultes. Esus ist noch schwieriger rückzuverfolgen. Sein Name (der etymologisch noch immer ein ungelöstes Rätsel ist) erscheint in einer einzigen Inschrift in Paris. Der Name steht unter dem Bild eines Mannes, der von einem reich beblätterten Baum Äste abschneidet. Mit dem üblichen Enthusiasmus haben Experten den Baum als Weide, als Eiche oder sogar als gigantische Mistel identifiziert. Ein ziemlich ähnliches Bild einer keltischen Gottheit (als Mercurius identifiziert) stammt aus Trier. Vielleicht stellt es Esus dar, vielleicht aber auch nicht. Taranis, ein Wort, das von „Donner" herstammt, erscheint auf überhaupt keinem Altar. Es gibt keine Beweise für einen Gott dieses Namens. Allerdings haben wir Ableitungen. „Donner" heißt auf irisch 'Torann' und auf walisisch 'Taran'. Doch beides sind keine Götternamen. Wir haben Inschriften für Götter namens Taranucus, Taranucnus und Tanarus, die alle mit Iovis (Jupiter) gleichgesetzt werden, was zu Himmelsgöttern, Schleuderern von Blitz und Donner gut passen würde. All das ist ziemlich wenig konkretes Beweismaterial für die angeblich wichtigsten drei Götter Galliens. Es kam aber noch schlimmer, da Lukans Passage von späteren Schriftstellern noch weiter ausgeschmückt wurde. Unbekannte Schreiber des 4. bis 9. Jahrhunderts fügten hinzu, dass die drei Götter seltsame Menschenopfer zu empfangen pflegten: Die für Teutates wurden in einem Fass ertränkt, die für Esus an Bäumen aufgehängt (bis die Glieder abfielen) und die für Taranis in hölzernen Kisten verbrannt. Dass diese verschiedenen Formen von Menschenopfern von den prähistorischen Kulturen des transalpinen Europa praktiziert wurden, ist ziemlich sicher, aber ob sie tatsächlich auf diese Weise für diese drei speziellen Götter durchgeführt wurden, bleibt eine offene Frage. Wieviel wusste Lukan, der im 1. Jahrhundert unserer Zeit schrieb, über die Gallier, die hundert Jahre vor ihm gelebt hatten! Und wieviel konnten die anonymen Schreiber, die 300 und 800 Jahre später die blutrünstigen Details hinzufügten, über sie wissen! Aber anstatt diese Passage mit ein paar wohlverdienten Fragezeichen versehen zu veröffentlichen, publizierten viele Wissenschaftler und populäre Schriftsteller sie als Lukans Worte und fügten noch diverse Theorien hinzu, betreffend eine Zuordnung zu den Elementen, den sakralen dreifachen Tod und Trinitäten im Allgemeinen.

Göttin der Pferde

Tja, Lukans drei Kumpel sind nicht die einzigen Götter, die von modernen Forschern für pankeltische Gottheiten gehalten wurden. Da ist zum Beispiel noch Epona. Anders als bei den zuvor genannten Göttern ist der Kult der Pferdegöttin Epona (oder Equona) gut dokumentiert. Ihr Name stammt von dem gallischen Wort *epos oder *equos, Pferd, und demonstriert damit ihre Funktion als Göttin der Pferde, der Reiter, der berittenen Kämpfer und der Reisenden. Es existieren über 60 Inschriften mit ihrem Namen und etwa 250 Bilder von ihr. Diese stammen aus verschiedenen Teilen Europas: Eponas wurden von Spanien bis Schottland, vom Balkan bis nach Gallien gefunden, einige sogar in Italien und Rom selbst. Üblicherweise zeigen ihre Kultbilder eine Frau, die ein Pferd oder einen Maulesel reitet oder einen Streitwagen lenkt. Das umfangreiche Material hat einige frühe Forscher zu der Behauptung verleitet, Epona sei eine gemeinkeltische Göttin, bei allen keltischen Völkern Europas bekannt und von ihnen verehrt. Leider liegen die Dinge nicht so einfach, wie sie scheinen. Der Kult Eponas mag im Rheinland entstanden sein (das ist umstritten), er wurde aber von gallischen Söldnern, die Rom dienten, populär gemacht. Denk daran, dass es sich bei den Legionen nicht einfach um bewaffnete Italiener handelte, sondern um eine multinationale Streitmacht, die sich aus Angehörigen aller Teile des Imperiums rekrutierte. Cäsar legte großen Wert auf seine „germanische"

Reiterei, als er Gallien eroberte. Gallische Legionäre und Kelten aus dem Rheinland wurden angestellt, um die Kelten Britanniens zu bekämpfen. Legionäre aus Gallien hinterliessen in Miltenberg Widmungen und Altäre für ihren Gott Mercurius Avernicus. Britannische Kelten scheinen mit beim Bau des Limes beschäftigt gewesen zu sein, des römischen Grenzwalls, der sich etwa 600 km durch Deutschland erstreckte. Die Leute, die sich den Legionen anschlossen, kamen in den 25 Jahren ihrer Dienstzeit gut herum. Wo immer sie hingingen, nahmen sie die Götter ihrer Heimat mit. In Zeiten der Gefahr gelobten sie, ihren Göttern einen neuen Altar zu weihen, und wenn die Götter ihnen halfen, wurde ein solcher Altar beim örtlichen Steinmetz in Auftrag gegeben.

Epona wurde zur speziellen Beschützerin der Kavallerie, und wo immer die Kavallerie eingesetzt wurde, findet man zahlreiche ihr geweihte Inschriften. So seltsam es klingt: Epona war eine keltische Göttin, die dank der römischen Armee Karriere machte. Sie hatte in den Legionen mehr Anhänger als in ihrem ursprünglichen Heimatland – wo auch immer das gewesen war.

Rhiannon und die Morrigain

Wer den ersten Zweig vom Mabinogi gelesen hat, kennt sicherlich die erstaunliche Anderswelt-Herrin Rhiannon. Nur um es zusammenzufassen: Nachdem Pwyll ein guter Freund des Herrn der Anderswelt wurde, setzte er sich eines Tages auf einen heiligen Hügel, um dort ein Wunder zu sehen. Schon bald erblickte er eine wunderschöne Frau, die in aller Ruhe unterhalb des Hügels entlang ritt. Pwyll schickte einen Reiter, die Dame anzuhalten, aber so sehr dieser sich mühte, er konnte die lässig trabende Lady nicht einholen. Am nächsten Tag wiederholte sich das Geschehen, obwohl Pwyll sein schnellstes Ross zur Verfügung stellte. Und am dritten Abend ritt Pwyll selbst, doch auch er konnte die Dame nicht einholen. In seiner Verzweiflung rief er: 'Herrin, für das Wohl des Mannes, den Ihr am meisten liebt, haltet ein' 'Gerne', sprach sie, 'und es wäre besser für Euer Pferd gewesen, hättet Ihr früher darum gebeten'. So kamen die beiden ins Gespräch, verliebten sich und später, nach diversen Schwierigkeiten, wurden sie ein Paar. Und was ist eine gute Geschichte ohne Schwierigkeiten! Die edle Dame aus der Anderswelt hieß Rhiannon, und wie Du eben sicher bemerkt hast, ist sie, bei aller Ruhe und Gelassenheit, die schnellste Reiterin der Welt. Und dass sie so sehr auf das Wohl von Pwylls Pferd bedacht war, zeigt deutlich, dass ihr Pferde am Herzen liegen. Später in der Geschichte bringt sie ein Kind zur Welt, welches mit einem zur selben Zeit geborenen Fohlen in magischer Verbindung steht. Und noch später wird sie, obwohl unschuldig, für ein Verbrechen bestraft. Wobei ihr als Strafe auferlegt wird, mit einem Sattel auf dem Rücken Gäste vom Hoftor zum Halleneingang zu tragen. Wobei sie ja selber als Pferd fungiert. Bitte lies die Geschichte in Ruhe nach. Als im neunzehnten Jahrhundert die Geschichtsforscher die Hintergründe des mittelalterlichen *Mabinogi* untersuchten, waren sie vor allem auf der Suche nach keltischen Gottheiten. Nun ist das *Mabinogi* ein Werk aus einer Zeit, in der das alte Heidentum bestenfalls eine vage Erinnerung war. Keltische Gottheiten, Druiden und dergleichen gab es nur noch, stark vermenschlicht, in Geschichten. Doch die Barden und Bardinnen erzählten weiterhin Geschichten, in denen Zerrbilder alter Wesenheiten erschienen. Diese verfügten oft über andersweltliche Eigenschaften und übernatürliche Kräfte, so dass die Idee nahelag, ihre Urform wäre einst als Gottheit

verehrt worden. So lag die Idee nahe, Rhiannon könnte eine Version der guten alten und wohlbekannten Göttin Epona (oder Equona, je nachdem, ob wir sie britisch oder gälisch aussprechen) sein. Doch der Name Epona ist dem von Rhiannon nicht besonders ähnlich, und da keinerlei Mythen von Epona überliefert sind, ist die Verbindung zwischen den beiden schlicht und einfach die Nähe zu Pferden. Der Name Rhiannon hat allerdings, im Gegensatz zum Namen Epona, nichts mit Pferden zu tun. Dafür aber mit zwei anderen Göttinnen. Rhiannon kommt wahrscheinlich vom gallischen Rigani, was Königin bedeutet. Bei Ausgrabungen in Lezoux, Dép. Puy-de-Dome in Frankreich wurde eine Weihinschrift aus dem ersten Jahrhundert unserer Zeit für Rigani und Rosmerta, beides gallische Göttinnen, aufgefunden. Oder, genauso gut möglich, Rigani, also Königin, ist hier als Titel von Rosmerta zu verstehen. Rosmerta ist zumindest ein wenig besser bekannt als Rigani. Sie wurde oft mit Füllhorn und Opferschale dargestellt und war die Gattin eines Gottes, der mit Mercurius gleichgesetzt wurde. Merkur trägt in der antiken Ikonographie oft einen Heroldsstab, und diesen finden wir auch gelegentlich bei Rosmerta. Was nun wirklich nicht viel Information ist. Und dennoch mehr als von Rigani. Vielleicht gab es eine gallische Göttin namens 'Königin'. Vielleicht war Königin auch einfach nur ein Titel, der beliebigen Göttinnen verliehen werden konnte. Jean-Jacques Hatt war zwar bemüht, Rigani in allerhand keltischen Kunstwerken nachzuweisen, und aus ihr eine Art große, all-keltische Muttergöttin zu machen, aber seine wilden Spekulationen sind nicht sonderlich ernst genommen worden. Denn nachweisbar ist hier praktisch gar nichts. Wir haben also in Rhiannon eine Gestalt, die möglicherweise Königin hieß. Und sie hat mit Pferden zu tun. Nun gibt es in der mittelalterlichen inselkeltischen Mythologie noch eine Göttin, die einen verwandten Namen trägt. Es handelt sich um die Morrigain, auch als Morrigu bekannt. Ihr Name leitet sich von Mo (groß, mächtig) und Rigain (Königin) ab. Oder vielleicht von Mor (Nachtmahr, Alptraum) und Rigain, dann hätten wir es mit der Königin der Alpträume zu tun. Passt beides. Vielleicht hat 'Mor' auch mit zermahlen, zermalmen, bzw. Wörtern wie Mörser zu tun. Und wieder stellt sich die Frage, ob es sich um einen Namen oder Titel handelt. Die Morrigain ist auch keine Pferdegöttin. Ihre tierischen Verwandlungen umfassen vor allem Raben, Krähen, Wolf und einen schlangenartigen Riesenaal. Allesamt Tiere, die mit dem Tod und der Anderswelt in Verbindung stehen. In den irischen Mythen erscheint sie nicht als Übermensch, sondern als Schlachtengöttin.

Es war so: Eines Tages ging der Dagda (gute Gott) der Tuatha de Danann in das Tal von Etin. Dort brauste der Fluss Unius. Es war Samhain, der gefährlichste Tag im irischen Kalender, wenn die Tore zwischen den Welten weit offen sind, die Gräber und Hügel sich öffnen, die Geister hervorkommen und so mancher König für seine Vergehen einen frühen Tod fand. Am Fluß traf der Dagda auf eine Frau, die sich wusch. Ihr einer Fuß war in Allod Echae südlich des Wassers, der andere in Loscuinn nördlich des Stroms. Neun aufgelöste Zöpfe hingen von ihrem Haupt. Der Dagda sprach mit ihr, und die beiden vereinigten sich. Danach prophezeite sie für den Dagda, dass die Fomorier schon bald zum Kampfe kämen. Sie trug ihm auf, alle kunstfertigen Menschen zu ihr zur Furt von Unius zu senden. Und sie versprach, nach Scetne zu gehen, um dort Indech, Sohn von Dea Domnann, den König der Formorier zu vernichten. Die Morri

gu hielt Wort. Sie zog ihm den Mut aus den Nieren und das Blut aus dem Herz. Als sie zur Furt von Unius zurückkehrte, erwartete sie ein Heer von Kriegern. Sie verspritzte zwei Handvoll des Blutes über den versammelten Truppen, worauf der Ort den Namen Furt der Zerstörung erhielt. Viel später, als die Truppen der de Dananns bereit für die Schlacht waren, versetzte die Morrigain sie in wahnsinnige Kampfesraserei. Und als die Schlacht gewonnen war, zog sie durchs Land und verkündete den Sieg auf den königlichen Berghöhen, bei den Feenhügeln, den wichtigsten Strömen und den Flussmündungen. Erst sang sie ein Lied vom Sieg und dann ein weiteres, in dem sie das Ende der Welt verkündete.

Und ganz ähnlich ist ihr Auftreten in anderen Legenden. Im *Rinderraub von Cuailnge (Tain bo Cuailnge)* versucht sie, den halbgöttlichen Cuchullainn zu töten (er hatte sich ihren Zorn zugezogen, weil er nicht mit ihr schlafen wollte). Während er gerade in einem Fluß gegen einen Gegner kämpft, erscheint sie in verschiedenen Tiergestalten, um ihn abzulenken, zu verletzen oder unter Wasser zu ziehen. Vor Schlachten wurde sie angerufen, als panische Angst über die Feinde zu kommen, und wenn nach dem Gemetzel die Toten verstreut am Boden lagen, erschien sie als Erste, mit schwarzen Schwingen und rauhem Gekrächz, vom Himmel herab, um sich an Augen und Fleisch zu sättigen. Und im *Rinderraub von Regamna* fährt sie in einer Kutsche. Ihr Pferd hat nur ein Bein und die Deichsel geht ihm durch den Körper, mit der Halterung an seiner Stirn festgepflockt. Auf dem Wagen sitzt die Göttin, mit roten Augenbrauen und in einem flammend roten Mantel, der zwischen den Rädern zu Boden fällt. Begleitet wird sie hier von einem riesigen Mann in einem roten Umhang, der einen gegabelten Haselstab hält und eine

Kuh vor sich hertreibt. So erscheinen die beiden Cuchulainn, wobei der Mann stets schweigt, während die Göttin den Helden verspottet. So behauptet sie, eine Satirikerin (also eine Dichterin) zu sein, die Kuh wäre der Lohn für ein gutes Gedicht, und sie nutzt die schöne Gelegenheit, eine bittere Prophezeiung zu verkünden. Cu, schwer verärgert, versucht sie anzugreifen, doch die Göttin verändert ihre Gestalt, wird zu einem schwarzen Vogel und lässt sich auf einem Ast außer Reichweite nieder. 'Was auch immer du getan hast, wird dir Unglück bringen', lacht sie. 'Ich beschütze dein Totenbett, von jetzt an werde ich es bereiten. Diese Kuh habe ich aus dem Feenhügel von Cruachan geholt, damit sie sich mit dem Bullen von Daire mac Fiachna paart, und wenn ihr Kalb noch ein Jährling ist, wird dein Leben sein Ende finden!'

So. Da haben wir ein Pferd in Begleitung der Morrigain, aber besonders glücklich ist es nicht. Möglicherweise ist es nicht einmal gälisch. Eine derartige Anordnung von Pferd und Wagen wurde von Herodot betreffs des Begräbnisses eines skythischen Fürsten berichtet. Und möglicherweise hat der Autor dieser Story die Idee von Herodot übernommen. Zumal die mittelalterlichen Iren ja überzeugt waren, von den Skythen abzustammen.

Für eine Pferdegöttin reicht so ein Outfit allerdings nicht aus. Die Göttin der Schlachten ist da in eine ganz andere Richtung unterwegs.

Die Morrigain ist aber noch auf andere Weise interessant. Hier haben wir nämlich eine weitere der wenigen keltischen Göttinnen, die von den Dichtern gerne als Dreiergruppe dargestellt wurden. Allerdings nicht in der Jungfrau-Mutter-Greisin Konstellation, die im Wicca so beliebt ist. Statt dessen hat sie zwei (oder drei) Schwestern, Bodb

und Macha (und manchmal Nemain), mit denen sie zusammen herumzieht. Manchmal wird der Name Morrigu als Plural für das Trio verwendet. Wobei Macha einen sehr unklaren Hintergrund hat. Sie ist manchmal eine Königstochter, in einer anderen Erzählung, *Die Schwäche der Ulstermänner*, aber die Frau eines wohlhabenden Bauern. Sie segnet ihn mit Reichtum und hat dann das Pech, gegen die schnellsten Pferde des Königs zum Wettlauf antreten zu müssen. Macha stammt aus einem Feenhügel und ist die schnellste Läuferin der Welt, doch ihr hochschwangerer Bauch behindert sie, so dass sie am Ende des Rennens (siegreich) zusammenbricht und Zwillingen das Leben schenkt. Doch die Anstrengung hat sie ihre Kraft gekostet. Sterbend verflucht sie die Ulstermänner, die sie zu diesem Rennen zwangen. Wann immer Not und Gefahr die Provinz Ulster bedrohen, sind alle Bewohner fünf Tage und Nächte so schwach wie eine Frau im Kindbett. Dass Macha gelegentlich mit der Morrigu in Verbindung steht, scheint eine ganz andere Geschichtstradition zu sein. Und obwohl Macha nun wirklich nicht Königin genannt wird, ist sie doch in dieser Legende mit Pferden verbunden. Was etwas Verwirrung bringt, ist die Tatsache, dass wir eigentlich drei verschiedene Machas in der mittelalterlichen irischen Mythologie haben: Sie sind die Gattinnen von Nemed, Crunnchu und Macha die Rote. Wurden hier drei verschiedenen Legenden vermischt? Hat Macha vom Wettlauf überhaupt etwas mit Macha der Kriegsherrin zu tun? Wie verwirrt waren die mittelalterlichen Dichter über die Gestalten ihrer älteren Mythologie?

Zuletzt noch zu Bodb bzw. Badb. Von ihr wissen wir leider noch weniger. Babd wird manchmal badb Catha, also Schlachtrabe genannt. Sie scheint ausschließlich eine

Kriegsgöttin zu sein, die in Krähen- oder Rabengestalt über die Gefallenen herfällt. Vielleicht ist sie eine unerfreuliche Erscheinung, wenn man unversehrte Tote bevorzugt, die bei der Beerdigung noch einigermaßen gut aussehen. Aber wie war das mit den gefallenen Galliern, die den Aaskrähen überlassen wurden, und jenen Keltiberern, die fest glaubten, dass Geier die Leichen der Tapferen in den Himmel tragen? In so einem Weltbild ist eine Krähen- oder Rabengöttin eine segensbringende Gestalt, die eine gute Reise ins Jenseits ermöglicht. Wie die Iren ursprünglich hierüber dachten, ist leider nicht überliefert. Für Badb gibt es ein älteres gallisches Original. Es handelt sich um die Göttin, deren Name in einer Weihinschrift aus Haute-Savoie überliefert ist. Der erste Buchstabe der Inschrift fehlt, mit ziemlicher Sicherheit war es ein C, denn der Rest liest sich (C)athubodva, also Schlachtrabe. Doch auch Badb ist mythologisch keine einfache Gestalt. Manchmal wird sie mit der Schlachtengöttin Nemain identifiziert, der Gattin des Kriegsgottes Net. Und dieser ist in anderen Mythen mit Badb verheiratet. Nemain, Badb und Macha können auch, ganz unter sich, ein Trio der Schlachtengöttinen ausmachen. Ich vermute, dass es ursprünglich in Irland noch mehr kriegerische Göttinnen (und halbgöttliche Kriegerinnen, wie Cuchulainn's Lehrerin Scathach) gab. Manche Dichter haben halt versucht, sie zu einer Dreiergruppe zusammenzufassen. Übrigens haben wir auch aus Gallien einen Hinweis auf eine Raben- oder Krähengöttin. Es handelt sich um Nantosuelta, deren Name wahrscheinlich Windender Fluss bedeutet. Sie erscheint als Gattin des Gottes Sucelus, dem Guten Schläger, der wiederum starke Ähnlichkeiten mit dem Dagda aufweist. Doch neben dem Aasvogel hat sie noch ein kleines Häuschen als Emblem. Es sieht aus wie ein Taubenhaus auf einer Stange. Ist es ein Haus für Vögel? Wer würde schon Krähen in einem Vogelhäuschen unterbringen. Oder ist die Stange die kosmische Achse? Vielleicht ist es das Heim der Toten, aber vielleicht auch ein ganz anderes Gebäude. Doch was sollen wir verallgemeinern, wenn wir praktisch nur ein paar schlechte Darstellungen im gallo-römischen Stil haben, und alle Mythen längst vergessen wurden.

Lugus

Dann gibt es da noch den gallischen Gott *Lugus- , dessen Kult in einer Vielzahl von Städtenamen nachgewiesen werden kann, darunter Luguvalium (Carlisle) und Lugudunum (die Wurzel von Lyon, Laon und vielleicht Leyden). Eine kelto-iberische Inschrift, in Fels eingeritzt in Penalba de Villastar, Teruel, Spanien, bietet einen rätselhaften Einblick in den Kult des Lugus. Hier ist die Übersetzung von Wolfgang Meid, 1994, der einige Unklarheiten ausgeräumt hat:

> Dem Bergbewohner ebenso wie dem ... , dem Lugus der Araianer, wir sind zu einer Prozession im Feld gegangen (oder, „wir sind in den Feldern zusammengekommen"). Für den Bergbewohner und den Pferdegott, für Lugus hat das Oberhaupt der Gemeinschaft einen Schutz bereitgestellt.

Das deutet auf zeremonielle Prozessionen hin, einen verbreiteten religiösen Brauch in vielen heidnischen Kulturen, und passt zu Lugus als einem Gott, der mit der Erntezeit und dem Reiten in Verbindung gebracht wird. Der Schutz ist schon etwas rätselhafter – handelte es sich um eine Statue oder ein Idol, das bedeckt oder eingekleidet wurde, oder wurde das Tempeldach erneuert? Die Unklarheiten sind nur zu verständlich, wenn man bedenkt, dass es sich hier um

Frühe Rekonstruktion des Portals des Tempels von Roquepertuse

15km entfernt von Aix-en-Provence, Frankreich.

Neuere Forschungen zeigen, daß der Abstand zwischen den Pfeilern weiter war, die Schädel nicht nach außen, sondern nach innen in eine Halle zeigten und die Vogelstatue (vollständig rekonstruiert unten auf der Seite) wahrscheinlich nicht oben auf dem Tor platziert war. Mittlere La Tène-Zeit, kelto-ligurisch.

die drittlängste Inschrift in gallo-iberischer Sprache handelt, eine Sprache, die derzeit noch rekonstruiert wird. Lugus war ein populärer Gott bei einer Anzahl von keltischen Völkern, und möglicherweise, so lautet die Hypothese einiger, die Gottheit, die Cäsar als Merkur bezeichnete. Leider wissen wir nichts über Kult, Religion, Riten und Mythologie des Lugus. Um diese peinliche Lücke zu füllen, kam es in Mode, die Mythen des mittelalterlichen Irland und Wales zu bemühen. In Irland finden wir den strahlenden Lug MacEthen, Sohn von Cian und Enkel des Heilgottes Dian Cecht. In der Schlacht zwischen den Tuatha de Danann und den monströsen Fomoriern, die von unter dem Meer stammen, ist es Lug, hell und leuchtend, der wie die strahlende Sonne erscheint und die Horde der Fomorier verzaubert, indem er auf einem Bein um sie herumtanzt, wobei er ein Auge geschlossen hält und schließlich zum Helden des Tages wird, indem er ein magisches Geschoss (einen Ball, der aus Kreide, Gift und den Hirnen erschlagener Feinde besteht) in das einzige Auge des Anführers der Fomorier schiesst (der übrigens zufällig sein anderer Großvater ist). Der irische Lug wird Samildanach (Meister aller Künste) und Lamhfada (mit dem langen Arm) genannt. In irischen Mythen ist er das Urbild des perfekten Regenten. Er ist auch ein geschickter Trickbetrüger, der Erfinder der Reitkunst, der Pferdepeitsche, des Lughnasad-Festes und des heiligen Brettspiels Fidchell, ganz zu schweigen davon, dass er der göttliche Vater von Irlands größtem Helden ist, Cuchulainn. Lugs Gegenstück in den mittelalterlichen britannischen Mythen ist ein weniger eindrucksvoller Charakter. Er tritt auf im 4. Zweig des *Mabinogi* und in den Liedern Taliesins, unter dem Namen Lleu Llaw Gyffes. Lleu kann man mit „Licht" oder „Löwe" übersetzen, Llaw Gyffes

als „geschickte Hand" oder „sicherer Arm". Trüge er nicht diesen Titel, wären wir uns der Beziehung zwischen ihm und Lug sicher nicht bewusst.

Anders als der irische Lug ist Lleu eine sehr menschliche Gestalt, die von ihrer Mutter Arianrhod verfrüht, unter bizarren rituellen Umständen und sehr gegen ihren Willen geboren wird. Er wird in einem Brutkasten (einer Holzkiste) von seinem Onkel Gwydion, dem berühmten Zauberer, aufgezogen. Sein einziger Anspruch auf Göttlichkeit besteht darin, dass er nach seiner Ermordung nicht stirbt, sondern sich in Gestalt eines Adlers in den Himmel erhebt. Dieser Adler flattert verletzt in die Anderswelt, wo er sich auf einer mächtigen Eiche niederlässt und zu verwesen beginnt. Schließlich wird er von seinem Onkel gefunden und erhält seine menschliche Gestalt zurück. In diesem Zustand konfrontiert er seinen Mörder Goronwy und tötet ihn mit einem Speerwurf, der den Felsen durchdringt, hinter dem sich Goronwy zu verstecken versuchte. Für einen Menschen ist das nicht schlecht, aber für einen Gott reicht es kaum. Wir wissen auch, dass Lleu *einer der drei roten Schnitter Britanniens war* (Triade 20) und dass *sein Grab unter den Wellen des Meeres liegt, wo seine Schande ist: Er war ein Mann, der niemandem Recht gab* (BBoC 66). Das ist ein guter Hinweis darauf, dass das *Mabinogi* nur einen kleinen Teil seiner ursprünglichen Mythologie festgehalten hat, die größtenteils verloren gegangen zu sein scheint. Während der irische Lug Hochkönige einsetzt, bleibt der britannische Lleu ein blasses Trugbild, eine künstliche Figur aus einer Geschichte. Im 19. Jahrhundert kam es in Mode, die mittelalterlichen irischen und walisischen Geschichten für entstelltes Beweismaterial für den Kult des früheren Gottes Lugus zu halten. Das Ärgerliche ist nur, dass die walisischen und die irischen Traditionen zahlreiche Unterschiede aufweisen, und dass beide fast tausend Jahre nach der Verehrung des ursprünglichen Gottes aufgezeichnet wurden. Und, was noch schlimmer ist, die indo-europäische Wurzel *leuk bedeutet „leuchten, scheinen" und kann in Worten wie Licht, Lux, Lumen, luzid und so weiter wiedergefunden werden. Licht ist aber kein Name, sondern ein Attribut, das mit vielen Göttern in Verbindung gebracht wird. Man könnte ebensogut versuchen, Lugus zu rekonstruieren, indem man die Mythen des nordischen Gottes Loki untersucht. Loki ist Blutsbruder Odins, und Odin seinerseits hat eine Menge gemein mit dem irischen Lug. Beide werden mit heiligen Speeren, Raben und Reiten in Verbindung gebracht, und von beiden weiß man, dass sie Könige eingesetzt haben. Was für ein Durcheinander!

Dieses Thema könnte eine detaillierte Studie vertragen.

Kelten und Germanen

Es ist traurig, aber wahr, dass die meisten modernen Keltophilen Anhänger der Fabel sind, die sogenannten keltischen und germanischen Völker seien Erzfeinde gewesen. Man findet Bücher über keltische Mythen, in denen die Kelten mit den amerikanischen Prärieindianern verglichen werden – was immer das wert sein mag (Geldmäßig gesehen offenbar eine Menge), aber es finden sich kaum Autoren, die sich die Mühe machen, darauf hinzuweisen, dass die Mischung sogenannter keltischer und germanischer Stämme in Mitteleuropa so kompliziert war, dass ihre römischen Zeitgenossen sie kaum auseinander halten konnten. Bis zum heutigen Tag streiten sich die Wissenschaftler darüber, welcher Stamm eigentlich zu welcher kulturellen oder linguistischen Gruppe gehörte.

Zwischen germanischen und keltischen Stämmen zu unterscheiden ist sehr leicht, vorausgesetzt, man folgt Cäsars Definition und macht sich nicht die Mühe, sich jüngere Forschungsergebnisse anzusehen. Die besten Gegenstücke zum gallischen Taranis sind der germanische Donar, der angelsächsische Thunor und der nordische Gott Thor. Gwydion könnte sehr wohl mit Wodan/Odin verwandt sein; die Wintergöttin Cailleagh könnte eine Widerspiegelung von Hel, Helja, Hella oder Huldra sein; Brig und Frigg haben vielleicht mehr gemein als ähnliche Namen; Njörd, Nodens, Nehallenia und Nyd entstammen der gleichen ozeanischen Quelle, und ob Lugus ein Nachfolger von Lug, Lleu, Loki oder dem schrecklichen Lukiferus ist, kann man raten.

Vielleicht mal eine Bemerkung am Rande: Eines der Probleme der modernen Forschung ist, dass so viele frühere Forscher das Material schlampig behandelt haben. Etwa so, wie die ersten Archäologen ihre Arbeit verrichtet haben, indem sie Gräber mit Hilfe von Sprengstoff freigelegten, hatten die ersten Prähistoriker eine reichlich naive Einstellung und gaben Erklärungen zu allerhand Dingen ab, die sie noch nicht einmal halb verstanden. Im 19. und frühen 20. Jahrhundert hungerten viele europäische Nationen nach Informationen über die Religion und Kultur ihrer angeblichen Vorfahren, und Wissenschaftler wurden dafür bezahlt, dass sie Resultate vorweisen konnten, ganz egal, wie. Das war die Zeit, wo nationale Identität „in" war, als eine Nachfrage bestand nach Ahnen, auf die man stolz sein konnte. Es war die Zeit einiger großer Fälschungen. Es war auch die Zeit, in der Wissenschaftler, die Fragezeichen stehen liessen, anstatt (falsche) Gewissheiten zu liefern, schnell arbeitslos wurden. Und das Schlimmste von allem war die Politik. Es ist schwer vorzustellen, aber die Leute glaubten damals noch an Politik. Französische Prähistoriker überzeugten ihre Landsleute davon, dass der Ursprung aller keltischen Kultur Gallien sei. Deutsche Historiker postulierten einen uralten Konflikt zwischen stolzen, edelgesonnenen Germanen mit degenerierten Kelten, die zu leicht an berauschenden Wein aus südlichen Landen herankamen. Englische Wissenschaftler gingen noch einen Schritt weiter und vermuteten, dass sich ein tiefer Graben zwischen den keltischen und den angelsächsischen Bewohnern ihres Landes aufgetan habe. Die Angelsachsen, so dachten sie, seien geradlinige, logische Denker gewesen, sehr nüchtern, ein bisschen langweilig, aber wirklich prima Verwaltungsbeamte. Die Kelten dachten in Spiralen, pflegten eine Million abergläubischer Bräuche, waren sehr intuitiv und außerdem gute Dichter. Anhand solcher Theorien war leicht zu erklären, weshalb die Engländer die regierende Schicht waren und die Waliser, Schotten und Iren sich glücklich schätzen konnten, dass solche fähigen Denker über sie herrschten und sie ausbeuteten.

Derartiges wurde von Wissenschaftlern ausgebrütet und eifrig von der Öffentlichkeit aufgesogen. Da so viele politische Spannungen dahinter steckten, wurde von einem fundamentalen Unterschied zwischen Briten und Angelsachsen (Kelten und Germanen) ausgegangen. Solche Theorien dienten auch dazu, um wissenschaftlich zu beweisen, dass die Iren außerstande waren, sich selbst zu regieren. Manche Wissenschaftler gingen auch noch über diesen Punkt hinaus und fanden, die ganze Sache hätte etwas mit arischer Überlegenheit zu tun. Ihrer Meinung nach waren die Iren noch nicht einmal Indo-Europäer. Um das ärgerliche Faktum zu verheimlichen, dass Irisch durchaus eine indo-europäische Sprache ist, erfanden sie eine Anzahl vager neuer Begriffe und eine

dunkelhäutige „hibernische" oder „atlantische" Rasse, von denen die Iren angeblich abstammten. Wenn Dir in der Literatur kleine, dunkelhäutige Kelten und große, blonde Germanen begegnen, kannst Du davon ausgehen, dass sie im 19. Jahrhundert erfunden wurden.

Moderne Wissenschaftler haben diese Theorien längst dem Orkus anvertraut – die Öffentlichkeit aber nicht. Bis zum heutigen Tag glaubt man, die Kelten hätten eine romantische Kultur voller Magie gehabt, während die Germanen und die Angelsachsen oft als nüchtern und ernst dargestellt werden. Und das trotz aller Gegenbeweise. Natürlich kennen wir viele keltische Mythen, aber Rituale haben kaum überlebt. Die Zaubersprüche und Rituale der Angelsachsen sind viel besser dokumentiert, von denen der Nordgermanen ganz zu schweigen.

Und da wir gerade dabei sind, ist Dir aufgefallen, dass die Art, wie vor hundert Jahren der Unterschied zwischen den sogenannten Kelten und Germanen definiert wurde, ziemlich große Ähnlichkeit mit dem Gewäsch hat, das Leute von sich geben, wenn man sie bittet, die Unterschiede zwischen männlichem und weiblichem Denken zu definieren? Oder mit dem abergläubischen Blödsinn, der in den 70′er Jahren über die Hirnhälften verzapft wurde?

Götter des Landes

Fahren wir fort mit den Gottheiten der späten La Tène-Zeit. Wie Du Dich vielleicht erinnerst, wurden viele Göttinnen mit Wasser assoziiert und in Gestalt von Quellen, Seen und Flüssen verehrt. Andere Göttinnen waren für das Land zuständig. Die Göttin Abnoba wurde mit einer Bergkette gleichen Namens in Verbindung gebracht, sie stimmt mit dem Schwarzwald überein. Die Göttin Arduinna war für die Ardennen

Spekulative Kosmologie. Eine Viereckschanze träumen.

zwischen Maas und Rhein zuständig. Eine ähnliche Beziehung existiert zwischen der Göttin Boand und dem Fluss Boyne, dem Gott Condatis und der Stadt Condate, der Göttin Eriu und Irland und so weiter. Viele Götter sind bekannt, die für die Landschaft vor Ort standen. Diese Gottheiten waren für die Anwohner sehr wichtig – die Stämme dagegen, die ein paar hundert Meilen weiter weg lebten, kannten sie kaum und machten sich auch nichts aus ihnen. Das mag zu Problemen geführt haben, wenn die Stämme wanderten, was bereits in der Hallstattzeit passiert war (es gibt einige Hinweise auf Siedler vom Hallstatt-Typ in Britannien um 600 vor unserer Zeit, mit denen die britische Eisenzeit begann), noch häufiger aber kam das zwischen 350 und 200 vor unserer Zeit vor, als keltische Stämme über ganz Europa und Kleinasien ausschwärmten. Was passierte mit den Lokalgottheiten, wenn ihre Anhänger auswanderten? Was denkst Du?

In vielen (aber nicht allen) Fällen wurde das Land als eine oder mehrere Göttinnen personifiziert. Das führte zu dem irischen Brauch, den König mit der Schutzgottheit des Landes zu verheiraten. Du hast wahrscheinlich schon einmal von dieser Zeremonie gehört. Eine ziemlich wüste Version davon wurde von Gerald of Wales im späten 12. Jahrhundert aufgezeichnet: Der potentielle König von Donegal kopulierte mit einer Stute. Nach dem Verkehr wurde das Pferd getötet und in einem Kessel gekocht. Die Untertanen aßen das Fleisch, während der König in der Brühe badete. Dann wurde er in Weiß gekleidet, musste barfuß in einem Fußabdruck stehen, der in einen Felsen gemeißelt war und erhielt schließlich seinen Amtsstab. Die Stute verkörpert in dieser Geschichte die Schutzgottheit des Landes, was nicht unwahrscheinlich ist. Allerdings sollte ich hinzufügen, dass die Geschichte, abge-

sehen von ein paar archaischen Elementen, fragwürdig ist. Schriftsteller zitieren die Geschichte im Allgemeinen so, als sei Gerald persönlich dabei gewesen und kommentieren sie mit Bezug auf alte indische Pferdekulte und –opfer, was einigermaßen spaßig ist. Sie erwähnen kaum je, dass Gerald niemals in Donegal war, Donegal zu seiner Zeit seit sechs Jahrhunderten christlich war und dass die Leute, die diese Geschichte überlieferten, dem fraglichen Königshaus nicht sonderlich wohlgesonnen waren.

Ob die gallischen Kelten an Schutzgöttinnen glaubten, mit denen der König verheiratet werden sollte, steht zur Debatte; als Cäsar nach Gallien kam, war die Einrichtung des Königtums schon lange durch einen permanent zankenden Adel ersetzt worden. Die britannischen Kelten scheinen sich von den Iren darin unterschieden zu haben, dass sie eine Anzahl von Königinnen hatten. Das wirft ein zweifelhaftes Licht auf die Frage, ob der Regent mit der Göttin des Landes verheiratet wurde. Heirateten diese Königinnen dann eine männliche Gottheit, oder war diese Symbolik von untergeordneter Bedeutung oder unbekannt? Für andere keltische Länder gibt es überhaupt kein Beweismaterial. Wir könnten unsere Spekulation noch eine Weile fortsetzen, ohne hinterher irgendwie schlauer zu sein.

Cernunnos

Kommen wir zu dem zur Zeit beliebtesten keltischen Gott. Es handelt sich um eine häufig dargestellte Gottheit mit Hörnern. Diese wird gerne als Cernunnos bezeichnet, was aber recht spekulativ ist. Eigentlich ist der Name nämlich gar nicht überliefert. Es gibt nur eine einzige Abbildung eines gehörnten Gottes (auf einem Altar aus Paris), die eine Namensinschrift hat. Der erste Buchstabe fehlt, der Rest liest sich 'ernunnos'. Jetzt wird gerne behauptet, der fehlende Buchstabe wäre ein C, was uns einen Gott namens Cernunnos einbringt. Und Cernunnos bedeutet angeblich 'der Gehörnte'. Dummerweise sind die Sprachforscher anderer Meinung. Alles was mit Hörnern zu tun haben soll, müßte 'Carnunnos' geschrieben werden. Als 'Cernunnos' ist der Name schlicht nicht übersetzbar. Oder handelt es sich um einen Schreibfehler? Wie dem auch sei, wir haben also einen Gott namens '?ernunnos' der sich durch Hörner auszeichnet. Es können Hirsch-, Stier- oder Widderhörner sein. Oft ist der Gott im gallo-römischen Stil dargestellt, und hat einige Ähnlichkeit mit Pan. Wobei wir zur nächsten Frage kommen. Handelt es sich um einen Gott oder um mehrere? Ist der mit dem Geweih identisch mit den Hörner tragenden? Und wieder gibt es keine Antwort. Wir können nur raten. Noch spaßiger wird es, wenn wir die Bedeutung der Gottheit verstehen wollen. Einige gallo-römische Darstellungen zeigen ihn mit einem gefüllten Beutel, manche auch mit einer Maus. Beides sind Attribute von Mercurius, dem Gott der Händler (und Diebe). Im modernen Wicca sieht das anders aus. Dank Gerald Gardener und seinen Nachfolgern ist Cernunnos nämlich ein Gott der Wildnis, ein Herr der Jagd, ein Gott der wilden Tiere und, in einigen besonders extremen Fällen, 'der älteste Typus der männlichen Göttlichkeit'. Und dieser Gott ist nach der üblichen Wicca Lehre der Partner einer Göttin die mit dem Mond verbunden wird und, dank Robert Graves Pilzvisionen, eine dreifache Göttin vom Jungfrau-Mutter-Greisin Typ darstellt. Schauen wir uns das mal in Ruhe an. Die Idee mit den wilden Tieren scheint auf einige gehörnte Götter zuzutreffen, und das Abbild auf der Innenseite des Gundestrup Kessels ist hier ein deutlicher Beleg. Die Sache mit der Jagd ist schon spekulativer. Sie

geht auf eine mythische Gestalt zurück, einen Geist, Herne der Jäger, welche von Shakespeare erwähnt wird. Angeblich zieht er im Park von Windsor umher. Ob Herne allerdings Hörner hat oder irgend etwas mit den Kelten zu tun hat, bleibt unbekannt. Nun, Herne klingt dem (hypothetischen) Namen Cernunnos nicht unähnlich, und vielleicht ist ja ein Gott der Tiere auch für Jagd zuständig. Oder vielleicht auch nicht. Und dann gib es noch einen gallischen Gott namens Cernenus, der allerdings keine Hörner hat und mit Jupiter identifiziert wird. Was das Leben nicht einfacher macht. Und wie ist das mit der ältesten männlichen Gottheit? Zuerst zum 'ältesten'. Hier bezogen sich die Begründer des Wicca auf ein berühmtes Felsbild aus der Höhle Trois-Frères, welches ein tier-menschliches Mischwesen zeigt. Dieses tanzt zweibeinig wie ein Mensch, hat aber die Hörner eines Hirsches, die Augen einer Eule und eine Reihe weiterer tierischer Attribute. Die allerdings nicht sonderlich deutlich zu sehen sind. Und die meist veröffentlichte Darstellung dieser Gestalt ist kein Foto, sondern eine Skizze, die wesentlich mehr Detail zeigt, als im Original ersichtlich ist. Ob Breuil das Bild in einem besseren Erhaltungszustand darstellt, oder ob er es kreativ verbesserte, bleibt offen. Wir haben es hier vielleicht mit einer Hirsch-Eule-Mensch Gottheit zu tun. Oder mit einem vermummten, tanzenden Schamanen. Oder einem Schamanen, der eine Gottheit darstellt oder in Besessenheit verkörpert. In diesem Fall ist der Schamane (oder die Gottheit?) männlich. Es gibt noch weitere gehörnte Tänzer in der Höhlenkunst, doch bei denen ist das Geschlecht nicht ersichtlich. Im Wicca wird oft davon ausgegangen, die gehörnten Gott-Schamanen der Höhlenkunst würden die selbe Gottheit darstellen wie die eisenzeitlichen Kelten. Wobei die dazwischen liegenden zehn oder fünfzehntausend Jahre nun wirklich nicht ins Gewicht fallen. Das Problem dieser Interpretation liegt in ihrer extremen Vereinfachung. Zum einen hatten die Steinzeitmenschen ein ganz anderes Verhältnis zur Jagd und den wilden Tieren als die Kelten. Sie waren Jäger und Sammler, wohingegen die Kelten von Rindern, Schafen, Schweinen und dem Ackerbau lebten. Bei ihnen war Jagd eine schöne Sache für die gehobenen Stände, aber keinesfalls für das Überleben notwendig. Und was bedeuten die gehörnten Götter überhaupt? Im vorgeschichtlichen Europa und überhaupt in Eurasien gab es eine ganze Reihe gehörnter Gottheiten. Über die meisten wissen wir gar nichts. Manche waren Götter der Viehzucht oder Gottheiten der Hirten wie ursprünglich Pan. Doch die sind nicht alle männlich. Eine erstaunlich große Anzahl von ihnen ist geschlechtslos. Manche, wie die Darstellungen aus Willowburn bei Gilsland in Cumberland, sind nackt und haben dennoch keine Geschlechtsteile. Waren die Künstler hier schüchtern? Oder war das Geschlecht ohne Bedeutung? Mehr noch, es gibt mehrere britische Darstellungen von gehörnten Göttinnen. Manche haben wunderschöne Hirschgeweihe. Was verblüffend ist, denn Hirschkühe haben keine. Was nun wirklich nicht zum Glaubensbild des modernen Wicca passt. Wir haben also bei den Kelten gehörnte Götter, die aber nicht unbedingt männlich sein müssen. Und wie sieht es mit der Gattin des gehörnten Gottes aus! Als Gerald Gardener in den späten Vierzigern des zwanzigsten Jahrhunderts Wicca entwickelte, verkuppelte er den gehörnten Gott mit einer Mondgöttin. Wie Ronald Hutton so detailliert nachweist (siehe *The Triumph of the Moon, a history of modern pagan witchcraft*, 1999), war sein Vorbild hier keineswegs eine alte Hexentradition. Es

war vielmehr die englische Vorliebe für Pan und Diana. Seit der Renaissance waren dies die in England beliebtesten Gottheiten des Altertums. In zahllosen Gärten, Parks und Anwesen standen Statuen der beiden. Und beide wurden als Paar empfunden, obwohl sie dies in der griechisch-römischen Mythologie nicht sind. Denn Artemis/Diana ist keusch und jungfräulich, während Pan ständig hinter den Nymphen her ist. Aber wie sieht es hier bei den Kelten aus? Im Gegensatz zu vielen anderen keltischen Gottheiten erscheinen die gehörnten Götter fast immer allein. Sollten der Gehörnte eine Geliebte gehabt haben, bleibt dies verborgen. In ihrer aufwendigen Studie zu den gehörnten Göttern (1967:172-220) konnte Ann Ross nur auf eine einzige Darstellung hinweisen, in der ein gehörnter Gott eine Partnerin hat.

Und die (möglicherweise männlichen) gehörnten Götter der Kelten sind auch nicht immer mit dem wilden Wald und den Tieren verbunden. Bei den Briten gab es auch gehörnte Götter, die mit Speer und Schild bewaffnet eher zum Kriegswesen gehören. Wie wild ist eigentlich der 'Herr der Tiere'? Der Gehörnte vom Gundestrup Kessel ist sauber rasiert und trägt eine Art Trainingsanzug, ist also recht präsentabel für einen Waldbewohner. Andererseits finden wir im *Mabinogi* (*Die Herrin der Quelle*) eine übermenschliche Gestalt, die als Herr der Tiere bezeichnet wird. Es handelt sich um einen wüsten schwarzen Riesen, der nur ein Auge und ein Bein hat und auf einem Hirsch trommelt, um alle Tiere herbeizurufen. Wobei der Hirsch hier eine Ritualstrommel sein dürfte. Doch dieser Herr der Tiere hat keine Hörner. Und dann gibt es noch etliche zwei und dreihörnige Helden in der irischen Mythologie. Doch die haben wenig mit Waldgottheiten zu tun. Der berühmteste ist Conall Cernach, wobei Cernach 'mit Kanten bzw. Ecken' bedeutet.

Nach dem *Táin Bó Fraích* kämpft Conall unter anderem gegen eine riesige Schlange, die aber dann ganz nett wird und dem Helden unter den Gürtel kriecht, worauf die beiden zusammen eine Festung zerstören. Der gehörnte Gott des Gundestrup Kessels hält auch eine Schlange, und dieselbe gehörnte Schlange erscheint auf demselben Kessel bei einer Kriegerprozession. Bei gallo-römischen Götterfiguren hat Mars gelegentlich eine gehörnte Schlange dabei. Doch Conall ist weit entfernt von einem Herrn des Waldes oder der wilden Tiere. Statt dessen ist er der halbgöttliche Ahn des Königshauses von Dál nAraide, ein Kriegsherr, ein Zerstörer von Festungen, ein Grenzkämpfer, und der berühmteste Kopfjäger Irlands. Falls er wirklich mit den gehörnten Göttern verwandt ist, würden diese also hier eher zu einem Krieger und Ahnenkult gehören. Und gerade gallische Götter mit Widderköpfen werden des öfteren mit Mars, dem Kriegsgott identifiziert. Gar nicht zu reden von den gehörnten Kriegerhelmen von Orange, Vaucluse, und ihrer Reliefdarstellung aus La Brague, Alpes-Maritimes in Frankreich, oder den schwer gehörnten Zeremonialhelmen der britischen Kelten. Wobei es sich wahrscheinlich um Ritualobjekte handelt, denn Hörner machen einen Helm für den Kampf unpraktisch. Ein guter Helm leitet den Schlag nämlich ab. Alles in allem haben wir also einen Haufen unterschiedlicher gehörnter Gottheiten. Eindeutig ist, dass gehörnte Götter bei vielen eisenzeitlichen Kulturen beliebt waren, aber dass es sich dabei um einen einheitlichen Gott gehandelt hat, ist mehr als unwahrscheinlich. Also vergessen wir am besten die Frage, wer Cernunnos wirklich war. Fragen wir lieber, welche Variation der gehörnten Gottheiten Dir am Herzen liegt.

Matronen

Ein weiteres Lieblingsthema sind die Matronen. Hier wird es wirklich verzwickt. So viele Gelehrte des 19. Jahrhunderts haben die Verehrung einer hypothetischen großen Muttergöttin in archaischen Zeiten postuliert... Du weißt schon, die Art von Gottheit, die immer mit Fruchtbarkeitskulten und der Verehrung der Genitalien einhergeht. Unter den wissenschaftlichen Themen des letzten Jahrhunderts war es eines, das den Leuten den Mund wässrig machte, und unter schlecht informierten Neuheiden ist es das noch heute. Die große Göttin, von zahllosen Neuheiden in aller Welt verehrt, hat nur wenig historische Berechtigung. Sie wurde von Wissenschaftlern erfunden, die nach einem Gegenstück zum üblichen männlich-monotheistischen, patriarchalen Gott judäo-christlichen Ursprungs suchten. Diese Wissenschaftler waren der Ansicht, dass Monotheismus der Normalzustand ist (was eine sehr moderne Idee ist), und dass er unweigerlich mit solchen Dingen wie zentralistisch organisierten Staaten, einem einheitlichen Glaubensbekenntnis und so weiter einhergeht. Zu viele moderne Autoren folgen diesem Trend. Sie gehen von einer einzigen keltischen Muttergöttin aus und haben den Nerv, zu behaupten, dass alle anderen weiblichen Gottheiten der Kelten im Grunde Teilaspekte einer großen Mama waren. Wenn man liest, dass sogar blutrünstige, unverheiratete und kinderlose Kriegsgöttinnen Aspekte der großen Muttergöttin sein sollen, fragt man sich, ob der Begriff überhaupt irgendeine Bedeutung hat. Haben Frauen kein Existenzrecht, wenn sie keine Mütter sind! Können Frauen auch noch irgendetwas anderes sein als ein Teil des ewigen Jungfrau-Mutter-Alte-Karussells! Ist Vermehrung das Einzige, was zählt! Wie kommt es eigentlich, dass nicht auch alle männlichen Götter gemeinsam in eine Schublade geworfen werden, auf der „Vatergottheit" steht? Können wir nicht an Götter denken, ohne ihnen gleich ein Geschlecht zuzuordnen? Und was sollen wir mit Göttern anfangen, die das Geschlecht wechseln, tierähnlichen Gottheiten, Gottheiten, die Tiergestalt annahmen, um zu kopulieren, oder asexuellen Göttern? Hätten die alten Kelten tatsächlich geglaubt, dass alle weiblichen Gottheiten Aspekte einer einzigen, alles umfassenden Muttergöttin gewesen wären, warum hätten sie sich dann die Mühe machen sollen, Hunderte von ihnen zu erfinden?

Wie sich herausstellt, wissen wir fast nichts über das Familien- und Sexualleben der meisten keltischen Götter. Wenn wir nach Muttergöttinnen Ausschau halten, finden wir die Matronen, und nicht einmal in Bezug auf sie stimmen die populären Vorurteile. Das Wort Matronen bedeutet Mütter. Die Matronen sind drei Frauen, üblicherweise sitzend dargestellt, die in den letzten Tagen der La Tène-Zeit populär waren und während der römischen Besatzung noch mehr. In Britannien existieren fast 60 Widmungen und Weiheinschriften für sie, davon 49 in römischen Forts oder von Angehörigen der Armeen angefertigt, von denen viele ursprünglich aus dem Rheinland stammten. In den Fussstapfen der Legionen verbreitete sich ihr Kult. Etwa 1.000 Weiheinschriften, Ikonen und Altäre für die Matronen haben überlebt; die meisten stammen aus dem 2. bis 4. Jahrhundert. Wie der Name schon sagt, handelt es sich um Muttergöttinnen. Der Ikonographie nach wäre das nicht ganz so leicht festzustellen, denn keine von ihnen zeigt Anzeichen von Schwangerschaft, und sie werden auch nicht von Kindern begleitet. Manchmal tragen sie einen Korb voller Früchte, aber das tun zahlreiche Gottheiten

in der gallo-römischen Bilderwelt. Entgegen der populären Auffassung, die stark von Robert Graves' Vision einer dreifachen Göttin beeinflusst war, stellen die Matronen nicht Jungfrau, Mutter und altes Weib dar. In den meisten Fällen sehen alle drei Frauen ziemlich gleich aus, sie haben das gleiche Alter, den gleichen Stand und das gleiche Aussehen. Es gibt viele unterschiedliche Darstellungsformen – manchmal tragen sie Roben, manchmal sind sie nackt, sie tragen Hüte, Kapuzen, unbedecktes Haar, und so weiter, aber für gewöhnlich gibt es innerhalb der Dreiergruppe keine individuellen Unterschiede. Dass sie drei Aspekte einer einzelnen Göttin sein sollen, wie Graves und seine Anhänger behaupten, wird nirgends ersichtlich. Stattdessen sollten wir uns bei den römischen Armeen bedanken, dass sie so viele Matronen erfunden haben. Es gab Matronen „aller Nationen", „von Übersee", „von Italien, Germanien, Gallien und Britannien", von kleinen Provinzen wie beispielsweise die Matronen der Sueben, der Friesen, „des Haushalts" und sogar Matronen „des Exerzierplatzes". Das klingt nicht nach einem einzigen Trio, es hört sich eher wie ein populäres Konzept an, dass an individuelle Bedürfnisse angepasst wurde.

Eine Spur von ihnen hat vielleicht in den mittelalterlichen britischen Mythen überlebt, wo man eine Madron (Mutter) findet, deren einzige Eigenschaft darin besteht, dass sie einen Sohn namens Mabon (Junge) hatte, der ihr mysteriöserweise direkt nach der Geburt geraubt und auf einer einsamen Insel gefangen gehalten wurde, als einer der drei berühmten Gefangenen Britanniens. Mabon geht vielleicht auf einen gallischen Gott namens Maponus (göttlicher Jüngling) zurück, den die Römer mit Apollon identifizierten, dem Patron der Künste und der Heilkunst. Es existiert eine Statue von ihm, die eine

Leier trägt; vielleicht erinnerst Du Dich auch von der Bleitafel von Chamalières her an seinen Namen. Ein in Hexham gefundener Altar bezeichnet ihn als Apollo Cithareodus, d. i. „der Harfner"; eine Weiheinschrift aus Ribchester bringt ihn mit der Jagd in Verbindung und zeigt ein Abbild einer Jagdgöttin. In der Geschichte von Culhwch (*Mabinogi*) taucht er kurz als Experte auf dem Gebiet der Jagd auf, der von König Arthur gebeten wird, einen monströsen, wilden Eber zu jagen. Ein anderer Mabon, mit Beinamern Vab Mellt, ist in der bardischen Poesie der Sohn des Blitzes. Wieviel er und seine alte Mutter mit ihren heidnischen Prototypen gemein haben, ist eine andere Frage.

Die Matronen sind übrigens ein gutes Beispiel für die inhärenten Probleme bei der Suche nach den Ursprüngen der keltischen Kultur. Im 19. Jahrhundert verkündeten Wissenschaftler häufig, der Fund eines Altars mit einer Weiheinschrift bedeute, dass die betreffende Gottheit an diesem Ort verehrt worden war. Fragt sich allerdings, von wem. Wurden die Matronen je von den Briten verehrt? Die erhaltenen Kultbilder waren größtenteils für hochrangige Offiziere aus dem Rheinland hergestellt worden. Man findet zahlreiche Inschriften und Altäre an den Orten, wo die Kämpfe am härtesten waren, wie zum Beispiel am Hadrianswall in Britannien oder in der Nähe des Limes, der sich durch Deutschland zieht. Die dort stationierten Legionäre hatten gute Gründe, zu den Göttern ihrer Heimat zu beten und ihnen zu opfern. Nichts ist so wirksam wie reiner Terror, damit die Leute sich der Religion zuwenden. Wenn nun römische Offiziere die Altäre dort in Auftrag gaben, wo sie stationiert waren, sind diese Gottheiten dann gerade nicht die Götter, die vor Ort verehrt wurden. Erst, wenn die Leute vor Ort den Brauch übernahmen und ihre eigenen Göt-

ter nach römischer Manier darstellen ließen, können wir davon ausgehen, dass es sich um etwas Einheimisches handelte.

Gottheit mit beschädigtem Gesicht
aus Euffigneix, Departement Haut-Marne, Frankreich, Sandstein, Höhe 26cm. In der Mitte ein Eber, an der linken Flanke (nicht dargestellt) befindet sich statt eines Arms ein großes Auge. Datiert zwischen der späten La Tène-Zeit und der Frühzeit der römischen Besatzung.

Andere Kulte

Was die Diskussion über importierte Götter angeht, so muss ich Ronald Hutton danken, der mir hilfreicherweise vorgeschlagen hat, nach Inschriften Ausschau zu halten, die nicht aus Kampfgebieten stammen (oder Rentnersiedlungen für Veteranen wie die Cotswolds), sondern nach Orten abseits der Wege. Küchenlatein oder ein Darstellungsstil, der anders als der römische ist, sind auch ein guter Hinweis für eine Verehrung vor Ort. Und da wir gerade von ungewöhnlichen Kulten sprechen, möchte ich eine Angelegenheit erwähnen, die nur selten in der Populärliteratur auftaucht. Ich meine damit die Inschrift von Botorrita, die in keltiberischer Schrift auf einer Bronzeplatte angebracht wurde. Diese Platte stammt aus einer Siedlung, die im ersten Jahrhundert vor unserer Zeit zerstört wurde. Es stehen etwa 200 Worte darauf, von denen zwei Drittel lesbar sind. Die Übersetzung von Karl Horst Schmidt, 1976 sorgte für einige Aufregung. Laut dieser Deutung haben wir es mit den drei heiligen Tempelgebäuden von Togoites und Sarnikios zu tun, zweier Gottheiten, die bis heute noch recht unbekannt sind. Ihre Namen dürften nach dem heutigen Stand der Sprachforschung (Wolfgang Meid, *Die erste Botorrita-Inschrift*, Innsbruck 1993) wahrscheinlich soviel wie Eidgott und Wiedergutmacher bedeuten.

Der Text, verunstaltet durch zahlreiche Lücken, erweist sich als eine Urkunde, welche die Nutzungsrechte des heiligen Bezirks festlegt. Dazu gehören Regeln, die Brandbeschädigung untersagen, die Gebäude und die Anlagen beschützen und die Pflichten der Benutzer festlegen, so zum Beispiel gangbare Wege auszustechen und bestimmte Abgaben in Silber zu bezahlen. Am verblüffendsten war die Passage, die Schmidt sehr vorsichtig wie folgt übersetzte:

6. er dabei ist, zu schützen, diese (Gebäude), sollen außerhalb (und) innerhalb drei Bären säugen. In

7. die Halle des Neitos sollen sie sie schicken. Da dieser, dem sie die gesäugt Habenden schicken, Bärinnen hat, da (er) des Custaix

8. Bärinnen (hat), weil er diejenigen, welche ihm gehören, entweder außerhalb oder zu Hause tötet, sollen sie jede zehnte von ihnen opfern für diesen starken (?), möge sie klein oder groß sein, (?)…, für den Sarnikios (und) die Akainakoi

10. sollen sie nicht getötet werden, für den Togoites, der Urantios oder Arandis gedeihen lassen soll/wird, sollen sie die (jede) zehnte (Bärin) opfern. Diese…

(*Zur keltiberischen Inschrift von Botorrita.* Bulletin 26, VI, Mai 1976, Übersetzung von Karl Horst Schmidt)

Was hat dieser mysteriöse Text zu bedeuten? Manche Details sind einen Kommentar wert. Es existierten mehrere Bärenkulte in der La Tène-Zeit, die sich Göttinnen und Göttern wie Artio, Matunus oder dem gallischen Mercurius Artaios widmeten. Dass gelegentlich Bären geopfert wurden, ist möglich, aber nicht wahrscheinlich, da die meisten von den Kelten geopferten Tiere domestizierte Tiere waren. Als die obige Übersetzung veröffentlicht wurde, verursachte sie eine Menge Aufregung. Die Sache mit den Bären war einfach zu schön. Inzwischen wurde die Platte gründlich gereinigt und restauriert. Eine etwas neuere Übersetzung von W. Meid (1994), der den Text nach einer neuen Studie des Originals transkribierte, beseitigt alle Romantik. In seiner Wiedergabe kommt das Bärenopfer nicht mehr vor. Was bleibt, ist ein nüchterner Text betreffend die Riten zur Bestellung sakralen Landes.

Betreffend das 'bergige' Gebiet des Togoit- und des Sarnicios wurde Folgendes verfügt als nicht erlaubt. Wer immer aber diese (Verbote) übertritt' bzw. 'wer immer aber derartige (Tätigkeiten) durchführen möchte, soll...Silber nehmen, (und zwar) hundert 'sancili'stara (Werteinheiten), um es im (Tempel des) Togoit- zu deponieren.'
Weder ist es erlaubt, dort (!) (etwas) draufzutuen, noch ist es erlaubt, (Arbeiten) zu verrichten, noch ist es erlaubt, durch 'Bruch' Schaden zu verüben.' ...

(Meid 1993: 36 und 38)

Der Text beginnt mit Verboten und mit Bussgeldern für die Übertretung der Verbote. Er fährt damit fort, dass jeder, der auf dem Gelände Kuhställe, Koppeln, ummauerte Schanzen oder kleine Hütten erbaut, verpflichtet ist, auch einen Pfad dazu anzulegen. Wer einen Pfad anlegt, ist dazu verpflichtet, alles Material innerhalb von drei Tagen (!) zu entfernen und es zum Territorium des Neitos zu bringen. Als nächstes folgen Verpflichtungen und Gebühren für das Säen und Ernten, eine Regel, dass weder umgrenztes noch offenes Land im Inneren des Gebietes oder in der Nähe von Sarnicios abgeerntet werden durfte und schließlich die Erklärung, dass die Nutzung dieses Landes für Ackerbau und Viehzucht einen Zehnt kostete.

'Dieses verkünden wir (hiermit) wahrhaft und fest, anlässlich des Festes von Togoit und Sarnicios, (ich), Ablu Ubocum, Regens der Beschlussversammlung, (und deren Mitgleder, nämlich...)', woran sich die Namensliste auf Seite B in logischer Fortsetzung anschliesst.

(Meid 1993: 73)

Auf der Rückseite der Platte sind die betreffenden Leute genannt. Jede Person wird mit dem Ausdruck *pintis* aufgeführt, vielleicht vom IE *bhendh*, was soviel bedeutet wie gebunden oder verpflichtet. Was wir aus dieser Inschrift erfahren, ist, dass die Götter Tocoit- und Sarnicios einen heiligen Platz, eine Schanze oder ein größeres Areal „besaßen" und dass dieses Land interessanterweise göttliches Eigentum war und keiner Gemeinschaft gehörte. Der Ort wurde, wenn er nicht gerade für sakrale Zwecke benutzt wurde, an die Mitglieder von fünf Gemeinschaften vermietet. Unser Text ist in einem Sinn eine Liste von Bestimmungen. Aber in einem anderen Sinn ist er mehr als ein bloßer Vertrag. Der Anlass war heilig, das Gelöbnis wurde graviert, damit es dauerhaft sichtbar war, und es wurde beim Kultfest der Götter verkündet, die es betraf. Das Fest wird *aiuisas* genannt, was eng verwandt ist mit dem Althochdeutsch, *eh-* (heiliges Gesetz), *ehwa-* (Recht, Gesetz, Ewigkeit, für immer), *e(o)haft* (gerecht, heilig) und *ehwart* – das war ein Hohepriester, ein Beschützer des Rechts, der Heiligkeit und der Tradition. Das Wort hat faszinierende Wurzeln und geht zurück auf das IE *aiw (Lebenskraft, Lebensspanne). Was lernen wir daraus noch über die Gesellschaft, Religion und Wirtschaft bei den Keltiberern? Denk darüber nach.

Göttliche Tiere

Zum Abschluß zwei weitere Themen. Eines von ihnen ist, dass viele keltische Gottheiten mit Tieren in Verbindung gebracht wurden, wie zum Beispiel Pferden, Wölfen, Ebern, Bären, Schlangen und so weiter. Man kann in den Tieren Stellvertreter bestimmter göttlicher Eigenschaften sehen, aber es ist ebensogut möglich, dass ein bestimmter Gott als das Tier selbst erscheint. In den Kultbildern finden wir das wieder. So zum Beispiel in der Statue des jungen Mannes mit Hirschbeinen, im unbekannten Gott mit einem Wildschwein an seinen Flanken, in der Bärengöttin Artio, in Verbeias Statue (sie hält zwei Schlangen) und natürlich in den vielen Tieren, die mit Göttern in Verbindung gebracht werden und auf dem wunderbaren Gundestrupkessel erscheinen. Wenn Tiere allein dargestellt werden, ist es auch möglich, dass sie eine Gottheit verkörpern. Zahlreiche Tierstatuen sind aus Gallien und anderen Ländern mit keltischer Bevölkerung auf uns gekommen. Aber noch wichtiger ist die Darstellung von Tieren auf keltischen Münzen. Wie Du vielleicht bemerkt hast, habe ich die Gelegenheit genutzt, um einige meiner

Lieblingsmünzen zu zeichnen. Du findest sie überall in diesem Buch, nicht, weil sie zum Text der Seiten passen, auf denen sie erscheinen, sondern, weil ich sie einfach zu schön finde, um sie außer Acht zu lassen. In diesen einzigartigen Münzen sieht man Vision und Phantasie vieler Künstler am Werk. Münzen waren etwas, was die Kelten während der La Tène-Zeit entwickelten. Während der großen Migrationsbewegungen verließen viele Krieger, in manchen Fällen sogar ganze Stämme, ihr regnerisches Heimatland, um in den sonnigen Ländern rund um das Mittelmeer auf Heerfahrt zu gehen. Viele zogen in den Balkan, wo sie plünderten und wüteten, bis die Armeen Philipps II. von

Epona, begleitet von Pferden und Eseln
gefunden in der römischen Festung Kapersburg, Taunus, Hessen, Deutschland

Mazedonien oder seines Sohns Alexander des Großen ihnen eine Karriere mit Zukunft anboten. Diejenigen, die Jahre später zurückkehrten, waren mit unerhörten Schätzen beladen. Unter diesen Schätzen befand sich etwas ganz Einmaliges. Winzige Scheiben aus Gold, sehr klein, aber dennoch sehr sorgfältig gemacht. Auf der einen Seite war ein Kopf im Profil zu sehen (üblicherweise der alte Philipp oder der junge Alexander mit seinem halbgöttlichen Widderhorn-Haarschnitt) und auf der anderen Seite ein Reiter oder Wagenlenker mit Pferd. Die ersten Münzen, die die Kelten herstellten, sahen fast genauso aus wie die Originale. Mit anderen Worten, es war ein Kopf darauf abgebildet, ein Reiter oder Wagenlenker mit Pferd und irgendwelche Krakelzeichen (die Inschrift). Natürlich waren diese Münzen nicht dazu gedacht, irgendetwas damit zu bezahlen. Wenn man etwas erwerben wollte, zahlte man mit Vieh, Lebensmitteln oder Stangen aus Gußeisen, die als Währung dienten. Mit letzterem Zahlungsmittel ging es am Leichtesten, da man Gußeisen je nach Preis schneiden konnte. Die ersten Münzen aus Gallien und Südgermanien hatten eher etwas von Talismanen – wertvolle Geschenke von großen Häuptlingen, um ihre Krieger bei Laune zu halten, oder nützliche Opfergaben, die oft in Tempelbezirken verstreut oder vergraben wurden. Sie waren etwas, was man den Göttern anbieten konnte. Die keltische Münzherstellung begann also langsam im 4. Jahrhundert vor unserer Zeit und blühte bereits im 2. Jahrhundert. Zu dieser Zeit waren die meisten Designs sehr originell und völlig keltisch geworden. Sieh Dir die Bilder einmal genau an. Stell sie (oder Dich) auch mal auf den Kopf. Keltische Kunst ist vieldeutig und hat viele Bedeutungsebenen. Manches sieht man nur, wenn man es herumdreht. Oder, wenn man

aufhört zu denken und in völligem Schweigen die pulsierenden Linien betrachtet. Es liegt viel Magie in diesen winzigen Bildern. Sie können zu so vielen Zwecken verwendet werden, dass ich nicht verstehe, weshalb sie nicht häufiger auf heidnischen Schmuckstücken, bemalten Trommelfellen, Meditationsmandalas, T-Shirts, trendigen Tattoos oder Wahrsagekarten auftauchen. Sieh sie mit Deiner Seele an. Sie sind wie Pentakel der Evokation. Du kannst die Geister mit diesen Bildern wecken.

Kopfkulte

Das andere Thema, mit dem wir uns noch beschäftigen sollten, ist der sogenannte Kopfkult. Ob es tatsächlich ein spezifischer Kult war oder ob Köpfe einfach ein grundlegendes Element verschiedener Religionen sind, steht zur Debatte. Viele keltische Völker waren begeisterte Kopfjäger. Die klassischen Autoren wiesen ausgiebig darauf hin, wohl hauptsächlich, weil sie es nicht verstanden. Kopfjagd folgt nicht überall auf der Erde den gleichen Gesetzen, daher sollten wir uns hüten, das alte Europa aus dem Blickwinkel eines Schrumpfkopfherstellers aus dem Amazonasgebiet zu interpretieren.

Was genau hinter den keltischen Kopfjagden steckte, ist schwer zu sagen. Griechische Händler waren laut Diodorus und Strabo sehr verblüfft, zu sehen, dass adlige gallische Krieger einbalsamierte Köpfe in Holzkisten aufbewahrten, und als sie für diese schaurigen Souvenirs gutes Geld boten, waren sie noch verblüffter, zu erfahren, dass sich ihre Besitzer für keinen Preis von ihnen trennen wollten. Archäologisches Beweismaterial stützt diese These. Die berühmtesten Schädel findet man in den Tempeln von Roquepertuse und Entremont. Ersterer hatte ein von einem Raubvogel gekröntes Portal, obgleich manche Autoritäten ihn für einen Wasservogel halten. Darunter befand sich eine Reihe von Nischen, die menschliche Schädel beherbergten. Laut Ann Ross stammten sie alle von Männern, keiner im Alter über 40. Im letzteren waren die Köpfe grob aus Stein gehauen. Beide Traditionen können in vielen Fällen zurückverfolgt werden. Abbilder von Köpfen schmückten viele Kultplätze, Schreine und Wälle und gelegentlich sogar mittelalterliche Kirchen. Man findet Köpfe auf Kultgegenständen, Dolchgriffen, Kesseln und Trinkgefäßen. Köpfe waren bei den Kelten so populär, dass Ann Ross sie *zum keltischen religiösen Symbol par excellence* erklärte. Oft sehen die Köpfe sehr primitiv aus. Es ist schwer zu glauben, dass die hervorragenden Handwerker der La Tène-Zeit nichts Besseres hätten anfertigen können. Wenn die Köpfe rudimentär, ungestalt oder völlig entstellt waren, muss das Absicht gewesen sein. Ein Kopf war ein Kopf – das funktionierte immer.

Ob diese Köpfe eine apotropäische Funktion hatten oder ob sie Ahnen, erschlagene Feinde oder gar Götter darstellten, kann man nicht sagen. Die Kelten haben keine Aufzeichnungen darüber hinterlassen, was man mit Köpfen anfangen kann. Wenn wir uns die echten Schädel ansehen, die sie hinterlassen haben, wird es sogar noch verzwickter. Stell Dir vor, wie die schlachtenmüden Krieger zu ihrer Gemeinschaft zurückkehren, blutüberströmte Köpfe baumeln von ihren Sätteln, und mit Fliegen bedecktes Aas steckt auf den Spitzen ihrer Lanzen. So mancher irische Mythos stellt die Kopfjagd als schöne Kunst und netten Zeitvertreib für echte Männer dar. Echte Männer scheinen dann auch verblüffend wenige Freunde zu haben. Wie Conall so stolz verkündet, als er das Heldenrecht beansprucht, ein Schwein zu zerlegen (*Die Geschichte von Mac Da Thos Schwein*, Übers. Gantz):

„Ich schwöre bei dem, auf was mein Stamm schwört: Seit ich zum ersten Mal den Speer in die Hand nahm, ist kein Tag vergangen, ohne dass ich einen Krieger aus Connacht getötet habe, keine einzige Nacht, in der ich nicht Brände gelegt habe, und niemals habe ich geschlafen ohne einen Connachta-Kopf unter meinem Knie."

„Du bist ein besserer Krieger als ich, das ist wahr" erwiderte Cet. „Wäre Anluan hier, er würde Dir eine größere Herausforderung bieten. Es ist unser Unglück, dass er nicht im Haus ist."

„Oh, aber das ist er doch", sprach Conall, und er zog Anluans Kopf aus seinem Beutel und warf ihn Cet gegen die Brust, so dass eine Mundvoll Blut über die Lippen spritzte.

Falls Du Dir je die Kelten als romantisch vorgestellt hast, denk an diesen Kopf. Es überrascht kaum, dass Joyce auf derartige Geschichten über hirnlose Heldentaten mit einem epischen Roman über normale Leute reagierte, die einen ganz und gar unheroischen Tag hatten. Ich zweifle zwar daran, dass alle Kelten derartig einfältige Gemetzel genossen, aber das Faktum bleibt, dass Köpfe etwas Besonderes waren. Irische Geschichten berichten, dass Köpfe von Feinden enden konnten, indem man sie am Spiess räucherte oder auf einer Stange in den Misthaufen steckte.

Andererseits wurden viele Köpfe verehrt. Wie uns Livius berichtet, wurde der Kopf eines vielversprechenden römischen Staatsmanns in ein sehr geschätztes Trinkgefäß verwandelt und von den Boiern um das Jahr 216 vor unserer Zeit in einem Schrein aufbewahrt. Ein Altar aus Apt, der mit dem Namen des Mars und einer Anzahl seiner keltischen Anhänger versehen war, thronte oberhalb einer Sammlung von acht bis neun Menschenschädeln. Die einfachste Erklärung

ist nun, dass die Köpfe von Feinden in diesen Tempeln als Trophäen verehrt wurden.
Natürlich kann man genauso gut annehmen, dass die Köpfe der Priesterschaft auf
diese Weise aufbewahrt wurden, oder dass
es sich um eine Sammlung besonderer Helden handelte, die hier ausgestellt wurden.

Wenn der Kopf tatsächlich der Sitz der
Seele ist, wie einige Kelten geglaubt zu ha-
ben scheinen, dann ist es vielleicht sogar eine
Ehre, wenn Dein Kopf unter dem Altar auf-

bewahrt wird. Es ist schwieriger zu verstehen,
wenn man sich die Schriften der römischen
Autoren ansieht, die behaupten, dass die
Völker Galliens an eine Reinkarnation glaubten. Mit welcher Art von anderem Leben
oder Wiedergeburt darfst Du rechnen, wenn
Dein Kopf an einem Ehrenplatz ruht oder bei
irgendwem im Klo verwest! Das führt uns
zum nächsten Schritt unserer Reise. Wer waren die Priester der keltischen Religion!

3. Druidische Träume

Das Gute an Druiden ist, dass wir genauestens über sie Bescheid wissen. Auch die romantisierenden Historiker der letzten Jahrhunderte und die mittelalterlichen Barden wussten alles, was es über sie zu wissen gab, und natürlich wussten die Römer noch viel mehr über sie als irgendjemand sonst. Jeder weiß Bescheid über die druidischen Druiden, und das ist der Grund, weshalb eigentlich kaum jemand eine Ahnung hat, worum es beim Druidentum eigentlich ging. Es ist auch der Hauptgrund, weshalb Druiden in der Fantasy-Literatur und in der New-Age-Bewegung so populär sind. Ein Thema, das jeder irgendwie kennt, eignet sich ausgesprochen gut für die Vermarktung. Auf unklare und sehr umstrittene Weise haben die Druiden eine gewisse Verbindung zu den britischen Barden und den irischen Filid. Die ursprüngliche druidische Magie hat leider nur wenig Spuren hinterlassen, aber wir besitzen Material über die Magie der Barden und Poeten. Diese Situation hat eine Anzahl von Forschern dazu verführt, Barden und Poeten für verkappte Druiden zu halten und voluminöse Bücher zu verfassen, die eigentlich Sammlungen mittelalterlicher Bardentexte sind, die man als altertümliches Material ausgibt. Ich persönlich finde Barden und Poeten viel interessanter als Druiden. Trotzdem kann ich sie in diesem Buch nicht außer Acht lassen. Das ist bedauerlich, denn im Gegensatz zu allen anderen weiß ich nicht alles über die historischen Druiden und würde es vorziehen, das Thema beiseite zu lassen. Die mythischen Druiden sind viel interessanter.

In den Liedern der mittelalterlichen Barden tauchen gelegentlich Hinweise auf Druiden auf. Für gewöhnlich sind diese Hinweise kurz und nicht allzu aussagekräftig, da die Barden, die diese Lieder verfassten, möglicherweise davon ausgingen, dass ihr Publikum schon gut über die Druiden Bescheid wusste - vielleicht aber auch nicht. Oder vielleicht fühlten sich auch die Barden bei diesem Thema nicht allzu sicher, und wie wir später noch sehen werden, stimmten die Vorstellungen über Druiden, auf die die Barden anspielten, nicht vollständig mit den Berichten über die tatsächlichen Aktivitäten der Druiden der vorrömischen Periode überein. Das klingt verwirrend und ist es auch. Speziell das Buch Taliesin ist voll von solchen Dingen. Betrachten wir einige von ihnen, ehe wir uns ins Unbekannte vorwagen in einem Versuch, festzustellen, wie das Druidentum ursprünglich ausgesehen haben könnte. Hier einige der Bruchstücke aus Taliesins poetischer Schatztruhe. Ich gebe sie ohne den Kontext wieder, da auch im Original nur wenig Zusammenhängendes daran ist. Die meisten Lieder, die Taliesin zugeschrieben werden, sind wirr, zusammenhanglos oder vielleicht auch nur wegen zu vieler Fehler beim Kopieren der Texte unverständlich geworden. Man gewöhnt sich daran. Eine Folge davon ist allerdings, dass von Zeit zu Zeit mysteriöse Personen, Vorfälle und Phänomene ohne Vorwarnung auftauchen, die nicht allzuviel mit dem Rest des Liedes zu tun haben zu scheinen. Das gilt ganz besonders für Druiden.

Der Nutzen der Welt ist gering,
die Wärme der Sonne geht verloren.
Der Druide wird prophezeien
was gewesen ist, wird wieder sein.
Himmel von Geirionydd,
ich würde mit dir ziehen,
traurig wie der Abend,
in die verborgenen Winkel der Berge…
Für mich wird es einen Richter geben, frei
von Vorurteilen,
frei von bösem Willen,
die Seher prophezeien,
im Lande der Verlorenen.
Druiden prophezeien,
jenseits des Meeres, jenseits der Briten.
    (BvT 52, *Das Lob von Lludd dem Großen*)

Ihr weisen Druiden,
verkündet Arthur,
was zuvor geschah.
    (BvT 8)

Gesprächig ist der bevorzugte Redner
von Königen im reichen Kreis des guten
Mets.
Wie die Sonne, die warme Lebensspen-
derin des Sommers,
lasst ihn den größten Gesang anstim-
men.
Ich werde das weise Lied singen, das Lied
der Heerschar der Harmonie,
sie werden sein, du wirst ein Druide
im Sommer sein, mit der Erscheinung des
Sohnes
von Leenawg, mit einer wehenden,
männlichen Robe.
Licht, eine Robe des Lichtes, Dampf der
Hitze, Hitze des Dampfes.
Während es aufstieg, wurde es ohne
Schande (im inneren) bewahrt.
    (BvT38)

Druiden wahrsagen, welche großen Dinge geschehen werden.
    (BvT6.)

Glorreich, der Schutz des Drachen für die
britischen Völker.
Herr der Heerscharen, Ehrerbieter von
geharnischten Männern.
Tief, die göttliche Prophezeiung der Druiden.
    (BvT 53)

Ich bin ein Künstler,
ich bin ein leuchtender Sänger.
Ich bin Stahl, ich bin ein Druide (Zaunkönig),
ich bin ein Seher, ich bin ein Kunstschaffender.
Ich bin eine Schlange, ich bin Liebe (Begierde),
ich bin unersättlich bei Festlichkeiten.
    (BvT 3, *Buarth Beird, Die Gemeinschaft der*
    Barden)

Lasst ihn Wärme erzeugen,
über einem Kessel von fünf Bäumen,
und dem (Gesangs-)Fluss von Gwiawn,
und dem Einfluss guten Wetters,
und Honig und Klee,
und berauschende Methörner.
Erfreulich für den Drachen-Herrscher,
die Gabe der Druiden.
    (BvT 13)

Der Entwickler jeder Erhöhung vor den
Druiden.
Nudris kannten sie nicht, ein sanfter An-
blick, Mabon zu sehen.
    (BvT24 *Der Stab Moses*)

Wie man sieht, gibt es jede Menge unverständliche Hinweise auf Druiden, die überall im *Buch Taliesin* verstreut sind. Sie sagen nicht wirklich etwas über Druiden aus, aber wir können auch kaum erwarten, dass die Barden um das 11. Jahrhundert herum besonders gut informiert waren über eine Priesterschaft, die vor tausend Jahren gewaltsam ausgemerzt worden war. Dennoch deutet die Häufigkeit ihrer Erwähnung darauf hin, dass ihr Ruf überdauert hatte. In Taliesins Liedern, soweit man das anhand dieser Zeilen sagen kann, fungieren die Druiden im Wesentlichen als Propheten, Wahrsager und Hüter alten und obskuren Wissens. Sie brauen auch den goldenen Met, der Könige und adlige Krieger berauscht, also die Personen, die sich ein solch teures Getränk leisten können.

Was hältst Du von dem Hinweis, der die Druiden mit einem Gewand aus Hitze in Verbindung bringt? Es wäre verlockend, das mit bestimmten Formen von Wärme generierender Yoga in Verbindung zu bringen. Der tibetanische gTummo-Ritus zeigt, dass es selbst in unserer Zeit Leute gibt, die extreme Kälte aushalten können, indem sie in einen Trancezustand gehen, der durch fein abgestimmte Atemübungen und luzide Imagination massive Hitze generiert. Ein paar vage Hinweise in der mittelalterlichen Literatur von Wales zeigen, dass diese Vorstellung in Britannien existierte, wenn nicht gar eine ähnliche Praxis. Darf ich König Arthurs älteren Ziehbruder Cei erwähnen, dessen Haut so heiss war, dass Regen über ihm verdampfte? Und wie wäre es hiermit: *Und ich schickte mich an, im Meer zu schwimmen, bis ich zur Insel der nackten Mönche kam, und dort erlernte der Ritter von der Laterne zuerst sein Druidentum. Und grobe, splitternackte Leute waren sie, denn weder Wind noch Kälte, weder Sonne noch Regen störte*

sie. Dieses Stückchen Prosa stammt aus einer spätmittelalterlichen Romanze namens *Der Hund mit den gestutzten Ohren*. Wie man sieht, waren manche Leute im wilden gälischen Westen offenbar imstande, ein Kleid aus Hitze zu tragen. Ob das Erzeugen von Körperwärme wohl Teil druidischer Magie war? Wir werden es wohl nie genau wissen. Und zu guter Letzt ein weiterer kurzer Hinweis aus den *vier alten Büchern von Wales*:

Oft ist es zu Allerheiligen, dass die Heidekrautspitzen graubraun sind,
hoch schäumt die Woge der See, kurz ist der Tag:-
Druide, was ist dein Rat?

(SBvC 30)

Solche Andeutungen geben natürlich viel Anlass zu Spekulationen. Eine Anzahl romantisch veranlagter Autoren, darunter Lewis Morris, William Owen Pugh, Edward Williams, Reverend Edward Davies und Algernon Herbert postulierten, die bardische Poesie Nordbritanniens und Wales' enthalte – in verschleierter Form – etwas von der verloren gegangenen Weisheit der Druiden. Das war eine faszinierende, stimulierende Hypothese, wenn auch schwer zu beweisen, da so wenig bekannt ist über die tatsächliche druidische Weisheit. Mangel an Beweisen hat aber noch nie einen romantischen Geist von irgendetwas abgehalten. Wenn Menschen nach anbetungswürdigen Teilen uralter Weisheit gieren, finden sie sie auch, selbst wenn sie sie persönlich erfinden müssen.

Das 19. Jahrhundert war ein Höhepunkt des Erfindens uralter Weisheiten. Außer den Leuten, die das Druidentum neu erfanden, indem sie Seltsames mit mittelalterlicher Poesie anstellten, gab es zahlreiche andere, die gern beweisen wollten, dass das Druidentum in Wirklichkeit eine frühe Form des Hinduismus, Buddhismus, Christentums, Odinismus oder etwas Ähnliches gewesen sei. Viele Schriftsteller waren Teil dieser Bewegung und manche von ihnen, wie beispielsweise Williams, Davies und Herbert, arrangierten die alten bardischen Lieder im *Buch Taliesin* neu und übersetzten sie tendenziös, um ihren persönlichen Standpunkt zu bekräftigen. Williams und Pugh fügten sogar (in bester Absicht) selbst verfasste Zeilen hinzu, was man nur als bewusste Fälschung bezeichnen kann. Als Lady Guest dann ganz unschuldig einige dieser manipulierten Verse in ihre klassische Übersetzung des *Mabinogi* aufnahm, war der Schaden schon angerichtet. Ein derartiger Ausbruch kreativer Geschichtsschreibung konnte nicht vor sich gehen, ohne eine ähnlich drastische Gegenreaktion hervorzurufen. Als Nash die erste nüchterne Übersetzung der Taliesin-Lieder herausbrachte (1858), wies er ausdrücklich darauf hin, dass er jeglichen druidischen Mysterien, die angeblich in dem Text verborgen seien, mit äußerster Skepsis gegenüberstehe. Skene veröffentlichte 1868 eine noch vorsichtigere Wiedergabe der *Four Ancient Books of Wales,* die keinen Romantiker glücklich machte, da sie mehr Fragen aufwarf als beantwortete. Eine so nüchterne Wiedergabe wurde zwar dringend benötigt, sie hielt aber die romantische Bewegung trotzdem nicht davon ab, die Druiden zu erfinden, die sie sich wünschte.

An diesem Punkt lassen wir die Frage hinter uns, wer die Druiden wirklich waren, und betreten das Feld der Politik. Im 19. Jahrhundert war die Geschichtswissenschaft nicht sehr hoch entwickelt, und die Archäologie war noch ganz am Anfang. Als Gelehrte herauszufinden versuchten, wie die alten Völker Nordeuropas wirklich gewesen waren, taten sie das, indem sie lasen, was die griechischen und römischen Autoren der Antike zu dem Thema geschrieben hatten. Das war sicher besser als völlige Unwissenheit, aber es führte zu einer stark mit Vorurteilen behafteten Einstellung. Nur wenige klassische Autoren waren tatsächlich nördlich der Alpen gewesen, und von den wenigen, die es waren, machten sich nicht viele etwas aus Ethnologie, sondern hatten vielmehr ein Interesse daran, ihre Leser aus verschiedensten Gründen zu täuschen. Die Primärquelle für die Bedingungen im vorrömischen Gallien war Julius Cäsar, ein brillianter Stratege, aber fragwürdiger Ethnograph, der ein beträchtliches Interesse daran hatte, die Fakten zu verzerren, um seine Eroberung Galliens in den Augen des Senats und der Steuerzahler legitim erscheinen zu lassen.

Den Wissenschaftlern des 19. Jahrhunderts war klar, dass sie sich nicht einfach auf alles verlassen konnten, was in ferner Vergangenheit niedergeschrieben worden war, aber da ihnen eine funktionelle Archäologie fehlte, konnten sie keine unabhängigen Überprüfungen alter Geschichten durchführen. Trotz dieser Schwierigkeiten taten sie ihr Bestes. Leute, die Fragen stellen, wollen Antworten, vorzugsweise einfache, und diese Gelehrten taten ihr Bestes, um sie zu beantworten. Manche von den Fabeln, die sie erfanden, kursieren noch heute. Allerdings nicht so sehr unter Historikern oder Archäologen, sondern in populären Büchern, Filmen, Fernsehprogrammen und ganz massiv in den neuheidnischen Religionen und der New-Age-Bewegung. Wenn wir etwas über die Natur des Druidentums und der keltischen Religionen erfahren wollen, müssen wir die verschiedenen Mythen, die in den letzten zwei Jahrhunderten erfunden wurden, vergessen.

Druiden in der klassischen Zeit

Wie das Druidentum entstand, wo und wie es sich entwickelte und wozu es gut war, sind Fragen, die wir getrost vergessen können, da niemand die Antwort darauf kennt. Unsere ersten Hinweise auf Druiden stammen aus den Federn einer Anzahl von griechischen und römischen Schriftstellern. Einige wenige von ihnen lebten zur Zeit des Niedergangs des Druidentums, aber die meisten von ihnen lebten in einer Zeit, nachdem das römische Imperium das Druidentum verboten hatte. Dennoch handelt es sich um die einzigen Quellen, die in etwa zeitgleich über das Druidentum berichten. Das bedeutet aber nicht, dass wir ihnen vorbehaltlos trauen dürfen. Die Römer hatten keine besondere Sympathie für die Druiden und gute Gründe, hässliche Lügen über sie zu verbreiten. Die Druiden hätten ihrerseits vielleicht allerhand Hässliches über die Römer zu berichten gewusst, aber sie gehörten zur Verliererseite und schrieben keine Bücher, und so sind ihre Proteste dem Vergessen anheim gefallen. Die Römer sind zwar keine glaubwürdigen Zeugen, aber sie schrieben wenigstens einige Passagen zu dem Thema. Ohne ihre Berichte wüssten wir kaum, dass Druiden überhaupt existiert haben.

Laut **Diogenes Laertius** hatten die berühmten Autoren Aristoteles und Sotion Druiden in Büchern erwähnt, die die Zeiten nicht überdauert haben. In Bezug auf sie schrieb Diogenes in seinem *Leben der Philosophen*, dass die Kelten und die Galater über Seher verfügten, die sie als Druiden und Semnotheoi (ein Wort mit ungewisser Bedeutung, das vielleicht „verehrte Götter" bedeutet) bezeichneten. Diese Seher verkündeten ihre Prophezeiungen in Form von Rätseln und dunklen Aussprüchen und lehrten, *dass die Götter verehrt werden müssen, nichts Böses getan werden darf und mannhaftes Verhalten gepflegt werden muss.*

Obwohl Diogenes im 3. Jahrhundert unserer Zeit schrieb, stammen seine Quellen immerhin aus dem 2. Jahrhundert vor unserer Zeit, was seine beiläufige Bemerkung zum ältesten Hinweis auf Druiden macht, von dem wir wissen.

Als nächstes in der chronologischen Reihenfolge kommen die Schriften von **Gaius Julius Cäsar**, der die längsten Passagen über Druiden schrieb, die überlebt haben. Seine Beschreibungen sind zu lang, um hier in voller Länge wiedergegeben zu werden, daher empfehle ich, dass Du Dir eine Ausgabe seines Buches *De Bello Gallico* besorgst und liest. Die meisten Bemerkungen über die Druiden und die Religionen der Gallier stehen im sechsten Buch, aber es hilft auch, wenn man die anderen liest, da man dadurch eine Vorstellung vom kulturellen Kontext und der Person bekommt, die den Text geschrieben hat. Trotz seiner unmenschlichen Grausamkeit kultivierte der Autor einen lockeren, unterhaltsamen Stil. Will man Julius Cäsar verstehen, muss man sich vor Augen halten, dass er Angehöriger einer adligen, aber verarmten Familie war, dass er außerordentlich schlau war und dass sein politischer Ehrgeiz praktisch keine Grenzen kannte. Durch diverse Intrigen erreichte er es, dass er zum Statthalter wurde, der für Kleingallien verantwortlich war, eine römische Provinz, die Teile Norditaliens und der Alpen umfasste. Die Einkünfte dieser Provinz reichten kaum für Gaius Julius' finanzielle Bedürfnisse aus, weshalb es ihm rasch gelang, einen guten, moralisch gerechtfertigten Grund zu finden, in Gallien selbst einzufallen, das bis dahin ein freies Land gewesen war.

In den folgenden Jahren eroberte und besetzte er nach und nach ganz Gallien sowie kurzzeitig Südbritannien und häufte immense Reichtümer aus geplünderten Städten und blühendem Sklavenhandel an, bis er genug

Mehrere Blickwinkel:
doppelgesichtige Gottheiten

Oben links: Münze der Mediomatriker. Münzen mit Janusköpfen wurden zuerst aus Rom importiert, aber einige gallische Stämme stellten sie selbst her, da die Idee mit ihrem Glauben übereinstimmte. **Oben rechts:** Goldener Fingerring aus Rodenbach mit doppeltem Gesicht. **Unten:** Doppelgesicht mit dem Schnabel eines Wasservogels (!) oder Überrest einer Blätterkrone, ursprünglich Säulenkapitell im Tempel von Roquepertuse.

finanzielle und militärische Unterstützung besaß, um nach Rom zurückzukehren, die Republik zu stürzen und sich selbst zum ersten der Cäsaren zu machen. Dazu hatte er mit viel Widerstand in Gallien zu kämpfen, aber noch mehr mit dem römischen Senat, der nicht besonders glücklich darüber war, dass Gaius Julius Steuern verschwendete, um ein Land zu besetzen, das barbarisch zu sein und für das römische Volk wenig Wert zu haben schien.

Cäsar sah die Druiden als politisches Problem an. In der Mitte des ersten Jahrhunderts vor unserer Zeit waren die Druiden, wenn man seinem Bericht trauen darf, eine Kaste. Cäsar schrieb, die Gesellschaft Galliens teile sich in drei Kasten. Während das gemeine Volk, wie er es ausdrückte, „fast wie Sklaven" behandelt wurde, hatten die Druiden so große Macht und Privilegien, dass sie keine Steuern zahlen und keinen Kriegsdienst leisten mussten. Diese Druiden mögen Philosophen und Priester gewesen sein, aber was Cäsar wirklich Sorgen machte, war ihre Funktion als Gesetzgeber, Richter, Ärzte und Gelehrte. Sie vollzogen öffentliche und private Opfer, erzogen die jungen Adligen, sprachen Recht und berieten die Herrscher. Das macht es wahrscheinlich, dass das Gallien der Tage Cäsars eine theokratische Gesellschaft war und die Druiden ihre inoffiziellen Herrscher. Menschen, die ein Opfer darbringen wollten, taten das durch einen Druiden, der als Vermittler zwischen den Göttern und der Bevölkerung diente.

Cäsar berichtet uns, dass die Druiden Galliens unter der Herrschaft eines Erzdruiden standen und dass alle gallischen Druiden sich einmal im Jahr im Zentrum Galliens zu versammeln pflegten, im Land der Karnuten, in einer geweihten Konklave (einige moderne Forscher glauben, dass es sich dabei um Chartres gehandelt haben könnte). Vielleicht sollten wir diese Idee einmal kritisch untersuchen.

Als Cäsar kam, um Gallien zu erobern (59 – 49 vor unserer Zeit) fand er das Land nicht als geeinte Nation vor, sondern als ein Konglomerat unterschiedlicher Stämme, von denen die meisten nicht auf gutem Fuß mit ihren Nachbarn standen. Das ist sehr typisch für die keltischen Völker – dass es ihnen nie gelungen war, einen zentralistisch orientierten Staat oder eine einheitliche Religion zu entwickeln. Diese Stämme hatten ähnliche Sprachen (zumindest einige von ihnen) und sahen auch einigermaßen ähnlich aus (in den Augen der römischen Eroberer jedenfalls), aber sie verehrten nicht alle die gleichen Götter. Um seinem römischen Publikum die Sache zu erleichtern, behauptete Cäsar, die gallischen Völker würden alle von einer mysteriösen Ahnengottheit namens Dis abstammen (das ist ein römischer Ausdruck für den Gott des Todes und der Unterwelt) und das übliche römische Pantheon verehren – Merkur, Apollo, Mars, Jupiter und Minerva. Natürlich waren das nicht die Namen, unter denen die Völker Galliens ihre Götter verehrten. Cäsar in seiner Arroganz machte sich nicht die Mühe, die lokalen Gottheiten richtig darzustellen, sondern gab einfach ihre römischen Entsprechungen an. Er war nicht der einzige Autor, der dies tat. Wer kümmerte sich denn überhaupt um die barbarischen Götter einer fremden Kultur!

Archäologische Forschungen haben Hinweise auf fast vierhundert verschiedene Gottheiten im Gallien der Antike erbracht, was ganz klar zeigt, dass Cäsars Bericht trotz seiner guten Lesbarkeit etwas zu simpel gefasst war, um wahr zu sein. Einige waren Stammesgottheiten oder Götter, denen bestimmte Funktionen zugeordnet wurden, andere wurden stark mit bestimmten Flüssen, Bergen, Wäldern oder Stammesland in Verbindung gebracht und waren daher kaum von Bedeutung für Stämme, die in anderen Teilen des Landes siedelten. Religion war in Gallien wie in den anderen Ländern, die lose als „die keltische Welt" bezeichnet werden, eine hoch komplizierte Angelegenheit. Genauso war auch Gallien nicht einfach in drei Teile geteilt, wie Cäsar behauptete, um die politische Situation verständlicher zu gestalten. Josephus, der Historiker, der über die jüdische Revolte im ersten Jahrhundert nach Christus schrieb, bezeichnete Gallien als die Milchkuh des römischen Imperiums, es würde aus mehr als dreihundert Stämmen bestehen, die von einer einzigen Legion beherrscht wurden. Dass das möglich war und dass Cäsar mit seiner ursprünglichen Streitmacht von nur einer Legion sich erfolgreich an die Eroberung Galliens wagen konnte, ist ein guter Beweis dafür, dass Gallien zu seiner Zeit keine nennenswerte politische Einheit bildete. Wie er behauptete, wurde Cäsar wiederholt um römische Unterstützung eines gallischen Stammes gegen den anderen gebeten. Der zukünftige Imperator tat das natürlich nur zu gern, hauptsächlich deshalb, weil jeder Stamm, der um seine Hilfe bat, eine Menge Soldaten und Vorräte zu liefern hatte, während jeder Stamm, der sich der römischen Armee entgegenstellte,

schon bald auf dem Weg zum Sklavenmarkt war. Das und die großzügigen Mengen an Gold, die offen in den Tempeln herumlagen (Diodor übertreibt – gallisches Gold sah gut aus, beschränkte sich aber oft auf einen hauchdünnen Überzug) waren ausreichende Gewinne, um Cäsars zukünftige Karriere zu finanzieren.

Es stellte sich als höchst effiziente Strategie heraus, Kelten gegen andere Kelten kämpfen zu lassen. Und nun bedenke bitte, wieviel Kontrolle die Druiden über die Bevölkerung hatten, und an die Behauptung, alle Druiden hätten unter der Kontrolle eines Erzdruiden gestanden. Hätte eine Politik nach dem Prinzip „teile und herrsche" funktioniert, wenn so etwas wie ein Zentralrat der Druiden existiert hätte! Wie hätte so ein Rat wohl über Stämme gedacht, die den römischen Eroberer in das Land einluden, um die eigenen Nachbarn loszuwerden! Wenn dieser Rat existierte, und wenn er tatsächlich so mächtig war, wie Cäsar behauptete, warum ließ er dann überhaupt zu, dass so eine Eroberung stattfand! Aber fahren wir mit dieser seltsamen Geschichte fort.

Cäsar behauptete, vor der Eroberung hätten mehrere gallische Fürsten versucht, die Oberherrschaft über alle Stämme zu erringen. Der Bruder eines dieser Adligen, ein

---

Mnas Brictas: Magiebegabte Frauen

Oben links: Silberne Figur vom Krater von Vix, späte Hallstattzeit.

Oben rechts: Bild von einem Bronzeeimer, Váce, Jugoslawien.

Unten links: Kelto-iberische Bronzefigur, ein populärer Import aus Spanien, gefunden in Aust-on-Severn, Glos., England.

Unten Mitte: Tänzerin, Bronzefigur aus einer Serie neun nackter Tänzer beiderlei Geschlechts (sowie ein Hirsch, ein Pferd und drei wilde Eber) die an den Ufern der Loire bei Neuvy-en-Sullias vergraben gefunden wurden, in der Nähe von Orléans, Frankreich, nahe dem Kultplatz Fleury. Ungewisses Alter.

Unten rechts: Mysteriöse Statue einer Frau mit Schlange (ihre Genitalien sind das Schlangenei), Oo-Tal, Frankreich. Die Datierung ist umstritten, frühe Hallstattzeit oder frühmittelalterliche Periode (Eva und die Schlange!) sind möglich.

gewisser Diviciacus (oder Divitciacus) wurde ein enger Freund Cäsars und tat viel für die Stärkung der Römerherrschaft in Gallien. Er könnte für uns von Interesse sein, da Cäsar sein Wissen über das Druidentum und die gallischen Religionen möglicherweise von ihm hatte. Cäsar hatte nichts für Druiden übrig. Zum einen waren sie ein politisches Ärgernis. Und zum anderen, so schrieb er, hatten die Druiden eine Anzahl widerlicher Methoden für Menschenopfer aus religiösen Gründen. Das Rom zur Zeit Cäsars hatte nichts mehr für Menschenopfer übrig, daher hatten blutrünstige, von Druiden durchgeführte Opfer einen hohen Wert für die Propaganda und bewiesen ein für alle Mal, wie barbarisch diese Priesterkaste war. Nimm bitte zur Kenntnis, dass Cäsar keinerlei Skrupel hatte, ganze Stämme in die Sklaverei zu verkaufen, und die römischen Bürger, die sich angeekelt von Menschenopfern abwandten, gewalttätige Zirkusspiele über alles liebten, bei denen pro Festtag Hunderte bis Tausende von Menschen ums Leben kamen.

Wie auch immer, Cäsar schrieb, die Druiden würden widerliche Dinge aus religiösen Gründen tun (anders als die Römer, die sie aus zivilisierten Gründen taten, wie zum Beispiel Profit und Unterhaltung). Er erwähnte nie, dass der Adlige Diviciacus, sein guter Freund, auch Druide war. Dieses kleine Detail wurde von Cicero festgehalten, der Diviciacus in Rom traf. Offenbar konnte der Druide, denn so nannte Cicero ihn, Vorhersagen treffen, die auf Omen und Schlussfolgerungen beruhten. Indem er Cäsar und die römische Armee in sein Land ließ, hatte Diviciacus nicht nur die Karriere seines Bruders Dumnorix ruiniert, sondern war auch verantwortlich für die Einigung Galliens unter römischer Herrschaft. Das sieht nicht nach einem Druiden aus, der auf Befehl eines pangallischen Druidenrates agierte. Es bringt auch die Frage auf, ob der Rat überhaupt existierte.

Und ich frage mich, an welche Art von Ethik Diviciacus eigentlich glaubte, da die Eroberung Galliens etwa 60.000 Leute das Leben gekostet hatte. Sei es, wie es sei, Cäsar bietet einen Einblick in die spirituellen Vorstellungen der Druiden. Er behauptete, dass die Ausbildung eines Druiden bis zu zwanzig Jahre dauern konnte, wobei er die meiste Zeit mit dem Auswendiglernen von Wissen in der Gestalt von Versen verbrachte. Wie er schrieb, waren die Druiden nicht damit einverstanden, wichtiges Wissen niederzuschreiben, obwohl die Gallier für weniger wichtige Angelegenheiten von etwas Gebrauch machten, was für Cäsar wie das griechische Alphabet aussah. Er zeichnete auch auf, dass die Druiden Galliens häufig nach Britannien reisten, um eine gute Ausbildung zu erhalten. Abgesehen davon, dass sie über die Sterne, Kalender und die Natur des Universums diskutierten, glaubten die Druiden auch daran, *dass die Seelen nicht sterben, sondern nach dem Tod auf jemand anders übergehen.* Seiner Meinung nach handelte es sich bei diesem Glauben um eine nützliche Motivationsstrategie, um furchtlose Krieger heranzuziehen. Trotz all seiner Schwächen ist Cäsars Bericht die detaillierteste Beschreibung der Druiden, die existiert. Sie hebt die politischen Funktionen der gallischen Druiden hervor und hält ihre religiöse Funktion im Hintergrund. Die gallischen Druiden, mit ihrem Monopol auf Wissen, Religion, Recht, Wissenschaft, Medizin und Bildung, waren ganz klar ein Problem im Hinblick auf die Herrschaft über das Land.

Eine Anzahl Gelehrter im 18. und 19. Jahrhunderts ging davon aus, es würde sich bei Cäsars Bericht um eine objektive Beschreibung handeln, wie es der kolonialistischen und imperialistischen Sichtweise ihrer Zeit entsprach. Während mehrere Zeitgenossen Cäsars seinen seltsamen Berichten über Gallien eher skeptisch gegenüberstanden, bewunderten nicht wenige Akademiker des 19. Jahrhunderts den siegreichen Strategen und nahmen seinen Bericht als die reine Wahrheit. Viele verallgemeinerten, was Cäsar über die Lage in Gallien gesagt hatte, und postulierten, dass alle keltischen Völker, nicht nur die keltischen Gallier, von einer druidischen Theokratie regiert würden. Obgleich diese Theorie noch heute populär ist, steht sie auf etwas wackligem Boden. Damals gab es in vielen europäischen Ländern keltische Völker. Im Bericht über die norditalienischen Kelten tauchen keine Druiden auf. Um Gallien zu erreichen, musste Cäsar an den Kelten der Alpen vorbei, aber er machte sich nie die Mühe, irgendwelche Druiden unter ihnen zu erwähnen. Noch erwähnte er irgendwelche Druiden, als er den Kanal überquerte und in Britannien einfiel. Das ist ein bisschen seltsam, wenn wir bedenken, dass er früher geschrieben hatte, die gallischen Druiden würden zu ihrer Ausbildung gern nach Britannien reisen. Wenn Britannien ein solcher Brennpunkt des Druidentums war, warum erwähnte er dann keinerlei Druiden, als er von seinen Kämpfen und Konferenzen mit den Einheimischen berichtete? Mittel- und Süddeutschland waren ebenso keltisch wie Gallien, aber die römischen Historiker zeichneten nichts über dortige Druiden auf. Cäsar behauptete geschmeidig, die „Germanen" (also jeder, der östlich des Rheins lebte) hätten keine Druiden, keine richtigen Götter und auch keine Schwäche für Opfer. Angesichts dessen, was die Archäologen in den letzten Jahrzehnten zu Tage gefördert haben, ist die Bemerkung über Götter und Opfer völlig falsch.

Wenn man solche Kommentare verstehen will, sollte man bedenken, dass Cäsar die Begriffe „Gallien" und „Germanien" praktisch erfunden und ein starkes Interesse daran hatte, zu zeigen, dass Ersteres ein reiches Land war, das es wohl wert war, erobert zu werden, während es sich bei Letzterem um einen finsteren Sumpf handelte, von Wilden bewohnt, die man am Besten sich selbst überließ. Viele wichtige Leute in Rom hielten alle, die nördlich der Alpen lebten, für unzivilisierte Barbaren und zweifelten ernsthaft daran, ob Cäsars zehn Jahre dauernder Feldzug das Geld der Steuerzahler wert sei. Sie sorgten sich auch darum, dass Cäsar unethische Methoden bei seinen Eroberungen brauchte, und nach einem besonders schmutzigen Massaker diskutierte der Senat ernsthaft darüber, ob Cäsar an die Barbaren ausgeliefert werden sollte (damit sie mit ihm nach Belieben verfahren könnten). Man argumentierte, Julius Cäsars Erfolg, der auf gebrochenen Gelöbnissen, misshandelten Botschaftern und einer Anzahl gewalttätiger Gräueltaten beruhe, könne vielleicht die Götter des römischen Staates verärgern und göttlichen Zorn über alle bringen. Allerdings war das Massaker ein großer finanzieller Erfolg für Julius Cäsar gewesen, der eine Anzahl von Senatoren bestach und so der Todesstrafe entging. Sei es, wie es sei, es gibt keine Hinweise auf Druiden in den „germanischen" Teilen des Imperiums. Obgleich mehrere römische Schriftsteller festhielten, es gebe Priester und Priesterinnen irgendeiner Art in Mitteleuropa, bezeichnete sie keiner als Druiden. Und es gibt auch keine Hinweise auf Druiden in den ostkeltischen Ländern, wie zum Beispiel Tschechien und Rumänien, oder im Süden, bei den Kelten Spaniens und Portugals. Poseidonios, von dem Strabo und Cäsar einige ihrer Geschichten über Druiden hatten, hatte mehrere keltische Völker in Spanien und Gallien besucht. Strabo zitiert ihn im Hinblick auf einige abstoßende

Wahrsagemethoden (wie beispielsweise das Lesen aus Eingeweiden), die von den Keltiberern an Menschen vollzogen worden seien, aber obwohl das ziemlich ähnlich klingt wie das, was er über die gallischen Druiden berichtete, wurden die keltiberischen Priester, was auch immer sie gewesen sein mögen, nicht als Druiden bezeichnet. Es ist auch zweifelhaft, ob eine so strikt theokratische und vermutlich zentralistisch ausgerichtete Institution wie das gallische Druidentum im ländlichen Iberien funktioniert hätte (s. F. Simon, 1998), wo es um Einiges rauer zuging. Wir hören auch kein Wort über die druidische Reinkarnationstheorie aus Spanien. Stattdessen berichtet Silius Italicus, dass

> Die Keltiberer den Tod in der Schlacht für eine Ehre halten und die Verbrennung der Leiche eines Gefallenen für ein Verbrechen; denn sie glauben, dass seine Seele zu den Göttern des Himmels aufsteigt, wenn sein Leichnam von den Geiern zerrissen wird.

Diese Aussage wird von Claudius Aelianus voll unterstützt, der hinzufügte, dass die Leichen jener, die schändlicherweise an einer Krankheit starben, vor ihrer Verbrennung verstümmelt wurden. Wie Simon ergänzt, ist hier vielleicht ein Ereignis während des Einfalls der Kelten von Griechenland (280 vor unserer Zeit) von Bedeutung. Wie die Griechen angeekelt bemerkten, machten sich die Kelten unter Brennos nicht die Mühe, ihre Gefallenen einzusammeln oder auf dem Schlachtfeld zu begraben, sondern überließen sie den Raben, Krähen und Aasfressern als Nahrung. Ein Himmel für die tapferen, gefallenen Krieger klingt ganz nach vertrautem Stoff aus der altnordischen Religion und ist meilenweit entfernt von druidischer Reinkarnation oder einer Reise in eine unterirdische Anderswelt. Das ist ein guter

Hinweis darauf, dass die keltische Welt keine so einheitliche Kultur aufwies, wie oft behauptet wird, sondern viel Platz ließ für höchst individuelle Entwicklungen und eine Menge Originalität.

Oder denken wir mal an die Kelten im äußersten Osten, die es im Gefolge von Alexanders Armeen dort hin verschlagen hatte. Die Galater der zentralen Türkei verfügten über einen Kultplatz namens Drunemeton (Strabo), was möglicherweise „heiliger Eichenhain" bedeuten soll. Andere Autoren nehmen das Wort dru- als Anhaltspunkt für die Gegenwart von Druiden an diesem Ort, aber das ist linguistisch unwahrscheinlich, und außerdem wachsen Druiden nicht notwendigerweise auf Eichen. Viele indoeuropäische Kulturen verehrten Eichen als Symbole der Himmelsgötter, aber die meisten von ihnen taten das ohne Druiden. Nemeton bedeutet zwar heiliger Ort oder heiliger Hain, aber welcher Art dieser Platz war oder was für Bäume dort wuchsen (wenn überhaupt), ist alles andere als klar. Zu viele Autoren sind davon ausgegangen, es müsste Eichen gegeben haben, wo immer keltische Riten gefeiert wurden. Wir können nicht einmal sicher sein, dass es sich überhaupt um einen heiligen Hain handelte. Ein Nemeton kann ein Hain sein, aber der Begriff wurde auch für Kultplätze und in manchen Fällen sogar für Tempel und ähnliche Gebäude verwendet. Strabos Bemerkung verrät uns nur, dass die Galater dort Versammlungen abhielten, er sagt nichts von Ritualen. Obwohl es in Britannien und Gallien Druiden gab, wie man aus der späteren mittelalterlichen Literatur ersehen kann, hielt es Cäsar nicht für notwendig, sie zu erwähnen, vielleicht waren sie also weniger mächtig. Es ist höchst unwahrscheinlich, dass sich die britannischen Druiden solcher politischer Machtfülle erfreuten wie die Galliens. In den anderen keltischen Ländern, wo mit Sicherheit irgendeine Art von Priesterschaft und jede Menge Freistilmagier existierten, nannten sich diese wahrscheinlich nicht Druiden und hatten wohl keine vergleichbaren politischen Funktionen. Wissenschaftler des letzten Jahrhunderts verwendeten Gallien zwar als Modell für alle keltischen Länder und sahen überall Druiden, aber heute fangen Historiker an, sich zu fragen, ob Gallien vielleicht gerade die Ausnahme von der Regel war.

Unsere nächste Quelle ist **Diodorus Siculus**, der im Jahr 8 vor unserer Zeit schrieb, bei den Galliern sei die pythagoräische Doktrin verbreitet, *dass die Seelen der Menschen unsterblich sind und noch einmal für eine festgelegte Anzahl von Jahren in einem anderen Körper leben.* Diese Theorie hatte eine gewisse Anzahl von Anhängern. Der den griechischen und römischen Autoren am Besten bekannte Reinkarnationsguru war der ehrwürdige Pythagoras von Samos (570 – 500 vor unserer Zeit), der 530 vor unserer Zeit in Croton, Italien, einen Kult begründete. Pythagoras, der mehr war als ein nüchterner Mathematiker, lehrte eine Anzahl bizarrer Theorien.

Viele von ihnen hatten mit Mathematik zu tun, mit den Beziehungen zwischen Zahlen, Maßen, Musik, Intervallen und der verborgenen Ordnung des Universums. Er suchte das Göttliche in der Regelmäßigkeit der Natur und gründete eine Gesellschaft, die an Schönheit, Tugend, das richtige Maß, Ordnung, Harmonie und absoluten Gehorsam gegenüber dem Chefclown glaubte. Ein Ergebnis davon war, dass, als der alte Philosoph gestorben war, seine Schüler sich fürchteten, irgendwelche Neuerungen einzuführen, woraufhin der Orden letztendlich an Stagnation zugrunde ging.

Eine von Pythagoras' Überzeugungen war, dass jede Seele wiedergeboren wird ge-

mäß ihren früheren Sünden oder Tugenden, bis die reinen Seelen die ewige Harmonie erlangen. Sein Glaube impliziert eine Hierarchie der Seelen. Ovid (43 vor unserer Zeit – 17 unserer Zeit) widmete einen großen Abschnitt seiner *Metamorphosen* Pythagoras und seinen Lehren. Er schrieb, die Lippen des Pythagoras seien von einer Gottheit bewegt worden und betonte, die Pythagoräer seien strenge Vegetarier gewesen, die ihren Körper nicht dadurch beschmutzten, dass sie Fleisch aßen. Laut der pythagoräischen Doktrin verändern sich alle Seelen ständig, so dass Menschen in ihrem nächsten Leben Tiere sein können und umgekehrt. Nach der pythagoräischen Lehre kann alles zu allem anderen werden. In wie weit diese Theorie mit der unbekannten druidischen Reinkarnationstheorie übereinstimmt, ist nach wie vor eine schwierige Frage. Die gebildeten Intellektuellen Roms und Griechenlands kannten keine andere Reinkarnationstheorie, und so mag es ihnen ganz natürlich erschienen sein, alle Reinkarnationstheorien auf die ihnen vertraute pythagoräische Überzeugung zurück zu führen. Es ist vielleicht interessant, dass Cäsar keine Verbindung zwischen Druiden und Pythagoräern sah und es auch keine Hinweise auf Vegetarismus oder höhere Mathematik im alten Gallien gibt. Es gibt allerdings einige Hinweise auf vegetarisch lebende Seher im mittelalterlichen Britannien (wie beispielsweise Merlin in Geoffrey's *Vita Merlini* oder den irischen Suibhne), aber es ist fraglich, ob sich diese inspirierten Propheten für Druiden hielten.

Diodorus beschrieb die Druiden als *Philosophen und Theologen* und wies ausführlich auf ihr Geschick im Deuten der Zukunft hin, sei es durch den Vogelflug, das Lesen von Eingeweiden oder der Todeszuckungen eines Menschenopfers. Er schrieb, in Gallien würde niemand ein Opfer darbringen ohne die

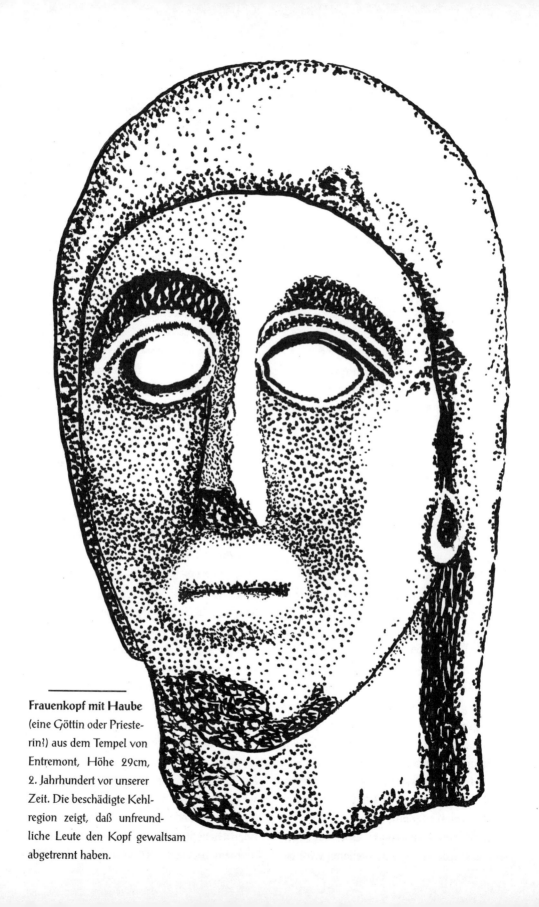

Frauenkopf mit Haube (eine Göttin oder Priesterin!) aus dem Tempel von Entremont, Höhe 29cm, 2. Jahrhundert vor unserer Zeit. Die beschädigte Kehlregion zeigt, daß unfreundliche Leute den Kopf gewaltsam abgetrennt haben.

Hilfe eines Druiden (ein Punkt, den er vielleicht von Cäsar abgekupfert hatte) und fügte hinzu, dass die Druiden gelegentlich als Friedensstifter fungierten, indem sie zwischen Kämpfer oder feindliche Armeen traten.

In **Strabos** *Geographica* werden die Druiden nur kurz erwähnt. Das ist typisch, denn die meisten klassischen Autoren widmeten dem, was sie für die Priesterschaft eines primitiven Landes hielten, nur wenig Aufmerksamkeit. Strabo behauptete, die Druiden seien Wahrsager, Naturphilosophen und Richter. Er kommentierte auch ihre Menschenopfer und informierte seine Leser darüber, dass die Druiden es vorzogen, Verbrecher zu opfern. Sie glaubten, in Jahren, wo es eine große Anzahl an Verbrechern gebe, gebe es auch eine gute Ernte. Diese Haltung impliziert vielleicht, dass die Druiden, die über Verbrechen richteten, möglicherweise besonders streng urteilten, wenn nicht genügend Opfer zur Verfügung standen oder das Wetter eine schlechte Ernte versprach. Klingt nicht besonders nett, aber solche Dinge passieren in Theokratien. Strabo fügte hinzu:

> Allerdings glauben nicht nur die Druiden, sondern auch andere, dass die Seelen der Menschen und auch das Universum unzerstörbar sind, obgleich Feuer und Wasser gelegentlich sie triumphieren werden.

Dieser Hinweis ist interessant, da es sich um eine frühe Bemerkung im Hinblick auf verschiedene Katastrophen handelt, die in den Mythen und Überzeugungen so vieler heidnischer Kulturen so wichtig sind. In Strabos Werken findet sich auch ein Versuch, die Druiden mit den Barden und Vates in Verbindung zu bringen. Nur wenige klassische Autoren bezogen sich auf diese unterschiedlichen Funktionen (ohne sich darauf einigen zu können, wer wer war und

wer was tat), aber da das etwas kompliziert ist, komme ich darauf zurück, wenn es um die Barden geht. Da Strabo wusste, worauf seine Leser scharf waren, beschrieb er auch detailliert einige unschöne Arten, wie die Druiden Menschenopfer zu Zwecken der Weissagung und Götterverehrung praktizierten. Dabei schrieb er, genau wie Cäsar, bei Poseidonios ab.

Unser nächster Informant ist **Pomponius Mela**, der in den Jahren 40 – 50 unserer Zeit schrieb, zu einer Zeit, in der Gallien bereits gründlich romanisiert war. Er merkt an, die Druiden würden ihre grausamen Bräuche nicht länger praktizieren, das heißt, sie hatten ihren Kult in einem Maß reformiert, dass sie ihre Opfer nicht mehr töteten, sondern ihnen lediglich etwas Blut abzapften. In seinem Bericht, der sich stark auf Cäsar stützt, erfahren wir, dass die Druiden sich in geheimen Höhlen und abgeschiedenen Tälern zu treffen pflegten. Seine Version der druidischen Reinkarnation führt die neue Idee ein, dass die Seelen ewig sind und dass es ein anderes Leben in der Unterwelt gibt – ein ziemlicher Unterschied zu früheren Berichten, da hier eine unterirdische Anderswelt eingeführt wird. Er brachte auch die unwahrscheinliche Geschichte zur Sprache, dass Leute sich Geld borgen würden mit dem Versprechen, es in der nächsten Welt zurück zu zahlen.

Der Dichter **Lukan** (*Pharsalia*) musste natürlich auch Druiden in seinem Werk erwähnen. Er schrieb zur Zeit der Herrschaft Neros (54 – 68 unserer Zeit) und berichtet grundsätzlich nur das, was schon andere vor ihm berichtet hatten, wenn auch in dichterisch veredelter Sprache. Was an seinem Bericht neu ist, ist die Vorstellung, dass die Druiden in ihren heiligen Hainen Standbilder zu verehren pflegten (Idole! Statuen! Fetische!). Allerdings sind Lukans Haine finstere Märchenländer. Sie sind so düster und schreckenerregend, dass sich nicht einmal die Druiden hineintrauten – sie könnten ja den Göttern begegnen, die sie dort verehrten. Ein weiteres Bonbon ist sein munterer, verblüffender Kommentar:

Und ihr, O Druiden, nun dass der Lärm des Kampfes verklungen ist, seid Ihr einmal mehr zu Euren barbarischen Zeremonien zurückgekehrt und zum wilden Gebrauch Eurer heiligen Riten. Euch allein ist es beschieden, die Wahrheit über die Götter und Gottheiten des Himmels zu kennen, oder Ihr allein kennt die Wahrheit nicht.

Noch einmal wird auf die Wiedergeburt angespielt:

Ihr sagt uns, dass der gleiche Geist wieder einen anderen Körper haben wird, und dass der Tod, wenn das, was Ihr singt, wahr ist, nur die Mitte eines langen Lebens ist.

Dass die Idee einer Wiedergeburt für die römischen Autoren so faszinierend war, wird verständlich, wenn man bedenkt, dass es kaum eine Anderswelt gibt, die so traurig, düster und öde war wie die, in die die verstorbenen Römer gelangten.

Unsere nächste Quelle scheint sehr viel zuverlässiger zu sein. Es handelt sich um **Plinius den Älteren**, den Autor der berühmten *Historia Naturalis*, einen Schriftsteller mit einem leidenschaftlichen Interesse am Aberglauben anderer Völker. Und, was noch besser ist, Plinius war tatsächlich in den römischen Provinzen Gallien und Germanien gewesen. Er, der um das Jahr 77 unserer Zeit herum schrieb, lieferte den ausführlichsten Bericht über Druidenrituale, der überlebt hat. In seinen Schriften bezeichnet er die Druiden als Magier, was verständlich ist, da sie die meisten ihrer politischen Funktionen hun-

dert Jahre früher verloren hatten, als Cäsar kam, sah und eroberte. Plinius' Bericht ist so bekannt, dass man Teile von ihm in vielen Büchern über die keltische Religion wiederfindet. In einem Kommentar über die Mistel hielt Plinius fest:

Die Druiden – so nennen sie ihre Magier – halten nichts für heiliger als die Mistel und den Baum, auf dem sie wächst, wenn es nur eine Eiche ist. Sie wählen an sich schon die Eichenhaine aus und verrichten kein Opfer ohne einen Zweig davon, so dass es wahrscheinlich ist, dass die Priester ihren Namen nach dem griechischen Wort für jenen Baum erhalten haben könnten. Sie glauben nämlich wirklich, dass alles, was darauf wächst, vom Himmel komme und ein Zeichen dafür sei, dass der betreffende Baum von einem Gott selbst erwählt sei. Man findet aber die Mistel sehr selten auf einer Eiche; und hat man sie gefunden, so wird sie mit großer Ehrfurcht abgenommen, wenn möglich am sechsten Tag des Mondes (denn sie messen ihre Monate und Jahre nach dem Mond und auch ihre Zeitalter, die 30 Jahre dauern). Sie wählen diesen Tag, weil der Mond dann noch nicht in der Mitte seines Zyklus ist, aber schon beträchtlichen Einfluss hat. Sie nennen die Mistel bei einem Namen, der in ihrer Sprache „die alles Heilende" bedeutet. Sie bereiten nach ihrer Sitte das Opfer und das Mahl unter dem Baum und führen zwei weiße Stiere herbei, deren Hörner da zum ersten Mal umwunden werden. Der Priester, bekleidet mit einem weißen Gewand, besteigt den Baum und schneidet die Mistel mit einer goldenen Sichel ab: Sie wird mit einem weißen Tuch aufgefangen. Dann schlachten sie die Opfertiere und bitten den Gott, er wolle sein Geschenk denen, welchen er es gegeben hat, zum Glück gereichen lassen. Sie meinen, dass die Mistel, in einem

Getränk genommen, jedem unfruchtbaren Tier Fruchtbarkeit verleihe und ein Heilmittel gegen alles Gift sei.

(XVI, 249)

Es gibt vier andere Hinweise auf druidische Rituale in Plinius *Historia Naturalis*. Einer von ihnen bezieht sich auf das Schlangenei, ein Thema, dass ich im ersten Kapitel meines Buches *Seidwärts* erläutert habe. Die anderen beiden Hinweise werden in Büchern über die keltische Religion nicht oft zitiert:

Ähnlich dem Sadebaum ist die Pflanze namens Selago. Sie darf nicht mit Eisen geschnitten werden und indem man mit der rechten Hand durch den linken Ärmel der Tunika fasst, als ob man einen Diebstahl begeht. Man muss weiße Kleidung tragen und mit gewaschenen Füßen barfuß gehen, und bevor man sie erntet, muss man ein Opfer aus Brot und Wein darbringen. Die Druiden Galliens sagen, dass die Pflanze als Zauber gegen jede Art von Übel getragen werden sollte, und dass ihr Rauch gut gegen Krankheiten der Augen ist.

(XXIV, 103)

Die Druiden verwenden auch eine gewisse Sumpfpflanze, welche sie Samolus nennen; diese muss mit der linken Hand gepflückt werden von einem Fastenden, und sie ist ein Zauber gegen Krankheiten des Viehs. Wer sie sammelt, darf sich nicht umsehen, und er darf sie nirgends hinlegen, außer in die Viehtränke.

(XXIV, 104)

Leider wissen wir nichts Sicheres über die Identität dieser Pflanzen. Um es noch ein bisschen schwieriger zu machen, erwähnt Plinius auch ein kompliziertes Ritual, das die Magi Galliens verwendeten, um Eisenkraut zu schneiden, eine Pflanze, die ein weiteres Allheilmittel sein sollte und Gesundheit, Glück, Freundschaft und so weiter bringen sollte. Es könnte sich um ein druidisches Ritual handeln, aber es ist genauso gut möglich, dass die Magi, auf die er sich bezog, irgendwelche Quacksalber ohne Bezug auf die Kaste der Druiden waren. Ein vierter Hinweis auf Druiden (XXX, 13) informiert uns darüber, dass das Druidenwesen in Gallien florierte bis zur Zeit des Kaisers Tiberius und dass in Plinius' Zeit Britannien nach wie vor von Magie und Zeremonien fasziniert war. Er schloss seine Bemerkungen mit einem Lob der Römer ab, die

Diesen monströsen Kult abgeschafft hatten, demzufolge einen Mann zu ermorden eine Tat von größter Frömmigkeit sei und es als segensreich galt, dessen Fleisch zu essen.

Diese wenigen Absätze trugen mehr zur Legendenbildung über die mysteriösen Druiden bei als irgendetwas sonst. Im 18. und 19. Jahrhundert wurde das Mistelpflückritual behandelt, als sei es der Höhepunkt druidischer Religionsausübung gewesen, obwohl es offensichtlich ein eher seltenes Ereignis von minderer Bedeutung gewesen war. Die Mistel wurde fortan als die heiligste Pflanze der keltischen Gallier betrachtet, obwohl laut Plinius nur Misteln brauchbar waren, die auf Eichen wuchsen. In der Natur findet man nur selten Misteln auf Eichen, da sie viel häufiger auf Pappeln und Apfelbäumen wachsen, aber diese wurden offensichtlich nicht verwendet. Man könnte auch argumentieren, dass die Mistel selbst von untergeordneter Bedeutung war, da ihre besonderen Eigenschaften von der Eiche her stammten, auf der sie wuchs. Und dann ist da noch die fehlerhafte Etymologie, die Drui-

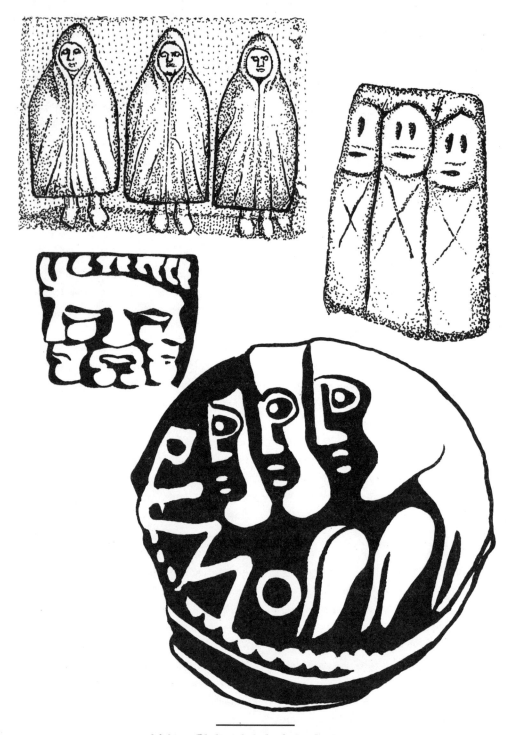

Mehrere Blickwinkel: dreifache Gottheiten

Oben links: drei unbekannte, mit Mänteln verhüllte Gottheiten vom Hadrianswall in Britannien.

Oben rechts: drei Gottheiten aus Burgund, Frankreich, 3. Jahrhundert vor unserer Zeit.

Links: dreifache Gottheit aus Reims, Frankreich, Zeit der römischen Besatzung.

Rechts: Matronen! Bronzemünze der Remer, Nordostgallien, 1. Jahrhundert vor unserer Zeit, 1.5cm.

den mit Eichen in Verbindung bringt. Plinius glaubte, das Wort stamme vom griechischen Wort druz, die Eiche. Am verlockendsten war natürlich das Bild des ehrwürdigen Druiden, der, in eine weiße Robe gekleidet, einen Baum besteigt und die Mistel mit einem teuren, aber eher nutzlosen Werkzeug schneidet. Ich frage mich, wie gut man in einer Robe klettern kann. Oder kletterten die Druiden vielleicht in Unterwäsche? Dank Verallgemeinerung dieser Berichte glaubt heute jeder, alle Druiden hätten Weiß getragen, und zwar ständig, und dass ein Ritual, dass sich in einem Teil Galliens zugetragen haben mag oder auch nicht in der gesamten keltischen Welt verbreitet gewesen sei. Und was noch merkwürdiger ist: Zahllose Anhänger der Druiden-Wiederbelebungsfront halten zwar den Mistelritus für die höchste und letzte Wahrheit, aber keiner von ihnen macht sich für die Zeilen stark, in denen religiös motivierter Kannibalismus erwähnt wird.

Tacitus, der berühmte römische Historiker, beschreibt den Tod einiger walisischer Druiden in seinen **Annalen**, XIV, 30. Im Jahr 60 unserer Zeit raubte der römische Kommandant Suetonius Paulinus persönlich eine druidische Enklave auf der Insel Mona (Anglesey) vor der Küste von Nordwales aus. Angeblich standen die Druiden am Strand, mit erhobenen Händen, und sangen schreckliche Flüche gegen die einfallenden Legionäre. Währenddessen lief eine Anzahl von Frauen in schwarzen Roben zwischen den Kriegern umher, die Fackeln schwangen, um sie zum Kampfrausch anzustacheln. Allein dieser Anblick lähmte die römischen Soldaten eine Weile, aber nach kurzer Zeit appellierte Suetonius an sie, sich nicht von verrückten Frauen einschüchtern zu lassen. Der Zauber war gebrochen, die Legionen rückten vor, und das Abschlachten begann.

Als nächstes wurden die heiligen Haine der Insel abgeholzt. Tacitus erwähnt, es habe Altäre gegeben, die mit dem Blut der Gefangenen beschmiert gewesen seien, da die Druiden ihre Götter zu konsultieren pflegten, indem sie menschliche Eingeweide beschauten. Dieses Massaker erwies sich als das Ende des organisierten Druidentums in Britannien. Als Agricola das Kommando über Britannien übernahm (78 unserer Zeit), waren die Druiden schon nicht mehr erwähnenswert. Diese Episode hat zu vielen Spekulationen geführt. Dass eine druidische Enklave auf Mona existierte, ist nicht unwahrscheinlich, da Mona dank seiner flachen Landschaft fruchtbarer und damit wohlhabender als das restliche Wales war. Gerald of Wales, der um das Jahr 1190 herum schrieb, nannte sie die Kornkammer von Wales und behauptete, die Ernten seien so reich, dass Mona allein ganz Wales ernähren könne. Die schwierigste Frage im Hinblick auf diese Passage ist die Funktion der schwarz gewandeten Damen, die sich wie Furien verhielten. Waren es Druidinnen, wie so oft behauptet wird, oder einfach Cheerleader? Was glaubst Du? Wie auch immer Deine Antwort ausfällt, es sagt mehr über Deine Glaubensvorstellungen aus als darüber, wie es wirklich war.

Valerius Maximus, der im ersten Jahrhundert schrieb, hatte nur wenig über die Druiden zu sagen. Er bringt ihren Glauben mit der pythagoräischen Doktrin in Verbindung und wiederholt die Geschichte über Schulden, die im nächsten Leben zurückgezahlt werden.

Dion Chrysostom erwähnt kurz, ungefähr im Jahr 100 unserer Zeit, dass die gallischen Kelten Druiden hatten und vergleicht sie mit den persischen Magi, den ägyptischen Priestern und den Bramahnen Indiens. Er informiert uns, die Könige seien so von ihren Ratgebern abhängig gewesen, dass es in Wirklichkeit die Druiden seien, die herrschten, *während die Könige auf goldenen Thronen und in ihren Palästen lediglich Ausführende des druidischen Willens wurden.* Diese Aussage ist nicht unbedingt zuverlässig, da Dion wahrscheinlich nie nach Gallien gereist war. Außerdem mögen gallische Häuptlinge auf ihre Hallen stolz gewesen sein, aber kein Römer, der bei Verstand war, hätte sie je als „Paläste" bezeichnet. Und die „goldenen Throne" sind noch unwahrscheinlicher.

Suetonius bemerkt um 120 unserer Zeit, dass die Religion der Druiden Galliens allen römischen Bürgern verboten sei, aufgrund ihrer barbarischen und unmenschlichen Praktiken, und dass Kaiser Claudius (41 - 54) noch über dieses Verbot hinausging und die Religion völlig unterdrückte.

Lampridius, der ungefähr im Jahr 300 unserer Zeit schrieb, berichtet, dass Alexander Severus, während er 235 versuchte, einige germanische Stämme aus Gallien zu vertreiben, einer prophetischen Druidin begegnete.

Als er auf dem Weg war, rief ihm eine Druidin in gallischer Sprache zu: „Geh, aber hoffe nicht auf den Sieg, und vertraue deinen Soldaten nicht!"

Sie ist damit einer Anzahl von unfreundlichen Prophetinnen nicht unähnlich, die römischen Kommandanten begegneten, während sie auf Eroberungszug in den germanischen Provinzen waren.

Eine Druidin taucht auch in einer von **Vopiscus** aufgezeichneten Geschichte auf. Es scheint, dass der zukünftige Kaiser Diokletian, als er noch ein bescheidener Soldat war, der in Gallien diente, einen Streit mit seiner Wirtin hinsichtlich der Bezahlung seiner Miete hatte. Da er nicht die ganze Summe

bezahlen wollte, sagte ihm die nette Dame, er sei viel zu gierig und geizig. Im Scherz erwiderte er, er würde großzügiger sein, wenn er Kaiser wäre. Die Wirtin, die zufällig auch Druidin war, erwiderte:

Lache nicht, Diokletian, denn wenn du erst den Eber erschlagen hast, wirst du in der Tat Kaiser sein!

Nachdem Diokletian diese Prophezeiung vernommen hatte, war er so besessen von der Eberjagd, dass er sich große Mühe gab, keine zu verpassen. Jahrelang tötete er Eber, erhielt aber nicht den Kaisertitel, bis er den Präfekten Arrius erschlagen hatte, dessen Nachname „der Eber" bedeutete. Vopiscus berichtet auch, dass Kaiser Aurelian, der 270 – 275 herrschte,

die gallischen Druidinnen konsultierte, um herauszufinden, ob seine Nachfahren im Besitz der Kaiserkrone bleiben würden. Die Frauen sagten ihm, dass kein Name in den Annalen des Staates berühmter sein würde als der der Linie des Claudius.

Diese Episoden aus dem 3. Jahrhundert sind ziemlich gutes Beweismaterial dafür, dass es zu der Zeit Druidinnen in Gallien gab. Das Problem ist das späte Datum der Geschichten. Zu jener Zeit war das Druidentum längst untergegangen und seine politische Funktion war vernichtet. Das Gallien des 3. Jahrhunderts unterstand römischer Herrschaft, seine Bürger sprachen Latein, benutzten die lateinische Schrift, bauten ihre Häuser, Straßen und Städte nach römischem Vorbild, wurden nach römischem Recht verurteilt, und was Politik anging, so taten die Adligen im Allgemeinen, was der Senat ihnen vorschrieb. Das intellektuelle, kulturelle und religiöse Monopol der Druiden war vor mehr als zwei Jahrhunderten zusammengebrochen. Das wirft mehrere Fragen auf. Hatte es in den alten Tagen vor der Eroberung Druidinnen gegeben? Cäsar spricht nur von männlichen Druiden und erwähnt junge Männer, die von ihnen unterrichtet wurden. Das war nicht notwendigerweise sexistisch motiviert. Für die Römer war die Vorstellung von Priesterinnen nichts Ungewöhnliches, da es sowohl in Rom als auch im Mittelmeerraum Priesterinnen gab. Alle Hinweise auf Druidinnen als solche stammen aus einer späteren Zeit. Leider sind die Schriften der mittelalterlichen Barden und Filid, von denen der christlichen Mönche ganz zu schweigen, nicht unbedingt die zuverlässigsten Quellen im Hinblick auf die Vorgeschichte und müssen mit großer Vorsicht behandelt werden. Dann gab es da noch mehrere inspirierte Seherinnen, wie beispielsweise die berühmte Prophetin Veleda, die den römischen Eroberern in Germanien in die Quere kam. Sie lieferte genau die Prophezeiungen, die der Stamm der Brukterer benötigte, um einen bewaffneten Aufstand zu starten. Er war nicht sonderlich erfolgreich, da er damit endete, dass Veleda nach Rom in die Sklaverei verkauft wurde, wo sie angestellt wurde, um die Tempellampen zu säubern und auf kommerzieller Basis Orakel zu sprechen.

Diese inspirierten Priesterinnen sind zwar mit Sicherheit authentisch, aber keine von ihnen wurde als Druidin bezeichnet, noch können wir sicher sein, dass sie Angehörige einer organisierten oder zentralisierten Religion waren. Oder denken wir mal an die britannische Königin Boudicca, die während der Revolte gegen die Römer im Jahr 61 unserer Zeit sicherlich das Amt einer Opferpriesterin im Heiligtum der (Kriegsgöttin!) Andraste versah (Cassius Dio). Sie wird nirgends als Druidin bezeichnet, obgleich eine Inschrift auf einem Altar aus Bordeaux, der 237 von einem britannischen Händler gewidmet wurde, sie als Gottheit bezeichnet. Wurde Boudicca nach ihrem Tod vergöttlicht, oder hatte sie ihren Namen nach einer früheren Gottheit erhalten? Und was hatten die Druidinnen des besetzten Gallien mit den Druiden früherer Zeiten gemein? Höchstwahrscheinlich werden wir es nie erfahren.

Ein anderer Autor des 3. Jahrhunderts, **Hippolytus**, bemerkte, die Druiden hätten den pythagoräischen Glauben von Zamolxis übernommen. Dieser sei früher Sklave des Pythagoras gewesen und damit genau die Art von Person, von der ein keltischer Priester eine neue Religion übernommen hätte. Aber sicher doch.

Ammianus Marcellinus, der im 4. Jahrhundert über Dinge schrieb, von denen er im Grunde nichts verstand, bezeichnete die Druiden ebenfalls als Männer von großem Talent und Angehörige der intimen Bruderschaft des pythagoräischen Glaubens. Wir sind hier am Boden des Fasses angelangt, die Druiden waren bereits zur Legende geworden, und die Quellen wiederholten einfach nur noch, was schon früher überliefert worden war.

Bevor wir das Thema „Druiden in der Antike" abschließen, hier noch etwas faszinierendes Material über die Rolle der Frauen als Priesterinnen und Zauberinnen in den keltischen Ländern.

Wir verfügen über mehrere Bilder von Frauen, die gerade rituelle Aktivitäten durchzuführen scheinen. Ein wunderbarer Bronzeeimer aus Váce zeigt eine Frau, die in eine fein gearbeitete zeremonielle Robe oder einen Mantel gekleidet ist, eine Hand zum Himmel hebt und in der anderen ein Gefäss trägt. Aller Wahrscheinlichkeit nach handelt es sich nicht um eine Göttin, sondern um eine Priesterin, was belegt, dass bei den

DEAE ARTIONI
LICINIA SABINILLA

Balkan-Kelten Frauen sakrale Ämter übernehmen konnten.

Ein weiterer faszinierender Fund ist eine Reihe von Figuren, die in Neuvy-en-Sullias vergraben gefunden wurde, in der Nähe der heiligen Stätte von Fleury. Die Figuren sind nackte Tänzer, weibliche und männliche, bei einem Tanz, der offensichtlich eine religiöse Zeremonie war. Vielleicht wurden die sorgfältig gearbeiteten Figuren vergraben, um sie vor einem Feind zu verstecken. Es sagt eine Menge über die verschiedenen Religionen der gallischen Stämme aus, dass ein Stamm, der eine andere Siedlung plünderte, im Allgemeinen auch die heiligen Stätten seiner Feinde nicht verschonte. Die Statuen der Götter wurden achtlos demoliert, ein guter Beweis dafür, dass die gallischen Stämme der mittleren La Tène-Zeit kein gemeinsames Pantheon hatten und auch nicht an religiöse Toleranz glaubten. Cäsars Bericht über ein zentralistisch organisiertes Druidentum passt nicht zu diesem Verhalten, es sei denn, wir gehen davon aus, dass die gallischen Druiden ein Phänomen des ersten und zweiten Jahrhunderts vor unserer Zeit gewesen seien, was entschieden eine Möglichkeit ist, wenn auch keine populäre.

Die „Fürstin von Vix" wird häufig für eine Priesterin gehalten, da sie wunderbare Grabbeigaben hatte, zu denen ein griechisches, mit grinsenden Medusengesichtern verziertes Bronzegefäß zählte, das übrigens das größte bekannte Gefäß der Antike ist.

Gekrönt war es mit der Figur einer Frau oder Priesterin, die aus Silber bestand, was bemerkenswert ist, da Silber in der Region der westlichen Hallstattkelten viel seltener war als Gold und damit wahrscheinlich viel teurer. Wozu das Gefäß gut war, ist ein Rätsel, denn die Bronze ist so dünn, dass es geplatzt wäre, wenn man es mit Flüssigkeiten gefüllt hätte. Und was die „Fürstin" von Vix angeht, so ist nicht so sicher, dass es sich um eine Dame handelte, wie es die meisten Autoren gerne hätten. Das Skelett war in einem eher schlechten Zustand, als das Grab geöffnet wurde, und der Hauptgrund, den die Archäologen hatten, von einer Frau zu sprechen, war die Abwesenheit von Waffen und die Anwesenheit von Schmuck. Wie wir heute wissen, hatten die meisten Männer der späten westlichen Hallstattzeit ohnehin keine Waffen als Grabbeigaben, und es gibt mehrere Fälle von definitiv männlichen Bestattungen in dieser Zeit, bei denen sogenannte „feminine" Schmuckstücke gefunden wurden, wie zum Beispiel Arm- und Ohrringe. Solche Fälle sind nicht häufig, aber es gibt sie. Spindler, der über diese Fälle schrieb, weist auf eine andere Möglichkeit hin, die ebenfalls oft übersehen wird: Die Möglichkeit, dass es sich um Transvestiten handelte oder Leute, die die andere Geschlechterrolle eingenommen hatten – ein häufiges Element schamanischer Aktivitäten. Wenn wir eine schlecht erhaltene Leiche einfach aufgrund von Schmuck oder Waffen als weiblich

---

Göttinnen im gallo-römischen Stil

Links: die Sternengöttin Sirona (Dirona) mit Schlange, Schüssel und drei Eiern, aus Hochscheid, Deutschland, wo sie als Gefährtin des Gottes „Apollon" Grannus erscheint (der mit der Heilkunst in Verbindung gebracht wird). Die Statue basiert auf Darstellungen der Göttin Hygieia (die für die Gesundheit zuständig ist), Tochter des Asklepios (Gott der Heilung).

Rechts: Gehörnte Göttin mit Hirschgeweih, London, England.

Unten: Bärengöttin Artio, Statue gewidmet von Licinia Sabinilla, aus Muri, Bern, Schweiz.

oder männlich klassifizieren, übertragen wir möglicherweise moderne sexistische Vorurteile auf Kulturen, über die wir ziemlich wenig wissen.

Wenn wir uns den Berichten antiker Autoren zuwenden, stoßen wir auf eine der seltsamen Geschichten, die Poseidonios aufzeichnete, als er entlang der Küsten Südgalliens reiste, und die von Strabo kopiert und überliefert wurde. An der Mündung des Liger, nicht weit meereinwärts, so war Poseidonios gesagt worden, gebe es eine Insel, wo die Frauen der Samniten in einem Heiligtum des „Dionysos" lebten (damit ist gemeint, eines gallischen Gottes, der mit ekstatischem Wahn und Rausch in Verbindung gebracht wurde). Es ist allen Männern verboten, die Insel zu betreten, obwohl es den Frauen freisteht, zum Festland zu segeln, sollte ihnen der Sinn danach stehen. Diese Priesterinnen führten ein seltsames jährliches Ritual durch. Einmal im Jahr erneuern sie das Dach ihres Tempels, eine Aufgabe, die bis Sonnenuntergang erledigt sein muss, und jede von ihnen muss ihre Last an Baumaterial tragen. Die Frau, die ihre Last fallen lässt, wird von ihren Kolleginnen in Stücke gerissen, die dann die blutigen Leichenteile in Verzückung um das Heiligtum tragen, vor Freude schreiend, bis die Ekstase sie verlässt. Dieses Ereignis ist eigentlich kein Unfall, denn einer zuvor ausgewählten Frau wurde absichtlich ein Stoß gegeben. Was soll man sich bei dieser Geschichte denken? Sie enthält zwar einiges an Details, man muss sich aber vor Augen halten, dass Poseidonios die Teilnehmerinnen nicht selbst gesehen hat, sondern die Geschichte von einem (vermutlich) männlichen Informanten oder Seemann hatte – per definitionem eine Person, die das nicht hätte miterleben können. Hinzu kommt, dass dieser Bericht der einzige seiner Art im Hinblick auf diese Angelegenheit ist, denn kei-

ner der Römer, die später in Gallien kämpften oder sich dort niederließen, erwähnt davon irgendetwas. Cäsar, der eine Menge von Poseidonios abschrieb (einschließlich der Geschichte über Druiden, die Menschenopfer in einer Figur aus Weidenruten verbrannten) machte sich nicht die Mühe, sie in sein Buch aufzunehmen. Das einzige Fetzchen unterstützendes Beweismaterial ist die viel spätere mittelalterliche Geschichte aus Irland über die Insel der Frauen, ein andersweltliches Paradies weit jenseits des westlichen Horizonts. Kommen wir zum Abschluss zum vermutlich spannendsten Text aus Gallien, der Bleitafel von Larzac. Dieses hübsche Schriftstück wurde in einem (vermuteten) Frauengrab gefunden. Die Bleiplatte bedeckte die Öffnung einer Urne. Und sie war beidseitig eng beschrieben. Mit etwa 180 Wörtern ist die Inschrift von Larzac mit Abstand der längste bekannte gallische Text. Doch ist sie nicht besonders leicht lesbar. Denn nachdem sie beschriftet war, hat jemand das gute Stück teilweise behämmert und geglättet, um dann quer über den alten Text weitere Zeilen zu schreiben. Das ursprüngliche Dokument wurde also später abgeändert. Deshalb sind viele Sätze schwer lesbar oder einfach unvollständig. Und wieder ist die Übersetzung, soweit überhaupt machbar, voller Unsicherheiten. Zum Glück lieben wir alle gute Rätsel.

Die Inschrift von Larzac ist ein magisches Dokument. Man könnte sie auch als eine Art Vertrag betrachten, der im Beisein der Gottheiten der Unterwelt geschlossen wurde. Der Text gibt Zeugnis von einem Konflikt zwischen zwei Gruppen zauberkundiger Frauen (mnas brictas). Keine netten gute-Laune Hexen sondern Anführerinnen von Gruppen, die aus einheimischen und fremdstämmigen Personen, darunter auch einigen Männern, bestanden. Es ging darum, dass eine dieser Gruppen, angeführt von Severa und einer Tertionicna, (angeblich) Schadenszauber gegen andere Personen ausgeübt hatte. Dieses Vergehen sollte durch die Tafel von Larzac sowohl dokumentiert wie auch beendet werden. Wir haben hier eine rechtliche Ebene, nämlich ein Abkommen, derartige Handlungen in Zukunft zu unterlassen, und eine magische Ebene, nämlich einen Zauber im Beisein der Götter der Unterwelt, der zukünftige Vergehen magisch verhindern sollte. Soweit der allgemeine Inhalt. Eine etwas genauere Übersetzung ist nur bei einem Teil der Zeilen möglich. Hier Wolfgang Meids bemerkenswerter Versuch. Ich möchte noch hinzufügen, dass der Wortlaut der Übersetzung spekulativ ist. Wer es genau wissen will, sollte sich unbedingt *Die größeren altkeltischen Sprachdenkmäler*, herausgegeben von Meid & Anreiter, Innsbruck 1993 besorgen:

1a1-4. Gegen diese der zauberkräftigen Frauen, gegen ihre besonderen weiblichen (oder: 'infernalischen') Namen (ist) dies der (Gegen)zauber der (geheimes) Wissen praktizierenden (wörtlich: 'stechenden') weisen Frauen.

In dieser Strophe ist besonders unklar, wie der Begriff anderna gelesen werden soll. Als Ableitung von *andera (Frau) oder als Ableitung von *anderos (zur Unterwelt gehörend, infernalisch).

1a4-6. Die Verfolgerin soll Severa (und) Tertionicna magisch beschwört und gefesselt unter die Öffnung ihres Grabhügels platzieren.

'Verfolgerin' ist die vermutliche Bedeutung des Wortes Adsagsona. Einige populäre Deutungsversuche sehen in ihr eine (bisher) unbekannte gallische Göttin, und erklären

diese ohne besonderen Grund gleich zu einer Unterweltsgöttin. Ob dies der Fall ist, bleibt fraglich. Denn in Zeile 2b8 kommt der Begriff im Plural (Adsaxsonados) vor, dort haben wir es mit mehreren Verfolgerinnen zu tun. Vielleicht waren es ja eine ganze Schar von Verfolgerinnen, vergleichbar mit den griechischen Furien. Diese Zeile soll die Personen und magischen Kräfte von Severa und Tertionicna unschädlich machen. Meid vermutet, dass damit deren Tod herbeibeschworen wird. Aber dabei muss es sich, meiner Ansicht nach, nicht unbedingt um einen körperlichen Tod handeln. Es sind die magischen Persönlichkeiten der beiden Frauen, die hier in die Anderswelt gebunden werden.

1a-7-8. Und wenn sie etwa Schadenzauber praktizieren ('hineinstechen') sollten, sollen von üblem Omen behaftet ihre Namen sein.

Hier wird klar, dass der Zauber der Tafel nicht unbedingt zu ihrem Tod führen soll, sondern zu ihrer Bestrafung, sollten sie ihren Durchbohrungszauber wiederholen. Muss ich noch darauf hinweisen, dass der Zauber mit der Nadelpuppe, der landläufig mit Voodoo assoziiert wird, viel typischer für ägyptische und europäische Zauberei ist! Der Begriff übles Omen kann übrigens auch einfach als Unheil gelesen werden, nach kymrisch coel = Vorzeichen, und germanisch *haila- = Heil.

1a9. Es ist dies die Frauenschar der Zauberkräftigen.

An dieser Stelle folgt eine Liste von weiblichen Namen, die mehr oder weniger verständlich sind, plus, als Anhang, die Namen von zwei Männern. Wir wissen leider nicht, was für Funktionen diese Personen hatten. Und auch die Absicht der Namen ist unklar, denn die folgenden Sätze sind durch die Neubeschriftung weitgehend unklar. Unser Text geht weiter mit 1b. Dieser Abschnitt ist am Ende besonders schlecht lesbar. Es scheint darum zu gehen, dass irgendwelche Personen jemanden oder etwas *'nicht schlagen'*. Lesen wir weiter:

> 1b5-8. Vlatucia, Mutter der Banonia, soll versprechen, dass sie nicht Angriffe schlagen werden gegen die zwei schändlichen zauberkräftigen Frauen, (und zwar) weder mit Beschwörung (gegen) Severa, noch mit Bestrickung (gegen) Tertionicna.
>
> 1b9. Mit diesen (beiden) soll ein Abkommen (Gegengeschäft, Tauschhandel) getroffen werden.
>
> 1b10. Es sollen Severa und Tertionicna versprechen, dass sie nicht Angriffe schlagen werden.

Ab hier wird der Text wieder sehr lückenhaft. Es scheint beim *'Angriffe schlagen'* darum zu gehen, *Seelen* (anatia) zu verletzen, welche sich *'drinnen'* oder *'unten'* (anda) befinden, möglicherweise solchen, die den *Göttern* der Unterwelt *'ungeliebt'* oder *'verhasst'* sind (incarata). Meid vermutet, dass es sich dabei um die Seelen von bereits verstorbenen Personen handelt. Ich würde dem aus praktischen Gründen widersprechen. Denn die Seelen der Toten machen erfahrungsgemäß weit weniger Ärger als die Seelen der Lebenden. Hatten wir nicht bei 1a4-6 die Drohung, die beiden Zauberinnen unter dem Grabhügel zu bannen! Bei dem Problem von *'drinnen'* und *'unten'* haben wir es mit zwei möglichen Deutungen des wortes Antumnos (die *Anderswelt*) zu tun. Dies ist die gallische Version des sehr viel späteren Begriffs Annwn, Annwfn, der in

der mittelalterlichen britischen Bardenposie eine oder mehrere Anderswelten beschreibt. Und dieses Wort ist alles andere als leicht zu übersetzen. Ann kann sowohl *nicht-* wie auch *alles-*, Dwfn dagegen *tief, innen* oder *Welt* bedeuten. *Nicht-tief, Nicht-innen, Nicht-Welt; Alles-tief. Alles-innen, Alles-Welt.* Such Dir aus, was Sinn für Dich macht. Was bei der Inschrift von Larzac durchaus praktisch gemeint sein kann. Denn der Weg nach draußen führt zunächst einmal nach innen. Bevor man z.B. den Körper zu einer Trancereise verlässt, geht das Bewusstsein erstmal von der Außenwelt zurück und in die Innenwelt hinein. Und aus dem Inneren dieser Trance öffnen sich die Wege und Tunnel, die in verschiedenen Anderswelten führen. Ich vermute also, dass es sich vielleicht darum handelt, durch die Innenwelt die Anderswelt zu erreichen, um dort die Seelen von Feinden in die unfreundliche Obhut der Andersweltgötter zu geben. Was magisch gesehen durchaus funktionieren kann. Das nächste lesbare Stück ist

> 2a3-8. Was den Mund von irgendwelchen betrifft, die vor Gericht stehen - wenn sie Schadenzauber praktizieren sollten, so soll sie ihn (= den Mund) irgendeines Angeklagten weder verwünschen noch bestrick noch sich selbst preisgebend machen (wörtlich: 'schlagen').
>
> 2a8-11. (Vielmehr sollen) dieser Frauen (ständige) Verfolgerinnen Severa (und Tertionicna) zur Verwünschten bzw. Bestrickten (machen), die nicht einheimische Anhängerin (?) wie auch die einheimische.

Die Anhängerin könnte übrigens auch eine Nachfolgerin sein, leider ist das Wort unsicher. Der Abschluss des Textes scheint eine Art Übereinkunft zu sein.

2b7-13. Verfolgerin dieser Frauen, in dem Maße, wie diese Schonung üben werden, schone du die Severa (und) Tertionicna, die Verwünschte bzw. Bestrickte, Verfolgenden, die die nichteinheimische (und einheimische Anhängerin) Bindenden/Schädigenden (?).

Diese Passage gibt viele Rätsel auf. In einer früheren Übersetzung (Meid 1992) wurde noch vermutet, der Nichtangriffspakt wäre durch die Intervention von einer oder mehrerer *weisen Frau/en* (uitluta) geschlossen worden. Doch hier scheint/scheinen vielmehr die Verfolgerin/nen (Adsaxona) damit betraut, für Frieden zu sorgen. Es sind vielmehr jene Frauen, die sich als 'Weise Frauen' bezeichnen, die mit dieser Tafel gegen die beiden Zauberinnen vorgehen. Wie schön, dass sie sich selbst als weise bezeichnen. Erstaunlicherweise geschieht dies, wortwörtlich, indem jene verschont werden sollen, die Terticonicna und Severa verfolgen. Wie verstehen wir soetwas? Bedeutet es, dass die Gegner der beiden Zauberinnen bei ihren Gegenzaubern Straffreiheit genießen sollen, bzw. geschützt sind vor den Flüchen der beiden Angeklagten? Meid schlägt vor, den letzten Passus wie folgt zu lesen:

In dem Maße, wie sie (d.h. die Severa und Tertionicna Verfolgenden) Schonung walten lassen werden, so schone du, Adsaxona, auch sie, die Severa und Tertionicna Verfolgenden.

Bei unserem derzeitigen Wissenstand muss diese Frage offen bleiben. Fest steht nur, dass die Konflikte auf irgendeine Art friedlich bewältigt wurden, und dass die Inschrift von Larzac in einem Grab beigesetzt wurde, um sie der Obhut der Andersweltgottheiten zu übergeben. Diese dürfen hier als Bürgen für das Abkommen verstanden werden. Ob

es nun eine oder mehrere Verfolgerinnen, und ob sie göttlicher oder dämonischer Natur waren, ist hier nicht besonders wichtig. Wie auch immer der Text gelesen wird, er zeigt deutlich, dass im römisch besetzten Gallien organisierte, gebildete Frauengruppen magische Gefechte austrugen. Nur mal so als Frage, waren diese zauberkräftigen Frauen Druidinnen? Oder gehörten sie zu einer anderen Kategorie von Ritualisten, die von den römischen Autoren nicht erwähnt wurden? Und kamen solche Gruppen nur in Gallien vor?

Rätsel der Keltike

Das war nun also ein kurzer Überblick über die Schriften der antiken Autoren. Wir dürfen uns zwar glücklich schätzen, dass so viele Autoren sich über Druiden äußerten, aber leider fehlt es in ihren Berichten an Details. Die meisten unserer Quellen widmeten dem Thema nur ein paar kurze Zeilen, und selbst da wiederholen sie sich ständig. Die Autoren des antiken Rom machten sich selten die Mühe, ihre Quellen anzugeben, und so können wir meist nicht sicher sein, ob ein Autor gut informiert war oder ob er einfach nur wiederholte, was Cäsar früher geschrieben hatte. Die meisten dieser Autoren schrieben in einer Zeit, in der es bereits keine Druiden mehr gab, und dadurch werden ihre Berichte nicht gerade zuverlässiger. Tatsächlich kann der gesamte Umfang antiker Verweise auf Druiden leicht auf weniger als zehn kleine Seiten gedruckt werden, was T. Kendrick auch getan hat; seine bemerkenswerte und äußerst nüchterne Studie gehört noch immer zu den besten Büchern über das Thema. Ganz offensichtlich ist es nicht leicht, eine alte Religion auf der Basis so wenig vertrauenswürdigen Materials zu rekonstruieren. Das andere große Problem ergibt sich, wenn wir die Gültigkeit der Quellen betrachten.

Unter Neo-Keltisten ist das ein heiß diskutiertes Thema, und viele von ihnen machen Geld, indem sie die Mär von einer goldenen Vergangenheit verbreiten, einem Zeitalter des Friedens und der Fülle. Einer der Störfaktoren sind da allerdings die Menschenopfer.

Es gibt viele Autoren, die die ganze Angelegenheit als bösartige römische Propaganda abgetan haben, als einen grausamen Mythos, um die gleichermaßen grausame Eroberung Galliens zu legitimieren. Wenn man diesen Autoren lauscht, gewinnt man den Eindruck, die Druiden seien ehrwürdige, ökologisch gesonnene, freundliche alte Männer gewesen, die nur Gutes taten, den Alten und Kranken halfen und jegliche Art von Gewalt verabscheuten. Vielleicht sangen sie auch Popsongs, rauchten Hasch, sonnten sich am Strand und wünschten der römischen Armee einen netten Tag. Andererseits haben ebenso viele Autoren all die Greuelgeschichten für bare Münze genommen und sind davon ausgegangen, das Gallien der Antike sei grausam und der frühe Tod an der Tagesordnung gewesen, und dass die römischen Historiker es nicht nötig gehabt hätten, irgendwelche böse Propaganda auszustreuen, weil die Wirklichkeit viel schlimmer gewesen sei. Wenn man bedenkt, wie wenig wir wirklich sicher wissen können, scheint der Knackpunkt zu sein, an welche Art von Vergangenheit wir gerne glauben würden. Natürlich haben beide Parteien eine Reihe guter Argumente für ihren Standpunkt, aber das Material ist so spärlich, dass nichts beweisbar ist. Das macht die ganze Debatte (die seit mehr als zweihundert Jahren läuft) zu einem Glaubenskrieg. Ich persönlich finde es faszinierend, den von den verschiedenen Gruppen vorgebrachten Argumenten zu lauschen. Wenn man über eine Anzahl von Geschichten verfügt und keine Möglichkeit hat, zu erforschen, welche von ihnen zutreffend ist (von subjektiven Künsten wie Zeitreisen mal abgesehen), welche würdest Du dann für wahr halten? Hier kannst Du etwas über Deine eigenen Glaubensinhalte lernen – und wieder mal was Praktisches machen. Tu Dir selbst einen Gefallen und finde heraus, was Deine eigene Meinung dazu ist. Ich werde jetzt einige Wörter schreiben, und Du sollst prüfen, wie Du sie verstehst. Sie lauten: *... die Druiden versammelten sich in einem heiligen Hain.*

Bitte halte einen Augenblick inne und erinnere Dich, wie diese Worte in Deiner Vorstellung repräsentiert wurden. Wenn Du liest, dass sich die Druiden in einem heiligen

---

Götter im gallo-römischen Stil

Links: Gott mit Hirschhufen, aus vier Stücken Bronzeblech bestehend, ein Auge aus weißem Glas und blauem Email (das andere fehlt), Höhe 45cm, Bouray, Seine-et-Oise, Frankreich. Versuche, diese Statue zeitlich einzuordnen, führten zu extrem unterschiedlichen Ergebnissen, die durchschnittliche Schätzung liegt zwischen dem 1. Jahrhundert vor unserer Zeit und dem 1. Jahrhundert unserer Zeit.

Oben rechts: Gehörnter Gott, Bronze, Magerides, Departement Corrèze, Frankreich. Der Gott hält einen Torque und trägt gallische Hosen mit einem Tartanmuster, kombiniert mit einem römischen Mantel, wie man ihn gewöhnlich bei Statuen des Merkur findet.

Unten rechts: Bild von Esus, das auf einer Säule gefunden wurde, zusammen mit den römischen Göttern Iovis (Jupiter), Volcanus (Gott der Schmiede) und der gallischen Gottheit Tarvos Trigaranus (ein Stiergott, begleitet von drei Kranichen). Esus wird gezeigt, wie er einen Baum beschneidet. Paris, bläulicher Sandstein, Höhe 107cm.

Hain versammelten, stellst Du Dir automatisch ein Bild dazu vor, damit die Worte Sinn ergeben. Du wirst Bilder, Geräusche und Gefühle erfinden. Schau Dir an, was Du Dir vorgestellt hast, als Du die Worte gelesen hast. Es kann sein, dass Du Dir so schnell etwas vorgestellt hast, dass Du kaum bemerkt hast, was Du Dir vorgestellt hast. In letzterem Fall machst Du das Ganze noch mal und beobachtest Dein Gehirn bei der Arbeit. Ich möchte fortfahren, indem ich noch ein paar Fragen stelle. Waren die Druiden, die Du Dir vorgestellt hast, alle männlich? Wie alt waren sie? Was hatten sie an? Besaßen sie Talismane, Stäbe oder hatten alle eine bestimmte Frisur? In welcher Stimmung waren sie? Aus was für Bäumen bestand ihr Hain? Welche Tages- und Jahreszeit war gerade? Und was genau taten sie? Du wirst feststellen, dass Du halluzinieren musst, wenn meine harmlosen Worte irgendeinen Sinn ergeben sollen. Niemand weiß, was die Druiden für gewöhnlich trugen, und erst recht nicht, ob es in der vorrömischen Periode, als der Kult noch florierte, Druidinnen gab oder wie sie für gewöhnlich ihre Zeremonien durchführten. Es wird noch besser, wenn es um das Privatleben der Druiden geht. Kannst Du Dir einen Druiden auf Urlaub vorstellen, oder einen, der nach einem langen Tag am Altar nach Hause kommt? Stellst Du Dir Druiden verheiratet vor? Was aßen sie? Was taten sie, wenn sie sich entspannen wollten?

Was immer Du Dir vorgestellt hast, was nicht in den klassischen Texten vorkommt, entspringt ausschließlich Deiner Phantasie. Da kann man nichts machen. Wenn Du Dir über Leute, von denen so wenig sicher bekannt ist, etwas vorstellen willst, musst Du eine Menge Details erfinden. Jeder, der über Druiden liest, tut das. Der Punkt ist, dass sich die meisten Leute ihres eigenen Beitrags nicht bewusst sind: Sie überprüfen

ihre Gedanken nicht und nehmen Ideen für selbstverständlich, die es nicht sind. Ich habe mehrere Freunde gebeten, diese harmlose und ziemlich inhaltsfreie Phrase mit Leben zu erfüllen. Manche stellten sich Druiden in der Nacht am Feuer stehend vor, andere in einem Eichenwald im Sommer, viele visualisierten Druiden in Weiß (obgleich eine Person auch von Bärenpelzen halluzinierte) und alle erfanden eine Zeremonie, entweder heiter oder ekstatisch, wie es ihrer eigenen Weltanschauung entsprach. Selbst wenn Du die mehr oder weniger detaillierten Berichte von Plinius visualisierst (mach das jetzt), musst Du immer noch eine Menge erfinden, damit das Bild lebendig wird. Du wirst herausfinden, dass Du eine Menge Vorstellungen für selbstverständlich hältst, die auf keinerlei historischem Material fußen. Das kann man übrigens auch gar nicht vermeiden. Spekulationen über so wenig Material erfordern immer kreative Halluzination. In aller Regel bleiben die halluzinierten Teile unbewusst, aber sie existieren dennoch in Deinem Geist und bilden Deinen Eindruck von dem Thema. Hier findet man auch einen guten Hinweis darauf, weshalb Druiden während der letzten Jahrhunderte so ein interessantes Thema waren. Je weniger man weiß, desto mehr muss man erfinden. Daher reizen Druiden die Phantasie mehr als prosaischere Kulte, über die mehr bekannt ist.

Als nächstes denk bitte wieder an das Thema Menschenopfer. Wie Du Dich vielleicht erinnerst, hatten die meisten antiken Autoren eine Menge über diesen Brauch zu sagen und beschrieben lustvoll, wie sie praktiziert wurden. Diese Angelegenheit hat zu vielen Streitigkeiten unter Historikern geführt, von denen viele sich ausgesprochene Mühe gegeben haben, zu beweisen, dass sie wirklich stattfanden, oder sie wegzuargumentieren. Da kannst Du wieder mal etwas über Deine eigenen Überzeugungen lernen. Bitte stell Dir jetzt ein solches Menschenopfer vor. Und dann stell Dir einen druidischen Ritus vor, der freundlich und friedlich verläuft und ein Korn- und Blütenopfer zum Gegenstand hat. Sind beide Visionen gleich überzeugend? Ziehst Du eine von beiden vor? Mach jetzt eine Pause und untersuche sie noch einmal. Ist eine von beiden größer, heller, näher, besser entwickelt, detaillierter, farbiger, lebensechter? Was ist der Unterschied zwischen beiden Visionen, von ihrem Inhalt abgesehen? Welche Vision erscheint Dir „realer"? Mach es mal anders herum, nur so zum Spaß. Stelle Dir die überzeugendere Version in der weniger überzeugenden Form vor und umgekehrt. Was passiert? Wie kannst Du Dich selbst von etwas überzeugen, woran Du vorher gezweifelt hast, und wie kannst Du an etwas zu zweifeln, was Dir vorher selbstverständlich und natürlich vorgekommen ist?

Und noch ein bisschen Spaß. Nimm zuerst einen pro-druidischen Standpunkt ein und geh davon aus, die Druiden seien in der Tat Hüter eines uralten und hochgradig verfeinerten Wissens gewesen, und dass sie nur selten, wenn überhaupt, Menschenopfer dargebracht hätten. Sicher, es gibt Archäologen, die Beweismaterial ausgebuddelt haben, das bemerkenswert nach gewaltsamem Tod im Namen der Religion aussieht, aber man kann doch auch viel als Hinrichtung von Verbrechern oder Kriegsgefangenen, seltsame Bestattungsbräuche oder ungewöhnliche Unfälle auf dem Weg zur Arbeit erklären.

Dann nimm mal den pro-römischen Standpunkt ein und geh davon aus, dass die Druiden, zumindest die gallischen, im Wesentlichen eine machthungrige Elite waren, die keinerlei Skrupel hatte, eine Menge Menschen zugunsten einer guten Ernte und allgemeiner Heiligkeit zu töten.

Oder stell Dir vor, Du wärst ein Druide, der für Menschenopfer ist und argumentiert, dass sie doch keine so schlechte Sache wären, da man doch durch die Wiedergeburt voll und ganz dafür entschädigt wird. Man könnte behaupten, die Opfer würden ja geehrt und könnten sich glücklich schätzen, getötet zu werden, weil sie dadurch Vorteile in irgendeiner Art von Leben nach dem Tod hätten.

Und dann ist da noch die Frage der Häufigkeit. Cäsar und andere vermittelten den Eindruck, es handle sich bei Opferungen um große Angelegenheiten, bei denen immer gleich mehrere Opfer den Tod fanden. Verbrecher (und gelegentlich auch Unschuldige), die in großen, aus Weidenruten geflochtenen Figuren verbrannt wurden, hinterlassen aber leider nur wenig, was Archäologen noch entdecken könnten. Und so kann die relative Seltenheit der Anzeichen für Menschenopfer, die es auf die Schaufel des Archäologen geschafft haben, auch wieder in unterschiedlicher Weise interpretiert werden. Man könnte argumentieren, dass Opferungen nur selten und vereinzelt vorgenommen wurden, oder auch, dass wir sie nur nicht finden können.

Welche anderen Standpunkte könntest Du noch einnehmen? Das eigentlich Interessante bei jedem Standpunkt ist, ob Du ihn überzeugend findest oder zumindest für wahrscheinlich hältst. Wie macht man das? Was stellst Du Dir vor, wenn Du Dir eine Meinung bildest? Welche Arten von Bildern sind überzeugend? Wie überzeugst Du Dich selbst?

Was diese Übung so spaßig macht, ist die Tatsache, dass, egal, ob Du nun überzeugt bist oder nicht, Du nach wie vor nicht sicher sein kannst. Was Du lernen kannst, wenn Du jeden Standpunkt einnimmst, ist folglich nicht, was wirklich passiert ist, sondern wie Du Dich selbst überzeugst und Deine eigenen Glaubensvorstellungen durch innere Repräsentationen, also Vorstellungen formst. Das ist viel nützlicher, als herauszufinden, was Druiden wirklich taten. Es kann Dir zeigen, welche Form die Fabeln haben, die Du gern für wahr hältst und Dich echte geistige Aufgeschlossenheit lehren.

Wenden wir uns nun vom Thema der Grausamkeit und des Menschenopfers ab und den gleichermaßen fragwürdigen positiven Phantasien über Druiden zu. Cäsar und andere erwähnten das starke Interesse, das Druiden an Themen wie Astronomie, Kosmologie, den Kalenderwissenschaften, der Medizin und so weiter hatten. All das weist zwar auf irgendeine Form von Weisheit hin, aber Beispiele werden nirgendwo gegeben. Als Konsequenz davon zählen viele moderne Schriftsteller stolz die Wissenschaften auf, die die Druiden angeblich vervollkommnet hätten, geben aber keinerlei genaue Belege dafür an. Wieder einmal wurde druidische Weisheit zu einer wunderbaren Gelegenheit, bizarre Ideen aller Art in die Welt zu setzen. Als Du gelesen hast, dass Druiden an die Reinkarnation glaubten, musste Dein Geist sich etwas vorstellen (halluzinieren), damit die Worte einen Sinn ergeben. Es ist schwer, sich vorzustellen, was Reinkarnation bedeutet, wenn wir dazu nicht vertraute Konzepte hinzuziehen, wie beispielsweise die Reinkarnationsmodelle, die die Pythagoräer, Hindus, Buddhisten oder Theosophen favorisieren. Leider sind diese Modelle nicht deckungsgleich, und die druidische Version ist vielleicht völlig anders. Wir können es nicht wissen, aber wenn wir aufgefordert werden, es uns vorzustellen, ist es sehr schwer, das Halluzinieren zu vermeiden.

Oder nimm mal das vermutete druidische Interesse an der Berechnung der Länge des Jahres. Eine ganze Zeit lang galt das als Paradebeispiel für eine der wenigen Disziplinen, die beweisbar waren. Der fragliche Gegenstand ist der Coligny-Kalender. Bronze-Fragmente eines uralten Kalenders wurden in der Nähe von Coligny in Frankreich entdeckt und sofort begeistert als „Druidenkalender" identifiziert. Leider ist der Kalender nicht unumstritten. Zunächst einmal sind die Inschriften mit römischen Buchstaben geschrieben, wenn auch in irgendeiner keltischen Sprache. Was es noch schwieriger macht, ist, dass der Kalender in der Nähe einer römischen Straße gefunden wurde, zusammen mit einer Statue des Apollo, und ein Kalenderarrangement aufwies, das in Mode gewesen war, bevor Julius Cäsar den Kalender reformiert hatte. Das weist eher auf eine ausgefallene gallo-römische Tradition hin, was nicht das gleiche ist wie eine druidische. Der Coligny-Kalender zeigt einen 5-Jahreszyklus von 60 Monaten plus zwei Extramonaten zu Beginn und in der Mitte des Zyklus, so dass der Kalender in zwei Abschnitte von 2,5 Jahren geteilt war. Soviel zu den guten Nachrichten, denn Diodorus hatte geschrieben, dass die Gallier alle fünf Jahre Opferfeste abhielten. Die erste Hälfte des Jahres begann mit einem Monat namens Samon, die zweite mit einem Monat namens Giamon. Verschiedene Wissenschaftler tippen darauf, dass diese unbekannten Wörter Mittsommer und Mittwinter bedeuten, oder Sommeranfang und Winteranfang, ohne nennenswerte Beweise. Das altirische Wort Sam bedeutet Sommer, aber der Winteranfang wurde als Samhain bezeichnet. So könnte Samon sowohl Sommer als auch Winter bedeuten, niemand weiß es. Die Monate waren in solche mit 30 Tagen geteilt, Mat genannt (was möglicherweise „gut" bedeutet) und solche mit 29 Tagen, Anm genannt, was vielleicht An Mat bedeutet, d.h. „nicht gut", vorausgesetzt, Mat bedeutet wirklich gut und Anm ist wirklich eine Abkürzung. Die Begriffe könnten auch vollständig und unvollständig bedeuten. Nicht einmal der Monatsanfang kann zuverlässig festgestellt werden. Ging ein dunkler Zwei-Wochen-Abschnitt einem hellen voraus, oder begann der Monat am sechsten Tag, wie Plinius behauptete? Der Coligny-Kalender stimmt nicht mit dem überein, was heute so achtlos als „das keltische Jahr" bezeichnet wird. Letzteres ist lediglich das rituelles Jahr der keltischen Gälen Schottlands und Irlands, da die britannischen Kelten von Wales und Cornwall andere Feste feierten, und wie die verschiedenen kontinentalen Kelten das Jahr berechneten, weiß man nicht. Was das Ganze wirklich problematisch macht, ist, dass der Coligny-Kalender, von dem ursprünglich angenommen wurde, er stamme aus dem ersten Jahrhundert unserer Zeit, heute auf das zweite Jahrhundert unserer Zeit datiert wird. Und das war keine Zeit, in der irgendeine Form von Druidentum im besetzten Gallien noch toleriert wurde. Und was noch seltsamer ist, warum hätte irgendjemand im römischen Imperium Gebrauch von einem Kalender machen sollen, der so ungenau war, dass er alle 2,5 Jahre einen Extramonat brauchte, während doch der Rest des Imperiums seit mehr als einem Jahrhundert den viel genaueren julianischen Kalender benutzte?

Der Untergang der Druiden

Mit der römischen Besetzung änderten sich viele lokale Kulte und Religionen stark. Der Druidenorden als Form organisierter Religion scheint ziemlich komplett verschwunden zu sein. Dies geschah teilweise durch gewalttätige Unterdrückung, aber noch mehr durch Veränderungen in den sozialen Strukturen, die sich ergaben, als Gallien und Britannien Teile des Imperiums wurden. Als vom Senat in Rom über die Lokalpolitik entschieden

wurde, verloren die Druiden ihre Funktion als politische Ratgeber. Römisches Recht ersetzte die lokalen Druidengerichte, und Unterrichten hörte auf, ein druidisches Amt zu sein. Als Gallien einmal besetzt war, nahm eine beträchtliche Anzahl von Adligen alle Segnungen, die das Imperium zu bieten hatte, mit Handkuss entgegen. Da gab es einmal Wein und Luxusgüter, aber das waren nur die ersten und attraktivsten Waren im Programm. Wichtiger waren römische Mode, Architektur, Bildung, eine Sprache, die in weiten Teilen Europas verstanden wurde, ein Netzwerk von Handelsrouten, der berühmte römische Frieden und eine Einstellung, die Adlige von Mitgliedern eines kleinen Stammes in Bürger des Imperiums verwandelte. Zugegeben, von Zeit zu Zeit kam es zu Unruhen und Aufständen, aber die dazu gehörige Gewalttätigkeit war gering im Vergleich zu den Kleinkriegen, die vor der Besetzung jedes Jahr geschahen.

Es ist ein interessantes Phänomen, dass so viele moderne Heiden glauben, ihre Vorfahren hätten die Innovationen gehasst, die auf den Spuren der Eroberung folgten. In Wirklichkeit war das Gemetzel schnell vergessen, und die Leute nahmen die neuen Ideen, Moden und Gelegenheiten begeistert an. Viele Adlige schickten ihre Kinder nach Rom, damit sie eine gute Ausbildung erhielten, und wenn diese zurückkehrten, hatten sie sich völlig verändert und dachten in Bahnen, die ihren Ahnen völlig unmöglich erschienen wären. In seinem Buch *Agricola* erwähnt Tacitus, dass die Adligen Britanniens schnell römische Kleidung und Sitten übernahmen und eifrig Latein lernten. Viele junge Männer schlossen sich den Legionen an und marschierten durch das Imperium, da es nichts Attraktiveres gibt, als auf der Seite der Gewinner zu stehen. Diese Veränderungen beeinflussten auch das religiöse Leben.

Insgesamt erlaubten die Römer den lokalen Kulten, weiter zu bestehen, vorausgesetzt, sie hielten sich an die Gesetze des Imperiums, ehrten den Genius des Kaisers, zahlten Steuern und hielten die Bevölkerung im Zaum.

Mehrere Jahrhunderte lang wurden die keltischen Götter so verehrt wie vor der Eroberung, wenn auch in etwas abgeschwächter Form. Manche von ihnen gewannen sogar noch Anhänger dazu. Jede Provinz des Imperiums lieferte Soldaten für die Legionen, und die Legionäre trugen ihre Gottheiten durch ganz Europa. Manche Götter, wie der persische Mithras oder die keltische Pferdegöttin Epona waren in den Legionen viel populärer, als sie es vor der Eroberung gewesen waren. Eine der Innovationen, die nach der Besatzung eingeführt worden war, war das Setzen von Gedenksteinen. Wenn man sich am archäologischen Material orientiert, wird klar, dass nur wenige Gottheiten der keltischen Welt in Gestalt von Statuen verehrt wurden, ehe die römische Armee diese Mode einführte. Sobald der Trend einmal da war, wurde er allerdings äußerst populär. Viele keltische Völker in Gallien, Germanien und Britannien ließen Abbilder von ihren Lieblingsgöttern anfertigen. Zuerst orientierten sie sich stark an den römischen Originalen, aber schon bald entstand ein spezifisch gallo-römischer Stil, und keltische Steinmetze fertigten Statuen und Altäre an, die in weiten Teilen des Reiches begehrt waren.

Einen Großteil unseres Wissens über keltische Götter verdanken wir dieser Mode. Für die noch übrig gebliebenen Druiden (vorausgesetzt, es gab noch welche) hatten sich die Dinge schlecht entwickelt. Einige Aspekte ihrer Religion hatten überlebt, aber ihre eigene Funktion als mächtige Elite hatte sich aufgelöst. Sie bildeten nicht länger eine organisierte Religion, ihre geheime Weisheit war nicht länger begehrt, und von den vielen Ämtern, die sie ausfüllten, blieben nur noch ein bisschen Magie und Prophetie übrig. Als 312 Kaiser Konstantin offiziell zum Christentum übertrat, tat das auch ein Großteil des Imperiums, und schon bald verschwanden viele heidnische Religionen. Der Übergang war anfangs weder leicht noch gewalttätig, und das Christentum jener Tage war etwas völlig anderes als das, was wir heute kennen. Nur wenige Leute hatten Sympathien für die Art von Christen, die Armut predigten und Leuten sagten, sie sollten die andere Wange hinhalten. Christus wurde beliebt, weil sein Kult vor allem Sieg in der Schlacht und ein angenehmes Leben nach dem Tod versprach. Das erschien vielen Adligen annehmbar in einer Zeit, in der das römische Imperium zu verfallen begann. Als exklusiv monotheistische Religion machte das Christentum dem Pluralismus der älteren heidnischen Kulte ein Ende. Diese Konversion hatte eine stärkere Auswirkung auf die heidnischen Religionen als die römische Eroberung als solche und war für die Druiden der letzte Nagel zu ihrem Sarg.

In Irland war es anders. Die römische Armee hatte Irland nie erobert, obgleich zweifellos einige Händler gelegentlich dorthin gereist sein werden, und es eine kleine römische Niederlassung gab, die für den Handel wichtig war. Und so überlebten die irischen Druiden, bis die grüne Insel zum Christentum übertrat. Diese Druiden waren nicht der gleiche Menschenschlag wie der, der in Gallien existiert zu haben scheint. Als Cäsar in Gallien einfiel, bestand die Gesellschaft aus einer todgeweihten Aristokratie mit vielen einflussreichen Häuptlingen, die um die Herrschaft über den eigenen und fremde Stämme kämpften. Im Gegensatz dazu scheinen die Briten und die Iren das sakrale Königtum bevorzugt zu haben. Es scheint Könige gegeben zu haben, die mit

Münzen 2: Verwandlungen.
Menschen oder Götter in Tiergestalt

Oben rechts: Boier, Böhmen, Silber, 25mm, Vogelfrau! FARIARIX.

Mitte links: Osismier, Gold, 20mm, Pferdemensch, man beachte die Daumengeste und die stilisierte „Harfe".

Mitte rechts: Osismier, Gold, 20mm, menschliches Profil mit „Bären-„Kopfschmuck.

Unten: Petrocorer, Silber, 14mm, Menschen-Eber.

der Göttin des Landes verheiratet wurden, und solche Könige waren im Wesentlichen Galionsfiguren, die zahllose Riten und Tabus zu beachten hatten. Diese Könige wurden von Druiden beraten, aber diese Druiden erfreuten sich nicht solcher absoluten Macht wie die in Gallien. Während die britannischen Druiden aufgrund römischer Verfolgung verschwanden, behielten die irischen Druiden ihre Funktion bis hinein ins 5. Jahrhundert, als das Christentum ihre Funktion überflüssig machte.

Vielleicht existierte eine weitere druidische Enklave im Norden Britanniens und Schottland, Gegenden, die von den Römern gemieden und viel später als der Rest der Insel christianisiert wurden. Vorsichtshalber möchte ich hinzufügen, dass es auch im Hinblick auf die inselkeltischen Druiden schwer ist, Gewissheit zu erlangen. Wenn wir Nachforschungen über sie anstellen wollen, müssen wir uns auf mittelalterliche Manuskripte verlassen, die im Allgemeinen mehrere Jahrhunderte nach dem Untergang der Druiden von missbilligenden christlichen Mönchen verfasst wurden. Während viele Gelehrte des 19. Jahrhunderts (bis ins 20. Jahrhundert hinein) die mittelalterliche Literatur Irlands beglückt für den authentischen Ausdruck altkeltischer Glaubensinhalte hielten, haben archäologische Forschungen viele Fälle zu Tage gefördert, in denen es nicht so war. Viele mittelalterliche Legenden beruhen auf Traditionen, die die mönchischen Literati nicht verstanden oder die aus anderen Teilen Europas importiert worden waren. Einige dieser Mönche missbilligten heidnische Glaubensinhalte, aber weit mehr kannten sie überhaupt nicht. Deshalb muss die Literatur über die irischen Druiden mit großer Vorsicht untersucht werden.

Wenn Druiden beschrieben werden, werden sie oft in ein christliches Schema gepresst. Das *Tripartite Life of St. Patrick* (8. – 10. Jahrhundert) behauptet, dass die Druiden weiße Roben und eine Tonsur trugen und Kinder mit Wasser tauften. Da dieses Werk mindestens 350 Jahre nach dem Verschwinden der irischen Druiden verfasst wurde, können wir diese Details nicht überprüfen. Der Autor konnte es auch nicht. Solche Ähnlichkeiten zum Christentum verleiten manche Forscher zu der optimistischen Theorie, dass die Druiden und die frühen Christen vielleicht eine Weile Seite an Seite gelebt haben, in friedlicher Koexistenz, und dass viele druidische Lehren in die Lehren des „keltischen Christentums" eingeflossen sein könnten. Im letzten Jahrhundert zog diese modische Fabel viele Christen an, die ihr Glaubensbekenntnis langweilig fanden und ein bisschen keltische Romantik brauchten, um sich besonders fühlen zu können. Vom historischen Standpunkt aus gesehen ist das Beweismaterial für diese Theorie mehr als umstritten. Als St. Patrick durch Irland streifte, Schlangen verbannte und das Evangelium verkündete, fanden die Druiden, die sich dem heiligen Mann in den Weg stellten, ein böses Ende. Es gibt mehrere mittelalterliche Berichte darüber, wie St. Patrick gegen die Druiden in Wettbewerben im Wunderwirken antrat. Sie ähneln stark einigen Geschichten, die man in der Bibel findet, und genau wie bei den Wettstreiten in der Bibel enden sie immer mit der Vernichtung der falschen Propheten.

Im Allgemeinen sind Druiden im christlichen Schriftgut eher eine Enttäuschung. Die meisten sind keine Angehörigen einer organisierten Religionsform, sondern fungieren als heidnische Magier, und stets sind sie mit dem Teufel verbündet. Oft werden sie in Stücke zerhauen, von der Erde verschluckt oder durch himmlisches Feuer zu Asche verbrannt, nur um zu zeigen, wie schlecht sie waren. Das klingt nicht wirklich nach friedlicher Koexistenz. Als der heilige Patrick seine Hymne *gegen die Beschwörungen der falschen Propheten, die schwarzen Gesetze der Ketzer, gegen die Anbetung von Idolen, die Zaubersprüche der Frauen, und der Schmiede und der Druiden verfasste* (The Guardsman's Cry of St. Patrick), bewies er damit, dass er richtig zur Sache ging. Er befand sich damit ganz in Übereinstimmung mit den Dekreten des Kaisers Theodosius, der 394 angeordnet hatte, dass alle heidnischen Tempel, Riten und Zeremonien komplett verschwinden sollten, und das auch mit Gewalt durchsetzte.

Druiden in Legenden

Sieben Jahre dein Recht, unter einer Steinplatte im Morast,
ohne Nahrung, ohne Geschmack, ewig gepeinigt von Durst,
deine Lektion die Gesetze der Richter, und deine Sprache ein Gebet;
und falls du zurückkehren willst, wirst du vielleicht eine Weile ein Druide sein.

So lautet ein altirisches Gedicht, zitiert von Bonwick. Mit dem Morast beschäftigen wir uns später. Während die antiken Autoren vornehmlich mit dem beschäftigt waren, was sie für Fakten hielten, ließen mittelalterliche Autoren, die Druiden erwähnten, sie für gewöhnlich in phantasievollen Legenden auftreten. In den Werken der mittelirischen Schreiber kommen jede Menge Druiden vor. Das Problem mit diesen Druiden ist, dass sie in Legenden vorkommen, die oft Elemente von volkstümlichen Geschichten enthalten, und viele der Wunder, die von diesen Druiden gewirkt werden, stellen deutliche Parallelen zu christlichen Heiligenlegenden oder auch einfach Märchen dar. Die leichtes-

te Art der Annäherung an das Thema, und auch die populärste, ist es, irische Legenden für den authentischen Ausdruck altkeltischer Traditionen zu halten. Viele Autoren vor allem des letzten Jahrhunderts sahen in irischen Mythen ein Reservoir prähistorischer Weisheit von einer Kultur, die nicht durch die römischen Eroberer verformt worden war. Da mag durchaus etwas dran sein, allerdings ist es auch Tatsache, dass die irischen Schreiber, die die Legenden aufzeichneten, stark vom christlichen Glauben beeinflusst waren und daher mit heidnischen Vorstellungen weder vertraut waren noch auf gutem Fuß mit ihnen standen. Außerdem schrieben auch sie lange nachdem die Druiden in Irland verschwunden waren, was die Frage aufwirft, wie gut sie eigentlich über das Thema Bescheid wissen konnten. Und zu guter Letzt kannten sich die irischen Schreiber, seien es nun Mönche oder Filid, enorm gut aus in den Schriften der klassischen Autoren des antiken Griechenland und Rom. Wenn wir in irischen Mythen auf altkeltische Elemente stoßen, zu denen es Parallelen in den Werken der klassischen Autoren gibt, könnte das als Anhaltspunkt dafür gelten, dass die irischen Legenden Material aus römischer Zeit bewahrten und dass beide Quellen einander bestätigen. Es könnte aber auch sein, dass die irischen Schreiber den römischen Text kannten und daraus abgeschrieben haben. Beides ist möglich. Archäologische Ausgrabungen haben gezeigt, dass nicht alles, was in Legenden als echtes altkeltisches Wissen gilt, auch tatsächlich vertrauenswürdig ist. Es kam dagegen oft vor, dass die mittelalterlichen Schreiber über vage, bruchstückhafte Informationen in Bezug auf eine Person, einen Ort oder ein Ereignis verfügten und die fehlenden Details einfach dazu erfanden, um die Geschichte zu vervollständigen. Beschäftigen wir uns also nun damit, was die irischen Druiden der Legenden angeblich taten. Ich vertraue darauf, dass Du skeptisch genug bist zu erkennen, dass es sich hier um komplizierte Mythen handelt und dass diese oft mehr über die Überzeugungen der mittelalterlichen Filid aussagen als über die echten Druiden. Das heißt allerdings nicht, dass wir uns ausschließlich mit Phantasien beschäftigen. Wenn berichtet wird, dass eine Druidin eine Feindin in einen Teich verwandelt, ist diese Aussage nicht im herkömmlichen Sinn als wahr oder falsch zu bezeichnen. Es kann sich um eine magische Realität handeln, so dass das unwahrscheinliche Ereignis zum akkuraten Ausdruck einer psychologischen Wahrheit wird.

Ein anderes interessantes Thema ist die Bedeutung des Wortes Druide in der irischen Literatur. Während die antiken Autoren dabei einen spezifischen Kult und seine Priesterschaft im Sinn hatten, werden die Druiden der irischen Literatur nicht mit irgendwelchen bestimmten Formen organisierter Religion in Verbindung gebracht. Einige von ihnen sind ganz einfach unabhängige Zauberer oder Propheten. Das Wort Drui, wie es in der mittelirischen Literatur verwendet wird, bedeutet Zauberer oder Magier, und Druidentum besteht oft einfach in Zauberei oder dem Benutzen von Zaubersprüchen. Der Zauberer kann ein Priester gewesen sein oder auch nicht. Wenn Druiden in diesen Texten auftauchen, kann man nicht sicher sein, ob der Begriff im religiösen Sinn verwendet wurde, den er für die römischen Literaten hatte, oder ob damit einfach auf einen mächtigen Zauberer hingewiesen werden sollte. Davon auszugehen, dass alle irischen Druiden in einem Kult organisiert waren wie die Druiden Galliens, wäre naiv.

In den frühen Legenden werden mehrere Druiden porträtiert. Da sich diese Geschichten abspielen, bevor das Christentum in Ir-

land eingeführt wurde, finden wir Druiden vor, die wichtige Posten an den Königshöfen haben. Diese Druiden ähneln den teufelsanbetenden Druiden, die von St. Patrick mit Gott auf seiner Seite bekämpft wurden, kein bisschen, aber sie unterscheiden sich auch von den Druiden, über die die antiken Autoren schrieben. Zum Beispiel waren die irischen Druiden weder Richter noch Gesetzgeber. Sie waren nicht so streng organisiert wie die Druiden Galliens. Die Druiden der mittelirischen Legenden hatten Ehrenpositionen als Propheten, Seher und Ratgeber und suchten häufig die Höfe der großen und kleineren Könige auf. Falls eine zentrale Organisation bestand, berichten die irischen Mythen nichts davon. Im Gegenteil findet man Druiden aus verschiedenen Provinzen vor, die magische Kriege gegeneinander führen. Manche solche Druiden hatten einen Status wie Adlige, besaßen Festungen und Ländereien und unterhielten kleine Heere, mit denen sie ihre Nachbarn ausplünderten. Typische Beispiele sind Nuada, Tagt und Cathbad. Weltliche und spitituelle Macht waren nicht getrennt.

Werfen wir für den Anfang mal einen schnellen Blick auf die mythische Geschichte Irlands. Mehrere mittelalterliche Texte behaupten, Irland sei nicht in einer einmaligen Aktion besiedelt worden, sondern es habe eine Reihe von Invasionen gegeben; einer Eroberungswelle folgte die nächste. Mehrere frühe Keltologen gingen davon aus, dass diese Invasionen einen realen historischen Hintergrund haben, trotz der zahlreichen mythischen Elemente und halbgöttlichen Wesen, die in diesen Geschichten auftauchen. Moderne Forscher sind etwas vorsichtiger und schreiben nicht jeden sozialen und kulturellen Wandel einer gewaltsamen Eroberung zu. Massive kulturelle Veränderungen können auch in Gestalt von Moden auftauchen, die nicht von wütenden Kriegern, sondern von reisenden Handwerkern und unternehmungslustigen Händlern eingeführt werden.

Als das Volk Partholons irgendwann in der sehr frühen Vorgeschichte in Irland einfiel, wurde es laut den Legenden von drei Druiden begleitet. Diese hiessen Fios (Intelligenz), Eolus (Wissen) und Fochmarc (Nachforschung). Diese Dreiergruppe klingt weniger nach echten Menschen als nach einer der vielen Triaden, die bei den Inselkelten so populär waren. Falls sie irgendetwas Bemerkenswertes taten, so wird in den Legenden nichts darüber berichtet. Später fielen die Tuatha de Danann, die vielleicht Götter, Außeriridische oder einfach eine weitere Welle keltischer Immigranten waren, in Irland ein. Ihr Ursprung ist unklar, denn verschiedene Berichte sagen, sie seinen aus Spanien oder Dänemark gekommen oder direkt von den Sternen herabgestiegen. Sie hatten auch Druiden, aber da vom Volk der Danann viele ohnehin göttliche Kräfte hatten, war Druidentum bei ihnen nichts Besonderes. Mehrere von den Tuatha de Danann werden als Druiden bezeichnet, allen voran Brian, Inchar und Iucharba, und die beiden Druidinnen Beonill und Danann, aber es gab noch weitere Personen, die in den druidischen Künsten bewandert waren. Die Tuatha de Danann (Stämme der Göttin Danann) führten einen langen und grausamen Krieg gegen die Fomorier („die von unter dem Meer stammen"), welche größtenteils wie schreckliche, teils tiergestaltige Monstrositäten aussahen. In dieser Schlacht setzten die Völker der Danann Magie als Waffe gegen ihre Feinde ein. Nun waren viele von den Tuatha mindestens halbgöttlicher Abstammung, und, wie Du im Kapitel über Bride lesen wirst, scheinen manche von ihnen irgendwann einmal als Götter verehrt

worden zu sein. In dieser Funktion konnten sie Zauberei und Wunder wirken, die man in anderen Legenden menschlichen Druiden zuschrieb. Bei der Vorbereitung auf die Schlacht kündigte der Druide Figol, Sohn des Mamos, an:

Ich werde drei Feuerschauer auf das Heer der Fomorier ergiessen, und ich werde ihnen zwei Drittel ihrer Kampfkraft, ihrer Tapferkeit und ihrer Stärke rauben, und ich werde in ihren Leibern und den Bäuchen ihrer Pferde den Urin zur Stauung bringen. Mit jedem Atemstoß wird dagegen die Kampfkraft, die Tapferkeit und die Stärke der Iren stärker werden. Und wenn sie sieben Jahre lang auf dem Schlachtfeld bleiben würden, sie würden niemals erschöpft sein!

Die Suggestion, die hier das Ausatmen mit einer Zunahme der Kampfkraft in Verbindung bringt, ist von besonderer Bedeutung. Derartige Suggestionen zeigen Fähigkeiten im Bereich der Hypnotherapie und deuten darauf hin, dass zumindest einige der Inselkelten wussten, dass bestimmte Formen des Atmens die Vitalität erhöhen können. Derartige Einsichten sind jedem fortgeschrittenen Schüler ostasiatischer Kampfkunst vertraut; in Europa wurden solche Weisheiten nur selten aufgezeichnet. Ein weiterer interessanter Aspekt der Geschichte ist vielleicht, dass der Druide Figol, obwohl er durch Zauberei zum Ausgang der Schlacht beitragen will, nicht auch für andere Aktivitäten zuständig ist, die mit den klassischen Druiden in Verbindung gebracht wurden. Figol ist kein Heiler – diese Aufgabe wird von dem Wunder wirkenden Arzt Dian Cecht erfüllt; er ist auch kein Poet, die Aufgabe, den Feind zu satirisieren und zu verfluchen, wird von dem Fili Cairbre, Sohn der Etain, wahrgenommen. Noch ist er der Einzige, der zaubert. Die Legende erwähnt Zauberer unter den Tuatha de Danann, die den Mut der Fomorier reduzieren und ihren Urin stauen lassen, ganz wie der Druide Figol versprochen hatte, und die zwei Hexen, Bechuille und O Dianann, versprechen:

Wir werden die Bäume, Steine und Erdschollen in ein Schlachtenheer verwandeln, und sie werden vor Entsetzen und Schaudern in wilder Flucht auseinanderrennen.

Gleichermaßen steuert der göttliche Schmied Goibniu seine magischen Fertigkeiten in der Anfertigung von Waffen bei, der Zauberer Mathgen verspricht, die Berge Irlands auf die Fomorier stürzen zu lassen, und der Dagda („der gute Gott") schloss sich dem *gegenseitigen Schlagen, der Zerstörung und Zauberei an*. So gab es eine Menge Magie in der zweiten Schlacht von Mag Tured, aber größtenteils wurde sie nicht direkt den Druiden zugeschrieben.

Die Tuatha de Danann kämpften nicht nur gegen die Fomorier, sondern auch gegen eine Anzahl einfallender Stämme, die sich Fir Bolg nannten (deren Name vielleicht mit dem Keltenstamm der Belger verwandt ist). In dieser unvermeidlichen Schlacht sorgen die drei Druidinnen der Tuatha de, Bodhbh, Macha und Mor Rigan dafür, dass schwarze Wolken und dunkle Nebel die Armee der Fir Bolg einhüllen und Feuerschauer und Blut vom Himmel regnen. Drei Tage erschreckten sie ihre Feinde, bis die Druiden der Fir Bolg, Cesarn, Gnathach und Ingnathach den Zauber brachen. In der Zwischenzeit hatten die Tuatha de die Gelegenheit genutzt, sich in eine strategisch bessere Position zurückzuziehen. Der Druide Cesarn war übrigens nicht nur Zauberer, sondern auch Traumdeuter. Als die Schlacht dann endlich stattfand, hatten beide Seiten ihre

Druiden und Zauberer auf dem Schlachtfeld, die den Feinden Magie und Zaubersprüche entgegenschleuderten. Das ist eine durchaus übliche kelto-germanische Annäherung an Strategie. Die Völker Mittel- und Nordeuropas glaubten im Allgemeinen, der Sieg in der Schlacht sei nicht so sehr eine Sache der Organisation und Planung, sondern hinge von der Gunst der Götter ab. So konnte ein König, der die Wahrheit des Landes verkörperte, mit dem Sieg rechnen, vorausgesetzt, er befolgte die Riten, brachte die richtigen Opfer und verletzte kein Tabu. Wenn das nicht funktionierte, konnte man die Niederlage leicht irgendeinem unerkannten Fehltritt des Adels oder dem unzuverlässigen Temperament der Kriegsgötter in die Schuhe schieben. Zauberei in der Schlacht einzusetzen war einfach ein Gebot des gesunden Menschenverstandes, während detaillierte und umfangreiche Strategien, wie die römische Armee sie einsetzte, verachtet wurden. Ein Ergebnis davon war, dass die keltischen und germanischen Stämme ihre Armeen in Verwandschaftsgruppen aufstellten, und sie kannten eine einzige Schlachtformation (den Keil). Außerdem waren sie imstande, eindrucksvolle Anfälle von Kampfwut an den Tag zu legen, aber sie scheiterten kläglich, wenn es ums Aushalten auf einem Posten ging. In späterer Zeit scheint die Zauberei auf dem Schlachtfeld Teil des Amtes der Poeten und Barden geworden zu sein.

Druidische Zauberei ist ein beliebtes Thema in irischen Legenden. Man kann unmöglich alle Beispiele hier aufzählen, aber ein oder zwei Beispiele mögen genügen, um eine Vorstellung von den Fähigkeiten zu geben, die man Druiden zuschrieb. Als Midir (der wahrscheinlich in vorgeschichtlicher Zeit ein Gott war) seine Frau Etain zu den Tuatha De nach Hause brachte, hatte seine erste Frau Fuamnach einen schrecklichen

Münzen 3

Oben links und rechts (Vorder- und Rückseite): Helvetier, Gold, 16mm.

Mitte links: Lingoner, Triskele.

Mitte rechts: Helvetier? „Freiburg-Typ", 18mm. Trotz seiner Abstraktheit handelte es sich um ein populäres Motiv, das in mehreren Variationen produziert wurde.

Unten links: Catuvellauner, Britannien, gemünzt in Camulodunum (Colchester), Gerste. Während der Herrschaft des Cunobelin exportierten die Catuvellauner große Mengen an Korn nach Gallien.

Unten rechts: unbekannt, genannt „Deutscher Silber-Typ, Scheffel".

Eifersuchtsanfall. Andere Frauen hätten vielleicht eine Szene gemacht, aber Fuamnach war von dem Druiden Bresal Etarlam ausgebildet worden. Sie brachte ihre Rivalin zum zentralen Sitz des Hauses und bat Etain, diesen Ehrensitz einzunehmen; dann schlug sie sie mit einem Stab aus rotem Ebereschenholz. Während die Druiden laut Plinius' Bericht verrückt nach Eichen sein sollten, interessierten sich die irischen Druiden mehr für Ebereschen und Eiben. Der Schlag mit dem Ebereschenholzstab verwandelte Etain in einen Teich. Dann floh Fuamnach zu dem Druiden Bresal, der zuerst ihr Pflegevater gewesen war, und Midir verliess ebenfalls das Haus, da mit einem Teich zusammenzuleben nicht das war, was er sich vorgestellt hatte. Das war allerdings noch nicht das Ende der Rivalität.

> Die Hitze des Feuers und der Luft und das Sieden des Bodens vereinten sich und verwandelten den Teich, der sich in der Mitte des Hauses befand, in einem Wurm, und der Wurm verwandelte sich in eine scharlachfarbene Fliege. Diese Fliege hatte die Größe des Kopfes des gutaussehendsten Mannes des Landes, und der Klang ihrer Stimme und das Rauschen ihrer Flügel tönte süßer als Flöten, Harfen und Hörner. Ihre Augen glänzten wie kostbare Steine im Dunkeln, und ihre Farbe und ihr Duft konnten Hunger und Durst jedes Mannes befriedigen; zudem konnte ein Verspritzen ihrer Tropfen jede Krankheit und jedes Leiden heilen. Diese Fliege begleitete Midir durch sein Land…
>
> (Die Werbung um Etain,
> *Gelbe Buch von Lecan*, Übers. J. Gantz).

Da Midir ein übermenschliches Wesen war, wusste er, dass die Fliege in Wirklichkeit Etain war, und weigerte sich, eine neue Frau zu nehmen. Die Fliege summte ihn jede

Nacht in den Schlaf und weckte ihn, wenn Feinde sich näherten, und machte süße Musik, daher weigerte sich Midir, zu essen oder zu trinken, wenn nicht die Fliege in seiner Nähe war. Das verärgerte Fuamnach so sehr, dass sie ihre Druidenkräfte einsetzte, um einen schrecklichen Sturm zu beschwören, der die Fliege geradewegs von der Insel blies und hinaus in die Stürme und Wellen des weiten Ozeans. Sieben Jahre lang schwirrte Etain in Gestalt einer Fliege durch die Lüfte, bis der Wind sich endlich legte und sie nach Irland zurückkehrte, vom Regen durchweicht, völlig fertig. Dort wurde sie von Mac Oc, Midirs Pflegesohn, gefunden, der Etain sofort erkannte und sie mit nach Hause nahm, um sie in einer Kristalllaube voller duftender Kräuter gesund zu pflegen. Fuamnach hörte schon bald davon, daher bat sie Midir, Mac Oc auf einen Umtrunk einzuladen, und als er gegangen war, beschwor sie einen weiteren Sturmwind, der die Fliege aus der Laube hinaus in die obere Welt blies, wo sie rastlos sieben weitere Jahre verbrachte. Schließlich gelang es ihr, auf einem Dach in Ulaid zu landen, flog benommen nach drinnen und fiel ohnmächtig in den Weinkelch von Etars Frau, die sie unwissentlich verschluckte.

Schon bald stellte die Dame fest, dass sie schwanger war, und Etain wurde in Menschengestalt in der Welt der Menschen wiedergeboren. Später in ihrem Leben war sie mit König Echu Airem von Temair verheiratet, sie blieb es aber nicht lange, da Midir aus der verborgenen Welt unter den hohlen Hügeln kam, sie mit List gewann und davontrug. Wie zwei Schwäne erhoben sich die beiden über der Königshalle. Da hatte König Echu einen Wutanfall und sandte seinen Druiden Dallan, das Versteck von Etain und Midir zu suchen.

Der Druide reiste ein ganzes Jahr durch Irland, ohne Erfolg. Schliesslich schnitt er vier Stäbe aus Eibenholz zurecht und ritzte Oghambuchstaben hinein. Dann führte er eine Weissagung mit den Stäben durch (ich wünschte, ich wüsste, wie er das gemacht hat) und fand heraus, dass die beiden unter einem Hügel bei Bri Leith lebten. Der Druide gab diese Nachricht an König Echu weiter, der sofort eine große Streitmacht versammelte und sich daran machte, den Feenhügel aufzugraben. Das verärgerte die Tuatha de Danann, die zu jener Zeit in den hohlen Hügeln lebten, und es dauerte nicht lange, da musste Midir dem zornigen König gegenüber treten. In seiner Gesellschaft befanden sich allerdings fünfzig Frauen, die alle genau wie Etain aussahen, und Midir forderte den verblüfften König auf, seine frühere Frau aus ihrer Schar herauszusuchen. König Echu liess sie einen Trank in eine Schale gießen (Ehrengäste zu bedienen war Teil der Pflichten einer Königin) und entschied sich schließlich für eine Frau, die ihm wie seine frühere Gemahlin erschien, obgleich er sich nicht ganz sicher war. Midir übergab sie dem König und forderte ihn auf, zu schwören, dass er zufrieden sei. Kaum dass Echu das getan hatte, lächelte Midir und gestand, dass Etain schwanger gewesen war, als er sie in die Anderswelt entführt hatte. Die Zeit vergeht anders in der Anderswelt der Sidhe, daher wurde Etains Tochter geboren und wuchs in dem Land unter der Oberfläche auf, während im Land der Sterblichen nur wenig Zeit vergangen war. Voller Ekel wurde dem König klar, dass er seine eigene Tochter als Frau gewählt hatte, und Midir verschwand lachend und ward nicht mehr gesehen.

Später fielen die Söhne Mils in Irland ein, wie einer ihrer Druiden, Caicher, vorhergesagt hatte. Bei ihrer Ankunft trafen sie auf die Leute der Danann, die fanden, dass eine Schlacht zu diesem Zeitpunkt ziemlich unfair wäre, da sie unvorbereitet angetroffen worden seien. Daher schlossen sie einen Vertrag ab, dem zu Folge die Söhne Mils zu ihren Schiffen zurückkehren und sich hinter die neunte Welle zurückziehen sollten. Danach könnten sie dann zurückkommen und ihren Kampf haben. Als die Söhne Mils nun über die neunte Welle hinaus segelten, stellten sie fest, dass ihnen die Rückkehr nach Irland verwehrt war. Die Druiden der Tuatha de Danann standen am Ufer und beschworen einen mächtigen Sturm herauf, mit dem sie die Eroberer zu ertränken hofften. So gewaltig tönte das Tosen des Windes, dass der Boden des Meeres bis an die Oberfläche aufgewirbelt wurde und die stolzen Krieger seekrank wurden. Aber auch die Söhne Mils zählten Druiden und Zauberer zu den Ihren, die nun der Magie des Sturms mit eigenen Zaubern entgegentraten. Einer von ihnen, der berühmte Dichter Amergin Weißknie, besänftigte die tobende See und den heulenden Wind mit einem Lied, das den Segen der Insel heraufbeschwor. Mehrere Lieder werden Amergin zugeschrieben. Da sie äußerst inspiriert sind, möchte ich zwei von ihnen hier vorstellen. Sie stammen beide aus dem *Leabhar Gabhala*, dem *Buch der Eroberungen*, und ihre Sprache ist so archaisch, dass sie durchaus im 8. Jahrhundert aufgezeichnet worden sein könnten. Hier als Erstes eine Anrufung an Irland selbst, nach der Übersetzung von R. A. S. Macalister und Eoin MacNeill. Dieser Zauber beruhigte den druidischen Sturm und besänftigte die See.

Ich beschwöre das Land von Irland,
viel durchfahren sei die fruchtbare See;
fruchtbar sei der obsttragende Berg;
obsttragend sei der regenreiche Wald;
regenreich sei der Fluss der Wasserfälle;
aus Wasserfällen sei der See der tiefen Teiche;
tief-teichig sei die Quelle auf dem Hügel;
eine Quelle der Stämme sei die Versammlung;

eine Versammlung von Königen sei Temair
(Tara),
Temair sei ein Hügel der Stämme,
die Stämme der Söhne von Mil,
von Mil der Schiffe, der Boote.
Irland soll das höchste Boot sein,
Hohes Irland, dunkel umsungen:
eine Beschwörung mit großer Kunstfertigkeit,
die große Kunstfertigkeit von Bres' Frauen,
die Frauen von Bres, von Buaigne.
Die große Dame Irland,
Eremon hat sie erobert,
Ir, Eber haben sie beschworen.
Ich beschwöre das Land von Irland.

Als nächstes das Lied, dass der Dichter
sang, als er zum ersten Mal seinen Fuß auf
irischen Boden setzte. Es handelt sich nicht
um ein Lied der Eroberung, sondern um eine
Aussage magischer Identität.

Ich bin der Wind der auf dem Meere atmet,
ich bin die Welle des Ozeans,
ich bin das Murmeln von sieben Wogen,
ich bin der Ochse von sieben Schlachten,
ich bin der Geier auf den Felsen,
ich bin der Strahl der Sonne,
ich bin die schönste aller Pflanzen,
ich bin ein Wildschwein voller Mut,
ich bin ein Lachs im Wasser,
ich bin ein See auf der Ebene,
ich bin ein Wort der Wissenschaft,
ich bin die Spitze der Lanze im Kampf,
ich bin der Gott, der das Feuer im Kopf erschuf.
Wer hat Licht geworfen auf das Treffen auf
dem Berg?
Wer verkündet die Zeiten des Mondes?
Wer lehrt den Ort wo die Sonne sich bettet?
(Wenn nicht ich)
                    Übersetzung nach D. Hyde/Wille

Diesem Gedicht wurden später mehrere Glossen beigefügt, die man gelegentlich
bei anderen Übertragungen findet. Mr.
Hyde fügte sie in die letzten drei Zeilen ein.
D'Arbois de Jubainville gibt sie folgendermaßen wieder:

Wer wird jede Frage erleuchten, wenn nicht
ich?
Wer nennt die Zeiten des Mondes, wenn
nicht ich?
Wer zeigt den Ort wo die Sonne zur Ruhe
geht?
Wenn nicht der File!

Auch das Wort „Geier" ist etwas fragwürdig. Manche Übersetzer geben es als
„Falke" oder „Habicht" wider. Es gibt mehrere europäische Geierarten, die größtenteils
im Hochgebirge leben, aber ob man sie im
prähistorischen Irland kannte, ist eine Frage,
die zu beantworten ich gerne den Ornitholo-
gen überlasse.

Es wäre eine große Versuchung, die
verschiedenen Zeilen dieser wundervollen
Beispiele für Zauberei zu kommentieren,
aber vorläufig dürfte es wohl nützlicher
sein, wenn Du sie laut liest und versuchst,
die Inspiration und Geschicklichkeit zu spüren, die an ihrer Entstehung beteiligt waren.
Wir werden Gedichte, die dem letzteren
ähnlich sind, später untersuchen, da die „Ich
bin"-Formel eine Sache ist, die in den Liedern der Schamanen und der britannischen
Taliesins häufig vorkommt. Diese Art von
Poesie enthält viele Elemente und Formeln,
die als hypnotische Induktion dienen können, um die Wahrnehmung zu verändern
und den Glauben zu verwandeln. Das erste
Gedicht ist in einem Versmaß namens Rosc
gehalten, das sich durch Alliterationen, eine
rasche Abfolge und die Wiederholung von
Elementen von einer Zeile zur nächsten

auszeichnet. Diese Lieder wurden nicht von ruhigen, würdevollen Priestern rezitiert, sondern von einem erregten, ekstatischen Geist im Zustand poetischer Raserei. Beachte, dass Amergin sich im zweiten in einen Zustand der Verzückung versetzt, in der er seine menschliche Identität transzendiert, indem er zu einer Anzahl anderer Wesen wird.

Als sie Irland erobern wollen, bemühen sich die Söhne Mils zuerst, sich auf die spirituelle Ebene des Landes einzustimmen. Nachdem sie die Zauberverse gesungen hatten, legte sich der Sturm, und die Eroberer kehrten an Land zurück. Von dort aus bewegten sie sich weiter landeinwärts. Auf ihrem Weg begegneten sie der Göttin der Insel in drei Gestalten. Es handelte sich um die Göttinnen Eriu, Banba und Fodla, die alle drei zu den Stämmen der Danann gehörten. Jede von ihnen begrüßte die Eroberer und drohte, sie aufzuhalten, da ihre Sache keine gerechte sei. Jeder der drei versprach Amergin, dass ihr Name für immer der Name der Insel sein würde, woraufhin die Göttinnen zufrieden waren. Dergestalt mit dem Segen der Insel ausgestattet, stürmten die Invasoren den Truppen der Stämme der Danann entgegen und gewannen die blutige Schlacht. Eriu, die Göttin, die Irland den Namen gab, fiel in der Schlacht von Tailtiu. Nur wenig ist über sie bekannt, außer dass man sie mit Kreisen und Ringen in Verbindung bringt und dass ihr Name *ständig Reisende* bedeutet. Smyth (1988) hält sie für eine solare Gottheit. Ihre Schwester Banba wurde in der gleichen Schlacht erschlagen, von Caicher, dem Druiden, und Fodla ebenfalls. Aller Respekt vor den drei Göttinnen des Landes hielt die Söhne Mils nicht davon ab, sie zu töten.

Man könnte vermuten, dass Amergin Weißknie ein typischer Vertreter der druidischen Profession ist, wäre da nicht die Tatsache, dass er spezifisch als Fili bezeichnet wird, nicht als Druide. Manche Forscher möchten es gern so sehen, dass die Filid einfach eine Unterart von Druiden waren, da diese schlaue Gleichsetzung sie mit reichlich Quellenmaterial über das „Druidentum" versorgen würde. Wenn wir vorgeben, jeder Fili und Barde der mittelalterlichen Literatur sei ein Druide in Verkleidung gewesen, können wir erstaunliche Mengen an Druidenwissen sammeln und auf dem New-Age-Markt verkaufen, ohne dass irgendjemand dadurch schlauer wird. Diese Art von Desinformation ist sehr in Mode und hat zahlreiche luftige Werke hervorgebracht, die auf dem beruhen, was deren Autoren für die geheimen Lehren des Druidentums oder der in Vergessenheit geratenen altkeltischen Religion halten. Weder die Barden noch die Fili bezeichneten sich je als Druiden. Die eine Ausnahme von der Regel ist einer der Taliesins, der behauptete, ein Druide zu sein. Natürlich war er das, aber da die Taliesins behaupteten, so ziemlich alles zu sein, bringt uns das nicht weiter. Ich würde in aller Fairness argumentieren, dass wir es den Filid überlassen, zu entscheiden, wer von ihnen nun Druide und wer Poet war. Wer sagt denn, dass die Druiden ein Monopol auf Magie gehabt hätten! Die Filid der Legenden verhielten sich oft viel zauberischer als die klassischen Druiden.

Im Ulster-Zyklus der irischen Sagen erscheint der Druide Cathbad an prominenter Stelle. Er übt hauptsächlich das Amt eines Propheten aus. In einem Fall teilt er der Herrin Nes mit, der Tag und die Stunde seien günstig, um einen König oder eine Königin zu zeugen. Da gerade kein anderer Mann verfügbar ist, wählt Nes Cathbad zum Vater ihres Kindes. Die Schwangerschaft dauert drei Jahre und drei Monate und endet mit der Geburt des Königs Conchobar. Laut dem *Tain Bo Cuailgne* sprach Conchobar immer vor jedem anderen an seinem Hof. Aber noch bevor Conchobar sprach, wurde von seinen drei Druiden erwartet, dass sie ihre Meinung kundgaben. Diese Bemerkung findet man gelegentlich in populärer Literatur als Beweis dafür, dass die Druiden im Allgemeinen vor den Königen sprachen. Pech für uns, dass sich das nur auf einen bestimmten König in den irischen Mythen bezieht. Es sagt mehr über die Überzeugungen der mittelalterlichen Barden aus (die diese Geschichte aufzeichneten oder erfanden), als über historisches Druidentum. An Conchobars Hof unterhielt Cathbad eine Druidenschule, in der er hundert junge Männer unterrichtete. Bei seinen Lektionen, so weit sie eben festgehalten sind, handelte es sich im Wesentlichen um die Kunst, den richtigen Zeitpunkt für ein bestimmtes Vorhaben zu wählen. Er vergibt Namen und sieht das Schicksal eines jungen Kriegers voraus, der an einem bestimmten Tag um die Verleihung der Waffen bittet.

Der betreffende Krieger ist natürlich der junge Cuchulainn, der angesichts der Vorhersage des Sehers so fasziniert ist, dass er sofort um Waffen bittet, trotz (oder aufgrund) des heldenhaften, aber extrem kurzen Lebens, das ihn erwartet. In der wohlbekannten Geschichte *Die Verbannung der Söhne Uisnechs* hört Cathbad den Schrei eines Kindes im Mutterleib. Er sagt das Schicksal des Kindes vorher und legt damit dessen tragisches Leben fest. Es ist gerade diese Prophezeiung, die zur Tragödie führt. Diese Geschichten zeigen, dass ein gewisses Maß an Fatalismus in der irischen Gedankenwelt existierte. Sie zeigen auch, dass Prophezeiungen selbsterfüllend sein können und dass allein das Aussprechen einer Vorhersage die Realität herbeiführen kann, die sie voraussagt. In einer Version des *Tain* bemerkt Fergus, Cathbad sei *die Quelle des Wissens,*

er, der den Elementen befiehlt, sich in den Himmel erhebt, die Augen blendet und den Mut der Fremden mit seiner Druidenmacht stiehlt...* In einer Episode verzögert der Druide das Vorrücken von Königin Medbs Armee um vierzehn Tage, weil er auf ein Omen wartet. Ein Gedicht im *Tain* erwähnt *zweihundert Druiden, um uns anzuführen,* macht aber sonst keine weiteren Angaben. Könnte das bedeuten, dass die Druiden zuständig für die Strategie der Schlacht waren? Cuchulainn selbst tötete drei Druiden in diesem Epos, die *Fuß, Faust* und *Handfläche* hießen, sowie deren Frauen namens *Lust, Schande* und *Nichtigkeit.* Stell Dir einen Augenblick vor, dass diese Namen auf Funktionen hinweisen. Was wäre, wenn Du so heißen würdest, und was bedeutet das, o weiser Leser! In einer weiteren Episode kommt eine Anzahl *magischer Harfenspieler mit süßer Zunge* aus einem roten Katarakt, um Königin Medbs Armee zu bezaubern. Da ihre Zauberei fehlschlägt, wendet sich die Armee gegen sie, und die Harfner entkommen in der Gestalt von Hirschen. Der *Tain* erklärt diese Verwandlung, indem er feststellt, bei den Harfnern habe es sich um *Druiden von großem Wissen* gehandelt. Als Cuchulainn sich in eine Frau aus der Anderswelt verliebte, wurde er so verrückt, dass seine Gesundheit schwand. König Conchobar schickte Heiler, Filid, Musiker und Druiden, die Cu nach Emain Macha bringen sollten. Als er sie erblickte, hatte Cuchulainn einen Wutanfall und versuchte, viele von ihnen zu töten. Die Heiler sangen druidische Gesänge, um ihn zu besänftigen, und hielten ihn an Händen und Füßen fest, bis er wieder bei Sinnen war. Um ihn zu heilen, reichte man ihm den Vergessenstrank, und ein ähnliches Gebräu bot man Cus Frau Emer an, damit sie ihre Eifersucht vergessen konnte.

Noch wichtiger als Quelle für das Druidentum ist der *Forbhais Droma Damhghaire*, die Geschichte der Belagerung von Knocklong. Diese wichtige Handschrift, die im 15. Jahrhundert im *Buch von Lismore* Eingang fand, berichtet, wie Hochkönig Cormac MacAirt, begleitet von seinen fünf Druiden und seinen Kriegern, auszieht, um Fiacha, dem König von Munster, ungerechte Steuern aufzuerlegen. Sie erscheint auch in der Liste von Geschichten, die im *Buch von Leinster* angegeben ist. Das bedeutet, dass irgendeine Version, wenn auch nicht notwendigerweise die, die wir haben, im 12. Jahrhundert gut bekannt war. Die Druiden in dieser Legende sind sehr unterschiedlich. Manche von ihnen sind menschliche Wesen, die an Cormacs Hof in Tara leben und dort als professionelle Seher und Ratgeber arbeiten. Sie haben die Gabe des Vorhersehens und Zauberfertigkeiten, und am Ende verfluchen sie Cormac, so dass er an einer Fischgräte erstickt und stirbt. Um seinen Krieg führen zu können, erhält Cormac Unterstützung vom anderweltlichen Volk der Sidh. Aus einem Feenhügel kommen die drei Töchter des Maol. Sie sind Druidinnen, doch da sie aus einer definitiv nichtmenschlichen Realität stammen, erscheinen sie als todbringende Schafe mit Kochenköpfen und Eisenschnäbeln. Mit ihnen kommen zwei männliche Druiden in Menschengestalt, die unverwundbare Kämpfer sind. Solche Druiden sind wohl kaum Musterbeispiele für irgendwelche noch überlebenden Angehörigen der keltischen Priesterschaft. Sie werden Druiden genannt, weil sie Zauberer sind, und abgesehen davon macht der Text klar, dass sie nicht einmal menschlich sind.

Aufgrund der Zauberei von Cormacs Druiden erleiden die Munstermänner eine schreckliche Niederlage nach der anderen. Ihr Land wird verwüstet, ihre Ernten

vernichtet, ihre Brunnen trocknen aus und schließlich verlässt sie sogar ihr Mut. Um Cormacs Streitmacht zu besiegen, versichern sie sich schließlich der Hilfe des blinden Munster-Druiden Mog Ruith. Seine ganze Geschichte in allen Einzelheiten zu erzählen würde hier zu lange dauern, zumal eine hervorragende Übersetzung von Sean O'Duinn existiert, die ich sehr empfehlen kann. Hinweise auf die Zauber Mog Ruiths findest Du überall in diesem Buch verteilt. Hier soll es genügen, Mog Ruith selbst zu beschreiben. Sein Name lässt sich als *Diener (oder Sklave) des Rades* übersetzen. Manche Forscher machen aus ihm einen Priester eines Sonnenkultes; kühnere Visionäre sehen in ihm eine Sonnengottheit. Was hauptsächlich auf der Annahme beruht, dass jeder, der in einer alten Legende Wunder wirkt, ursprünglich ein Gott gewesen sein muss. Eine weitere Interpretation, die sich im *Coir Anmann (Ursprung der Namen)* findet, besagt, dass Mog Ruith eine entstellte Version von *Magus Rotarum* ist, da er seine Weissagungen mit Hilfe eines Rades tätigte.

Mog Ruith hat wenig Gottähnliches an sich, trotz all seiner Zauberei. Er ist ein alter, blinder Mann, der ein zurückgezogenes Leben fern der Welt der Menschen führt. In seiner Jugend wurde er von der Druidin Banbhuana ausgebildet und lernte von ihr alle magischen Künste, selbst die, die von den Sidhe stammen, dem Volk, das unter den hohlen Hügeln lebt. Andere Quellen sagen, er sei der Sohn eines irischen Gelehrten und einer britannischen Sklavin gewesen. Dieser Bericht behauptet auch, Mog sei von Simon Magus persönlich unterrichtet worden. Es existiert sogar eine Tradition, die meint, er persönlich habe Johannes den Täufer enthauptet, und dass diese schreckliche Übeltat schlechtes Wetter, Hunger und Krankheit über die Menschen Irlands gebracht habe.

Trotz aller Abgeschiedenheit hat Mog fünf Schüler, ein guter Hinweis darauf, dass Magier eine Verpflichtung haben, die Essenz ihres Handwerks weiterzugeben. Als die Leute von Munster ihn um seine Unterstützung bitten, verlangt er sofort eine außergewöhnlich hohe Bezahlung. Das verrät uns, dass Mog Ruith selbst noch in seiner Isolation ein Händchen für Geschäfte hat. Es zeigt auch, dass ihn das Wohlergehen seiner Landsleute nicht im Geringsten interessiert. Erst nachdem seine Forderungen erfüllt sind, beschließt er, den Truppen König Fiachas zu helfen. Ein Großteil der Geschichte beschäftigt sich damit, auf welche Weise der blinde Druide aussucht, welche Ländereien er als Lohn für seine Zauberei haben will. Andererseits ist die Geschichte voller Wunder, magischer Schlachten zwischen Gestaltwandlern, verzauberten Steinen, Blutregen, Riesenschlangen, Wassermagie, druidischen Feuerstürmen und so weiter. Diese Legende bietet viele nützliche Einblicke, aber kaum etwas von historischem Wert. Wir könnten in diesem Stil weitermachen, indem wir weitere Beispiele für druidische Zauberei geben, aber wo immer diese für die magische Praxis von Bedeutung sind, habe ich sie in verschiedenen anderen Kapiteln untergebracht. Zu guter Letzt möchte ich Dich fragen, für wie bedeutsam Du diese alten Berichte hältst. Wie viele unterschiedliche Interpretationen fallen Dir ein? Welche druidischen Aktivitäten würdest Du der spezifischen Priesterschaft einer vergessenen Religion zuschreiben, und in welchem Fall hast Du den Eindruck, der Begriff „Druide" wurde einfach als eine Variante von „Zauberer" verwendet?

Die Rückkehr der Druiden

Die Rückkehr der Druiden ins öffentliche Bewusstsein erfolgte erst ziemlich spät. Die meisten mittelalterlichen Autoren Britanniens kannten das Wort Druide nicht einmal. Es kommen keine Druiden in den Werken von Nennius, Bede, den *Sächsischen Chroniken*, dem Artusroman, dem *Mabinogi* oder den populären Bestsellern von Geoffrey of Monmouth vor. In all diesen Werken wird jeder, der vielleicht ursprünglich ein Druide war, als Magus bezeichnet, ein Begriff, der aus der *Bibel* stammt. Das Interesse an Druiden keimte mit der Wiederentdeckung der antiken Autoren erneut auf. Ganz plötzlich entdeckte (bzw. erfand) Europa seine Frühgeschichte, und die Historiker begannen sich zu fragen, ob Druiden für Steinkreise oder Pfeilspitzen aus Feuerstein bekannt waren. Im 17. Jahrhundert begann König James I. sich für die wunderbaren Megalithen von Stonehenge zu interessieren und befahl seinem obersten Architekten, Inigo Jones, sie zu untersuchen. Jones war der erste Schriftsteller, der der Ansicht war, Stonehenge könne vielleicht ein druidischer Tempel gewesen sein. Er verwarf die Idee allerdings zugunsten eines römischen Ursprungs des Monuments. Andere Historiker schrieben das Bauwerk den Phöniziern, den Dänen und den Sachsen zu, zumal sich eine Datierung als vollkommen unmöglich erwies.

Der erste ernsthafte Verfechter der druidischen Theorie war John Aubrey (1626 – 1697). William Stukeley, der über Stonehenge und Avebury schrieb (1740 und 1743), verfocht leidenschaftlich den druidischen Ursprung dieser Monumente und brachte damit eine Mode auf. Er ließ sich seinen eigenen Druidentempel in seinem Garten in Grantham bauen und bei einem druidischen Spitznamen nennen. Bis zu diesem Punkt hatte niemand die megalitischen Anlagen mit Druiden in Verbindung gebracht; de facto hatte sich eigentlich niemand besonders für die Druiden interessiert. In ähnlicher Weise hielt man die französischen Megalithen auch nicht vor 1805 für druidisch, als Cambry seine *Monuments Celtiques* publizierte. Als solche Werke dem Publikum zugänglich wurden, war Europa auf einmal voll von Druidentempeln. Jeder einigermaßen hervorstechende Felsen wurde als Druidenaltar bezeichnet. Romantiker wollten Druiden und begegneten ihnen, wo immer sie hingingen. Bis zum heutigen Tag existieren zahllose Druidentempel, die erst zu Beginn des 19. Jahrhunderts zu solchen wurden. Moderne Archäologen haben allerhand dagegen einzuwenden. Egal, was die öffentliche Meinung sagt: Es gibt keinerlei Spuren von druidischen Aktivitäten an irgendeinem der Megalith-Monumente. Massenzusammenkünfte, Feuer und Opfer hinterlassen Spuren, und solche Spuren wurden nirgends gefunden. Das wirft wieder einmal die interessante Frage auf, weshalb diese wunderbaren Megalithbauten nicht für Rituale oder Zeremonien verwendet wurden. Moderne Heiden agieren gern an Dolmen oder in Steinkreisen, und wenn Du jemals eine Nacht an einem solchen Ort verbracht hast, fragst Du Dich sicher, warum sie bei den Kelten, Sachsen, Wikingern und wer da sonst noch so vorbei kam, nicht populärer waren. So merkwürdig das ist, die Megalithbauten wurden von vielen nachfolgenden Kulturen ignoriert. Oder wurden sie vielleicht sogar gefürchtet? Folklore, die von Begeisterten in den letzten Jahrhunderten aufgezeichnet wurde, bringt die Megalithbauten oft mit Riesen, Zwergen oder dem Elfenvolk in Verbindung. Keine dieser drei Gruppen war wirklich beliebt bei den Menschen der Vergangenheit, und so ist es definitiv möglich, dass die Megalithbauten

absichtlich gemieden wurden. Oder würdest Du es vorziehen, an Rituale bei Megalithbauten zu glauben, die keine Spuren für spätere Ausgrabungen hinterlassen haben? Das wäre möglich, ist aber nicht sehr wahrscheinlich. Angesichts der zahllosen Ausnahmen, die von den Archäologen in den vergangenen Jahren für jede Regel entdeckt wurden, hoffe ich allerdings, dass ein oder zwei Megalithbauten doch Verwendung fanden in den Ritualen der Kelten. Sie sind einfach zu schön, um sie zu ignorieren.

Die romantische Bewegung entdeckte Mitte des 18. Jahrhunderts die Lieder der walisischen Barden wieder, als Lewis Morris (1700 – 1765) und Evan Evans das Thema ins öffentliche Interesse brachten. Nicht sehr viel später, 1792, begann die Wiederentdeckung der Barden, initiiert von Owen Pugh und stark gefördert von dem erstaunlichen Iolo Morgannwg (Edward Williams, 1747 – 1826). Iolo begann sich für alte britannische Geschichte zu interessieren, als er 1784 Evan Evans traf, der behauptete, ein Barde zu sein. Als er in Schuldhaft saß, begann er, sich mit dem Studium alter Manuskripte zu beschäftigen, und als er freigelassen wurde, mutierte er rasch zum begeisterten Sammler von altem Material. Was er fand, enttäuschte ihn allerdings. Die alten Texte waren fragmentarisch und enthielten im Allgemeinen nicht das, wonach er suchte.

Das hielt Iolo nicht auf, der die Weisheit der Barden und Druiden um jeden Preis wiederbeleben wollte. Als junger Mann hatte er bereits Talent als Dichter gezeigt und einige seiner Werke als bisher unbekannte Werke des berühmten mittelalterlichen Barden Dafydd ap Gwilym verkauft. Mancher würde das als Fälschung bezeichnen, aber Iolo, der häufig in Geldnot war, betrachtete es schlicht als Geschäft. Daher ging er bald über das Sammeln hinaus und begann, das

Material, das er benötigte, zu erfinden und erschuf hunderte von alten Manuskripten, indem er einfach seine eigenen Erfindungen mit Teilen und Bruchstücken aus älteren Texten mischte. Als surreales Kunstwerk kann man seine Leistungen nur bewundern. Wie zu erwarten war, ließen sich seine Zeitgenossen leicht täuschen, und Iolo wurde zur bedeutendsten Autorität in Punkto druidische und bardische Mysterien. Das große Problem mit seinen Schriften ist, dass Iolo echtes Material verwendete, das er raffiniert mit seinen eigenen Visionen vermischte. Als Sammler erwarb er zahlreiche alte Texte. Leider sind die meisten seiner Manuskripte heute verloren, und so ist es eine schwierige Frage, zu entscheiden, wann er Dinge erfunden und wann er sie nur zitiert hatte. Mit Hilfe der luziden Visionskraft, die den Tiefen einer Laudanumflasche entspringt (der Muse mehr als eines Dichters seiner Zeit), wiederbelebte beziehungsweise erfand er ein komplexes System druidischen und bardischen Freimaurertums, komplett mit Kosmologie, Kostümen, Hierarchien, Ritualen, Regalien, Zeremonien und Theologie, dessen Faszination seine Wirkung auf viele Anhänger des neo-keltischen Glaubens ausübte. Dass einiges echte altwalisische oder möglicherweise sogar druidische Material in seinem System enthalten ist, ist ziemlich sicher, aber es ist höchst unwahrscheinlich, dass irgendwer – nicht einmal der romantisch veranlagte Iolo – uns hätte sagen können, bei welchem es sich darum handelte. Einige der Werke, die er sammelte oder schrieb, wurden unter dem Namen *Barddas* veröffentlicht. Dieser Band wurde 1862 von der Welsh Manuscript Society veröffentlicht, nachdem er von Rev. Williams ab Ithel editiert worden war. Es schien sich um *eine Sammlung von Originaldokumenten, die Theologie, Weisheit und Gebrauch des bardo-druidischen Systems der britannischen Insel illustrieren* zu handeln. Das Vorwort unterrichtet uns, die Teilnehmer des nationalen Eisteddfod 1858 hätten einen Preis ausgesetzt für die umfassendste Dokumentation des bardo-druidischen Systems. Nur ein Beitrag erschien, der mit „Plennydd" unterzeichnet war. Er stammte aus der Kollektion des verstorbenen Iolo und war handschriftlich niedergelegt. Die Preisrichter waren davon überzeugt, dass das Material authentisch sei und verkündeten, Iolo sei zu einer solchen literarischen Fälschung nicht fähig gewesen. Die Texte, die im *Barddas* versammelt waren, stammten von mehreren Autoren - manche von ihnen blieben anonym und sollten angeblich aus der Periode stammen, bevor die kontinentalen Kelten in Britannien eingewandert waren. Sie waren, so prahlten zumindest die Autoren, dank ihres *unfehlbaren Gedächtnisses* erhalten geblieben. Trotz allem ist die im *Barddas* eingeführte Kosmologie weder polytheistisch noch heidnisch, sondern spricht von einer monotheistischen Gottheit einschließlich Engeln, die sich stark auf christliche Konzepte stützt. Für Texte, die von mittelalterlichen Barden stammen, die ja Christen waren, wäre das sicher passend gewesen, es war aber ganz gewiss nicht das, woran die prärömischen Barden oder Druiden geglaubt hatten. Um solche geringfügigen Probleme zu lösen, stellt *Barddas* fest, dass die Barden nach der Konversion zum Christentum *ein klareres Awen (Inspiration) von Gott empfingen und Wissen über alle göttlichen Dinge jenseits dessen, was sie zuvor gesehen hatten, und sie prophezeiten ein verbessertes Awen und Wissen.*

Im Barddas postulieren Iolo oder seine Quellen eine interessante Kosmologie. In seinem Glauben entstehen die Seelen in Annwn (der Anderswelt) und durchqueren dann den Kreis von Abred (die mittlere Welt), wo sie viele Male wiedergeboren werden, um alle Arten von Leben zu erfahren und Reinheit und Heiligkeit zu erlangen. Wenn sie rein genug sind, verlassen sie Abred nach dem Tod und kommen nach Gwynvyd, die obere Welt oder den Himmel. Dieses simple System wird noch durch den Kreis von Ceugant kompliziert, der eine Art Fegefeuer zu sein scheint und nur von Gott ertragen und durchquert werden kann. Man kann die meisten dieser Ideen nicht auf irgendeine alte walisische Tradition zurückführen, aber das Konzept Annwn oder Annwfn taucht in den Lehren der Barden auf. Mehrere Barden verwiesen auf eine Unter- oder Anderswelt mit diesem Namen, aber ihre Beschreibungen stimmen nicht mit denen von Iolos Version überein. Wir werden uns noch in dem Kapitel über den Kessel mit Annwn beschäftigen. Hier genügt es zu sagen, dass das Annwn der mittelalterlichen Barden, wie es in einigen der Gedichte Taliesins und im ersten Zweig des Mabinogi erwähnt wird, ein Begriff für eine oder mehrere Anderswelten ohne moralische Bewertung ist. Diese Welten sind exotische, gefährliche Orte, aber sie sind nicht schlimm oder böse. Im ersten Zweig des *Mabinogi* erfahren wir, dass Annwn ein Ort sehr ähnlich der Menschenwelt ist: Es gibt dort großzügige Könige, die Hof halten und miteinander um die Herrschaft kämpfen, wenn es sein muss, mit Hilfe sterblicher Helden. Iolos Annwn ist der Ort, *wo das wenigste an Bewegung und Leben existiert, und der größte Tod.* Man könnte argumentieren, dass das Annwn des *Den Herrscher will ich preisen (BoT 30)* ein für Leib und Leben höchst gefährlicher Ort ist, andererseits sind von Arthurs Kriegern immerhin sieben von diesem Ort zurückgekehrt. Wir haben es also mit einer Anderswelt zu tun, nicht mit einem Land der Toten oder einer Höllenvision.

Gemäß den drei Haupteigenschaften des Menschen soll seine Wanderung durch Abred verlaufen: Durch Trägheit und geistige Blindheit stürzt er hinab nach Annwn; mit zügellosem Mutwillen durchreist er den Kreis von Abred, wie es notwendig für ihn ist; und aus Liebe zum Guten wird er in den Kreis von Gwynvyd aufsteigen.

Um den Kreis von Gwynvyd zu erreichen, ist Reinkarnation nötig.

Gwynvyd kann nicht erreicht werden, ohne alles zu sehen und zu wissen, aber alles zu sehen und zu wissen ist nicht möglich, ohne alles zu erleiden... und dieses Wissen kann nicht erlangt werden ohne Erfahrung in jeder Lebensform, in jedem Vorfall, in jedem Leiden, in allem Bösen und allem Guten, so dass man sie auseinander halten kann. All das ist notwendig, bevor es Gwynvyd geben kann, und sie sind nötig, ehe die vollkommene Liebe Gottes da sein kann, und die vollkommene Liebe Gottes muss da sein, bevor es Gwynvyd geben kann... und es wird kein Wandern mehr durch jede Form von Existenz geben nach dieser Erfahrung.

Sei es, wie es sei, ich will nicht jede kleine Merkwürdigkeit in Iolos Lehren diesem erfinderischen Enthusiasten zuschreiben. *Barddas* soll das Werk mehrerer Autoren sein. Einige der Ideen scheinen von Llywelin Sion zu stammen, während andere Lehren durchaus von den walisischen Barden des Mittelalters überliefert sein worden können. Andere in dem Text vorkommende Themen sind beispielsweise ein geheimnisvolles System sakraler Buchstaben, eine komplizierte Doktrin der Elemente, ein Führer durch den Jahreskreis, Regeln für Barden und eine ganz erstaunliche Anzahl an Triaden. Triaden sind Merksprüche mit drei Elementen, sie waren bei den britischen Barden sehr beliebt. Ein weiteres interessantes Dokument ist das sogenannte *Buch von Llanwrst*, das von einem der Taliesins stammen soll. Dieses Dokument behauptet, der Mensch bestehe aus acht Teilen:

> Der erste ist Erde, die schwer und unbeweglich ist, und aus ihr entsteht das Fleisch; der zweite sind die Steine. die hart sind, sie sind die Substanz der Knochen; der dritte ist Wasser, das feucht und kalt ist, und die Substanz des Blutes ist; der vierte ist Salz, das würzig und scharf ist und aus dem die Nerven bestehen und die Temperamente der Gefühle, soweit es sich um die Sinne und Fähigkeiten des Körpers handelt; der fünfte ist das Firmament oder der Wind, aus dem der Atem kommt; der sechste ist die Sonne, die klar und schön ist und aus der das Feuer kommt, die Körperwärme, Licht und Farbe; der siebte ist der heilige Geist, aus dem die Seele und das Leben stammen, und der achte ist Christus, das heisst, der Intellekt, die Weisheit und das Licht der Seele und des Lebens.

Die Teile des Körpers werden mit verschiedenen Entitäten in Verbindung gebracht; vielleicht erinnern sie Dich an verschiedene Systeme okkulter Anatomie aus Asien. Es existiert offenbar ein universeller Drang bei Visionären, die Körperteile mit Geisteszuständen in Verbindung zu bringen:

1. In der Stirn wohnen die Sinne und der Intellekt;
2. Im Nacken sitzt das Gedächtnis;
3. Unter der Schädelwölbung wohnen Kritikfähigkeit und Vernunft;
4. In der Brust die Lust;
5. Im Herzen Liebe;
6. In der Galle Zorn und Ärger;

7. In den Lungen der Atem;
8. In der Milz die Fröhlichkeit;
9. Im Körper das Blut;
10. In der Leber die Hitze;
11. Im Geist das Bewußtsein
12. In der Seele der Glaube.

Heutige Forscher sind sich sehr wohl bewusst, das viele Dokumente im *Barddas* Fälschungen sind, allerdings ist durchaus nicht sicher, bei welchen es sich um Fälschungen handelt. Reinkarnation war beispielsweise im Mitteleuropa des 18. Jahrhunderts keine besonders bekannte Theorie. Iolo hat die Idee vielleicht von den klassischen Autoren übernommen; vielleicht wusste er auch von der pythagoräischen Doktrin, wenn auch nur dadurch, das sich Ovid des Themas annahm. Auch okkulte Anatomie war kein gut bekanntes Thema. Vielleicht waren diese Ideen Teil der bardischen Doktrin, vielleicht rekonstruierte Iolo sie und vielleicht war er so visionär, dass er ein völlig neues magisches System erfand. Man könnte das als Fälschung bezeichnen, vielleicht war er aber auch einfach inspiriert, und das steht voll im Einklang mit der bardischen Tradition.

Die Gogynfeirdd-Barden, also die Barden des 11. – 13. Jahrhunderts, waren weit davon entfernt, strenge Traditionalisten zu sein, und erfanden viel Material. Bardentum, wenn wir es einmal so nennen dürfen, ist eine Kunst, die auf dem inspirierenden Atem des Awen beruht, und dieses kreative Element ist die Primärquelle, die die Tradition davor bewahrt, zu erstarren oder obsolet zu werden. Die mittelalterlichen Barden scheinen nicht alle älteren Geschichten, die sie überlieferten, verstanden zu haben. R. Hutton zitiert Forschungsarbeiten, die zu zeigen scheinen, dass die Barden des 13. Jahrhunderts bereits Probleme hatten, die Sprache des 9. Jahrhunderts zu verstehen, und dass die Barden des 9. Jahrhunderts nur eine vage Vorstellung von Sprache und Kultur früherer Jahrhunderte hatten. Sprache und Sitten befinden sich immer im Fluss. Das gilt für unsere eigene Kultur, und es gilt noch mehr für Kulturen, die ihr Wissen nicht der Schrift anvertrauten, sondern sich auf kreative Mittel wie Lieder verließen, die der Erinnerung dienen. Wenn *Barddas* behauptet, Material zu liefern, dass durch *unfehlbares Gedächtnis* erhalten wurde, sollte man misstrauisch werden. Wenn die mittelalterlichen Barden die Lieder und Lehren ihrer Ahnen nicht verstanden, erfanden sie einfach alles dazu, was sie brauchten. Im Hinblick auf Iolo möchte ich in aller Fairness argumentieren, dass die Tradition, Dinge einfach zu erfinden, immer Teil der bardischen Berufung war. Es ist nicht der Ansatz des Historikers, aber es handelt sich um echte, innovative Magie, die be- und verzaubert und neues, wertvolles Material erschafft. Das einzig Bedauernswerte an solchen Projekten ist, dass sie stets und unweigerlich vorgeben, echt, alt und wahr zu sein. Ich persönlich bewundere einen Magier, der ehrlich zugeben kann, dass ein neues System in der Tat neu ist, sehr viel mehr als einen, der versucht, sich glaubwürdiger zu machen, indem er Geschichtsfälschung betreibt. Wer sagt denn, dass die älteren Glaubensinhalte irgendwie besser waren als die, die morgen erfunden werden! Der Test, den jedes magische System bestehen muss, heißt Effizienz; es muss die Fähigkeit besitzen, die Leute, die damit arbeiten und spielen, zu transformieren und zu inspirieren. Dazu braucht es nicht alt zu sein; es gibt jede Menge alte Überzeugungen, die heute, in unseren Tagen, in unserer Zeit völlig nutzlos und überflüssig geworden sind. Würdest Du gern im Nachthemd auf eine Eiche klettern! Heute ist die Mistel in mehreren europäischen Ländern geschützt, es gibt strenge Regeln im Hinblick auf das Schlachten von Rindern und kein Polizist würde beiseite sehen, wenn es Dir einfallen sollte, in Deinem Vorgarten Leute zu verbrennen, damit Deine Blumen besser wachsen. Viele alte Riten (falls sie tatsächlich auf die beschriebene Art und Weise durchgeführt wurden) hatten ihren Zweck, sind aber heute nicht mehr angemessen. Wenn Du etwas Druidisches tun möchtest, stell Dir vor, was ein moderner Druide tun würde. Oder, noch besser, was hätte ein Druide der Zukunft im Sinn!

Wolken über Bala

4. Die Entstehung des Bardenstandes

ie bei den Druiden gibt es nur wenige überlieferte Daten im Hinblick auf die Aktivitäten der Barden der vorklassischen Zeit. Als die griechischen und römischen Historiker auftauchten, besserte sich die Lage etwas; sie verschafften uns einen Einblick in die professionellen Aktivitäten der Barden des alten Gallien. Athenäus, der im 2. Jh. vor unserer Zeit schrieb, überlieferte uns eine Geschichte, die den (leider verloren gegangenen) Schriften des berühmten Geographen Poseidonios entstammt. Um sich bei seinen Untertanen beliebt zu machen, gab der Arvernerfürst Louernious ein großes Fest. In jenen Zeiten waren Feste so beliebt wie heute auch – vielleicht sogar noch mehr, da es weniger Unterhaltung für das Volk gab und das Leben ohnehin kurz war. Von Fürsten und Häuptlingen wurde Großzügigkeit erwartet; häufig wurden große Schätze darauf verwendet, Unterstützung und Sympathie zu gewinnen. Edelleute, die Zugang zu Mineralien hatten, zu Gold, Silber oder Salz, die Handelsrouten oder Flüsse beherrschten, wurden dabei häufig sehr reich, und man erwartete von ihnen, dass sie eine ihrem Stand entsprechende Großzügigkeit an den Tag legten und Schätze und Gaben austeilten, als ob ihnen ihr Wert ganz gleichgültig sei. Das gehörte zu den Aufgaben eines jeden Herrschers, noch wichtiger aber war es, wenn ein Adliger Herrscher werden wollte und versuchte, die öffentliche Meinung zu beeinflussen, indem er verschwenderisch und sorglos Reichtümer unter's Volk brachte. Das Fest des Louernious scheint eine solche Gelegenheit gewesen zu sein. Um richtig feiern

zu können, wurde ein quadratischer Bereich eingegrenzt, in dem die Vergnügungen stattfinden sollten, und es sagt wohl einiges über die Größe der erwarteten Menschenmengen aus, dass sich dieses Territorium volle 2,4km in jede Richtung erstreckte. Freies Essen und Getränke wurden gestellt, um alle Gäste zu erfreuen, und natürlich kam eine Anzahl Hungriger auch von weither gereist, um mit zu feiern. Mehrere Tage lang demonstrierte Louernious seinen Reichtum und seine Großzügigkeit. Dann, am letzten Tag, krönte er seinen Auftritt dadurch, dass er sich auf einem Streitwagen über die Ebene fahren ließ und den „zehntausenden" von Kelten, die ihm folgten, ganze Hände voll Gold und Silber zuwarf. In diesem Augenblick traf ein Poet ein. Er war der erste Barde, der in den Geschichtsbüchern auftauchte; im Hinblick auf das Fest traf er allerdings reichlich spät ein. Der Barde war auf dem Weg zum Fest aufgehalten worden, und traf erst jetzt ein, zweifellos müde und erschöpft von der Reise. Er sah Louernious in seinem prächtigen Streitwagen vorbeifahren, umgeben von einer Menschenmenge, die sich um die Reichtümer prügelte, die auf sie herab regneten. Unser Barde rannte dem Streitwagen kurz entschlossen nach. Mit den Ellenbogen bahnte er sich seinen Weg durch die Menge und erreichte das Fahrzeug. Er rannte nebenher, und begann, vermutlich heftig keuchend, ein Loblied auf Louernious zu singen, feierte die unvergleichliche Großzügigkeit seines Gastgebers und beklagte sein Pech, so spät gekommen zu sein. Louernious, der die Anstrengungen des Poeten sehr zu schätzen wusste, warf ihm einen Beutel Gold zu. Das löste ganz unvermittelt einen kreativen Schub bei dem Barden aus, der improvisierte, die Spuren von Louernious' Streitwagen seien eine Quelle des Goldes und der Großzügigkeit für die Menschheit.

Hier tritt zum ersten Mal in der klassischen Literatur ein Barde in Erscheinung. Wie man sieht, legte der Barde ein Verhalten an den Tag, dass für die meisten Barden, die nach ihm kamen, typisch sein sollte. Er wusste, wo man Profit machen konnte, wie man dem Adel schmeichelte und konnte unter entschieden schwierigen Umständen improvisieren.

Unsere nächste Quelle ist Appianus' *Gallische Geschichte*, 12, die ein Ereignis beschreibt, das sich im Jahre 121 vor unserer Zeit ereignete, als ein Botschafter der Allobrogen (vielleicht aber auch der Arverner) eine Konferenz mit Konsul Domitius hatte, der die römische Armee vertrat. Der gallische Botschafter war offensichtlich ein Mann von Vermögen und einiger Wichtigkeit. Er reiste mit einem Gefolge von Wächtern, Dienern und Hunden, und sogar ein Barde begleitete ihn. Bei der Begegnung mit Konsul Domitius trat der Barde kühn vor und sang nach „Barbarenart" ein Loblied auf die edle Geburt seines wunderbaren Königs Bituitus, auf seine Tapferkeit, seine Siege in der Schlacht, seinen immensen Reichtum, die großen Tugenden seines Botschafters und natürlich seine eigenen Vorzüge. Appianus notierte, dass diese Loblieder der Grund sind, weshalb alle bedeutenden Botschafter in der Gesellschaft von Barden unterwegs sind. Ein Barde scheint zwar bei politischen Verhandlungen der gallischen Staatsmänner untereinander wichtig gewesen zu sein, aber seine Loblieder beeindruckten den römischen Konsul kein bisschen.

Solche Geschichten sind ein guter Beweis dafür, dass Personen mit einer Bardenfunktion eine wichtige Rolle in der Diplomatie des alten Gallien im 2. Jh. vor unserer Zeit spielten. Obwohl sie selbst keine Diplomaten waren, unterstützten sie Diplomaten in ihrer Rolle, indem sie dem Adel einen guten Ruf verschafften und außerdem für etwas Unterhaltung sorgten. Heutige Menschen erscheint eine derartige Aufgabe vielleicht etwas seltsam. Die frühen Barden, ganz wie die späteren, waren Meister in der Kunst der Prahlerei. Das wurde von ihnen erwartet; ein Edelmann, der nicht in den leuchtendsten Farben geschildert wurde, hatte offensichtlich keine große Bedeutung. Die Leute, die diesen Genealogien und Berichten über heroische Taten lauschten, wussten natürlich, dass die Realität nicht ganz so glanzvoll aussah, wie sie hier erscheinen sollte, aber das war kein Grund, von Superlativen Abstand zu nehmen. Ein ganz wichtiger Punkt in vielen keltischen Kulturen war der Ruf, in dem eine bestimmte Person stand.

Wenn man die Heldendichtungen Irlands und Wales' liest, wird man schnell mit einer Welt vertraut, in der Ansehen wesentlich für das Überleben und Prahlerei ein akzeptierter Teil des gesellschaftlichen Lebens war. Ein Herrscher, der nicht gepriesen wurde, oder ein Krieger, um den sich keine wilden Geschichten rankten, war schlicht undenkbar. Es wurden nicht nur die verblüffendsten Anekdoten ersonnen, es scheint auch, dass die Höflichkeit vom Publikum verlangte, jeder dieser wunderlichen Geschichten lauschen und so zu tun, als handle es sich dabei um nichts weniger als einen nüchternen, realistischen Tatsachenbericht. Wollte man einen Prahlhans übertreffen, so erfand man einfach eine bessere Geschichte oder engagierte einen Profi – einen Barden – der das für einen erledigte.

In unserer heutigen Gesellschaft mag dieses Verhalten geschmacklos scheinen, aber in den Gesellschaften der Vergangenheit hatte es eine nützliche Funktion. Den ganzen langen, dunklen Winter hindurch feierten Könige und Edelleute mit ihren Kriegern. Während sie dem berauschenden Met reichlich zusprachen, berichteten sie einander von ihren größten Heldentaten, und die Barden der Halle sangen Loblieder, die von den noch größeren Heldentaten der Ahnen berichteten. Dann, wenn der Frühling kam, waren die Schatullen des Königs leer und die Zeit für das Führen von Kriegen war gekommen. Von einem guten König wurde erwartet, dass er mindestens einmal im Jahr Krieg führte, im Land eines anderen Regenten einfiel, brandschatzte, plünderte, raubte und Vieh stahl. Wenn die warme Jahreszeit anbrach, wurden Bündnisse geschlossen oder gebrochen, und die edlen Krieger mussten im Kampf beweisen, ob ihre Prahlereien auch der Wahrheit entsprachen.

In jenen Tagen war das Führen eines Kriegs eine streng ritualisierte Angelegenheit. Oft genug versammelten sich die Armeen an einem offen zugänglichen Ort. Dann trat ein Krieger aus guter Familie vor und prahlte mit seinen Waffenfertigkeiten und damit, was er in unmittelbarer Zukunft damit anzufangen gedenke. Auf der anderen Seite erschien dann ein Held in ähnlicher geistiger Verfassung und informierte die Versammlung lautstark über seine vornehme Abstammung und seine blutrünstigen Absichten. Ein Wort führte zum anderen, es folgten Beleidigungen, und nicht lange danach flogen Teile der Anatomie durch die Gegend. Dann trat das nächste Pärchen Helden in Aktion, und der Vorgang wiederholte sich. In einigen Fällen sprachen die Edelleute für sich selbst, in anderen hatten sie einen professionellen Barden, oder ihr Wagenlenker besorgte das Prahlen für sie.

Dann gab es da noch die Gruppenkämpfe, oder das eine oder andere Duell zwischen Königen und Häuptlingen, aber alles in allem war diese Art der Kriegführung eine eher langsame Angelegenheit, da jeder gesehen und bewundert werden wollte. Krieger fürchteten sich nicht so sehr vor dem Tod wie vor einem schlechten Ruf. Sterben tat schließlich jeder, das war nur zu erwarten. Es machte nichts, vorausgesetzt, der Kampf war heldenhaft und die Barden machten ein heroisches Gedicht daraus, ein Loblied, das Generationen überdauern und die Nachkommen zu ähnlich tapferen Taten inspirieren würde. So gesehen setzte die Prahlerei, ganz gleich, ob man sie selbst übernahm oder sich professionell vertreten liess, ein Beispiel für richtiges Verhalten und veranlasste Krieger und Könige, sich ihrem Ruf entsprechend zu benehmen.

Die Funktion der Barden bestand darin, das Andenken an vergangene Heldentaten lebendig zu halten und die Lebenden zu ähnlichen Großtaten anzuregen. Wo adlige Krieger Lob nötig hatten, um ihr Selbstgefühl aufrechterhalten zu können, galt das in noch viel stärkerem Maß für Häuptlinge und Könige. Den antiken Berichten zufolge war die Primärfunktion der Barden offenbar eine politische. Im modernen Jargon würden wir die Barden am ehesten mit PR-Spezialisten oder offiziellen Pressesprechern vergleichen. Ihr Beruf erschöpfte sich aber nicht darin. Es wäre schön, wenn wenigstens einige meiner Leser über ausreichend guten Geschmack verfügen würden, um sich darüber zu beschweren, dass Lobgesänge für die Mächtigen nicht die Art von Bardentum sind, mit dem sie sich gern näher beschäftigen möchten. – Einverstanden. Es gab mehrere magische Funktionen, die Teil der bardischen Arbeit waren, aber bevor wir uns damit beschäftigen, sollten wir uns zunächst noch einmal den prosaischeren Teilen dieses Berufs zuwenden.

Loblieder auf Könige zu singen mag in unseren Augen keine sonderlich spirituelle Angelegenheit gewesen sein, brachte den Poeten aber gute Löhne und Luxusgüter ein. Abgesehen davon waren Loblieder auf Könige und Herrscher zu jener Zeit definitiv eine religiöse Aktivität. Damit das verständlich wird, will ich dem sakralen Königtum einige Zeilen widmen. Zunächst einmal muss ich anmerken, dass nicht alle keltischen Gesellschaften gleich organisiert waren. Die Regenten des Gallien, das Cäsar beschreibt, waren häufig Aristokraten, die Häuptlinge wurden, wenn sie populär genug waren, um die Unterstützung der Adligen ihres Stammes zu bekommen. Das erforderte allerhand Intrigen, Bestechung und üppige Bewirtung wichtiger Leute. Im alten Britannien und in Irland war ein System des Königtums in Mode, das eine sakrale Monarchie gewesen zu sein scheint. Das hört sich einfach an – wenn es denn tatsächlich durch das mehr als spärliche Beweismaterial belegt wird – aber das war es ganz und gar nicht. Verallgemeinerungen sind Lügen. Tatsächlich ist uns größtenteils völlig unbekannt, wie die Regierung in den meisten Teilen des alten Europa eigentlich funktionierte. Ob Könige geboren, auserwählt oder gewählt wurden, ist sehr fraglich in Bezug auf die Länder, über die es Berichte gibt, da dieses Material im Allgemeinen fragmentarisch ist. Und in den meisten keltischen Ländern gibt es noch nicht einmal fragmentarisches Material; wer dort eigentlich regierte, kann man nur raten. Möglicherweise gab es Könige, vielleicht auch regierende Königinnen, oder eine halbdemokratische Form der Wahl durch Stimmenabgabe oder göttlichen Segen, aber keine dieser Möglichkeiten lässt sich irgendwie überprüfen.

Selbst bei den weit besser dokumentierten Systemen der Inselkelten ist das Material oft widersprüchlich und kann auf verschiedenste Weise interpretiert oder wegargumentiert werden. Es ist möglich, dass die keltischen Kulturen mehrere Herrschaftssysteme ausbildeten und dass die Bräuche eines Stammes nicht notwendigerweise identisch mit denen des Nachbarstammes waren. Wie auch immer, die Inselkelten, die es bis in die reguläre Geschichte und Literatur geschafft haben, scheinen eine Art Sakralkönigtum bevorzugt zu haben. Sie hatten Könige (bei den Briten auch Königinnen), die weniger Herrscher als vielmehr religiöse Potentaten waren. Der König war mit dem Land verheiratet, mit der Göttin des Landes, und verkörperte seine Potenz und Tugend. Als Ehemann des Königreichs war der König dazu verpflichtet, eine Reihe religiöser Ämter wahrzunehmen. Er musste an bestimmten Ritualen teilnehmen und sich auf eine bestimmte Weise verhalten; andererseits gab es auch bestimmte Dinge, die er auf keinen Fall tun durfte. Besonders die irischen Geschichten enthalten interessante Berichte über Könige, die eine Reihe von Tabus beachten mussten, welche ihnen von Geistern, Ahnen oder Druiden zum Zeitpunkt ihrer Krönung auferlegt worden waren. Die Geschichte der *Zerstörung von Da Dergas Herberge* ist ein hervorragendes Beispiel für diese Tradition. Hier genügt es zu sagen, dass die Barden mit ihrem Geschichtswissen und ihren Lobliedern eine subtile Kontrolle über die Regenten ausübten. Als Intellektuelle ihrer Zeit hielten sie mit ihrem umfangreichen Schatz alter Geschichten und ihren traditionellen Ritualen die Könige unter Kontrolle. Lob von den Barden bestätigte, dass der König sein Amt wie erwartet ausübte. In jenen Zeiten wurde ein König oder Herrscher für viele Dinge verantwortlich gemacht, die die Herrscher heute kaum kümmern. Hier ein Vers, den der oberste Barde den irischen Königen am Tag ihrer Inauguration vorgesungen haben soll, nach Douglas Hyde:

Sieben Zeichen wird es geben
von der zerbrochenen Treue der Könige.
Erstens - auf die Freien zu trampeln.
Als nächstes - heilige Dinge zu beflecken,
nächstens - dem göttlichen Gesetz Gewalt antun,
(dies bringt Niederlage in der Schlacht).
Hunger, Mord und milchlose Kühe,
und Krankeit auf fliegenden Schwingen.
Dies sind die siebenfach strahlenden Lichter,
die den Wortbruch der Könige offenbaren!

Ein gerechter König sorgte für gute Ernten und schönes Wetter, Sieg in Kriegen und allgemeinen Wohlstand. Ein falscher Fürst, sang Tadhg Mac Daire, bringt Mangel, Knechtschaft, Hungersnot, Seuchen, Kriege, Konflikte, Niederlagen in der Schlacht, schlechtes Wetter und Plünderungen über sein Volk. Als der Usurpator Cairbre herrschte, hielten die „vier Meister" fest, *da war der Zustand Irlands übel während seiner Herrschaft, unfruchtbar das Getreide, denn es war nur ein Korn an jeder Ähre, die Flüsse ohne Fische, das Vieh ohne Milch, selten waren Früchte und jede Eiche trug nur eine Eichel.*

Ein gerechter König war nicht notwendigerweise ein guter Herrscher oder kühner Stratege. Sieg wurde als ein Geschenk der Götter angesehen und daher wurde erwartet, dass ein König, der seine religiösen und sozialen Pflichten erfüllte, Erfolg haben würde. Irische Manuskripte berichten viel über die Anforderungen an einen König. König Cormac soll Autor eines Manuskripts mit dem Titel *Instruktionen für einen Prinzen* gewesen sein (lt. Dem *Buch von Ballymo-*

te, Zitat nach Hyde). Es berichtet, dass ein König gewählt wird a*ufgrund der guten Beschaffenheit seiner Gestalt und seiner Familie, seiner Erfahrung und Weisheit, seiner Umsicht und Großzügigkeit, seiner Beredsamkeit und Tapferkeit im Kampf und der Anzahl seiner Freunde.*

Befragt, wie ein König sich Narren und Weisen, Freunden und Fremden, alt und jung gegenüber betragen sollte, erwiderte Cormac:

Sei weder zu klug noch zu einfältig, sei nicht stolz, sei nicht untätig, sei nicht zu bescheiden, aber auch nicht zu hochmütig, sei nicht geschwätzig, aber auch nicht zu still, sei nicht schüchtern, aber auch nicht streng. Denn wenn Du zu klug erscheinst, würde man Satiren über Dich singen und Dich verspotten, wärst Du zu einfältig, würde man Dir Dinge aufzwingen, wärst Du zu stolz, würde man Dich meiden, wärst Du zu bescheiden, würde Deine Würde leiden, wärst Du zu geschwätzig, würde man Dich nicht für gelehrt halten, wärst Du zu streng, würde man übel über Deinen Charakter sprechen, wärst Du zu schüchtern, würden andere in Deine Rechte eingreifen.

Wichtig ist, dass der König ein untadeliges Leben führt:

Er soll gefürchtet werden, er soll den Frieden vervollkommnen, es soll viel Met und Wein geben, er soll gerechte Urteile fällen, er soll immer die Wahrheit sprechen, denn wegen der Wahrheit des Königs gibt Gott gutes Wetter für die Jahreszeiten.

Als er gefragt wird, was gut für das Land ist, antwortet Cormac:

Häufige Beratungen weiser und guter Männer, um seine Angelegenheiten zu erforschen, jedes Übel abzuschaffen und jede gute Einrichtung zu erhalten, und auf die Ratschläge der Ältesten zu achten; jede Versammlung gemäß den Gesetzen einzuberufen...

Was glaubst Du, wer diese weisen und guten Männer waren? Wer erforschte die Angelegenheiten des Landes, wenn nicht die intellektuelle Elite?

So seltsam es klingt, die meisten Regenten trafen selten politischen Entscheidungen. Wie konnten sie auch, wenn ihre Ratgeber doch viel besser informiert waren? Es war die Aufgabe des Königs, religiöser Mittelpunkt zu sein, und dieses Amt schränkte seine Wahlfreiheit in bemerkenswertem Ausmaß ein, es sei denn, er war geschickt genug, um ein paar heimliche Abmachungen mit seinen Barden und Druiden zu treffen, um sicher zu gehen, dass seine Verpflichtungen und Tabus nicht zu restriktiv ausfielen. Die Barden priesen und feierten ihre Könige, wenn diese sich angemessen verhielten. Wenn nicht, waren die Barden berechtigt, Satiren zu verfassen, und die wurden vom Adel sehr gefürchtet. Ein Regent, der satirisiert worden war, hatte nur noch wenig Chancen, je wieder ernst genommen zu werden, sein Reich verlor jeglichen göttlichen Segen, seine Nachbarn rotteten sich zusammen, um sein Land zu überfallen, und abgesehen davon durfte mit schlechten Ernten, Armut und Seuchen gerechnet werden. Die Macht der Satire kommt damit einem Fluch gleich, wie auch im Kapitel über Zauberei nachzulesen.

Bei den Kelten Mitteleuropas und Britanniens änderte sich die Rolle und Funktion der Könige während der römischen Besatzung. Das änderte ein bisschen an der Regierungsform, betraf die Barden aber kaum.

Barden, Vates und Druiden

Mehrere klassische Autoren wiesen darauf hin, dass Barden und Druiden, jedenfalls die in Gallien, eng verwandt waren. Diodorus Siculus schrieb in seinen *Historien* (s. Band V, 31, 2 – 5) um 8 vor unserer Zeit über die Gallier:

Und es sind unter ihnen Verfasser von Versen, die sie Barden nennen; sie singen zu Instrumenten ähnlich einer Leier; manche lobend und andere schmähend.

Strabo bemerkte in seiner *Geographica*, dass bei den Galliern drei Gruppen von Menschen in hohen Ehren standen:

Die Barden, die Vates und die Druiden. Die Barden sind Sänger und Dichter; die Vates Wahrsager und Naturphilosophen; während die Druiden zusätzlich zur Naturphilosophie auch noch Moralphilosophie studieren.

Er erklärt weiter, dass die Druiden, die er als *die gerechtesten aller Menschen* bezeichnet, berechtigt sind, bei privaten und öffentlichen Streitigkeiten das Richteramt auszuüben. Gelegentlich vermittelten die Druiden sogar im Krieg und geboten den Gegnern Einhalt, und sie entschieden auch über Mordfälle – die schuldige Partei wurde geopfert. Leider liess er sich nicht weiter über die Funktion der Barden und Vates aus, da die blutrünstigen Rituale, deren Ausführung er den Druiden zuschrieb, in den Augen seines Publikums zweifellos viel unterhaltsamer waren. Der Hinweis auf die Vates mag hier von Interesse sein. Vates ist vermutlich kein keltischer, sondern ein römischer Begriff, aber es existieren verwandte Begriffe in mehreren indo-europäischen Sprachen. Möglicherweise gab es auch einen altkeltischen Ausdruck „Watis". Aber dieser ist bis jetzt noch nicht belegt. Das lateinische Wort Vates hat die Bedeutung Prophet oder Seher, es ist eng verwandt mit dem englischen Wort *Vaticination* (Prophezeiung). Ein verwandter Begriff im Altirischen ist *fath, faith*, was sowohl Prophezeiung als auch Prophet bedeuten den kann. Im Walisischen gibt es das Wort *gwawd*, mit der Bedeutung Poesie, während die Angelsachsen das Wort *woth* verwendeten, was soviel wie Melodie, Stimme und Klang bedeutet. Das gotische *wods* bedeutet besessen oder inspiriert. Eine ältere germanische Wurzel des Begriffs findet man in Wodans Namen. Das germanische *wuot* bezeichnet Wahnsinn, Rage, Raserei, Zorn und ähnliche Phänomene. Man verwendete diesen Begriff nicht nur für Zorn und Aggression, sondern auch für die inspirierte Raserei des Sehers, den ekstatischen Wahnsinn des Schamanen, für Lieder, Prophezeiungen und Zauber (Näheres dazu s. in *Helrunar*). Die Quelle dieses Wortkomplexes ist eine noch ältere indo-europäische Wurzel, *(a)ue-, die sich auf den Atem und das Wehen des Windes bezieht, und es besteht außerdem eine Beziehung zum indischen Sturmgott Vata (s. in *Seidwärts*) und zum altindische *vayati, vati* = blasen. Es ist interessant, dass all diese Wörter mit Atem zu tun haben, dem Atem, der das Bewusstsein verändert und sich in Prophetie und Zauberei manifestiert, und der die hauptsächliche Quelle der Inspiration ist. Ich vermute, dass der Name des großen Zauberers der Briten, Gwydion, vielleicht auch dieser Wortwurzel entspringt. Oder gehen wir mal von Folgendem aus: Eine mögliche Interpretation des Wortes Druide beruht auf der Annahme, dass sein walisischer Gegenpart Derwydd mit dem lateinischen Wort videre = sehen verwandt ist. Das ist jedenfalls die Wurzel des lateinischen Wortes Vates, Seher oder Prophet. (Tolstoy, 1985). Es ist aber nicht die einzige mögliche

Erklärung. Eine modische, aber unzuverlässige Etymologie folgt Plinius' Idee, der Begriff Druide könnte mit Eichen zusammenhängen und schlägt „Eichen-Seher" als Deutung vor. Eine weitere Etymologie folgt dem Gedankengang, dass Druide von Dru-wid kommt, was soviel heißt wie „voller Wissen", aber auch diese Behauptung steht auf wackligen Beinen. Ein viel späterer Bericht wurde im 4. Jahrhundert vor unserer Zeit von Ammianus Marcellinus (XV, 9, 8) verfasst, der meinte, die schönen Künste seien bei den Galliern von den Barden, Euhages und Druiden eingeführt worden.

> Es war Brauch bei den Barden, die Großtaten ihrer Männer in epischen Versen zu preisen, begleitet vom süßen Klang der Leier, während die Euhages bestrebt waren, die tiefsten Mysterien der Natur zu erforschen. Zwischen ihnen kamen die Druiden, Männer von höherem Talent, Mitglieder der intimen Bruderschaft des Pythagoräischen Glaubens, sie erhoben sich zur Erforschung geheimer, sublimer Dinge, und mit großer Verachtung für das Los alles Sterblichen verkündeten sie die Unsterblichkeit der Seele.

Klingt gut, nicht wahr! Trotzdem gibt es da einige kleinere Schwierigkeiten mit diesem Bericht. Da wäre einmal, dass im 4. Jahrhundert die frühere Priesterfunktion der Druiden bereits abgeschafft war und die Religionen Galliens sich stark verändert hatten. Auch der Hinweis auf die Pythagoräer ist ein bisschen unzuverlässig, und die Euhages kommen in anderen Berichten überhaupt nicht vor. Dass es im 4. Jahrhundert noch Barden gab, ist sicher; sie scheinen es fast bis in die Moderne geschafft zu haben, wenngleich sich auch ihre Funktion und ihr Vortragsstil sehr verändert haben, da Sprache, Religion und Kultur ständig im Wandel begriffen

Harfner

Oben: Zeremonie aus der frühen Hallstattzeit, bei der Ritualteilnehmer in Kostümen und Harfner dargestellt sind. Gravierter Topf, Sopron-Burgstall, Ungarn.

Unten rechts: Ein anderer Harfner auf einem gravierten Topf, Sopron-Burgstall.

Unten links: Statue einer Gottheit mit Leier, Paule, Bretagne, Frankreich, ca. 100 vor unserer Zeit, Höhe 42 cm.

sind. Die Barden hatten zwar irgendwie mit den Druiden zu tun, aber sie scheinen keine Menschen geopfert zu haben und daher wurde die Verfolgung, die dem Druidenstand ihren Untergang bescherte, nicht auch auf sie ausgedehnt. Aber worin genau besteht nun die Verwandtschaft zwischen Barden und Druiden? Mehrere Autoren haben sich die Sache zu einfach gemacht, indem sie behaupteten, die Kaste der gallischen Druiden habe sich aus drei verschiedenen Zweigen zusammengesetzt. Ihrer Meinung nach bildeten die Barden die niedrigste Klasse, die Vates die Mitte der Hierarchie und die Druiden mit ihren politischen und gesetzgebenden Funktionen kommandierten die anderen herum. Eine derartige Struktur hat einen gewissen Charme, zumal dreiteilige Organisationsformen in vielen indo-europäischen Gesellschaften sehr populär waren, aber wenn man herauszufinden versucht, wer genau was tat, widersprechen sich die Fakten. Auf die Gefahr hin, alle Fans der keltischen Kultur zu Tode zu langweilen, möchte ich einige dieser Unstimmigkeiten aufzählen. Wie Du bereits früher gelesen hast, nannte Strabo Barden, Vates und Druiden, während Marcellinus, der die Vates nicht nennt, dafür die Euhages vorstellt. Das, was von den irischen Dichtern erwartet wurde – das Auswendiglernen einer enormen Anzahl an Versen über eine Zeit von bis zu zwanzig Jahren hinweg – schrieb Cäsar den Druiden zu. Allerdings kommen in Cäsars Bericht weder Barden noch Vates noch Euhages vor – in seinem Buch übernimmt der Druide das Amt des Propheten. Strabo behauptete, dass die Druiden Opferungen durchführten, während Diodorus der Ansicht war, es wären die Wahrsager, die dies täten. Tacitus beschreibt die Druiden als Propheten und Opferpriester, nennt aber weder Barden noch Vaten, was Lukan dafür aber tut. Cäsars alter Kumpel Diviciacus war laut Cicero

sowohl Druide als auch Wahrsager, während Plinius der Ältere nur die Druiden und Magi Galliens erwähnt, die miteinander identisch sein könnten oder auch nicht, und sagt nichts über Barden oder Vaten. Die gallischen Druiden scheinen auch Richter gewesen zu sein, und in Irland wurde diese Funktion Teil des Dichteramts. Die walisischen Poeten dagegen waren keine Richter. Das hat bei den Gelehrten zu Verwirrung geführt. Einige Autoritäten vermuteten, es habe ein dreistufiges System gegeben, wie schon früher erwähnt. Andere dagegen behaupteten, dass Barden, Euhages, Vates und überhaupt jeder, der irgendwie irgendwas mit Prophezeiungen zu tun hatte, in Wirklichkeit Druide gewesen sei. Man könnte genausogut postulieren, dass alle Druiden im Grunde Barden waren, oder dass jeder, der irgendwas war, in Wirklichkeit irgendetwas anderes war, aber dieser nette Rundumtausch der Funktionen bringt uns nicht weiter. Eine weitere Theorie geht davon aus, dass die verschiedenen Gruppen sich tatsächlich unterschieden, voneinander unabhängig waren und nicht einer zentralen Autorität oder Hierarchie unterlagen. Es ist ganz erstaunlich, was man alles behaupten kann, wenn man willkürlich bestimmte Quellen außer Acht lässt und den erlesenen Rest als die unverfälschte Wahrheit betrachtet. Was die Dinge noch weiter kompliziert, ist, dass unsere älteste Quelle, das von Diogenes Laertius zitierte Werk, den Begriff Druide mit dem mysteriösen Begriff *Semnotheoi* verknüpft. Kendrick weist darauf hin, dass dieses Wort nirgendwo anders auftaucht. Er übersetzt es als „Verehrungswürdige Götter", gibt aber zu, dass diese Wiedergabe kaum zulässig ist. Nur mal so als Spekulation möchte ich vorschlagen, in einem verehrungswürdigen Gott eine inkarnierte Gottheit zu sehen, eine Gottheit im Körper eines Menschen, wie in so vielen Kulten, in denen die Götter eingeladen werden, in ihre Anbeter zu fahren und von ihnen besessen zu sein. Dieses Phänomen mag Mr. Kendrick nicht vertraut gewesen sein, da zu seiner Zeit Schamanismus noch kein Thema war. So kommen wir letztendlich zu dem Schluss, dass die alten Quellen hinsichtlich der Funktion der Druiden, Barden, Vates, Euhages und Semnotheoi ziemlich wenig Aufschluss geben und dass wir keine Möglichkeit haben, festzustellen, wer wer war und wer genau was tat. Und selbst wenn wir wüssten, welcher der klassischen Autoren (wenn überhaupt einer!) die Wahrheit überliefert hätte, dann wäre diese Wahrheit immer noch auf einen spezifischen Zeitraum und einen spezifischen Ort beschränkt. Ein Jahrhundert früher oder später oder hundert Kilometer weiter hätte die Wahrheit vielleicht ganz anders ausgesehen.

Zu guter Letzt ist es vielleicht noch interessant, sich einmal den Begriff „Barde" anzusehen. Dieses Wort stammt in der Form, in der wir es kennen, vom Lateinischen *bardus* ab, das auf das hypothetische keltische Wort *bardo zurückgeführt wird. Maier (1994) ist der Meinung, dass der Begriff ursprünglich „einer, der seine Stimme erhebt" bedeutete, d. h. damit wäre jemand gemeint, der singt oder Poesie rezitiert. Tacitus erwähnt in seiner *Germania* einen interessanten Brauch, der „Barditus" genannt wird. Es handelte sich um eine besondere Art von Kriegsgesang, der von der versammelten Kriegerschar vor der Schlacht angestimmt wurde. Offensichtlich hielten die „Germanen" (die Leute, die in der römischen Provinz Germanien lebten – mindestens die Hälfte davon waren tatsächlich Kelten) ihre Schilde nah an ihren Mund und intonierten mit tiefer, rauer, eintöniger Stimme. Die Schilde verstärkten den Klang, und die resultierende Vibration hob den Mut der Krieger. Es scheint, dass sie auch den Ausgang der Schlacht aus diesem

Kriegsgesang vorhersagten und glaubten, dass es sich hierbei weniger um eine Vereinigung der Stimmen als vielmehr um eine Vereinigung der Kampfkraft handelte. Das Wort Barditus bleibt rätselhaft. Es könnte mit dem keltischen *bardo zusammenhängen, aber es könnte auch mit dem altnordischen Wort „barth" zusammenhängen, das „Schild" bedeutet. Eine noch obskurere Hypothese übersetzt es als „Bart-Gesang". Es handelt sich hier um einen mysteriösen Hinweis auf den Donnergott Thor, der in seinen Bart blies, um einen „Bart-Ruf" zu erzeugen - was immer das sein mag (Golther zitierte das im Zusammenhang mit der *Fornmanna Sögur* und der *Olafssaga Tryggvasonar*). Pech für uns, dass die altnordische Form des „Bart-Rufs" eigentlich Skeggrodd oder Skeggraust lautet, also ganz anders als Barditus, obwohl es interessant ist zu beobachten, wie weit manche Wissenschaftler mit ihren Thesen gehen. Mit Ausnahme des alten Gallien, Britannien und Irland war der Begriff Barde in den meisten Teilen Europas unbekannt. Er kam im 17. Jahrhundert in Mode, als er in mehreren europäischen Sprachen aus dem Französischen *barde* und dem Lateinischen *bardus* eingeführt wurde. Ein hübsches, altmodisches Wort wie dieses war genau das Richtige für alle Romantiker – viele Schriftsteller nahmen es in Gebrauch und bezeichneten damit jeden, der irgendwie sang, egal in welcher Sprache, welchem Jahrhundert oder welcher Kultur.

5. Glaubenswirren

Als der Alarm kam, waren die Männer von Gododdin alles andere als vorbereitet. Ein ganzes langes Jahr lang hatten sie in der hell erleuchteten Halle ihres Königs gefeiert, ein Jahr lang hatten sie gelacht und gespielt und mit ihren Waffen geübt. Es waren dreihundert Edelmänner, wie Raben in ihrer Lust auf Gemetzel, Wölfe unter den Kriegern, stolz und starke Kämpfer unter der Sonne. In jener verhängnisvollen Nacht hatten sie, wie in vielen Nächten zuvor, an den Tischen ihres Königs gefeiert, das saftige Fleisch der mit Eicheln gemästeten Schweine gegessen, das sie aus dampfenden Kesseln zogen, jeder mit seinem eigenen Fleischhaken, und in der gebührenden Reihenfolge gemäß ihrem Rang. Bis tief in die Nacht hatten sie den goldenen Met in ihre Kehlen gegossen, Geschenk der Brauer und der Bienen, und gerade als das Besäufnis seinen Höhepunkt erreichte und jedermann berauscht war, kam der Ruf zu den Waffen. Wächter stießen den Warnruf aus, eine Armee von Eindringlingen sei aufgetaucht und nähere sich mit grimmiger Geschwindigkeit und ruchlosem Mut. Mit einem Aufschrei des Zorns stürmten die Männer von Gododdin zu ihren Pferden und zogen ihre vertrauten Waffen, bereit, die blassgesichtigen Eroberer, die Hunde von jenseits des Meeres, zu vertreiben. Sie ritten ihren Feinden entgegen, so schnell sie konnten, voller Kampfesmut, aber viele von ihnen saßen allzu unsicher zu Pferd. Im ersten Licht des frühen Morgens begegneten sie bei Catraeth ihren Feinden. Wie eine Sturzflut aus Stahl und Wahnsinn fielen sie über die Eindringlinge her, die Speere flogen wie die

Schwingen der Dämmerung, und wie die donnernden Wogen des Ozeans warfen sie sich den vielen bewaffneten Gegnern entgegen. Dreihundert edle Krieger, die die reine britannische Zunge sprachen, gegen tausend Feinde von jenseits des Meeres. Schwertklingen schrien auf, wenn sie tief in Rüstung und Fleisch schnitten; Gesichter erbleichten, wenn Reiter zu Boden taumelten. Die Männer, die nach Catraeth geritten waren, dreihundert Kämpfer, grimmig und unbarmherzig, griffen ohne Gnade an, schlugen ohne Zögern zu und fügten dem Feind mit grausamem Lachen blutige Wunden zu. Glieder wurden versehrt, Köpfe genommen, und im neuen Licht der frühen Dämmerung wurde die Schlacht geschlagen. Dreihundert Männer, die friedlich unter den Binsenlichtern gesessen und den Liedern der Barden sowie den zeitlosen Melodien der Musiker gelauscht hatten, waren zu Wölfen auf dem Schlachtfeld geworden, zu Ebern auf der Fährte, wie zornige Stiere metzelten und verstümmelten sie und erlitten eine schreckliche Niederlage. Sie fochten wie die schaumgekrönten Wogen, die gegen die Küste rasen, hoffnungslos in der Unterzahl, doch bevor sie erschlagen wurden, erschlugen sie andere. Und als der Kampf beendet war, war nur noch einer von dreihundert Männern am Leben. Neirin hatte den purpurnen Kampfesnebel überlebt. Zwischen seinen abgeschlachteten Freunden und Verwandten stehend, wurde er gefangen genommen und in Ketten gelegt. Gebeugt von der Last des kalten Eisens stand er, wandte sein Gesicht dem Himmel zu und als die Nacht kam, verfasste er ein Klagelied für die Erschlagenen. Das war das Lied *Go-doddins*, und Neirin sang es, notgedrungen, da er kein Barde war, mit der Inspiration, die ihm Gott verlieh, in tiefer Trauer darüber, dass er gesehen hatte, wie seine Landsleute Futter für Raben und Krähen geworden waren. An jeden einzelnen seiner Freunde und Kameraden erinnerte er sich, an die Edelleute, die am Hof des Königs so edelmütig und großzügig gewesen waren, und mitleidlose Schlächter am Tag ihres Untergangs. Dann, tief in der Nacht, wurde er gerettet; man erinnerte sich an sein Lied und zeichnete es auf, und heute ist *Y Gododdin* eins der ältesten Stücke überlieferter britannischer Literatur.

Soviel zu einem kurzen Überblick über einen kurzen, blutigen und sinnlosen Zwischenfall, der zu einer der berühmtesten Geschichten über eine brutale Schlacht und eine hoffnungslose Niederlage wurde. Ich hoffe, Du vergibst mir die blutige Sprache, in der ich dies wiedergegeben habe, weil sie der Art von Poesie, die die Barden des 6. Jahrhunderts bevorzugten, sehr ähnlich ist. Was die Geschichte der Schlacht von Catterick in Yorkshire so wichtig für unsere Forschungen hinsichtlich der Welt der Barden macht, ist die Tatsache, dass sie frühes Zeugnis von einer Kriegergesellschaft ablegt, von der nur ganz wenig glaubwürdiges Material überliefert ist. *Y Gododdin* ist nicht nur ein bemerkenswertes Porträt der frühmittelalterlichen „heroischen" Gesellschaft mit ihren stolzen, rasch erzürnten, Met-saufenden Krieger-Aristokraten, sondern auch insofern bemerkenswert, weil es auf glorreiche Weise eine totale Niederlage beschreibt! Die späteren Barden, die das Lied Neirins sangen, die Verse hinzufügten oder eigene Versionen komponierten, überlieferten eine Geschichte von höchster Tapferkeit und damit ein Beispiel für Heldentum angesichts überwältigenden Unheils, das in späteren Jahrhunderten sehr

populär werden sollte. Das Buch Neirin war nicht nur wohlbekannt, sondern auch berühmt. Als die Wissenschaftler der letzten Jahrhunderte versuchten, zu rekonstruieren, wie das Leben in dieser Frühzeit wohl gewesen sein mochte, gingen sie davon aus, dass das Lied Neirins ein nahezu unbeeinflusstes Bild einer tief von heidnischen Glaubensvorstellungen durchdrungenen Gesellschaft lieferte. Obgleich keine heidnischen Gottheiten in dem Klagelied auftauchen, scheinen die Beschreibungen des hemmungslosen und zerstörerischen Charakters der erschlagenen Helden einer heidnischen, wenn nicht sogar ganz und gar barbarischen Gesellschaft zu entstammen. Wir sind nicht gewöhnt, dass Krieger für ihre Grausamkeit, ruchlosen Kampfesmut und gnadenlose Gewalttätigkeit gepriesen werden, und daher entschieden die meisten Forscher, dass es sich hierbei um charakteristische Einstellungen einer heidnischen Gesellschaft handeln müsse. Und da das blutige Klagelied auch nur wenige übernatürliche Elemente enthielt, ging man davon aus, dass es sich um Quellenmaterial von historischem Wert handeln müsse. Dass Neirin tatsächlich gelebt hat, geht aus den Schriften des Nennius im 9. Jahrhundert hervor:

Ida, der Sohn Eoppas, besaß Ländereien in der linken Seite Britanniens, das heißt, am humbrischen Meer, und regierte zwölf Jahre, und einte Dinguayth Guarth-Berneich. Dann kämpfte zu jener Zeit Dutigern tapfer gegen das Volk der Angeln. Zu dieser Zeit war Talhaiarn Cataguen für seine Poesie berühmt, und Neirin, und Taliesin, und Bluchbard, und Cian, der auch Guenith Guant genannt wurde, waren alle berühmt zur gleichen Zeit in der britannischen Poesie.

Dieser Eintrag kann datiert werden, da Ida um 560 starb. Alle erwähnten Poeten lebten im 6. Jahrhundert, und mehrere von ihnen werden im *Buch von Taliesin* erwähnt. Talhaiarn wird auch in den etwas fragwürdigen *Iolo Manuskripten.* erwähnt, wo er den Vorsitz vom Bardenstuhl des Urien von Rheged von Caer Gwyroswydd gehabt haben soll. Nach seinem Tod wurde sein Amt von Taliesin übernommen, der auch noch drei andere Bardenstühle inne hatte. Diese Geschichte, was auch immer sie wert sein mag, stammt von Llewellyn Sion, der sie im späten 16. Jahrhundert aufzeichnete. Es ist vielleicht interessant, dass Neirin auf Taliesin anspielt. Ich gebe den Hinweis in drei Versionen wider, um eine Vorstellung davon zu geben, wie weit Übersetzungen von frühbritannischen Dichtungen abweichen können:

Ich, Aneurin werde singen / was auch Taliesin weiß / der mir seine Gedanken mitteilt / oder den Gesang von Gododdin / vor der Dämmerung eines hellen Tages (Nash)
Ich Aneurin werde komponieren / wie Taliesin weiß / ein ausführliches Lied / oder einen Gesang für Gododdin / vor der Dämmerung / des hellsten Tages. (Skene)
Ich, Aneurin / (doch nicht ich: / Taliesin, dessen Gesänge / mächtig sind, weiß dies), / sang den Gododdin / vor der goldenen Dämmerung. (Short)

Wie würdest Du diese Zeilen deuten? Auch die frühesten Dichtungen, die Taliesin im 6. Jahrhundert für seinen Beschützer, Urien Rheged, verfasste, spielen auf Neirin an:

Kenne ich seinen Namen! - Aneurin, der Dichter des fließenden Gesangs, /
Ich, der ich Taliesin bin, vom Ufer des Sees von Geirionnydd!

(*Rotes Buch von Hergest,* nach Skene)

Es überrascht nicht, dass die Gelehrten, die den *Y Gododdin* in den vergangenen Jahrhunderten studierten, darin eine wertvolle Quelle heidnischer Poesie sahen, der von späteren Schreibern einige christliche Elemente beigefügt worden waren. Viele Wissenschaftler nahmen diesen Standpunkt ein und glaubten, es sei vielleicht möglich, heidnische, wenn nicht gar druidische Glaubensinhalte zu rekonstruieren, indem man einfach das christliche Material aus der bardischen Poesie Britanniens entfernte. Heute liegen die Dinge etwas komplizierter. Eine neuere Studie von Professor Griffen bietet eine unerwartete Interpretation, mit der ich Dich gerne vertraut machen möchte. Der frühe Name Neirin (man findet ihn nach 850 in der Form Aneirin geschrieben) war nicht beliebt. Das mag überraschend erscheinen, da Neirin mit Sicherheit berühmt war und seine Loblieder in Britannien wohlbekannt waren. Aber aus irgendwelchen mysteriösen Gründen gaben die Leute ihren Söhnen nicht gerne diesen Namen. Nun könnte (A)N-eirin laut Professor Griffin als „Nichtkämpfer" übersetzt werden, was im Wesentlichen ein Titel ist, kein Name. Um wen könnte es sich bei dem Nichtkämpfer gehandelt haben? In einer Zeit, in der Pazifismus definitiv unpopulär war, konnte ein Nichtkämpfer auch als Feigling angesehen werden, und wer hätte seinen Sohn Feigling genannt! Feiglinge wurden verachtet (es gibt einige Hinweise darauf in der bardischen Poesie). Feiglinge wurden nicht berühmt, man pries sie nicht, und sie wurden definitiv nicht gerettet, wie es Neirin widerfuhr, als Cenau, Sohn von Llywarch, ihn befreite. Warum wurde Neirin in einer Schlacht, in der alle seine Gefährten den Tod gefunden hatten, verschont, und warum erlaubte man ihm, mitten in der Nacht die Totenklage zu singen? Eine einfache, aber irreführende Antwort wäre gewesen, dass Neirin ein Barde, kein Krieger war. Nun weist Neirin aber darauf hin, dass er kein Barde war.

Außerdem nahmen die Barden jener Zeit an den Schlachten teil, sie sangen, verfluchten die Gegner und kämpften mit Schwert und Speer. Neirin sagt, dass er kein Barde war, nicht kämpfte und das auch niemand von ihm erwartete. Die wahrscheinlichste Erklärung dafür ist, dass er selbst ein Priester war. Ein christlicher Priester durfte sich ohne Schande vom Kampf fernhalten und wäre es auch wert, nach der Schlacht gerettet zu werden. Diese Annahme wird durch die Tatsache gestützt, dass die Sprache der christlichen Elemente in seinem Lied genauso alt ist wie der Rest des Materials. Falls die Theorie zutrifft, war Neirin kein Barde, der ein Klagelied für die Gefallenen sang, sondern ein Priester, der eine Messe für seine Gefährten und Mitchristen sang. Dann wird auch verständlich, weshalb Neirin feststellte, dass das Lied von ihm und auch nicht von ihm stammte: Es geht um eine inspirierte Äußerung.

Ein paralleler Fall ereignete sich ein Jahr nach der Schlacht von Catraeth, ca. 601, als 1.100 Mönche eine britische Armee in eine Schlacht gegen germanische Eindringlinge bei Bangor-Y-Coed begleiteten. Anstatt zu kämpfen knieten die Mönche nieder und beteten für den Sieg, und als ihre Armee verlor, wurden sie alle hingerichtet. Die tatsächliche Anzahl der erschlagenen Mönche scheint zwar übertrieben zu sein, aber die Geschichte ist ein Beweis für eine nicht kämpferische Einstellung der Geistlichkeit.

Das bringt uns zu der schwierigen Frage, was an der frühbritannischen Literatur nun eigentlich heidnisch ist. Die Wissenschaftler der letzten Jahrhunderte waren davon ausgegangen, dass das Lob der Krieger für ihre Grausamkeit, Unbarmherzigkeit, und Wildheit eine heidnische Einstellung ausmachen

würde, und zwar hauptsächlich, weil das nicht mit den sanfteren Formen christlicher Tugenden übereinstimmt, die in moderner Zeit so hervorgehoben werden. Ich hatte ähnliche Probleme, als ich beegann, diese Literatur zu erforschen. Da ich in einer Kultur aufgewachsen bin, die immer noch von der christlichen Ethik dominiert wird, nahm ich an, ich würde wissen, was christliches Gedankengut ist und hielt eine Menge für selbstverständlich, was nicht selbstverständlich ist. Das heutige Christentum hat mit dem Christentum des 6. Jahrhunderts nicht viel gemein; Letzteres war wesentlich grausamer. Werfen wir mal einen kurzen Blick auf das frühe Christentum. Nein, wir müssen jetzt nicht bis zu den Qumran-Texten zurückgehen, obgleich sie reichlich Beweismaterial für fanatische Wildheit und gnadenlosen Hass gleich zu Beginn der christlichen Tradition liefern. Stellen wir unsere Traummaschine auf den Beginn des 4. Jahrhunderts. Zu dieser Zeit hatte das römische Imperium, „die Mutter aller Nationen", aufgehört, zu expandieren.

Die ursprünglich aggressive Politik war schon lange aufgegeben worden, die Legionen standen den Barbaren, die mit ihren Kriegern die Grenzen bestürmten, defensiv gegenüber, und interne Fehden verhinderten ein effektives Vorgehen gegen die Eindringlinge. Während Dekadenz und Korruption die Macht der Kaiser schwächten, verfiel die Moral und mehrere abgelegene Teile des Imperiums hatten sich vom Hauptgebilde abgetrennt und eine unsichere Unabhängigkeit deklariert. Zu dieser Zeit hielt man den christlichen Kult für eine gefährliche und subversive Untergrundbewegung. Minucius Felix (*Octavius*, frühes 3. Jahrhundert vor unserer Zeit) bezichtigte sie des Kindsopfers und Kannibalismus. Tertullian (spätes 2. Jahrhundert vor unserer Zeit) gibt eine Ge-

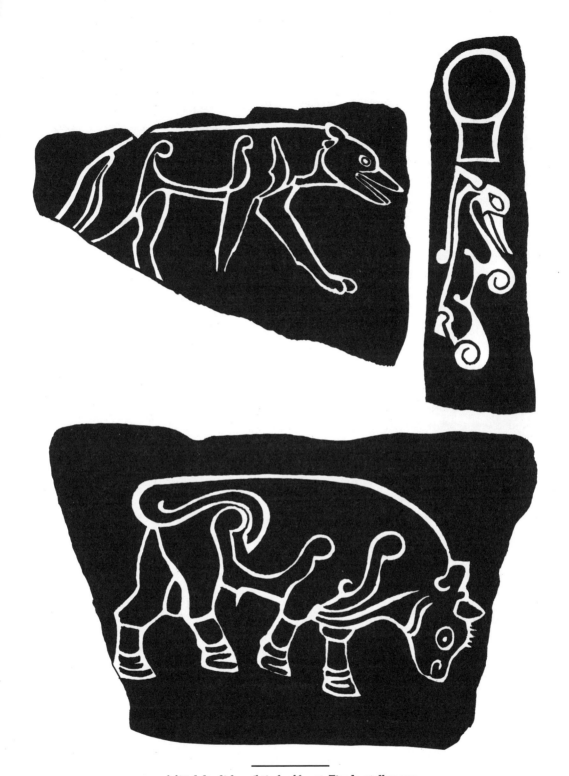

Mittelalterliche piktische Kunst: Tierdarstellungen

Oben links: Wolf, Stein von Ardross, Inverness-Shire, Schottland, 7. Jahrhundert unserer Zeit.

Oben rechts: Sogenannte „piktische Bestie" und Spiegelsymbol (?), Meigle, Schottland, 8. – 9. Jahrhundert unserer Zeit.

Unten: Stier, Burghead, Morayshire, Schottland, 7. – 8. Jahrhundert unserer Zeit.

schichte wider, derzufolge die frühen Christen ihre Gottesdienste damit beendeten, dass sie alle Lichter löschten und eine Gruppensexorgie veranstalteten. Es ist erstaunlich, wie oft Kannibalismus, Gruppensex und Inzest als Paket zu haben sind. Verschiedene frühe Christen bestritten solche Anklagepunkte entschieden und beschuldigten ihrerseits die Juden, die Hexen und jegliche vorhandenen Heiden recht ähnlicher Verbrechen.

Anders als die vielen Religionen von und in Rom war das Christentum besonders und elitär. Der Kult übte eine besondere Anziehungskraft auf die Armen aus, da jeder als Mitglied aufgenommen wurde, sogar Sklaven. Auch Frauen fühlten sich stark davon angezogen (frage mich nicht, warum), die den größten Teil der frühen Versammlungen ausmachten. Wenn man Christ wurde, war man an einen einzigen Gott gebunden und es war einem verboten, an irgendeinem anderen Kult teilzunehmen. Das war eine Neuheit und kontrastierte stark mit den Kulten, die überall im Imperium in Mode waren. Das römische Imperium war zwar nicht speziell freundlich zu rebellischen Priestern, aber es tolerierte jegliche Religion innerhalb seiner Grenzen, die mit dem römischen Gesetz vereinbar war und den heiligen Schutzengel (Genius) des Kaisers respektierte, also den Schutzengel des Reiches selbst. Viele Religionen akzeptierten diese Bedingung und gediehen gemeinsam mit dem expandierenden Imperium. Nur intolerante Fanatiker, wie beispielsweise die Zeloten von Palästina oder die Druiden Galliens und Britanniens wurden niedergemacht, weil sie sich nicht an die Regeln halten wollten. Es gab eine Vielzahl von Glaubensbekenntnissen, hunderte von Gottheiten standen zur Verfügung, und viele Bürger des Imperiums gehörten mehreren Kulten an. Neue Götter zu erfinden und zu verehren war eine einfache Sache, man

brauchte nur die Erlaubnis des Senats, und wenn man sich an die grundlegenden Regeln hielt, wurde dem neuen Kult die offizielle Anerkennung gewährt. Das ging bis zu solchen Extremen, dass viele Verrichtungen des täglichen Lebens unter der Obhut Dutzender extrem ähnlicher, aber nichtsdestoweniger verschiedener Gottheiten standen. Das römische Imperium war mit all seinen Vorzügen und Nachteilen der einzige bekannte Zeitabschnitt in der europäischen Geschichte, in der alle Religionen Seite an Seite in friedlicher Toleranz existierten.

Als die Christen die Idee ins Spiel brachten, ihr Gott sei der einzig wahre Gott, fürchteten viele Leute im Imperium, dass so eine intolerante Haltung alle anderen Götter erzürnen und göttliche Vergeltung hervorrufen würde. Nun waren die frühen Christen, trotz all ihrer Anziehungskraft für die Ausgebeuteten und Geknechteten, auch schlau genug zu erkennen, dass sie politische Macht erringen konnten, indem sie Personen von hohem Stand bekehrten. So appellierten sie an die Reichen und Mächtigen, indem sie verkündeten, ihr Gott sei derjenige, der den Sieg in der Schlacht verleihe. In dieser Funktion fanden sie einen Rivalen in der Religion des siegbringenden Mithras, der besonders bei den Legionen beliebt und fast wie eine Geheimgesellschaft organisiert war. Die Kaiser waren nicht glücklich über die Mithras-Anhänger, die ausgebildet und bewaffnet waren, und höheren hierarchischen Rängen Gehorsam gelobt hatten, deren verborgener Interessen sich nur wenige sicher waren. Konsequenterweise trafen die Christen, als sie dann einflussreich genug geworden waren, eine Abmachung mit dem Adel, die in einer Verfolgung der Mithras-Anhänger resultierte. Ihr größter Erfolg war es allerdings, als sie dem jungen Kaiser Konstantin den christlichen Segen versprachen.

Bei einer Entscheidungsschlacht im Jahr 312, so berichtet die Legende, sah Konstantin das Symbol Christi als Erscheinung in der Luft und hörte eine Stimme, die verkündete „in diesem Zeichen wirst Du siegen." Da sein Sieg fast an ein Wunder grenzte, beschloss er, selbst Christ zu werden. Und zwar nicht, weil er das religiöse Erbe des nahen Ostens ins Herz geschlossen hatte, sondern weil Christus ganz einfach und vor allem ein Kriegsgott und Siegbringer war.

Da nun der Kaiser (irgendwie) ein Christ war, konnte der Kult endlich aus der Dunkelheit der Katakomben heraustreten. Man beachte allerdings, dass Konstantin noch immer ein vorsichtiger Charakter war und darauf achtete, die anderen Religionen nicht zu verärgern. Insgeheim gehörte er zum Kult der unbesiegbaren Sonne. Er war ein stark abergläubischer Mensch, und bereit, jedem Gott zu vertrauen, der ihn vor Zauberei schützte. Er bevorzugte die neue Religion, verfolgte aber die anderen nicht. Das änderte sich nach und nach. Um 331 herum begann man, das Land und die Schätze der heidnischen Kulte zu konfiszieren, 337 wurden heidnische Opfer offiziell verboten, und 357 wurde eine universelle Schließung aller heidnischen Tempel und Heiligtümer angeordnet. Wenn ich hier „heidnisch" sage, möchte ich daran erinnern, dass für die christliche Mentalität alle vorchristlichen Religionen heidnisch waren. Das gilt für die zahllosen Religionen der eroberten Länder ebenso gut wie für die verschiedenen Religionen von Rom selbst. Dann, im Jahr 361, wandte sich das Blatt noch einmal, als der letzte Erbe Konstantins, Kaiser Julian, das Christentum abschaffte und die polytheistischen Religionen von einst wieder einführte. Leider wurde er schon zwei Jahre später umgebracht und die Legionen wählten einen christlichen Nachfolger für den Thron.

363 wurde das Christentum wieder eingesetzt, aber die heidnischen Kulte wurden noch eine Weile lang toleriert. 391 usurpierte Eugenius den Westteil des Reiches und führte das Heidentum wieder ein, aber schon 394 schlug Theodosius ihn vernichtend und ordnete ein vollständiges Verbot heidnischer Tempel und Opfer an. Erst nach dieser Zeit kann man davon sprechen, das Christentum sei stark genug gewesen, alle anderen Religionen zu verbannen. Einige Jahre gewalttätiger Verfolgungen schlossen sich an, dann brach das Imperium selbst zusammen und jeder frühere Teil von ihm musste selbst zusehen, wie er damit fertig wurde. Während der Adel sich weiterhin als Bürger des römischen Imperiums betrachtete und weiterhin Latein benutzte, entwickelten schon die nächsten Generationen eine neue Kultur, die ohne den Schutz des früheren Imperiums auskommen musste.

Für viele romanisierte Länder war der Untergang des Imperiums ein Schock. Die letzten Kaiser hatten die früheren Provinzen aller nützlichen Legionäre entledigt, damit sie die Kriege um ihren Thron ausfechten konnten. In Britannien war das besonders problematisch, da die Legionen einen gewissen Maximilian zum Kaiser wählten und mit ihm nach Rom marschierten, in der Hoffnung, ihn auf den Thron setzen zu können. Dieses Projekt schlug in katastrophaler Weise fehl, und die Insel war dem Ansturm der germanischen Stämme schutzlos ausgeliefert. Für die Bischöfe der frühen Kirche waren diese Zeiten alles andere als einfach. Um ihre Macht zu behalten, mussten sie den Kulturen, in denen sie predigten, eine Reihe von Zugeständnissen machen, und dadurch entwickelten sich mehrere unterschiedliche Formen des Christentums. In Germanien erzählten die Priester ihren Schäfchen, Christus sei am Galgen gestorben, da diese Art der Todesstrafe dem Rechtssystem viel näher kam als der römische Brauch des Kreuzigens. In Britannien predigten eifrige Missionare über den Kriegsherren Iessu Grist, der mit seiner unbezwingbaren Armee von Heiligen in die Tiefen von Uffern (eine kalte Hölle) ritt, wo er Satan überwand und die Seelen der Ungläubigen rettete.

Eine andere Frage, über die man streiten könnte, ist auch, wie christlich diese Könige und ihre Barden tatsächlich waren. Wenn die Barden ihre Monarchen als Christen priesen, dann taten sie das, um den Gegensatz zwischen ihnen und den einfallenden Angeln und Sachsen hervorzuheben, die keine Christen waren – zumindest, was das 6. Jahrhundert anbelangt. Das machte politische Konflikte zu einer religiösen Angelegenheit. Das änderte sich, als die Angelsachsen bekehrt wurden, aber die Konflikte gingen weiter.

Andererseits waren die frühen christlichen Monarchen nur in begrenztem Maß Christen. Der ehrwürdige Gildas, der um 540 herum ein zorniges Buch mit dem Titel *Der Untergang Britanniens* geschrieben hatte, steckte eine Menge Energie in das Unterfangen, zu beweisen, wie unchristlich die Monarchen seiner Zeit seien, und sagte in unzweideutigen Wendungen voraus, welches Schicksal ihnen am Tag des jüngsten Gerichts beschieden wäre. In seinem Buch werden alle britannischen Könige als ungerechte Tyrannen bezeichnet, die Meineide schwören, das Böse schützen, Vielweiberei treiben, ungerechte Kriege führen, und so weiter und so weiter – die Liste ist lang, und es findet sich jede denkbare Untat darauf. Nun hielt Gildas, während er schrieb, die schwache Hoffnung aufrecht, dass diese Monarchen das Unrecht ihrer Taten einsehen und sich zum wahren Christentum bekehren würden. Wie viele der Heiligen

seiner Zeit war er ein leidenschaftlich Gläubiger, wenn nicht gar ein Fanatiker. Das ist ein weiterer Punkt, der einen starken Kontrast zum modernen Christentum bildet. Die Werke Bedes beispielsweise sind voll des Lobes für die ersten christlichen Missionare Britanniens. Ich war erstaunt, als ich las, zu welchen Extremen an Hingabe und Opferbereitschaft diese frühen Fanatiker bereit waren, um die Öffentlichkeit zu beeindrucken. Man findet in diesen Seiten keine dickbäuchigen, korrupten Priester, sondern zahllose wundertätige, heilige Männer, die alles für ihren Glauben gaben. Nur solche Verrückte können ein Land bekehren, und ist es einmal bekehrt, sterben alle glaubenseifrigen Pioniere aus und werden durch ränkeschmiedende Machthungrige ersetzt.

Heilige Brunnen und die mit ihnen verbundenen Rituale waren in den keltischen und germanischen Ländern ein wesentliches Element des Glaubens zur Zeiten der römischen Herrschaft und davor. Da sie so beliebt waren, wagten die Kirchenmänner nicht, ihren Gebrauch zu verbieten. Stattdessen beseitigten sie lediglich die „bösen" heidnischen Einflüsse, erfanden ein paar neue Mythen über ihren Ursprung und definierten sie neu als christliche Heiligtümer. Die sogenannte „keltische" Kirche liebte diese Praxis ganz besonders und wurde von der römischen Kirche für ihre übermässige Verehrung von Quellen, heiligen Gewässern und Taufriten kritisiert. Dieser Einfluss findet sich in zahlreichen Stücken bardischer Poesie wieder. Ein Taliesin zugeschriebenes Gedicht, das im *Hanes Taliesin* überlebt hat, gibt ein interessantes Beispiel für diese Praxis und für die eigenartige Mischung aus christlichen und heidnischen Ideen, die für das Bardentum so typisch ist.

Im Wasser ist eine Art von Segen,
richtig über Gott zu meditieren ist höchst angemessen,
Gott feierlich zu bitten ist richtig,
denn es gibt kein Hinderniss, wenn es darum geht, seine Gabe zu empfangen.
Dreimal wurde ich geboren, ich erfuhr es
durch Meditation,
Elend wäre es, für einen Mensch, nicht her-
beizukommen, um es zu erhalten:
all das Wissen der Welt, in meiner Brust gesammelt,
denn ich weiß was war und was in Zukunft
werden wird…

Was denkst Du über diese Zeilen? Die
Heiligkeit des Wassers war in vielen heidnische Religionen verbreitet und ebenso
ein Merkmal des Christentums. Die erste
Zeile hätte christlich, keltisch oder römisch
sein können, und jeder wäre zufrieden gewesen. Die zweite, dritte und vierte Zeile
deuten Monotheismus an und könnten damit christlich sein. In der fünften Zeile wird
die Wiedergeburt eingeführt, das könnte
ein heidnisches Element oder eine poetische
Metapher sein. Dass in Taliesins Brust alle
Wissenschaften der Welt versammelt sind
und er sowohl die gesamte Vergangenheit
als auch Zukunft kennt, grenzt allerdings an
Blasphemie, da Allwissenheit eine Eigenschaft Gottes ist, der gelegentlich etwas davon an seine Propheten weitergeben kann.
Dass Gott sie etwa als Ganzes an einen
Kriegerpoeten weitergegeben hätte, ist ganz
sicher keine christliche Idee, kann uns aber
etwas darüber mitteilen, wie die Barden von
sich dachten. Die mittelalterlichen Barden
verstanden sich als Christen, aber sie sahen
sich auch auf gleicher, wenn nicht gar höhe-
rer Stufe mit Königen und hielten sich für die
Krone der Schöpfung.

In Irland entwickelte sich das Christentum anders. Da die Smaragdinsel nie Teil
des Imperiums gewesen war, wurde ihr die
Religion nicht von Staats wegen per Dekret
verordnet, sondern durch die Tätigkeit der
frühen Missionare. Anders als das romanisierte Gallien, das im 2. Jahrhundert über
große christliche Gemeinden verfügte, und
Britannien, dessen erste Kongregationen auf
das Jahr 200 datieren, gab es die ersten aufgezeichneten Hinweise auf Christentum in Irland im 5. Jahrhundert. Mit der Ankunft des
heiligen Patrick, dessen Vater und Großvater
bereits Christen gewesen waren, erhielt der
Kult einen nötigen Anschub. Es gibt zwar
reichlich Heiligenlegenden darüber, wie der
Wunder wirkende Heilige durch das Land
tourte und härteste Maßnahmen gegen Druiden und Schlangen vornahm (es gibt vage
Hinweise darauf, dass einige walisische
Druiden als Nattern bezeichnet wurden,
wer soll da wissen, ob er nun Menschen
oder Reptilien verbannte?), gibt es kaum
Tatsachenberichte darüber, wie die Konversion nun eigentlich vor sich ging. Es existiert die Annahme, dass die Bekehrung auf
friedlichen Wegen stattfand, da keine Mär-
tyrertode aufgezeichnet sind, und eine Den-
krichtung behauptet, dass Druidentum und
Christentum praktisch verschmolzen, aber
ich finde das schwer zu glauben angesichts
der fanatischen Einstellung des Heiligen und
der Art, in der seine Kämpfe gegen Druiden
und Ungläubige wiedergegeben sind.

Die vollständige Bekehrung Irlands wurde allerdings nicht wirksam vor dem Tod des
letzten halbheidnischen Königs, Diarmait
MacCerbail (565), der der letzte Monarch
war, der das heidnische *feis temro* (Fest von
Tara) abhielt. Nach der Konversion lieferte
Irland allerdings reichlich religiöse Fanatiker,
die den Kontinent mit ihrer Missionsarbeit
unsicher machten. Viele von ihnen waren

eng mit der Aristokratie befreundet (es zahlt sich aus, einen Gott des Sieges zu haben) und daher konnten sie auf bewaffnete Unterstützung rechnen, wenn sie über Land zogen, Brunnen umweihten und heilige Bäume fällten.

Bei Letzerem kommt einem der heilige Bonifatius in den Sinn, der ungefähr 650 in Kirton, Devonshire, geboren und von Papst Gregor II. autorisiert worden war, 719 in Germanien Missionsarbeit zu leisten. Im Verlauf dieser reiste er durch Bayern, Thüringen und Hessen und bekehrte „Tausende" von Heiden (oder behauptete das zumindest), wenn nötig, mit Gewalt. 743 hielt er die Synode von Liftinae ab, wo er wesentlich daran beteiligt war, den neu erfundenen „Teufel" zu definieren und eine Liste mit 27 heidnischen Bräuchen veröffentlichte, die er sehr schlimm fand (S. Wolf, 1989). Man sollte nicht vergessen, dass in dieser Zeit heidnisch sich nicht so sehr auf „rein" keltische, germanische oder lateinische (so es jemals so etwas gab) Dinge bezog, sondern auf eine entstellte, verzerrte Mischung davon, die in den chaotischen Jahrhunderten nach dem Niedergang des römischen Imperiums entstanden war. Meine Kommentare sind in Klammern angegeben.

Verboten wurde ausdrücklich:

1. Schändliche Bräuche bei den Gräbern. (Zahlreiche Aktivitäten finden sich unter dieser Überschrift, unter anderem unchristliche Zeremonien und der Gebrauch von Körperteilen toter Menschen zu verschiedenen Zwecken.)

2. Schändliche Bräuche bei den Toten. (Hier könnte es sich um Opfer für die Ahnen handeln).

3. Die Sporkel-Feste. (Sporkel ist ein alter germanischer Name für Februar, in dem Zeremonien für die Rückkehr der Sonne und den Beginn des Frühlings gefeiert wurden.)

4. Die Hütten der Götter. (Wahrscheinlich Schreine, die Abbilder enthielten.)

5. Heidnische Zeremonien in der Kirche. (Dazu zählt das Tanzen und Feste feiern in der Kirche, Tieropfer, Weissagungen, etc.)

6. Bräuche auf Felsen. (Opfer, Feuer und Gottesdienste.)

7. Die Nimidae. (Anbetung und Opfer in heiligen Hainen und Wäldern.)

8. Opfer für die Heiligen. (Anbetung war erlaubt, Opfer nicht).

9. Der Dienst an Jupiter und Mercurius. (Das könnte sich auf die römischen Götter beziehen, auf den germanischen Donar und Wodan, oder auf eine Anzahl keltischer Gottheiten, beispielsweise Taranis/Tanaros und Lugus).

10. Das Anhängen von Streifen und Bändern. (Im Wesentlichen Amulette aus Pergament, Stoff oder Metall, die man um den Hals trug oder unter der Kleidung verbarg.)

11. Die Opferbrunnen. (Das betrifft alle Opfergaben für die Tiefe, aber auch das Aussprechen von Gelöbnissen an heiligen Brunnen, ein Brauch, den Bonifazius mit fünf Jahren Buße bestrafte.)

12. Beschwörungen (Damit könnten Zauber, Zaubersprüche usw. gemeint sein.)

13. Wahrsagen aus dem Vogelflug und aus Ochsendung. (Ersteres ist Zeichendeutung, sie war beliebt in allen klassischen Kulturen des alten Europa. Letzteres bezieht sich auf römische Vorstellungen in Bezug auf Ochsen, die bei zeremoniellen Gelegenheiten schissen und was das bedeutete.)

14. Zeichendeutung und Wahrsagerei.

15. Die aus Holz geriebenen Feuer. (Notfeuer, zeremonielle Feuer und Reinigungsfeuer.)

16. Das Hirn der Tiere. (Eine weitere Wahrsagemethode!)

17. Heidnische Bräuche am Herd. (Omen.)

18. Die ungewissen Orte. (Man lese dafür „verborgen". Wahrscheinlich ein Hinweis auf heilige Stätten.)

19. Die Strohbündel. (Wahrscheinlich die letzte Korngarbe, die zeremoniell am Ende der Ernte geschnitten wurde. Außerdem ein Hinweis auf Pflanzenbündel, die im Haus bewahrt oder nah am Körper als Amulett getragen wurden.)

20. Das Verschwinden des Mondes. (Der römische Brauch, dem Mond während einer Mondfinsternis durch den Schrei „Vince luna!" zu helfen.)

21. Die Gräben um die Höfe. (Möglicherweise die Fortsetzung des Brauchs, Heiligtümer mit Gräben zu umgeben, wie man sie im frühen Neolithikum, in den Megalithkulturen, der Bronzezeit und keltischen Zeiten findet. In früherer Zeit wurden alle Arten von Opfern und Knochen in die Gräben geworfen; zu Bonifazius' Zeiten handelte es sich üblicherweise um Bündel heiliger Pflanzen.)

22. Heidnische Zusammenkünfte. (Das schließt die Jahreskreisfeste ein, aber auch die lustige Zeit im Februar, wo Mummenschanz und Albernheit herrschte, die man später zum Karneval machte, da man sie nicht abschaffen konnte.)

23. Das Fest der Toten, wenn ein Heiliger eingeführt wird. (Ungewiss. Wahrscheinlich Ahnenverehrung, oder jahreszeitliche Bräuche, die 835 in die christlichen Feste Allerheiligen und Allerseelen umgewandelt wurden.)

24. Die Götzenbilder aus Mehl. (Es war ein beliebter Brauch, Abbilder bestimmter Götter aus Teig zu machen, die gebacken und dann verehrt oder gegessen wurden. An solchen Aktivitäten teilzunehmen oder von den Figuren zu essen war Christen streng verboten. Siehe auch im Kapitel über Bride, oder bei Deinem Bäcker, und schneid Dir eine Scheibe von einem leckeren Pfefferkuchenmann ab.)

25. Die Götzenbilder aus Tuch. (Ein gutes Beispiel dafür, dass, Leute die zwar arm, aber stark im Glauben sind, Götterbilder aus fast allem machen können.)

26. Die Götzenbilder, die sie über die Felder tragen. (Zeremonielle Prozessionen mit Götterbildern waren in germanischen und keltischen Ländern sehr populär und für gewöhnlich eine sehr festliche Angelegenheit.)

27. Hölzerne Füße und Hände. (Votivgaben. Wahrscheinlich ein Hinweis auf den Brauch, Abbilder von kranken Gliedern anzufertigen, die man dann bei Heilritualen verwendete oder den Heilgöttern anbot. Sehr populär während der römischen Besatzung.)

Wenn wir verstehen wollen, was an der Mythologie der Inselkelten heidnisch war, könnte es ganz nützlich sein, sich ins Gedächtnis zu rufen, dass nicht jeder unchristliche Gegenstand notwendigerweise keltisch war. Zwischen der Vernichtung der Druiden im 1. Jahrhundert und dem frühen 4. Jahrhundert, als das Christentum akzeptabel wurde, befindet sich ein Zwischenraum, in dem die Religion vielen Veränderungen unterlag. Die Religionen der römischen Besatzungszeit waren eine Mischung aus drei Einflüssen. Einer war der einheimische keltische Glaube, der viel von seiner tieferen Bedeutung verloren hatte, als die Druiden aufgehört hatten, als Priesterschaft zu fungieren. Der zweite war die Staatsreligion von Rom und der dritte die zahllosen Kulte, die von den Legionen im ganzen Imperium verbreitet worden waren. Da ihnen eine funktionierende Priesterschaft fehlte, standen die Briten sicherlich vor einem interessanten religiösen Dilemma, und zweifellos veränderte sich ihr Glaube sehr stark, um sich den neuen Umständen anzupassen. Dank der Legionen wurden auch viele Religionen verbreitet. Viele Leute glauben noch immer, „die Römer" seien im Wesentlichen dunkelhaarige Italiener gewesen. Das mag in der sehr frühen Geschichte Roms so gewesen sein, aber als Rom expandierte, wurden neue Länder erobert, und deren Bewohner stießen zu den Legionen. „Römer" ist kein ethnischer, sondern ein kultureller Begriff. In Mitteleuropa gab es einen Überschuss an jungen Männern, die nicht auf ein Erbteil hoffen konnten. Was hatten sie zu erwarten, wenn sie zu Hause blieben? Sich den Legionen anzuschließen war ein sicherer Weg, um herumzukommen, vielleicht sogar auch irgendwann mit Reichtümern im Gepäck heimzukehren. Deshalb gab es viele Leute in den Legionen, die nicht italienischer Herkunft waren. Nicht wenige Festlandkelten dienten in Nordbritannien und hinterließen viele Inschriften für ihre Götter. Viele britische Legionäre dienten im Kernland Europas, und wo immer sie hingingen, begleiteten sie die Götter ihres Heimatlandes. Da diese Götter nützliche Funktionen erfüllten, beteiligten sich manchmal auch Legionäre anderer Kulturen an den Gottesdiensten. Das veränderte den Charakter der Gottheiten, da die Götter sich verwandelten, um zu ihren Anbetern zu passen (und umgekehrt), was Nachforschungen nicht gerade einfacher macht. Dann erfolgte mit dem Aufblühen des Christentums eine merkwürdige Vermischung verschiedenster Glaubensinhalte. Während die Kirche nach und nach zu einer beherrschenden Kraft wurde, transformierte sich das christliche Dogma wiederholt. Es gibt da einige Angelegenheiten im Leben christlicher Heiliger, die einen verblüffend heidnischen Beigeschmack haben.

Ein lebendig begrabener Christ

Ich möchte Dir gern eine bizarre Geschichte erzählen. Sankt Columban, ein Ire, der die Schotten bekehrte, stellte fest, dass sein neu erbautes Kloster auf Iona immer wieder einstürzte. Der Anlass dafür war eine Erscheinung, die aussah wie eine Mischung aus einer Frau und einem Fisch, und jedesmal, wenn sich dieses Wesen schüttelte, geschah dies auch mit der Insel, und die Mauern und Gebäude fielen in sich zusammen. Der liebe Heilige war sehr erzürnt über diesen betrüblichen Zustand der Dinge, fand aber, dass er nichts tun konnte, um die Sache zu verhindern. Die Fischfrau aber wusste eine Lösung. Ihrer Meinung nach fehlte es an einem Menschenopfer für das Gebäude. Einer der Mönche, so schlug sie vor, sollte sich unter den Fundamenten in einem Loch von einer Tiefe, das siebenmal seiner Größe entsprach, lebendig begraben lassen. Wenn er das täte, würden die Beben aufhören und die Gebäude stehen bleiben. Der heilige Columban war von dem Vorschlag nicht sonderlich begeistert, aber einer seiner Mönche (möglicherweise sein Bruder) mit Namen Dobhran (oder Odhran) meldete sich freiwillig als Opfer. Endlich überzeugte er den Heiligen, und es wurde eine Grube ausgehoben und der Freiwillige darin lebendig begraben. Die Beben hörten auf, und man konnte wieder Gebäude errichten. Nach zwanzig Tagen allerdings begann Columban sich zu sorgen, was mit Dobhran passiert sei. Er ließ den Steindeckel von dem Schacht heben und blickte hinab in die Tiefe. Kaum war das geschehen, da sprang Dobhran, der noch sehr lebendig und ganz schön gelangweilt war, mit einem gewaltigen Satz aus der Tiefe herauf, wobei es ihm gelang, aus seinem Loch herauszuschauen. Sein Blick war so wild, dass alles Schilfrohr auf Iona sich augenblicklich rot färbte. Von dem Vorfall erschreckt schrie Sankt Columban um Hilfe. „Lehm", rief der heilige Mann, „Lehm auf die Augen Dobhrans, bevor er noch mehr von der Welt und ihren Sünden erblickt!" So wurde Dobhran rasch wieder begraben, und es wird nicht berichtet, dass je wieder jemand gewagt hätte, den Deckel noch einmal anzuheben.

In einer anderen Version der Geschichte gelingt es dem armen Odhran noch, auszurufen: „Die Hölle ist nicht so schlimm, wie man berichtet hat..." – aber Columban lässt ihn wieder begraben, ehe er die Gelegenheit hat, noch weitere Blasphemien auszustoßen. Hinter dieser Legende steckt die sehr unchristliche Idee, dass wichtige Gebäude ein lebendiges Opfer erfordern, das dann als Schutzgeist des Ortes dient. Eine Parallele finden wir in der Geschichte über Merlin Ambrosius, der nur knapp dem Schicksal entging, abgeschlachtet zu werden, damit König Vortigerns Turm nicht immer wieder einstürzte. In alter Zeit wurden solche Opfer mit einiger Häufigkeit dargebracht. Unter den Erdwällen von Maiden Castle findet sich das Grab eines Mannes, der im Alter zwischen 20 und 30 getötet und im 2. Jahrhundert vor unserer Zeit dort begraben worden war, ehe man die Wälle hochzog. Bauopfer wurden in mehreren römischen Festungen gefunden; meist handelte es sich um Tiere, gelegentlich aber auch um Kinder. Es gibt sogar einen Hinweis auf solche Bräuche im 1. *Buch der Könige*, wo beschrieben wird, wie der Wiederaufbau Jerichos das Leben der Söhne des Architekten kostet. Überreste dieser Tradition waren im Mittelalter nicht selten zu finden. Ich weiß von einer kleinen Burg, in der die Archäologen ein in die Wand eingemauertes Ei fanden. Mehrere frühmittelalterliche Burgen erhielten Bauopfer in Gestalt von Hunden, Schafen, Pferden oder Rindern. Auf Iona ist Odhran eine Kapelle gewidmet. Das Opfer ist zum Geist des Ortes geworden und wird regelmäßig von den Ortsansässigen mit Gebeten und Anliegen bedacht. Tatsächlich ist er ihre Verbindung zur Anderswelt. Es würde mich nicht überraschen, wenn viele Hügelgräber in vorchristlicher Zeit ähnlichen Zwecken gedient hätten.

Bardisches Christentum

Einige dieser Wirren sind mit in die Poesie der inselkeltischen Barden und Filid eingezogen. Wenn man beispielsweise Gedichte von Taliesin studiert, stellt man fest, dass ihr religiöser Hintergrund alles andere als leicht zu verstehen ist. Viele Anhänger des modernen neokeltischen Glaubens umgehen diese Schwierigkeiten, indem sie behaupten, dass das poetische Material in der Hauptsache heidnisch-keltisch sei und christliche Schreiber späterer Jahrhunderte es zensiert, unerwünschte Glaubensinhalte hinausgeworfen und ihre eigenen frommen Zeilen hinzugefügt hätten. Dass vielleicht ein römischer Einfluss in die altbritannischen Poesie eingegangen sein könnte, wird selten anerkannt. Es ist gut möglich, dass die Lieder zensiert wurden, aber da uns die Originale fehlen, ist diese These schwer zu beweisen. Außerdem impliziert dieser Vorschlag, dass die christlichen Schreiber tatsächlich ganz genau gewusst hätten, was heidnisches Material ist. Wenn in einem Gedicht eine römische Gottheit erwähnt wird, hätte ein gebildeter Schreiber sich wohl denken können, dass es sich hierbei um eine vorchristliche Vorstellung handelt, aber wenn es dann um keltische Götter ging, von denen eine erstaunlich große Anzahl existierte, bestehen gute Chancen, dass der Schreiber sie gar nicht als Götter erkannt hätte. Heidentum war in jenen Tagen kein Studienobjekt, und man erwartete nicht von Mönchen, dass sie

Interesse an solchen Themen zeigten. Andererseits hatte eine beachtliche Anzahl an Barden, Filid und Mönchen ein Interesse daran, Folklore und Traditionen ihrer Länder zu bewahren. In vielen Fällen scheinen sie sogar Material erhalten zu haben, dass sie gar nicht vollständig verstanden.

Wenn wir nun in die Gogynfeirdd-Periode zwischen dem 11. und dem 13. Jahrhundert kommen, änderten sich die mythologischen Themen noch stärker. Die Barden jener Zeit erlebten eine neue Blütezeit, und zwar hauptsächlich, weil die Engländer zu viel mit den Normannen zu schaffen hatten, um sich noch mit den Briten befassen zu können. Viele der besten mystischen Lieder aus *dem Buch von Taliesin* wurden in dieser späten Periode verfasst. Das Problem mit den Gogynfeirdd ist, dass sie die Bedeutung vieler älterer Traditionen ihrer Kultur bereits vergessen hatten. Moderne Neo-Keltisten tun gern so, als ob alle Barden strenge Traditionalisten gewesen seien und ihr uraltes, geheimes, keltisches Wissen mit solcher Ehrfurcht behandelt hätten, dass ihnen nicht im Traum eingefallen wäre, irgendetwas daran zu verändern. Die Gogynfeirdd veränderten es nicht nur, sie erfanden auch vieles neu. Viel von dem Material, das in Büchern über das Druidentum als keltisch vorgeführt wird, wurde nicht überliefert, sondern in dieser Zeit erfunden. Dazu wurde eine Anzahl älterer Elemente verwendet, aber viele von ihnen wurden auf radikal neue Weise interpretiert, da ihre ältere Bedeutung schon Jahrhunderte früher verloren gegangen war. Die Mythologie der Gogynfeirdd, wie man sie im *Mabinogi* findet, war nicht einfach eine entstellte Überlieferung älterer Geschichten, sondern enthält Material, das dort zu jener Zeit erfunden wurde, von Poeten, die nicht nur Christen, sondern auch gut vertraut mit allen möglichen europäischen Legenden und

Mythen waren. Diese Poeten waren kreativ; sie glaubten, vom Geist der Inspiration erfüllt und mit der Gabe der Prophetie versehen zu sein. Wo es um visionäre Erkenntnis geht, glaubten sie sich Kirchenmännern und Gelehrten an Verständnis überlegen. Das schließt auch ein, dass sie ihre eigene spirituelle Tradition sehr wohl erfunden haben könnten, eigene Vorstellungen von der Erlösung hatten und ganz gewiss eine gerade erschaffene Göttin namens Ceridwen verehrten, in der sie die Patronin alles dichterischen Lernens sahen. Natürlich waren ihre Lehren keine populäre Religion, sondern eher ein Vorrat an Lehren, die allein für die bardische Profession bestimmt waren, gerade so wie Ceridwen, die von mehreren Barden der Zeit erwähnt wird, niemals vom einfachen Volk verehrt wurde. Um dieses ganze verwirrende, faszinierende Material abzurunden, möchte ich eins der Gedichte zitieren, das einem der Taliesins der Gogynfeirdd-Periode zugeschrieben wird. Bitte untersuche es sorgfältig und versuche zu rekonstruieren, wo Du heidnische und wo christliche Elemente findest. Da Reizüberflutung gleich Mustererkennung ist, bin ich sicher, dass Du dort eine Menge interessante Ideen entdecken wirst. Wer weiß, vielleicht ist manches davon wahr!

Buch von Taliesin 9

(Alternative Übersetzungsmöglichkeiten sind in Klammern, völlig unsichere Sätze haben am Ende ein (!))

Ich werde meinen Herren ersuchen,
das Awen zu erwägen.
Was gab es für Not
in der Zeit vor Ceridwen!
Zu Anfang und in der Welt,
welche Not gab es da!
Ihr reichen (belesenen) Mönche,
warum sagt ihr es mir nicht!
Warum beugt ihr mich nicht unter euer Joch!
(Gab es) eine Stunde in der ich nicht verfolgt
wurde!
Was ließ den Rauch aufsteigen!
Was erzeugte Böses!
Welche schöne Quelle entspringt
über dem Dickicht (Decke) der Dunkelheit!
Wann ist Schilf weiß,
wann wird die Nacht vom Mond erhellt!
Eine andere nicht gesungen (wahrgenommen),
sondern herausgeschüttelt (!)
(dein Schild draußen vor der Tür)!
Wann ist es angemessen vorne zu sein
(Warum ist er so laut,)!
der Klang der Wellen an der Küste.
Die Vergeltung des Meeres (von Dylan),
ein Tag wird uns kommen,
wenn ein Stein so schwer ist,
wenn ein Dorn so scharf ist.
Weißt du was besser ist,
sein Ansatz oder seine Spitze,
was schafft eine Trennung,
zwischen Menschen und Kälte!
Wer erlebt den gesünderen Schmerz (Tod)!
Die Jungen oder die Alten!
Weißt du was du bist
wenn du schläfst!
Ob ein Körper oder eine Seele,
oder ein Mysterium der Wahrnehmung!

Der fähige Sänger,
warum belehrt er mich nicht!
Weißt du an welchem Ort,
die Nacht den Tag erwartet!
Hast du das Wissen
wieviele Blätter auf Bäumen sind!
Was hob den Berg,
bevor die Welt verging!
Wer bewahrte die Anordnung (Fundamente)
der bewohnbaren Erde!
Über wessen Seele wird geklagt!
Wer hat sie gesehen, wer weiß!
Ich staune, in Büchern,
dass sie nicht wirklich wissen,
was der Sitz der Seele ist.
Was formt ihre Glieder,
wie strömen sie hervor,
der Wind (Atem) und der Strom!
Ein verdrießlicher Krieg,
ein Sünder in Gefahr,
ein Wunder von Blendwerk (Gesang),
was bleibt als Bodensatz!
Welches ist die beste Berauschung,
von Met oder Honigbier!
Als ihre Glückseligkeit (Schicksal)
vom dreieinigen Gott beschützt wurde,
warum sollte ich eine Lehre verkünden,
außer von Dir!
Wer machte Münzen
aus rundem Silber!
Wann ist so verbreitet,
ein so stacheliger Karren!
Der Tod hat seine Grundlage,
gleichermaßen in jedem Land.
Tod über unseren Häuptern,
weit ist sein Schleier,
hoch über dem Firmament des Himmels.

Am ältesten ist der Mensch wenn er geboren wird,

und er wird immer jünger und jünger.

Warum sich Sorgen zu machen,

über das bisher Erreichte!

Nach unserm großen Reichtum,

verkürzt es nicht unser Leben!

Genug der Traurigkeit,

der Heimsuchung des Grabes.

Und der Eine der uns erschuf,

aus dem höchsten Himmel,

sei er unser Gott und bringe uns,

zuletzt zu ihm!

Gläubig durch den Willen des Herrn.

So viele, wie zornig in ihren Kreisen sind(!),

habt Gnade, o Herr, mit deinen Verwandten.

Möge ich sanft sein, der unruhige Herrscher,

möge ich nicht leiden, bevor ich bewegungslos werde.

Elend klagt jeder Verlassene,

jeder Bedürftige erhebt eiligen Anspruch.

Ein äußerst unzufriedener Verstand lässt nicht ab,

von seinem Weg, wenn ich zornig bin.

Ich werde noch prophezeien wenn ich zwischen Steinen liege,

davon, Gaben zu erhalten,

davon, dass auf mich gezählt wird, und davon,

Märtyrer zu werden,

in der Abrechnung des heiligen Segerno.

Von einem Wort, wann vielleicht Sünde mein ist,

möge niemand seufzen, von denen die mich hören.

6. Die Filid von Irland

Unsere Quellen in Bezug auf bardische Aktivitäten werden im Mittelalter zahlreicher. Die diesbezügliche Literatur entstammt vornehmlich zwei verwandten, aber unterschiedlichen Kulturen: Der der Gälisch sprechenden Kelten Irlands und Schottlands und der der britannischen Kelten von Wales, Nordbritannien, Cornwall und der Bretagne. Bei beiden Zweigen der inselkeltischen Kulturen war der Begriff „Barde" allgemein in Gebrauch. Allerdings gab es massive Unterschiede im Hinblick auf Status, Funktion und Ausbildung. Hast Du Lust auf ein paar verwirrende Einzelheiten? Im nachrömischen Britannien blieb das Wort „Barde" ein Ehrentitel, was es auch in früheren Perioden in Gallien und anderswo gewesen war. Die britannischen Barden waren eine Gesellschaft gut ausgebildeter Profis, die sich eines gesetzlichen Status erfreuten, der oft dem eines Adligen gleichkam oder ihn sogar noch übertraf. Ihr Handwerk bestand in Gesang und im Geschichtenerzählen, aber oft gingen ihre Aktivitäten weit über Unterhaltung hinaus und schlossen politische Funktion, Diplomatie, Magie, Zaubersprüche, Prophetie und mehr ein.

In Irland entwickelten sich die Dinge anders. Es gab Barden in Irland, aber sie hatten einen sehr niedrigen sozialen Status und wurden für wenig besser als gewöhnliche fahrende Sänger angesehen, die über Land zogen und für das einfache Volk aufspielten. Der Status, dessen sich die britannischen Barden erfreuten, war in Irland vergleichbar mit der professionellen Gesellschaft der Poeten. Diese nannten sich selbst Filid und ihre

Kunst Filidecht. Das Wort Filid (Singular *Fili* oder *File*) bedeutet „Seher" und scheint mit dem früheren Wort Vates in Verbindung zu stehen, an das Du Dich vielleicht aus dem Kapitel über Druiden und Barden erinnerst. Filidecht war eine edle Kunst und die Filid waren wie eine Handwerkerzunft organisiert – wenn nicht gar wie eine Geheimgesellschaft. Sie hatten ihre eigene Ethik, ihre eigenen Gesetze, Regeln, ein intensives Ausbildungsprogramm und eine Anzahl geheimer Sprachen und Chiffren, die für das einfache Volk völlig unverständlich waren. Viel von dem, was Cäsar an den Druiden beobachtet hatte, klingt, als hätte er über die irischen Filid gesprochen. Wie die Druiden mussten die Filid mindestens ein Dutzend Jahre lernen, um den ersten Rang ihrer Kunst zu erreichen, und wie die Druiden erwarben die Filid viel von ihrem Wissen, indem sie Verse auswendig lernten.

Cäsar spekulierte, dass die Druiden das geschriebene Wort deshalb nicht schätzten, weil Auswendiglernen ein besseres Training für das Gedächtnis wäre, und behauptete, die Druiden würden das griechische Alphabet verwenden, wenn sich ein bisschen zu schreiben nicht vermeiden ließ. Das ist nicht ganz zutreffend. Viele keltische Münzen zeigen seltsame Buchstaben, die offensichtlich verschiedenen Alphabeten entstammen – der Einfluss des Griechischen kann Seite an Seite mit dem Einfluss von Runenzeichen aus den eigenartigen alpinen Alphabeten beobachtet werden. Cäsar, als kultivierter Aristokrat, war mit dem griechischen Alphabet vertraut, ebenso wie mit der Tatsache, dass das bisschen Schrift, das in Gallien benutzt wurde, nicht einfach eine Kopie der griechischen Schrift war. Dennoch beschloss er, die Dinge etwas zu vereinfachen, was ihn nicht gerade zu einem zuverlässigen Augenzeugen macht.

Nun waren auch die irischen Filid nicht gerade vom Schreiben begeistert, aber sie entwickelten ein eigenes Alphabet, die Ogham-schrift, und mehrere Dutzend Methoden, um sie zu verschlüsseln, so dass es nicht einmal für andere Poeten einfach zu lesen war. Eine andere starke Ähnlichkeit zwischen den gallischen Druiden und den Filid war, dass beide als Gesetzgeber fungierten, ein Amt, das die britannischen Barden definitiv nicht ausübten. Ein Ergebnis davon war, dass die Filid oft ebensoviel politische Macht wie die Könige hatten, wenn nicht gar noch mehr.

Eins der Ergebnisse dieses Monopols in der Gesetzgebung waren strenge Regeln, die die Freiheit der gewöhnlichen Barden auf dem Land einschränkten. Die Gesetze, die von den Fild erlassen worden waren, sorgten dafür, dass die Barden keine richtige Ausbildung in Poesie erhalten konnten, dass es ihnen nicht erlaubt war, für Könige oder adlige Gönner zu singen und dass eine Anzahl poetischer Versmaße für sie tabu waren. Als Ergebnis davon waren irische Barden schlecht ausgebildet, arm und hatten wenig Chancen, ihren Status zu verbessern, selbst wenn sie talentiert oder genial waren, und die Filid behandelten sie verächtlich.

Laut Douglas Hydes wertvoller Studie waren die Barden, genau wie die Filid, in eine strenge Hierarchie eingebunden. Sie waren in zwei Klassen unterteilt, die herrschaftlichen Barden (*Saor*) und die volkstümlichen Barden (*Daor*), und hatten eine Anzahl wundervoller Titel, wie beispielsweise Ansruth-Bairdne (großer Strom der Poesie!),

Sruth di aill (Strom, der zwischen zwei Felsen fliesst!), Bo-Bhard (Kuhbarde), Tuath-Bhard (Laienbarde), Culbhard (schwarzer Barde) und so weiter. Wie bei den Filid wurde jeder bardische Rang, egal wie niedrig sein sozialer Status war, mit einem spezifischen Versmaß in Verbindung gebracht, und es war ihm nicht erlaubt, Versmaße der höheren Ränge zu verwenden.

Diese Situation änderte sich schließlich. Über die Jahrhunderte wurden die Filid äußerst unpopulär, sie verloren eine Reihe an Privilegien und mit ihnen das Recht, Gesetze zu verabschieden. Zur Zeit der dänischen Besatzung Irlands (die ersten Überfälle scheinen 795 stattgefunden zu haben) war ihr Einfluss stark reduziert. Als die Dänen wieder gingen (nach mehr als zwei Jahrhunderten des Plünderns und der Verwüstung), fanden die Filid, dass ihre ursprüngliche Macht und ihr Ruf der Vergangenheit angehörte. In der spätmittelalterlichen Literatur sind die Bezeichnungen Barde und Filid fast austauschbar und von gleichem Wert. In jener Zeit war es möglich, über respektable und verehrte Barden zu schreiben, was zu der Zeit, als die Filid noch eifersüchtig ihre Geheimnisse hüteten, nicht möglich gewesen wäre.

Da die Bardenschulen Irlands bis ins 17. Jahrhundert hinein gut funktionierten, existiert eine Menge Literatur, in der der Begriff „Barde" als Ehrentitel benutzt wird. Zudem wurde eine beachtliche Anzahl von Gedichten und Geschichten schließlich in schriftlicher Form festgehalten. Die moderne Vorstellung, dass Barden und Poeten alles auswendig sangen, ist ein bisschen irreführend. Bücher waren sicherlich selten und ungeheuer wertvoll, und wann immer sie erhältlich waren, wurde von den Barden erwartet, dass sie ihrem Patron daraus vorlasen. Dass viele dieser Manuskripte aus einer relativ späten Zeit stammen, heisst nicht notwendigerweise, dass sie auch erst kürzlich verfasst worden waren. Man kann es auch als einen Hinweis auffassen, dass die irische orale Tradition dort länger als in anderen Teilen Europas überlebt hatte. Wenn jede Menge zuverlässige Geschichtenerzähler auf den Straßen herumwandern, denkt man in der Regel nicht daran, ihre Geschichten in Büchern festzuhalten.

Die Fibel der Gelehrten

Wenn wir nun Arbeit und Geheimnisse der Filid erforschen möchten, haben wir das außergewöhnliche Glück, dass nicht nur Literatur, sondern sogar ein ganzes Handbuch der Poetenausbildung überlebt hat. Es existieren zwei Versionen vom *Auraicept Na N-Eces (Scholar's Primer*, Fibel der Gelehrten), eine von ihnen hat den Weg in *das Buch von Ballymote* (ca. 1400) gefunden, die andere in das *Gelbe Buch von Lecan* (ca. 1350), während man den *Trefhocul* mit seinen Kommentaren zur Poetenausbildung und Regeln im *Buch von Leinster* finden kann.

Der *Auraicept* gehört zu den Studiengebieten, die die angehenden Filid im ersten Jahr ihrer Ausbildung zu meistern hatten. Da ich dieses nette Buch gelesen habe, kann ich nur sagen, dass das wohl kaum möglich ist, jedenfalls nicht mit der Version des *Primer*, die uns überliefert worden ist. Das *Auraicept* ist im Wesentlichen eine Grammatik. Als solche erscheint sie Studenten des romantischen, inselkeltischen Wissens sicher nicht sehr verlockend. Allerdings war eine Grammatik in jenen Tagen nicht nur eine Grammatik. (Bitte beachte, wie das Wörtchen „nur" den Wert des Gegenstandes vermindert... ein weiteres magisches Wort, das dabei ertappt wurde, wie es unser Bewusstsein formt!) Dass eine Grammatik etwas Magisches sein kann, sieht man an den vielen mittelalterlichen Grimoires, den Zau-

berbüchern der Magier. Ein Grimoire ist eigentlich eine Grammatik. Da die Grimoires die grundlegenden Regeln des Umgangs mit extraterrestrischen Wesen wie Engeln und Dämonen festlegen, ist eine Grammatik im Wesentlichen ein Zauberbuch, das die Regeln angibt, nach denen die Magie der Sprache funktioniert.

Das *Auraicept* ist eine Grammatik, und noch dazu eine reichlich verwirrende. Ein Großteil des Textes ist in Mittelirisch abgefasst, aber es gibt auch Anschnitte, in denen die Sprachformen des Altirischen erhalten sind. Mindestens vier Autoren sollen zu dem Text beigetragen haben. Der erste von ihnen war der gefeierte Cenn Faelad vom Clan der Ui Neill, der 679 starb. Cenn war ein vielversprechender Poet, bis er an der berühmten Schlacht von Moira teilnahm. Dieser blutige Zwischenfall war nicht nur die Gelegenheit, zu der der begabte Seher Suibhne Geilt verrückt und prophetisch wurde, sich Federn wachsen ließ und von Bergspitze zu Bergspitze zu springen begann, es war auch fast das Ende von Cenns Leben. Mitten in der Schlacht erhielt Cenn einen heftigen Schlag auf den Kopf, der, wie der Text sagt, „ihm das Gehirn herausschlug". Trotz dieser schweren Wunde gelang es den Ärzten, ihn wieder hinzukriegen und zu heilen, was eine ganz schöne Leistung ist, wenn man den Stand der damaligen medizinischen Wissenschaft bedenkt.

Cenn überlebte und nahm seine Arbeit als Dichter wieder auf. Tatsächlich wurde er zunehmend enthusiastisch, was Poesie, Versmaße, Wortwurzeln und dergleichen mehr anging, da ihn der Schlag mit einem *Hirn der Vergessenheit* ausgestattet hatte. Dieser Begriff bedeutet, wie der *Primer* uns sagt, dass er nichts mehr vergessen konnte. Es wäre verführerisch, daraus zu schließen, dass die frühirische Grammatik von einem

Dichter mit einem Loch im Kopf entworfen wurde, andererseits scheinen die meisten Grammatiken auf diese Weise entstanden zu sein. Außerdem scheint es., dass Cenn nicht der früheste Poet gewesen war, der mit der irischen Grammatik gekämpft hatte; er hatte eventuell noch ältere Bücher verwendet, die uns nicht erhalten geblieben sind. Nach Cenn Faelad trug noch eine Anzahl anderer Poeten zu dem Text bei. Zu ihnen zählen die halblegendären Helden Ferchertne, Fenius und sogar Amergin Weißknie – letzterer war ein Anführer der Milesier, die etwa neunhundert Jahre früher in Irland eingefallen waren.

Dass es ihm gelang, zu einem Buch beizutragen, das sehr viel später geschrieben wurde, zeigt uns, dass er eine Zeitmaschine erfunden und sich um seine Tantiemen hatte bringen lassen. Abgesehen von diesen und noch einer Anzahl anonymer Autoren zeigt das Auraicept den starken Einfluss der *Etymologia* oder *Origines* von Isidor von Sevilla (gestorben 636) dessen zwanzigbändiges Werk einen bemerkenswerten Einfluss auf das frühmittelalterliche Gedankengut hatte, insbesondere auf die Barden. Seine Kosmologie findet sich in einigen der Lieder der Taliesins und in den Worten, die Taliesin von Geoffrey of Monmouth in seiner *Vita Merlini* in den Mund gelegt werden. Wenn Taliesin darüber singt, dass die Welt in fünf Zonen aufgeteilt ist (zwei kalt, eine heiss und zwei gemässigt), dann lässt sich diese Kosmologie direkt auf Isidor zurückführen und

von Isidor auf Ovid, der sie wahrscheinlich auch nicht selbst erfunden hat.

In unserer Zeit gibt es reichlich Enthusiasten, die jegliche ungewöhnliche Idee in der bardischen Literatur gern auf die Weisheit der heidnischen Kelten zurückführen. Sicherlich sind manche Gegenstände der Bardenkunst vermutlich heidnisch, römisch oder vorrömisch, aber wir sollten uns erinnern, dass die mittelalterlichen Barden nicht nur vom biblischen Gedankengut beeinflusst waren, sondern auch von den Gelehrten und Philosophen Europas. Britannien lag nicht so weit vom Kontinent entfernt; Barden reisten häufig an die Höfe der Bretagne und anderswohin, und insbesondere die irischen Filid unterhielten enge Verbindungen zu den Intellektuellen verschiedener europäischer Königreiche. Zahlreiche irische Gelehrte, viele von ihnen zu Filid ausgebildet, fanden sich an europäischen Höfen, wo sie klassische Sprachen, Religion, Geschichte und die schönen Künste unterrichteten. Zimmer, der von Carter zitiert wird, erwähnt Clemens, der am Hof Karls des Großen unterrichtete, Dicuil in St. Denis, Dungal in Paris, Sedulius in Lüttich und Metz, Moengall in St. Gallen und Johannes Scotus am Hof Karls des Kahlen. Als Musterbeispiel für einen gut ausgebildeten Fili führt er den berühmten Cormac an, der *recht passable Kenntnisse in Latein, Griechisch, Hebräisch, Altnordisch, Angelsächsisch und Kymrisch* hatte, abgesehen von dem extrem detaillierten Wissen über Irisch, das von jedem Poeten erwartet wurde.

Münzen 4

Oben links und rechts (Vorder- und Rückseite): Karnuten, Zentralgallien.

Mitte links und rechts (Vorder- und Rückseite): Karnuten, Zentralgallien.

Unten links: Coriosoliter.

Unten rechts: ungewiss.

Tatsächlich war das mittelalterliche Irland alles andere als ein isolierter Außenposten am westlichen Rand Europas, wie es das vielleicht zur Zeit des römischen Imperiums gewesen sein mag. Die grüne Insel war lange vor den meisten anderen Ländern Nordeuropas gründlich christianisiert. Sie hatte einige der frühesten Universitäten und lieferte nebenbei einen ansehnlichen Teil der übereifrigen Missionare, die den letzten heidnischen Kulturen das Leben so schwer machten. Einige dieser Kirchenmänner hatten eine Dichterausbildung, von daher sollten wir vorsichtig sein, wenn wir das Wissen der Filid nach heidnisch-keltischer Weisheit durchkämmen. Selbst im sogenannten finsteren Mittelalter wurde Literatur verbreitet. Obwohl Bücher selten und extrem wertvoll waren, wurden sie geschätzt und sorgfältig studiert – vielleicht mit mehr Aufmerksamkeit, als man in unserer heutigen Zeit Büchern widmet. Das gleiche galt für Treffen mit ungewöhnlichen Menschen – in einer Zeit, als die Kommunikation langsam war und die Leute sich oft während der Wintermonate in relativer Isolation befanden, war die Chance, einen Fremden zu treffen und neues Wissen zu erlernen eine wichtige Gelegenheit. Vielleicht hörten die Filid und Barden genauer zu als die Leute unserer Zeit.

Fragment eines Stabs

70 cm, vergoldetes Holz mit Bronzeblättern, -knospen und -beeren, aufgefunden mit Scheiben aus Goldfolie, in die Triskele eingeprägt waren, ca. 250 vor unserer Zeit, Oppidum Manching, Bayern, Deutschland. Stab eines Poeten oder symbolischer Baum? Die Blätter ähneln stark denen von Geißblatt.

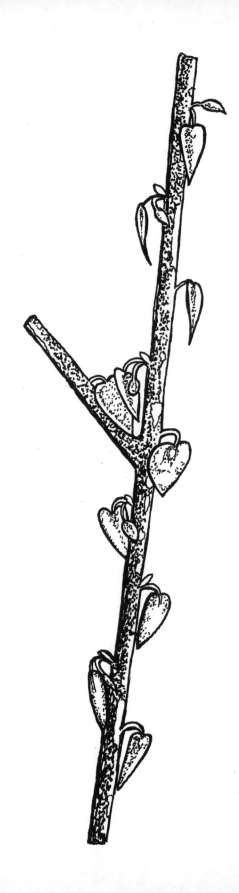

Übung:
Das Einzigartige

Fangen wir damit an, mal wieder mit dem Gehirn und Nervensystem herumzuspielen. Hier geht es um Deine Wahrnehmung, und die ist erstaunlich flexibel. Wir alle erleben das eine oder andere, den lieben langen Tag lang, aber wie wir es beurteilen, was es uns bedeutet und was wir daraus machen variiert sehr. Im Prinzip kann jede Erfahrung auf völlig verschiedene Weise beurteilt und verarbeitet werden, je nachdem wie wir wollen. Genauer gesagt, alles kann so ziemlich alles bedeuten. So ist das bei Menschen nun mal. Auf das Wollen, den Glauben und die Denkgewohnheiten kommt es an. Denn nur zu oft denken Menschen, dass die Art, wie sie die Welt erleben, die einzig mögliche sei. Also fangen wir an. Uns geht es um das Einzigartige. Überlege erstmal, was für Dich einzigartig ist. Schau vom Buch auf, hallo, da ist die Welt, und denke an mehrere einzigartige Erlebnisse. Das ist recht einfach, denn einzigartige Erfahrungen (eigentlich: Sinnesreize) bleiben viel besser im Gedächtnis als alltägliche. Aber was genau macht ein Ereignis einzigartig! Gut, Du hast also ein paar Beispiele für einzigartige Erfahrungen gefunden. Denke jetzt an ein paar ganz gewöhnliche Erfahrungen. Nimm ruhig ein paar, die Du heute gemacht hast. Wie Du aufgestanden bist, Dich geduscht hast, Dein Frühstück oder der Weg zur Arbeit. Richtig, dass alles ist noch nicht lange her, und sollte daher noch relativ einfach erinnerbar sein. Und jetzt beobachte, wie du die einzigartigen Erfahrungen repräsentierst, und vergleiche das mit den Repräsentationen der alltäglichen Erfahrungen. Am Besten schreibst Du die Unterschiede auf. Achte vor allem auf die Repräsentation. Wir haben es bei beiden Arten von Erfahrungen mit Erinnerungen zu tun. Nur die Art, wie und wo sie erinnert werden, dürfte sehr unterschiedlich sein. Wo genau ist die eine Art von Erinnerung und wo die andere! Sind beide gleich groß, gleich farbig, gleich nah! Ist eines ein detaillierter Film und das andere nicht! Wie sieht es mit Schärfe aus, mit Kontrast, mit Dreidimensionalität! Bist Du in der Szene drin und siehst sie aus Deinen eigenen Augen oder siehst Du Dich von außen agieren! Und wie ist es mit dem Klang! Von wo kommt der Ton! Wie laut ist er, wie klar, wie deutlich! Wie ist es mit Höhen, Tiefen, Verzerrung, Echo, Hall! Und die dazu gehörigen Gefühle... fühlst Du, was du erinnerst, oder hast Du nur Gefühle dazu! Und wie intensiv sind die Gefühle! Wo spürst Du sie und wie bewegen sie sich! Schön. Jetzt hast Du eine ganze Reihe von Unterschieden herausgefunden. Mit Hilfe solcher Unterscheidungen speichert Dein Tiefenselbst Information. Im NLP werden solche Unterschiede Submodalitäten genannt. Das ist ein nützliches Wort für eine wirklich wichtige Erkenntnis. Denn die Submodalitäten beschreiben die Qualität Deiner Wahrnehmung. Mehr dazu findest Du bei Richard Bandler, schau einfach mal in die Bibliographie. Die meisten seiner Bücher sind mittlerweile in Deutsch erhältlich. Zurück zu Deinem Gehirn. Es repräsentiert Erfahrung A auf eine bestimmte Weise und Erfahrung B auf eine andere. Einzigartige Erfahrungen werden auf eine ganz bestimmte Weise kodiert und gespeichert, und alltägliche auf eine andere. Was nützlich ist, aber auch ziemlich überraschend. Denn an und für sich ist keine Erfahrung alltäglich oder einzigartig. Die Unterscheidung sagt etwas über Deine Wahrnehmungsgewohnheiten aus, nicht über die wirkliche Bedeutung der ursprünglichen Sinneswahrnehmung.

Und hier kommen wir zum wichtigsten Punkt. Wir können ein Ereignis einzigartig machen. Es kommt nicht so sehr auf das Ereignis an, sondern auf die Art, wie wir es erleben und erinnern.

Erinnern wir uns an die Welt der mittelalterlichen Barden und Poeten. In jenen Zeiten waren Bücher selten und sehr wertvoll. Sie wurden mit der Hand in Schönschrift auf Pergament gemalt, liebevoll eingebunden und vielleicht sogar mit feinen Zeichnungen illuminiert. Das Ergebnis war ein einzigartiges Kunstwerk und ein echter Schatz. Nur wenige konnten so einen Wertgegenstand erwerben und auch die Kunst des Lesens war nur wenigen vorbehalten. Kurz gesagt, wenn jemand ein Buch erhielt, war dies ein wirklich besonderes Ereignis.

Machen wir noch ein Experiment. Nimm Dir eins von Deinen Lieblingsbüchern. Schau es Dir von allen Seiten an. Was wäre dieses Buch wohl wert, wenn es mit der Hand gemacht wäre? Stell Dir vor, es wäre das einzige Buch in Deinem Besitz. Andere wären einfach weder verfügbar noch bezahlbar. Und wenn Du es verlieren würdest, wäre es unwiderruflich weg. Schau es Dir genau an. Was würdest Du wissen, wenn Du

nur dieses eine Buch hättest? Was würde es Dir ermöglichen? Was für einen Wissensvorteil gibt es Dir? Was würden Deine Kinder wissen, wenn sie damit groß werden? Geh' tief in diese Gedanken hinein. Und wenn Du merkst, wie enorm wichtig dieses Buch für Dich ist, öffne die Seiten und lies ein Kapitel.

Was erlebst Du? Wieviel Information findest Du, und wie intensiv erlebst Du sie? Worin unterscheidet sich Dein Lesen vom ganz normalen Lesen im Alltag? Was entdeckst Du, was Dir vorher noch nicht aufgefallen ist? Und wie gut erinnerst Du dich an das Gelesene?

Wenn Du diese Erfahrung einzigartig machst, wird sie Dich viel intensiver berühren, als wenn Du mal eben schnell und schlampig ein paar Zeilen überfliegst. Du hast das Buch einzigartig gemacht, indem Du Deine Wahrnehmung und Deine Beurteilung verändert hast. Das Ergebnis war ein wesentlich intensiveres Erlebnis.

Das selbe gilt für alle Erfahrungen. Du kannst jedes beliebige Ereignis einzigartig machen und viel intensiver erleben und erinnern. Genau so war die Welt für Dich, als Du ein Baby oder ein Kleinkind warst. Raus gehen, rutschen, toben, Dich verirren, ein Besuch im Zoo, oder ein Spaziergang im Wald... all das war einzigartig und aufregend. Und das kann es noch immer sein. Immerhin entscheidest Du selbst, wie intensiv und bedeutungsvoll Du etwas erlebst. Hast Du mal Besuch aus einem richtig fernen Land bekommen, und Deinen Gast durch Deine Stadt geführt? Bestimmt ist Deinem Besuch vieles aufgefallen, was Du ganz selbstverständlich übersiehst. Ich bin mal mit einem Gast aus China durch

Frankfurt gegangen. Es war Samstag nachmittag und auf der Haupteinkaufsstraße war die Hölle los. Dachte ich zumindest. Und dann strahlt sie mich an und sagt: 'Wie schön es hier ist. Und so wenig Menschen.' Seitdem denke ich über Menschenmengen etwas anders. Denn eine andere Wahrnehmung verändert unser Bewußtsein. Und während Dein Gast Sachen erlebt, die Dir schon seit vielen Jahren nicht mehr auffallen, beginnst auch Du die ganz normale Umwelt aus den Augen Deines Gastes zu erleben. Fremdenführer sind, genau wie heckensitzende Hexen, zwischen den Welten. Das können wir noch intensiver machen.

Stell Dir vor, Du bist eine außerirdische Lebensform. Eigentlich kommst Du von einer Welt, die Tausende von Lichtjahren entfernt liegt. Du hast das halbe Multiversum durchquert und hast nichts gesehen außer Sterne, Planeten, Asteroiden und jede Menge DVDs und jetzt bist Du endlich auf diesem winzigen bewohnten Planeten angekommen. Genau hier und jetzt bist Du auf der Erde erschienen. Du hast einen erstaunlichen Körper angenommen, der aus beweglichen Einzelteilen besteht, die durch ein inneres Skelett stabilisiert werden, und mit Deinen neuen Sinnen schaust und hörst und fühlst, riechst und schmeckst Du jetzt in diese völlig verrückte neue Welt hinein. Zum Glück werden die Einheimischen nicht erkenne, wer Du wirklich bist. Sie scheinen ziemlich merkwürdig zu sein und machen lauter rätselhafte Sachen. Für eine irrationale Spezies sind sie äußerst systematisch. Aber lass Dich nicht einschüchtern. Denk an das Mantra 'Menschen sind lustig!'. Das hilft immer. Also

geh raus und erlebe diese Welt. Dein Aufenthalt ist leider nur kurz, Du hast nur wenige Stunden, und die willst Du voll ausnützen, um richtig was zu erleben.

Gut, ich hoffe, Du bist mit vielen neuen Ideen und Erlebnissen von Deinem Ausflug zurück gekommen und froh, jetzt wieder in Deinem vertrauten Raumschiff zu sein. Mach Dir ein paar Notizen. Und schau Dir noch mal Deine Erinnerungen an. Wo sind sie, wie nah, wie bunt, wie klar, wie laut usw. Mach' Dir Notizen. Ich bin sicher, dass Du als Außerirdischer einiges erlebt hast, was Dir vorher nicht besonders bewusst war. Man kann so viel Spaß haben. Und so viel staunen. Genau das ist es, was die meisten Menschen vergessen, wenn sie sich einbilden, erwachsen zu werden. Sie gewöhnen sich an alle möglichen Wunder, vergessen zu lachen, denken, es gebe wichtige und unwichtige Erlebnisse, trennen zwischen Arbeit und Vergnügen und versauen sich den Tag. Und wenn sie dann ein Kind sehen, dass einfach nur Spaß hat, jammern sie, die Kindheit wäre doch die beste Zeit des Lebens. Selbst dran schuld.

Es ist nur Dein Denken, das ein Erlebnis zur Routine macht. Es ist nur Deine Wahrnehmungsintensität, Verarbeitung und Erinnerungsspeicherung, die einen Augenblick uninteressant oder langweilig machen. Du kannst die Farben auf- oder runterdrehen, Du kannst Deine inneren Vorstellungen größer oder kleiner machen. Was Du jetzt erlebst, kann weit weg sein oder Dir richtig nahe gehen. Du kannst in diesem Augenblick hineingehen und ihn um Dich herumrollen und die Farben und Töne verstärken und Dir ein richtig gutes Gefühl dazu machen. Denn wenn Du das nicht tust, verpasst Du das Leben. Jede Erfahrung, die Du nur so vorbeigehen lässt, ist praktisch weg geworfen.

Aber auch das ist manchmal eine gute Idee. Routine und Gewohnheit haben ihren Nutzen. Man kann nicht immer alles voll intensiv erleben. Manchmal ist es wichtig abzuschalten, oder nicht so stark wahrzunehmen. Und manchmal ist es nur gut, die Welt und sich selbst ganz zu vergessen. Richtig. Aber viel zu viele Menschen machen das die ganze Zeit! Solltest Du an diesen Punkt kommen oder allen Ernstes annehmen, Langeweile wäre überhaupt möglich, erinnere Dich. Werde zum Außerirdischen. In jeder Situation gibt es eine Unmenge an Sinneserfahrung, die einfach nur erstaunlich ist. Denn genau jetzt kannst Du Dich erinnern, ganz neu da zu sein. Und Du kannst in die Zukunft denken und Dir die ganzen neuen Gelegenheiten ausmalen, in denen es sich richtig lohnt, das alles mit völlig fremdem Bewußtsein ganz neu und einmalig zu erleben.

Natürlich gibt es noch andere Möglichkeiten. Manche Leute nutzen ihren Urlaub, um ihre Wahrnehmung zu intensivieren. Sie fahren an einen möglichst fremden Ort und erleben so schnell sie können, möglichst alles, was geht. Hier passieren gleich zwei Dinge. Zum einen ist eine völlig fremde Umgebung eine Situation, in der verschiedene Teile des Gehirns sehr aktiv werde. Wenn Dein Gehirn merkt, dass um Dich herum alles fremd ist, verändert es Deine Hirnchemie. So beobachtest Du intensiver, erlebst deutlicher, vergisst unwichtige Dinge, bist mehr im hier und jetzt und

kannst Dir auch leichter überlebenswichtige Dinge merken, wie Sprache, Geographie, Orientierung, Bräuche und dergleichen. All das ist nützlich zum überleben. Und dann machen Einschränkungen das Ganze noch intensiver. Wenn Du weißt, dass Du nur ein paar Tage oder Wochen an diesem Ort hast, wird Zeit ungeheuer wertvoll und jede Gelegenheit genutzt. Es macht das Erleben intensiver. Und wenn Du dazu noch etwas suchst oder sammelst, egal ob es sich dabei um Einkäufe, Fotos, Filmaufnahmen oder Ereignisse handelt, gilt es, ständig abzuwägen, ob genau dieser Augenblick einzigartig ist. Auch das macht das Erleben intensiver. Es kann bis zum totalen Overload gehen.

Oder denken wir an den Castaneda Todestrip. In einem seiner zurechnungsfähigeren Augenblicke schrieb Castaneda, man solle sich häufig 'erinnern', der Tod würde neben einem stehen. Probier das mal aus. Geh spazieren und stell Dir vor, dies könnte das allerletzte Mal sein, dass Du all dies erleben kannst. Das ist natürlich ein recht grimmiger, eventuell melancholischer und auch eher stressiger Wahrnehmungsrahmen. Denn wenn der Tod direkt dabei ist, hast Du nun wirklich keine Zeit zu verschenken. Aber er macht das Erleben ungeheuer intensiv. Nur dass es eben nicht so viel zu lachen gibt. Aber so ist das im Castaneda Universum nun mal. Da wird jede kleine Schwierigkeit sofort zu einer Herausforderung und Zauberer, die eigentlich viel mehr Spaß haben könnten, gehen als strenge, disziplinierte 'Krieger' durch die Welt. Wen oder was genau bekriegen sie eigentlich!

Manchmal ist es gut, eine Pause zu machen und einfach da zu sein und sich gut zu fühlen. Das kannst Du genau jetzt tun. Es braucht keinerlei Hilfsmittel, Vorbereitung oder Rahmenbedingungen. Denn das, was Du jetzt erlebst, ist einzigartig. Es geschieht auf einem der ganz wenigen Planeten in unserem abgelegenen Winkel des Universums in einer ganz außergewöhnlichen Zeit. Nämlich der Zeit, die gerade jetzt ist, in der Du Dich entscheiden kannst, genau jetzt bist Du richtig hier und kannst einfach erleben, was Dir Deine Sinne mitteilen. Und Du kannst genau jetzt erleben, wie Du Deine Sinneswahrnehmung entfaltest, wie Du erlebst und verarbeitest und Erinnerungen bewahrst. Du kannst Dein Denken erleben, während Du denkst, Du kannst Dir einfach so gute Gefühle machen und Du kannst mit dem Denken aufhören und erleben, was ist. Genau jetzt.

Das ist ein wesentlicher Teil der Magie der Barden, Dichter und Geschichtenerzähler. Du kannst diesen Augenblick entscheidend für Deine persönliche Geschichte machen. Du kannst das Jetzt einfangen und als Gedicht festhalten. Und Du kannst jetzt Dein Buch beiseite legen und raus gehen und wirklich was erleben. Viel Spaß.

Poeten und Philosophen

Werfen wir mal einen näheren Blick auf das *Auraicept* und die Art, wie die Filid über ihren Beruf dachten. Das *Auraicept* behauptet, dass Wort Fili käme von *großzügige Suche*. Eine andere Erklärung sagt, das Wort käme von fi=*satirisieren* und li=*loben*. Eine dritte Theorie bezeichnet den Fili als Philosophen, *aufgrund der Pflicht des Poeten, ein Philosoph zu sein*. Diese Etymologien sind zwar mehr als fragwürdig, sie zeigen aber, wie die Filid von sich selbst dachten. Außerdem hast Du vielleicht bemerkt, dass drei Erklärungen für den Begriff gegeben wurden; der Gebrauch von dreifachen Interpretationen ist typisch für die keltisch-germanische Liebe zu Triaden. Du wirst im Verlauf der nächsten Seiten noch mehr davon sehen. Die Filid, konstatiert das *Auraicept*, waren auch bekannt als Männer ohne Zweifel. Diese Idee finde ich ein bisschen schwer zu verdauen. Sicher, ein solcher Titel konnte auch bedeuten, dass an den Filid nicht zu zweifeln war, aber falls die Filid selbst eine Überwindung des Zweifels angestrebt hätten, fände ich das bedauerlich und dumm. Jede spirituell eingestellte Person und jeder Philosoph, der ernsthaft glaubt, alles zu wissen, oder sich dessen allzu sicher ist, läuft in eine der schlimmsten Fallen, die man sich selber stellen kann. Zweifel ist ein Segen. Wenn Du Dir einer Sache absolut sicher bist, bedeutet das noch lange nicht, dass sich die fragliche Angelegenheit tatsächlich so verhält. Es bedeutet nur, dass die Repräsentation der Sache in Deinem Geist so extrem ist, dass kein Raum für Fragen offen bleibt, und dass Du aufgehört hast, zu lernen. Wenn der Zweifel vollständig beseitigt ist, wird Glaube zu Überzeugung und kerkert den Geist ein. Es ist erstaunlich, wie viele spirituell eingestellte Menschen sich nach diesem Zustand sehnen: Sie möchten den Zweifel beseitigen und glauben, wenn sie frei davon wären, hätten sie Gewissheit und wären glücklicher. Allerdings würden sie dadurch auch in der engen, kleinen Realität eines Fanatikers leben, in einem geschlossenen System, in dem Überraschungen, Rätsel und unerwartete Entwicklungen schlicht unmöglich sind. Zweifel kann gerade das Mittel sein, das Menschen aus zu engen Glaubensstrukturen herauslöst – und eigentlich ist jede Glaubensstruktur zu eng, wenn man sie nicht kritisch untersucht und von Zeit zu Zeit erneuert.

Vielleicht weist die Sache mit dem ohne Zweifel sein aber auch auf die Tatsache hin, dass von den Meisterfilid in der Tat erwartet wurde, alles zu wissen. Die irische Literatur ist voll von den bizarrsten Etymologien. Von den Filid wurde erwartet, dass sie wussten, was jedes Wort ihrer Sprache bedeutete und woher es kam. Um diese Erwartungen zu erfüllen, wurden eine Menge reichlich zweifelhafte Erklärungen erfunden, die, kaum ausgesprochen, sofort zum Glaubenssatz wurden. Wenn man bedenkt, wie wackelig einige dieser Erklärungen sind, wird offensichtlich, dass die Autoren unter hohem Druck standen. Allwissend zu sein ist ein harter Job.

Das Erbe von Babel

Für die Filid war die Frage nach dem Ursprung ihres Handwerks eine wichtige Sache. Es gab eine Legende, die das erklärte; eine Legende, die so wichtig war, dass sie im *Auraicept* zweimal wiederholt wird. Es ist allerdings keine typisch keltische Legende, sondern eine seltsam umgeformte biblische Geschichte. Es war einmal ein Fürst namens Nimrod, der in einem Land des nahen Ostens lebte. Er war ein tapferer Kämpfer, ein großer Held und ein Mann, der vom Drang getrieben wurde, auf die Jagd zu gehen. Nimrod war ein Jäger von Hirschen, ein

Münzen 5: Hunde

Oben: Redoner, Gold, 22mm. Man beachte die Pferdegöttin (Epona?) und den Wasserhund.

Mitte: Petrocorer, Bronze, 14mm, Hunde- und Stierkopf.

Unten: unbekannter Stamm, Melden, Bronze, 17mm, geflügelter Hund.

Verfolger von Hasen, ein Fänger von wilden Ebern und Vögeln. Wo immer er hinging, gelang es keinem Tier, seiner Geschicklichkeit zu entgehen, und schon bald gab es eine Horde Gleichgesinnter, die ihm durch die Hügel und Täler folgten und ihn zu ihrem Führer wählten. Zu guter Letzt konnte Nimrod sich aus seiner Rolle als Ratgeber zurückziehen: Die Männer seines Gefolges machten ihn zum ersten König, der nach der Flut über die Menschheit herrschen sollte. Nimrod der Jäger wurde Nimrod der Erste unter den Königen und Regenten, und sein Ehrgeiz und sein simpler Kleingeist wurde nun von höheren Dingen als Jagausflügen in Beschlag genommen.

Nimrod und seine 71 (die Zahl 72 scheint den Filid sehr wichtig gewesen zu sein) Mitregenten beschlossen, den höchsten Turm zu erbauen, den die Welt je gesehen hatte. Es gab drei Gründe für den Turmbau. Zunächst einmal fürchteten alle Menschen, dass die Flut zurückkehren könnte, und sie hofften, den tobenden Wassern auf dem Turm zu entkommen. Zweitens wollten Nimrod und seine Männer in den Himmel aufsteigen, während sie noch lebendig waren und in ihren irdischen Körpern steckten. Und drittens wünschten sie sich, dass ihre Namen in den kommenden Generationen berühmt werden sollten. Zum Bau des Gebäudes versammelten Nimrod und seine 71 Regenten alle Stämme der Menschheit. Sie verwendeten neun Materialien, um den Turm zu erbauen: 1. Lehm, 2. Wasser, 3. Wolle, 4. Blut, 5. Holz, 6. Leim, 7. Akazien, 8. Flachs, 9. Bitumen. Schon bald begann der mächtige Turm zu Babel gen Himmel zu wachsen.

Falls Du die *Bibel* kennst, hast Du wahrscheinlich die Geschichte gelesen, in der der Turm gebaut wird, sie findet sich in *Genesis* 11. Der Bericht im *Auraicept* ist allerdings viel detaillierter. Die *Bibel* postuliert, dass vor

dem Turmbau alle menschlichen Wesen die gleiche Sprache sprachen und so jeder jeden verstand, was vielleicht eine gute Sache war, vielleicht aber auch nicht. Der biblische Bericht sagt, der Turm wurde erbaut, weil die Menschen den Himmel erreichen und sich einen Namen machen wollten, und weil sie fürchteten, über alle Länder verstreut zu werden. Nachdem sie einige Stockwerke erbaut hatten, beschloss aber der Herr in seinem Zorn, dem Treiben dieser Emporkömmlinge ein Ende zu machen. Er verwirrte die Sprachen, so dass keiner mehr mit seinem Nachbarn sprechen konnte. Schon bald stritten die Erbauer miteinander, dann brach Gewalt aus, und schließlich zerstreuten sich die versammelten Scharen und zogen woandershin, um dort friedlich zu leben. Die *Bibel* behauptet also, dass die Vielzahl der Sprachen eine Strafe für die Sünde war, den Himmel erreichen zu wollen. Gottesfürchtige Menschen sehen darin eine Geschichte über sündhaften Ehrgeiz, der zu Recht von einem zornigen Gott bestraft wird.

Für die Filid war die Geschichte eine andere. Zunächst einmal standen die neun Materialien, die beim Bau des Turms verwendet wurden, zu den neun Materialien in Beziehung, aus denen sich die Sprache zusammensetzt. Das *Auraicept* behauptet, es seien neun Materialien, sie zählt aber nur acht auf: 1. Substantiv, 2. Pronomen, 3. Verb, 4. Adverb, 5. Partizip, 6. Konjunktion, 7. Präposition und 8. Interjektion. Tu Dir selbst einen Gefallen und denk darüber nach. Der Turm Nimrods wurde, soweit es die Filid betraf, aus den Elementen der Ursprache geschaffen: Die Sprache sollte die Menschheit vor der nächsten Flut retten, in den Himmel heben und ihre Namen unsterblich machen. Soviel zur guten Absicht.

Die Geschichte, wie sie von Moses erzählt wird, endet mit dem Einsturz des

Turms. Die Menschheit, die nicht länger imstande war, sich frei zu verständigen, hatte eine Anzahl böser Streitigkeiten, ehe sich dann alle trennten und ihrer eigenen Wege gingen, unter reichlich Gezeter. Für die Filid dagegen war der Einsturz des Turms lediglich die Mitte einer längeren Geschichte. Nach der Sprachverwirrung kamen 75 Poeten aus dem fernen Skythien nach Babel. In mittelalterlicher Geschichte und Mythen wurde oft davon ausgegangen, dass die Scoti (die Iren und die Schotten) von den grimmigen, berittenen skythischen Reiterkulturen am Schwarzen Meer abstammten, die von Herodot in so farbigem Detail beschrieben wurden. Vom ethnologischen Standpunkt aus ist das nicht sehr wahrscheinlich. Für den mittelalterlichen Historiker war es eine attraktive, wenn auch unbeweisbare Geschichte und verschaffte einem Zweig der Inselkelten eine charmante Proto-Geschichte. *Auraicept* berichtet uns, dass 75 Poeten zu den Ruinen des Turms kamen, weil sie glaubten, dass sie an diesem ungewöhnlichen Ort *vollkommen bleiben würden*. Bitte denk hierüber nach. Hier geht es nicht mehr um eine biblische Geschichte über Sünde und Strafe. Die Filid glaubten, Babel sei der Ort des Ursprungs, die Quelle, aus der alle Sprachen entsprungen waren, der Brunnen ihrer Kunst. Bei den Poeten handelte es sich um drei Weise, die die Hauptsprachen sprachen, und 72 Poeten, die die 72 Sprachen der Welt sprachen. Die drei Hauptsprachen waren, der Fibel zufolge, Hebräisch, Griechisch und Latein. Es gibt drei Gründe für diese Zusammenstellung, als da wären:

1. Es gab mehr Geschiebenes in diesen drei Sprachen als in jeder anderen Sprache
2. Sie beeinflussten alle anderen Sprachen
3. Die Inschrift auf dem Kreuz war in ihnen.

Das dürfte für alle neokeltischen Enthusiasten einigermaßen überraschend sein, aber die Filid waren keine so blinden Patrioten wie manche modernen Autoren es gern hätten. *Auraicept* stellte explizit fest, die heiligste Sprache sei Hebräisch (aus drei Gründen, wie üblich): Sie war die Sprache des Himmels, die Sprache, die vor der Flut gesprochen worden war und würde die Sprache sein, die nach dem jüngsten Gericht gesprochen werden würde. Konsequenterweise macht die Fibel den knospenden Fili mit dem hebräischen, griechischen und lateinischen Alphabet vertraut, ehe sie das einheimische irische Ogham erläutert.

Oberhaupt der Poeten beim zerstörten Turm zu Babel war ein gewisser Fennius Farsaidh, dessen Ahnen Skythen und Goten waren. Er leitete die versammelten Poeten beim Studium an, aber schon bald erkannten sie, dass in Babel eine *Vollkommenheit der Sprache* nicht zu erreichen war. Deshalb gingen die 72 Poeten auf Reisen, während die drei Weisen am Turm blieben und geduldig warteten. Nach mehreren Jahren kehrten die Poeten zurück; jeder von ihnen hatte eine der 72 Sprachen der Erde gemeistert. 72, genannt *die Zahl des Turms*, war äusserst populär im *Primer*. Man findet 72 Berater des Nimrod, 72 Arbeiter, 72 Baumaterialien, ein 72 Schritt weites Fundament, der Turm erhob sich auf eine Höhe von 72 Schritt, Fennius hatte 72 Studenten, die Menschheit 72 Rassen, 72 Sprachen und 72 Leute, denen die Sprachen ursprünglich gehörten. Eine derartige Leidenschaft für die Zahl 72 impliziert, dass die Filid über ein numerologisches System verfügten. Obwohl dieses System nicht überlebt hat, gibt es Hinweise darauf, dass es einmal soetwas gab. Im *Primer* gibt es einen interessanten, aber kurzen Hinweis, der den aufmerksamen Leser darüber informiert, dass es vollkommene, beinahe vollkommene und unvollkommene Zahlen gibt. Vielleicht erinnerst Du Dich von Euklid her an vollkommene Zahlen, in dessen *Elementen* sich die folgende Definition findet: *Eine Zahl n wird „vollkommen" genannt, wenn sie gleich der Summe ihrer Divisoren ist, 1 eingeschlossen, aber n ausgenommen.* Bei Euklid ist die kleinste vollkommene Zahl 6 (1+2+3=6), die nächste ist 28 (1+2+4+7+14 =28).

Unvollkommene Zahlen sind die Primzahlen, *denn sie sind nicht durch Faktoren multipliziert.* Beispiele für unvollkommene Zahlen sind 3, 5, 7, 11, 13, 17, 19, 23, 29, 31, 37, 41, 43, 47, 53, 59, 61, usw.

Nun gingen die Filid über Euklid hinaus, indem sie fast vollkommene Zahlen erfanden. Fast vollkommene Zahlen können auch durch Faktoren geteilt werden, und wenn sie addiert werden, ergibt sich dadurch eine Summe, die größer ist als sie selbst. Die Zahl 12 zum Beispiel ist fast vollkommen, weil sie durch 1, 2, 3, 4 und 6 geteilt werden kann. Wenn man 1+2+3+4+6 rechnet, erhält man 16. Da 16 größer ist als 12, handelt es sich um eine fast vollkommene Zahl.

Beispiele für fast vollkommene Zahlen der Filid sind: 12 (16), 18 (21), 20 (22), 24 (36), 30 (42) 36 (55), 40 (50), 42 (54), 48 (76), 54 (66), 56 (64), 60 (108), 66 (78), 70 (74), 72 (123), 78 (90), 80 (106), 84 (140), 90 (97), 96 (156), 100 (117), 102 (114), 104 (106), 108 (172) und so weiter. Wie Du siehst, ist 72 eine fast vollkommene Zahl, ebenso wie mehrere andere Zahlen, die ständig in der inselkeltischen Mythologie auftauchen. Das Problem ist, dass der *Primer* lediglich einen kurzen Hinweis auf dieses seltsame System gibt. Wir haben keine Ahnung, wozu die Filid die fast vollkommenen Zahlen benutzen, abgesehen davon, fast vollkommene Löhne zu verlangen. Dennoch, die Tatsache, dass dieses System einst existierte, sollte genügen, um kabbalistisch gesonnene Leser zu etwas

unabhängigem kreativem Denken anzuregen. Ich habe keine Ahnung, ob man die altirische Numerologie wiederbeleben könnte, aber vielleicht könnte man sie durch etwas noch Besseres ersetzen. Denk mal an die Möglichkeiten. Könnte es sein, dass diese Numerologie auf der Idee des Teilens beruht, so dass Zahlen, die geteilt werden können, vollkommener sind als die, die man nicht teilen kann!

Nun kehrten die 72 Poeten von ihren Reisen zurück und versammelten sich am eingestürzten Turm. Von ihnen waren 25 Poeten die edelsten, und der *Primer* stellt fest, dass aus ihren Namen die 25 Buchstaben des Ogham-Alphabets gebildet wurden: *Babel, Lot, Pharaoh, Saliath, Nebukadnezar, Herod, David, Talamon, Cae, Kaliap, Muiriath, Gotli, Gomers, Stru, Ruben, Achab, Oise, Urith, Essu, Iachim, Ethrocius, Uimelicus, Iuidonius, Affrim, Ordines.* Nun, dies ist nur eine der Theorien, die den Ursprung des Ogham betreffen, der *Primer* bietet mehrere zur Auswahl an, und da der Text nun mal so eine Rumpelkammer voller schlecht organisierter Ideen ist, musst Du Dich an den einen oder anderen Widerspruch gewöhnen. Es waren fünf Poeten unter den 25, die noch edler als der Rest waren, und sie sind es, die den Vokalen ihre Namen gaben. Nachdem die 72 Poeten die Sprachen demonstriert hatten, die sie gemeistert hatten, baten sie Fennius demütig, eine dieser Sprachen auszuwählen, *so dass keiner mehr diese Sprache besäße außer ihnen selbst.*

Fennius wählte die Sprache Gaedels, dem Sohn des Angen (oder Ether), dessen Sprache das Gälische war. Da er das Bedürfnis der Poeten nach geheimen Sprachen, die Uneingeweihte nicht verstehen konnten, erkannte, schuf er auch:

1. Die zusätzliche Sprache
2. Die Sprache, die in Bäume unterteilt war (die Buchstaben wurden von den Poeten Bäume oder Hölzer genannt)
3. Die Sprache der Poeten
4. Die gemeinsame Sprache, die jedem dient.

Worin diese speziellen Sprachen bestanden, ist nicht sicher, aber sie erfüllten wunderbar den Zweck, ein Wissensmonopol zu bilden. Die dunkle Sprache der Poeten taucht gelegentlich in irischen Legenden auf. Es wurde schon vermutet, dass die irischen Poeten vielleicht eine ältere Gälischversion als eigene, private Sprache pflegten, aber diese bezaubernde Idee kann leider nicht bewiesen werden. Und das ist auch eigentlich nicht nötig. Die Poeten und Seher sahen sich selbst als einen spirituellen Orden, und ein Großteil ihrer Kunst beruhte auf Visionen, Einsichten und Inspiration. Wie den meisten Menschen bewusst sein dürfte, gibt es zutiefst erschütternde spirituelle Erlebnisse, die sehr schwer mitteilbar sind, da die Alltagssprache dazu neigt, solche intimen Erfahrungen zu trivialisieren. Manche Worte (man denke als typisches Beispiel nur mal an Liebe) sind so gründlich von oberflächlichen Leuten auf dem Ego-Trip missbraucht worden, dass so mancher sich scheut, sie zu benutzen. Konsequenterweise neigen Magier dazu, neue Sprachen zum eigenen Gebrauch zu erschaffen und ihre Erfahrungen mit gleichgesinnten Freunden auszutauschen. Das passiert ständig, es passiert in Gruppen von Spezialisten, und es widerfährt besonders denen, die mehr Erfahrungen machen, als sie ausdrücken können. Wenn Du feststellst, dass Du mit einem missbrauchten Begriff nicht weiterkommst, erfinde einen neuen, besseren.

Die dunkle Sprache der Poeten erforderte kein archaisches Protokeltisch, um Außenseitern unverständlich zu bleiben. Die Filid Ferchertne und Nede veranstalteten ihren berühmten Disput um das Amt des obersten Poeten und kamen zu einer bewundernswerten Übereinkunft, weil sie einander nur zu gut verstanden. Obgleich das niemand anders gelang. Das *Buch von Ballymote* stellt fest:

Dunkel erschien jedem die Sprache, in der die Poeten die Diskussion führten, und die gesetzesmäßige Entscheidung, die sie trafen, war weder dem König noch den anderen Poeten klar.

Das erwies sich als ein Problem, weil König Conor Mac Nessa es nicht mochte, wenn man ihn bei einer Entscheidung außen vor ließ. Er verkündete zornig, dass die Poeten in Zukunft nicht mehr das Richteramt ausüben dürften. Dies erwies sich als eine beträchtliche Minderung ihres Status, denn die Filid waren offiziell die Richter gewesen, seit die Söhne Mils in Irland eingefallen waren.

Es mag überraschend erscheinen, dass die Filid Hebräisch, Griechisch und Latein höher schätzten als die Sprache ihres eigenen Landes. Tatsächlich hielt man zwar die klassischen Sprachen für älter und vollkommener als Gälisch, aber die eigene Sprache hielt man für schöner. Man glaubte auch, sie sei reichhaltiger, weil sie *jeden obskuren Laut aus jeder Sprache enthielte.* Natürlich war das schlicht falsch, ansonsten hätten die Filid nicht zusätzliche Buchstaben für ihr Alphabet erfinden müssen, um griechische und römische Wörter schreiben zu können. Der Wert des Gälischen dürfte eine der Sachen gewesen sein, um die sich die Filid sorgten. Das *Auraicept* bezeichnete es als eine junge und weltliche Sprache und ging ernsthaft der

Frage nach, ob es vielleicht unanständig sein könnte, es vor Gott zu benutzen. Die Antwort war dann aber doch ein missmutiges Ja, wenngleich wir auch erfahren, dass vor Gott alle Philosophie, Grammatik, Dialektik, Metrik, Gelehrsamkeit und Literatur vulgär sind: *Gering ist ihr Nutzen oben im Himmel.*

Der Weg des Poeten

Jetzt können wir uns den tatsächlichen Aktivitäten der Filid zuwenden. Die irischen Poeten waren eine gut organisierte Zunft. Cäsars Bemerkungen hinsichtlich der strengen Organisation der gallischen Druiden (die zutreffend gewesen sein mag oder auch nicht) scheint auch für das zu gelten, was wir über die irischen Filid wissen. Es passt aber nicht für das, was die mittelalterlichen Autoren über die irischen Druiden schrieben, die eher unabhängige Zauberer und Propheten gewesen zu sein scheinen. Die Filid waren nicht nur Poeten in unserem Sinne des Wortes. Die Kunst der Filidecht umfasst das Meistern von Literatur, Wissenschaft, Geschichte, Gesetze, Grammatik, Brauchtum, Traditionen, Genealogien, Liedern und Satiren, als auch profunde Fertigkeiten in der Wahrsagekunst. Bis zu König Conors Intervention hatten die Filid das Monopol auf die Gesetzgebung gehabt, so dass ihre politische Macht die der Adligen und Könige oft übertraf. Weder die Barden Britanniens noch die auf dem Kontinent hatten so viel Einfluss.

Natürlich war nicht jeder Fili ein Richter. Es gab eine spezielle Gruppe von Filid, die man Brehons nannte, ein Begriff, der von *breitheamh* stammt, was soviel bedeutet wie Gesetzgeber oder Richter. Das Ungewöhnliche an den Brehon-Gesetzen ist, dass sie nicht von Edelleuten, Königen oder irgendwelchen anderen Regierenden erlassen wurden. Die Brehons machten die Gesetze, und sie urteilten auch über die Fälle, aber sie waren persönlich verantwortlich für ihre Urteile. Wenn sich ihr Urteil als ungerecht erwies, hatten sie ihren Lohn für diesen speziellen Fall der Partei, der Unrecht getan worden war, zurückzugeben, Schadensersatz zu leisten und so weiter. Die Brehon-Gesetze deckten alle Aspekte des irischen Lebens ab. Sie definierten die fünf gesellschaftlichen Stände und ihren Wert, sie etablierten die Bräuche, denen jeder Stand zu folgen hatte, wie Kinder zu erziehen waren, wie Verträge zu erfüllen waren, die Löhne und Privilegien jeder Berufsgruppe, das richtige Verhalten von Königen und so weiter.

Die Brehon-Gesetze legten die Hierarchie in Familie und Gesellschaft fest. Sie stellten auch sicher, dass bei den meisten Verbrechen eine finanzielle Entschädigung möglich war. In mancherlei Hinsicht waren die Brehon-Gesetze ziemlich liberal. Scheidung war sowohl für Männer als auch für Frauen möglich, und das war in der fröhlichen Welt des mittelalterlichen Christentums mehr als ungewöhnlich. Unter besonderen Umständen war auch Polygamie erlaubt; wenn eine Frau chronisch krank wurde, war ihr Mann berechtigt, eine andere Frau zu heiraten. Der Anfang der Ehe für diese zweite Frau dürfte hart gewesen sein, denn während der ersten drei Nächte hatte die Hauptfrau das Recht, sie in jeglicher Art und Weise zu misshandeln, allerdings nicht, sie zu töten. Außerdem erhielt die Hauptfrau den Brautpreis, der für die zweite Frau gezahlt war. Das zeigt, dass Frauen im alten Irland Privatvermögen in größerem Umfang besitzen konnten, was in vielen anderen Teilen der christlichen Welt nicht der Fall war.

Man sollte allerdings nicht vergessen, dass offizielle Gesetze eine Sache sind und die Art, wie die Leute sich verhalten, eine andere. Genau wie unsere modernen Gesetze waren die Brehon-Gesetze ein verwirrender Wust an Vorschriften, so dass ein gewitzter Richter leicht Präzedenzfälle für jedes Urteil finden konnte, das er fällen wollte.

Mit Bezug auf den hohen Status und die Autorität der Filid ist es nicht überraschend, dass ihre Ausbildung hart war. Um höhere Ränge in der Dichtkunst zu erreichen, war ein Training von mindestens zwölf Jahren erforderlich. Im ersten Jahr war das gesamte *Auraicept* zu meistern, sowie 50 Ogham-Alphabete, 20 Geschichten und sechs Versmaße. Nach dem Meistern der ersten Einheit (was sehr viel länger als ein Jahr dauern konnte) wurde der Student ein Fucluc (Wortmacher!) und hatte einen Anspruch auf ein Gefolge, bestehend aus einer Person. Für ein Loblied berechnete ein Fucluc den Preis einer drei Jahre alten Kuh. Nach mindestens einem weiteren Studienjahr wurde aus dem Fucluc ein Macfuirmid. Dazu musste er 50 weitere Ogham-Alphabete meistern, dazu 30 Geschichten und Lektionen in Philosophie, Grammatik und mehrere Gedichte. Ein Macfuirmid reiste mit einem Gefolge von drei Dienern zu Festen, auf einer Rundreise oder zu alltäglichen Gelegenheiten, und sein Preis für ein Loblied war eine trächtige Kuh. Nach mindestens sechs weiteren Jahren, d. h., nach Erreichen des sechsten Grades, reiste der Fili mit fünf Gefolgsleuten zu gewöhnlichen Gelegenheiten oder mit zwölf, wenn er zu einem Fest ging. Sein Preis war fünf Kühe für ein Loblied, zuzüglich Spesen.

Dieser Lohn wurde nur noch von dem eines Ollamh (gesprochen Ollav) übertroffen. Der Ollamh kannte mehr als 350 Gedichte, 250 Hauptgeschichten und 100 Nebengeschichten, er beherrschte die Wahrsagung durch Visionstrance und Wahrträumen und auch all das, was in den niedrigeren Graden gelehrt wurde. Seine Ausbildung erforderte ein Minimum an sieben Jahren, endete dann

aber nicht. Ein Ollamh des höchsten Grades musste mindestens zwölf Jahre studieren. Eine derart herausragende Persönlichkeit reiste mit acht Gefolgsleuten auf der Rundreise, hatte zwölf Gefolgsleute für gewöhnliche Gelegenheiten, zehn für Dichterwettbewerbe und vierundzwanzig für Feste. Wenn er ein Loblied für einen Edelmann komponierte, dann musste dieser extrem reich sein, denn er hatte die ganze Gesellschaft durchzufüttern, ihnen Geschenke zu machen und ihnen Schätze im Wert eines Wagens oder einer Sklavin zu zahlen.

Da sie schlau waren, machten die Filid Gesetze, die sie auf Reisen und zu Hause schützten. Im alten Irland und Britannien konnten viele Verbrechen dadurch gesühnt werden, dass der Schuldige Entschädigung für seine Taten zahlte, das nannte man den Ehrenpreis (irisch Eric, kymrisch Galanas). Das war eine gute Idee, denn es befreite die Familien und Clans von der Pflicht, sich zu rächen (es sei denn, sie wollten das). Es erscheint vielleicht grausam, Geld für die Beleidigung oder Ermordung eines Verwandten zu akzeptieren, aber die Gesellschaft wurde friedlicher dadurch, als es in Gesellschaften, in denen Rache der einzig gangbare Weg ist, möglich ist. Immerhin ist nicht jeder Tod, besonders, wenn er nach einer heftigen Zecherei oder einer Provokation oder durch einen Unfall zustande gekommen ist, es wert, darüber eine Blutfehde oder einen Krieg zwischen den Clans zu beginnen. In den semitischen Religionen mit ihrer Auge-um-Auge-Politik konnte ein Tod nur durch Tod gesühnt werden, und jeder Tod führte natürlich zum nächsten. Die sogenannten keltischen und germanischen Völker erfanden die Möglichkeit, das durch eine Geldbuße zu ersetzen; eine bewundernswerte Idee, die die Gewalt zwischen den Clans in bemerkenswertem Ausmaß reduzierte. Als offizielle Gesetzgeber und Richter bestimmten die Filid einen festgesetzten Ehrenpreis für jede Person der Gesellschaft. Einen Ollamh zu erschlagen war so teuer, wie einen König zu töten und genug, um einen Clan zu ruinieren. Das erlaubte es den Poeten, in großer Sicherheit zu reisen. Auch für ihre Loblieder verlangten die Filid hohe Löhne.

Es überrascht vielleicht, dass diese großartigen Löhne und Privilegien durch die Gesetze bereits stark reduziert waren. Die britischen Barden verlangten eine Menge für ihre Preisgesänge, aber die irischen Filid verlangten noch so viel mehr, dass sie gelegentlich wegen ihrer extrem hohen Ansprüche verfolgt wurden. Entgegen populären Überzeugungen wurden die meisten Poeten und Barden nicht verehrt, weil sie einfach zu gierig waren. Nehmen wir mal das folgende Beispiel. Im alten Irland waren die Dichterschulen nur selten an einem festen Ort eingerichtet. Üblicher war es, dass ein Meisterpoet in Begleitung eines Gefolges geringerer Poeten oder Schüler reiste. Wenn Samhain kam und die dunkle Jahreszeit begann, war die Zeit zum Reisen größtenteils vorbei. Schon bald verwandelte das Wetter die Straßen in einen schlammigen Morast, Regen fiel dicht aus einem schiefergrauen Himmel, und bald folgte Schnee. Man konnte von einem kultivierten Poeten nicht verlangen, dass er bei einem solchen Wetter vor die Tür ging. Die traditionelle Weise, die sechs dunklen Monate zu verbringen, bis der Mai kam, war es, einen reichen Patron zu finden. Der Gastgeber durfte sechs Monate Unterhaltung mit Liedern und Geschichten erwarten, während der Fili und sein Gefolge uneingeschränkte Großzügigkeit erwarteten.

Laut dem *Leabhar Breac* pflegten Gruppen von neun Poeten über Land zu ziehen. Bei sich trugen sie einen silbernen Topf (einen weiteren heiligen Kessel!), der mit Bronzeketten und goldenen Haken an neun Speeren befestigt war. Wenn sie eine wohlhabend aussehende Siedlung erblickten, hielten sie grandios Einzug. Ein Loblied singend, das die Tugenden ihres Gastgebers zum Inhalt hatte, betraten sie die Halle und erwarteten, üppig für ihre Anstrengungen entlohnt zu werden. Der Gastgeber freute sich wahrscheinlich nicht sonderlich, derartig kostspielige Gäste zu empfangen, aber der strenge Kodex ehrenhaften Verhaltens sorgte dafür, dass er sie nicht einfach hinauswerfen konnte. Stattdessen musste er vorgeben, höchst erfreut über das Lied zu sein, und hatte Gold und Silber in den Kessel der Poeten zu werfen. Oft genug musste der Gastgeber mehr zahlen, als er sich leisten konnte, und sei es nur, um Reichtum und Großzügigkeit zu demonstrieren, die er gar nicht besaß. Alles andere hätte schreckliche Konsequenzen gehabt.

Wenn die Poeten fanden, dass sie schlecht bezahlt wurden, waren sie berechtigt, Satiren einzusetzen. Uns heutigen Menschen erscheinen ein paar gemeine Bemerkungen in Reimform nicht sonderlich schlimm. Aber in einer Gesellschaft, die in so hohem Maß von Stolz und Ehre besessen war die der Inselkelten, war eine Satire nicht einfach ein freundlicher Scherz, sondern ein tödlicher Fluch. Ein satirisierter Herrscher konnte ebenso gut abdanken und von der nächsten Klippe springen, denn seine Untertanen, von anderen Regenten ganz zu schweigen, zollten ihm keinen Respekt mehr. Wir werden uns noch im Kapitel über Zauberei mit diesem Thema beschäftigen, da das Singen einer Satire ein aufwändiges Verfluchungsritual erforderte. Wurde einem Fili ein Unrecht angetan, sorgte die Dichterzunft dafür, dass die Satire verbreitet wurde. Wenn der Poet ein Geschenk verlangte, war es dem Gastgeber nicht erlaubt, es ihm zu verwei-

Münzen 6

Oben links: Remer, Wolf.

Oben rechts: zisalpines Gallien, Silber, Wolf oder Fuchs!

Mitte: Silvanekten, 17mm, Wolf frisst Menschen (oder froschgesichtigen Außeridischen).

Unten links: Vindeliker, Gold, 16mm, Rotwild.

Unten rechts: Viromanduer, Bronze, 14mm, Hirsch mit vielen Hörnern.

gern, ganz gleich, welche Konsequenzen das hatte. Von Zeit zu Zeit wurde die Situation unerträglich.

Viele Filid waren berühmt für ihre Gier und Unverschämtheit, ein Thema, das in mehreren alten Manuskripten zur Sprache kommt, aber von romantisch veranlagten Forschern gern ignoriert wird. Bei Drumketta kam es um 590 zu einem öffentlichen Aufstand gegen die Filid. Zu jener Zeit gab es etwa 15,000 von ihnen, und sie waren ein unerträgliches Ärgernis. Es erforderte die gesamten diplomatischen Anstrengungen des heiligen Columban, der selbst früher Fili gewesen war, ihre Abschaffung zu verhindern. Stattdessen mussten sie eine massive Reduktion ihrer Anzahl und ihrer Löhne hinnehmen.

Gegen Ende des 7. Jahrhunderts sah auch Hochkönig Aed MacAinmirech sie als eine Last für die Gesellschaft an und versuchte, ihre Profession ein für allemal gesetzlich zu verbieten. Er hatte damit keinen Erfolg, erreichte aber eine weitere Verminderung ihrer Zahl und schränkte ihre politische und finanzielle Macht ein. Seine Gesetze legten fest, dass von nun an jeder König sich nur einen Ollamh halten durfte. Jeder dieser Ollamhs hatte einen klar definierten Status, empfing eine spezifische Menge an Land und einen festgelegten Lohn für seine Dienste. Diese Gesetze brachten Meisterpoeten mit bestimmten Orten in Verbindung, was seinerseits viel zur Entstehung von Dichterakademien beitrug. Die Festlegung spezifischer Löhne für poetische Arbeiten war eine so wichtige Angelegenheit, dass sie in einem Gedicht namens *Trefhocul* auftaucht, der im *Buch von Leinster* aufgezeichnet wurde. Im Wesentlichen ist der *Trefhocul* ein langatmiges Stück Poesie, das Heilmittel für verpatzte Gedichte aufzählt. *Trefhocul* bedeutet „drei Wörter", das heisst, drei Wörter, um ein

Gedicht zu reparieren. Man erfährt, dass es zwölf grundlegende Fehler gibt, die in Liedern und Poesie immer wieder auftauchen, und da Du zweifellos ebenso fasziniert von den adretten Listen der Filid bist wie ich, hier die zwölf Fehler: 1. Falschheit. 2. Zu viele Reime. 3. Zu lang. 4. Zu kurz. 5. Mangel an Betonung. 6. Überbetonung. 7. Absenz eines Präsens. 8. Verhältnis von Singular und Plural. 9. Falsches Geschlecht. 10. Falsche Alliteration. 11. Falsche Reime. 12. Irrtum. Jede dieser Schwächen wird aufgelistet zusammen mit zwei Methoden, die Angelegenheit zu reparieren, und da kommen die drei Worte ins Spiel (ein falsches Wort und zwei richtige) aus denen der *Trefhocul* besteht.

Das Gedicht ist nicht wirklich leichte Lektüre, da es eigentlich von 365 Versmaßen handelt. Vielleicht stimmen diese mit den 365 Tagen des Jahres, den 365 Gelenken und Sehnen des Körpers, den 365 Krankheiten und den 365 Heilkräutern überein. Das stellt eine Verbindung zwischen der Kunst der Poeten mit der Kunst der Medizin her und dem großen Werk, Menschen heil und gesund zu machen. Man kann darüber spekulieren, ob die Filid ihre Kunst als eine Form der Heilung oder des Ganzmachens sahen. Dass die Regeln im Hinblick auf Status, Lohn und Zahl der Gefolgsleute Teil dieses wichtigen Gedichtes waren, zeigt ganz klar, dass die Filid, nachdem sie von der aufgebrachten Bevölkerung fast geächtet worden waren, sich große Mühe gaben, die Grenzen nicht zu überschreiten.

Unter einem goldenen Zweig

Eine weitere interessante Frage ist, wie die Filid in der Öffentlichkeit auftraten. Die meisten Leute haben ihr Vorurteil in Bezug auf Druiden in weiß; bezüglich der Kleidung von Barden und Filid sind sie für gewöhnlich weniger voreingenommen. Die Geschichte von Ferchertne und Nede hält fest, dass geringere Poeten unter einem Kupferzweig reisten. Solche Zweige wurden von den Gefolgsleuten der Poeten getragen, die sie hoch über dem Kopf ihres Herren hielten. Poeten von mittlerer Erfahrung reisten unter einem Silberzweig, während die höchsten Ränge der Ollamh goldene Zweige bevorzugten. Wir können nur spekulieren, wie diese Zweige wohl ausgesehen haben mögen, vorausgesetzt, sie existierten überhaupt und waren nicht eine spätere mittelalterliche Erfindung. Bisher haben die Archäologen noch keinen Poetenzweig in Irland ausgegraben. 1984 entdeckten Forscher im Oppidum Manching in Bayern einen gegabelten Stab von 70cm Länge, datiert auf um 250 vor unserer Zeit, der sorgfältig mit Geissblatt-Blättern, -Knospen und -Beeren aus Bronze dekoriert war, sowie Goldfolie, die Triskelen zeigte. Der gesamte Stab war mit Gold überzogen. Ob dieser „goldene Zweig" der Amtsstab eines Poeten war oder ein religiöses Objekt, ist eine offene Frage. Allerdings kommen mehrere andersweltliche Wesen in irischen Mythen vor, die mit einem magischen Zweig in der Hand erschienen. Außerdem gibt es definitiv eine Verbindung zwischen den Barden und Filid und der Magie des wilden Waldes. Taliesin beispielsweise spricht nicht nur von seiner Liebe zu hohen Bäumen, sondern weist auch auf eine subtile Verbindung zwischen Barden, Bäumen, Blüten und Büschen hin. Mit diesem Thema werden wir uns später noch beschäftigen. Wir können uns also nicht sicher sein, ob diese Poetenzweige auf der physischen Ebene tatsächlich existierten. Einigermaßen gewiss ist allerdings, dass sie in einer archetypischen Form existierten, als Traumbild und als magische Realität. Vielleicht wirst Du eines Tages feststellen, dass Du gemächlich mit einem Zweig in der Hand durch den Wald wanderst.

Ein weiterer faszinierender Gegenstand ist der Federmantel. Ferchertne und Nede führten ihren Wettstreit miteinander um den Federmantel des höchsten Dichters. Der blinde Druide Mog Ruith legte einen ähnlichen Federmantel und möglicherweise eine Federmaske mit langen Flügeln an, als er sich in den Himmel erhob, um seine Zaubereien und Zaubersprüche gegen die Invasion der Munstermänner unter Hochkönig Cormac Mac Airt zu wirken. Der Federmantel des höchsten Dichters war, wenn wir den Mythen trauen dürfen, dreifarbig. Oben war er strahlend golden, die Mitte bestand aus hellen Federn, und die Federn darunter waren gescheckt. Wir können natürlich nicht sicher sein, ob alle Filid oder auch nur die Ollamhs einen Federmantel trugen.

Es wäre verführerisch, sie alle in dieser Gewandung zu halluzinieren, genauso, wie man Druiden für gewöhnlich in Weiß halluziniert, aber ich vertraue auf Deine kritischen Fähigkeiten und hoffe, dass Du der Versuchung widerstehen kannst, angesichts eines Mangels an Beweismaterial zu verallgemeinern. Wie auch immer, Entsprechungen solcher Federkostüme finden sich auch anderswo. Manche Federmäntel waren schlicht Zeichen von Rang und Status, aber in manchen Fällen hatten sie auch eine entschieden schamanische Funktion. Es gab beispielsweise Schamanen in Sibirien, die Federmäntel anlegten, wenn sie in die Anderswelt flogen. Natürlich flogen sie nicht in ihrem physischen Körper, sondern nur in ihrer Phantasie, ganz ähnlich wie Mog Ruith, als er seine Druidenfeuer gegen die Druiden von Tara ausschickte. Der Mantel kann aufgefasst werden als Symbol einer Fähigkeit, als Amtstracht und als Mittel, das es dem Schamanen erleichtert, einen bestimmten Bewusstseinszustand zu erreichen. Wenn ein Kostüm eng mit einem spezifischen Trancezustand in Verbindung gebracht wird, wird das die Trance einfacher machen. In Nepal verfügen die Schamanen der nördlichen Magar über einen Kopfschmuck, der aus Büscheln von Vogelfedern und Blättern von ihrem Lebensbaum besteht. Auch hier wieder ist es die Fähigkeit, in die Anderswelten zu fliegen, die symbolisiert wird. Federmäntel waren auch populär bei den Wu, den früheren Schamanen von China. Die Wu hatten einen starken Einfluss auf die Entwicklung des frühen Taoismus, und bis zu diesem Tag kann *ein in Federn Gekleideter* ein Begriff für einen taoistischen Zauberer sein. Ich vermute, dass der Federmantel der irischen Filid durchaus mit diesen eurasischen Schamanentraditionen in Beziehung stehen könnte, aber mir würde nicht im Traum einfallen, darüber zu streiten. In den letzten Jahren kollidiert ein wachsender Trend, jegliche inselkeltische Trancepraktiken als „schamanisch" zu etikettieren, mit dem entgegengesetzten Dogma, nur ernste Priester mit einer hier-gibt's-nichts-zu-lachen-Haltung als echt zu akzeptieren. Die Experten streiten leidenschaftlich über die Existenz oder Nichtexistenz eines keltischen Schamanismus, aber was sie wirklich bewegt, ist die Frage, ob ihre eigene (reale oder imaginäre) Tradition wilde und schamanische Elemente beinhalten sollte. Also, wenn Du eine Tradition brauchst, um Deine Aktivitäten zu rechtfertigen, dann ist es nicht weit mit Deiner Magie her. Vielleicht liefen alle irischen Ollamhs in Federn herum, vielleicht aber auch nur eine verrückte Minderheit wagemutiger Individualisten. Wer weiß! Und wen kümmert's! Viel wichtiger ist in Bezug auf die Praxis, was nötig ist, um Dich in die Gänge zu kriegen.

Ein weiteres Zeichen poetischer Berufung war vielleicht ein bestimmter Haarschnitt. *Das Schicksal der Söhne Tuirenns*, eine gut bekannte mittelalterliche Geschichte, gibt einen Hinweis, dass die Poeten ihr Haar auf eine bestimmte Art und Weise zu knoten pflegten. Wieder einmal existiert kein weiteres Beweismaterial. Zu guter Letzt erlaubten die Brehon-Gesetze bestimmten Berufsgruppen, einigermaßen harmlose Waffen bei sich zu tragen, um sich gegen wilde Hunde zu verteidigen. Priester beispielsweise durften ihren Krummstab haben. Poeten durften einen Tabhall-lorg (Tafelstab) bei sich tragen, in den Oghams eingeritzt waren. Als St. Patrick durch Irland wanderte, traf er einige Männer, die Stäbe (oder Tafeln) mit eingeritzten Inschriften trugen, laut einem Manuskript aus dem Jahr 807.

Keltische Harfen

Wenn Du aufgefordert würdest, Dir einen Poeten vorzustellen, würde er wahrscheinlich eine Harfe bei sich tragen. Dieses Instrument, das so eng mit der Kunst der Poeten verbunden zu sein scheint, ist nicht so selbstverständlich, wie viele es gern hätten. Zunächst einmal ist eine moderne keltische Harfe ein verfeinertes spätmittelalterliches Instrument. Die älteste noch erhaltene irische Harfe ist die sogenannte Brian-Boru-Harfe (Trinity College, Dublin) und stammt aus dem 15. Jahrhundert. Illustrierte Manuskripte bezeugen, dass es in früheren Jahrhunderten Harfen gab, aber es handelte sich nicht um traditionelle keltische Instrumente, sondern sie waren Harfen vom Festland nachempfunden. Die frühen Harfen, die die Barden und Filid der Frühgeschichte und des frühen Mittelalters benutzten, waren viel kleinere Instrumente. Für gewöhnlich hatten sie eine rechteckige Form und fünf oder sechs Saiten, die wahrscheinlich pentatonisch gestimmt waren und mit dem Plektrum und den Fingern gespielt wurden. Streng genommen handelt es sich also um Leiern.

Ähnliche Instrumente wurden von den Skalden und Skopen der germanischen Kulturen bevorzugt; ein wunderbares Instrument wurde im Grab von Sutton Hoo freigelegt. Diese Instrumente waren nicht sonderlich vielseitig, dafür aber leicht und robust, und man konnte sie auf Reisen gut mitnehmen. Im alten Gallien war ein Harfentyp bekannt, der der griechischen Lyra stark ähnelte. Die Statue des Gottes aus Paule in der Bretagne zeigt ein solches Instrument. Anders als die griechische Lyra hat die von Paule sieben Saiten, weshalb ich mich frage, ob sie wirklich pentatonisch gestimmt war. Heute geht jedermann davon aus, dass die Barden Britanniens und die Filid von Irland Harfe spielten, während sie sangen und rezitierten. Einige von ihnen taten das offensichtlich. Einer der Taliesins sang, er sei ein Harfner und Musiker und noch vieles andere. Allerdings gibt es auch Hinweise darauf, dass Musiker in Irland einen niedrigen Status hatten.

Harfner standen höher auf der sozialen Leiter als die anderen Musiker – tatsächlich waren sie die einzigen Musiker, die irgendwelche gesetzmäßigen Rechte hatten und deren Leben durch einen Ehrenpreis geschützt war. Die Gesetze der Brehons hatten festgelegt, dass der Ehrenpreis eines Harfners vier Kühe betrug. Das belegt, dass Harfner ebensoviel wie der Adel galten, wenn auch wie sehr niedriger Adel, da nur die Angehörigen der Oberschicht in Vieh berechnet wurden. Die anderen Musiker hatten keinen erwähnenswerten Ehrenpreis und führten wahrscheinlich ein ziemlich unerfreuliches Leben. Insgesamt hatten die meisten fahrenden Musikanten in Europa während des Mittelalters einen sehr niedrigen sozialen und rechtlichen Status, es sei denn, sie wären bei einem mächtigen Adligen angestellt gewesen. In vielen Ländern wurden sie wie Schauspieler, Vagabunden oder Bettler behandelt, was bedeutete, dass jeder sie schlecht behandeln, betrügen oder ausbeuten konnte. Musikantinnen waren in einer noch schlechteren Position; man erwartete von ihnen, dass sie als Prostituierte arbeiteten, wenn sie nicht auf der Bühne standen, und es gab keine Gesetze, die sie vor Vergewaltigung schützten. Die irischen Harfner mögen eine vergleichsweise privilegierte Position in der Gesellschaft eingenommen haben, verglichen mit dem, womit ihre Kollegen in anderen europäischen Ländern leben mussten, dennoch sah man in ihnen einfache Unterhalter. Viele Barden und Filid hätten wie die Troubadoure vom Festland nicht im Traum daran gedacht, etwas so Vulgäres zu tun wie mit den eigenen Händen Musik zu machen. Wenn sie sangen, feierliche Vorträge intonierten oder prophezeiten, war ein fähiger Diener zur Stelle, der ihr Lied auf einer Harfe oder einem anderen Instrument begleitete.

Bevor wir das Thema Harfe verlassen, ist es vielleicht noch interessant, zu erfahren, wie sie gespielt wurden. Gerald of Wales hat einiges zu diesem Thema geschrieben und hielt fest, dass walisische und irische Harfner ihre Instrumente in B (A#) stimmten. Diese Tonart, und die sehr ähnliche Tonart Es (Eb) sind sehr populär in der bretonischen Volksmusik. Gerald schrieb, dass Harfespielen in Wales beim Adel sehr beliebt sei, besonders bei den Damen, die immer gern Gäste mit einem Liedchen überfielen. Alle Melodien, so erfahren wir, begannen und endeten mit B. Es ist wirklich schade, dass wir keine Ahnung haben, wie B im späten 12. Jahrhundert klang. So seltsam das ist, wir wissen mehr über die Tonarten der späten Bronzezeit, wo viele gestimmte Trompeten, immer paarweise, in C, Es und E angefertigt wurden, als über das Harfenspiel im mittelalterlichen Britannien.

Gerald hielt auch fest, dass, zu seinem Staunen, die walisischen Harfner schnell spielten, ihre Musik aber trotzdem beruhigend wirkte. Ich vermute, dass wir es hier mit einem Trancephänomen zu tun haben. Wie ich bereits in *Seidwärts* erwähnt habe, bewirkt monotones Trommeln mit einer Schnelligkeit zwischen 3,5 und 4,5 Schlägen pro Sekunde nach ungefähr 10 bis 15 Minuten eine Zunahme der Thetawellen im Gehirn des passiven Zuhörers. Thetawellen sind typisch für Tieftrancestadien und hochgradig luzide Visionen. Wenn Du Harfe spielst, wirst Du aus Erfahrung wissen, dass 4,5 Schläge pro Sekunde eine einfache Sache sind und dass Harfe spielen ganz wunderbar zur Tranceinduktion dienen kann, besonders, wenn man spielt ohne nachzudenken. Harfenspiel hat auch heilende Eigenschaften – Geoffrey hielt in seiner *Vita Merlini* fest, dass der verrückte Seher aus den kaledonischen Bergen wieder zu Verstand gebracht wurde durch einen Harfner, der ihn im wilden Wald aufsuchte und spielte, bis der arme Verrückte sich an seine menschliche Vergangenheit erinnerte und unkontrollierbar zu weinen begann – wer könnte ihm das verdenken. Der Harfner nahm Merlin/Myrddin mit zurück zur Burg von König Rhydderch Hael, wo ihn das zivilisierte Leben bei Hof wieder wahnsinnig werden ließ. Man könnte das als amüsante Anekdote im Hinblick auf frühbritannische Psychotherapie bezeichnen. Hätte der Harfner eine Trommel verwendet, wäre man sofort dabei, Schamanismus in Britannien nachzuweisen. Nun, das war es gewissermaßen auch - es gab jede Menge Schamanen in Sibirien, Eurasien und Skandinavien, die keine Trommel benutzten, aber Trancen induzierten und Geister unter Verwendung sehr einfacher Saiteninstrumente beschworen. Auch Orpheus tat das, warum taucht er nicht in den Büchern der neoschamanischen Front auf? In den mittelalterlichen irischen Mythen ist einer der Götter der Tuatha de Danann, der Dagda (der „gute Gott") ein geschickter Harfner. Der Dagda erfand die drei grundlegenden Weisen der frühirischen Musik. Es handelte sich um die traurige Weise, bei der jeder vor Kummer zu weinen anfing, die fröhliche Weise, bei der die Leute auf den Tischen tanzten, und die beruhigende Weise, die die Zuhörer einschlafen und träumen ließ. Falls Du musizierst, ist es vielleicht die Mühe wert, drei solche Melodien für alle Gelegenheiten zu erfinden. Muss ich erwähnen, dass einfache, tragbare Harfen und Leiern mit 5 – 12 Saiten mit einem passenden Stück Holz, ein paar Stiften für Zithern und Nylonsaiten leicht herzustellen sind?

Aus einer dunklen Zelle

Was die Ausbildung der Poeten angeht, tappen wir ziemlich im Dunkeln. Es ist eine Sache, zu sagen, dass die Filid eine große Anzahl an Geschichten, Liedern und Versen auswendig lernten, und eine ganz andere, zu erklären, wie sie dieses Kunststück bewerkstelligten. Glücklicherweise existiert ein faszinierendes Bruchstück an Information, das diese Frage vielleicht beantworten kann.

John Matthews erwähnt in seinem *Taliesin* (1991) ein unverhofftes Juwel aus *Die Memoiren des Marquis von Clanricarde*. Wenn wir diesem Bericht trauen dürfen, dann pflegten irische Poeten noch 1722 ihre Schüler unter ganz besonderen Bedingungen auszubilden. Die angehenden Poeten erhielten ihre Ausbildung in einem abgeschiedenen, niedrigen Haus weit entfernt von menschlichen Siedlungen. Es wurde eigens darauf geachtet, dass die Szenerie wenig Ablenkung bot und die Umgebung so ruhig wie möglich war. Das Haus enthielt eine Anzahl von Zellen, und in jeder von ihnen lag ein

Poet auf seinem Bett; ansonsten gab es nur wenig Möbel. Das Gebäude hatte keine Fenster, und es wurde darauf geachtet, dass weder Licht noch Geräusche hineindringen konnten. (Welche Luftqualität dort drinnen herrschte, möchte ich mir lieber nicht vorstellen). Solange die Schüler lernten, durften sie das Haus nur nachts verlassen. Tagsüber hielten sie sich in ihren kleinen, dunklen Zellen auf. Von Zeit zu Zeit betrat ihr Tutor die Räumlichkeiten, mit einer kleinen Kerze in der Hand. Auf die Schüler, die zweifellos unter sensorischer Deprivation litten, muss die kleine, flackernde Flamme überwältigend gewirkt haben. In ihrem Licht wurden ihnen Lieder und Geschichten erzählt, und sie mussten sie wiederholen. Sie mussten auch aufschreiben, an was sie sich aus der gestrigen Lektion erinnerten. Dann ging der Lehrer, und die Schüler blieben im dunklen Mutterleib/Grab zurück, wo sie die Zeilen wiederholten und die legendären Ereignisse in wunderbar luziden Visionen erlebten. Wenn sie im späteren Leben ihre Geschichten erzählten, wussten die Poeten aus direkter Erfahrung, wovon sie sprachen.

Dieser Bericht ist sicherlich ein spätes Beispiel, aber er zeigt, dass die Meisterdichter über Trancezustände Bescheid wussten - und wie man sie bei der Ausbildung einsetzen konnte. Wir können natürlich nicht sicher sein, ob es sich hier wirklich um eine alte Methode handelt, aber zweifellos ist sie höchst effizient. Es geht hier allerdings nicht nur um eine ungewöhnliche Ausbildungsmethode. Längere Zeitabschnitte, in Dunkelheit, Schweigen und relativer Isolation verbracht, haben einen hohen Nutzen in den Initiationsriten vieler Kulturen. Sie sollen die frühere Persönlichkeit des Initianten auflösen, eine Krise herbeiführen und einen Bewusstseinszustand erzeugen, der Tod oder Wahnsinn ähnelt. Aus dem Scherbenhau-

fen seiner früheren Identität heraus wird der Initiant neu geboren. Die Filid, die so eine Periode der Ausbildung im Dunkeln erlebt hatten, hatten eine Menge mitgemacht. Sie hatten Visionen gehabt, wie sie gewöhnliche Menschen nicht erleben, und das hatte sie so verändert, dass sie ihr früheres Leben kaum noch verstehen konnten. Das ist die zweite Geburt, ein Bewusstseinszustand, der die Grundlage für die Ausbildung vieler Schamanen, Zauberer und Heiler weltweit bildet.

Falls Du Dich mit solchen Techniken beschäftigen möchtest, schlage ich vor, dass Du einen längeren Zeitraum in absoluter Dunkelheit verbringst. Manche Leute werden unter solchen Umständen depressiv, andere erregt. Schließe die Tür und verdunkle die Fenster, leg Dir ein Tuch über die Augen, strecke Dich auf dem harten Boden aus und erzähle Dir selbst eine lange, verworrene Geschichte. Martin, der von Matthews zitiert wird, berichtet, dass die Barden der westlichen Highlands im 18. Jahrhundert sich für einen Tag an einen abgeschiedenen Ort zu begeben pflegen, Türen und Fenster schlossen, ihren Umhang um den Kopf wickelten und sich mit einem Stein auf dem Bauch auf den Boden legten, um poetische Inspiration zu finden. Der Stein ist ein faszinierendes Element in dieser Formel, da der Barde sich in einen Zustand begibt, der dem des Begrabenseins ähnelt. Die wunderbarsten Visionen ergeben sich oft in einem todesähnlichen Zustand, wenn das menschliche Ego gründlich außer Kraft gesetzt ist. Teils kann das durch Schauspielerei bewirkt werden.

Zu dem Brauch, den Kopf oder die Augen mit einem Tuch zu bedecken, finden wir auch in der Welt der Antike einige Parallelen. Ein großes Kultbild von Epona aus Beihingen zeigt die Göttin sitzend zwischen sieben Pferden. Unterhalb von ihr sieht man

Münzen 7: Schlangen

Oben links, rechts, Mitte: Schlangen der Boier.
Unten: unbekannt, gefunden im Schatz von Jersey.

einen Mann, der einen Streitwagen mit einem Gespann von drei Pferden lenkt und einen Mann, der vor einem Altar steht. Er trägt eine Amphore (mit Wein) und ein Tuch über dem Kopf. Neben ihm zerrt ein anderer Mann ein Opferschwein hinter sich her. Das Tuch über dem Kopf des Opfernden ist von Bedeutung. Den Kopf mit einem Tuch zu bedecken bedeutet, sich von weltlichen Dingen abzuwenden, in die Dunkelheit zu gehen und der Göttin auf ihrer eigenen Ebene zu begegnen, der der inspirierten Imagination.

So ein Tuch kann auch gelegen kommen, wenn Du unter schwierigen Umständen in Trance gehen oder meditieren möchtest. Rowlands (1985) bezieht sich auf *Die Memoiren des Marquis von Clanricarde* und vermutet, dass ein ähnliches Training vielleicht bei den Barden Britanniens üblich war. Wie Du in einem späteren Kapitel noch lesen wirst, wurde Mona, die Insel Anglesey, von Iolo Goch im 14. Jahrhundert auch als *die dunkle Insel, die Zelle des Gesangs* bezeichnet. Nun ist Mona in keinerlei Hinsicht dunkler als irgendein anderer Teil von Wales. Wenn auch Barden auf Mona ausgebildet wurden, wie es bei Druiden vor dem Jahr 60 der Fall war, dann würde es sich um einen Hinweis auf ihre Ausbildungsart handeln. Ein Titel wie dieser beweist natürlich nichts, aber er weist auf Dunkelheit und Zellen des Gesangs hin. Wir sollten uns das für später gut merken. Zahlreiche Seher und Visionäre vertrauten sich der Dunkelheit an, um aus dem reinen, fließenden Strom ursprünglicher, undefinierter Individualität zu schöpfen. Die Dunkelheit und Stille in den verborgenen Zellen der Zauberer ist aber nicht nur ein nützliches Lehrmittel. Sie erzeugt auch ein Bewusstsein, das die Grenzen des normalen menschlichen Denkens übersteigt. Die meisten Leute bauen ab, wenn man sie zu lange in Schweigen und Dunkel-

heit allein lässt – das ist eine verbreitete Taktik der Gehirnwäsche. Ich habe einmal von Experimenten gelesen, wo gut ausgebildete Soldaten in einen Tank mit Wasser gesteckt wurden, wo sie bequem in völliger Stille und absoluter Dunkelheit trieben. Nach einer Weile vergaßen sie ihren Körper und erlebten wunderbar klare Visionen. Diese Halluzinationen wurden so real, dass die Soldaten anfingen, an ihrer geistigen Gesundheit zu zweifeln (meiner Meinung nach hätten sie das tun sollen, ehe sie sich der Armee anschlossen) und begannen, gegen die Halluzinationen anzukämpfen. Ein erfahrenerer Bewußtseinsveränderer hätte die Visionen einfach akzeptiert anstatt sie zu bekämpfen, und vielleicht faszinierende neue Einsichten gewonnen. In manchen Trancen ist es so, dass unangenehme Gedanken desto stärker werden, je mehr man gegen sie ankämpft. Es ist viel leichter, mit diesem Material umzugehen, indem man ihm erlaubt, einfach vorbeizuziehen und zu verschwinden, ohne irgendein Theater darum zu machen. Die Soldaten versuchten, die Visionen zu bekämpfen und ihre geistige Gesundheit zu bewahren – und natürlich machte sie dieser Stress völlig verrückt. Wir können nur spekulieren, was unter ähnlichen Umständen mit den Poeten geschah. Die, die es schafften, hatten vielleicht mehr Einsichten, als sie jemals zu äußern wagten.

Das Land der Lebenden

Und hier kommen wir an den Punkt, wo sich die bekannte Welt und die Anderswelten berühren. Zahliche Poeten wiesen darauf hin, dass sie in der Anderswelt geboren oder aufgezogen worden seien. Nede sang, er käme aus einem Land der Farbenfülle ohne jeden Fehler, wo die neun Haselsträucher der Dichtkunst wachsen und die Wahrhaftigkeit an der Vorzüglichkeit gemessen werde. Es handelt sich hier um verbreitete Euphemismen für die irische Anderswelt, man findet sie in mehreren Manuskripten. Der irische Gott des Meeres, Manannan, sang über Moy Mell (Die Ebene der Freuden) unter dem Meer:

…Es schillern Farben mannigfacher Art
In den von holdem Sang erfüllten Tälern.
Nur lauter Freude herrscht, umtönt von Liedern,
im südlichen Land der silbernen Wolken.
Keine Klage gibt es, noch Verrat
in den wohlbekannten, reichen Gefilden;
Kein harter Laut beleidigt dort das Ohr,
Nur süße Melodien hört man tönen.
Ohne Kummer, ohne Schmerzen, ohne Tod,
ohne Krankheit, ohne jede irdische Schwäche -
Das ist das Wahrzeichen von Emhain,
solch ein Wunderland gibt es nimmermehr.
Schönes, wunderbares Land,
unvergleichlich bist du zu schauen!
Von zartem, duftigem Nebel
sind deine Küsten umhüllt.
Vor meinen Blicken taucht das silberne Land empor,
Wo wunderbare Edelsteine und Kristalle auf den Bäumen wachsen;
Die See spült gegen die Küste ihre Wogen,
von deren Mähnen leuchtender Schaum herniederfließt.
Reichtümer und Schätze aller Art
Birgt das von Schönheit strahlende Land des Friedens;
Dort lauscht man der süßesten Musik,
Dort trinkt man den köstlichsten Wein….
Vielgestaltiges Emhain am Meeresstrand,
Keiner weiß, ob du nahe oder fern!
Inmitten des Ozeans liegst du verborgen,
und tausend buntgeschmückte Frauen leben dort.
Wer erst die Musik vernommen,

die Stimme der Vöglein aus dem Land des Friedens,
dem kommen alle die Scharen der Frauen
von der Höhe herab entgegen…
(Übersetzung von Pokorny, 1944:59:)

In der Übertragung von Kuno Meyer findet sich, im Gegensatz zu Pokorny, auch der Vers:

Ein schönes Spiel, voller Freude
Spielen sie, sitzend beim reichen Wein,
Männer und Frauen unter einem Busch
Ohne Sünde, ohne Schuld.

Diese Zeilen aus *Die Seereise des Bran* sind ziemlich typisch für mehrere Arten von irischen Anderswelten. Als Midir Etain einlud, mit ihm in die Anderswelt zu kommen, sang er von einem wundervollen Land, in dem die Haare von der Farbe der Schlüsselblumen sind, die Körper schön wie Schnee, die Zähne weiß und die Wangen purpurn wie der Fingerhut, wo Kummer und Sorge unbekannt sind, Ströme von Wein und Met zwischen sanft ansteigenden Hügeln dahinfließen und junge Leute niemals alt werden. Hier sind alle Menschen schön, die Empfängnis findet ohne Sünde und Makel statt, und jeder bekommt so viel Schweinefleisch, wie er essen kann. Diese Anderswelt, so erfahren wir, befindet sich unter den hohlen Hügeln, aber auch hier auf der Erde. Wie Midir sagt, ist es die Sünde Adams, die die Menschen daran hindert, das Volk der Sidhe und ihr wunderschönes, helles und vielfarbiges Land zu erblicken. Ich kann da nur zustimmen – sobald die Christen aus den schönsten Dingen des Lebens Sünden gemacht hatten, war das Land der Freude und Erfrischung tatsächlich für einen Großteil der Bevölkerung unsichtbar. Eine Feendame aus der Anderswelt sang:

Ich komme aus dem Land der Lebenden, wo es weder Tod, noch Sünde, noch Kampf gibt. Wir genießen ständige Feste ohne Angst und Wohlwollen ohne Streit. Ein großer Sidhe (Gesprochen Schii, „Feenhügel") ist der Ort, wo wir wohnen, weshalb man uns die Sidhe (Schii) nennt.

Sie bat den jungen Connla, sie in die Anderswelt zu begleiten, die sich weit jenseits des westlichen Horizonts befände, mit ihr in ein Glasboot zu steigen und in das Land der Hoffnung, der Verheißung und der ewigen Jugend zu segeln. Auf ein ähnliches Boot (Korakel) aus Glas, in den Händen eines Pilgers, wird in einem Taliesin-Lied angespielt – ein Gefährt in das Elysium weit jenseits des Leids der Menschenwelt. Trotz druidischer Gegenzauber ließ sich Connla von den Gesängen der Feendame verlocken. Zusammen setzten die beiden die Segel und verschwanden im Sonnenuntergang.

Bis zum heutigen Tag existiert ein Brunnen in der Anderswelt, der Connlas Brunnen genannt wird, tief unter der blaugrünen See, wo die neun Haselsträucher poetischer Meisterschaft wachsen. Dem Brunnen entspringen die Ströme der Sinne. Jedes Jahr reisen die Lachse des Wissens diese Ströme hinauf, bis sie die Quelle aller Sinne erreichen, den Brunnen der Poesie. In einer verzauberten Stunde sprießen an allen neun Haselsträuchern gleichzeitig Blätter, Blüten und Nüsse, und sie alle fallen herab in den Brunnen. Das Wasser wird purpurn, die Lachse fressen die Nüsse der Weisheit und tragen die neue Weisheit hinaus in die Welt. Hinweise auf diesen Brunnen findet man in *Die Abenteuer Cormacs im Land der Verheißung*, und in den *Dindsenchas* wird ein sehr ähnlicher Brunnen beschrieben, aus dem der Fluss Boyne entspringen soll. Auch der Fluss Shannon ist mit einem solchen Brunnen verbunden,

er wird der Brunnen von Segais genannt. Sowohl der Brunnen von Segais als auch der Brunnen von Boyne werden mit Frauen (oder Göttinnen!) in Verbindung gebracht, die starben, als sie dem Brunnen unter Wasser zu nahe kamen. Aus Connlas Brunnen entspringen fünf Flüsse, man setzt sie mit den Sinnen gleich, und wie Manannan enthüllt, ist es das Volk der vielen Künste (die Filid), die sowohl aus den Strömen als auch aus dem Brunnen trinken. Der Brunnen der Boyne hat sieben Ströme – da fragt man sich, ob es vielleicht sieben Sinne gibt. Glücklicherweise bestätigt uns Taliesin, dass dem so ist. Die zusätzlichen Sinne sind Sprechvermögen und Instinkt. Die Filid wussten von diesem Brunnen und besuchten ihn. Auch Du kannst das, mit ein bisschen Erfahrung in Trancemagie, Träumen oder Astralprojektion, und aus der Anderswelt zurückkehren als jemand, der viel gelernt hat und im Verlauf dessen die ganze Welt verwandelt hat. Erinnerst Du Dich, wie Du Dir einen Weg in einen Grabhügel hinein erträumt oder imaginiert hast? Du kannst die gleiche Technik anwenden, um Dir vorzustellen, dass Du in die Anderswelten tief unter den Wellen reist. Die Barden, Poeten und Filid taten das gleiche. Wenn Du ihre Initiation teilen möchtest, geh zur Quelle der Sinne, dem geheimen Brunnen unter dem bodenlosen Meer, dem Land der Farbenfülle jenseits des westlichen Horizonts, den prächtigen Hallen unter den hohlen Hügeln. Du kannst sie in Deinen Träumen finden, in Deinen Astralreisen, aber Du kannst auch Deinen Geist öffnen, aufwachen und feststellen, dass die Anderswelt hier ist.

Übung:
Reise in die Anderswelten

Wenn Du die Visionsreisen in die Hügel, Quellen, Flüsse und dergleichen gemacht hast, bist Du bereits gut darin geübt, in eine angenehme Tieftrance zu gehen und erfrischt und gut gelaunt aus ihr hervorzukommen. Ich gehe also mal davon aus, dass Du die Grundlagen beherrschst und leicht und gut in die Tiefe kommst. Und dass Du genauso leicht aus der Tieftrance ins Alltagsbewusstsein zurück kehrst. Aber bei der Magie geht es nicht nur darum, sitzend oder liegend, tief und entspannt, wohlig und verträumt die verborgenen Seiten der Wahrnehmung im Inneren zu erforschen. Im inselkeltischen Glauben wie im richtigen Leben sind Dieseits und Jenseits nicht besonders klar getrennt. Zu manchen Zeiten sind die Tore zwischen den Welten offen, wie zum Beispiel an besonderen Festtagen, oder zu Voll- und Neumond, oder jeden Tag zur Morgen- und Abenddämmerung. Dasselbe passiert, wenn dichter Nebel die Landschaft verhüllt, aber auch an Tagen, die eine überhöhte Schönwetterlage aufweisen. Das sind Tage, an denen die Sonne stärker leuchtet als sonst, an denen der Himmel blauer ist und alle Farben strahlen, als wärest Du in einem extrabunten Film unterwegs. Solche Verhältnisse sind typisch für eine Wetterlage, die gerade umschlägt, denn am nächsten Tag ist es dann meist reichlich grau und nass. Und natürlich gibt es auch Orte, an denen die eine oder andere Welt zusammenkommen. Kultplätze, Begräbnisorte, besonders schöne Gegenden, Berge, Hügel, Höhlen, dichte Wälder und natürlich alle Grenzgebiete, also Zäune, Hecken, Flüsse, Sümpfe, Brunnen, Brücken und Wegkreuzungen. An solchen Zeiten und Orten ist es leichter, die Wahrnehmung zu verändern. Denn die Anderswelten erscheinen in allererster Hinsicht aus Deinem Bewußtsein.

Also erleben wir etwas ganz anderes. Such Dir einen schönen Ort aus. Wenn Du mit Bus oder Bahn unterwegs bist, kannst Du schon unterwegs die Augen zumachen und in eine gemütliche Tieftrance gehen. Oder Du machst es Dir vor Ort gemütlich, setzt Dich an einen ruhigen, versteckten und zeckenfreien Ort, machst die Augen zu und lässt Dich in Trance sinken. Lockere Deinen Körper, lass den Atem flach werden, stell Dir vor, wie Du bei jedem Atemzug tiefer und tiefer in Dich hinein sinkst. Und wenn Du ganz langsam und wohlig tief in Dir drin bist, mach etwas Neues. Sag Dir 'Ich werde gleich die Augen aufmachen und dabei richtig tief in Trance bleiben. Ich werde hier herumgehen und mir alles ansehen, und dabei ruhig und tief in Trance bleiben. Und meine Sinne werden intensiver und klarer sein als im Alltagsbewusstsein. Die Farben werden leuchtender, die Kontraste deutlicher, die Einzelheiten kommen stärker hervor. Ich höre besser und klarer, und jeder Klang berührt mich. Ich fühle die Luft und die Atmosphäre, und ich erlebe alles um mich herum mit starker, lebendiger Intensität, denn die Anderswelt ist hier, und ich kann sie hier erleben, genau jetzt, und wenn ich jetzt die Augen öffne, bleibt die Trance so stark wie zuvor, und es gibt so viel zu staunen. Und wenn ich genug habe oder es wichtig ist, komme ich aus der Trance in mein Normalbewusstsein zurück, ganz natürlich und wie von selbst.' Du solltest das natürlich so formulieren, dass es Dir richtig gut gefällt. Verwende einfache Sätze und klare, positive Formulierungen. Und Du kannst die Trancedauer genau festlegen. Zum Beispiel kannst Du bestimmen, dass Du aus der Trance kommst, wenn eine Stunde vorbei ist. Oder, dass die Trance endet, wenn Du den Ort verlässt. Gib Deinem Tiefenselbst klare Ansagen und alles geht viel einfacher. Und dann machst Du Deine Augen auf, stehst behutsam auf und lernst, in Tieftrance spazieren zu gehen. Es geht viel leichter als Du denkst. Und wenn Du es öfters übst, wirst Du eine ganze Reihe von interessanten Bewußtseinsveränderungen erleben, und Deine Fähigkeit, in Trance zu gehen, wird immer besser. Ich könnte jetzt einiges sagen über die verschiedenen Phänomene, die sich dabei ereignen. Veränderungen der Sinneswahrnehmung sind immer typisch. Vielleicht ändert sich auch Deine Körperwahrnehmung, und Du glaubst, sachte durch Deine Umgebung zu gleiten. Womöglich ändert sich auch deine Distanzwahrnehmung und Dein Zeitsinn ist sowieso anders als zuvor. Auch den inselkeltischen Barden, Geschichtenerzählerinnen und Filid war dieses Phänomen vertraut. Ihrer Meinung nach hat die Zeit in der Anderswelt einen anderen Lauf. Manchmal ist sie schneller und manchmal langsamer als in der Alltagswelt. Andere Veränderungen wirst Du schon selbst bemerken. Denn wir haben alle ein anderes, eigenes, subjektives Alltagsbewußtsein. Wir alle leben in einer höchst individuellen Welt. Und was Bewußtseinsveränderung ausmacht, ergibt sich aus dem, was ansonsten für Dich normal ist.

Hier sollte auch bemerkt werden, dass die Anderswelten nicht nur Orte von Schönheit und Ekstase sind. Die keltischen Anderswelten sind nicht einfach Paradiese. Ein schöner Sommertag kann sehr gemütlich sein. Aber wenn Du im nebligen Novemberwald unterwegs bist, kann die Wahrnehmung angenehm düster und morbid werden. Was richtig Spaß machen kann. Denn die Göttin des Landes hat viele Gesichter. Ein dichter Nadelwald im Schnee ist einfach unbeschreiblich. Und ein wenig Regen kann starke Gefühle auslösen. Denn jedes Wetter, jede Umgebung, jede Tageszeit und jede emotionale Grundstimmung haben großen Einfluss auf das Bewußtsein. Du wirst erleben, dass Umgebung psychoaktiv ist, wenn Du sie nur intensiv genug erlebst. Besonders, wenn Du Dich mit ihr identifizierst. Denn das, was Dich umgibt und was Du erlebst, ist immer zu einem gewissen Grad auch Du selbst. Wir erleben die Welt, indem wir sie sind. Wenn Du in Tieftrance spazieren gehst, kommen viele verborgene Dinge zum Vorschein. Gute Magie besteht darin, mit ihnen umzugehen und sie auf gesunde Weise in Deiner Welt zu integrieren. Und wenn Du genug erlebt hast, komme aus Deiner Trance hervor und gehe mit neuem Wissen durchs Leben. Nennen wir es Bewusstseinserweiterung. Denn Tieftrance ist alles andere als Weltflucht. Im Gegenteil. Menschen in Tieftrance sind intensiver bewusst als im täglichen Leben. Und dieses Bewusstsein bringt die Verantwortung, zu handeln und zu heilen.

Ich möchte noch anfügen, dass die Tranceintensität viel mit Deiner Tagesform zu tun hat. Wenn Du gesund und gut ausgeschlafen bist, ist es für Dein Tiefenselbst viel leichter, eine intensive und lange Trance zu arrangieren, als wenn Du gesundheitlich angeschlagen, erschöpft oder emotional belastet bist. Mir passiert es von Zeit zu Zeit, dass mich mein Tiefenselbst schon nach einer kurzen Zeit aus einer Tieftrance ins Alltagsbewußtsein befördert. Und das ist gut und richtig so. Manche Sorten Trancen, und überhaupt intensive geistigen Tätigkeiten, können anstrengend sein. Und Dein Tiefenselbst kann besser beurteilen, wie fit Du bist, als Dein bewusstes Ich es kann. Du solltest diese Entscheidung schätzen und respektieren. Wenn Dein Tiefenselbst 'Nein' sagt, weiß es schon warum.

Auch Ernährung ist hier wichtig, Manche Trancen, und überhaupt jede intensive geistige Tätigkeit, verbrauchen sehr viel Kalorien. Und wenn Du lange vergisst zu essen, sinkt irgendwann der Blutzuckerspiegel. Das Ergebnis sind Unwohlsein, Verkrampfung und eine Neigung zur Missmut. Solltest Du also viele Stunden in Trance unterwegs sein, tu Dir einen Gefallen und nimm etwas zu trinken, Nahrung und ein paar süße Sachen mit. Die wirken am schnellsten. Und wenn Du, vielleicht im Urlaub, jeden Tag stundenlang in diversen Tiefentrancen herumläufst, sieh zu, dass Du ausreichend Vitamine bekommst. Vor allem B Vitamine und Tryptophan (eine Vorstufe des Serotonin). Dieses ist besonders reichlich in Bohnen, Tofu und hellem Fleisch enthalten.

Ich möchte daran erinnern, dass jeder Bewusstseinszustand ganz bestimmte Eigenschaften hat. Egal, was für Dich Dein Normalbewusstsein ist, es geht aus einer ganz bestimmten Konfiguration von Gehirnchemie, neuraler Vernetzung und Aktivität, Hirnrhythmen, bioenergetischen Phänomenen (Qi-Fluss), Körperhaltung und bestimmten Denk- und Glaubensgewohnheiten hervor. Und das gilt auch für jeden veränderten Bewusstseinszustand. Körper und Geist sind nicht zu trennen, zumindest solange wir hier in Körpern herumlaufen. Wenn wir gut mit unserem Körper umgehen, ist Bewusstseinsveränderung einfach, angenehm und geht wie von selbst.

7. Die drei Strahlen des Awen

Bardische Raserei

Der ehrwürdige Gildas verfasste im 6. Jahrhundert eine bitterböse Predigt gegen die Übel seiner Zeit. Sein Buch, das den ominösen Titel *Der Untergang Britanniens* trägt, ist eine giftige Schmähschrift wider die britannischen Könige. Gildas war wahrscheinlich mit mehreren von ihnen bekannt und wusste, wovon er sprach, als er sie wegen ihrer Tyrannei, ihrer abscheulichen Laster und wegen ihres unchristlichen Verhaltens anklagte. Ein König im Besonderen weckte seinen Zorn. Er wird in den folgenden Kapiteln noch häufiger erwähnt werden, daher kannst Du Dich auch gleich an ihn gewöhnen. Es handelt sich um Maelgwn Hir (den Hochgewachsenen), König von Gwynedd in Nordwales, dessen Namen man in etwa als „großer Hund" übersetzen kann. Maelgwn (latinisiert Maglocunos), der Drache der Insel, Urenkel des legendären Cunedda, hatte eine höchst vielversprechende, fromme kirchliche Laufbahn eingeschlagen, indem er auf die Krone verzichtete und Mönch wurde. Möglicherweise kannte Gildas Maelgwn zu dieser Zeit persönlich, was erklären würde, warum er diesem Herrscher so viel besondere Aufmerksamkeit schenkte. Nun, Maelgwns klösterlicher Rückzug sollte nicht allzulange dauern. Schon bald entschied der Monarch, das spirituelle Leben wieder aufzugeben. Er kehrte auf seinen Thron zurück und riss die Macht mit solcher Gewalt an sich, dass er schließlich zum mächtigsten König Britanniens wurde. Im Verlauf dieses Prozesses ermordete er seine eigene Frau und später einen Neffen, damit er die Witwe des Verstorbenen heiraten konnte. Gildas missbilligte ein derartiges Verhalten, und er beklagte auch, dass ein ehemaliger Sohn der Kirche das weltliche Leben mit solcher Begeisterung wieder aufnehmen konnte.

Eine Legende, die in den *Anomalous Laws* (Ungewöhnliche Gesetze) aufgeführt wird, beschreibt den Traeth Maelgwn (Strand von Maelgwn) an der Dovey-Mündung. Zu jener Zeit hatte Maelgwn noch nicht die Oberherrschaft über die anderen Herrscher von Wales. Um den Hochkönig zu wählen, hatten alle Bewerber ihre Throne an den Strand zu setzen und zu geloben, dass, wer länger als alle anderen auf seinem Thron sitzenbliebe, den Titel Brenin Pennaf (oberster König) und die Herrschaft über alle anderen Könige erhalten würde. Alle Regenten nahmen ihre Plätze ein und übten sich in Geduld. Nach einer kleinen Weile begann das Wasser den Strand zu fluten. Die stets hungrige Flut kehrte zurück. Weiß gekrönte Wellen rollten über den Strand, zischend und schäumend, und ein Thron nach dem anderen wurde von den zornigen Wellen überrollt. Nur Maelgwn blieb in angemessener Ruhe sitzen und sah zu, wie die in Salzwasser getränkten Regenten sich an Land kämpften. Sein Ratgeber Maeldaf hatte, schlau wie er war, große wächserne Flügel an Maelgwns Thron angebracht, und mit Hilfe dieser Erfindung schwammen Maelgwn und sein königlicher Sitz auf dem Wasser.

Kehren wir zu Gildas zurück. Eine Sache, die den Zorn des Weisen besonders erregte, war Eitelkeit. Zu Gildas' Ärger hatte Maelgwn wenig Interesse daran, dem Lob Gottes zu lauschen, sondern ließ sich vielmehr davon faszinieren, sein eigenes Lob von den Hofbarden gesungen zu hören. In Ifor Williams' Übersetzung machte sich Maelgwn nur etwas aus ... *Deinem eigenen Lob (das nichtswürdig ist); die Stimmen der schurkischen Horde, die trunken schreien wie Teilnehmer der Bacchanalien, voller Lügen und schäumenden Schleim, mit dem sie die in der Nähe Stehenden bespritzen.*

Diese Worte enthalten mehrere Ideen, die es wert sind, näher untersucht zu werden. Jeder König im Britannien des 6. Jahrhunderts beschäftigte eine Anzahl von Barden an seinem Hof, zu deren Tätigkeiten das Singen von Lobliedern gehörte, sei es für ihren Arbeitgeber und dessen königliche Familie, sei es für edle Gäste, die den Hof besuchen kamen. Solche Kompositionen waren eine Frage des Status, und es ist unwahrscheinlich, dass irgendein König dieser Zeit ohne sie hätte auskommen können. Gildas berichtet uns etwas über den Vortragsstil, was möglicherweise eine Überraschung für alle ist, die würdevolles Betragen von einem Barden erwartet hätten. Die rasenden Ausbrüche von Maelgwns Barden stehen in starkem Kontrast zu den Ausdrücken, die Gildas für das Lob Gottes verwendet. Wenn er feststellt, dass Maelgwn sich aus den sanften Stimmen der Soldaten Christi oder den melodiösen Kirchengesängen nichts mehr machte, legt er damit Zeugnis davon ab, dass bardische Gesänge oft weder melodiös noch sanft waren.

Jeder, der mit Besessenheitstrancen vertraut ist, wird erkennen, dass die Bardenvorträge ein wildes, schamanisches Element enthielten. Die „Teilnehmer an den Bacchanalien" erinnern uns an den ekstatischen Kult des Bacchus, dessen Anhänger sich in einem Wahn von Zorn, Ekstase und Rausch

befanden. Heute ist Bacchus gut bekannt als ein Gott des Weins. Wein war allerdings nicht immer die Substanz, die man heute im Laden kaufen kann. Der Wein heute ist das Resultat zahlloser Generationen von Zuchtwahl. Und ziemlich viel von der Selektion geschah nicht zugunsten des Geschmacks oder der Wirkung, sondern um die Pflanze resistenter gegen Umweltbedingungen zu machen und aus ökonomischen Gründen. Es finden sich an die 250 chemische Substanzen im Wein, und auch die Beziehungen zwischen ihnen sind unterschiedlich.

Manche Varianten, die in der alten Welt gut bekannt waren, sind schon lange verschwunden, und mit ihnen auch die Wirkung, die sie auf den Geist hatten. Einige Weinsorten hatten solche drastischen Auswirkungen auf das Bewusstsein, dass sie verboten wurden.

Der Kult des Bacchus hatte nicht nur mit Wein zu tun. Im alten Griechenland wurde eine Anzahl psychedelischer Substanzen zu den Initiationsweinen hinzugefügt, so zum Beispiel Tollkirschen, Bilsenkraut, Alraune und Schlafmohn. Die gleiche Praxis ist im alten Ägypten bezeugt. Ein ägyptischer Mythos behauptet, die Göttin Isis hätte ihr Kind, den falkenköpfigen Horus, empfangen, nachdem sie Trauben gegessen hatte (Rätsch, 1988). Es überrascht kaum, dass eine derartige Zauberbrühe zu erstaunlichen Visionen und ungewöhnlichen Bewusstseinszuständen führt und könnte erklären, weshalb Wein in der Antike als heilige Substanz verehrt wurde.

Dennoch, der Kult des Bacchus, mit seinen ekstatischen Tänzen, seiner wilden Musik und seiner inspirierten Raserei ist eine Sache, die nicht einfach als von Drogen inspirierte Orgie wegerklärt werden kann. Die Feiernden mögen von einer oder mehreren psychoaktiven Substanzen berauscht gewe-

Laut	Zeichen	Laut	Zeichen	Laut	Zeichen
A	ⴱ ⴱ ▷ D	N	/\	PU / BU	□
G	⟨ V C G	O	○ ○ ⊙ □	TA / DA	✕
D	✕	P	Γ Γ	TE / DE	⊖ ⊘ ⊘ □ ⊟ ◇
E	Ⲉ Ϝ Ϝ ⫴	S	Ɛ 4 Ƨ	TI / DI / LI	Ψ Ψ Ψ Ⴗ
V / U	↑ ↑ ↑	Q	⋈ ⋈ Χ	TO / DO	Ш Ш Ш
Z	T	R	◁ ◁ ⵁ ◇ R	TU / DU	⊗ ⊕ △ △
H	H H	Š	M	CA / GA	⋀ ⋀ ⋂ Я
TH	⊕ ⊘ ◇	T	Ⴗ Ⴗ Ⴗ Ψ	CE / KE	Ɛ Ɛ ⟨ D D Ɛ G C
IJ	Ⴄ /\/ N	PA / BA			CI / GI	/\/ ᛉ ↯ ↯ Ƨ
K	K ✳ ⋇	PE / BE	Я Я Я Я Ƨ5 Ψ5 W	CO / GO	⋈ ⋈ Χ ⊠
L	Γ ⋀ ⋀	PI / BI	Γ Γ	CU / GU	⊙ ◇ ○
M	/\/ ⱱ ⱱ Ⴗ	PO / BO / HO	✳ ✳ ✳ ✳		

sen sein, aber keine Droge, egal wie stark sie ist, garantiert religiösen Wahn oder Genialität. Zum einen erfordert es einen geschulten Geist, eine Droge zu einem bestimmten Zweck einzusetzen. Wir alle haben schon Leute gesehen, die klug mit Alkohol umgehen, und andere, die einfach nur vulgär und abstoßend werden. Dass die Kelten bei ihren Festen Alkohol tranken, ist bekannt, und auch keltisches Bier wurde gelegentlich mit psychoaktiven Substanzen versetzt wie Tollkirsche, Bilsenkraut, Besenginster usw. Hanf und Schlafmohn sind auch möglich. Ersterer wurde schon früh in der Hallstattzeit kultiviert, während stilisierte Knospen von Letzterem auf Fibeln und Ornamenten aus der La Tène-Zeit erscheinen. Diese Praxis überlebte bis ins Spätmittelalter hinein; erst da wurde eine Anzahl von Gesetzen erlassen, die Zusätze verboten. Das berühmte deutsche Reinheitsgebot, als erstes in Thüringen und Bayern erlassen, erlaubte nur den Gebrauch von Hopfen, Malz und Wasser. Die Einhaltung dieser Gesetze wurde von Kirche und Staat erzwungen, und keine dieser beiden Institutionen hieß halluzinogene Erfahrungen gut. Hopfen, mit seinem charakteristisch bitteren Geschmack, war in früherer Zeit unbekannt gewesen. Die Pflanze hat einen beruhigenden Effekt und konserviert das Bier, so dass es aufbewahrt werden kann. Bevor Hopfen in Europa bekannt wurde, musste das Bier zu jeder Gelegenheit frisch gebraut werden. Außerdem wurde es immer bis auf den letzten Tropfen ausgetrunken, weil man es nicht aufbewahren konnte.

Die gleichen psychoaktiven Substanzen, die man ins Bier tat, wurden zweifellos auch dem Honigmet zugefügt, um ihn stärker zu machen, und sie müssen den Barden und den Angehörigen des Adels bekannt gewesen sein, die sich solche teuren Getränke leisten konnten. Einer der Taliesins komponierte ein *Lied vom Ale*, das mehrere Anspielungen auf die Braukunst enthält, so zum Beispiel:

Canu y Cwrwf
Das Lied vom Bier
Buch von Taliessin 20

…er soll es im Llyn (See) einweichen,
bis es sprießt.
Er soll es nochmals einweichen,
bis es durchweicht (Malz) ist.
Noch eine lange Zeit ist nicht bereit,
was die Erde vollendet.
Die Gefäße sollen ausgewaschen werden,
und das Gewürz sei rein.
Und wenn es gereift ist,
wird es aus seiner Zelle befreit,
und zu den Königen getragen,
bei freudigen Festlichkeiten…

Diese wundersame Alchemie bezieht sich vielleicht auf die Braukunst, vielleicht aber auch auf den Reifungsprozess, dem sich der knospende Barde unterzieht, wenn er in seiner dunklen Zelle zur Perfektion heranreift. Ein anderes Lied von Taliesin gibt eine Reihe dunkler Hinweise hinsichtlich des Brauens eines magischen Elixiers. Diese Prozedur wird mit den Druiden in Verbindung gebracht, daher haben wir es vielleicht nicht nur einfach mit der Herstellung von Alkohol zu tun. Da das Gedicht sehr inspirierend ist, und da ich weiß, dass Du Rätsel liebst, sei es hier zitiert.

Mydwyf Merweryd
Der Sitz von Taliessin
Buch von Taliessin 13

Ich bin die Aufruhr
des Lobes Gottes des Herrschers,
in Angelegenheiten des Gesangs,
den Worten eines tiefsinnigen Redners,
ein Barde mit der Brust eines Weisen.
Wenn er Antwort erteilt.
Wohin fließt das Awen zum Anbeginn des
Abends,
zu Mitternacht und Mittags!
Leuchtende geschwätzige Barden,
Ihr Lied kann mich nicht begeistern (!).
Im Flusstal, auf der Wanderung,
mit der Miene von Verschlagenheit (!).
Ich bin kein stummer Sänger,
herausfordernd unter den Barden der Völker.
Ich vertreibe mutige Narren,
ich lasse Hitzköpfe zögern,
ich erwecke die Stillen,
der Erleuchter kühner Könige.
Ich bin kein seichter Sänger,
ich fordere die Barden heraus,
ähnlich einem verborgenen Anteil (!)
(der Münzlohn von Judas),
geeignet für das tiefe Meer.
Wer hat mich mit Abscheu erfüllt!
Eine Leistung in jedem Wunder.
Wann der Tau unberührt ist,
und der Weizen gebraut wird,
und Saft der Bienen,
und Myrrhe und Weihrauch,
und Balsam von weit über dem Meer.
Und Rauschgelb (Johanniskraut) von Lleu
(!),
und ein Vorhang (Mantel) von bestem Silber,
und ein rotes Juwel, und Beeren.
Und der Schaum der See.
Was belebt die Quelle,

Wasserkresse, von reinigender, pfefferiger
Natur!
Was versammelt gewöhnliches Volk (Feuch-
tigkeit)!
Bierwürze, der Ursprung des Getränks.
Und eine (Meeres-) Last, die der Mond an-
zieht,
und die gelassene Sanftheit von stillem Wasser (starkem Getränk).
Und weise Seher,
werden den Mond erkunden.
Und der Einfluss einer Art von Menschen
(Bäume),
den Winden des Himmels ausgesetzt.
Und Durchnässen und Vergießen (!),
und ein Anteil nach dem Vergießen (!),
und das Lederboot (Trinkgefäß!) aus Glas,
in der Hand des Pilgers,
und der Tapfere und Höhe (!),
und der gegehrte Eucharist,
und heilende Kräuter.
Ein Ort von völligen Nutzen (!),
und Barden und Blüten.
Und finstere Büsche,
und Schlüsselblumen und kleine Kräuter,
und die Wipfel kleiner Bäume im Wald.
Und Mangel (Malz) und Wohlstand,
und häufige Gelöbnisse.
Und Wein, der über den Rand strömt,
von Rom bis Rhosedd.
Und tiefes, stilles Wasser,
sein Fluss ist Gottes Gabe.
Der Baum des Erlösers,
fruchtbar ist seine Macht.
Lasst ihn Wärme erzeugen,
über einem Kessel von fünf Bäumen,
und dem (Gesangs-)Fluss von Gwiawn,
und dem Einfluss guten Wetters,
und Honig und Klee,
und berauschende Methörner.
Erfreulich für den Drachen-Herrscher,
die Gabe der Druiden.

Natürlich ist die leichteste Art der Annäherung an dieses Lied, es als ein Lob auf Drogen zu deuten und die Bewusstseinszustände, die man durch sie erreicht. Wir könnten angesichts dessen spekulieren, wieviel die Barden über Drogen wussten und ob sie Gebrauch von ungewöhnlichen Toxinen machten, um Visionen und Inspiration zu erreichen. Andererseits gibt es reichlich schamanische Kulturen weltweit, die einen Zustand der Inspiration und Ekstase erreichen, ohne Drogen zu verwenden. Ich würde nicht behaupten, dass die Barden notwendigerweise betrunken oder in anderer Weise von Drogen berauscht gewesen sein müssen, wenn es ebenso möglich ist, dass sie ihren Zustand göttlicher Inspiration ohne solche Werkzeuge erreichen konnten. Das menschliche Hirn kann eine erstaunliche Anzahl verschiedener Zustände produzieren. Manche von ihnen haben einen chemischen Hintergrund, da jeder Drogeneffekt, der das Bewusstsein verändert, mit einer Wirkung im Gehirn korrespondiert, den es auch von selbst produzieren kann und tut, wenn man es ein bisschen stimuliert. Jede psychoaktive Substanz, die man in der Natur findet, ähnelt den Neurotransmittern und Hormonen, die vom Gehirn produziert werden. In der Tat ist der sogenannte Placebo-Effekt ein gutes Beispiel dafür, dass die Effekte aller möglichen Drogen oder Heilmittel vom Gehirn selbst produziert werden können, mit ein bisschen Suggestion, Stimulation und Glauben.

Das ist allerdings nicht alles, was ein ekstatisches Bewusstsein ausmacht. Das Gehirn kann auch dann radikale Bewusstseinsveränderungen produzieren, wenn verschiedene Teile von ihm aktiviert werden, wenn sich seine Rhythmen ändern, wenn ungewöhnliche neurale Pfade aktiviert werden und so weiter. Bewegung und Tanz können das Bewusstsein verändern, eine verwirrende oder ungewohnte Stimulation der Sinne, schwanken, zittern und sich schütteln ebenfalls – die Geschichte aller Kulturen ist voll von Methoden, um spezielle Bewusstseinszustände herbeizuführen. Man könnte sogar behaupten, dass Kultur aus einer Reihe von Verhaltensformen und sinnlichen Stimulanzien besteht, die eigens dazu eingerichtet wurden, um bestimmte Bewusstseinszustände zu produzieren. Was immer die Menschen in einer bestimmten Kultur tun oder zu tun vermeiden, bestimmt ihr Gruppenbewusstsein.

Von daher könnte es sinnvoll sein, von der Idee offener und geschlossener Kulturen auszugehen. Eine Kultur, die Experimente mit ungewöhnlichen Bewusstseinszuständen erlaubt, lebt und entwickelt sich; eine Kultur, die Abweichungen von der Norm verbietet, ist ein geschlossenes System und leidet irgendwann an Entropie, Rigidität und schlechtem Geschmack. Eine weitere Möglichkeit, die noch nicht genügend erforscht wurde, sind die Bewusstseinsveränderungen, die sich ergeben, wenn das Qi, die Lebensenergie (bzw. die Kundalini-Feuerschlange) sich innerhalb des Körpers bewegt. Und zu guter Letzt gibt es da vielleicht noch Bewusstseinsveränderungen, die nicht vom Körper oder von der Form produziert werden, sondern vom formlosen Selbst ausgehen, das die Welt und all ihre Formen in jeder Sekunde neu erschafft. All das und mehr ist ein weites Feld neuer und ungewöhnlicher Geisteszustände.

Wenn die Barden tatsächlich kreischten, Schaum vor dem Mund und so wenig Kontrolle über sich selbst hatten, dass sie die Leute um sich herum mit ihrem schäumenden Speichel bespritzten, dann weist das auf eine Form der schamanischen Besessenheit hin. Wenn sie gleichzeitig imstande waren, Poesie zu verfassen und sich an sie zu erinnern, dann muss der Prozedur aber auch ein

Element der Kontrolle und Inspiration zu Eigen gewesen sein. Zwischen Genie und Wahnsinn übten die Barden ihr Amt aus. Das als Rauschzustand erklären zu wollen, reicht einfach nicht aus.

Der Geist der Prophezeiung

Der kritische Leser (ich hoffe, das bist Du!) ist vielleicht auf die Idee gekommen, dass ein einziger Hinweis, verfasst von einem zornigen Priester, womöglich nicht genug ist, um zu bestätigen, dass die bardische Berufung Zustände ekstatischen Wahns beinhaltete. Glücklicherweise haben wir da auch noch Hinweise von Giraldus Cambrensis (Gerald of Wales). Gerald bereiste Wales in Begleitung von Baldwin, dem Erzbischof von Canterbury, im Jahre 1188, um Freiwillige für einen Kreuzzug zu rekrutieren. Zu dieser Zeit war Wales eine der letzten Hochburgen der keltischen Kultur und eine wilde Gegend, die nur wenige kultivierte Leute kannten. Da Gerald nicht nur ein ehrgeiziger Kirchenmann, sondern auch ein überaus produktiver Autor war, interessierte er sich für alles, was ihm ungewöhnlich erschien und schrieb dann einen lebhaften und höchst unterhaltsamen Bericht über seine Erfahrungen.

Dieser Bericht steckt voller Absurditäten und verblüffender Lügengeschichten, aber zwischen all dem verrückten Zeug (das Gerald aller Wahrscheinlichkeit nach auch nicht glaubte, aber aufgrund des Unterhaltungswertes wiedergab), findet man dort auch überraschend genaue Berichte über lokale Bräuche und Glaubensvorstellungen. Eins der Kapitel in seiner *Beschreibung von Wales* unterstützt das von Gildas Beobachtete. Ich möchte hier Teile nach der Übersetzung von Lewis Thorpe zitieren:

Walisische Wahrsager, die sich verhalten, als wären sie besessen

Unter den Walisern gibt es gewisse Individuen, genannt „Awenyddion", die sich verhalten, als seien sie von Teufeln besessen. Man findet sie nirgend anderswo. Wenn man sie wegen eines Problems konsultiert, gehen sie sofort in Trance und verlieren die Kontrolle über ihre Sinne, als seien sie besessen. Sie antworten nicht auf die Frage, die ihnen gestellt wurde auf logische Art. Worte strömen aus ihrem Mund, unzusammenhängend, offenbar bedeutungslos und ohne jeden Sinn, aber dennoch alles gut ausgedrückt: und wenn man gut hinhört, was sie sagen, erhält man die Lösung für sein Problem. Wenn es vorbei ist, dann verlassen sie ihre Trance, als seien sie ganz gewöhnliche Leute, die aus einem tiefen Schlaf erwachen, aber man muss sie kräftig schütteln, ehe sie wieder die Kontrolle über sich erlangen. Daran sind zwei Dinge merkwürdig: Wenn sie die Antwort gegeben haben, erholen sie sich nicht von ihren Anfällen, bis man sie kräftig schüttelt und zwingt, zu sich zu kommen; und wenn sie wieder bei Sinnen sind, können sie sich an nichts erinnern, was sie in der Zwischenzeit gesagt haben. Werden sie zufällig ein zweites oder drittes Mal über die selbe Sache befragt, geben sie völlig andere Antworten…

Bevor wir mit Geralds Bericht fortfahren, könnte es hilfreich sein, einige Punkte zu kommentieren. Zunächst einmal sind die Awenyddion nicht eine obskure Sekte oder ein Bund von Medien. Das Wort Awenyddion bedeutet Poet und ist zweifellos ein Begriff, der einen gewissen Status verleiht. Die Awenyddion waren Poeten, aber nicht notwendigerweise Barden, noch standen sie in den Diensten von Königen und Adligen, um Loblieder zu komponieren. Der Begriff

Buchstaben auf keltischen Münzen im Vergleich mit den alten Alphabeten

	Griechisch	Alpine Schrift	Inschriften auf keltische Münzen	Bardische Koelbren	Ältere Runen
A	A	ᛉᚨᚨᚨ	ᚨᚨᚨᚨᚨᚨᚨᚨ	ᚠ ᚠ	ᚠᚠ
B	ß	BB	BB BR	ᚴ	BBB
C			CᴐCC	ᚲ	ᚲᚲᚵ
D	Δ	ᛈ	DOᴐΔ	ᚦ	ᛈ
E,II	EH	ᛁᛖEᚼᚱ	EEᛁᛁᛁᚻCH	ᚲᚲᛈ	Mᛚ
F	φ	Fᚚᚚᚚ	Fᛁᛏᛁᛏ	ᚤ	ᚠᚹ
G	Γ		GᴄGᚹᚹᚲᴄG	ᚲ	Xᚷ◊
TH	Θ	ᛈᛈ	ΘOΘ	ᛆ	ᚦᚦᚼ
I	I	I	I	I	Iᛚ
K	K	ᛉᚲᚼᚼᛚ	ᚲ K	ᚲ	ᚲᚲᚵ
L	Λ	ᚱᛚᛁᚱᛚ	LIᛁᚱLΛ	ᚴ	ᚱ
M	M	MMᛪ	MMᚠᚠ m	ᚴ ᚦ	ᛗ
N	N	ᚺᛚᚱᛃᚾ	N	ᚼ	ᛏᛏ
O	OΩω		OᴏᴏᴖᴖᴖOΩω	◊◊	ᛜᚠ
P	ΓΠ	ᛒᛗᛏ	PᚤPᛁᚱ	ᛏ	ᛌ
Q	ᚴ		Qᚱᴑᴑᚱ		
R	ᛈ	Rᴑᴑᛋᚦ	RRRRᚱᛖᚱRRᛈ	ᛗ	RRR
S	ᚵC	ᛉᛋᛋᛋᛉᛉ	SᛋᛋCᴄ	ᛁ	ᛋᚺᛋ
T	T	X ᛏᛏᚲ	T ᛏ	ᛏ	ᛏᛏ
V	ᚲ	VΛᚱ	VᚤV		�
X	X		X		
Z	I	ᚫ ᚫᚫᚫ			ᚫ ᚤ
H		ᚻᚻᚻᛁᛁ		ᚺ	ᚻᚻ
SH	ᛉ	ᛋᛉᛋMᛗ			
Y	Y		Yᚤᛁᚱ	ᚤ ᚤ	
W				VV	ᛈ

stammt von dem Wort „Awen", was im modernen Walisisch soviel bedeutet wie „Muse", in früheren Zeiten aber den Geist der Inspiration bezeichnete. Barden und Awenyddion waren Leute, die das Awen anrufen konnten, damit es ihre Äusserungen erfüllte. Wie Lewis Thorpe in seiner Übersetzung anmerkt, bedeutet das Wort Awen ursprünglich Orakeltrance. Die Trance des Awenyddion, wie Gerald sie beschreibt, wurde nicht durch irgendwelche äußeren Mittel oder ein Ritual bewirkt. Er merkt an: *Wenn sie in Trance fallen, rufen sie den wahren und lebenden Gott und die heilige Dreieinigkeit an, und sie beten, ihre Sünden mögen sie nicht davon abhalten, die Wahrheit zu enthüllen.* Das setzt das Ereignis in einen religiösen Kontext, verrät uns aber leider nicht, wie viel sie beteten und ob das Gebet Teil der Trance-Formation war oder ob es lediglich wegen der Zuschauer gesprochen wurde.

Und dann müssen sich die Seher auch auf irgendeine ungewöhnliche oder unwürdige Weise betragen haben, sonst hätte Gerald ihre Handlungen sicher nicht mit teuflischer Besessenheit verglichen. Im Schamanismus produzieren verschiedene Gottheiten und Geister verschiedene Arten von Besessenheiten. Besessenheit durch einen sanften Geist ist für den unaufmerksamen Betrachter kaum erkennbar, aber wildere Geister lieben wilde Bewegungen und wildes Verhalten. Das ist einer der Schlüssel zur Besessenheitsmagie: Um die Trance stark zu entwickeln, ist es von Nutzen, der besetzenden Wesenheit so ähnlich wie möglich zu werden. Jeder Geist und jede Gottheit hat ihre eigenen, charakteristischen Stimmungen, Haltungen und persönlichen Eigenarten, und wenn Du sie kultivierst, führt das die Besessenheit leicht und natürlich herbei. Aus den gleichen Gründen fühlen sich Magier im Allge-

meinen zu den Gottheiten hingezogen, die ihnen ohnehin ziemlich ähnlich sind. Wenn Du von einer Gottheit besessen bist, die viele charakterliche Eigenschaften mit Dir teilt, wirst Du den Kontakt leicht finden, aber der Ritus wird für Dein Bewusstsein keinen so großen Unterschied machen. Es handelt sich da lediglich um einen Unterschied in Intensität und Verfeinerung. Wenn Du Dich mit einer Gottheit vereinigst, die ein Dir fremdes Verhalten zeigt, könnte der Ritus der Vereinigung etwas schwieriger sein, aber die Verwandlung wird viel stärker sein und Du entdeckst vielleicht alle möglichen Empfindungen, die Dir bisher unbekannt waren. Anfänger beginnen für gewöhnlich mit ein paar Göttern, die ihnen in irgendeiner Weise ähnlich sind, und in diesem Stadium ist die Gefahr groß, der einseitigen Entwicklung zu verfallen. Später, wenn sie einen Kreis von, sagen wir, acht oder zwölf Göttern entwickeln, die ihr ganzes magisches Universum repräsentieren, stellen sie dann fest, dass ihr Kreis unausgewogen ist, wenn sie nicht eine größere Bandbreite von Gottheiten integrieren, die alle möglichen Bewusstseinszustände verkörpern.

Ein guter Kreis enthält Stellvertreter für alle Arten von Funktionen. Im Fall der Awenyddion ist es offensichtlich, dass die für die Äußerungen verantwortlichen Wesen wild und rasend sind. Man könnte nun anmerken, dass Besessenheitsriten im Allgemeinen mit ein bisschen Verrücktheit, schütteln und schwanken beginnen. Das ist oft der Fall, weil Schwanken, Schütteln und wildes Verhalten nützliche Mittel sind, um sich von der alltäglichen Wahrnehmung zu dissoziieren und eine Trance einzuleiten. Im Voodoo beispielsweise kann die Besessenheit wild beginnen, aber ruhiger werden, wenn eine ruhige Gottheit in den Körper des Anbeters eindringt. Die Awenyddion allerdings zeigten keine Anzeichen des ruhiger Werdens, während die Trance sich entwickelte. Das wird von der Bemerkung gestützt, dass der Orakelanfall sich fortsetzte, bis er durch einen Eingriff von außen beendet wurde. Die Seher fielen offenbar in Trance und gaben jede Kontrolle auf, sowohl körperlich als auch in ihren Äußerungen, und überließen es ihrem Publikum, zu entscheiden, wann es genug war. Ich frage mich, was wohl passierte, wenn das Publikum nicht zufrieden war und den Besessenen nicht schüttelte, um das Ende des Anfalls zu signalisieren. Hatte der Awenyddion einen Helfer, der dafür sorgte, dass die prophetischen Äußerungen nicht über Gebühr ausgedehnt wurden?

Als nächstes sollten wir uns mit die Frage der Vergesslichkeit befassen. In manchen Kulturen wird von Besessenen ein totaler Blackout der menschlichen Persönlichkeit erwartet. Wir finden dieses Phänomen in bestimmten Arten von Voodoo. Hier wird der Anbeter von einem bestimmten Gott „geritten", was wildes und verrücktes Verhalten beinhalten kann. Manches davon ist nützlich, um die Trance des Anbeters zu entwickeln, und manches für das Publikum, weil es eindrucksvoll und überzeugend wirkt. Voodoo-Gläubige selbst sollen angeblich völlig abwesend sein, während ihre Gottheit in ihnen präsent ist. Wenn die Gottheit wieder geht, bricht der Gläubige im Allgemeinen erschöpft zusammen und erinnert sich an nichts oder nur sehr wenig, was während der Trance vor sich ging. Derartiges Verhalten macht das aus, was man als religiöse Obsession bezeichnen könnte. Der wichtige Punkt daran ist, dass der Gläubige nicht daran interessiert ist, bewusst Kontakt mit der Gottheit aufnehmen zu wollen. Solche Dinge sind vielleicht für die Priesterschaft interessant, aber sie sind nicht interessant für den Gläubigen, der die Gottheit im Dienste der

Gemeinschaft in sich aufnimmt. Man konnte es auch als Bewusstseinsspaltung bezeichnen, denn der oder die Gläubige ist entweder menschlich oder göttlich, aber zwischen diesen Extremen nichts. Um die Situation etwas zu vereinfachen: Eine Person, die sich völlig mit dem menschlichen Bewusstsein identifiziert, kann sich nicht daran erinnern, wie es ist, im göttlichen Bewusstsein zu funktionieren, da es keine *Lösung der Kontinuitätsfrage* (Ausdruck von Kenneth Grant) zwischen den Zuständen gibt.

Bei einer magischen Besessenheit liegen die Dinge anders. Magiern gefällt es normalerweise, ins göttliche Bewusstsein zu wechseln, gerade so, wie es Schamanen Spaß macht, alle möglichen Geister zu inkarnieren, aber wenn sie das tun, behalten sie ein gewisses Maß an Bewusstsein und Einfluss, und wenn sie ihre Trance verlassen, nehmen sie so viele Erinnerungen wie möglich an diesen Zustand mit. Es ist der Erfahrungsrahmen, der den Unterschied macht. Ein Voodoo-Gläubiger ist ein Diener seines oder ihres Gottes, die die Sache gestalten, wie es ihnen gefällt, im Dienst einer religiösen Gemeinschaft. Die Besessenheit findet unter Kontrolle statt, d. h. dass sich Leute darum herum befinden, die dafür sorgen, dass sich die Trance richtig entwickelt, die Götter zufrieden sind und ihre Mittler geschützt sind. Magier und Schamanen machen die Erfahrung ihrer Besessenheit oft allein und müssen daher selbst darauf achten, sich nicht zu verletzen. Außerdem möchten sie wissen, von wem und zu welchem Zweck sie besessen sind, und sie möchten von der Vereinigung profitieren, indem sie Veränderungen in ihrem Verhalten, ihrem Bewusstsein und ihrer Realität erfahren. Magier nähern sich einer Gottheit mit respektvoller Ehrlichkeit, nicht als Diener, sondern als Partner, Liebhaber, Freunde und Gefährten. Stell Dir ein

Selbst vor, getrennt durch die Illusion separater Existenz. Die beiden Pole des menschlichen und des göttlichen Bewusstseins neigen dazu, sich zu umarmen und sich gegenseitig zu beeinflussen. Religiösen Menschen erscheint das vielleicht respektlos, aber die Götter scheinen es zu schätzen. Meiner Erfahrung nach – wenn ich mal meine dummen, subjektiven Überzeugungen äußern darf – genießen es viele Götter, mit dem und durch den menschlichen Geist zu kommunizieren. Opfergaben in Form von Kerzen, toten Schweinen und schluchzender Sentimentalität kriegen sie an jeder Straßenecke. Sie haben schon Millionen von schlecht überlegten Wünschen gehört und mehr Kriecherei und Erniedrigung gesehen, als irgendwer ertragen kann. Die meisten Leute wollen und formen Götter, die wie Karikaturen von Übereltern wirken, und ein Gott kann diese Art von Verehrung irgendwann mal leid werden oder darin ertrinken. Wenn Du betest, verzichte auf's Jammern.

Menschen, die ihre Intelligenz teilen und erweitern möchten, sind eine seltene und kostbare Gelegenheit für Götter. Götter und Menschen formen einander, und wenn beide Parteien intelligent sind, werden sie beide im Verlauf der Sache intelligenter werden. Das ist eine völlig andere Art von Beziehung zwischen dem Menschlichen und dem Göttlichen. Selbst kommuniziert mit Selbst.

Um auf die Barden und Awenyddion zurückzukommen: Wenn Geralds Bericht wahr ist, dann würde ich annehmen, dass die Awenyddion sich verhielten, als litten sie an religiöser Besessenheit, während die Barden, die einen gewissen Grad an Bewusstsein und Kontrolle aufrecht erhalten mussten (es ist gefährlich, einem König alles zu sagen, was einem in den Sinn kommt. Ein altes walisisches Sprichwort besagt in etwa: *Es wird niemals nutzen, alles zu sagen was wahr ist*), sich eher in einem Zustand magischer Besessenheit befinden. Diese Annahme wird bestätigt durch die Tatsache, dass die Taliesins häufig auf Ereignisse anspielten, an die sie sich erinnerten, sei es aus diesem oder aus anderen Leben, und diesen Effekt kann man nicht erzielen, wenn man seinen Geist einfach abschaltet und alles channelt, was daherkommt. Es ist auch möglich, dass die Awenyddion ihren Gedächtnisverlust nur vortäuschten. Diese Haltung hätte den Vorteil, dass ihre Kunden sie nicht mit weiteren Fragen ärgern konnten, wenn die Trance vorbei war. Nur um der Spekulation willen frage ich mich, ob der Gedächtnisverlust vielleicht auch durch das Schütteln herbeigeführt wurde. Amnesie ist, wie der Hypnotherapeut Milton Erickson so eindrucksvoll gezeigt hat, ein leichtes und natürliches Phänomen. Man muss nur beim Übergang zwischen Bewusstseinszuständen für etwas Verwirrung sorgen oder vom Thema ablenken.

Manches Wissen über Trancearbeit ist nicht nützlich für den bewussten Geist. Wenn Du irgendwelche wichtigen Glaubensstrukturen veränderst, könnte es sein, dass Dein Tiefenselbst Dich über den Wandel im Unklaren lässt, bis er wirklich vollzogen ist. Der bewusste Geist kann ein lauter und aufdringlicher Einmischer sein. Nun, es gibt Veränderungen, die sich einfach nicht ereignen, wenn der bewusste Geist ständig nach ihnen Ausschau hält. Zuviel Aufmerksamkeit, zuviel Verlangen und zuviel Erwartung können jede natürliche Entwicklung blockieren.

Aus diesem Grund verwenden viele Magier Sigillen, um Suggestitionen zu kommunizieren und sie direkt nach der Operation zu vergessen. Sie möchten den bewussten Geist unwissend halten, so dass er sich nicht mit gut gemeinten, aber irreführenden Manipulationen in den Prozess einmischt. Alle Magie ist halb enthüllt und halb verborgen. Wenn ich eine Hypnosetrance mit einer anderen Person zusammen genieße und wir das Tiefenselbst stimulieren, um notwendige Veränderungen des Glaubens und der Persönlichkeit zu bewirken, sorge ich für eine Menge Ablenkung, wenn die Person aus der Trance kommt. Es handelt sich nicht um eine Taktik, um Erinnerungen zu zensieren. Ich tue es lediglich, um dem Tiefenselbst des anderen die Gelegenheit zu geben, einige relevante Angelegenheiten vor dem Ego zu verbergen, bis die gewünschten Transformationen vollzogen sind. Manchmal nutzt das Tiefenselbst des anderen diese Möglichkeit, und Teile der Trance werden „vergessen". Manchmal erlaubt es aber auch der Erinnerung, intakt zu bleiben. Ich denke, es ist eine Sache des Respekts vor dem Tiefenselbst des anderen, ihm die Wahl zu lassen, wieviel dem Ego bewusst sein sollte.

Beim Umgang mit prophetischen Äußerungen von Barden und Awenyddion sollte auch erwogen werden, inwieweit eine Prophezeiung enthüllender Natur ist (d. h. neue Fakten oder Interpretationen werden enthüllt) und wieviel davon als Vorschlag zur Einleitung von Veränderungen gelten kann. Außerdem haben die prophetischen Äußerungen der Barden den Nebeneffekt, Überzeugungen zu bestätigen und dadurch die Realität zu formen und zu erschaffen. An das suggestive Material muss sich der bewusste Geist des Klienten gar nicht erinnern, es reicht, wenn das Problem gelöst wird. Es ist auch nicht von Bedeutung für einen Awenyddion, sich daran zu erinnern, welche weisen Ratschläge nun genau welcher Klient von ihm empfangen hat. Das wahrt die Intimsphäre des Klienten, der sich sicher sein darf, dass er nicht von einem Seher beobachtet wird, der neugierig ist, ob seine Vorhersagen nun wahr werden oder nicht. Von diesem Standpunkt aus betrachtet kann echte oder vorgetäuschte Vergesslichkeit eine nützliche Taktik sein, um aus der Konsultation eine funktionelle und den Geist verändernde Erfahrung zu machen.

Der wilde Mann aus den Bergen

Das Thema Prophezeiung faszinierte Gerald. Nachdem er die Awenyddion so lebendig beschrieben hatte, kam er noch auf die Frage zu sprechen, wie genau diese eigentlich ihre Orakel empfingen. Möglicherweise hat er sogar einige selbst befragt, denn er vermerkt, dass sie ihre Gabe der Weissagung durch Visionen erhalten, die sie (wie) in Träumen sehen. Andere dagegen würden verbal agil durch die Empfindung, ihnen würde Honig oder süße Milch in den Mund geträufelt. Und wieder andere behaupteten, sie empfingen ihre Orakel wie durch ein beschriebenes Blatt Papier, welches ihnen gegen die Lippen gepresst würde. Das sind schon recht genaue Beschreibungen von stark subjektiven Erlebnissen. Auf den, sagen wir mal, ethnologischen Bericht lässt Gerald viele Verweise auf die biblischen Propheten folgen. Immerhin war er ja ein bedeutender und höchst ambitionierter Kirchenmann. So demonstrierte er, dass Wahrsagung eine gut belegte Tatsache ist, und dass gerade Heilige von Gott Vorherkenntnisse der Zukunft erhalten können. Dabei bemerkt er, eher dogmatisch, dass nur Gott alles über die Zukunft wissen würde, fügt aber hinzu, dass auch der Heilige Geist Vorherwissen vermitteln könne. Und nebenbei bemerkt er, solche Visionen wären auch möglicherweise das Werk von Dämonen, also unwissenden Geistern, die aber in einer gewissen Weise inspiriert wären. Denn zu seinem Verdruss war Vorherwissen kein Monopol der Heiligen.

Zu Geralds Zeit war der berühmteste Seher Merlin. Und dieser war nun wirklich kein kirchlicher Heiliger. Merlins Prophezeiungen waren berühmt und gefürchtet. Davon gab es jede Menge, und die meisten waren völlig unverständlich, verworren und abstrus, also genau die Sorte Material, die zur Spekulation einlud. Ob sie tatsächlich von einem der historischen Merlins stammten, ist unbekannt.

Tatsächlich haben wir Kenntnis von zwei Merlins, von denen mindestens einer, der spätere, eine historische Person war. Und beide hießen nicht Merlin, sondern Myrddin oder Myrddyn. Wobei in der kymrischen Sprache ein y in der ersten Silbe wie 'e' ausgesprochen wird, in der Endsilbe dagegen wie 'i'. Der Name Merlin entstand bei dem Versuch das kymrische Wort zu lateinisieren. Dabei wurde das 'dd', was wie ein weiches, englisches 'th' klingt, in ein 'L' verwandelt. Hätte man ihn Merdinus genannt, hätte es seinem Ruf geschadet, denn merda bedeutet auf Latein Kot. Myrddin bedeutet Umfriedung des Meeres. Vielleicht aus diesem Grund wurde der Seher gelegentlich mit der Insel Britannien verglichen, die wie eine Festung (keltisch: dunum, Ableitungen wie –din und –don sind häufig) aus den Wogen ragt.

Es gab also zwei Myrddins. Der erste war noch ein Junge, als König Gwrtheirn (lateinisiert: Vortigern) regierte, und die Sachsen Horsa und Hengist in Britannien einfielen. Er war ein Kind ohne Vater, also ohne gesellschaftliche Stellung, und Vortigern wollte ihn opfern lassen, damit sein Blut den Turm des Königs einsturzsicher machte. Genauer gesagt, er sollte zu einem Gebäudeopfer werden. Doch der junge Myrddin Emrys (Merlin Ambrosius) zeigte sich wortgewaltig und prophetisch, er besiegte die Weisen des Königs in der Debatte, und zuletzt waren es diese, die vom König hingerichtet wurden. Myrddin Emrys dagegen wurde, obwohl er noch ein Kind war, zum Berater Gwrtheirns, und diente später in der selben Funktion Uther Pendragon und seinem angeblichen Sohn Arthur. Wenn wir den Berichten von Robert de Boron (ca. 1180) trauen dürfen, verliebte sich der alte Myrddin dann in eine hübsche junge Frau, deren Namen Viviane lautete.

Merlin bemerkte, dass Viviane über großes Zaubertalent verfügte, und unterrichtete sie einige Jahre lang. Ich vermute, er wusste sehr genau, was er tat, als er ihr Formeln lehrte, mit denen sie ihn in die Anderswelt befördern konnte. Und an einem schönen Tag, als der alte Magier sich gerade hingelegt hatte, verzauberte sie ihn und verbannte ihn tief unter einen Weißdornbaum. In der Anderswelt allerdings handelte es sich um einen Turm, jenseits der Kreise der Zeit. Und aus diesem sprach der Seher in den folgenden Jahren Prophezeiungen, oder gab fahrenden Rittern gute Ratschläge. Viviane besuchte ihn gelegentlich in seinem magischen Exil. In die Welt der Menschen kehrte Myrddyn Emrys nicht mehr zurück. Vermutlich hatte er gute Gründe.

Der andere Myrddyn ist historisch besser belegt. Es handelt sich um Myrddin Wyllt, Merlin den Wahnsinnigen. Dieser war ein Fürst im nördlichen Britannien, und er lebte eine ganze Weile nach Arthurs Tod. Myrddin, so wird auf einem Vorsatzblatt des *Domesday Books* bemerkt, nahm an der Schlacht von Arderydd teil. Bei diesem Blutbad fiel sein Herr, Gwenddolau, der der letzte mehr oder weniger heidnische König Britanniens war, im Kampf gegen die Söhne Elifers. Einer von ihnen war der legendäre König Rhydderch Hael, der sich bereits bei Kämpfen gegen die Angeln einen Namen gemacht hatte. Zum selben Zeitpunkt wurden auch Myrddins männliche Verwandten abgeschlachtet. Das Ereignis geschah im Jahr 573, das Schlachtfeld lag bei dem heutigen Arthuret Knowes, etwa eineinhalb Kilometer von Longtown im ehemaligen Stammesgebiet der britischen Selgover (was 'Jäger' bedeutet). Als die Heere zusammen stießen, erhob sich ein Schlachtennebel von Raserei und Verblendung, und als Myrddin seinen Herrn fallen sah, packte ihn der Wahnsinn. Laut schreiend stürmte er aus dem Gemetzel und verzog sich in die nahe gelegenen kaledonischen Berge, also ins südliche Schottland. Einer der dortigen Berge, Hart Fell, wird mit Hirschen assoziiert, und tatsächlich ist Myrddins Geschichte eng mit Hirschen verbunden. Laut Geoffrey ritt Myrddin gelegentlich auf Hirschen, und einen Hörner Kopfschmuck scheint er auch getragen zu haben. Begleitet wurde er von einem zahmen Wolf. Kurz gesagt, er muss ausgesehen haben wie ein gehörnter Gott. Myrrdin lebte also, *ein Schatten unter Schatten*, oder *ein Geist unter Geistern*, in der dicht bewaldeten Wildnis, wo er sich von Wurzeln und Beeren ernährte und seine Prophezeiungen in die Einsamkeit hinaus schrie. Geoffrey von Monmouth gibt seine Lebensgeschichte recht detailliert in seiner *Vita Merlini* wieder, und unter den Liedern aus dem *Schwarzen Buch von Carmarthen* finden wir mehrere, die ihm zugeschrieben werden. Doch egal, wie groß die Einöde und wie hart das Überleben im kaledonischen Winter, auch ein verrückter Seher braucht ein Publikum. Myrddin prophezeite also die Geschichte Britanniens. Eines dieser Lieder ist an einen wilden Apfelbaum gerichtet, bei dem sich der wilde Mann gerne ausruhte. In einem anderen prophezeite er für ein kleines Wildschwein. Vielleicht hat er es selber aufgezogen. Und in einem weiteren Lied begegnen wir dem wahnsinnige Seher dabei, wie er sein eigenes Grab aushebt. Da eilt seine Schwester Gwendydd herbei. Diese hatte

in der Zwischenzeit König Rhydderch Hael geheiratet, der im heutigen Dumbarton Hof hielt, und versuchte nun, ihren verwahrlosten Bruder zu überzeugen, dass er nicht mehr von seinen alten Feinden verfolgt würde. Myrddin, in seinem eigenen Grab stehend, nutzte die Gelegenheit, seiner Schwester eine lange Prophezeiung der zukünftigen Geschichte zu machen, und diese scheint sie getreulich aufgezeichnet zu haben. Und tatsächlich kehrte er mindestens einmal in die Zivilisation zurück. Doch da war das Leben so sonderbar, dass Myrddin schnell wieder dem Wahnsinn verfiel und in die Bergwälder verschwand.

In den bardischen Liedern ist Myrddin der größte Prophet der Briten. Seine Geschichte wurde in vielen Variationen erzählt. Eine davon, die in Irland überliefert wurde, handelt vom verrückten Seher Suibhne Geilt, der genau wie Myrddin bei einer Schlacht wahnsinnig wurde. Nur dass Suibhne Federn wuchsen, mit denen er von Berg zu Berg flog. So durchquerte er Irland an guten Tagen gleich mehrmals. Und leben tat er vor allem in Glen Bolcan, einem abgeschiedenen Tal, in das sich traditionell die irischen Wahnsinnigen zurückzogen. Suibhnes Geschichte, auf deutsch nachlesbar in *König der Bäume*, hat viel mit Myrddins gemeinsam. Und dann gibt es noch die Geschichte des Lailoken, die mit beiden anderen eng verwandt ist. All diese Themen werden von Nikolai Tolstoy detailliert behandelt, ich kann seine Bücher nur empfehlen.

Zurück zu Gerald. Dieser war, wie seine Zeitgenossen, sehr an den Merlin zugeschriebenen Prophezeiungen interessiert. Stören tat ihn nur, dass Merlin alles andere als ein Christ war.

Er mag ein wahrer Gläubiger gewesen sein, schrieb Gerald, *aber, werdet ihr sagen, es wird nirgendwo auf seine Heiligkeit oder*

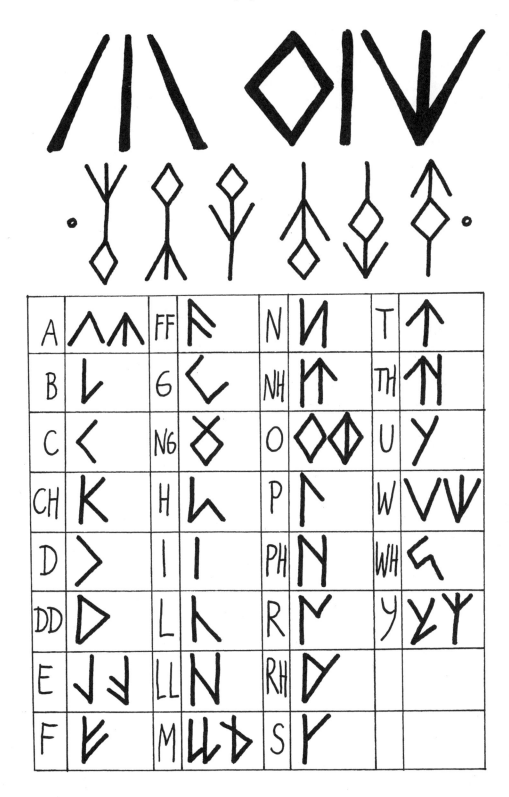

Frömmigkeit hingewiesen. Da Myrddin im Dienst eines heidnischen Königs stand, ist das auch nicht zu erwarten. *Wir lesen vom Glauben Merlins, und wir lesen von seinen Prophezeiungen, aber wir lesen nicht, dass er ein Heiliger war oder Wunder getan hätte. Ihr werdet einwenden, dass die Propheten (der Bibel) nicht besessen waren, wenn sie prophezeiten, aber wir lesen, dass Merlin Silvester, als er prophezeite, in einem Zustand der Raserei war, und zwar in gleicher Weise wie die anderen Wahrsager, über die ich in diesem Kapitel geschrieben habe.*

Soweit zu Geralds Bericht. Aber wie genau kamen die Prophezeiungen Myrddins zustande? Im zweiten Lied des *Roten Buches von Hergest* verkündet Myrddin, dass *die Geister des Bergs von Aber Carav* ihm ihr Wissen vermittelt hätten. Und im ersten Lied verkündet der verrückte Seher: *Seit mein Verstand gegangen ist mit den Geistern des Berges, und ich selbst nachdenklich bin...*

In einem späteren Vers bemerkt er:

Ach! Schöne Gwendydd, groß sind die Vorhersagungen des Orakels, und die Geschichte der Sibylle...

Das sollte zu denken geben. Griechisch und lateinisch bedeutet Sibylla Prophetin. Die Sybillen waren Seherinnen, denen im Altertum außergewöhnlich genaue Prophezeiungen zugeschrieben wurden. Von diesen gab es eine ganze Reihe, zum Beispiel die cumäische, die erythräische, die marpessische und die samische. Später kamen noch mehr dazu. Aus ihren Orakeln wurden die *Sibyllinischen Bücher* zusammengestellt, die in Rom immer wieder, vor allem zu Krisenzeiten konsultiert wurden. Diese Texte umfassten nicht nur Prophezeiungen, sondern auch praktische Anleitungen zum Opfern von Tieren und zur Durchführung von Ritualen, um

das Böse abzuwenden. Die ursprünglichen Bücher wurden von einer eigenen Behörde verwaltet. Heute sind sie verloren. Überlebt haben nur die ab dem zweiten Jahrhundert zensierten oder völlig gefälschten Sibyllinischen Bücher, die sich getreu an christliche Glaubensvorstellungen halten. Wenn also Myrddin oder ein Barde, der in seinem Namen dichtete, von einer Sibylle sprach, wissen wir nicht genau, was gemeint ist. Es könnte sich um einen Hinweis auf die von Stilicho vernichteten Bücher der Sibyllen handeln, aber vielleicht wurde der Ausdruck auch ganz allgemein für eine Seherin verwendet. Hier zum Beispiel eine Strophe aus dem *Schwarzen Buch von Carmarthen*:

...Höre, kleines Schwein! Du ruheloser Grunzer!
Eine Seherin (Sibylle) hat mir eine wundervolle Geschichte erzählt,
und ich sage einen Sommer voller Streit voraus...

Höre, kleines Schwein! Du gesegnetes kleines Schwein!
Eine Seherin hat mir eine Geschichte erzählt,
die mich zittern lässt...

Aber wo genau hätte unser wahnsinniger Seher eine Sibylle oder Seherin treffen können! In der Einsamkeit der windigen kaledonischen Wälder! Oder, als er halbtot im hüfthohen Schnee stand und immer noch prophezeite! Handelt es sich bei der Sibylle überhaupt um eine menschliche Seherin! Oder sprach der rasende Seher von seiner Muse, seinem Schutzgeist, einer Göttin der Inspiration!

Solche Vorstellungen mögen der Kirche nicht behagt haben, sind aber im Einklang mit dem Glauben der Barden. Und diese hatten vieles an der Kirche auszusetzen. Entsprechend finden wie etliche kirchenfeindliche Bemerkungen in den Liedern Myrddins:

...Höre, kleines Schwein! Das helle Tageslicht ist hier,
horche auf die Lieder der Wasservögel, deren Rufe so laut sind!
Jahre erstrecken sich vor uns und lange Tage,
und ungerechte Herrscher und verdorbene Frucht,
und Bischöfe die Diebe verstecken, entweihte Kirchen,
und Mönche die schwere Strafe für ihre Sünden verdienen...

Es ist erstaunlich, dass solches Liedergut die Jahrhunderte überlebte. Übrigens bezieht sich der Hinweis auf die Diebe auf einen mittelalterlichen Brauch. Bis über das Jahr eintausend hinaus gewährten die britischen Kirchen Asyl. Wer im Kirchhof war, blieb von Strafe verschont. Entsprechend bildeten sich ganze Diebesgemeinschaften, die tagsüber um die Kirchen herum versammelt Pläne machten und nachts auf Beutezug gingen. Und deren großzügige Spenden von den frommen Priestern gern gesehen wurden.

Der Atem des Awen

Die Idee des Awen war von zentraler Bedeutung für die Berufung der Barden Britanniens. Das Awen als Geist der Inspiration ist ein verbreitetes Thema in der mittalterlichen britischen Poesie. Sehen wir uns mal ein paar Hinweise in der bardischen Literatur an.

Das Awen sagt das (Herbei-!)eilen von Vielen voraus,
im Besitz von Reichtum und Frieden,
und ein freigiebiger Herrscher, und wortgewaltige Prinzen.
(BvT 6)

Das Awen sagt voraus, der Tag wird kommen...
(BvT 6)

Das Awen singe ich, aus der Tiefe bringe ich es...
(BvT 7)

... ein Barde mit der Brust eines Weisen.
Wenn er Antwort erteilt.
Wohin fließt das Awen zum Anbeginn des Abends,
zu Mitternacht und Mittags!
(BvT 13)

Er (Talhearn! Gott!) und seine Wunder gewährten
Inspiration ohne Mittelmäßigkeit,
siebenmal zwanzig Ogyrven
sind im Awen.
Achtmal zwanzig, in jeder zwanzig wird es eine sein.
In Annwfn (Anderswelt, Unterwelt) ordnete (erschuf) er sie,
in Annwfn wird Begeisterung (Zorn) geschaffen,
in Annwfn, unter der Erde,
im Himmel, über der Erde.
(BvT 7)

Die Äußerung eines klaren Gesangs,
von unbegrenztem Awen.
(BvT 15)

Hoch ist Wahrheit wenn sie leuchtet,
höher, wenn sie spricht.
Hoch, als aus dem Kessel kamen,
die drei Awen von Gogyrven.
(BvT 15)

Die reiche Beute des Eschenschafts,
ist mein schönes Awen.
(BvT 37)

Sion Kent (1380 – 1420) verfasste die folgenden Zeilen:

> Zwei Sorten Awen, wahrlich, (sind)
> in der Welt, und offenbaren ihren Weg.
> Das Awen von Christus in freudiger Predigt,
> von rechtem Streben, eine muntere Muse.
> Nicht weise ist es, vom anderen Awen zu singen,
> denn sie machen falsche und unreine Vorhersagen,
> dieses wurde erwählt von den Männern von Hu.

Bevor wir weiter das Awen erforschen, möchte ich einen Moment abschweifen. Hier öffnet sich ein hübscher kleiner Weg direkt hinein ins Dornengestrüpp. Es bietet sich hier an, eine einfache Erklärung dafür zu geben, wer Hu war. Das ist fast unmöglich, weil nur wenige Hinweise auf ihn überliefert wurden, und sie scheinen einander alle zu widersprechen. Das Wort Hu bedeutet „der" und sein voller Name, *Hu Gadarn*, bedeutet „der Starke". Hu Gadarn wurde von mehreren Autoren als eine heidnische Gottheit identifiziert. Der erste Hinweis auf ihn erfolgte durch Iolo Goch im 14. Jahrhundert, der ihn als *Wächter des goldenen Korns* beschrieb, einen Herrscher über Land und Meer. Ein Taliesin bringt Hu mit der Insel Mona (Anglesey) in Verbindung.

> Aufgeregt ist die Insel von der Lobpreisung von Hu,
> die Insel des strengen Wiedergutmachers,
> Mona von den guten Bechern, von lebendiger
> Männlichkeit. Der Menei ist ihr Tor…
> Aufgebracht ist die Insel von der Lobpreisung von Hu,
> die Insel des strengen Herrschers.

> (BvT 21)

> Ich bin ein Barde, ich bin ein Harfner,
> ich bin ein Pfeifer, ich bin ein Crwthspieler.
> Von siebenmal zwanzig Musikern der größte
> Zauberer. Von emaillierter Ehre war das Privileg,
> Hu von weitgespreizten Flügeln.

> (BvT 48)

Mehrere Autoren haben angenommen, Hu Gadarn sei ein lange vergessener keltischer Gott. Ein Gott mit dem Namen „der Starke" klingt ziemlich wahrscheinlich in einer Kultur, die Götter mit Namen wie Sucelus („der gut zuschlägt"), dessen Emblem eine Keule war, verehrte. Dennoch ist die Informationslage in Bezug auf Hu reichlich dünn. John Matthews hat hier gute Arbeit geleistet, indem er eine interessante Figur der mittelalterlichen französischen Literatur erforschte, einen gewissen Hugon Le Fort, der eine Auseinandersetzung mit Karl dem Großen hatte. Hugon wird kurz beschrieben als jemand, der auf einem goldenen Thron sitzt und mit einem goldenen Pflug pflügt. Bestünde zwischen Hugon und Hu Gadarn ein Zusammenhang, sind wir vielleicht einem heidnischen Gott auf der Spur. Oder könnte es sich um eine jüngere Gottheit handeln, die von Barden und Troubadouren erfunden wurde? Aber es wird noch verzwickter. Das Problem ist ein Lied des britischen Barden Cynddelw, der Hu mit Jesus identifiziert. Wenn man diese Identifikation nutzt, um den Zeilen von Sion Kent einen Sinn zu verleihen, könnte es gut sein, dass Kent nicht irgendwelche heidnischen oder ketzerischen Poeten beschimpfte, sondern die Geistlichkeit an sich.

Aber kehren wir zum Atem des Awen zurück. Zwei Zitate aus dem *Schwarzen Buch* sind noch besonderer Beachtung wert.

Detail vom Griff eines Bronzekrug
Dürrnberg, Österreich, 400 – 380 vor
unserer Zeit. Beachte das Dreiblatt am
untersten Ende

Höchster Gott, das Awen sei mein! Amen, fiat!
Ein erfolgreicher Gesang voll fruchtreichem Lob,
bezüglich dem lärmenden Weg des Heeres,
im Einklang mit dem heiligen Gesang von
Cyridwen,
der Göttin vielerlei Saaten,
die vielfältigen Saaten der poetischen Harmonie,
die gehobene Sprache des ausgebildeten Spiel-
mannes,
Cuhelyn, der Barde des eleganten Kymrisch
(Walisisch),
lehnt völlig ab (!).
Ein Gedicht für einen Gefallen, die Gabe der
Freundschaft,
wird nicht empfangen werden.
Doch eine Dichtung von vollendetem Lob
wird dir überbracht…

Der Würdigste wird nachgeben, er wird sein
Refugium
vorm Spott der Feinde bewahren:
Er hat das Gesetz ganz eingehalten,
hat völlig seine Gesinnung vor der friedlichen
Ogyrven gezeigt.
Als gute Gabe von mir,
möge das Geschenk Cuhelyns den Verstand
befriedigen…

(SBvC 2)

Im Einklang mit dem heiligen Gesang von
Cyridwen,
der Ogyrven vielerlei Saaten,
die verschiedenen Saaten der poetischen Harmonie,
die gehobene Sprache des ausgebildeten Spiel-
mannes,
Cuhelyn der Weise, in elegantem kymrisch,
ein hohes Besitztum,
wird kunstvoll singen,
das Gesetz von Aedan dem Löwen soll gehört
werden.

(SBvC 4)

Die Suche nach der Muse

Die Barden des mittelalterlichen Britannien
sahen ihren Beruf beinahe als heiliges Amt
an. Während sie in ihren religiösen Ansichten mehr oder weniger Christen waren,
fügten sie ihren Lehren doch auch eine Anzahl von Elementen hinzu, die weit über die
Grenzen des Glaubens ihrer Zeitgenossen
hinausgingen. Eine wesentliche Idee ist die
Muse. Das Awen als „Geist der Inspiration" ist ein eher vager Begriff. Als Abstraktion ist mit dem Awen schwierig umzugehen. Wenn Du Dich auf Deine Inspiration
verlassen müsstest, um auf dem Sprung zu
sein und sofort bereit, auf Anfrage hin ein
Gedicht zu liefern, wäre es schon verständlich, wenn Du Dir etwas Zuverlässigeres
suchen würdest, wenn möglich in greifbarer
Form. Nun kann sich der Begriff *Awen* auf
Inspiration im abstrakten Sinn beziehen, er
kann aber auch eine Muse bezeichnen, d.
h. ein geisterhaftes oder göttliches Wesen,
das dem Barden Gefährtin und Verbündete
ist. Für die mittelalterlichen britannischen
Barden war die schaurige Hexe Ceridwen
eine solche Muse. Eine andere war vielleicht
die mysteriöse (G)ogyrven, mit dem wir uns
später beschäftigen werden.

Lass uns für den Anfang die Figur der
Ceridwen betrachten. Das Wort Ceridwen
hat in verschiedenen Formen überlebt. In
mittelalterlicher britannischer Poesie findet
man es als Ceridwen, Keridwen, Kerritwen,
Cyridwen, Cariadwen oder Caridwen. Die
Bedeutung dieses Namens ist schwer festzustellen. Eine mögliche Übersetzung lautet
„schön und geliebt". Ifor Williams allerdings
fand, ein solcher Name sei unpassend für
die Zauberin, und leitete es von *cyrrid* und
ben her. Das erste Wort bedeutet „krumm,
gebeugt", das zweite „Frau". Falls diese Rekonstruktion zutreffend ist, wäre die Zauberin Ceridwen in Wirklichkeit eine „krumme

Frau", also eine vom Alter gebeugte alte Frau oder eine Person mit fragwürdigen Moralvorstellungen. Man könnte sich nun wirklich darüber streiten, inwiefern Ceridwen tatsächlich schön und geliebt oder eine schreckliche, krumme alte Hexe war. Darf ich vorschlagen, dass sie beides war?

Die inselkeltische Mythologie ist reich an einem bestimmten Mythen-Typ, der eng mit dem Konzept des Sakralkönigtums verbunden ist. Es handelt sich dabei um die Geschichte der Menschenfresserin, der schwarzen Riesin, der monströsen Dame, die den zukünftigen König auffordert, mit ihr ins Bett zu gehen. Wir werden uns mit dem Mythos noch später befassen. Wer hätte gedacht, dass sich über Nacht die blutrünstige Unholdin in eine schöne junge Frau verwandelt, die den Segen des Königreichs auf ihren Gemahl überträgt? Es gibt einige Varianten dieses Mythos, mit denen wir uns später beschäftigen werden, hier reicht es zu sagen, dass Ceridwen sowohl in verlockender als auch in erschreckender Gestalt erscheinen kann und dass beide Masken viel mit Inspiration zu tun haben. Wenn wir eine gute Vorstellung von Ceridwen bekommen möchten, könnte es helfen, einen Blick in den *Hanes Taliesin* zu werfen, die Geschichte Taliesins, wie sie in Lady Guests Ausgabe des *Mabinogi* veröffentlicht wurde.

Hanes Taliesin

In vergangenen Zeiten lebte in Penllyn (am See Bala) ein Mann von edler Herkunft, mit Namen Tegid Voel, und seine Behausung fand sich mitten im Tegid-See. Seine Frau hieß Caridwen. Und es wurde ihm von seiner Frau ein Sohn geboren, den sie Morvran ab Tegid nannten, und außerdem eine Tochter namens Creirwy, die schönste Maid der Welt war sie; und sie hatte einen Bruder, der der unglücklichste Mann der Welt

war, Avagddu. Nun glaubte Caridwen, seine Mutter, es sei nicht wahrscheinlich, dass er unter Männern von edler Geburt aufgenommen werden würde, aufgrund seiner Hässlichkeit, es sei denn, er hätte besondere Verdienste oder besonderes Wissen. Denn es war der Beginn der Zeit von Arthur und seiner Tafelrunde.

So beschloss sie, gemäß den Künsten in den Büchern der Fferyllt, einen Kessel der Inspiration und der Wissenschaften für ihren Sohn zu brauen, damit er mit allen Ehren empfangen würde aufgrund seines Wissens um die Mysterien des künftigen Zustandes der Welt. Dann begann sie den Kessel zu kochen, und vom Beginn des Kochens an durfte er nicht aufhören zu kochen für ein Jahr und einen Tag, bis man drei gesegnete Tropfen erhalten könnte mit dem Segen der Inspiration. Und sie setzte Gwion Bach, den Sohn von Gwreang von Llanfair in Caereinion, in Powys, dorthin, um den Kessel umzurühren, und einen blinden Mann namens Morda, der das Feuer darunter am Brennen halten sollte, und wies beide an, darauf zu achten, dass das Kochen ein Jahr und einen Tag lang nicht aufhören dürfe. Und sie selbst sammelte jeden Tag alle zaubertragenden Kräuter, gemäß den Büchern der Astronomen und in den planetarischen Stunden. Und eines Tages, gegen Ende des Jahres, als Caridwen Pflanzen schnitt und Beschwörungen sang, da geschah es, dass drei Tropfen der verzauberten Flüssigkeit aus dem Kessel spritzten und auf Gwion Bachs Finger. Und wegen der großen Hitze steckte er seine Finger in den Mund, und kaum hatte er die wunderwirkenden Tropfen im Mund, da sah er alles vorher, was kommen würde, und begriff, dass es seine größte Sorge sein sollte, sich gegen die Listen Caridwens zu verteidigen, denn groß war ihre Geschicklichkeit. Und in sehr großer Furcht floh er in Richtung seines eigenen Landes. Und der Kessel sprang entzwei, weil all die Flüssigkeit darin mit Ausnahme der drei zauberkräftigen Tropfen giftig war, so dass die Pferde von Gwyddno Garanhir vom Wasser des Stroms, in den die Flüssigkeit aus dem Kessel floss, vergiftet wurden, und der Zusammenfluss der Ströme wurde von der Zeit an „Das Gift der Pferde von Gwyddno" genannt. Da kam Caridwen und sah, dass die Arbeit eines ganzen Jahrs verloren war. Und sie griff nach einem Holzscheit und schlug es dem blinden Morda auf den Kopf, bis eins seiner Augen auf seine Wange fiel. Und er sagte: „Zu Unrecht hast Du mich entstellt, denn ich bin unschuldig. Deinen Verlust habe ich nicht verursacht."

„Du sprichst die Wahrheit", sagte Caridwen, „es war Gwion Bach, der mich beraubte."

Und sie rannte ihm nach. Und er sah sie und verwandelte sich in einen Hasen und floh. Aber sie verwandelte sich in einen Jagdhund und verfolgte ihn. Da rannte er zum Fluss und wurde ein Fisch. Und sie jagte ihn durch das Wasser in Gestalt eines weiblichen Fischotters, bis er keine Wahl hatte, als sich in einen Vogel der Luft zu verwandeln. Da verfolgte sie ihn als Falke und gönnte ihm keine Ruhepause am Himmel. Und gerade, als sie auf ihn herabstoßen wollte und er seinen Tod befürchtete, erspähte er einen Haufen geworfeltes Getreide auf dem Boden einer Scheune, und er ließ sich in den Weizen fallen und verwandelte sich in eins der Körner. Da verwandelte sie sich in eine schwarze Henne mit hohem Kamm und stiegt in den Weizen und scharrte darin mit den Füßen umher, und sie fand ihn und verschluckte ihn. Und, wie die Geschichte berichtet, trug sie ihn neun Monate, und als sie von ihm entbunden wurde, konnte sie es nicht über's Herz bringen, ihn zu töten, weil er so schön war. Deshalb steckte sie ihn in einen Lederbeutel und warf ihn ins Meer,

um ihn der Gnade Gottes zu überlassen, am 29. Tag des Aprils. Zu jener Zeit befand sich das Wehr von Gwyddno am Strand zwischen Dyvi und Aberystwyth in der Nähe seiner Burg, und jeden Maiabend konnte man Lachse im Wert von einhundert Pfund aus den Fischreusen ziehen. Und in jenen Tagen hatte Gwyddno einen einzigen Sohn namens Elffin, einen glücklosen und bedürftigen Jüngling. Das schmerzte seinen Vater sehr, denn er glaubte, der Junge sei in einer bösen Stunde geboren worden. Und auf Anraten des Rates gewährte ihm sein Vater die Verfügung über die Reusen, um zu sehen, ob er Glück haben würde, und damit er etwas hatte, womit er in der Welt beginnen konnte. Und am nächsten Tag, als Elffin hinging, um nachzusehen, war nichts im Wehr. Aber als er zurückkehrte, sah er den Lederbeutel an einem Pfahl in der Reuse hängen. Da sagte einer der Hüter des Wehrs zu Elffin: „Bis heute Nacht bist Du niemals unglücklich gewesen, und nun hast Du die Kräfte der Reusen zerstört, die immer Lachse im Wert von hundert Pfund in jeder Mainacht erbrachten, und heute Nacht ist nichts darin außer diesem Lederbeutel. „Je nun", sagte Elffin, „vielleicht befindet sich etwas im Wert von hundert Pfund darin."

Und sie nahmen den Lederbeutel an sich, und der, der ihn öffnete, sah die Stirn eines Jungen und sagte zu Elffin: „Sieh, welch leuchtende Stirn!" „Taliesin soll er heissen" sagte Elffin. Und er nahm den Jungen in seine Arme, und, sein Missgeschick beklagend, setzte er ihn voller Sorge hinter sich. Und er ließ das Pferd sanft traben und trug ihn so behutsam, als säße er im bequemsten Stuhl der Welt. Und sogleich tröstete und pries der Junge Elffin, und sagte Elffin Ehre vorher; und der Trost war solcher Art, wie Ihr noch sehen werdet…

Das ist der erste Teil der Geschichte. Ich möchte gern einige Anmerkungen zu diesem Text machen. Zunächst einmal ist die Geschichte von Taliesin kein Teil des ursprünglichen *Mabinogi*. Streng genommen gibt es nur vier Geschichten, die als die *Vier Zweige des Mabinogi* gelten können. Sie stammen aus dem *Roten Buch von Hergest*, in dem noch viele andere Geschichten, Gedichte und Übersetzungen verschiedener lateinischer Manuskripte enthalten sind. Lady Guest übersetzte die meisten dieser Geschichten und veröffentlichte sie alle unter dem Namen *Mabinogi*, obwohl viele von ihnen nicht miteinander in Beziehung stehen und aus verschiedenen Zeiten und Orten stammen. Dann fügte sie dem Ganzen noch die Taliesin-Geschichte hinzu, da sie so ein bezaubernder und wichtiger Gegenstand in der walisischen Folklore ist. Die Taliesin-Geschichte allerdings stammt aus einer ganz anderen Quelle. Das Manuskript wurde im späten 16. Jahrhundert verfasst, was es eher unzuverlässig macht, wenn wir die mit Ceridwen verbundenen Mythen von fünfhundert Jahre früher erforschen möchten. Andererseits ist die Sprache sehr im Stil des 9. Jahrhunderts gehalten, wir haben es also entweder mit altem Material zu tun, das abgeschrieben wurde, oder mit einer klugen Fälschung, die sich eines frühen und archaischen Stils bedient. Ich würde mir nicht im Traum einfallen lassen, darüber ein Urteil zu fällen, da beides möglich ist. Die Taliesin-Geschichte, wie wir sie heute kennen, stammt aus den Manuskripten von Llewellyn Sion (geboren 1540), wurde über die Sammlung von Iolo Morgannwg weitergegeben (und wahrscheinlich dabei überarbeitet), dann von ihm an Dr. Owen Pughe weitergegeben und zuletzt an Lady Charlotte Guest und ihren Mitarbeiter John Jones. Letzterer ist ein weiterer Kandidat für mögliche Veränderungen,

da er gelegentlich Material hinzufügte, das im Original nicht existierte. Die Gedichte, die in Lady Guests *Hanes Taliesin* enthalten sind, wurden wahrscheinlich manipuliert, und da die meisten von ihnen nicht im Original überlebt haben, ist es nahezu unmöglich, zu entscheiden, welche Zeilen original sind und welche von dem wohlmeinenden christlichen Gelehrten hinzugefügt wurden. Eine andere Version der Geschichte wurde von Elis Gruffydd festgehalten, der ca. 1490 – 1552 lebte und sie in seine *Chronik der Welt* aufnahm. Owen John sammelte noch eine andere Version. Die meisten von ihnen sind in bemerkenswerter Weise deckungsgleich, aber es gibt ein paar bedeutsame Unterschiede. Der Tag, an dem Elffin den jungen Taliesin aus der Reuse rettete, wird bei Owen John nicht angegeben, es ist entweder der 20. oder der 29. April in Llewellyn Sions Version, während Gruffydd den 31. Oktober angibt, in welchem Fall unsere strahlende Stirn seinen Namen genau zu Beginn der dunklen Jahreszeit erhalten hätte. Dann gibt es da die Version, die Lewis Morris 1726 festgehalten hat. Sie deutet auf eine unabhängige orale Tradition hin. Laut Mr. Morris war Taliesin offizieller Hofdichter von Maelgwn Gwynedd. Prinz Elffin war nun zufällig Maelgwns Bruder. Elffin fand Taliesin in einem Lederbeutel in der Reuse, und Morris schlägt vor, der Lederbeutel hätte auch ein walisisches Lederboot sein können, ein Korakel. Stell Dir einen Regenschirm vor, der umgedreht auf dem Wasser treibt, und Du stehst darin, dann hast Du eine gute Vorstellung davon. Zitieren wir also Lewis Morris:

...da er beachtliche poetische Gaben hatte und vom Geist der Poesie inspiriert war, erreichte er höchste Perfektion in jenem Zeitalter. Der Grund, weshalb man ihn ins Meer geworfen hatte, war folgender: Als armer Junge, der um Brot bettelte, kam er zufällig nach Creigiau'r Eryrie, wo zwei Gwiddans (Hexen) eine Pfanne voll mit Zauberflüssigkeit brauten, die sie nicht zur Vollkommenheit bringen konnten aus Mangel an Brennstoff: Taliesyn fragte sie, ob er die Flüssigkeit kochen sollte. Und er sagte ihnen, dass er eine besondere Weise kenne, viel Wasser mit wenig Brennstoff zum Kochen zu bringen, was sie ihm gerne gewährten. Taliesyn sammelte Reisig und band es in kleinen Bündeln zusammen, und so hatte er in kurzer Zeit (und bevor sie es merkten) die Flüssigkeit zur Vollendung gekocht, und nahm die ersten drei Tropfen für sich selbst – die Kraft des Wassers war solcher Art, dass derjenige, der die ersten drei Tropfen nach dem Kochen bekam, erfüllt werden würde vom Geist der Wahrsagerei, und dieses Wasser beabsichtigten die Gwiddans ihren eigenen Söhnen zu geben (und Taliesyn hatte davon gehört); es gelang ihm, zu flüchten, aber sie fassten ihn und warfen ihn ins Meer in einem Lederbeutel etc.

Das Wort „Gwiddans" sollte man sich näher ansehen. Eine Gwiddan ist eine Hexe oder ein altes Weib, allerdings nicht notwendigerweise ein menschliches Wesen. Mr. Morris kam davon auf das Wort Gwidion für „Riesen", das eine subtile Verbindung zwischen den Einweiherinnen von Taliesin und dem großen Zauberer und Spruchwirker Gwydion andeutet. Ein interessantes Detail ist, das die Gwiddans hier als Paar auftreten. Man würde in keltischen Mythen ein einzelnes oder drei Wesen erwarten, das Auftreten eines Paars ist nicht nur ungewöhnlich, sondern wirft auch die Frage auf, ob die Gwiddans vielleicht ein Pärchen, Mann und Frau, waren.

War Ceridwen auch eine Riesin? Ein Manuskript, *Aberdar I*, informiert uns, dass *Gridwen eine Riesin war, die in Nordwales lebte.* Nun sind Riesen ein faszinierendes Thema. Manche Riesen kann man als Naturgeister ansehen, die mit den großen, zerstörerischen Kräften in Verbindung gebracht werden. Andere sind Geister der Hügel und Berge. Viel wichtiger für den praktizierenden Magier sind allerdings die Riesen der prähistorischen, unbekannten Äonen, die ursprünglichen Wesen des Chaos und der Kreativität, die die Evolution des menschlichen Bewusstseins formten, ehe die Götter der Ordnung erfunden wurden.

Der *Hanes Taliesin* ist eine Geschichte, die auf einer gut bekannten Märchenstruktur basiert. Die Grundgeschichte wird von Forschern *die weiße Schlange* genannt, und es existieren Dutzende von Variationen zu dem Thema. In *Seidwärts* habe ich einige von ihnen aufgezählt. Denk an Finn, der sich die Hand verbrannte, als er den Lachs der Weisheit kochte. Er kostete von dem Zaubersaft, und von da an löste das Kauen auf seinem Daumen Visionen aus und enthüllte verborgenes Wissen. Denk an Sigurd, der einen Drachen erschlug und dessen Herz über dem Feuer briet. Sein verbrühter Daumen sorgte dafür, dass er die Sprache der Vögel verstand. Oder Erik. Das ist eine Geschichte, die von Saxo Grammaticus überliefert wurde – kein sehr zuverlässiger Zeuge für heidnische Mythologie, aber oft genug haben wir nichts Besseres. In seiner Geschichte über Frodhi III. begegnen wir der Hexe Kraka (Krähe). Krakas Sohn wurde Rollir genannt, sein Halbbruder war Erik. Sehen wir uns die Geschichte mal an. Rollir war gerade von seinem Vater aus dem Wald nach Hause geschickt worden.

Als er Rauch aus dem Haus seiner Mutter aufsteigen sah, näherte er sich der Tür und beobachtete durch einen winzigen Spalt, wie seine Mutter Brei in einem unförmigen Kessel rührte. Über dem Kessel sah er drei Schlangen, die von einem Band hingen, und aus ihrem Kiefer tropfte Speichel in den Kessel. Zwei waren von schwarzer Farbe, und die dritte hatte weiße Schuppen und hing über den anderen. Ihr Schwanz war gerollt, während die anderen das Band hielten, das an ihrem Bauch gebunden war. Der Jüngling erkannte sofort, dass es sich um Zauberei handelte, aber er schwieg darüber, damit seine Mutter nicht als Hexe angeklagt würde. Er wusste nicht, dass die Schlangen harmlos waren, und auch nicht, welche Kraft der Brei empfangen würde. Schon bald kamen Ragnar und Erik. Gemeinsam gingen sie in die Kammer und setzten sich um einen Tisch. Kraka servierte das Mahl, und vor die Jungen stellte sie den Kessel, gefüllt mit dem farbigen Brei. Ein Teil war schwarz, mit roten und gelben Flecken, und der andere war blass und weiß, da der Brei nun die Farben der Schlangen hatte. Beide kosteten den Brei, aber Erik, der die Teile des Breis nach ihrer Kraft beurteilte, nicht nach ihrer Farbe, drehe schnell die Schüssel, so dass der schwarze Brei bei ihm landete und der weiße bei seinem Bruder, wobei er sagte: „So schleudert die stürmische See ein Schiff herum!" So aß jeder von ihnen seinen Teil. Dadurch, dass er diesen Brei aß, erreichte Erik die höchste menschliche Weisheit, und sogar die Sprachen der Tiere konnte er verstehen. Auch wurde er so beredt, dass er zu jedem Thema in einer verfeinerten Sprache des Wissens einen Kommentar abgeben konnte.

Als Kraka hereinkam und fand, dass ihr Stiefsohn den schwarzen Brei gegessen hatte, begriff sie, dass ihre Zauberei den Falschen getroffen hatte. Sie bat Erik demütig, seinem Halbbruder Rollir Treue zu schwören, und das tat Erik dann auch.

In dieser Geschichte empfängt der Protagonist, Erik, einen Segen, der nicht für ihn bestimmt war, durch seine höhere Eingebung. In der Lewis-Morris-Geschichte sucht Taliesin die Gwiddans auf dem Berg Snowdon auf und stiehlt absichtlich die drei Tropfen. Hywel Rheinallt, der im 15. Jahrhundert sang, erklärt, Taliesin habe seine ganze Hand in den Kessel gesteckt, was nicht nach einem Zufall aussieht. Es ist ein eigenartiges, fast prometheisches Element in dieser Geschichte, ein kleiner Ausblick auf den Mythos des Tricksters, der das Himmelsfeuer stiehlt, oder was immer seine Neugier weckt. Für eine ausführliche Behandlung kann ich Juliette Woods Studien über das Thema empfehlen.

Bevor wir unsere Reise fortsetzen, würde ich noch gern auf ein paar Details im Text hinweisen. Tegid Foel bedeutet „Tegid der Kahle". Tegid ist die walisische Form des römischen Namens Tacitus. Avagddu bedeutet „überaus dunkel", Morvran kann man mit „großer Rabe" oder „See-Krähe" übersetzen, und Creirwy bedeutet „teuer und geliebt". Gwion Bach bedeutet „hell und klein". Gwions Gefährte Morda ist nicht ganz so leicht zu identifizieren. Sein Name erscheint in einer Anzahl von Variationen – Owen John gibt Dallmor Dylan an, Sion Dallmor Dallme, und an anderen Stellen findet man auch Dallmon Dallmaen. *Die Bücher der Fferyllt* sind keine obskuren Sammlungen walisischer Zaubersprüche und Zaubereien, sondern ganz einfach die Werke Vergils, der während des Mittelalters von allen für einen großen Zauberer gehalten wurde. Die Geschichte beschreibt, wie Du vermutlich bemerkt hast, ein Übergangsritual, das den jungen Bettler Gwion in den erleuchteten Barden Taliesin verwandelt. Es könnte sich gut um den Mythos hinter der Initiation aller Taliesins handeln. Es ist sicher kein Zufall, dass Gwion einen Gestalt- und Identitätswandel in allen vier elementaren Reichen durchmacht. Wir haben den Hasen/Jagdhund an Land, den Fisch/Otter im Wasser, den Vogel/Falken in der Luft. Das Weizenkorn und die schwarze Henne mit dem roten Kamm könnten sehr wohl das Feuer repräsentieren. Im *Hanes Taliesin* ist das nicht sehr offensichtlich. Wenn wir uns die früheren Lieder im Buch von Taliesin ansehen, insbesondere *Die feindliche Versammlung* (wird später noch vollständig zitiert), dann findest Du dort die Vorstellung, dass Gwion als Weizenkorn im Ofen gebacken wurde, ehe Ceridwen ihn verschlang. Das Gedicht, das auf das 12. Jahrhundert datiert, entstand sehr viel früher als die Prosa-Geschichten und könnte sehr wohl eine ursprünglichere Version der Geschichte verkörpern. Mehr zu diesem Ritual, dem Gestaltwandel und der Selbstverwandlung gibt es im Kapitel über den ewig hungrigen Kessel. Wir können zwar nicht sicher sein, wieviel dieser Geschichte später hinzugefügt wurde, aber es gibt reichlich Hinweise darauf, dass Ceridwen und irgendeine Version der Taliesin-Geschichte den Barden der Gogynfeirdd-Zeit gut bekannt war. Aller Wahrscheinlichkeit nach war es nicht ganz die Geschichte, die wir heute kennen. Viele Anspielungen in dieser Geschichte sind so mysteriös, dass sie auf einen ganzen Korpus an vergessener Mythologie hindeuten. Lass mich Dich mit noch ein paar weiteren Rätseln ärgern. Wirf bitte einen Blick auf das folgende Lied.

Kadeir Kerrituen
Der bardische Stuhl (das Versmaß) von Ceridwen
Buch von Taliesin, 16

Herrscher der Mächte der Luft, gewähre,
die Vergebung meiner Ausschreitungen.
Zu Mitternacht und zum Mittag (Morgengebet)
leuchteten meine Lichter.
Edel war das Leben von Minawg ap Lleu,
den ich hier kürzlich sah,
sein Ende, am Berghang (steinigem Grab)
von Dinlleu.
Feurig drängte er in Kämpfen.
Avagddu war mein Sohn.
Glücklich hat ihn der Herr erschaffen,
im Wettstreit der Lieder,
war seine Weisheit besser als meine.
Der Fähigste von dem je gehört wurde.
Gwydyon ap Don, kraftvoll (hervorragend)
wirkend,
beschwor eine Frau aus Blüten,
und brachte Schweine aus dem Süden.
Da er keine schützende Ställe (!) hatte,
schnelle Kurven (!) und gewobene Ketten,
schuf er die Form von Pferden
aus sprießenden
Pflanzen (Pilzen), und strahlende Sättel.
Wenn die Sitze (Gesänge, Versmaße) beurteilt werden,
wird meiner hervorragend sein.
Mein Gesang, mein Kessel, und meine Gesetze,
meine durchdringende Gesprächigkeit,
angemessen für den bardischen Stuhl (Versmaß).
Am Hofe von Don werde ich fähig genannt.
Ich, und Euronwy und Euron.
Ein heißes Gefecht sah ich in Nant Frangcon
an einem Sonntag, zum Tagesanbruch,
zwischen dem Vogel des Zorns (Raubvogel)
und Gwydyon.

Donnerstags, gewiss, gingen sie nach Mona
um Wirbel (Fähige) und Zauberer zu holen.
Arianrod, von gepriesener Gestalt,
Morgendämmerung (Königin) der Gelassenheit
(berühmt für ihr Aussehen, strahlender als
gutes Wetter),
da die größte Schande offensichtlich auf der
Seite des Briten liegt,
(ihr Schrecken war die größte Schande die
von den Briten kam)
sendet schnell um seinen Hof den strömenden Regenbogen,
(ihr Hof wurde von einem rasenden Fluss
umschlossen)
einen Strom der die Gewalt von der Erde
vertreibt
(einen Strom der gewaltig gegen die Erde
brandet).
Das Gift des vorherigen Zustandes, die Welt
umfassend,
wird vergehen
(zerstörerisch ihre Schlinge, die um die Welt
geht).
Die Bücher von Bede sprechen nicht un-
wahr.
Der Sitz (Versmaß) des Erhalters ist hier.
Und bleibt bis zum Tag der Verdammnis in
Europa.
Möge die Dreieinigkeit uns Vergebung
am Tag des Gerichts gewähren.
Und schöne Gaben von guten Menschen.

Hier haben wir das Glück, ein Stück
Poesie zu besitzen, das direkt Ceridwen zugeschrieben wird, d. h. es ist die Zauberin
selbst, die singt. Du hast wahrscheinlich
bemerkt, dass auf einige Elemente der Geschichten angespielt wird, beispielsweise auf
ihren Sohn Avagddu und ihren magischen
Kessel, der als Attribut der poetischen Berufung dient. Leser des *Mabinogi* haben sicher
auch bemerkt, dass verschiedene Personen

aus dem vierten Zweig erwähnt werden.
Das Gedicht allerdings geht weit über den
vierten Zweig hinaus und macht mysteriöse
Anspielungen auf Ereignisse, die uns völlig
unbekannt sind. Dass Gwydion als halbgöttlicher Zauberer eine Frau aus Blüten erschuf, Trugbilder von Pferden aus Pflanzen
und Pilzen und einen nutzlosen Krieg vom
Zaun brach, als er die ersten Schweine aus
Südwales stahl, ist gut bekannt aus dem
vierten Zweig. Die Schlacht von Gwydion
gegen den Vogel des Zorns in einem Tal von
Snowdonia kommt in den bekannten Manuskripten nicht vor, und die Beschaffenheit des
Regenbogens, den die schöne Arianrod um
den Hof der Briten bindet, ist ein weiteres
Rätsel. Arianrod wurde schon von schusse-
ligen Forschern als Mondgöttin bezeichnet,
weil sich ihr Name möglicherweise als „Sil-
berrad" übersetzen lässt.

Das war auch eine populäre Deutung, da
dank solcher romantischer Idealisten wie Robert Graves eigentlich jeder von Göttinnen
erwartet, dass sie für den Mond zuständig
sind. Von männlichen Göttern nahm man
an, sie seien solar und aktiv, und Göttinnen
waren lunar und passiv – ah, die einfachen
Mythen des 19. Jahrhunderts! Jeder weiß,
dass sich die prähistorischen Menschen nur
für eine einzige Sache interessierten (Du weißt
ja, welche), und daher liebten sie Fruchtbar-
keitskulte, Muttergöttinnen und verbrachten
ihre Freizeit im Allgemeinen mit der Verehrung von Genitalien. Solche Vorstellungen
findet man immer noch in vielen Büchern
über die heidnische Vergangenheit. Die
meisten modernen Wissenschaftler scheuen
solche überalterten Phantastereien, da die
Forschung klar gezeigt hat, dass wir viel weniger wissen, als wir je gedacht haben. Es
wäre zwar verführerisch, aus Arianrod eine
heidnisch-keltische Mondgöttin zu machen,
aber es ist einfach nicht zutreffend, weil die

Variationen der Buchstaben O I V

Manuskripte sie nirgendwo als Göttin bezeichnen (und schon gar nicht als Mondgöttin), und bisher haben wir noch keine einzige keltische Mondgöttin angetroffen. Arianrod ist eine halbgöttliche Zauberin im *Vierten Zweig*, sie lebt in einem abgeschiedenen Schloss am Meer, sie ist die Mutter des schönen Lleu und seine schlimmste Feindin. Nun ist Lleu aller Wahrscheinlichkeit nach ein blasser Abglanz der großen keltischen Gottheit Lug, das macht aber seine Mutter nicht automatisch zu einer Göttin. Alle Charaktere im vierten Zweig haben zwar mehr oder weniger göttliche Attribute, sind aber alle strikt menschlich.

Waren sie in den alten Tagen Götter? Viele Gelehrte des 19. Jahrhunderts waren der Meinung, dass man im *Mabinogi* eine mittelalterliche Wiedergabe ursprünglicher keltischer Mythologie sehen könnte. Diese Hypothese, die noch immer bei neokeltischen Enthusiasten beliebt ist, entspricht nicht dem aktuellen Stand der Forschung. Die Geschichten des *Mabinogi* sind zuallererst einmal innovative Schöpfungen der Gogynfeirdd-Barden. Und die waren alles andere als traditionell gesinnte Hüter älteren Wissens. Tatsächlich verwendeten sie viele ältere Fragmente, um ihre eigene, brandneue Mythologie zu erschaffen. So erhält man verzerrte Bilder authentisch britischer Götter und Glaubensinhalte hinter einem Wust aus neuen Ideen und frischer Inspiration. In einigen Fällen wurden neue Figuren erfunden und manchmal eine ältere Figur, deren ursprüngliche Mythologie in Vergessenheit geraten war, mit einer neuen versehen. Das gleiche Problem haben wir mit Ceridwen. Viele populäre Bücher über keltische Religion führen Ceridwen als Muttergöttin, Fruchtbarkeitsgöttin, Erdgöttin usw. vor. Manche Autoren gehen sogar so weit, sie zu einer Göttin der Megalithkulturen zu machen, der

Gottheit, der die Blausteine geweiht waren, die man später zur Salisbury-Ebene transportierte und zu Stonehenge verbaute.

All das ist extrem spekulativ, wenn nicht völlig hinrissig. Ist Ceridwen eine keltische Göttin? Nein, es gibt absolut keinen Hinweis auf irgendeine Entität oder Gottheit eines solchen Namens im prähistorischen Europa. Von den hunderten keltischer Gottheiten, deren Namen und Altäre bekannt sind, hat keine irgendwelche Ähnlichkeit mit Ceridwen. Der Name und die Person tauchen zum ersten Mal eher spät im Mittelalter auf, beginnend mit dem 9., wahrscheinlich aber im 12. Jahrhundert. Ist Ceridwen eine mittelalterlichen Göttin? Die Antwort wäre ein vorsichtiges Ja. Die Barden der Gogynfeirdd-Bewegung sahen in ihr definitiv eine Göttin, da sie die Muse und Einweihende für die bardische Berufung war. Für diese Barden war Ceridwen der personifizierte Ausdruck des Awen, und wenn sie Verse oder Prophezeiungen improvisierten, war es Ceridwen, auf die sie sich verließen. Allerdings waren diese Barden auch Christen, und das Christentum ist keine Religion, die andere Götter toleriert, geschweige denn Göttinnen. Trotzdem können wir uns sicher sein, dass Ceridwen von einer Anzahl von Barden sehr verehrt wurde, für die sie als Muse und/oder Göttin diente. Es ist aber nicht wahrscheinlich, dass diese Barden Lust gehabt hätten, ihre eigenartige Abart des Christentums mit dem Klerus zu diskutieren oder dass Ceridwen beim einfachen Volk Britanniens bekannt gewesen oder gar verehrt worden wäre. Aller Wahrscheinlichkeit nach hatten sie nie von ihr gehört. Was Ceridwen in den Augen der neokeltischen Bewegung zu einer Göttin macht, sind im Wesentlichen die gesammelten Irrtümer aus mehreren Jahrhunderten Wissenschaftlerzank.

Die Geschichtswissenschaften erleben, wie die meisten anderen Wissenschaftszweige, regelmäßige Paradigmenwechsel. Während der letzten Jahrhunderte war eine Anzahl von Erklärungsmodellen populär, die heute völlig aus der Mode ist. Einer von ihnen war die Fabel, dass jedes übermenschliche Wesen in der Folklore ursprünglich eine Gottheit war, euhemerisiert, auf Menschengröße geschrumpft und von übelgesonnenen christlichen Schreibern degradiert. Als Snorri (in der *Prosaedda*) erklärte, der Gott Odin sei ursprünglich ein mächtiger Zauberer gewesen, den man in Legenden vergöttlicht hatte, machte diese Rationalisierung für ein christliches Publikum gewiss Sinn, das ja ohnehin nicht an heidnische Götter glaubte. Mehrere kirchennahe Schreiber wählten diesen Weg; ein gutes Beispiel ist Saxo Grammaticus, der einen Schatz an heidnischen dänischen Mythen ruinierte, indem er aus allen heidnischen Göttern, die ihm im Weg waren, Dämonen oder menschliche Helden machte. Angesichts solcher Beispiele war es leicht, alle übermenschlichen Personen als frühere Götter zu erklären, und nicht wenige Wissenschaftler gingen diesen Weg. Wenn einem also eine Zauberin wie Ceridwen begegnet, ist es leicht, sie als Göttin in menschlicher Verkleidung zu erklären. Und wenn man weiß, dass sie Pflanzen und Blätter für ihren Kessel sammelte – naja, das macht sie offensichtlich zu einer Erd- oder Vegetationsgöttin! Und, was noch mehr ist: Die Dame besitzt einen Kessel. Das ist nun wirklich schwer symbolträchtig. Wir alle wissen, woran primitive Völker unentwegt denken, also, hurra, machen wir sie zu einer Fruchtbarkeitsgöttin, und Muttergöttin obendrein! Glücklicherweise wandeln sich diese Einstellungen.

Manchen Historikern ist es tatsächlich gelungen, zu verstehen, dass nicht alle übermenschlichen Wesen notwendigerweise Gottheiten sein müssen. Zum einen gibt es reichlich Hexen und Zauberer in der Mythologie, die ungewöhnliche Fähigkeiten haben, aber immer noch menschlich sind, und zum anderen machen zahlreiche Mythen vom Halbgott oder inkarnierten Gott Gebrauch. Viele Gelehrte haben den großen irischen Helden Cuchulainn zum früheren Himmels-, Sonnen- oder Donnergott erklärt.

Nimmt man sich allerdings seinen Mythenzyklus vor und erzählt die ganzen Geschichten nach, als sei er ein Gott, hören die Geschichten auf, zu funktionieren. Die Bedeutung von Cuchulainns übermenschlichem Heroismus liegt in seiner Menschlichkeit und seiner Sterblichkeit. Wenn ein Halbgott im Alleingang gegen die Heere Irlands kämpft, ist das extrem heldenhaft. Tut ein Gott das gleiche, ist es schlicht unfair. Es bringt also nichts, jede ungewöhnliche mythische Kreatur gleich in einen früheren Gott zu verwandeln, ansonsten endest Du mit einer Schar von Göttern, die alle nicht viel wert sind. Es gibt gewisse Attribute, die ein Gott haben sollte. Eins von ihnen ist die Fähigkeit, Taten zu vollbringen, die jedes menschliche Maß übersteigen, und ein anderes ist, dass die fragliche Gottheit angebetet wird, dass man ihr Opfergaben bringt, dass sie einen Kult irgendeiner Art hat und dass man sich an sie um Hilfe wenden kann. Götter sind nicht einfach nur da – was die Menschen brauchen, sind Götter, die sich für sie interessieren, die kommen, die sich mitteilen und helfen.

Für die Gogynfeirdd-Barden war Ceridwen, ganz gleich, ob sie sie nun Muse oder Göttin nannten, ganz sicher eine verehrte und angebetete Figur. Was die Situation so schwierig macht, ist, dass sich diese Haltung nicht in Übereinstimmung mit dem christlichen Glauben befindet; es könnte also gut sein, dass ihre Verehrung größtenteils heimlich stattfand. Wie verehrten die Barden sie? Zum einen können wir sicher sein, dass sie sie mit Lob und Poesie verehrten. Zum anderen suchten sie die Zusammenkunft mit ihr in jenen Stunden der Dunkelheit und des Schweigens, in denen sie die Inspiration aus den verborgenen Seiten der Seele empfingen. Aber sieh Dir mal diese Zeilen an:

Golychaf-I Gulwyd
Ich rufe Gott an
Buch von Taliessin 14

...eine Schlacht über den ruhmvollen Häuptern,
ich sang vor dem berühmten Fürst
in den Tälern des Severn,
gegen Brochwel von Powys, der mein Awen liebte,
Eine Schlacht, in gutem Gang (Formation),
früh morgens gegen Urien,
um unsere Füße spritzt das Blut der Vernichtung ins Gras.
Wird mein Sitz (Gesang, Versmaß) nicht von Ceridwens Kessel verteidigt?
Möge meine Zunge befreit sein im Heiligtum der Lobpreisung Gogyrwens.
Die Lobpreisung Gogyrwens ist eine Opfergabe, die sie alle befriedigt,
mit Milch und Tau und Eicheln.

Hier haben wir einen Hinweis darauf, was gut eine Opfergabe für die Gottheit sein könnte. Milch und Tau und Eicheln sind alles heilige Substanzen. Besonders Tau war mysteriös. Denk darüber nach. Du gehst morgens hinaus und siehst, dass alles feucht ist. Du weißt aber mit Sicherheit, dass es in der Nacht nicht geregnet hat. Wo ist der Tau hergekommen? Und was ist mit dem Wunder der Milch, oder der verblüffenden Tatsache, dass eine winzige Eichel das Traum-

potential eines mächtigen Baums enthalten kann, der Tausende von Jahren überdauern kann?

Wir könnten jetzt fortfahren, indem wir noch ein paar schlaue Dinge über die Wichtigkeit der Milch für einen ländlichen Lebensstil sagen, oder über die heiligen Eichen und die Rolle, die sie bei der Schweinemast spielten. Andererseits wird jede Person, die mit der geheimen Sprache des Tantra vertraut ist, wissen, dass Milch, Tau und Eicheln, wenn man sie symbolisch nimmt, mit den sexuellen Mysterien in Beziehung stehen. Diese Gaben könnten viele Bedeutungen haben. Rate mal.

Die Cailleach

Eng verwandt mit der Figur von Ceridwen ist eine ganze Gruppe von Gottheiten oder Riesinnen, die besonders gut bei den gälischen Kelten Schottlands und Irlands und in der germanischen Mythologie belegt sind. Diese Wesen werden oft Cailleach (oder Cailleagh) genannt, ein Wort, das eng mit dem lateinischen Wort Pallium (Schleier) verwandt ist. Ihr Name kommt von der indoeuropäischen Wortwurzel *uel- : verschleiert, verborgen, verhüllt. Die Cailleach ist verhüllt oder verschleiert. So waren auch alte Frauen und adlige Damen oft unterwegs. Die selbe Wortwurzel liegt auch den Namen solcher germanischen Göttinen wie Hel, Helja, Holle, Uolla, Huldra und Holda zugrunde: Es bedeutet verborgen, verschleiert, und ist mit unseren Worten Höhle, hohl, hehlen und Hölle eng verwandt. Über diese germanischen Gottheiten habe ich schon in *Seidwärts* geschrieben, und in der wesentlich erweiterten (englischen) Neuauflage von *Helrunar* steht noch wesentlich mehr. Diese Göttinnen sind eng mit den Unter- und Anderswelten verbunden. Sie leben in verborgenen Höhlen und Abgründen, auf Berggipfeln und tief unter Seen oder im dichten, finsteren Herz des Waldes. Oft sind sie Hüter von magischen Quellen und Brunnen, und in dem Märchen, welches die Brüder Grimm aufzeichneten, wird ja auch das Reich der Frau Holle durch einen Brunnen erreicht. Dieser führt direkt in eine Anderswelt, von der aus die Göttin das Wetter und den Segen des Landes bestimmt. Hier erscheint sie als eine wohlwollende Gestalt, sie ist freundlich, streng und hat furchteinflößende Zähne. Die nordische Hel, wie aus den *Eddas* und der Skaldendichtung bekannt, ist eine gefährliche Unterweltsgöttin, deren nebliges Reich die Toten beherbergt. Sogar jene, die zunächst in den Kriegerhimmeln Odins weilten, finden sich früher oder später im Reich der Hel. Das geht uns allen so. Denn Ideale verblassen mit der Zeit, und dann ist es nur gut, sich selbst und die Welt zu vergessen und ganz einfach zu werden. So finden wir eine gute Wiedergeburt. Hel, halb schwarz (oder blau) und halb weiß (oder mit heller Hautfarbe), war bei den Wikingern der Eddazeit durch und durch unpopulär. Ihr norwegisches Gegenstück ist die Waldgöttin Huldra, die von vorne wie eine verführerische Frau wirkt, doch von hinten betrachtet hohl ist. Von ihr stammen, heißt es in nordischen Märchen, die Elfen, Trolle, Kobolde und sonstigen Geister, die vom Christentum ausdrücklich abgelehnt werden.

In Mitteldeutschland dagegen trägt die Göttin wesentlich freundlichere Züge. Gerade die Legenden, die sie am Hohen Meissner ansiedeln, beschreiben sie als eine Herrin des Winters und der Arbeit, die die Fleißigen belohnt und die Faulen bestraft. Was ja auch zutrifft: Wer in früheren Zeiten den Winter überleben wollte, musste vorher fleißig Vorräte anlegen. Auch hier ist die Göttin dafür bekannt, Schnee und Nebel zu machen, während im Taunus Nebel und

Wolken aus ihrem Kessel aufsteigen, wenn die Göttin Blaubeeren kocht. Auf dem Berg Hohe Kanzel lebt sie zusammen mit dem wilden Sturmriesen Wode, der leicht als eine ursprünglichere und elementarere Form von Wodan/Odin erkennbar ist. Was den Meissner so einmalig macht, sind die Hinweise, Frau Holle hätte dort auf dem Berggipfel ein Heim für ausgestoßene Mädchen und Frauen unterhalten. Was sehr nach einem Kult klingt. Und dann gibt es in Deutschland noch eine männliche Variante der Göttin, nämlich einen Gott namens Hel, der nachts durch die Straßen reitet, in Häuser blickt und den Tod bringt. Das macht die Göttin übrigens auch des öfteren.

Doch kommen wir jetzt zu den Gälen Schottlands und Irlands. Hier gibt es viele alte Göttinnen, die ganz allgemein als Cailleach bezeichnet werden. Altirisch bedeutet Cailleach die Verschleierte, und gälisch bedeutet Cailleach alte Frau. Auch menschliche Frauen wurden des öfteren als Cailleach bezeichnet. Das gälische Caileag dagegen bedeutet Mädchen oder junge Frau. Und das beschreibt eine der grundlegenden Charakteristiken dieser Gottheiten: Sie können als Schreckens erregende alte Vetteln auftreten oder als wunderschöne, bezaubernde junge Frauen. Der Gestaltwandel ist praktisch Teil ihrer Natur. Das selbe scheint auf Ceridwen zuzutreffen. Manchmal ist sie eine grausige Matrone und manchmal, vor allem in den Liedern, wird angedeutet, dass sie eine sexuelle Beziehung mit dem jungen Gwion hatte. Die Fähigkeit, uralt und immer wieder jung zu sein, ist typisch für viele Cailleachs.

Aber von wem genau reden wir! Bei den gälischen Kelten gab es eine ganze Reihe von gefährlichen weiblichen Gestalten, die als Cailleach, also alte Frau beschrieben wurden. Einige von ihnen sind Riesinnen. Etliche Mythen beschreiben, dass die eine oder

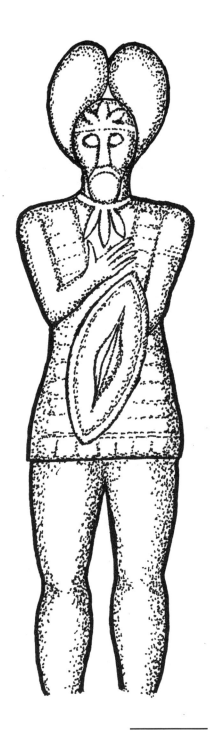

Die Statue vom Glauberg (links), ca. 450 vor unserer Zeit; der
Pfalzfeld-Pfeiler (rechts), ca. 400 vor unserer Zeit, und der
Kopf von Heidelberg (oben), ca. 450 vor unserer Zeit

andere Cailleach über das Land ging und größere Mengen Steine in ihrer Schürze trug. Und wie es eben so ist, rissen ständig die Schnürbänder und die Felsmassen stürzten zu Boden. Auf diese Art entstanden zahlreiche auffällige Felsgruppen. Manchmal purzelten ganze Megalithanlagen aus der Schürze der Riesin. Das ist ganz ähnlich wie bei der Riesenprinzessin Trendula aus Hessen, die genau wie ihre gälischen Kolleginnen bedeutende Teile der Landschaft rund um den Reinhardswald versteut hat. Die Ärmste wurde irgentwann vom Blitz getroffen und hinterließ (wo ihre Füße standen) zwei tiefe Krater in der Landschaft, die heute, mit grünem Wasser gefüllt, wie hungrige Strudel in die Tiefe führen.

Strudel sind auch mit den gälischen Cailleachs verknüpft. So zum Beispiel der gefährliche Meeresstrudel bei Corryvreckan. Manchmal dröhnt und schmatzt der Strudel so stark, dass man es meilenweit hört. Dann wäscht die Göttin gerade ihren Schal, und wenn sie damit fertig ist, bricht das Wetter ein und Schnee bedeckt die Berge (Mackenzie). Aber die Cailleachs waren auch eng mit Wassern, Brunnen und Quellen verbunden. Einige hüteten heilige Brunnen, die bei Tag der Landschaft Wasser spendeten. Abends mussten sie dann geschlossen werden. Wenn dies nicht geschah, kam es zu Überschwemmungen. So verpasste es zum Beispiel Frau Nessa, eine Dienerin der Cailleach, den Brunnen bei Inverness pünktlich abzudecken. Das Ergebnis ist Loch Ness, der größte See der Highlands. Nessa wurde zur Flußgöttin, die einmal im Jahr in menschlicher Gestalt erscheint, tanzt und traurige Lieder singt. Und hier sind wir wieder bei Ceridwen. Ihr Schloss lag bei Penllyn, am heutigen Bala See in Wales. In alter Zeit gab es dort keinen See, sondern ein fruchtbares Tal, welches von vielen Menschen bewohnt

war. Und auch hier gab es einen heiligen Brunnen, der mit einem Deckel verschlossen werden musste. Als dies unterblieb, entstand der Bala See. Zurück zu den Cailleachs. Wir haben es also mit einer Reihe von übernatürlichen Frauen zu tun, die möglicherweise örtliche Göttinnen sind. So zu Beispiel die Cailleach Bèri (Bhéara, Bhuer), die die Beare Halbinsel in Südwest Cork bewohnt. Sie ist die Ahnherrin des dortigen Adels. Diese Cailleach gehört zu den bekanntesten. Unter dem Namen 'Dunkle Beira' werden ihr viele Geschichten zugeschrieben. Eine weitere Cailleach wurde vom heiligen Patrick bei Mag Bolc im Distrikt Cavan vernichtet. Oder die Hexenhügel (Sliab na gCailligh) oder Lough Crew in Meath. Beide fielen Cailleachs aus der Schürze. Das selbe gilt für den Berg Wyvis. Und auch von den Inseln rund um Schottland wurden viele von Cailleachs geschaffen. Viele Cailleachs haben beschreibende Titel. Zum Beispiel die Cailleach Dubh (die Dunkle) oder die Cailleach Mhor (die Mächtige). Andere sind nach Landstrichen benannt.

Manche von der Cailleachs waren auch ganz allgemein Göttinnen. Hier wird der Name zum Titel. Zum Beispiel wird die Morrigain, wenn sie in ihrer schrecklichen, schwarzen, ausgehungerten und einäugigen Gestalt auftritt, als Cailleach bezeichnet. Dem Helden Cuchullainn erscheint sie als junge Frau, und kurz darauf als alte Greisin, die eine halbtote Kuh mit drei Zitzen führt (*Rinderraub von Cuailnge*). Wobei hier das Wort nicht 'die' Cailleach bedeutet, denn die gibt es nicht, sondern nur alte Frau.

Dann haben wir noch eine Cailleach, die wie Frau Holle den Winter bringt. Nach einer gälischen Tradtion beherrscht diese die dunkle Zeit. Entweder von Equinox zu Equinox oder von Samhain bis Beltaine, beide Überlieferungen sind belegt. Diese

Cailleach reitet auf einem Wolf. Übrigens wurden Januar und Februar im Hochland oft als Wolfsmonate bezeichnet. Die Cailleach bringt den Schnee, und ihr Pfeifen lässt die Sturmwinde heulen.

Hier eine schottische Tradition, die von d'Este und Rankin beschrieben wird. Wenn die Farmer des Hochlands ihre Ernte einbrachten, machte der erste, der fertig wurde, eine Strohpuppe, die die Cailleach repräsentierte. Diese wurde an den zweiten, der die Ernte fertig hatte, weiter gegeben, dann an den dritten, und so weiter. Zuletzt endete die Cailleach bei dem Farmer, der als letzter mit der Arbeit fertig war. Er hatte die Pflicht, die Cailleach mit heim zu nehmen und sie als Gastgeber zu bewirten. Es war eine harte Aufgabe. Die Cailleach ist berühmt für ihren Hunger. Denken wir noch einmal, wie Frau Holle die Fleißigen belohnt und die Faulen bestraft. Der letzte, und wahrscheinlich faulste Bauer, hatte die Wintergöttin bis zur Aussaat bei sich daheim. Und die Cailleach ist berühmt dafür, Vorräte rasend schnell zu verbrauchen. Er musste also mit einem harten, kalten Winter und viel Hunger rechnen. Doch auch die Herrin der Kälte hat ein Herz. Wenn im neuen Jahr die Felder gepflügt wurden, durfte der Bauer ihre Figur an den Pflug binden, was seine Felder segnete und einen großen Gewinn im neuen Jahr versprach. Das alles klingt noch relativ harmlos. Alexander Carmichael beschreibt ähnliche Bräuche aus verschiedenen Teilen des Hochlands. Doch hier ging die Cailleach nicht gesittet von Hand zu Hand. Vielmehr war es eine üble Beleidigung, einem Bauern, der noch nicht mit der Ernte fertig war, eine Cailleach aufs Feld zu werfen. Der Täter galoppierte dann so schnell er konnte davon, und wurde wenn möglich verfolgt, gefangen, an Kopf und Bart geschoren und gedemütigt. Gelegentlich kam es zu Blutvergießen.

In ihrer Funktion als Wintergöttin lehnt die Cailleach alles ab, was wächst. Sie schlägt den Erdboden mit einem Hammer oder einer Keule, worauf dieser steinhart wird. Und wenn dann der Frühling kommt, kämpft sie gegen die Wärme an. Im Hochland wurden oft zu Mittwinter oder zum Weihnachtsfest grobe Cailleach Figuren aus Holz geschnitzt. Diese wurden dann feierlich verbrannt, um das Ende des Winters herbeizurufen. Und nach einer Legende aus Mackenzie (1917) hat Cailleach einst sogar die Göttin Bride gefangen und in ihre Höhle im Ben Nevis, also Schottlands höchstem Berg eingesperrt. Und natürlich konnte da der Frühling nicht kommen. Doch der Sohn der Cailleach, Angus Immerjung (ein warmer, sonniger Charakter), sah Bride in einem Traum und verliebte sich in sie. Angus ist hier ein neuzeitliches Abbild des alten Gottes Angus MacOg, der zu den Tuatha de Danann gehört. Und diesem gelang es nach langem Kampf, seine geliebte Bride zu befreien. Es geschah am Anfang des Februars. Um dieses Wunder zu ermöglichen, borgte sich Angus ein paar Tage vom August, damit es so richtig warm und gemütlich wurde. Die Cailleach zahlte es ihm heim. Im März griff sie sich die drei Tage, die ja im Februar gefehlt hatten, um es noch mal so richtig kalt zu machen. Sie beschwor die ganze Härte des Winters und ließ Sturmgeister über die Berge rasen, die auf schwarzen Schweinen ritten. Man spricht also in manchen Teilen Schottlands von den Schweinetagen. Doch all das nützte nichts. Angus verjagte die Gehilfen und Dienerinnen der Wintergöttin, und Bride brachte Wärme, Blumen und lange Tage ins Land. So kehrte der Frühling zurück. Die Cailleach legt ihren Frosthammer unter einen Stechpalmenbaum (daher wächst unter Stechpalmen nichts) und verzog sich für den Sommer in die Anderswelt im fernen Westen. Dort trinkt sie jeden Sommer aus dem Brunnen der ewigen Jugend, und wenn die dunkle Zeit herannaht, kehrt sie in Nebel und Schnee gehüllt, fit, ausgeruht, jung und gutgelaunt ins Hochland zurück.

Und dann gibt's noch eine weitere Erscheinungsform der Cailleach. Hier haben wir es mit einer Göttin vom Anfang der Zeit zu tun. Diese Cailleach ist die Verkörperung des Alters selbst. Sie hat alle Weltzeitalter gesehen und wird noch da sein, wenn alles andere längst vergangen ist. Diese Cailleach erzählt, wie es war, als der Meeresgrund noch fruchtbares Land war, und von der Zeit, als sie ein junges Mädchen war, als riesige Seen noch einsame Brunnen waren.

Und dann ist die Cailleach noch als Berggöttin unterwegs. Ihre Herden sind die wilden Hirschrudel. Carmichael gibt zwei Lieder wieder, die von der Cailleach, hier Carlin (Hexe) von Beinn Bhreac genannt, gesungen wurden. Hier verkündet die Alte, sie würde nie ihre Hirsche zum Muschelessen ans Meeresufer schicken, denn Brunnenkresse bekäme ihnen viel besser. Wir erfahren weiter, dass sie Hügel, Täler und Berge durchwandert und nach einer weißen Nadel (?) sucht. Und dass sie nie Oberschuhe oder Kleidung trug, bis sie ihren blonden Geliebten traf. Wer damit gemeint ist, bleibt offen.

In Irland haben Cailleachs vor allem mit andersweltlichen Kühen zu tun (die sind weiß mit roten Ohren), aber in Schottland hüten sie die Hirschrudel und schützen sie vor Jägern. Nach schottischen Legenden (Mackenzie) hatten einige der riesigen Söhne der Cailleach Hirschgeweihe, andre dafür viele Köpfe. Wenn sie gar zu wild waren, verbannte ihre Mutter sie in Berge. Übrigens wurden diese Riesensöhne in Schottland Fooar genannt. Das ist eine Form des Wortes Fomorier, nur dass die schottische Version etwas von den irischen Mythen abweicht.

Einzelne Cailleachs galten als verheiratet mit dem Meeresgott Manannan, aber dabei dürfte es sich um Küstenmythen handeln. Die *Dindsenchas* dagegen behaupten, die Cailleagh wäre eine der beiden Frauen von Lugh. Sicher gab es da noch andere Versionen. Es gibt erstaunlich viele Legenden und Lieder von Cailleachs. Ich möchte hier das Buch von Sorita d'Este und David Rankin empfehlen, das wohl die umfassendste Sammlung an Cailleach Material präsentiert, die bisher geschrieben wurde. Und zuletzt treffen wir die Cailleach als die Landesgöttin, die vom König selbst geheiratet wird. Die älteste Legende zu diesem Thema erzählt, dass Niall von den Neun Geiseln mit seinen Brüdern im Wald verloren ging. Sie waren erschöpft und durstig und hatten keine Ahnung mehr, wo's lang geht. Da trafen sie eine Cailleach an einem Brunnen, die ihnen für einen Kuss einen Trunk Wasser anbot. Diese Cailleach war eine ungestalte, hässliche, dünnbeinige Horrorkreatur, und alle Brüder lehnten das Angebot dankend ab. Nur Niall hatte den Mut, die schreckliche Alte zu küssen und so innig zu umarmen, als wäre sie seine Frau. Da verwandelte sie sich und wurde die schönste Maid der Welt. Niall fragte nach ihrem Namen und sie sprach 'Ich bin die Landesherrschaft'.

In den *metrischen Dindshenchas* verkündet die Göttin:

Ich werde Dir offenbaren, sanfter Jüngling,
dass mit mir die Hochkönige schlafen;
ich bin das graziöse, schlanke Mädchen,
die Herrschaft von Schottland und Irland.
(nach Daragh Smyth, 1996)

Dann prophezeite sie Nialls weiteren Lebensweg und auch seine gesegnete Zeit als Hochkönig von Irland. Diese hübsche Geschichte aus dem elften Jahrhundert wurde in verschiedenen Versionen erzählt. Auch Lugaid Laigde war mit seinen Brüdern im Walde unterwegs, als ihnen eine Cailleach erschein, ihre abgemagerten Knie schwarz und knochig, der Bauch von Hunger aufgedunsen und eine Frisur wie eine Hügel mit Stechginster. Die Alte forderte, einer der Männer müsse mit ihr schlafen, sonst werde sie alle drei verschlingen, und ihre Hunde dazu. Lugaid legte sich mit ihr ans Feuer, und da verwandelte sie sich. *Drei Strahlen Licht leuchteten aus jedem ihrer Augen, und wohin ihr Blick wanderte, wurde alles hell.* Ihr Mantel glitt herab, ihr junger Körper streckte sich Lugaid entgegen, und der Sohn der beiden, Lugaid macCon wurde Seher, Dichter und Hochkönig. Hinweise auf diese Geschichte finden sich bei etlichen irischen Dichtern. Bestimmte Könige galten als mit ihren Provinzen verheiratet, und die Hochkönige waren mit Eriu selber, der Göttin der grünen Insel vermählt. Es gibt sogar einen Begriff für ein (leider nicht näher bekanntes) Ritual, mit dem die Hochkönigswürde erworben wurde. Banais rigi kommt von banfheiss, was Frauenfest oder (Bei-)Schlaffest bedeutet. Der letzte Hinweis auf die Ausführung dieses Rituals stammt aus dem siebten Jahrhundert. Es scheint, dass es in Irland ausgewählte Frauen gab, die bei solchen Gelegenheiten die Landeshoheit darstellten. Die letzte von ihnen ist wahrscheinlich Mór Muman gewesen, Tochter des Königs von Kerry, die vor allem für ihre prophetischen Gaben berühmt war. Mór hörte Stimmen aus der Luft, konnte fliegen und hatte Zustände von visionärer Raserei. Außerdem wurde sie öfters verrückt und verbrachte mindestens zwei Jahre, in Lumpen gehüllt, mit ihrer einsamen Wanderung durch ganz Irland. Sie initiierte König Fingen mac Aeda, legte eine Zeit lang ihre Lumpen ab und lebte praktisch als Zweitkönigin am Hof, wobei sie mehrere Kinder gebar. Nach Fingens Tod ging sie nach Glennamain, wo sie König Cathal mac Finguinne die Königswürde verlieh. Ihr Tod, um 630, bedeutete vermutlich das Ende dieses Brauchs.

In Wales sind solche Riten nicht überliefert. Bei den Schotten und Iren waren sie dagegen weit verbreitet. Zumindest machten die späteren Dichter öfters Bemerkungen zu dem Thema. Hier ist die Cailleach das Land, aber sie ist auch die Zeit. Die schreckliche, schwarze, magere Gestalt mit ihrem riesigen, hungrigen Schlund und ihrem ausgemergelten Körper ist die Winterseite. Hier mehrere gute Beschreibungen aus der *Revue Celtique*, zitiert von Loomis (1963):

Zu manchen Zeiten war sie eine weit-gesichtige schöne Königin, zu anderen eine schreckliche, streng-gesichtige Zauberin, ein scharf weißlich-grauer aufgedunsener dick-lippiger blass-äugiger Schrecken des Schlachtfeldes... jedes Gelenk und jedes Glied an ihr , von der Höhe ihres Hauptes bis zur Erde, war so schwarz wie Kohle...ein tragender, grüner Ast der Eiche würde von der Sichel der grünen Zähne zertrennt, die in ihrem Haupte ruhen und bis zu den Ohren reichen. Dunkle, rauchige Augen hat sie, ...ihre Knöchel waren dick, ihre Schulterblätter breit, ihre Knie groß.

Doch wenn die Göttin ihre Sommerseite zeigt, sieht die Welt ganz anders aus. Ihr Antlitz blüht wie die roten Flechten auf den Felsenklippen von Leinster, ihre Locken leuchten wie die Butterblumen von Bregon, und ihr Mantel ist von unvergleichlichem Grün. Sie ruht auf einem Thron von Kristall und vor ihr steht ein Kessel mit einem roten Getränk, welches sie den Königen zum Trank anbietet. Hier erscheint sie als die Göttin der Smaragdinsel. Und diese Göttin war nicht nur die Gattin des rechtmäßigen Königs. Auch die höchsten Dichter, Sänger, Seher und Barden hatten eine innige Beziehung zu ihr.

Dieses mythische Motiv verbreitete sich auch außerhalb der gälischen Welt. Wir finden die selbe Geschichte in der Ballade von King Henry (sehr schön vertont von Steeleye Span) und im Lied von der Hochzeit von Sir Gawain mit der Lady Ragnell (15. Jahrhundert). Dieses wurde etliche Male umgeformt, die neuste Version dürfte von Tim Leary stammen, der sein Buch *What does WoMan want!* (deutsch *Was will die Frau!*) lose auf dem Thema aufbaute. Chaucer (*Canterbury Tales*) verarbeitete das Thema in der Geschichte der Frau aus Bath. Und auch in die frühen Gralsmythen zog die Cailleach ein. Da haben wir den ältesten Gralsmythos, von Chretien (ca. 1180), in dem eine Frau den Gral behütet. Sie ist nicht besonders übermenschlich, aber schon ein paar Jahrzehnte später ändert sich das. Im *Perlesvaus*, einem Prosaroman, verfasst um 1200, erscheint sie als die kahle Frau (und Gralshüterin). Sie reitet auf einem Maultier und hat eine gute Figur, doch ihr Haupt ist völlig kahl. Denn ihr Haar kann erst wieder wachsen, wenn Perceval die richtige Frage stellt, nämlich wem der Gral dienen soll. Sie hält das Haupt eines Königs in ihrer Hand (hübsch eingefasst in Silber, mit einer goldenen Krone) und ist in Begleitung einer Jungfrau auf einem Pferd, die den Kopf einer Königin trägt. Eine dritte Jungfrau treibt deren Reittiere vorwärts, und begleitet wird die ganze Prozession von einem hirschgezogenen Wagen, in dem sich 150 Ritterköpfe befinden. Wir erfahren später, dass König und Königin in Wirklichkeit Adam und Eva sind, und die kahle Dame Fortuna. Ein schönes Beispiel für das verwirrte Fortbestehen keltischer Mythen in der Gralsgeschichte.

Ritual:
Das Uralte

Und bevor wir uns dem nächsten Thema zuwenden, sollten wir uns noch einmal an das hohe Alter der Cailleach erinnern. Sie hat gesehen, wie Ebenen zu Meeresgrund wurden und wie Berge aus den Fluten stiegen. Wie das Eis über das Land kroch am Anfang unserer Zeit, wie die Gletscher schmolzen, wie die mächtigen Flüsse ihren Weg durchs Land bahnten, wie Urwälder die Erde überzogen und Menschen ihre Siedlungen darin anlegten. Jahrtausende lang hat sie sich jeden Sommer wieder selbst verjüngt. Genau wie Taliesin, immer alt, immer jung, und immer wieder neu. Hohes Alter und frische Jugend sind Bewußtseinszustände. Sie sind Trancen, die Du jederzeit erleben kannst. Denke jetzt daran, wie Du geübt hast, dein Erleben einzigartig und neu zu machen. Das entspricht der ewig jungen Cailleach, und dem ewig jungen Bewußtsein der Menschen, die immer wieder geboren werden und heranwachsen, um das Wunder der Welt neu zu entdecken. Du kannst schon heute wieder jung sein. Manche Menschen sterben jung, auch wenn das hundert Jahre dauert. Andere werden gemeinsam alt. Was bei manchen passiert, bevor sie vierzig sind.

Doch hier haben wir nur eine Seite des Rätsels. Erinnere Dich (oder stell Dir vor), wie es ist, richtig uralt zu sein. So alt wie ein Fluss, ein Berg, ein Planet. Manchmal lohnt es, richtig alt zu sein. Wenn Dir jemand die Ohren mit Liebeskummer oder Geldsorgen volljammert, mach Dich alt und erkenne, dass Du das alles schon tausend mal gehört hast. Die ganze Menschheitsgeschichte

lang. Dann ist es leichter 'hör jetzt auf, sei still, das langt!' zu sagen. Funktioniert auch wunderbar mit Selbstmitleid. Denn Jammern hilft nur wirklich selten. Und menschliche Probleme sind nur wirklich selten einzigartig. Betrachte einfach Deine eigenen Sorgen als etwas, was nun wirklich nichts Neues ist. Hohes Alter kann Abstand schenken. Und wenn Du genug Abstand hast, tu etwas, was mehr Spaß macht und Dich weiterbringt. Das Leben ist zu kostbar, um es mit Jammern zu vergeuden.

Wie alt bist Du wirklich? Nehmen wir mal an, dass es Wiedergeburt gibt. Vielleicht tut es das und vielleicht nicht. Vielleicht gibt es auch viele verschiedene Formen von Wiedergeburt. Für Menschen, die das wollen. Ich persönlich halte Wiedergeburt für eine gute Idee. In einem Leben kann man einfach nicht genug erleben. An den Tod zu glauben ist was für Verlierer. Denn auf der molekularen Ebene machen die Begriffe 'lebendig' und 'tot' überhaupt keinen Sinn. Da ist alles einfach Energie und Bewegung. Und nichts ist jemals gestorben. Und wenn man so denkt, kann man einfach nur gewinnen. Also gehe mal davon aus, dass Teile von Dir richtig alt sind. Sie haben schon so viele Leben erlebt, dass sie sich nicht mehr an alle erinnern können. Denke an all die Menschen, die Du aufwachsen sahst. Menschen, Freunde, Gefährten, Geliebte, die Dich ein Leben lang begleiteten. Die am Ende ihren Tod fanden, verschwanden, und in anderer Gestalt mit neuem Bewußtsein wiederkehrten. Denn wer zusammen gehört, findet auch wieder zueinander.

Wenn du heute ein Baby siehst, kannst Du die Zeit beschleunigen und sehen, wie es erwachsen und alt wird. Und wenn Du einen Greis siehst, dreh die Zeit zurück und sieh den Menschen immer jünger werden. Denn in jedem alten Menschen ist ein junger Mensch verborgen, und in jedem jungen steckt das Potential für jemand altes. Schau Dir die Mächtigen Deiner Zeit an, dreh die Uhr zurück und beobachte, wie sie in die Windeln machen und Erde essen. Und sieh Dir ein Baby an und erkenne das riesige Alter in diesen jungen Augen. Schau Dir die Menschen auf der Straße an. Jeder von ihnen wird in ein paar Jahrzehnten tot sein. Blick auf alte Menschen und denke, wie sie wohl in ihrem nächsten Leben ihre ersten Schritte machen. Was werden sie lernen, was ihnen in diesem Leben zu neu, modern und fremd war? Was für Musik werden sie hören, wenn sie sich zum ersten mal verlieben? Schau auf die Berge und sieh sie mit der Vegetation von gestern, vom letzten Jahrhundert, vom letzten Jahrtausend, und lange Zeit davor. Das Land steht nicht still, es fließt und verändert

sich. Genauso wie ein mächtiger Baum in Sekunden heranwächst. Denn Zeit ist Wahrnehmung, ohne Bewusstsein gibt es keine Zeit. Und mit Bewussein lässt sich die Zeitwahrnehmung erstaunlich verändern.

Was war hier in Deiner Straße vor tausend Jahren? Und was wird hier in fünfzig, hundert oder tausend Jahren sein? Und betrachte Dich selbst. Das Leben ist ein Kommen, Gehen und Wiederkommen. Wie oft bist Du schon groß geworden? Wie oft hast Du Dich verliebt, hast gelebt, geirrt, gekämpft und bist Deinen Weg gegangen? Was hast Du erreicht und was verpasst? Und blicke in Deine Zukunft. Wo willst Du wieder geboren werden, was willst Du in Deinem nächsten Leben lernen? Worauf freust Du Dich schon jetzt?

Wir haben Zeit. Wir haben wirklich viel Zeit. Wir machen alle Zeit, die wir brauchen. Denn was wir nicht in diesem Leben tun, kann im nächsten und übernächsten gelebt werden. Wenn wir jetzt alles tun, was wir tun können, wird das nächste Leben noch besser. Denn der Segen der Cailleach begleitet uns.

Die drei Inspirationen Ogyrvens

Lass uns fortfahren mit der Suche nach der Muse. Sieh Dir die obigen Zeilen aus dem *Schwarzen Buch* an. Hier wird Ceridwen in einem Gedicht als Göttin der vielen Samen angesprochen, und im nächsten Gedicht als *Ogyrven vieler Samen*. Im Originalmanuskript stehen beide Ausdrücke als *kyrridven ogyrven amhad*. Falls Du findest, dass die Angelegenheit mit Ceridwen schon reichlich kompliziert ist, wirst Du sicher anfangen zu lachen, wenn wir uns mit Ogyrven beschäftigen. Wer oder was ist dieses mysteriöse (G)ogyrven? Manche Forscher haben den einfachen Ansatz gewählt und das Rätsel gelöst, indem sie behaupten, dass Ogyrven ganz einfach ein anderer Aspekt von Ceridwen ist. Das würde erklären, weshalb die beiden Namen oft gemeinsam auftauchen. Die Lieder Taliesins beziehen sich oft auf (G)ogyrven und bringen sie immer mit dem Awen in Verbindung. Nun könntest Du fragen (bitte tu es!) wie es kommt, dass Ceridwen die Ogyrven und die Göttin vieler Samen sein kann.

Bedeutet Ogyrven Göttin? Dr. Pugh (*Welsh Dictionary*) erklärt, dass Gogyrven *ein spirituelles Wesen oder eine Gestalt ist, eine personifizierte Idee, ein Prosopopoeia.* Wenn Du Letzteres nachschlägst (schon gut, ich mach' das für Dich), findest Du heraus, dass ein Prosopopoeia eine Repräsentation in menschlicher Gestalt ist, ein lebloses oder abstraktes Ding, dem man menschliche Eigenschaften verliehen hat, oder eine Person oder ein Ding als Verkörperung einer Qualität. Eine andere, kürzere Erklärung des Wortes lautet schlicht „Personifikation". Skene weist freundlich darauf hin, dass Ogyrven mit einem seltsamen Buchstaben des walisischen Alphabets assoziiert wird und lieferte ein passendes Zitat aus einem Manuskript des späten 15. Jahrhunderts dazu, in dem

Gogyrven erwähnt und mit dem Symbol mit den drei Strahlen in Verbindung gebracht wird. Da ich es nicht lesen konnte, suchte mein Herausgeber einen Übersetzer via Internet. Schliesslich stieß er auf Sally und ihre Gemeinschaft, der ich meinen wärmsten Dank aussprechen möchte. Übersetzt lautet der Text folgendermaßen:

Drei Elemente eines Buchstabens: Es geschieht durch das Kombinieren des einen oder anderen der drei, dass Buchstaben gemacht werden, namentlich drei leuchtende Strahlen, und aus diesen besteht der sechzehnte Gogyrven, d. h. der sechzehnte Buchstabe, und durch eine andere Kunst gibt es siebenundzwanzig (?) „Gogyrven", ein Zeichen der Kraft der einhundertsiebenundvierzig Wörter, die als Wurzeln dem Walisischen zugrunde liegen und von denen jedes andere Wort abstammt.

Das sagt uns nichts über eine Göttin, aber es bringt (G)ogyrven mit dem obskuren Alphabet der Barden in Verbindung. Der Buchstabe, der mit (G)ogyrven assoziiert wird, sind die drei Strahlen des Lichts, die von oben herabkommen. Dieses Zeichen wurde von Iolo Morgannwg und seinen Gefährten als ein Symbol des Awen benutzt. Bisher haben wir gelernt, dass Ogyrven eine personifizierte Idee ist, eine Göttin und ein Buchstabe. Eine weitere Interpretation, die ich gehört habe (Quelle unbekannt), ist, dass (G)ogyrven kleine Stücke aus Ton sind, in die die Barden die Zeichen ihres Alphabets einritzten, wahrscheinlich, um sie bei der Divination zu verwenden.

Verschiedene Texte aus dem Buch von Taliesin legen die Möglichkeit nahe, dass sie eine oder mehrere Musen verkörperte. Oder die Muse an sich – in diesem Fall könnten wir in Ceridwen die Ogyrven (Muse) vieler Samen sehen. Und wenn Ceridwen eine Muse war, dann muss es noch mehr von ihnen gegeben haben. Ah ja, und um das Ganze noch gründlich zu verwirren, muss ich zwei wenig bekannte mittelalterliche Gedichte erwähnen (S. R. Gurney, 1969). Prinz Hywel ab Owain Gwynedd (ca. 1110 – 1171), einer der letzten britischen Dichter-Aristokraten, komponierte zwei Lieder, die vielleicht mit unserem Thema zu tun haben. Eins von ihnen ist ein Liebeslied an eine schlanke junge Maid, die in einer weißen Festung in der Nähe einer Kirche lebt. Der Poet beklagt lautstark die Tatsache, dass seine Liebste von ihrem Vater Ogyrvyn in der Festung eingeschlossen wird.

Das andere Gedicht ist ein Liebeslied für Ceridwen. Nicht die Göttin oder die Muse, sondern eine junge Dame im Alter von zehn Jahren, in die der Dichter verzweifelt verliebt ist. Es kann gut sein, dass die beiden Gedichte miteinander in Beziehung stehen und dass in Hywels Liedern Ceridwen die Tochter des rüden Ogyrvyn ist.

Ob der Poet nun von tatsächlich existierenden Menschen spricht oder ob er die Namen im allegorischen Sinn verwendet, steht zur Diskussion. Übrigens wurden Heiraten mit Kindern im mittelalterlichen Wales nicht missbilligt, wie überhaupt im Großteil des feudalen Europa. Sei es, wie es sei, hier haben wir einen frühen Hinweis auf die zwei, nur dass Ogyrven in diesem Fall ein männlicher Riese ist. Ein Ogrvran hat es bis in die arturischen Mythen geschafft, er ist der Vater von Guinevere und möglicherweise ein Riese. Und dann gibt es da noch einen Sitz von Ogrvran in Nordwales; lokale Legenden halten auch ihn für einen Riesen.

Wenn Ogrvran, Gridwen, die Gwiddans und Gwydion alle Riesen sind, könnte es nützlich und angemessen sein, sie als alte Wesen zu verstehen. Als solche kommen sie

der Natur der wahren Inspiration viel näher als wenn wir versuchen, ihnen das Etikett „Gottheit" anzukleben. Kreativität und Inspiration sind nicht bloß poetisches Mondlicht und Tautropfen auf Rosenblättern. Sie bestehen auch in dunklen Visionen, den nächtlichen Ängsten und den ursprünglichen Trieben und Instinkten der Zeit vor den Worten. Ein vollkommen kreativer Geist kann sich alles ausdenken. Wenn Du den Kessel austrinkst, bekommst Du alles.

Was ich auf den nächsten Seiten gern vorschlagen würde, ist extrem spekulativ. Es wäre nett, wenn Du meinen irren Fantasien einfach lauschen würdest; ich erwarte nicht, dass Du sie sonderlich ernst nimmst. Zunächst einmal scheint der Zusammenhang zwischen Ogyrven und den Buchstaben des bardischen Alphabets ein bisschen verwirrend zu sein. Die spätmittelalterlichen Barden erfanden ihr eigenes Alphabet, die Koelbren, und benutzten es wie einen Code für ihre eigene Kommunikation. Die Basis für diese Schrift bilden die Buchstaben des walisischen Alphabets, aber wie Du in der Illustration sehen kannst, übten die Runen offensichtlich einen gewissen Einfluss auf die Form dieser Buchstaben aus. Jedenfalls stehen Runen den Koelbren näher als das lateinische Alphabet, die norditalienischen Alphabete oder die keltischen Alphabete, die man auf Münzen oder in der einen oder anderen Inschrift findet. Wir verfügen über einen bizarren Text hinsichtlich der innersten Bedeutung und Entstehung dieses bardischen Alphabets. Leider stammt es aus dem *Barddas*, dieser höchst fragwürdigen Sammlung aus Fakten und Fälschung, beruhend auf den Manuskripten von Iolo Morgannwg.

Eingedenk der Tatsache, dass wir uns hier auf dünnem Eis bewegen, lass uns nun überlegen, was der *Barddas* über das Alphabet zu sagen hat. Die Buchstaben, so wird

Oben links: Goldener Torque mit drei Zapfen, Glauberg, Hessen, Deutschland.

Oben rechts: Kleine Figur eines Mannes, der eine Rüstung aus Stoff trägt, Oberteil eines Bronzekrugs, Glauberg, Hessen, Deutschland.

Unten: Zwei Tonkrüge mit Dreiblattornament, Dürrnberg, Hallein, Österreich. Alle Gegenstände aus der späten Hallstatt / frühen La Tène-Zeit.

uns berichtet, wurden von Einiged dem Riesen, dem Sohn von Alser, erfunden, zu dem Zweck, lobenswerte Handlungen und Taten festzuhalten, und in hölzerne Blöcke eingeritzt, die als Koelbren bekannt sind. Bran der Gesegnete brachte die Kunst, Pergament für das Beschreiben vorzubereiten, aus Rom mit. Das sieht nach einem interessanten mythologischen Wirrwarr aus, denn Bran der Gesegnete, wie er im zweiten Zweig des *Mabinogi* vorkommt, war niemals in Rom, nur einmal in Irland, während der historische Bran (Brennus), der Rom 387 vor unserer Zeit überfiel und plünderte, aller Wahrscheinlichkeit nach nie in Britannien war. Wie auch immer, die drei ursprünglichen Buchstaben erhielt er von Menw dem Alten, der sie direkt von der Stimme Gottes empfing.

Diese drei Buchstaben manifestierten sich als der dreifache Lichtstrahl, das Zeichen des Awen. Jeder der drei Strahlen entspricht einer Säule und hat einen Lautwert. Die erste Säule vibriert mit dem Laut O, die zweite mit dem Laut I und die dritte mit dem Laut V. Das O wird übrigens nicht in runder Form geschrieben, sondern mit geraden Linien, so dass es wie ein auf einer Ecke stehendes Quadrat aussieht. Was das V angeht, so kann man es nicht nur als V, sondern auch als U aussprechen. Diese drei stehen in Beziehung zu den drei Attributen Gottes, d. i. Liebe, Wissen und Wahrheit. Durch den Namen OIV rufen das Universum, die Elemente und alle Geschöpfe Gott innerlich an. Aus dem geheimen Wort OIV wurden die 16 Buchstaben geformt, von denen die 10 primären das heilige Wort *Abcedilros* ergeben. Später wurden andere Buchstaben gebildet, bis das Alphabet 24 Zeichen umfasste. Der *Barddas* weist darauf hin, dass nur ein Barde von vollkommener Verschwiegenheit die Namen Gottes aus den drei Säulen heraus

vokalisieren kann, da diese Aufgabe Wissen um ihre Bedeutung, ihren Akzent und ihre Kraft erfordert. Dieses Geheimnis kann nur durch das Awen Gottes vermittelt werden, da nur Gott allein weiß, wie der heilige Name richtig ausgesprochen wird.

Die verborgene Bedeutung der 16 Buchstaben wird dann in der Meditation enthüllt werden. Von diesen drei Säulen des Lichts, so behauptet diese Tradition, stammt der Brauch her, Weisheit in Triaden zu enthüllen. Und so lernen wir, dass die drei Grundlagen des Awen von Gott folgende sind: *Die Wahrheit zu verstehen, die Wahrheit zu lieben und die Wahrheit aufrecht zu erhalten.*

Wenn ich hier mal spekulieren darf, möchte ich darauf hinweisen, dass die Buchstaben OIV stark danach aussehen, als würde es sich um eine abgekürzte Form von Ogyrven handeln. War Ogyrven ein geheimer Name Gottes (oder einer Göttin) für die mittelalterlichen Barden!

Das Dreiblatt-Symbol

Aber lass uns weiter durch das Dickicht reisen. Wenn Du Dir das Zeichen mit den drei Strahlen des Awen ansiehst, oder das Zeichen des Ogyrven, lautet die erste Frage, wo Du Ähnliches finden kannst. Nun gibt es da eine Anzahl von Werken der frühkeltische Kunst, die ein ziemlich ähnliches Muster zeigen. Die meisten stammen aus der späten Hallstattzeit mit ihrer charakteristischen Kunst und Ästhetik. Natürlich könntest Du argumentieren, dass es kaum wahrscheinlich ist, dass Symbole aus der Hallstattzeit im Geheimen von, sagen wir, 500 vor unserer Zeit bis ins Mittelalter hinein überlebt haben, um dann von einer Gruppe unternehmungslustiger, innovativer Barden wiederbelebt zu werden. Ich meine auch, dass das unwahrscheinlich ist. Doch nur zum Spaß hier weitere spekulative Anmerkungen, ich bitte darum, dass Du sie aufgeschlossen und kritisch betrachtest. Bitte sieh Dir die Illustrationen an. Ein wunderbares Beispiel für den dreifachen Strahl findet sich auf der Pfalzfeld-Säule. Diese Säule ist vierseitig und besteht aus rötlichem Sandstein. Sie stand ursprünglich vor der Kirche in Pfalzfeld, wo sie der Erosion ausgesetzt war und nach und nach zerfiel. Der Hauptteil befindet sich jetzt im Landesmuseum in Bonn. Wenn Du frühere Bilder der Säule betrachtest, wirst Du sehen, dass diese ursprünglich ein Obelisk von beachtlicher Höhe war. Ein Großteil der Spitze ist abgebrochen und verschwunden und Teile des Fundaments ebenfalls.

Den noch übrig gebliebenen Teil kann man in den meisten Büchern über keltische Kunst betrachten. Das Design dieser „phallischen" Säule, so kann man immer wieder lesen, zeigt den Kopf eines Mannes mit Bart auf allen vier Seiten. Der Kopf, so erklären die Wissenschaftler, ist mit einer Blütenkrone geschmückt und eingebettet in umfangreiche Blüten- oder Fischblasen-Ornamente – manche der etwas dumpferen Geister identifizieren die obskuren Formen sofort als Mistelblätter. Unterhalb des Kopfes befindet sich eine große Lilie, ein Kleeblatt, eine dreiblättrige Pflanze, die dem Awen-Zeichen sehr ähnlich sieht. Eine weitere scheint den oberen Teil der Säule geschmückt zu haben, was aber nicht sicher ist, da ja heute so viel fehlt.

Nun gibt es da eine Anzahl von Formen auf der Säule, die ständig ignoriert werden. Vielleicht haben die Wissenschaftler sich dieses Design nie in einem richtigen Trance-Zustand angesehen oder als sie berauscht waren (die Kelten haben das mit Sicherheit getan). Zum einen handelt es sich bei dem Kopf auf der Säule offensichtlich um einen abgeschlagenen Kopf. Das könnte sakrale Bedeutung haben, da der Kopf als der Sitz der Seele und der Kessel des Wissens galt.

Der verbreitete keltische Brauch der Kopfjagd und –verehrung ist gut belegt, und man könnte den Kopf auf der Säule in diesem Licht sehen. Wenn der Kopf abgeschlagen wurde, könnte das Dreiblatt am Hals auch drei Blutströme darstellen – oder was immer man bekommt, wenn man einen Kopf abschlägt. Das andere verborgene Bild könnte man als unterschwellig bezeichnen. Wenn Du Dich mit der keltischen Kunst beschäftigt hast, ist Dir vielleicht bewusst, dass man viele Gegenstände auf mehrere Arten betrachten kann. Es gibt beispielsweise Münzen, die abstrakte Köpfe zeigen. Wenn Du Dir dann das Haar dieser Figuren näher ansiehst, findest Du im Bild verborgene Hirsche oder Drachen. Das ist durchaus keine Ausnahme. Ein Großteil der keltischen Kunst ist dazu bestimmt, von verschiedenen Standpunkten aus betrachtet zu werden, um dann mehrere Bedeutungsebenen zu enthüllen. Vielfache Interpretationsmöglichkeiten sind genau das, was keltische Kunst so fruchtbar für die Phantasie macht.

Der Kopf auf der „phallischen" Säule ist zwar männlich, aber er ruht in einem Muster, das definitiv nicht nur aus Blättern und Blasen besteht. Bitte sieh Dir einmal das Muster an. Kannst Du die abstrahierte Frau sehen, die in dem Bild verborgen ist? Der Kopf des Mannes ruht zwischen ihren Schenkeln. Man könnte argumentieren, dass die Frau doch sehr abstrahiert ist, aber keltische Kunst kann sehr abstrakt sein, man muss sich nur mal ein paar Münzen ansehen. Ich habe mehreren Freunden dieses verborgene Bild gezeigt. Die meisten von ihnen konnten es am Anfang nicht sehen, aber einmal entdeckt, fanden sie es unmöglich, es zu ignorieren.

Und dann stellt sich wieder die Frage, was bedeutet denn der Kopf eines Enthaupteten zwischen den Schenkeln einer abstrahierten Frau! Ich persönlich glaube, dass das Bild eine Tod-und-Wiedergeburt-Szene zeigt und dass der Kopf in den Schoß/das Grab (Womb/Tomb) zurückkehrt, um auf der Erde reinkarniert zu werden. Impliziert ist vielleicht die Idee, dass die Inspiration (dargestellt durch das Awen-Zeichen) frei wird, nachdem der Kopf abgeschnitten wurde und der Verstorbene zur Quelle zurückgekehrt ist. Eine ähnliche Idee drückt die indische Göttin der Weisheit, Chinnamasta, aus, die sich selbst enthauptet. Drei Blutströme fließen aus ihrem Hals und nähren ihre Anbeter und die Göttin mit dem Elixier eines Selbst, befreit vom Ego.

Das klingt für die meisten Wissenschaftler reichlich übertrieben, ergibt aber für den Magier, der mit Todes- und Wiedergeburtsritualen, Todesstellungstrancen, Chöd-Selbstopfer-Ritualen und so weiter vertraut ist, durchaus Sinn. Viele Schamanen und Zauberer erleben ein simuliertes Todes- und Wiedergeburtsritual, sei es durch Trance, ein dramatisches Ritual, Hypnose, eine Drogenerfahrung oder Krankheit und Krise. Solche Erfahrungen neigen dazu, die rigiden Glaubensstrukturen aufzulösen, mit denen sich das Ego gefestigt hat, und wenn das Ego stirbt oder vorübergehend außer Kraft gesetzt wird, erhält das Selbst eine Chance, die Welt und seine Persönlichkeit neu zu erschaffen. Es ist sehr wahrscheinlich, dass Gwions Initiation, wie sie im *Hanes Taliesin* beschrieben wird, ein entstellter Bericht über so ein Initiationsritual ist. Dass Tod und Erschöpfung viel mit dem Awen und der Inspiration zu tun haben, ist ziemlich offensichtlich. Viele Künstler brauchen Phasen der Krise, Auflösung oder Erschöpfung, bevor ihr Geist leer genug ist, um einen neuen Impuls zu empfangen. Austin Spare schuf einige seiner besten Bilder, nachdem er seinen eigenen Tod in einem Tieftrance-Stadium simuliert hatte,

und benutzte diese Meditation regelmäßig, um seine Kreativität zu stimulieren. Andere glauben, dass regelmäßiges Sterben die Gesundheit und Vitalität verbessert… mehr darüber findest Du in dem Kapitel „der ewig hungrige Kessel".

Die Pfalzfeld-Säule ist einzigartig, aber das Bild des Kopfes kehrt auch in anderen Kunstwerken wieder. Du hast wahrscheinlich schon von den Ausgrabungen auf dem Glauberg gehört. Der Glauberg ist ein Hügel, der sich inmitten der fruchtbaren Landschaft der hessischen Wetterau erhebt, etwa 20km entfernt von Frankfurt. Der Hügel ist langgestreckt und flach und wurde bereits seit der Neusteinzeit als Siedlung oder Festung benutzt. Während der Hallstattzeit war er ein wichtiger Sitz der Macht. Da über die Jahrhunderte so viele Leute dort gelebt haben und Bauaktivitäten bis ins Mittelalter hinein fortdauerten, konnten nur wenige keltische Gegenstände zu Tage gefördert werden, bis eines schönen Tages Luftbilder den vagen Umriss eines Grabhügels unter einem Feld in der Nähe andeuteten. Generationen von Bauern hatten erfolgreich den Hügel in den Boden eingepflügt, so dass seine Existenz nur von oben zu erkennen war. Der Hügel enthielt mehrere Gräber und war von einem System von Gräben umgeben. Eine der Leichen trug einen zeremoniellen Torque (Halsreifen), der drei Zapfen hatte, die sehr ähnlich wie das Awenzeichen aussahen. Der Gegenstand war aus Gold, aber so fragil, dass er aller Wahrscheinlichkeit nach nie zu Lebzeiten getragen worden war. Grabbeigaben aus Gold von großer Schönheit, aber geringer Stabilität findet man oft in Grabhügeln der Hallstattzeit – ein gutes Beispiel dafür sind die goldenen Ornamente auf den Schuhen des Hochdorffürsten, die das Laufen nicht überstanden hätten. Ein anderer Gegenstand, den die Archäologen

ausgruben, war eine lebensgroße Sandstein-
figur eines Mannes (oder Gottes?), der dem
Pfalzfeld-Kopf ziemlich ähnlich sieht. Das
Gesicht ist sehr ähnlich, und an der Kehle
finden wir die vertrauten drei Rauten. Auf
dem Kopf trägt er eine Krone oder bizarre
Kopfbedeckung, die aussieht wie die „Schenkel" auf der Pfalzfeld-Säule. Während manchen Wissenschaftlern nichts Besseres einfiel, als sie als zwei (gigantische) Mistelblätter zu interpretieren, identifizierte die Presse
sie sofort als Mickeymausohren. Die Figur
trägt eine Blütenkrone auf der Stirn und Ornamente auf dem Hinterkopf; die bizarren
„Ohren" der Kopfbedeckung sind zwar groß,
aber sehr schmal, wenn man sie von der Seite betrachtet. Vor den Körper hält die Figur
einen kleinen stilisierten Schild und trägt ein
Schwert an seiner Seite; Letzteres ist klein,
behindert nicht und wird an der rechten Kör-
perseite getragen.

Es handelt sich nicht gerade um eine kriegerische Erscheinung, was zu dem passt, was
wir über die Zeit wissen, denn die Kelten
der späten Hallstattzeit scheinen friedliche
Vorstellungen von der Anderswelt gehabt
zu haben. Die meisten Adligen wurden ohne
Waffen begraben, was auf einen Glauben an
eine Anderswelt hindeutet, in der kein Bedarf für Kämpfe besteht. Du wunderst Dich
vielleicht auch über die massiven Beine. Sie
sind sicherlich nicht sehr ästhetisch, aber sie
erfüllten ihren Zweck. Die Glauberg-Statue und ihr Gegenstück mit den massiven
Schenkeln aus Hirschlanden konnten ohne
zusätzliche Stützen stehen. Vergleiche das
mit den römischen Statuen der gleichen Zeit,
die meist eine Stütze irgendeiner Art brauchten, damit sie nicht umfielen.

Aller Wahrscheinlichkeit nach schmückte die Statue ursprünglich die Hügelkuppe.
Sie stand allerdings nicht lange im Freien,
da nur wenige Spuren von Erosion zu beo-

bachten sind; möglicherweise wurde sie im
Graben seitlich des Hügels verborgen, wo
die Ausgräber sie dann fanden („noch so
ein blöder Stein!") Als die Glauberg-Statue
gefunden wurde, begannen die zuständigen
Wissenschaftler sofort zu spekulieren, die
Statue könne das Abbild des dort begrabenen Edelmanns sein. Dass ein sehr ähnlicher
Gegenstand im fernen Pfalzfeld existierte
und ein ähnliches Fragment eines Kopfes in
Heidelberg gefunden worden war, focht sie
nicht an. In diesen Gegend hatte der Fürst
vom Glauberg definitiv nicht geherrscht,
warum hätten also die Ortsanwohner ein
Bild von ihm aufstellen sollen? Heute ist diese begeisterte Interpretation ein bisschen ins
Wanken geraten, da man am Glauberg Fragmente von noch mehreren anderen Statuen
gleichen Aussehens gefunden hat. Nicht zu
reden davon, dass die Kopfbedeckung auch
bei ein paar Gegenständen zu sehen ist, die
im Grabhügel von Waldalgesheim in der
Nähe von Mainz gefunden wurden. Das
weist auf eine verbreitete religiöse Tradition
hin, nicht auf Personenkult um ein spezielles
Individuum. Offensichtlich war eine Gestalt
mit drei Strahlen oder Blättern an der Kehle,
einer mit Blättern verzierten Stirn und einem
bizarren Kopfschmuck ein verbreitetes Motiv in der späten Hallstattzeit. Auf der Pfalzfeld-Säule sieht man die Person / das Wesen
/ den Gott in enthauptetem Zustand, bei der
Glaubergstatue hat der Träger seinen Kopf
noch, obgleich bereits Vorzeichen für das,
was kommen wird, zu sehen sind.

Ich würde natürlich nicht im Traum daran denken, eine Meinung dazu abzugeben,
ob es sich bei der Figur nun wirklich um einen Edelmann, eine Gottheit oder irgendeine herausgehobene Persönlichkeit handelt
wie beispielsweise einen Priester oder Poeten. Ich habe da einen Verdacht – seltsame
Dinge geschehen, wenn man die Symbole

als Tore für Astralprojektion verwendet oder die Gottform der Statue annimmt – aber es wäre nicht fair, Dich damit zu belasten. Viel besser ist es, wenn Du Deine eigenen Forschungen und Träume pflegst. Die Blätter auf der Stirn erinnern Dich vielleicht an Taliesin mit der hellen, leuchtenden oder kostbaren Stirn; man denkt unwillkürlich an die Blätterkränze, die die Dichter der Antike getragen haben.

Und während wir noch am Träumen und Spekulieren sind, lass mich eine andere Frage stellen. Das Dreiblatt-Symbol an der Kehle der Figur sieht ein bisschen wie eine Lilie aus. Du bist vielleicht mit diesem Zeichen vertraut, es ist beispielsweise als die Lilie von Frankreich bekannt und wird von allen möglichen Leuten benutzt, inklusive Pfadfindern. Was bedeutete dieses Zeichen in der Hallstattzeit? Wir haben keine Möglichkeit, uns zu vergewissern. Es könnte von Interesse sein, dass es eventuell mit Berauschung zu tun hat. Gräber im berühmten Dürrnberg bei Hallein enthielten Tonkrüge, die mit etwas gefüllt waren, was wahrscheinlich Met war (S. 283). Wenn Du diese Krüge als Figuren visualisierst, findest Du drei große Awen-Rauten, die aus dem Hals/Torque kommen. Hier besteht ein Zusammenhang mit dem Sitz der Sprache (der Kehle), die es dem Awen erlaubt, sich in frei fließender Poesie zu manifestieren, und dem berauschenden Getränk.

Weitere Unterstützung findet diese Idee in einer der Schnabelkannen vom Glauberg-Hügel. Auf einem Foto könnte man das nicht sehen, aber wenn man vorsichtig das Ende der Tülle untersucht, findet man ein feines Kleeblatt-Symbol, über das der geschätzte Met floss, wenn man ihn in ein Trinkgefäss goss.

Was hältst Du von dieser Theorie? Und wenn wir schon mal dabei sind, möchte ich noch etwas wirklich Bizarres anfügen. Hier eine Synchronizität, die von der Art von Geistern bewirkt wird, die wissen, für was für Dinge ich mich interessiere. Erst kürzlich, als ich Legenden aus dem Frankfurter Raum erforschte, stolperte ich über die Geschichte von Doktor Faust. Faust war, wie Du sicher weißt, keine Erfindung von Goethe, sondern eine historische Persönlichkeit, die einem Großteil ihres Lebens damit verbrachte, durch Europa zu tingeln, Zaubermittelchen zu verkaufen, Geschichten zu erzählen und naive Leute über's Ohr zu hauen. Nun, die Legende sagt, dass Doktor Faust eines Tages nach Frankfurt kam. Als er durch die Markthallen wanderte, hörte er ein paar Leute Klatsch austauschen. Es seien drei mächtige Magier in der Stadt, sagten die Händler, die Quartier genommen hatten im Gästehaus in der Nähe der Judengasse. Jeden Tag würden sie dem Publikum erlauben, an einem seltsamen Ritual teilzunehmen. Das reichte, um Doktor Faust zu ärgern, der nie glücklich war, wenn andere Zauberer erwähnt wurden.

So eilte Faust früh am nächsten Morgen zu der Vorstellung. Die drei Zauberer hatten ihr Quartier in einem großen, aufwändig ausgestatteten Raum aufgeschlagen und wollten sich gerade rasieren lassen, als Faust ankam. Zu diesem Zweck hatten sie einen Barbier engagiert, und alle Türen und Fenster waren weit offen, so dass das Volk hereinkommen und zusehen konnte. Dann nahm einer der drei Platz. Ein anderer ergriff ein großes Schwert, das er mit großer Leidenschaft schwang, und schlug seinem Kollegen den Kopf ab. Als der Körper zusammenbrach, ergriff der Barbier den Kopf, stellte ihn auf einen Tisch und begann, ihm den Bart zu scheren. Dann schnitt er das Haar und knetete die Wangen, damit sie fröhlich und lebhaft aussahen. Und schließlich gab er den Kopf dem, der das Schwert geschwungen hatte, zurück, der ihn wieder seinem

Eigentümer auf den Hals setzte – und, Wunder über Wunder, der tote Mann wurde wieder lebendig und war sowohl gut gelaunt als auch sauber rasiert.

Faust sah diesem Zauberkunststück mit schlecht verhülltem Neid zu. Da fiel ihm etwas noch Ungewöhnlicheres auf. Sobald einer der Magier den Kopf verlor, erschien eine Lilie in einer Wasserschüssel, die auf dem Tisch stand. Wenn der Kopf dann wieder aufgesetzt und der Magier wieder lebendig wurde, verschwand die Lilie. Das weckte natürlich Fausts Neugier. Als der nächste Magier enthauptet und rasiert wurde, näherte sich Faust vorsichtig dem Tisch und schnitt den Stengel der Lilie in der Schüssel durch. Niemand bemerkte das, aber als die Zauberer versuchten, den Kopf wieder aufzusetzen, fiel er immer wieder herunter. Da erkannten sie, dass jemand im Publikum ihr Spiel durchschaut hatte und entschuldigten sich demütig dafür, dass es ihnen nicht gelungen war, zu erkennen, dass ein anderer Zauberer anwesend war.

Faust, der sehr stolz auf sich war, entkam ungesehen. Was diese Geschichte so interessant macht, ist die Art, in der sie das Symbol der Lilie mit der Enthauptung verknüpft. Die Lilie, so sagt der Text, war ein Symbol des Lebens, insbesondere des ewigen Lebens; deshalb konnte der Kopf, als Faust den Stengel der Lilie durchschnitt, nicht wieder lebendig werden.

Die Gottheit der Poeten

Nachdem wir uns nun die Musen angesehen haben, die die britischen Barden verehrten, könnte es vielleicht nützlich sein, mal einen Blick über den irischen Kanal zu werfen und zu fragen, ob die Filid vielleicht auch eine Dichtergottheit verehrten. Die Antwort ist viel einfacher als für Britannien und Wales. Zunächst einmal wäre es hilf-

reich, einen Blick auf die Tuatha de Danann zu werfen. Im vorchristlichen Irland wurde eine ganze Reihe von Göttern angebetet und mit Opfern verehrt. Dann schob der heilige Patrick solchen Festivitäten einen Riegel vor und brachte den Leuten bei, vor ihrem Gott zu knien und zu kriechen. Die Filid akzeptierten diese Konversion, aber als Hüter der Geschichte vergaßen sie nicht, dass vor der Ankunft des strahlenden Christus die Dinge anders gewesen waren. In ihren Legenden gedachten sie der heidnischen Götter. Es handelt sich im Wesentlichen um eine Gruppe von Gestalten oder eine Familie, die den Leuten als das Volk der Göttin Dana(nn) bekannt waren. Hier gibt es eine erste Querverbindung zum Glauben der britannischen Kelten: Im *Mabinogi* entstammt eine Anzahl halbgöttlicher Personen (Gwydion, Govannon, Arianrod) der Familie Dons.

Es gab mehrere faszinierende Götter im alten Irland. Es würde den Umfang dieses Buches problemlos sprengen, wenn ich sie alle vorstellen wollte, daher überlasse ich es Dir, selbst nachzulesen und über sie nachzudenken. Es genügt zu sagen, dass die Wissenschaftler des 19. Jahrhunderts eher übereifrig waren, was ihre Behandlung der Tuatha De angeht. Es ist die leichteste Sache der Welt, einfach zu verallgemeinern, dass alle Mitglieder einer göttlichen Familie automatisch altkeltische Götter sind. Die moderne Forschung weist darauf hin, dass die Dinge etwas komplizierter liegen. Ja, es gibt da einige Kandidaten unter den Tuatha De, die eng mit den Göttern der Briten oder sogar noch früher den Göttern des alten Gallien verwandt waren. Der irische Schmied der Götter, Goibniu, hat ein britannisches Gegenstück im Meisterschmied Govannon, dem Sohn der Don (in dessen Festung Taliesin einige seiner Einweihungen empfing), und in der gallischen Welt wurde der Name

*Goban- latinisiert als der populäre Gott Volcanus. Goban (wörtlich: Schmied) war ein beliebter Name im alten Gallien. Als Archäologen den frühmittelalterlichen Schrein des St. Gobnet in Ballyvourney, County Cork, ausgruben, fanden sie ein komplexes präindustrielles Gelände darunter, das mindesten 137 Schmieden enthielt (Hutton).

Der strahlende Lugh der Iren, ein Gott der Schlauheit, Geschicklichkeit und von herausragenden Fertigkeiten in vielen Handwerken hat ein blasses Gegenstück im britischen Lleu, dem Ziehsohn Gwydions. In ähnlicher Weise hat der irische Gott des Meeres, Manannan, ein Gegenstück im britischen Manawyddan, dem Sohn des Llyr. Die letzeren beiden können aber nicht nur als Beispiel für Götter dienen, die in Menschengestalt überlebt haben. Bei genauem Hinsehen kann man auch beobachten, dass die irische und britische Version nur sehr wenig gemein haben. Der irische Manannan ist ein Gott des großen Ozeans, der in seinem verzauberten Streitwagen über die Wellen fährt. Der britische Manawyddan dagegen ist ein übermenschlicher Zauberer, kein Gott, und er hat fast nichts mit dem Meer zu schaffen. Der Lugh der Iren ist ein Anführer der Götter, ein Halbriese und ein Trickster. Lugus war auch eine wichtige Gottheit bei den Kelten von Noricum und wurde in mehreren Orten auf dem Kontinent verehrt. Vielleicht war er dort ein ähnlicher Gott, vielleicht aber auch nicht, denn, tut mir furchtbar leid, wenig von seinen Mythen oder Ritualen ist bekannt. Ein seltsamer Mythos vom Vogelsberg in Hessen behauptet, dass die dortigen Bewohner einen Gott namens Heillug verehrten, der in Gestalt eines Götzen mit einem kupfernen Stierkopf verehrt wurde. Nachts wurde ein Feuer in seinem Kopf angezündet, so dass seine Augen leuchteten. Weder der irische Lugh noch

der walisische Lleu haben irgendetwas mit Stieren zu tun, aber da ihre Namen so etwas bedeuten wie Licht oder „scheinen", könnte der leuchtende Götze sehr wohl der gleichen Wurzel entstammen.

Lleu in Wales ist ein begabtes menschliches Wesen mit einigen übernatürlichen Eigenschaften und ein paar interessanten Problemen mit Frauen. Sein einziger Beitrag zu göttlichem Verhalten besteht darin, dass er sich, als er mit einem vergifteten Speer verwundet wird, in einen Adler verwandelt und wegfliegt in die Anderswelt. Dort lässt er sich auf einer Eiche nieder und verwest, bis sein Onkel Gwydion, von einer hungrigen Sau geführt, kommt, um ihn zu retten. Wenn man sich auf die Suche macht nach Göttern, die dem irischen Lugh ähnlicher sind, wird man leichter fündig bei den skandinavischen Trickster-Göttern Loki und Odin. Gar nicht zu reden davon, dass die engste Parallelgestalt zu dem britischen Halbgott Gywdion, Sohn von Don, der bekannte germanische Wodan/Odin ist, der Gott der Zauberei, des Zorns, der Ekstase, der Listen und der Illusion. Der langobardische Autor Paulus Diaconus hielt fest, dass die Germanen (in diesem Fall wahrscheinlich die Alemannen und Bajuwaren) Wodan verehren, der von den Römern Mercurius genannt wird, und zwar unter dem Namen Gwodan. Von Gwodan zu Gwydion ist es nicht weit, besonders, wenn man bedenkt, dass beide mit Zauberei, Zaubersprüchen, Magie, Beredsamkeit, Gestaltwandel und so weiter in Verbindung gebracht werden. So kann man sehen, dass es da mal eine Verbindung gab, oder einen gemeinsamen Ursprung, oder vielleicht einen kulturellen Austausch, und dass zu der Zeit, als die Mythen aufgeschrieben wurden, das Wesenliche in Vergessenheit geraten war.

Dann gibt es da noch die Tatsache, dass viele der Tuatha De nur sehr wenige, wenn überhaupt irgendwelche göttlichen Eigenschaften aufweisen. Und was noch schlimmer ist, die Geschichten, die von den Filid gesammelt wurden, haben etwas leicht Gekünsteltes an sich. Sie wirken nicht wie präzise Aufzeichnungen über einen älteren Glauben, sondern eher wie die Versuche eines talentierten Historikers, eine heidnische Mythologie aus vielen Bruchstücken zu konstruieren. Im Fall der *Prosaedda* finden wir etwas Ähnliches, was der gebildete Snorri im mittelalterlichen Island zusammengetragen hat, um einen Bericht über den Glauben seiner vorchristlichen Ahnen zu liefern.

Die Fragezeichen, die die Geschichten über die Tuatha De hinterlassen, sind so zahlreich geworden, dass eine Anzahl von Wissenschaftlern spekuliert, die Tuatha De Danann seien vielleicht überhaupt keine Götter gewesen. Um eine Religion zurück zu verfolgen braucht man Götter, man braucht aber auch Hinweise darauf, dass die Götter angebetet wurden, dass man ihnen Opfergaben darbrachte, dass es Rituale irgendwelcher Art gab oder dass die Leute sie um Hilfe baten. Bei den meisten der Tuatha De fehlen die Hinweise darauf, und es würde mich gar nicht überraschen, wenn sie einfach erfunden worden wären, um ein paar gute Geschichten erzählen zu können. Andererseits gibt es bei einigen der Tuatha De Hinweise darauf, dass sie in Verbindung mit einer Religion standen. Für den Anfang können wir einmal in Cormacs Berichte hineinschauen. Der gute Bischof hielt fest, dass Danu, oder Anu, die *Mater Deorum Hibernensium* ist, d. h. die Mutter der Götter Irlands. Der *Coir Anmann* (14. Jahrhundert) bezeichnet sie als Fruchtbarkeitsgöttin, der die Provinz Munster ihren Reichtum verdankt. Hier sind wir vielleicht einer indo-europäischen Göttin auf der Spur. In der indischen *Rigveda* kommt eine Göttin Danu vor,

deren Name als „Strom" oder „Wasser des Himmels" übersetzt werden könnte. Damit in Beziehung steht vielleicht die Donau, der Don, der Dnepr und der Dnestr in Russland und der britische Don. Dann gibt es da die keltische Göttin Arduinna, die die Patronin der Ardennen war und die die Römer mit der jungfräulichen Jägerin Diana identifizierten. Die Mutter Danu (oder später Danann) könnte gut eine frühere Göttin sein. Ihr Volk wurde mehrfach nachgewiesen. Tuan der Gestaltwandler hielt fest, dass die Tuatha De Danann vom Himmel kamen: *Aufgrund ihrer Intelligenz und ihres überragenden Wissens.* Das macht sie zu Außerirdischen. Andere Autoren waren da vorsichtiger und behaupteten, das Volk der Danu sei aus Spanien, aus dem Süden, aus Skythien, aus Dänemark und von anderswo gekommen. Die meisten Filid beziehen sich nicht auf die Tuatha De als Gottheiten, sondern verleihen ihnen eine halbgöttliche Rolle. Ein Schreiber aus dem 15. Jahrhundert erwähnt, die Tuatha De seien verehrt worden (s. Rees) und ein Poet um das Jahr 1000 unserer Zeit herum schrieb, dass er, obwohl er sie aufzählt, sie nicht verehrt, was ja ein Hinweis darauf ist, dass manche Leute das offenbar taten.

Es könnte interessant sein, hier mal einen Blick auf eine wenig bekannte Handschrift zu werfen. Es nennt sich *Eine Tuath De Sammlung*, beruhend auf Versionen aus dem *Lebar Gabala*, übersetzt von John Carey und datiert auf ca. 1100 unserer Zeit. Der kurze Text listet die Angehörigen der Tuatha De Danann auf und verrät uns in Zeile 11: *Dies waren die Tuatha De, die Kunstfertigen waren Götter, während die Bauern keine Götter waren.* Das war zwar nicht besonders nett für die Bauern, aber es zeigt, dass schon um 1100 herum manche Leute sich der Tatsache bewusst waren, dass die traditionellen Listen der Tuatha De Götter und Nichtgötter enthielten.

Werfen wir nun einen Blick auf die am besten bekannte heidnische Göttin Irlands. Es handelt sich um die gesegnete Brigid, Brighit, Brighid, Bride. Der Name stammt von einer älteren Form, *Briganti, her, was hoch, erhaben oder strahlend bedeutet. Der Titel wurde möglicherweise von mehreren keltischen Göttinnen geführt. Die Sammlung führt sie gleich ein in Zeile

1. Brigit die Dichterin, Tochter des Dagda. 2. Mit ihr waren Fe und Men, die Könige der Ochsen, nach denen Femen benannt ist. 3. Mit ihr war Triath, der König der Eber, nach dem Treithirne benannt ist. 4. Mit ihr wurden die drei Stimmen des Teufels gehört nach seiner Ankunft in Irland: Pfeifen und heulen und schreien.

Es sagt sicherlich eine Menge, dass der Poet, der die Sammlung verfasste, Brigit als erste von allen Göttern nannte. Sie war für ihn eine besondere Göttin, und das trifft auch auf viele Filid zu. Hier haben wir wieder das Wort Cormacs, der in seinem *Glossar* schrieb:

Brigit: eine Göttin, die die Filid anzubeten pflegten... von daher pflegten sie sie Dea Poetarum zu nennen, und ihre zwei Schwestern, die ebenfalls Brigit hießen, zeichneten sich in der Heilkunst und der Schmiedekunst aus.

Cormac ist ein hervorragender Zeuge, da er Fili, Geschichtsschreiber, ein frommer christlicher Bischof und ein Aristokrat war.

Als solcher hatte er Zugang zu großen Teilen des alten Wissens. Wenn er bereit ist, Brigit als Göttin zu bezeichnen, und zugibt, dass sie verehrt wurde, dann heißt das sicherlich etwas. Seine Zeilen waren dienlich, um Brigit als dreifache Göttin zu identifizieren. Robert Graves benutzte das und eine falsch übersetzte Zeile, die behauptete, sie sei eine Göttin aller Iren gewesen, um seine persönliche Vision einer dreifachen Mondgöttin zu etablieren.

In Graves *Die weiße Göttin* findet man eine Menge Material über Brigit, das die Filid wirklich sehr überrascht hätte. Ich erwähne das, weil Graves einen immensen Einfluss auf das frühe Wicca hatte. Leider ist seine *Weiße Göttin* voller gravierender Fehler. In Graves Version ist Brigit eine dreifache Göttin. Aber anders als in Cormacs Bericht stellt Graves sie nicht als Dichterin, Schmiedin und Heilerin dar (also erwachsene berufstätige Frauen) sondern vermischt sie mit den Matronen, den dreifachen Muttergöttinen, die von den Rheinland-Kelten favorisiert wurden, und seinen eigenen delirierenden Vorstellungen von nahöstlichen Mondgottheiten. Ein Ergebnis davon ist, dass seine dreifache Brigit in den Rollen von Jungfrau, Mutter und altes Weib erscheint (um Astrid zu zitieren: die drei Zeiten im Leben einer Frau, zu denen sie am wenigsten Spaß hat). Heute gehört dies zum Glauben der Wicca und ähnlicher neuheidnischer Kulte, aber es gibt kein Fitzelchen eines Beweises, der zugunsten dessen spräche. Wir können nicht einmal sicher sein, dass Brigit tatsächlich eine dreifache Göttin war. Ronald Hutton zitiert

---

Zwei Gegenstände aus dem Grab der „Dame von Reinheim"

Saarland, Deutschland, 370 – 320 vor unserer Zeit.

Oben: Bronzespiegel mit Kopf, Durchmesser 18,9cm.

Unten: Bronzekrug, mit einem Pferd mit Menschenkopf gekrönt, Höhe 51,5cm.

ein mittelalterliches Inventar an Heiligen, in dem zehn verschiedene Brighits aufgeführt werden, zwölf Brigs und drei, die als beides bekannt waren. Andere Dokumente liefern eine Brig Ambue, eine Göttin der Gerechtigkeit, und Brig Briugu, die Spenderin.

Mit ihnen verwandt oder vielleicht auch nicht ist die britannische Göttin Brigantia, verehrt vom Stamm der Brigantes und vielleicht in Beziehung zu den Flüssen Brent und Braint stehend. Die Briganten waren ein nordbritisches Volk, dessen Geschichte flüchtig in Tacitus' *Annalen* erwähnt wurde. Nach der römischen Invasion im Jahr 43 unserer Zeit kollaborierte ihre Königin Cartimandua mit den Eroberern. Diese freundliche Haltung scheint nur ein paar Jahre gedauert zu haben, denn zwischen 48 – 69 unserer Zeit finden wir die Briganten im offenen Krieg mit den Römern. Es existieren nur sieben Inschriften für sie, von denen zwei sie als Göttin des Sieges bezeichnen. Als solche wurde sie in Gestalt von Minerva/Athene dargestellt (s. Illustration). Kann eine Kriegsgöttin als Göttin der Dichter fungieren? Geoffrey von Monmouth fand offensichtlich, dass das möglich sei, als er schrieb, Taliesin sei von Minerva unterrichtet und inspiriert worden. Als bei den Iren das Christentum eingeführt wurde, wurde die frühere heidnische Göttin Brigit, über die wir so wenig wissen, in mehrere christliche Heilige umgewandelt. Die berühmteste von ihnen soll im 5. Jahrhundert gelebt haben; sie muss eine Zeitgenossin des heiligen Patrick gewesen sein. Ihre Heiligenlegende sagt, die Dame sei die Tochter einer Sklavin gewesen, die in der Festung eines Häuptlings namens Dubhthach arbeitete. Letzterer hatte Brigit gezeugt, und als das Kind geboren war, ließ er sie von einem Druiden erziehen. Trotz des Amtes ihres Pflegevaters wollte die junge Brigit getauft werden, und offenbar erlaubte der Druide das. Als sie

älter wurde, wurde sie dafür bekannt, dass sie den Armen und Bedürftigen Geschenke gab. Ihr Vater Dubhthach ärgerte sich so über diese Gewohnheit, dass er versuchte, sie an den König von Leinster zu verkaufen. Das *Leabhar Breac* gibt die Szene folgendermaßen wieder:

Es sprach Dubhthach zu Brigit: „Nicht zu Deiner Ehre oder Gunst wirst Du in einem Wagen gefahren, sondern um dich zu König Dunlang Mac Enda, dem König von Leinster, zu bringen, für den Du das Korn mahlen sollst." Als sie zur Festung des Königs kamen, ging Dubhthach zum König, und Brigit blieb in ihrem Wagen an der Pforte der Festung. Dubhthach hatte sein Schwert im Wagen bei Brigit gelassen. Ein Aussätziger kam zu Brigit und bat um Almosen. Da gab sie ihm Dubhthachs Schwert.

Als er zurückkam, um sie zu holen, sah Dubhthach, dass sein Schwert fehlte, und hatte einen Wutanfall. König Dunlag allerdings war vernünftiger. Zuerst weigerte er sich, sie zu kaufen, weil er fürchtete, sie würde seine Güter noch rascher verschenken als die ihres Vaters. Aber als er das Mädchen prüfend ansah, erklärte er, *ihre Verdienste seien vor Gott höher als vor den Menschen.* So wurde Brigit aus der Sklaverei befreit und erhielt die Erlaubnis des Königs, ein Nonnenkloster zu gründen. Sie wählte die Ebene von Kildare, wo sich eine berühmte Pferderennstrecke befand, und die Gebäude wurden nah bei einer alten Eiche erbaut. Örtliche Legenden bringen sie mit der Pferderennbahn in Verbindung und beschreiben, wie sie mit ihrem Streitwagen über die Ebenen fuhr. Das passt sehr nett zu einer lokalen Tradition, der zu Folge Brigit in Zeiten des Kriegs als zornige Kriegsgöttin erscheinen und die Ortsanwohner zum Sieg führen würde. Die Chronologie der heiligen Brigit sagt, sie sei ca. 467 Nonne geworden. Ihre Heiligenlegende sagt, dass sie den heiligen Patrick einmal getroffen habe, als er gerade eine Non-Stop-Predigt hielt, die drei ganze Tage und Nächte dauerte. Während des Ereignisses schlief sie ein, und während der heilige Mann predigte, hatte sie eine Anzahl prophetischer Träume. Dabei ging es um weiße, dunkle und schwarze Ochsen in den Kornfeldern, wilde Tiere wie Hund und Wölfe, die miteinander kämpfen, und, in einer anderen Version, eine komplizierte Versammlung von Sämännern und Pflügern, die ihre hochgradig symbolische Arbeit verrichteten. Nachdem sie aufgewacht war, entschuldigte sie sich dafür, dass sie eingeschlafen war. Der heilige Patrick bat aber darum, ihre Träume erzählt zu bekommen, und erklärte, sie habe das künftige Schicksal und den Untergang der irischen Kirche vorhergesehen.

Diese Geschichte ist zwar voller christlicher Elemente, enthält aber ein heidnisches Motiv. Es handelt sich um den Glauben an Orakel in Form von Träumen. Wenn wir dem Manuskript trauen dürfen, wurde ein Ritual der Trauminkubation verwendet, um die Könige von Irland zu wählen (s. im Kapitel über Divination), und hier haben wir die heilige Brigit, Patronin und Göttin der Dichter, die eine Tieftrancevision hat, nachdem sie durch eine monotone, lange Predigt hypnotisiert war.

In ihrem Kloster in Kildare hatte die heilige Dame Einrichtungen für Christen beiderlei Geschlechts. Schon bald wurde die religiöse Gemeinschaft ein so einflussreiches Zentrum, dass rund herum eine große Siedlung entstand. Es gab sogar eine Schule für Schmiedekunst, die unter dem Schutz der guten Heiligen stand – vielleicht eine Erinnerung an die Verbindung der Göttin zu den Schmieden.

Als Sankt Brigit 525 starb, war ihr Ruf überall in Irland etabliert, und bis zum heutigen Tag ist sie im irischen Christentum so wichtig wie die Jungfrau Maria, wenn nicht gar wichtiger. Bevor wir uns die Folklore ansehen, möchte ich gern erwähnen, dass es seine Legende gibt, die uns berichtet, dass ein Flammenstrahl aus Sankt Brigits Kopf schoss. Das ist nicht weit entfernt vom Feuer der Inspiration, das im Kopf so manches Poeten brannte. Feuer wird oft mit ihr assoziiert. Wir finden Feuer in der Schmiedekunst, und es wird eine Legende von Gerald von Wales erzählt, die besagt, sie habe ein ewiges Feuer ohne Asche gehabt, das durch Fächer und Blasebälge angefacht und von zwanzig Nonnen bewacht wurde, von denen sie eine war. Und Feuer steckt in der Kunst der Poeten. Nede verkündete, er singe geradewegs aus dem Herzen des Feuers.

Wenn wir Carmichaels *Carmina Gadelica* konsultieren, finden wir Hinweise auf die gesegnete Bride in Dutzenden von Zaubern, Segenssprüchen und volkstümlichen Bräuchen Schottlands. Sie erscheint oft in Gesellschaft der Jungfrau Maria, und eine Legende berichtet, sie sei ihre Hebamme gewesen. Bride war berühmt für zahlreiche verzauberte Gegenstände, wie beispielsweise einen leuchtenden Stab. Dabei handelte es sich für gewöhnlich um einen Stab aus geschälter Birke, Besenginster, Brombeerholz, Silberweide, sehr ähnlich den weißen Stäben, die den irischen Königen bei ihrer Inauguration ausgehändigt wurden, als Symbol dafür, dass ihre Herrschaft geradlinig und friedlich sein sollte. Volkstümliche Zauber erwähnen auch ihren Mantel, ihre Lorica, ihren Brustpanzer und ihr Bett. Im Volksglauben stand Bride allen Handwerken vor, allen Künsten, aller Schönheit, und ihre Herrschaft erstreckte sich von unterhalb des Himmels bis unter das Meer. Bei einer Geburt segneten die

Highlander die Stirn des Neugeborenen mit den drei Tropfen der Bride, eine interessante Parallele zu den drei Tropfen von Ogyrvens Awen, das aus dem Kessel spritzt.

Und dann gibt es da die Feste Brides zu Imbolc (wortwörtlich: in Milch, d. h. die Jahreszeit, zu der die Mutterschafe Milch geben, ein Zeichen dafür, dass bald junge Schafe geboren werden und der Frühling beginnen würde. Imbolc, am 1. (oder 13.) Februar war das symbolische Ende des gä-lischen Winters und Frühlingsanfang. Sein katholischer Name, Lichtmess, bringt es mit ihrer feurigen Natur in Verbindung. Und man braucht ganz ordentlich Feuer, um den gälischen Winter zu zähmen, *das tote Viertel des Jahres.* Es handelt sich hier nicht um den sanften Frühling des Mittelmeerraums, son-dern den zäh um Durchsetzung kämpfenden Frühling eines Volkes, das bis Ende April mit schweren Schneefällen rechnen darf.

Statue der Brigantia

3. Jahrhundert unserer Zeit, Birrens, Dumfriesshire, Britannien. Das Bild ist eine ziemlich genaue Kopie der Göttin Minerva/Athena, komplett mit Mantel, Helm, Speer und furchterregendem Medusenhaupt. Wäre nicht die Inschrift, wüßten wir nicht einmal, daß hier eine keltische Göttin gezeigt wird.

Ritual:
Brides Bett

In der Nacht vor Imbolc pflegten die Highlander ein Bett für Bride vorzubereiten. Es handelt sich um ein bezauberndes Ritual, und vielleicht möchtest Du es auch einmal durchführen. Es existieren viele Variationen davon in Schottland und Irland; hier eine durchführbare Zusammenfassung. Im Allgemeinen machten die alten Frauen in der Nacht vor Brides Tag (heute die Nacht vor dem 1. Februar) eine Figur von Bride. Sie konnte aus einer kunstvoll geflochtenen Korngarbe bestehen, mit Stücken von Tuch bekleidet werden oder auch aus Hafer geformt werden. Du könntest eine Bride aus Hafergrütze herstellen oder Mehl und Wasser verwenden, was eine weichere Oberfläche ergibt – wenn Du etwas wirklich gut Formbares möchtest, versuch es mit Marzipan. Die Bride wird auf ein geschmücktes Bett gelegt. Die alten Damen der Inseln verwendeten dazu ein wie eine Wiege geformtes Körbchen. Das Bett wurde liebevoll hergerichtet. Es enthielt bunte Bänder, die ersten Frühlingsblumen, Kristalle aus den Bergen und Muscheln vom Meer. Strohschmuck oder andere hübsche Sachen waren ein anderes populäres Element. Auf Brides Brust wird ein kleiner Kristall gelegt, falls verfügbar, oder eine helle Seemuschel, die man auch den *Leitstern Brides* nennt. Wenn die *dealbh Bride* (Ikone der Bride) bereit war, ging eine der Alten zur Tür und rief sanft in die Nacht hinaus: „Brides Bett ist bereit!" Eine andere, die hinter ihr stand, antwortete: „Lasst Bride herein, Bride ist willkommen." Dann rief die Frau an der Tür: „Bride! Bride, komm herein, Dein Bett ist bereit. Behüte das Haus für die Dreifaltigkeit." Dann legten sie den weißen (geschälten) Stab in Brides Hand. Und dann strichen sie die Asche am Herd glatt. Am nächsten Tag suchten sie sorgfältig nach Zeichen, die die Göttin hinterlassen hatte. Ein Abdruck des Stabs versprach Glück, aber eine Fußspur war noch besser. Wenn keine Zeichen gefunden werden konnten, musste die Familie Brides Gunst wiedergewinnen, indem sie nachts im Herd Weihrauch verbrannte und einen jungen Hahn lebendig in der Nähe des Zusammenflusses dreier Flüsse begrub – so berichtet es Carmichael.

Natürlich existiert das Ritual der Bride in zahllosen Variationen. In manchen Gegenden machten Frauen und junge Mädchen eine Figur von Bride aus Stroh und Bändern und führten sie einmal rund um das Dorf spazieren. Jedes Haus musste Bride ein Geschenk anbieten, seien es Lebensmittel, Getränke oder irgendwelche anderen schönen Dinge – eine Nadel, einen Kieselstein oder eine Blume. Nach dem Rundgang zogen sich die Frauen in ein Haus zurück, wo sie ein Festmahl für Bride vorbereiteten. Später kamen dann die Burschen vorbei und baten um Brides Erlaubnis, mitfeiern zu dürfen, und es wurde getrunken, getanzt und gesungen bis zum Morgen. In der Dämmerung wurde ein Kreis gebildet und eine Hymne gesungen, um den Tag der Nährmutter Christi zu begrüßen, und später wurden alle übrigen Lebensmittel an Bedürftige verteilt. Manche ließen Bänder aus ihren Fenstern hängen. Wenn Bride nachts an den Fenstern vorbeiging, berührte sie die Bänder. Wenn man eins davon um den Kopf band und betete, verschwanden Kopfschmerzen.

Die persönliche Muse

Ein walisisches Sprichwort besagt, dass die drei Eigenschaften, aus denen das Awen besteht, Wissen, Denken und Inspiration sind. Diese schlichte Feststellung enthält viele verblüffende Einsichten in die Funktion unseres Bewusstseins. Was die meisten Menschen lose als Denken beschreiben (sofern sie je Erfahrung damit gemacht haben) scheint ein einfacher Prozess zu sein. Doch wenn wir ihn genauer untersuchen, bemerken wir, dass die Tätigkeit 'Denken' aus vielen mehr oder weniger komplizierten Vorgängen besteht, die bei jedem Menschen sehr unterschiedlich vollzogen werden. Um einen Gedanken zu denken, müssen wir ihn repräsentieren, ihn darstellen, ihm also eine denkbare Form geben. Wir können in Worten, Bildern, Gefühlen denken, und zu manchen Gelegenheiten auch in Geschmack, Geruch und einer Reihe subtilerer Sinne, wie z.B. Körperwahrnehmung, Schwerkraft, Erfahrung des Magnetfeldes, Zeitsinn und so weiter. Für die meisten Denkprozesse reichen allerdings Sehen, Hören und Fühlen aus. Diese werden sehr unterschiedlich benutzt. Manche Menschen würden sich zum Beispiel als visuelle Denker bezeichnen, das heißt, sie machen sich intensive innere Bilder oder Filme. Allerdings sprechen sie auch in ihrer inneren Stimme darüber und bekommen dazu Gefühle, aber dieser Teil des Denkens ist ihnen nicht so sehr bewußt. Andere hören auf ihre innere/n Stimme/n, worauf sie (weniger bewußt) Bilder sehen und Gefühle bekommen. Oder sie sind sich starker Gefühle bewusst, ohne zu bemerken, wie sie dabei innerlich sprechen und was sie dabei mit ihrem inneren Auge sehen. Und natürlich ist auch hier vieles unterschiedlich, denn manche Menschen sind sich auch mehrerer innerer Sinne bewusst oder denken zu verschiedenen Anlässen bevorzugt in der einen oder anderen Sinnesmodalität. Meistens gibt es aber, je nach Situation, ein Sinnessystem, in dem repräsentiert wird (z.B. große, intensive bewusste Bilder) und ein Sinnessystem, in dem eine Entscheidung gefällt wird (und man bekommt z.B. ein Gefühl dazu). Dabei ist das Repräsentationssystem eins, in dem aktiv imaginiert wird. Das Entscheidungssignal dagegen kommt von einem Sinnessystem, welches bewusst nicht manipulierbar ist. Oder sein soll. Es ist leicht, hier zu irren. Denn mit etwas Übung können alle inneren Sinne erstaunlich leicht beeinflusst werden. Repräsentations- und Entscheidungssysteme sind ziemlich unterschiedlich. Manche Menschen entscheiden sich, weil sie etwas durchschauen, überblicken, klar sehen. Andere folgen ihrer inneren Stimme, denn was die vorschlägt, klingt gut und vertrauenswürdig. Und wieder andere müssen etwas begreifen und haben es erst im Griff, wenn sie richtig fühlen, wohin ihr Herz sie zieht. Denken ist also sehr unterschiedlich, und jedes Sinnessystem hat seine Stärken und Schwächen. Denn kein System für sich ist für alle Situationen angemessen. Je flexibler wir in unseren inneren Sinnen denken, desto besser ist das Ergebnis.

Und dann ist da die Frage der Denkqualität. Manche Menschen machen sich starke innere Repräsentationen, also große, leuchtende Bilder, starke innere Stimme/n und intensive innere Gefühle. Solche Menschen sind wesentlich leichter erregbar als Menschen, die sich kleine, schwache Bilder, ferne nuschelige Stimmen oder diffuse Gefühle machen. Und auch hier hat jedes System Vor- und Nachteile. Denn wenn wir angenehme und weiterbringende Ideen intensiv denken, kommen wir schnell voran und erreichen unsere Ziele leichter. Nennen wir es Motivation. Wenn wir uns aber traurige und destruktive Dinge intensiv vorstellen, machen wir uns nur selber kaputt. Und ich bin sicher, Du denkst jetzt: Gut! Zeit, eine genaue Liste zu machen, zu welchen Gelegenheiten es sich lohnt, etwas intensiv zu denken und wann nicht. Denn nur, wenn Du Dich selbst erforschst, weißt Du genau, was alles in Deinem Kessel kocht. Und dann kannst Du üben. Du kannst denken, hallo, hier ist eine gute Idee, die mache ich so richtig intensiv. Oder, wenn Du Dich mal im Sorgensumpf befindest, wachst Du auf und sagst, jetzt ist der Augenblick, die störenden Ideen klein zu machen, auf Abstand zu bringen oder völlig beiseite zu tun.

In der Magie geht es darum, umfassender und eleganter zu denken. Hier ist die Frage nicht, ob Du ein Gefühls- oder visueller Typ bist. Jeder 'Typ' ist beschränkt. Es geht darum, dass Du alle Sinnessysteme einsetzt. Denn manchmal lohnt es, klar zu sehen und den Überblick zu behalten und manchmal ist es wichtiger, auf Harmonien und Misstöne zu hören oder ganz intensiv zu spüren und fühlen. Ich wüsste dabei so ein paar Situationen... und Du hoffentlich auch. Wir setzen also so viele innere Sinne ein wie möglich. Das kann ziemlich überzeugend sein. Doch hier haben wir es mit der Realitätsfalle zu tun. Eine intensive, große, nahe, deutliche gedankliche Repräsentation wirkt 'realer' als eine diffuse, unklare oder eine, die schnell vorbei huscht. Wir können eine beliebige Idee 'realer' machen, indem wir sie intensiv repräsentieren, oder wir können sie 'unrealer' machen, indem wir die Darstellung abschwächen. Das gilt für jede Idee, egal wie real sie in Wirklichkeit ist. Wir spielen hier schließlich mit unseren Vorstellungen herum. Manche Leute nehmen die erstaunlichsten Ideen und machen sie 'real', indem sie ihre innere Darstellung besonders stark machen. Und tatsächlich, hallo! Du und ich gehören auch dazu. Also lass uns Ideen 'real' ·

und 'überzeugend' machen, die es wirklich wert sind.

Aber der Spaß mit dem Denken geht noch weiter. Denn wie Richard Bandler und John Grinder viele Male verdeutlichten, haben wir (mindestens) zwei grundsätzliche Weisen, zu denken. Wir können Gedanken konstruieren (also kreativ handeln) und wir können sie erinnern. Was einfach klingt, aber natürlich etwas komplizierter ist. Um einen Gedanken zu erinnern, rufen wir ihn ab.

Was hast Du getan, bevor Du dieses Buch zur Hand genommen hast? Ich vermute, eben hast Du etwas gedacht. Es war vielleicht ein Bild, oder eine Stimme sagte Dir etwas, oder da war ein Gefühl... wie auch immer. Du hattest eine Erinnerung. Und die stellte eine Situation dar. Aber wie genau entstand die Erinnerung? Vor ein paar Jahrzehnten wurde noch vermutet, Erinnerungen würden einfach in einem Stück, also Bild und Ton und Gefühl plus Extras, gespeichert und abgerufen. Die neuere Hirnforschung dagegen zeigt, dass Erinnerungen in verschiedene Bestandteile zerlegt und in verschiedenen Hirnrealen bzw. neuralen Funktionskomplexen gespeichert werden. Bei Bildern sind tatsächlich Farben, Kontraste, Bewegung, Position und so weiter an mindestens dreißig verschiedenen Stellen gespeichert. Bei Tönen sind Klang, Rhythmus, Bedeutung etc. an verschiedenen Speicherplätzen. Und für Gefühle gilt das auch. Wobei 'Plätze' hier nicht einfach Hirnreale sind, sondern eher funktionelle Zusammenschlüsse von Nervenzellen, die weit über das Gehirn verteilt sein können. Wenn wir uns erinnern, wird die Erinnerung komplett neu zusammengesetzt. Wir erinnern also nicht etwas fest Aufbewahrtes, sondern eine Konstruktion. Und weil es eben eine Konstruktion ist, können sich Fehler einschleichen. Ganz besonders, wenn wir eine Erfahrung

Münzen 8: Eber

Oben rechts: Britannien, Eberkopf.

Mitte links: Armoriker, Gold, 15mm, beachte die Schlangen und das unbekannte Objekt zwischen den Beinen des Ebers.

Mitte rechts: Bronze, 20mm, ein weiteres Objekt zwischen den Beinen.

Unten links: Britannien! Silber, 15mm, für gewöhnlich als Eber bezeichnet, ich halte es für einen Igel.

mehrmals erzählen. Wir haben dann nämlich nicht nur die Erinnerungsbestandteile an das echte Erlebnis, sondern auch die Erinnerungen an unsere Vorstellungen, als wir das Erlebnis wiedergaben. Was nicht ganz das Selbe ist. Kurz gesagt, eine Erinnerung ist eine möglichst genaue Konstruktion. Und ob die Erinnerung lebendig ist (also intensiv repräsentiert) oder nicht, sagt überhaupt nichts über ihre Wahrhaftigkeit aus. Denn auch Erinnerungen sind Gedanken, die wir mit unseren inneren Sinnen erschaffen und erleben. Wir können sie intensiv und detailliert oder schnell und schlampig machen. Beides hat nichts damit zu tun, was sich damals wirklich ereignet hat.

Beim Erinnern sind wir also kreativ. Und beim kreativen Denken nutzen wir Erinnerungen. Wenn Du Dir überlegst, ob Du jetzt einen Spaziergang machst, stellst Du Dir die Zukunft mit Hilfe von erinnerten Informationen vor. Vielleicht denkst Du, ok, es schneit gerade, als ich das letzte Mal bei Schnee draußen war, wurde ich naß und kalt und das war nicht so angenehm. Du stellst Dir dank Deiner Erinnerungen vor, was passieren könnte. Du kommst nicht auf die Idee, dass Du beim Verlassen des Hauses so heiß sein könntest, dass der Schnee verdampft, bevor er Dich berührt, oder dass der Schnee heute warm und kuschelig ist und nach Minze schmeckt. Denn solche Möglichkeiten sind nicht Teil Deiner Erinnerungen. Was Menschen für wahrscheinlich halten, ist normalerweise eine Mischung aus Erinnerungen und Glaubenssätzen. Auch das hat nichts mit Wahrheit oder Realität zu tun, aber es wird so behandelt. Wir alle leben viel mehr in unseren Träumen, Modellen und inneren Darstellungen als in einer realen Welt, was auch immer das sein mag. Und wenn wir Probleme haben, findet der Großteil davon direkt zwischen unseren Ohren statt. Auf

unser Sprichwort angewandt, nutzen wir also Wissen (Erinnerung) und Denken (Konstruktion).

Für den Anfang reicht das, aber wenn Du das Awen kosten und erfahren möchtest, benötigst Du das Element der Inspiration. Inspiration ist alles, was Du persönlich Dir nicht vorstellen kannst, d. h. Informationen, die von außerhalb Deines Egos stammen. Inspiration bedeutet buchstäblich, dass Du von einem Geist erfüllt wirst, also einem körperlosen Wesen. Es handelt sich dabei durchaus nicht um eine Metapher: Wir befinden uns hier im Reich der Schamanen. Aber was, wirst Du fragen (zumindest hoffe ich, dass Du fragst), ist ein Geist! Wie ich in den meisten meiner Bücher wiederholt habe, sind viele Erklärungen möglich. Die meisten von ihnen laufen darauf hinaus, dass Geister (und Götter, Riesen, Dämonen etc.)

1. Unabhängige Wesen sind, die auf einer anderen Ebene wohnen, aber imstande sind, unsere zu beeinflussen

2. Imaginäre Figuren sind, die erfunden wurden, um Fähigkeiten, Instinkte und Kräfte des Tiefenselbst (unbewussten Selbst) gegenüber unserem eher beschränkten bewussten Selbst zu repräsentieren

3. Beides sind, weil das Tiefenselbst nicht nur Deins oder meins ist, sondern sich in ständiger Interaktion mit dem Tiefenselbst aller Lebensformen befindet. Da jedes Selbst einem großen Bewusstsein entstammt, kann ein Geist oder Gott von Dir unabhängig sein und dennoch durch die gemeinsame „Selbstheit" gebunden sein. Ihr erscheint vielleicht getrennt, aber die Teile, die miteinander kommunizieren, teilt ihr. Das gilt für die Geister, aber es gilt auch für andere Menschen, Wesen, Entitäten und so weiter.

Und ganz besonders gilt es für Musen. Gogyrven, an die Du Dich vielleicht aus Dr. Pughes Wörterbuch erinnerst, ist ein Geistwesen, aber auch eine personifizierte Idee. Die Beschreibung enthält keinen Widerspruch – wenn Du denkst, sie täte es, dann solltest Du Dein Hirn besser knoten, damit das Keltische leichter fließen kann. Eine Muse ist so etwas Ähnliches wie ein Geisthelfer für den Barden oder Poeten. Auch hier sind wir wieder nah am Schamanismus. Der Barde, wie auch der Schamane, braucht mindestens einen Verbündeten in der Anderswelt, an den er sich um Hilfe, Heilung und Inspiration wenden kann. In Crowleys Lehre hieße ein solches Wesen Heiliger Schutzengel. Wenn Du Crowley ein bisschen kennst, wirst Du wissen, dass seine Vorstellung von einem Engel ziemlich weit entfernt von den blutleeren Kreaturen sind, die zuckrige New-Age-Visionen bewohnen. Das Wort Engel bedeutet „Botschafter", und wie wir alle wissen, neigen Botschaft und Botschafter dazu, einander zu beeinflussen. Crowleys Engel ist ein Botschafter des wahren Willens, der ursprünglichen Natur des Selbst. Er ist weder gut noch schlecht, weder brav noch böse. Er kann das eine oder das andere sein, oder keins von beiden, aber er ist genau das, was Du lernen und entwickeln willst. Welche Maske Dein heiliger Schutzengel trägt, hängt von der Maske ab, die Du trägst, und von dem Willen, den Du mit Deinem Tiefenselbst und dem Universum im Allgemeinen teilst.

Mit der Muse gibt es andere Schwierigkeiten. Bitte denk einen Augenblick über Deine Muse nach. Wie würdest Du Dir Deine Muse vorstellen? Denk darüber nach, ehe Du weiter liest. Fertig?

Was immer Du Dir vorgestellt hast, es wird eine Form gehabt haben, die Du attraktiv findest. Eine Muse ist immerhin ein Wesen, dass Dich zu Poesie, Geschichten und Mythen inspiriert, und niemand, am allerwenigsten Du, würde sich die Mühe machen, Gedichte für ein Wesen zu schreiben, das Du nicht magst. Eine gute Muse ist ein Geschöpf, das in Dir den Wunsch weckt, kreativ zu werden. Außerdem verkörpert eine Muse das, was immer Dich anmacht. Denk an menschliche Musen. Viele Poeten sahen in ihren Geliebten Musen, wenn auch nur, um etwas zu schaffen, was diese beeindruckt. Dein Partner kann Deine Muse sein, oder Dein/e Geliebte/r, oder ein guter Freund, vorausgesetzt, sie/er inspiriert Dich dazu, zu handeln, schöpferisch tätig zu sein, oder was auch immer.

Manchmal können auch Gegner und Rivalen Musen sein, und sei es dadurch, dass sie Dir beibringen, wie man es besser machen kann. Menschen können die Funktion einer Muse übernehmen. Beispiele im Leben dafür gibt es reichlich, man findet sie auch in den Gedichten, die dem wahnsinnigen Merlin zugeschrieben werden. In einem alten Lied nähert sich Merlins Schwester dem betagten Seher, der sich gerade in sein frisch ausgehobenes Grab zurückgezogen hat. Als der Wahnsinnige hört, wie seine Schwester um eine wahre Prophezeiung bittet, blickt er aus seinem Erdloch und sagt die gesamte Geschichte Britanniens bis zum Untergang vorher. In seinem Lied fungiert Gwendydd als Muse für Myrddin, und als sie ihn nach der Quelle seiner Inspiration fragt, zählt er zwei Musen auf: Die Geister des Berges und eine Sybille, die ihm ein Lied vorgesungen hat. In einem anderen Lied singen Myrddin und Taliesin abwechselnd Prophezeiungen. Die beiden inspirieren einander zu einem Rausch gewalttätiger Prophezeiungen; hier haben wir zwei Barden, die als Musen für einander dienen.

Es kann aber nicht nur ein lebender Mensch als Muse dienen, es funktioniert auch mit einer imaginären Person. Eine Sache, die ich tue, bevor ich einen komplizierten Text schreibe, ist es, mehreren imaginären Personen die Sache zu erzählen. Wenn ich ihre Reaktionen beobachte, sagt mir das eine Menge. Oder ich gehe spazieren in Begleitung einer Person aus einer anderen Kultur und einem anderen Zeitalter, oder vielleicht einem Außerirdischen. Ich beobachte, worauf und wie sie reagieren. Für gewöhnlich ist es irgendetwas Faszinierendes, was ich zuvor übersehen habe. Wir übersehen alle so viel und nehmen so viele Wunder für selbstverständlich. Die Poeten wussten, wie viele Wunder verblassen angesichts achtloser Abstumpfung in der Wahrnehmung. Wir können einander daran erinnern, aufzuwachen. Genau jetzt.

Kehren wir zu dem Verrückten in den kaledonischen Wäldern zurück. Nicht nur Taliesin oder seine Schwester inspirierten den verrückten Myrddin. Es gab Zeiten seines Wahns, wo Myrddin ganz allein in den schottischen Bergen lebte, wie ein Tier unter Hirschen und Wölfen der Wildnis. Hier sang unserer inspirierter Prophet seine Visionen einem ungewöhnlichen Publikum vor, nämlich einem Schwein, einem Apfelbaum und, wenn wir Geoffrey trauen dürfen, einem betagten Wolf. In diesem Fall dienen die Tiere als Musen. Da die meisten echten Tiere und Bäume wenig Interesse am zukünftigen Schicksal von Königreichen haben, kann man wohl davon ausgehen, dass es sich um Geisttiere oder Totemgeister handelte.

Eine ähnliche Tradition hat in der nordgermanischen Mythologie überlebt, wo die Fylgia (der Geisthelfer) des Helden als wildes Tier erscheint, üblicherweise als Wolf, Luchs, Bär, Schwan, Adler oder Drache. Viele Elitekrieger trance-formierten und wurden von ihrer Fylgia besessen, wenn ein Anfall von Berserkerwahn benötigt wurde. Andere gingen in Trance und nahmen die Gestalt der Fylgia in der Astralwelt an (dem Reich der Träume und der Imaginationen), um Kampfmagie gegen ihre Feinde zu wirken. Die inselkeltische Mythologie enthält viele Hinweise darauf, die die Existenz ähnlicher Konzepte (und Geister) wahrscheinlich macht. Ein gutes Beispiel ist das irische Gedicht über den *Falken von Achill*. Die Geschichte, die ausgiebig von John Matthews zitiert wurde, beschreibt, wie der Falke, der zufällig eins der ältesten Geschöpfe der Welt ist, einem alten Seher ein Auge aushackt. Dann veranstalten die beiden einen Erinnerungs-Wettstreit und beginnen, die ältesten Geschichten der Welt zu erzählen, bis in die schmerzhafte Gegenwart hinein. Schließlich beenden sie ihren ekstatischen Wahn, indem sie gemeinsam eine lange, komplizierte Prophezeiung von Untergang und Zerstörung machen. Aus irgendeinem mysteriösen Grund fallen sie dann beide tot um, was zeigt, dass ihrer beider Leben eng verknüpft ist. In ähnlicher Weise bedeutete für einen nordgermanischen Helden das Verschwinden seiner Fylgia, dass er bald sterben würde.

In einigen Fällen sind also Musen in der Gestalt von Tiergeistern erschienen, aber die meisten von ihnen sind mehr oder weniger menschengestaltig. Ihr Äußeres hat viel mit Erwartung und Attraktivität zu tun. Was Dir attraktiv erscheint, ist eine ideale Form, da diese Aufmerksamkeit und Glauben bindet. Geister und Götter ernähren sich von Aufmerksamkeit, aber Aufmerksamkeit funktioniert nur, wenn sie mit leidenschaftlichen Gefühlen erfüllt ist. Starke oder verfeinerte Gefühle sind die Währung im Austausch mit der Anderswelt. Der Fluss findet in beiden Richtungen statt, Du musst Dich für das, was immer Du zu rufen versuchst, begeistern. Ein Ergebnis davon ist, dass die meisten sich ihre Muse als die perfekte Liebhaberin oder den perfekten Liebhaber vorstellen. Sie haben dann eine ähnliche Funktion wie Sukkubi und Inkubi. Vielleicht klingt das in Deinen Ohren übertrieben, aber eine Muse und ein Dämon als Liebhaber/in können eine Menge gemein haben. Wenn ich zu dem Thema hier mal W. B. Yeats zitieren darf:

Die Leanhaun Shee (Ir. Leanhaun Sidhe, d. h. elfische Liebhaberin) – Dieser Naturgeist sucht die Liebe der Männer. Wenn sie sich verweigern, ist sie ihre Sklavin, aber wenn sie zustimmen, sind sie in ihrer Gewalt und können ihr nur entgehen, wenn sie jemanden finden, der ihren Platz einnimmt. Ihre Liebhaber siechen dahin, denn sie lebt von ihrer Lebenskraft. Die meisten gälischen Poeten bis in die jüngste Zeit hatten eine Leanhaun Shee, denn sie inspiriert ihre Sklaven und ist die gälische Muse par exellence – diese böswillige Fee. Ihre Liebhaber, die gälischen Poeten, starben jung. Sie wurde rastlos und trug sie in andere Welten, denn der Tod vernichtet ihre Kräfte nicht.

Nun sprach Yeats als Mitglied des Golden Dawn nicht nur als romantischer Poet, als er diese Zeilen schrieb. Als gut informierter, wenn auch etwas zögerlicher Zauberer war ihm bewusst, dass diese Geschichten nicht nur Metaphern waren. Die Inspiration durch die Leanhaun Shee funktioniert. Nicht ganz so, wie Mr. Yeats es sich vorstellte, denn die Beziehung beruht definitiv nicht auf Sklaverei, sondern auf dem wahren Willen. Wie das funktioniert, ist etwas, was Du zusammen mit Deiner Muse erleben wirst. Es genügt zu sagen, dass Poeten jung sterben, selbst wenn sie sehr alt werden, und dass sie immer wieder jung sterben, da sie

mit jeder Wiedergeburt der Essenz des Mysteriums näher kommen. Denk daran, dass der Tod die Kräfte der Muse nicht vernichtet. Wie der Heilige Schutzengel kann die Muse eine Seele von Leben zu Leben begleiten und Intuition, Evolution und Intelligenz stimulieren. Während nicht jede Muse ihren Dichter wie ein Blatt im Herbst verwelken lässt, könnten und sollten die meisten ein drastisches Verhalten an den Tag legen. Die Gogynfeirdd-Poeten sahen Ceridwen als ihre Muse an, und als die Muse ihres Berufs, und sie waren sich bewusst, dass sie eine dunkle Seite hat.

Im *Hanes Taliesin* versuchte Ceridwen, Gwion zu töten, und hatte damit Erfolg. Das Sterben und Wiedergeboren werden in der nährenden Dunkelheit ihres Leibs ist es, das bei ihm für den Grad spiritueller Reife sorgt, die ihn befähigt, seine Prüfung im Lederbeutel zu überleben. Man könnte denken, dass Ceridwen Gwion damit etwas Gutes tut, aber auf dem Weg dahin macht er die Hölle durch. Die Muse der Barden ist kein luftiges Ideal. Sie kann als Zauberin, Riesin oder Göttin erscheinen. Sie kann sanft und freundlich sein, aber auch in Schrecken erregender Gestalt erscheinen und Dich erschüttern, bis Du alle Verstellung fallen lässt. In diesem Sinn ist sie nicht anders als die furchtbaren Götter des Todes und der Zerstörung, die die Seele von den Grenzen ihrer selbstgeschaffenen Illusionen befreit. Kali ist schwarz, Helja ist sowohl schwarz als weiß und Ceridwen erscheint in einem Gedicht aus dem *Hanes Taliesin* als kreischende, schwarze Hexe. Erinnere Dich an die Sommer- und Winterseite der Cailleach.

Vielleicht glaubten die Barden Ähnliches von ihren Musen. Ich vermute, dass sie sich Musen vorstellten, die ihrer sexuellen Orientierung entsprachen. Dann wird offensichtlich, weshalb die meisten Barden, die ja

Männer waren, sie sich in weiblicher Gestalt vorstellten. Es gab einige weibliche Barden und Visionäre im Mittelalter – nicht viele, aber genug, um zu zeigen, dass die Profession sie nicht ganz und gar ausschloss. Ob es Bardinnen in prähistorischer Zeit gab, steht zur Debatte, aber im Hinblick auf im Rausch prophezeiende Priesterinnen ist die Beweislage ganz gut. Aller Wahrscheinlichkeit nach war ihre Muse männlich. Das könnte ein Schlüssel zu der Frage sein, warum das Geschlecht von Ogyrven so ein Rätsel ist: Menschen finden, wonach sie suchen. Und es erklärt auch, weshalb Ogyrven sowohl ein Geist als auch eine personifizierte Idee ist. Für Dich erscheint Ogyrven in der Gestalt, die aus Deinen eigenen Hoffnungen, Wünschen und Ängsten geformt ist. Es ist Deine Form, es ist eine Form für das Selbst, das sich in die Verkleidung der All-Andersheit projiziert, und natürlich ist diese Form künstlich und total subjektiv und funktioniert prächtig.

Andererseits gilt das gleiche für alle Poeten, da jeder von ihnen unwiderstehlich von einer luziden Vision von äußerster Subjektivität angezogen wird. Da die Muse von unserer Natur ist, ist sie sofort immer präsent und dennoch ungreifbar. Und doch, nur weil Du eine Form für die Muse geschaffen hast, in der sie sich manifestieren kann, bedeutet das nicht, dass das, was Du manifestiert hast, auch selbst gemacht hast. Deine projizierten Träume erschaffen die Gottheit nicht, aber sie geben ihr Fleisch. Du formst die Gestalt, aber die Gestalt wird vom Geist bewegt. Wenn das Fleisch einen Modus der Interaktion liefert, wird die Prosopopoeia lebendig und offenbart die Weisheit der Tiefe. Oft genug braucht die Muse mehr als ein Gesicht, damit sie funktioniert. Sie kann eine wechselnde Reihe subtiler Gesichter und Gestalten sein.

Musen sind aber nicht nur Inspirationsgeber, sie regen auch zur Entwicklung an. Ceridwen liefert vielleicht das Material, das in den Kessel kommt, und auch die Hütte, in der gekocht wird, und das Essen für Gwion. Aber es ist Gwion, der das Feuer schüren, ihm Nahrung geben und die Brühe ein ganzes Jahr lang umrühren muss. Sein Yoga bedeutet ständige Aufmerksamkeit, er darf nie in seiner Wachsamkeit und Sorgfalt nachlassen. Die Muse sorgt vielleicht für die Inspiration, aber der Geist muss das Elixier vorbereiten. Dieser Prozess ist nicht notwendigerweise angenehm. Eine gute Muse kann durch Freude, Entzücken, Verwirrung, Probleme, Erschöpfung, harte Prüfungen und List lehren. Denk mal an Dich selbst. Wie oft hat Dein Geist genau für die Krise gesorgt, die Du nicht mochtest, aber dennoch brauchtest! Die keltischen Musen sind keine kuschligen, romantischen Mädels. Ihr Zauber wirkt mit Leidenschaft und Entschlossenheit. Echte Poesie, echte Kunst und echte Magie entstammen der Quelle des Lebens und des Todes. Sieh noch mal hin. Geh in Dich und denk nach. Mit welchen Göttern würdest Du Dich gern mal unterhalten! Welcher von ihnen überrascht Dich häufig! Wer stellt die unmöglichen Fragen! Was bringt Dich zum Denken, Zweifeln und wieder zum Denken! Deine Muse muss niemand Neues sein. Du kennst ihn/sie schon. Finde heraus, wer auf Deinen Ruf antwortet, wer Dir neue Einsichten zu bieten hat, und dann hast Du es: Das ist Deine Muse, sie ist Du jenseits von Dir selbst. Natürlich klingt das gefährlich danach, als ob Du das üben müsstest, nicht wahr! Bevor Du es weißt, wirst Du Deine eigenen, subjektiven Erfahrungen damit haben.

Für den Anfang gibt es zwei grundlegende Formen der Inspiration, das Gesicht und die Hände der Muse. Direkte Inspiration ist das, was passiert, wenn Du ein Bewusstsein channelst, wenn Du in Trance gehst und Deine Götter triffst, wenn Du von ihnen besessen bist. Sie kommt von innen. In all diesen Fällen gibt es eine spezifische Quelle für Deine Inspiration, und Du stehst in direktem Kontakt damit. Indirekte Inspiration bedient sich eines anderen Mediums. Sie scheint von außen zu kommen. Du findest sie, wenn Dich ein Anblick an etwas erinnert, wenn das Universum Dir etwas mitteilt. Manche Götter oder Musen schicken Dir Geschenke, andere schicken Dir Ereignisse und wieder andere schicken Dir, was gerade zur Hand ist. Nehmen wir mal an, Du beginnst mit der indirekten Annäherung. Wenn Du möchtest, dass die Welt Dir interessante Einsichten verleiht, solltest Du als Erstes Deinem Tiefenselbst mitteilen, was Du von ihm erwartest. Welche Art von Inspiration willst (oder brauchst) Du? Wenn Du genau sagen kannst, was Du willst, und wie Du es zu nutzen gedenkst, wird Dein Tiefenselbst eine Vorstellung von Deinem Wunsch haben. Außerdem wird Dein bewusster Geist anfangen, etwas zu erwarten und nach den Dingen, die Du brauchst, Ausschau halten. Du kannst das mit Dir selbst tun, Du kannst mit Deinem Tiefenselbst sprechen wie mit einem engen Freund.

Dann halte Ausschau nach der Reaktion. Oder Du kannst noch einen Schritt weiter gehen und mit Deiner Muse sprechen. Ein Beispiel: Wenn Du spazieren gehst, sag Deiner Muse, was Dich besonders interessiert, welche Art von Inspiration Du jagst. Bitte sie/ihn, für die Art von Erfahrung zu sorgen, die Du brauchst, sei es, um Dich zu inspirieren, Dich zu lehren oder Dich zu verwandeln. Dann widme den Spaziergang Deiner Muse und geh hinaus ins Abenteuer, bis Du findest, was immer Du suchst.

Dann bedank Dich und teile Deine Freude.

Der Vorgang kann benutzt werden, um Inspiration für alle Arten von Kunstformen zu finden. Er kann auch benutzt werden, um für die Art von inspirierenden Einsichten zu bitten, die den Suchenden verwandeln. Du kannst es Dir leichter machen, Dich an den Einfluss der Muse zu erinnern, wenn Du ein Kleidungsstück oder einen Talisman trägst, der Dich an ihre Gegenwart erinnert. Viel von der Magie hängt davon ab, dass Du den Kessel stetig umrührst. Wenn Du an einem großen Kunstprojekt arbeitest oder einfach zum Spaß oder zur Unterhaltung besessen sein möchtest, hilft es, häufig an den Gegenstand zu denken. Wenn Du von Zeit zu Zeit Dein Gehirn „umrührst", bleibt die Brühe in Bewegung und das Elixier reift. Wenn im täglichen Leben Deine Aufmerksamkeit immer um den Kessel kreist, steigen neue Dinge aus der Tiefe auf, während andere verschluckt und in das pulsierende Zentrum der Unendlichkeit gesaugt werden.

Die Muse ist nicht nur eine Quelle der Inspiration, sondern auch eine Kraft, die den Barden initiiert und verfeinert, so dass die Inspiration leicht in einen klaren und offenen Geist hineinfließen kann. Das erste Kunstwerk jedes Künstlers ist immer der bewusste Geist, die Persönlichkeit. Identität ist die erste Illusion, und die Muse kann sehr hilfreich dabei sein, sie loszuwerden. Du wirst es herausfinden.

Wenn Du direkte Inspiration möchtest und einen noch besseren, direkten Kontakt mit den inspirierenden Entitäten, könnte es hilfreich sein, Folgendes zu bedenken. Viele Barden suchten Inspiration in Dunkelheit, Schweigen und Einsamkeit. Diese Begriffe bezeichnen Bedingungen, aber sie sind noch wichtiger für die Bewusstseinszustände, die sie verkörpern. Wie könntest Du Dunkelheit,

Schweigen und Einsamkeit verkörpern! Wie kannst Du über das hinausgehen, was Du bist, um den nächsten Schritt einzuleiten!

Was könntest Du noch tun! Wie wär's mit einer Gabe von Milch, Tau und Eicheln! Oder damit, ein Gedicht zu verfassen! Wie ist es mit Musik machen, tanzen und singen! Auf die eine oder andere Art kannst Du beginnen, zu beten und Anrufungen zu machen. Wenn Du nicht wissen solltest, wie das geht, kannst Du es in *Visuelle Magie* nachlesen. Hier genügt es zu sagen, dass das, was Du anstreben solltest, nicht notwendigerweise grandiose Formulierungen erfordert. Sprich einfach aus, was Dein Herz Dir sagt. Deine Worte brauchen nicht perfekt formuliert sein, wichtig ist, dass Du leidenschaftlich sprichst, mit Energie, mit Liebe und Verlangen. Eine gute Invokation weckt Gefühle. Es ist nicht wichtig, wie Du sie hervorrufst, tu einfach das, was funktioniert. Wenn Du es auf die klassische Art versuchen möchtest, sei dramatisch, verwende Gesten, Opfergaben, Kerzen, magische Waffen und so weiter. Wenn Du es eher schamanisch angehst, versuche es mit Gesang und Tanz, gefolgt von einer Schütteltrance und Astralvisionen. Oder Du könntest einfach ganz natürlich sein und Deinen Mangel an Technik durch äußerste Ehrlichkeit und Direktheit ausgleichen.

Es gibt viele mögliche Wege. Das Wichtigste ist, dass Du Deine Muse anrufst und den Ruf mit Lust und Freude und Liebe erfüllst. Oder jegliche andere Emotion, die zu Deiner Idee einer Muse passt. Dann könntest Du Deine Augen schließen und Dein Bewusstsein in die Tiefe schicken. Mit Deinen inneren Augen kannst Du dann zusehen, wie die Muse beginnt, sich zu entwickeln. Am Anfang ist sie noch nicht vollständig da, da ihre astrale (imaginäre) Gestalt sich noch nicht stabilisiert hat, aber wenn Du sie/ihn

einige Male triffst, wirst Du feststellen, dass die Vision überraschend stabil wird. Lass mich noch einmal wiederholen, dass die Vision größtenteils von Dir selbst erzeugt wird. Am Anfang. Und das, was der Vision innewohnt, ist definitiv nicht Dein Ego. Nicht das Du, das einen Namen hat, eine Gestalt und Form, eine Geschichte. Vielleicht ist sie Teil Deines Tiefenselbst, vielleicht ein unabhängiges Wesen, vielleicht beides, vielleicht auch keins von beiden. Musst Du es wissen! Würdest Du es glauben! Wenn Du eine Antwort hören möchtest, frag Deine Muse. Und höre gut hin, was sie Dich fragt.

Nun gibt es Magier, die zur Schüchternheit neigen. Sie sind wie die Neulinge in Kunstschulen, die ein großes Stück Papier nehmen und eine winzige Figur in eine Ecke malen. Wenn Du Deine Magie genießen möchtest - und das solltest Du – können wir sie ebenso gut auch eindrucksvoll gestalten. Ogyrven ist ein Gott/eine Göttin oder ein Riese/eine Riesin (oder urtümliches Chaoswesen, wenn Du willst), und als solche/r verdient er/sie einen dramatischen Auftritt. Jetzt ist nicht die Zeit für halbherzige Bilder. Mach die Vision groß und farbig, zieh sie nah an Dich heran und wickle sie um Dich herum. Das ist der Augenblick, in dem Du den Ton aufdrehst, die Aura spürst, das Gesicht erblickst und es beginnt.

Alles Mögliche kann passieren. Wenn Du ein erfahrener Magier bist, wird Dir die Tatsache bekannt sein, dass manche Zauber einfach sind und andere etwas Übung erfordern. Man braucht Zeit, um sich an einen neuen Geist, Freund oder Gott zu gewöhnen. Hier kann es passieren, dass Deine Muse länger braucht, um eine mehr oder weniger konstante Gestalt anzunehmen, als es bei einer Gottheit der Fall wäre. Gottheiten sind üblicherweise etablierte Figuren, während die Muse, wie der Heilige Schutzengel, eine sehr intime Erfahrung ist. Vielleicht möchte Deine Muse von Zeit zu Zeit Gesicht und Erscheinungsbild ändern. Und wie konstant ist ihre Stimme?

Nun könnte der Skeptiker fragen, wie man sich sicher sein kann, dass man wirklich Kontakt mit der Muse hat. Nun, in einer vollkommen subjektiven Welt voll gerade entstandener Realitäten ist es nahezu unmöglich, sich über irgendetwas sicher zu sein. Was Du allerdings tun kannst, um Deinen Kontakt zu testen, ist es, eine Menge Fragen zu stellen. Hör gut zu. Erfährst Du irgendetwas Neues? Wenn ja, dann hast Du eine gute Chance, inspiriert, herausgefordert oder verwirrt zu werden. Alles, was Deine Kreativität stimuliert, ist ein Segen. Wir wissen nicht, ob die Barden wirklich von ihrer Muse inspiriert wurden oder auch nicht. Wichtig ist nicht, ob die Muse real ist (oder ob Du real bist… nein, ich nehme keine Wetten an), sondern welchen Einfluss sie auf Deinen Geist und Deine Realität ausübt.

Schau Dich selber an, erklär ihr Deine Welt und bring sie zum Lachen.

Und dann gibt es da noch Poesie. Meine Muse ist ziemlich gut in ausgiebigen Freistil-Chaos-Poesieanfällen. Oft genug klingt es wie Joyce, Thomas und Wilson gemeinsam auf einer Achterbahnfahrt. Vieles davon ist bedeutungslos oder rätselhaft oder schlicht verwirrend für mich, aber zwischen all dem seltsamen Zeug finde ich immer wieder Bilder, die faszinierend klar und lebendig sind. Vielleicht ist genau das der Fluss der Kreativität. Es gab eine Zeit, da verbrachte ich jeden Tag eine halbe Stunde auf dem Rücken liegend in leichter Trance und beobachtete einfach nur meine Gedanken, ohne einzugreifen (das ist der schwierige Teil). Die Gedanken, die mir durch den Kopf gingen, waren oft extrem chaotisch und scheinbar zusammenhanglos, wie Traumfragmente im Halbschlaf. Dennoch findet man Muster, wo immer man danach sucht. Kreativität ist oft so chaotisch, dass sie beliebig erscheint. Manche Ideen sind gut und manche sind schlecht, aber meist sind sie zahlreich, und sie kommen alle auf einmal. Wenn viele Ideen mit vielen anderen Ideen kombiniert werden, kommt früher oder später eine Inspiration zustande. Und hier kommen wir auf die Lieder von Taliesin zurück. Viele von ihnen scheinen verwirrend oder schlecht editiert zu sein. Wir könnten eine Menge mit fehlerhafter Überlieferung, verwirrten Schreibern, beschädigten Manuskripten und übereifrigen Geistlichen erklären. Aber es gibt auch noch eine andere Erklärung. Was, wenn die Gedichte echte Ausbrüche poetischer Raserei sind, gehalten in einer dunklen, mysteriösen Sprache? Was, wenn sie nie komplett sinnvoll waren? Wie der Kessel des Geistes funkeln und schäumen diese Lieder, während Blasen an die Oberfläche kommen und verführerische Dämpfe über der siedenden Flüssigkeit tanzen.

Hier noch ein Taliesin-Lied, das man mehrmals lesen muss. Du wirst eine Menge Hinweise auf das Awen darin finden, auf Ogyrven, auf das Wandeln der Gestalt, den Proto-*Hanes Taliesin* und auf das große, wundervolle Rätsel der Welt. Aus irgendeinem Grund wurde es unter dem Namen *Die feindliche Versammlung* bekannt, da manche Kommentatoren glaubten, es sei eins der Lieder, die der mythische Taliesin sang, um die uninspirierten Barden an Maelgwns Hof herauszufordern. Magst Du Rätsel? Dann viel Spaß!

Angar Kyfundawt
Die feindliche Versammlung
Buch von Taliesin, 7

(Dieses Lied ist eines der schwierigsten im Buch von Taliesin. Etwa die Hälfte der Zeilen bestehen aus Fragen, wobei oft unklar ist, was genau gefragt wird. Das Fragewort 'pan' entwickelte sich hier aus dem ursprünglichen 'von wo, woher, wodurch' zu 'wie, warum'. Da weite Teile der Handschrift unbekannte, archaische Worte und zahlreiche Rechtschreibfehler enthalten, ist jede Übersetzung mit großer Vorsicht zu genießen. Die hier vorgestellte Version basiert, so gut es geht, auf Nash, Skene, Williams und Haycock. Für eine genaue Darstellung der vielen Interpretationsmöglichkeiten möchte ich Marged Haycocks Studie empfehlen.)

Hier ist ein Barde der noch nicht gesungen hat
was er singen soll,
lasst ihn singen, wenn er damit abschließt,
kann er ein Astrologe (Seher) werden.
(oder: Hier ist ein Barde,
ich habe schon gesungen, was er singen wird,
er soll singen wenn der Seher fertig ist)
Der Herrscher der mich ablehnt,
wird nie wieder etwas zu geben haben.
In der Sprache von Taliessin,
war es ein heller Tag (!)
Als Kian die Menschenmenge pries (!).
Es wird gemetzelt werden (!).
Der Gesang von Avagddu,
wenn er kunstvoll
im Versmaß (harmonisch) rezitiert,
Gwiawn verkündet:
Oh die (der) Tiefe kommt!
Er würde die Toten wiederbeleben,
und an Reichtum mangelt es ihm.
Sie werden Kessel machen
die ohne Feuer kochen.
Sie werden ihre Metalle (Gewebe) bearbeiten,
für immer und ewig.

Dein Schritt, der dich hierherträgt,
aus den Tiefen des Gesangs,
(tiefgründigen Sänger),
ist dies nicht eine feindliche Versammlung!
Was ist ihr Brauch!
So viele Lieder unseres Landes
hat deine Zunge übermittelt.
Warum willst du keine Lobpreisung verkünden,
einen Segen über dem leuchtenden Getränk!
Der Inhalt des Wortschwalls von allen.
Dort werde ich sein, mit einem Gesang.
Er war ein Tiefsinniger.
Regelmäßig in seinen Gewohnheiten (!),
der dritte unter gleichen Richtern.
Dreimal zwanzig Jahre
habe ich Einsamkeit ertragen,
in den Wassern rund um die Erde
und den Ländern der Welt.
Hundert Diener hatte ich,
hundert Könige davon,
hundert gingen dahin,
und hundert kamen an.
Hundert Spielleute sangen,
und er prophezeite.
Lladdon, Tochter der Flut (Lliant= Flut, starkes Getränk)),
wie gering war ihre Begierde
nach Gold und Silber.
Welche Lebenden vergossen
das Blut des heiligen Jungen!
Vom Einzigartigen wird gesprochen werden.
Er wird sehr gepriesen werden.
Ich bin Taliessin,
ich werde die wahre Abstammung verkünden,
wie sie sich hinzieht bis zum Ende,
das Loblied auf Elffin.
Ist nicht der Lohn
wohlverdientes, gezähltes Gold,
wenn es angemessen empfangen wird!
Wann werden gehasst und nicht geliebt,
Meineid und Verrat!

Ich begehre keinen Vorteil,
aus den Schwankungen des Gesangs.
Wer sich mein Bruder nennt
weiß garnichts im Vergleich zu mir.
Der Weise der ursprünglichen Wissenschaft,
der Gelehrte gedachte,
des Zorns (Kampfs) und der Auflösung (Verfolgung),
des Dichters, der Windungen (Schlingen?) äußert(?),
über Menschen, die sich auf Lobpreisung verstehen.
Lasst uns voranschreiten zu Gott.
In der Sprache von Talhearn
war die Taufe der Tag des Gerichts (?),
(er?) der die Besonderheiten
der poetischen Begeisterung beurteilte.
Er und seine Wunder gewährten
Inspiration ohne Mittelmäßigkeit,
siebenmal zwanzig Ogyrven
sind im Awen.
Achtmal zwanzig, in jeder zwanzig wird es
eine sein.
In Annwfn (Anderswelt, Unterwelt) ordnete
(erschuf) er sie,
in Annwfn wird Begeisterung (Zorn) geschaffen,
in Annwfn, unter der Erde,
im Himmel, über der Erde.
Einer hat das Wissen,
welche Trauer
besser als Freude ist.
Ich kenne das Gesetz der Segen
vom Awen und wann es fließt.
Auch bezüglich angemessener Bezahlung,
bezüglich glücklicher Tage,
bezüglich freudigen Lebens,
bezüglich der Festung der Zeitalter.
bezüglich dessen, was sich für Könige schickt,
wie lang ihre Tröstung (Festung) (dauert).
Bezüglich ähnlicher Dinge auf dem Antlitz der
Erde (?).

Großartige Sternenkunde, wenn sie vermittlet
wird (?),
Wie verteilt sich der Wind am Himmel?
Warum der Verstand wach ist,
warum das Meer erfreut,
warum eine Herkunftslinie mutig ist.
Wie wurde der Himmel (Nacht) geschaffen,
wie kam die Sonne an ihren Ort,
woher kommt das Dach über der Erde?
Wie weit überzieht es das Land?
Woher kommen die Zornvögel (Ströme)?
Die Zornvögel (Ströme), woher kommen sie?
Warum die Erde ergrünt.
Warum ergrünt die Erde?
Wer sang die Lieder?
Lieder, wer sang sie?
Wenn wahr, wer hat sie bedacht?
Es wurde in Büchern erwägt,
wieviele Winde, wieviele Wasser,
wieviele Wasser, wieviele Winde.
Wieviele Ströme auf ihrem Weg,
wieviele Ströme es gibt.
Die Erde, wie groß ist sie,
und was ist ihre Dicke?
Ich kenne den Klang der Klingen,
blutbefleckt, um Kämpfer herum.
Ich kenne die Ordnung (der Sphären),
zwischen Himmel und Erde,
warum der gegenüberliegende Hügel das Echo
zurückwirft,
warum Vernichtung vorwärts (plötzlich)
drängt.
Warum Silber leuchtet,
warum der Fluss dunkel ist.
Warum der Atem schwarz ist,
warum die Leber blutig ist.
Warum die Kuh gehörnt ist,
warum die Ehefrau lieblich (liebevoll) ist,
warum die Milch weiß ist,
warum die Stechpalme grün ist,
warum das Zicklein einen Bart hat,
in den vielen Feldern,
warum es einen Bart hat,

warum der Bärenklau wächst (hohl ist),

warum das Welpen tapsig ist,

warum der Schlegel flach ist,

warum das Rehkitz gefleckt ist,

warum Salz salzig ist,

warum das Bier belebt (bitter ist),

warum die Erle purpurn ist,

warum der Hänfling (Grünfink!) grün ist,

warum Hagebutten rot sind,

oder eine Frau unruhig wird,

wenn (wann, warum) die Nacht kommt!

Welche Verwandelung gibt es

in der goldenen Flut.

Niemand weiß warum

die Brust der Sonne rot ist.

(Hier fehlt wahrscheinlich eine Zeile)

Ein Fleck (Farbe) auf dem neuen Gewand

(deutlich) (!),

schwer ist es, ihn zu entfernen (!).

Die Harfensaite, warum klagt sie,

warum klagt der Kuckuck, warum singt er!

Was bewahrt den Gesang,

warum verließen sie das Lager,

Geraint und Arman (!).

Was bringt das Glitzern hervor,

wenn Steine hart bearbeitet werden!

Warum duftet die Bocksbartpflanze (Mäde-

süß)!

Warum sind Raben leuchtend weiß!

Talhayarn ist

der größte Seher.

Was ist die Imagination (Kenntnis; Herrschaft;

Tumult; Beben) der Bäume!

Aus dem Sprachfluss (Meeresflut) der Tag der

Bestimmung.

Ich kenne Gutes und Schlechtes.

...... *(Zeilen nicht lesbar)*

Wie die Schale überfloss (geschaffen wurde),

wie die Morgendämmerung endet,

was predigten

Elias und Aeneas!

Ich kenne die Kuckucke des Sommers,

(weiß wo) sie im Winter sind.

Das Awen singe ich,

aus der Tiefe bringe ich es hervor,

ein Strom wenn es fließt,

ich kenne seine Kraft,

ich weiß wann es verschwindet,

ich weiß wann es erfüllt,

ich weiß wie es flutet,

ich weiß wann es schwindet,

ich weiß welche Wesen es gibt,

dort unter dem Meer.

Ich weiß die Natur,

von jedem in ihrer Schar,

wieviele Einteilungen an einem Tag,

wie viele Tage im Jahr,

wie viele Schäfte (Führer) in der Schlacht,

wie viele Tropfen in einem Regenguss.

Der (!) nicht eingeteilt (!) Wettbewerb(!).

wird den Gesang glanzvoll äußern (!)

Ich weiß von

dem Ansturm der Bäume Gwydyons.

Ich kenne den,

der die Flut brausen ließ,

über den Leuten des Pharaoh.

Wer brachte (Ver)drehungen (!)

in die derzeitigen Überlegungen(!)!

Was war die Leiter,

zum Himmel erhoben,

Was für eine Gabel (Krücke) stützt das Him-

melszelt

und reicht von der Erde in die Höhe!

Wieviele Finger erschaffen vom Herrn (Kes-

sel),

um die hohle Hand herum,

welchen Namen haben die zwei Wörter,

die nicht in einen Kessel passen!

Wo das Meer entsteht,

warum Fische schwarz sind.

Meeresnahrung ist ihr Fleisch,

woher der Weg (das Wissen; das Trinkgefäß)

des Hirsches!

warum der Fisch Schuppen (!) hat!.

Warum der Fuß des weißen Schwanes schwarz

ist,

Vierseitig (mächtig) der scharfe Speer.

Die Heerscharen des Himmels werden nicht unterworfen.

Was sind die vier Elemente?

Ihr Ende ist nicht bekannt.

Was der Schweine, was die Wanderung der Hirsche?

Ich grüße dich, Barde der Grenze.

Möge er dich stärken,

(du, dessen) Knochen (aus) Nebel (sind)

(welche Knochen hat der Nebel?).

(Wo) zwei Wasserfälle von Wind stürzen.

Mein Geist wurde ausgedrückt

in Hebräisch, in Griechisch,

in Griechisch, in Hebräisch,

lauda tu, laudate Jesu.

Ein zweites Mal wurde ich verwandelt.

Ich war ein blauer Lachs.

Ich war ein Hund, ich war ein Hirsch,

ich war ein Rehbock auf dem Berg.

Ich war ein Stock (Block), ich war ein Spaten,

ich war eine Axt in der Hand,

ich war der Niet in einer Zange,

ein Jahr und ein halbes,

ich war ein gefleckter weißer Hahn,

auf den Hennen von Eiddyn.

Ich war ein Hengst auf einem Gestüt.

Ich war ein gewalttätiger (feuriger) Bulle,

ich war eine Garbe in einer Mühle,

das Mehl der Bauern.

Ich wurde als Samenkorn entdeckt,

das auf einem Hügel wuchs,

wurde geerntet, wurde gelegt (gepflanzt),

wurde in ein Ofenloch getan.

Aus der Hand entlassen,

um geröstet zu werden,

empfing mich eine Henne,

mit roten Krallen, ein Gegner mit Kamm.

Ich ruhte neun Nächte,

in ihrem Schoß,

bin ich gereift,

ich war ein Geschenk (Getränk) vor dem Guleidig (Großkönig),

ich war tot, ich war lebendig.

Mein war ein Efeuzweig (Stock; Anfall),

ich war Begleitung (Bodensatz; Hefe),

getrennt war ich ganz (?).

Wieder ermutigte/n mich die Liebenswerte (Trinkgefäße),

mit roten Krallen, gab mir Begeisterung (Leidenschaft),

Einzigartiges wird berichtet werden,

Hohes Lob wird empfangen.

Ich bin Taliessin.

Ich werde die wahre Abstammung besingen;

der Lob von Elffin.

wird bis zum jüngsten Tag bestehen.

Ebereschenknoten

8. Taliesin Penbeirdd

Ein Goßteil der britischen Poesie rankt sich um einen Barden namens Taliesin. Der Name erscheint auch in der Form Taliessin, Talyessin, Taliesson, Theliessin, Talyes, Taliess, Telesinus und Talgesinus. Du hast bereits einige seiner obskuren Gedichte gelesen; sie sind nicht leicht zu verstehen, aber ganz gewiss interessant. Kurz und gut, dieser Barde war ein hervorragender Dichter, ein Zauberer, aber auch ein unsterbliches, halbgöttliches Wesen und reinkarnierter Gestaltwandler. Das scheint verwirrend! Ja, da bin ich einer Meinung mit Dir, daher werden wir uns Schritt für Schritt in das Mysterium hineinbegeben. Die meisten Sachen sind leichter zu verdauen, wenn man sie in kleinen Bissen zu sich nimmt. Beginnen wir ganz ungezwungen. Was uns unter dem Namen Taliesin überliefert wurde, ist eine Verschmelzung mehrerer Personen, Geschichten und Traditionen. Eine davon könnten wir uns als den mythischen Taliesin denken. Das ist der Taliesin, den wir aus dem *Hanes Taliesin* kennen. Zunächst als Gwion Bach, ein Bettler auf der Straße, ein Diener, der Ceridwens Kessel umrührte. Durch Zufall initiiert durch drei Tropfen des zauberischen Elixiers. Verwandelt, gejagt, gefressen, wiedergeboren, ins Meer geworfen, gerettet, mit einem Namen versehen und aufgezogen von Elffin. Im Streit mit den Barden Maelgwns. Unsterbliches Wesen, allwissende Göttlichkeit. Der *Hanes Taliesin* aus dem 16. Jahrhundert stellt diese Person in einer Anzahl mysteriöser, aber bezaubernder Gedichte vor. Früheres und sicherlich sehr viel zuverlässigeres Material erscheint verstreut im *Buch von Taliesin*. Dieses allerdings setzt uns auf die Fährte einer oder mehrerer Personen, die durch die Jahrhunderte unter dem Namen Taliesin sangen und schrieben.

Wer war der historische Taliesin?

Diese Frage hat eine Menge Forscher inspiriert (und in die Irre geführt). Werfen wir einen Blick auf das *Buch von Taliesin*. Das Manuskript *Llyfr Taliessin* ist eine Sammlung von Liedern und Gedichten aus dem späten 13. Jahrhundert. Das Original enthielt angeblich 77 Stücke, aber da das Manuskript beschädigt ist, überlebten sie nicht alle. Es existiert nur eine Kopie des Manuskripts, daher haben wir keine Ahnung, ob der Schreiber gut war oder nicht. Das Material lässt sich in mehrere Kategorien einordnen. Eine davon ist das bereits erwähnte mythische Material. Es enthält einige historische Hinweise, aber nicht genug, um es zu einer zuverlässigen Quelle zu machen. Typischer dagegen ist das Auftauchen legendärer und mythischer Figuren wie Arthur, Gwydion, Lleu, Govannon, Dylan, Arianrhod, Beli, Pwyll, Pryderi und anderer Helden aus dem *Mabinogi*. Dann gibt es da mehrere religiöse Gedichte, historische Lieder, in denen Kriegsherren gepriesen werden, listenartige Aufzählungen von Gräbern, Pferden, Regenten, Rätsel und einige merkwürdige Gegenstände wie beispielsweise ein Gedicht, in dem ein römischer Freund gepriesen wird, oder heroische Mythen, die auf einem höchst imaginären Alexander basieren. Die Gedichte sind alles andere als geordnet und stammen aus verschiedenen Perioden zwischen dem 6. und dem 13. Jahrhundert.

Die ersten Enthusiasten, die das Material erforschten, erkannten das schnell. Wenn das *Buch Taliesin* eine Sammlung war, wer konnte dann als erster Autor gelten? Eine Gruppe von Liedern ist besonders archaisch. Es handelte sich dabei um historische Gedichte über Schlachten, die eine Anzahl britischer Lords feierten, die gegen Ende des 6. Jahrhunderts lebten. Du erinnerst Dich vielleicht, dass „Nennius", der um das 9. Jahrhundert herum schrieb, uns berichtet, dass zur Zeit Idas die britischen Barden Talhaiarn, Cataguen, Neirin, Bluchbard und Taliesin für ihre Poesie berühmt waren. Idas zwölfjährige Herrschaft fand im 6. Jahrhundert statt, er starb um 560. Hier haben wir also den ersten Bericht über einen berühmten Barden namens Taliesin. Wenn wir uns die Loblieder ansehen, die mit den Adligen der Zeit in Verbindung gebracht werden, lernen wir mehr über Taliesin als menschliches Wesen. Es ist vielleicht ein bisschen enttäuschend, aber der früheste Taliesin ist schlicht ein hervorragender Dichter, der nicht viel mehr als Krieg, Politik und großzügige Entlohnung in seinem etwas zu simplen Kopf hat. Er singt nur selten von sich selbst, und dennoch erhält man hier und da zwischen den blutigen Versen einen Einblick. Die meisten Gedichte, die mit dem Barden des 6. Jahrhunderts in Verbindung gebracht werden, sind an die Regenten Cynan Garwyn, König von Powys und an Urien von Rheged gerichtet. Taliesin berichtet uns, dass er ein Fremder in Rheged ist; es ist wahrscheinlich, dass er in den Norden Britanniens kam, nachdem er in Powys gelebt hatte. Wo genau sich Rheged befand, ist eine offene Frage. Die meisten Wissenschaftler schlagen eine Gegend irgendwo zwischen Wales und Schottland vor. Cynan war zu seiner Zeit ein mächtiger Herrscher, er machte Taliesin großzügige Geschenke und wurde gefeiert als einer, der Krieg gegen die Männer von Gwent führte, die Bewohner des Wye-Tals, das Land Brycheiniawg und das Volk von Cornwall. Er kämpfte wahrscheinlich auch ein bisschen gegen die Angelsachsen, wenn er nicht gerade seine Verwandtschaft bekämpfte. Werfen wir mal einen Blick auf die Zeit. Früher hatte Arthur (ob nun imaginär oder echt) eine Anzahl von Siegen gegen die Angelsachsen davongetragen und es geschafft, sie aus dem Kernland Britanniens zu vertreiben. Nach seinem Tod herrschte ein unsicherer Frieden. Die Sachsen des Themse-Tals hatten Unterwerfung signalisiert, und man hatte ihnen erlaubt, in verminderter Zahl und mit niedrigem Status dort zu bleiben.

Dann fegte eine Seuche durch das Land und reduzierte die Bevölkerung sowie ihre Kriegsbegeisterung. Dieser Zustand dauerte aber nicht lange an. Schon bald rüsteten die sächsischen Lords wieder zum Krieg auf, und einmal mehr begannen die Briten den Druck aus dem Osten zu spüren. Sie empfanden ihn aber nicht als große Bedrohung. Wenn wir den Liedern trauen können, waren die Briten optimistisch und rechneten damit, die Eindringlinge ein für alle Mal besiegen zu können. Es wurde im Allgemeinen prophezeit, dass ein starker Führer die Briten vereinen und zum Triumph über die Eroberer führen würde.

Wenn wir die an Urien von Rheged gerichteten Lieder untersuchen, ergibt sich ein klareres Bild. Als Taliesin nach Rheged kam, war Urien der Starke, Stiereschützer der Insel, bereits ein alter Mann mit einem erstaunlichen Ruf. In einem Gedicht nach dem anderen drückt Taliesin sein Staunen darüber aus, dass Urien noch in seinem Alter seine zahlreichen Feinde so vernichtend schlagen konnte. Es ist nicht sicher, ob

Taliesin Urien in den Kampf begleitete. Er verwendet gelegentlich die Formel „Ich habe gesehen..." aber das könnte auch eine Metapher für die poetische Vision sein. In einem rührenden Gedicht bleibt der Barde in Uriens Festung und wartet auf Nachrichten von der Front. Wie wird Urien wohl zu seiner Burg zurückkehren? Wird er in Glanz und Triumph heranreiten, oder wird man ihn auf einer Bahre tragen, sein weißes Haar von Blut verklumpt, sein strahlendes Gesicht für immer bleich, seinen Poeten und sein Land im Elend zurücklassend? Endlich ertönt ein lauter Schrei. Der Barde schickt einen Diener, herauszufinden, was passiert ist und ist sehr erleichtert, zu erfahren, dass Urien einmal mehr siegreich heimgekehrt ist.

Urien muss ein bemerkenswerter Herrscher gewesen sein. Taliesin preist ihn, wie es der Brauch seiner Zeit verlangt, als gewalttätigen und grausamen Kämpfer, aber auch als großzügigen und freundlichen Beschützer. Dies waren die zwei Haupttugenden der Könige jener Zeit. Zweifellos war der alte Urien auch ein geschickter Politiker, aber diese Eigenschaft war nichts, worüber Barden sich die Mühe machten, zu singen. Urien beschenkte Taliesin mit Land in der Gegend von Llywyfenydd. Taliesin nahm es an, sang aber, der rechtmäßige Eigentümer bleibe weiterhin Urien. Es scheint, dass Urien im Streit lag mit seinen Söhnen Owain und Elffin, die nördlich von seinem Land lebten und denen er über die Jahre viel von seinem Königreich überantworten musste. Taliesin sang, er habe keine Liebe für sie und dass er auch nicht in ihr Reich im Norden reisen würde, aber als Urien schließlich erschlagen wurde, fuhr er (möglicherweise) fort, für Uriens Erben Owain zu singen. Es existiert eine Totenklage von einem Taliesin, in der er Owain preist. Es ist keineswegs sicher, ob Owain Urien überlebt hatte oder

ob er vielleicht in der gleichen Schlacht gefallen war, und es ist auch nicht wichtig. Vielleicht stammt die Assoziation des mythischen Taliesin mit einem Prinzen namens Elffin von einer vagen Erinnerung an Uriens Sohn her. Trotz all seiner Familienprobleme vereinte Urien seine Streitkräfte mit denen einer Anzahl britischer Könige und starb in einer Schlacht gegen Deoderic, den Sohn Idas, bei Lindisfarne. Es scheint, dass er den Tod von Händen eines britischen Königs namens Morgan empfing, der eifersüchtig war, dass Urien den Titel Gwledig, d. h. oberster Herrscher, erhalten hatte.

Die beiden Lieder scheinen in die gleiche Zeit zu gehören, in der Taliesin den grimmigen König Gwallawg von Elfed (Leeds?) preist; da Urien Gwallawg nicht sehr mochte, musste Taliesin, als er heim nach Rheged kam, ein Lied machen, um sich zu entschuldigen. Es kann gut sein, dass er nach Uriens und Owains Tod zu Gwallawg als seinem Patron zurückkehrte (s. Pennar, 1988).

Eine ähnliche historische Überlieferung, die (falls sie vertrauenswürdig ist) aus der Feder von Llewellyn Sion (spätes 16. Jahrhundert) stammt, besagt, dass Talhaiarn vor Taliesin den Bardenstuhl an Uriens Hof in Caer Gwyroswydd besetzte. Nach Talhaiarns Tod stand Taliesin drei Bardenstühlen vor: Caerleon-upon-Usk, dem Stuhl von Rheged in Bangor Teivy, und zuletzt wurde er nach Arvon eingeladen, wo man ihm Land gewährte. Diesem Bericht zufolge begehrte Maelgwn Gwynedd dieses Land als Eigentum, was zu bösartigen Auseinandersetzungen zwischen König und Barde führte. Maelgwn, in seinem charakteristischen Größenwahn, riss das Land mit Gewalt an sich, und Taliesin seinerseits verfluchte ihn, so dass *vad velen*, die gelbe Seuche, in Rhos einzog. Wer immer sie sah, war zum sicheren Tod verurteilt. Maelgwn suchte seinem

Schicksal zu entgehen, indem er sich in der Kapelle von Rhos verbarg, aber in seiner Neugier konnte er der Versuchung nicht widerstehen, durch das Schlüsselloch zu schauen, und als er hinaussah, schaute die Seuche hinein und machte ihm den Garaus. Schließlich, so berichtet Sion, ließ sich Taliesin in Caer Gwyroswydd nieder.

Zu guter Letzt existiert auch noch ein kurzer Hinweis im *Traum von Rhonabwy*, der uns verrät, dass Taliesin einen Sohn namens Avaon hatte. Der Text spielt auch auf Prinz Elffin an, als *einen entarteten und übermäßig nervösen Burschen*, ohne weitere Erklärung. Taliesin wird ganz besonders mit der Gegend in der Nähe von Geirionwyd in Verbindung gebracht. Es handelt sich um eine der schönsten Gegenden von Nordwales. Von seinem Zuhause aus hätte Taliesin ins Fairy Glen (Feental) wandern können, oder zu dem seltsamen Teich, in dem in alter Zeit eine monströse Schlange, der Addanc der Tiefe, zu hausen pflegte. Die Bewohner der Gegend, so sagen die Märchen, pflegten das zornige Reptil mit der einen oder anderen Jungfrau zu besänftigen, änderten eines Tages aber ihre Politik. Die letzte Jungfrau, die meilenweit zu finden war, musste sich ans Ufer des Sees setzen. Sobald das Schlangenmonster sich aus dem See zu wälzen begann, rannten bewaffnete Männer herbei und fesselten es mit Netzen und Ketten. Es wurde auf einen großen Wagen gebunden, und zwei starke Ochsen wurden angeschirrt, die es aus dem See ziehen und zu einem besseren Wohnort bringen sollten. Die beiden Ochsen waren übrigens die Könige Nynaw und Peibiaw, die so viel gestritten und geprahlt hatten über ihre wundervollen Schätze, dass Gott in seiner Weisheit sie in Ochsen verwandelt hatte. Nun zogen die Ochsen mit aller Macht, und ebenso die Ortsbewohner, und schon bald war der giftige Addanc unterwegs. Das große Problem war, wo man ihn loswerden könnte. Die Schlangenfänger schleppten ihre Beute durch ganz Wales, fanden aber keinen Ort, wo sie sie abladen konnten. Schließlich zerrten sie das arme Vieh ganz bis hinauf auf den Snowdon, wo sie die Ketten und Fesseln lösten, und die Schlange glitt in die blaugrünen Wasser von Snowdons am höchsten gelegenen See, wo sie bis zum heutigen Tag friedlich ruht. Abgesehen davon, dass es eine nette Geschichte ist, könnte sie auch als Hinweis auf Schlangenverehrung dienen. Und ist es nicht praktisch, dass unser lieber Taliesin, der sich selbst mindestens dreimal als Schlange bezeichnete, gerade an einem so passenden Ort lebte!

Soviel zu den historischen Bruchstücken. Es war eine große Versuchung für die frühen Gelehrten, alle Lieder aus dem *Buch von Taliesin* als Originalpoesie des 6. Jahrhunderts einzuordnen. Bei einem derartig ehrwürdigen Alter hätte man von den mystischen Liedern erwarten können, dass sie viel lang vergessenes heidnisches Wissen enthielten. Es überrascht kaum, dass viele begeisterungsfähige Historiker plötzlich die lang ersehnte Gnosis des britischen Druidentums vor sich sahen. Seit damals haben historische und linguistische Analysen ziemlich viele hoffnungsvolle Träume zerschmettert. Die frühesten Stoffe gehören, wie wir gesehen haben, zu der Gruppe von Gedichten, die sich auf Urien von Rheged beziehen, während das bezaubernde „heidnische" Material aus der Gogynfeirdd-Periode zwischen dem 11. und dem 13. Jahrhundert stammt. Aus linguistischen Gründen legte Sir Ifor Williams nahe, dass nur ein Dutzend Lieder dem Barden des 6. Jahrhunderts zugeschrieben werden können. Moderne Forscher wie Toby Griffen sind sogar noch vorsichtiger. Selbst von den Gedichten um Urien, Owein, Cynan und Gwallawg haben nur sehr wenige Lieder die linguistische Struktur des 6. Jahrhunderts. Andere wurden im 7. Jahrhundert und später geschrieben. Auf jeden Fall schrieb der Autor unter dem Namen Taliesin, und all diese Gedichte wurden in einem einzigen *Buch von Taliesin* gesammelt. Das hat zu einem wissenschaftlichen Trend geführt, die späteren Gedichte als Fälschungen zu bezeichnen. Taliesin, so könnte man argumentieren, war zu Lebzeiten so berühmt gewesen, dass spätere Barden ihre Werke als Originalwerke vom Meisterbarden des 6. Jahrhunderts ausgaben. Eine andere Erklärung wurde in der politischen Geschichte der Briten gesucht. 1792 merkte Edward Jones an, dass nach dem Zerfall der Königsherrschaft in Wales (d. h. nach dem Tod von Llywelyn ap Gruffyd, 1282):

Die Tyrannei, die die Engländer über die besiegte Nation ausübten, so groß war, dass die Barden, die seit „Cambrias schicksalhaftem Tag" geboren worden waren, sich, so könnte man sagen, unter dem Einfluss eines unheilvollen und bösartigen Sterns erhoben. Sie waren darauf beschränkt, ihre heilige Kunst in Verborgenheit und Trauer zu bewahren und gezwungen, ihren Zorn gegen die strengen und grausamen Unterdrücker zu verdrängen, der sonst in höchst lebendigen Ausdrücken hervorgebrochen wäre. Dennoch waren sie weder still noch untätig. Damit ihre Poesie ungestraft den Geist ihres Patriotismus atmen könne, sprachen sie fortan dunkel, prophetisch und orakelhaft. So wie die Mönche der walisischen Kirche, die bei ihrer Kontroverse mit Rom zur Unterstützung ihrer Doktrinen mehrere religiöse Gedichte geschrieben und behauptet hatten, sie würden von Taliesin stammen, so schrieben nun die Barden viele ihrer politischen Schriften dem gleichen, ehrwürdigen Autor zu.

Welch rührende Geschichte. In den Tagen der romantischen Wissenschaft schien das äußerst überzeugend, und bis zu einem gewissen Maß mag etwas Wahrheit in dieser Vereinfachung liegen, aber wie Du zweifellos gemerkt hast, kann ein politisches Motiv nicht alles erklären. Natürlich gab es Barden, die Prophezeiungen unter dem Namen Taliesin produzierten. Und ebenfalls einige Mönche. Möglicherweise ist Master John von St. Davids Autor eines religiösen Taliesin-Liedes, mit dem ich Dich nicht belästigen möchte. Andererseits können wir uns auch nicht darauf einigen, dass jeder obskure Gegenstand in den Taliesin-Gedichten ein politischer Hinweis in Code verschlüsselt ist. Zu viele Lieder beinhalten Elemente, die typisch für schamanische Gebete und Anrufungen sind; einige Beispiele werde ich später anbringen. Noch ist dieses Material, das dem mythischen Taliesin zugeschrieben wird, in irgendeiner Weise typisch für den Glauben des sogenannten keltischen Christentums. Nicht ein Wort in den Taliesin-Gedichten bezieht sich auf den großen Konflikt der Kirchen um das korrekte Osterdatum. Dagegen scheinen mehrere Taliesin-Lieder strenge Kritik an der Kirche und den Mönchen zu enthalten. Ja, die Dinge sind nie so einfach, wie man sie sieht. Es gab Dutzende von Autoren, die über die Jahrhunderte unter dem Namen Taliesin schrieben. Man könnte sie als Fälscher bezeichnen. Aber ist das wirklich eine so gute Idee?

Die Geschichte von Taliesin

Mach mal einen Moment Pause und denk über den mythischen Taliesin nach. Wir wissen genug über die historischen Barden, um sicher sein zu können, dass sie den Mythos von Taliesin, oder zumindest irgendeine Form davon, gut kannten.

Der mythische Taliesin war, wie ihnen wahrscheinlich bewusst war, sehr viel mehr als ein einzelnes menschliches Wesen. Keine Einzelperson, sondern ein Bewusstsein, das vom Morgengrauen der Zeit an hier war, wiedergeboren in immer neuer Gestalt, durch alle Zeiten hindurch. Im *Hanes Taliesin* stellt sich der Barde dem unfreundlichen König Maelgwn und seinen arroganten Hofbarden vor, indem er singt:

(Dieses Gedicht lag Lady Guest in mehreren Formen vor. Ich verbinde die von ihr veröffentlichte mit einigen Zeilen, die in der Nash Übersetzung vorkommen. Bei beiden Übersetzern ist die Reihenfolge der Strophen unterschiedlich)

Erster Herr der Barden bin ich für Elphin,
und meine ursprüngliche Heimat ist das Reich
der Sommersterne
(Nash: das Reich der Cherubim);
Iddno und Heinin nannten mich Merddin,
(N: Iohannes der Seher nannte mich Merddin)
(Nash Übersetzung, bei Lady Guest am Schluss:
Beinahe neun Monate war ich
im Bauch der Hexe Ceridwen;
zuerst war ich Klein Gwion,)
letztendlich wird jeder König mich Taliesin
nennen.
Ich war beim Herren in der höchsten Sphäre,
als Lucifer in die Tiefe der Hölle stürzte;
ich trug das Banner vor Alexander;
ich kenne die Namen der Sterne von Nord
nach Süd,
Ich war über der Galaxis (Caer Bedion) beim
Thron des Verteilers;
ich war in Kanaan als Absalom getötet wurde,
ich brachte das Awen in die Ebene des Tals
von Hebron;
ich war am Hof von Don vor Gwydions Geburt.

Ich war der Lehrer für Eli(as) und Enoch;
beflügelt wurde ich vom Genie des großartigen Krummstabes;
ich war wortgewaltig bevor ich mit Sprache
begabt wurde;
ich war am Ort der Kreuzigung (Nash: am
hohen Kreuz)
des gnädigen Sohn Gottes;
ich war dreimal im Gefängnis (Nash: Schloss)
von Arianrod;
ich war der oberste Verwalter beim Bau von
Nimrods Turm;
ich bin ein Wunder von unbekanntem Ursprung.
Ich war in Asien mit Noah in der Arche,
(N: ich war in der Arche mit Noah und Alpha)
ich sah die Zerstörung von Sodom und Gomorrah;
Ich war in Indien (N: Afrika) als Rom erbaut
wurde,
ich kam jetzt hierher zu den Überresten von
Troya.
Ich war mit dem Herrn an der Krippe des
Esels;
ich bestärkte Moses durch die Wasser des Jordans;
ich war im Himmel mit Maria Magdalena;
ich empfing die Muse vom Kessel Ceridwens;
ich war Barde der Harfe für Lleon (Deon) von
Lochlin.
Ich war am Weißen Hügel, am Hof von Cynvelyn,
ein Jahr und einen Tag (N: ein Jahr und ein
halbes)
im (Zwangs-) Stock und Fesseln,
ich habe Hunger gelitten für (N:mit) den Sohn
der Jungfrau.
Ich wurde erzogen im Land der Gottheit,
(N: ich war in der Molkerei des Landes der
Dreieinigkeit)
ich war ein Lehrer für alle Verständigen,

ich bin fähig das ganze Universum zu belehren.
(N: ich wurde belehrt im ganzen System des
Universums)
Ich werde auf dem Antlitz der Erde sein
bis zum Tag des Untergangs (N: des Gerichts);
und es ist nicht bekannt of mein Körper Fleisch
oder Fisch ist.
Dann war ich neun Monate
im Schoß der Hexe Ceridwen;
Zuerst war ich Klein Gwion,
und zuletzt bin ich Taliesin.

Taliesin kam offenbar ganz schön rum.
Wie sein Gedicht mehr als klar macht, kann
man Taliesin poetisch und präsent bei jedem
wichtigen Ereignis der Geschichte erwarten, unabhängig von Ort oder Zeit. Bevor
wir weiterschreiten, möchte ich ein paar
Anmerkungen zu diesem Gedicht machen.
Es stammt aus der Übersetzung von Lady
Guest aus dem *Hanes Taliesin* und ist sehr
viel jünger als die Gedichte aus dem *Buch
von Taliesin*.

Das Gedicht beginnt mit der Feststellung
des Herkunftsortes des Dichters: Sein Her-
kunftsland ist die Region der Sommersterne.
Das macht Taliesin zu einem außerirdischen
Bewusstsein. Ich stelle mir vor, die Sommersterne sind die, die man sehen kann, wenn
man mitten in der Nacht aus der verräucher-
ten Halle tritt und nach oben sieht. Der Polarstern, der große Wagen und Draco glitzern
in frostiger Brillianz, während Caer Gwydion, der prunkvolle Hof, der von dem großen
Zauberer (die Milchstraße) geschaffen wurde, sich über das juwelenbesetzte Firmament
erstreckt. So sehr mir diese Interpretation
gefällt, wenn ich *Sommersterne* lese, muss
ich darauf hinweisen, dass man diese Zeilen
auch als *Mein vertrautes Land ist das Land
der Cherubim* lesen kann, wie es Nash tat.
In diesem Fall würden die Außerirdischen

dann in der Gestalt von Engeln erscheinen.
Egal, welche Interpretation man bevorzugt,
die Tatsache bleibt, dass Taliesins Quelle
oder Wohnort außerirdischer Natur ist. Das
erinnert Dich vielleicht an die irischen Filid,
die glaubten, dass Poeten in der Anderswelt
geboren und erzogen würden.

Die nächsten Zeilen beziehen sich möglicherweise auf Iddno und Heinin. Eine andere Lesart des Manuskripts bietet *Johannes
der Wahrsager* (Nash) als Übersetzung an,
nicht die biblische Gestalt, sondern Master
St. John of Davids, einen Kirchenmann und
berühmten Poeten des 12. Jahrhunderts. Irgendwie wird Taliesin in diesen Zeilen mit
dem Weisen aus den Bergen identifiziert,
mit dem verrückten Merlin, oder umgekehrt.
Weitere Hinweise auf eine Verbindung zwischen den beiden kann man ihrem Dialog
entnehmen (im *Schwarzen Buch*), der mit
der Behauptung endet, dass etwas von der
Autorität von Taliesin irgendwie auf Myrddin übergehen würde, und der *Vita Merlini*,
wo die beiden sich treffen und ein langes Gespräch über Naturkunde, Vogelkunde und
alle Arten von heiligen Quellen führen.

Dann gibt es da einen Hinweis auf Alexander den Großen, eine Person von großer
Bedeutung in den mittelalterlichen Mythen.
Alexander hatte in seinen Armeen viele
keltische Söldner angestellt, was die Barden vielleicht gewusst haben könnten oder
auch nicht. Nashs Lesung sagt, Taliesin sei
*auf einer Pferdekruppe mit Elias und Enoch
gewesen* und merkt an, beide seien in einem Streitwagen zum Himmel aufgefahren.
Caer Arianrod mag das Schloss am Meer
im *Mabinogi* gewesen sein, es könnte sich
aber auch um die Konstellation der Corona
borealis handeln, wenn wir Dr. Owens Forschungen trauen dürfen. In ähnlicher Weise könnte es sich bei Llys Don, dem Palast
Dons, um Cassiopeia handeln.

Bei den „Resten Trojas" handelt es sich um Britannien, denn nach mittelalterlichem Glauben ließen sich die Überlebenden von Troja schließlich auf dieser Insel nieder. Und dann gibt es da noch die biblischen Bezüge. Manche von ihnen sind eher ungewöhnlich. Moses zum Beispiel hat nie die Wasser des Jordan durchquert, er starb bei dem Versuch. Wenn Taliesin ihm hinüberhalf, bedeutet das dann, dass er ihn ins Jenseits geleitete? Und was stellst Du Dir darunter vor, dass er mit Maria Magdalena im Himmel war? War sie nicht von sieben Dämonen (Göttern) besessen, bevor sie religiös wurde? Nash schlug vor, es solle „am Kreuz" heißen, merkt aber an, dass die Worte „am Himmel" bedeuten. Der Aufseher beim Turmbau zu Babel war, wie Du Dich vielleicht aus dem Kapitel über die Filid her erinnerst, auch ein Meisterpoet, der das Handwerk der Poesie erfand und die gälische Sprache erschuf. Gab es vielleicht einen parallelen Glauben in Wales? Schließlich endet die Übersetzung von Nash mit einigen Zeilen, die anders sind als in der Version von Lady Guest und es wegen ihrer stellaren Bedeutung wert sind, genau betrachtet zu werden. Der Hinweis auf Caer Sidin ist aller Wahrscheinlichkeit nach ein Begriff für die Galaxis selbst.

Ich wurde belehrt
im ganzen System des Universums;
ich werde bis zum Tag des Gerichts
auf dem Antlitz der Erde sein.
Ich war auf einem unbequemen Sitz
über Caer Sidin,
und dem Herumwirbeln, bewegungslos,
zwischen drei Elementen.
Es ist nicht das Wunder der Welt,
das nicht entdeckt werden kann.

Vielleicht lagen diese Zeilen Lady Guest nicht vor, oder sie wurden gekürzt. Vielleicht hilft es, wenn wir uns daran erinnern, dass das poetische Material, das sie veröffentlichte, ein bisschen durch den übermäßigen Eifer ihres Mitarbeiters bei der Herausgabe beschädigt wurde.

Der *Hanes Taliesin* lässt den Barden auch sagen: *Dreimal wurde ich geboren, das erfuhr ich aus der Meditation;* nun, dreimal ist nicht besonders viel, wenn man alle früher aufgestellten Behauptungen betrachtet. Aber vielleicht spielte er darauf an, dass Geburt Nr. 1 als Gwion war, Geburt Nr. 2 als Ceridwens namenloses Kind und Geburt Nr. 3 als Taliesin aus den Wassern des großen Meeres. Frühere bardische Quellen erweitern die Liste der Inkarnationen. Triade 87 sagt:

Drei kunstvolle Barden waren an Arthurs Hof:
Myrddin, Sohn von Morfryn,
Myrddin Emrys,
und Taliesin.

Im mythischen Sinn trifft das sicher zu, da Taliesin sowieso überall war. Für den Barden des späten 6. Jahrhunderts jedoch wäre es ein bisschen früh gewesen, denn Arthur war schon lange tot, als Urien regierte. Aber die Triade ist auch in anderer Hinsicht nicht zuverlässig: Myrddin, Sohn von Morfryn, lebte im späten 6. Jahrhundert, während Myrddin Emrys, Merlin Ambrosius, das Wunderkind ist, das König Vortigern noch vor den Tagen von Uther Pendragon und seinem Sohn Arthur prophezeite. Ein Taliesin verfasste die Totenklage für Uther Pendragon. Ein anderer Taliesin begleitete Arthur auf eine Reise in eine oder mehrere Anderswelten. Dort gerieten sie offenbar in Schwierigkeiten, da nur wenige Überlebende es zurück nach Britannien schafften. Das ist einer der frühesten arthurischen Mythen, man findet ihn in Lied 30 im *Buch von Taliesin*, er datiert auf das 9. Jahrhundert zurück.

Leider ist die ganze Geschichte nirgendwo erhalten. Taliesin war auch einer der sieben Überlebenden in dem sinnlosen Krieg zwischen den Walisern und den Iren, wie es im zweiten Zweig des *Mabinogi* erzählt wird. Es gibt einige interessante Parallelen zwischen den beiden Überlieferungen. Lass mich mit ein paar Zeilen aus Lied 14 aus dem *Buch von Taliesin* fortfahren. Das Lied beginnt mit der Erzählung des Sehers, wie er die Schlacht gegen die Söhne Llyrs in Ebyr Henvelen miterlebt. Dann verkündet er, dass Brochwel von Powys sein Awen liebte, und ruft die Muse an:

Wird mein Sitz (Gesang, Versmaß) nicht von Ceridwens Kessel verteidigt!
Möge meine Zunge befreit sein, im Heiligtum der Lobpreisung Gogyrwens.
Die Lobpreisung Gogyrwens ist eine Opfergabe, die sie alle befriedigt,
mit Milch und Tau und Eicheln.

(BvT 14)

Ein paar optimistische Zeilen über den Krieg gegen die Sachsen folgen, dann begibt sich Taliesin auf eine Reise durch die Zeit:

Ich kam nach Deganwy zum Streite
mit Maelgwn, dem Mächtigsten,
ich befreite meinen Herren in der Anwesenheit der Fürsten,
Elffin, der Herrscher jener, die nach Großem streben.
Mein sind drei Sitze (Gesänge), geordnet, harmonisch,
und bis zum Tag des Gerichts werden sie von den Sängern vorgetragen.

Ich war in der Schlacht von Godeu mit Lleu und Gwydion,
sie verwandelten die Gestalten der ursprünglichen Bäume und Binsen.
Ich war mit Bran in Iwerdon (Irland).
Ich sah, wie Morddwydtyllon ('Durchbohrte Hüfte' = Bran) getötet wurde…

(BvT 14)

Die Schlacht von Goddeu ist, wie Du später lesen wirst, kein historisches Ereignis, sondern ein mythisches. Brans Reise nach Iwerdon (Irland) ist Gegenstand des zweiten Zweigs des *Mabinogi*. Morddwydtyllon ist ein Name von Bran, er bedeutet möglicherweise durchbohrter Schenkel und bezieht sich auf Brans Tod durch einen vergifteten Pfeil. Ein verwundeter Schenkel oder ein verwundetes Bein ist eins der typischen Attribute von Königen, die den Gral hüten, und tatsächlich haben viele von ihnen Namen, die so ähnlich wie Bran klingen. Diese Verse sind die Wurzel dessen, was später zum mächtigen Baum der Gralsromanzen erblühen sollte.

Nun folgen einige Zeilen mit walisischem Nationalismus und schließlich endet das Gedicht mit einer Beschreibung der stellaren Anderswelt, die den Zeilen, die Nash übersetzte, nicht unähnlich ist:

Und um die Grenzen von Prydain, schön sind seine Städte,
sang ich vor den Anführern bei den Metgefäßen,
Fürsten boten mir den ersten Trank.
Ich bin der Erste der Seher, mit wunderbare Gaben.
Vollendet war mein Stuhl (Versmaß) in Caer Sidi,
niemand der darin weilt wird von Alter oder Krankheit geplagt.
Manawyd und Pryderi kennen ihn.

Ums Feuer herum erklingen drei Musikinstrumente (Orgeln),
und um die Landesgrenzen (Türme) sind die
Ströme (Quellen) des Ozeans.
Und eine fruchtbare Quelle ist darüber,
deren Flüssigkeit süßer als Weißwein ist.

(BvT 14)

Wenn das überhaupt irgendetwas aussagt,
dann, dass die Barden Taliesin nicht notwendigerweise als Einzelperson ansahen. Wenn
der mythische Barde an allen historischen Ereignissen teilnahm, wird begreiflich, warum
mehr als eine Person poetisches Material unter diesem Namen veröffentlichte. Nicht als
Fälschung. Fälschungen setzen voraus, dass
ein Original existiert. In unserem Modell ist
jeder einzelne Taliesin ein Original.

Wenn wir von Taliesin sprechen, verwenden wir dann einen Namen oder einen
Titel? Für gewöhnlich wird Taliesin als *helle,
strahlende, schöne Stirn* übersetzt. Williams
merkte an, dass der Name eine Doppelbedeu-
tung haben kann. Tal (Stirn) kann auch Wert
bedeuten. Als Gwyddno seinen Sohn Elffin
fragt, was dieser denn aus dem Wehr geholt
habe, erwidert er: *„Einen Poeten." „Wie schade", sagte sein Vater, „was ist denn ein Ding
wie dieses wert?".* Taliesins Antwort lautet:
*„Er ist mehr wert als alles, was ihr jemals aus
dem Wehr gezogen habt."* Der *Wert* ist ein
Wortspiel mit dem Wort Tal. Taliesin könnte
also auch *großer Wert* bedeuten. Die strahlende Stirn könnte auch ein strahlender Wert
sein. Deshalb spekuliert Professor Griffen,
dass es sich bei dem vermuteten Namen auch
gut um einen Dichter handeln könnte, der irgendeine ornamentale Krone, einen Lorbeer-
kranz oder einen Stirnreif trägt. Er stellt die
Hypothese auf, dass es sich bei Taliesin um
den gekrönten Barden des Zeitalters gehandelt haben könnte und fragt:

Wer war der Barde des 6. Jahrhunderts, den
Aneirin als (den) Taliesin kannte? Da aus der
Periode nichts überliefert ist außer dem Canu
Aneirin, haben wir keine Möglichkeit, es
zu erfahren. Wir wissen nicht einmal, wie
viele Taliesins von wie vielen verschiedenen
Herrschern (?) zur Zeit Aneirins bekränzt
wurden. Und wir wissen auch nicht, ob der
Titel vielleicht zu dieser Zeit schon so meta-
phorisch geworden war, dass Aneirins Taliesin ihn sich vielleicht selbst gegeben hat.

Obgleich es keine faktischen Beweise
dafür gibt, dass der Penbeirdd, das Oberhaupt der Barden, einen zeremoniellen
Kopfschmuck trug, ergibt die Vorstellung
von einer ganzen Reihe von Taliesins sehr
viel mehr Sinn als die populäre Vision von
einem einzigen Barden und vielen Ab-
schreibern. Eine Abstammungslinie ist eine
Verbindung durch die Zeit. Was ist, wenn
die Taliesins ein Bewusstsein teilten? Alle
Taliesins hatten ihren Titel vom Mythos
des Elixiers und des Kessels her, obgleich in
jedem Fall die spezielle Vision unterschiedlich war. Vielleicht träumten sie alle diese
Vision bei ihrer Initiation, vielleicht erfuhren sie die Transformation in einem Ritual,
in einem dramatischen Schauspiel, in einer
Astralreise, einer Hypnosetrance oder einer
drogeninduzierten Vision. Sie hatten einen
gemeinsamen Ursprungsmythos, von dem
sich ihr inspirierter Status herleitete. Was,
wenn ihr gemeinsamer Ursprung ein besonderes Bewusstsein gewesen wäre, eine
Erleuchtungserfahrung, die ihren Geist mit
poetischer Inspiration entflammte? Wenn
es über die Jahrhunderte hinweg genug von
ihnen gab, könnten wir sicher sein, dass der
eine oder andere von ihnen zu jeder wichtigen Zeit der Geschichte anwesend war.
Jedes Mal eine andere Person. Jedesmal
der gleiche Augenblick der Inspiration, das

gleiche namenlose, sprachlose Selbst, das erwacht und auf den Flügeln der Dunkelheit durch die Labyrinthe von Form und Bedeutung fliegt. Wenn man auf der Suche nach einem Reinkarnationskonzept in der inselkeltischen Mythologie ist, warum wurde dieses so oft übersehen?

Ärger mit Maelgwn

Mittlerweile fragst Du Dich vielleicht, was es nun eigentlich mit dem ganzen Ärger mit Maelgwn auf sich hatte. Du hast Maelgwn schon früher getroffen. Erinnere Dich, wie er Hochkönig geworden war, nachdem sein Thron auf Wachsflügeln geschwommen war und wie Gildas sich wütend über seine Eitelkeit und sein unchristliches Verhalten ausgelassen hatte. Maelgwn, so hielt Gildas fest, hörte lieber Loblieder auf sich selbst als solche, die Christus priesen, die gesungen wurden von *der schurkischen Horde, die trunken schreit wie Teilnehmer der Bacchanalien, voller Lügen und schäumenden Schleim, mit dem sie die in der Nähe Stehenden bespritzen.* Soviel zu den Hofbarden.

Dann war da noch die Jugendsünde, seinen Neffen zu ermorden, um dessen Frau zu heiraten, und allgemeine Polygamie. Was Gildas aber am meisten verärgerte, war, dass Maelgwn in seiner Jugend christliche Gelübde abgelegt und im Kloster gelebt hatte, aus dem er wieder austrat, um eine gewalttätige, aber extrem erfolgreiche Karriere anzutreten. Andere Schriftsteller waren auch nicht nett zu ihm. Geoffrey nennt ihn, warum auch immer, Malgo und hält fest, dass er zwei Söhne hatte, Ennianus und Run. Er soll der bestaussehende Anführer der Briten gewesen sein. Er kämpfte mit großem Mut und war großzügig, wie es sich für einen großen König gehörte. Nach Geoffreys Meinung machte er sich bei Gott durch seine

Homosexualität unbeliebt. Völlig unglaubwürdig wird er allerdings, als er erzählt, dass Maelgwn ganz Britannien und außerdem Irland, die Orkneys, Island, Gotland, Dänemark und Norwegen erobert hätte.

Fans der Arthursage werden sich freuen, zu erfahren, dass Maelgwn in mehreren Genealogien erwähnt wird. In *Mostyn ms. 117* lesen wir, dass Maelgwn, der Sohn Cadwallons mit dem langen Arm, der vierte König Britanniens nach Arthur war. *Jesus College ms. 20* zählt auf: Constantinus, Vater von Constans dem Mönch, Vater von Gwrtheyrn, Vater von Gwrthefyr dem Gesegneten, Vater von Emrys dem Herrscher, Vater von Uthr Pendragon (Uthur Pendreic), Vater von Arthur, Vater von Constantinus, Vater von Aurelius, Vater von Ivor, Vater von Maelgwn von Gwynedd. Auch nicht sehr glaubwürdig. Gwrtheyrn ist in Geoffreys Geschichte Vortigern, wo er die Königswürde erlangt, indem er schlau den rechtmäßigen Herrscher Constans ermordet.

Er ist berühmt dafür, dass er den verhängnisvollen Fehler machte, den sächsischen Siedlern zu erlauben, sich in Britannien niederzulassen unter der Bedingung, dass sie alle anderen Eindringlinge vertreiben sollten. Die meisten mittelalterlichen Historiker machen ihm daraus einen Vorwurf. Sie lassen nur selten gelten, dass zu Gwrtheyrns Zeiten nur wenige fähige Krieger in Britannien verfügbar waren.

Als das Römische Imperium in den Todeszuckungen lag, wurden alle jungen Männer aus den äußeren Provinzen rekrutiert, um in den letzten Machtkämpfen auf dem Kontinent zu dienen. Sobald die letzten Legionen fort waren, kamen alle möglichen Plünderer über das Meer, und Gwrtheyrn wäre mit den Streitkräften, die er ausheben konnte, nicht mit ihnen fertig geworden[1].

Gesichter in Felsen. Llyn Peninsula, Wales.

So oder so war Maelgwn eine eindrucksvolle historische Persönlichkeit, die, wie man sagt, in Deganwy in Nordwales Hof hielt. Falls er tatsächlich an der gelben Seuche starb, muss das im Jahr 586 passiert sein, laut der im *Roten Buch von Hergest* angegebenen Chronik.

Wie Sion uns berichtet, hatten Maelgwn und Taliesin einen Streit, als Maelgwn Ländereien besetzte, die Taliesin gehörten, und Taliesin zahlte es ihm heim, indem er ihn dazu verfluchte, an der gelben Seuche zu erkranken. Der *Hanes Taliesin* enthält eine ganz andere Geschichte. Schauen wir mal, wie die Geschichte weiterging. Wie Du Dich erinnerst, hatte Prinz Elffin, der Sohn von Gwyddno Garanhir, einen Lederbeutel aus dem Wehr gezogen und ein Baby mit einer leuchtenden Stirn darin gefunden. Er nannte es Taliesin, und das Kind erwiderte „Taliesin ist es" und sang sein erstes Lied, um Elffin wegen des Verlustes an Lachsen zu trösten, den dieser erlitten hatte. Elffin nahm das Kind mit nach Hause und brachte es seiner Frau, die es liebevoll aufzog. Als Taliesin dreizehn Jahre alt war, geschah es, dass er an den Hof seines Onkels Maelgwn eingeladen wurde, zur Feier der Weihnachtszeit. Elffin ging hin, und die Feier war laut und wild. Der *Hanes* berichtet:

Nun standen zu jener Zeit die Barden im Königreich in hoher Gunst bei den Erhabenen; und zu jener Zeit übte keiner das Amt dessen aus, die wir heute Herolde nennen, wenn er nicht ein gelehrter Mann war, nicht nur erfahren im Dienst bei Königen und Fürsten, sondern auch gebildet und bewandert in Abstammungslinien und Wappen, und den Taten der Fürsten und Könige, und wichtigen Angelegenheiten fremde Königreiche betreffend, und der alten Geschichte des eigenen Königreichs, und vor allem der Annalen der

wichtigsten Edelleute; und sie waren auch immer bereit, Antworten zu geben in verschiedenen Sprachen, Latein, Französisch, Walisisch und Englisch. Und überdies waren sie Chronisten und Berichterstatter, und geschickt im Verfassen von Versen und fähig, Englyns in jeder dieser Sprachen zu machen. Nun waren von diesen beim Fest im Palast von Maelgwn vierundzwanzig anwesend, und der oberste von ihnen war ein gewisser Heinin Vardd.

Das ist eine hervorragende Beschreibung der Aufgaben eines Barden zu jener Zeit. Die Barden und Edelleute waren alle beschäftigt mit der Diskussion spannender Themen wie:

Gibt es auf der ganzen Welt noch einen König, der so großartig ist wie Maelgwn, oder einen, den der Himmel mit mehr Gaben versehen hat? Als erstes Gestalt, und Schönheit, und Sanftmut, und Stärke, nebst aller Kräfte der Seele? Und dazu sagten sie noch, der Himmel habe eine Gabe verliehen, die größer als alle anderen sei, und das sei die Schönheit, die Ansehnlichkeit, Anmut, Weisheit und Bescheidenheit der Königin, deren Tugend die aller Damen und Jungfrauen des ganzen Königreichs übertreffe. Und damit legten sie einander die Frage vor, wer die tapfersten Männer habe? Und die schönsten, schnellsten Pferde und Jagdhunde? Wer hatte fähigere oder weisere Barden als Maelgwn?

Die Party muss ein absoluter Erfolg gewesen sein. Elffin, der schon reichlich betrunken war, muss ähnlich gedacht haben. Dummerweise sprach er aus, was er dachte:

In Wahrheit kann sich nur ein König mit einem König messen, aber wäre er kein König, dann würde ich sagen, dass meine Frau tugendhafter ist als jede Dame des Königreichs und dass auch ich einen Barden habe, der fähiger ist als alle Barden des Königs.

Sehr höflich, aber dennoch ein verhängnisvoller Fehler. Schon bald erreichten die Worte Maelgwns Ohr, der einen ausgesprochen sehenswerten Wutanfall hatte und Elffin im tiefsten Verlies seiner Festung einsperren ließ. Es heißt, Elffin sei mit silbernen Fesseln angekettet worden, wegen seines Adels.

Maelgwn schickte inzwischen eine Botschaft an seinen Sohn Rhun, *den unbarmherzigsten Menschen der Welt*, der wohlbekannt für Erpressung und Vergewaltigung war, und gab ihm den Auftrag, *sich nach dem Betragen von Elffins Frau zu erkundigen.* Aber noch während Rhun eilends nach Caer Garanhir ritt, hatte der Junge Taliesin die bevorstehende Gefahr bereits vorhergesehen und die Prinzessin gewarnt. Zusammen verkleideten sie eine junge Magd, so dass sie wie die Prinzessin aussah, während die Dame selbst sich als die Magd ausgab. Teils wurde das durch die Verkleidung bewirkt, größtenteils aber durch Taliesins Zauberei. Als Rhun hereinstürmte, war bereits alles vorbereitet. Der Schuft saß zu Tisch und begann mit der vermeintlichen Prinzessin zu scherzen, während die echte Prinzessin ihnen Wein und Speisen servierte. Schließlich tat Rhun ein Schlafpulver in den Wein, und als sein Opfer zu Boden sank, schnitt er ihr den kleinen Finger ab, an dem Elffins Siegelring stak, um zu beweisen, dass er sie in seiner Gewalt gehabt hatte.

Voller Freude ritt er heim nach Deganwy, wo Maelgwn Elffin freigelassen hatte, um ihm die grauenhafte Trophäe zu zeigen.

Elffin allerdings weigerte sich, klein beizugeben. Er sah sich den Finger kurz an und gab zu, dass der Ring seiner sei, aber der Finger könnte nie und nimmermehr der Finger seiner Frau sein. Denn zum ersten hätte seine Frau solch zarte Hände, dass der Ring nicht einmal an ihrem Daumen stecken bleiben würde, und zweitens war der Nagel seit einem Monat nicht mehr geschnitten worden, während die Prinzessin dafür bekannt war, dass sie ihre Nägel jeden Samstag schnitt. (Nagelpflege war übrigens eine wichtige Sache für die meisten Inselkelten. Das irische Gesetz machte es zu einem Verbrechen, jemandes Fingernägel zu beschädigen, und jemand „Bruchnagel" zu nennen, galt als Beleidigung.) Und dann waren da auch noch Reste von Roggenteig unter dem Nagel, und die Prinzessin buk ihr Brot nicht selbst. Diese kühne Aussage machte Maelgwn sehr wütend, weshalb er Elffin wieder wegsperren ließ, bis die Fähigkeiten seines Barden erwiesen wären. Zuhause in Caer Garanhir wusste Taliesin wieder, was gerade im fernen Deganwy passierte. Er wusste, dass er gehen musste, um sich mit Maelgwns Barden zu messen, und sang ein Lied, in dem er seine Absichten erklärte:

Eine Reise will ich machen
zum Tor werde ich kommen,
in die Halle eintreten,
und mein Lied singen,
meine Rede verkünden,
die königlichen Barden zum Schweigen
bringen.
In Gegenwart ihres Anführers,
ich werde grüßen um zu spotten,
ich werde sie überwinden,
und Elphin befreien.
(Es) Sollte Streit entstehen
in Gegenwart des Prinzen,
beim Ruf nach den Barden,

für süß fließenden Gesang,
und die rätselhaften Lehren der Zauberer
und die Weisheit der Druiden.
Am Hof der Söhne des Verteilers,
scheint es einige zu geben,
begierig nach verschlagenen Plänen,
durch Kunst und trickreiche Mittel,
in Schmerzen der Not,
Unschuldigen zu schaden,
die Narren sollen schweigen,
wie damals bei der Schlacht von (Berg) Badon,
mit Arthur, dem Haupt
der Freien, mit langen roten Klingen,
durch die Leistungen erprobter Männer,
und einem Anführer mit seinen Feinden.
Weh sei ihnen, den Narren,
wenn Rache über sie kommt.
Ich, Taliesin, Herr der Barden,
mit den bedachten Worten eines Druiden,
werde den freundlichen Elphin befreien,
aus den Fesseln des stolzen Tyrannen.
Zu ihrem grimmigen, erschreckenden
Schrei,
durch die Werke eines unerwarteten
Schlachtrosses,
aus dem weit entfernten Norden,
wird bald ein Ende kommen.
Weder Segen noch Gesundheit
soll Maelgwn Gwynedd erleben,
für diese Macht und dieses Unrecht,
und mögen die schrecklichsten Übel
und ein gerechtes Ende
über Rhun und seine Rasse kommen:
Kurz sei ihr Lebensweg,
möge ihr Land verdorren,
ein langes Exil sei bestimmt
für Maelgwn Gwynedd!

Das Lied ist, wie Du sicher bemerkt hast,
ein Zauber, eine Prophezeiung und endet mit
einem leidenschaftlichen Fluch. Die Hinweise auf Druiden sind besonders interessant. Es
ist bedauerlich, dass das Manuskript so spät
entstand und wahrscheinlich überarbeitet
wurde. Aber lass uns mit der Geschichte
fortfahren.

Kaum dass Taliesin die Halle betreten hatte,
setzte er sich in eine stille Ecke, in der Nähe
des Ortes, wo die Barden und die Sänger vorbeikommen mussten, um ihren Dienst und
ihre Pflichten für den König zu verrichten,
wie es Brauch ist an hohen Festtagen, wenn
Belohnungen in Aussicht stehen. Und so, als
die Barden und die Herolde kamen, um die
Freigiebigkeit des Königs zu preisen, um die
Macht des Königs und seine Stärke zu loben,
schürzte Taliesin seine Lippen, nachdem sie
an der Ecke, in der er kauerte, an ihm vorbeigegangen waren, und machte „blerwm,
blerwm" mit dem Finger an seinen Lippen.
Keiner von ihnen schenkte ihm viel Aufmerksamkeit, als sie vorbeigingen, sondern
sie schritten weiter, bis sie vor dem König
standen, dem sie mit ihrem Körper ihren
Gehorsam bezeugten, wie sie es gewohnt
waren, aber ohne ein einziges Wort zu sprechen, sie schürzten nur die Lippen und machten mit ihren Fingern „blerwm, blerwm" an
ihren Lippen gegenüber dem König, wie
sie es den Jungen hatten tun sehen. Dieser
Anblick verwunderte den König sehr, und er
sagte sich, dass sie wohl alle betrunken sein
müssten.
Daraufhin befahl er einem seiner Lords, der
an der Tafel diente, zu ihnen zu gehen und
von ihnen zu verlangen, dass sie wieder zu
Verstand kommen sollten, zu bedenken, wo
sie sich befänden und welches Verhalten ihnen gezieme. Und dies tat der Lord freudig.
Aber sie verhielten sich genauso närrisch wie
zuvor. Da ließ er sie ein zweites Mal ermahnen, und ein drittes Mal, und zu bitten, sie
sollten die Halle verlassen. Beim letzten Mal
befahl der König einem seiner Knappen, der

solle dem Oberhaupt der Barden, der Heinin Vardd hieß, einen Schlag versetzen, und der Knappe nahm einen Besenstiel und schlug ihn ihm über den Kopf, so dass er in seinen Sitz zurückfiel. Da erhob Heinin sich wieder und fiel auf die Knie und bat so um die Gnade des Königs, um zu zeigen, dass sie ihren Fehler nicht aus Unwissenheit oder Trunkenheit begingen, sondern durch den Einfluss eines Geistes in der Halle. Und nach diesem sprach Heinin auf diese Weise: „Oh ehrwürdiger König, lass es Deiner Gnaden bekannt sein, dass nicht aufgrund der Stärke der Getränke oder von zuviel Trank wir dumm geworden sind, ohne die Kraft der Sprache wie betrunkene Männer, sondern durch den Einfluss eines Geistes, der dort in der Ecke sitzt in Gestalt eines Kindes."

Da gebot der König dem Knappen, ihn zu finden, und er ging zu der Nische, wo Taliesin saß, und brachte ihn vor den König, der ihn fragte, was er sei und woher er käme. Und er antwortete dem König in Versen... „Oberster Barde bin ich bei Elphin..." Und als der König und seine Edelleute dieses Lied gehört hatten, wunderten sie sich sehr, denn sie hatten solches noch nie von einem Jungen, so jung wie ihm gehört. Und als der König wusste, dass er Elphins Barde war, bat er Heinin, seinen ersten und weisesten Barden, Taliesin zu antworten und mit ihm zu streiten. Aber als er es versuchte, konnte er nichts anderes tun, als „Blerwm" mit seinen Lippen zu machen, und als er nach den anderen vierundzwanzig Barden sandte, taten sie es ebenfalls und konnten auch nichts anderes machen. Und Maelgwn fragte den Jungen, was sein Auftrag sei, und dieser antwortete ihm mit einem Lied...

Was Du hier gelesen hast, ist mehr als Folklore. Einige Elemente der Geschichte sind es wert, genauer betrachtet zu werden.

Als Taliesin erscheint, verbirgt er sich in einer dunklen Ecke. Es ist kein Zufall, dass der Barde vor dem Zauberwettbewerb Inspiration und Einsichten an einem dunklen, schattenhaften Ort findet. Aus diesem Zustand der Dunkelheit, dunkel und überaus dunkel (Avagddu) schickt das wundersame Kind einen den Geist betäubenden Zauber. Auch die Geste ist kein Zufall. Gwion wurde erleuchtet, nachdem er seinen verbrühten Finger an die Lippen gelegt hatte. Hier spielt er mit dem Finger an seinen Lippen und produziert damit ein summendes Geräusch, und diese Geste der wahren Initiation ist genau das, was die Barden sprachlos macht. (Anmerkung: Mit dem Finger an den Lippen spielen, insbesondere, wenn man ihn parallel zum Mund hält und währenddessen singt oder chantet, ist eine wertvolle Technik, um Trancemusik zu erzeugen. Probier's mal aus!) Als Heinin, das Oberhaupt der Barden, wieder bei Sinnen ist, erkennt er sofort, dass die Quelle seines Ärgers ein Geist in Gestalt eines Kindes ist. Durch diese Anklage herausgefordert schlägt Taliesin mit einem Lied zurück, das ihn als ein völlig andersweltliches, unsterbliches Wesen ausweist. Der *Hanes Taliesin* enthält mehrere Lieder, die Taliesin gesungen haben soll, um dem arroganten Maelgwn und seinen hochnäsigen Barden zu trotzen. Die Lieder aus dem früheren *Buch von Taliesin* enthalten ebenfalls Hinweise auf Taliesins Wettbewerb. Es war ein populäres Motiv, für das man gern Poesie verfasste. Eine wiederkehrende Eigenschaft der Streitlieder scheint gewesen zu sein, dass darin häufig die Hofbarden beleidigt wurden. Hier einige Passagen aus dem *Hanes Taliesin*:

Wenn du ein Barde bist, völlig erfüllt
mit unbeherrschbarem Genie,
sei nicht ungefügig
am Hofe deines Königs…

Wächter des Sumpfs

Sicher ist, dass du nicht weißt,
wie das Lied, was ich singe, zu verstehen ist,
noch wie genau zu unterscheiden ist
zwischen der Wahrheit und dem Falschen;
kleine Barden, Krähen dieser Gegend,
warum wollt ihr nicht davonfliegen!
Der Barde der mich nicht zum Schweigen
bringt
wird keine Stille finden,
bis er bedeckt wird
von Schotter und Kieseln…

Spielleute hängen üblen Bräuchen an,
unmoralische Liedchen sind ihre Freude;
sie spenden eitles, geschmackloses Lob,
verkünden zu allen Zeiten Lügen;
die Unschuldigen verspotten sie,
verheiratete Frauen vernichten sie,
die unschuldigen Jungfrauen Marias verderben sie;
(so) wie sie ihr Leben in Eitelkeit verbringen…

Diese Beispiele sollten für den Anfang reichen. Was wir in diesen Zeilen finden, sind
tatsächlich zwei Themen. Eins von ihnen ist
der Bardenwettstreit, ein altes Ritual, um das
Oberhaupt der Barden zu bestimmen. Das
andere ist ein Schwall von Allzweckschmä-
hungen, die Taliesin ausspricht, um absolut
klar zu machen, was ihm an seinen Kollegen
nicht gefällt. Die Poesie im *Buch von Taliesin*
bietet reichlich Hinweise darauf, dass unser
Poet alles andere als ein schweigsamer Zuschauer war. Wie ein ewiger Rebell vertritt
er einen Standpunkt und weigert sich, seine Worte abzuschwächen. Taliesin ist kein
schwächlicher Sänger, und das ist ein wichtiges Element seines Amtes. Der Penbeirdd
(penceirdd), das Oberhaupt der Barden, muss
bereit sein, zu kritisieren, zu zaubern und die
Leute um sich herum zu korrigieren, seien
es nun die kriegslüsternen Fürsten, Könige,

die grobe Fehler machen oder überhebliche
Mitbarden. Wenn der König Fehler machte,
musste der Barde ihm Vernunft beibringen.
Das könnte auch der Grund sein, weshalb
das Oberhaupt der Barden eine Autorität
hatte, die der des Königs gleichkam. Denk
sorgfältig darüber nach. Sicher wurden die
Barden für Loblieder bezahlt, aber ihre Arbeitgeber konnten sich nicht automatisch
sicher sein, dass sie immer gelobt werden
würden. Es musste ein Körnchen Wahrheit
im Lob stecken, ansonsten durfte der König
stattdessen mit einer vernichtenden Satire
rechnen.

Der Bardenstuhl

Rowlands (1985) merkt an, dass im 13.
Jahrhundert, als das Manuskript des *Buches
von Taliesin* zusammengestellt wurde, der
Bardenstand in jeder Grafschaft von einem
Penceirdd angeführt wurde. Diese erlauchte
Persönlichkeit bildete auch die Bardenlehr-
linge aus und erhielt 24 Pence, wenn sie
ihre Ausbildung vollendet hatten. Die Zahl
24 scheint kein Zufall zu sein, denk daran,
dass auch Maelgwn 24 Barden hatte. In
dieser späten Periode war ein Penceirdd im
Wesentlichen ein Barde, der einen Stuhl
inne hatte. Der Bardenstuhl war ein Amt,
aber er diente auch als Symbol für den Sitz
der Inspiration. Insbesondere die Gogynfeirdd-Barden bedienten sich des Stuhls als
Metapher. Lass mich ein wenig abschweifen und die Namen einiger Stühle nennen,
die in der keltischen Mythologie auftauchen.
Barden hatten einen Sitz, ebenso wie Könige
und ausgewählte Helden. Wobei das Wort
„Stuhl" auch „Versmaß" bedeuten kann.

Ein Lied mit dem Titel *Der Stuhl des
Herrschers* (BoT 15) berichtet uns vom Sitz
des Guledig, des Hochkönigs. Wie zu erwarten war, hing die Ehre des Regierenden
stark von der Meinung seiner Barden ab.

Münzen 9

Oben links & rechts (vorn & hinten) Helvetier. Steinbock!

Mitte links & rechts (vorn & hinten): Helvetier, vergleiche den gefiederten Ochsen mit der Legende von Mog Ruith.

Unten links: Leuker, Eber.

Unten rechts: Leuker, Eber

Immerhin ist der Sitz eines Königs nicht einfach nur ein vergoldeter Stuhl, sondern auch eine Stellung im Leben, eine Aufgabe und Verantwortung. Taliesin sang:

Der verdient nicht meinen Sitz
der sein Wort nicht hält.
Bei mir ist der hervorragende Sitz,
die Begeisterung des flüssigen, drängenden
Gesangs.

(BvT 15)

In dem Gedicht werden mehrere Herrscher und Arthur, der Guledig, genannt, und es gibt Anspielungen auf die Natur des Throns:

Die Wogen werden über den Strandkies waschen,
und das Land zu Meer werden,
weder Klippe noch Schutz bestehen,
weder Hügel noch Tal,
kein Versteck vor dem Sturm,
gegen den rasenden Wind.
Der Herrschersitz,
wer ihn bewahrt, ist fähig.

(BvT 15)

Diese Zeilen erinnern mich an Spaziergänge im heulenden Sturm und prasselnden Regen auf dem Mount Snowdon, dem höchsten Berg in Wales. Laut örtlicher Tradition focht Arthur seine letzte Schlacht gegen den betrügerischen Mordred an den Berghängen aus, an einem düsteren Tag im Spätherbst. Einer der Snowdon-Seen, sagt man, sei der Ort, wo der sterbende Arthur an Bord eines Bootes genommen wurde, das ihn in das verzauberte Avalon brachte, und mehrere Legenden behaupten, dass Arthur und seine besten Krieger in einer Höhle hoch oben auf dem Berg schlafen, wo sie auf den Tag warten, an dem sie geweckt werden,

um die Sachsen aus Britannien zu vertreiben. Angesichts des Verkehrs in und um London könnten sie auch gut im Bett bleiben. Das macht Snowdon zu einem wahrscheinlichen Kandidaten für den Sitz des Herrschers, den Stuhl des Guledig. Es ist ein gefährlicher Sitz, aber das sind die meisten Sitze in den keltischen Mythen.

Im *Mabinogi*, im ersten Zweig, begegnet man dem gefährlichen Sitz auf dem Hügel über Arberth. Jeder Edelmann, der eine Nacht dort verbringt, darf mit einem Wunder oder einer tödlichen Verwundung rechnen. Pryderi und Kigva, Manawyddan und Rhiannon machten zur Unterhaltung einen Versuch. Sie sahen, dass dichter Nebel aufstieg, und als er am nächsten Morgen verschwand, war ihr Land zu einer leeren Einöde geworden, von allen Bewohnern verlassen. Auch Arthurs' Tafel verfügte über einen gefährlichen Sitz, der jedem Ritter, der sich zu Unrecht dort hinsetzte, Schreckliches widerfahren ließ. Die Gralsburg verfügte über einen gefährlichen Sitz, wo ausgewählte Ritter die Nacht wachend und im Gebet verbringen durften. In einigen Versionen handelte es sich auch um ein gefährliches Bett, das wilde Visionen, aber auch tödliche Verletzungen versprach, wenn der Schläfer nicht rein genug war. Der *Prosa-Lanzelot* lässt Sir Gawain sich auf so einem gefährlichen Möbel ausstrecken, der Gefahrvollen Couch. Kaum hatte er sich zurückgelehnt, hatte er eine tödliche Wunde durch eine brennende Lanze empfangen, die geradewegs durch seinen Schild und seine Rüstung gedrungen war. Als Nächstes erschien ein schrecklicher Drache, der 500 jüngere Drachen ausspuckte. Der Drache kämpfte mit einem Leoparden und fraß dann seine eigenen Jungen. Zwölf klagende Jungfrauen marschierten durch die Kammer. Dann erschien ein riesiger Ritter, und Sir Gawain kämpfte erfolgreich gegen ihn, obwohl er viel Blut verlor, und schließlich heilte eine Prozession von Fräulein, die den Gral trug, den armen Helden, so dass er seine Verletzungen nicht mehr spürte und in einen tiefen Schlaf fiel. Am nächsten Morgen erwachte er, noch in einem Stück, aber nicht mehr in der Burg, wo er die Nacht zuvor verbracht hatte. Er lag im klapprigsten Karren der Welt, der von einem halb verhungerten Pferd gezogen wurde, wurde durch die Straßen gezogen und die Dörfler bewarfen ihn mit all dem Dreck, den sie finden konnten.

In der irischen Mythologie muss Cuchulainn auf einem gefährlichen Sitz in Cu Rois Burg Wache halten und verbringt die Nacht damit, gegen Erscheinungen und Phantome zu kämpfen.

Eine mitteleuropäische Überlieferung besagt, dass manche keltischen Hügelfestungen über einen besonderen Königssitz verfügten (üblicherweise ein eindrucksvoller Felsen), von dem aus die Regenten ihr ganzes Land überblicken konnten. Es heißt, die Könige herrschten so weit, wie ihr Blick reichte. Das wirkt wie ein Ritual und erinnert uns an die irischen Könige, die jeden Morgen zu Sonnenaufgang draußen auf dem Wall ihrer Festung sein mussten. Sie mussten sich vergewissern, dass die monströsen Fomorier nicht über Nacht in das Land eingefallen waren.

Der höchste Berg im Taunus, der Feldberg, ist mit einem großen Felsen gekrönt, der als Sitz oder Bett Brunhilds bezeichnet wird. Es handelt sich nicht um die Brunhild der *Edda* oder des *Nibelungenlieds*, sondern um die Frau Siegberts, des Königs von Austrasien. Sagen berichten, die fränkische Königin sei immer zum Gipfel gereist, wenn das Wetter gut war. Dann ließ sie ihr Bett oben auf dem Felsen aufschlagen. Welchem Zweck mag das gedient haben? Eine Nacht auf einem Berggipfel zu verbringen ist nicht einfach eine harmlose Angewohnheit, es ist ein heidnisches Ritual, das eng mit dem Ritus des Utiseta (draußensitzen) verbunden ist, das in den nordischen Sagas beschrieben wird. Wer eine Nacht draußen verbringt, in Dunkelheit und Einsamkeit, soll seltsame Visionen haben und einen Blick in die Zukunft erhaschen. Wir haben keine Ahnung, was Brunhild wohl auf ihrem Sitz auf dem Gipfel tat, angesichts des Glitzerns der Sommersterne, aber wir wissen, dass die edle Dame im Jahr 613, als sie 80 Jahre alt war, beschuldigt wurde, zehn Mitglieder der Königsfamilie vergiftet zu haben. Sie wurde drei Tage lang gefoltert, von Pferden gevierteilt und schließlich wurden ihre sterblichen Überreste zu Asche verbrannt und in den Wind gestreut. Das ist eigentlich keine Strafe für Mord – Hexerei klingt wahrscheinlicher. Was die Geschichte noch sonderbarer macht, ist allerdings die Tatsache, dass der Feldberg nicht zu ihrem Reich gehörte und sie sich nie dort aufhielt. Also wer genau hat hier geruht? War es am Ende doch die Brunhild aus dem Nibelungenlied? Dann gibt es da den Sitz des Riesen Idris, den Cadair Idris, einen wunderbaren Berg in Wales. In alter Zeit, so berichten die Geschichten, bestieg Idris diesen Berg, um die Sterne zu betrachten.

Avebury hat einen Megalith zu bieten, der der Sitz des Teufels genannt wird. Es ist in der Tat ein gefährlicher Ort, da Frauen, die sich dort hinsetzen, Gefahr laufen, schwanger zu werden. Andererseits ist es auch der ideale Ort, um ins neochaotische Druidentum eingeweiht zu werden, oder zumindest hat man mir das gesagt. Und schließlich gibt es da noch Ceridwens Stuhl, der gar kein Stuhl ist, sondern die bardische Berufung an sich.

Der Bardenstuhl oder Stuhl des Penceirdd ist nicht nur ein Amt und Zeichen von Status, sondern auch eine Verpflichtung. Man muss ihn sich verdienen, und einmal verdient, muss man ihn halten können.

Ritual:
Das Küken auf dem Stuhl

Laut Nash gab es ein bardisches Ritual. Die höheren und die niedrigeren Ränge der Barden wählten einen Cyff Cler (Gegenstand des Spotts), über den man sich lustig machen sollte. Ein Jahr und einen Tag vor dem großen Ereignis wurde ein Pencerdd informiert, dass er derjenige wäre und sich vorbereiten solle. Wenn der wichtige Tag kam, ließ sich der Cyff Cler auf einem Sitz in der Mitte der Halle nieder. Die Barden versammelten sich um ihn und griffen ihn mit Spott und Satire an. Er hatte während des ganzen Ansturms ruhig zu bleiben, was ihm, wie wir erfahren, eine beträchtliche Geldsumme einbrachte. Am nächsten Tag antwortete er den Spöttern und zahlte ihnen Verachtung und Beleidigungen heim. Taliesin singt in *Die Schar der Barden* (Nash):

Ich bin ein Barde der Halle,
ich bin ein Cyff vom bardischen Stuhl (Versmaß).
Den geschwätzigen Barden werde ich Widerstand bieten.

Um stilvoll zu antworten, musste ein Barde mit einer ungeheuren Anzahl an Versen vertraut sein, aus denen er/sie Antworten, spontane Gedichte, Pennillion improvisieren konnte. Und dann ist da die Tatsache, dass der Cyff des Rituals ein Jahr im voraus darüber informiert wurde, was passieren würde. Wenn Du Gegenstand dieses Rituals wärst, wie würdest Du Dich vorbereiten? Am leichtesten wäre es, sich zu überlegen, worüber sich die Satiriker lustig machen könnten. Der Cyff hatte ein Jahr, um seine persönlichen Schwächen zu erkennen und zu akzeptieren oder zu ändern. Ein Jahr ist eine lange Zeit; man kann seine Persönlichkeit in so einer Zeit sehr verändern. In diesem Sinn war das Jahr eine Zeit der Läuterung. Und natürlich war es auch ein Jahr, in dem man die Schwächen und Mängel der Leute in Erfahrung bringen konnte, die sich über einen lustig machen würden, was am zweiten Tag sehr gelegen kam.

Bitte stell Dir nun den Effekt vor, den dieses Ritual hatte. Mach eine Pause und stell Dir vor, Du wärst es, der in dem Stuhl sitzt, angegriffen von einer Horde scharfzüngiger Satiriker mit viel Erfahrung und wenig Skrupeln. Stell Dir vor, was sie über Dich singen würden, über Dein Leben, Deine Arbeit, Deine Prinzipien, Deine persönlichen Probleme. Wie könnte man Dein Ego beleidigen? Was würde Dich wirklich zornig machen? Wie könnten sie Dich aus der Ruhe bringen? Denk gut nach, sieh Dich mit den Augen eines anderen. Wenn Du die Erfahrung intensiv gestalten möchtest, dissoziiere Dich von Deinem eigenen Standpunkt. Stell Dir vor, Du bist ein Barde, der Beleidigungen und Spott komponiert, die Dein Ego verletzen. Kannst Du Dich selbst durch die Augen eines Satirikers sehen? Wie viele ungerechte Anschuldigungen kannst Du schlucken? Die Barden, die dieses Ritual erfanden, wussten eine ganze Menge über das Ego. Sie wussten, wie verführerisch es sein kann, dem Ego zu erlauben, sich vor Stolz und Selbstherrlichkeit aufzublähen. Was ein Meisterbarde vor allem braucht, ist ein Sinn für Demut, d. h. ein gewisses Verständnis seines/ihres Platzes im größeren Plan der Dinge. Menschen zum Beispiel sind sehr nützlich als Futter für Bakterien und Würmer. Wenn Du grandiose Visionen hast, über den engen Horizont der Menschheit hinaus blickst, Deine Persönlichkeit transzendierst und sich Weisheit und Poesie aus Dir ergießen, kann es eine große Versuchung sein, darauf stolz zu sein. Stolz aber ist eine Falle und beschert effektiv allen zukünftigen Entwicklungen ein vorzeitiges Ende. Wenn Du andererseits zu wenig Ego hast, wirst Du finden, dass niemand Deinen Visionen lauscht, da alle viel zu beschäftigt damit sind, auf Dir herumzutrampeln. Demut bedeutet nicht, dass Du Dich zu klein machst. Es bedeutet, dass Du ein tragfähiges Gleichgewicht zwischen einem aufgeblähten und einem verkümmerten Ego findest, es bedeutet, dass Du Deine Fehler kennst, Dir Kritik anhörst und etwas tust, um die Lage zu verbessern.

Kannst Du es genießen, wenn Dich jemand kritisiert? Kannst Du etwas Neues lernen? Kannst Du Deinen Ärger zur Seite tun und begreifen, was Dein Publikum Dir mitzuteilen versucht, egal, in wie entstellter Form es daher kommt? Das ist eine Fähigkeit, die zu entwickeln sich lohnt. Wenn ich kritisiert werde, neige ich im Allgemeinen zum dissoziieren, d. h. ich trete aus mir heraus, so dass ich mich und die andere Partei beobachten kann, während ich kritisiert werde. Das ist eine nützliche Taktik, die mir erlaubt, den emotionalen Druck zu reduzieren und meinen Geist klar und offen zu halten. Es geht nicht darum, nach Entschuldigungen oder bissigen Antworten zu suchen, sondern einfach zuzuhören und zu lernen. Kritik ist oft nützliches Feedback,

auch wenn sie ungerecht oder fehlerhaft erscheint. Selbst wenn sie ganz einfach auf Missverständnissen und grober Übertreibung beruht, kann sie Dir verraten, was jemand anders denkt. Wenn Du emotional wirst, lernst Du wahrscheinlich nichts daraus. Wenn es Dir gelingt, ruhig zu bleiben, erfährst Du vielleicht, was hinter dem ganzen Aufruhr steckt.

Das Ritual mit dem Cyff auf dem Stuhl ist ein hervorragendes Heilmittel gegen übertriebenen Stolz. Jeder, der den Rang eines obersten Barden anstrebt, ist gut beraten, sich so einer Situation zu stellen. Wenn Du keine Leute findest, die willens sind, Dich grob genug zu kritisieren, frag Deine Götter und Geister. Sie wissen sehr viel heiklere Dinge über Dich als Deine Freunde und Kollegen. Also sei still und hör zu, was sie sagen. Das vollkommene Gleichgewicht liegt zwischen den Meinungen, dem vollkommenen Bereich des vorübergehend außer Kraft gesetzten Glaubens. Das ist keine oberflächliche Einstellung, es ist eine Geisteshaltung.

Das Wort Cyff bedeutet übrigens nicht nur Gegenstand des Spotts oder Zielscheibe für Satire. Eine alternative Bedeutung ist „Küken". In Skenes Version des Textes beziehen sich die Zeilen auf *Das Küken auf dem Stuhl*. Erinnere Dich, wie Ceridwen sich in eine schwarze Henne mit feurigem Kamm verwandelte und den jungen Gwion verschlang. Als sie ihn neun Monate später gebar, war er tatsächlich zu ihrem Küken geworden. Die Zielscheibe der Satiriker ist das Kind der Göttin der Poesie. Da Du Rätsel so gern magst (warum hättest Du sonst bis hier weitergelesen?) werde ich hier das ganze Lied zitieren.

Buarth Beird

Die Versammlung der Barden
Buch von Taliesin, 3

Meine Gedanken gedachten
der eitlen Poesie der britischen Barden.
Bei der großen Versammlung präsentieren sie
sich als die Besten.
Genug der Bemühung des Schmiedehammers
(?).
Ich bin eine strafende Rute auf dem Gebiet des
Gesangs,
die Versammlung der Barden, in ihrer Ignoranz,
fünfzehntausend bemühen sich überall.
Ich bin ein Künstler,
ich bin ein leuchtender Sänger.
Ich bin Stahl, ich bin ein Druide (Zaunkönig),
ich bin ein Seher, ich bin ein Kunstschaffender.
Ich bin eine Schlange, ich bin Liebe (Begierde),
ich bin unersättlich bei Festlichkeiten.
Ich bin kein wirr faselnder Barde:
wenn Sänger gegen mich singen,
sie werden keine Wunder zu verkünden haben,
wenn ich ihnen widerspreche ist es:
Wie Kleidung zu empfangen wenn man keine
Hände hat,
wie im See zu versinken wenn man nicht
schwimmen kann,
die Flut steigt rasch an, stetig aufgewühlt.
Und brandet gegen die Küstensiedlungen.
Der wellenumschlungene Fels, durch eine große Ordnung,
wird uns Verteidigung gewähren und Schutz
gegen den Feind (?).
Der Fels des höchsten Herrschers, das Haupt
der Ruhe.
Berauschung durch den Metbrauer (Herrscher)
wird uns zum Sprechen bringen.
Ich bin eine Zelle, ich bin ein Bruchstück, ich
bin ein Gestaltwandler.
Ich bin ein Hort der Gesänge, ich bin ein

Mann der Literatur,
ich liebe die hohen Bäume am Hang, die über
uns Schutz gewähren,
und einen Barden der komponiert ohne Zorn
zu erregen,
Ich liebe nicht den, der Zwietracht erregt,
wer schlecht von den Begabten spricht soll keinen Met erhalten.
Jetzt ist es Zeit zum Gelage (Wettbewerb) zu
gehen,
mit fähigen Menschen, der Kunst wegen,
und hundert Knoten (Gesänge), die Sitten des
Landes.
Hirte der Länder, Schutz und Zuflucht.
(Es wäre) wie ohne Fußvolk in die Schlacht zu
schreiten.
Ohne Fuß (Volk?) zu reisen.
Ohne Bäume Nüsse zu ernten,
wie Wildschweine auf der Heide zu suchen,
wie Zerstörung zu befehlen ohne zu sprechen,
wie das Gefolge des Heeres ohne ein Haupt,
wie Heimatlose mit Flechten zu speisen.
Wie das Hochheben von Furchen des Lan-
des(?),
wie den Himmel mit einem Haken ergreifen,
wie zu vermeiden an Diesteln Blut zu vergießen,
wie den Blinden Licht zu geben,
wie wenn Nackte ihre Kleidung teilen,
wie Buttermilch auf dem Strand vergießen,
wie Fische mit Milch zu nähren,
wie eine Halle mit Blättern zu decken,
wie eine Schildkröte (einen Knüppel) mit
Zweigen schlagen,
wie das Auflösen von Reichtum (Sitten, Ansehen) wegen eines Wortes.
Ich bin ein Barde der Halle,
ich bin ein Kücken vom bardischen Stuhl
(Versmaß).
Den geschwätzigen Barden werde ich Widerstand bieten.
Bevor ich ins Grab gelegt werde,
mögen wir bei dir Schutz erhalten, o Sohn von
Maria.

Wieder einmal ist das Hauptthema des Liedes der Wettstreit zwischen dem jungen Taliesin und Maelgwns Barden. In einem anderen Sinn könnte sich das Gedicht auch auf ein beliebiges Satire-Ritual beziehen, das den Penceirdd berechtigte, den Bardenstuhl zu behalten. Wie Du siehst, sind die Zeilen nicht nur reich an Kritik an der bardischen Berufung. Sie sind auch reich an Rätseln. John Matthews (1991) meint, dass die Dinge zu tun, die in den Zeilen, die mit „als ob..." beginnen, eine Zeitverschwendung wäre. Ich kann dieser Interpretation nicht zustimmen. In vielen Fällen wäre es sicher nutzlos, Derartiges zu tun, aber im frühmittelalterlichen Britannien beispielsweise ernährten sich viele Obdachlose von Flechten. Mit Blättern kann man ein Dach decken (das ein oder zwei Nächte hält) – oder möchtest Du vielleicht in Erwägung ziehen, dass die mächtigen Buchen im Wald ein natürliches Dach über weiten Hallen bilden? Reichtümer lösen sich vor einem Wort auf, wenn der König seinen Barden bezahlt. Selbst die Zeilen, die sich darauf beziehen, ohne einen Fuß in den Kampf zu gehen, sind nicht so simpel, wie sie scheinen. Ein Wesen, das ohne Fuß in den Kampf zieht, ist die Schlange, ein anderes der Herrscher der monströsen Fomorier im alten Irland, Cichol der Fußlose, vielleicht ebenfalls eine Schlange. Oder haben wir es hier mit einem Hinweis auf die Funktion des Fußhalters zu tun? Diese Person hatte die Aufgabe, die Füße des Königs in seinem oder ihrem Schoß ruhen zu lassen, von der Abendmahlzeit an bis zur Zeit des Schlafengehens.

Hinweise darauf findet man im vierten Zweig des *Mabinogi* und den ehrwürdigen Gesetzen von Hywel Dda. Vielleicht war der König nicht im Dienst, wenn er seine Füße nicht auf dem Boden hatte. Zu jener Zeit konnten Leute mit wichtigen Bedürfnissen an den Fußhalter appellieren, dem sich zu nähern nicht so gefährlich war wie dem König. In Kriegszeiten blieb der Fußhalter zu Hause. Was für eine Erklärung hast Du dafür! Tu Dir einen Gefallen und denk darüber nach. Es geht so viel mit der Taliesin-Poesie verloren, wenn Du diese Seiten einfach überspringst. Die Rätsel in Taliesins Poesie haben mehr als einen Zweck. Wenn Du eine Weile nachgedacht hast, wenden wir uns der Kunst der Rätselmagie als solcher zu.

Eine Sturzflut an Fragen

Wir sind an dem Punkt im *Hanes Taliesin* angekommen, wo der junge, alterslose Barde sich über die Barden an Maelgwns Hof wegen ihrer Ignoranz, ihrer Arroganz und ihrer Sünden lustig machte. Wie aber konnte es ihm gelingen, dem Spiel ein Ende zu machen und Elffin von seinen silbernen Fesseln zu befreien! Rätsel über Rätsel flossen aus den Lippen des allwissenden Jünglings, aber die Barden selbst blieben sprachlos, unfähig, auch nur ein Wort zu sagen. Dann sang er schließlich ein langes Lied (zweifellos mit viel Schaum auf den Lippen), das man als Rätsel, als Invokation, als Zauber und als Fluch verstehen kann. Hier die ersten Zeilen:

Kanu y Gwynt
(Nach dem Hanes Taliesin und dem Buch von Taliesin)

Rate, was ist
das starke Wesen (aus der Zeit) vor der Flut,
ohne Fleisch, ohne Knochen,
ohne Adern, ohne Blut,
ohne Kopf, ohne Füße,
es wird nicht älter noch jünger
als es am Anfang war,
Es lässt nicht von seiner Aufgabe ab
durch Furcht oder Tod,
es empfindet nicht die Nöte
der erschaffenen Wesen.
Großer Gott! Wie das Meer erbleicht
wenn es zuerst erscheint!
Groß sind die Gaben,
von seinem Schöpfer.
Es ist im Feld, es ist im Wald,
ohne Hand, ohne Fuß,
ohne Anzeichen hohen Alters,
auch wenn es so alt ist
wie fünf Epochen der Zeitalter,
und noch älter,
auch wenn es zahllose Jahre sind.
Auch ist es so weit
wie die Oberfläche der Erde,
und es wurde nicht geboren
und nie gesehen.
Auf dem Meer und an Land,
es sieht nicht und wird nicht gesehen.
…
Es ist schlecht, es ist gut,
es ist hier, es ist hier,
es zerstört Dinge
und haftet nicht für den Schaden,

es haftet nicht für den Schaden,
da es keine Schuld kennt.
Es ist nass, es ist trocken,
oft kommt es
von der Hitze der Sonne
und der Kälte des Mondes.
Der Mond bringt weniger Segen
da seine Wärme geringer ist.
Ein-Dasein (Gott) hat es bereitet,
aus Allen-Wesen.
Mit einem ungeheuren Stoß,
Rache zu üben
an Maelgwn Gwynedd.

Und während er diese Verse sang, in der Nähe der Tür, erhob sich ein heftiger Sturmwind, so dass der König und alle seine Edelleute glaubten, die Burg würde über ihren Köpfen zusammenstürzen. Und der König gebot, Elffin rasch aus seinem Verlies zu holen und ihn vor Taliesin zu bringen. Und es heißt, dass er sofort einen Vers sang, so dass sich die Ketten an seinen Füßen öffneten. Und danach sang er eine Ode, die *Die Vortrefflichkeit der Barden* genannt wird. Und dann sang er eine Anrede, die *Der Tadel der Barden* hieß und danach ein Stück mit dem Namen *Die Verspottung der Barden*. Taliesin, der nun seinen Herren aus dem Gefängnis befreit, die Unschuld von dessen Frau bewiesen, und die Barden zum Schweigen gebracht hatte, so dass nicht einer von ihnen ein Wort zu sagen wagte, ließ nun Elffins Frau vor sie bringen und zeigte, dass ihr kein Finger fehlte. Glücklich war Elffin da, und glücklich war Taliesin.

Des Rätsels Antwort ist natürlich der Wind. Der *Gesang für den Wind (Can y Gwynt)* erscheint in ähnlicher Form sowohl im *Hanes Taliesin* als auch im *Buch von Taliesin*, er ist das einzige Stück Poesie, das in beiden Manuskripten auftaucht. Was das Rätsel zu so einem eindrucksvollen Stück Magie macht, ist, dass die Antwort sich gleich anschließend manifestiert, um direkt erfahren zu werden. Gleich zu Beginn wird den Zuhörern gesagt, sie sollen die Antwort erraten. Da sie das nicht schaffen, können sie den Zauber nicht binden, und schon nach kurzer Zeit droht das Dach einzustürzen. Und der Wind, den unser Barde heraufbeschwört, ist nun wirklich keine sanfte Brise, die durch die schattigen Täler und über die fruchtbaren Wiesen streicht. Es ist der urtümliche, urzeitliche Sturm des Anfangs, die älteste aller Kräfte, total, unkontrollierbar und überwältigend. Hier finden wir einen Taliesin, der sich nicht die Mühe macht, seine Überlegenheit durch Gesänge zu beweisen; dieser Zauberer ist willens, den Hof des Hochkönigs unter Felsbrocken zu begraben.

In den Mythen des alten Europa gibt es eine Anzahl von Rätselspielen, die Ritualen ähneln. Die isländischen *Eddas* beispielsweise spielen mehrfach auf das Thema an. Das *Gylfaginning*, zusammengetragen und herausgegeben von Snorri Sturlason (1178 – 1241) hat einen Rätselwettbewerb als Rahmenhandlung. Es beginnt mit der Geschichte des Königs Gylfi, der seine Gestalt veränderte und nach Asgard reiste, dem Heim der Götter, um Macht und Wesen der heidnischen Götter zu erkunden. Da die nordischen Götter recht gut informiert waren, begegneten sie Gylfis Täuschung mit einem eigenen Illusionszauber.

Gylfi betritt die Königshalle von Asgard als bescheidener Wanderer verkleidet. Er nähert sich dem Hochstuhl des Königs der Götter und stellt fest, dass drei Regenten auf dem Thron sitzen: Har (der Hohe), Iafnhar (der ebenso Hohe) und Thridi (der Dritte). Alle drei, so stellt die Geschichte später fest, sind Aspekte Odins. Har bietet Gylfi Erfrischungen an, aber Gylfi lehnt ab, weil er nur des Wissens wegen gekommen ist. Man erlaubt ihm, Fragen zu stellen, und die drei Gesichter des Gottes geben ihm Antworten. Da Odin dreigestaltig erscheint, wird die Antwort oft von verschiedenen Standpunkten aus gegeben.

Ähnliche Muster findet man in mehreren Liedern der früheren *poetischen Edda*. Das *Vafthrudnismal* lässt Odin (auch in Verkleidung) an den Hof des Riesen Vafthrudnir reisen, der über viel altes Wissen verfügt. Das Lied nimmt die Gestalt eines Wettkampfs an – der, der keine Antwort findet, soll seinen Kopf verlieren. Am Ende versagt der Riese darin, eine Frage zu beantworten, auf die es keine Antwort gibt. Stattdessen errät er die Identität seines Gastes. Es wird nicht berichtet, ob das gefährliche Spiel tatsächlich mit einem Gemetzel endet. Oder denk mal an das *Alwismal*, in dem der Donnergott Thor einen allwissenden Zwerg in Rätseln über sein Wissen um die vielen Lebensformen der neun Welten ausfragt. Dieses Lied ist eins der wichtigsten in der ganzen *Edda*, da es beschreibt, wie die verschiedenen Kreaturen der nordischen Kosmologie die Realität wahrnehmen. Es sagt so viel über die Bewusstseinsunterschiede zwischen Göttern, Menschen, Riesen, Elfen, Zwergen etc. aus, dass ich es sehr erstaunlich finde, dass die meisten, die über nordische Mythologie schreiben, es weitgehend ignorieren. Der Rätselwettbewerb endet mit einer Niederlage für den Zwerg. Er beantwortet zwar alle Fragen richtig, bemerkt aber nicht, dass die Nacht unterdessen endet und die Sonne in die Halle scheint, und so wird der arme Kerl vom Tageslicht überrascht und versteinert.

Im *Fjölvinsmal* enthüllt ein Rätselwettbewerb die verborgene Identität des Helden und bricht einen bösartigen Zauber. Der finstere Zauberspruch, verhängt von einer Zauberin namens Busla (*Bosasaga*), endet ebenfalls mit einem Rätsel. Wenn es dem König, den sie verflucht hat, gelingt, die verborgene Bedeutung mehrerer Runen zu verstehen, kann er den Zauber brechen. Da er es nicht kann, ist er dazu verdammt, ihr ihren Willen zu tun. Die Existenz so vieler Beispiele für rituelle Rätselspiele zeigt, dass wir es hier mit einer verbreiteten und populären Tradition zu tun haben. Die nächste Frage wäre offensichtlich, ob ein ähnlicher Brauch in den Mythen der Inselkelten nachgewiesen werden kann. Taliesins Rätsel kommen einem in den Sinn. In Maelgwns Burg verspottet der Barde, der für alle Zuschauer wie ein unschuldiges Kind aussieht, die angesehenen Hofbarden wegen ihrer Unwissenheit. Du bist schon früher über viele dieser Fragen gestolpert. Nun, es existieren noch viel mehr davon, die gesamte späte Taliesin-Poesie ist randvoll davon – genehmigen wir uns noch eine Dosis. Was fällt Dir dazu ein?

Prif Gyuarch Geluyd
Die erste Ansprache (Frage) von Taliesin
Buch von Taliessin 1 und
Rotes Buch von Hergest 23

(Dies ist) Eine einfache und offene Ansprache (Frage), wie wird sie erhellt?
Was war zuerst da, war es Dunkelheit, war es Licht?
Oder Adam, als er lebte, an welchem Tag wurde er erschaffen?
Oder unter der Oberfläche der Erde, was ist das Fundament?
Wer Orden beitritt will nicht ernsthaft denken.
Zahlreich sind Sünder unter ihnen,
die Gemeinschaft der Priester verliert das Himmelsreich.
Am Morgen kommt jemand Junges,
wenn sie von drei (Himmels?)-sphären (?)singen.
Angeln und Gallwydel (Gälen),
lasst sie ihren Krieg führen!
Woher kommen Nacht und Tag?
Wodurch wird der Adler grau?
Weshalb ist die Nacht dunkel?
Warum ist der Hänfling (Grünfink?) grün?
Warum braust das Meer,
warum wird es nicht gesehen?
Es gibt drei Quellen,
auf dem Berg der Rosen (Seon) (=Zion?),
es gibt die Reste einer Festung (?),
unter den Wogen der See.
Ihr seid gefragt,
was ist der Name des Torhüters?
Wer war Beichtvater
für den gesegneten Sohn Marias?
Was war die nützlichste Tat
die Adam vollbrachte?
Wer kann Uffern (Kalte Hölle) ermessen?
Wie dicht ist ihr Schleier?
Wie weit ist ihr Rachen?
Wie gewaltig sind ihre Steine (Bäder)?

Oder die Wipfel der wirbelnden Bäume!
Wer beugt sie so krumm!
Oder was für Dämpfe (Böses) gibt es
um ihre Stämme herum!
Sind es Lleu und Gwydyon
die ihre (magischen) Künste ausüben!
Wissen belesene Seher:
Woher kommen Tag und Flut (Sturm)!
Wie verschwinden sie!
Wohin geht die Nacht vor dem Tag,
warum wird dies nicht gesehen!

Pater noster ambulo
gentis tonans in adjuvando
sibilem signum,
rogantes fortium.
In jeder Weise hervorragend, durch Gesang,
wetteifern die zwei Kunstfertigen,
über Festung Cerindan Cerindydd (das Höl-
lenfeuer!),
und den Zugpferden (!) von Pector David
(dem Rektor Gottes!).
Sie haben Freude, sie ziehen umher,
und kommen einander in der großen Versammlung entgegen.
Die Cymri (cymrischen Briten) werden klagen,
wenn ihre Seelen geprüft werden,
von einer Horde Verwüster.
Die Cymri sind führend unter den Verwerf-
lichen,
da sie das Sakrament verloren haben.
Und geronnenes Blut (Wehklagen) wird
deutlich werden.
Über das Meer kommen
die hölzernen Uferrosse,
die Versammlung der Angeln.
Zeichen werden erscheinen,
vom Krieg gegen die Sachsen.
Die Lobpreisung der Herrscher
wird in Sion gefeiert (geflüstert!).
Lasst die Anführer des Werkes
gegen die wilden Ffichti (Pikten)

die Morini Brython (Briten von Hadrians
Wall! Meeresbriten!) sein.
Ihr Schicksal wurde vorhergesagt,
und das Niedermähen der Helden
um den Fluss Severn herum.

Diebstahl durch Schuppenhaut und Unfähig-
keit (!)
ffis amala, ffur, ffir, sel (!),
Ihr werdet die Dreieinigkeit erkennen, weit
über meine Zeit hinaus.
Ich beschwöre den Schöpfer, Adonai,
huai, dass die Ungläubigen verschwinden
…davonziehen.
… Gefolge des Walls (Hadrians Wall!).
Cornu ameni dur (!).
Ich war bei kunstfertigen Männern,
bei Matheu und Govannon,
bei Eufydd und Elestron,
in der Gesellschaft von Privilegierten,
ein Jahr in Caer Govannon (Festung des
Schmiedes).
Ich bin alt. Ich bin jung. Ich bin Gwion.
Ich bin universal, ich habe den Geist vom
ersten Trank.
Ich werde die alten Briten erinnern,
den plündernden Gwyddyl (Gälen) entge-
genzutreten,
…die Trunkenbolde berauschen.
Ich bin Barde, ich offenbare meine Geheimnisse nicht dem einfachen Volk,
ich bin ein Führer, ich bin gelehrt bei den
Wettbewerben.
Wenn er säen würde, würde er pflügen, er
würde säen, er würde nicht ernten.
Ein Bruder unter Brüdern.
mit geschwollener Brust werden sich beleh-
rende Barden erheben,
sie werden sich um die Met Gefäße versammeln,
und falsche Lieder singen.
Sie werden nach Lohn streben, den es nicht
geben wird.

Ohne Gesetz, ohne Ordnung, ohne Fähigkeit zu handeln.

Es werden Katastrophen kommen und Zeiten der Umwälzung:

suche keinen Frieden, denn du wirst ihn nicht erhalten.

(Text im Buch von Taliesin endet hier)

Der Herr des Himmels kennt dein Gebet,
von deinem Preislied wird sein glühender Zorn besänftigt.

Der höchste König der Herrlichkeit spricht in seiner Weisheit zu mir:

Hast du die Macht des Herrn gesehen?

Kennst du die tiefe Prophezeiung des Herrn?

Zum Vorteil von Uffern

hic nemo in pro progenie

er hat die aufbrausende Vielzahl erlöst.

Dominus virtutum.

Er hat jene versammelt welche versklavt waren,

und bevor ich entstand wusste er von mir.

Möge ich mit ganzem Herzen Gott geweiht sein!

Und bevor ich das Ende meines Lebens begehre,

und bevor der erbrochene Schaum auf meine Lippen tritt,

und bevor ich in hölzernen Brettern verschlossen werde,

soll es Festlichkeiten für meine Seele geben!

Bücherwissen sagt mir selten

von üblem Leiden nach dem Totenbett;

und jene, die meine bardischen Bücher empfingen,

werden den Himmel erhalten, die beste aller Behausungen.

Wie Du siehst, sind in diesen insgesamt allzu kurzen Zeilen reichlich Mysterien verborgen. Wenn Dir bardische Poesie neu ist, bist Du wahrscheinlich verwirrt; solltest Du viele Jahre Erfahrung damit haben, wird es Dir genauso gehen, nur dass Deine Verwirrung wesentlich verfeinerter ist. Was sich mit einiger Klarheit feststellen lässt, sind Hinweise auf mehrere andersweltliche Orte. Einer von ihnen ist eine Unterwelt tief unter den Wellen. Ein anderer ist der Rosenberg mit seinen drei Quellen, ein Thema, das auch in einem Lied aus dem *Hanes Taliesin* auftaucht. Und dann ist da auch noch Uffern. Uffern war eine dunkle und kalte Anderswelt in den bardischen Mythen, eine kalte Hölle, von der wir nur wissen, dass ein Taliesin sang (BoT 10).

Möge ich nicht in die Umarmung des Sumpfes stürzen,
in den Mob der die Tiefen von Uffern bewohnt.

(BvT10)

Und vor dem Tor zum Eingang von Uffern (kalte Hölle) brannte ein Licht.

(BvT 30)

Und aus der, von denen die Arthur begleiteten, nur sieben zurückkehrten. Das ist nicht besonders viel, aber es sagt wesentlich mehr als die anderen Interpretationen. Als die Briten gezwungen wurden, zum Christentum überzutreten, wurde Uffern zum Synonym für das christliche Konzept der Hölle. Von da an lehrte man die Briten, dass eines schönen Tages Christus und sein siegreicher Kriegerbund ausreiten und Uffern erobern würde, um dort die Seelen aller armen Sünder zu erlösen (d. h. all jener, die nicht getauft worden waren.) Aber sehen wir uns mal die anderen Rätsel im Text an. Gleich zu Anfang stellt der Poet mehrere Fragen, die einfach und kosmisch sind. Woher kommen Nacht und Tag? Was färbt einen Adler grau und einen Hänfling grün? Nimm mal ein Buch über Ornithologie zur Hand und schau Dir den Hänfling an. Und dann denk noch mal über die Frage nach. Wir haben zwar das Glück, zu wissen, dass Gwydion und Lleu zwei der wichtigsten Charaktere in den britischen Mythen sind, und dass ihre Bücher aller Wahrscheinlichkeit nach Zauberbücher sind, aber für die simplen, kosmischen Fragen haben wir keine entsprechenden Mythen zur Verfügung. Es ist möglich, dass es ursprünglich Mythen für all diese Fragen gab. Aber ich finde es wahrscheinlicher, dass der Poet die Fragen alle aus dem Stegreif erfand. Das macht uns eine normale Interpretation des Materials unmöglich.

Viele Autoren sind davon ausgegangen, dass Taliesin die Antworten auf alle diese Fragen kannte. Als ein ewiges Bewusstsein sollte er/sie das auch, aber als menschliches Wesen ist das wohl weniger wahrscheinlich. Was ist der Zweck so vieler Rätsel? Gibt unser Barde einfach nur mit seinem überlegenen Wissen an? Oder sind wir hier einem völlig anderen Phänomen auf der Spur? Sieh Dir mal die christlichen Zeilen in unserem Gedicht an. Wer war der Beichtvater Jesu, als er am Kreuz starb? Die Antwort könnte lauten niemand, oder sie könnte lauten Gott, oder vielleicht sogar das Kreuz als Weltenbaum, wenn Du den schamanischen Ansatz bevorzugst. Wie auch immer Deine Antwort ausfällt, die Tatsache bleibt, dass Jesus nicht richtig gebeichtet hat. Nun besagen die katholischen Spielregeln, dass jeder, der in den Himmel kommen möchte, zuerst beichten muss. Wenn Jesus, mit dem die Religion ihren Anfang nahm, es nicht tat, was geschah dann mit ihm? Wenn Du diesen Gedanken hartnäckig weiter verfolgst, kommst Du frü-

her oder später auf Gedanken, die alles andere als akzeptabel für die Geistlichkeit wären. Das Gleiche gilt für die Zeilen über Adam. Die Tat Adams, die einem im Allgemeinen als Erstes in den Sinn kommt, ist seine Sünde, der verbotene Bissen vom Apfel, der das Wissen um gut und böse lehrte. Ein weiteres Paradoxon: Wie kann eine Sünde als die beste Tat bezeichnet werden? Gehorchte Adam Gottes Willen, als er gegen das göttliche Gebot verstieß? Wenn Du eine Weile darüber nachdenkst, könntest Du gut auf die Idee kommen, dass blinder Gehorsam gegenüber Gottes Geboten nicht notwendigerweise das ist, was Gott will. Wenn Du auf diesem Weg weitergehst, kannst Du eine Menge über Gott, Sünde, Ungehorsam und den freien Willen lernen, aber Du wirst dazu ganz sicher mit den regulären Lehren der Kirche brechen müssen. Viele Taliesins polemisierten gegen die Kirche, nicht notwendigerweise, weil sie sich für Heiden hielten, sondern weil sie ihre eigene Vorstellung vom Christentum für überlegen hielten. Wie auch immer man darüber denkt, auf blinden Glauben und schäfchenhafte Fügsamkeit zielen diese Fragen nicht ab. Sie zeigen, wo die religiöse Logik ihre Schwachpunkte hat, und statt Antworten anzubieten, bringen sie die Zuhörer zum Nachdenken.

Ähnliche Methoden finden wir in einer Anzahl östlicher Religionen. Einige Schamanen des alten China sangen Lieder voller Fragen und Rätsel, die wie direkte Zitate von Taliesin klingen. Im *Chu Ci*, den *Liedern des Südens*, die Qu Yuan zugeschrieben werden, findet sich die *Tian Wen* (*Himmlische Fragen*). Hier einige Zeilen nach der Übersetzung von David Hawkes (1985):

Wer überlieferte die Geschichten von den fernen, uralten Anfängen der Dinge? Wie können wir sicher sein, was war, bevor der

Himmel oben und die Erde unten sich geformt hatten! ... Was für Dinge sind Dunkelheit und Licht! Wie kamen Yin und Yang zusammen, und wie konnten sie entstehen und alle Dinge verwandeln, die durch ihre Vermischung existieren! Wessen Kompass maß die neun Himmel aus! Wessen Werk war das, und wie vollbrachte er das! Wo waren die Messschnüre befestigt, und wo war der Pol des Himmels befestigt!

Das ganze Lied besteht aus 172 Fragen, die jedem den Geist sprengen könnten. Viele von ihnen sind genauso einfach und verblüffend wie die, die Taliesin stellte, oder wie die Rätsel des Ursprungs, die eine so prominente Stellung in der *Edda* einnehmen. Man könnte einwenden, dass jede Frage eine Antwort hat, wenn wir eine oberflächliche, mythologische Interpretation akzeptieren. Beispielsweise könnten wir antworten, dass es Fu Xi's Kompass war, der den ursprünglichen Himmel ausmaß. Diese Interpretation wörtlich zu nehmen hieße aber, die Existenz von Fu Xi zu akzeptieren, einer komplett mythischen Chaos-Kreatur mit dem Körper einer Drachen-Schlange, und zwar so, als handle es sich um einen normalen Menschen, der nebenan lebt.

Wer nordischen Mythen glaubt, dass Sonne und Mond die windigen Weiten des Himmels in einem von Pferden gezogenen Streitwagen durchqueren, wobei sie von einem Pärchen von Wölfen verfolgt werden, manövriert sich in eine ähnliche Sackgasse. Jeder, der unsichtbare Pferde, Wagen und Wölfe buchstäblich für wahr hält, ist ein Kandidat für religiösen Glauben, aber mit Sicherheit ungeeignet als Schamane oder Zauberer. Gute Magier oder Barden müssen über präzise Mittel verfügen, um zwischen Ebenen relativer Wahrheit unterscheiden zu können, denn wenn sie anfangen, die Ebe-

nen zu vermischen, indem sie die Wahrheit einer Realität mit der einer anderen verwechseln, nehmen sie schnell ein schlimmes Ende. Magie verwendet eine so phantastische Metaphorik, dass ein guter Magier mehr über konsensuelle Realitäten wissen muss als die einfachen Leute, die glauben, es gebe nur eine einzige Realität. Die Barden und Druiden verfügten zweifellos über eine Menge phantastische Antworten auf die unmöglichen Fragen, aber wenn sie ihr Handwerk verstanden, dann kannten sie auch die Grenzen dieser Erklärungen. Was auch immer Du auf eine kosmische Frage antwortest, Du wirst finden, dass hinter jeder Antwort, wie bequem sie auch sei, wenigstens drei neue Fragen lauern.

Als jüngere Beispiele kommen einem auch die Koan (Grenz-) –Fragen der chinesischen und japanischen Buddhisten in den Sinn. Seit Hunderten von Jahren, mit Beginn der Song-Dynastie, haben Schüler des Chan und Zen verrückte kleine Anekdoten und bizarre Fragen bekommen, die ihren Geist aus den Angeln heben und ihr gewöhnliches, routiniertes Denken auflösen sollen.

Was ist der Sinn des Lebens! Wie sah Dein Gesicht aus, bevor Du empfangen wurdest! Wie kannst Du durch das Tor gehen, das kein Tor ist! Was ist Deine wahre Natur! Warum hat der rotbärtige Fremde einen roten Bart! Was ist Buddha! Hat ein Hund eine Buddha-Natur! Was ist der Weg! Beantworte eine dieser Fragen ein für alle Mal, und Du bist verloren. Die schlagfertige Antwort, die kluge Antwort, die leichte Antwort, sie alle entspringen der falschen Geisteshaltung. Wenn Du nach Erleuchtung suchst, wirst Du sie (und Dich) genau in dem Moment finden, in dem Du aufhörst, zu denken, wie Du immer denkst. Der Augenblick der Erleuchtung ist nicht so, wie die meisten es gern hätten. Sie ist kein Ziel, sie hat keinen Zweck, und

Münzen 10

Oben links & rechts (vorn & hinten) Bellovaker.

Mitte links & rechts (vorn & hinten): Senonen.

Unten links & rechts (vorn & hinten): Caleter, Bronze

es ist niemand da, der sie erreichen kann. Beharren auf dualistischem Denken macht den Geist blind für die direkte Erfahrung. Wenn das, was ich sage, für Dich Sinn ergibt, führe ich Dich in die Irre. Die ultimative Frage ist keine Frage, die Reise endet genau hier, aber Du bist weg, ehe Du je da warst. Wenn Du das verstehst, wirst Du mir nicht zustimmen, und ich mir auch nicht.

Alle Einweihungssysteme, die auf direkte Einsicht abzielen (anders als die üblichen religiösen Systeme, die es auf Glaube und Gehorsam abgesehen haben), verwenden Paradoxe, Meta-Paradoxe und Vielfache davon. Religion behauptet oft, die Antworten auf die großen Fragen zu liefern. Bei der Begegnung mit einem kritisch gesonnenen Geist gehen die Antworten schnell in Fetzen. Im Kontrast dazu neigen Systeme, die nach Erleuchtung streben, dazu, kontinuierlichen Zweifel zu kultivieren. Es handelt sich hier nicht um den simplen Zweifel des Materialisten oder Atheisten, sondern um den höheren Zweifel, der kommt, wenn Du an allem zweifelst, inklusive Deinem eigenen Zweifel, und auch wieder daran und darüber hinaus. Ein Weg, in den Abgrund zu springen, besteht darin, „warum!" zu fragen, bis Dein Geist sich auflöst. Die meisten Denker hören auf, bevor sie diesen Punkt erreichen. Sie beschränken sich auf eine Anzahl von harmlosen „warums" und ignorieren alle anderen, die ihr Weltbild bedrohen. Wenn Du hartnäckig immer weiter „warum" fragst, kann das Deinen Geist in eine Krise von solcher Intensität katapultieren, dass sie Dich und Deine Welt zerstört. Wenn das auf der physischen Ebene passiert (Wahnsinn und Tod), war die ganze Sache ein Fehlschlag. Aber wenn Du feststellst, dass Deine Überzeugungen über Dich und alles andere zerfallen und dennoch etwas Namenloses, Ungeborenes und Wundervolles weiterlebt, könnte es sein, dass Du auf dem richtigen Weg bist.

Vergiss das „Du" und den „Weg", und es erscheint, was Kenneth Grant als *Kontinuitätslösung* bezeichnet. Das ist der Hauptgrund, warum Zen- und Chan-Schüler mit unmöglichen Fragen gequält werden. Diese Erleuchtungssysteme machen Gebrauch von Zweifel, Krise und Verwirrung, um das Selbst von den Fesseln des Denkens, Glaubens und der Persönlichkeit zu befreien. So gesehen sind Taliesins Fragen genauso nützlich wie die, die von den großen buddhistischen Lehrern gestellt werden. Wenn Du eine vernünftige oder rationale Antwort findest, hast Du einfach nicht kapiert, wozu die Frage gut war.

Übung:
Rätselmagie

Kommen wir nun zu drei kleinen, einfachen Übungen. Zunächst einmal, picke Dir eine der typischen Taliesin-Fragen heraus und denk gründlich darüber nach. Verwirf alle oberflächlichen Antworten. Grab tiefer. Sei beharrlich. Denk Tag und Nacht darüber nach. Es handelt sich nicht um ein Partyspiel. Manche Anhänger der östlichen Systeme kämpfen mit ihren Koans, als ob mehr als ihr Leben dabei auf dem Spiel stünde. Und genauso ist es auch. Wie in den nordischen Rätselwettbewerben kann eine wahre Antwort eine Sache von Leben und Tod sein. Wenn Du Deinen Geist transzendieren möchtest, ist eine unmögliche Frage genau das, was ihn befreien kann.

Zweitens haben solche Fragen einen enormen Überraschungswert. Eine Frage zur richtigen Zeit kann wie ein Eimer kaltes Wasser wirken. Stelle Deinen Freunden kosmische Fragen, wenn sie am wenigsten damit rechnen, wenn sie glauben, sie wüssten, was sie tun, wenn sie allzu festgefahren in ihren Einstellungen sind, oder wenn sie sensibel und dem Verständnis sehr nah sind. Bitte sie, das Gleiche für Dich zu tun. Das ist ein Segen für jeden, ganz gleich, wie weit er schon auf dem Weg ist. Ich liebe es, wenn man mich mit wirklich einfachen und doch überwältigenden Fragen überrascht. Nicht so sehr wegen der Antwort, sondern weil sie mich oft aus der Routine erwachen lassen, in der sich mein Geist befindet. Anad brachte mich einmal auf einer Zugfahrt total aus der Fassung, indem sie mich fragte: „Wer bist Du wirklich?". Ich erwiderte die Freundlichkeit, indem ich sie in einem empfänglichen Augenblick fragte, wo ihr Heiliger Schutzengel sei, wer er sei und was er genau JETZT gerade täte? Solche Fragen erscheinen einfach. Aber sie wirken Wunder, wenn der Geist sie nicht erwartet.

Drittens kann man diese Methode für eine Meditation verwenden. Ich schlage vor, Du gehst spazieren. Geh langsam. Sieh Dich um, betrachte, höre, fühle und spüre die Welt. Wie viele Fragen kannst Du finden? Warum ist der Himmel blau? Woher wissen die Samen tief in der Erde, wo oben ist? Was sagt den Pflanzen, wie und wo sie sich einen Dorn wachsen lassen sollen? Was heilt eine Wunde? Welche Intelligenz sorgt für Wachstum, und was lässt das Wachstum wieder aufhören? Wer bringt den Vögeln die Lieder bei, und wann hat das angefangen? Wann wird zufälliges Verhalten bedeutsam? Ist das Licht, das wir sehen, nur in unserem Geist vorhanden? Warum sticht die Nessel? Wie überwintern Kröten? Wie schnell vergeht die Zeit für die Eintagsfliege, den Maulwurf oder die mächtige Eiche? Warum bewegen sich Flüssigkeiten spiralförmig, wenn man sie aufrührt? Wie fallen Dinge zu Boden? Wo fängt eine Feedbackschleife an? Wo kommen Deine Gedanken her, und wo gehen sie hin? Wer ist der Denker, und wer ist der Gedanke? Ist ein Gedanke real? Ist der Gedanke einer Kröte so real wie der Gedanke eines Menschen? Wo sitzt der Geist des Steins? Was ist das, was Du immer übersiehst? Diese Fragen sind nicht notwendigerweise da, um beantwortet zu werden. Stattdessen enthüllen sie, wie viele Wunder es gibt. Die Rätseltrance ist ein Bewusstseinszustand, ewig alt, ewig jung, immer an der Achse zwischen den Welten. Unmögliche Fragen, von den meisten Leuten vermieden, können wie Freunde sein, die Dich durch das Leben begleiten. Sie sind zuverlässig, man kann ihnen trauen und sie wirken immer. Das, wenn überhaupt irgendetwas, hält den Geist jung und sorgt dafür, dass die Welt ihre Faszination nicht verliert.

Eine Frage der Identität

Bisher ist uns Taliesin als mehrere Personen begegnet. Am Anfang haben wir in dem mythischen Bericht den Dieb und Bettler Gwion, der die Arbeit auf sich nimmt, den Kessel ein Jahr und ein Tag lang zu heizen und umzurühren. Gwion als normales menschliches Wesen löst sich auf, nachdem er von den drei gesegneten Tropfen des geheimnisvollen Elixiers gekostet hat. Die Initiation erfolgt allerdings nicht durch das Trinken. Eine einzige Initiation ist nie genug. Da er allwissend geworden ist, muss er seine neu gewonnenen Fähigkeiten beweisen, als Ceridwen versucht, ihn zu töten. Im *Hanes* wird er durch das Reich der festen Materie, des flüssigen Wassers und der gasförmigen Luft gejagt. Schliesslich verwandelt er sich in potentielles Leben und wird ein Weizenkorn. Das deutet einen massiven Bewusstseinswandel von aktiv zu passiv an. Zweifellos kannst Du Dir vorstellen, ein Tier zu sein, zum Beispiel ein Hase, eine Forelle, ein Vogel in der Luft. Als Korn ist unser namenloser Initiat noch nicht einmal eine Pflanze, sondern nur eine potentielle Pflanze. In dieser Gestalt, einfach und namenlos, wird er von Ceridwen verschlungen, die ihn in ihrem Leib trägt, bis er reif für die Reinkarnation ist.

Um an diesem Punkt mal fröhlicher Subjektivität zu frönen, könnte ich Dir erzählen, dass ich mich an etwas sehr Ähnliches erinnere aus der Zeit, bevor ich empfangen wurde. Vor der Inkarnation, zwischen den Leben, war ich die Summe aller Persönlichkeiten, die ich je gewesen war. Dann, als ich durch den spiralförmigen Strudel hinabgezogen wurde in den Leib meiner Mutter, wurde ich einfach und immer einfacher, bis ich alles vergaß. Als ich in ihrem Leib ankam, bestand ich nur aus ein paar Zellen, ohne Namen, ohne das Konzept einer Identität oder einen einzigen Gedanken. Ein Weizenkorn ist eine hervorragende Metapher für dieses Bewusstsein. Das Schoß-Bewußtsein scheint so simpel und einfach zu sein, damit das Baby, wenn es geboren ist, einen wirklich offenen Geist hat, um die Welt neu zu lernen. Würdest Du all das Wissen, die Erfahrung und den Müll Deiner vergangenen Leben mitbringen, hättest Du keine richtige Chance, zu lernen.

Es wäre einfach, zu denken, dass Gwions Initation mit dem verbotenen Trank endet und dass alles Weitere, was passiert, Ceridwens Zorn und Rachelust zuzuschreiben ist. Wenn Du jemals initiatorische Erfahrungen gemacht hast, wird Dir bewusst sein, dass ein einzelner Ritus, eine einzige Vision oder ein einzelner Kraftakt niemals ausreichen. Eine gute Initiation findet kontinuierlich statt, sie geht immer weiter und führt den Initiaten von einer transformierenden Erfahrung zur nächsten. Aus dieser Perspektive sind die drei Tropfen nur der Anfang des Spiels. Nun gibt es da noch eine andere Art von Initiation, die im *Hanes Taliesin* angedeutet wird. Sie wird nicht oft kommentiert, sollte aber trotzdem bedacht werden. Unserem Bericht nach ist der junge Gwion ein gut aussehender Bursche, und der Name Gwion Bach (hell und klein) kann auf mehrere Arten interpretiert werden. Auch Ceridwen kann einerseits als grässliche, gebeugte alte Hexe gesehen werden und andererseits kann ihr Name auch als „schön und geliebt" übersetzt werden.

Hast Du jemals über die sexuelle Metapher nachgedacht, die darin liegt, ein Jahr und einen Tag lang in einem Kessel zu rühren! So wie ich meine Leser kenne, hast Du das getan; um so mehr, als Ceridwens Ehemann, Tegid der Kahle, so auffallend abwesend ist in dem Mythos. Auf eine ähnliche Symbolik stößt man, wenn man die drei heiligen Buchstaben OIV kontempliert. An diesem Punkt sollten wir Lady Guests populäre Übersetzung des *Hanes* hinter uns lassen und einen Blick auf die von Nash werfen. Lady Guest hat eine Menge Kleinigkeiten in ihrer Wiedergabe des Mabinogi bereinigt, um sich dem Geschmack der Zeit anzupassen, während Nash mehr darum besorgt war, eine wissenschaftlich exakte Wiedergabe zu liefern. Hier die *poetische Geschichte von Taliesin*:

> Bevor ich als gutaussehender Mann geschaffen wurde,
> tat ich Buße in Ceridwens Halle,
> auch wenn ich klein erschien, wurde ich mit Festlichkeiten empfangen.
> Ich wurde hoch (gesetzt) über dem Boden der Halle meiner Herrin;
> wegen meinem süßen Gesang wurde mein Lösegeld ausgesetzt;
> und durch das unausgesprochenes Gesetz wurde ich befreit.
> Die alte Hexe, schwarz war ihre Erscheinung im Zorn;
> schrecklich waren ihre Schreie, als sie mich verfolgte.
> Ich floh voller Kraft, ich floh als Frosch,
> ich floh in der Gestalt eines Raben und fand wenig Ruhe;
> ich floh vehement, ich floh als eine Kette (von Gestalten!);
> ich floh als ein Reh ins verworrene Dickicht;
> ich floh als ein Wolfswelpen, ich floh als Wolf in der Wildnis;
> ich floh als Drossel, als Deuter von Zeichen;
> ich floh als Fuchs, springend und drehend;
> ich floh als Marder, was auch nichts nützte;
> ich floh als Eichhörnchen, was sich umsonst versteckt;
> ich floh als geweihtragender Hirsch von freiem Weg;
> ich floh als Eisen in einem glühenden Feuer;

> ich floh als Speerspitze, weh dem, der sie begehrt;
> ich floh als ein Bulle, kraftvoll im Kampf;
> ich floh als borstiger Keiler, in einer Schlucht erblickt;
> ich floh als ein weißes Korn von reinem Weizen,
> hängengeblieben im Saum eines hänfernen Tuchs,
> das so groß erschein wie das Fohlen einer Stute,
> das auf dem Wasser schwamm wie ein Schiff.
> In einen dunklen Ledersack ward ich geworfen,
> und auf der grenzenlosen See ausgesetzt.
> Eine gute Nachricht war es, an einem Zweig hängen zu bleiben.
> Und Gott der Herr hat mich befreit.

Wieder schreien einige Elemente des Gedichts geradezu nach Beachtung. Die ersten Zeilen deuten an, Gwion sei ein Gefangener in Ceridwens Halle gewesen, aber er sei festlich empfangen worden, habe sich durch ein Lied freigekauft und sei durch eine wortlose, den Geist zerschmetternde Einsicht befreit worden. Seine Rolle ist mehr und weniger als die eines Dieners, tatsächlich wird er mehr wie ein Initiat behandelt, oder wie ein Opfer statt einer einfachen Hilfskraft. Nachdem er seinen den Geist öffnenden Schluck von der Zauberflüssigkeit erhalten hat, wird er in Gestalt mehrerer Tiere und Gegenstände verfolgt (achte auf die Symbolik). Und nicht nur drei oder vier Tiere: Unser Held muss einen Großteil der walisischen Fauna verkörpern. Seine Initation geht weiter, indem jedes Tier seine eigene Wahrnehmung der Realität beisteuert. Sehr ähnliche Praktiken nehmen einen prominenten Platz in den Initiationsriten zahlloser schamanischer Kulturen ein. Ich würde nicht behaupten, dass

Taliesin einfach ein Schamane ist, da der Barde definitiv kein Stammesheiler war, aber er hat bei seinen Initiationen eine Anzahl von schamanischen Erfahrungen gemacht. Zahllose Schamanen in aller Welt haben über ihre Erfahrungen in verschiedenen Tiergestalten gesungen, oder die Gestalt ihrer Tiergeister angenommen, während sie sangen und sich selbst hypnotisierten. Man findet Hinweise auf Taliesins andere Leben verstreut über mehrere Lieder (Du wirst mir also hoffentlich vergeben, dass ich sie hier nicht noch mal zitiere). Aber ich möchte stattdessen gern einige Zeilen von der berühmten mazatekischen Heilerin Maria Sabina zitieren, die regelmäßig halluzinogene Pilze aß, die Psilocybin enthalten, um einen Zustand der Erleuchtung zu erreichen:

…Adlerfrau bin ich,
Opossumfrau bin ich,
untersuchende Frau bin ich,
Jagdhundfrau bin ich…

…Donnernde Frau bin ich, klingende Frau bin ich,
Spinnenfrau bin ich, Kolibrifrau bin ich,
Adlerfrau bin ich, wichtige Adlerfrau bin ich,
wirbelde Frau des Wirbelwindes bin ich,
Frau des heiligen verzauberten Ortes bin ich,
Frau der Sternschnuppen bin ich…

(Übersetzung nach Joan Halifax, *Shamanic Voices*, 1979: 200-212. In deutsch: *Die andere Realität der Schamanen*)

Der wiederholende Charakter der Verse, die hypnotische Einfachheit, das Verwenden von festen Formeln, um Trancestadien zu induzieren, ähnelt sehr den Zeilen, die einige Taliesins verfassten. Magische Pilze mit einer ähnlichen Chemie wie die, die von den mittelamerikanischen Heilern verwendet

werden, sind auch in Britannien und Mitteleuropa verfügbar, aber wenn wir solche Einsichten einfach auf psychoaktive Substanzen zurückführen, vergessen wir, dass das Gehirn sehr ähnliche Zustände produzieren kann, ohne toxische Substanzen aufzunehmen. Zahlreiche Schamanen haben sehr ähnliche Erfahrungen multipler Identität gemacht und die Flut neuer Erfahrungen bewältigt, indem sie sie im Kessel des Geistes integriert und harmonisiert haben. Die Vorstellung, dass die Seele die Gestalt eines Tiers annehmen kann, ist international verbreitet und sehr populär. Im alten Europa findet man die Fylgia, den Schutzgeist des nordischen Kriegers; es handelte sich üblicherweise um einen Bär, Wolf, Luchs, Drachen, Adler oder irgendein anderes Raubtier.

Das Verschwinden der Fylgia bedeutete, dass der Tod bald bevorstand. Auch die germanischen Götter verwandelten sich oft in Tiere, und je zauberischer ein Gott ist, desto mehr Tiere erscheinen auf der Liste. Odin/Wotan, der Archetyp des schamanischen Gestaltwandlers, Zauberers, Spruchwebers und Astralwanderers erscheint nicht nur als Wolf und Rabe, sondern auch als Wurm, Fisch, Tier und Vogel, wenn er durch die Anderswelten reist. Loki als der klassische Trickster-Gott erscheint als Pferd, Robbe, Vogel, Lachs und Mücke. Freya, die Göttin der Liebe, wird von Katzen und Ebern begleitet und hat ein Falkenkostüm für lange Reisen in ihrem Schrank.

Auch das *Mabinogi* listet mehrere Transformationen vom Mensch zum Tier auf, so zum Beispiel, wenn Gwydion und Gilvaethwy gezwungenermaßen von dem uralten Zauberer Math in Hirsche, wilde Eber und Wölfe verwandelt werden. Er bestrafte sie mit diesen Verwandlungen für die Vergewaltigung seiner Fußhalterin, Lady Goewin. Und wieder ist die Strafe auch eine

Initiation, und als die beiden Lümmel nach drei Jahren in den wilden Wäldern wieder Menschen werden dürfen, wirken sie ziemlich demütig. Ähnliche Geschichten gibt es zuhauf in der inselkeltischen Literatur, egal ob es um die Tierleben von Tuan MacCarill geht, die gestaltwandelnden Schweinehirten Irlands, Etains Leben als musikalische Fliege, Llews Nachtodexistenz als Adler oder den verrückten Myrddin, der mit den Hirschen durch die kaledonischen Wälder streift.

Hexen waren bekannt für ihre Tiergestalten; besonders Katzen und Hasen waren populär, wenn es darum ging, über Land zu reisen oder dem Nachbarn die Sahne zu stehlen. Verbreitete Volksmärchen lassen die Seele in Gestalt einer Maus, einer Schlange oder eines Schmetterlings auftreten. Ähnliche Gestalten werden von den Stammeszauberern in Afrika und anderswo angenommen, wenn ihre Reise sie in Reiche führte, die Menschen verboten waren. Ein Heiler der *Kung wies darauf hin, dass das Bewahren der menschliche Gestalt im Reich der Toten bedeutete, dass Du sterben musst. Aber wenn man es in Gestalt einer giftigen Mamba betritt, kann man den Übergang überleben und lebendig in die Welt der Lebenden zurückkehren (s. Halifax, 1979).

Für den schamanischen Heiler ist also ein Repertoire von tierischen Helfern und Tiergestalten wesentlich für das Überleben.

Taliesin ist überall gewesen und nahezu alles gewesen. Ceridwen hat dem netten Burschen einen großen Gefallen getan, indem sie ihn so energisch durch eine Prozession alternativer Existenzen hindurch verfolgt hat. Schließlich hat sie ihn verschlungen – auch das ist wieder ein typisches Element des Schamanismus; Heranwachsende Schamanen werden oft von einer Anzahl nicht allzu freundlicher Geister verschlungen – und wieder als deren eigenes Kind auf die Welt gebracht hat. Als Säugling, sehr jung, sehr alt, namenlos und mit vollkommen offenem Geist wird er von Ceridwen eingewickelt und in den bodenlosen Ozean geworfen. Das vollendet seine Initiation: In einer kleinen, dunklen Zelle reift der Barde für die Realität heran. Wie ich schon in *Seidwärts* vorgeschlagen habe, können wir in Avagddu, Gwion und Taliesin die drei Gesichter des Barden sehen. Gwion als das menschliche Wesen, den Bettler auf der staubigen Straße zwischen Sonnenauf- und Sonnenuntergang, Avagddu (überaus dunkel) als den Wahnsinnigen, das hässliche Monster, den Bewohner der Nachtseite zwischen den Welten, und schließlich Taliesin (leuchtende Stirn) als den erleuchteten visionären Seher und Sänger. Im Verlauf seiner Initiation erlebt Gwion mehrere Phasen, in denen er „überaus dunkel" ist, sei es, während er in verräucherter Dunkelheit im Kessel rührt,

---

Münzen 11: Hort von Großbissendorf

Oben links: unbekannter Stamm, Großbissendorf, Neumarkt, Bayern, Gold, 18mm, Dreiblattsymbol.

Oben rechts: unbekannter Stamm, Großbissendorf, Neumarkt, Bayern, Gold, 16mm, Swastika.

Mitte links: unbekannter Stamm, Großbissendorf, Neumarkt, Bayern, Gold, 16mm.

Mitte rechts: unbekannter Stamm, Großbissendorf, Neumarkt, Bayern, Gold, stilisierter Vogel, Kopf im Profil!

Unten links: unbekannter Stamm, Großbissendorf, Neumarkt, Bayern, Gold, stilisiertes Dreiblatt, umgewandelt in eine anthropomorphe Gestalt, Göttin!

Unten rechts: unbekannter Stamm, Großbissendorf, Neumarkt, Bayern, Gold, 16mm

sei es im Leib der dunklen Hexe, im Lederbeutel, in dem er im Ozean treibt und zu der Zeit, wo er Maelgwns Barden vor dem Wettstreit verzaubert. Dass ausgedehnte Perioden in völliger Finsternis im 18. Jahrhundert bei der Ausbildung irischer Poeten eingesetzt wurden, geht aus den *Memoiren des Marquis von Clanricarde* (1722) hervor. Den vollständigen Text zum Thema findet man bei John Matthews (1991), er ist sehr lesenswert. Rowlands (1985) spielt ebenfalls auf dieses Thema an und ist der Meinung, dass ähnliche Methoden sehr wohl auch bei der Ausbildung der britischen Barden zum Einsatz gekommen sein könnten. Er zitiert Iolo Goch (ca. 1320 – 1398): *Elegie für die Söhne von Tudor Ap Goronwy*, wo man die unschuldige Zeile findet:

Anglesey mit dem grünen Nacken wurde einst
die dunkle Insel genannt, die Zelle des Gesangs.

Mona, oder Anglesey, erinnert Dich vielleicht an die letzte Druiden-Hochburg in Britannien, die von den römischen Legionen im Jahr 60 überfallen wurde, um den Kult endgültig auszulöschen. Dass an diesem Ort Barden ausgebildet wurden, ist nicht unwahrscheinlich, da die Insel fruchtbarer und reicher war als der Rest von Wales. Sich an einen dunklen Ort zurückzuziehen, um Inspiration zu finden, scheint eine populäre Aktivität von Barden und Poeten gewesen zu sein. Aus vollkommener Finsternis entstehen helle und fließende Visionen und Lieder. Daher suchten die Barden die Dunkelheit nicht nur einmal, sondern wiederholt auf, wenn sie ihre Zauber komponierten. Und es kann ebenso natürlich sein, sich nach einer leuchtenden Zeit wieder in Dunkelheit und Leere zurückzuziehen, um das innere

Gleichgewicht wiederherzustellen. Taliesin (die Tagseite) und Avagddu (die Nachtseite) können sich auf die zwei Gesichter der ekstatischen Vision beziehen, während Gwion als Mensch die Arbeit besorgt, das Feuer am Brennen hält und die Brühe umrührt. Das führt uns zur Frage nach der Natur der Seele, die so viele Verwandlungen kennt. Was ist das wahre Selbst hinter dem Tanz all der Masken? Was ist Deine Antwort auf die Frage? Wenn Du es benennen kannst, liegst Du mit Sicherheit falsch. Nash kam der Antwort sehr nah, als er eine Zeile von Taliesin übersetzte mit: *Nichts gibt es, worin ich nicht gewesen bin.*

Der Barde ist zwar alles gewesen, aber im Wesentlichen ist er nichts. Das ist eine Wahrheit, die die meisten Gestaltwandler und Astralreisenden erfahren, wenn sie genügend Ausdauer an den Tag legen. Was passiert, wenn Du von Form zu Form tanzt? Wer ist es, der vom Vogel zum Tier, vom Menschen zum Gegenstand, vom Baum zum Stein zum Sternenfeuer wird? Wer ist es, der Hunderte von Leben lebt, jedes von ihnen in einem anderen Ego? Wer ist es, der von der Reise zurückkehrt? Wer singt die Lieder über diese Erfahrungen, und wer hört zu und versteht?

Weißt du was du bist
wenn du schläfst?
Ob ein Körper oder eine Seele,
oder ein Mysterium der Wahrnehmung?
(BvT9)

Die Fähigkeit, jede Gestalt anzunehmen und in jedes Bewusstsein zu schlüpfen, jede Epoche der Zeit zu erleben, zu sterben und wieder und wieder geboren zu werden, ergibt sich daraus, niemand zu sein, keinen Namen zu haben, keine Gestalt, keine Persönlichkeit. Das Nichts ist der Schlüssel zu diesem Zustand, nur ist das Nichts noch ein zu positives Konzept, da die wahre Natur, über die wir sprechen, sich jenseits der Beschränkungen konzeptuellen Denkens bewegt. Das Nichts, das Du denken kannst, ist nicht Nichts genug. Das Selbst ist im Wesentlichen Bewusstsein ohne Form, allgegenwärtig, ungeformt, unbekannt, ungeboren und unsterblich. Jede Gestalt, die Du wahrnehmen kannst, jede Form, der Du begegnest, jede Persönlichkeit, mit der Du Dich identifizierst, sind losgelöste Illusionen aus der ursprünglichen Quelle des reinen Bewusstseins. Das ist die Essenz von Taliesin, und das gleiche gilt für Dich und mich und jeden anderen Tänzer in diesem Weben von Realitäten.

---

¹ *(siehe Seite 325)* Gwerthefyr ist in Geoffreys Bericht Vortimer. Er kämpfte erbittert gegen die Sachsen, vielleicht, um die Politik seines Vaters wett zu machen. Vor seinem Tod verfügte er, dass seine Knochen in jedem Seehafen der Britischen Inseln begraben werden sollten, als Zauber gegen Eindringlinge. Manche Sagen behaupten, der Zauber sei nie vollendet worden, während andere sagen, man habe die Knochen falsch behandelt, was zu einer raschen Rückkehr der unterdrückerischen Angelsachsen geführt habe. Dann kam Gwrtheyrn auf den Thron, der für Leute wie den jungen Merlin ein größeres Ärgernis war, bis schließlich Ambrosius Aurelianus (Emrys Wledig) ihn samt seiner uneroberbaren Festung verbrannte.

Ein Knoten aus Knochen und Beeren

9. Zauberei

Das Feuer der Motivation

Ich vertreibe mutige Narren,
ich lasse Hitzköpfe zögern,
ich erwecke die Stillen,
der Erleuchter kühner Könige.
Ich bin kein seichter Sänger,
ich fordere die Barden heraus,

(BvT 13)

Die Barden Britanniens und die Filid von Irland waren Meister in der Kunst, Leute zu motivieren. Du hast auf den vorhergehenden Seiten gelesen, wie Loblieder ihren Zauber wirkten und Adlige zu Taten von beispielloser Kühnheit anstifteten. Man könnte das als die helle Seite des Awen bezeichnen, den Zauber, der durch luzide Visionen und betörende Faszination zustande kommt. Loblieder motivieren den Hörer, ein Ziel anzustreben. Wird das Ziel in einer attraktiven Form definiert und ist die Vision strahlend genug, verfallen viele seiner verlockenden Faszination und kämpfen darum, es zu erreichen, ganz gleich, was es kostet. Andererseits konnten die Zauber, die durch das Awen gewirkt wurden, auch Unheil und Zerstörung versprechen. Verborgen im Zwielicht, im verschlungenen Wald, in nebligen Tälern und entsagungsvoller Einsamkeit können wir dem anderen Gesicht der Muse begegnen. Barden und Poeten verwendeten Satiren, Flüche und dunkle Zaubersprüche, um zu drohen, zu verletzen und zu zerstören. So konnten sie den Geist beeinflussen durch die Mittel des Versprechens und der Strafe.

Bevor wir uns auf die Suche nach historischem Beweismaterial für solche Aktivitäten machen, möchte ich Dich bitten, eine kurze Pause zu machen, um nachzudenken. Inwieweit beeinflussen diese beiden Kräfte Dein Leben! Wie Du wahrscheinlich bereits herausgefunden hast, sind wir alle Barden und Poeten, denn wir alle weben Zauber, Lieder und Geschichten, aus denen der Stoff unseres Lebens besteht. Was die Barden für die „heroische Gesellschaft" taten, unterscheidet sich nicht von dem, was jeder in seinem eigenen Geist tut. Wir sind Mythenschöpfer und wir leben unsere Mythen. Der Hauptunterschied ist, dass die Barden diese Sachen für andere Leute taten, während Du Dich auf Deinen eigenen Traum vom Leben beschränkst. Abgesehen davon sind die Mechanismen ziemlich gleich.

In ihren Lobliedern machten die Barden und Filid Gebrauch von mehreren Taktiken, um ihr Publikum zu motivieren. Werfen wir mal einen Blick darauf. Ein Weg, um Leute zu motivieren war, an die Heldentaten der *Ahnen* zu erinnern. Hier einige Zeilen, die ein Taliesin als Totenlied für Uther Pendragon komponierte:

> Bin ich es nicht, der hundert Festungen zerstörte!
> Bin ich es nicht, der hundert Herrscher erschlug!
> Bin ich es nicht, der hundert Schleier (Mäntel) gab!
> Bin ich es nicht, der hundert Köpfe abschnitt!

(BvT 48)

Offensichtlich hatte der alte Uther, der Vater von Arthur, dem Bär von Britannien, einen fabelhaften Ruf. Den hatten die meisten Helden, vorausgesetzt, sie waren lange genug tot. Wenn Barden über die Ahnen sangen, achteten sie darauf, dass es richtig eindrucksvoll klang.

Diese strahlenden Beispiele heldischer Tugend und Großzügigkeit waren überlebensgroß, und zwar im buchstäblichen Sinn so groß, dass wir mehrere irische und walisische Mythen finden, in denen überliefert wird, dass die Helden der einstigen Tage übergroß waren und wie Riesen auf Erden herumwanderten. Was passiert in Deinem Empfinden, wenn Du eine Vision oder ein inneres Bild größer werden lässt? Stell Dir eine Person vor. Wie groß ist Dein Bild? Jetzt mach es größer. Verändert das Deine Erfahrung? Denk an eine Gottheit. Wie groß ist sie? Mach sie größer. Wie verändert sich Deine emotionale Reaktion? Die meisten Leute reagieren viel stärker auf größere Bilder. Du kannst den Effekt erhöhen, indem Du das Bild heller machst und näher heranholst. Von wo aus siehst Du es? Von oben, auf Augenhöhe, von der Seite oder von unten? Versuch es mit verschiedenen Perspektiven. Wie kannst Du es wirklich eindrucksvoll gestalten? Und was passiert, wenn Du es zu groß machst? Wir können reichlich verblüffende Dinge in unserem Geist anstellen. Die Barden und Filid wussten auch, wie man das mit seinem Publikum macht.

Eine andere Motivationstechnik war es, die *Rasse* und *Nationalität* zu beschwören. Diese spezielle Phantasie spiegelt den Glauben an eine Gruppenidentität wider (und hängt stark davon ab, wie die Gruppe sich selbst sieht). Wenn eine Rasse sich als tapfer oder unbesiegbar bezeichnete, hatten ihre Angehörigen dem zu entsprechen. Man kann das als Patriotismus oder auch als Mas-

senhalluzination bezeichnen, je nachdem, ob man die Gruppe von innen oder von außen betrachtet.

Und dann gab es da noch *Religion*. Solange die Briten Christen waren und die Angelsachsen Heiden, war es eine nützliche Strategie, Gott anzurufen zugunsten rechtgläubiger Kriegsführung.

Aus der Erregung des Feuers wird sich Rauch erheben,
und Gott der Schöpfer wird uns verteidigen.

(BvT 10)

Damals wie heute ist es eine einfache Sache, die Gläubigen zum Krieg zu bewegen, wenn die betroffene Gottheit es gutheißt. Die meisten Gottheiten tun es nicht, aber die Leute hören einfach nicht zu.

Allerdings glaube ich nicht, dass die Monarchen oder ihre Barden Nationalität und Glauben immer so ernst nahmen. Moderne Heiden nehmen oft an, die Briten und die Angelsachsen seien traditionell Feinde gewesen, oder verallgemeinern ausgehend von dieser Hypothese, dass die sogenannten „Germanen" und die sogenannten „Kelten" einander immer feindlich gesonnen gewesen seien. Das war in vorgeschichtlicher Zeit sicher nicht Fall, und selbst in Britannien war es nicht immer so. Man lese den ehrwürdigen Bede und wird feststellen, dass der alte Heilige gegen einen britischen Lord (Christen) wetterte, der sich mit einem sächsischen Lord (Heide) verbündet hatte, um einen anderen britischen Lord (und Mitchristen) anzugreifen. Er lässt sich auch über diverse Allianzen zwischen Sachsen, Angeln und Pikten aus; letztere waren neueren Studien zufolge ein weiterer keltischer Stamm. Allianzen im mittelalterlichen Britannien waren immer wacklig, und Nationalität und Glaube bedeuteten sehr wenig zu der Zeit, als Herrscher wenigstens einen profitablen Krieg pro Jahr führten.

Prophezeiungen sind eine weitere interessante Motivation. Der Glaube an eine Prophezeiung impliziert, dass die Zukunft erkannt oder herbeigeführt werden kann. Wir wir alle wissen, hat das Orakel immer recht, auf die eine oder andere Weise. Prophezeiungen machen Gebrauch von einer Vorstellung von der Zukunft, die in Form einer absoluten Gewissheit geäußert wird. Ein Barde in einer Orakeltrance muss ein äußerst eindrucksvoller Anblick gewesen sein. Ekstatischer Wahn, Schaum vor dem Mund, Augenrollen, heftiges Zittern... alles, um die gute alte Phantasie auf Touren zu bringen. „Verrücktes" Verhalten kann genau das richtige sein, um den Geist aus seinem engen Käfig aus Regeln und Vorschriften zu befreien und in eine Welt zu schubsen, in der die Wahrnehmung direkt, spontan und völlig hemmungslos ist. Besonders Schütteln ist eine nützliche Technik, um das Bewusstsein drastisch zu verändern sowie die Vision und Imagination zu erweitern. Ich werde hier nicht erläutern, wie man eine Schütteltrance erlernen kann, da das Thema bereits ausführlich in *Seidwärts* behandelt wurde. Ekstatischer Wahn kann zwar nützlich sein, um bei einem Schamanen, Propheten oder Barden einen interessanten Geisteszustand zu erzeugen, er dient aber auch dazu, das Publikum zu beeindrucken. Dramatisches Verhalten wird von spiritistischen Medien in vielen asiatischen und afrikanischen Ländern erwartet. In manchen Ländern muss ein Heiliger sehr unerschütterlich heiter und gelassen sein, in anderen gibt es wilde Leute, die sich schütteln und zittern, während der Geist in ihnen wirkt. Was würde Dich eher beeindrucken? Was immer Deine Reaktion sein mag, sie sagt kein bisschen über die Gültigkeit der Orakelbotschaft aus. Es sagt

aber eine Menge über Deine Erwartungen aus. Denk mal darüber nach. Ist Dir bewusst, inwieweit Du auslebst, was Du glaubst oder erwartest? Was wäre, wenn Du etwas völlig anderes erwarten würdest und Du Dir mal eine Überraschung gönnen würdest?

Damit sind wir beim Thema Zaubersprüche. Wie jeder weiß, kann das heilige Lied eines inspirierten Poeten Dinge geschehen lassen. Hier haben wir eine gegenwärtige Aktivität, die in eine magisch verwandelte Zukunft mündet. Und schließlich denk an die direkteste Form der Motivation: Das *aufgeblasene Ego*. Mach mal Pause und stell Dir vor, wie Du aussiehst. Geh um Dich selbst herum, sieh Dich von allen Seiten gut an. Gefällt Dir, was Du siehst? Könntest Du ein paar Verbesserungen gebrauchen? Jetzt verändere das Bild. Lass Dich so aussehen, wie Du gern aussehen würdest. Wie würdest Du aussehen, wenn Du eine hervorragende Haltung hättest, wenn Du öfter Gymnastik machen würdest, wenn Du eine gesündere Einstellung zum Leben hättest? Was möchtest Du noch? Glück, Neugier, Action, Weisheit, Spaß? Spiel mit dem Bild. Jetzt bring es näher heran. Mach es heller, und ein bisschen größer... hättest Du gern mehr Farbe? Mehr Energie? Lachst Du? Gib diesem Selbstbild etwas, wofür es sich gut fühlen kann. Lächelt es? Komm schon, lächelt es? Wie wäre es mit etwas Stärkerem? Wie würde Dir intensive, hinreißende Fröhlichkeit gefallen? Wusstest Du, dass der natürliche Zustand des Menschen in schierer ekstatischer Freude, intensiver Neugier und Staunen besteht? Bau das in das Bild ein... mach es wirklich attraktiv... ist das so, wie Du gerne wärst? Ist es eine gute Richtung für Deine Reise? Wenn es das ist, was Du willst, pack das Bild in Deine nahe Zukunft, geh hinein und leg los.

Die Barden benutzten sehr ähnliche Methoden, um für ihre Klienten glamouröse Persönlichkeiten zu erschaffen. *Ein Sarg für jeden sein Ehrgeiz* (BoT, 11).

Wenn ein Adliger für gewisse Eigenschaften gepriesen wurde, wie beispielsweise Grausamkeit und Listigkeit im Kampf, dann war die einzige Option, sich dementsprechend zu verhalten. Einer der ersten Taliesins sang für seinen Patron Urien von Rheged:

Er erschlägt, er hängt,
er pflegt, er ehrt (mit Gaben),
er verteilt und nährt,
er erschlägt vor sich…
Auch werde ich
deine Taten loben.
Und bis ich im hohen Alter versage,
und dringend des Todes bedarf,
möge ich nicht lächeln,
wenn ich Urien nicht preise.

(BvT 33)

Gezwungen zu sein, hinter einer Maske zu leben, die die öffentliche Meinung diktiert, ist nie leicht. Es muss besonders unangenehm gewesen sein, wenn der Barde von der Großzügigkeit des Königs sang. Solche Lieder konnten teuer sein. Einer der früheren Taliesins prahlte, er habe von Cynan Garwyn 100 Rösser mit silbernen Zügeln empfangen, 100 Purpurgewänder, 100 Armbänder, 50 Broschen und ein unvergleichliches Schwert. Ich frage mich, ob er seinen Gastgeber ruiniert hat.

Wenn wir es mit einem aufgeblasenen Ego zu tun haben, begeben wir uns auf gefährlichen Grund. Die Vision kann so verführerisch sein, und so überzeugend, und das ist der Punkt, an dem die Leute aufhören, Alternativen in Betracht zu ziehen. Wenn Du wunderbare Visionen von Dir selbst erschaffst, achte darauf, weise zu wählen.

Viele Leute benutzen Suggestionen, positives Denken und umfangreiche Imagination und machen sich damit zum totalen Idioten. Nur wenige machen sich die Mühe, sich zu überlegen, ob ihre neue Persönlichkeit weise gewählt war.

Mach Dich lieber zu jemandem, der lernen und über sich selbst lachen kann. Das ist zwar nicht das, wozu die Barden ihre vom Met berauschten Adligen motivierten, aber ich bin sicher, dass Du Dir viele bessere Aktivitäten als Kampfrausch und hirnloses Plündern ausdenken kannst.

Was ist Dein Ziel im Leben? Was möchtest Du erreichen? Schreib einige Deiner Ziele auf, die kleinen und die großen, die vagen und die spezifischen. Wenn Du möchtest, kannst Du unterstreichen, was besonders wichtig für die Erfüllung Deines Willens zu sein scheint. Was ist wesentlich für Dich? Was steht zur Debatte? Und was ist extra?

Wie hast Du Deinen Willen geformt? Sind Deine Ziele Bilder, die Dich motivieren, auf sie zu zu gehen? Oder drücken sie sich in Bildern aus, die Du lieber vermeiden würdest? Der Unterschied sagt eine Menge darüber aus, wie Du Dich motivierst.

Es ist eine traurige Tatsache, dass die meisten Leute in unserer Gesellschaft zu viel negative Motivation verwenden. Denk an Deine Lieben. Was motiviert Dich, mit ihnen zusammen zu sein? Genießt Du es, gute Zeiten mit ihnen zu teilen (positive Motivation: ein attraktives Ziel) oder ist es einfach nur besser als allein sein (negative Motivation: eine unattraktive Option, die Du lieber vermeiden möchtest)? Arbeitest Du, um etwas zu erreichen, was es wert ist, erreicht zu werden (positive Motivation) oder um etwas so Schreckliches wie Armut zu vermeiden? Liest Du dieses Buch, um etwas Neues, Wertvolles zu erfahren, oder fürchtest Du, schlecht informiert oder gelangweilt zu sein, wenn Du's nicht tust! Wenn ich Dich bitte, diese Übung zu machen, denkst Du, Du kannst davon profitieren, oder hast Du Angst, etwas zu verpassen, wofür Du bezahlt hast! Solche Sachen laufen ständig ab. Wenn Du morgens aufstehst, ist das, weil Du Dich darauf freust, etwas Schönes oder Wertvolles zu tun, oder ist es, weil Du fürchtest, etwas zu verpassen, oder weil Du von Deinem Arbeitgeber gefeuert wirst, wenn Du's nicht tust! Treibst Du Sport, weil Dein Körper die Erfahrung genießt, oder hast Du Angst vor Übergewicht, gesundheitlichen Problemen und geringer Energie! Was bardischen Zauber angeht, strebst Du nach einem guten Ruf, Ruhm und Vergnügen! Oder fürchtest Du Spott, Verachtung, Schande und Schmerz!

Wie motivierst Du Dich, die wesentlichen Dinge im Leben zu tun! Normalerweise benutzen Menschen beide Taktiken zu verschiedenen Zwecken. Die meisten haben eine Handvoll Aktivitäten, auf die sie sich freuen, und eine Menge andere Dinge, die sie gern vermeiden würden. Ich will Dir ganz sicher nicht raten, Dir selbst eine Gehirnwäsche zu verpassen, damit Du Dir etwas wünscht, was für Dich schädlich ist. Wenn Du einen schrecklichen Job hast, hätte es kaum einen Nutzen, Dir vorzugaukeln, dass es genau das ist, wonach Du sehnlich verlangst. Aber es wäre die Sache wert, zu überlegen, wie Du Deinen Job verbessern kannst, so dass er mehr Spaß macht, oder nach einem besseren zu suchen.

Dann gibt es da die Aktivitäten, die keinen Spaß machen, die man aber nicht vermeiden kann. Das sieht nach negativer Motivation aus, aber Du kannst es in positive verwandeln, indem Du sie attraktiv machst. Eine unangenehme Aufgabe macht vielleicht keinen Spaß, während Du dabei bist, aber sie kann ein Vergnügen sein, wenn dabei etwas

Wertvolles zustande kommt, wenn eine gute Geschichte daraus wird oder wenn Du Dich danach mit etwas Schönem belohnst. Diese Strategie wird von vielen Leuten verwendet, sie nennen es „es hinter sich bringen". Wie gut das funktioniert, hängt davon ab, wie wirksam Du Dich dafür belohnst. Viele tun es nur halbherzig. Sie stellen sich etwas Attraktives vor, was nach der ungeliebten Pflicht kommt. Wenn die Aufgabe zu unangenehm ist oder zu lange dauert, reicht die Belohnung vielleicht nicht, damit sie es durchziehen. Warum erst nachher die Belohnung genießen! Warum nicht schon, während Du es tust! Es kann hilfreich sein, die Aufgabe in kleinere Einheiten zu zerteilen. Wenn Du Dir zu jedem Schritt gratulierst, den Du erfüllt hast, und Dir vorstellst, dass die Freude mit jedem Hindernis, das Du gemeistert hast, stärker wird, wirst Du feststellen, dass die unangenehme Aufgabe schon bald erledigt ist. Du kannst das in Deinem Geist bewirken. Erfinde eine überzeugende Vision und verschaffe Dir damit Zugang zu all den guten Gefühlen, die für Dich bereit stehen. Du kannst Dich darüber freuen, einen Schritt weitergekommen zu sein oder eine Einheit vollendet zu haben, aber Du kannst Dich auch an der Erfüllung Deiner Aufgabe erfreuen in dem Wissen, dass schöne Dinge auf Dich warten. Wie könntest Du Dich noch besser belohnen!

Andererseits ziehen manche Leute es vor, sich durch eine unangenehme Aufgabe zu schleppen und sie dabei jeden einzelnen Augenblick lang von Herzen zu verabscheuen. Aufgewacht! Ärgern kostet extra!

Manche denken an all die Dinge, die sie gerne täten, wenn sie nicht gerade diese schreckliche Aufgabe erfüllen müssten, und je besser sie halluzinieren, was sie gerade verpassen, desto schlimmer wird die Aufgabe natürlich für sie. Oder denk an die Taktik

Castanedas, jede Schwierigkeit als „Herausforderung" zu definieren. Diese Haltung impliziert, dass Du herausgefordert wirst (von wem? Und wozu?), und dass Du, wenn Du das Problem gelöst hast, an Selbstachtung gewinnst, oder was immer Du brauchst, um Dein Ego zu polieren. Manche finden das nützlich. Ich stimme zu, dass es das gelegentlich sein kann, aber insgesamt ist es nicht sonderlich elegant. Das Ganze weckt so sehr das Gefühl von Anstrengung und Anspannung, und verwandelt ganz alltägliche Angelegenheiten gleich in einen Kampf auf Leben und Tod. Eine Herausforderung zuviel, und Du wirst feststellen, dass Du ständig angespannt und nervös bist. Wenn Du Dich gern durch Dramen motivierst, bitte sehr, das kannst Du reichlich haben. Ich ziehe es vor, zu genießen, was ich tue, und die Dinge weniger ernst zu nehmen.

Bei der Selbstmotivierung kannst Du also Gebrauch von Vergnügen (Belohnungen) und Schmerz (Strafe) machen. Du könntest diese Chance auch nutzen, um über das Ergebnis nachzudenken. Wenn Du Dich dazu motivierst, etwas zu erreichen, indem Du Dich darauf zu bewegst, stehen die Chancen gut, dass Du es früher oder später erreichst. Motivierst Du Dich hingegen dadurch, dass Du etwas Unangenehmes vermeidest, wirst Du es wahrscheinlich vermeiden, aber es bedeutet nicht, dass Du bekommen wirst, was Du wirklich willst. Fehler zu vermeiden bedeutet nicht, dass Du etwas gut oder gar ausgezeichnet machst. Es ist, als ob man rückwärts geht. Wenn Du rückwärts gehst, kannst Du damit vermeiden, dass der Ärger, der hinter Dir her ist, Dich erreicht, aber es heißt nicht, dass Du irgendwo ankommst, wo Du hin willst. Wie wär's also, Du siehst Dir Deine Liste noch mal an? Wie kannst Du die negativen Ziele (xyz vermeiden) so gestalten, dass daraus positive Ziele werden, die für Dich anziehend sind? Und wenn wir schon mal dabei sind, wie kannst Du die positiven Ziele so gestalten, dass Du sicher sein kannst, dass sie es wert sind, erreicht zu werden?

Und was kann noch anziehend für Dich sein, wenn Du erst einmal dort angelangt bist? Denk daran, dass Evolution nicht einfach eine Sache des Erreichens eines Zieles ist, und damit fertig. Es könnte sehr unangenehm sein, alle Deine Ziele zu erreichen. Manche Ziele sind Lebensziele. Manche sind wie Trittsteine, die über einen funkelnden Bach führen. Manche verlieren einen Großteil ihrer Attraktivität, wenn Du sie genau untersuchst. Viel besser ist eine Richtung, in die Du Dich entwickeln kannst, ein Weg, der weitergeht, und eine Zukunft, die neue Gefühle und Überraschungen für Dich bereit hält, während Du darauf zu gehst. Ein System muss offen sein, um Stagnation und Entropie zu vermeiden.

Die Gaben der Nessel

Die Barden und Poeten benutzten beide Formen der Motivation, um ihr Publikum zu beeinflussen. Auf der einen Seite sorgten sie für Befriedigung und Vergnügen, wenn sie einen Edelmann priesen. Andererseits straften sie auch, indem sie Spott und Satire verwendeten. Wenn Du dieses Buch als Magier liest, wird Dir bewusst sein, dass beide Taktiken das Ego beeinflussen. Entweder wird das Ego gelobt, so dass es sich voller Stolz aufblähen kann, oder das Ego wird bestraft, so dass es klein und beschämt wird. Das wirkt Wunder bei normalen Leuten und normalen Kriegern, aber für einen Magier, der das Ego mit dem wahren Selbst in Einklang bringen will, ist es nicht besonders nützlich. Es wäre interessant, zu erfahren, ob sich auch die fortgeschrittenen Barden in einer so simplen Falle fangen ließen. Nur so zum Spaß könntest

Münzen 12: Vögel

Oben: Bellovaker, Gold, 18mm, Kopf mit Hand-Vogel und drei Tropfen. Vergleiche mit der Taliesingeschichte.

Mitte links: Vindeliker, Gold, 17mm, sehr verbreitetes Bild von einem Vogelkopf und Monden.

Mitte rechts: Carnuten, Bronze, 16mm, Raubvogel und Echse.

Unten: Carnuten, Bronze, 15mm, Raubvogel mit kleinerem Vogel. Ein anderer Typus bildet eine Schlange mit dem Vogel ab.

Du mal einen weiteren Blick in den Katalog bardischer Motivationstechniken werfen. Welche von diesen Methoden würden Dich motivieren? Wie könnte Dein Ego manipuliert werden?

Wir haben schon einige Beispiele dafür gesehen, wie das Publikum eines Barden durch Lob beeinflusst wurde. Wenn wir untersuchen, wie Spott und Satire eingesetzt wurden, begeben wir uns in tiefere Gewässer.

Ein irisches Manuskript, das auf etwa 1100 zurückgeht, enthält eine seltsame Geschichte. Zu einem Samhain, als der Himmel fahl war und die kalten Winde zu heulen begannen, kam der Meisterpoet Dallan Forgail an den Hof Mongans, des Königs von Ulster. Wie es bei den Meisterpoeten Brauch war, wollte Dallan die dunkle Zeit zwischen November und Mai im Schutz der Königshalle verbringen. Groß war die Gastfreundschaft in den hell erleuchteten Hallen von Mongans Burg. Das Bier war stark, die Gesellschaft fröhlich und Dallan wurde als Ehrengast empfangen. Als Bezahlung für die Großzügigkeit des Königs erzählte Mongan Geschichten. Er erzählte jeden Abend eine Geschichte und hätte damit fortgefahren, bis der Sommer begann und die Beltainefeuer entzündet wurden. Aber noch ehe die warme Zeit begann, hatten der König und der Poet einen Streit über den letzten Ruheplatz eines bestimmten Helden. Dallan kannte den Ort, aber der König wusste es besser, und schon bald wurden harsche Worte gewechselt. Da keiner von beiden Beweise für seine Behauptung liefern konnte, dauerte es nicht lange, bis der König vor Wut brüllte. Dallan, der selbst ein Mann von übertriebenem Stolz war, drohte, König Mongan zu satirisieren, und noch dazu die Ahnen des Königs, und die Flüsse dazu zu verfluchen, keine Fische mehr zu liefern, die Bäume dazu, keine Früchte mehr zu tragen

und die Ebenen dazu, für immer unfruchtbar zu sein.

König Mongan, von diesen Aussichten reichlich schockiert, vergaß seinen Zorn und versuchte, den Poeten zu besänftigen. Vergeblich bot er dem verärgerten Poeten an, ihm zum Ausgleich den Preis von 7, dann 14, dann 21 Sklavinnen zu zahlen. Dallan wollte nicht akzeptieren. Sein Stolz hatte gelitten, und der König sollte dafür büßen. Ein paar Sklavinnen konnten ihm diesen Schaden nicht ersetzen. Mongan, der sah, dass der Poet ungerührt blieb, bot ein Drittel seines Königreichs an, dann die Hälfte, und schließlich brach er zusammen und bot ihm das Ganze an. „Nimm mein Land!" schrie der König in seinem Zorn, „Aber lass mir meine Freiheit und mein Weib!" Aber den Meisterpoet dürstete weiterhin nach Rache. Er hatte schon lange mit der Schönheit der Königin geliebäugelt und sah nun eine Gelegenheit, sie zu gewinnen und den Stolz des Königs ein für alle Mal zu brechen.

Während nun der ehemalige König das Reich in Schande verließ, nahm Dallan den Thron und die Königin in Besitz, die darüber unglücklich war und jeden Tag weinte. Schließlich stellte sich heraus, dass Dallan von Anfang an Unrecht gehabt hatte. Er wurde berühmt für seine ungerechte Unverschämtheit und seinen übertriebenen Stolz. Seine Geschichte wurde von Poet zu Poet weitergegeben, und schliesslich vergaß man seinen wahren Namen. Sein Name in der Legende, Dallan, bedeutet „blind". Sein Schüler, Senchan Torpeist, folgte ihm nach im Amt des obersten Ollamh von Irland. Da er genauso arrogant war wie sein Meister, wurde er später selbst satirisiert.

Hier haben wir ein interessantes Beispiel für die Machtfülle, die die irischen Poeten genossen. Wie Du bemerkt hast, war ein Teil der Drohung, den König und seine Familie zu satirisieren. Worin bestand die Macht der Satire? Heutzutage sind die Leute daran gewöhnt, dass über sie Witze gemacht werden. Politiker und Stars müssen mit Spott leben, und vielleicht ist dieser Zustand ganz nützlich sein, um sie davon abzuhalten, zu stolz und selbstgefällig zu werden. In der keltischen Gesellschaft herrschte eine ganz andere Anschauung vor. Für Adlige, die nur für ihren großartigen Ruf leben, ist schon die Vorstellung, satirisiert zu werden, einer sehr reale Bedrohung. Für das Opfer war die Satire alles andere als lustig. Verspottet zu werden bedeutete, zu leiden, nicht nur in Bezug auf den eigenen Stolz und Ruf, sondern auch physisch. Hinzu kommt, dass alles, was dem König zustößt, auch dem Königreich zustößt. Vor diesem Hintergrund ist es nur zu verständlich, dass Dallan droht, das Land mit Unfruchtbarkeit zu schlagen. Die Menschen jener Zeit nahmen solche Drohungen sehr ernst. Wirf mal einen Blick auf den letzten Kampf, den der halbgöttliche Held Cuchulainn ausfocht. Während des Kampfes wird Cu von Satirikern bedroht, er solle seinen verzauberten Speer herausgeben oder beleidigt und verspottet werden. In einem Wutanfall tötet er zwei der Satiriker, gibt aber dem dritten nach, der droht, Cus ganze Rasse zu schmähen. Diese Tat stellt sich als fatal heraus. Kaum hat Cu den Speer losgelassen, ergreift ihn der Krieger Lugaid und benutzt ihn, um dessen früheren Eigentümer zu durchbohren. Cu schreit laut auf und wandert zornig zu einem nahe gelegenen See, wo er sich wäscht und ein wenig ausruht.

Im *Tain* schickt Königin Medb Druiden, Zauberer und Magier zu Ferdiad, weil sie möchte, dass er gegen den unbesiegbaren Cu kämpfen soll. Gegen seinen Willen sucht er die Begegnung (Cu war sein enger Freund und Pflegebruder), da ansonsten der *Glam*

Dicenn (die Satire) drei schreckliche Pusteln auf seinem Gesicht ausbrechen lassen würde. Diese hätten ihn in neun Tagen getötet. Anstatt mit drei Pusteln im Gesicht dahinzuscheiden zieht Ferdiad es vor, als Hackfleisch zu sterben.

In der mythischen Frühgeschichte Irlands fochten die Völker der Göttin Danann einen langen Krieg gegen eine Rasse älterer Kreaturen aus, die von unter dem Meer zu stammen schienen. Das Oberhaupt dieser Wesen, der Fomorier, war ein Bres, der geradezu der Inbegriff guten Aussehens war. In dieser Hinsicht ähnelte er seinen Verwandten nicht im Mindesten, von denen einige Stierköpfe hatten oder wie fußlose Schlangen herumkrochen. Nun war Bres zwar gutaussehend, aber auch sehr ungerecht, denn er verlangte außergewöhnlich hohe Abgaben und umfassende Opfer und Opfergaben. Die Tuatha De Danann, die versuchten, die Situation wieder ins Lot zu bringen, schickten ihren Poeten, Cairbre, Sohn der Etain, zu Verhandlungen. Aber statt dass man dem Poeten den schuldigen Respekt zollte, wurde er schändlich empfangen.

Er betrat eine Hütte, eng, schwarz, dunkel, in der es weder Feuer noch Möbelstücke noch ein Bett gab. Auf einem kleinen Teller wurden ihm drei kleine Kuchen gebracht, und die waren trocken. Am Morgen erhob er sich, und er war nicht dankbar.
Als er über den Hof ging sprach er:
'Ohne Nahrung die schnell auf den Teller kommt:
ohne Kuhmilch von der ein Kalb gedeiht:
ohne eine menschliche Behausung im Dunkel der Nacht:
ohne die Gesellschaft der Geschichtenerzähler zu bezahlen,
so soll es um Bres stehen.
Kein Gewinn soll bei Bres sein.'

Und es wurde wahr. Seit dieser Stunde umgab Bres nichts als Verfall. Dies war die erste Satire die jemals in Irland gemacht wurde.

(*Die zweite Schlacht von Mag Tured,* nach Cross und Slover)

Die Poeten bezeichneten etwas Derartiges als Satire, aber ganz offensichtlich zielte es nicht darauf ab, jemanden zum Lachen zu bringen. Der Begriff „Fluch" käme der Sache näher. Vielleicht würdest Du jetzt gern wissen, wie ein richtiger Fluch bewirkt wurde. Cairbre tat es ganz einfach, indem er seine bösen Wünsche aussprach, und das scheint gereicht zu haben – vielleicht, weil er zum Stamm der Völker Danas gehörte und folglich eine Gottheit oder zumindest eine halb göttliche Gestalt war.

Aber was ist mit den bescheideneren Satiren, die menschliche Poeten sangen? Die irischen Poeten verfügten über ein komplexes Ritual, *Glaim Dichin* oder *Glam Dicenn* genannt (s. D. Hyde, 1899) Wie die *Aer*, die Satire, war es ein legales Mittel, mit dem ein Poet einen Edelmann zwingen konnte, für eine Untat oder mangelnde Bezahlung Wiedergutmachung zu leisten, vorausgesetzt, er tat es zu Recht. Später wurde dieser Brauch abgeschafft, da die Poeten oft unvernünftig hohe Ansprüche stellten, so dass Gesetze erlassen werden mussten, die die Löhne für die poetischen Ränge festlegten. Viel davon war gegen den Willen der Poeten, aber sie konnten nicht viel dagegen tun, da die öffentliche Meinung gegen sie war. Ein Lied aus dem 12. Jahrhundert, das St. Columban zugeschrieben wird, enthält einige wertvolle Hinweise auf *Glam Dicenn*. Die Iren, sagte der Mann Gottes, würden sterben, wenn man sie satirisierte, oder sie würden drei Pusteln im Gesicht bekommen, genannt Schande, Makel und Hässlichkeit. Wenn ein Poet aber einen Menschen zu Unrecht satirisierte, würde er selbst die drei Pusteln bekommen. Auf so etwas wird häufig angespielt. Als Sencha, Sohn von Ailill, ein falsches Urteil aussprach, erschienen drei Pusteln in seinem Gesicht. Auch Sen macAige sprach ein falsches Urteil aus, und eine Pustel erschien in seinem Gesicht. Als er es sich noch einmal überlegte, verschwand die Pustel wieder. Soviel zu psychosomatischen Reaktionen.

Eine weitere schmerzliche Episode. Als eine Frau, die König Conchobar versprochen war, sich weigerte, mit dem Poeten Aithirne Ailgesach und seinen zwei Söhnen (die alle verliebt in zu waren) zu schlafen, sang er drei Satiren, worauf die drei Pusteln Schande, Makel und Hässlichkeit (in schwarz, rot und weiß) auf ihrem Gesicht erschienen und es verunstalteten. Sie starb an der Schande. Cathbad, der Druide von Ulster, sagte, dass Athirne wilde Tiere schicken würde:

Satire, Schande und Unglück, Fluch, Feuer und bittere Worte. Seine sechs Kinder der Unehrlichkeit heißen Geiz, Widerspruch, Verweigerung, Härte, Sturheit und Gier, und sie sind so gut darin, dass sie Krieg gegen Euch führen werden.

Athirne machte sich zum Ärgernis, indem er durch verschiedene Provinzen Irlands reiste. Er bedrohte Leute mit seiner bösartigen Satire und zwang sie, ihm Geschenke anzubieten, selbt wenn er damit ganze Distrikte ruinierte. In Leinster sagte er den Männern, sie sollten entweder ihre Frauen oder ein Auge hergeben, und als er in eine Gegend kam, die absolut nichts anzubieten hatte, verlangte er, man solle ihm das kostbarste Juwel des Hügels geben, oder...! Schadenfroh lachend erklärte er, niemand kenne die Natur des Hügels und seine Lage. Sprach er über einen Hügel, einen Grabhügel oder den Hügel des Kopfes, der sich über den Schultern erhebt! Schließlich erwiesen die Männer von Ulster der Menschheit einen großen Gefallen, indem sie Athirne und seine Brut erschlugen.

Hier eine weitere Geschichte über einen Poeten, der seine Macht missbrauchte. Werfen wir mal einen Blick in *Cormacs Glossar*. Nede war einer der größten Filid Irlands. Einige der magischsten Lieder der grünen Insel werden ihm zugeschrieben, und in diesen zeigt sich ein Grad an Weisheit, der den Horizont der meisten Poeten um ein Vielfaches übersteigt. Vielleicht hat er tatsächlich einige von ihnen verfasst. Vielleicht stand er aber aber auch nur für den vollkommenen Poeten Modell. Nichtsdestoweniger machte er in seinem späteren Leben einen sehr dummen Fehler. König Caier hatte Nede adoptiert, da er keinen eigenen Sohn hatte. Eines Tages, so heißt es, näherte sich die Königin selbst dem Poeten und bot ihm einen silbernen Apfel an, wenn er dafür mit ihr schlafen wollte. Nede schlug es ihr ab. Da bot sie ihm an, er sollte König nach Caier sein. „Wie kann das sein!" fragte Nede. „Satirisiere ihn", sagte die Königin, „und er wird einen Makel haben. Ein Mann mit einem Makel kann nicht König sein." „Ich kann ihn nicht satirisieren", meinte Nede, „denn um was immer ich ihn bitten würde, er würde es mir geben." „Frag ihn nach seinem Dolch" sagte die Königin. „Er ist durch einen Geas[1] gebunden, ihn nicht forzugeben." Nede dachte darüber nach. Was hatte er zu verlieren? Ein König, der seinen Geas brach, war ohnehin so gut wie tot. Also ging Nede zum König und bat ihn um den Dolch. Der König beklagte sein Schicksal und verweigerte ihn ihm. Also verhängte Nede einen *Glam Dicenn* über den König.

Mit zornigem Gesang verdammte er den König zu Leid, einem kurzen Leben und frühem Tod, dazu, im Kampf von Schwertern niedergemäht zu werden, vom Land und der Erde verstoßen zu werden und schließlich unter Erde und Fels und Ruinen begraben zu liegen. Am nächsten Tag ging Caier zu einer Quelle. Er erblickte im Wasser sein Gesicht, und dort sah er drei Pusteln darauf, rot, grün und weiß, genannt Schande, Makel und Hässlichkeit. Er hatte einen Makel und war nicht länger imstande, zu regieren. So verließ Caier heimlich das Land und reiste nach Dun Cermnai, wo er sich voller Sorge verbarg. Er schämte sich seiner Pusteln so sehr, dass er einen anderen Namen annahm und fortan alle Gesellschaft mied. Nede, der zu Unrecht einen König verflucht hatte, heiratete die Königin und wurde König.

Nach einem Jahr machte Nede eine Reise nach Dun Cermnai. Der frühere Poet hatte angefangen, sich ein wenig unwohl zu fühlen im Hinblick darauf, wie er seinen Adoptivvater behandelt hatte. Er hatte Gerüchte gehört über einen seltsamen Flüchtling, der dort bei Hof lebte, und beschloss, dorthin zu gehen. Als er den königlichen Streitwagen sich nähern sah, murmelte der frühere König Caier: „Wir pflegten in diesem Wagen zu reisen". Ein Krieger hörte das und sprach: „Dies sind die Worte eines früheren Königs." Caier heulte laut auf vor Schande, rannte davon und verbarg sich in einem Loch in einem gespaltenen Felsen. Nede betrat die Festung und benutzte einen von Caiers Hunden, um das Versteck seines Herrn zu finden. Der frühere Poet wollte den alten Mann umarmen, aber dieser fiel einfach tot zu Boden. Der Felsen um ihn herum wurde so heiß, dass er brannte, Blasen warf und zersplitterte. Ein

---

[1] Ein Geas oder Geis (Singular), Geasa (Plural) ist ein Tabu oder ein magischer Zwang, der einer Person auferlegt wird.

Splitter flog Nede direkt durch ein Auge. Er sagte „Autsch", verfasste noch ein letztes Gedicht und starb.

Das Verfluchungsritual

Zunächst einmal musste der Poet auf dem Land des Königs, der ihn verärgert hatte, fasten. Schon das Fasten war ein magischer Akt. Man findet es regelmäßig in der irischen Mythologie, besonders, wenn ein Visionär seine Gestalt verändern, in Trance gehen oder prophezeien will.

Ein gutes Beispiel für Fasten finden wir in der Geschichte von Tuan MacCarilll. Als Erstes zog sich der müde und erschöpfte Tuan in eine Höhle zurück, wo er drei Tage lang fastete und schlief. Als er erwachte, hatte er seine frühere Gesundheit wiedererlangt, aber er hatte sich auch in einen Hirsch verwandelt. Nach einem ganzen Leben beim Rotwild Irlands kehrte er in die Höhle zurück, wo Fasten und Schlaf ihn in einen Eber verwandelten. Später fastete Tuan in Gestalt des Ebers, verwandelte sich in einen Falken und schließlich in einen Lachs (s. *Seidwärts*).

Fasten, Isolation, Dunkelheit, Erschöpfung und Halbschlaf Trancen spielen eine wichtige Rolle in den Initiationen vieler Schamanen, sei es in Sibirien oder anderswo. Unter den richtigen Bedingungen und in einem passenden Rahmen aus Glauben und Erwartungen können solche Initiationen die Alltagspersönlichkeit des Initiaten vorübergehend suspendieren und seinen/ihren Geist für die Inspiration und das Erkennen des ursprünglichen Selbst öffnen. Wie einige neuere Studien andeuten, kann längeres Fasten bei manchen Menschen den Serotoninspiegel im Gehirn verändern, was zu ähnlichen Erfahrungen wie ein LSD-Trip führen kann. In diesem Fall dürfen wir behaupten, dass unser Poet oder Visionssucher auf Trip ist, auch wenn er keine Drogen genommen

hat. Beachte aber, dass Fasten an sich noch keine Garantie für erderschütternde Visionen und spektakuläre Erleuchtung ist. Es erfordert einen geschulten Geist, um Fasten und Erschöpfung umzusetzen. Eine Initiation ist nie ein automatischer Prozess. Manches davon muss bewusst herbeigeführt werden, anderes benötigt den Segen der Tiefe. Der Gebrauch solcher Methoden setzt Erfahrung voraus, ansonsten kommt man erschöpft und traurig und genauso dumm wie an jedem anderen Tag heraus. Fasten zur Reinigung oder zum Bewusstseinswandel ist eine alte Methode. Man findet sie erwähnt in den Berichten des alten Plinius über druidische Rituale. Es wäre interessant zu wissen, was genau die keltischen Seher und Visionäre unter Fasten verstanden. Einige mittelalterliche Autoren verwenden das Wort für den völligen Verzicht auf jegliche Nahrung, andere meinen damit, nur kleine Mahlzeiten zu sich zu nehmen oder den Verzicht auf bestimmte Nahrungsmittel wie Fleisch und starken Alkohol.

Fasten war allerdings nicht nur ein Mittel zur Bewusstseinsveränderung. Es war auch ein symbolischer Akt des Protests und enthielt eine Anklage. Die moderne Praxis des Hungerstreiks, gut bekannt durch politische Gefangene in Irland und anderswo, hat seine Wurzeln vielleicht in der mittelalterlichen Gnosis der Filid.

Um zum Fluchritual zurückzukommen musste der Poet sich vergewissern, dass seine Sache eine gerechte war. In einem so schweren Fall benötigte er die Zustimmung von 30 Laien, 30 Bischöfen und 30 Poeten. Die 30 Bischöfe dürften ein Problem gewesen sein. Wieviele gab es eigentlich im mittelalterlichen Irland! Oder meint unser Manuskript einfach irgendwelche Angehörigen der Kirche! Das klingt wie eine schwierige Aufgabe, aber in den Tagen, als die Poeten die Gesetze

Münzen 13: Pferde

Oben: unbekannt, Gallien, Silber.

Mitte links: Boier, Silber, 15mm, beachte Doppelschwanz.

Mitte rechts: Turonen, Gold, 23mm, beachte Pferdegöttin, Daumengeste und abstrakte Augen-Bilder.

Unten: unbekannt, Gallien, Silber, 15mm, beachte großen Fisch.

machten, konnte man die Zustimmung nicht verweigern, wenn ein Poet um seinen Lohn betrogen worden war. Der geschädigte Poet musste bei Sonnenaufgang einen Hügel an der Grenze von sieben Ländern besteigen. Er musste sich dabei in Begleitung von sechs Poeten verschiedener Ränge befinden, so dass alle sieben Ränge der Dichtkunst vertreten waren. Jeder Poet musste in die Richtung eines der Länder blicken, wobei der Ollamh den Sitz des Königs im Auge hatte, gegen den der Fluch sich richtete. In ihrer Mitte, der sie den Rücken zuwandten, musste sich ein Weißdorn befinden. Dieser Baum hat einen bemerkenswerten Ruf in der irischen Poesie. Das Ogham-Alphabet bringt ihn mit dem Buchstaben H in Verbindung und bezeichnet ihn als *ein Rudel Wölfe, einen Schrecken für jeden*, und kommentiert, dass er *dem Erbleichen im Gesicht eines Mannes gleicht, wenn der Furcht und Schrecken empfindet*. Wie das *Auraicept* wiederholt betont, wird der Buchstabe H nicht ausgesprochen. Stattdessen wird er oft benutzt, um den vorherigen Buchstaben stumm zu machen.

Als nächstes verlangt das Ritual einen Wind, der von Norden bläst. Das ist nicht nur ein kalter Wind, er kommt auch aus der schwarzen Richtung des Kompass. Manche irischen Texte bezeichnen die Satire als eine schwarze Kunst. Jeder Poet hält einen Stein mit einem Loch (solche Steine sind bei vielen europäischen Kulturen Glücksbringer und Brecher von bösen Einflüssen) und einen Dorn, vorzugsweise von dem Weißdornbusch. Die genitale Symbolik dieser Kombination ist offensichtlich. Jeder Poet sang einen Vers des Fluchs; der Ollamh begann. Gemäß der poetischen Hierarchie verfluchte der niedrigste Rang, der Focloc, das Gewand des Königs. Der Macfuirmedh verfluchte den Hund des Königs, der Doss die Waffen des Königs, der Cana die Königin, der Cli

den Sohn des Königs, der Anruth das Ross des Königs und der Oberste, der Ollamh, den König selbst. Zum Schluss erdeten sie das Ritual, indem sie die Steine und Dornen unter den Stamm des Weißdornbusches legten. Von diesem Ritus war bekannt, dass er absolut tödlich war, vorausgesetzt, der Poet war vorher tatsächlich ungerecht behandelt worden. Wenn die Poeten allerdings unrecht hatten, durften sie damit rechnen, dass der Boden sich unter ihnen öffnete und die Erde sie verschlang. Offensichtlich war ein derartiges Ritual keine alltägliche Sache, sondern ein Brauch, der nur für jemanden bestimmt war, der es wirklich verdient hatte. Du kannst vielleicht ermessen, wie sehr der Effekt dieses Rituals gefürchtet wurde, wenn Du bedenkst, wie schwierig es durchzuführen war. Komplexität hebt die Erwartungen, es kann aber auch zornigen Zauberern Zeit geben, sich zu beruhigen und noch einmal darüber nachzudenken.

Ein Lochstein, der zu bösen Zwecken verwendet wird, kommt auch in der mittelalterlichen irischen Geschichte *Die Verfolgung von Dermat und Grania* vor (*Buch von Leinster*, ca. 1130). Diarmuid und Grainne sind die bekanntesten Schreibweisen. In diesem Text werden sie allerdings Dermat und Grania geschrieben. In einer seltsamen Episode zieht der Held Finn aus, um seinen Rivalen Diarmuid durch Zauberei zu ruinieren. Zuerst reist er in die Anderswelt, ins Land der Verheißung, wo seine alte Amme lebt. Als die alte Dame hört, wie Finn beleidigt wurde, stimmt sie sofort zu, mit ihm nach Irland zu kommen. Ich möchte hier nach P. W. Joyces Übersetzung zitieren:

Am nächsten Tag brachen sie auf, Finn und seine Leute und seine Amme; und es wird nicht berichtet, wie es ihnen erging, bis sie Brugh am Boyne erreichten. Und die Männer Erins wussten nicht, dass sie hergekommen waren, denn die alte Hexe hatte einen druidischen Nebel um sie herum gebreitet, so dass keiner sie sehen konnte. Es geschah, dass Dermat an diesem Tag allein im Wald jagte, denn Oscar hatte Brugh am Tag zuvor verlassen. Als die alte Hexe dies erfuhr, erhob sie sich mittels ihrer Magie in die Luft, auf einer Seerose, denn durch Zauberei hatte sie das blasse Blütenblatt in einen breiten Mühlstein mit einem Loch in der Mitte verwandelt. Und sie erhob sich über die Wipfel der Bäume und trieb auf dem frischen, kalten Wind dahin, bis sie den Helden erblicken konnte. Und dann, als sie auf dem flachen Mühlstein stand, begann sie, mit giftigen Pfeilen durch das Loch auf ihn zu schiessen. Und kein Schmerz, den Dermat jemals erlitt, konnte sich mit diesem messen, denn die Pfeile drangen sogar durch Schild und Rüstung, da die Hexe Giftzauber mit ihrem Atem darauf gehaucht hatte. Als er zu guter Letzt merkte, dass er dem Tod nicht entrinnen könne, wenn er die alte Hexe nicht erschlüge, griff er nach seinen Ga-Derg, und, indem er sich zurücklehnte, schleuderte er ihn zielsicher durch das Loch im Mühlstein, so dass er die Hexe durchbohrte, und sie fiel Dermat tot zu Füssen. Dann schlug er ihr den Kopf ab und brachte ihn zu Angus vom Brugh…

In beiden Fällen haben wir einen Lochstein, der als Visier benutzt wird, um Pfeile oder spitze Dornen auf einen Feind abzuschießen. Der Gesang der Filid hat seine Parallele in den schädlichen Zaubersprüchen, die die Hexe auf ihre Pfeile gehaucht hat. Ihr Atem (Vitalität, Lebensenergie), ihre Worte (Symbole in einer besonderen Form) und ihre Absicht (starke Emotionen) verleihen dem Fluch seine Macht. Gegen diesen Zauber ist ein König in seiner mächtigen Festung

mit Türmen und Mauern ebenso schutzlos wie Diarmuid in seiner Rüstung. Dass er den Kampf gewinnt, liegt daran, dass er imstande ist, der Hexe auf gleicher Ebene zu begegnen und dass sie ihm nah genug kommt, dass er sie töten kann. Die meisten satirisierten Könige hatten dieses Glück nicht. Am Rande möchte ich noch anmerken, dass Finn, der den Meuchelmord angeordnet hatte, nicht nur Anführer einer Kriegerschar war, sondern auch ein inspirierter Seher und Poet, weshalb er eine Amme in der Anderswelt hatte, wo alle wahren Poeten und Visionäre geboren werden. Und was will uns wohl die Seerose sagen? Vielleicht wurde die Pflanze verwendet, weil ihre breiten, runden Blätter dem Mühlstein ähneln, in den sie verwandelt wurde. Aber ebensogut könnte sie ein Hinweis auf die Trancepraktiken der Hexe sein. War sie vielleicht im Drogenrausch, als sie ihren Fluch aussprach? Mehrere Spezies der Nymphaecea-Familie (Seerosen) enthalten Apomorphin, Nuziferin und Nornuziferin in ihren Wurzeln. Das machte sie zu populären Halluzinogenen in der alten und neuen Welt, man findet Hinweise auf ihren Gebrauch im alten Ägypten, Griechenland, Indien, China und Mexiko.

Es ist vielleicht eine Anmerkung wert, dass zwar jeder Poet eine Satire machen konnte, aber es galt als unmanierlich, das zu häufig zu tun. Es gab professionelle Satiriker im mittelalterlichen Irland, aber sie hatten einen sehr niedrigen gesellschaftlichen Status. Diese unfreien Musikanten zogen in Banden über Land und boten rustikale Unterhaltung. Die irischen Gesetze, die bekanntlich von den Filid gemacht worden waren, ordneten sie in die Kategorie der *Söhne des Todes und schlechter Männer* ein. Söhne des Todes sind übrigens Banden von ausgestoßenen Verbrechern, die an den Grenzen der Königreiche lebten oder sich in tiefen Wäldern verbargen.

Was Satiriker angeht, so wurden sie offenbar gelegentlich in Rituale einbezogen. A. und B. Rees erwähnen ein derartiges Ereignis:

> Es gibt einen Bericht über eine Bande von neun von ihnen, pechschwarz und haarig, die von Einbruch der Dunkelheit bis zur Morgendämmerung nach seinem Begräbnis am Grab eines Königs sangen. Man vergleicht sie mit Dämonen der Hölle, und wenn man sie durch die Messe und Weihwasser vertreibt, erscheinen sie oben in der Luft in Gestalt pechschwarzer Vögel.

Hier haben wir einen rituellen Exorzismus. Ich vermute, dass die düsteren Clowns hier böse Geister verkörpern, möglicherweise Dämonen, die es nach der Seele des Königs verlangt. Ein im Mittelalter vorherrschender Glaube war, dass in der Nacht nach dem Begräbnis der Teufel oder seine Schergen kämen, um die Seele des Verstorbenen zu holen. Aus genau diesem Grund und im vollen Bewusstsein der zahlreichen Übeltaten, die er während seiner Regierungszeit begangen hatte, ließ König John „Ohneland" sich direkt neben dem heiligen Wulfstan begraben. Er hoffte, die Gegenwart des berühmten Heiligen würde den Teufel fernhalten. Ich könnte mir vorstellen, dass die Gaukler zu einem ähnlichen Zweck angestellt wurden, um Dämonen zu symbolisieren, nur damit die Kirche sie zeremoniell vertreiben konnte.

Wenn wir uns nun die britannischen Barden ansehen, sind Beweise für Verfluchungsrituale schwerer zu finden. Satire in all ihren Formen war ein wohlbekanntes Element bardischer Kunst, und so manch ein edler Krieger fürchtete, Opfer beißender Worte und böser Witze zu werden. Taliesin selbst hatte behauptet, eine der Eigenschaften, die seine Natur ausmachen würden, sei die blühende Nessel. Symbolisierte die Brennnessel

vielleicht die Fähigkeit, Menschen zu satirisieren? Die Taliesins kritisieren oft die Untaten ihrer Gesellschaft. Es gab zahlreiche Themen, die ihren Zorn erregten. Typische Ziele waren reiche und korrupte Mönche, gebildete (aber uninspirierte) Priester, falsche Barden, denen es an Kunstfertigkeit, Feinfühligkeit und Demut mangelte, treulose Krieger, billige Unterhalter, eidbrüchige Könige, und so weiter. In BoT 13 bezeichnet sich ein Taliesin als *Agitator zum Lob Gottes des Herrschers*. In BoT 33 dankt ein Taliesin König Urien dafür, dass er seinen *heftigen Animositäten* gelauscht hat. Viele der Taliesin-Lieder machen die bardische Berufung als solche lächerlich. Was immer man über die Barden sagen kann, sie konnten laut und erbittert werden, wenn man sie verärgerte.

Was ist nun mit dem Verfluchen? Leider verfügen wir über kein solches bardisches Ritual, wie es die irischen Poeten netterweise lieferten. Allerdings gibt es da einen Teil im *Buch von Aneirin* (71), der ziemlich nah dran ist. Wie Du Dich vielleicht erinnerst, war Aneirin ein Sänger, vielleicht ein Geistlicher, der die großartige (d. h. sinnlose) Schlacht von Gododdin überlebte und ein Klagelied für seine gefallenen Freunde und Verwandten verfasste. Als er des Barden Owain gedachte, sang Aneirin:

> Kopfüber stürzte er in den Abgrund,
> sein edles Haupt wurde nicht vom Gesang erhalten:
> Gegen das Privileg wurde verstoßen, als er,
> den Zweig tragend, getötet wurde,
> es war Brauch, dass Owain über den Weg emporstieg,
> und vor dem Anbeginn (der Schlacht) den besten Zweig ausstreckte,
> und dass er sich dem Studium gemessener und gelehrter Verse hingab,
> ein hervorragender Mann war er, der Milde-

rer von Tumult und Schlacht,
sein Griff verschmähte das Schwert,
in seiner Hand hielt er einen leeren Brust-
harnisch.

In Steve Shorts Übersetzung wird die Bedeutung der Zeilen etwas magischer rüber-
gebracht:

Es war seine Gewohnheit den Hügel
vor der Schlacht zu besteigen,
wo er, Zweige biegend,
einen Schutz errichtete von wo
er mit Todesgesängen
Zerstörung über alle unsere Feinde brachte

Man könnte darüber streiten, ob die
Zweige gebogen wurden, um eine grobe
Hütte zu formen (einen geweihten Ort), ob
sie wie ein Zauberstab ausgestreckt wurden,
um einen Fluch zu schleudern, oder ob der
Barde selbst unter dem Zweig stand, so wie
die irischen Poeten, die unter Zweigen aus
Gold, Silber oder Kupfer reisten, aber auf jeden Fall erwarteten die Krieger von Gododdin, dass einer von ihnen das Schlachtfeld
verließ und zu ihren Gunsten ein bisschen
fluchte. Vielleicht erinnert Dich das sogar an
die mittelamerikanischen Fussballteams, die
ihre eigenen Voodoo-, Macumba- und San-
teria-Priester einschließlich Trommlern im
Stadion haben. Leider wissen wir nicht, auf
welche Weise Owain Flüche gegen seine
Feinde schleuderte. Und es ist auch ungewiss,
ob von allen Barden erwartet wurde, dass sie
die Schlacht damit verbringen sollten, aus
den Büschen heraus Flüche zu schleudern.
Meirion Pennar weist in seiner Übersetzung
der frühen Taliesin-Gedichte darauf hin, dass
die Zeilen *Ich weiß, dass ein Krieg erwogen
wird, und die Zahl, die ich sage, wird ausgelöscht werden* eigentlich gelesen werden
sollte: *Die Zahl, die ich zerstöre, wird ausge-*

löscht werden. Seiner Meinung nach ist das
Sympathie Magie. Dieser Vergleich kommt
durchaus hin, da die Worte eines inspirierten
Poeten einer Prophezeiung gleichkommen.
Als Prophezeiung, die der geheimen Quelle
des Awen entstammt, ist sie wahr und ebenso ist ihr Effekt auf das feindliche Heer wahr.
Dass Taliesin, oder zumindest einer von ihnen, erfahren in magischen Kampftechniken
war, ist mehr als wahrscheinlich. Trotzdem
schlossen sich einige von ihnen auch dem
Gemetzel an. Es gibt Hinweise auf Barden,
die Schwerter und Speere handhaben, daher
dürfen wir davon ausgehen, dass Zauberei
nicht ihr einziger Beitrag zur Schlacht war.
Wir verfügen über einige Zeilen, in denen
ein Taliesin die Angelsachsen verflucht:

Die Sachsen werden auf allen Seiten zu
Schande kommen,
ihre Zeit ist vorbei, es gibt kein Land…
Möge das Dickicht ihr Schutz sein, als Lohn
für ihre Untreue.
Möge das Meer, möge ein Anker, ihre Rat-
geber sein.
Möge Blut, möge der Tod ihr Begleiter sein.

(BvT 6)

Sie stammen aus einem langen Gedicht
genannt *Das Omen von Prydein (Britanni-
en) der Großen.* Ein Taliesin komponierte
es als Prophezeiung, um zu zeigen, wie sich
in Zukunft die Keltenstämme der britischen
Inseln vereinen und den einfallenden Angelsachsen eine vernichtende Niederlage bescheren würden. Wie sich herausstellte, war
die Prophezeiung fast erfolgreich. Eine Menge Krieger glaubte treu daran und versammelte sich pflichtschuldig zur Endschlacht.
Leider waren die Truppen nicht allzu gut organisiert. Einige kämpften, andere kamen zu
spät, und eine Anzahl von Teilnehmern entschied sich im letzten Moment dafür, doch

zu Hause zu bleiben. Die, die tatsächlich rechtzeitig auf dem Schlachtfeld waren, wurden abgeschlachtet. Die Prophezeiung führte zu einer blutigen Niederlage, und noch bevor die Briten eine zweite Chance bekamen, ihre Freiheit zurückzugewinnen, setzten die Normannen über und machten der Herrschaft der Angelsachsen ein Ende.

Da wir gerade von den Taliesins reden, wäre es vielleicht nützlich, sich einen netten, kleinen Fluch anzusehen, den ihr mythischer Ahnherr, der Taliesin des *Hanes Taliesin*, ausgestoßen hatte. Im zweiten Teil der Geschichte finden wir Taliesin am Hof von Maelgwn Gwynedd vor, wo er einen magischen Dichterwettstreit mit den Barden des Hofes austrägt, um seinen Patron Elffin aus Maelgwns Verlies zu befreien. Während dieses Wettstreits werden die Barden mit Sprachlosigkeit geschlagen, während Taliesin kluge Verse mit der Beredsamkeit der weißen Wellen rezitierte, wenn sie glitzernd und prachtvoll ans Ufer rauschen. Im Angesicht von Hochkönig Maelgwn ruft Taliesin aus:

…seid still, ihr unglücklich reimenden Barden,
denn ihr könnt nicht zwischen Wahrheit und Lüge unterscheiden.
Wenn ihr erstklasige Barden sein wollt, vom Himmel gesegnet,
sagt eurem König was sein Schicksal werden wird.
Ich bin es, ein Wahrsager und führender Barde,
der jeden Pfad im Lande eures Königs kennt;
ich werde Elphin aus dem Bauch des Steinturms befreien;
und eurem König sagen welches Schicksal ihn erwartet.
Ein höchst seltsames Wesen wird von den Meeresmarschen von Rhiannedd kommen,

als Strafe für die Schlechtigkeit von Maelgwn Gwynedd;
sein Haar, seine Zähne und seine Augen wie Gold;
dies wird Maelgwn Gwynedd Vernichtung bringen.

Diese Worte, seien sie nun Fluch oder Prophezeiung, stellten sich als bemerkenswert akkurat heraus. Ein paar Jahre später kam eine Seuche über Britannien. Vom heutigen Standpunkt aus ist schwer zu sagen, um was für eine Art von Seuche es sich genau handelte, aber das Resultat war ein massiver Verlust an Leben bei den Briten und den Angelsachsen. So viele starben, dass die Feindseligkeiten zwischen den beiden Kulturen für Jahre aufhörten. Maelgwn in seiner Verzweiflung suchte Zuflucht in der Kirche von Rhos. Bewacht von seinen grimmigsten Kriegern schloss er sich selbst in der Kapelle ein und suchte Sicherheit im Gebet. Seine Untertanen fanden ihn so vor, wie er in der Nähe des Altars lag, in tiefer Trance oder Ohnmacht. Sie versuchten, ihn zu wecken, aber der Versuch misslang. In der Kirche von Rhos schlief Maelgwn seinen langen Schlaf, um nie wieder zu erwachen.

Bevor wir das Thema Verfluchungen verlassen, möchte ich darauf hinweisen, dass derartige Riten keineswegs eine Erfindung der mittelalterlichen Kelten waren. Wir besitzen einige Hinweise darauf, dass Verfluchungen bereits zur Zeit der römischen Besatzung populär waren. Ronald Huttons wertvolles Buch *Pagan Religions* erwähnt zwei Bleitäfelchen. Eins wurde in Uley (Gloucestershire) gefunden. Es verfügte über eine Inschrift, die erklärte, dass die Verfasserin, eine Dame namens Saturnia, ein wertvolles Leintuch durch Diebstahl verloren hatte. Sie bat den Gott des Tempels von Uley, den Übeltäter zu bestrafen. Die Inschrift ist etwas verwirrend, da der angerufene Gott zunächst als Mars, dann als Silvanus und schließlich als Merkur (dem der Schrein tatsächlich gewidmet war) bezeichnet wird.

Ein Täfelchen aus einer Blei-Zinn-Legierung wurde in der heiligen Quelle von Bath gefunden. Die Inschrift lautet:

Basilia gibt dem Tempel des Mars ihren Silberring, wenn irgendwer, sei er Sklave oder freier Mann, der weiß, wo er sich befindet und es nicht sagt, verflucht sei im Blut und an den Augen und seine Gedärme sollen zerfressen werden...

Und zu guter Letzt wollen wir uns noch ein keltisches Täfelchen aus dem Jahr 100 ansehen, das im Grab von Praunheim, Frankfurt, entdeckt wurde, mit etwas korrodierter Inschrift:

Ich bitte Euch, Götter des Todes... ihr Götter der Unterwelt... Fronto, der Feind (am Hof) von Sextus, soll machtlos sein, soll nicht gegen Sextus sprechen, soll stumm sein, wenn er vortritt.

Die nahezu unleserliche Rückseite enthält die Worte *Er soll dumm sein und unfähig, irgendetwas zu sprechen...* Denk mal darüber nach. Zum einen ist Blei ein schweres und höchst dauerhaftes Material. Was immer man auf diesem Medium festhält, überdauert eine ganze Weile. Zum anderen wird es der Tiefe übergeben. Im zweiten Beispiel wurde die Botschaft der heiligen Quelle übergeben, wahrscheinlich deshalb, weil Quellen und Brunnen Tore zur Anderswelt sind. Das letzte Beispiel ist sehr viel unheilvoller. Man könnte darüber spekulieren, ob unser „bezaubernder" Herr Sextus es vielleicht in ein passendes Grab legte, um dafür zu sorgen, dass die Götter des Totenreichs seine Botschaft er-

hielten. Ich frage mich, womit er sie bestach und welchen Preis er letztendlich für seine Bitte bezahlte.

Leuchtende Segen

So wie die Kräfte des Bösen, des Unheils und der Vernichtung durch Künste wie Satiren und Flüche nutzbar gemacht werden konnten, so konnten die Kräfte der Freude, der Liebe und göttlicher Zustimmung durch die Kunst des Segnens nutzbar gemacht werden. Ein Segen ist eigentlich ziemlich genau das Gleiche wie ein Fluch, nur dass er andere Energien und göttliche Persönlichkeiten einsetzt, um ein glücklicheres Ergebnis zu erzielen. Stell ihn Dir als einen gut formulierten Wunsch vor, der zum wahr werden neigt. Zunächst einmal sollte ein richtiger Segen von irgendeiner heiligen Person oder einem Priester stammen. Das verleiht der Kirche ein Monopol auf Segen. Es wird Dich wahrscheinlich nicht überraschen, dass sich die britischen Barden heilig genug fühlten, um bei dem Spiel mitzumachen und den Zuhörern ihrer Poesie alle möglichen Segnungen zu versprechen. Ein Taliesin erklärte tatsächlich, dass alle, die seine Bardenbücher hören würden, das Himmelreich erlangen würden, die beste aller Wohnungen. Das ist eine mutige Behauptung, wenn man bedenkt, dass er noch nicht mal Ministrant in der Kirche war, und zweifellos verabscheuten Geistliche ihn dafür. Man findet einige Segen bei den religiösen Liedern im *Schwarzen Buch*, aber viele von ihnen scheinen aus den Federn der Mönche und Priester zu stammen, d. h. von Leuten, von denen mehr oder weniger erwartet wurde, dass sie segnen und Wunder wirken. Etwas, was einem Segen nahe kommt, ohne das Wort als solches zu verwenden, ist ein langes Gedicht von einem der Taliesins (BoT 4). Ich möchte hier einige Zeilen zitieren:

Aduwyneu Taliessin
Die angenehmen Dinge von Taliessin

Eine angenehme Tugend, äußerste Buße für einen extremen (Lebens!)Weg,
auch angenehm ist es, wenn Gott mich erlöst.
Angenehm, ein Gelage welches geistige Leistung nicht behindert,
auch angenehm, zusammen aus Hörnern zu trnken.
Angenehm ist Nud, der überlegene Herrscher, wie ein Wolf;
auch angenehm, ein Großzügiger zur Candlemas Feier (Frühlingsbeginn, 2. Februar).
Angenehm, Beeren zur Erntezeit,
auch angenehm, Weizen am Stengel.
Angenehm, die Sonne am wolkenlosen Himmel,
auch angenehm, die Vergeltung von Unrecht (!).
Angenehm, ein Ross mit dicker, verworrener Mähne,
auch angenehm, das Gewebe der Spinne.
Angenehm, Begierde und silberner Armreif;
auch angenehm für junge Frauen, ein Ring.
Angenehm, der Fischadler am Meeresufer, wenn die Flut kommt,
auch angenehm, spielende Seemöwen.
Angenehm, ein Pferd mit Gold emailliertem Zaumzeug,
auch angenehm, bei Verfehlung ehrlich zu bleiben (!).
Angenehm, der Trank der Met-Brauer für die Menge (!),
auch angenehm, ein Sänger, großzügig und liebenswert.
Angenehm ist der Mai für Kuckuck und Nachtigall,
auch angenehm, wenn das Wetter sanft ist…

(BvT 4)

So viel zu schönen Dingen. Das ganze Gedicht ist etwa dreimal so lang und könnte problemlos noch länger sein. Würdest Du es als Segen bezeichnen! Was immer es ist, es eignet sich gewiss zur Trance-Induktion. Wie wäre es mit einem Experiment! Wirf mal einen Blick auf den Ort, an dem Du Dich befindest. Was findest Du schön! Was gefällt Dir! Was schätzt Du! Benutze die simple Formel, die Taliesin verwendete, und sprich poetisch. Denk es Dir als Invokation, wenn Du einen magischen Rahmen brauchst, oder als eine Form der Selbsthypnose, wenn Du eine therapeutische Bezeichnung bevorzugst. Es erfordert ein bisschen Übung, aber schon bald wirst Du feststellen, dass Du improvisierst und schnell und frei sprechen kannst. Versuch das mal, wenn Du spazieren gehst. Was gefällt Dir! Benenne, was Dich freut, was Du magst, was Du Dir wünschst. Finde jede Menge schöne Dinge, benenne sie und finde noch mehr davon. Menschen finden im Allgemeinen, wonach sie suchen. Wenn Du schöne Dinge suchst, wirst Du viele entdecken. Kleine und große, wichtige und zufällige. Die Welt ist voll von verblüffenden Möglichkeiten. Die Sinne, Straßen der Wahrnehmung und Gedanken, können fein gestimmt werden. Wo immer Du auch bist, es existiert ein immenser Reichtum an faszinierenden Sinneserfahrungen, die nur darauf warten, entdeckt zu werden. Du kannst das jederzeit tun. Geh einfach mit Taliesin spazieren und finde heraus, wie viele Dinge es gibt, die Du genießen kannst.

Lorica

Wenn ein Segen auf die eigene Person gelegt wird, ist das eine Art schützende Magie, die technisch als *Lorica* (lateinisch: Brustpanzer) bezeichnet wird. Mehrere Beispiele dafür findet man in der frühesten irischen Literatur. Hier ein Beispiel, das reich ist an bezaubernden heidnischen Elementen.

Zauberspruch für langes Leben

Ich rufe die sieben Töchter des Meeres an,
welche die Lebensfäden der Langlebigen
wirken.
Der Tod, dreimal sei er von mir genommen,
Drei Lebenslängen seien mir geschenkt,
Und sieben Wogen des Glück seien mein.
Gespenster sollen mir nicht schaden kön-
nen,
Wenn ich im schimmernden Panzer des
Weges ziehe.
Mein Ruhm soll nimmer von der Erde ver-
schwinden,
Und erst im hohen Alter soll ich sterben.
Ich rufe den Silberkämpen (den Mond), den
unsterblichen an:
Eine Zeit von der Güte von weißer Bronze
werde mir zuteil.
Möge mir Nachkomenschaft geschenkt wer-
den,
Möge mein Recht mir erhalten bleiben,
Möge meine Kraft sich mehren.
Möge mein Grab nicht bereitet sein
Und der Tod mich nicht am Wege überfal-
len.
Meine Reise möge ich glücklich beenden,
Die kopflose Natter soll mich nicht ergrei-
fen,
noch der grimmige, graue Wurm,
oder der kopflose, schwarze Käfer.
Kein Dieb soll mir Böses anhaben können,
Noch auch Scharen von Frauen oder bewaff-
nete Haufen.
Der König des Alls möge mir lange Lebens-
dauer gewähren.
Ich rufe Senach an, der sieben Lebensalter
durchlebte,
Ihn, den die Feen an den Brüsten der Fülle
ernährten:
Mögen meine sieben Kerzen nie erlöschen!
Ich bin eine unbezwingbare Feste,
ich bin ein unverrückbarer Fels,
ich bin ein kostbarer Stein,

Ich bin ein Alter, reich an Wochen.
Hundert mal hundert Jahre möge ich leben,
Ein Jahrhundert nach dem anderen!
> (8. Jahrhundert. Übersetzung von Pokorny,
> 1944:113. Der spätere christliche Zusatz am
> Schluss wurde hier ausgelassen)

Solche Schutzzauber blieben auch dann
populär, als das Christentum kam, um über
die grüne Insel zu herrschen. In mehreren
altirischen Loricae wird der Segen von Gott,
den Engeln und den Heiligen angerufen. Gelegentlich gibt es auch seltsame Mischungen
aus christlichen und heidnischen Elementen.
Hier eine nützliche Passage aus einer Lorica,
die Sankt Patrick zugeschrieben wird. Wie
die Geschichte berichtet, reiste der heilige
Mann in Gesellschaft frisch bekehrter Gläubiger, als er in einen Hinterhalt von König
Logaire stolperte. Der heilige Patrick improvisierte sofort einen Schutzzauber, der seine
Gruppe in Hirsche verwandelte, was es ihnen erlaubte, unversehrt zu entkommen. Ein
Großteil dieses Gedichts basiert auf streng
christlicher Ideologie, abgesehen von den
folgenden Zeilen, die eine nette Zusammenfassung neun heidnischer Elemente bieten:

Strophe aus „Des Rotwilds Schrei"

Ich erhebe mich heute
Kraft der Himmel,
Des Lichts der Sonne,
Des Glanzes des Mondes,
Des Leuchtens des Feuers,
Des Eilens des Blitzes,
Des Sausens des Windes,
Der Tiefe des Meeres,
Der Festigkeit der Erde,
Der Härte der Felsen.

(Pokorny, 1944:117)

Segen dieser Art bestanden noch eine lange Zeit weiter in den Liedern und Gebeten des einfachen Volkes in den schottischen Highlands. Als Alexander Carmichael (1832 – 1912) auszog, um die Folkore der Highland-Gälen zu sammeln, entdeckte er einen enormen Reichtum an eigentümlichen Gebeten, Ritualen und Allzwecksprüchen. Er glättete sie ein bisschen, wie es von einem Gelehrten dieser Zeit erwartet wurde, und publizierte das Ganze unter dem Titel *Carmina Gadelica*. Falls Dich altgälische Überlieferungen und ungewöhnliche, halbheidnische Riten und Aberglaube interessieren, sind die *Carmina* genau das Richtige für Dich. Sie enthalten so eine Fülle an nützlichem Material, dass ich vorschlage, Du besorgst Dir ein Exemplar und genießt es. Von den zahlreichen Zaubern und Liedern habe ich einige wenige Beispiele ausgewählt, um vorzuführen, was wesentlich an Zaubersprüchen ist. Sieh Dir mal diesen Segen an:

Ich bade meine Hände
in einem Guss von Wein,
im strahlenden Feuer,
in den sieben Elementen,
im Saft von Himbeeren,
in der Milch des Honigs,
und ich gebe die neun reinen, besten Segnungen,
in dein schönes, angenehmes Gesicht,
der Segen der Form,
der Segen der Stimme,
der Segen des Glücks,
der Segen der Güte,
der Segen der Weisheit,
der Segen der Mildtätigkeit,
der Segen bester Mädchenhaftigkeit,
der Segen von Lieblichkeit mit ganzer Seele,
der Segen frommer Sprache.
Dunkel ist die Stadt dort,
dunkel sind die, die dort weilen,

du bist der braune Schwan,
der zwischen ihnen wandelt.
Ihre Herzen sind in deiner Macht,
ihre Zungen sind unter deiner Ferse,
nie werden sie jemals ein Wort sprechen,
was dich verärgert
…
Dein ist die Kunst der Feenfrau,
dein ist die Tugend der ruhigen Bride,
dein ist der Glauben der milden Maria,
dein ist das Feingefühl der Frauen Griechenlands,
dein ist die Schönheit von Emair, der Lieblichen,
dein ist die Sanftheit der begeisternden Darthula,
dein ist der Mut der starken Medb,
dein ist der Charme von Binne-Bheul.
Du bist die Freude aller freudigen Dinge,
du bist das Licht des Sonnenstrahls,
du bist die Tür des Herrn der Gastfreundschaft,
du bist der überragende Leitstern,
du bist der Schritt der Hirsche der Hügel,
du bist der Schritt vom Ross der Ebene,
du bist die Grazie des schwimmenden Schwans,
du bist der Liebreiz aller lieblichen Begierden…

Es gab mehrere Versionen dieses Segens in den Highlands. In Tiree wurden Jungen und Mädchen mit diesem Gedicht gesegnet, in Uist junge Männer und Frauen. Diese Version geht auf das frühe 19. Jahrhundert zurück. Sie stammt von einem Kleinpächter, der ihn von der weit bekannten Catherine Macauly gelernt hatte, die einen Großteil des Jahres damit verbrachte, die Heimstätten zu besuchen und dort Geschichten zu erzählen und Lieder zu singen. Damit folgte sie offensichtlich den Traditionen, die früher von Barden und Filid gepflegt worden waren. Ich

weiß nicht, wie gut die Dame ausgebildet war, aber der Segen, den sie verwendete, weist sie als Poetin von bemerkenswerter Bildung aus. Es kommen mehrere Methoden in diesem Gedicht zur Anwendung. Zunächst einmal reinigt die Sängerin symbolisch sich selbst. Dann ruft sie eine Anzahl von Kräften und Eigenschaften an und gibt sie weiter. Im Verlauf des Gedichts macht sie Gebrauch von Analogien („Dein ist...", „Du bist..."), sowohl im Zusammenhang mit Kräften als auch mit Ereignissen und Wesen. Die bösen, gegnerischen Kräfte werden benannt und identifiziert, dann kündigt die Sängerin an, dass sie beherrscht werden. Eine Anzahl halbgöttlicher Personen wird angerufen, die ermutigen und leuchtendes Beispiel sein und dem Ereignis ihren Segen geben sollen. Manche von ihnen sind Halbgötter aus der heidnischen Mythologie, wie beispielsweise die stürmische Königin Medb, andere dagegen spirituelle Entitäten aus der christlichen Religion, wie Maria, oder solche, die einen eigenartigen Zwischenstatus genießen wie die heilige Bride, die ihre Karriere als heidnische Göttin begann. Welche anderen Formen von Ermutigung kannst Du noch beobachten! Bevor Du gleich zum nächsten Abschnitt abschwirrst, möchte ich Dich bitten, Dir etwas mehr Erfahrung zu verschaffen. Du hast gesehen, wie sich der Segen zusammensetzt und welche stilistischen Elemente verwendet werden. Wie wäre es, wenn Du einen Segen schreibst, der besser zu Dir passt! Hör ich Dich stöhnen! Komm schon! Erfinde einfach einen guten Segen, lern ihn auswendig und segne Dich zwei Wochen lang zweimal am Tag. Danach wirst Du Segensmagie viel besser verstehen. Sobald es funktioniert, kannst Du damit auch andere segnen.

Grüße für Sonne und Mond

Die Menschen der Highlands verwendeten Segnungen nicht nur zu verschiedenen Gelegenheiten, sie verfügen auch über viele Lieder und Gebete, um wichtige Ereignisse zu feiern. Ihre Kultur war eng mit den Jahreszeiten und Gezeiten verbunden, dem Kalender und seinem natürlichen Rhythmus, dem lunaren Zyklus. Es gibt so viele Verse, die sich an den Mond richten, dass Carmichael von einem halb vergessenen Mondkult ausging! Der Mond beeinflusst die meisten landwirtschaftlichen Aktivitäten. In den Highlands wurde weder Holz geschlagen noch Pflanzen geschnitten, wenn der Mond am Abnehmen war. Es wurden auch keine Tiere geschlachtet, weil der abnehmende Mond das Fleisch verdarb. Die dem zugrunde liegende Idee ist im Wesentlichen, dass, wenn der Mond abnimmt, es die anderen Dinge im Reich der Natur auch tun. Bäume, die während des abnehmenden Monds gefällt werden, haben brüchiges Holz, und Pflanzen neigen zum Welken. Die Highlander glaubten, dass der abnehmende Mond die Pflanzen austrocknete und den Saft in die Wurzeln sacken ließ. Das war nützlich, wenn Torf gestochen werden sollte, und in manchen Bezirken galt die Zeit des abnehmenden Mondes auch als gute Zeit zum Pflügen. Es hat allerdings keinen Sinn, etwas zu pflanzen, wenn der Mond abnimmt, da die Energien der Zeit das Schwinden begünstigen, nicht die Vermehrung. Aber wenn der Mond sein Minimum ereicht hat, muss wieder die Vermehrung folgen. Angelegenheiten, die bei zunehmendem Mond begonnen wurden, standen im Allgemeinen unter günstigen Vorzeichen. Gepflanzt und gesät wurde, wenn der Mond zunahm, mit Ausnahme solcher Pflanzen wie Kohl und Zwiebeln (MacNeill, 1957, bemerkt, dass sie zu sehr schießen, wenn sie bei zunehmendem Mond gesät werden). Es wurde geheiratet, und man ging auf Reisen. Der Neumond wurde wie ein Freund oder Führer begrüßt. Die erste Sichtung des Neumonds erforderte üblicherweise einen Vers. Manche drehten eine Münze dreimal in ihrer Tasche um, um ihr Geld zu vermehren. Der Neumond war auch eine gute Zeit, um Haare, Getreide, Weizen, Torf, Schafswolle und so weiter schneiden zu lassen. Hier ein Teil eines populären Mondverses:

Heil dir, du neuer Mond,
leitendes, sanftes Juwel!
Vor dir beuge ich mein Knie,
ich biete dir meine Liebe…
Heil dir, du neuer Mond,
freudige, gesegnete Maid!
…du Königin-Tochter der Führung,
du Königin-Tochter von gutem Glück,
du Königin-Tochter, meine Geliebte,
du neuer Mond der Jahreszeiten!

Ähnliche Mondzauber-Traditionen finden sich in vielen europäischen Ländern. Beim Zaubern nahmen manche Hexen einen Gegenstand, der das Opfer verkörperte (zum Beispiel Haar, Fingernagelschnipsel, ein Stück Stoff, eine Unterschrift, etc.) und legten ihn in einem kleinen Ritual ins Licht des schwindenden Mondes. Als Ergebnis sollte das Opfer an Schwäche und generellem Verfall leiden. Wenn man das Licht des zunehmenden Mondes nutzte, konnte der gegenteilige Effekt erreicht werden; das konnte nützlich sein, um eine Person zu stärken, die sich von einer Krankheit erholte. Ein verbreiteter Glaube sagt auch, dass Du Dich leicht von etwas befreien kannst, wenn der Mond hilft. Zauber, um einen schlechten Ehemann oder ein paar Warzen zu verbannen funktionieren besser, wenn der Mond abnimmt. Die Sonne war ähnlich wichtig.

Wenn die alten Männer der Inseln die Sonne aufgehen sahen, pflegten sie ihr Haupt zu entblößen und eine kleine Hymne zu murmeln. Carmichael gibt zwei Beispiele, hier ist eins davon:

Heil dir, du Sonne der Jahreszeiten,
wie du hoch oben über den Himmel ziehst;
deine Schritte sind stark auf den Flügeln des Himmels,
du bist die herrliche Mutter der Sterne.
Du legst dich nieder im zerstörischen Meer,
ohne Schaden und ohne Furcht;
du erhebst dich auf dem friedlichen Wellenkamm
wie eine königliche Frau in voller Büte.

Solche Poesie ist nicht nur Ausdruck einer tief empfundenen Liebe zur Natur. Wenn Du herausfinden möchtest, wie sie magisch wirkt, gibt es nichts Besseres, als es selbst zu tun. Wenn Du jeden Tag die Sonne und den Mond grüßt, wirst Du feststellen, dass dieser einfachen Geste ein Zauber innewohnt, der Dein Leben glücklicher macht. Es gibt noch einige andere Verwendungen dafür, aber ich möchte Dir nicht den Spaß verderben, indem ich es Dir erzähle. Es genügt zu sagen, dass viele Religionen von einem regelmäßigen rituellen Zeitplan Gebrauch machen, um mehr Segen im Tag unterzubringen. Erfinde Deine eigenen Segen und benutze sie!

Heilzauber

Dass Suggestion ein machtvolles Mittel sein kann, um Veränderungen zu bewirken, war den keltischen Kulturen hinlänglich bekannt. Genau wie Verfluchungen und das Verwenden magischer Pflanzentalismane kann es bis in die frühesten Perioden aufgezeichneter Geschichte zurückverfolgt werden. Wir haben nicht viel Material darüber, aber immerhin genug, um sagen zu können, dass manche Leute zur Römerzeit fröhlich Zaubersprüche benutzten, um Krankheiten zu beeinflussen. Der gallische Heiler Marcellus Empiricus, auch Burdigalensis genannt (nach seiner Heimatstadt Bordeaux), veröffentlichte ein Kompendium solcher Zauber im 4. Jahrhundert, zur Zeit der Herrschaft Theodosius'. Ein gutes Beispiel für seine Rezepte ist seine Heilung von Nietnägeln. Der Patient soll eine Wand mit dem betroffenen Finger berühren. Während er ihn zurückzieht, soll er dreimal wiederholen: *Pu, pu, pu, ich will Dich niemals mehr sehen, durch die Wand sollst Du gehen!* Um Gicht zu heilen, musste der Patient sagen: *Fliehe, fliehe, Gicht, und alle Nervenschmerzen aus meinen Füßen und aus allen meinen Gliedern!* Ein paar Wiederholungen konnten die Heilung beschleunigen. Bei geschwollenen Mandeln machte der Zauber Gebrauch von Zahlen. Der schlaue Marcellus ließ den Patienten rückwärts zählen: Neun wehe Mandeln, acht wehe Mandeln, sieben wehe Mandeln, bis schließlich null wehe Mandeln übrigblieben und die Gesundheit zurückkehrte. Sehr ähnliche Zauber waren weit in Gebrauch bei anderen Kulturen der Antike, beispielsweise bei den Griechen und Römern. Hier ein Beispiel mit einem stark heidnischen Beigeschmack. Im 10. Jahrhundert kopierte ein anonymer Autor zwei Zaubersprüche auf ein christliches Manuskript, das in Merseburg aufbewahrt wurde.

Zweiter Merseburger Zauberspruch

Fol und Uodan (Wodan) fuhren zu Holze,
da ward Balders Fohlen sein Huf verrenkt.
Da besang ihn Sinthgunt und Sunna (Sonne), ihre Schwester,
da besangen ihn Frija und Uolla (Holle, Helja), ihre Schwester,

da besang ihn Uodan, wie er es gut konnte:
Sei Renkung des Knochens, sei Renkung des Blutes,
sei Renkung des Gliedes,
Bein zu Bein, Blut zu Blut, Glied zu Glied,
als wären sie zusammen geleimt.

Es wäre hier verführerisch, den Zauber im Detail zu analysieren, insbesondere, weil er mehrere Elemente des heidnischen germanischen Glaubens enthält, die man in der skandinavischen Überlieferung nicht findet. Mehrere der Gottheiten sind heute unbekannt, aber ein guter Zauber erfordert nicht notwendigerweise bewusstes Verstehen. Der Schreiber im 10. Jahrhundert hat vielleicht nicht alle Details gekannt, aber er war sicherlich der Meinung, der Zauber könnte wertvoll sein. Sieh Dir einmal das Muster an. Am Anfang haben wir ein Beispiel: Eine Geschichte wird erzählt. Die Geschichte ist die eines Unfalls mit Parallelen zum Unfall des zu behandelnden Patienten. Als nächstes wird die Bedeutsamkeit der Geschichte betont, indem eine Anzahl wichtiger Götter eingeführt wird. Das verrät dem Patienten, dass er sich nicht allzu große Sorgen zu machen braucht, da auch den Göttern so etwas zustösst. Es gibt einen göttlichen Präzedenzfall. Die Einführung der Götter sorgt dafür, dass der Zauber auch im religiösen Sinn mächtig ist. Wenn Du Vertrauen zu Wodan hast, kannst Du sicher sein, dass der Zauber wirken wird. Schwierigkeiten werden erwähnt: Mehrere Götter versuchen sich an der Sache, bevor Wodan es schließlich hinkriegt. Diese Strategie ist höchst elegant. Die meisten Leute, die an einer Krankheit leiden, neigen dazu, zu glauben, ihr Leiden sei sehr viel schlimmer als alles, was anderen Leuten je passiert ist. Konsequenterweise führt der Zauber mehrere Heilversuche an, bevor der gewünschte Effekt eintritt.

In ähnlicher Weise suggerierte der Hypnotherapeut Milton Erickson seinen Patienten gelegentlich, dass es ihnen besser gehen würde, sie dann ein bisschen Schwierigkeiten haben würden und zuletzt geheilt werden würden. Wenn er Personen behandelte, die Gewicht verlieren wollten, sagte er ihnen nicht, dass sie ihr Wunschgewicht auf einmal erreichen würden, sondern dass der Patient eine Reihe von Rückschlägen erleben würde. Das kann sehr nützlich sein, wenn Du es mit jemand zu tun hast, der unsicher und verkrampft ist. Jemand, der ein verletztes Bein oder eine offene Wunde hat, ist vielleicht ein bisschen skeptisch in Bezug auf Heilzauber – wenn Du also einige kleinere Schwierigkeiten voraussiehst, ehe alles gut ausgeht, führst Du das vor, was der Patient ohnehin erwartet.

Und schließlich ist das Ende des Zaubers ein direktes Zitat dessen, was Wodan gesagt hat und was der Heiler oder Zauberer im Namen des Gottes (und mit dessen Autorität) sagt. Hier werden die Worte zu einer simplen und direkten Suggestion, die dem Tiefenselbst sagt, was es tun soll. Das steht in starkem Kontrast zu den komplizierten Namen, die im ersten Teil angegeben werden. Alles in allem ist der Zauber ziemlich raffiniert und wirkt sehr viel überzeugender als die plumpen Zeilen, die wir von Marcellus haben.

Nun ist der Merseburger Heilzauber durchaus kein Einzelfall. Praktisch derselbe Heilzauber erscheint schon im 7. Jhr. v.d.Zw.u.Z. in der indischen *Atharva Veda*. Ein sehr ähnliches Muster kann man in vielen europäischen Zaubersprüchen vom Mittelalter bis ins letzte Jahrhundert hinein beobachten; wahrscheinlich sind solche Zaubersprüche an abgelegenen Orten immer noch in Gebrauch. Alexander Carmichael sammelte einige sehr ähnliche Stücke in den schottischen Highlands. Die meisten von ihnen sind perfekte Gegenstücke zum Merseburger Zauberspruch, nur ist es Christus, der die Beine der Pferde verletzt vorfindet, und so tut er Folgendes:

Er fügte Mark an Mark,
er fügte Essenz zu Essenz,
er fügte Knochen an Knochen,
er fügte Talg and Talg,
er fügte Fleisch an Fleisch,
er fügte Fett an Fett,
er fügte Haut an Haut,
er fügte Haar an Haar,
er fügte Wärme zu Wärme,
er fügte Kälte zu Kälte…

Du hast vielleicht bemerkt, dass in diesem Fall die Annäherung zielgerichteter ist und dass die Heilung detaillierter visualisiert werden kann. Wieder ist die Sprache einfach und die Wendungen wiederholen sich. Wie viele Wiederholungen ein Patient (oder Pferd) benötigt, kann individuell verschieden sein. In anderen Versionen kümmerte sich die gerade so eben christianisierte gälische Göttin Bride um die Heilung.

Bride ging aus
am frühen Morgen,
mit einem Paar Pferde;
eines brach sein Bein,
mit viel Aufheben,
war es entzweit,
sie fügte Knochen an Knochen,
sie fügte Fleisch an Fleisch,
sie fügte Sehne an Sehne,
sie fügte Ader an Ader,
so wie sie es heilte,
wird dieses hier heilen.

Wenn Christus als mächtiger Gottessohn mit der Durchführung des Zaubers betraut werden konnte, dann konnte Bride als Patronin der Heiler, Schmiede und Dichter es erst recht.

Die Rune (Zauberspruch) die die heilige Maid Bride schuf,
für den lahmen Seemann,
für das Knie, für Krümmung und Verkrüppelung,
für die neun schmerzhaften Krankheiten, für die drei giftigen Krankheiten,
verweigere sie nicht dem Tier, verweigere sie nicht der Dame…

In manchen Fällen wurde die Effizienz des Unterfangens durch fromme Taten verstärkt, indem man zum Beispiel eine Anzahl von Rosenkränzen betete. Das war nicht erforderlich, wenn man ein Pferd bezauberte. Bei Menschen konnte es gut funktionieren, weil die meisten fest daran glauben, dass einfache Dinge nicht funktionieren können, wenn sie nicht von Mysterien und Komplikationen begleitet werden. Das Aufzählen schrittweiser Verbesserungen wie im obigen Text kommt in zahllosen Versionen vor. Ein Spruch aus dem Wien des 9. Jahrhunderts setzt den Prozess gegen Ischias ein:

Geh hinaus, Wurm,
mit neun Würmchen,
aus dem Mark in den Knochen, vom Knochen ins Fleisch,
vom Fleisch in die Haut, aus der Haut in den Pfeil.
Herr, mach', dass es so ist.

Wenn die Krankheit in der Gestalt von Würmern dann auf den Pfeil gekrochen war, schoss man ihn rituell so weit weg wie möglich. Ähnliche Krankheitsaustreibungsriten sind in der schamanischen Praxis Zentralasiens verbreitet. Die Glaubwürdigkeit der Heiler ist von zentraler Bedeutung. Eine Familie walisischer Heiler erlangte ihre Fähigkeiten, nachdem sie Adlerfleisch gegessen hatte. Dadurch wurden neun Generationen von Heilern befähigt, die Gürtelrose zu heilen. Im Verlauf der Heilung hauchte der Heiler auf den entzündeten Teil und beschwor dann ein Pärchen Adler, die Krankheit über neun Meere, neun Berge und neun Acker unfruchtbares Land zu tragen (s. Owen). Die Ärzte erwarben ihre heilerischen Fähigkeiten dadurch, dass sie eine Fee unter ihren Ahnen hatten. Ein bisschen mehr als menschlich zu sein war eine Eigenschaft, die so manchem Heiler eine Aura der Autorität verlieh.

Gesten

Ein anderes nützliches Element in der Zauberei sind Gesten. Wenn Du eine Suggestion in Worten ausdrückst, ist das für den Anfang ganz nett, aber wenn Dein Körper kongruent seinen eigenen Beitrag leistet oder wenn der Zauber ein visuelles Element enthält, erlaubst Du mehr von Deinen Sinnen, daran teilzunehmen. Eine populäre Aktivität bei den gälischen Kelten war zum Beispiel das Umkreisen. Viele religiöse und magische Rituale beginnen damit, dreimal *deosil* (im Uhrzeigersinn) um den Fokus des Rituals herumzulaufen. Der Fokus kann ein Altar, ein Feuer, eine heilige Quelle, ein Stein, ein Baum, ein Gebäude oder eine Kirche sein. Im Uhrzeigersinn gezogene Kreise haben eine lange Tradition, besonders in Irland, wo in älteren Zeiten noch der Brauch herrschte, dass ein sich nähernder Streitwagen gute Absichten signalisierte, indem er seine rechte Seite zeigte. Herausforderungen, Beleidigungen und Flüche wurden überbracht, indem man sich mit der linken Seite näherte. Der gleiche Brauch kommt in volkstümlicher Magie vor. Zauber für Heilung und Segen erforderten Kreise im Uhrzeigersinn, Zauber für Tod und

Zerstörung Kreise im Gegenuhrzeigersinn. Um für eine problemlose Geburt zu sorgen, gingen werdende Mütter dreimal im Uhrzeigersinn um die Kirche herum. Hochzeitsgesellschaften tanzten dreimal im Uhrzeigersinn um das Haus, bevor sie es betraten und Kinder wurden vor dem Zugriff der Feen geschützt, indem man sie gleich nach der Geburt dreimal mit einer brennenden Fackel umkreiste. Drei Wiederholungen binden so manchen Zauber, und wenn Du dann noch im Kreis läufst oder Dich auf der Stelle drehst, kann Dein Ritus nur gewinnen.

Eine walisische Tradition besagt, dass Zauberer ihre Sprüche in einer bestimmten Haltung aufsagen müssen. Sie müssen dabei auf einem Bein stehen, eine Hand auf den Rücken legen und ein Auge schließen. Und dann, während man den Zauber singt oder murmelt, muss man dreimal im Kreis herum hüpfen. Das ist ein starkes Signal für das Tiefenselbst, die Worte des Zaubers als eine Botschaft von einiger Wichtigkeit aufzufassen. Und andererseits stellt es auch interessante Dinge mit der hemisphärischen Hirn-Körper-Koordination an, abhängig davon, welches Bein, welche Hand, welches Auge und welche Richtung gewählt werden. Und sich drehen oder im Kreis gehen ist so eine schöne Art, sich vom Alltagsbewusstsein zu lösen! Viele Magier ziehen Kreise um ihren rituellen Raum. Es kann Spaß machen, einmal im Kreis zu gehen, aber viel besser ist es, wenn Du eine Weile lang im Kreis herumgehst, eine Glocke läutest und betest oder singst. Wenn Du das eine Weile durchhältst, wird Dir schwindelig (engl. giddy – ein Wort, das ursprünglich bedeutete, von einem Gott besessen zu sein). Das verwirrt das Ego und öffnet den Geist für neue Erfahrungen. Im Kreis zu gehen eignet sich auch gut für lange Rituale, da ein bisschen Verwirrung und Schwindeligkeit Wunder

dabei wirken können, die Erregung aufrecht zu erhalten.

Wenn Du einen Zauber machst, indem Du immer schneller und schneller im Kreis gehst, kann das einen Höhepunkt produzieren. Du könntest den Ritus des Umkreisens auch mit einem bestimmten Objekt verbinden. Werfen wir mal einen Blick auf volkstümliche Geschichten. In Südhessen war einer der berühmtesten Zauberer ein Mann namens Struwel. Eines Nachts zwangen ihn drei betrunkene Burschen, die drei Ritter in der Krypta des Auerbacher Schlosses auferstehen zu lassen. Struwel stimmte zögernd zu, zog mit einem Stück Kohle einen Kreis auf dem Boden, bog eine Weidenrute und begann, Zeichen in die Luft zu malen, während er schneller und immer schneller im Uhrzeigersinn herumging. Das ging eine Weile so weiter, bis die Tür aufflog wurde und drei Skelette in rostiger Rüstung hereinmarschierten. Die Burschen fielen in Ohnmacht, aber Struwel drehte sich auf dem Absatz herum und rannte so schnell im Gegenuhrzeigersinn, wie er konnte. Die Erscheinungen drehten sich gleichfalls um und marschierten stumm zurück zu ihren Gräbern. Schließlich rief Struwel aus: „Nun ziehen sie sich wieder zurück" und fiel wie tot nieder. Ach ja, und im Kreis laufen oder tanzen ist auch nützlich, um ein Ritual oder eine Meditation zu beenden.

Sehen wir uns mal einen andern kleinen Heilzauber an, den Zauber des roten Wassers. In Schottland sammelten die weisen Frauen in ihren beiden Händen den Urin einer kranken Kuh. Dann schleuderten sie den Urin ins Wasser, da allein das Wasser den Krankheitsdämon forttragen konnte. Sie wuschen sich dann die Hände und legten sie trichterförmig an den Mund. Mit dem Gesicht zur Sonne schrieen sie den Zauberspruch hindurch, so laut sie konnten. Der Zauber enthält die Zeilen:

Große Welle, rote Welle,
Macht des Meeres, Macht des Meeres,
die neun Wellen von mac Lir,
vergießen Hilfe über dich,
binden den Blutfluss,
lassen Urin fluten.

Wahrscheinlich ist dieses Ritual alt, da ein gälischer Gott angerufen wird, der Gott der großen Ozeane, Manannan MacLir. Vielleicht wird er angerufen, weil Urin und Meerwasser eine Affinität zueinander haben; sie enthalten beide Salz.

Nachtängste, der böse Blick und Vernichtungszauber

Die Landbewohner der kelto-germanischen Kulturen waren im Allgemeinen nicht sehr glücklich über die Dunkelheit und all die Gefahren, die darin lauerten. So mancher kühne Highlander fürchtete sich, vor dem Hahnenschrei hinaus in die Nacht zu gehen. Die Nacht war voll von gefährlichen Erscheinungen, Geistern, Gespenstern und Wesen aus anderen Welten. Die Elfen, respektvoll als „gute Nachbarn" bezeichnet, waren die Hauptquelle des Schreckens. Kinder zu vertauschen, Gift- und Krankheitspfeile verschießen oder einfach Pech bringen zählten zu ihren Lieblingsbeschäftigungen. Es sagt eine Menge, dass so viele besänftigende Bezeichnungen für sie erfunden wurden: Die Strahlenden, das schöne Volk, die Lieblichen… erfinde einen phantasievollen Titel und verwende ihn respektvoll, stell ein Schüsselchen Milch hinaus, schütze Deine Türschwelle mit einem Stück kalten Eisens… hinter solchen Bräuchen steckt echte Furcht. Immer, wenn man eine Krankheit nicht zuordnen konnte, wurden mit Sicherheit die guten Nachbarn beschuldigt.

Der Zauber den Fionn, Sohn von Cumhall schuf,
für seine geliebte Schwester,
gegen die Gürtelrose, gegen Schmerzen, gegen Rötung,
gegen böse Wesen des Berges,
gegen verzauberte Elfenfeenpfeile,
gegen durchbohrende Pfeile des Elfenheeres,
gegen quälende Pfeile auf der Reise…

(Zauberspruch gegen die Gürtelrose,
von Carmichael aufgezeichnet)

Selbst Irlands größter Held, der unbesiegbare Cuchulainn, wurde von einer paar Feenfrauen, die aus der Anderswelt kamen, mit einem Zauber belegt; sie schlugen ihn mit Zauberpeitschen und entführten seinen Geist.

Und dann gab es da noch die Schatten der fernen Ahnen, die Seelen der Selbstmörder, boshafte Naturgeister und natürlich Hexen und Zauberer, die mit dem Dunkel im Bunde standen. Immer, wenn Du dem Unbekannten begegnest, begegnest Du Deinen eigenen Ängsten in verstärkter Form. Zweifellos war das bei den alten Kelten genauso wie bei den meisten anderen Kulturen, und sie schrieben Krankheiten, Seuchen und Pechsträhnen dem Wirken bösartiger Wesen zu. Nun, wenn Du schon eine Horde von Monstern erfindest (oder entdeckst), die sich nächtens herumtreiben, dann ist es vielleicht eine gute Idee, auch gleich ein bisschen Magie zu erfinden, um sie auf Distanz zu halten. Eine Methode, um das zu bewirken, ist, böse Taten durch einen Zauber zu bannen:

Wehmutter, Beermutter,
du willst Blut lecken,
das Herz abstoßen,
die Glieder recken,
die Haut strecken!

Darfst es nicht tun,
du musst ruhn.
Im Namen Gottes.

(Fehrle 1926:6)

Dieser freundliche Vers stammt aus Siebenbürgen. Eine andere Methode war, die Ankunft des Unholds zu verzögern. Hier ein Beispiel aus dem Rheinland:

Nachtmahr, du böses Tier,
komme mir in der Nacht nicht hier.
Alle Wasser sollst du durchwaten,
alle Bäumchen sollst du abblättern,
alle Blümchen sollst du abpflücken.
Alle Grübchen sollst du auslecken,
alle Sträucher sollst du durchkriechen,
alle Pfützchen sollst du aussaufen,
alle Hälmchen sollst du zählen.
Komm mich in der Nacht nicht quälen.

(Fehrle 1926:7)

Wir dürfen davon ausgehen, dass die Nachtmahr ziemlich beschäftigt mit der Erfüllung dieser Aufgaben war und dass der Morgen anbrach, bevor sie vorbeikommen und den Schläfer drücken konnte. Böse Geister, Dämonen und Teufel konnten gezwungen werden, sich an bestimmte Orte zu begeben. Dämonen in Schweine zu verbannen war ein populärer Brauch im alten Griechenland und Rom. Auch fließendes Wasser konnte diese Aufgabe übernehmen, besonders bei all jenen, die die Heiligkeit des Wassers kannten. Krankheiten wurden in passende Bäume gebunden. So mancher Teufel wurde *über Stock und Stein in den wilden Wald* geschickt. Oder in die Wüste, ins Ödland oder in den Sumpf, das hängt davon ab, was gerade vorhanden war und wo die Leute nicht hingehen. Eine lange Liste passender Orte findest Du in den Vipunen-Passagen in der *Kalevala*.

Wenn Du mit Gefahren rechnest, kannst Du auch Geister oder Götter bitten, Dich zu beschützen, während Du schläfst. Göttlichen Schutz anzurufen ist ein verbreiteter Brauch. Ein Reim aus dem Rheinland ruft eine schützende Schar von vierzehn Engeln an. Ein kürzerer Zauber aus Österreich ruft sieben von ihnen herbei. Carmichael zeichnete sehr ähnliches Material in Schottland und auf den Inseln auf. In allen Beispielen umgibt der Schläfer sein Bett mit einer Anzahl mächtiger, geisterhafter Wesen, seien es nun Engel, Heilige, Gestalten aus der Bibel oder was auch immer. Das könnte gut ein Brauch sein, der auf vorchristliche Zeiten zurückgeht. Etwas anderes, was man tun konnte, war, den bösen Einfluss zurückzuschicken. Das war besonders beliebt, wenn man glaubte, dass ein menschliches Wesen die Quelle des Ärgers sei.

Flüche waren und sind ein populäres Thema in keltischen Ländern. Hier ein walisischer Fluch, der von den Hexen und Zauberern Llanddonas in Anglesey verwendet wurde:

Ziehe du durch viele Zeiten,
und bei jedem Schritt eine Hürde,
und bei jeder Hürde ein Sturz,
und bei jedem Sturz ein gebrochener Knochen,
nicht der größte und nicht der kleinste,
sondern stets der größte Knochen vom Genick.

Der einzige Schutz gegen den Missbrauch solcher Flüche ist das sichere Wissen, dass, sollte der Fluch zu Unrecht gesprochen werden, er unvermeidlich auf den Zauberer zurückfallen wird. Wer versucht ist, einen derartigen Fluch gegen seine echten oder vermeintlichen Feinde einzusetzen, sollten mal über Folgendes nachdenken: Leute, die

Jenseits des Horizonts

Das Design in der Mitte beruht auf einer Silbermünze der Tektosagen

eine Verfluchung verdienen, sind für gewöhnlich schon so mit sich selbst gestraft, dass ein Fluch die Sache nur noch schlimmer machen wird. Wie wäre es stattdessen mal mit einer Heilung!

Den bösen Blick auf jemand werfen ist ein anderer alter Brauch. Der Einfluss des bösen Blicks zeigt sich, wenn eine Person oder ein Tier oft krank ist, gähnt, sich erbricht, sich schwach fühlt und das Leben für sinnlos hält. Tja, das gilt wahrscheinlich für einen Großteil der Bevölkerung, und das aus gutem Grund. Das Dumme am bösen Blick ist, dass er so ansteckend ist. Die meisten Leute, die darunter leiden, tun ihr Bestes, um ihn weiterzuverbreiten, damit auch alle um sie herum leiden. Den Zauber an seinen Absender zurück zu schicken ist eine der gebräuchlichsten Zauberpraktiken in Europa. Ich möchte mich mit diesem Thema nicht im Detail beschäftigen, da es ein ziemlich weites Feld ist, aber auch ein langweiliges mit vielen wiederkehrenden Elementen.

Die meisten Zauber gegen den bösen Blick sind alles andere als originell. Sie funktionieren, ansonsten hätte man sie schon lange gegen effizientere Praktiken ausgetauscht, aber es ist eine Menge an ihnen, was jeder kreative Magier verbessern könnte. Statt dieser langweiligen Sprüche möchte ich aus Carmichael eins der schönsten und poetischsten Beispiele für einen Zauber gegen den bösen Blick zitieren. Man kann ihn als Beispiel für einen mächtigen und dramatischen Zauber nehmen. Du könntest Dir auch einen Gefallen tun und Dich fragen, ob er vielleicht eine dieser Listen der keltischen „Elemente" enthält. Studiere ihn sorgfältig. Kannst Du etwas entdecken, was andere übersehen haben!

Ich trete auf den bösen Blick,
wie die Ente auf den See tritt,
wie der Schwan auf dem Wasser tritt,
wie das Pferd auf der Ebene tritt,
wie die Kuh auf den iuc (!) tritt,
wie das Heer der Elemente tritt,
wie das Heer der Elemente tritt.
Macht des Windes habe ich darüber,
Macht des Zorns habe ich darüber,
Macht des Feuers habe ich darüber,
Macht des Donners habe ich darüber,
Macht des Blitzes habe ich darüber,
Macht der Stürme habe ich darüber,
Macht des Mondes habe ich darüber,
Macht der Sonne habe ich darüber,
Macht der Sterne habe ich darüber,
Macht des Firmaments habe ich darüber,
Macht der Himmel habe ich darüber,
und von den Welten habe ich darüber.
Ein Teil davon auf die grauen Steine,
ein Teil davon auf die steilen Hügel,
ein Teil davon auf die rasenden Wasserfälle,
ein Teil davon auf die schönen Wiesen,
ein Teil davon auf die große salzige See,
sie ist das beste Mittel es (fort) zu tragen,
die große salzige See,
das beste Mittel es zu tragen.

Die Verse wurden während eines komplizierten Rituals aufgesagt. Zunächst einmal schöpft der Zauberer Wasser aus einem klaren Fluss mit einem hölzernen Schöpflöffel, während er die Dreieinigkeit anruft. Der Löffel muss aus Holz bestehen, und der Fluss muss einer sein, den Lebende und Tote überqueren. Man bringt das Wasser ins Haus und legt einen goldenen Frauenring sowie ein Stück Gold, Silber und Kupfer in den Löffel. Das Wasser wird bekreuzigt und währenddessen wird langsam der Vers aufgesagt. Das ist ein ungewöhnliches Element, denn normalerweise werden Zauber, die einen bösen Einfluss brechen sollen, schnell und dramatisch aufgesagt. Dann bekommt der Patient das Wasser zu trinken. Der Rest wird drinnen oder draußen über einen großen Stein gegossen, es soll den Stein sprengen, wenn der Fluch schlimm gewesen ist. In manchen Versionen des Ritus wurde der Charakter oder das Geschlecht der Person mit dem bösen Blick bestimmt, indem man den Löffel untersuchte und schaute, welches Stück Metall (falls überhaupt irgendeins) hängen blieb. Nicht dass das nötig gewesen wäre; ich wette, die meisten Patienten hatten ohnehin ihren eigenen Verdacht, wenn es darum ging, irgendeinem die Schuld in die Schuhe zu schieben.

Magische Schlachten

Die Abwehr des bösen Blicks ist ein bisschen volkstümelnde Zauberei, ein Echo viel stärkerer Zauberkraft, die von Adepten der magischen Künste verwendet wurde, um einander anzugreifen. Es gibt reichlich Legenden darüber, wie die christlichen Heiligen sich mit Ketzern, heidnischen Zauberern und einem Sortiment diversester Ungläubiger prügelten. Es handelt sich um ein Echo früherer traditioneller Kämpfe zwischen Wundertätern. Cäsar verrät uns, dass die Druiden gelegentlich körperlich miteinander kämpften, wenn es darum ging, zu entscheiden, wer höchster Druide wird. In den irischen Mythen begegnen wir Druiden aus verschiedenen Provinzen, die nichts Besseres zu tun haben, als die Leute auf den anderen Seiten der Grenze zu überfallen, nur um der politischen Macht willen. Es handelt sich zwar sicherlich um eine beklagenswerte Verschwendung von Talent zu schäbigen Zielen, aber es gibt uns doch ein Beispiel dafür, was die Filid glaubten, wozu druidische Zauberkraft eigentlich gut sei. Ich betone hier, die Filid, weil sie, die mittelalterlichen Poeten, es waren, die die Berichte über magische Schlachten niederschrieben. Manche Interpreten sehen in ihnen Beispiele für druidische Traditionen. Das mag nun so sein oder auch nicht, wir können nicht sicher sein, da wir nur die Worte des Poeten zu dem Thema haben und die Druiden schon Jahrhunderte zuvor ausgestorben waren. Ein besonders deutliches Beispiel findet sich *Forbhais Droma Damhghaire*, dem Bericht über die Belagerung von Knocklong. Hier finden wir Hochkönig Cormac Mac-Airt, wie er mit seinen Truppen und Druiden aufbricht, um die Provinz Munster zu überfallen und König Fiacha zu zwingen, mehr Steuern zu zahlen, als eigentlich gerechterweise verlangt werden kann. Die Druiden nehmen eine sehr aktive Rolle in diesem Unternehmen ein, da ihr Zauber fast das fruchtbare Land von Munster zerstört. Um der überlegenen Macht von Cormacs Druiden zu begegnen, suchten die Munstermänner den alten, blinden Druiden Mog Ruith auf, den sie mit einem guten Lohn aus dem Ruhestand lockten.

In einer Episode des Epos konfrontiert Mog seine Feinde an einer Furt. Obwohl der alte Druide nicht in einem Zustand ist, in dem er kämpfen könnte, hat er alle Ausrüstung dabei, die auch ein Krieger tragen würde, wie beispielsweise einen Schild, ein Schwert und einige vergiftete Speere. Bei ihm ist sein Schüler Ceann Mor. Letzterer ist ein bisschen schüchtern, weil er noch nie einen Einzelkampf ausgefochten hat und sich fürchtet, dem mächtigen Helden Colpa gegenüberzutreten, der gut bekannt als Schlächter und Zauberer ist. Als sie die Furt erreichen, spricht Mog Ruith zu seinem Schüler: „Bring mir meinen Giftstein, meinen Handstein, meinen Hundertkämpfer, meinen Vernichter der Feinde." Ceann tut wie befohlen, und Mog legt einen Giftzauber darauf:

Münzen 14

Oben links & rechts (vorn & hinten): Boier, Böhmen, Gold, 16mm. Der Frauenkopf hat Ähnlichkeit mit einer griechischen Athene-Münze, der Rabe ist ein keltisches Original. Ein Prototyp der Morrigain!

Mitte links: unbekannt, Donau, Silber, 23mm. Pferdegöttin, Epona!

Mitte rechts: unbekannt, Rheinland, Gold, 15mm. **Unten links:** Aulerker Eburoviker, Gold, beachte Tätowierungen oder Narben, sehr typisch für diesen Stamm.

Unten rechts: Belger, Küstenregion, Gold, 18mm, wilder Reiter. Beachte Lyra-Symbol.

Ich beschwöre meinen Handstein -
er soll nicht sein wie ein fliegender Schatten,
er sei eine Fackel die die Feinde vertreibt
in mutiger Schlacht.
Mein feurig harter Stein -
eine rote Wasserschlange soll er sein -
weh dem, um den sie sich windet,
zwischen den steigenden Wellen.
Sei er ein Meeresaal -
sei er ein Geier unter Geiern,
der Körper und Seele trennt.
Sei er eine Kreuzotter mit neun Windungen,
um den Körper des riesigen Colpa herum,
vom Boden bis zum Kopf,
das glatte, speerköpfige Reptil.
Das speer-besetzte, königlich starke Rad,
soll eine aufreibende, starke, dornige Hage-
buttenhecke sein,
weh dem, den er umschlingt,
mein feuriger, starker, mächtiger Drache.
Krieger und Adlige werden verkünden,
welches Weh jeder erleidet, den er erreicht,
der Hochmut von Colpa und Lorga,
wird von ihm gegen Felsen geschlagen.
Die Schlingen die er knüpft
sind wie Geißblatt um den Baum.
Ihre Verwüstung wird beendet,
ihre Taten versagen,
ihre Körper werden Wölfe nähren,
an der großen Furt der Schlachten.
Kinder werden ihre Trophäen
und Köpfe davontragen können.

Als Colpa sich ihnen nähert, stellt er
fest, dass der Weg voll von Hindernissen ist.
Mog Ruith haucht seinen magischen Atem
nordwärts gegen ihn, der Sand und Steine
in sengende Feuerbälle verwandelt und das
Riedgras in wütende Hunde verwandelt.
Als er die Furt erreicht, sieht er, dass Mog
Ruith sein Äußeres in das eines Riesen verwandelt hat. Das verblüfft Colpa, da er erwartet hatte, einen blinden, alten Mann zu
sehen, keinen turmhoch aufragenden Krieger. Ceann Mor gibt schnell einem Felsen
seine Gestalt, nachdem er den verzauberten
Handstein in die Furt geworfen hat. Sich
selbst verbirgt er in Gestalt eines Felsens.
Colpa, der sich durch den Zauber täuschen
lässt, führt drei vernichtende Schläge gegen
das, was er für Ceann hält, nur um festzustellen, dass sich das Wasser der Furt in einer
brüllenden Sturzflut fürchterlicher Zerstörung
und rasender Wut auftürmt. Aus dem schäumenden Wasser erhebt sich ein riesiger Aal,
schlingt sich um Colpa und zerschmettert
seine Waffen und Rüstung. Er windet sich
in neun Würgeknoten um den Krieger und
zieht ihn hinab unter die Wasseroberfläche.
Als Colpas Kopf wieder auftaucht, um Luft
zu holen, ergreift Ceann Mor die Waffen
seines Mentors, durchbohrt seinen Gegner
mit einem giftigen Speer und hackt ihm mit
einem mächtigen Schwerthieb den Kopf ab.

10. Geschichten der Verwandlung

Ein Netz von Romanzen

Es waren einmal zwei Brüder, die sammelten Märchen. Wir könnten eine magische Geschichte auf diese Art beginnen, und tatsächlich wurde auch eine magische Geschichte daraus. Die beiden Brüder, von denen ich spreche, sind die Gebrüder Grimm, Jacob und Wilhelm, deren Namen zu einem Synonym für Märchen geworden sind. Jacob (1785 – 1863) und Wilhelm (1786 – 1859) stammten aus der kleinen Stadt Hanau in der Nähe von Frankfurt, wo sie ihre ersten Jahre in ehrwürdiger Armut verbrachten. Das stellte sich als gute Vorbereitung heraus, denn später wurde das Leben nicht viel besser. Die Familie zog nach Steinau und später nach Kassel in Nordhessen, wo unsere Protagonisten zur Schule gingen und eine gute, klassische Ausbildung erhielten. So gut sie sich das eben leisten konnten, heißt das, denn ihr Vater war bereits gestorben. In Marburg gingen sie auf die Universität, was sich als aussichtsloser Kampf herausstellte. Die Grimms versuchten, Jura zu studieren, aber ihre neugierigen und romantischen Gemüter konnten sich einfach nicht mit dem trockenen Thema anfreunden. Was sie faszinierte, war klassische Kultur, alte Geschichte und Folklore. Es war Professor von Savigny, der ihnen „korrektes historisches Denken" beibrachte, während sein Schwager, Clemens Brentano, sie mit der altgermanischen Literatur bekannt machte. Das stellte sich als folgenschwere Tat heraus. Brentano hatte sich mit dem Studium der Folklore beschäftigt, und unter seiner Anleitung begannen Jacob und Wilhelm Lieder, Balladen, Ortssagen und Legenden zu sammeln, die Brentano zu einem späteren Datum veröffentlichen wollte. In unseren Tagen ist Folklore seit langem ein ernsthaftes Thema für ethnographische Studien. Als die Gebrüder Grimm noch jung waren, war das keineswegs der Fall. Um 1807, als sie zu sammeln begannen, scherte sich kaum jemand um Kindergeschichten. Volksmärchen wurden als primitive Unterhaltung für des Lesens unkundige Bauerntrampel und ihre Kinder angesehen. Derartiges war nichts für Wissenschaftler, die auf ihren akademischen Ruf hielten. Bevor Brentano die Grimms zu den einfachen Leuten schickte, zeigte er ihnen netterweise zwei Märchen, die die Art von Material waren, für das er sich interessierte. Es handelte sich um „Der Fischer und seine Frau" und das makabre Märchen um Tod und Auferstehung namens „Der Machandelbaum". Da beide Märchen in Dialekt gehalten waren, wirkten sie auf eindrucksvolle Weise derb. Die Gebrüder Grimm gingen davon aus, dass es sich hier um die echte Sache handelte, direkt aus dem Mund des einfachen Volkes aufgezeichnet, und zogen aus, ähnliche Sachen zu finden.

Sie wussten nicht, dass beide Geschichten schon früher überarbeitet und artig geglättet worden waren von einem Herrn Runge, der eine Art Dichter war. Ein Ergebnis davon war, dass die Grimms dachten, echte Volksmärchen seien gut organisierte, saubere Geschichten mit einer klaren Handlung und einem genau erkennbaren Anfang und Ende. Solche Geschichten erwiesen sich als schwer auffindbar. Anfangs erbrachten ihre Recherchen wenig außer Frustration. Die einfachen Leute ihrer Zeit scheuten sich, studierten Herren von der Universität, die einen Hippie-Haarschnitt trugen und keinen echten Dialekt sprachen (die Sorte, um die man ein Hufeisen wickeln und anderen auf den Kopf kloppen kann), Kindermärchen zu erzählen. Als die Grimms in Lokalzeitungen warben, erreichten sie nur den Teil der Bevölkerung, der lesen konnte, und das war genau die Schicht, die sich nicht an Märchen erinnerte. Sogar Besuche in Altenheimen erwiesen sich als Enttäuschung.

Dann, nach und nach, hatten sie eine erste Handvoll Geschichten zusammen. Manche von ihnen stammten von den Hugenotten, die mit Gewalt aus Frankreich vertrieben worden waren und in Hessen eine neue Heimat gefunden hatten. Die Grimms waren sehr glücklich über dieses Material und wild darauf, es im Hinblick auf germanische Elemente zu durchkämmen, als sie entdeckten, dass die Hugenotten gut vertraut mit den Märchen von Charles Perrault waren. Die kostbaren Juwelen mündlicher Überlieferung waren nacherzählte Geschichten aus einem französischen Buch. 1810 hatten die Grimms gewissenhaft etwa 50 Geschichten gesammelt, viele von ihnen sehr derb und kurz. Sie schickten die Früchte ihrer Anstrengungen an Brentano, der daraufhin seine frühere Absicht, sie zu veröffentlichen, zu vergessen beschloss. Diese frühen Geschichten waren ziemlich weit entfernt von den Märchen, die man in heutigen Sammlungen findet. Sie waren simpel, manchmal verwirrend, sehr kurz, derb und ziemlich frei von der verfeinerten, „schlichten" Prosa, durch die sich die späteren Versionen auszeichnen.

1812 fand ein reicher Freund einen Herausgeber für die Sammlung. Das muss schwierig gewesen sein, denn das Thema des Buchs war alles andere als vielversprechend. Die Sammlung war zu jenem Zeitpunkt auf ca. 100 Geschichten angewachsen. Die Gebrüder Grimm sahen ihr Buch als wissenschaftliche Studie und stellten sich vor, dass ihre zukünftigen Leser der akademischen Welt entstammen würden. Die Grimms sahen sich nicht als Geschichtenerzähler, sondern als Gelehrte. Sie schrieben über germanische Mythologie (drei massive Bände, die eine nette Bettlektüre abgeben, vorausgesetzt, man spricht fließend Latein und Altgriechisch), eine deutsche Grammatik, Studien über irische und schottische Feen, über die *Edda*, die *Kalevala*, das altenglische Runengedicht, dänische Heldensagen und, ihr Meisterstück, sie gaben das erste Wörterbuch der deutschen Sprache heraus. Dieses Projekt stellte sich als total überwältigend heraus. Trotz all ihrer obsessiven Bemühungen kamen sie nur bis zum Buchstaben D. Es lief ziemlich gut und begründete einen Trend, denn andere Länder entschieden bald, dass sie ähnliche Wörterbücher für ihre Sprache brauchten. Die Grimms hatten wenig Hoffnung, dass sich mehr als eine Handvoll Gelehrte für ihre *Kinder- und Hausmärchen* interessieren würden. Zum einen waren solche Geschichten für Erwachsene wenig interessant. Und zum anderen waren die Geschichten nicht glatt genug. In manchen kamen sogar Themen zur Sprache, die man in guter Gesellschaft nicht erwähnte!

Kaum, dass ihr Buch erschienen war, mussten die Grimms sich Kritiken anhören, die sie wegen der Derbheit ihres Materials niedermachten. Deshalb überarbeiteten sie die Geschichten und gaben 1825 eine zweite Auflage heraus. Diese Version enthielt keine umfangreichen Fußnoten. Die Geschichten waren überarbeitet und der Preis reduziert worden. Auch diese Version wurde kritisiert, weil sie anstößiges Material enthielte, moralisch verdächtig und vulgär sei. Dennoch begann sie sich zu verkaufen, wenn auch langsam. Dann folgte die Ausgabe von 1837, die ein großer Erfolg war. Endlich wachte das Publikum auf. Die Zeit war reif.

Nach all dem Ärger mit Napoleon redefinierte ein einigermaßen kriegsmüdes Europa seine Grenzen, sowohl auf der Karte als auch geistig. Humanistische Philosophie (ein ziemlich schwieriges Thema) führte die Idee ein, dass Kinder irgendeine Art von Unterricht haben sollten. Das stellte sich als ein Problem für die Mittelschicht heraus. Die Oberschicht konnte sich Privatlehrer leisten, und die Unterschicht schickte ihre Kinder so früh wie möglich zur Arbeit. Die Mittelschicht musste das Unterrichten so ziemlich allein besorgen. Es gab keine Kinderbücher, und so manche Mutter wusste nicht, was sie ihren Kindern vor dem Zubettgehen erzählen sollte. Grimms Märchen füllten eine Lücke und boten den Kindern Literatur. Das Werk, jetzt in erweiterter Fassung, wurde zum Bestseller.

Um das Buch für den normalen Leser etwas bekömmlicher zu gestalten, wurden alle gelehrten Anmerkungen herausgenommen. Außerdem beschlossen die Grimms, die Geschichten stärker zu überarbeiten. Wenn man für ein akademisches Publikum schreibt, kommt man mit Sachen durch, die sich ein gutbürgerlicher Haushalt nicht bieten lassen würde. Wilhelm Grimm überarbeitete die Geschichten und führte eine Menge kleiner Änderungen durch. Einiges an ungewollten Schwangerschaften und Gräueltaten wurde eliminiert, und viele grausame Mütter wurden in grausame Stiefmütter verwandelt; ein kluger Schachzug, wenn man bedenkt, dass es im Wesentlichen die Mütter sind, die ihren Kindern die Geschichten vorlesen. Die vertraute „Es war einmal"-Formel wurde nun jeder Geschichte vorangestellt, und es wur-

den reichlich Diminutive im Text verteilt. Und so wurde die Sammlung schließlich zu einem perfekten Spiegelbild der Ideologie des 19. Jahrhunderts.

So viel Manipulation hielte ein Wissenschaftler unserer Zeit sicher für nicht vertretbar, aber zur Zeit der Veröffentlichung warf man den Grimms vor, sie würden zögern, missliebige Elemente aus den Geschichten zu entfernen. So viel zu den *Kinder- und Hausmärchen*. Die Brüder Grimm taten das Ihrige und beschäftigten sich anschließend wieder mit nüchterneren Themen. Sie hatten eigentlich keinen Bestseller veröffentlichen wollen und konnten auch nicht mit den Mythen rechnen, die daraus noch entstehen sollten.

Es ist eine seltsame Sache mit Geschichten. Sie entstehen, sie nehmen Gestalt an, sie entwickeln sich und dann sinken sie in ein passend veranlagtes Hirn und beginnen, den Mythos zu verwandeln, den die Menschen gemeinhin als Realität bezeichnen. Mit ihrem wachsenden Interesse an Volksmärchen verfingen sich die Gebrüder Grimm in einem Netz, das sie nicht selbst geschaffen hatten. Populäre Gemälde und Stiche zeigten sie schon bald, wie sie durch winzige Dörfer und Siedlungen reisten, wo sie dann in Bauernkaten saßen und sorgfältig das geheime Wissen des einfachen Volkes aufzeichneten. Was für ein Fest für den Romantiker! Stell Dir mal Jakob und Wilhelm vor, wie sie in einer einfachen, lehmverputzten Hütte oder einem Schweinestall sitzen, in fadenscheinigen, aber sauberen Mänteln, die Notizbücher auf den Knien, und mit entrücktem Gesichtsausdruck lauschen. Stell Dir die sabbernde alte Frau vor, die Schar ehrfürchtig lauschender Kinder, die ehrlichen, hart arbeitenden Eltern, das verzückte Grinsen der Kuh im Stall! So hätte es sein sollen, und natürlich überlebt so eine Geschichte eher als die prosaische Warheit.

Wo fanden die Grimms ihre Geschichten! Manche wurden mündlich überliefert, andere stammten aus Büchern, wieder andere wurden von interessierten Gelehrten beigesteuert, die mit den Grimms Briefwechsel pflegten. Das war nicht annähernd romantisch genug. Die Öffentlichkeit verlangte es nach archetypischen Geschichtenerzählern, und wo sie fehlten, wurden sie einfach erfunden. Eine ihrer Informantinnen, Dorothea Viehmann, wurde kurzerhand in ein altes Weib verwandelt, das am Rande des Waldes lebte und zu deren Haus die Grimms wie Wallfahrer kamen, um die vergessenen Schätze der mündlich überlieferten Literatur zu heben. In der nüchternen Realität verkaufte Frau Viehmann Gemüse auf dem Markt. Sie pflegte die Grimms danach zu besuchen, um mit ihnen zu schwatzen und ihnen das Zeug zu verkaufen, das sie nicht losgeworden war, weil sich ein Pferd draufgesetzt hatte. Das verrät uns, welche Art von Einkommen die Grimms die meiste Zeit bezogen und auch, dass die Dame nicht so zurückgezogen lebte, wie häufig vermutet wird. Außerdem stammte sie von Hugenotten ab, und von dem halben Dutzend Geschichten, die sie den Gebrüdern Grimm tatsächlich erzählte, stellte sich heraus, dass sie geradewegs aus Perraults Buch stammten. Andere Informanten von einigem Ruf – alte Frauen, pensionierte Soldaten und so weiter – waren frei erfunden. Aber ihr fiktives Leben ist so lebendig und unumstritten wie eh und je.

Und dann war da noch die Frage der Authenzität. 1815 wies Wilhelm Grimm in aller Ehrlichkeit darauf hin, dass nur ein Teil des Materials in der ursprünglichen Prosa belassen worden war. Spätere Generationen ignorierten diese Aussage und verkündeten, alle Märchen der Grimms entstammten reinster mündlicher Überlieferung. Der Zauber der Geschichten war einfach zu stark. Mythen sind ansteckend, sie verändern die Realität und ziehen passende Archetypen an. Ich bin mir zwar sicher, dass die meisten von Euch schon einmal Grimms Märchen begegnet sind (nach der *Bibel* sind sie der zweitbekannteste Bestseller der Welt), aber vermutlich haben nur wenige von Euch die Geschichten jemals in ihrer Frühform gesehen. Ich möchte die Gelegenheit nutzen, um eine davon hier vorzustellen.

Dümmling

Es war einmal ein Hans, der war so unerhört dumm, dass ihn sein Vater in die weite Welt jagte. Er rennt vor sich hin, bis er an das Meeresufer kommt, da setzt er sich hin und hungert. Da kommt eine hässliche Kröte auf ihn zu und quakt, umschling mich und versenk dich! So kommt sie zweimal, er weigert sich, wie sie aber zum dritten Mal kommt, folgt er ihr. Er sinkt unter und kommt in ein schönes Schloss unter dem Meer. Hier dient

---

Münzen 15

Oben links: Uneller, Gold, 15mm, maskierter Reiter mit Tierkopf und Trommel (!)

Oben rechts: Viromanduer, Bronze, 18mm, Vegetationsgottheit!

Mitte links: Veliocasser, Gold, 18mm.

Mitte rechts: unbekannt, Britannien, Gold, Sonnengottheit!

Unten links: Taurisker (!), Österreich, Silber, 24mm. Linke Seite der Münze stark abgenutzt. Beachte 29 Kreise im Zentrum: lunare Symbolik!

Unten rechts: unbekannt, Tschechien, Silber, 29mm, Monster, das Beine frisst, MACCIUS

er der Kröte. Endlich heißt sie ihn mit ihr zu ringen, und er ringt, und die hässliche Kröte wird zu einem schönen Mädchen und das Schloss mit all seinen Gärten steht auf der Erde. Hans wird gescheit, geht zu seinem Vater und erbt das Reich.

(Gebrüder Grimm, Märchen, handschriftliche Sammlung von 1810)

Nett, nicht wahr? Die Geschichte ist voll von interessanten, schamanischen Elementen, aber ziemlich weit von dem entfernt, was eine gut erzählte Geschichte ausmacht. Achte auf die schamanischen Elemente: Die „Dummheit" des Protagonisten, die Reise, Erschöpfung, Krise, Fasten, das Erscheinen eines Geistes, dem Geist dienen, ihn dann bekämpfen und schließlich die Transformation und die Art, wie sich der Unterwasserpalast in trockenes Land und damit einen Teil der alltäglichen Realität verwandelt. Das ist ziemlich viel verborgenes Wissen für eine kurze Geschichte, die Kindern erzählt wird, damit sie mal fünf Minuten lang still sind. Sie erschien in einer früheren Ausgabe von Grimms Märchen, wurde aber bald wieder herausgenommen, weil sie einfach zu grob war. Nach allem, was ich weiß, scheint es, dass die Grimms sie auf dem Land in der Nähe von Kassel, Nordhessen, gehört hatten, wo es dunkle, regengetränkte Wälder gibt und die Einheimischen keine Ahnung davon hatten, dass Kröten nicht am Grunde des Ozeans leben.

Mündliche Überlieferung

Das führt uns zum nächsten Thema. Wie echt sind alte Geschichten? Wie zuverlässig ist die mündliche Überlieferung? Schlendern wir mal den Pfad der Erinnerung entlang und sehen uns die mittelalterlichen Barden an. Wie Du Dich vielleicht erinnerst, wurde von den inselkeltischen Barden und Poeten

erwartet, dass sie eine immense Menge an Daten auswendig lernten. Diese Geschichten, behaupten einige Forscher, wurden von Lehrer zu Schüler mit verblüffender Klarheit und extrem detailgetreu weitergegeben. Es ist verzeihlich, wenn Du Dich fragst, wie moderne Experten so etwas eigentlich erfahren haben können. Sehen wir uns einige Quellen an. Da hätten wir zum Beispiel Julius Cäsar, der einen Kommentar zu den gallischen Druiden abgibt:

Berichte sagen, dass in den Schulen der Druiden eine große Anzahl an Versen auswendig gelernt wird, und deshalb bleiben dort manche Personen zwanzig Jahre in Ausbildung. Und sie halten es nicht für passend, diese Lehren der Schrift anzuvertrauen, obgleich sie in fast allen anderen Dingen Gebrauch vom griechischen Alphabet machen, sowohl in öffentlichen als auch in privaten Angelegenheiten. Ich glaube, dass sie diese Praxis aus zwei Gründen pflegen: Sie möchten nicht, dass dieses Wissen öffentlich bekannt wird, und sie wollen nicht, dass jene, die dieses Wissen lernen, sich auf die Schrift verlassen und so ihr Gedächtnis vernachlässigen...

(De Bello Gallico, 6, 14, Übers. nach H. Edwards, in Kendrick, 1927).

Leider verrät uns Cäsar nicht, wovon diese Verse der Druiden eigentlich handelten. Waren es Lehren über die Natur der Seele, über die Reinkarnation und das Wesen der Götter? Bei einer Ausbildungszeit von zwanzig Jahren sind eine Menge Themen möglich. Bei den britischen Barden und den irischen Poeten, die Ausbildungszeiten von ähnlicher Länge absolvierten, sind einige Inhalte bekannt. Die Barden und Poeten lernten Geschichte, Heldendichtung, Mythologie und dergleichen. Sie lernten auch die Geschichte von Ortsnamen, Sprichwörter, Gesetzestexte und eine Menge kruder Etymologien.

Manche behaupten, die Lehren der Barden wären im Wesentlichen druidisch gewesen, da beide Professionen eine ähnliche Anzahl an Versen auswendig lernen mussten, um den obersten Rang zu erreichen. Dieses Argument ist ein bisschen wacklig, weil die Druiden Ämter ausübten, die die Barden und Poeten nie innehatten. Eine druidische Aufgabe beispielsweise war das Heilen, und die Barden wussten nur wenig über Medizin, noch wurde das von ihnen erwartet. Andererseits wurde von einem gut ausgebildeten Poeten erwartet, dass er flüssig Latein, Griechisch und Hebräisch sprach. Falls das auch von Druiden erwartet wurde, hat sich wohl niemand die Mühe gemacht, es aufzuzeichnen.

Die Begeisterung für Verse zeigt, dass manche Leute es leichter finden, sich Verse zu merken als Prosa. Die altirische Literatur weist eine verblüffende Anzahl an Versen auf – zwischen Abschnitten trockenster Prosa. Manche glauben, dass die Verse nur ein Mittel sind, um die Prosa aufzulockern. Jüngere Studien spekulieren, dass das Original, vielleicht sogar die ganze Geschichte, in Versen abgefasst war und dass die Prosateile dort eingefügt worden waren, wo die ursprüngliche Poesie in Vergessenheit geraten war. Dieser Stil ist charakteristisch für ältere Manuskripte und wurde von Autoren der Neuzeit kopiert, bis ins 18. Jahrhundert hinein, die damit ihren Werken einen archaischen Anstrich verleihen wollten.

Altbritische und irische Literatur wurde oft erst aufgezeichnet, nachdem sie Jahrzehnte lang, wenn nicht gar Jahrhunderte lang auf den Lippen der Geschichtenerzähler gewesen war. Präzision beim Erzählen war eine wichtige Sache und wurde sehr ernst genommen. Eine Geschichte aus dem *Gelben Buch von*

Lecan (ca. spätes 14. Jahrhundert) beschreibt ein Fest in Tara. Die Geschichte erzählt, wie sich der irische Adel versammelte, um die Insel in Bezirke aufzuteilen. Das war eine problematische Angelegenheit und hatte viele religiöse Implikationen, da eine gerechte Verteilung des Landes erforderlich war, um das göttliche Gleichgewicht aufrecht zu erhalten. Es berührte auch Themen wie Steuern und Krieg, und daher waren zweifellos viele ernste Leute versammelt, die wenig tranken und ziemlich finster blickten.

Um die richtige Aufteilung zu erreichen, verließen sich die Iren normalerweise auf ihr Wissen um ihre Vergangenheit. Das stellte sich als Problem heraus, weil die Vorgeschichte unbekannt war und selbst die Ältesten sich nicht daran erinnern konnten, wie die Insel ursprünglich aufgeteilt gewesen war. Die Poeten, die sich der Mängel ihres kostbaren Wissens wohl bewusst waren, schlugen vor, dass der älteste Mann der Insel gesucht werden sollte. Dieser Mann erzählte eine Geschichte von ältester Herkunft. In seinen Tagen, sagte er, seien die Iren von einem Riesen aus der Anderswelt namens Trefuilngid Tre-Eochair besucht worden, der von riesenhafter Gestalt war und einen verzauberten Zweig in der Hand hielt. Der Zweig hatte die Eigenschaft, dass er gleichzeitig magische Nüsse, Äpfel und Eicheln trug, die alle Nahrung waren, die Trefuilngid je brauchte. Während er seinen Amtszweig hielt, erzählte der Zweigträger den versammelten Poeten, Richtern und Adligen die gesamte Geschichte Irlands, die zu ihrer Schande zugeben mussten, dass ihre kostbare mündliche Überlieferung nur sehr wenig davon enthielt.

Das war vielleicht das erste Auftreten eines Zweigträgers in der schriftlich niedergelegten Geschichte, und vielleicht auch die Quelle der Legende, die behauptet, dass die irischen Poeten unter kunstvoll geschmiedeten Zweigen aus Gold, Silber und Kupfer reisten. Es zeigt auch, dass die irischen Poeten, die diese Geschichten am Leben hielten, nicht viel Vertrauen in die Exaktheit ihrer eigenen mündlichen Überlieferung hatten. Und als die irischen Poeten sich versammelten, um die Geschichte vom Viehraub von Cuailnge zusammenzutragen, stellten sie fest, dass ihre Geschichten viele Löcher und Lücken aufwiesen. Um sie zu füllen, bedienten sie sich der Nekromantie. Ein Poet namens Muirgen näherte sich dem Grabstein von Fergus macRoich, der einer der Hauptcharaktere der Geschichte gewesen war.

Muirgen sang für den Grabstein ein Gedicht, als handle es sich bei ihm um Fergus selbst. Er sagte zu ihm:

Wenn dieser, dein königlicher Fels
dein eigenes Selbst wäre,
(Fergus) mac Roich,
weilte hier mit Weisen,
suchte sich ein Schutzdach,
Cuailnge würden wir zurückgewinnen,
einfach und vollendet, Fergus.

Ein großer Nebel bildete sich plötzlich um ihn herum, und drei Tage und Nächte lang konnte ihn keiner finden. Und die Gestalt von Fergus näherte sich ihm in grimmiger Majestät, mit braunem Haar, in einem grünen Mantel und einer rot bestickten Kapuzentunika, mit einem Schwert mit goldenem Griff und mit Bronze beschlagenen Sandalen. Fergus rezitierte für ihn den gesamten Tain, wie alles geschehen war, vom Anfang bis zum Ende.

(*The Tain*, Übers. nach T. Kinsella, 1969)

Die irischen Poeten waren willens, zuzugeben, dass ihre hoch geschätzten Lehren mit Fehlern behaftet und irreführend sein

konnten, aber sie waren genauso willens, zu erklären, dass ihre neu gewonnenen Erkenntnisse makellos und vollkommen seien. Wie präzise sind Erzählungen aus dem Gedächtnis? Der Ausbildungsplan für die irischen Poeten belastete den jungen Fili im ersten Jahr mit zwanzig Geschichten, sechs Versmaßen und einer Menge verwickelter Grammatik. Im Kontrast dazu sollte ein voll ausgebildeter Barde 250 Hauptgeschichten und 100 Nebengeschichten kennen, nicht zu reden von 350 Versmaßen. Ein derartiger Umfang kann verschiedenermaßen interpretiert werden. Vielleicht kannte der Ollamh alle Geschichten auswendig, Wort für Wort und Zeile für Zeile, wie es von jenen angenommen wird, die glauben, dass mündliche Überlieferung präzise und Wort für Wort geschieht.

Vielleicht war er aber auch nur vertraut mit dem Rahmen der Geschichte und der Handlung, und ergänzte die Einzelheiten spontan, indem er Gebrauch von einem großen Schatz an nützlichen Versen machte. Beide Formen mündlicher Überlieferung findet man auf diesem Planeten. Homer beispielsweise verfügte über ein großes Repertoire an Zeilen, die er frei benutzte, um die Art von Ereignissen zu beschreiben, die häufig passierten. Seine Verse über Feste, Schiffsreisen und die rosigen Finger der Dämmerung stecken voller Wiederholungen. Die gleiche Methode wurde von den Sängern im Baltikum benutzt (s. in der *Kalevala*), die über einen großen Schatz an nützlichen Zeilen verfügten, die sie zusammensetzten, wie die Geschichte es erforderte.

Aber lass uns einen näheren Blick auf die Art werfen, wie die mündlich überlieferte Geschichte sich verändert hat. Es gibt altirische Geschichten, die spätere walisische Geschichten beeinflusst und geformt zu haben scheinen. Diese wurden an den Höfen der Bretagne weitererzählt, an die Troubadoure weitergegeben, die durch Frankreich und Deutschland reisten und machten auf dem Weg dahin eine Menge Veränderungen durch.

Der einstige und zukünftige König

Der Mythos vom guten alten König Arthur ist das beste Beispiel für diesen Prozess. Im frühen 6. Jahrhundert, als Arthur gegen die Sachsen kämpfte (vorausgesetzt, er existierte überhaupt), hatten nur wenige Leute außerhalb von Britannien je von ihm gehört. Im 13. Jahrhundert hatte das ständige Weitererzählen der Artussage das Thema an allen europäischen Höfen beliebt gemacht. Die Geschichten wanderten nicht nur von Britannien auf das europäische Festland, sondern kehrten auch wieder nach Britannien zurück. Viele der noblen Ritter an König Arthurs Hof begannen ihre Karriere als Helden in irischen Mythen; dann wurden ihr Name und ihre Taten ins Walisische übersetzt, und dann wurden sie noch einmal von den kontinentalen Geschichtenerzählern umbenannt und kehrten in so entstellter Form nach Britannien zurück, dass keiner sie erkannte. Dieses Thema kann man ausführlich in den Werken von Loomis studieren. Derartige Umwandlungen deuten auf eine lebendige und anpassungsfähige Form der Übermittlung von Geschichten hin. Viele der Troubadoure hatten ihre Lieblingshelden an König Arthurs´ Hof. Sir Kai, der in der walisischen bardischen Poesie ein Musterbeispiel für den ruchlosen, effizienten Kämpfer ist, wurde von späteren Autoren in einen ungeschickten Tölpel verwandelt. Sir Gawain, der in den frühen Mythen als halbgöttlicher Held erscheint, wurde zu einem Verlierertyp, als die Troubadoure die Figur des Sir Lanzelot erfanden und allen heroischen Glanz dieser

Ausgeburt ihrer Phantasie zuschrieben. Und der wilde Medrawt, der (laut den frühen Barden) vielleicht an Arthurs Seite in Camlan gekämpft hatte, wurde in den bösen, degenerierten Sir Mordred verwandelt, der Arthurs Untergang verursachte.

Geschichten verwandeln sich ständig; die Taten, die einem Helden zugeschrieben werden, werden nur hundert Jahre später vielleicht einem anderen angerechnet. Wenn ein Held ein gewisses Maß an Bedeutung erlangt, werden andere Geschichten mit hinein in seinen Mythenzyklus gezogen; so erhöhen sich Masse, Dichte und Gravitation. Wo es um die Geschichten über den Gral geht, zeigen die verschiedenen Interpretationen des zauberischen Gefäßes, dass manche Leute ihre eigenen Geschichten darüber erfanden. Oder werfen wir mal einen Blick auf die sogenannten *walisischen Triaden*, eine Sammlung kurzer Listen, die zwischen dem 13. und dem 17. Jahrhundert aufgezeichnet wurden. Erinnerst Du Dich, was für eine große Schwäche die kelto-germanischen Völker für Dreiheiten hatten? In jeder Triade werden für gewöhnlich drei Personen genannt. Man findet Triaden mit Titeln wie:

Die drei Schnitter der Insel Prydain, die drei Goldschuhmacher, drei Kämpfer zu Pferd, drei arrogante Männer, drei mächtige Schweinehirten, drei Männer, die drei gelungene Morde durchführten, drei unglückliche Beilhiebe, drei Unterdrücker, die auf die Insel kamen, drei Geheimnisse und drei Enthüllungen, drei berühmte Ochsen, drei geschenkte Pferde, drei Frauen von der Schönheit Evas, drei erhabene Gefangene, drei unterworfene Könige, drei schädliche Hiebe, drei große Königinnen an Arthurs Hof, drei Amazonen, drei goldene Leichen, drei wilde Geister, drei zügellose Gäste an Arthurs Hof, drei Entweihungen des (Flusses) Severn, drei

Männer der Insel Britannien, die zu Gästen und Fremden äußerst höflich waren, drei vergebliche Schlachten, drei Ritter, die den Gral gefunden hatten, drei kunstfertige Barden, drei dauerhafte Harmonien, drei Leute, denen durch Befremdung das Herz brach, drei leichtfertige Barden, drei große Feste, usw.

In den meisten Fällen sind die Texte sehr kurz, es handelt sich nur um ein paar Namen und vielleicht eine kurze Anmerkung. Die drei Goldschuhmacher der Insel Britannien beispielsweise sind:

Caswallan, Sohn von Beli, als er nach Rom ging, um Fflur zu sehen; und Manawydan, Sohn von Llyr, als der Zauber über Dyfed lag; und Lleu mit der geschickten Hand, als er und Gwydion einen Namen und Waffen von seiner Mutter Ar(i)anrhod zu erlangen suchten.
Drei schöne Jungfern der Insel Britannien: Creirwy, Tochter von Ceridwen; und Ar(i)anrhod, Tochter von Don, und Gwen, Tochter von Cywryd, Sohn von Crydon.

Nur in sehr wenigen Fällen reichen die Kommentare aus, um auch für den Uneingeweihten irgendeinen Sinn zu ergeben. Das Ergebnis ist ein Bardenbuch, das definitiv keine leichte Lektüre abgab. Der Zweck der *walisischen Triaden* sollte, soweit wir wissen, den Barden ein Mittel an die Hand geben, ihre Lieder und Geschichten zu organisieren. Von den Lesern wurde offensichtlich erwartet, dass sie alle Details der Legenden kannten und daher nur eine kleine Gedächtnisstütze benötigten. Und selbst, wenn sie nicht alle Geschichten kannten, neigten die Triaden dazu, ihre Imagination zu stimulieren.

Unsere nächste Frage betrifft die Richtigkeit historischer Daten in der bardischen Tradition. Es handelt sich dabei um ein umstrittenes Thema, das schon viele Wissenschaftler und Kelten-Fans erregt hat. Professor Jackson war der Auffassung, die irischen Mythen seien *ein Fenster in die Eisenzeit*, eine Meinung, die viele Romantiker teilen. Die Annahme, dass man altkeltische Traditionen in alten irischen Mythen findet, ist verführerisch, zumal diese gewalttätigen Geschichten so roh und ungeschliffen sind und ihre Protagonisten sich wie prahlerische Wilde verhalten. Die Helden der irischen Geschichten ähneln dem, was die klassischen Autoren über die Kelten der vorrömischen Zeit schrieben. Aber wie akkurat war das Wissen der mittelalterlichen irischen Poeten in Bezug auf ihre eigene Vorgeschichte?

Die Poeten selbst gaben vor, alles darüber zu wissen. Von einem voll ausgebildeten Poeten wurde erwartet, dass er die Herkunft aller Wörter seiner Sprache kannte, und wenn das nicht der Fall war, dann gab er sich gro-

---

Münzen 16

Oben links: Ile de Bretagne, Bronze, stilisierter Kopf.
Oben rechts: Ile de Bretagne, Bronze, ein Barde! Beachte das Zeichen, das aus dem Mund kommt, handelt es sich dabei um Atem oder Sprache?
Mitte links: Ile de Bretagne, Bronze, Stier.
Mitte rechts: Ile de Bretagne, Bronze, Rad und Flammen!
Unten links: Ile de Bretagne, Gold, stilisiertes Blatt. Wahrscheinlich verwandt mit der scharfzackigen-Weinblatt-Münze von Verica, Britannien, VIRI.
Unten rechts: Ile de Bretagne, Silber, vergleiche mit dem Bild auf dem Gundestrup-Kessel.

ße Mühe, etwas halbwegs Überzeugendes zu erfinden. Die frühe irische Etymologie ist größtenteils ein schauderhafter Wirrwarr, der zeigt, dass die Poeten weniger wussten, als sie zuzugeben bereit waren. Oder denk mal an ihre Herkunft. Viele Poeten behaupteten, die Skythen seien die Ahnen der Schotten. Das schien so einfach und offensichtlich. Die Poeten waren vertraut mit Herodots Bericht über das wilde Reitervolk der Skythen, das am schwarzen Meer lebte, und da der Name so ähnlich schien, war es leicht, eine Verbindung herzustellen, die übrigens völlig falsch ist. Die Schwerter in irischen Sagen werden im Allgemeinen als lang beschrieben, aber archäologische Ausgrabungen neigen dazu, kurze zu Tage zu fördern. Die gegabelten Speere mit mehreren Spitzen der irischen Mythen wurden bisher noch überhaupt nicht gefunden – vielleicht existierten sie nie, nur als Symbol für göttlich verursachte Blitzschläge. Ronald Hutton weist darauf hin, dass die mittelalterlichen irischen Schreiber eine Anzahl wichtiger alter Orte in Irland korrekt identifizierten. Allerdings verwandelten sie sie in große Königshallen. Ausgrabungen zeigen, dass die meisten von ihnen komplexen Zeremonien vorbehalten waren, aber keine Gebäude darauf standen. Und dann gibt es da die Parallelen, die man zwischen den klassischen Berichten und den irischen Geschichten findet. Diodor, der im ersten Jahrhundert vor unserer Zeit schrieb, berichtet uns über die keltischen Krieger:

> Wenn die Armeen sich zur Schlacht aufreihen, dann neigen sie dazu, über die Gefechtslinie hinaus vorzurücken und die tapfersten ihrer Gegner zum Einzelkampf herauszufordern, wobei sie ihre Waffen schwingen, um ihre Feinde zu erschrecken. Und wenn jemand ihre Herausforderung zum Kampf annimmt, verkünden sie lauthals, wie tapfer

sie selbst sind, während sie gleichzeitig ihren Gegner beschimpfen und schmähen und ganz allgemein versuchen, ihn schon im Voraus seines Kampfgeistes zu berauben.

Dieses farbenfrohe Ritual ist ein verbreitetes Element in den irischen Heldensagen. Oder sieh Dir einmal diese Zeilen von Athenäus an, der die verlorenen Werke des Poseidonios im 2. Jahrhundert vor unserer Zeit zitierte:

> Wenn die Hinterkeulen serviert wurden, nahm sich der tapferste Held das Schenkelstück, und wenn ein anderer Mann es beanspruchte, standen sie auf und fochten einen Einzelkampf aus bis zum Tod.

Der Streit um das „Heldenstück" kommt auch in irischen Mythen vor, wo die kühnsten Helden willens sind, einander zu töten für die Ehre, sich ein ausgewähltes Stück Schweinefleisch einzuverleiben. Solche Parallelen wurden oft verwendet, um zu zeigen, dass die mittelalterlichen irischen Geschichten zahlreiche alte, heidnische Elemente enthielten. Manche Wissenschaftler schossen völlig über das Ziel hinaus und behaupteten, dass ein derartiges Verhalten, wenn es im alten Gallien und mittelalterlichen Irland nachgewiesen werden konnte, wahrscheinlich typisch für die gesamte „keltische Welt" war (was immer das sein mag). Das Problem ist, dass wir nicht wissen, woher die mittelalterlichen Poeten ihre Informationen bezogen. Es ist möglich, dass sie sich dabei auf alte mündliche Überlieferungen stützten. Es ist aber ebenso möglich, dass sie die klassischen Autoren lasen und die Geschichte ihrer Vergangenheit entsprechend rekonstruierten. Modernen Kelten-Fans mag ein solches Vorgehen bizarr erscheinen, aber viele mittelalterliche Poeten waren mit den klassischen Autoren vertraut; tatsächlich wussten sie oft mehr von der Literatur der Antike als über die ursprünglichen Traditionen ihres Heimatlandes. Wahrscheinlich kannten sie sogar klassische Texte, die heute verloren sind.

Wenn wir die mittelalterliche walisische Literatur untersuchen, wird die Lage noch schwieriger. Die kultivierten Ritter, die wir in Romanzen wie *Peredur, Geraint* und *Owein* antreffen, sind mehr den Troubadouren vom Festland und den mittelalterlichen Traditionen der Ritterlichkeit verpflichtet als der keltischen Vergangenheit des heidnischen Britannien. Während der keltische Nationalismus im letzten Jahrhundert auf einer reinen Überlieferung heidnisch-keltischen Wissen bestand, geht der wissenschaftliche Trend in diesem Jahrhundert in die andere Richtung und beschäftigt sich mit modernen und europäischen Elementen in der inselkel-

tischen Überlieferung. Das überrascht kaum. Menschen neigen dazu, zu finden, wonach sie suchen.

Darf ich vorschlagen, dass wir die Frage zukünftigen Generationen überlassen und uns auf vielversprechendere Themen konzentrieren, wie zum Beispiel die Frage: „Was davon können wir daraus lernen und praktisch nutzen?" Mir persönlich ist es ziemlich gleichgültig, ob solche interessanten Erfindungen wie die Baum-Oghams oder die Imbas-Forosna-Weissagung von den vorrömischen Kelten oder von den christianisierten Völkern späterer Zeiten erfunden wurden – sie sind elegant, und sie funktionieren gut. Was ist Deine Einstellung zu diesen Dingen? Findest Du ein Stück alte keltische Magie attraktiver als ein bisschen mittelalterliche Zauberei? Ist das hohe Alter eine Garantie für Effizienz?

Übung:
Der zeitliche Rahmen

Nach so viel Theorie bist Du bestimmt scharf darauf, wieder ein bisschen mit Deinem Geist herumzuspielen. Lass uns diese Gelegenheit nutzen, um herauszufinden, wie Du Deine Vorlieben organisierst. Such Dir eine einfache magische Technik oder ein Ritual aus. Es kann sich um eine einfache Sache handeln, wie beispielsweise aus Blumen einen Talisman herzustellen, oder ein etwas komplizierteres Ritual, wie zum Beispiel das Schneiden einer Mistel, wie es Plinius beschrieben hat. Es könnte eine einfache Meditationstechnik sein oder eine komplizierte astrale Zeremonie. Hast Du eine magische Handlung ausgewählt, mit der Du experimentieren möchtest? Stell Dir vor, dass diese Technik 10.000 Jahre alt ist und gegen Ende der letzten Eiszeit entstand. Lass eine Vision von Deinen altsteinzeitlichen Vorfahren entstehen und stell Dir vor, wie sie die ausgewählte Technik benutzen. Als Nächstes verschiebe die Technik in eine weniger weit zurückliegende Zeit, sagen wir, 5.700 Jahre vor unserer Zeit, als die ersten neusteinzeitlichen Gemeinschaften in Zentraleuropa entstanden. Macht das einen Unterschied im Hinblick darauf, wie Du diese Technik einschätzt? Nun lass uns die Technik in die Hallstattzeit verschieben. Stell Dir vor, wie sie von einer Gruppe unternehmungslustiger Kelten erfunden wird. Was passiert, wenn Du Dir vorstellst, wie diese Technik im Mittelalter erfunden wird? Oder wenn Du Dir vorstellst, dass sie von einem Magier im letzten Jahrhundert erfunden wurde? Und nun zur Gegenwart. Stell Dir vor, Du gehst in einen okkulten Buchladen,

oder, besser noch, in einen Buchladen, der eine Okkult-Abteilung hat (die richtigen okkulten Buchläden sind die, die man nie findet). Du siehst auf dem Tresen dieses Buch liegen. Es ist eine neue Publikation, und sie berichtet von dieser neuen Technik, die gerade erst erfunden wurde. Erscheint sie Dir einladend? Mach weiter. Stell Dir vor, dass die Technik erst in zehn Jahren erfunden werden wird. Dank Deinem Glück und Deinen Fähigkeiten als Zeitreisender kannst Du sie schon heute lernen! Als Letztes stell Dir vor, dass diese Technik tausend Jahre in der Zukunft erfunden werden wird, wenn die Leute wirklich fortschrittlich sind. Die Technik ist in jedem zeitlichen Rahmen gleich, aber ihr Hintergrund und ihre Ästhetik verändern sich entsprechend.

Das gilt auch für die Ritualisten, die Du Dir vorstellst. Ich möchte vorschlagen, dass Du Dir Notizen zu Deinen Visionen machst und dass Du das Ganze mit verschiedenen magischen Techniken wiederholst. Es wird nicht lange dauern, und Du wirst wissen, welchen Hintergrund Du am eindrucksvollsten findest. Das Gleiche gilt für die Menschen, die sie benutzen. Ist ein Ritus am eindrucksvollsten, wenn er von einem Jäger der Eiszeit, von einem Bauern der Megalithzeit oder von einem mittelalterlichen Barden erfunden wurde? Wäre es Dir lieber, wenn sie von „primitiven" Leuten vom Schlag des „edlen Wilden" erfunden worden wäre? Oder von Leuten aus der Zukunft, die in Raumschiffen im Universum herumreisen? Welcher Ursprung macht sie am interessantesten? Die Antwort auf diese Frage sagt nichts über die tatsächliche

Effektivität des Rituals aus. Es sagt aber eine Menge über Deine unbewussten Vorurteile. Etwas Magisches geschieht im Geist eines Menschen, wenn er den Ursprung eines bestimmten Ritus in eine spezifische Umgebung hinein projiziert. Er neigt dazu, die Gültigkeit des Ritus zu vergessen und reagiert stattdessen auf seine Einschätzung des Hintergrunds, vor dem er stattfindet. Wenn Du das *Mabinogi* als alte keltische Mythologie ver-kaufst, wirst Du mehr Kunden haben als wenn Du darauf hinweist, dass das Buch aus dem Wales der Ritterzeit stammt und von gebildeten mittelalterlichen, christlichen Poeten zusammengestellt wurde. Beim Bewerten zeigen sich die Vorurteile von uns allen. Manche bewundern eine mystische Vergangenheit, andere fühlen sich vom Glanz der fernen Zukunft angezogen.

Übung:
Der kulturelle Rahmen

Jetzt noch ein bisschen Spaß mit kulturellen Vorurteilen. Eine Menge moderne Heiden neigen dazu, die sogenannten keltischen und germanischen Völker zu glorifizieren und die sogenannten Römer zu verachten. Das führt zu sehr simplen Visionen von der Vergangenheit. Auf der einen Seite hast Du die mystischen Kelten, die knietief in der gesammelten Weisheit der Druiden waten, und auf der anderen Seite die römische Kultur – gefühllos, arrogant und durch und durch dekadent. Wenn Du auch dieser Ansicht bist, schließe jetzt bitte Deine Augen und stell Dir einige Römer und Kelten vor. Wie sehen die Römer in Deiner Repräsentation aus? Sind es alles kleine, dunkelhaarige Italiener? Sah auch nur einer von ihnen freundlich aus? Wirkten sie so, als ob sie zuhause Familien hätten, um die sie sich sorgten? Wer waren diese Römer überhaupt?

Das römische Imperium wurde nicht nur von Italienern erobert. Cäsar beispielsweise verfügte nur über eine einzige Legion, als er aufbrach, um Gallien zu erobern. Da er Verschlagen war, versuch-te er nicht, Gallien mit einem einzigen Handstreich einzunehmen. Stattdessen teilte er seinen unbegrenzten Ehrgeiz in kleine Portionen und ging mit seinen Eroberungen Schritt für Schritt vor. Das war politisch klug, denn man kann ein Essen viel mehr genießen, wenn man einen Bissen nach dem anderen isst. Immer, wenn Cäsar eine Provinz unterworfen hatte, rekrutierte er sofort neue Soldaten bei den Unterworfenen. Die Betreffenden, meist junge Männer mit wenig Hoffnung auf ein Erbteil, schlossen sich en masse der Legion an und taten ihr Bestes, die Grenzen weiter auszudehnen. Es störte sie nicht, dass sie dabei gegen andere „keltische" Stämme kämpften, genausowenig, wie es die walisischen Bogenschützen störte, in Schottland einzufallen, um es der englischen Krone einzuverleiben. Es waren hauptsächlich gallische Krieger, die unter römischem Kommando kämpften, die Gallien eroberten.

Nach der Besatzung musste man die Adligen Britanniens nicht zwingen, Latein zu lernen und ihre Häuser im römischen Stil zu erbauen. Die Fürsten mochten importierten Wein und mediterrane Luxusgüter, und sie schätzten auch Neuerungen wie Kamine, Glasfenster und Straßen, die länger hielten als einen regnerischen Winter.

Und schließlich, als das Imperium zerfiel, sahen sich seine früheren Angehörigen als römische Bürger an, ganz gleich, ob sie in Cumbria, Mauretanien oder Mesopotamien lebten. Das ist die historische Realität, aber sie ist ziemlich weit von der Realität der Neokelten entfernt. In den Augen vieler Heiden stellt man sich die Angelegenheit noch immer als „wir gegen sie" vor.

Falls Du glaubst, dass die Römer „uns" etwas Schreckliches angetan haben, wäre es sicher interessant, herauszufinden, wie Du das eigentlich machst. Geh in Dich und sieh Dir Deine Visionen von den römischen Eroberungen gut an. Was siehst Du? Einen Haufen grausamer, dunkelhaariger Soldaten in schweren Rüstungen, die schlecht bewaffnete Zivilisten abschlachten? Sehen die Opfer wie Leute aus, die Du magst? Identifizierst Du Dich mit denjenigen, die getötet, gefoltert und in die Sklaverei verkauft wurden? Jetzt versuch es einmal mit dem anderen Extrem. Was glaubst Du, wie es war, als keltische Krieger 387 vor unserer Zeit Rom und 279 vor unserer Zeit Mazedonien plünderten? Tu Dir einen Gefallen und untersuche Deine Visionen detailliert. Was ist der Unterschied zwischen römischen und keltischen Kriegsverbrechern? Ich habe schon Neuheiden gesehen, die zornig wurden, wenn sie darüber redeten, wie die römischen Armeen die Druiden von Mona abgeschlachtet haben und eine Art schadenfrohen Stolz an den Tag legten, wenn sie darüber diskutierten, wie die keltischen Armeen im sonnigen Süden plünderten. Macht es einen so großen Unterschied, ob man von einem römischen oder einem keltischen Krieger erschlagen, versklavt oder vergewaltigt wird? Identifizierst Du Dich mit einer Gruppe, weil sie einer bestimmten Kultur angehört? Was ist mit Gewinnern und Verlierern? Hast Du eine Schwäche für die Geknechteten? Oder kommen die Erfolgreichen in Deinen Phantasien am Besten weg? Waren die Römer besser oder schlechter als ihre Gegner? Wie auch immer die Antwort ausfallen mag, es sagt eine Menge darüber aus, wie Du Deine Glaubensinhalte organisierst. Wenn Du herausfinden willst, wie es wirklich war, musst Du es aus so vielen Blickwinkeln wie möglich betrachten. Das ist der Schlüssel zum Verständnis, und wie jeder Meister des Tempels weiß, sind mehrere Blickwinkel nur dann möglich, wenn Du mit all Deinen Vorurteilen und persönlichen Ansichten abwesend bist.

Mehrere Blickwinkel produzieren mehr Daten als eine Einzelbetrachtung. Das ist das Verstehen an sich, als Nächstes kommt dann Weisheit, d. h. die Wahl, welchen Blickwinkel (oder welche Meinung) Du brauchst, um Deinen wahren Willen tun zu können. Kein Blickwinkel ist wahrer als der andere, aber manche von ihnen funktionieren unter bestimmten Umständen leichter. Wenn Du also die Nase rümpfst über irgendeine magische Technik oder Religion, weil sie der falschen Kultur entstammt oder zufällig nur eine Woche alt ist, wie wäre es, wenn Du Dir Deine Repräsentation vornimmst und ihr eine neue Form verpasst?

Die Realität formen

Geschichten transformieren die Repräsentation der Menschen von Ereignissen und formen damit die Realität, an die sie glauben. Manchmal kann eine gute Geschichte das so überzeugend leisten, dass sie uns im Hinblick auf weitere Nachforschungen blendet. Denk mal über das Mistel-Ritual nach, das der gute alte Plinius so sorgfältig aufgeschrieben hat. Dieser pittoreske Bericht hat die Ansichten der Gelehrten in einem solchen Ausmaß beeinflusst, dass Experten zwei Jahrhunderte lang jede Art von floralen Ornamenten in der keltischen Kunst (egal von wann und wo) als Misteln interpretiert haben. Wer weiß, wieviele Pflanzen und Bäume den verschiedenen keltischen Völkern heilig waren! Wer weiß, wieviele Heilpflanzen verwendet wurden! Ganz gleich, was Archäologen entdecken, man kann sich sicher sein dass irgendein gelehrter Trottel es als Mistel bezeichnen wird. Eine Geschichte besteht nicht nur aus einer bestimmten Menge an Informationen. Geschichten werden lebendig und färben die Erinnerung und Imagination. Eine gut erzählte Geschichte kann Ebenen des Tiefenselbst erreichen, die alltäglichen Informationen verschlossen bleibt. An ein paar trockene Fakten erinnert man sich schlechter als an eine lebhafte Geschichte. Das Gedächtnis funktioniert auf diese Weise. Wenn Du Dich an trockene Fakten erinnern möchtest, binde sie in eine interessante Geschichte ein. Für viele frühe Kulturen waren Geschichten nicht nur zur Information und zur Unterhaltung da. Geschichten wohnte eine besondere Magie inne. Denk daran, welchen Wert die britischen Krieger, von denen viele von edler Geburt waren, auf ihren Ruf legten. Ein Ruf beruht auf den Geschichten, die über einen erzählt werden. Die Adligen brauchten die Barden, damit sie die Lieder und Geschichten über ihre heldenhaften Taten weiterverbreiteten. Du kannst jetzt eine tolle Geschichte über Dich erfinden, um Dein Image aufzupolstern. Wenn Du sie Dir selbst oft genug erzählst, kann es passieren, dass Du anfängst, sie selbst zu glauben. Von diesem Punkt an wird die Geschichte zu einer hypnotischen Suggestion. Wenn ein Barde einen Adligen wegen einer Anzahl gewalttätiger Taten pries, oder wenn ein Adliger laut genug prahlte, musste er diesem Ruf gerecht werden. Das Resultat ist ein Feedbacksystem. Die großen Helden produzierten ein leuchtendes Bild von ihrer Tapferkeit und identifizierten sich damit. Sie schufen eine überlebensgroße Repräsentation und lebten dementsprechend. Man könnte das mit positivem Denken vergleichen, nur, dass es sich nicht in einem einzigen Kopf abspielte, sondern von einer ganzen Anzahl ähnlicher kriegslüsterner Trottel bestätigt wurde. Wenn der Frühling kam und die Schatztruhen der Könige leer waren, begann die Saison des Kriegführens, und die wilden Behauptungen der metseligen Winterabende mussten bewiesen werden.

Die Krieger kämpften, oft ruchlos, ohne jegliche Rücksicht auf die eigene Sicherheit. Im Verlauf dessen verloren viele von ihnen wichtige Teile ihrer Anatomie. Und ein paar verloren auch ihre Köpfe, aber was ist ein schneller Tod, der so unvermeidbar wie Regen ist, wenn auf den Tod immerwährendes Lob in den Liedern der Barden folgt! Viele der tapferen Krieger hatten große Angst davor, alt und krank zu werden. Ein kurzes, ereignisreiches Leben voller spektakulärer Taten erschien da viel verlockender. Sie wollten, dass ihr Leben eine gute Geschichte abgab.

Übung:
Deine Geschichte

Bestimmt hast Du eine Lebensgeschichte. Die meisten Menschen legen sich sowas zu. Vor allem, weil es ihre Persönlichkeit zusammenhält. Denn eigentlich sind es viele Geschichten. Und mit einander zu tun haben sie ungefähr so viel, wie Du gerade glaubst. Denn Menschen ändern sich die ganze Zeit. Und eine Geschichte von vor zehn Jahren ist vielleicht einem ganz anderen Du geschehen. Gut. Zu Deinen Geschichten.

Lass uns jetzt mal wieder Spaß haben. Zeit für ein paar lustige Verwandlungen.

Nimm Dir was zu schreiben und mach Dir Notizen. Denn hier geht es um ziemlich viel. Es geht um Deine Geschichte, und um die vielen Geschichten, aus denen sie besteht.

Sammel einfach mal ein paar markante Beispiele. Welche unterhaltsamen Geschichten gab es in deinem Leben? Aufregende Geschichten, spannende Geschichten, Geschichten von großen und kleinen Veränderungen, überraschende Geschichten und lustige Ereignisse? Schreib ein paar Stichwörter zu jeder Kategorie auf. Denn gute Geschichten sollten erzählt werden, und um das zu tun, musst Du wissen, was Dir zur Verfügung steht. Und wenn Du hier gründlich bist, werden Dir schon bald immer mehr Geschichten ins Bewußtsein kommen. Manche werden Dich überraschen. So ist das, wenn man den Kessel gut umrührt. Such Dir Geschichten, die Dich weiterbringen. Geschichten von Liebe und Lachen, von Festen, Verwandlungen, überstandenen Krisen und

Momenten unerwarteter Inspiration. Es müssen keine monumentalen Ereignisse sein. Oft haben kleine, alltägliche Erlebnisse einen ganz eigenen Zauber. Und wenn der Zauber nicht reicht, kannst Du sie immer noch bezaubernd erzählen.

Und wie ist das mit den traurigen und tragischen Geschichten? Eine Menge Leute meinen, sie müssten ständig ihr Leid klagen, um Zuwendung zu bekommen. Dummerweise bringen sie sich selbst und alle Zuhörer dabei in eine schlechte Stimmung. Denn schlechte Geschichten stecken an. Im Krankenhaus kann man ganzen Rudeln von Patienten zuhören, die um die Wette klagen. Das ist so eine Art Wettbewerb, bei dem der Gewinner sich am schlechtesten fühlen darf.

Erstaunlich, was manche Menschen glücklich macht. Ich würde hier nicht unbedingt vorschlagen, dass Du Deinen Kummer versteckst. Für den Anfang reicht es, die Klagen auf exakt fünf Minuten am Tag zu reduzieren. Mehr ist eindeutig zu viel. Aber schauen wir uns Jammerstories mal näher an. Auch mit denen kann man Spaß haben. Denn da wir Menschen sind, haben wir erstaunlich flexible Gehirne, und können jedem Ereignis praktisch jede beliebige Bedeutung geben. Das ist ein Teil des Menschseins.

Such Dir eine mittelschwere Jammerstory. Keine totale Tragödie, denn hier übst Du erst mal. Sieh Dir die Geschichte in Deiner Vorstellung an. Und sieh Dich selbst dabei, wie Du agierst, wie Du mit anderen zu tun hast, und wie Dir was-weiß-ich zustößt.

Die dissoziierte Wahrnehmung ist wichtig. Wenn Du eine Erinnerung oder eine Vision erlebst, indem Du aus Deinen eigenen Augen siehst, mit eigenen Ohren hörst und entlang der eigenen Mittellinie fühlst, wird das Erlebnis sehr intensiv. Heb Dir das für richtig gute Erinnerungen und Visionen auf. Wenn etwas richtig gut war, geh voll rein und erlebe es wieder. Solche Erinnerungen bestärken. Es lohnt vor allem bei Erinnerungen, in denen Du echt gute Sachen mit Deinem Partner erlebt hast. Du bekommst wieder Zugang zu all den guten Gefühlen, und wenn Du die Bilder noch größer machst und den Ton lauter und richtig intensiv fühlst, wird es Deine Beziehung echt verbessern. Oder stell Dir ein paar schöne Sachen vor, die Du mit Deinem Partner erleben willst. Geh rein und genieß die Gefühle. Man kann sich immer wieder neu in einen Menschen verlieben, und wenn Deine Beziehung halten soll, solltest Du das öfters tun.

Wenn es um schlechte Erinnerungen geht, ist ein bisschen Abstand nützlich. Sieh Dich selbst von außen. Das verändert schon mal Deine Gefühle. Denn wenn Du außerhalb Deiner selbst bist, hast Du keinen direkten Zugang zu dem Jammer, den Du damals empfunden hast. Du kannst Gefühle zu der Situation haben, aber das sind nicht die Selben wie die Gefühle in der Situation. Und sie lassen sich beliebig verändern. Und wenn Du es noch gemütlicher möchtest, kannst Du die Bilder kleiner machen, weiter weg schieben, den Ton leiser drehen und so weiter. Richard Bandler empfiehlt auch, die Gefühle in die andere Richtung gehen zu lassen. Das ist ein brillanter Vorschlag. Du findest viel dazu in seinem *Get the Life You Want*. Ich kann es nur von ganzem Herzen empfehlen. Gefühle sind nicht einfach da, sie werden gemacht. Und jedes Gefühl, das Du empfindest, bewegt sich. Viele kreisen, manche strömen und manche pulsieren rhythmisch. Wenn Du weißt, wie sich ein bestimmtes Gefühl bewegt, kannst Du es beeinflussen. Du kannst ein gutes Gefühl stärker und intensiver bewegen. Und Du kannst bei einem schlechten Gefühl die Bewegungsrichtung umkehren. Das verwirrt die Informationsübermittlung der Nerven, entlang denen sich das Gefühl bewegt. Und gibt Dir die Gelegenheit, etwas völlig Neues zu fühlen. Solche Methoden sind sehr nützlich, wenn es darum geht, schmerzhafte Erinnerungen zu heilen. Denn hier geht es darum, denn Schmerz rauszunehmen. Die Erinnerung an sich kann nämlich durchaus nützlich sein. Aus Fehlern sollte man lernen. Das geht viel besser, wenn Du bei der Erinnerung die schlechten Gefühle entfernst.

Also gut. Such Dir eine mittelschlechte Erfahrung und erlebe sie von draußen, aus einer gewissen Distanz. Du kannst Dich und die anderen aus Augenhöhe sehen. Aber vielleicht macht es einen großen Unterschied, wenn Du von oben zusiehst. So, als würdest Du durch ein Mikroskop auf Dich herab schauen. Sicher werden Dir Dinge auffallen, die Dir vorher nicht bewußt waren. Bestimmt gibt es da einiges zu lernen. Aber wir können noch viel weiter gehen. Jetzt ist der Zeitpunkt, die Bedeutung der Geschichte zu verändern.

Schau Dir das Ereignis noch mal an, sieh von außen, wie Du agierst, aber verwandele die Elemente. Was passiert, wenn

Du allen Beteiligten andere Kostüme verpasst? Zum Beispiel richtig bescheuerte! Oder wenn Du das Ganze als Comic siehst? Oder als Puppentheater? Wenn Du allen quietschige Stimmen gibst? Und alberne Musik im Hintergrund läuft?

Wie kannst Du die traurige Geschichte in eine lustige verwandeln? Du weißt ja, Humor hat viel mit der Erkenntnis und Transzendenz von Schmerz zu tun. Wie kannst Du die Darstellung Deiner Story so verändern, dass sie echt lustig und bizarr ist? Probier einfach herum. Du wirst schnell merken, was Dein Erleben stark verändert.

Mach das mit mehreren solchen Geschichten. Das Leben sollte einfach mehr Spaß machen, und jetzt tust Du den Spaß hinein. Oder schau Dir die ganze Episode als Außerirdischer an. Besonders Beziehungsstreitigkeiten gewinnen dabei ganz neue Bedeutung. Sie werden nämlich völlig unverständlich. Was sie ja auch vorher waren. Du hast es einfach nicht gemerkt. Und wenn Du jetzt eine Menge dummer Beziehungs Szenen auf Distanz gebracht hast, wirst Du leichter in eine bessere Zukunft mit Deinem Partner gehen. So machen Verliebte das. Sie gehen voll in die guten Erinnerungen rein, was richtig gute Gefühle macht, und machen die schlechten Erinnerungen zu kleinen, distanzierten, unbedeutenden Episoden, die zu erinnern es sich praktisch nicht lohnt. Gute Beziehungen brauchen Wartung. Und die sollte Spaß machen.

Aber was ist mit schlechten Beziehungen? Viele Menschen stecken in hoffnungslosen Beziehungen und können sich einfach nicht von ihrem Partner losreißen. Wenn Du in einer schlechten Beziehung steckst, die einfach nicht mehr gerettet werden kann, weißt Du jetzt, wie Du Dich motivierst, ein Ende zu machen. Denn wenn Du voll in alle schlechten Erinnerungen reingehst und sie ganz schnell auf Dich einfluten lässt, laut, groß, bunt und alles, und Du die schlechten Gefühle noch beschleunigst, fällt die Entscheidung leichter, Schluss zu machen. Irgendwann wird der Druck so groß, dass Du Deinen Abstand bekommst und das alles nur noch seltsam, oder besser, einfach komisch findest. Was für euch beide bestimmt das Beste ist. Denn dann seid ihr frei, möglichst in Frieden auseinander zu gehen und jemanden zu finden, der besser zu euch passt.

So einfach kann das gehen. Unbewußt werden diese Mechanismen die ganze Zeit angewendet. Jetzt kannst Du es systematisch tun, so, dass eine richtig gute Geschichte dabei herauskommt.

Natürlich gibt es hier noch mehr zu erleben. Wir können aus einem beliebigen Ereignis auch noch ganz andere Geschichten machen. Wir können es spannend erleben, oder romantisch, oder wie ein sachlicher Beobachter, oder wie ein Verhaltensforscher, es kann surrealistisch sein, oder völlig grotesk. Das Leben lässt sich auf so viele Weisen neu erleben. Und genau das tun Menschen die ganze Zeit. Schau Dir nur einmal an, wie die Beurteilung eines Lebens sich verändert, wenn ein Mensch in eine neue Beziehung geht, oder ein Kind bekommt, in ein wirklich fremdes Land zieht oder seine Religion verändert. Kaum ist so eine große Veränderung da, erzählen sich Menschen völlig neu. Und das ist keine Lüge, sondern einfach nur die Gestaltung einer neuen Persönlichkeit. Unsere Geschichten verändern sich schon, wenn wir sie sehr verschiedenen Menschen erzählen. Oder zum Beispiel einem Apfelbaum oder einem Wildschwein. Die haben viel Verständnis für Dich.

Aber gehen wir noch weiter. Eine Erinnerung zu verändern ist erst der Anfang. Wie ist es mit der Gegenwart? Zum Beispiel gerade jetzt? Lebst Du eine gute Geschichte? Wenn nicht, was würde Deine Geschichte brauchen, um besser zu werden? Was kannst Du tun, um ein Erlebnis richtig unterhaltsam zu machen? Wie kannst Du Dich danebenbenehmen, um mehr Spaß in Dein Leben zu bringen? Und wenn Du etwas Unangenehmes erlebst, kannst Du es jetzt schon zu einer lustigen, bizarren oder völlig schrägen Story machen. Denn Du bist in Deinem Leben Darsteller, Drehbuchschreiber, Geschichtenerzähler und Publikum. Also sieh zu, dass es eine lebenswerte Geschichte ist.

Rituelles Geschichtenerzählen

Werfen wir mal einen Blick auf die Rolle des Geschichtenerzählers im alten Europa. Der irische Ollamh hatte ein Repertoire von 250 Haupt- und 100 Nebengeschichten. Über die Hauptgeschichten wissen wir, dass sie in spezifischen Gruppen organisiert waren. Das *Buch von Leinster* (*Lebor Laignech*, ca. 1160) gibt zwölf Kategorien für die Hauptgeschichten an:

Zerstörungen, Raubzüge, Umwerbungen, Schlachten, Ereignisse in Höhlen, Seefahrten, Gewaltsame Tode, Feste, Belagerungen, Abenteuer, Braut-Entführungen und Massaker.

Ein anderer Abschnit des gleichen Manuskripts gibt fünf zusätzliche Kategorien an:

Einbrüche, Visionen, Liebschaften, Kriegszüge und Invasionen.

Wie man sieht, handelt es sich vor allem um „Sportnachrichten". Diese Kategorien verraten uns, dass die Geschichten nach Funktion geordnet waren. Es ist wahrscheinlich, dass der Geschichtenerzähler eine Geschichte wählte, die der Stimmung des Publikums entsprach. Die Einsortierung der Hauptgeschichten unter verschiedenen Überschriften ermöglichten den Poeten einen leichten Zugang zu den passenden Geschichten zu jeder Gelegenheit. Dass die Gruppen von Geschichten nach Funktion organisiert waren, ist sicherlich einen zweiten Gedanken wert. In unserer Zeit sind Geschichten oft um Personen oder Orte herum organisiert. Sieh Dir mal die 17 Kategorien an, die das *Buch von Leinster* aufzählt. Was waren Deine Raubzüge, Entführungen und Abenteuer? Welche Anekdoten aus Deinem Leben würden in diese poetischen Kategorien passen?

Während die Hauptgeschichten einige Fragen aufwerfen, da viele von ihnen nicht bis in unsere Zeit überlebt haben, sind die Nebengeschichten noch mysteriöser. Da sie nirgends aufgeführt werden, haben wir keine Ahnung, was sie beinhalteten. Ob sie wichtiges oder unwichtiges Material enthielten, bleibt offen. Schon der Name „Nebengeschichten" klingt etwas enttäuschend, aber andererseits sollten wir nicht vergessen, dass nur die obersten vier Ränge berechtigt waren, sie zu erzählen. Was wären die Haupt- und Nebengeschichten Deines Lebens?

Das Erzählen von Geschichten war ein Ritual an sich. Heute fühlen sich viele Leute zuhause nicht wohl, wenn nicht der Fernsehapparat in einem anderen Raum vor sich hin plappert. Die Medien überschwemmen uns mit einer Flut leicht verdaulichen Materials, so dass viele bereits einen Overload haben. In den alten Tagen war eine Geschichte ein Ereignis und gute Geschichtenerzähler waren willkommen. Informationen waren ein begehrtes Gut, dem das Publikum schweigend lauschen sollte. Diese Regel galt für die Edelleute, die in den von Fackeln erleuchteten Hallen den besten Poeten lauschten, und sie galt für das einfache Volk am Torffeuer ebenso. Neue Geschichten hatten zwar auch ihren Reiz, aber die alten blieben mit Sicherheit populär. Das mag der Art zu verdanken sein, wie wir die Geschichten erleben.

Der Zauber der Erzählung

An und für sich ist das Erzählen einer Geschichte eine ziemlich einfache Sache. Es gibt da eine Person, die eine Anzahl innerer Erfahrungen (Gedächtnis und Imagination) hat und die diese kommuniziert, indem sie ein abstraktes und äußerst willkürliches System semantischer Symbole (Worte) verwendet, außerdem Flexionen, Tonalität, Akzente, Aussprache, Tempo, Betonung,

Münzen 17

Variationen eines Themas. Alle Münzen stammen von den Boiern aus Böhmen. Die klassischen „Regenbogenschüsselchen". Regenbögen, Torques oder Kessel? Beachte unten rechts die Münze mit stilisierter Leier und Monden.

Körperhaltung, Gesten und so weiter. Diese Mittel der Kommunikation sind nicht die Geschichte. Die Geschichte ist das, was sich im Geist des Erzählers befindet – und das, was sich im Geist des Publikums abspielt. Die Geschichte ist der Zauber, der zwischen Erzähler und Zuhörer geschieht, die von einem Geist in einen anderen übergeht und sich für jedes neue Gehirn neu formiert. Jede Geschichte ist für die Person, die sie erfährt, einzigartig. Der Geist, der den Worten und Gesten Sinn verleiht, ist Dein Geist; was Du erlebst, ist also größtenteils von Dir selbst erfunden worden. Du verleihst der Geschichte einen Sinn, indem Du sie mit Deinen inneren Sinnen wahrnimmst. In Deinem Gehirn siehst Du Bilder, hörst Geräusche, spürst und nimmst Teil an Emotionen. Manchmal riechst oder schmeckst Du sogar etwas. All das ist subjektiv.

Man kann es als Imagination oder Tagträumen bezeichnen, wenn man will. Man könnte es auch Hypnose oder Trancemagie nennen. Das passiert ständig. Du kannst keinen einzige Satz hören oder lesen, ohne mit Deinen inneren Sinnen eine Repräsentation von seiner Bedeutung herzustellen. Diese Repräsentation gehört Dir, sie ist Dein ureigenstes Kunstwerk. Wenn Du eine Geschichte einmal hörst, kann das eine mehr oder weniger lebhafte Erfahrung sein, je nachdem, wie gut sie erzählt wurde, wie interessant sie war und wie intensiv Du ihre Inhalte mit Deinen inneren Sinnen repräsentiert hast. Wenn Du Dir am nächsten Tag die Geschichte ins Gedächtnis zurückrufst, kann das Deine Erinnerung stabilisieren. Wenn Du sie noch mehrmals erzählt hörst, werden Deine inneren Sinne sie noch mehr ausschmücken. Wenn Du also eine ältere Geschichte nochmals hörst, muss das nicht langweilig sein. Es könnte sogar sein, dass manche Geschichten reifen, wenn man sie

oft genug imaginiert. Das widerfährt den Zuhörern, aber es widerfährt auch dem Poeten in noch viel intensiverer Weise, der die Geschichte so oft erzählt, dass er praktisch in sie einziehen und in ihr leben könnte.

In Schottland konnten Gäste, die in ein Haus kamen, erwarten, mit einer Geschichte unterhalten zu werden, mussten sich aber revanchieren. Ein schottisches Sprichwort warnt: *Erst eine Geschichte vom Gastgeber, dann eine Geschichte vom Gast, bis zum Morgen.* Geschichtenerzähler durften mit einem warmen Empfang und in einigen Fällen auch mit einer wunden Kehle rechnen. Der traditionelle Empfang für Barden und Geschichtenerzähler taucht kurz im vierten Zweig des *Mabinogi* auf. Hier stoßen wir auf den schlauen Zauberer Gwydion und seine gleichgesinnten Freunde, die ausziehen, um die wunderbaren Schweine zu stehlen, die Pwyll und Pryderi aus der südwalisischen Dynastie von der Anderswelt bekommen hatten. Die Schweine waren etwas ganz Neues. Pwyll hatte sie von Arawn (Silberzunge!), dem Herrscher von Annwvn, als Geschenk erhalten. Um sicherzugehen, dass sie freundlich empfangen würden, verkleidete sich Gwydions Bande von Unruhestiftern als Barden. In dieser Verkleidung durften sie sicher mit einem herzlichen Empfang rechnen.

Gwydion wurde schon bald gebeten, eine Geschichte zu erzählen, was er mit dem Charme und der Leidenschaft eines Profis tat. Wie ein professioneller Barde bat auch er hinterher um einen immens hohen Lohn, namentlich die kostbaren Schweine, die er begehrte und die Pryderi nicht wegzugeben geschworen hatte. Da es nahezu unmöglich war, einem Barden eine Bitte abzuschlagen, befand sich Pryderi nun in einer sehr schwierigen Lage. Er konnte ihm nicht die Schweine geben, ohne sein Wort zu brechen, er konnte dem silberzüngigen Zaube-

Münzen 18

Oben links: Boier, Stern; **Oben rechts:** Boier, Stern.

Mitte links: Boier, Dreiblatt; **Mitte rechts:** Boier, Torque und Leier.

Unten links: Boier, abstraktes Design deutet Eulengesicht an; **Unten rechts:** Vindeliker, Gold, 16mm, Dreiblatt, Rückseite des Hirschs auf Münzen 5 unten links.

rer aber auch nichts abschlagen. Um es ihm leichter zu machen, schlug Gwydion vor, für die Schweine zu bezahlen. Sein Angebot bestand in edlen Pferden mit luxuriösen Sätteln und Zaumzeug, die insgesamt so wertvoll waren, dass Pryderi und seine Adligen kaum ihren Augen trauten. Geblendet von dem glänzenden Gold und den funkelnden Juwelen gaben sie nach. Sie wussten nicht, dass die Pferde und ihr Zaumzeug in Wirklichkeit verzauberte Pflanzen und Pilze waren. Nun halten Illusionszauber meist nicht sehr lange. Sie fanden das am Morgen heraus, nachdem Gwydion und seine Kumpels mit den wertvollen Schweinen bereits gut auf dem Weg nach Norden waren.

In Wales wird eine Geschichte oder Erzählung als Cyfarwyddyd bezeichnet, das bedeutet *Führung, Richtung, Instruktion, Wissen* und *Fertigkeit*. Der Geschichtenerzähler wurde Cyfarwydd genannt, das ist ein bardischer Rang. Die Wurzel beider Wörter ist Arwydd: *Zeichen, Symbol, Manifestation, Omen, Wunder*. Sieh Dir diese Wörter der Reihe nach genau an und denk darüber nach. Inwiefern kann eine Geschichte ein Zeichen, ein Wunder sein, was kann sie manifestieren oder symbolisieren? Denk an Geschichten, die Du kennst, und bewerte sie dementsprechend. Was macht ihre verborgene Magie aus? Welche Manifestierungen können sie bewirken?

Das Erzählen von Geschichten ist oft auf bestimmte Gelegenheiten beschränkt. Viele Kulturen verfügen über Geschichten, die nur nachts erzählt wurden durften, oder im Winter, oder während einer bestimmten Zeremonie. Manchmal ist das Recht, eine Geschichte zu erzählen, auf bestimmte Personen, Berufe, ein bestimmtes Geschlecht, eine bestimmte Altersgruppe oder Gesellschaftsschicht beschränkt. All das zeigt, dass der Akt des Erzählens einer Geschichte mit

einem besonderen Status verbunden ist. Im alten Indien wusste man von bestimmten Geschichten, dass sie Segen brachten. Die Hindus glaubten (und einige glauben es immer noch), dass es Segen und göttlichen Schutz bringt, den alten Epen *Mahabharata* und *Ramayana* zu lauschen. Beide sind ziemlich umfangreich (das *Mahabharata* umfasst etwa 100,000 Verse).

Sie enthalten epische Elemente, Geschichte, Gesetze, Bräuche, religiöse Präzedenzfälle und auch zahllose gute Ratschläge. Wie Mogg Morgan mir einmal sagte, konnte ein König mit Erfolg in der Schlacht rechnen, wenn er dem *Mahabharata* gelauscht hatte. Das war der Tatsache zu verdanken, dass die Götter Königen zulächeln, die traditionellem Wissen zu lauschen wissen, aber auch dem Faktum, dass eine Menge militärische und strategische Ratschläge in der Geschichte verborgen sind.

Die wunderbare frühindische Sammlung *Geschichten von der Leiche* (*Vetalapancavinsati*, erhältlich in mehreren Versionen und Übersetzungen) ist bekannt dafür, Dämonen und böse Geister zu vertreiben, und außerdem befreit sie von Sünden und Leiden. Die mittelalterliche Kompilation *Srimad Devi Bhagawatam* befreit den Zuhörer von Illusion und entbindet die Seele sofort von karmischen Banden und Fesseln. Das massive Werk ist außerdem eine Fundgrube für jeden, der auf der Suche ist nach praktischen Anweisungen für Rituale zum Zweck der Verehrung der großen indischen Göttin Devi und all der Göttinnen, aus denen die Devi geschaffen wurde. In all diesen Fällen darf derjenige, der auch nur gelegentlich lauscht, mit Segen rechnen, aber wer dem ganzen Werk mit konzentrierter Aufmerksamkeit lauscht, nimmt an der Geschichte teil, als ob er an einer ausführlichen Zeremonie teilnähme.

Das Erzählen einer Geschichte kann eine Zeremonie sein, es kann ein Akt der Verehrung sein, und es kann ein magischer Akt sein, der die Welt verändert. Eine ähnliche Tradition sakralen Geschichtenerzählens findet man im mittelalterlichen Irland. Das bekannteste Epos der irischen Literatur ist diese gewalttätige Saga voller Heldenmut und Schlachtgemetzel namens *Tain Bo Cuailnge* (Der *Rinderraub von Cuailnge* bzw. *Cooley*). Die handschriftliche Version des Epos, die sich im *Buch von Leinster* findet, enthält eine Schlussbemerkung, ein Schlusswort in Irisch:

Ein Segen für jeden, der den Tain getreulich
in dieser Form auswendig lernt und ihn nicht
verändert.

Das ist ein guter Hinweis darauf, dass schon die Form der Geschichte für heilig gehalten wurde. Es ist auch möglich, dass der irische Schreiber, der diese Anmerkung schrieb, glaubte, die Geschichte des Tain sei wahr. Dem irischen Schlusswort wurde später eines in Latein hinzugefügt. Da kommt ein wesentlich nüchternerer Geist zu Wort:

Ich, der ich diese Geschichte, oder vielmehr,
Phantasie abgeschrieben habe, glaube nicht
an die Einzelheiten dieser Geschichte oder
Phantasie. Manche Dinge darin sind teufli-
sche Lügen und andere poetische Einbildung;
einige erscheinen möglich, andere nicht; und
manche dienen nur der Unterhaltung von
Tölpeln. (Übers. nach Kinsella)

Wie wenig auch der Schreiber mit einigen Elementen der Geschichte einverstanden gewesen sein mag, er fühlte sich dennoch verpflichtet, das Material in seiner ursprünglichen Form zu belassen. Das sagt einiges über seine Aufgeschlossenheit aus, denn es wäre viel leichter gewesen, die stö-renden Passagen einfach wegzulassen, statt sie detailliert abzuschreiben. Man kann das als Anhaltspunkt dafür nehmen, dass nicht alle mönchischen Schreiber heidnische Ideologien zensierten. Es gibt eine irische Überlieferung, die besagt, dass wer immer dem *Tain* lauscht, für die Zeit eines Jahres vor allem Übel geschützt ist. Für eine Geschichte ist das eine ganz schöne Leistung.

Ein ähnlicher Effekt wurde einer Anzahl alter irischer Werke zugeschrieben. Ein Gedicht, das dem heiligen Patrick zugeschrieben wird, informiert uns, dass jeder, der *Die Begünstigung des Hauses der zwei Methers* lauscht, auf gefährlichen Reisen, bei Jagden und wenn er Gasthäuser besucht, Glück haben wird. Die Geschichte segnet Leute, die heiraten, den König, der zuhört (ohne zu unterbrechen) und befreit Gefangene aus ihrer Knechtschaft. Eine ähnliche Tradition sakralen Geschichtenerzählens findet man in der poetischen *Edda*. Lies das *Grimnismal* und finde heraus, wie der verkleidete Gott Odin einem Jüngling seiner Wahl die Königswürde verleiht, indem er ihm eine Geschichte erzählt. Im Verlauf derer wird der zukünftige König in die Gnosis der göttlichen Anderswelten eingeweiht, während der alte König in sein Schwert fällt und stirbt. War das Erzählen einer Geschichte Teil einer Krönungszeremonie? Ein anderer Segen erscheint am Ende des *Havamal* (*Das Lied des Hohen*, d. h. Odin). Er sichert dem Zuhörer ein langes Leben. In Britannien setzt Taliesin dem Ganzen die Krone auf, indem er singt:

Bücherwissen erzählt mir selten
von üblem Leiden nach dem Totenbett;
und jene, die meine bardischen Bücher empfingen,
werden den Himmel erhalten, die beste aller
Behausungen.

(BvT)

Denk mal darüber nach. Taliesin war weder ein Heiliger noch ein Mann der Kirche. Wenn er denen, die seinen Werken lauschen, Erlösung verspricht, deutet er damit an, dass sich seine Werke auf gleicher Ebene mit der *Bibel* bewegen – oder vielleicht sogar noch höher anzusetzen sind. Es erscheint wahrscheinlich, dass die mittelalterlichen Barden über ein ganzes Repertoire an wunderwirkenden Geschichten verfügten. Spezielle irische Geschichten waren dafür bekannt, Königen den Sieg zu verleihen, Ehen fruchtbar zu machen, neue Häuser zu segnen (wenn sie in der ersten Nacht dort erzählt wurden) und frisches Bier zu segnen. Wenn man die Heiligkeit des Geschichtenerzählens in einer Anzahl alter indo-europäischer Kulturen bedenkt, ist es einigermaßen wahrscheinlich, dass auch die vorschriftlichen kelto-germanischen Volker Mitteleuropas über ähnliche Traditionen verfügten.

Therapeutisches Geschichtenerzählen

Wir haben uns nun angesehen, wie Geschichten eingesetzt wurden, um Glaube und Realität zu formen. Vielleicht denkst Du, dass die Magie von Geschichten eine triviale Sache ist, anzusiedeln auf einer Ebene mit Zaubersprüchen und Wünschelrutengehen. Ich dagegen bin der Ansicht, dass Geschichten so magisch sind, dass sie das Gruppenbewusstsein formen. Ganz egal, was „objektive" Wissenschaftler glauben, ein Großteil der Realität ist nicht messbar, sondern beruht auf Konsens. Die Massenmedien unserer Tage mögen auf faktischer Ebene wenig Punkte sammeln, aber sie sind populär genug, um die Meinungen und Überzeugungen von Millionen zu formen. Diese Leute sind es, die geistig oberflächliche Mehrheit, die den Mythos namens Realität formen und bestätigen. Es handelt sich um

einen Feedback-Prozess. Die Leute glauben an die Medien und die Medien liefern das, woran die Leute glauben wollen. Glücklicherweise sind nicht alle Fernsehprogramme und Zeitungen einer Meinung, und götternseidank gibt es in unseren Tagen zuverlässigere Informationsquellen.

In den Tagen, als Barden Geschichten erzählten, war es viel schwerer, an Informationen heranzukommen, und das Wort des Intellektuellen (Barden oder Poeten) hatte eine Menge Gewicht. Bardische Poesie bestätigte die Ziele der sogenannten heroischen Gesellschaft und animierte das Publikum zu bestimmten Verhaltensweisen, während es andere tabuisierte. In diesem Sinn schuf bardische Magie eine Weltanschauung für die ganze Gesellschaft. Und das ist ganz gewiss hohe Magie. Es handelt sich nicht um die Art von Magie, die man benutzen kann, um Kleinkram zu regeln. Es ist die Art von Magie, die Dich veranlassen sollte, darüber nachzudenken, in welcher Weise die Barden von heute, die Massenmedien, Deine Realität formen. Wo bietet die konsensuelle Realität Dir die Freiheit der Wahl, und wo schränkt sie Deine Entwicklung ein? Sieh Dir einmal die einfachen, gewöhnlichen Ideen, die Du immer für selbstverständlich hältst, gut an. Vielleicht sind irgendwelche Geschichtenerzähler dafür verantwortlich. Und es gibt einen wichtigen Unterschied zwischen den Barden von einst und den heutigen Medien. Die Barden durchliefen während ihrer Ausbildung einen Prozess spiritueller Initiation und Verfeinerung und produzierten dann inspirierte Kunst. Moderne Journalisten dagegen lernen, die fundamentalen Kicks zu erkennen, nach denen ihr Publikum hungert, sie auf der niedrigstmöglichen Ebene zu befriedigen und aus Dreck Gold zu machen.

Soviel zur Magie im großen Rahmen. Schauen wir uns nun mal an, wie Geschichten im kleinen Rahmen funktionieren und wie Du sie zu einem Bestandteil Deiner persönlichen magischen Praktiken machen kannst.

Das Erzählen von Geschichten ist unschätzbar wertvoll für fortgeschrittene Hypnotherapie. Die meisten von Euch haben eine Vorstellung davon, was Hypnose ist und wie Suggestionen verwendet werden können, um Veränderungen und Heilung zu stimulieren. In den frühen Tagen der Hypnose standen den Pionieren nur sehr wenige Techniken zur Verfügung, um Trancestadien und Heilungsprozesse einzuleiten. Sie hatten eine simple Methode, die sie direkte Suggestion nannten, und benutzten sie wie einen Schmiedehammer. Die allerersten Hypnotherapeuten wiederholten einfach immer wieder Befehle. „Falle in Trance. Tiefer. Werde ganz ruhig. Fühl Dich entspannt. Deine Augen schließen sich. Hör mir zu. Atme tief. Gehe tiefer in Trance. Gehorche meinen Befehlen." Diese simplen Suggestionen wurden ständig wiederholt, wenn nötig, stunden- oder sogar tagelang, bis der Patient entweder in Trance fiel oder davon lief. Eine Folge davon war, dass die Experten der Zeit entschieden, es gebe Leute, die man hypnotisieren könne, und Leute, bei denen man es nicht könne. Sie glaubten, die Fähigkeit in Trance zu gehen hinge vom Patienten ab, und ihre eigene schwachsinnige Inflexibilität habe nichts damit zu tun.

Wenn der Patient in eine Trance irgendeiner Art gefallen war, testete der Therapeut, ob sie tief genug war. In jenen Tagen war es ein verbreiteter Aberglaube, eine tiefe Trance sei gleichzusetzen mit starken Heilungsmöglichkeiten, während leichte Trancen als ineffektiv angesehen wurden. Um die Tiefe einer Trance zu testen, erfanden die

Therapeuten eine Menge absurder Praktiken wie beispielsweise die Armlevitation, Anästhesie, Paralyse und so weiter. Wenn der Patient gehorchte, galt es als eine gute Trance, wenn nicht, existierte „Widerstand", der, wie wir alle wissen, ein schleimiges, dreiköpfiges Ungeheuer mit Flügeln, Klauen und einem ganz schlechten Sinn für Humor ist.

Leute, die Widerstand zeigten, wurden als schlechte Subjekte eingestuft, angeschrien und rausgeworfen. Die, die sich bezüglich der Trancetiefe gut machten, erhielten Instruktionen in Bezug auf die Veränderungen, die sie sich wünschten. Man konnte mit Dingen rechnen wie: „Der Tisch ist aufgeräumt", „Rauchen ist schädlich", „ Ich werde jeden Tag besser", „Pflicht ist Vergnügen" und so weiter. Man glaubte, solche Befehle würden den Charakter stärken. Ganz im Geiste der Regel „Mehr ist besser" wurden sie hunderte Male wiederholt, Woche für Woche, bis die gewünschte Veränderung eintrat oder der Patient sich einen anderen Therapeuten suchte.

Ich habe einmal ein Buch über Hypnose in Russland gelesen, das den Hinweis enthielt, eine echte Hypnose erfordere, dass der Hypnosetherapeut autoritär wirke, ausgesprochen überzeugt von sich, und stets finster blicke. Um das zu fördern, wurde der Leser angewiesen, dunkle, buschige Augenbrauen zu kultivieren und sich einen echten Hypnotiseur-Bart stehen zu lassen.

In Russland durften Patienten, die in Behandlung bei dem guten Dr. Pawlow waren, mit Suggestionen wie „Genossin Olga, ich befehle Dir, jetzt in Trance zu fallen!" rechnen. Coue, der der französischen Schule früher Geistverbieger angehörte, schlug vor, dass die Leute sich die Suggestionen selbst immer wieder vorsagen sollten (damit begann die Geschichte der Selbsthypnose) und dass Mütter in die Schlafzimmer ihrer Kinder schleichen sollten, um Suggestionen zu flüstern, während diese schliefen.

Heutzutage sieht Hypnotherapie anders aus. Die autoritäre Methode, die in Diktaturen und Feudalsystemen so wunderbar funktioniert hatte, ist in der Welt der Moderne eher unbrauchbar. Wenn alle Medien lauthals verkünden, Du solltest ein Individuum sein, Deinen eigenen Weg gehen und die folgenden Produkte konsumieren, wirkt es unpassend, Leuten zu befehlen, in Trance zu fallen. Hinzu kommt, dass Doktoren viel von ihrem halbgöttlichen Status verloren haben, daher wird eine Suggestion nicht mehr als ein Befehl betrachtet. Die moderne Hypnotherapie verdankt Forschern wie Milton H. Erickson und den brillianten Pionieren des neurolinguistischen Programmierens (NLP), John Grinder und Richard Bandler, eine Menge. Ihre Bücher sind nur zu empfehlen.

In der modernen Praxis werden die Patienten nicht mehr mit Standardmethoden behandelt. Menschen sind einzigartig, und jedes Individuum hat seine ureigensten Erfahrungen, Erinnerungen und Persönlichkeitszüge. Daraus folgt, dass ein Standardverfahren unmöglich ist und dass jeder Patient eine maßgeschneiderte Therapie benötigt sowie die Art von Suggestionen, auf die er oder sie reagieren möchte. Manche Leute mögen es, wenn man ihnen sagt, was sie tun sollen, und sind glücklich, wenn man ihnen direkte Suggestionen gibt, die wie Befehle klingen. Andere (die heute in der Mehrzahl sind), mögen es nicht, herumkommandiert zu werden. Früher hätte man sie für unhypnotisierbar gehalten, heute müssen wir bloß die Suggestionen in einer passenderen Form verschlüsseln, und schon fallen sie in Trance. Wenn jemand Widerstand zeigt, dann ist das im Allgemeinen ein Zeichen dafür, dass der Therapeut nicht flexibel genug ist und den Patienten dazu zu zwingen versucht, etwas Unpassendes zu tun.

Hypnose ist keine Form der geistigen Kontrolle oder gar ein Wettkampf in Willenskraft. Es ist eine elegante Kommunikationsmethode, die reichlich Feedback benötigt. Wo die Hypnotherapeuten der alten Schule glaubten, den Geist des Patienten kontrollieren und prägen zu müssen, sind moderne Therapeuten der Ansicht, dass Heiler und Patient kooperieren wollen. Erickson selbst war es, der meinte, der Therapeut sei unwichtig und sorge lediglich für eine Umgebung, in der der Patient jede Art von Veränderungen durchführen könne, die er wolle.

Einer der Wege, mit denen der Therapeut dem Patienten Wahlfreiheit geben kann, ist die Nutzung von indirekten, ungenau definierten Suggestionen. Der Therapeut ist nicht allwissend. Wenn Du versuchst, eine Person so zu verändern, wie Du willst, ist es mehr als wahrscheinlich, dass es nicht funktioniert. Selbst wenn Du die besten Absichten hast, kannst Du nicht wissen, was genau der Patient braucht. Ungefähr das gleiche Prinzip liegt der Sigillenmagie zugrunde. Wenn Du ein Sigill entwirfst, bittest Du Dein Tiefenselbst (oder Götter, Geister, etc.), etwas für Dich zu tun. Du bittest das Tiefenselbst, weil Dein bewusstes Selbst es nicht geschafft hat. Üblicherweise weiß das Tiefenselbst viel besser Bescheid als das bewusste Selbst (die Persönlichkeit oder das Ego). Es verfügt über die Ressourcen, das Verständnis und die Weisheit und weiß viel besser als Du, was gut für Dich ist. Ein sorgfältig entworfenes Sigill kann Dein Tiefenselbst dazu anregen, Veränderungen einzuleiten, die den Uneingeweihten magisch erscheinen. Einen Teil seiner Effizienz verdankt es der Tatsache, dass das Sigill nach der Übermittlung vergessen wird, so dass sich das Tiefenselbst ohne Einmischung durch das Ego an die Arbeit machen kann.

Münzen 19

Oben links: Tektosagen!; **Oben rechts:** unbekannt, nördlich der Donau.

Mitte links: unbekannt, Taunus, sehr verbreitet in Mitteldeutschland, verwandt mit den Münzen der Boier!; **Mitte rechts:** Eburonen, Triskel.

Unten links: Icener, Britannien; **Unten rechts:** Icener, Britannien.

Ähnlich funktioniert es bei einem guten Hypnotherapeuten, der nie darauf bestehen würde, dass er es besser weiß. Viel effizienter ist es, das Tiefenselbst des Patienten zu bitten, eine eigene Lösung zu finden und die Transformationen durchzuführen, die wirklich benötigt werden. Eine Methode, um diesen Effekt zu erreichen, ist die Verwendung von offenen Suggestionen. Ich möchte mal ein Beispiel improvisieren:

„Und während Du fühlst, dass Du tiefer in Trance gehst und Dein Atem sanft geht und Deine Muskeln sich lockern, stellst Du vielleicht fest, dass Dein Tiefenselbst beginnt, sich mit den Veränderungen zu beschäftigen, die jetzt für Dich wirklich wichtig sind und dass es Zugang zu genau richtigen Ressourcen für Dich findet und Du erwarten kannst, dass sie in Zukunft noch besser funktionieren werden, während Du Deinen Beschäftigungen nachgehst, und plötzlich wird Dir klar, dass die Dinge, die vorher für Dich so schwierig waren, jetzt anders sind, und Du erkennst, was passiert ist und beginnst, es zu genießen. Dein Tiefenselbst weiß, welche Veränderungen Du brauchst und gerade jetzt kann es sich für drei Charakterzüge entscheiden, die es gern verwandeln würde, und während Du meiner Stimme lauschst, beginnst Du zu fühlen, dass es jetzt passiert und Du kannst bald eine wunderbaren Überraschung erwarten, deshalb kannst Du das gute Gefühl jetzt schon genießen und vielleicht möchtest Du jetzt von etwas Angenehmem träumen oder Dich an etwas Schönes erinnern, während Dein Tiefenselbst damit beschäftigt ist, Dich zu heilen und all die Dinge zu tun, die Dir gut tun. Du kannst Dir jetzt Zeit nehmen, um diesem Prozess zu erlauben, zu wirken, und wenn Dein Tiefenselbst seine Arbeit getan hat, wirst Du finden, Du erwachst aus Deinen Träumen und aus Deiner Trance erfrischt und erneuert auf, wenn Du bereit bist, und

Dich auf den Segen der Tiefe freust, der jetzt Dein Leben transformiert..."

In diesen Zeilen findest Du mehrere Elemente hypnotischer Sprachmuster. Einige von ihnen sind ungewöhnliche Grammatik, verborgene Implikationen, Erfahrungen, die überprüfbar sind und solche, die es nicht sind. Wenn Du Dir diesen Text genau ansiehst, wirst Du feststellen, dass er, obwohl er spezifisch und bedeutungsvoll klingt, größtenteils aus schillernden Seifenblasen besteht. Gute hypnotische Sprache ist oft kunstvoll unbestimmt. Diese Zeilen ergeben für den Patienten oder den Therapeuten keinen Sinn, abgesehen von der Tatsache, dass sie bestimmte innere Prozesse stimulieren. Sie bewirken, dass das Tiefenselbst (was immer das in Wirklichkeit sein mag) beginnt, nach Aspekten der Persönlichkeit zu suchen, die ein Update benötigen, und sie zu verändern, während der Patient an sich unspezifische Träume oder Erinnerungen durchlebt oder einfach das entspannte Gefühl genießt, das mit einer solchen Trance einher geht. Ich habe nicht gesagt, was genau sich verändern soll, wie es sich verändern soll oder warum es sich verändern soll. Ich habe aber impliziert, dass die Veränderung jetzt beginnt, und dass es eine schöne Veränderung zum Besseren sein wird (worin auch immer das bestehen mag).

Indem sie kunstvoll unbestimmt ist, vermeidet die Therapeutin die Falle, „es besser zu wissen" und sich unangemessen einzumischen. Dank vager Suggestionen kann der Patient genau die therapeutischen Veränderungen bewirken, die er oder sie braucht. Die Therapeutin braucht nicht zu wissen, was bewirkt wird, und auch dem Patienten braucht nicht bewusst zu sein, welche Veränderungen vollzogen werden. Wichtig ist, dass die richtigen Veränderungen eintreten – das ist es, worum es bei Magie geht.

Hypnose ist nur eine von vielen Methoden, nützliche und unterhaltsame Trancezustände herbeizuführen. Wenn Du einer Person helfen möchtest, sich zu verwandeln, kannst Du das in einer normalen hypnotischen Trancesitzung tun. Du kannst aber auch etwas Eleganteres tun. In manchen Fällen ist es vielleicht notwendig, den vollständigen Prozess einzusetzen und eine Trance herbeizuführen, nachdem Du es dem Patienten ermöglich hast, sich zu entspannen, zu beruhigen, langsamer zu werden usw. Zu anderen Zeiten ist dieser Ansatz vielleicht zu rigid und rituell. Das kann besonders dann der Fall sein, wenn die zu hypnotisierende Person eine tiefe Abneigung gegen die Hypnose hat oder schreckhaft ist. Dank der Art, wie die Medien Hypnose präsentiert haben, haben die meisten Leute in unserer Gesellschaft ein negatives Bild von ihr. Sie glauben, Hypnose bestünde darin, andere Leute zu etwas zu zwingen, was sie nicht tun wollen. Oft denken sie, dass Leute so hypnotisiert werden können, dass sie Verbrechen begehen oder dass sie dann besonders anfällig für bösartige Einflüsse sind.

Diese Mythen sind populär, aber total falsch. Wenn man Leute zu Sachen zwingen möchte, die gegen ihre Prinzipien sind, dann tut man das, wenn sie normal wach sind. Das ist es, was Chefs, Regierungen und Autoritätspersonen tun, und es funktioniert ziemlich gut. In Trance sind die meisten Personen viel intelligenter als im täglichen Leben, weil sie dann in Kontakt mit ihrem innersten Wesen stehen und Manipulation leichter durchschauen, als wenn sie zur Arbeit gehen oder fernsehen.

Sollte jemand sich vor der Hypnose oder Verwandlung fürchten, kann es nützlich sein, Suggestionen so zu kodieren, dass sie nicht als solche erkannt werden. Es gibt einige Therapeuten, die das Erzählen von Ge-

schichten zu diesem Zweck nutzen. Erickson war hier ein Pionier, aber Richard Bandler hat eine Kunstform daraus gemacht. Wer Richard Live oder auf DVD erlebt, kommt aus dem Lachen und Staunen nicht mehr heraus. Eine Geschichte scheint etwas Harmloses zu sein. Du kannst Dich eher als Zuhörer denn als Patient verstehen, was eine große Erleichterung ist. Und abgesehen davon wirkt der Therapeut wie ein Entertainer. Eine gut erzählte Geschichte führt eine Trance herbei. Denk mal darüber nach. Erickson definierte Trance als einen Zustand konzentrierter Aufmerksamkeit. In Trance wird Dein allgemeines Bewusstsein reduziert, während ein spezifischer Gegenstand Deines Bewusstseins intensiver wahrgenommen wird. Leute in Trance machen oft sehr intensive Erfahrungen, während andere unbemerkt vorüberziehen. Das erklärt, weshalb Schmerzkontrolle durch Hypnose möglich ist. Der Schmerz wird nicht wirklich kontrolliert. Er wird lediglich reduziert und vergessen, da andere Empfindungen intensiver erscheinen. Die Aufmerksamkeit wendet sich anderswohin, oder, wie ein Sprichwort in der chinesischen Kampfkunst lautet: *Wenn Du an den Schmerz denkst, tut es zweimal so weh.*

In gleicher Weise könnte ich sagen, dass die Schreibtrance, in der ich mich befinde, während ich diese Zeilen tippe, einen gewissen Grad an physischer Unempfindlichkeit mit sich bringt. Wenn mein Geist mit seinem engen Fokus beschäftigt ist (den Worten, dem innerlichen Sprechen, meinen Fingern auf der Tastatur) neige ich dazu, meinen Körper zu vergessen und bemerke im Allgemeinen nicht, ob ich hungrig oder müde bin oder ein bisschen Bewegung brauche. Kannst Du Dich daran erinnern, wie es war, ein spannendes Buch zu lesen, ein Buch, das so faszinierend war, dass Du einfach nicht aufhören konntest? Was für ein wunderbares Beispiel für eine tiefe, hypnotische Trance! Während Du eine Geschichte genießt, werden Dir Worte, Gesten und eine Anzahl subtiler Informationen durch Aussprache, Tonfall, Geschwindigkeit, Betonung und so weiter übermittelt. Wenn Du liest, hast Du sogar noch weniger, mit dem Du arbeiten kannst, nur die Worte. Du kannst jede Stimme dazu erfinden, die passend klingt. Was immer Du empfängst, ist eigentlich nicht die Geschichte. Die Geschichte ist das, was Dein Gehirn anhand der verschiedenen inneren Sinne produziert. Du hauchst den Worten Leben ein, Du repräsentierst die Ereignisse mit Deinen inneren Sinnen (das nennt man Sinn machen) und Du erlebst echte Emotionen.

Die meisten Leute, die lesen können, halten das für selbstverständlich; nur wenige von ihnen denken darüber nach, dass das Lesen oder Anhören einer Geschichte eine Übung in angewandter Halluzination ist. Denk an einen spannenden Roman, der wirklich Deine Emotionen berührt hat. Ist es nicht erstaunlich, was für starke Gefühle Du für Personen empfinden kannst, die Du in Deinem Geist erfunden hast? Ist es nicht seltsam, dass eine Geschichte Deinen Tag aufhellen oder Dich niederdrücken kann? Manche Geschichten bringen Leute zum Lachen oder Weinen. Das sind ziemlich starke Halluzinationen, oder?

Manche Therapeuten haben die Kunst des Geschichtenerzählens in einem solchen Ausmaß perfektioniert, dass ihre Patienten gar nicht merken, dass sie hypnotisiert werden. Dieser Ansatz wurde von Milton H. Erickson perfektioniert, der eine Geschichte nach der anderen erzählte. Erickson, der im Rollstuhl saß, hatte festgestellt, dass er, wenn er zu Boden starrte und vage vor sich hin murmelte, seine Patienten in eine Trance

hinein langweilen konnte. Wenn die Patienten einer Geschichte nach der anderen zuhörten, begannen sie bald, zu dösen und zu träumen; sie fielen in Trance, ohne dass ihnen jemand sagen musste, dass sie es tun sollten. Nach der Sitzung stellten sie meistens fest, dass sie sich nur an wenige von Ericksons Geschichten erinnern konnten, und viele von ihnen verließen seine Praxis mit einem deutlichen Gefühl der Enttäuschung. Ihr bewusster Geist war der Ansicht, der Doktor habe überhaupt nichts getan. Tage oder Monate später wurde ihnen plötzlich klar, dass sich ihr Leben zum Besseren geändert hatte, oder sie begannen, sich an die Geschichten zu erinnern, die plötzlich sehr viel Sinn für ihr Wohlergehen ergaben.

Erickson benutzte diese Methode bei Patienten, die schwierig oder nicht allzu intelligent waren. Er benutzte sie auch, um andere Therapeuten zu trainieren. In seinen Unterrichts-Workshops gab er nur selten explizite Instruktionen. Wenn ein Therapeut danach fragte, wie etwas getan werden sollte, bestand die Antwort in einer weiteren Geschichte. Du kannst Dir eine solche Lernerfahrung zu Gemüte führen, indem Du *A Six Day Seminary with Milton H. Erickson* (*Meine Stimme begleitet Sie überall hin*, Klett-Cotta, Stuttgart, 1985) liest. Immer wenn Erickson seine Geschichten erzählte, dösten oder tagträumten seine Zuhörer. Sie hatten kaum eine andere Wahl. Zur gleichen Zeit war ihr Tiefenselbst damit beschäftigt, wichtige Informationen auszufiltern und neue Verhaltensmuster zu erwerben. In diesem Sinn funktionierten Ericksons Geschichten wie Sigillen. Sie umgangen die Zensur der bewussten Persönlichkeit und sanken in die Tiefe, um Veränderungen und Heilung zu bewirken. Was glaubst Du, warum meine Bücher so voll von seltsamen Geschichten sind? Glaub bloß nicht, sie verändern Dich, jetzt.

Therapeutische Funktionen

In einer Therapie kann das Erzählen von Geschichten zu verschiedenen Zwecken eingesetzt werden.

Diagnose. Eine Geschichte kann Reaktionen im Publikum provozieren. Indem man die Reaktionen des Klienten beobachtet, kann man Informationen erhalten, die auf andere Weise schwer zugänglich wären. Man kann sehen, worauf der Zuhörer bewusst reagiert und herausfinden, an welchen Punkten der Geschichte das Tiefenselbst des Zuhörers subliminale Hinweise gibt. Achte auf die körperliche Symmetrie, die Haltung, Aufmerksamkeit, Gesten und so weiter.

Verwirrung. Wenn Leute Probleme haben, stammt ein Teil ihrer Probleme von der Art her, in der sie über ihre Probleme nachdenken. Gedanken sind keine Entitäten als solche, sie treten in einer bestimmten Form auf. Um Gedanken zu denken, müssen sie für Dich einen Sinn ergeben, d. h. Du musst sie formen, indem Du die Sinneskanäle Deiner Imagination benutzt. Wenn ein bestimmter Gedanke wiederholt gedacht wurde, kann es sein, dass er sich so verfestigt, dass er kaum noch anders zu denken ist.

> Viele Leute bleiben, wenn sie versuchen, ein Problem zu lösen, innerhalb der Grenzen der Situation. Wenn Du sie dazu bringen kannst, sie zu verlassen, zeigst Du ihnen damit, dass sie über die unmittelbaren Grenzen des emotionalen Problems hinaustreten können. Plötzlich wird ihnen dann klar, dass es auch andere Ansichten, andere Möglichkeiten, andere Arten, die Dinge zu verstehen gibt. Du sagst ihnen lediglich, oder zwingst sie, die unmittelbaren Grenzen dieser emotionalen Konfiguration zu überschreiten.
>
> Erickson in Haley, 1985

Geschichten können Verwirrung erzeugen, und Verwirrung kann den Zuhörer aus seiner üblichen Denkroutine holen und den Geist für neue Einsichten und Möglichkeiten öffnen. Du kannst eine Geschichte verwenden, die das Bewusstsein des Zuhörers verwirrt, und währenddessen dem Tiefenselbst eine Anzahl nützlicher Suggestionen übermitteln. Du könntest auch lange und komplizierte Sagas erfinden, Geschichten in Geschichten in Geschichten einpacken, bis der Zuhörer komplett verwirrt ist. Sowohl der bewusste Geist als auch das Tiefenselbst werden nach einer Bedeutung suchen. Es ist nicht so wichtig, dem Bewusstsein eine Bedeutung zu vermitteln, aber es kann nützlich sein, um währenddessen dem Tiefenselbst bedeutsame Botschaften zu schicken. Da alle Geschichten mehrere Bedeutungsebenen haben, braucht die oberflächliche Bedeutung nicht identisch mit der Bedeutung für das Tiefenselbst zu sein. Verwirrung ist nicht nur in Therapien nützlich. Sie ist auch unschätzbar wertvoll in der Magie und Mystik. Was ist das Hauptproblem in der magischen Entwicklung? Es sind nicht Dämonen oder Engel, oder zornige Götter oder glibberige Entitäten von irgendwo dazwischen. Es ist die ganz gewöhnliche, menschliche Persönlichkeit, die Maske der Identität, die von Gewohnheitsdenken und rigidem Glauben zusammengehalten wird. Dieser Kreatur bekommt es, wenn man sie von Zeit zu Zeit verwirrt. Wie wär's, wenn Du absichtlich bei Dir Verwirrung stiftest?

Problemlösungen. Geschichten können Ratschläge und Hinweise enthalten. In der schlimmsten Form kannst Du diese Technik in simplen moralischen Geschichten am Werk sehen. Sowas ist kaum effizient. Wenn Du den Zuhörer nicht direkt fragen kannst: „Wie wär's denn, mal das und das zu machen?" und die Sache stattdessen in eine klebrige kleine *Geschichte* verpackst, wird die Analogie extrem offensichtlich sein, und der Klient wird das wahrscheinlich verabscheuen. Und jeder Ratschlag, den *Du* geben kannst, kann total daneben liegen. Du rätst nur. Statt eine Lösung anzubieten, könntest Du eine *Geschichte* erzählen, die den Zuhörer anregt, für neue Denkweisen offen zu sein. Mehrere Lösungen zur Auswahl sind ein viel sichererer Weg als jede Einzellösung. Stimulation ist eleganter als Zwang.

Bei der Tranceinduktion versucht der unerfahrene Hypnotiseur oft, das Verhalten des Subjekts zu dirigieren oder zu verbiegen, damit es in sein Konzept davon passt, wie das Subjekt sich verhalten „sollte". Die Rolle des Hypnotiseurs sollte konstant verkleinert und die Rolle des Subjekts konstant vergrößert werden.

Erickson in Bandler & Grinder, 1975

Kunstvolle Unbestimmtheit

In vielen Kunstformen kann man ein dynamisches Wechselspiel zwischen Suggestion und Definition beobachten. Denk mal an chinesische Landschaftsbilder. Einen Großteil ihres Charmes verdanken sie der Tatsache, dass die Szenerie nicht vollständig zu sehen ist. Wolken verhüllen Teile der hoch aufragenden Berge, wild wuchernde Vegetation verdeckt die Pfade, unzugängliche Orte locken mit ihren Geheimnissen. Diese Elemente sind nicht zufällig vorhanden. Die traditionellen Regeln für chinesische Landschaftsmalerei verlangen, dass ein gutes Bild solche Dinge aufweisen sollte, ebenso wie es menschliche Wesen, ein Gebäude und einen dynamischen Energiefluss in der Szenerie geben sollte.

Oder denk mal an Landschaften, die mit Aquarell gemalt wurden. Vergleich sie mit Landschaften, die mit einem Stift gezeichnet

wurden. Was ist der Unterschied? In einem Fall hast Du ein verschwommenes Bild, das als Suggestion wirkt, im anderen sind die Abgrenzungen genau definiert. Bilder können definieren, was geschieht, sie können es aber auch suggerieren.

Die gleichen Kräfte sind beim Erzählen von *Geschichten* am Werk. Wenn die Personen in einer *Geschichte* gut definiert sind, kann das dazu führen, dass das Publikum auf ihre Charakterzüge reagiert. Wenn Du einen Helden möchtest, mit dem sich die Leute identifizieren, musst Du sehr genau zwischen Definition und Suggestion abwägen. Zu viele Details, und Du verärgerst einige Deiner Zuhörer; zu wenige Details, und Dein Held wird zur Pappfigur. Ein Held mit zuviel Persönlichkeit wirkt vielleicht originell und überzeugend, aber er wird kaum beliebt werden.

Nun möchte ich Dir von dem guten, alten König Arthur erzählen. Schon mal von ihm gehört? Nennius, der um 830 herum schrieb, erwähnt ihn kurz als *dux bellorum*, Anführer von Kriegern. Er kämpfte in zwölf Schlachten gegen verschiedene Angelsachsen und jagte ein Schwein namens Troynt. Wenn er kämpfte, trug er manchmal ein Bild der Jungfrau, und einmal reiste er nach Jerusalem, um ein Kreuz zu erhalten. Nicht viel Information, aber genug, um in einer Zeit, die nach Legenden hungerte, einen Helden aus ihm zu machen.

Der ursprüngliche Arthur war ein eher bescheidener Charakter. Sein Zeitgenosse Gildas, der Zorniges über die Monarchen Britanniens schrieb, macht sich nicht einmal die Mühe, ihn zu erwähnen. Ein guter Hinweis darauf, dass Arthur, falls er überhaupt existierte, kein König war. Lambert von St. Omer tat ihn als „Soldat" ab. Nicht gerade viel Material, um eine Legende zu erschaffen. Existierte Arthur überhaupt? In der Zeit, mit der man ihn in Verbindung bringt – das frühe 6. Jahrhundert – gibt es keinerlei Berichte über ihn. Das kann viel oder wenig bedeuten, da aus dieser Zeit ganz allgemein sehr wenige Dokumente überliefert sind. Historiker sind nicht sehr glücklich mit der post-römischen Zeit in Britannien, als die Geschichtsschreibung den Bach runterging und Lese- und Schreibunkundigkeit die Regel wurden. Es gibt allerdings indirekte Hinweise. Der Name Arthur wurde sehr populär in der Generation, die nach ihm lebte. Aber die schriftlichen Berichte der nächsten Jahrhunderte erwähnten ihn kaum. Und dann kam der große Wandel.

Wer immer Arthur ursprünglich auch gewesen sein mag, seine Legenden, von Nennius aufgezeichnet, weisen ihn als sehr erfolgreichen Kämpfer gegen die gefürchteten angelsächsischen Eroberer aus. So wurde er bei den Walisern und den Briten populär. Mit der Zeit rankten sich immer mehr Legenden um seinen Mythos.

Geoffrey of Monmouth (ca. 1100 – 1155) publizierte eine bizarre Pseudo-Historie, genannt *Die Geschichte der Könige Britanniens*, die ein Bestseller wurde. Sie enthielt einen langen Abschnitt über König Arthur, der zum Nationalhelden geworden war. Andere schrieben von Geoffrey ab, und die Troubadoure auf dem Festland mit ihren Gralsgeschichten taten ein Übriges.

Arthur war nicht nur ein König der frühen Geschichte, in Wirklichkeit war er ein Kaiser. Hatte nicht er persönlich Britannien und Irland, Skandinavien, Deutschland, Frankreich und sogar das mächtige römische Imperium selbst erobert? Hatte nicht er mehr oder weniger allein Riesen erschlagen, Tyrannen gedemütigt und die Unterdrückten von Drachen mit schlechten Manieren befreit? Für diese Leute war Arthur real. Arthur der Edle, der gerechte Herrscher, Oberhaupt des

prunkvollsten Hofes des ritterlichen Europa, Gründer der Tafelrunde.

Nicht mehr lange, und Arthur und seine edlen Ritter wurden an allen Höfen Europas gefeiert. Die Troubadoure, die von Burg zu Burg zogen, machten die Geschichte beliebt. Sie machten einen Mythos lebendig, der viele Edelmänner dazu anstiftete, Arthur und seine tapferen Begleiter zu imitieren. Zahllose Geschichten entstanden um Arthur, den vollkommenen Herrscher, was den ursprünglichen Anführer von Kriegern des 6. Jahrhunderts sicherlich überrascht hätte. Einer der Gründe, weshalb Arthurs Geschichte so erfolgreich war, bestand darin, dass seine zentrale Figur so wenig Persönlichkeit hatte. Viele Leute konnten sich mit Arthur identifizieren, da sie ihren eigenen Arthur erfanden. Stell Dir mal vor, ein Barde würde Dir erzählen:

„Es war einmal ein großer und edler König, dessen Name Arthur war. Er war ein starker Kämpfer und weiser Herrscher, dessen Gerechtigkeit von allen bewundert wurde. Sein Ruhm reichte so weit, dass Ritter aus allen Enden der Welt an seinen Hof reisten. Sie wollten sich Arthurs Gefährten anschließen und an der runden Tafel sitzen, an der alle Männer gleich waren. Arthur hielt Hof in Camelot und es galt als die größte Ehre, sich seinen Rittern anschließen zu dürfen. Arthur liebte seine Untertanen und tat alles, um ihr Los zu verbessern. Wann immer er von einer Übeltat hörte, sandte er seine Ritter aus, um den Übeltäter zu bestrafen."

Das verrät uns sehr wenig über Arthurs Persönlichkeit. Es lädt dazu ein, den perfekten Monarchen zu halluzinieren, der wunderbarerweise genau die gleiche Vorstellung von Gerechtigkeit hat wie Du. Der Arthur, den Du erfunden hast, ist Dein Arthur. Wenn Du mitspielst, musst Du ihm Deine eigenen Vorzüge und Vorurteile einflößen. Wenn man ihnen einen so undefinierten Arthur gibt, werden die meisten Leute nur zu gern halluzinieren, was immer sie am liebsten hätten. Nun möchte ich ins andere Extrem fallen. Wie wäre es mit einem Arthur, der Charakterzüge aufweist? Glücklicherweise werden seltsame Details in der mittelalterlichen Literatur erwähnt. Manche von ihnen sind reichlich verrückt. Und nun stell Dir vor, Dein Barde sagt:

„Arthur! Er war ja kein schlechter Kerl, weißt du...Eher groß gewachsen. Hatte jede Menge Dellen im Kopf. Ist wohl dauernd gegen Türrahmen gerannt. Und ein bisschen schüchtern. Nicht so wie sein Vater. Uther war eine echte Plage. Sie haben ihn den Schrecklichen genannt, aber nur hinter seinem Rücken. Hat dauernd Köpfe gesammelt. Und ist ständig vom Pferd geflogen. Und weh dem, der laut darüber lachte. Aber Arthur war anders. Er ist wie ein Findelkind bei fremden Leuten groß geworden. Darüber ist er nie hinweg gekommen. Aber er hatte ein schönes, großes Schloss. Echt nobel. Fünfzehn Räume insgesamt, und drei konnten beheizt werden. Da gab es frische Binsen auf jedem Boden, jede Menge guten Fraß, soviel Schwein wie man essen konnte. Aber keine Klos oder Waschmöglichkeiten. Dafür war ja der Fluß da. Man konnte ja hinlaufen, wenn man wirklich wollte. Aber wer wollte das schon, so mitten im Winter. Und wo Arthur lang lief, wuchs ohnehin sieben Jahre nichts mehr. Arthur war das eh egal. Er war dauernd auf Tour und hat gekämpft. Hier ein Riese, da ein Drache, und dann die Sachsen, immer wieder... sie kamen dauernd über den Kanal, aber Arthur hat ihnen ordentlich was verpasst. Zwölf große Schlachten ist nicht schlecht für ein Leben. Die Jungs ließen sich nicht kleinkriegen. Und wenn gerade keiner zur Stelle war, sind wir selber rüber zu ihnen. Gute Zeiten waren das. Manchmal auch ziemlich bescheuert. Ich weiß noch, wie Arthur religiös wurde. Echt peinlich. Er hatte einen üblen Streit mit einem Heiligen. Der Sack hieß Padarn. Der kam direkt aus Rom, in der schicksten Tunika, die du dir vorstellen kannst. Alles voll mit Stickerei und Quasten und Knöpfen und so. Arthur wollte das Ding, aber Padarn gab es nicht raus. Sie haben sich drum geprügelt, und Padaran hat gewonnen. Er hat Arthur bis zum Kinn in die Erde verflucht. Aber der alte Art war nicht kleinzukriegen. Kaum war er aus seinem Loch gekrochen, ist er schon nach Jerusalem gezogen. Er wollte einfach heilig werden. Und da haben sie ihm dieses Kreuz angedreht. Und Arthur hat es in die Schlacht getragen. Sachsenschädel hat er damit zerschlagen. Das war bei Mount Badon. Und ein Standbild hatte er. Hübsch und groß, in Farben, von der Jungfrau Maria. Blondes Haar und dicke Titten. Er war ziemlich stolz darauf; wer es nur schief ansah, bekam sofort eine drauf. Er hat es bei der Schlacht von Guinnin getragen. Wir hatten eine Menge Spaß. Und die Parties damals... weißt du, wenn's ums saufen ging, war Arthur voll dabei. Er mochte seinen vollen Gral, wie jeder andere auch. Und es gab Fußball. Wir haben Köpfe gekickt. So war das. Jede Menge Köpfe. Meistens halten sie eh nicht lange. Und gute Ritter gab es. Sir Kai konnte sich geradewegs durch eine Schneewehe schmelzen. Das waren noch Kerle! Nicht so wie heute. Und der gute alte Lanzelot. Immer hinter der Königin her. Aber ein guter Kämpfer. Kann man nichts sagen. Leider hatte er dieses Identitätsproblem. Manchmal drehte er voll durch. Er war zu dieser Zeit nämlich noch gar nicht erfunden. Das ist erst Jahrhunderte später passiert. Kann einen Mann echt runterbringen. Er ist nie drüber weg gekommen. Und die Mädels... Arthur hatte drei Königinnen. Jede von ihnen hieß Gwenhyfar, das gibt doch zu denken. Und drei Geliebte, aber was soll's. Arthur war ein echter Voyeur. Ist immer in seiner Tarnkappe zu den Damen gegangen. Und er glaubte echt, er hätte das Zeug zu einem Barden. Er sang gottserbärmliche Lieder, wenn er betrunken war. Jeden verdammten Abend. Im Kämpfen war er besser. Wir Barden mussten reichlich viel abschütten, um seine Verse zu ertragen. Und dann hat er noch diese Reise in die Anderswelt versaut. Na ja, es kamen eh nur sieben zurück, reden wir von was anderem. Und er hat einen Großteil von Europa erobert. Gallien und Deutschland, Italien und Griechenland, sogar Norwegen und Island, wo doch echt niemand hin will. Sein größtes Problem waren Schweine. Schweine und Frauen. Er machte immer Jagd auf Schweine. Ein echter Versager. Dabei hat er es nicht mal geschafft, König Marchs Schweine zu stehlen. Wir haben ihn deshalb zu einem der drei mächtigen Schweinehüter der Insel gewählt. Na ja. Wir haben alle unsere kleinen Probleme. Am Ende haben sie ihn tot geschlagen. Bei Camlann. Echt schwache Leistung. Die sinnloseste Schlacht, die ich je erlebt habe. Aber immerhin, als König war er nicht schlecht. Sie haben ihn dann bei Glastonbury in einem Loch verscharrt. Der alte Bedwyr hat sein Schwert geklaut und es verkauft. Wir waren von dem Geld drei Wochen lang besoffen."

Arthur Fans werden erstaunt sein, dass diese Geschichte zahlreiche Details und Andeutungen enthält, die direkt aus der bardischen und mittelalterlichen Literatur stammen. Gerald of Wales war zum Beispiel dabei, als Arthurs angebliches Grab bei Glastonbury geöffnet wurde. Er bestaunte die riesigen Beinknochen, die dort vorsorglich bestattet lagen, und den völlig zerdellerten Schädel. Es handelte es sich um eine Fälschung, die die Kirche vorgenommen hatte,

um dem neu begründeten Kloster Glastonbury zu Prestige zu verhelfen. Die Barden berichteten von den fünfzehn Räumen, drei davon beheizt. Sanitäre Einrichtungen und Luxus wie Fußbodenheizung verschwanden mit den Römern. Geschlafen wurde noch viele Jahrhunderte auf einem Lager von Binsen, möglichst nah am Feuer. Die Barden (*Walisische Triaden*) erklärten Arthur zu einem der drei frivolen Barden Britanniens. Das *Mabinogi* gibt einen Vers wieder, den Arthur über Kai sang, der diesen so verärgerte, dass er ihm nie wieder beistehen wollte. Nennius erzählt vom Bild der Jungfrau, die *Annales Cambriae* vom Kreuz. Angeblich trug es Arthur drei Tage ohne Pause, und das mitten in der Schlacht. Ein kirchliches Dokument, die *Vita Paterni* gibt den Streit mit St. Padarn wider. Arthur wird darin als Tyrann bezeichnet. In den frühen Kirchenberichten kommt Arthur ohnehin sehr schlecht weg. Er wurde als Feigling, Mörder, Dieb und Kirchenfeind dargestellt. Vielleicht war der historische Arthur, der Kriegsherr des sechsten Jahrhunderts, ja ein Heide. Die späteren kirchlichen Dokumente preisen ihn dann aber als einen vorbildlichen Christen. Zwei verschiedene Schweinejagden erscheinen im *Mabiongi* und bei Nennius, der vergebliche Schweineraub wird in den *walisischen Triaden* erwähnt. Die erzählen auch von seinen drei Frauen, die zufällig alle den selben Namen hatten. Und von seinem Effekt auf das Wachstum von Pflanzen. Die Barden erwähnen das Fußballspiel mit Köpfen, es fand nach einer Schlacht statt. Kei's Hitze ist im *Mabinogi*, Lanzelots regelmäßige Anfälle von Wahnsinn wurde von Malory aus einem älteren französichen Dokument entnommen. Dass Camlann eine der drei nutzlosen Schlachten Englands war, geht auf die Triaden zurück. Darin erfahren wir, dass der Kriegsgrund eine Schlägerei zwischen Königin Gwenhwfar und Gwennhwy(f)ach war. Und so geht es weiter. Zurück zu unserem Thema. Diese Geschichte hat eine Menge Detail, und beschreibt einen recht fehlerhaften Menschen, kein königliches Idol. Man kann ihn mögen oder es sein lassen. Aber niemand käme auf die Idee, ihn für den perfekten Monarchen zu halten, und nur wenige würden sich leicht mit ihm identifizieren. Und was ist mit dem Wunschtraum von der idealen Führergestalt! Gute Chefs sind selten. Die meisten Menschen auf diesem Planeten hätten gerne einen gerechten und weisen Herrscher. Und praktisch jeder bildet sich ein, zu wissen, was Gerechtigkeit und Weisheit nun bedeutet. Ich habe meine Idee von Gerechtigkeit und du Deine, und wir sind beide weit entfernt von der Gerechtigkeit des sechsten Jahrhunderts. Da haben wir noch mal Glück gehabt.

Werkzeuge zum Halluzinieren

Und damit sind wir bei der ersten wesentlichen Zutat für das magische oder therapeutische Geschichtenerzählen. Ermögliche es dem Publikum, zu halluzinieren. Sei nicht zu spezifisch, sonst verlierst Du sie. Gib ihnen die Freiheit, ihre eigenen Charaktere, einen eigenen Hintergrund und eine Atmosphäre zu erfinden. Wenn Du Dir selbst eine Geschichte erzählst, kannst Du so spezifisch sein wie Du willst. Wenn Du spezifische Visionen hast, ist es vernünftig, auch entsprechend spezifisch zu formulieren. Wenn Du eine Geschichte für andere erzählst, solltest Du eher vage sein. So können sie die spezifischen Visionen entwickeln, die ihnen am besten gefallen, und alle Beteiligten sind zufrieden.

Wenn Du eine Landschaft beschreibst, ist es zum Beispiel am besten, wenn Du Dich an das Wesentliche hältst. Wenn Du von der Küste sprichst, kannst Du die Wellen erwähnen, die an den Strand rollen, das Geräusch der Flut, das Zischen des Schaums, die frische, feuchte Luft, die Rufe der Wasservögel, den Geruch nach Salz und Jod, den weiten Horizont. Derartige Sinneseindrücke sind ziemlich typisch, wenn man sich an der Küste aufhält. Du hast vielleicht bemerkt, dass ich nicht erwähnt habe, was für eine Art von Küste es ist, welche Tageszeit ist, wie das Wetter ist, welche Tiere es dort gibt, ob Badegäste da sind, und so weiter. Ich habe „das Geräusch der Flut" erwähnt. Ich habe nicht gesagt, was für ein Geräusch sie macht, und auch nicht, welche Art von Wellen es verursacht. Alles, was ich weiß, ist, dass es am Meer Wellen gibt und dass sie irgendein Geräusch verursachen.

Wenn Du Dir einen weiten, leeren Strand vorstellst oder einen grauen, vom Regen nassen Kieselsteinstrand und ich fange plötzlich an, von hoch aufragenden bräunlichen Klippen im Sonnenschein zu reden, würde das Deine Imagination unterbrechen und einiges an konstruktivem Umdenken erfordern. Kurz, es würde Deine Trance unterbrechen. Viel eleganter ist es, so unspezifisch zu sein, dass jeder Zuhörer genau den Strand erfindet, den er oder sie am liebsten mag. Der Trick besteht darin, zu wissen, wann man Details erwähnen muss und wann man das dem Publikum überlassen darf. Sollte in Deiner Geschichte jemand von einer Klippe fallen, musst Du dieses Detail der Geschichte so früh einführen, dass das Publikum Zeit hat, es in seine Träume zu integrieren. Du kannst ihnen erzählen, dass es sich um eine schrecklich hohe Klippe handelt, und jeder wird sich etwas vorstellen, was für ihn schrecklich hoch ist. Du musst nicht genau festlegen, wie hoch sie ist. Und ein furchtbares Ungeheuer ist noch viel furchtbarer, wenn sich jeder seine eigenen Alpträume vorstellt. Würdest Du zu beschreiben versu-

Münzen 20

Alle Münzen von der Ile de Bretagne, Gold. Beachte, daß die Symbolik immer wieder zu einem Paar „Mondsicheln" zurückkehrt. Die Rechtecke in den Münzen unten sind nicht symmetrisch

chen, was Dir furchtbar erscheint, wäre ein Großteil des Publikums sicher enttäuscht.

Auch Aktivitäten müssen nicht genau beschrieben werden. **Unspezifische Verben** sind hier sehr nützlich. Wenn Du hörst, dass Arthur gegen die Sachsen kämpfte, ist „kämpfen" unspezifisch. Du erhältst keine Informationen darüber, wie er kämpfte, und wann, und ob er es allein tat, wie oft er es tat und wie es eigentlich war. Der Zuhörer, der ganz naiv annimmt, er wüsste, was „kämpfen" bedeutet, halluziniert dann, was immer ihm gefällt.

Und dann gibt es da **Nominalisierungen**. Das macht sogar noch mehr Spaß. Der Begriff stammt aus der modernen Linguistik und wird häufig in der NLP-Literatur verwendet (Lies *Die Struktur der Magie* von Bandler und Grinder, wenn Du eine erstaunliche Erfahrung machen möchtest, erschienen im Junfermann Verlag). Eine Nominalisierung erhältst Du dann, denn Du eine Aktivität (ein Verb) nimmst und es in ein Substantiv verwandelst. Im Verlauf dieses Prozesses scheint es realer zu werden. „Lieben" (eine Aktivität) wird in „Liebe" verwandelt. Darf ich Dich fragen, was Liebe ist? Du weißt, was das Wort für Dich bedeutet, ich weiß, was es für mich bedeutet, und wenn wir das Wort in einer Unterhaltung benutzten, halluzinieren wir wahrscheinlich beide, wir wüssten, wovon der andere redet.

Nominalisierungen sind essentiell in der Magie. Hast Du je solche Worte gehört wie Selbst, Bewusstsein, Wille, Liebe, Verständnis, Zweifel, Weisheit, Wissen, Stärke, Mitgefühl, Verlangen, Vergnügen, Trance, Ekstase, Entzücken, Freude, Lust, Heilung…? Jede noch so simple Invokation enthält solches Zeug. Es bedeutet sehr wenig (und sehr viel) – und ganz gewiss zeigt es Wirkung.

Nominalisierungen sind auch wichtig für politische Ansprachen. Freiheit. Kontrol-le. Stolz. Pflicht. Hoffnung. System. Engagement. Verpflichtung. Wahl. Stabilität. Verantwortung. Fortschritt. Sicherheit. Toleranz. Nett, nicht wahr? Es klingt alles so echt. Man kann Leute dazu bringen, einander für eine „Freiheit" zu töten, die nie definiert wurde. Was ist Freiheit? Schau Dir das ursprüngliche Verb an. Ich bin frei, XYZ zu tun. Jeder möchte frei sein, XYZ zu tun. Der Politiker, der „Freiheit" verspricht, rechnet damit, dass jeder Wähler das Wort mit verlockenden Vorstellungen füllt.

Wenn in Deiner Geschichte eine Person vorkommt, die Liebe, Angst, Hunger, Sorge oder was auch immer empfindet, wird das Publikum mit Sicherheit diese Begriffe mit seinen eigenen Erwartungen füllen. Du kannst diesen Moment nutzen, um etwas Nützliches zu lernen. Bitte nimm Stift und Papier und mach eine Liste von mindestens 300 Nominalisierungen, einschließlich der Verben, aus denen sie ursprünglich gebildet wurden. Du wirst sehen, das macht sehr viel Spaß. Es ist eigentlich erstaunlich, wie viele Halluzinationen erforderlich sind, um einfachen Phrasen Sinn einzuhauchen.

Wenn Du Dir nicht sicher bist, ob Du es mit einem Substantiv oder einer Nominalisierung zu tun hast, gibt es einen einfachen NLP-Trick, um es herauszufinden. Frage Dich selbst, ob man es in eine Schubkarre laden könnte. Man könnte einen Elefanten auf eine Schubkarre laden, aber man könnte eine Schubkarre nicht mit Optimismus, Wahrheit, Identität, Aufregung oder Depression füllen. Nimm ein paar Zeitungsartikel und unterstreiche alle Nominalisierungen. Höre Werbetexten, Politikern, Philosophen und Therapeuten zu. Ich möchte dieses Thema beenden, indem ich Dir von einer Freundin namens Astrid erzähle. Als ich sie hypnotisierte, hatte ich eine verrückte Idee und sagte ihr, sie solle zum Haus der Geister gehen.

Ich hatte keine Ahnung, wo sie das hinbringen würde. Für mich ist das Haus der Geister ein nützlicher Ort in meiner Imagination, wo ich hingehe, um mit den Geistern zu plaudern oder Spaß zu haben. Für gewöhnlich handelt es sich um eine kleine, mit Reet gedeckte Hütte, die auf Pfählen im zwielichtigen Sumpfland steht. Für sie war das Haus der Geister eine riesige, transparente Kuppel. Hunderte von Geistern gingen dort ein und aus. Ich fragte sie: „Was für Geister sind es?" Und sie antwortete: „Es sind alles Nominalisierungen."

Geschichten und Selbsthypnose

Du kannst diese Gelegenheit für ein Experiment nutzen. Nimm mal eine einfache Geschichte. Die Geschichte vom dummen Hans zu Anfang dieses Kapitels wäre ein gutes Beispiel. Wie kannst Du diese trockene Zusammenfassung in eine verzaubernde Erfahrung verwandeln? Lies sie ein paar Mal, bis Du die Reihenfolge der Ereignisse auswendig kennst. Dann erzähl sie Dir selbst. Wiederhole sie. Schließ Deine Augen, wenn Du willst, und beschreibe, was Du fühlst.

Welche Visionen begleiten die Geschichte? Wenn Du sie Dir mehrmals erzählst, wirst Du feststellen, dass immer klarere Bilder in Deiner Imagination entstehen. Zugleich entwickelt sich die Geschichte; Lücken werden mit passenden Details gefüllt. Du kannst sie noch ausweiten. Jede innere Vision kann eindrucksvoller gestaltet werden, wenn Du herausfindest, was Dich berührt. Findest Du große Bilder eindrucksvoller als kleine, bevorzugst Du eher lebhafte oder eher matte Farben, und was passiert, wenn Du das Geschehen näher an Dich heranziehst? Hättest Du gern mehr Klarheit, mehr Kontrast, mehr Details? Rauscht die Episode an Dir vorbei, oder kannst Du die Ereignisse ganz geruhsam genießen? Wie schnell ereignet

sich Deine Geschichte? Was ist, wenn Du Glanz und Glitzern hinzufügst? Was kannst Du noch tun, um die Imagination eindrucksvoller zu gestalten? Wie steht es mit der Perspektive? Wird das Erlebnis stärker, wenn Du die Geschichte von oben, von der Seite, auf Augenhöhe oder aus der Froschperspektive erlebst?

Das ist vielleicht eine der wichtigsten Techniken für Deine Magie. Du kannst Deine inneren Visionen aufregender gestalten, das ist nur vernünftig bei unterhaltsamen Erinnerungen und angenehmen Gedanken. Bei unangenehmen Erinnerungen kann es eine Erleichterung sein, das Gegenteil zu tun, d. h., die Bilder weniger aufregend zu gestalten. Was macht ein Bild für Dich aufregend, und was reduziert seine Wirkung? Ich kann Dir nicht sagen, was es ist, aber glücklicherweise kannst Du es. Benutze die Bilder der Geschichte, um die Art und Weise zu erforschen, in der Dein Geist Daten durch Repräsentation kodiert. Was berührt Dich? Und was stößt Dich ab? Schreib auf, was Du tust und was Dir am eindrucksvollsten erscheint. Du kannst es für andere Geschichten gebrauchen, und für all die Geschichten, die Du erfindest, während Du durchs Leben gehst.

Du kannst auch mit den anderen inneren Sinnen herumspielen. Jeder innere Sinn hat diese feinen Unterschiede. In der NLP-Terminologie werden die Sinneskanäle als Modalitäten bezeichnet, während all die kleinen Unterschiede innerhalb jeder sensorischen Modalität Submodalitäten genannt werden. Wie wäre es, die Geräusche lauter zu machen und näher klingen zu lassen? Von woher kommen sie? Von innerhalb Deines Körpers? Oder von außerhalb Deines Körpers? Aus welcher Richtung? Sind sie klar oder diffus, konstant oder veränderlich? Und was ist mit den kinästhetischen Empfindungen! Woher kommt ein Gefühl, wohin geht es, wie gut ist es definiert, pulsiert es, gibt es einen Rhythmus, wieviel Druck und Festigkeit und Textur spürst Du! Wenn Du von brennendem Sonnenschein sprichst, von einem Platzregen, dem langen, ermüdenden Weg und dem hungrigen Bauch von Hans, kannst Du es so tun, dass Du fühlst, wovon Du sprichst!

Die meisten Leute glauben, ihre Gedanken wären einfach da. Manche mögen sie vielleicht, andere verabscheuen sie eventuell. Nur wenige machen sich die Mühe, herauszufinden, dass Gedanken verändert werden können, wenn Du die Art veränderst, wie Du denkst. Wenn Du die Qualität Deiner inneren Visionen nicht magst oder wenn eine Geschichte nur wenig überzeugende, halbherzige Bilder produziert – sag doch einfach: „Ja! Jetzt ist es Zeit, meine Imagination zu benutzen! Jetzt ist der Moment gekommen, in dem ich meine inneren Visionen wirklich intensiv mache!" Und das stimmt. Du kannst das. Du hast es Dein ganzes Leben lang getan, Du hast es nur meistens nicht gemerkt. Viele Leute denken in riesigen, farbigen, leuchtenden Bildern über Ereignisse nach, die sie hassen, und lassen sie nah an sich heran. Und dann werden sie praktisch krank vor Sorge. Andere wagen kaum, sich vorzustellen, wie etwas wirklich Schönes aussehen könnte. Sie produzieren schwache, blasse Bilder in weiter Entfernung und klagen dann darüber, dass sie nicht attraktiv wirken. In der realen Welt ist nichts attraktiv oder unattraktiv. Es passiert alles da oben, in Deinem Kopf. Du stellst es her, und wenn es Dir nicht gefällt, mach es anders und besser.

In der Magie ist es wichtig, dass Du Deine Imagination so eindrucksvoll gestaltest, dass sie Dich davonträgt. Benutze jeden Trick, der bei Dir funktioniert. Setze alle Deine Sinne ein. Wenn Hans ans Ufer tritt, kannst Du das Meer sehen, Du kannst es hören und Du kannst es fühlen. Vielleicht kannst Du sogar die salzige Frische der Seeluft riechen und schmecken. Wenn Du einen Gedanken mit mehreren Sinnen gleichzeitig wahrnimmst, erscheint er Dir realer als eine Repräsentation mit nur einem einzigen Sinn. Strebe nach Emotionen.

Eine gute Geschichte sollte berühren. Sie sollte eine echte, emotionale Reaktion hervorlocken. Manche Geschichten tun das von selbst. Du kannst sie stärker machen, indem Du die Repräsentation verbesserst. Andere Geschichten sind am Anfang schüchtern. Man muss sie erst aufwärmen und etwas verbessern, um lebhafte Visionen und starke Gefühle hervorzurufen. Übrigens, wenn Du Dir die Geschichte gut vorstellst, könntest Du Dich in einem Trancezustand wiederfinden. Es könnte eine leichte oder eine Tieftrance sein, je nachdem, wie sehr Du Dich mit der Geschichte assoziierst und wieviel von der Welt um Dich herum dissoziiert (oder vergessen) wird. Je attraktiver Du Deine Geschichte machst, desto tiefer wird Deine Trance. Eine praktische Einführung in Submodalitäten findest Du in Richard Bandlers *Veränderung des subjektiven Erleben* (Junfermann Verlag 1988).

Manchmal fängst Du an, Dir eine Geschichte zu erzählen. Und wenn die Außenwelt Deine Aufmerksamkeit beansprucht, kann es sein, dass Du es schwer findest, die Geschichte anzuhalten. Einmal begonnen kann eine Geschichte jede Menge Eigendynamik entfalten. Das Tiefenselbst liebt es, Geschichten zu vervollständigen. Wenn Du an irgendeinem Punkt abbrichst, wird sich das Tiefenselbst des Zuhörers verpflichtet fühlen, der Geschichte einen Sinn zu geben, indem es den Schluss dazuerfindet. Bitte erzähl Dir die Geschichte, bis sie so real ist wie ein Traum. Bis dahin hast Du ihr eine Menge von Deinem Leben gegeben. Umgekehrt wird Dir die Geschichte etwas von ihrem verborgenen Zauber offenbaren. An diesem Punkt verlasen wir Therapien und ähnlich spaßige Aktivitäten.

Geschichten als Geister

Magisch gesehen ist eine Geschichte ein Geist. Geschichten werden geboren, sie entwickeln sich, vermischen sich, zeugen Nachkommen und zahllose Mutationen und suchen so viele Köpfe heim, wie sie können. Manche Geschichten können besessen machen. Stell sie Dir als lebende Wesen vor. Geschichten zu erzählen ist eine Form der Anrufung, und der Akt, eine zu erzählen, ist eine Kommunion, die den Erzähler, den Geist der Geschichte und das Publikum nährt. Im Gewand einer Geschichte überleben Informationen und werden weitergetragen. Darf ich sie als unkörperliche Lebensform bezeichnen, die dazu bestimmt sind, Ideen über Jahrhunderte hinweg zu kommunizieren? Wir können das Erzählen von Geschichten dazu verwenden, um Rituale zu verbessern. Wie wäre es, Geschichten für eine Anrufung zu verwenden? Viele alte Geschichten handeln von Göttern. Du kannst sie als Informationsquellen nutzen, um eine Vorstellung vom Wesen Deiner Götter zu bekommen. Du kannst die Geschichte auch erzählen, um den Kontakt zu erleichtern. Das funktioniert ziemlich gut, wenn man es mit ein bisschen Beten verbindet. Alles, was Aufmerksamkeit bündelt und Emotionen weckt, kann als Opfergabe für die Götter dienen. Wenn Du eine neue Gottheit kontaktieren möchtest, wie wäre es, wenn Du ihre Geschichten erzählst, bis sich die Kommunikation ganz von selbst ergibt?

Lass uns noch etwas weiter gehen. Denk an Deine Kindheit. Kannst Du Dich an die Geschichten erinnern, die Dich inspiriert ha-

ben? Welche Obsessionen und verborgenen Bedeutungen waren in den Geschichten versteckt? Und welche Deiner Obsessionen im späteren Leben tauchten schon in der Auswahl Deiner Kinderliteratur auf? Kannst Du Dich an die Bücher, Filme und Geschichten erinnern, die Dein Leben geformt haben?

Und was ist mit den Geschichten, die Du als Motivationsstrategie erfunden hast? Viele Leute tagträumen. Manche haben spezifische Tagträume, andere eher verschwommene Träume. Manche träumen, so lange sie jung sind, geben das aber auf, wenn sie älter werden. Manche entwickeln Angst vorm Träumen, weil sie Enttäuschungen fürchten. Manche lieben große, farbige Tagträume, während andere sich mit kleinem, leicht kontrollierbarem Wunschdenken begnügen. Was immer Deine Wahl ist, es produziert das Leben, das Du lebst. Bist Du damit glücklich? Oder träumst Du von etwas Besserem? Denk daran, wie es war, als Du sehr verliebt warst. Welche Geschichten hast Du Dir erzählt? Oder denk an das andere Extrem. Was ist mit Sorgen? Welche Geschichten erfindest Du, wenn Du Dir so richtig Sorgen machen möchtest? Und welche Geschichten könntest Du erfinden, um das Ziel Deiner Sehnsüchte zu erreichen?

Andere verzaubern

Wenn Du Deine Geschichte mehrmals erlebt hast, möchtest Du diese Erfahrung vielleicht mit anderen teilen. Mehrere Taktiken können benutzt werden, um das Erzählen von Geschichten zu einem magischen Akt zu machen. Eine davon ist eine **rituelle Einführung**. Du könntest Deine Geschichte mit einer festen Formel beginnen wie beispielsweise „Es war einmal…" Dadurch erhält Dein Publikum den klaren Hinweis, genau zuzuhören. Das gleiche gilt für eine feste Formel am Ende der Geschichte.

Pausen sind eine weitere interessante Sache. Manchmal ist eine Pause unvermeidlich. Vielleicht erzählst Du eine sechs Stunden dauernde Saga und stellst fest, dass Du eine Pause brauchst. Vielleicht klingelt das Telefon oder es ist jemand an der Tür. Wenn Du einfach abbrichst, stört Dein Publikum das vielleicht. Wenn Du ein Ritual unterbrichst (egal, ob es sich um eine Zeremonie, das Erzählen einer Geschichte oder eine hypnotische Trance handelt), ohne den anderen Personen ein Skript dafür zu geben, was sie jetzt weiter tun sollen, kann alles Mögliche passieren. Manche verlieren vielleicht einfach das Interesse und gehen weg, andere bitten Dich, weiterzumachen. Wenn Du eine Pause ankündigst als etwas, was eine bestimmte Zeit dauern wird und danach die Geschichte, das Ritual oder die Trance fortgesetzt werden, ist eine Pause keine Unterbrechung mehr, sondern ein Teil des Programms.

Das kann bei der Selbsthypnose und auch bei manchen Besessenheitstrancen nützlich sein. Stell Dir vor, Du bist draußen im Wald und führst eine wilde, schamanische Trance durch. Nach ein paar Stunden entscheidest Du, dass Du nach Hause musst, weil Dir kalt ist oder Du hungrig geworden bist. Aber wäre es nicht schade, die Trance dafür ganz abbrechen zu müssen! Was kann man da tun! Du könntest die Trance abbrechen, nach Hause gehen und sie an Deinem Bestimmungsort wieder aufnehmen. Das erfordert Anstrengung. Du musst zuerst Deine Trance dissoziieren und und mit etwas assoziieren, was Du brauchst, um in einem Zug oder mit einem Auto fahren zu können. Du musst mit der Übergangsrealität dissoziieren und später wieder mit Deiner urspürnglichen Trance assoziieren. Solche Veränderungen können eine Menge Energie kosten. Sie können auch frustrierend sein, weil Du nicht

sicher sein kannst, dass Du wieder an die gewünschte Trance anknüpfen kannst, wenn Du zu Hause bist.

Versuch es mal hiermit: Statt aus der Trance herauszukommen, könntest Du sie einfach vorübergehend suspendieren. Wenn Du Dein Tiefenselbst bittest, die schamanische Trance lange genug auszusetzen, um nach Hause fahren zu können und sie, sobald Du dort bist, in voller Stärke wieder zur Geltung kommen zu lassen, wird der Übergang viel einfacher sein. Es wird weniger Konflikte geben. Du musst nicht aufhören und wieder anfangen, Du kannst einfach da weitermachen, wo Du aufgehört hast.

Adaption. Als nächstes denk über Dein Publikum nach. Wenn Du Dir der Wirkung ganz sicher sein willst, musst Du Deine Geschichte auf die Leute zuschneiden, die zuhören werden. Im gewissem Sinn adaptierst Du schon, wenn Du vage und unspezifisch bist. Aber Du solltest die Sprachstrukturen verwenden, auf die Deine Zuhörer reagieren. Du kannst eine Person in Deiner Geschichte attraktiv oder verabscheuenswert darstellen, wenn Du sie mit Verhaltensweisen in Verbindung bringst, auf die Dein Publikum reagiert. Das ist besonders wirkungsvoll, wenn es unbewusst passiert. Wenn Dein Charakter Denkweisen pflegt, mit denen Deine Zuhörer sich wohl fühlen, hat dieser Charakter eine gute Chance, die Sympathie der Zuhörer zu erringen. Wenn der Zuhörer lieber visuell denkt, dann wird ihm eine fiktive Person, die auch visuell denkt, sympathisch sein. Du könntest Wendungen gebrauchen wie „er sah", „es war offensichtlich", „Einsicht", „Klarheit", „Kontrast", „wirf mal einen Blick darauf", „es schien" und andere visuelle Begriffe, um das überzeugend zu gestalten. Im Kontrast dazu würde ein eher kinästhetisch geprägter Mensch es bevorzugen, sich mit einem Menschen zu identifizieren, der, „die

Dinge fest im Griff hat", „stark empfindet", „Dinge abwägt", „an etwas festhält", „starke Überzeugungen hat", „in Kontakt steht", „einen Standpunkt einnimmt" usw.

Auch Leute, die akustisch denken, gibt es, aber man trifft sie nur selten, es sei denn, man kennt eine Menge Musiker. In anderen Kulturen kann sich das anders verhalten. Um solche Leute glücklich zu machen, verwende Ausdrücke wie „Harmonie", „klingt gut", „Missklang", „In Übereinstimmung", „Resonanz", „Tonlage", „Einklang" usw. Sollte sich der Zuhörer dieser Vorliebe nicht bewusst sein, funktioniert das Ganze gleich zweimal so gut. Denk an schlechte Fantasy-Literatur. Viele Bücher haben brutale Helden, die in der „Ich-Form" erzählen, und werden von schüchternen Intellektuellen gelesen. Wie schaffen sie es eigentlich, sich mit Helden zu identifizieren, deren Lebensstil das exakte Gegenteil ihres eigenen ist! Das Geheimnis liegt auf der gedanklichen Ebene. Fantasy-Literatur wird nicht von Abenteureren geschrieben, sondern von Intellektuellen. Viele Helden der Fantasy-Literatur verhalten sich wie Barbaren, denken aber wie Intellektuelle. Das gleiche gilt für schlechte historische Romane. Ihre Charaktere verhalten sich, als würden sie aus einer anderen Zeit stammen, aber sie denken ziemlich modern. Wenn Du eine Geschichte einer bestimmten Person anpassen möchtest, mach Gebrauch von ihren unbewussten Gewohnheiten.

In einer Therapie ist diese Art von verborgener Markierung von wesentlicher Bedeutung. Wenn Du Vorschläge kommunizieren möchtest, solltest Du es sanft und subtil tun. Direkte Analogien werden fast immer abgelehnt und können zu Verhaltensweisen führen, die nicht von Nutzen sind. Eine **verborgene Analogie** kann da viel hilfreicher sein. Wenn Du beispielsweise Liebeskummer hast und ich Dich auf neue Gedanken dazu brin-

gen möchte, wäre ich kaum so blöd, Dir eine Geschichte zu erzählen über eine Person, die Liebeskummer hat. Viel wirksamer wäre es, wenn eine Geschichte zu erzählen, die mit dem Problem anscheinend nichts zu tun hat. Ich könnte Dir von den Abenteuern eines kleinen, blauen Steins erzählen und wie er durch die weite Welt reiste. Deinem Tiefenselbst wäre klar, dass kleine blaue Steine im Allgemeinen nicht auf die Reise gehen und auch keine Abenteuer erleben. Daher würde Dein Tiefenselbst nach einer verborgenen Bedeutung in Deiner Geschichte Ausschau halten. Und wenn es keine findet, würde es selbst eine erfinden. Gib ihm etwas Nützliches, aus dem es etwas machen kann!

Es ist auch nicht nötig, Liebeskummer überhaupt zu erwähnen. Stattdessen könnte der kleine blaue Stein eine Menge Erfahrungen machen, die zuerst ziemlich unglücklich sind, aber zu wichtigen Veränderungen führen. Hier können **Zitate** nützlich sein. Du kannst sagen, was immer Du möchtest, wenn Du es als Zitat verkleidest. „Du Idiot", sagte der Stein zu sich selbst, „geh aus und hab Spaß! Wenn Du noch länger wartest, bleibst Du hier stecken!" So kannst Du direkte Suggestitionen in Deine Geschichte einbauen, ohne dass es auffällt. Hier gibt es wirklich Gelegenheit zu staunen. In den Grimm'schen Märchen erleben z. B. Strohhalme, Kohlen, und Bohnen Abenteuer. Und in den Filmen identifiziert sich das Publikum mit Autos, tanzenden Kerzenleuchtern und Teekannen. Wer so was kann, kann auch Talismane und Götterbilder mit Leben erfüllen.

Eine andere Art, Vorschläge zu machen, wurde von Milton Erickson entwickelt. Bandler und Grinder nannten diesen Ansatz analogisches Markieren oder eingebettete Befehle. Wenn Erickson eine Geschichte erzählte, betonte er nützliche suggestive Elemente, indem er sie mit einem verborgenen Signal markierte. Es gibt viele Arten, auf die man das tun kann. Erickson, der einen Großteil seines Lebens in halb gelähmtem Zustand verbrachte, verwendete sehr subtile Signale. Manchmal betonte er ein paar Worte, indem er seinen Kopf leicht in einem anderen Winkel neigte, wodurch seine Stimme geringfügig anders klang. Manchmal verwendete er auch winzige Gesten, Pausen oder leichte Veränderungen in der Betonung. Wichtig ist, dass die entscheidenden Passagen so subtil hervorgehoben werden, dass man das nicht bewusst bemerkt. Das Tiefenselbst wird allerdings schnell merken, dass manche Wörter mit diesem besonderen Signal verbunden sind, und ihre Bedeutung erkennen. Lass mich Dich mit einem weiteren Beispiel verwirren.

Ritual:
Ein Waldspaziergang

Hast du Lust auf einen Waldspaziergang? Der Wald ist *ruhig und gemütlich und angenehm* und bietet eine wunderbare Gelegenheit für dich um *mit einem guten Gefühl jetzt eine angenehme Bewusstseinsveränderung erleben* zu können. Die Wipfel der Bäume reichen in den Himmel und wenn du herabsiehst, *immer tiefer und tiefer*, die Stämme herab, findest du i*n der Tiefe ist Frieden und Erholung* und *hier gibt es viel zu entdecken.* Hier weht ein frischer Wind und *die Lunge füllt sich wie von selbst* und *es ist einfach schön tief ein und ausatmen die gute Luft und jetzt einfach loslassen.* Und du gehst voran und die Stadt und *die Menschenwelt bleibt weit zurück, immer weiter,* denn hier ist der Ort der Natur und *du gehst tiefer* in die Bäume und das grün umgibt dich. Es ist schön den Wald *hier und jetzt* zu genießen. Und vielleicht denkst du, wie gut, *du hast dieses friedliche Gefühl* und *du bist allein* und *alles um dich herum ist voll von Leben.* Vielleicht ist es *gut du setzt dich einfach erstmal hin* und *du kommst zur Ruhe* und der Wald hilft dir dabei. Hier gibt es so viel zu erleben. Hier wachsen Blumen im Halbschatten und ein Käfer krabbelt gemächlich seinen Weg und ein paar Finken fliegen durch die Zweige. Und *während du dich ausruhst wirst du langsamer und ruhiger* und *du merkst du hast alle Zeit der Welt.* Und im richtigen Augenblick stehst du auf denn *du bist bereit für etwas neues,* und *du findest einen Weg den du noch nie gegangen bist.* Und der Wald spricht seine alte, geheimnisvolle Sprache und er sagt dir, *komm mit in das tiefe Herz, komm mit und entdecke einen wirklich neuen Weg.* In dir und bei dir und zwischen den Bäumen und im Schatten und im Licht die Blätter tanzen *du bist zuhause in dir selbst* weil *du siehst was wirklich wichtig ist,* für dich und für dein Leben denn *der Wald ist ein guter Freund* und *jetzt verstehst du* was der Wald dir sagt: *bleib hier, erhol dich und fühle dich richtig gut.* Und vielleicht erkennst du schon, *ja, das fühlt sich gut an,* doch *du weißt noch nicht mit was der Wald dich heute überrascht,* denn die Blätter bewegen sich im Wind, die Zweige biegen sich und tief unten, *noch tiefer* zwischen den Wurzeln ist *Ruhe tief und tiefer* und *fühle dich wohl* wo Steine träumen und kleine Tiere krabbeln und *die Stille umgibt dich* und *du gehst immer tiefer* in den Wald hinein. Hier ist das geheimnisvolle Land wo die Amsel ihr Lied singt und es klingt so *frisch und klar* und die Hirschkuh liegt im Dickicht, *ruhig und friedlich,* und du gehst *noch tiefer* in den Wald und *du siehst die Zeichen* von Wesen und *du kennst sie noch nicht doch bald wirst du verstehen* denn diese Reise bringt dich an Orte die neu für dich sind und *du entdeckst etwas ganz besonderes* und *das wird dich überraschen,* weil geh im Wald und *du gehst tief in dich hinein,* ins Herz, in die Mitte, in die Mitte allen Seins, ganz einfach und mit gutem Gefühl denn hier bist du *zuhause* und *deine Füße finden den richtigen Weg* durch Dickicht und am Sumpf vorbei und über den sprudelnden Bach zwischen den Steinen und ein alter Baum sagt hallo, *dein Weg trägt dich voran* immer weiter über feuchtes Moos und durch taunasse Gräser und das Spinnennetz am Wegrand ist ein Bild der Welt *für dich ist jetzt die Gelegenheit etwas zu entdecken was aus Dir selber kommt und wirklich wichtig ist* und alles sieht so fremd aus, das ist immer am Anfang so, denn Fremdheit und Vertrautheit entstehen hier in dir drin, in der Tiefe, *vom Kopf und noch tiefer in dein Herz und in deinen Bauch.* Wo bist du nur hingelaufen! *Hier ist wirklich garnichts bekannt.* Was sind das für Bäume und wo steht die Sonne und *der Wind bläst jetzt aus einer anderen Richtung.* Das ist erstmal ziemlich aufregend aber *das macht auch Spaß den du willst ja was erleben und das tust du jetzt.* Wo bist du hier nur hingelaufen und wie geht es weiter! Durch die dunklen, nadeligen Fichten da drüben oder durch die dichten Birken oder da an den Erlen vorbei wo die Erde so patschnass aussieht! Oder gehst du lieber in eine ganz andere Richtung! *Und du kannst dich aufregen aber du kannst auch einfach lachen.* Wo bist du nur! Du bist hier. *Es ist gut hier zu sein.* Und du siehst dich um *aber du erkennst erstmal garnichts denn Verwirrung ist immer der*

erste Schritt und *vielleicht denkst du, du hast den Weg verloren, doch der Wald ist voller Wege, es gibt immer Wege und neue Wege bringen Glück,* Fuchswege, Vogelwege, Wildschweinwege, Schlangenwege *alle Wege sind dir offen.* Manchmal ist es am besten *du gehst einfach voran und hast deinen Spaß.* Überall neue Gesichter, Baumgesichter, Steingesichter, Rindengesichter, Wurzelgesichter und dann denkst du jetzt ganz ruhig, *hör genau hin und sieh dich genau um* denn hier kommt es dir sehr bekannt vor, ja genau, jetzt weißt du wo du bist, dass hier hast du schonmal gesehen und *du fühlst ein Lachen steigt in dir auf* denn *ein gutes Lachen sollte immer dabei sein.* Und *du kannst nach Hause gehen wenn du wirklich willst* aber *du weißt, du kannst jetzt auch bleiben und genießen* denn du weißt wo du bist und du kennst deinen Weg. Das ist ein richtig gutes Gefühl. Und *es gibt noch so viel neues zu genießen.* Der Wald ist groß, die Welt ist groß, es gibt noch so viel zu erleben und *der Tag ist noch lang und du nimmst dir Zeit und genießt den Augenblick jetzt und du fühlst dich gut und wach.*

Wie war diese Leseerfahrung für Dich? Zweifellos wirst Du einen großen Wald halluziniert haben, den Du selbst erfunden hast. Du siehst, daß die Suggestionen und eingebetteten Befehle in Kursivdruck für eine Anzahl von Zwecken verwendet werden können. Manche von ihnen (sich in die Tiefe begeben, ruhig werden, ruhen, entspannen, veränderte Zeitwahrnehmung, etc.) sind nützlich, um eine Trance zu vertiefen. Andere stimulieren neue Denkansätze, verweisen auf neue Richtungen und schließlich wird auch das Tiefenselbst gebeten, eine nette Überraschung zu erfinden. Wenn Du diese Methode erlernen möchtest, schlage ich vor, Du fängst damit an, daß Du diesen Text laut vorliest. Immer, wenn Du eine bestimmte Suggestion betonen möchtest, markiere sie mit einer kleinen Geste oder mit einem leichten Wechsel im Tonfall oder der Lautstärke. Verwende jedesmal das gleiche Signal, damit das Tiefenselbst des Zuhörers bemerkt, daß etwas regelmäßig passiert. Dann schreibe einige eigene Texte und fülle sie mit versteckten Suggestionen. Übe mit ihnen, bis das Markieren wirklich flüssig geschieht.

Verschiedene literarische Stile sind nützlich. Man kann alles Mögliche in einem Kapitel von James Joyce oder einem Taliesin-Lied verstecken. Erickson erfand die Technik, als er den Wortsalat erforschte, den manche seiner klinischen Patienten produzierten. Dann setzte er sich hin und verfaßte seinen eigenen Wortsalat, und er achtete darauf, ihn bis zum Rand mit therapeutischen Suggestionen vollzupacken. Seine Patienten reagierten gut darauf. Es ist zweifelhaft, daß sie in der oberflächlichen Bedeutung des Textes irgendeinen Sinn sahen, aber unbewußt pickten sie sich die Teile heraus, die nützlich für sie waren, und reagierten darauf.

Eine Person, mit der Erickson experimentierte, war seine Sekretärin. Die gute Dame litt häufig an Kopfschmerzen. Daher verfaßte Erickson für sie einen suggestiven Text, der surrealer Wortsalat von der feinsten Sorte war, und las ihn laut vor, so daß sie ihn abtippen konnte. Zur gleichen Zeit verschwanden die Kopfschmerzen. Das Abtippen ähnlicher Texte ohne verborgene Suggestionen wirkte ihren Kopfschmerzen nicht entgegen.

Und zu guter Letzt möchte ich an eine ganz wichtige Sache beim Erzählen von Geschichten erinnern. Egal, ob Du eine rituelle Anrufung durchführst, eine Person in Trance redest oder eine Geschichte erzählst, sei **kongruent**. Wenn Du möchtest, daß jemand ruhiger und langsamer wird, sprich ruhig und langsam. Wenn Du überraschen und erregen möchtest, erlaube Deinem ganzen Wesen, diese Erregung auszudrücken. Wenn Du eine Gottheit oder einen Geist anrufen möchtest, stimme Dich auf sie oder ihn ein. Man kann einen Trickstergott nicht auf vernünftige Weise rufen, und es hilft auch nicht, zu einem Kriegsgott zu beten, wenn Deine Stimme schüchtern und quietschig klingt. Du kommst viel weiter, wenn Du die Stimmung aufgreifst. Da in einer Geschichte üblicherweise mehrere Emotionen ausgedrückt werden, wärst Du gut beraten, sie vollständig darzustellen. Werde langsamer in sanften Passagen und schneller in aufregenden. Verleih Deinen Charakteren verschiedene Stimmen und stelle ihre Bewegungen dar. Ein Geschichtenerzähler ist immer auch ein bisschen ein Schauspieler. Und er oder sie ist auch immer ein bisschen Magier, weil eine Geschichte (ein Geist) eine Initiation sein und die Welt verändern kann.

Die Stimmen des Wasserfalls. Cader Idris, Wales

11. Die geheimen Künste

Teil der Ausbildung zu einem guten Poeten oder Barden waren Aktivitäten, die man lose als Divination bezeichnen konnte. Überleg mal einen Augenblick, was Divination für Dich bedeutet. Handelt es sich um Weissagungen, Vorhersagen, Prophezeiungen? Oder geht es dabei um andere Fertigkeiten wie beispielsweise Inspiration, kreative Visionen, eine Reinterpretation der Welt? Was bedeutete es für die Völker Irlands und Britanniens? Und was bedeutete es in den Jahrhunderten vor der Römischen Besatzung? Wir haben Glück, dass die Geschichtsschreiber der Antike Divination so häufig erwähnten. Wir können einigermaßen sicher sein, dass die Druiden Galliens weissagten, indem sie Vorzeichen deuteten, sei es aus dem Flug und dem Verhalten der Vögel, sei es aus den Todeszuckungen eines sterbenden Gefangenen. Bezüglich solcher Techniken wurden keine Einzelheiten beschrieben. Was Vögel angeht, so galt eine Anzahl von Vögeln und anderen Tieren als glückverheißend oder unheilbringend und wird noch heute in ländlichen Teilen Schottlands, Irlands und Wales' so betrachtet. Insbesondere das Verhalten von Krähen, Raben und Elstern (alles sogenannte Teufelsvögel) wurden mit Interesse betrachtet; die Existenz vieler verschiedener Verse über Elstern ist ein guter Hinweis darauf, dass das eine ältere Tradition sein könnte, die sich in einer Anzahl von Gegenden ausdifferenziert hat. Mein Lieblingsvers stammt aus Schottland und lautet:

One for sorrow, two for mirth,
three for a wedding, four for a birth,
five for silver, six for gold,
seven for a secret not to be told,
eight for heaven, nine for hell,
and ten for the devil himsel'

Eins für Trauer, zwei für Freude,
drei für Hochzeit, vier für Geburt,
fünf für Silber, sechs für Gold,
sieben für ein Geheimnis, dass nicht verraten werden soll,
acht für Himmel, neun für Hölle, und zehn für den Teufel selbst.

Er wirkt Wunder auf langen Auto- und Zugfahrten! Fängt man erstmal an, Elstern zu zählen, wird man schnell überrascht sein, wie viele man in der Nachbarschaft findet. Elstern beobachten kann auch zu einer zwanghaften Gewohnheit werden. Wie wär's mit einem bisschen Besessenheit, um Dein Leben interessanter zu gestalten? Elstern sind genau das, was ein farbloses Leben schöner machen kann. Wolfram von Eschenbach, der immer ein bisschen seltsam in seiner Bilderwahl war, macht die Elster zu einem Symbol des vollkommenen menschlichen Wesens: Teils weiß, von himmlischer Natur, teils schwarz, von höllischer Natur, und fähig, zu fliegen.

Die Angehörigen der Krähenfamilie nehmen einen prominenten Platz in den Divinationstechniken vieler Völker ein, einschließlich der Rama (Schamanen) Nepals, die dem Krächzen und den Rufen der Rabenfamilie lauschen, ihre Hände in einer komplizierten Zeichensprache bewegen und dabei Neuigkeiten erhalten wie:

Bal Bahadur deutet die Weissagung eines Raben: 'Er sendet, - aber die Nachricht ist noch nicht da. Der Rabe sagt: Im Westen ist jemand gestorben. Aus dem Süden wird ein guter Mensch kommen.
Im Westen wird heute Regen fallen…
Aus dem Westen kommt schlechte Nachricht über den Tod eines Menschen und einer Kuh…'

(Oppitz, 1981: 250)

Es ist nicht unwahrscheinlich, dass druidische Augurien im gleichen Stil stattfanden. Graf Tolstoi berichtet sogar von einer Weissagung aus dem komplexen Ruf des Auerhahns. In seinem Roman über Myrddin lauschen die Druiden den Längen der Pausen zwischen dem Schnalzen, Ploppen und Knarren, um den Ausgang des nächsten Krieges zu erfahren. Oder denk mal an die verbreitete Auffassung, der melancholische Ruf der Eule sei ein Vorzeichen des Todes. Oder an die einfachen Leute, die die Rufe des ersten Kuckucks zählen und glauben, dass sie gleich der Anzahl der Jahre sind, die ihnen noch beschieden sind.

Die meisten Menschen im alten Europa achteten auf glückliche und unglückliche Zeichen. Aber wo immer wir Hinweise auf Divination durch Omen finden, ist der übliche Brauch, nach Zeichen Ausschau zu halten, aber nicht an sie zu glauben, wenn sie nicht von anderen Zeichen gestützt werden. Dieses Vorgehen ist bei vielen Arten von Divination zu empfehlen. Da Du zweifellos Lust hast, Dich zu amüsieren und zu experimentieren, lass uns einen Blick auf eine Form der Divination werfen, die in den gälischen Ländern bis ins letzte Jahrhundert hinein überlebt hat, und sie praktisch umsetzen.

Frith

Hier ein Ritual, das besonders an den Quartalstagen benutzt wurde, um ein Omen für die kommende Jahreszeit zu erhalten. Es wurde im Allgemeinen am ersten Montag des Quartals durchgeführt, kann aber auch als Orakel für einen Monat, eine Woche oder einen Tag benutzt werden. Der Frithir (Wahrsager) bereitete sich durch Fasten vor. Er stand früh auf, noch vor Sonnenaufgang, und ging mit unbedecktem Haupt, barfuß und mit geschlossenen Augen zur Haustür. Er öffnete die Tür mit geschlossenen Augen, trat in die Mitte des Türrahmens und streckte nach jedem Türpfosten eine Hand aus. Damit stand er zwischen den Welten. Zwischen den Welten zu sein ist wesentlich für viele Formen der Magie und Divination, es ist ein Zustand, in dem der Fluss der Realität undefiniert ist und alles passieren kann. Während der Frithir die Türpfosten festhält, sagt er ein Gebet *an den Gott des Unsichtbaren, ihm seine Suche zu zeigen und seine Weissagung zu geben* (MacNeill).

Wenn er das richtig gesprochen hat, öffnet der Frithir seine Augen und blickt exakt geradeaus. Es kann nützlich sein, das in absolutem Schweigen zu tun. Wenn Deine inneren Stimmen eine Minute lang die Klappe halten, wird Dein Blick aufmerksamer sein. Was immer als Erstes ins Sichtfeld kam, wurde als Zeichen genommen. Manchmal handelte es sich um ein symbolisches Ereignis. Meist war es jedoch einfach ein Mensch oder ein Tier. Aber was immer es auch war, es hatte eine Bedeutung. Ein guter Frithir kannte eine ganze Reihe von Zeichen und wusste, was sie vorhersagten. Vögel waren im Allgemeinen gut, aber Krähen waren schwierig. Eine Krähe war oft ein Zeichen für Gefahr, möglicherweise auch eine Katastrophe, während die Nebelkrähe eine Vertreterin der hungrigen Alten, der Cailleach oder der Morrigain sein konnte. Der Rabe konnte großes Unglück bringen, aber manche schlauen Highlander waren anderer Meinung, weil sie glaubten, er beherberge die Seele von König Arthur. Eine Eule zur falschen Zeit, die man am Tag hörte oder sah, war immer riskant. Glücklicherweise konnte man der Gefahr begegnen, indem man einen Knoten in ein Taschentuch machte oder indem man Salz ins Feuer warf. Mauersegler waren die Seelen der Verdammten, und gescheckte Vögel stifteten Verwirrung. Seemöwen beherbergten gelegentlich die Seelen ertrunkener Fischer und konnten als Warnung gelten. Jeder Vogel, der gegen den Uhrzeigersinn flog, war ein sicheres Zeichen für Ärger und in Gefahr, mit Steinen beworfen zu werden. Hasen und Katzen brachten oft Unglück, vielleicht, weil man sie mit Hexen in Verbindung brachte. Aber eine Biene, die ins Haus kam, brachte großes Glück. Junge Hähne brachten Glück, vorausgesetzt, sie verhielten sich normal. Wenn sie zwischen Sonnenuntergang und Mitternacht krähten, war das ein Zeichen für Gefahr; wenn sie in der Nähe einer Tür krähten, näherte sich ein Besucher.

Menschen wurden nach ihren Aktivitäten beurteilt. Jemand, der stand, bedeutete Gesundheit, jemand der lag, symbolisierte Krankheit. Die Haarfarbe war ein wichtiges Element, und auch die Richtung. Es wäre eher unnütz, hier ins Detail zu gehen. Wenn Du Dich mit dieser Technik beschäftigst, was ich sehr hoffe, dann wird eine Anzahl typischer Zeichen und Omen vor Deinen Augen erscheinen. Du wirst erfahren, was aller Wahrscheinlichkeit nach vor Deiner Tür auftauchen wird und welche Bedeutung Du dem geben kannst. Es wird Deine eigene, kreative Sprache der Omen sein, eine besondere Art, wie das Universum mit Dir kommunizieren kann. Ist die Vision zufällig, oder wählst Du

unbewusst den richtigen Moment, um die Augen aufzumachen? In welchem Ausmaß trägt Dein Gebet dazu bei, Dinge geschehen zu lassen? Wie auch immer es sich verhalten mag, es wird einen Sinn ergeben, wenn Du willens bist, es geschehen zu lassen. Divination neigt dazu, die Art zu formen, wie wir die Realität interpretieren.

Natürlich wurde ein Frith in verschiedenen Teilen des Landes verschieden durchgeführt. Eine Variation aus Süd-Uist verlangt, dass der Frithir einmal im Uhrzeigersinn mit geschlossenen Augen rund um das Haus geht, wobei er Ave Marias rezitiert, bis er oder sie die Türschwelle sicher erreicht hat. Dann blickt der Seher durch einen Kreis, den er mit Zeigefinger und Daumen formt und empfängt eine Antwort von dem allerersten Gegenstand, auf den sein Blick fällt. Durch einen Kreis schauen ist eine Praxis, die in mehreren zentraleuropäischen Formen der Divination vorkommt. In jedem dieser Fälle wird ein Rahmen benutzt, um eine Vision zu definieren – sei es, dass der Seher durch seine hohlen Hände blickt, durch den gekrümmten Ellenbogen eines anderen oder indem er zwischen seinen Beinen hindurchsieht. Dieser Rahmen definiert den Umfang der Vision; er kann auch nützlich sein, wenn es um kreatives Halluzinieren geht. Bitte probier das aus. Geh zum Beispiel in tiefer Trance nachts im Wald spazieren und schau Dir dunkle Flecken durch den Ring aus Daumen und Zeigefinger an. Es verändert die Helligkeits- und Kontrastwahrnehmung und kann erstaunliche visuelle Effekte hervorrufen.

Wo immer sich diese Form der Divination in Legenden findet, sind es für gewöhnlich kämpfende Armeen, die vor den Augen des Sehers auftauchen. Manchmal sind es echte Armeen, in anderen sieht der Seher die wilde Jagd in ihrer wahnsinnigen Pracht und ihrer erschreckenden Ausgelassenheit vorbeitoben. Man findet solche Methoden sogar in Zaubersprüchen, um Elfen sichtbar zu machen. Das bedeutet, dass der Ring nicht nur ein Rahmen ist, der den Blick begrenzt, sondern auch ein Raum, in den der Geist seine Träume und Vorahnungen hineinprojizieren kann. Das ist nicht weit entfernt von der Technik, in eine Kristallkugel, einen Teich oder einen Spiegel zu sehen. Wenn wir den Berichten trauen dürfen, sah der Frithir im Allgemeinen etwas Materielles und Symbolisches. Die Person, die durch den Ring blickt, kann die materiellen Gegenstände in Sicht vernachlässigen und mit den Augen der Imagination sehen. Imagination führt zu Visionen, und weise ist die Seherin, die weiß, wann sie die äußere Welt beobachten soll, wann sie sie ignorieren sollte und wann sie ihre Bilder mit der leuchtenden Vision magischer Imagination überlagern sollte. Der Ring hat auch den Vorteil, dass Deine Aufmerksamkeit bei dem bleibt, was Du gerade tust. Wenn man Visionen durch Gedankenleere und Selbsthypnose sucht, kann es leicht sein, sich in einem Strom von Bildern und Gedanken zu verlieren. Wenn Du Deinen Geist öffnest, um Informationen zu empfangen, stehen die Chancen gut, dass Du alles Mögliche empfängst, nicht nur das Material, nach dem Du suchst. Das kann leicht zum Driften, Tagträumen und dazu führen, dass Du vergisst, was Du ursprünglich erfahren wolltest. Wenn Du als Rahmen einen Ring aus Daumen und Zeigefinger vor Augen hast, hilft Dir das, den Gegenstand Deiner Divination festzuhalten.

In den von Carmichael aufgezeichneten Frith-Gebeten wird auf einen göttlichen Präzedenzfall angespielt. Eines Tages wurde der junge Jesus vermisst, deshalb führte Maria ein Orakel durch und blickte durch ihre Hand. Sie sah Jesus im Tempel, wie er mit missbilligenden Gelehrten disputierte, und

ging, um ihr Kind zu holen. Oder wir haben Bride, die eine Röhre mit ihren Händen formt, hindurchschaut und ihren Pflegesohn Jesus an einem Brunnen sitzen sieht, wo er lehrt und vorträgt. In noch einer anderen Version muss die Wahrsagerin mit der linken Hand eine Röhre formen und dadurch dreimal den Namen der Dreieinigkeit rufen, um Visionen zu bekommen. In jedem dieser Fälle kommt der Zauber ohne Objekte aus, die in der äußeren Welt wahrgenommen werden. Die Vision, die durch die Finger der Hand beobachtet wird, stammt aus der Imagination.

Imagination ist der Schlüssel zu den verfeinerteren Arten der Divination. Wie alle subtilen Fertigkeiten erfordert sie Übung und Erfahrung, damit sie richtig funktioniert. Sie erfordert außerdem ein gewisses Maß an Distanz, da ein Wahrsager, der in einem Problem steckt, geistig nicht offen genug ist, um eine Antwort zu empfangen. Die visionäre Divination besteht oft in Aktivitäten oder erfordert Bedingungen, die das Träumen leichter machen. Wasser hat diese Eigenschaft, daher suchten Barden und Poeten ihre Inspiration oft in dem engen Bereich zwischen Wasser und Land, zwischen dem Flüssigen und dem Festen. Hier läuft Taliesins cremefarbenes Ross, schneller als eine kreischende Seemöwe, zwischen dem Sand und der schäumenden See. Hier geht der irische Poet Nede spazieren. Und während er die Wogen seufzen und klagen hörte, warf er einen Zauber über das Meer, und die Wellen enthüllten ihm, dass sein Vater gestorben war.

Und hier haben wir auch die weisen Frauen der Sueben, die nach verborgenem Wissen suchten. Wie Plutarch uns berichtet, bereitete sich der Suebenkönig Ariovist gerade auf die Entscheidungsschlacht gegen Julius Cäsar vor, da erklärten die Seherinnen seines Stammes es für gefährlich, vor Neumond in die Schlacht zu ziehen. Sie hatten dieses Wissen aus den Strudeln, Turbulenzen und der rauschenden Stimme des Wassers erhalten. Wie kann Wasser so viel enthüllen! Vielleicht handelte es sich um ein simples Omen, ein System von Bedeutungen im Stile von „starke Wellen aus dem Nordosten bedeuten das und das". Aber ich halte es für wahrscheinlicher, dass sie die monotonen Bewegungen des Wassers zur Tranceinduktion einsetzten. Falls ein Strom mit Wasserwirbeln in Deiner Nähe verfügbar ist, begib Dich dort hin, setz Dich ans Ufer, stell Deine Fragen, schau in die wirbelnden Spiralen und leere Deinen Geist. Wenn die Sonne auf dem Wasser glitzert, stellst Du vielleicht fest, dass das Funkeln und Schäumen einen angenehmen Zustand des Halbschlafs herbeiführen können. Deine Augen möchten sich vielleicht nach und nach schließen, und wenn sie es tun, übernimmt Deine Imagination. Flackernde Lichter in regelmäßiger und rhythmischer Bewegung sind vielleicht gerade das Richtige, um eine Trance auf natürlichem Weg herbeizuführen. Oder einem Wasserfall zu lauschen. Das „weiße Rauschen" der hinabstürzenden Flüssigkeit ist genau die richtige Substanz, um überzeugende auditorische Halluzinationen herbeizuführen. Man kann Stimmen singen und sprechen hören – genau das Richtige für all die, die eine akustische Antwort auf ihre Fragen möchten. Cäsars Bericht über den Vorfall weicht übrigens von Plutarchs ab. In seinem Buch waren es die suebischen Mütter, die den Willen der Götter durch die Verwendung von Losen (Runen!) und Divination erkundeten. Sie warfen auch Lose, um günstige Tage für Menschenopfer zu bestimmen. Dieser Bericht wurde oft als Beweis für frühe Runendeutung bei den Germanen genommen. Die Sueben, wie sie

Cäsar darstellt, waren ein grimmiger und primitiver Germanenstamm, von denen ein Zweig in Gallien eingefallen war und seine eigenen Interessen behinderte. Er schreibt ihnen eine groteske Wildheit zu, die in starkem Kontrast zu den kultivierten Barbaren Galliens steht. Jüngere Studien zeigen, dass die Sueben eine Anhäufung von Stämmen waren, die im Südwesten Germaniens lebten, und viele von ihnen, wie die Nemeter und die Triboki, waren keltischer Herkunft. Der Name des Sueben-„Königs" hat sich tatsächlich als keltischer Titel herausgestellt: Ar (Krieg) iubaist (Anführer). Der Name ihrer Göttin, Nerthus (s. Tacitus für eine Beschreibung ihres Kultes) ist verwandt mit dem keltischen *nerto, Kraft, Stärke und *narito, magisch gestärkt, vom IE *ner-, kreative Kraft, magische Macht (Meid, 1992). Die keltogermanischen Sueben warfen also Lose. In welchem Zusammenhang diese Lose mit den germanischen Runen standen, ist eine rätselhafte Frage. Mehrere Runennamen zeigen den Einfluss von keltischen Sprachen. Das bedeutet, dass bei einigen Kelten ein runenartiges System verwendet wurde. Es beeinflusste das, was später zum Futhark-Alphabet wurde. Vielleicht war die Divination durch das Werfen von Losen oder Stäben bei den Kelten Zentraleuropas viel verbreiteter, als wir je erfahren werden. Wie sahen die Lose aus! Welche Zeichen waren eingeritzt! Welche Zeichen würdest Du einritzen!

Laut dem *Auraicept* hatten die Filid mehrere Wahrsagemethoden in ihrem Repertoire. Diese wurden von den obersten Rängen, den Ollamh, nach einem minimal achtjährigen Studium der Dichtkunst gemeistert. Diese Methoden werden hier Tenmlaida, Immas Forosna und Dichetal do Chennaib genannt. Es wird auch über mehrere Varianten berichtet. Schauen wir sie uns mal genauer an.

Imbas Forosna

Diese wird detailliert von Cormac beschrieben. Er behauptete, dass St. Patrick sie verboten hätte, weshalb sich Maier fragte, in welchem Ausmaß Cormac über eine Praxis informiert gewesen sein könnte, die ihm zufolge seit mehr als vier Jahrhunderten abgeschafft war. Es existieren einige kleine Unterschiede zwischen den Manuskripten, aber grundsätzlich wurde der Ritus wie folgt vollzogen:

> So soll es getan werden. Der Poet kaut ein Stück vom Fleisch eines roten Schweins, eines Hundes oder einer Katze und legt es hinterher auf einen Stein hinter die Tür, und er singt einen Zauber darüber und bietet es seinen Göttern an; und seine Götter werden zu ihm gebracht, aber er findet sie nicht am Morgen (?) Und dann spricht er Beschwörungen über seine beiden Handflächen; und seine Götter werden zu ihm gebracht, auf dass sein Schlaf nicht gestört werde. Und er legt seine beiden Handflächen auf seine beiden Wangen und schläft so ein. Man beobachtet ihn, um dafür zu sorgen, dass keiner ihn stört oder aufweckt, bis ihm alles enthüllt ist, was er wissen wollte, was eine Minute dauern kann, oder zwei, oder drei, oder so lange, wie es die Zeremonie erfordert – eine Handfläche überkreuz auf der anderen Wange.
>
> (zitiert nach Bonwick)

In der Übersetzung von Whitley Stokes ruft der Wahrsager seine Götter zu sich und entlässt sie nicht am Morgen. Die Divination, die in der obigen Version nur Minuten dauert (der Begriff „nomad" bedeutet möglicherweise „einen Moment"), dauert in anderen Versionen drei Tage und Nächte. Bei dem roten Fleisch könnte es sich gut um rohes Fleisch handeln. Und dann gibt es

da O'Currys Übersetzung, die feststellt, dass der Wahrsager sich in ein Bett hinter der Tür zurückzieht und postuliert, dass er seine Götter mit ins Bett nimmt. Anhand dieser Details und ein bisschen gesundem Zweifel an Bischof Cormacs Wissen können wir leicht eine Divinationstrance erschaffen, die auf dem Imbas Forosna beruht. Ich habe das bereits in *Seidwärts* ausführlich beschrieben, entschuldige bitte die Wiederholung. Sehen wir uns für den Anfang mal den Begriff an. Imbas Forosna wurde als *Das Licht der Vorsehung* identifiziert (Kinsella), das Wort Imbas ist wahrscheinlich mit dem britischen Begriff Awen verwandt. Imbas Forosna ist ein Ritus der Divination, aber auch der Inspiration. Man kann ihn benutzen, um etwas über die verborgene Seite der Dinge zu erfahren. Man kann auch eine Meditation daraus machen, um das kreative Denken anzuregen.

Begib Dich dazu an einen Ort, an dem Du ein bisschen Ruhe hast. Schließ die Tür und lege eine Opfergabe hinter den Türpfosten auf einen flachen Stein und rufe Deine Götter an, wenn Du es traditionell magst. Falls nicht, kannst Du einen Trick aus M. Bertiaux' Voodoo benutzen: Reib Deine Hände aneinander, bis sie kribbeln und warm sind. Rufe die Götter Deines Kreises an, wobei Du frei und leidenschaftlich sprichst. Streck Deine Hände aus, damit sie die strömende Energie empfangen können. Oder kombiniere beide Methoden. Mach daraus ein Opfer an Liebe, Aufmerksamkeit und Energie. Das ist es, was die Götter wollen, und worauf sie reagieren. Wenn Du es in Cormacs Stil machen möchtest, solltest Du frisches rohes Fleisch kauen und opfern. Angesichts der Qualität des Fleisches, das man in den Läden kriegt und der Sachen, mit denen Schweine, Hunde und Katzen gefüttert werden, würde ich es nicht empfehlen. Trotzdem könnte es

Münzen 21

Oben links: Salasser, zeichne dieses Bild richtig als gleichseitiges Dreieck und Du wirst eine Menge interessante Geometrie entdecken: Es handelt sich offensichtlich um eine keltische Version des chinesischen Tangram-Puzzles. **Oben rechts:** Salasser. Mehrere Versionen davon waren populär. **Mitte links:** Ile de Bretagne, Baum und Mond. **Mitte rechts:** unbekannt, sehr stilisierter Baum und Kreise (Früchte?) **Unten links:** unbekannt, wahrscheinlich Tektosagen, gefunden in einem Opferhort an der Schanze von Saint-Louis. **Unten rechts:** Ile de Bretagne.

interessant sein, mal über das Wesen dieser Tiere nachzudenken. Schweine, Katzen und Hunde haben alle einen etwas andersweltlichen Charakter, und frisches Fleisch besitzt sicherlich mehr Lebenskraft als die gekochte Variante. Da Bio-Energie (Qi, Vitalität) wesentlich für einen guten Kontakt zu den Göttern ist, ist das Reiben der Handflächen eine nützliche Alternative.

Als nächstes stelle Kontakt zu den Göttern her. Der Text impliziert, dass die Götter erscheinen, sei es materiell oder als Vorstellung. Wenn Du etwas Erfahrung in praktischer Magie hast, wird eine Anzahl Deiner Götter in Deinem Geist und Körper erscheinen. Sag ihnen, was Du wissen willst. Halte die Fragen kurz, simpel und präzise. Setz Dich hin oder nimm eine Haltung ein, die es Dir erlaubt, mit den Händen Dein Gesicht zu berühren. Das ist nicht sonderlich bequem, von daher können wir Cormacs Idee, dass der Poet in dieser Haltung schläft, sicherlich vergessen. Ich sitze gern auf dem Boden und lehne mich an die Wand, so dass ich meine Arme mit den Ellenbogen aufstützen kann. Das tue ich, weil ich längere Visionen mag; wenn Du die drei-Minuten-Variante vorziehst, kannst Du das natürlich in jeder beliebigen anderen Haltung tun. Halte Deine Handflächen vor Dein Gesicht und atme darauf. Dann sieh in Deine Handflächen und stelle Deine Frage. Du kannst sie aussprechen, sie Dir vorstellen oder Dir sogar vorstellen, dass Du sie auf Deine Handflächen schreibst. Wiederhole das ein paar Mal. Dann leg Deine Handflächen auf Dein Gesicht. Ich presse gern die Handballen gegen die Wangen, so dass die Finger die Augen leicht beschatten. Ich lasse sie entspannt und ein bisschen gespreizt, damit etwas Licht und Luft dazwischen kommt. Jetzt schließ Deine Augen. Das Zwielicht fällt, und Deine dunklen Finger ragen wie hohe Bäume in einem Nemeton der Schatten auf. Während Du in den *Kessel der fünf Bäume* blickst, zwischen Licht und Dunkel, zwischen Anspannung und Entspannung, fließt die Antwort aus Deinen Handflächen. Es ist eine Antwort, die zu Deiner Imagination passt. Du wirst bemerken, dass die eigenartige Position den Vorteil hat, dass die Frage an vorderster Front Deiner Aufmerksamkeit bleibt. Außerdem stellt sie einen Kreislauf her: Du fragst Dich selbst (die Götter, Dein Tiefenselbst, Deine Muse), indem Du in Deine Hände fragst, und aus Deinen Handflächen kommt die Antwort in Deine Imagination.

Beende den Ritus, wenn Du genug erfahren hast. Reibe Deine Hände, bedanke Dich und stehe langsam auf. Das Wichtige an diesem Ritus ist, dass er wundervoll stimulierende Visionen produziert. Wofür kannst Du ihn verwenden?

Königin Medb zwang die junge Lady Fedelm (die in Schottland gewesen war, um die Dichtkunst und Wahrsagung zu erlernen), Imbas Forosnai zu benutzen, um das Schicksal ihrer Armee vorherzusagen. Fedelm schaute und murmelte „Ich sehe purpurrot, ich sehe Blut!" Medb, von dieser Aussicht nicht im mindesten verstört, befahl Fedelm, weiterzumachen. Wieder und wieder blickte die Seherin in das purpurrote Blut, bis schließlich eine Vision erschien und sie Cuchulainn im Kampfrausch erblickte, bebend und schreiend, während er allein gegen Medbs Truppen wütete. Nicht jede Vision erscheint voll entwickelt. Es kann passieren, dass Du schaust, aber nichts siehst. Was immer Du wahrnimmst, Du kannst es erforschen. Deine Sinne interagieren miteinander. Geräusche, Gefühle, Visionen, Geruch und Geschmack können einander hervorrufen. Wenn Du eins davon wahrnimmst, folge der Spur, bis es Dich zu den anderen Sinnen führt und schließlich alle Sinne in Deiner Vision präsent sind. Wenn Du eine Farbe siehst, bleib dabei, frag weiter, halte Deinen Geist offen, und schon bald werden Bilder erscheinen. Wenn Du etwas fühlst, ist diese Gefühl vielleicht der Schlüssel zu Deiner Antwort. Gib Dir Zeit. Man braucht Übung, um ein divinatorisches System zu entwickeln. Du wirst feststellen, dass Deine Imagination je leichter funktioniert, desto häufiger Du sie benutzt. Wenn Du Imbas Forosna benutzt, um die Zukunft vorherzusagen, missbrauchst Du es. Viel wichtiger für Magier, Barden und Poeten ist der Einsatz von Visionen, um die Gegenwart zu erhellen. Was willst Du wissen? Woran willst Du Dich erinnern? Die Natur eines Ortes, ein Kommentar zu einem drängenden persönlichen Problem, eine bessere Art, um einen Ritus durchzuführen, eine neue Methode der Tranceinduktion, etwas über Dich selbst lernen, was Du nie vorher gewusst hast, ein neues Kunstwerk erschaffen, eine Melodie, ein Lied, ein Gedicht oder ein Bild... was könntest Du noch lernen, jetzt, wo Du es kannst? Gib Deiner Kreativität eine Chance, nimm ein Blatt Papier und schreib mindestens 30 Sachen auf, die Du gern erfahren würdest. Wenn Du das getan hast, verbrenn das Papier und erfinde weitere hundert. Die einzige Beschränkung für Deine Kreativität ist die Grenze, die Du ihr setzt. Du wirst überrascht sein, wie viel sich da findet, sobald Du anfängst zu suchen.

Ehe ich nun das Thema verlasse, möchte ich Deine Aufmerksamkeit auf den irischen Helden Finn lenken. Ähnlich wie Gwion in Britannien erlangte Finn seinen Imbas, als er einen verzauberten Lachs des Wissens briet, sich den Daumen verbrannte und ihn in den Mund steckte, um ihn zu kühlen. In seinem späteren Leben hatte Finn immer dann Visionen, wenn er seinen Daumen in den Mund steckte. In manchen Versionen kaute

er auch darauf herum. Das stellte sich als äußerst praktisch heraus, wenn es darum ging, kopflose Leichen zu identifizieren und in die Welt der Feen zu blicken. Bonwick erwähnt eine Episode, in der Finn, als er eingeladen wurde, neben einer besonders schönen Frau Platz zu nehmen, misstrauisch an seinem Daumen kaute. Sofort verwandelte sich die Dame in eine bösartige Alte. Als Diarmaid und Grainne vor Finn flohen, wussten sie, dass er sein Visionen bringendes Daumenkauen einsetzen würde, um ihr Versteck aufzuspüren. In jener Nacht schlief sie auf Binsen und er auf einem Sack voll Sand. Finn, der herausgefunden hatte, dass die eine auf Binsen und der andere auf Sand schlief, schloss daraus, sie hätten sich getrennt, und schickte seine Truppen in die falsche Richtung. Ist es möglich, dass die Taliesins eine ähnliche Geste verwendeten, wenn sie prophetisch wurden?

Dichetal di Chennaib

Das war die einzige Form von Divination, die den Filid vom heiligen Patrick erlaubt wurde, da man dabei ohne Opfergaben an die Götter auskommt. Cormac verrät uns, dass es eine Divination von den Enden der Fingerspitzen war. Eine mögliche Antwort, wie das funktionieren konnte, findest Du im Kapitel über Bäume. Die Fingerspitzen führen uns zur nächsten Divinationsmethode, was darauf hindeutet, dass hier vielleicht eine Begriffsverwirrung herrschte.

Teinm Laeda

Das ist eine Methode, die vom heiligen Patrick geächtet wurde, wenn wir *Cormacs Glossar* trauen dürfen, da sie von Opfern für heidnische Götter begleitet wurde. Sie wird im *Senchus Mor* erwähnt, der berühmten Kompilation irischer Gesetzestexte aus dem frühen 8. Jahrhundert. Teinm Laeda wurde von gelehrten Poeten verwendet, die dabei ein Gedicht verfassten, ohne nachzudenken. Vor St. Patricks Zeit pflegte der Poet einen Stab zu nehmen und ihn auf den Kopf oder Körper der Person zu legen, über die er etwas wissen wollte. In ein oder zwei Minuten wurde der Name der Person enthüllt, außerdem ihre Ahnen und alles noch Unbekannte. Nach der Einführung des Christentums kam der Stab außer Gebrauch. Stattdessen schufen die Poeten spontane Verse mit den Fingerspitzen (oder Knöcheln), sie dichteten und sprachen gleichzeitig.

Die *Senchus Mor* behaupten, dass die gleichen Dinge durch Imbas Forosna enthüllt zu werden pflegten, aber dass sie auf eine andere Art durchgeführt würden und dass für jedes ein anderes Opfer dargebracht würde. Cormac kompliziert die Angelegenheit noch weiter, indem er behauptet, dass Finn, als er den Daumen in den Mund steckte, Tenm Laeda sang und sofort ein Lied komponierte. Vielleicht bedeutete der Begriff einfach ein Orakel in Versen, ein Gedicht, das einem in den Sinn kommt und verborgenes Wissen offenbart. Man kommt zu interessanten Resultaten, wenn man schneller spricht, als man denken und schreiben kann. Das ist die Grundlage der Kunst der walisischen Awenyddion; sie ist leicht zu lernen. Du kannst es in schriftlicher Form benutzen – nimm einfach Stift und Papier und schreib alles nieder, was Dir in den Sinn kommt, egal, wie verrückt es ist.

Du könntest Dein Orakel aber auch in poetischer Form wiedergeben. Einige poetische Strukturen, insbesondere solche, die keine Reime erfordern, sind leicht zu lernen. Wirf mal einen Blick auf die gnomische Poesie der britischen Barden (Beispiele gibt es im Kapitel über Bäume).

Allerdings muss ich hinzufügen, dass die gnomischen Verse der britischen Barden sich reimen. Im Allgemeinen wird eine Dreizeiler-Struktur verwendet, d. h. es gibt drei Zeilen, die sich am Ende reimen. Für magische Zwecke sind Reime nicht wirklich erforderlich. Es ist eine Übung in Spontanität. Für gewöhnlich beginnt gnomische Poesie mit einer festen Formel, die in jedem Vers wiederholt wird. Ein langes Gedicht beginnt alle Verse mit der festen Formel *Hell sind die Wipfel des...* Ein anderer verwendet *Verschneite Berge...* oder *Winteranfang...* So kommt man leicht in die Gänge. Als Nächstes fügst Du dann zwei kurze oder eine lange Zeile hinzu, in der andere Naturphänomene aufgeführt werden und krönst das Ganze mit einer Zeile sprichwörtlicher, möglicherweise orakelhafter Weisheit. Da das eher kompliziert klingt (es glücklicherweise aber nicht ist), hier drei typische Beispiele. Mehr findest Du im übernächsten Kapitel. Das erste beginnt mit der festen Phrase „*Hell sind die Wipfel*", geht dann mit etwas freier Naturpoesie weiter und endet mit einer Zeile gnomischer Weisheit oder einem passenden Sprichwort:

32. Hell sind die Spitzen des Mädesüß, und das Kitz
im Hain; wild ist der Wind, die Bäume schwanken;
sich für den Halsstarrigen einzusetzen nützt nichts.

(RBvH 9)

Die nächsten beiden Beispiele stammen aus einem Gedicht, in dem alle Verse mit *Verschneite Berge* beginnen. Wieder wird das gleiche Muster benutzt, um eine Weisheit vorzubringen. Die klingt vielleicht selbstverständlich, es sei denn, sie wird zu einer Zeit ausgesprochen, in der sie viel Sinn für den Zuhörer ergibt. Sprichwörtliche Ratschläge haben eine lange Tradition in den keltischen Schriften; die ältesten Beispiele finden sich in einem Fragment gallischer Schrift, das in Lezoux gefunden wurde. Nur drei Zeilen des Textes haben überlebt, in der Übersetzung von W. Meid lauten sie:

Lob von den Schlimmsten ist zerstörerisch für den Rechtschaffenen. Nun, mein Junge, gib nicht der Gewalt nach (!) Man sollte seinen eigenen Weg nach seinem eigenen Urteil gehen.

Solche Statements sind leicht zu improvisieren und geben gute Orakel ab – erfinde ruhig eigene!

24. Verschneite Berge - laut ist der Rehbock; die Wellen nässen den Rand der Küste; wer fähig ist, verbirgt seine Absicht.

27. Verschneite Berge - kahl sind die Spitzen der (Schilf!) Stengel; gebeugt die Zweige der Bäume; die Fische sind in der Tiefe; wo kein Lernen ist wird auch Begabung fehlen.

(RBvH 4)

Vielleicht erinnern Dich solche Zeilen an chinesische und japanische Poesie. Sie sind Teil einer Naturpoesie, die im mittelalterlichen Europa keine Entsprechung hat und die man nur bei den Barden und Filid der Inselkelten findet.

Ich schlage vor, Du übst mit den Versen im Kapitel 13, indem Du sie laut liest, bis Du wirklich vertraut bist mit den Dingen, die Du von ihnen erwarten kannst. Jeder von ihnen besteht aus mehreren Zeilen über die Natur und eine Schlusszeile mit einer ethischen Betrachtung. Man könnte denken, dass diese Sprichwörter eng mit den Bäumen, Pflanzen und Tieren verbunden sind, die vorher in dem Vers erwähnt werden, aber das ist nicht der Fall. Mehrere lange, gnomische Gedichte haben überlebt, und während viele von ihnen höchst originell sind, erscheinen die Sprichwörter, mit denen jeder Vers endet, auch in anderen Versen, je nachdem, auf welchem Reim die Zeile endet. Das deutet darauf hin, dass der Barde über einen Vorrat an Sprichwörtern verfügte und ein mehr oder weniger passendes am Ende des Verses improvisierte. Wenn Du diese Art von Poesie eine Weile lang praktizierst, wirst Du feststellen, dass die Naturbeschreibungen Aufmerksamkeit und Beobachtungsgabe verbessern. Nenn es einen höheren Bewusstseinszustand, wenn Du magst. Wenn ich zum Ende des Verses komme, habe ich oft die Erfahrung gemacht, dass ein Sprichwort oder Satz aus dem Nichts heraus auftaucht und sich einfach an den Vers anhängt. Alles, was als Überraschung kommt, kann der Divination dienen. Aber es ist vielleicht auch gute Trancemagie, gnomische Poesie zum Spaß zu praktizieren. Nimm eine Schlüsselzeile, wie beispielsweise *Hell sind die Wipfel des...* und geh in der Natur spazieren. Wie viele Pflanzen siehst Du! Wunderbar! Alle haben Wipfel von leuchtender Farbe, also mach Dich auf und improvisiere einen Vers für jede. Du wirst feststellen, dass das auch einen Trancezustand herbeiführt, des Leuchtens und Entzückens.

Cetnad

Diese Divination macht Gebrauch von einem Lied. Sie wurde verwendet, um Diebstahl zu entdecken, für gewöhnlich gestohlenes Vieh. Der Wahrsager sang es dreimal durch die rechte Faust auf die Spur des gestohlenen Tiers oder auf die Spur des Diebes. Falls keine Spur da war, sang es die Wahrsagerin in ihre Faust und legte sich dann schlafen. Im Traum wurde ihr der Dieb offenbart. Eine andere Form von Cetnad wurde in die Handfläche gesungen. Dann rieb der Sänger seine Handfläche an der Hinterhand des Pferdes, was eine sichere Methode war, um Tier und Reiter vor Unheil zu schützen (s. Hyde).

Toghairm

Dr. Armstrongs gälisches Wörterbuch, von Bonwick zitiert, verrät uns, dass:

> Der Wahrsager in die warme, noch dampfende Haut eines frisch geschlachteten Ochsen oder einer Kuh gewickelt wurde und sich der Länge nach in der rauen Nische hinter einem Wasserfall ausstreckte. Dann wurde ihm die Frage gestellt, und das Orakel wurde alleingelassen, damit es sich besinnen konnte. Man glaubte fest daran, die Antwort werde von unsichtbaren Wesen kommuniziert.

Nachdem ich das gelesen hatte, fragte ich mich, ob die Antwort in Gestalt einer Vision gegeben wurde oder ob sie aus den rauschenden und singenden Stimmen des donnernden Wasserfalls stammte. Leute in einen Mantel oder eine Haut zu wickeln ist ein verbreitetes Element in der Magie. Ich habe mal von einer isländischen Technik gelesen, um den Teufel zu beschwören. Wenn ich mich richtig erinnere, musste man sich um Mitternacht an einen Kreuzweg begeben. In der Mitte des Kreuzwegs musste man sich niederlegen und sich in eine Kuhhaut wickeln. Außerdem musste man eine Axt in

der Hand halten, die mit der Schneide auf das eigene Gesicht zeigte. In dieser eigenartigen Position musste man warten, bis der Teufel erschien. Es sagt eine Menge über diese Rituale aus, dass man großes Glück hatte, wenn tatsächlich der Teufel erschien und nicht etwa ein menschlicher Zeuge. Zweifellos glichen sie ihren Mangel an Rafinesse dadurch aus, dass sie eine kräftige Dosis an Furcht vor Entdeckung hinzufügten.

Verwandt mit solchen spaßigen Aktivitäten ist ein irischer Ritus, um den nächsten König zu bestimmen. Ich möchte dazu *Die Zerstörung von Da Dergas Herberge* zitieren (Übers. nach Gantz):

> Danach starb Eterscelae, der König. Die Männer von Eriu versammelten sich dann zum Stierfest: Ein Stier wurde getötet, und ein Mann aß sich satt, trank die Brühe und schlief, und es wurde ein Wahrheitszauber über ihm gesungen. Wen immer dieser Mann im Traum sah, wurde König, und wenn er gelogen hätte über das, was er im Traum sah, wäre er gestorben… Der vom Stier genährte hatte im Schlaf einen nackten Mann gesehen, der bei Tagesanbruch die Straße nach Temuir entlang kam und der einen Stein in seiner Schleuder trug.

Wie es das Schicksal so will, fuhr Conaire gerade in seinem Streitwagen, als er eine Schar ungewöhnlicher, weiß gefleckter Vögel vorbeifliegen sah. Er ergriff seine

---

Münzen 22

Oben links: Dobunner, Britannien, Baum mit Früchten, Nadelbaum! Eibe!

Oben rechts: Dobunner, Britannien, Nadelbaum!

Mitte links: Belgische Küste, abstrakte Bäume!

Mitte rechts: Britannien, abstrakte Bäume!

Unten links: Britannien, abstrakte Bäume!

Unten rechts: Belgische Küste, Proto-Runen!

Schleuder und verfolgte sie, bis die Vögel das Meer erreichten, wo Conaire sie überholte. Da nahmen die Vögel plötzlich ihre Federhauben ab und wandten sich gegen ihn mit Speeren und Schwertern. Und einer von ihnen trat vor und sagte:

Ich bin Nemglan, König der Vogeltruppe Deines Vaters. Es ist Dir verboten, Vögel zu jagen, denn aufgrund Deiner Geburt ist jeder Vogel hier Dein Verwandter… Geh heute Nacht nach Temuir, denn das wäre passender…dort wird das Stierfest gefeiert, und man wird Dich zum König machen. Der Mann, der bei Tagesanbruch nackt und mit einem Stein in seiner Schleuder die Straße nach Temuir entlang kommt, ist derjenige, der König werden wird.

Conare verhält sich entsprechend und trifft drei irische Könige, die am Wegesrand stehen mit einem Arm voll von Kleidern für den nackten, zukünftigen König. Als sie sehen, dass Conare jung und bartlos ist, rufen sie aus, ihr Stierfest und der Wahrheitszauber hätten vielleicht versagt, aber Conare versichert ihnen, dass ein junger, großzügiger König keine Schande sei, und dass er nicht korrupt sei.

Nett, das zu hören. Ich überlasse es den Historikern, sich darüber zu streiten, ob irische Könige je auf diese Art gewählt wurden. Es genügt zu sagen, dass die Filid an die Gültigkeit des Wahrträumens glaubten. Eine walisische Parallele findet man vielleicht im *Traum von Rhonabwy*, der im *Mabinogi* vorkommt. Hier nehmen der Protagonist und seine Gefährten gezwungenermaßen Logis in einer schäbigen Hütte, wo zwei alte Weiber und ein kahler Mann ein Leben in Schmutz und Armut leben. Zwei Ritter teilen sich ein Bett und verbringen die Nacht damit, die Armeen von Flöhen zu verfluchen, die das vermoderte Stroh bewohnen.

Rhonabwy versucht deshalb, auf einer gelben Kalbshaut zu schlafen, die er auf einer Plattform ausgebreitet findet. Kaum, dass er sich niedergelegt hat, hat er eine Vision. Im Halbschlaf trifft er König Arthur und die tapferen Ritter der Tafelrunde – jeder von ihnen ist ein wahrer Riese, verglichen mit den schmächtigen, kleinen Leuten, die das mittelalterliche Britannien bevölkern.

In jedem dieser Beispiele wird eine Kuhhaut mit Trauminkubation in Verbindung gebracht. Ich finde, dass der Wahrheitszauber das wichtigste Element ist – einfache hypnotische Suggestion, und die Sache funktioniert. Versuch das auf jeden Fall! Es ist nur vernünftig, das Tiefenselbst um interessante Träume zu bitten, bevor man zu Bett geht, und darum, dass man sich am Morgen noch an sie erinnert. Die Kuhhaut hat mindestens zwei Funktionen. Zum einen handelt es sich offensichtlich um ein heiliges, religiöses Symbol. Und zum anderen ist sie aller Wahrscheinlichkeit nach alles andere als ein bequemer Schlafplatz. Kuhhäute neigen dazu, steif zu werden, und für ihre weiche Polsterung sind sie auch nicht gerade bekannt! Ich würde meinen, dass jeder, der auf einem solchen Bett schläft, nur einen leichten und vielfach unterbrochenen Schlaf erlebt. Das kann nützlich sein, wenn man sich erinnern will – es ist viel leichter, sich an einen Traum zu erinnern, wenn man erwacht, direkt nachdem er vorbei ist.

Als ich mit Klarträumen experimentierte, stellte ich mir drei Wecker, damit ich mehrmals in der Nacht aufwachte – den ersten etwa 4½ Stunden, nachdem ich schlafen gegangen war. Man wacht ziemlich gerädert auf, aber man lernt eine Menge, besonders, wenn man klug Stift und Papier bereitgelegt hat. Je mehr Aufmerksamkeit Du Deinen Träumen schenkst, desto mehr Trauminformationen bleiben in Deinem Gedächtnis.

Der Erzzauberer von Südlondon, Austin Spare, machte eine Kunst aus Trancezuständen zwischen Traum und Wachen und malte einige seiner Bilder in diesem benommenen Zustand. Ich hatte mich immer gefragt, wie es ihm gelungen war, sich so detailliert und mühelos an viele Träume zu erinnern, bis Gavin Semple mir Fotos von Austins Wohnung zeigte. Der Künstler und Magier, der in äußerster Armut lebte, schlief auf zwei Stühlen. Das führt zu vielen gestörten Träumen und einer charakteristischen Krümmung des Rückens. Nebenbei möchte ich noch erwähnen, dass Trauminkubation eine bevorzugte Form der Divination in der antiken Welt war. Im alten Griechenland gab es einige Tempel, in denen Leute beten und fasten konnten, um Visionen zu haben. Dann verbrachten sie die Nacht in einer winzigen Zelle, wo sie ihr Traumorakel empfingen. Wenn sie sich nicht an die Träume erinnern konnten, antwortete die Gottheit indirekt. Wenn der Träumer aus dem Tempel kam, achtete er auf die ersten Worte, die er hörte, und nahm sie als Antwort.

Es besteht die vage Möglichkeit, dass es etwas Ähnliches in Lydney Park gab, wo die romano-keltische Bevölkerung im 3. Jahrhundert dem Gott Nodens einen Tempel errichtet hatte, dem Gott der großen Tiefe. An diesem Ort war eine Votivgabe in Form eines Arms gefunden worden, der Tempel war also möglicherweise der Heilung geweiht. Andere Gottheiten, die im Tempel erschienen, waren ein Meeresgott als Bronzerelief, ein Sonnengott in einem Streitwagen, ein Hund, eine Statuette einer Frau, die ein Füllhorn hielt, und eine Inschrift für Sylvanus, den römischen Gott der Wälder. Aufgrund des Votivarms wurde die Hypothese aufgestellt, dass der Tempel der Heilkunst gewidmet war. Aber das ist nur geraten. Wir wissen nur mit Sicherheit, dass der Tempel extrem reich war, über einen luxuriösen Mosaikboden verfügte und von vielen Leuten frequentiert wurde. Der Tempel wies eine ungewöhnlich hohe Anzahl an kleinen Zellen auf. Deshalb wurde auch spekuliert, dass ein Traumorakel an den Heiltempel angeschlossen war. Obgleich es keinen Beweis für diese Annahme gibt, hat sie ein gewisses Maß an Wahrscheinlichkeit.

Gegen Ende dieses Kapitels würde ich gern noch einige andere Formen der Divination erwähnen. Ein Text scheint anzudeuten, dass ein irischer Druide prophezeite, indem er die Wolken betrachtete. Leider existiert kein Kommentar dazu, wie genau er das machte. Eine Möglichkeit ist, soweit man das sagen kann, dass Wolkenschau mit Wissen über die Winde verbunden war. Im alten Irland arrangierte man zwölf Winde nach den Himmelsrichtungen, und jeder von ihnen hatte eine bestimmte Farbe. Es gibt mindestens zwei Systeme, die Winde mit Farben in Verbindung bringen. Sieh sie Dir an und denk daran, dass Farben schon an sich eine große Bedeutung in Symbolik und Orakeln haben. Im *Saltair Na Rann* erfahren wir, dass Gott die vier Hauptwinde und die acht Unterwinde erschuf, und jeder von ihnen hatte eine bestimmte Farbe:

Der weiße, der klar purpurfarbene, der blaue, der große grüne, der gelbe, der rote kühne, ... der schwarze, der graue, der gescheckte (!), der dunkle (!), der mattschwarze, der falbe.

Der *Senchus Mor* ist etwas detaillierter:

Die Farbe eines jeden weicht vom anderen ab, namentlich der weiße und der scharlachrote, der blaue und der grüne, der gelbe und der rote, der schwarze und der graue, der gescheckte und der dunkle, der ciar (mattschwarze) und der gräuliche. Aus dem

Osten kommt der scharlachrote Wind, aus dem Süden der weiße, aus dem Norden der schwarze und aus dem Westen der falbe. Die roten und gelben Winde entstehen zwischen dem weißen und dem scharlachroten, die grünen und die grauen zwischen dem gräulichen und dem weißen, die grauen und die ciarfarbenen zwischen dem gräulichen und dem jettschwarzen, der dunkle und der gescheckte zwischen dem schwarzen und dem scharlachroten.

(Zitiert nach Hyde.)

Obgleich es keine Hinweise darauf gibt, dass diese farbigen Winde je bei der Divination Verwendung fanden, ist es sicher möglich, das zu tun. Es ist leicht, jeder Farbe und Richtung eine Bedeutung zuzuordnen. Es ist auch eine Option, diese Farben bei Atemübungen zu verwenden, etwa so, wie die chinesischen Taoisten farbige Dämpfe imaginieren und atmen, bei ihren Riten der inneren Alchemie. Ein ähnliches System war vielleicht bei den britischen Barden bekannt. Zumindest haben wir da einen Taliesin, der fragt, wie viele Winde es gibt, und der fragt, wann der Atem schwarz ist. Atemtechnik wurde von dem Druiden Figal verwendet, um den Mut der Tuatha De Danann zu stimulieren: Bei jedem Ausatmen erhöhte sich ihre Tapferkeit und Stärke. Schädlicher druidischer Atem kommt im Mythos von Mog Ruith vor, von daher könnten wir hier einem vergessenen Stück alter Magie auf der Spur sein.

Eine andere Form der Divination, auf die lose in der mittelalterlichen irischen Literatur angespielt wird, verwendet Eibenholzstäbe. Diese wurden von einem Druiden verwendet, der Ogham-Buchstaben einritzte, um das Versteck von Etain und Midir unter dem Elfenhügel zu finden. Vielleicht sind wir hier nah am Runenwerfen oder an der

Divination durch das Werfen von Losen mit verschiedenen Symbolen. Die einfache Divination durch Lose wurde im mittelalterlichen Britannien und Irland gepflegt, besonders in schwierigen Rechtsangelegenheiten. Wenn die Wahrheit über ein Verbrechen nicht aufgedeckt werden konnte, hatte der wahrscheinlich Schuldige das Recht auf ein Gottesurteil. Er musste einen Kieselstein aus einem Beutel oder einem siedenden Kessel ziehen. Weiß bedeutete unschuldig, schwarz bedeutete schuldig, und gefleckt war das Zeichen der Trinität und bedeutete „versuch's nochmal". Diese Art von Lotterie war sehr populär und oft mit schmerzhaften Elementen versehen, um das Publikum zu befriedigen. Wie bei allen Formen öffentlicher Unterhaltung ist der gemeinsame Nenner immer die geschmackloseste Variante. Du wirst mir sicherlich verzeihen, wenn ich hier die verschiedenen Arten, auf die Gottesurteile durchgeführt wurden, nicht nenne. Viel interessanter ist, wie Du divinatorische Systeme erfinden kannst, die ebensogut oder besser als die sind, die die Barden und Druiden erträumten. Was haben sie übersehen? Und was übersiehst Du gerade?

Wie kann die Welt zu Dir sprechen? Wie kann man Intelligenz mit Intelligenz multiplizieren?

Wach auf. Sie ist hier und wartet auf Dich.

12. Der ewig hungrige Kessel

Die Geschichte Taliesins beginnt mit einem Zauberkessel und endet auch mit einem solchen. Nachdem Taliesin die Hofbarden zum Schweigen gebracht und Maelgwn so erschreckt hatte, dass er sich unterwarf, befreite er Prinz Elffin von seinen silbernen Ketten. Werfen wir einen Blick auf das Finale des *Hanes Taliesin*:

Dann bat er Elphin, den König herauszufordern mit der Wette, er habe ein Pferd, dass sowohl besser als auch flinker als alle Pferde des Königs sei. Das tat Elphin, und es wurden der Tag, die Zeit und der Ort festgesetzt, und bei dem Ort handelte es sich um den Ort, der heutzutage Morva Rhiannedd heißt; und dorthin ging der König mit all seinem Fußvolk, und vier und zwanzig der schnellsten Pferde, die er besaß, folgten ihm. Und nach einer langen Beratung wurde die Rennbahn abgesteckt, und die Pferde zum Lauf aufgestellt. Dann kam Taliesin, mit vier und zwanzig Zweigen der Stechpalme, die er schwarz verbrannt hatte, und er veranlasste den Jüngling, der seines Herren Pferd reiten sollte, sie in seinen Gürtel zu stecken, und er gab ihm den Befehl, alle Pferde des Königs vor ihn kommen zu lassen, und während er ein Pferd nach dem anderen überholen sollte, sollte er einen der Zweige nehmen und das Pferd damit über die Kruppe schlagen und den Zweig dann fallenlassen; und danach sollte einen weiteren Zweig nehmen und es mit jedem der Pferde ebenso machen, während er sie überholte, und wies den Reiter an, streng darauf zu achten, wann sein eigenes Pferd strauchelte; dort sollte er seine Kappe

auf die Erde werfen. All dies erfüllte der Jüngling und versetzte jedem der Pferde des Königs einen Schlag und warf seine Kappe an dem Ort auf die Erde, wo sein Pferd strauchelte. Und zu dieser Stelle brachte Taliesin seinen Herren, nachdem sein Pferd das Rennen gewonnen hatte. Und er veranlasste Elphin, Arbeiter herbeizuschaffen, die dort ein Loch graben sollten; und als sie tief genug im Boden gegraben hatten, fanden sie einen Kessel voll Gold. Und dann sagte Taliesin: „Elphin, nimm dies als Bezahlung und Belohnung an, da Du mich aus dem Wehr gerettet hast, und dafür, dass Du mich von jener Zeit an bis heute aufgezogen hast." An diesem Ort findet man einen Teich voll Wasser, der bis zum heutigen Tag Pwllbair heisst.

Da das Leben im Kreislauf geht, zaubert der von einem Kessel initiierte Bursche einen Kessel voller Reichtum für seinen Ziehvater herbei. Das sind zwei Kessel in einer Geschichte, aber wenn wir genau hinsehen, kommt noch ein dritter in der Geschichte vor. Was ist mit dem Lederbeutel? Manche mögen argumentieren, dass ein Lederbeutel meilenweit von einem Kessel entfernt ist, und das trifft sicher zu, da der Beutel als Gefäß sehr viel älter ist. Den Lederbeutel gibt es schon in der Altsteinzeit. Mehrere sogenannte primitive Kulturen dieses Planeten benutzen Lederbeutel als Kochgefäße. Das funktioniert, weil das Leder feucht ist, und wenn die Temperatur stimmt und der Abstand zur Flamme richtig ist. Eine andere Version dieser Technik besteht darin, ein kleines Loch zu graben, in das man den Lederbeutel hineintut. Das Wasser wird erhitzt, indem man heiße Steine in die Flüssigkeit tut. Diese Methode ist nicht ganz ungefährlich, da manche Steine bei Kontakt mit dem Wasser dazu neigen, zu explodieren. Dennoch wurde sie von verschiedenen alten Kulturen eingesetzt, wie beispielsweise den Rentierjägern von Gönnersdorf, in der Nähe des mittleren Rheins, um 12.500 vor unserer Zeit (Kuckenburg 2000). Aller Wahrscheinlichkeit nach ist der Lederbeutel der älteste Kessel, den die Menschheit kennt, das erste Gefäß der Transformation, das unsere Ahnen entdeckten. Da Taliesin selbst in einen solchen Beutel gelegt wird, könnte man sich die Frage stellen, ob er selbst das Speise- oder Menschenopfer darstellte. Das führt zu einer Reihe düsterer Verdächtigungen. Was, zum Beispiel, bewirkte, dass der eben erst erleuchtete Gwion so extreme Angst vor Ceridwen hatte; wieso war er so sicher, dass es sein Verderben wäre, wenn sie ihn finge? Noch bevor sie zu ihrem Kessel zurückkehrte, war er sich ihrer blutrünstigen Absichten vollkommen sicher. Sah er sich selbst als letzte Zutat für ihr zauberisches Elixir? Plante die unheimliche Hexe als letzten Akt, ihn zu schlachten? Wir können zwar nicht hundertprozentig sicher sein, aber es ist recht offensichtlich, dass Taliesin selbst in zwei Kesseln gesteckt hat – Ceridwens Bauch und dem Lederbeutel – bevor er als erleuchteter Seher wiedergeboren wurde. Der Kessel des Wissens ist auch der Kessel des Todes und der Wiedergeburt.

Um die Bedeutung von Kesseln in den heidnischen Religionen des alten Europa zu verstehen, werde ich Dich nun mit einigen bizarren Stücken Geschichte vertraut machen. Unser erstes Beispiel kommt aus der späten Bronzezeit. Lange bevor die Kelten und Germanen als linguistische und kulturelle Gruppen auftauchen, begruben die Völker Mitteleuropas ihre Toten gern in Hügeln und feierten welche Riten auch immer. Wir haben einiges an archäologischem Material aus dieser Zeit, aber nur sehr wenig davon ist religiöser Natur. Die Leute der Urnenfelderzeit und die meisten Kulturen der Bronzezeit hatten eine auffällige Abneigung gegen die Anfertigung von Abbildern von Göttern, Menschen und Tieren, was es eher schwer macht, ihre magischen und religiösen Sicht-

Fragment eines keltischen Kessels
gefunden in Rynkeby, Dänemark. Wahrscheinlich späte La Tène-Zeit.

Bronzekessel

Umfang 30cm, Hallstatt, Grab 671, Österreich. Die Kuh ist am Rand und im Zentrum des Kessels befestigt und diente als Griff. Beachte, daß beide Kessel die Idee von Rind und Grube miteinander in Verbindung bringen.

weisen zu verstehen. Inmitten der zahllosen Fragezeichen ergeben sich nur ein oder zwei Anhaltspunkte, die uns Aufschluss geben können. Einer von ihnen ist die regelmäßige Wiederkehr von Wasservögeln. Derartige Bilder waren in weiten Teilen Europas in der Bronzezeit populär. Man findet Wasservögel in Verbindung mit Streitwagen und Schiffen von Skandinavien bis zum Balkan.

Enten, Gänse, Schwäne und ähnliche Vögel erscheinen häufig auf Grabbeigaben. Sie fallen auf, weil so wenige andere Tiere erscheinen. Nun könnten wir diese Vögel auf mehrere Arten interpretieren. Vielleicht existierte ein blühender Kult, beruhend auf Wasservogel-Totems. Vielleicht war es im

Wesentlichen ein Totenkult. Wenn man Bilder von Wasservögeln in Gräbern findet, bedeutet das nicht notwendigerweise, dass solche Tiere von den Lebenden verehrt wurden, es beweist nur, dass sie mit den Toten in Verbindung gebracht wurden. Manche mitteleuropäischen Kulturen der Bronzezeit fertigten gern Rasseln aus Ton in der Gestalt von Enten oder Gänsen an. Eine einfache Erklärung wäre, dass es sich ganz einfach um Musikinstrumente handelte. Aber bei genauem Hinsehen stellt sich heraus, dass die meisten von ihnen nicht bei Festen gebraucht wurden. Die Tonrasseln enthielten kleine Steine. Wenn Du solche Rasseln eine Weile schüttelst, reiben die Steinchen das

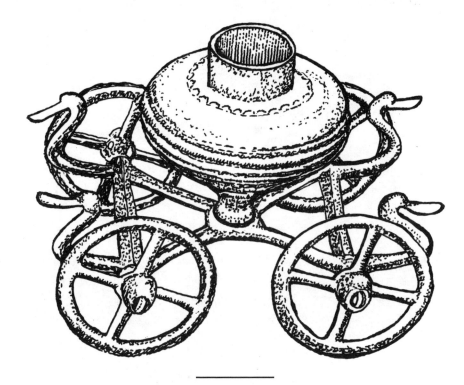

Kessel/Kultwagen mit Wasservögeln
Acholshausen, Bayern, Bronze, Höhe 12 cm

Innern der Rassel ab. Man kann daher feststellen, wie oft eine Rassel benutzt worden war, ehe man sie in ein Grab legte. Nun, die meisten von ihnen scheinen explizit für das Begräbnis gemacht worden zu sein und sind offenbar nur einmal benutzt worden – vermutlich während der Begräbniszeremonie.

Wasservögel sagen etwas über Konzepte der Anderswelt. Hier haben wir Geschöpfe, die in allen drei physischen Zuständen leben können, sie können an Land laufen, im Wasser schwimmen und in der Luft fliegen. In gewissem Sinn stehen ihnen alle Welten offen. Was sagt Dir das über die Natur der Seele und ihre Reise nach dem Tod? Solche Rasseln scheinen bei mehreren Kulturen der Bronzezeit populär gewesen zu sein. Sie waren auch bei den Leuten der Urnenfelderzeit in Gebrauch (die manche für die Ahnen der Hallstatt-Kelten halten), und in der Tat sind

ähnliche Rasseln in der Gestalt von Wasservögeln oder kleinen Schweinen bekannt aus den frühen Hallstattbegräbnissen. Auch Schweine kommen aus der Anderswelt, wirf nur mal einen Blick auf die inselkeltischen Mythen.

Eine andere Tradition, die von den Urnenfelderleuten auf die frühen Kelten übergegangen zu sein scheint, waren Beigaben in Form kleiner Bronzemodelle von Kultwagen, die einen Kessel oder eine große Schüssel trugen. Mehrere solche Gegenstände sind gefunden worden. Historiker scheuen sich, solchen Gegenständen eine Bedeutung zu geben. Zum einen handelt es sich um wertvolle Kunstwerke, und sicherlich kein Kinderspielzeug. Zum anderen erscheinen Wägen und Kessel an prominenter Stelle in der keltischen und germanischen Mythologie. Mehrere dieser Bronzewägelchen sind

Bronzering mit Enten

Teil eines Wagens. Staudach, Oberösterreich, Höhe 7,1 cm.

Gehörnte Ente

Bronze, Seeufersiedlung Hagnau-Burg, Baden-Württemberg, Länge 5,6 cm.

geschmückt mit mehr oder weniger naturgetreu dargestellten Wasservögeln. In der Urnenfelderzeit scheinen solche Gegenstände kultischen Zwecken gedient zu haben, obgleich wir nicht wissen, welchen. Es könnte gut sein, dass sie bei Tänzen, Prozessionen oder Ritualen, die Bewegung beinhalteten, eine Rolle spielten.

In der späteren Hallstattzeit sind die Gegenstände immer noch populär, aber die Handwerkskunst geht über eine abstrakte Darstellung hinaus und erreicht einen erstaunlich hohen Grad an künstlerischer Verfeinerung im Wagen von Steiermark. Hier haben wir ein Modell von einem Kultwagen mit menschlichen Gestalten, männlichen und weiblichen, Reitern und Wild. Und was noch besser ist, das Zentrum des Wagens wird von einer großen, weiblichen Figur eingenommen, die viel größer als all die anderen Figuren ist und einen Kessel auf dem Kopf trägt. Das ist vielleicht einer der frühesten Darstellungen einer keltischen Göttin. Bei aller Abstraktion – und die Hallstattzeit war ziemlich schüchtern und

abstrakt, wenn es um naturgetreue Darstellungen von Menschen und Tieren ging – ist dieser Kultwagen einer der eindrucksvollsten Gegenstände der frühkeltischen Religion. In der Hallstattzeit zählen Kessel zu den populärsten Grabbeigaben der sogenannten Fürstengräber. Oft genug enthielten die Gefäße Flüssigkeiten wie beispielsweise Met, aber es ist schwer zu sagen, ob es sich hier um Luxusgüter, rituelle Gegenstände oder beides handelte. Ein Haushaltsgefäß kann durchaus einem religiösen Zweck dienen. Viele dieser Gefäße waren teure Importartikel, die in Griechenland hergestellt worden waren.

Der Fürst von Hochdorf hatte einen goldenen Kessel, der groß genug war, um 500 Liter Met aufzunehmen, Gekrönt war er von drei goldenen Löwen. Einer von ihnen scheint bei irgendeiner Gelegenheit abgebrochen zu sein. Ein keltischer Goldschmied ersetzte das fehlende Tier durch eins, das nicht so sehr wie ein Löwe, sondern eher wie eine verwirrte Ratte aussah. Aber er wurde noch übertroffen durch das, was man als größtes Gefäss der Antike kennenlernen sollte.

Bronzekessel/Wagen

mit stark stilisierten Wasservögeln. Nordische Bronzezeit, Plate-Peckatel, Mecklenburg-Vorpommern, Deutschland, ca. 1200 – 1100 vor unserer Zeit, Höhe 33,5cm.

Dieser Krater wurde im Grab der „Fürstin von Vix" gefunden, er hat eine Höhe von 1,64m, wiegt 208kg und konnte theoretisch 1100 Liter Flüssigkeit aufnehmen. Das Gefäß ist groß genug, um ein menschliches Wesen aufzunehmen. Es wurde in Griechenland hergestellt und in mehreren Teilen nach Gallien transportiert, wo sie schließlich zusammengefügt wurden. Was die „Fürstin von Vix" wohl für diesen erstaunlichen Gegenstand gezahlt haben mag! Wenn man diesen Gegenstand im Museum sieht, in seiner ganzen Größe, mit seinem Fries aus attischen Helden und riesigen Medusenköpfen, die als Griffe dienten, mit ihren vorquel-

lenden Augen, gebleckten Reißzähnen und herausgestreckten Zungen, gewinnt man den Eindruck, als hätte das Gefäß eine finstere Vergangenheit.

Es ist etwas sehr Unheimliches an dem Gefäß, selbst wenn man weiß, dass die Bronzewände sehr dünn sind. Hätte man ihn ganz mit Flüssigkeit gefüllt, wäre er geborsten. Ähnliche Gefäße kommen in keltischer und germanischer Mythologie reichlich vor. Der Gundestrup-Kessel ist wahrscheinlich der bekannteste. Auf ihm ist eine Anzahl unbekannter Gottheiten abgebildet, die mich vom Stil her an die großen Medusen auf dem Gefäß aus Vix erinnern.

Forscher streiten sich noch immer darum, ob der Gundestrup-Kessel nun vom Balkan oder aus Gallien stammt. Falls er aus Gallien stammt, könnte er von dem Gegenstand aus Vix beeinflusst gewesen sein.

Es können nicht alle Kessel in diesem Kapitel behandelt werden, insbesondere, da ich mir sicher bin, dass Du, wenn Du die Riten einmal durchgeführt hast, die Mythen des Kessels ohnehin erforschen wirst. Manche dieser Kessel spenden Leben, andere haben einen eher blutigen Ruf. Als die Römer mit der Migration der Kimbern, Teutonen, Ambronen und anderer zu tun hatten, die im späten zweiten Jahrhundert vor unserer Zeit südwärts wanderten, zeichneten sie eine Divination aus einem Kessel auf (zu den Einzelheiten s. Strabo). Wenn wir dem Material trauen können, dann setzten die Kimbern (laut moderner Forschung ein Keltenstamm) eine Anzahl bejahrter Priesterinnen zu diesem Zweck ein.

Sie hatten graues Haar, gingen barfuß und trugen weiße Roben, die mit einer Brosche an der Schulter und durch einen Gürtel aus Eisen gehalten wurden. Immer, wenn ein Omen benötigt wurde, wählten diese charmanten grauhaarigen Damen einen passenden Gefangenen aus, bekränzten ihn und führten ihn eine Leiter hinauf zu einem großen Zeremonienkessel. Sie hielten das Opfer über den Rand, schnitten ihm die Kehle durch und lasen die Zukunft aus der dunkelroten Fontäne, die in den finsteren, verkrusteten Kessel schoss. Andere sagten wahr, indem sie ihre Opfer mit einem Schwert aufschlitzten und sorgfältig die unfreiwilligen Zuckungen und Krämpfe beobachteten. Die Unterhaltungsindustrie war in jenen Tagen nicht allzu hoch entwickelt. Wir sollten diese Priesterinnen nicht zu hart kritisieren, ehe wir darüber nachgedacht haben, was wir täglich im Fernsehen sehen.

Die Kessel der Filid

Kessel haben aber auch eine segensreiche Seite. Caitlin und John Matthews haben ein faszinierendes Dokument aus dem 15. Jahrhundert ausgegraben, mit Namen *Die drei Kessel,* man findet es in ihrer *Enzyklopädie der keltischen Weisheit.* Falls ihre Interpretation korrekt ist, glaubte eine Anzahl spätmittelalterlicher Poeten, ihre Körper enthielten drei Kessel. Im Kopf findet man den Kessel des Wissens (Coire Sois), in der Brust den Kessel der Berufung (Coire Ernmae) und im Bauch den Kessel der Hitze (Coire Goiriath). Der Text ist nicht einfach zu lesen, da er aus den Federn mehrerer Poeten zu stammen scheint, die sich nicht einig gewesen zu sein scheinen. In einem von ihnen, der dem legendären Amergin Weißknie der frühesten irischen Protogeschichte zugeschrieben wird, findet sich ein Lob des Bauch-Kessels, der mit Wärme in Verbindung gebracht und als Quelle mündlicher Aussprüche und farbiger Verse bezeichnet wird. Er erwähnt auch den Kessel des Wissens und preist dessen Funktion, die Gesetze jeder Kunst auszuteilen. Ein Gedicht, das Nede MacAdne zugeschrieben wird, betont die Funktion des Kessels der Berufung als Quelle der Inspiration, Beredsamkeit, Gelehrsamkeit und professioneller Dichtkunst. Es lässt sich vermuten, dass der Kessel der Berufung dem Wahren Willen in Crowleys System ähnelt, der die ursprüngliche Natur des Selbst mit der Natur und der Evolution der Welt verbindet. Für einen Poeten besteht der Wahre Wille offensichtlich in der Poesie, und so skizziert „Nede" die wesentlichen Bestandteile des Handwerks der Poeten. Es wäre sicher interessant gewesen, mehr über die Funktion dieser Kessel von Leuten mit anderen Berufungen zu lesen. Zusammen mit diesen Gedichten haben wir hier eine technische Abhandlung über den Urzustand und den kultivierten Zustand

Der Gundestrup-Kessel

Eine Göttin mit Vögeln (beachte den kleinen Vogel auf ihrer rechten Hand), vielleicht einer sitzenden Priesterin, einer Haarflechterin, einem Raubtier, einem Hund oder Wolf, und einem einarmigen Mann, die beide möglicherweise tot sind, schlafen oder sich in Trance befinden.

Der Gundestrup-Kessel wurde in einem Moor in Dänemark gefunden. Er besteht aus sieben Außenplatten, auf denen Götter abgebildet sind (die achte fehlt), fünf Innenplatten, auf denen mythologische Ereignisse dargestellt sind, und einer Bodenplatte. Alle Platten bestehen aus mit Gold überzogenem Silber (das Gold ist größtenteils abgeblättert). Der Kessel ist ein keltisches Kunstwerk, Alter und Herkunft sind allerdings stark umstritten. Eine Theorie favorisiert den Balkan und weist auf thrakische und orientalische Elemente im Design hin, so zum Beispiel den Gott, der zwei Hirsche in der klassischen „Herr der Tiere"-Pose trägt, und die Elefanten. Die andere Theorie geht von Gallien aus und weist darauf hin, daß die Kelten Galliens Elefanten gesehen hatten, als Hannibal mit keltischer Hilfe die Alpen überquert hatte. Darf ich darauf hinweisen, daß Kleidung und Haartracht der Medusa-Griffe am Krater von Vix (einem Gefäß griechischer Herkunft) eine große Ähnlichkeit mit den Göttinnen haben, die auf dem Gundestrup-Kessel dargestellt werden! Wie es dazu kam, daß der Gundestrup-Kessel als Opfergabe im dänischen Moor landete, bleibt eine offene Frage. Der Gegenstand war zu dieser Zeit in seine Bestandteile (Platten) zerlegt worden.

dieser Kessel und die Bewusstseinszustände, mit denen sie korrespondieren. Es ist ein interessantes Faktum, dass die drei Kessel enge Parallelen zum menschlichen Nervensystem aufweisen. Der Kessel des Wissens spielt offensichtlich auf das Gehirn an und der Kessel der Berufung auf das Sonnengeflecht. Eine noch relativ junge Entdeckung ist das enterale Nervensystem, die Intelligenz in den Eingeweiden. Wie sich herausgestellt hat, verfügt das Verdauungssystem über mehr Nervenzellen als das Rückgrat und das gesamte periphere Nervensystem zusammen. Es produziert und verwendet alle Neurotransmitter, die im Gehirn auftauchen. Medizinische Handbücher ordneten das enterale für gewöhnlich dem parasympathischen Nervensystem zu. Systematische Studien haben jedoch ergeben, dass das ein Fehler war. Die Eingeweide verfügen über eine eigene „Intelligenz". Obwohl sie mit dem Gehirn kommunizieren, sind sie durchaus in der Lage, ihre verblüffend komplizierte Aufgabe vollkommen unabhängig davon zu erledigen. Das führte zu der Einsicht, dass das enterale Nervensystem das dritte autonome Nervensystem ist (s. Gershon, 1998).

Enge Parallelen findet man in den Büchern der taoistischen Alchemie, wo die drei Kessel drei alchemische Öfen sind. Genau wie die chinesischen Öfen sind die irischen Kessel keine stabile Institution. Wie die tantrischen Chakren sind die Kessel nicht einfach da; man muss etwas tun, um sie zu reinigen, einzustimmen und auszugleichen. Jeder besitzt alle drei mit vollem Potential, aber wenn Du mal einen Spaziergang durch die Stadt machst oder den Fehler machst, länger als eine Minute fernzusehen, könnte Dir klar werden, dass die meisten Leute richtig gut darin sind, sie zu missbrauchen. Die gesunde Funktion der Kessel kann durch Trägheit, Ignoranz, falsche Behandlung und Trauer beeinträchtigt werden. Nur in den

weisesten Sehern stehen alle drei Kessel aufrecht. In den meisten Leuten steht nur der Kessel der Hitze (Bauch) aufrecht und sorgt für ein gewisses Maß an Gesundheit und Vitalität. Der Kessel der Berufung (Herz) steht oft auf dem Kopf oder dreht sich zur Seite, so dass er nur eine eingeschränkte Konzentration auf spezifische Obsessionen erlaubt, kein ausgewogenes und gesundes Leben in Übereinstimmung mit dem wahren Wesen und Willen. Noch schlimmer steht es in unserer Gesellschaft um den Kessel des Wissens und der Inspiration. Die meisten haben ihren so gründlich verstopft, dass es eines massiven Schocks oder überwältigender Freude bedarf, um ihn wieder zu öffnen. Der Kopf-Kessel fängt leicht an zu wackeln und kippt um; man muss ihn sorgfältig hüten, wenn er aufrecht stehen und für den Einfluss des Himmels offen bleiben soll. Wir sprechen hier nicht von Symbolik, sondern von einer fortgeschrittenen Form von Yoga. Die Kessel sind vielleicht Metaphern, aber diese Metaphern ermöglichen ein gewisses Maß an Kommunikation und Interaktion mit den Nervensystemen. Es ist eine subtile Kunst, alle drei Kessel richtig einzustimmen und in aufrechter Position zu halten. Wenn Du gern mehr über dieses nützliche Thema erfahren würdest, lies, meditiere, verstehe und nutze es.

Der Kessel der Unterwelt

Dass man Kessel an seltsamen Orten findet, ist ein Thema, das in nordischen und britischen Mythen häufig auftaucht. Die Prosa- und die poetische *Edda* erwähnen geheimnisvolle Kessel wie beispielsweise die Sammlung, die von dem uralten Riesen Hymir bewacht wird, oder Hels Brunnen, der „brüllender Kessel" genannt wird, tief unter den vom Wurm angenagten Wurzeln des Weltenbaums Yggdrasil.

In den britischen Mythen wird im zweiten Zweig des *Mabinogi* ein verzauberter Kessel erwähnt. Wir finden den irischen König Mallolwch und den britischen König Bran im höflichen Gespräch. Der irische Regent berichtet, wie er eines Tages, als er auf einem Hügel in der Nähe des Kesselsees jagte, ein seltsames Paar aus den Wellen steigen sah. Der Mann war ein riesiges, blondes, böse aussehendes Geschöpf, das einen Kessel auf dem Rücken trug. Sein Name war Llassar Llaes Gyngwyd, und seine Frau Kymidei Kymeinvoll war zweimal so groß und hässlich. Als König Mallolwch die beiden einlud, in seinem Königreich zu bleiben, hatte er kaum eine Ahnung, was er sich auflud.

Die Riesin gebar alle paar Wochen einen voll bewaffneten Krieger, und ihre Brut gedieh rasch und wurde schon bald zu einem furchterregenden Ärgernis, weil sie die Bevölkerung belästigte und tötete. Als Mallolwch das erfuhr, dachte er lange und gründlich nach. Die Kampfkraft von Kymideis Kriegern war ein Vorteil, aber der Ärger, den sie verursachten, gab überall im Reich zu Klagen Anlass. Schließlich zwang der Rat der Edelleute Mallolwch, Schritte zu unternehmen, die er fürchtete: Er lud das Paar und seine Brut zu einem Fest in eine Kammer ein, die ganz und gar aus Eisen bestand. Kaum waren sie mit reichlich Essen und starkem Alkohol gesättigt, verließen die Iren die Kammer und verriegelten die Tür von außen. Kaum hatten sie das getan, zündeten sie Feuer um die Eisenhütte herum an, und schon bald verrieten ihnen die Schreie von drinnen, dass die betäubten Riesen drinnen ihre Sinne wiedergewonnen hatten. Als die Kammer weißglühend wurde, warf sich Llassar gegen die Wand und bahnte sich mit der Schulter einen Weg in die Freiheit. So entkam die monströse Familie über Land und Meer nach Britannien. Hier erzählt Bran dann, dass sie in sein Land kamen. Bran erkannte die große Kampfkraft dieser brutalen Wesen. Er gab ihnen die Erlaubnis, in seinem Reich zu wohnen, und der große Mann überreichte ihm dafür den Kessel, den er trug, als Geschenk. Dieser Kessel, genannt der *Kessel der Wiedergeburt*, hatte eine besondere Eigenschaft: *Nimm einen Mann, der heute erschlagen wurde, und lege ihn hinein, und morgen wird er so gut kämpfen wie immer, nur wird er nicht mehr sprechen können.* Bran gefiel dieses Zaubergeschenk sehr, und er sorgte dafür, dass die Kinder des monströsen Paars stets getrennt untergebracht wurden, in weit voneinander entfernten Gegenden, so dass sie kein Übel anrichten konnten. Später gab Bran Mallolwch den Kessel als Versöhnungsgabe zurück, und dieser nahm ihn mit nach Hause und setzte ihn im anschließenden Krieg gegen die Briten ein. Der Kessel wurde schließlich zerstört, als der von Schuld gepeinigte britische Krieger Evnissyen hineinkroch und sich ausstreckte, so dass er in vier Teile zerbrach, genau wie Evnissyens Herz.

Wie Du vielleicht bemerkt hast, haben wir es in dieser Episode mit einem Minimum von drei Kesseln zu tun. Der erste ist der Kesselsee, der zweite ist der, den Llassar trug und der dritte die Eisenkammer oder –hütte, in der Mallolwch versuchte, seine Gäste zu verbrennen. Wie das *Mabinogi* uns verrät, war Taliesin bei all diesen Ereignissen anwesend, genau so wie er bei der letzten Schlacht dabei war, als ein vergifteter Speer aus einem Hinterhalt Brans Fuß oder Schenkel durchbohrte. – Nur sieben kehrten nach Harlech von dieser Reise zurück, und Brans Kopf, der zu ihnen sprach:

Gundestrup-Kessel

Ein Gott mit zwei Männern, die Eber hochhalten (Kriegern?), begleitet von einem Hunde-ähnlichen Tier und einem geflügelten Pferd.

...ihr werdet sieben Jahre in Harddlech feiern, Rhiannons Vögel werden für Euch singen, und mein Kopf wird Euch ein so guter Gefährte sein, wie er es immer war. Danach werdet ihr achtzig Jahre bei Gwales in Penvro verbringen, und so lange ihr nicht die Tür zum Bristol-Kanal öffnet auf der Seite, die nach Cornwall zeigt, könnt ihr hierbleiben, und der Kopf wird nicht verwesen.

(Übers, nach Gantz)

So überquerte die Gesellschaft das Meer, und als sie nach Harlech kamen, war ein Fest für sie bereit, und drei Vögel kamen geflogen, sangen ihre melodiösen Zauber, und da wurden sie alle fröhlich. Sie blickten weit hinaus über die glitzernde, weiß gekrönte See, um einen Blick auf die Vögel zu erhaschen, und obwohl sie weit entfernt waren, waren sie so leicht zu sehen, als wären sie ganz nah. Und sie reisten weiter nach Gwales, wo sie eine Königshalle vorfanden, mit Blick zum Meer. Sie traten ein und fanden zwei offene und eine geschlossene Tür vor. Die Halle war für ein großes Fest vorbereitet, und da ließen sich die sieben Überlebenden nieder, um zu trinken, zu singen und zu feiern. Achtzig Jahre lang genoss die Gesellschaft Gelächter und Festfreude, sie hatten all ihr Elend vergessen, all das Leid und all die Schrecken ihres vergeblichen Krieges. Brans Haupt war frisch und fröhlich und sprach mit ihnen an jedem Tag. Endlich musste ein gewisser Heylin die verbotene Tat begehen und öffnete die Tür.

Sofort verging der Zauber, der Palast wurde zu einer ärmlichen Hütte, der Kopf begann zu verwesen, und die Gesellschaft erinnerte sich an alle Tragödien von einst und brach schluchzend zusammen.

Was fällt an dieser Geschichte auf? Ich würde Deine Aufmerksamkeit gern auf die inhärenten andersweltlichen Eigenschaften der Geschichte lenken. Zunächst gibt es da zwei uralte, schreckliche Wesen, die aus einer Unterwelt eines Kesselsees steigen. Sie verursachen alle möglichen Arten von Unglück, bis man endlich richtig mit ihnen umzugehen weiß, gemäß ihren natürlichen Qualitäten. Als Nächstes haben wir da den Kessel der Wiedergeburt. Frische Leichen, die eine Nacht in der Brühe kochen, sind am nächsten Tag wieder lebendig. Dass sie stumm sind, ist vielleicht ein erschreckendes Element – sie sind zwar wieder lebendig, aber doch nicht ganz. Man könnte es aber auch, wie John Matthews, so interpretieren, dass die Kesselgeborenen über ihre Erfahrungen auf der anderen Seite schweigen. Der Kessel ist in dieser Episode Stellvertreter der Anderswelt selbst: Zuerst als hungriger Mund, der die Erschlagenen frisst, dann als Mutterschoß, der sie neu formt und gebiert in der Dämmerung eines neuen Tages. Und zu guter Letzt, als Bran ermordet wird und man ihm den Kopf abschneidet, verlässt die Geschichte das Reich gewöhnlicher menschlicher Angelegenheiten. Als sie den Kopf zur Gesellschaft haben, haben die sieben Überlebenden kaum noch mit der normalen Welt zu tun. Als sie nach Britannien kamen, erfuhren sie, dass in ihrer Abwesenheit der Thron von Caswallon mab Beli usurpiert worden war, aber obwohl ihre Ohren die Botschaft vernahmen, verstand ihr Geist die Bedeutung des Gesagten nicht. Stattdessen verwirrte sie der Gesang der echten und/oder imaginären Vögel, die sehr fern sehr nah flogen, und achtzig Jahre Festlichkeiten gingen vorbei, ohne dass man auch nur einmal den Tisch neu decken musste.

Die Anderswelt selbst ist in dieser Episode präsent: Das fröhliche, helle Reich, das Land der Unschuld und des Vergnügens. In Gegenwart des lebendig/toten Kopfes werden alle Teilnehmer in die Anderswelt entrückt. Während die Gesellschaft feiert und Heilung findet, bleibt der Kopf intakt: Subjektiv gesehen hat die Zeit für die Gesellschaft des wundersamen Hauptes aufgehört. Behalte das im Kopf: In keltischen Anderswelten vergeht die Zeit anders. Wer immer das *Mabinogi* zusammentrug oder verfasste, wusste, dass die Anderswelt kein Ort, sondern ein Bewusstseinszustand ist. Dieses Bewusstsein wird oft charakterisiert durch eine große Klarheit der Wahrnehmung, wunderbare Farben, Helligkeit, lebhafte Details, faszinierende Musik und seltsame Verzerrungen der Zeitwahrnehmung. Wie alles, was der Geist bewirkt, ist es ein Bewusstseinszustand oder auch ein Trancezustand, wenn man so will. Wir kommen noch dazu. Es genügt zu sagen, dass Bran zu einem Haupt von Annwvn wurde, und zwar sehr buchstäblich. Er taucht auch in einer Anzahl der frühen Gralslegenden auf, wo er als der verwundete oder verstümmelte König der Gralsburg im Ödland erscheint, oder als Bruder des Gralskönigs. Es gibt viele Variationen einer Geschichte von zwei Brüdern namens Bran und Beli, die in diesem verwickelten Thema verborgen sind. Du freust Dich sicher, dass ich Dir Details erspare – das Leben ist kompliziert genug.

Die Anderswelten der inselkeltischen Mythen sind eigentlich nicht unbedingt Reiche, wo die Seelen der Toten hinkommen, wenn sie mit dem Leben fertig sind. Diese Anderswelten sind üblicherweise bevölkert von Göttern, Riesen, den Elfenheeren und einer Anzahl nichtmenschlicher Wesen. Menschen können gelegentlich in dieses Reich reisen oder mit Gewalt dort hingebracht werden, aber in solchen Fällen sterben die Betreffenden nicht, sondern sie kehren später in die Welt der Sterblichen zurück und haben eine Geschichte zu erzählen. In diesem Sinn hatten die Anderswelten der Inselkelten eine hochgradig schamanische Funktion; sie sind für gewöhnliche Sterbliche unsichtbar, aber sichtbar und real für Seher, Schamanen, Träumer, Poeten und Wahnsinnige. Alle Zauber, Geschichten, Lieder, Rituale und Zeremonien sind Mittel, mit denen die Anderswelten (und anderswertlichen Bewusstseinsformen) beeinflusst werden, um die Welt der alltäglichen Realität zu verändern. Indem man in Trance oder im Traum in die Anderswelten reist, kann man die Realität dieser Seite verändern und Leben und Bewusstsein verwandeln. Zahllose Schamanen überall auf der Welt haben solche Reisen gemacht; die keltischen und germanischen Seher waren da keine Ausnahme.

Arthurs Queste

Ein verblüffend ähnliches Thema hallt in einem der früheren Taliesin-Lieder wider (ca. 9. Jh.) Aus den wenigen Einzelheiten, die einen Sinn ergeben, erfahren wir von einer Expedition Arthurs und seiner Ritter. Aus irgendeinem unbekannten Grund reiste der Kriegerkönig in seinem Schiff Prydwen in eine oder mehrere Anderswelten. Taliesin war dabei und verfasste ein Lied, und wie bei dem Krieg in Irland, der gerade erwähnt wurde, kehrten nur sieben Überlebende mit einer traurigen Geschichte nach Britannien zurück. Das Lied wird gelegentlich *Die Kriegsbeute Annwns* oder *Die Zerstörung Annwns* genannt, obwohl diese Titel nicht im Originalmanuskript auftauchen und auch nicht besonders passend sind. Hier ist es:

Preiddeu Annwn

Die Zerstörung (Kriegsbeute)von Annwn
Buch von Taliesin, 30

Ich werde den Herrscher preisen, den obersten Herren des Landes,
der seine Herrschaft ausdehnte über den Rand der Welt.
Vollkommen was das Gefängnis von Gweir in Caer Sidi (Drehende Festung),
wie erzählt in der Geschichte von Pwyll und Pryderi.
Vor ihm ging dort niemand hinein.
Die schwere blaue Kette (das Meer) hielt den treuen Jungen.
Und vor den Kriegstrophäen von Annwvn (An = sehr, nicht, innen; dwfn = tief, Welt)
sang er voller Schmerz.
Bis zum Tag des Untergangs wird das Gebet der Barden fortdauern.
Dreimal genug um Prydwen (Arthurs Schiff) zu bemannen, zogen wir dorthin,
außer sieben kam keiner aus Caer Siddhi zurück.

Bin ich kein Kandidat des Ruhmes, wenn ein Lied erklingt!
In Caer Pedryvan (Viereckfestung), vierfach seine Umdrehung (Seiten);
mein erstes Wort, welches aus dem Kessel gesprochen wurde,
durch den Atem von neun jungen Frauen entflammt.
Ist es nicht der Kessel des Hauptes von Annwvn? (und) Was ist sein Zweck?
Blau ist sein Rand und mit Perlen besetzt.
Er wird nicht die Speise für einen Feigling kochen, so ist sein Schicksal.
Lleogs Schwert, glühend hell, wird erhoben (hineingestoßen),
und in die Hand Lleminawgs übergeben.
Und vor dem Tor zum Eingang von Uffern (kalte Hölle) brannte ein Licht.

Als wir mit Arthur zogen, (es war) ein groß-
artiges Werk,
Außer sieben kam keiner aus Caer Vedwyd
(Festung der Ausschweifungen) zurück.

Bin ich mit dem bemerkenswerten Lied kein
Kandidat des Ruhms,
In Caer Pedryvan, auf der Insel mit der starken Pforte!
Mittag (Wasser) und pechschwarze Dunkelheit vermischten sich.
Heller Wein war ihr Getränk, vor ihrer Ge-
folgschaft.
Dreimal genug um Prydwen zu füllen zogen
wir über das Meer,
außer sieben kam keiner aus Caer Rigor (Festung der Könige, Festung des königlichen
Horns, Festung der Abstumpfung) zurück.

Ich werde nicht viel von den Herren der religiösen Literatur erhalten,
sie sahen nicht wie tapfer Arthur war, jenseits von Caer Wydyr (Glasfestung).
Dreimal zwanzig Hundertschaften standen
auf dem Wall,
und schwer war es, mit der Wache zu ver-
handeln.
Dreimal genug um Prydwen zu füllen zogen
mit Arthur,
außer sieben kam keiner aus Caer Golud
(Festung des Reichtums, Festung des Wider-
standes) zurück.

Ich werde nicht viel von jämmerlichen Männern mit hängenden Schildern erhalten.
Sie wissen nicht an welchem Tag, noch wer
die Ursache war,
zu welcher Stunde des Mittags (Tages) Cwy
(?) geboren wurde.
Wer verursachte, dass er nicht in die Täler
Devwys gehen sollte.
Sie kennen nicht den gefleckten Ochsen mit
dem breiten Stirnring.

Siebenmal zwanzig Beschläge sind auf seinem Halsband.
Als wir mit Arthur zogen, welch bedrücken-
de Erinnerung,
außer sieben kam keiner aus Caer Vandwy
(Festung von Manawyddan!) zurück.

Ich werde nicht viel von denen mit lockeren
Neigungen verdienen,
sie wissen nicht, an welchem Tag Gott ge-
schaffen wurde.
In welcher Stunde des Mittags der Herr ge-
boren wurde.
Welches Tier mit silbernem Haupt sie hüten.
Als wir mit Arthur zogen, welch trauriger
Kampf,
außer sieben kam keiner aus Caer Ochren
(Festung der Bäume! Eckige Festung!) zu-
rück.

Mönche sammeln sich wie Hunde im
Zwinger,
Ihr Wissen gewinnen sie aus den Gesprä-
chen ihrer Vorgesetzten.
Hat der Wind nur einen Weg! Ist das Was-
ser der Meere eines!
Ist das Feuer, in hemmungsloser Aufruhr,
nur ein Funken!
Mönche sammeln sich wie Wölfe,
Ihr Wissen gewinnen sie aus den Gesprä-
chen ihrer Vorgesetzten.
Sie wissen nicht, wo tiefe Nacht und Mor-
gendämmern sich trennen.
Nicht den Weg der Windes, noch wer ihn
bewegt,
an welchem Ort er zerstört, über welches
Land er braust.
Wieviele Heiligen und ihre Altäre verschwinden in der Leere!
Ich werde zum Herren beten, zum größten
und höchsten,
dass mir nicht elend wird. Christus gibt meine Gabe.

Neun britische Anderswelten

Bevor wir uns mit den brodelnden Dämpfen des Kessels als solchem auseinandersetzen, lass uns einen Blick auf das Wesen der britischen Anderswelt werfen. Zunächst einmal ist die Anderswelt keine Einzelerscheinung, sondern ein loser Begriff, der sich auf jede von mehreren seltsamen Realitäten außerhalb des normalen menschlichen Bewusstseins beziehen kann. Das britannische Wort **Annwn**, **Annwvn**, **Annwfn** ist ziemlich geheimnisvoll, denn es sind mehrere etymologische Ableitungen möglich. An- kann bedeuten *sehr*, *nicht*, oder *innen*, *inneres*, der zweite Teil des Begriffs stammt möglicherweise von dwfn, das bedeutet *tief* oder *Welt*. Sehr-tief, sehr-Welt, nicht-tief, Nicht-Welt, innere Tiefe, innere Welt. Welche davon ergeben für Dich Sinn? Annwvn ist in manchen Berichten ein Reich tief unter der Erde, oder eine Insel im Weltmeer, weit abseits vom Land der Menschen, oder ein abstrakter Ort, den Pwyll erreichte (*Mabinogi*), als er in ein schattiges und einsames Tal ritt. In unserem Gedicht erreichten Arthur und seine Freunde das Land nach einer Reise über das Meer. Hier besuchen sie ein oder mehrere unterschiedliche Reiche. Um das Verständnis zu erleichtern hier einige mögliche Übersetzungen der Ortsnamen.

Caer Sidi, der erste Ort auf unserer Liste, dreht sich langsam jenseits der Grenzen unserer Welt in vollkommener Harmonie. Caer bedeutet Festung oder Burg, und Sidi wird für gewöhnlich als „sich drehend" übersetzt. Aller Wahrscheinlichkeit nach wurde der Begriff Caer Sidi für die Galaxis selbst benutzt. Es handelt sich um einen Ort außerhalb der Zeit, insofern als dass Schmerz und Alter dort unbekannt sind. Es ist auch der Ort, an dem Taliesin seinen Bardenstuhl hat und wo die fruchtbare Quelle sich in Kaskaden ergießt, deren Ströme süßer als Weiß-

wein sind. Diese Hinweise kommen in die Nähe mancher anderer Anderswelten, die den irischen Filid bekannt waren.

Die Poeten wussten, dass die Quelle der Poesie in der Anderswelt liegt, und sie glaubten auch, Poeten würden in der Anderswelt geboren, im lichten Land, im schönen Land, im Land der vielen Farben.

> Ich komme aus dem Land der Lebenden,
> wo weder Tod noch Sünde bekannt sind.

So sang eine Dame aus der Anderswelt für den jungen Helden Connla und lockte ihn, mit ihr auf Reisen zu gehen, wenn wir dem Manuskript aus dem 8. Jh. trauen dürfen.

Caer Pedryvan ist der Ort, wo sich der Kessel befindet, der Name bedeutet viereckige Burg. Denk an die Bedeutung der Viereckschanzen und Heiligtümer in der La Tène-Zeit. Diese Zeilen haben einige enge Parallelen in den Gralslegenden. Man findet eine viereckige Burg in unserem Lied, die sich viermal dreht. Die Beschreibungen der Gralsburg sind reich an Vierfachsymmetrien. Nimm zum Beispiel die *Sone de Nansai*, ein französisches Gedicht, das von einem großen Turm berichtet, der von vier kleineren umgeben ist, und einer großen Halle mit vier Pfeilern in der Mitte, die sich auf einer verzauberten Insel befindet, wo ein unsterblicher Abt und 12 alterslose Mönche den Gral hüten. Dieses Szenario, das in einigen Abwandlungen in mehreren Gralsromanzen auftaucht, spielt vielleicht auf das populärste Brettspiel nördlich der Alpen an, Gwyddbwyll, Tawlbwrdd, Tablut, Taefl etc. genannt. In der Grundform steht eine einzige Figur, der König, auf einem quadratischen Feld in der Mitte, dem „Nabel" des Bretts, bewacht von vier, acht oder zwölf Gefolgsleuten, die um seinen zentralen Machtsitz herum arrangiert sind. Gegen ihn tritt eine aus vielen Figuren bestehende Armee von Eroberern an, die von den vier Seiten des Bretts aus vorrückt. Diese Spiele waren nicht nur einfach zur Untrhaltung da, denn ihre Ordnung und ihre Regeln spiegeln Überzeugungen und Traditionen wider, die eng mit Mythos und Magie verbunden sind. Die bekannte Welt, die geordnete Welt und das Königreich selbst werden ständig bedroht von zügellosen und katastrophalen Kräften von außen, egal, ob es sich dabei um plündernde Piraten, einfallende Armeen, Legionen aus der Anderswelt oder besonders schlechtes Wetter handelt. Wenn Graf Tolstois Darstellung zutreffend ist, waren diese Spiele vielleicht heilige Spiele, die zu bestimmten zeremoniellen Gelegenheiten gespielt wurden, um die Ordnung und Harmonie im Königreich wiederherzustellen.

In diesen Versen begegnen wir auch dem (oder einem?) Kessel der Anderswelt. Neun junge Frauen (Priesterinnen, Göttinnen, Musen?) blasen das Feuer an, und ein

Gundestrup-Kessel

Göttin (mit etwas beschädigtem Gesicht) zwischen zwei Göttern. Die Natur der beiden hat zu vielen Spekulationen geführt, einschließlich der Frage, ob es sich dabei um ihre beiden Gefährten handelt oder ihren Gefährten und ihren Sohn. Beide Götter erscheinen auch auf anderen Platten des Kessels, der Bärtige auf einer Innenplatte, wo er ein halbes Rad hält (vielleicht ein Symbol des Himmelsgottes oder des Donnerers), und der Rasierte, wenn wir Hörner hinzufügen, als gehörnter Gott zwischen Tieren auf einer Innenplatte.

Perlenrand umschließt die Gesamtheit der Schöpfung. Es ist ein Kessel, vielleicht war es aber auch ein früher Prototyp des heiligen Grals.

Ich würde es nicht wagen, Dir zu erzählen, was genau das Wesen und Mysterium des Kessels ist. Wahre Kenntnis des Kessels kommt nur aus direkter Erfahrung. Man kann darüber spekulieren, soviel man will, aber wenn man nicht selbst hingeht und es herausfindet, wird er immer ein Mysterium bleiben. Die Metapher des Kessels ist so nützlich, weil sie so viele Interpretationen auf so vielen Ebenen des Verständnisses erlaubt. Das ist es, was kreative Freiheit ausmacht.

Das Haupt der Unterwelt mag hier auch von Interesse sein. Pen bedeutet Haupt, sowohl im buchstäblichen als auch im metaphorischen Sinn. Haben wir es hier mit einem Oberhaupt zu tun, wie Annwvns König Arawn und seinem Freund Pwyll, Haupt von Annwvn, oder mit einem abgetrennten Haupt wie dem von Bran? Köpfe treten oft in Verbindung mit dem Gral auf, im *Perlesvaus* (s. Loomis) liegt sogar direkt einer im Gral, und viele Köpfe begleiten ihn. Und Köpfe – Kessel des Wissens – waren mit Sicherheit populär in verschiedenen keltischen Kulten, man stolpert überall über sie. Der Kessel von Annwvn, wie Du Dich erinnern wirst, kocht keine Speise für einen Feigling. Eng verwandt ist der Kessel von Tyrnog, einer der berühmten dreizehn Schätze Britanniens: *Er kocht nicht das Fleisch eines Feiglings, aber das Fleisch eines tapferen Mannes wird sofort gar.* In ähnlicher Weise deckt der Gral im *Prosa-Lanzelot* (frühes 13. Jahrhundert) alle Tische mit Speisen, lässt aber die Unwürdigen ungespeist.

Uffern ist ein Wort, dass man mit einiger Vorsicht als „kalter Ort" wiedergeben kann. Uffern wurde zu einem Begriff für das christliche Konzept der Hölle, und die Tatsache, dass Uffern als kalter Ort, Sumpf und Morast bezeichnet wird, einen breiten Schlund und wirbelnde Bäume aufweist, macht es wahrscheinlich, dass wir es hier mit einer heidnischen Idee zu tun haben (s. BvT 1).

Caer Vedwyd lässt sich als Burg der Ausschweifungen übersetzen, ein sicherer Hinweis auf das lustige Leben in den inselkeltischen Anderswelten.

Caer Rigor könnte königliche Burg bedeuten (Squire), oder Burg des königlichen (Ri) Horns (Cor), wie Loomis so eindrucksvoll vorschlägt. Eine dritte Möglichkeit ist Festung der Abstumpfung. Hier sind wir wieder beim Gral. Populäre Auffassung ist, dass der Gral ein Kelch ist, der das Blut Christi enthält. Diese fromme Idee entstammt der Feder Robert de Borons, der es besser hätte wissen sollen. Die früheste Gralslegende, der *Conte del Graal* von Chretien de Troyes (ca. 1175 – 1180) beschreibt dieses heilige Objekt als eine (große) Platte, auf der die Hostie liegt. Loomis spekuliert, dass es sich bei „Hostie" um eine Fehlübersetzung handelt. Das altfranzösische Cors (Horn) wurde von Chretien für den Cors, d. i. den Corpus Christi gehalten. Die Vorstellung von einem königlichen Fräulein, das eine Platte trägt, die groß genug ist, um einen Lachs oder Hecht zu servieren (so lesen wir bei Chretien), auf der dann nur eine winzige Hostie liegt, ist ein bisschen zu inkongruent. Außerdem verbietet die Kirche Frauen, das Sakrament zu tragen oder gar auszuteilen. Wenn wir uns die dreizehn Schätze Britanniens ansehen, finden wir da den dysgl (Teller) von Rhydderch Hael (dem Großzügigen) und das Horn Brans, Quellen von soviel Speisen und Getränken, wie jeder sich nur wünschen konnte – das könnten sehr wohl die Objekte sein, deren Chretien sich bei seiner Gralslegende bedient hat. Es könnte auch sein, dass der Gral als Teller, Untertasse oder Scheibe in sich mehrere fruchtbare Ideen vereint, wie beispielsweise die Tafelrunde König Arthurs, oder die fliegende Untertasse.

Caer Wydyr bedeutet Burg aus Glas. Vielleicht ist es das Glasschloss, dass in mehreren Volksmärchen der Bewohner rund um die Nordsee auftaucht, wenn nicht gar das Bernsteinschloss, oder vielleicht gleich Atlantis.

Caer Golud ist die Burg der Reichtümer, vielleicht aber auch die Burg der Frustration. Die meisten Wissenschaftler bevorzugen die erste Übersetzung, weil die Anderswelten Welten der Vollkommenheit sein sollten, wo alles heller, besser und schöner ist als auf Erden. Obgleich es reichlich Hinweise auf solche Anderswelten gibt, insbesondere in den irischen Mythen, halte ich es für unwahrscheinlich, dass alle Anderswelten zuckersüße Schlaraffenländer gewesen sein sollen. Die keltischen und germanischen Mythen haben auch eine dunkle Seite, und für gewöhnlich ist sie nur eine Schattenbreite entfernt.

Caer Vandwy widersetzt sich erfolgreich einer Übersetzung. Matthews schlägt vor, dass es sich ursprünglich um Caer (M)Andwy gehandelt haben könnten, was dann eine verkürzte Form von Caer Manawydan wäre. Eine Burg von Manawydan ist die furchterregende Knochenfestung von Oeth und Anoeth. Manawydan der Weise erbaute sie *in Gestalt eines Bienenstocks, ganz und gar aus Menschenknochen, die mit Mörtel zusammengehalten wurden, zahllose Zellen bildeten und eine Art Labyrinth bildeten.* (Squire) Weißt Du, wo man diesen Ort des Schreckens und der Lust findet? Ich kenne meine Antwort; Legenden sagen, dass Oeth und Anoeth sich auf einer Insel weit draußen auf dem Ozean befänden. Das passt viel besser zu dem irischen Meeresgott Manannan als zum britischen Halbgott Ma-

nawydan, der sehr wenig, wenn überhaupt etwas, mit dem Meer zu tun hat. Stattdessen kämpft er gegen eine Horde finsterer Anderswelter, die auf dem Hügel von Arberth in der Gestalt von Mäusen, d. i. von Wesen von unter der Erde erscheinen.

Caer Ochren ist der neunte und letzte andersweltliche Ort, der in unserem Lied auftaucht. Auch das Wort Ochren ist schwer fassbar. Matthews schlägt vor, dass es sich um eine falsche Schreibweise von Achren handelt, was Wald bedeutet. Damit hätten wir eine Burg der Bäume, und in der Tat finden wir andersweltliche Wälder in den Mythen der meisten zentral- und nordeuropäischen Kulturen. Manche Wälder funktionieren als Tore zur anderen Seite, oder sie bergen magische Kräfte oder Wesen, wie zum Beispiel verzauberte Burgen, Hexenschwestern, schwarze Männer, Bestien, Räuber und andere gefährliche Elemente. Das Erscheinen der neun Unterwelten in diesem frühen Gedicht ist sicher nicht zufällig, und auch nicht die unterschiedliche Natur dieser Orte. Diese Glaubensvorstellungen zeigen ein breites Spektrum an Möglichkeiten. Irland, das am Westrand Europas liegt, verfügte über Anderswelten, die durch die Hügel der Sidhe, mehrere mysteriöse Wälder und, wie die umfangreiche Literatur enthüllt, durch das Setzen der Segel gen Westen betreten werden konnten. Wo die Sonne sinkt, so glaubten die Poeten, befinden sich die Länder der Gesegneten, die Inseln der ewigen Jugend, die Reiche der Freude und Vollkommenheit. Die Poeten äußerten großes Verlangen nach diesem Reich, wo Lügen und Sünden und Übeltaten unbekannt sind, wo sich Schönheit und Unschuld vereinen, wo Poesie in jedem Wort liegt und eine wunderbare Vision in jedem Anblick. Manchmal findet man solche Anderswelten direkt unter der Oberfläche der Erde. Ein irischer Mythos besagt, dass die letzten Eroberer Irlands, das Volk des Mil, sich darauf einigte, die Insel zu gleichen Teilen zwischen sich und den früheren Bewohnern, den Tuatha De Danann, aufzuteilen. Die Söhne Mils sollten die Oberfläche des Landes haben, während sich die Tuatha De unter den hohlen Hügeln niederlassen, da alles Unterirdische ihres war. Das ist einen Gedanken wert: Geh mal spazieren und behalte im Bewußtsein, dass unter jedem Deiner Schritte, getrennt durch eine dünne Kruste Erde, eine ganz andere und faszinierende Welt verborgen liegt.

Eine andere irische Hypothese ist, dass die Anderswelten parallel zur Menschenwelt liegen. Der einzige Unterschied zwischen ihnen ist, dass die Menschen einfach zu stumpf, zu blind und zu sündig sind, um durch den Schleier die größere Vision voller Freude und Wunder, Wahrheit und Schönheit zu erkennen. Genauso wie die dunkle Seite, die Vision von wunderbar düsteren, erschreckenden und erschütternden Realitäten. Denn wenn Du richtig aufmachst, ist praktisch alles möglich. Und alles hat seine eigene Schönheit. Die Poeten, die über diese Anderswelt sangen, wussten, dass sie immer präsent ist. Nicht als obskure Metapher, sondern als erlebbare Realität, einen Zustand der Glückseligkeit und des Entzückens, den jene, die an ihre Vorstellungen von Sünde, Sterblichkeit und Unausweichlichkeit gefesselt sind, nicht empfinden können. Der Schleier zwischen dieser Welt und der anderen (einer Nebelhecke, einer Dornenhecke, einer Erdschicht) ist der egoistische Geist, das Konzept der Dualität, sture Überzeugungen und rigide Vorstellungen davon, was möglich ist und was nicht. Je ernsthafter und humorloser Du wirst, desto schwerer ist es, das Land der Lebenden zu spüren. Aber es ist da, wenn Du jetzt aufwachst.

Ganz anders ist eine Anzahl von Anderswelten, die der fromme Mael Duin auf einer ausgedehnten Schiffsreise besuchte. Manche von diesen Inseln sind ganz einfach Orte der Freude und heftiger Besäufnisse, wie es sich einfach veranlagte Leute vielleicht wünschen. Andere sind so bizarr, dass ich mich frage, ob Mael Duin sie überhaupt mit einem menschlichen Bewusstsein sah. Die Anderswelten sind, wie immer, nicht nur Orte, sondern Bewusstseinszustände.

Die zentraleuropäischen Kelten legten verständlicherweise weniger Wert auf mysteriöse Inseln; Eingänge zu ihren Anderswelten sind für gewöhnlich düstere, schattige Wälder, enge Täler, Höhlen, Seen oder Brunnen. Sie hatten reichlich Sagen über Riesen, Götter, Zwerge und geisterhafte Wesen, die unter der Erdoberfläche lebten. Um die Natur der Anderswelten zu verstehen, könntest Du Dir Gedanken über die Art des Tors und die Art der Welt, die dahinter liegt, machen. Es gibt Raumtore wie beispielsweise Bäume, Wälder, Steine, Berge, Höhlen, Hügel, Grabhügel, hohle Hügel, Brunnen, Quellen, Teiche, Flüsse, Ozeane, Tore, Türen, Grenzen, Zäune, Hecken, Brücken und Kreuzwege. Dann gibt es Zeittore wie Morgen- und Abenddämmerung, Mitternacht und Mittag, Vollmond und Neumond, die Sonnenwenden und die Quartaltage. Besondere Zeittore sind mit lokalen Ereignissen verbunden. Oder denk mal an die Wettertore, wie Sturm, Nebel und Schnee, die das Land in eine gefährliche Realität mit eigenen Regeln verwandeln. Wenn Du verschiedene Tore miteinander verbindest, können seltsame Dinge geschehen. Alle diese Tore führen in irgendeinen Teil Annwvns, der Anderswelten, oder, wenn Du so willst, einen anderen Bewusstseinszustand. Erinnerst Du Dich, wie Du Dich früher in einen Hügel geträumt hast! Wie viele Tore in die Anderswelt findest Du in Deiner Nachbarschaft! Dieses Wissen ist nicht einfach romantischer Märchenstoff. Es ist da, um genutzt zu werden.

Die Bücher der Fferyllt

Eine der ersten Fragen, die der *Hanes Taliesin* aufwirft, ist offensichtlich, wo die Lady Ceridwen das Rezept für ihren wunderbaren Kessel der Inspiration und der Wissenschaften herhatte. Die Geschichte sagt, dass es aus den *Büchern der Fferyllt* stammte. Wer oder was ist ein Fferyllt?

Auf der einfachen Ebene bedeutet das Wort Chemiker oder Metallarbeiter im modernen Walisisch. Das Lied *Die Schlacht der Bäume* (BoT 8) endet mit einem Hinweis auf die Fferyllt:

> Ein Juwel, Goldumrahmt. Ich bin prachtvoll, und werde begeistert, durch die Anstrengung der Fferyllt.

Skenes Version gibt das Wort als „Metallarbeiter" wieder. Nash kommentiert:

> Ein Fferyllt ist ein Metallarbeiter, ein Metallurg, oder generell ein Künstler, und da das Thema hier ein goldener Edelstein ist, könnte es sich sehr wohl um einen Goldschmied handeln.

Es war nun ganz gewiss kein Buch über Metallurgie, das Ceridwen für ihre Zaubereien konsultierte. Auf einer abstrakteren Ebene kann Fferyllt auch Magier bedeuten. Fferyllt ist die walisische Version des Namens Vergil. Hier begegnen wir einer faszinierenden Mischung aus historischen Fakten und volkstümlicher Legendenbildung. Vergil war eine historische Persönlichkeit. Er hieß Publius Vergilius Maro (70 – 19 vor unserer Zeit), und war in Mantua im zisalpinen Gallien zu Hause, wie man Norditalien da-

mals nannte. Seine Familie hatte dort Landbesitz, aber als sie die Talente ihres Sohnes bemerkten, schickten sie ihn nach Rom, damit er eine Ausbildung bekommen sollte. In Rom freundete sich der junge Vergil mit einem gewissen Octavius an, der später den Namen Augustus annahm und der erste Kaiser wurde. Von Vergils Leben ist wenig bekannt. Er scheint ein stiller, schüchterner Mensch gewesen zu sein, der seine Studien den Exzessen des sozialen Lebens vorzog und der oft krank war. Vergil verbrachte den Großteil seines Lebens im sonnigen Neapel, wo er eine Anzahl wichtiger poetischer Werke verfasste. Mehrere kurze Gedichte werden ihm zugeschrieben, aber was ihn bekannt machte, waren drei längere Stücke. Das erste von ihnen war eine Sammlung von Gedichten über das Landleben namens *Bucolica* oder *Eklogen*. Das zweite namens *Georgica* bestand aus vier Bänden Poesie über den Ackerbau und enthält eine Anzahl praktischer Hinweise über Tierhaltung und Bienenzucht, über Getreideanbau, Bäume und Gemüse.

Aeneis

Sein letztes und längstes Werk ist das wohlbekannte Epos *Aeneis*. Dieses Buch beginnt mit dem Ende des trojanischen Krieges. Als die Stadt Troja in Flammen aufging, erkämpften sich Äneas und eine Anzahl gleichgesinnter Helden den Weg zum Hafen und schafften es, ein Schiff zu kapern. Sie entgingen dem Zorn der vereinten griechischen Streitkräfte und flohen auf einem abenteuerlichen Weg über das Mittelmeer. Auf ihrem Weg brachte ein Sturm sie nach Karthago, wo Äneas und Dido, die Königin von Karthago, eine intensive, aber kurzlebige Affäre hatten. Dann geboten die Götter Äneas, wieder die Segel zu setzen, und während die leidende Dido Selbstmord beging, landeten

Äneas und seine treue Kriegerschar an der Küste Italiens. Dort hatten die Trojaner eine Anzahl an Schlachten mit den Einheimischen, bis sie ein Königreich gewannen und gründeten, was später die Stadt Rom werden sollte.

Zwar ist diese Geschichte, wie die meisten Epen, im Wesentlichen eine Geschichte über Krieg und Blutvergießen, aber es sollte in aller Fairness angemerkt werden, dass Vergil versuchte, einen moralischen Hintergrund einzuführen und die Grausamkeit der beschriebenen Taten dadurch auszugleichen, dass er friedlichere und harmonischere Verhaltensformen pries. Das resultierende Werk, die *Aeneis*, wurde ein Bestseller. Laut R. Hutton war Vergil der am häufigsten zitierte klassische Autor des Mittelalters. Diese Popularität war besonders ausgeprägt in Britannien, da der britische Adel glaubte, Äneas sei ihr eigener Ahnherr gewesen. Denn laut einer höchst populären Legende hatte Äneas einen Enkel namens Brutus. Mit einer Anzahl unternehmungslustiger Trojaner segelte Brutus aus dem Mittelmeer hinaus und dann nach Norden. Dort fand er die sagenumwobenen Inseln, die später seinen Namen erhielten und als Britannien bekannt wurden. Diese bezaubernde Geschichte wurde von Autoren wie Geoffrey of Monmouth populär gemacht, dessen Werke von den meisten seiner Zeitgenossen gelesen und getreulich geglaubt wurden. Diese Geschichte tat zwar das Ihrige, um den Briten so etwas wie eine illustre Vergangenheit zu bescheren (ganz gleich wie phantastisch), aber in Sachen Magie hat sie nicht viel zu bieten.

Vergil starb, bevor er die *Aeneis* vollenden konnte, und offenbar war er nicht sehr glücklich über sein Werk, denn er bat seine Freunde, das Manuskript zu verbrennen. Sie entsprachen seiner Bitte nicht, sondern veröffentlichten es, und schon kurz danach wurde

Vergil wie ein Gott verehrt. Sein Ruf wurde so grandios, dass sogar Christen ihn als „Propheten der Heiden" feierten.

Nun ist die *Aeneis* sicherlich ein wunderbar poetisches Werk, aber ganz sicher kein magisches Rezeptbuch. Es enthält allerdings Material, das durch und durch heidnische Glaubensinhalte darstellt. Indem sie es las, erfuhr die christliche Bevölkerung Europas von einer Zeit, in der Monotheismus undenkbar war. Äneas war ein Halbgott, seine Mutter war die Göttin Venus, die in der Geschichte häufig auftauchte, um ihrem Sohn zu helfen, sein Schicksal zu erfüllen. Ihre göttlichen Pläne wurden durchkreuzt von der Göttin Juno, der Frau des obersten Himmelsgottes Jupiter, einer erklärten Feindin aller Trojaner. Jupiter dagegen hatte Sympathien für die Trojaner und verhalf Äneas mit Unterstützung der Fatae (Schicksalsgöttinnen) zum Erfolg. Juno rekrutierte mehrere Götter, um ihr bei ihrer Rache an den Trojanern zu helfen, so zum Beispiel den Windgott Äolus, der mit einer gutaussehenden Meeresnymphe bestochen wurde, die später seine Frau wurde. Neptun, der Gott des Ozeans, wurde zornig, als Äolus es wagte, Sturmwinde über seiner Domäne heulen zu lassen. Andere Götter wurden schon bald in die Streitigkeiten verwickelt, und das Resultat war eine göttliche Seifenoper von beträchtlicher Komplexität. Das christliche Publikum, das dieses Buch las, wurde mit einer Welt konfrontiert, in der mehrere heidnische Götter um die Macht kämpften.

Die menschlichen Protagonisten der Geschichte waren im Wesentlichen gehorsame Erfüllungsgehilfen göttlichen Willens und hatten wenig Entscheidungsfreiheit.

Andere Einzelheiten der Geschichte, die es bis in die mittelalterliche Literatur hinein geschafft haben, waren Divination aus dem Flug der Vögel, ein Schutzmantel aus Nebel, verschiedene Opferriten und das Erscheinen der Geister erschlagener Helden im Traum. Es kommen zahlreiche wunderbare Omen und Zeichen vor, prophetische Träume, rituelle Tänze, Opfergaben aller Art, hochgradig poetische Gebete und Anrufungen, eine Reise in die Unterwelt und das häufige Auftauchen von Göttern, die ihren menschlichen Lieblingen sagen, welche Handlungen jetzt erforderlich sind. Der verblüffte Leser lernt das Erscheinungsbild, die Symbole und Attribute der meisten antiken Götter kennen, gar nicht zu reden von Meeresungeheuern, heiligen Bäumen (und Wissen über sie), heiligen Wäldern und wahnsinnigen Priesterinnen. Gestaltwandel hat seinen Platz in der Geschichte, und Flüche, und glühende Gebete, die der Poet den Göttinnen des Gesangs schickt. Viele dieser Einzelheiten werden äußerst detailliert beschrieben, und zwar so detailliert, dass es eine einfache Sache wäre, anhand dieses Materials eine ganze Religion zu rekonstruieren (oder zu erfinden).

Da die *Aeneis* im Mittelalter ein so beliebtes Werk war, können wir davon ausgehen, dass sie zahllosen Barden und Geschichtenerzählern gut bekannt war. Das ergibt ein paar Probleme, wenn wir entscheiden möchten, welche Einzelheiten mittelalterlichen bardischen Wissens lokalen heidnischen Traditionen entstammten und welche den Werken Vergils entnommen wurden. Die Nebelhecke, die in mehreren mittelalterlichen Geschichten aus Britannien vorkommt, könnte ein Stück Folklore sein, aber sie könnte auch der *Aeneis* entstammen. Das gleiche gilt für meisten anderen, oben aufgeführten Gegenstände, von denen viele in populären Büchern als „keltische Magie" vorgeführt werden, obgleich es praktisch keine Hinweise darauf gibt, dass die Kelten je vor der römischen Besatzung an diese Dinge

gedacht hätten. Das ist eine ausgezeichnete Gelegenheit, geistig offen zu bleiben. Vielleicht gab es in den undokumentierten frühgeschichtlichen Zeiten Druiden oder Zauberer, die einen Schutznebel bewirken konnten, vielleicht schrieben ihnen das die mittelalterlichen Barden, die über Frühgeschichte nicht allzugut informiert waren, aber auch nur zu.

Vergil, der Magier

Es gibt nun zwar reichlich Material in der *Aeneis*, das von Ritualmagiern verwendet werden könnte, aber nur wenig Hinweise auf die besonderen Zaubereien, die Ceridwen vollbrachte. Noch ist es wahrscheinlich, dass Vergil je Magie praktizierte. Dennoch verwandelten die Leser seiner Bücher seinen Ruf von dem eines inspirierten Poeten in den eines Magiers. Dante (1265 – 1321) machte Vergil zu einer wesentlichen Figur in seiner *Göttlichen Komödie*. In diesem Monumentalwerk führt Vergil den Helden auf eine Reise durch die Hölle und fast bis zum Gipfel des Berges der Reinigung. Das ist eine ganz schöne Leistung, wenn man bedenkt, dass Vergil noch nicht einmal Christ war. Die Bücher Vergils wurden häufig zur Divination verwendet, ein Vorgang, den man als Sortes Vergilianea (Vergilische Lose werfen) bezeichnete, der darin bestand, einfach irgendwo mit dem Finger auf eine Seite in einem der Bücher zu deuten. Derartige Methoden wurden normalerweise unter Verwendung der *Bibel* benutzt. Die Verwendung von Schriften eines heidnischen Autors sagt eine Menge aus über die Achtung, die er genoss und genießt.

Im 12. Jahrhundert verband man eine Anzahl erstaunlicher Legenden mit Vergil, der darin ganz klar als Magier dargestellt wurde. Mehrere Bücher des 13. Jahrhunderts skizzieren seine magische Karriere, wie beispielsweise die *Otia Imperiala* von

Gundestrup-Kessel

Ein Gott, der zwei Hirsche in der klassischen „Herr der Tiere"-Pose trägt, ein im Balkan und im nahen Osten wohlbekanntes Motiv.

Gervasius of Tilbury oder das *Weltbuch* von Jansen Enenckel. Leider sind die meisten dieser Geschichten ziemliches Standardmaterial und hätten von jedem beliebigen Magier handeln können (s. Petzold, 1992). Allerdings ist eine unter ihnen, die im Hinblick auf Ceridwens Kessel und verschiedene internationale Zergliederungsriten betrachtet werden sollten.

Auf der Höhe seiner Macht erschuf der Zauberer Vergil ein magisches Schloss vor den Toren Roms. Dieses Schloss war von einem tiefen Graben umgeben und wurde von einer hohen Mauer geschützt, die nur ein Tor hatte. Auf jeder Seite des Tors standen zwölf Männer, die ständig mit eisernen Flegeln um sich schlugen, deshalb konnte keiner ohne die Erlaubnis des Zauberers durch das Tor treten. Als er das erreicht hatte, fand Vergil, dass das Leben viel schöner sein würde, wenn er nur wieder jung wäre. Deshalb ging er zum römischen Kaiser und bat um drei Wochen Urlaub, aber der Kaiser, der Vergil gern bei sich hatte, verweigerte ihm die Bitte. Das verärgerte den Zauberer, der nach Hause ging und seinen treuesten Diener rief. Zusammen machten sie sich auf den Weg zum magischen Schloss, und als sie das Tor erreichten, befahl Vergil seinem Diener, hineinzugehen. „Herr", sagte der Diener, „das kann ich nicht, die eisernen Dreschflegel würden mich totschlagen". „Mach Dir keine Sorgen" erwiderte Vergil und zeigte ihm eine verborgene Schraube an der Seite des Tors.

Sofort kamen die Dreschflegel zur Ruhe und die beiden konnten unbesorgt eintreten. Im Schloss führte Vergil ihn in den Keller. In der Dunkelheit des tiefsten Verlieses zeigte er seinem Diener ein großes Fass. „Da ich Dir mehr als irgendjemandem sonst traue", sagte der Zauberer, „möchte ich Dich bitten, eine Aufgabe für mich zu erledigen. Zunächst einmal sollst Du mich töten. Dann sollst Du meinen Körper in Stücke hacken und meinen Kopf in vier Teile teilen. Du sollst meinen Kopf auf den Boden des Fasses legen und die Teile meines Körpers obenauf werfen, so dass das Herz in der Mitte liegt. Dann sollst Du Salz hinzufügen und eine Lampe über das Fass hängen, und neun Tage lang sollst Du kommen und die Lampe getreulich wieder auffüllen, jeden Tag, und das Lampenöl wird in das Fass tropfen. Nach neun Tagen wirst Du mich erneuert vorfinden, als Jüngling, gesund und langlebig, es sei denn, der Himmel will es nicht."

Der Diener fürchtete sich vor dieser Aufgabe, aber Vergil, der mächtige Magier, drohte, ihn zu bestrafen und zu verfluchen, und so tat der Diener schließlich alles, worum ihn sein Meister gebeten hatte. Er tötete und zerlegte Vergil, salzte das Fleisch ein und hängte die Lampe über das Fass, so dass das Öl hineintropfen konnte. Und der Diener verließ das Schloss und drehte die Schraube, so dass die Männer am Tor ihr unaufhörliches Umsichschlagen wieder aufnahmen. Jeden Tag kehrte der Diener brav zurück, um die Lampe wieder aufzufüllen. Der Kaiser allerdings war zornig, dass Vergil nicht bei Hof erschien, und am siebten Tag ließ er den Diener verhaften und vor sich bringen. „Wo ist Dein Herr?" fragte der Kaiser ihn. „Ich weiß es nicht, ich habe ihn nicht gesehen", antwortete der Diener. Da zwang der Kaiser den Diener, das Tor des verzauberten Schlosses zu öffnen, und er ließ es vom höchsten Turm bis zum tiefsten Keller durchsuchen. Unten im Keller entdeckten sie das Fass, die tropfende Lampe und den eingesalzenen Leichnam Vergils. In einem Wutanfall köpfte der Kaiser den Diener. Als er zu Boden fiel, erschien ein winziger Junge vor dem Kaiser und seinen Soldaten. Die Gestalt rannte dreimal um das Fass herum und kreischte „Verflucht sei der Tag und die Stunde, da Du kamst!" Dann verschwand er, und nichts blieb zurück als der tote Zauberer in seinem Fass. Und dies ist die Geschichte vom Tod von Vergil, dem Magier.

Ein Ritus der Wiedergeburt

Nachdem Du nun einiges über die leicht morbide Welt der kelto-germanischen Kesselmagie gelesen hast, fragst Du Dich wahrscheinlich, wozu das alles gut sein soll. Welcher Zauber oder Zauberspruch könnte neue und aufregende Perspektiven für Deine Magie bieten? Lass mich ein paar Punkte zusammenfassen. Der Kessel ist ein Gefäß, das empfängt, verwandelt und nährt. Er ist auch ein hoch symbolischer Gegenstand, um den sich reichlich Mythologie und Schauergeschichten ranken. Kessel spielen eine prominente Rolle in zahllosen schamanischen Kulturen Eurasiens, und oft genug spielen sie eine Rolle bei den Initiationsriten von Schamanen. Hier befinden wir uns auf einer sehr alten Ebene religiöser Überzeugungen. Knochen und Kessel – die beiden treten oft gemeinsam in Erscheinung – sind Teil der religiösen Ausstattung vieler Jägergesellschaften. Um es mal zu vereinfachen, sind in den meisten nord-eurasischen Kosmologien die Knochen das Leben. Zahlreiche Kulturen glauben, dass die Essenz des Lebens in den Knochen oder im Mark wohnt. Wenn sie ein Tier töten, zerlegen sie es sorgfältig, ohne die Knochen zu beschädigen, da diese das Wiedergeburtspotential des Tiers beinhalten.

In gewissem Sinn haben wir es hier mit Schuld(en) zu tun. Ein Jäger, der Leben nimmt, bleibt etwas schuldig, und wenn man Schulden hat, sollte man sie besser zurückzahlen. Viele sibirische Kulturen glaubten, dass Knochen mit großem Respekt behandelt werden sollten. Die Seelen der getöteten Tiere müssen versöhnt werden und erhalten Entschuldigungen, Geschenke, Opfergaben und Gebete, damit sie da draußen im weiten Wald wiedergeboren werden und es dem Jäger erlauben, sie ein weiteres Mal zu fangen. Ein guter Jäger ist dankbar und tötet niemals beiläufig oder achtlos. In den baltischen Ländern sind Riten für die Besänftigung getöteter Bären gut dokumentiert.

Man könnte argumentieren, dass die Welt der frühen Kelten weitab von den Jägergesellschaften Nordeurasiens lag. Das mag durchaus der Fall sein, aber man sollte bedenken, dass sich Spuren solcher Gebräuche überall in Europa finden. In der *Prosa-Edda* erweckt der Donnergott Thor seine toten Ziegen wieder zum Leben, indem er ihre Knochen auf die Häute legt. Dann schwenkte er seinen Blitzhammer durch die Luft, und die Ziegen waren wieder am Leben. Ein ähnliches Thema taucht im Märchen über den Machandelboom auf, das von den Brüdern Grimm aufgezeichnet wurde. Da geht es um einen Jungen, der von seiner Mutter getötet und gekocht und von seinem Vater gegessen wird, und dessen Seele durch einen nekromantischen Ritus wieder aufersteht, als seine Schwester die Knochen unter einem Wacholderbusch vergräbt. Eine ganz schön brutale Geschichte, um sie Kindern vor dem Schlafengehen zu erzählen. Das Muster Tod – Zergliederung / Kochen und Wiederauferstehung erscheint insgesamt in drei Märchen der Grimms.

Mehrphasenbegräbnisse

Mit solchen Knochenritualen in Verbindung steht möglicherweise die Praxis, einem Toten ein Himmelsbegräbnis zu geben, beispielsweise, indem man Leichen, Skelette oder Teile von ihnen in Bäume oder auf Plattformen legt. Diese Bräuche lassen sich bis in die Altsteinzeit zurückverfolgen, und in jüngeren Zeiten konnten Anthropologen diese Riten bei den Tartaren, Ewenken, Tungusen, Mordwinen, Jakuten, Golden und den Finnen beobachten. Oft sind solche Riten wesentliche Stadien sogenannter Zweiphasenbegräbnisse. Das ist nicht ungewöhnlich, wurde aber oft missverstanden. Bei einem Zwei-Phasen-Begräbnis wurde die Leiche nicht einfach in der Erde (oder sonst wo) vergraben, wie es heute der Fall ist. Stattdessen wurde der Leichnam in irgendeiner Weise präpariert und eine gewisse Zeit lang aufbewahrt, bevor man ihn mit Gras und Steinen bedeckte. Manche Kulturen entfernten sorgfältig alles Fleisch von den Knochen des Verstorbenen, andere überließen das den wilden Tieren und Vögeln. Und dann gibt es noch die Kulturen, in denen die Knochen von Zeit zu Zeit aus verschiedenen Gründen aus dem Grab genommen werden. Derartige Verhaltensweisen waren einst verbreitet und können oft in der europäischen Vorgeschichte beobachtet werden, insbesondere in Gräbern der Megalithzeit.

In den frühen Achtzigern verbrachte ich viele Nächte mit Trancen auf einer Bergkette in Taunus, in der Nähe des früheren Heidetränk-Oppidums. Hoch über dem Talkessel schüttelte und träumte ich, und in diesen Trancestadien erschienen wiederholt eine Anzahl bizarrer Visionen. Eine von ihnen war eine reichlich morbide Szene. Im kalten Glanz des Mondlichts verwandelten sich die bleichen Steine und Felsbrocken, mit denen der Abhang übersät ist, in Knochen.

In den Ebereschen und Buchen schienen halbverweste Schädel zu hängen, und zwischen den nachtschwarz verkrümmten Bäumen erhoben sich grob behauene Plattformen, wo Leichen verwesten. Diese Visionen kehrten mit einiger Regelmäßigkeit wieder. Ich hielt sie für subjektive Traumbilder, die von der suggestiven Wirkung der Steine, Bäume und des Mondlichts ausgingen. Zu der Zeit kannte ich solche Bräuche nur aus fernen Kulturen. Die Kelten begruben, so weit ich wusste, ihre Toten in Grabhügeln und konnten mit diesen Szenen folglich nichts zu tun haben. Das stellte sich als falsch heraus. Über die letzten Jahre hinweg haben Hinweise auf Mehrphasenbegräbnisse beträchtlich zugenommen. Mehrere Leichen aus Hallstatt D wirkten, als seien sie aufbewahrt worden, ehe man sie in den großen Grabhügeln bestattete. Besonders im Fall von Mehrfachbegräbnissen ist keineswegs klar, ob alle Teilnehmer starben und sofort in die hohlen Hügel verbracht wurden, oder ob manche für die spätere Bestattung aufbewahrt wurden und man sie dann gemeinsam mit ihren Ehepartnern, Freunden oder Verwandten begraben konnte.

Für die La Tène-Zeit taucht ähnliches Material auf. Da wäre zunächst einmal das Rätsel von Manching, einem großen Oppidum in der Nähe von Ingolstadt, Bayern. Manching war eine blühende Siedlung und ein kultureller Mittelpunkt bis in die Mitte des 1. Jahrhunderts vor unserer Zeit, als das Oppidum, wie es scheint, mit einiger Hast verlassen wurde. Es ist noch nicht sicher, ob das nach einer gewalttätigen Niederlage geschah, aber die Hinweise auf Zerstörungen sind sicherlich eindrucksvoll. Eine Folge davon ist, dass Ausgrabungen eine Menge chaotisches Material zu liefern pflegen. Was die Archäologen am meisten überraschte, war die Menge an menschlichem Knochenmaterial, das achtlos zwischen Keramikscherben und Tierknochen über die ganze Siedlung verstreut worden war. Mehr als 5000 menschliche Knochen wurden bisher ausgegraben, und sie gehören zu mindestens 400 Individuen. Eine erste Theorie postulierte, die Knochen würden von einer Zerstörung der Siedlung herstammen, möglicherweise im Jahr 15 vor unserer Zeit, durch die römischen Legionen. Der einzige Schönheitsfehler daran ist, dass es sich bei den Knochen vor allem um Schädel und Langknochen handelte, und bei letzteren fehlten häufig die Gelenke. Das wurde schnell als Gelegenheitskannibalismus erklärt, von der Sorte, wo ein Leichnam gegessen wird und die Überreste irgendwohin geworfen werden. Jüngere Studien haben gezeigt, dass viele Fälle von sogenanntem Kannibalismus sehr wohl zur Gruppe der Mehrphasenbegräbnisse zählen könnten. Wenn Fleisch von einem Knochen gelöst wurde, ist das schließlich noch lange kein Beweis dafür, dass dieses Fleisch gegessen wurde! Um das Begräbnis von Manching zu verstehen, muss man sich vor Augen halten, dass es nur sehr wenig Hinweise auf Begräbnisse während der späten La Tène-Zeit gibt. Wir wissen, dass die Leute in Siedlungen und Städten mit tausend oder sogar zehntausend Bewohnern lebten, aber wir haben nahezu keine Ahnung, was sie mit ihren Toten taten. Aus der späten La Tène-Zeit gibt es kaum Gräber, Friedhöfe oder Grabhügel. Sie sind einfach verschwunden, und weshalb sie verschwunden sind, ist eine Frage, die zu einer erstaunlichen Menge an phantasievollen Spekulationen geführt hat. Im Hinblick auf Manching können wir sicher sein, dass die Toten nicht innerhalb der Siedlung verwesten. Die Knochen zeigen, dass man die Leichen an der Luft hat verwesen lassen, aber da nur bestimmte Knochen (Schädel und

Langknochen) innerhalb des Oppidums auftauchten, muss sich der Ort der Verwesung
anderswo befunden haben.

Stell Dir einen abgeschiedenen Ort vor,
wo sich die Toten gemächlich in ihre Bestandteile auflösen konnten, stell Dir Krä-
henschreie, summende Fliegen und hungrige
Aasfresser vor. Zu gewissen Zeiten kamen
Menschen (Priester?) zu den Leichen, um
ein makaberes Ritual zu vollziehen. Die Ex-
tremitäten wurden abgehackt, die Knochen
extrahiert und eine Auswahl davon in die
Siedlung mitgenommen. Was dann passierte, ist eine faszinierende Frage. Viele Knochen zeigen Spuren von Tierzähnen. Eine
Hypothese postuliert, dass die ausgewählten
Knochen rituell in der Siedlung vergraben
wurden, aber dass sie zu einem späteren
Zeitpunkt von Tieren wieder ausgegraben
und angenagt wurden. Eine andere Hypothese besagt, dass die Leichen am Ort der
Verwesung in handliche Stücke zerteilt und
den Tieren überlassen wurden, die sie dann
fraßen. Zu einer gewissen Zeit wurde dann
eine Auswahl von Knochen gesammelt
und in die Siedlung getragen, wo man sie
in Gebäuden aufbewahrte oder vergrub (s.
H. Peter-Röcher, 1998). Auf jeden Fall ist
es wahrscheinlich, dass die Bewohner von
Manching die Knochen verehrten (in einer
Art Totenkult?) und dass sie erst nach Aufgabe des Oppidums so achtlos verstreut wurden. Natürlich ist es immer noch möglich,
dass ein kannibalistisches Element in diesen
Riten enthalten war (erinnerst Du Dich an
Plinius' Bemerkung über kannibalische Druiden?), aber es ist genauso gut möglich, dass
römische Reisende Orte sahen, an denen
Knochen ausgestellt waren, und sich das
Schlimmste vorstellten, woran sie denken
konnten.

Noch mehr Hinweise auf Mehrphasenbegräbnisse wurden in den frühen Neunzi-
gern ausgegraben (s. Metzler, 2001). Es befand sich ein blühendes Oppidum auf dem
Titelberg in Luxemburg, wo ein Zweig der
Treverer seinen Sitz hatte. Unten am Berg
erbrachte ein Friedhof namens Lamadelei-
ne verblüffende 85 Gräber. Sie waren nicht
nur ungewöhnlich, weil sie wenigstens ein
Dutzend Gräber mit mehreren Leichen beinhalteten, sondern auch, weil Gräberfunde
aus der späten La Tène-Zeit so selten sind.
Zur Erklärung der hohen Anzahl an Dop-
pel- oder Mehrfachgräbern wurden mehrere
Theorien entwickelt. Zu ihnen zählt Cäsars
fragwürdige Geschichte über Frauen, die
zusammen mit ihren Männern verbrannt
wurden. Andere Interpretationen gingen
von Massenbegräbnissen in Kriegs- oder
Seuchenzeiten aus oder dem achtlosen Vermischen der Asche, wenn mehrere Leichen
gleichzeitig verbrannt wurden. Wie sich herausstellte, waren diese Theorien alle falsch.
Eine sorgfältige Analyse teilweise verbrannter Knochenfragmente enthüllte, dass man
die Toten eine unbestimmte Zeit lang an der
Luft hatte verwesen lassen. Während dieser
Zeit überließ man es den Bakterien, Vögeln
und Tieren, das letzte bisschen Fleisch von
den Knochen zu lösen. Als Nächstes wurden dann die Knochen sorgfältig eingesammelt und auf einem großen Scheiterhaufen
verbrannt. Der Prozess beinhaltete Tieropfer
(die zusammen mit den Toten verbrannt wurden), gemeinsames Feiern und ausgiebiges
Zechen, wie die Scherben zahlreicher Am-
phoren zeigen. Nach diesem Ritus wurde
die Asche sorgsam gesammelt und in richtig
vorbereiteten Gräbern bestattet. Vermutlich wurde die Mischung aus menschlicher
Asche und Schlacken in ein Tuch gewickelt
und ins Grab gelegt, zusammen mit großzügigen Mengen an Nahrung und einer kleinen Auswahl an persönlichen Besitztümern
wie Waffen, Werkzeugen und Schmuck.

Dieses dreifache Ritual ist einen Gedanken wert. Das menschliche Wesen erscheint in drei Zuständen. Die Leiche wird auf ihre Knochen reduziert, die Knochen werden zu Asche reduziert, und die Asche wird in der Tiefe vergraben.

Ob die Treverer wohl an eine dreifache Persönlichkeit glaubten? Es sind auch drei Arten des Übergangs beteiligt. Das Erste ist, was wir als andersweltliche Tiere bezeichnen könnten, also Schweine, Hunde, Krähen, Raben, Fliegen, Wölfe, Geier, Bussarde und Würmer. Vielleicht glaubte man, diese Tiere seien von andersweltlicher Natur, vielleicht sah man auch nicht einmal Tiere in ihnen, sondern Gottheiten. In der Gestalt von Tieren verzehrten die Götter den Körper und entfernten seine fleischliche Gestalt, die menschliche Persönlichkeit. Als Nächstes wurden die Knochen, die ein dauerhafteres, aber auch anonymeres Selbst verkörperten, dem Feuer übergeben. Während der zweiten Transformation verwandelten sich die Knochen in Hitze, Licht und Rauch. Schließlich wurde die Asche ins Grab gelegt, in die dunkle, dichte Erde, in die schattigen Hallen der Unterwelt. Man könnte postulieren, dass der Prozess ein wohlbekanntes Individuum (Fleisch) in ein abstrakteres Selbst (Knochen) verwandelte und schließlich zu einem vollkommenen Verlust der menschlichen Gestalt (Asche) führte. Das bedeutete aber nicht, dass das menschliche Wesen vergessen oder aufgelöst wurde. Etwas bestand weiter. Die Asche wurde in Gräber gelegt, die menschliche Maße hatte, und ihr wurden Gegenstände beigegeben, die für den Verstorbenen nützlich waren. Der ganze Ritus erinnert, wenn ich mal wieder eine verrückte Idee äußern darf, an die OIV-Formel der walisischen Barden. Das V steht für Lebensformen (Tiere, Fleisch), das I für die Elemente und Energien (Feuer) und das

O für die Erde, die Welt als Ganzes. Vielleicht denkst Du dabei auch an ein viereckiges Heiligtum, die Grube und den Pfeiler. Nicht nur die Rinder von Gournay oder die Erschlagenen von Ribemont ließ man im Freien verwesen. Die gleiche Behandlung scheint ungewöhnlichen oder privilegierten Individuen vorbehalten gewesen zu sein. Es wäre verführerisch, ganze Nachtod-Szenarien auf Grundlage dieser Treverergräber und einiger anderer Mehrfachgräber aus der gleichen Zeit zu erfinden. Aber leider – welche Glaubensvorstellungen sich auch immer in diesen Riten widerspiegelten, sie spiegelten definitiv nicht das wider, was ganz allgemein nach dem Tod passierte. Die meisten Treverer wurden überhaupt nicht begraben. Ihre Übergangsriten bleiben ein ungelöstes Rätsel. Die Toten in den Lamadeleine-Gräbern sind eine außergewöhnliche Minderheit.

Jüngere Ausgrabungen an Kultorten der galatischen Kelten in Gordion, in der Türkei, haben eine Anzahl unvollständiger Skelette erbracht. Man weiß noch nicht, wie viele von den Toten Menschenopfer, hingerichtete Verbrecher, verstümmelte Feinde oder Mehrphasenbegräbnisse waren.

Aber kehren wir zu unserem Hauptthema zurück. Knochen und Kessel treten oft zusammen in Erscheinung, und tatsächlich ist die leichteste Art, die Knochen zu säubern, die Leiche zu kochen. Das kommt nicht nur in der Mythologie vor, es war im Mittelalter eine weit verbreitete Praxis, wenn beispielsweise Adlige zufällig in fremden Ländern starben. Um 1130 fand Sigurdr Njalsson, ein Grönländer, ein gestrandetes norwegisches Schiff, dessen Mannschaft verhungert war. Die Leichen zu transportieren wäre eine schwierige Sache gewesen, deshalb ließ Sigurdr die Verstorbenen in Kesseln kochen und überführte die Knochen zum Bischofssitz Gardar, wo sie dann richtig begraben wurden. Ebenso wurde Ludwig von Bayern behandelt, als er 1249 in Heidelberg starb. Ludwig IX. starb 1270 in Tunis; sein Leichnam wurde gekocht, bis die Knochen extrahiert werden konnten. Als Friedrich I. (Barbarossa) und Papst Alexander III. gegeneinander kämpften, ging die Pest daraus als Sieger hervor. In die Kessel wanderten Daniel I. von Prag, der Erzbischof von Köln, vier Bischöfe und eine Menge verdiente Leute. Fleisch und Knochen wurden in flachen Kesseln sorgfältig getrennt; das Fleisch wurde an Ort und Stelle vergraben, die Knochen in Säcke eingenäht und nach Hause geschickt. Barbarossa selbst starb 1190, als er im Fluß Saleph in Anatolien herumtollte. Sein Fleisch wurde gekocht und in Antiochia vergraben, seine sorgfältig gesäuberten Knochen bewahrte man vorübergehend in Tyrus auf, da man beabsichtigte, ihnen ihre letzte Ruhestatt in Jerusalem zu geben. Ähnliche Operationen wurden 1190 an Ludwig III. und 1227 an Ludwig IV. durchgeführt. Der Brauch beschränkte sich üblicherweise auf Angehörige des Hochadels; gelegentlich wird er in unseren Quellen als „Ritus Teutonicus" bezeichnet. Dass dieser Ritus mehr als praktischen Zwecken diente und aller Wahrscheinlichkeit nach heidnische Elemente damit in Verbindung gebracht wurden, geht daraus hervor, dass Papst Bonifaz VIII. ihn 1300 streng verbot. Für Bonifaz VIII. war die Praxis „gottlos", und wer in dieser Weise behandelt wurde, dem sollte ein christliches Begräbnis verweigert werden (s. Uhsadel-Gülke, 1972)

Zerstückelungsriten

Du erinnerst Dich vielleicht, dass die erschlagenen Krieger, die in den Kessel der Wiedergeburt geworfen wurden, am Morgen danach auf das Schlachtfeld zurückkehrten, stumm, aber wunderbar wiederhergestellt.

In den griechischen Mythen gibt es einige parallele Fälle. In manchen Fällen nahm der Akt, eine Person zu kochen, ganz und gar dämonische Züge an, während in anderen Fällen ein Verjüngungsritus darauf beruhte. Ich möchte hier den Mythos von Pelops erwähnen, der von seinem Vater Tantalus erschlagen, gekocht und den Göttern als Speise angeboten wurde. Die Götter, die die Art der Speise erkannten, weigerten sich, davon zu essen, mit Ausnahme von Demeter, die gierig war und geistesabwesend eine Schulter ass. Später wurde Pelops wiederbelebt, indem er ein zweites Mal gekocht wurde, und die fehlende Schulter wurde durch eine aus Elfenbein ersetzt. Mehrere Versionen einer Legende berichten, wie Lykaon seinen Enkel Arkas dem Zeus als leichten Imbiss servierte. Letzterer ekelte sich so sehr vor der Mahlzeit, dass er das Kind wiederbelebte und ihm anschließend ewiges Leben als Geschenk verlieh. Ein noch besseres Beispiel sind die Legenden, die sich um Medea ranken. Die griechische Mythologie beinhaltet reichlich Legenden über diese Hexe, Priesterin und Halbgöttin, von denen viele einander widersprechen. Manche Autoren sehen in Medea eine schöne, aber tragische menschliche Heldin, andere machen aus ihr eine Zauberin, die in einem von Drachen gezogenen Wagen durch die Luft reitet und verzauberte Kräuter für ihren Kessel der Wiedergeburt pflückt, ähnlich wie Ceridwen – das kann man bei Ovid nachlesen. In manchen Fällen ist Medea wirklich eine Zauberin, in anderen beruht ihre Magie auf Tricks und Illusionen. In einem Gedicht von Eumelos tötet und kocht Medea ihre Kinder, weil die Göttin Hera versprochen hatte, sie in unsterblicher Vollkommenheit wiederzubeleben. Leider platzt Iason herein und verpatzt den Ritus im entscheidenden Moment. In einer Geschichte kocht sie Iasons bejahrten Vater in ihrem

Gundestrup-Kessel

Göttin zwischen Elefanten, wahrscheinlich eine der Pferde- und Reitergöttinnen Epona/Equona, wie sie ihren Wagen fährt.

Zauberkessel. Das funktioniert prima – der Alte ist hinterher so gut wie neu. Pherekydes und Simonides behaupten, dass Medea Iason verjüngte. Selbst die Ammen von Dionysos sollen durch ihren Kessel verjüngt worden sein. Etwas düsterer ist der Verjüngungsritus für König Pelias dargestellt, den alten Feind Iasons. Medea behauptet, sie könne verjüngen und beweist ihre Kunst, indem sie eine alte Geiß zerhackt. Sie wirft die Stücke in ihren Kessel, murmelt Zaubersprüche und fügt verbotene Kräuter hinzu, bis ein junger Ziegenbock aus der Brühe springt. Der alte König ist begreiflicherweise fasziniert und befiehlt seinen Wachen (oder sogar seinen Töchtern), ihn zu töten und zu zerhacken. Medea hilft dabei, aber als es ans Wiederbeleben geht, steigt sie in ihren von Drachen gezogenen Wagen und verschwindet ohne ein Wort. Es gibt eine Menge Material, das Du Dir mal in Zukunft zu Gemüte führen möchtest. Versuch es mal mit der Geschichte von Osiris und Seth oder lies die Geschichte von Sati und Shiva nach.

Sibirische Initiationen

All das sollte genug sein, um zu beweisen, dass Wiedergeburt aus einem Kessel ein gut bekanntes Thema in den alten europäischen Mythen war. Ein Mythos ist allerdings meist mehr als nur eine besonders lebhafte Geschichte. Verborgen in diesem speziellen Mythos ist eine Trancepraxis, die in den Initiationen sibirischer Schamanen ziemlich häufig vorkommt. Im sibirischen Schamanismus wurde, wie ich bereits in *Seidwärts* beschrieben habe, eine Initiation oft nach einer Periode der Krankheit, des Elends, der Verzweiflung oder des Wahnsinns durchgeführt. Der zukünftige Schamane wird nicht von den Menschen, sondern von den Geistern ausgewählt, die dafür sorgen, dass der Kandidat abgesondert wird, von der menschlichen Gesellschaft getrennt wird und ein andersweltliches Bewusstsein erlangt, ein Prozess, der leicht Monate oder Jahre dauern kann. Für die Menschen der Gemeinschaft ist der heranwachsende Schamane noch kein Schamane, sondern lediglich ein Irrer. Erst wenn die Geister die Initiation vollendet haben, tritt der wesentliche Unterschied zutage. Für gewöhnlich finden solche Initiationen in der Anderswelt statt, sei es draußen im Wald oder in der Traumwelt der Trancevisionen und luziden Imagination. Um diesen Prozess zu verstehen, solltest Du bedenken, dass die Geister Sibiriens nicht sonderlich nett sind. Jeder Geist verkörpert eine Naturgewalt, einen bestimmten Ort oder, noch simpler, eine Krankheit. Die Geister versammeln sich um den Kandidaten herum. Sie nehmen Messer und Beile und hacken ihn oder sie in Stücke. Für gewöhnlich betrachtet der Kandidat den Prozess als Zuschauer, so, als ginge es nicht um ihn, wie bei dem Initiaten, dessen Kopf auf ein Regal im Zelt gelegt wurde, so dass er besser zuschauen konnte. Das ist eine schöne Dissoziation. Du weißt ja, wenn man sich von außen zusieht, tuts nicht so weh. In den meisten Fällen werfen die Geister die Fleisch- und Knochenstücke in einen großen Eisenkessel, wo sie sie eine Weile kochen lassen. Das kann nur einen Moment dauern, oder auch einige Stunden oder sogar mehrere Jahre, subjektiv, wie das Zeitempfinden ist. Manche Schamanen müssen sich diesem Prozess mehrmals unterziehen, andere nur einmal und sind damit ziemlich zufrieden. Dann werden die nassen Knochen aus der brodelnden Flüssigkeit gefischt und auf den Boden gelegt, um sie zu sortieren. Die Geister setzen die Knochen des Schamanen zusammen und beleben ihn oder sie dadurch wieder. Manchmal werden die Knochen mit Schnur oder Draht zusammengebunden, manchmal wird Klebstoff verwendet, und schließlich erhält der Körper einen neuen Überzug aus Fleisch und Haut, damit er wieder funktionsfähig ist. Dieses Stadium ist ein bisschen riskant im sibirischen Schamanismus. Wenn die Geister die Knochen sortieren, kann es leicht passieren, dass einer oder mehrere fehlen. Das ist eine gefährliche Situation, denn ohne die fehlenden Knochen ist der neue Schamane gehandicapt. Um die fehlenden Knochen zu ersetzen, nehmen die Geister Knochen vom Clan des Schamanen. Für jeden fehlenden Knochen, so sagt die Tradition, muss ein Verwandter des Schamanen sterben. Andere Versionen sagen, dass das neue Fleisch des Schamanen von Mitgliedern des Clans genommen werden muss. Die mächtigeren Schamanen unterzogen sich diesem Ritus mehrmals in ihrem Leben, mit allen drastischen Konsequenzen, die das hatte. In anderen Versionen der Initiation fressen die Geister den Kandidaten. Sie verzehren die Leiche oder leeren den Kessel, und später kotzen sie die Überreste aus und führen die Auferstehung mit dem Haufen halbverdauten Fleischbrei durch. Muss ich hinzufügen, dass Schamane im präkommunistischen Sibirien nicht unbedingt als verlockende Berufung galt?

Die Chödpa-Trance

Eine sehr ähnliche Praxis fand ihren Weg in die asketischen Praktiken des tibetanischen Buddhismus. Hier wird der Ritus gChöd genannt (verwandt mit dem englischen Wort „cut"). Auf der dramatischen Ebene tritt der Chödpa in eine Tieftrance ein und visualisiert eine Anzahl von Geistern (viele von ihnen durch und durch bösartig), Dakinis,

Gurus und Buddhas. Er oder sie bietet den Körper diesen Wesen als Opfergabe an, und sie zerhacken, kochen und zerreißen den Körper, um ihn anschließend wiederzubeleben. Der ganze Ritus ist bemerkenswert wegen seines blutigen und dramatischen Realismus. In Chöd-Ritualen beruht viel von der Magie darauf, dass die Visionen möglich lebensecht sind. Zu diesem Zweck studierten die Anhänger dieses Ritus die menschliche Anatomie am toten Körper. Chödpas waren genau die Art von Person, die ihre Arbeit an einsamen Orten verrichteten, wo die Tibetaner ihre Luftbegräbnisse zelebrieren. Es war oft die Aufgabe der Chödpas, die Leichen in kleine Stücke zu schneiden, mundgerecht für die Scharen von Geiern, die sich vom weiten Himmel mit einem hungrigen Glanz in den Augen herabschwangen. Chödpas waren auch bekannt dafür, allein lange Reisen zu unternehmen. Anders als andere Pilger suchten Chödpas geradezu nach Orten, an denen mit Gefahren zu rechnen war, wie zum Beispiel wilden Tieren, zornigen Geistern und schleichenden Krankheiten. An solchen Orten setzten sie sich hin, um zu meditieren und sich selbst den schlimmsten Wesen anzubieten, die sie sich vorstellen konnten. Es handelte sich um einen Akt der Befreiung, denn selbst der feindseligste Geist musste etwas Erleuchtung gewinnen, wenn er einen heiteren Anhänger Buddhas fraß.

Der Chöd-Ritus ähnelt zahllosen eurasischen Riten des Todes und der Wiedergeburt, aber es ist nicht der gleiche. In Sibirien machten die meisten Schamanen so einen Prozess nur ein oder zweimal durch. Das war genug, da die Geister, die das Fleisch

---

Gundestrup-Kessel

Gehörnter Gott, sogenannter „Cernunnos", der einen Torque und eine Schlange hält, zwischen verschiedenen echten und phantastischen Tieren.

des Schamanen aßen, automatisch seine oder ihre Verbündeten wurden. Von daher lag es im Interesse jedes Schamanen, sich von so vielen Geistern wie möglich fressen zu lassen. Im tibetanischen Buddhismus ist der Ritus ein Werk der Barmherzigkeit, da er auf die Erleuchtung aller Beteiligten abzielt. Es kann ein Ritus sein, um gewalttätige, dumme und zornige Geister zu füttern, aber die Opfergabe, das ganze Wesen des Chöd-pa, konnte auch andere Wesen erleuchten. In diesem Sinn ist es vielleicht verständlich, wenn viele Experten darauf bestehen, dass Chöd nichts mit Schamanismus zu tun hat. Sie verweisen auf die Nonne Machig Lab-drön, die den Ritus vermutlich erfunden hat, und bestehen stolz darauf, dass es sich um den einzigen tibetanischen Ritus handelt, der seinen Ursprung nicht in Indien hat. Das ist meiner Meinung nach ein Schwachpunkt, da ähnliche Riten überall in Nordasien po-pulär gewesen waren, und zwar Jahrtausen-de, bevor die ersten Buddhisten nach Tibet kamen, aber ich stimme zu, dass der ethische Hintergrund dieses Aktes beträchtlich vom Üblichen abweicht.

Ritual:
Der Kesselritus

Inzwischen hast Du zweifellos die Parallelen zwischen den blutigen Riten der Wiederauferstehung aus dem Kessel und den Zaubersprüchen bemerkt, die von Ceridwen gewoben wurden. Vielleicht möchtest Du sogar einen Ritus zu Deiner eigenen Entwicklung ausarbeiten. Gratuliere! Lass mich ein paar Ratschläge anbieten. Hier eine vereinfachte Struktur, die entwickelt und verbessert werden kann. Kann ich auf Deine bardische Kreativität zählen!

• Such Dir für den Anfang einen ruhigen, friedlichen Ort, wo Du ein oder zwei Stunden in Trance gehen kannst, ohne gestört zu werden. Wenn Du etwas Erfahrung gesammelt hast, kannst Du es auch draußen an einem dramatisch-romantischen Ort tun, aber vorerst solltest Du zu Hause üben. Mach es Dir leicht!

• Leg Dich auf den Boden und entspanne Dich gründlich. Erlaube Deiner Aufmerksamkeit, über Deinen Körper zu wandern und alle angespannten und verkrampften Muskeln zu lockern. Nimm ein paar tiefe Atemzüge, atme aus, seufze und lass los. Wenn Du verknotete und panzerartige Muskeln findest, spanne sie an und entspanne sie wieder, immer im Wechsel, bis sie sich locker, warm und angenehm anfühlen.

• Erlaube Deinem Geist, in einen sanften und angenehmen Trancezustand einzutreten. Es gibt reichlich Möglichkeiten, das zu bewirken, wie zum Beispiel den Atem beobachten, rückwärts zählen, Selbsthypnose, die Gedanken verlangsamen und so weiter. Da ich hoffe, dass Du die Übungen gemacht hast, gehe ich davon aus, dass Du damit ein gewisses Maß an Erfahrung hast. Falls nicht, ist es vielleicht eine gute Idee, erst mal die Grundlagen zu meistern, bevor Du Dich an Rituale für Fortgeschrittene heranwagst. Die Kesselriten sind für die meisten Anfänger nicht passend.

• Wenn Dein Körper sich entspannt und wohl fühlt und Dein Geist sich beruhigt hat, kannst Du mit dem Ritual beginnen. Es kann ein gutes Zeichen sein, wenn Dein Atem leicht und flach geht. Ja, ich weiß, manche Leute behaupten, dass der Atem in Trance tief sein sollte. Allerdings hängt das stark von der Art der Trance ab. Viele Leute atmen sehr flach, wenn sie visualisieren, während starke Gefühle oft von tiefer Bauchatmung begleitet sind. Wenn flaches Atmen Dir bei der Imagination hilft, lass es auf jeden Fall zu.

• Ein gewisses Maß an Dissoziation könnte nützlich sein. Wie wäre es mit Astralprojektion! Du findest eine detaillierte Anleitung für diese Kunst in *Helrunar*. Hier sollte es genügen, dass eine Astralreise eine Reise in die Imagination ist. Es handelt sich um inspirierte Imagination, die sich sehr von der alltäglichen Imagination oder vom Tagträumen unterscheidet. Stell Dir vor, dass Du Dich selbst auf dem Boden liegen siehst. Dann stell Dir ein Tor vor Dir vor, bis das Bild klar und lebhaft ist. Sprich mit Dir selbst, wenn das hilft, die Vision stärker werden zu lassen. Es kann sein, dass Deine Imagination am Anfang verschwommen und nicht überzeugend ist. Das ist ganz normal und verbessert sich, wenn Du übst. In jeder Trance gibt es Phasen, wo die Wahrnehmung nicht sehr fokussiert ist. Wenn Du Dich aufregst und ärgerst, wird es nicht besser, aber wenn Du einfach beharrlich bist und weitermachst, wird Dein Tiefenselbst Deine Visionen schon bald mit einem Eigenleben erfüllen. Das gilt auch für den Prozess selbst. Es kann mehrere Trancen erfordern, um es richtig hinzukriegen. Wenn Du Dich beklagst und in Enttäuschung suhlst, erhältst Du nie nützliche Ergebnisse. Aber wenn Du geduldig bist und beharrlich Deine Tranceriten über Tage und Wochen hin durchführst, wirst Du bald überrascht feststellen, dass die Welt der Imagination real wird. Lass Dir Zeit! Wenn die Vision vom Tor einigermaßen klar ist, öffne es, geh hindurch und schließe es von der anderen Seite. Erforsche die Orte, die Du findest. Es kann eine Weile dauern, bis Du einen nützlichen Ort findest. Jedesmal, wenn Du durch eine Tür oder ein Tor gehst entfernst Du Dich weiter von der alltäglichen Realität und kommst der reinen Imagination näher. Es ist am Besten, wenn Du ganz locker bleibst und die Reise genießt. Gib Deinem Tiefenselbst Zeit, die Traumwelten aufzubauen; erwarte nicht, dass sie schon da sind und auf Dich warten.

• Nach einer gewissen Zeit wirst Du Dich in einer Umgebung wiederfinden, die sich für ein Ritual eignet. Manche Magier führen ihre Rituale in selbst erbauten Astraltempeln durch, andere suchen sich dafür eine natürliche Umgebung. Finde einen Ort, der Dir gut erscheint, und rufe die Götter, Geister, Alten Wesen oder wen auch immer an. Du wählst, wer Deinen Körper und Geist nähren soll.

• Lass Deinen Körper auf dem Boden als lebendige Opfergabe zurück und nimm die Gestalt einer Deiner Gottheiten an. Ich wähle für gewöhnlich eher drastische Gestalten wie Kali, Helja oder Xi Wang Mu. Wenn Du eine keltische Umgebung bevorzugst, könnten die Morrigain oder Ceridwen eine gute Wahl sein. Nemetona ist eine etwas abstraktere Wahl, hat aber einiges an Überraschungen zu bieten. Wähle eine Gottform, mit der Du bereits Erfahrung hast, am besten eine düstere Gottheit, die Dich mag.

An diesem Punkt könntest Du einige Mehrphasenbegräbnis-Elemente in das Ritual einbringen. Du könntest das tun, indem Du Dir Deinen Tod vorstellst. Wenn Du auf Deinen fleischlichen Körper heruntersiehst, könntest Du ihn sterben und zerfallen sehen. Lass Dir dafür so viel Zeit, wie Du magst.

• Nimm als Gott oder Göttin ein scharfes Werkzeug und zerschneide den Leichnam vor Dir in Stücke. Wirf sie in den Kessel, erhitze und koche sie nach Belieben.

• Lade die anderen Götter, Geister, etc. ein, daran teilzunehmen. Sie sollen ihre Energie dem Sieden hinzufügen. Dann nimm Stücke und Gelenke aus der brodelnden Flüssigkeit und biete sie der Versammlung an.

• Iss mit den anderen. Es ist wichtig, die Opfergabe komplett aufzuessen und nichts übrig zu lassen.

• Nachdem die frühere Persönlichkeit aufgegessen und verdaut wurde, kannst Du wiederbelebt werden. Leg die Knochen auf den Boden. Ordne sie richtig an.

• Jetzt müssen die Knochen wieder mit Fleisch umhüllt werden. Das kann auf verschiedene Arten geschehen. In einem Skript erbricht sich die Versammlung und kotzt die Stücke wieder aus. Exkretion ist eine andere Möglichkeit. Oder Du könntest buchstäblich aus dem Leib einer anwesenden Göttin wiedergeboren werden. Vielleicht entstammen die Ingredienzien für Dein Fleisch auch einer ganz neuen Quelle. Du kannst auch Dein altes Fleisch wieder verwenden. Du könntest einen neuen Körper aus dem Leuchten des Regenbogens formen, wie es in einigen Versionen des Chöd-Ritus geschieht, oder Du könntest alle Götter und Geister nah an Dich heranziehen, so dass sie zu Deinem neuen Körper werden. Denk kreativ! Wie könntest Du noch in die Welt zurückkehren! Würdest Du Dich gern aus der Frucht der Früchte wiederherstellen, aus der Frucht der Götter des Anfangs, der Schlüsselblume, den Blumen der Grabhügel, den Blüten der Bäume und Büsche, den Schichten der Erde, blühenden Nesseln und dem Wasser der neunten Welle! Mehrere Listen keltischer „Elemente" tauchen in mittelalterlichen Mythen auf. Welche erscheinen Dir bedeutsam!

• Dann verschiebe Deine Aufmerksamkeit und Dein Bewusstsein von dem Gott oder der Göttin, die den Ritus bewirkt hat, und schlüpfe wieder in Deinen neu geborenen Körper. Mach langsam. Wie fühlst Du Dich! Es ist ein gutes Zeichen, wenn am Anfang Dein Geist weit ist und Du ganz ruhig bist. Genieße es.

• Wenn Du fertig bist, danke allen Wesen, die teilgenommen haben, und geh auf dem Weg zurück, den Du gekommen bist. Und bring ein richtiges, gutes Gefühl mit in die Welt. Heute ist Dein Geburtstag!

Es ist oft eine gute Idee, diesen Ritus nicht nur einmal, sondern regelmäßig durchzuführen, sagen wir, eine Woche lang einmal am Tag. Dann sind die Visionen sehr weit entwickelt, die Reihenfolge der Ereignisse hat ein gewisses Maß an Eleganz erreicht und Du wirst lebhaft empfinden, was mit Dir geschieht. Natürlich sind viele Variationen möglich. Einige gute tibetanische findest Du in *Tibetan Yoga and Secret Doctrines* von Evans-Wentz. Andere findest Du in den Mythen des sibirischen Schamanismus oder den alchemistischen Metaphern des Taoismus. Es gibt zahllose Wege, Deine alte Form aufzulösen und sich in einer besseren wieder zusammenzusetzen. Was passiert mit der Leiche! Was passiert mit den Knochen! Oder versuch mal etwas anderes. Stell Dir vor, dass Du einen kompletten Ritus der Verfeinerung durchläufst, so wie im Totenkult der Treverer. Und was passiert, wenn Du den Kessel durch die Grube ersetzt! Solve et coagula ist eine nützliche Formel in diesen Trancen. Wie kannst Du sterben, und wie wirst Du zurückkehren! Was hast Du für Ideen! Was schlagen die Götter vor! Ich wette, sie wissen viel besser, was gut für Dich ist, als irgendjemand sonst.

Zuletzt möchte ich hinzufügen, dass sich meiner Erfahrung nach solche Trancen sehr günstig auf die Gesundheit und den Seelenfrieden auswirken. Man könnte meinen, sich Tod und Zerstörung lebhaft vorzustellen, sei schädlich für die Gesundheit, aber ich finde es im Gegenteil sehr erfrischend. Gelegentlich haben mir solche Trancen geholfen, meine Gesundheit wiederherzustellen und meine

Perspektiven im Hinblick auf das Leben zu verjüngen. Das, was stirbt und wieder aufersteht, ist nicht das Leben, sondern nur der Glaube, sei es der Glaube an die Welt oder an die menschliche Persönlichkeit. Immer, wenn ich in der Welt der Erscheinungen stecken bleibe (ein typisches Gefahrenzeichen ist, Dinge ernst zu nehmen), weiß ich, was gut für mich ist und wandere in den Kessel. Der ausschlaggebende Punkt ist, dass die Trance sehr dramatisch sein muss. Wenn Du daraus eine blasse und oberflächliche kleine Sache machst, brauchst Du Dich nicht zu wundern, wenn wenig passiert. Es ist Showtime! Erinnerst Du Dich, wie wir die Funktionsweisen Deines Geistes erforscht haben und was Du tun kannst, um Deine Visionen, Träume und Repräsentationen eindrucksvoller zu gestalten! Es ist Dein Geist, Du bist zuständig, also tu zur Abwechslung mal etwas Nützliches – und tu es jetzt.

Kessel der Kreativität

Das Wertvollste an keltischen Mythen und bardischer Poesie ist, dass sie so wunderbar kreativ ist. Nicht nur sind die Geschichten von erstaunlicher Lebhaftigkeit und voll von neuen Erfahrungen, es kommen in ihnen auch viele Personen und Halbgötter vor, die wunderbar kreativ agieren. Wenn Du keltische Kunst kennst, wirst Du die künstlerische Rafinesse dieser Kultur sicher zu schätzen wissen, aber Kultur wird nicht nur durch Kunst definiert. Es ist zu einfach, Kultur in Begriffen materieller Objekte aufzufassen. Denn hinter den Objekten, den Bräuchen, den Ritualen liegt das weite Feld der Träume. Diese inneren Visionen sind die Kräfte, die menschliche Wesen dazu inspirieren, ihre Umgebung zu verwandeln. Hier handelt es sich um Kreativität im großen Stil. Wenn man die keltische Kunst studiert, entdeckt man Kreativität nicht nur in den zarten Gesichtern, die eine Brosche schmücken, sondern auch in der Art, wie Häuser gebaut und Siedlungen organisiert wurden, die Gesellschaft strukturiert wurde, und so weiter. Denk mal auf diese Weise darüber nach. Kreativität ist nicht nur ein Bild, ein Gedicht oder ein Musikstück. Sie ist überall. Was mich an Menschen verblüfft, ist, wie wunderbar kreativ sie sind, oft ohne es je zu merken. Es fängt schon früh an. Das Kind, das lernt, seine Welt zu begreifen, ist kreativ. Der Jugendliche, der mit allen möglichen hormonellen Ausbrüchen fertig werden muss, ist kreativ. Erwachsene leben in einer kreativen Repräsentation dessen, was angeblich ihre Realität sein soll. Wenn die beiden aufeinander treffen und sich begegnen, mischen sie die Realitäten; auch das ist ein höchst kreativer Akt. Wir sind alle kreativ darin, dass wir nicht in der realen Welt leben (was immer das sein mag), sondern in einer höchst subjektiven Welt, die wir selbst

geschaffen haben. Unsere Kreativität hat bestimmt, welche Teile der Welt wir wahrzunehmen gewählt haben, was und wie wir über sie denken, und was wir unternehmen, damit die Trance weitergeht. Jeder Bewusstseinszustand ist das Ergebnis einer kreativen Anstrengung; Kreativität hat ihn gestaltet, Routine erhält ihn aufrecht und Kreativität holt uns wieder heraus.

Wir können eine Menge darüber herausfinden, wie Kreativität funktioniert, wenn wir uns der Metapher des Kessels bedienen. Der Kessel des Wissens ist der Kopf, und so können wir den gesamten Anfang des *Hanes Taliesin* als einen Bericht über geistige Yogaübungen auffassen. Was brauchen wir, um auf kreative Ideen zu kommen?

Finde eine abgeschiedene Hütte und sorg dafür, dass Du nicht gestört wirst und genügend hast, um Dich am Leben zu erhalten. Säubere den Kessel, so dass Du über einen leeren, offenen Geist verfügst, gieße Wasser hinein und füge die Zutaten hinzu. Es ist vernünftig, kleine Sachen in den Kessel zu tun. Zum einen dauert es ewig, ein Mammut zu kochen, es sei denn, Du schneidest es vorher in Stücke, und zum anderen sind Ideen in mundgerechter Größe leichter zu verdauen.

Wirf viel in den Kessel. Eine Möglichkeit, um kreativ zu werden, ist, viele sehr unterschiedliche Ideen zu kombinieren und zu schauen, wie sie sich vertragen. Wenn Du zu viele ähnliche Ideen hineinwirfst, übersiehst Du vielleicht etwas wirklich Verblüffendes. Das Übliche zu denken bringt Dich nicht sehr weit. Für eine kreative Brühe braucht der Geist eine Menge Abwechslung und vollkommene Freiheit, damit herumzuspielen. Erhitze den Kessel über einem steten Feuer, d. h. lade ihn mit Emotion und Energie auf. Zuviel Emotion, und die Brühe kocht über, zu wenig, und Deine Suppe kühlt ab, ehe sie fertig ist. Benutze eine Kelle zum

Umrühren. Dazu sind Verwirrungstaktiken gut – tu nicht einfach bloß Dinge (Ideen) in Deinen Kessel, sondern rühr sie gut um, damit sie durcheinander geworfen werden und neue Kontakte knüpfen können. Willkürliche Kombinationen können sehr stimulierend sein – das erklärt, weshalb Divination so nützlich sein kein, egal, ob die Ergebnisse nun durch Zufall oder durch subtilere Mittel zustande kommen. Gib der Brühe genügend Zeit zum kochen. Hier wird Geduld gebraucht, und Ausdauer, und eine optimistische Einstellung. Wenn Du weißt, dass Du die Dinge jetzt nicht beschleunigen kannst, tu Dir einen Gefallen und genieß die Pause. Um herauszufinden, ob Du etwas Essbares zustande gebracht hast, koste einen Löffel von dem Zeug. Eine kleine Menge ist leichter zu untersuchen, zu bewegen oder zu verdauen. Das gleiche gilt für den Geist – wie viele Ideen kannst Du gleichzeitig denken! Erlaube der Suppe, abzukühlen, und koste vorsichtig. Wiederhole den Vorgang, bis Du zufrieden bist. Oder warte, bis er überkocht und Du Dich verbrennst.

Es kann nützlich sein, den Kreativitätsprozess aus unterschiedlichen Standpunkten oder Persönlichkeiten heraus zu erleben. Auch das taucht in unserer Legende auf. Mit Taliesin haben wir den visionären Träumer, Seher, Propheten und Zauberer, der überall und alles gewesen ist. In diesem Kontext steht Taliesin für Deine Fähigkeit, zu imaginieren und vollkommen frei zu erfinden. Avagddu entspricht der Nachtseite des Träumens, totaler Aktivität in den Reichen des Chaos und des Wahnsinns. Hier haben wir Alptraum und Delirium. Das ist nicht das, was die meisten Leute träumen möchten, so nützlich solche Träume von Zeit zu Zeit sind. Die strahlende Vision Taliesins und die dunkle Vision Avagddus bedingen sich. Nachdem Du nun in Deiner visionären Seher-Funktion gewesen bist, möchtest Du sie vielleicht in die Praxis umsetzen. Das ist ganz wesentlich, denn es gibt zu viele Leute auf der Welt, die davon träumen, ihren Willen zu tun, aber es nie dahin bringen.

Hier treffen wir Gwion, der das Feuer schürt und mit stetigen, gleichmäßigen Bewegungen den Kessel umrührt. Tag für Tag ist der Bursche am Werk, und mit der gleichen Geduld machen wir uns daran, zu bewirken, wovon wir geträumt haben. Beachte bitte, dass Gwion kein Träumer ist. Er macht seine Arbeit, und wenn Du ihn fragst, erfährst Du alles über Wachsamkeit, geduldige Anstrengungen und wie man das Brennholz zu Scheitern bindet, so dass das Feuer leichter zu hüten ist. Und Ceridwen. In unserer Geschichte hat sie eine Doppelfunktion. In einer ihrer Identitäten, als gütige Göttin, sorgt sie für den Kessel, das Brennholz und die Zutaten und beschäftigt den jungen Gwion gut (und bewirtet ihn sogar). In einer anderen ist sie die bösartige Verfolgerin, die das Werk auf die Probe stellt. Das ist ein Schritt im Kreativitätsprozess, mit dem oft falsch umgegangen wird. Das Prüfen muss zum richtigen Zeitpunkt erfolgen. Wenn Du schon in der visionären Phase prüfst und kritisierst und argumentierst, kommst Du nie irgendwo hin. Wenn Du es in Gwions Phase tust, wird die Arbeit nie fertig. Erst, wenn die lebenswichtige Transformation erfolgt ist, kommt die Zeit für die Prüfung. Ceridwen prüft Gwions Initiation, indem sie ihn mörderisch durch die Elemente jagt. Sie ist so grimmig und ruchlos, wie sie kann, und sobald sie eine Schwäche entdeckt, packt sie zu. Als sie Gwion als Weizenkorn entdeckt, verschlingt sie ihn sofort. Zurück in den Kessel, und noch mal neun Monate verdaut werden! Dann, als er herauskommt, versucht sie als erstes, ihn zu töten – eine weitere Prüfung. Zufrieden bereitet sie ihm eine noch härtere Prüfung und wirft ihn in die kalten, dunklen Wasser des bodenlosen Meeres.

Beim kreativen Denken ist es oft nützlich, sich nacheinander in verschiedene Geisteszustände zu begeben. Zuerst halluzinierst und imaginierst Du wie wild. Dann findest Du heraus, was vielleicht funktionieren könnte, und setzt es in die Praxis um. Sobald Du weißt, wie es gehen kann, unterziehe es einer strengen Prüfung.

Kreativität besteht nicht nur aus Steinkreisen, Kunstwerken und Poesie, sondern auch aus brutaler Architektur und Müllhaufen am Wegesrand. Menschen formen ihre Umgebung kreativ, wie auch immer sie das tun. Dass so viele Straßen eine hirnschädigende Architektur aufweisen, mag daran liegen, dass die Architekten kreativ im Hinblick auf Kostensenkung waren, nicht auf das Formen einer Umgebung, in der man leben kann. Menschen können in ihrer Kreativität ziemlich grausam sein, wenn sie nicht jemand daran erinnert, dass die Dinge auch anders sein können. Es gibt also kritische Phasen. Wir testen, untersuchen und vergleichen, um abzuschätzen, ob die neue Idee funktioniert. Wir überlegen auch, was passiert, wenn es funktionieren sollte, und was, wenn es zu gut funktionieren sollte, und unter welchen Umständen es uns lieber wäre, wenn es nicht funktioniert. Dieser letzte Teil ist wirklich wichtig für die Feinabstimmung. Eine neue Idee kann wirklich wunderbar sein, aber eine Anzahl unangenehmer Nebenwirkungen haben. Also denkst Du: „Was, wenn es nicht funktioniert?", aber Du solltest auch denken „Was, wenn es funktioniert?" Und jedes Mal, wenn Du etwas an der Idee findest, was nicht funktioniert, kannst Du umkehren, wieder zum verrückten Künstler werden und etwas Neues erfinden

Leute nähern sich der Kreativität auf unterschiedliche Arten. Beispiele für viele An-

sätze findet man in den keltischen Mythen. Manche sind nur kreativ, wenn es ihnen schlecht geht. Manche Leute schreiben nur Gedichte, wenn sie zutiefst deprimiert sind, andere müssen dazu zornig sein. Ein Poet, der sich zu einem kreativen Lied bewegen ließ, war A-Neirin, der nach der Schlacht von Catraeth ein Klagelied für seine gefallenen Gefährten sang. Obwohl er kein Barde war, bewegten ihn Not, Leid und Tragik zu einem Lied. Das Gefühl des Unglücks hat schon viele Künstler motiviert. Es ist ganz schönes Pech, wenn Elend Deine einzige motivierende Kraft ist. Ich habe schon extrem begabte Künstler getroffen, die nur kreativ sein konnten, wenn sie sich schlecht fühlten. Ein Ergebnis davon war, dass sie sich periodisch in Krisen suhlten oder sich unglücklich machten, um ihre Kreativität in Gang zu bringen. Dieser Ansatz funktioniert, ist aber sehr kostspielig in punkto emotionalem Schaden. Der verrückte Myrddin wurde zu Liedern motiviert durch Einsamkeit, Verzweiflung, Sorge, Elend und leidenschaftliche Erinnerungen an lang vergangene Freuden. Das gleiche gilt für den verrückten Suibhne, nur dass dieses irische Gegenstück Myrddins auch fröhliche Poesie schrieb, aus Freude am Leben in der wilden Natur.

Manche fühlen sich zu Kreativität getrieben, wenn sie auf Hindernisse stoßen oder in Schwierigkeiten sind. Ceridwens Entscheidung, einen Kessel zu kochen, war ebenfalls eine aus Not und Verlangen geborene Entscheidung, wie auch viele der faszinierenden und höchst kreativen Zaubereien, die der Zauberer Gwydion bewirkte. Und natürlich finden wir in den Liedern Taliesins die größtmögliche Breite an Motivationen. Der Barde ist erfüllt von Staunen und Ehrfurcht, preist die Natur, das Leben und alles, was ihm über den Weg läuft. Hier handelt es sich um ekstatische Kunst, die aus Freude,

Glück und erleuchteten Entdeckungen heraus geschaffen wurde. Von Amts wegen ist
der Barde verpflichtet, die Leute auf bittere
Weise zu ermahnen, wenn sie vom Weg
abkommen. Manchmal ist es notwendig, zu
kommunizieren, zu erziehen, zu stimulieren
und zu initiieren, um dadurch die Essenz des
Awen an andere weiterzugeben. Es ist eine
Verpflichtung und ein Ausgleich. Und was
ist mit den Liedern, die Einfluss haben, die
politischen Funktionen dienen, die die Herzen und den Geist der Massen bewegen?

Es gibt so viele Arten, kreativ zu sein.
Am Besten fängt man damit an, auf kreative
Art kreativ zu sein. Was glaubst Du, wann
Du am kreativsten bist? Und wann am wenigsten? Wie kannst Du jede Menge frische,
originelle, „lass uns Spaß haben und eine
Geschichte daraus machen, die es wert ist,
erzählt zu werden"-Kreativität in die langweiligen Teile Deines Lebens einführen, in
denen Du schwerfällig vor Dich hin trottest
wie ein mürrischer Roboter?

Wenn Du aufmerksam gelesen hast,
wirst Du bemerkt haben, dass viele Praktiken und Experimente in diesem Buch verborgen sind, die Dich kreativer machen. Denk
mal darüber nach, wie es ist, festzustecken.
Manchmal stecken Leute fest, und sie wissen es. Wenn sie herausfinden können, wie
sie ihr Feststecken bewirken und aufrecht erhalten, dann können sie das ändern. Sie haben Glück. Viel schlimmer ist es, wenn Du
feststeckst und es nicht merkst. Nur mal so
zum Spaß: Kannst Du drei Dinge in Deinem
Leben finden, die mit Routine-Verhalten
und langweiligen Wiederholungen zu tun
haben, wo Du einen kreativen Schub und
eine Haltung, mit der Du Dich selbst über-
raschst, vertragen könntest?

Jeder Bewusstseinszustand, einschließlich des Feststeckens, erfordert bestimmte
Formen des Verhaltens, Glaubens und Den-

kens. Du musst etwas tun (oder unterlassen),
um es fortzusetzen. Wenn Du irgendetwas
anderes tust, stehen die Chancen gut, dass
Deine Erfahrungen sich verändern.

Die Nebelhecke

Damit wären wir bei Störungs- und Verwirrungstaktiken, Überlastung, Wahrneh-
mungsverzerrung, unterbrochenen Rhythmen und anderen Nettigkeiten. Wenn Du
den alten Rhythmus unterbrichst oder einen
neuen einführst, verändert sich Deine Erfahrung. Wenn Du das Sonnen- und Mondge-
bet in Deine tägliche Routine eingeführt hast
und Jahreszeitenfeste oder Riten der Zeit gefeiert hast, wirst Du wissen, wovon ich spreche. Jedes neue Muster bewirkt eine Reinterpretation der Welt, an die Du glaubst. Das
ist am Anfang ein hoch kreativer Vorgang.
Wenn Du dann aber einen Automatismus
daraus machst, wird der stimulierende Effekt
durch einen verfestigenden ersetzt. Dann ist
es Zeit, zurück zum Kessel zu gehen und etwas Neues herauszufischen oder die neue
Gewohnheit umzugestalten.

Oder verändere die Art, wie Du etwas
tust. Mach es rückwärts-von-vorne-nach-
hinten-von-unten-nach-oben und umgekehrt. Nimm ein Taliesin-Gedicht. Lies die
Zeilen, indem Du am Ende des Gedichts beginnst und Dich bis zum Anfang durcharbei-
test. Seltsam, nicht wahr? Dann lies es noch
mal bis zum Ende durch. Ist es noch dasselbe
Gedicht wie vorher? Oder lies jede Zeile als
unabhängige Einheit. Oder erfinde eine neue
Interpunktion – verdammt, die Interpunktion von Taliesin ist sowieso chaotisch. Was
passiert, wenn Du jedes einzelne Wort ab-
wägst? Etwas Ähnliches passiert, wenn Du
eine schwierige Frage nimmst, vorzugsweise
eine unmöglich zu beantwortende, und für
verschiedene Standpunkte argumentierst.
Versuch nicht, die „richtige" Antwort oder

Gundestrup-Kessel

Bodenplatte. Die Szene könnte interpretiert werden als das Stieropfer in einer Grube, wie es in zahlreichen Viereckheiligtümern in Nordgallien Brauch war. Der Stier erhebt sich vom Boden des Kessels, sein Kopf war ursprünglich von (jetzt verlorenen) Hörnern gekrönt. Es befinden sich drei Hunde in der Grube (einer eingraviert, die anderen plastisch), die vielleicht auch Opfertiere waren oder auch nicht. Das größte Rätsel stellt die Figur mit dem Schwert dar. Ihre Haartracht und ihre Kleidung ähneln stark denen der anderen Figuren auf dem Kessel, aber anders als diese ist sie definitiv weiblich. Da sie ein Schwert hält, könnte sie diejenige sein, die die Opferhandlung durchführt, und da sie den Daumen an den Mund hält, ist sie vermutlich eine Initiierte.

Laub und Flammen. Ein Baum der Anderswelt.

die „wahre" Bedeutung zu finden, wichtig dabei ist, dass Dein Geist flexibler wird. Wir haben das mit den Druiden gemacht, womit kannst Du es noch machen?

Rätsel, rätselhafte Aussprüche, Orakel und dergleichen haben einen ähnlichen Effekt. In jedem Fall sind die Daten, die man erhält, äußerst obskur, aber je kreativer Du bist, desto mehr Sinn ergeben sie. Ich habe keine Ahnung, ob es irgendwelche „richtigen" Antworten auf Taliesins Fragen gibt, aber ich weiß ganz sicher, dass sie zu lesen, davon zu träumen und über sie nachzudenken stimulierend und inspirierend für mich war. Wenn die Daten verwirrend genug sind, neigt der Geist dazu, Bedeutung zu erfinden. Er ordnet die Daten zu bequemen Mustern. Das ist reine Kreativität. Man findet diesen Ansatz in Orakel-Prophezeiungen und Kaskaden wilder Poesie, hervorgestoßen von rasenden Barden und in Federn gekleideten Poeten. Wie die nordischen Skalden, so waren auch die Barden und Filid davon besessen, eine Welt dunkler und subtiler Poesie voll von verschleierten Anspielungen und geheimen Bedeutungen zu erschaffen. Denn die „wahre" geheime Bedeutung ist die, die jetzt für Dich einen Sinn ergibt, und dann die, die als Nächstes kommt.

Andere Arten, um die üblichen Denk- und Verhaltensweisen durcheinander zu bringen, findest Du hier auf diesen Seiten. Einsamkeit, Fasten, Schock, Erschöpfung, langes Beten, Rückzug aus der Welt der Menschen, in den Wald gehen, Visionen am Ufer von Gewässern suchen, in einer dunklen Zelle liegen, mit einem Tuch über den Augen und einem schweren Stein auf dem Bauch kommen einem in den Sinn. Die Barden suchten auf viele Arten nach kreativen Visionen, aber was sie alle gemein hatten, war, dass sie die breite Straße des Alltags hinter sich ließen und introvertierte Räume

aufsuchten, die nicht auf der Karte stehen. Der Barde muss abgesondert sein, so wie die Hexe, der Schamane und der Priester, damit sie zwischen der bekannten Welt und dem größeren unbekannten Jenseits vermitteln können. Auf einer anderen Ebene kann das bedeuten, dass Du dafür sorgst, dass Du am Tag mindestens eine Stunde für Dich hast, oder dass Du von Zeit zu Zeit allein bist... Es ist leichter, kreativ zu sein, wenn Du Dir eine Chance dazu gibst. Es bedeutet auch, dass Du herausfinden musst, wo Du Routinen und Gewohnheiten folgst und wo sie Deiner Kreativität ins Gehege kommen, in Gedanken, Erfahrungen, Worten und Taten. Und dann musst Du heraustreten. Heraus aus dem, was immer Normalität für Dich bedeutet. Wenn Du vernünftig bist, versuche, unvernünftig zu sein, wenn Du logisch bist, sei intuitiv, oder umgekehrt. Dadurch entsteht Verwirrung, ein Riss, eine Pforte, ein Intervall, das sich mit Inspiration füllen kann. Mach es gründlich. Schreib eine Liste und definiere, was in Deinem Leben normal ist. Dann experimentiere und spiele herum. Du kannst das auch in Gedanken tun. Bei manchen Aktivitäten, wie zum Beispiel beim Treffen von Entscheidungen, sehe ich in der Regel lebhafte Filme und Bilder in meinem Geist, dann kommt eine innere Stimme dazu, die darüber oder dazu spricht, und schließlich entsteht das Gefühl, das die Sache entscheidet. Das dauert nur Sekundenbruchteile und macht auf mich den Eindruck, als ob alles fast gleichzeitig passiert, da der gedankliche Prozess durch Jahre regelmäßiger Anwendung so eingeschliffen ist. Bei den meisten Leuten laufen solche Prozesse komplett unbewusst ab. Ein gutes Gedicht zu schreiben und eine Atmosphäre einzufangen funktioniert viel besser, wenn ich mit einem Gefühl beginne, passende Bilder wähle, die Emotionen verstärke und dann die Worte frei fließen lasse. Etwas Ähnliches könnte nützlich sein, um einen neuen Ort oder ein Fetischobjekt zu erforschen. Fang damit an, dass Du ein Gefühl spürst, sprich laut darüber und sieh zu, wie Visionen vor Deinem geistigen Auge erscheinen. Was immer es ist, was Du normalerweise tust, versuche es mit einem anderen Ansatz und überrasche Dich mit neuen Arten des Denkens.

Im kreativen Denken ist ein wesentliches Element die Veränderung der Wahrnehmung. Math verwandelte Gwydion und Gilvaethwy in Tiere des Waldes, damit sie anders denken lernten. Taliesin nahm zahllose Gestalten an und lernte die Welt aus einer Million von Perspektiven kennen. Hier begegnen wir der Fähigkeit der Selbstverwandlung. Die Schamanin, die sich in einen Geist verwandelt, kann das in der Astralwelt tun, d. h. in der Imagination. Aber wenn Du einen gründlicheren Wandel der Wahrnehmung erleben möchtest, ist vielleicht ein gewisses Maß an physischer Aktivität nützlich. Mog Ruith legte sein Federkostüm an, um sich im schamanischen Kampf in die Lüfte zu erheben. Myrddin rannte auf allen Vieren und ritt auf Hirschen (Geoffrey), Suibhne trug ein Hirschgeweih und ließ sich Federn wachsen, die es ihm erlaubten, von Berg zu Berg zu springen. Finn kaute auf seinem Daumen herum. Wenn Du Deinen Körper in Deine Magie einbringst und ihn benutzt, um Dich anders zu verhalten und andere Erfahrungen zu machen, kommst Du viel weiter. Besessenheits-Magie, Gottformen, das Invozieren und Evozieren von Geistern, Nekromantie und all das sind Wege, um die Wahrnehmung in ungewöhnliche Kanäle zu leiten. Das gleiche gilt für visionäre Divination (Imbas Forosnai), für Trauminduktion, Astralreisen und so weiter. Was hast Du gelernt, als Du die Hügel der Toten in Deiner Imagination

erforscht hast? Wo könntest Du noch hinreisen, welche Mysterien erwarten Dich?

Oder versuch es mit einer anderen Persönlichkeit. Sieh die Welt durch die Augen eines Kindes, eines reisenden Poeten, einer Person aus einer anderen Zeit und Kultur oder eines Außerirdischen auf Besuch. Spiel Theater, übernimm die Rolle, die Haltung, mach Gebrauch von Körpersprache und Intonation, um das „als ob" in ein „es ist" zu verwandeln. Finde heraus, wie Du atmest, Dich bewegst und Dich hältst, wenn Du glücklich und kreativ bist. Vergleiche es mit Deiner Haltunng, wenn Du festgefahren, geistig abgestumpft oder kontraproduktiv bist. Der Körper spiegelt geistige Aktivität wider, der Geist spiegelt körperliche Aktivität wider. Wenn Du weißt, wie sich Dein Körper in beiden Zuständen verhält, hast Du die Wahl. Was ich besonders nützlich finde, sind die Blickrichtungssignale, die Bandler, Grinder und Dilts in den frühen Jahren des NLP entdeckt haben. Es sollte hier genügen zu sagen, dass Leute dazu neigen, ihre Augen systematisch zu bewegen, wenn sie in unterschiedlichen sinnlichen Repräsentationen denken. Deine Kreativität ist von spezifischen Augenbewegungen begleitet, und das Gleiche gilt, wenn Du uninspiriert oder festgefahren bist. Wenn Du wirklich etwas Nützliches lernen möchtest, beobachte, wie und wo Du hinsiehst, wenn Du Dich in unterschiedlichen Zuständen befindest. Leichter ist es, wenn ein Freund Fragen stellt und Deine Augenbewegungen beobachtet. Wo schaust Du hin, wenn Du mit Dir selbst sprichst? Wo ist Dein Blick, wenn Du etwas fühlst? Wo findest Du erinnerte Bilder, wo konstruierte? Du kannst absichtlich in eine bestimmte Richtung sehen, um die Art zu verändern, wie Du denkst. Und wenn Du feststellst, dass Dir Dein Geisteszustand nicht gefällt, verändere ihn. Wenn nichts hilft, lenke Deinen Blick ein paar Minuten in alle möglichen Richtungen, und Du wirst feststellen, dass, was immer auch geschehen mag, Du nicht mehr denken wirst wie vorher.

Was passiert, wenn Du eine Beschreibung veränderst? Du kannst irgendein Ereignis nehmen und ein Gedicht daraus machen, ein Bild, ein Musikstück, eine Skulptur, einen Film oder eine Geschichte. Nimm ein beliebiges Ereignis des heutigen Tages. Könntest Du es als Tragödie wiedergeben, als Satire, als Loblied, als amtliche Bekanntmachung, als historische Abhandlung, als ethnologische Studie, als Komödie? Versuch es. Welche Version hat Dir am Besten gefallen? Und da wir gerade dabei sind, fühlt sich Deine Erfahrung noch genauso an wie vorher? Die Barden übten sich in solchen Dingen. Was erfuhren sie dabei über die Natur der Realität?

Standpunkte können sich auch ändern, wenn wir der Welt neue Bedeutungen verleihen. Ein Ebereschenzweig ist vielleicht einfach nur ein kleiner Ast, aber wenn Du einen Zauber darauf sprichst und ihn zu einem Knoten bindest, nimmt er eine völlig neue Bedeutung, einen neuen Wert an und wird zum Talisman. Überlagernde neue Bedeutungen gibt es extrem häufig in magischen Systemen. Alle Modelle der Welt, ob sie nun auf den Elementen beruhen, dem Zodiak, den Sternen, Planeten, Geisterhierarchien, Pantheons von Göttern, Buchstaben, Zahlen, Bäumen oder was auch immer zeigen, dass Menschen so ziemlich allem eine neue Bedeutung unterschieben können. Für einen Barden kann die Antwort auf eine bestimmte Frage von einem vorbeifliegenden Vogel, einem Baum am Wegesrand, einer bunten Blume oder der Tatsache, dass der Wind aus einer bestimmten Richtung weht, gegeben werden. All das kann bewirken, dass Du anders denkst, und darauf

beruht Kreativität. Oder denk mal an Orakel und Divination. Wenn Du ein Problem hast, kann das schlimm genug sein, aber mit ein bisschen Divination kann Dir das Problem ganz anders erscheinen und eine Herausforderung, ein Test, eine Prüfung, eine Chance oder vielleicht sogar der Beginn von etwas wirklich Gutem sein. Was ist mit Ritualen, Opfergaben, Gesten, rituellen Umkreisungen und so weiter? Alle Formen, Gesten, Worte usw. sind mit Bedeutungen überlagert. Das macht aus ihnen kreative Reinterpretationen.

Und dann gibt es da noch die Kommunikation. Einer der besten Wege, um nützliche neue Ideen zu bekommen, ist, das Tiefenselbst zu kontaktieren. Der Trick besteht darin, einen Kanal der Kommunikation herzustellen. Hier kommen wir wieder auf diverse Formen der Divination zurück. Es handelt sich um einen aktiven, aber indirekten Ansatz. Noch besser sind Riten der Kommunion mit Geistern oder ein freundliches Schwätzchen mit der Muse. Wenn Du mit der Tiefe sprichst und Antworten erhältst und erwägst, könntest Du feststellen, dass das Selbst mit dem Selbst spricht in einem Akt des Austauschs und der Kommunion, der den Geist und damit die Welt verändert. Das Vehikel dieser Kommunion ist die Imagination. Aber was ist mit den Rollen? Zu viele denken nur daran, die Tiefe um Antworten zu bitten. Sie nehmen die Rolle des Ratsuchenden ein, der sich an einen Experten wendet. Das ist nicht die einzige Form der Annäherung. Kehre den Prozess um, mach es anders. Was würdest Du antworten, wenn die Muse etwas fragt? Vielleicht wirst Du feststellen, dass Du sehr viel mehr weißt, als Dir je bewusst war, wenn die Götter, die Geister und die Musen Dir Fragen stellen. Das könnte der Beginn einer langen, wunderbaren Freundschaft sein.

Die Schlucht

13. Bäume der Ewigkeit

Die Schlacht der Bäume

ins der berühmtesten Lieder, die Taliesin zugeschrieben werden, ist das Kat Godeu, die Schlacht der Bäume. Das Lied ist ein weitschweifiger, komplexer Bericht, der mehrere Bedeutungsebenen hat. Es geht unter anderem um einen merkwürdigen Kampf, der von allen Arten von Bäumen und Büschen gegen einen ungenannt bleibenden Gegner geführt wird. Auf einer anderen Ebene scheint es um die christliche Zeitrechnung zu gehen; die Vorgänge werden mit biblischen Ereignissen wie der Sintflut, der Kreuzigung und dem jüngsten Gericht in Verbindung gebracht. Letztere - als große Katastrophen, die fast das menschliche Leben auf diesem Planeten ausgelöscht hätten - sind auch ein verbreitetes Motiv in keltischen und germanischen Mythen. Hier erscheinen sie in einer christlichen Version, wurden aber nicht notwendigerweise von Christen erfunden. Die Kelten, die Alexander dem Großen stolz antworteten, sie fürchteten nichts, außer, dass ihnen der Himmel auf den Kopf falle, wollten damit nicht einfach nur angeben; wie viele andere alte Kulturen bewahrten sie damit Erinnerungen an eine Zeit, in der der Himmel auf die Erde fiel, die Berge erzittern ließ, Wälder in Brand steckte und Ozeane das verwüstete Land überfluteten. Außerdem ist die Schlacht der Bäume eine Auflistung der Lebens- und Bewusstseinszustände Taliesins, beschreibt seine Entstehung aus neun Eigenschaften und weist auf seine Aktivitäten als gefeiertes Oberhaupt der Barden des Westens hin. Das Ergebnis ist ein komplexes, häufig ziemlich wirres Stück Po-

esie. Bevor wir fortfahren, möchte ich den Text als Ganzes zitieren, damit Du Dir eine Vorstellung davon machen kannst, wovon wir hier eigentlich reden.

Kat Godeu
Die Schlacht von Goddeu (der Bäume)
Buch von Taliesin, 8

Ich bin in einer Vielzahl von Formern gewesen,
bevor ich eine dauerhafte Form annahm (Freiheit fand).
Ich bin ein Schwert gewesen, schlank, befleckt,
ich werde glauben, wenn es aktiv wird (?).
Ich war eine Träne (Tropfen) in der Luft,
Ich war das Leuchten der Sterne.
Ich war ein Wort, in Buchstaben geschrieben,
Ich war ein Buch, auf meinem Höhepunkt.
Ich war das Licht von Laternen,
ein Jahr und ein halbes.
Ich war eine dauerhaft Brücke,
über dreimal zwanzig Flussmündungen.
Ich war ein Weg, ich war ein Fischadler.
Ich war ein Lederboot auf dem Meer:
ich war fügsam beim Gastmahl.
(ich war das Schäumen im Getränk)
Ich war ein Tropfen im Regen;
ich war ein Schwert in der Hand:
ich war ein Schild in der Schlacht.
Ich war eine Saite auf einer Harfe,
Neun Jahre verzaubert,
im Wasser, im Schaum.
Ich war ein Zunderfunken im Feuer,
ich war ein Baum (Holz) in einem Hain (Feuer).

Ich bin nicht einer, der nicht singen würde,
schon als ich klein war habe ich gesungen,
der Kampf der Zweige in der Schlacht von
Godeu (Bäume).
Gegen den Guleidig (Großkönig) von Pry-
dain (Britannien),
In der Mitte zogen Rösser,
Flotten voller Reichtümer.
Ein Tier zog vorbei mit weitaufgerissenem
Rachen (großen Schuppen),
auf ihm waren hundert Köpfe.
Und wilde Heere fochten,
unter der Zungenwurzel,
eine weitere Schlacht wurde in seinem Hin-
terkopf (Nacken) ausgetragen.
Eine schwarze, gegabelte Kröte,
die hundert Krallen trug.
Eine gefleckte Schlange mit aufgerichteter
Mähne (Krone).
Hundert Seelen werden wegen ihrer Sün-
den
in ihrem Fleisch gequält.
Ich war in Festung Nefenhyr,
dorthin eilten Kräuter und Bäume,
Spielleute sangen,
Kriegertrupps stürmten.
Der Triumph der Briten,
von Gwydyon bewirkt.
Dort wurde der Herr der Meere angerufen
und Christus, der Mächtige,
damit der Herr,
die Geschaffenen erlöst.
Der Herr antwortete ihnen,
in (mit) Sprache und Zauber (irdischem Material):
Nehmt die Form der wichtigsten Bäume
(an),
formiert eure Schlachtordnung,
und haltete das Volk zurück (?).
Reich im Nahkampf (?).
Als die Bäume bezaubert wurden,
im Glauben (Hoffnung) keine Bäume mehr
zu sein (?),

schlugen die Bäume mit ihren Ranken,
griffen die Heere an,
in dreißig Tagen Streitigkeiten.
Traurig klagte eine Frau,
lärmendes Wehgeschrei erklang.
In vorderster Front,
das Haupt der Schlachtenreihe, die erste der
Frauen.
Der Gewinn von einem wachsamen Rind
(Bock, Rehbock)
würde uns keinen Schaden bringen.
Das Blut von Männern bis zu unseren Hüften,
der größte der drei Kataklysmen,
die der Welt zustoßen.
Und eines ist abgeschlossen,
der Flut zu Gedenken,
und Christus am Kreuz.
Und der baldige Tag des jüngsten Gerichts.
Das Haupt der Schlachtenreihe waren die
Erlen,
sie formten die Vorhut.
Weiden und Ebereschen
kamen spät zum Heer.
Pflaumenbäume (Schlehen?) nicht selten
gierig nach der Schlacht.
Die kunstreichen Mehlbeeren,
erwarten ein Geheimnis (Schlacht).
Die stacheligen Rosenbüsche,
(zogen) gegen ein zorniges Heer,
die Himbeere handelte,
sie verschanzte sich nicht,
um ihr Leben zu schützen.
Liguster und Geißblatt
und Efeu an der Front,
wie Stechginster (zornig) in der Schlacht,
der Kirschbaum wurde beleidigend.
Die Birke, trotz ihres hohen Geistes,
brauchte lange, bis sie gewappnet war,
nicht aufgrund von Feigheit,
sondern wegen ihrer Großartigkeit.
Der Goldregen bewahrte Mut,
ein Fremder aus der Fremde.

Kiefern auf dem Ehrenplatz,
ein Sitz (Versmaß) des Streites,
die hohen Taten der Esche,
in der Gegenwart von Königen.
Die Ulme mit ihrem Reichtum
wich keinen Schritt zur Seite,
sie kämpfte in der Mitte,
an den Flanken und in der Nachhut.
Hasel beurteilte
die Waffen für die Schlacht.
Hartriegel, glücklich sein Anteil,
Bulle der Schlacht, Herr der Welt.
Morawg und Morydd (?)
und Buche triumphierte.
Stechpalme, grün gefärbt,
war der Held.
Weißdorn, von Stacheln umgeben,
mit Schmerzen zur Hand.
Die Winde wurde gefällt,
doch ließ andere stürzen.
Farn plünderte.
Ginster in der Vorhut des Heeres,
wurde in den Gräben verwundet.
Stechginster hielt sich nicht gut,
trotzdem soll er ausschwärmen.
Heidekraut war siegreich,
es behauptete sich nach allen Seiten.
Das einfache Volk ward bezaubert (?),
während die Männer verfolgten (?).
Die Eiche, schnell in Bewegung,
vor ihr zittern Himmel und Erde.
Ein treuer Torhüter (Färberwaid?) gegen den
Feind.
Sein Name wird in Erinnerung bleiben.
Glockenblumen (?) kamen zusammen,
und sorgten für Entsetzen.
In der Zurückweisung wurden sie zurück ge-
wiesen.
Andere wurden durchbohrt.
Birnbäume, die besten Eindringlinge,
in den Kampf auf den Ebenen.
Eine schreckliche Macht
der rasende Klee,

doch die Kastanie ist schüchtern,
der Feind der Freude (starken Bäume),
Gagat wurde schwarz,
der Berg wurde krumm,
die Bäume wurden zum Feuerofen (ergriffen
Waffen),
schneller als das mächtige Meer,
seit der Schrei erklang.
Die Wipfel der Birke bedeckten uns mit Blättern,
erneuerten unseren geschwächten Zustand.
Die Zweige der Eiche haben uns umschlungen,
vom Gesang des Maelderw (Eichenherren).
Lachend (die Welle) an der Flanke des Felsens,
der Herr ist nicht von grausamer Natur
(der Herr sorgt sich nicht um den Fisch-
schwarm).
(Ich war) Nicht von Mutter und Vater,
als ich gezeugt wurde
und meine Schöpfung wurde mir erschaffen.
Aus neunerlei Eigenschaften,
aus der Frucht der Früchte,
aus der Frucht des ursprünglichen Gottes,
aus Schlüsselblumen und Blüten der Hügel,
aus den Blüten von Bäumen und Büschen,
aus Erde, von irdischer Natur
als ich geformt wurde,
aus den Blüten der Nesseln,
aus dem Wasser der neunten Welle.
Bevor ich unsterblich wurde
hat mich Math verzaubert (geschaffen),
ich wurde von Gwydyon verwandelt,
dem großen Magier der Briten,
von Eurwys, von Euron,
von Euron, von Modron.
Von fünf mal fünfzig Magiern,
Weisen, Kindern von Math.
Als ich erschaffen wurde,
wurde ich vom Guleidig (Großkönig) verzaubert.

Zur Hälfte verbrannt,
verzaubert von den Weisesten
der Weisen, vor Anbeginn der Welt.
Als ich ein Dasein hatte,
als die Welt noch kleiner war.
Barde von besonderem Talent,
ich beherrsche das Lied, dass die Zunge verkündet.
Ich spielte im Licht,
ich schlief in Purpur,
wahrlich, ich war in der Festung,
mit Dylan, dem Sohn der See.
Mein Lager im Inneren,
zwischen den Knien der Könige,
meine zwei scharfen Speere,
kommen vom Himmel herab.
In den Strömen von Annwfn (Unterwelt,
Anderswelt).
Bereit für die Schlacht.
Viermal zwanzig Hundert,
von mir durchbohrt trotz ihrer Kampfesgier.
Weder älter noch jünger sind sie,
als ich in ihrer Leidenschaft.
Ein Wunder, Hundertschaften wurden geboren (!),
jede Neunhundert stark (!).
Mit meinem Schwert, blutbefleckt,
ehrenwertes Blutvergießen.
Vom Herrn, und Schutz wo er weilte (!).
Wenn ich komme (!), wo der Keiler getötet
wurde,
er wird formen, er wird auflösen,
er wird Sprachen (Menschen) erschaffen.
Der stark-händige Leuchtende,
der glanzvoll seine Schar regiert.
Sie werden in Flammen ausbrechen
wenn ich in die Höhe aufsteige (!).
Ich war eine gefleckte Schlange auf einem
Hügel,
ich war eine Viper in einem See.
Ich war ein Krumm-messer, von Hundsköp-
figen geführt,
ich war ein furchtbarer Speer,

mit Messgewand und Schale
sind wohl bereitet.
Viermal zwanzig Rauchwolken,
für jeden überbracht.
Fünf mal fünzig Dienerinnen (!)
wert und mein Messer (!).
Sechs gelbe Rosse,
und hundertmal besser ist
mein cremefarbenes Ross,
schnell wie die Seemöwe,
nicht langsam,
zwischen Meer und Küste.
Ich werde ein Feld von Blut bewirken,
auf ihm neunhundert Fürsten.
Rubinrot und rund ist mein Schild,
Gold ist der Rand des Schildbuckels.
Niemand wurde geboren, in der Zwischenzeit (Spalt?) (!),
der mich besucht (angegriffen) hätte (!),
außer Goronwy,
aus den Tälern von Edrywy.
Lang und schlank sind meine Finger,
lang ist es seit ich Hüter der Tiere war.
Ich war ein Krieger,
bevor ich ein Dichter wurde.
Ich verwandelte mich, ich umkreiste,
ich schlief auf hundert Inseln.
Ich habe in hundert Festungen gewohnt.
Ihr weisen Druiden,
verkündet Arthur,
was zuvor geschah.
Und eines ist gekommen,
aus der Erinnerung an die Flut,
und Christus Kreuzigung.
Und der kommende Tag des Untergangs.
Ein Juwel, goldumrahmt.
Ich bin prachtvoll,
und werde begeistert,
durch die Anstrengung der Fferyllt (Metallarbeiter, Zauberer).

(von den Prophezeiungen von Vergil)

Man kann diese Zeilen auf mehrerlei Weisen deuten. Man kann darin die inspirierten, aber nicht sonderlich wohlgeordneten Verse eines Barden sehen, der in rauschhafter Ekstase, vom Delirium geschüttelt, sich dem Awen geöffnet hat. Man könnte auch das gleiche Spiel wie Robert Graves spielen; das würde dann bedeuten, dass es sich bei diesem Gedicht um eine willkürliche, verstümmelte Zusammensetzung aus mehreren Gedichten handelt und wir die Bedeutung herausquetschen können, indem wir es einfach in Stücke schneiden und die Teile anschließend neu zusammensetzen. Graves tat das in der Hoffnung, darin seine Vision vom irischen Ogham-Alphabet wieder zu finden, die seiner Ansicht nach in diesem Stück britannischer Poesie verborgen war (dass die Dichter dieser Kulturen in völlig anderen Sprachen dichteten, scheint ihm entgangen zu sein). Und da er Nashs nicht besonders werkgetreue Übersetzung verwendete, die er, wie aus seinem Briefwechsel hervorgeht, nicht einmal selbst besaß, sondern sich ausleihen musste, wann immer er das Material kommentieren wollte, war das Ergebnis reine Phantasie. Gerechterweise sollte ich vielleicht anmerken, dass Graves auch gar nicht im Sinn hatte, irgendetwas praktisch Verwendbares zu rekonstruieren. Er schrieb seinen Bestseller *Die weiße Göttin* in ein paar kurzen Wochen, ohne seine Quellen zu überprüfen, als poetische Liebeserklärung an eine Göttin der Dichtkunst, die er im Wesentlichen selbst erfunden hatte. Er wusste, dass sein Ansatz der eines Träumers und Poeten war, und war ganz überrascht angesichts der großen Anzahl begeisterter, aber schlecht informierter Leser, die seine literarischen Phantasien verschlangen, als handle es sich dabei um eine historische Studie. Privat bezeichnete er sein Werk als „verrücktes Buch" (s. Hutton), aber in der Öffentlichkeit

wagte er es nie, seine zahllosen Bewunderer zu enttäuschen, die auf seine romantischen Illusionen hereingefallen waren. Immerhin brachte ihm *Die weiße Göttin* eine Menge Geld ein, das er nicht bekommen hätte, wäre er etwas ehrlicher gewesen. Dass sein Buch irgendwann zum Fundament für eine Reihe neuheidnischer Glaubensbekenntnisse wurde, lag gewiss nicht in seiner Absicht.

Aber zurück zu unserem Gedicht: Ich zweifle sehr daran, dass wir es hier mit einem Lied zu tun haben, das von einer Handvoll britannischer Barden absichtlich verstümmelt wurde, um das darin enthaltene Baumwissen ihrer Profession zu schützen. Ich stimme auch nicht der Auffassung zu, dass das Gedicht eine Kompilation nicht miteinander zusammenhängender Themen durch einen Mönch mit literarischen Ambitionen oder dergleichen ist – denn der weitschweifige, verwirrende Stil ist ein Merkmal der Taliesin-Poesie, das in vielen Liedern zu Tage tritt; der *Kat* bildet da keine Ausnahme. Die Lieder Taliesins reimen sich, und wenn wir mal hier eine Zeile herausnehmen und sie einfach anderswo einsetzen, ruiniert das die poetische Struktur ganz sicher. So oder so bleibt das Lied ein Rätsel, und ich für meinen Teil freue mich darüber. Es existiert da allerdings das eine oder andere Detail in den keltischen Mythen, das vielleicht etwas Licht ins Dunkel bringen kann. In den *walisischen Triaden* des 13. Jahrhunderts (in der Übersetzung von Bromwich) finden wir ein Thema mit dem Titel:

Drei vergebliche Kämpfe auf der Insel Britannien: Einer von ihnen war die Schlacht von Goddeu; und sie wurde begonnen wegen einer Hündin, eines Rehbocks und eines Kiebitz; und die zweite war die Tat bei Ar(f)derydd, die wegen eines Lerchennestes begonnen wurde; und die dritte war die schlimmste: Das war Camlan, die wegen eines Streits zwischen Gwenhwyfar und Gwenhwy(f)ach begonnen wurde. Und deshalb wurden diese Kämpfe vergeblich genannt: Weil sie wegen solcher unfruchtbarer Gründe wie dieser begonnen wurden.

Die Bedeutungen dieser symbolischen Tiere sind zwar alles andere als leicht zu verstehen, aber alle drei Schlachten erscheinen an prominenter Stelle in den inselkeltischen Mythen. Von der ersten berichtet das Gedicht, das Du gerade gelesen hast, die zweite ist der Vorfall, bei dem Myrddin sah, wie seine Familie und sein König erschlagen wurden und schreiend vor Wahnsinn in die Wälder flüchtete, und die dritte ist die letzte Schlacht des alten Arthur. Ein sehr viel jüngerer Hinweis findet sich in der *Myfyrian Archaiology*, einem Handbuch bardischen Wissens, dass von Enthusiasten im frühen 19 Jahrhundert zusammengestellt wurde. Hier lesen wir:

Dies sind die Englyns, die beim Kat Godeu gesungen wurden, oder, wie andere sie nennen, bei der Schlacht der Achren (Bäume), die wegen eines weißen Rehbocks und eines Welpen ausgefochten wurde; und sie kamen aus Annwn, und Amatheon ap Don brachte sie her. Und deshalb kämpften Amatheon ap Don und Arawn, der König von Annwn, gegeneinander. Und es kämpfte ein Mann in der Schlacht, den keiner überwinden konnte, der nicht seinen Namen kannte, und auf der anderen Seite kämpfte eine Frau, mit Namen Achren, und keiner, der ihren Namen nicht kannte, konnte ihr Heer schlagen. Und Gwydion ap Don erriet den Namen des Mannes und sang die beiden folgenden Englyns:

Mit sicherem Schritt geht mein Ross, von den Sporen getrieben;
die hohen Triebe der Erle sind auf deinem Schild;
Bran wirst du genannt, von den glitzernden Zweigen.
Mit sicherem Schritt geht mein Ross am Tag der Schlacht:
die hohen Triebe der Erle sind in deiner Hand;
Bran bist du, beim Zweig den du trägst - Amatheon der Gute hat gesiegt

Wenn wir davon ausgehen, dass es sich hier um ein echtes Fragment bardischen Wissens handelt, haben wir es mit einem Mythos zu tun, der nirgendwo anders festgehalten wurde. Es erscheinen einige Figuren aus dem *Mabinogi*. Amatheon, Sohn der Don, ist Bruder von Gwydion und Govannon; er ist eine schwer fassbare Person, eine Art vergöttlichter Sämann. Wenn wir diesem Text glauben dürfen, ging Amatheon irgendwie in die Anders- oder Unterwelt Annwn.

Arawn (Silberzunge!) war einer der Regenten von Annwfn, wie im ersten Zweig des *Mabinogi* zu lesen, ein Freund des (menschlichen) Fürsten Pwyll und außerdem Derjenige, die für die Existenz solcher andersweltlichen Kreaturen wie Schweine in unserer schönen Welt verantwortlich war. Wie Du Dich vielleicht erinnerst, erhielt Pwyll die Schweine als Geschenk, während Amatheon seinen weißen Rehbock und den Welpen ohne Arawns Zustimmung erwarb. Die Farbe Weiß ist übrigens ein typische Merkmal andersweltlicher Kreaturen in der inselkeltischen Mythologie. Wir dürfen annehmen, dass Gwydion und Achren (die Bäume) auf der Seite Amatheons kämpften und dass Bran und Arawn ihre Gegner waren. Bran ist eigentlich kein Herrscher der Anderswelt - sein Königssitz befand sich bei

Harlech in Nordwales – aber in gewisser Weise hat er doch etwas mit dem unirdischen Reich zu tun. Bei seinem unglücklichen Krieg mit den Iren traf den riesenhaften Monarchen ein vergifteter Pfeil ins Bein oder in den Schenkel. Da er wusste, dass er bald daran sterben würde, bat er seinen Bruder Manawyddan, ihn zu enthaupten, und verlangte, dass sein Kopf nach Britannien gebracht werde. Voller Trauer erfüllte Manawyddan die unangenehme Aufgabe. Zu seiner Überraschung blieb Brans Kopf auf wundervolle Weise am Leben, und als sie in ihr Heimatland zurückkehrten, da waren sie verblüfft, weil das Haupt gar nicht verweste, sondern jeden Tag mit der Gemeinschaft sprach. Bran nahm, obwohl er tot war, noch immer an den Lustbarkeiten seiner Freunde teil, die im Angesicht des wunderbaren Kopfes noch achtzig Jahre lang ihre Feste feierten. Dann wurde eine verbotene Tür geöffnet, der Zauber erlosch und das Haupt begann zu verwesen. Es wurde vergraben, um ganz Britannien vor Invasionen zu schützen, aber Legenden berichten, dass Arthur es wieder ausgraben ließ, weil er nicht wollte, dass sich sein Volk auf die schützenden Eigenschaften eines Totenschädels verließ. Dennoch fand Bran, der Gesegnete, Eingang in die Mythen der kontinentalen Troubadoure, wo er vornehmlich in der Gestalt des verwundeten Fischerkönigs erschien, der den Gral hütete, oder auch als der Bruder eines derartigen Königs. Da die Gralsburg ein Ort in der Anderswelt ist, können wir wenigstens Vermutungen darüber anstellen, wieso Bran in Gesellschaft von Arawn auftaucht. Die Randbemerkung aus der *Myfyrian Archaiology* bringt Bran mit der Erle in Verbindung; im zweiten Zweig des *Mabinogi* ist es Brans Neffe, der unglückliche Gwern, dessen Name „Erle" bedeutet. Dass Bran einen Erlenzweig trägt, mag ihn mit verschie-

denen Zweigträgern inselkeltischer Mythen verbinden (oder auch nicht); vielleicht auch mit den irischen Poeten, die beschirmt von Zweigen aus kostbaren Metallen reisten. Es könnte sich lohnen, mal darüber nachzudenken, weshalb Barden und Poeten so häufig mit Bäumen, Büschen und blühenden Pflanzen in Verbindung gebracht wurden. Taliesin spielt mehrfach auf dieses Thema an, und wenn man sich anschaut, welche neun Eigenschaften bei seiner Erschaffung einflossen, wird klar, dass die Verwandtschaft mit Pflanzen dem Sänger viel wichtiger war als seine Verwandtschaft mit dem Menschengeschlecht.

> Ein Ort von völligen Nutzen,
> und Barden und Blüten.
> Und finstere Büsche,
> und Schlüsselblumen und kleine Kräuter,
> und die Wipfel kleiner Bäume.

Die Liste mit den neun Eigenschaften ist so wichtig, dass ich Dir empfehlen möchte, eine Weile über ihre Bedeutung nachzudenken. Darin kommen mehrere magische Elemente vor. Zum Beispiel handelt es sich bei der „Frucht der Früchte" vielleicht um eine abstrakte Essenz; sie erscheint in der Liste, bevor die Frucht des ursprünglichen Gottes (bzw. der ursprünglichen Götter) erwähnt wird. Die Primel – ein unbestimmter Begriff, der sich auf verschiedene Spezies aus der Gattung der Primeln beziehen kann – könnte sich auf die *Primula veris*, die Schlüsselblume, beziehen, die in mehreren Volksmärchen vorkommt und dort als Schlüssel dient, der die Tore zur Tiefe aufschließen kann. Die Pflanzen aus der Gattung der Primeln sind alle Frühlingspflanzen und gehören zu den ersten, die das neue Jahr begrüßen. Handelt es sich bei den Blumen der Hügel in der nächsten Zeile um Blumen auf Hügeln oder auf Grabhügeln? Wen oder was verkörpern die blühenden Bäume und Büsche? Sind die Bäume vielleicht die Aristokraten und die Büsche die Bauern? Oder stehen die Bäume für die Götter und die Büsche für die Menschen? Die Erde von irdischer Natur könnte eine Rundreise sein, die Barden und Könige jedes Jahr durchführten, eine sakrale Reise um Grenzen und Gemarkungen herum, oder die Wendung bezieht sich vielleicht auf den alten Glauben, dass nur eine dünne Schicht Erde die Welt der Sterblichen von der darunter liegenden Unterwelt trennt. Für den Wissenden ist der Schleier sehr dünn. Die Nessel – vorausgesetzt, wir sprechen über die Brennnessel – ist eine Pflanze, die sich hervorragend als Symbol für die bardische Fähigkeit eignet, mittels schwarzer Satire zu ermahnen oder zu vernichten. Die Wasser der neunten Welle bilden die äußerste Grenze der bekannten Welt. Nur einen Schritt weiter, und wir verlassen die von Gischt funkelnde See und tauchen ein in die unbekannten Weiten des Raums. Wenn Du Dir ins Gedächtnis rufst, dass wir es häufig mit Abstraktionen zu tun haben – und nicht mit den Dingen als solchen – können wir etwas über Taliesins geheimes Wesen erfahren. Eine vergleichbare Liste erscheint in Gedicht 6 im *Schwarzen Buch*:

> Mit sieben Fähigkeiten wurde ich gesegnet,
> mit sieben Geschöpfen wurde ich zur Reinigung vereint;
> ich war glühendes Feuer als ich erschaffen wurde;
> ich war Staub der Erde, und Trauer konnte mich nicht berühren;
> ich war hoher Wind, weniger böse als gut;
> ich war Nebel auf dem Berg, der Nachschub (?) an Hirschen sucht;
> ich war Blüten der Bäume auf dem Antlitz der Erde.
>
> (SBvC, 6)

Was geht bei der Schlacht der Bäume vor, und was sollen wir uns dabei denken? Viele Antworten wurden auf diese Frage gegeben, aber keine davon fällt zufriedenstellend aus. Eine mögliche Erklärung könnte sein, dass die Bäume in Wirklichkeit Clans oder Stämme waren, die einmal in irgendeinem Krieg gegeneinander kämpften. Manche Familien führen ihren Namen auf Bäume zurück: Mac Cuill (Sohn des Haselstrauchs), Mac Cuilinn (Sohn der Stechpalme), Mac Ibar (Sohn der Eibe), Guidgen (Sohn des Holzes), Guerngen (Sohn der Erle) und Dergen, von Dervogenos (Sohn der Eiche), s. bei Ann Ross.

Vielleicht hängt es auch mit dem noch heute bestehenden schottischen Brauch zusammen, eine Pflanze als Emblem zu führen. Die meisten Clans bevorzugten eine oder mehrere Pflanzen als Symbol ihrer Abstammung. Die populärsten Bäume dafür waren die Eiche (Anderson, Macanderson, Buchanan, Cameron, Kennedy, Macfie, Stewart), die Kiefer (Ferguson, Fletcher, Grant, Macalpine, Macaulay, Macfie, Macgregor, Mackinnon, Macnab, Macquarrie, Rob Roy), die Stechpalme (Drummond, Macinnes, Mackenzie, Macmillan), der Buchsbaum (Macbain, Macduff, Macgillivray, Macpherson, Macqueen), die Eberesche (Maccallum, Maclachlan, Malcolm, Menzies), der Wacholder (Gunn of Kilernan, Macleod, Murray, Ross) und das Heidekraut (Macalister, Maccoll, Macdonald, Macdonell, Macintyre, Macnab). Weniger gefragt waren die Brombeere (Macnab), der Farn (Chisholm), der Haselstrauch (Colquhon), die schottische Tanne (Farquharson), die Pappel (Ferguson), der Besenginster (Forbes, Matheson), die Esche (Frazer of Lovat), der Efeu (Gordon), die Mistel (Hay), der Weißdorn (Johnston, Ogilvie), der Holzapfel (Lamont), die Linde (Lindsay), der Stechginster (Logan), die Zypresse (Macdougall), der Adlerfarn (Robertson) und der Ginster (Sinclair). Nicht alle Clans verwendeten Bäume als Symbol, man findet auch den Tannen-Bärlapp, die (Rasen-)Binse, das Schilfrohr, den Gagelstrauch, die Moosbeere, die Preiselbeere und andere Pflanzen (s. R. Bain, 1968). Ich überlasse es den Historikern, herauszufinden, mit welchen symbolischen Anspielungen dieser Brauch begonnen hat und welche Bäume oder Pflanzen später eingeführt wurden, als immer mehr Clans entstanden.

Hat jemals eine Schlacht der Bäume stattgefunden? Ich war entzückt, als ich bei Livius (59 vor unserer Zeit – 14 unserer Zeit) las, dass ein keltischer Stamm, die Boier, die römischen Legionen mit Hilfe von Bäumen bekämpft hatte. Die Geschichte war folgende: Irgendwann nach dem Jahr 215 vor unserer Zeit führte Lucius Postumius, ein potentieller Konsul, zwei Legionen und eine große Armee von Freiwilligen – insgesamt 25.000 bewaffnete Männer – durch den Wald von Litana in das Land der wilden gallischen Stämme. Als sie eine dicht bewaldete Schlucht durchquerten, fiel ihnen der Wald auf den Kopf; mächtige Baumriesen stürzten zu Boden, zerschlugen den Reiterzug, demolierten die Streitwagen und zerquetschten Männer und Tiere. Auf die Bäume folgten Pfeilsalven, so dass schon nach kurzer Zeit kein einziger römischer Soldat mehr am Leben war. Livius berichtet, dass die listigen Boier alle Bäume des Waldes so angesägt hatten, dass schon eine leichte Berührung genügte, um sie stürzen zu lassen. Sobald sie merkten, dass die Römer die Schlucht betreten hatten, fällten sie rasch die Bäume am Waldrand. Sie fielen waldeinwärts, und die massiven Stämme und üppigen Kronen krachten in die nächste Baumreihe hinein; unversehens schlug der Wald über den Römern zusammen wie eine grüne Flutwelle. Die Boier waren gründlich. Sie

lauerten Lucius am Ende der Schlucht auf, als er versuchte, eine Brücke zu erreichen. Er starb kämpfend. Die Boier nahmen seinen Kopf und seine Rüstung und brachten sie im Triumphzug zum heiligsten ihrer Tempel, *wo sie den Schädel säubern ließen, wie es ihr Brauch war, und ihn mit Gold einlegten, und er diente ihnen als heiliges Gefäß für Trankopfer und als Trinkgefäß für den Priester und den Aufseher des Tempels...*

Hier haben wir, obwohl der Bericht zweifellos übertrieben ist, einen semi-historischen Bericht über Bäume, die eine Armee besiegten. Die Römer zeichneten ihre Version des Geschehens auf; in welcher Form mögen wohl die Boier und ihre Freunde die Geschichte weitergegeben haben? Ist es möglich, dass vage und entstellte Erinnerungen an die ursprüngliche Schlacht den mittelalterlichen Barden Britanniens durch mündliche Überlieferung vermittelt wurden? Wir können uns der Antwort nicht allzu sicher sein, aber wir wissen, dass mündliche Überlieferungen manchmal ein überraschendes Alter erreichen können. Tacitus berichtet, dass die gallischen Kelten, als sie sich im Jahr 69 in einer bewaffneten Revolte gegen die römischen Eroberer erhoben, ihren Kampfgeist stärkten, indem sie sich ins Gedächtnis riefen, wie keltische Krieger unter dem Kommando von Brennus (Bran) im Jahr 387 vor unserer Zeit Rom geplündert hatten. Geschichtenerzähler hatten dafür gesorgt, dass die Erinnerung an dieses Ereignis mehr als 400 Jahre lang lebendig blieb.

Ogham-Bäume

Für die irischen Filid gab es zwei Arten Holz: Zum einen das echte, natürliche Holz, wie es im Wald wächst, zum anderen das Holz, wie es in der Kunst vorkommt. Das irische Wort Fidh bedeutet sowohl Buchstabe als auch Baum oder Holzart. Im Gälischen wie im Deutschen sind Buchstaben und Bäume eng miteinander verknüpft. Haupthölzer waren Vokale, Querhölzer Doppelvokale und Seithölzer Konsonanten. Im Sinne einer Metapher haben sich die irischen Poeten vielleicht als Meister in Holzarbeiten gesehen. Ein ähnlicher Gedanke findet sich bei den walisischen Barden, die sich gern als *Zimmermänner des Gesangs* bezeichneten und Plagiatoren empfahlen, doch in den Wald zu gehen und sich ihr eigenes Holz zu schneiden. Hier kommen wir auf ein verzwicktes Thema, das ein paar Nachforschungen vertragen kann. Die gälischen Kelten Irlands verfügten über ein Alphabet mit 20, später 25 Buchstaben, die sich hervorragend eigneten, um in Form kräftiger Kerben in einen Gedenkstein oder Holzstab geritzt zu werden. Derartige Inschriften findet man auf Gedenksteinen in Irland, Schottland und Wales in der Irland zugewandten Seite. Man darf daraus nicht schließen, dass die Briten Ogham als Schrift benutzen; es existieren keine Ogham-Inschriften in ihrer Sprache. Das weist lediglich auf die unsicheren Zeiten vom 4. bis zum 6. Jahrhundert hin, als die Küstenregionen von Wales von irischen Siedlern okkupiert wurden.

Die Zahl der Gedenksteine mit Inschriften beträgt etwa 300; einige tragen Inschriften sowohl in Gälisch als auch in Latein. In der Regel handelt es sich dabei um Stammes- und Personennamen. Mittelalterliche Geschichten berichten auch von Ogham-In-

schriften auf Holz. Cuchulainn beispielsweise ritzte Herausforderungen in Rätselform auf Holzreifen oder Astgabeln, garnierte sie mit der einen oder anderen Kopftrophäe und hinterließ sie irgendwo, wo seine zahlreichen Feinde sie lesen konnten. Andere verwendeten das Ogham, um geheime Nachrichten weiterzugeben. Die Filid selbst behandelten das Ogham als Geheimsprache. Die Standardform der Buchstaben ist zwar leicht zu schreiben und zu lesen, aber sie erfanden noch Dutzende mehr oder weniger komplizierte Codes, eine Zeichensprache und dergleichen mehr, die ihnen vorbehalten blieben. Die Struktur der Buchstaben ist wunderbar einfach. Man orientiert sich an einer zentralen Linie. Bei Steinen war das in der Regel eine Seitenkante. Mit Hilfe eines Meißels wurden dann Kerben unter die Kante (B-Gruppe), über die Kante (H-Gruppe), schräg über die Kante hinweg (M-Gruppe) oder gerade über die Kante hinweg (A-Gruppe) angebracht. Die Buchstaben jeder Gruppe ähneln insofern Zahlen, als dass sie jeweils aus ein bis fünf Strichen bestehen, die eng beieinander liegen. Da das bei allen Arten von Kanten oder Linien funktioniert, konnten die Poeten beliebige Gegenstände verwenden, um sich gegenseitig in den von Lärm und Tumult erfüllten Hallen ihrer Herren geheime Botschaften zu übermitteln. Eine Methode besteht darin, das Schienbein als Mittellinie zu verwenden und mit den Fingern die Buchstaben anzudeuten (rechts

---

Ogham-Diagramme

Oben: Das normale Ogham-Alphabet.

Mitte: Zwei Methoden, um Buchstaben zu verschlüsseln.

Unten: Zwei rätselhafte Zeichen, die sich ohne weitere Erläuterung auf einer Seite des Ogham-Textes fanden. Die quadratische Figur wird Fionns Fenster genannt, die runde das Ogham-Rad von Roigne Roscadach aus dem Buch von Ballymote. Haben wir es hier mit magischen Amuletten, Meditations-Mandalas oder Diagrammen zur Schriftentzifferung zu tun!

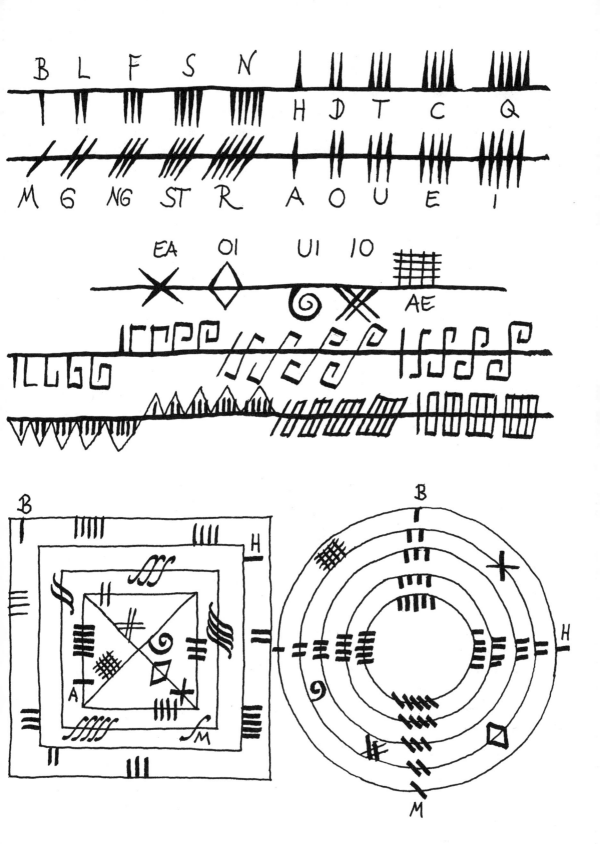

vom Schienbein die Gruppe B, links vom Schienbein die Gruppe H, schräg darüber die Gruppe M und gerade darüber die Gruppe A – das nannte man dann *Fuß-Ogham*), bei einem anderen wurde die Nase verwendet, und wieder bei einem anderen der Körper selbst als zentrale Achse. Indem man fünf Finger rechts oder links, schräg oder quer über einer Mittellinie platzierte, konnte man einen Buchstaben übermitteln. Ich bezweifle, dass auf diese Art ganze Sätze übermittelt wurden, da Buchstabieren ziemlich lange dauert und genaue Beobachtung erforderlich ist, um sie zu verstehen, aber wir dürfen wohl davon ausgehen, dass in vielen Fällen ein einzelnes Wort oder sogar ein einzelner Buchstabe eine wichtige Idee übermitteln konnte, ohne dass irgendein Außenseiter erkannte, was da vor sich ging.

Laut mittelalterlichen Legenden war es der irische Gott Ogma MacElathan, auch Sonnengesicht genannt, der das Alphabet erfand und an der Seite der Tuatha De Danann gegen die monströsen Fomorier kämpfte. Manche Forscher setzen ihn mit dem früh-gallischen Gott Ogmios gleich, einem alten Mann mit Knüppel und Löwenfell, der eine bemerkenswerte Ähnlichkeit mit Herkules aufweist. Er ist ein Wunder an Beredsamkeit und führt seine Zuhörer an Kettchen durch die Gegend, die an seiner Zunge und den Ohren seiner Zuhörer befestigt sind – so erzählt es zumindest Lukan.

Ein bleiernes Fluchtäfelchen, das in Vorarlberg gefunden wurde, nennt Ogmios zusammen mit zwei anderen typischen Unterweltgöttern. Vielleicht zog er seine Zuhörerschaft an den fein geschmiedeten Kettchen auch in die Unterwelt.

Die meisten modernen Kelten-Fans kennen das Ogham als „Baum-Alphabet" und sind vertraut mit der eigenartigen Version, die von Robert Graves erfunden wurde. Was

wenige zu wissen scheinen, ist, dass nicht eines, sondern mehrere Ogham-Alphabete existieren, und dass sie sich nicht nur mit Bäumen beschäftigen, sondern mit einer weiten Reihe von Themen. Das Ogham ist in erster Linie ein Alphabet! Nun sind manche der Baumnamen mehr oder weniger identisch mit den Namen der Buchstaben. Ein oder mehrere Bäume werden mit jedem Buchstaben in Verbindung gebracht. Die Wahl des Baums beruht auf der willkürlichen Übereinstimmung mit dem Laut, nicht auf irgendwelchen okkulten Prinzipien oder einer verborgenen Kosmologie, es sei denn, man glaubt, Gälisch sei die vollkommene Sprache (was die Filid taten). Wenn ich das mal erklären darf:

Das Ogham beginnt mit den Buchstaben B, L, F, die Beithe, der Birke, Luis, der Ulme oder Eberesche und Fern, der Erle zugeordnet werden. Der Grund für die Zuordnung ist die Ähnlichkeit der Buchstaben mit den Worten. Für ein deutsches Baum-Alphabet würde man vielleicht Apfelbaum, Birke, Chrysantheme, Distel, Eiche, Farn, Ginster, Hagedorn und so weiter wählen. Diese Anordnung beruht auf den Lauten und der alphabetischen Reihenfolge; es gibt keinen geheimen Grund, weshalb der Apfelbaum als Erstes kommt, die Birke als Zweites und so weiter. Allerdings könnte es durchaus okkulte Gründe geben, für E die Eibe zu wählen statt der Esche, Erle oder Eiche, da für den Buchstaben E mehrere Bäume zur Auswahl stehen! Das war auch im Gälischen der Fall, und daher werden gelegentlich mehrere Bäume und Pflanzen unter dem gleichen Buchstaben aufgeführt. Bei anderen Buchstaben ist die Auswahl geringer, so dass man offenbar froh war, überhaupt einen Baum gefunden zu haben. Das sind die Hintergründe der Idee, dass das Ogham ein Baum-Alphabet ist.

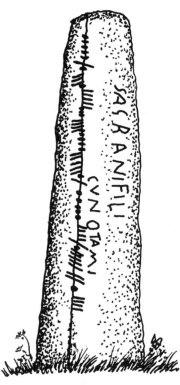

SAGRANI FILI CUNOTAMI

SAGRAMNI MAQI CUNATAMI

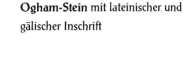

Mit manchen Ogham-Buchstaben werden mehrere Bäume assoziiert, mit anderen verschiedenste Dinge. Aber es kommt noch besser: Die Filid erfanden Ogham-Alphabete zu allen möglichen Themen, wie zum Beispiel Festungen, Flüsse, Könige, Handwerk und Handel, Vögel, Farben… es ist also keineswegs sicher, dass das Ogham seine Existenz als Baum-Alphabet begonnen hat, oder ob ihm die Bäume erst später zugeordnet wurden. Wieder ging es bei der Wahl der Begriffe nach den (Anfangs-) Buchstaben. B stand für Beithe (Birke), Ban (Weiß) und Be-san (Fasan), König Bran, die Kirche von Ban-

gor, die Burg Bruden, den Fluss Barrow, Sankt Brendan, und so weiter. Birke und die Farbe Weiß passen bemerkenswert gut zusammen. Was sie beide mit dem Fasan gemein haben, ist weniger offensichtlich, von Königen, Heiligen und Festungen ganz zu schweigen. Um in diesen Assoziationen irgendeinen Sinn zu sehen, ist ein bisschen kreatives, kabbalistisches Denken nötig. Unserem heutigen Bewusstsein erscheinen solche Zuordnungen willkürlich. Einem Poeten, der der Überzeugung war, dass die gälische Sprache göttlich inspirierte Eigenschaften habe, erschien die Übereinstimmung der Birke mit der Farbe

Weiß und dem Fasan keineswegs willkürlich. Lässt man ausreichend kreative gedankliche Arbeit einfließen, kann man Bezüge zwischen diesen scheinbar nicht miteinander verwandten Phänomenen finden oder erfinden. Das ist ja auch der Zweck kabbalistischer Systeme: Sie erweitern das Bewusstsein und regen zu kreativen Interpretationen an. Wer nach einem verborgenen Zusammenhang sucht, findet auch ganz sicher einen. Aber schauen wir uns doch jetzt mal verschiedene Ogham-Alphabete an. Der jeweils erste Eintrag, mit (BWAnE) gekennzeichnet, bezieht sich auf eine kurze Liste von Bäumen, die im *Auraicept-Na N-Eces*, *The Scholars Primer*, genannt *Book of Woods*, *Buch der Hölzer*, angegeben wird. Eine zweite, etwas kürzere Liste, die ebenfalls im *Primer* erscheint, heißt *Bäume im Wald*, *Trees in the Forest* (TFAnE). Einträge, die mit (AnE) gekennzeichnet sind, beziehen sich auf kurze Informationen, die hie und da im Text verstreut sind. Die dritte Liste heißt *Wort-Ogham von Morann MacMoin* (MMM), die vierte *Wort-Ogham von Mac Ind Oic* (MIO). Beide stammen aus dem Ogham-Trakt des *Buches von Ballymote* und dem *Gelben Buch von Lecan*. Um die grammatische Struktur des Textes zu vereinfachen, die reich an Wiederholungen ist, habe ich George Calders hervorragende Übersetzung leicht gekürzt und neu arrangiert. Wie Du gleich sehen wirst, sind die Listen weder lückenlos noch in allen Fällen deckungsgleich. Das Ende jeden Abschnitts bilden die Entsprechungen aus dem *Vogel-*, *Farb-* und *Kunst-Ogham*. Ähnliche Listen, die Könige, Kirchen, Heilige, Flüsse, Ackerbaugeräte usw. aufzählen, wurden hier weggelassen; Du kannst sie in Calders Übersetzung des *Primer* nachschlagen. Sogar ein Kräuter- und ein Nahrungs-Ogham gab es; leider macht der Ogham-Trakt dazu keine weiteren Angaben. Alle diese Listen beruhen auf dem älteren 20-Buchstaben-Ogham.

B-Gruppe

B, Beithe, auf der Birke stand die erste Ogham-Inschrift, die man nach Irland brachte, das heißt, sieben Birken wurden Lugh, dem Sohn Ethleanns gebracht; das heißt, Deine Frau wird Dir weggenommen werden… es sei denn, Du bewachst sie. Aus diesem Grund steht das B noch immer am Anfang des Ogham-Alphabets. (BWAnE)

B, Beithe, erster Buchstabe auf dem Pfad des Ogham-Alphabeths. (TFAnE)

B, Birke, vertrockneter Stamm und blondes Haar. (MMM)

B, Birke, Silberhaut. (MIO)

Besan (Fasan!), Ban (weiß), Bethumnacht (Lebensunterhalt)

L, Luis, die Eberesche, das Entzücken des Auges ist die Eberesche oder der Vogelbeerbaum wegen der Schönheit ihrer Beeren. (BWAnE)

L, Luis, Ulme im Wald. (TFAnE)

L, Luis, Quickbaum (Lebensbaum), Entzücken des Auges, eine Flamme. (MMM)

L, Luis, Ulme, Quickbaum, Freund des Viehs, beim Vieh beliebt ist die Ulme wegen ihrer Blüte und wegen des Flaums. (MIO)

Lachu (Ente), Liath (grau), Luamnacht (Lotsendienst)

F, Fern, Erle, Vorhut der Krieger, Erle, denn daraus sind die Schilde. (BWAnE)

Fern, Erle im Wald. (TFAnE)

F, Fern, Erle, Schild der Krieger, aufgrund der Röte, in gleicher Hinsicht auch durch das Material des Schildes (MMM)

F, Erle, Hüter der Milch, denn daraus sind die Gefäße, worin man die Milch aufbewahrt (MIO)

Faelin (Möwe), Flann (zinnoberrot), Filidheacht (Poesie)

(F wird in Inschriften als V gelesen)

S, Sail, Weide, Farbe der Leblosen, d. h. sie hat keine Farbe, d. h. aufgrund ihrer Ähnlichkeit ihrer Farbe mit der Farbe einer toten Person. (BWAnE)

S, Sail, Weide im Wald (TFAnE)

S, Sail, Weide, Farbe der Leblosen, Farbe der Toten. (MMM)

S, Weide, Tatkraft der Bienen, Weide wegen ihrer Blüten und Kätzchen (MIO)

Seg (Falke), Sodath (schönfarben), Sairsi (Handwerkskunst)

N, Nin, Esche, daraus sind die Speerschäfte, durch die der Friede gebrochen wird, oder eine Hemmung des Friedens; der Rahmen eines Webstuhls, das aus Eschenholz gemacht wird, denn in Friedenszeiten sind es die Webstuhlpfosten, die erhoben werden. (BWAnE)

N, Nin, Speerschaft oder Nessel in den Wäldern (TFAnE)

N, Nin, Esche, Hemmnis des Friedens, Pfosten eines Webstuhls, Zeichen des Friedens. (MMM)

N, Esche, Kampf der Frauen, Pfosten eines Webstuhls (MIO)

Naescu (Schnepfe), Necht (klar), Notaireacht (Notararbeiten)

H-Gruppe

H, Huath, Weißdorn, eine Hundemeute, schrecklich ist er aufgrund seiner Dornen. (BWAnE)

H, Uath, Testbaum oder Weißdorn, wegen seiner Dornigkeit. (TFAnE)

H, Uath, Dorn, Wolfsrudel, denn für jedermann ist ein Wolfsrudel ein Schrecken. Sie sind ein Dorn, auf die gleiche Weise. (MMM)

H, Huath, Erblassen des Gesichts, Furcht; blass ist das Gesicht eines Mannes, wenn Furcht oder Schrecken ihn umfangen halten. (MIO)

Hadaig (Nachtrabe?), Huath (schrecklich), Hairchetul (dreisilbige Poesie)

(Der Buchstabe H taucht in keiner überlieferten Inschrift auf. In der Sprache wurde er benutzt, um anzudeuten, dass der vorausgehende Buchstabe nicht gesprochen wird. Daher wird das Wort Ogham O-am gesprochen und das Wort Sidhe Schii. Kombiniert mit B ergibt H ein P, einen Buchstaben, den es im Gälischen nicht gab, den man aber brauchte, um fremdsprachige Namen zu schreiben. Das H selbst wurde nie ausgesprochen, es wurde nur als Aspirationszeichen benutzt. Eine Ausnahme ist das gälische „ch", was wie unser „Loch, doch" etc. klingt. Calder verweist auf G. Atkinson, der darauf hinwies, dass die Buchstaben der H-Gruppe nach den fünf gälischen Zahlen haon, do, tri, ceathar, cuig benannt worden sein könnten.)

D, Duir, Eiche, höher als Büsche ist eine Eiche. (BWAnE)

D, Dur, Eiche im Wald. (TFAnE)

D, Dur, Eiche, höchster der Büsche. (MMM)

D, Eiche, Arbeit eines Zimmermanns. (MIO)

Droen (Zaunkönig), Dub (Schwarz), Druidheacht (Zauberei)

T, Tinne, Stechpalme, ein Drittel des Rades ist die Stechpalme, denn Stechpalme ist eins der drei Hölzer, aus denen die Räder eines Wagens gemacht werden. (BWAnE)

T, Tinne, Stechpalme oder Holunder im Wald. (TFAnE)

T, Trian, ein anderes Ding mit heute anderer Bedeutung (MMM)

T, Tinne, Stechpalme, Feuer der Kohle (MIO)

Truith (Star), Temen (dunkelgrau), Tornoracht (Drechseln)

C, Coll, Haselstrauch, schönes Holz; jeder isst von seinen Nüssen. (BWAnE)

C, Coll, Haselstrauch im Wald. (TFAnE)

C, Haselstrauch, schönster der Bäume, dank seiner Schönheit im Wald. (MMM)

C, Coll, Haselstrauch, Freund des Knackens. (MIO)

(kein Vogel angegeben) Cron (Braun), Cruitireacht (Harfenspiel)

Q, Queirt, Apfelbaum, Zuflucht, eine wilde Hirschkuh (BWAnE)

Q, Quert, Quickbaum oder Espe. (TFAnE)

Q, Quert, Apfelbaum, Zuflucht einer Hirschkuh, d. h. einer Schar, d.h. boscell, Wahnsinniger ist bas-ceall, Vorahnung des Todes, er kommt zur Vernunft, wenn er dem Tod entgegensieht. Boscell, d.

h. Hirschkühe, d. h. sie sind leicht. Wahnsinnige oder Hirschkühe. (MMM)

Q, Queirt, Apfelbaum, Kraft eines Mannes. (MIO)

Querc (Henne), Quiar (mausgrau), Quislenacht (Flötenspiel)

M-Gruppe

M, Muin, Weinranke, von höchster Schönheit, weil sie emporwächst. (BWAnE)

M, Muin, Ranke, Met (der daraus gemacht wird). (TFAnE)

M, Muin, Weinranke, stärkste Anstrengung, aufgrund der Übereinstimmung des Namens mit Muin, Rücken eines Mannes oder Ochsen, denn sie sind diejenigen, die sich in ihrem Leben am stärksten anstrengen. (MMM)

M, Rücken eines Mannes, Bedingung des Abschlachtens. (MIO)

Mintan (Meise), Mbracht (bunt), Milaideacht (Militärdienst)

G, Gort, Efeu, grüner als Weidgrund ist der Efeu. (BWAnE)

G, Gort, Weizenfeld, Tanne. (TFAnE)

G, Gort, Weizenfeld, süßer als Gräser. (MMM)

G, Efeu. (MIO)

Geis (Schwan), Gorm (Blau), Gaibneacht (Schmiedekunst)

NG, Ngetal, Besenginster oder Farn, die Stärke eines Arztes ist der Besenginster oder Farn. (BWAnE)

NG, Getal, Besenginster. (TFAnE)

NG, Getal, Besenginster, Stärke eines Arztes, es gibt eine Verwandtschaft zwischen Cath, Allheilmittel (?) und Getal, dem Besenginster. (MMM führt den Buchstaben zweimal auf.)

NG (fehlt in MIO)

Ngeigh (Gans), Nglas (Grün), Ngibae (Modellieren)

ST, Straiph, Schwarzdorn, die Hecke an einem Strom ist der Schwarzdorn. (BWAnE)

STR, Straif, Weidenzweig im Wald. (TFAnE)

STR, Straif, Schlehe, stärkstes Rot, in der Schlehe ist das Rot zum Färben von Dingen stärker, denn es färbt das blasse Silber tiefblau und macht es damit zu echtem (?) Silber. Dieses kocht man in Urin zu Weißgold, um es rot zu machen. (MMM)

STR, Schlehe, Zunahme der Geheimnisse. (MIO)

Stmolmach (Drossel), Sorcha (hell), Sreghuindeacht (Hirschjagd)

(In keiner der als echt anerkannten Inschriften kommt dieser Buchstabe vor).

R, Ruis, Holunder, das Rot der Scham. (BWAnE)

R (fehlt in TFAnE)

R, Ruis, Holunderbeere, intensivstes Erröten, vom Rotwerden oder der Scham, aufgrund der Röte, die sich im Gesicht eines Mannes zeigt, wenn man ihm den Saft dieser Beeren in die Haut reibt. Ein Stab oder Barren aus Metall, Erröten. (MMM)

R, Ruis, Holunder, Röte des Gesichts, Saft der Rose, so dass sie erröten. (MIO)

Rocnat (junge Krähe?), Ruadh (Blutrot), Ronnaireacht (Spenden)

Geheime Orte

A-Gruppe

A, Ailm, Tanne, Kiefer. (BWAnE)

A (fehlt in TFAnE)

A, ältester der Buchstaben und edelster unter den Vokalen. Der erste Laut aller lebenden Wesen und der letzte Seufzer aller sterbenden. (AnE)

A, Ailm, Tanne, lautestes Stöhnen, Verwunderung, denn Ah stößt ein Mensch aus, wenn er unter einer Krankheit leidet, sich wundert oder staunt, über was auch immer. (MMM)

A, Ailm, Beginn der Antworten, der erste Laut jedes menschlichen Wesens nach der Geburt. (MIO)

Aidhircleog (Kiebitz), Alad (scheckig), Airigeacht (Herrschaft)

O, Onn, Stechginster. (BWAnE)

O, Onn, Stechginster oder Esche. (TFAnE)

O, Onn, Stechginster, Helfer der Pferde, Räder eines Wagens. Der Ginster, gleichermaßen verwundend. (MMM)

O, Onn, Stein, geschmeidigste Arbeit. (MIO)

Odoroscrach (Kormoran), Odhar (falb), Ogmoracht (Ernten)

U, Ur, Heidekraut (BWAnE)

U, Ur, Dornenbaum. (TFAnE)

U, Ur, Heidekraut, frische, kalte Behausungen; Uir, Humus der Erde. (MMM)

U, Ur, Heidekraut, Wachstum der Pflanzen; Uir, Erde des Bodens. (MIO)

Uiseog (Lerche), Usgdha (harzfarben), Umaideacht (Messingbearbeitung)

E, Ebhadh, Espe, Testbaum oder 'wahrer Baum'. (Unbekannte) Art, schrecklicher Gram. (BWAnE)

E, Edad, Eibe. (TFAnE)

E, Edad, Espe, zitterndes Holz, besonderes Holz. (MMM)

E, Espe, Synonym für einen Freund. (MIO)

Ela (Schwan), Erc (fuchsrot), Enaireacht (Vogelfang)

I, Ido, Eibe. (BWAnE)

I, Ida, Sperber Baum. (TFAnE)

I, Idad, Eibe, Sperber Baum, ältestes Holz. (MMM)

I, Idad, Eibe, vertrocknetstes Holz, oder Schwert, Sperber Baum. (MIO)

Illait (junger Adler?), Irfind (sehr weiß), Iascaireacht no ibroracht (Fischen oder Arbeiten aus Eibenholz)

Doppelvokal-Gruppe

EA, Ebhadh, Espe (BWAnE)

EA, Ebad, Alant. (TFAnE)

EA, Ebad, Espe, elastischstes Holz, gut schwimmendes Holz, ein Name für den großen Raben, für den Lachs, für den Hirsch, für die Amsel. (MMM)

EA, Espe, Geißblatt, Heilmittel für einen kranken Mann. (MIO)

OI, Oir, Spindelbaum (Pfaffenhütchen) oder Efeu. (BWAnE)

OI, Oir, Spindelbaum (Pfaffenhütchen). (TFAnE)

OI, Oir, Spindelbaum (Pfaffenhütchen), ehrwürdigste aller Strukturen. (MMM)

OI, Heidekraut, Schönheit der Form. (MIO)

UI, Uilleant, Gartengeißblatt. (BWAnE)
UI, Uillean, Efeu. (TFAnE)
UI, Ui, Geissblatt, Gartengeißblatt. (MMM)
UI, Geißblatt, große gleiche Länge (MIO)

IO, Iphin, Stachelbeere oder Weißdorn. (BWAnE)
IO, Pin, Kiefer, Stachelbeere. (TFAnE)
IO, Ifin, Stachelbeere, süßestes Holz. (MMM)
IO, Pin, Ifin, Stachelbeere, wundervollster Geschmack. (MIO)

AE (Buchstabe fehlt im BWAnE)
AE, Emancoll, Hexenhasel (unbek. Art, nicht ident. mit der aus Ostasien oder USA eingeführten Zaubernuss)(TFAnE)
AE, Emancoll, Ausruf eines Müden, Leider (Ach! Uch!), er kann aber auch aus etwas anderes verstanden werden. (MMM)
AE (Buchstabe fehlt im MIO)

Die Doppelvokale können ausgesprochen werden, wie ihre Vokale es angeben, sie können aber auch für verlängerte Vokale gelten. AE wurde gelegentlich als Ersatz für X verwendet, wenn ein lateinisches Wort geschrieben werden sollte. In ähnlicher Weise wurde IO manchmal als Ersatz für das im Gälischen nicht vorkommende P verwendet.

Was die Dinge noch weiter kompliziert, ist, dass die vier Gruppen (B, H, M, A) mit einer Vielzahl anderer Phänomene in Verbindung gebracht werden. Im *Wasser-Ogham* wird die Gruppe B durch Bäche vertreten, die Gruppe H durch Stauwehre, die Grup-

pe M durch Flüsse und die Gruppe A durch Quellen, d.h. der Buchstabe E entspricht vier Quellen. Dann gab es da noch das *Frauen-Ogham*, wo Gruppe B durch Heldinnen vertreten wurde, Gruppe H durch Nonnen, Gruppe M durch Jungfrauen und Gruppe A durch Mädchen. Ein Dichter, der über zwei Heldinen sprach oder sang, hätte auf den Buchstaben L anspielen können und damit auf alles, womit er assoziiert wurde – ein subtiler Code, der nur für die Kollegen unter den Poeten einen Sinn ergab. Das *Hunde-Ogham* hatte in Gruppe B Wachhunde, in Gruppe H Jagdhunde, in Gruppe M Hütehunde und in Gruppe A Schoßhunde. Da *Vieh* von solch großer Bedeutung war, stand Gruppe B für Stiere und Milchkühe, Gruppe H für Ochsen und Kühe, die seit zwei Jahren keine Kälber mehr gehabt haben, Gruppe M für Stierkälber und drei Jahre alte Färsen und Gruppe A für Jährlinge und ein Jahr alte Färsen. Das *Menschen-Ogham* bestand in der Gruppe B aus Männern, in der Gruppe H aus Edelleuten, Frauen und Geistlichen, die Gruppe M umfasste Jünglinge und die Gruppe A Knaben.

Die Ursprünge des Ogham

Wie Du siehst, sind die Ogham-Alphabete alles andere als identisch. Das fängt schon damit an, dass es zwar in der Regel einen oder mehrere Bäume für jeden Buchstaben gibt, aber aus irgendwelchen obskuren Gründen die Assoziation zum Baum gelegentlich auch fehlt. War das Ogham-Alphabet ursprünglich überhaupt ein Baum-Alphabet? Der *Scholar's Primer* hat dafür mehrere Antworten parat. Laut der Version der Filid vom Turmbau zu Babel wurden die Buchstaben nach den 25 edlen Poeten benannt, die gemeinsam mit Fenius Farsaidh lernten (vielleicht erinnerst Du Dich an ihn, in dem Kapitel über die irischen Filid war von ihm die Rede).

Das erste Grün im Buchenwald

Er hat das Gälische praktisch erfunden, indem er aus allen Sprachen der Welt das Beste auswählte. Als alternative Theorie schlugen die Filid vor, die Buchstaben würden von den Bäumen herstammen:

Andere hingegen sagen, es liege überhaupt nicht an den Menschen, wie die Ogham-Vokale in Gälisch benannt seien, sondern sie würden von den Bäumen herstammen, wenn auch einige dieser Bäume heute nicht mehr bekannt seien. Denn es gibt vier Klassen von Bäumen: Häuptlinge, Bauern, Kräuter und Sträucher, und nach diesen vier sind die Ogham-Vokale benannt.
Häuptlinge sind Eiche, Haselstrauch, Stechpalme, Apfelbaum, Esche, Eibe und Tanne.
Bauern: Erle, Weide, Birke, Ulme, Weißdorn, Espe, Eberesche.
Sträucher: Schwarzdorn, Holunder, Spindelbaum/Pfaffenhütchen, Testbaum, Geißblatt, Vogelkirsche, Wald-Hasel.
Kräuter: Stechginster, Heidekraut, Besenginster, Gagel, Binsen, Schilf, etc.

Und um es noch schwieriger zu machen, widerspricht sich der *Scholar's Primer* wieder einmal, indem er noch eine zweite Version dieser Liste anbietet:

Acht Häuptlinge: Erle, Eiche, Hasel, Weinranke, Efeu, Schlehe, Stechginster, Heidekraut
Acht Bauern: Birke, Quickbaum (Eberesche), Weide, Esche, Weißdorn, Ginster, Apfelbaum
Alle anderen Sträucher sind Bauern.

Diese Liste ist keine Hilfe im Hinblick auf die Ursprünge des Ogham, denn sie deckt sich nicht mit irgendeinem der anderen bekannten Ogham-Alphabete. Auch für die Filid war das Ogham etwas Mysteriö-

se. Seine Ursprünge waren unbekannt, und wenn im Ogham Bäume aufgeführt wurden, die den Dichtern des mittelalterlichen Irland unbekannt waren, stellt sich natürlich die höchst wunderbare Frage, woher das Ogham ursprünglich eigentlich kam. Das ist wirklich eine schwierige Frage. Entgegen den Behauptungen etwas naiver Fans handelt es sich hier nicht um „das alte keltische Alphabet", denn es wurde nur von den gälischen Kelten verwendet. Es taucht zum ersten Mal auf Gedenksteinen aus dem 3. Jahrhundert in Südirland auf. Die Buchstaben ähneln den gallischen in keiner Weise, weder den alpinen noch den norditalienischen und erst recht nicht der eigenartigen Schrift, die die Keltiberer favorisierten. Aus irgendeinem geheimnisvollen Grund haben die Buchstaben, die von den kontinentalen Kelten vor der römischen Besatzung verwendet wurden, viel mehr mit Runen oder dem spätmittelalterlichen Koelbren-Alphabet gemein (das von den spätmittelalterlichen britannischen Barden verwendet wurde) als mit der extrem schlichten Ogham-Schrift. Die ältesten Alphabete Europas wiesen Buchstaben auf, die sich aus Zeichen und Symbolen entwickelt hatten. Im Gegensatz dazu beruht das Ogham auf (Strich-)Zahlen. Und genauso wie alle bekannten keltischen Zahlensysteme auf der Zahl Zwanzig basieren, gab es auch ursprünglich 20 Ogham Zeichen. Im Gegensatz zum keltischen Vigesimalsystem verwenden wir heute ein Dezimalsystem.

Wer erfand die Ogham-Schrift? Diese Frage kann man ganz nach Belieben beantworten. Im Irland des 19. Jahrhunderts gab es seriöse Wissenschaftler, die der Meinung waren, dass das Ogham, gesprochen O-am, mit Om, dem heiligen Wort der Hindus und Buddhisten verwandt sei und daher beweise, dass das Druidentum aus Indien stamme.

Es bestehen noch viel mehr Fragen im Hinblick auf das Ogham. Dir ist vielleicht aufgefallen, dass das Ogham aus fünf Gruppen mit jeweils fünf Buchstaben besteht. Auf den Originalinschriften der Gedenksteine, die überlebt haben, fehlt die letzte, aus fünf Doppelvokalen bestehende Gruppe komplett. Man kann davon ausgehen, dass diese Buchstabenkombinationen viel später eingeführt wurden und dass die Filid große Schwierigkeiten hatten, ihnen Bäume und anderes zuzuordnen, da sie ursprünglich nicht Bestandteil des Alphabets gewesen waren. Calder merkt an, dass die Vokale dieser Doppellaute für gewöhnlich getrennt ausgesprochen wurden. Robert Graves, der Fürchterliches mit dem Ogham-Alphabet anstellte, rekonstruierte es in einer Form, die er für die ursprüngliche hielt. Dazu vertauschte er einige Laute und Zeichen (der Gedanke, dass man es dann nicht mehr benutzen konnte, um alte Inschriften zu lesen, kam ihm offenbar nie) und erfand ein Kalendersystem, den sogenannten keltischen Baumkalender, ein konstruiertes, modernes Sammelsurium. Graves wollte mit seinen Werken eine uralte, poetische Sprache neu definieren und erfand dabei versehentlich eine neue. Ich bin sehr für eine subjektive und persönliche Annäherung, glaube aber, dass wir so etwas in aller Ehrlichkeit nicht als Rekonstruktion, sondern als Neuerfindung bezeichnen sollten. Wenn Du ein Baumalphabet entwerfen möchtest, sollte es Deinem Wesen und Willen entsprechen. Es sollte sich aus den Bäumen zusammensetzen, die Du kennst und liebst, und in die Zeit passen, in der Du lebst. Es sollte ehrlich subjektiv sein und seine Ursprünge nicht hinter einer Maske aus uralten Autoritäten und ehrwürdigen Traditionen verbergen wollen. Wie Du bereits vorhin gesehen hast, ist es unmöglich, das „ursprüngliche" oder „echte" Ogham-Alphabet zu rekonstruieren

– sogar die mittelalterlichen Filid scheiterten an dieser Aufgabe.

Schon sie waren reichlich verwirrt, und wir sind es in noch höherem Maß. Wer weiß schon, ob nur ein einziges Baumalphabet existierte, oder ob es vielleicht von Anfang an mehrere Systeme gab? Daher schlage ich vor, dass wir das „echte" Alte erst mal vergessen und an dessen Stelle echte neue Einsichten verwenden. Was für eine Art von Baumalphabet würdest Du für Dich entwerfen?

Baum-Magie

Im ersten Zwielicht verließen Mog Ruith und sein Sohn Buan das Haus der Druidin Banbhuana, wo sie eine Prophezeiung empfangen und die Nacht verbracht hatten. Buan hatte eine Vision gehabt, und Mog Ruith erklärte sie ihm. Als sie nach Hause kamen, begegneten sie Botschaftern von Hochkönig Cormac, die Mog Ruith baten, eine Abmachung über den Frieden zu treffen. Zornig weigerte sich der blinde Druide, und es blieb den Botschaftern nichts anderes übrig, als Cormac vom Fehlschlag ihrer Mission zu berichten. Einer von Cormacs Druiden, Cith Rua, meldete sich zu Wort und verkündete, zu welcher List man letztendlich greifen wolle. „Wir können für unsere Truppen nichts tun", sagte er, „es sei denn, ein Druidenfeuer zu machen!" „Wie macht man das?" fragte Cormac.

„Sende Deine Truppen in den Wald, um Holz von der Eberesche zu schneiden, denn unter diesen Umständen ist es das Beste, das wir brauchen können. Jede Gruppe soll Feuer entzünden, und wenn sich die Feuer nach Süden wenden, können wir uns auf die Männer von Munster stürzen. Wenden sie sich aber nach Norden, sind es unsere eigenen Truppen, denen die Niederlage beschert sein wird."

Als Cormacs Truppen nun aufbrachen, um so viel Holz der Eberesche zu sammeln, wie sie tragen konnten, beobachteten die Männer von Munster ihre Anstrengungen und kamen gerannt, um Mog Ruith darüber zu informieren. Der alte Druide verstand die Absichten seines Feindes sofort. Er befahl den Männern von Munster, nach Süden zu gehen, in den Wald von Leathaird, wo jeder von ihnen einen Arm voll Feuerholz sammeln sollte. Alle mit Ausnahme von Fiacha, *der auf seinen Schultern einen harten Baum herbeibringen sollte, in dem die Vögel des Frühlings ausruhen (!), von einem Berg, wo dreifacher Windschutz ist:, Schutz vor dem Märzwind, Schutz vor dem Seewind und Schutz vor dem Wind der Flamme(!), der, einmal entzündet, ein wahres Inferno abgeben würde.* Schon bald kehrten sie ins Lager zurück und errichteten einen großen Holzstoß in seiner Mitte. Mog Ruith befahl dann Ceann Mor, das Feuerholz aufzuhäufen. Das tat er auch und *formte den Stoß wie ein Butterfass, aber mit drei Seiten und drei Ecken und sieben Türen, während das Feuer im Norden nur drei Türen hatte. Zudem befand es sich auch nicht an der richtigen Stelle und war nicht richtig aufgebaut.* Als alles bereit war, packte der alte Druide seinen Feuerstein aus. Er blickte die erschrockenen Männer von Munster finster an und befahl ihnen, Späne von ihren Speeren zu schaben. Er machte ein Bündel aus ihnen und sagte einen Zauberspruch, der ein mächtiges Feuer beschwor, eine zornige Flamme, rasch und rasend, die zum Himmel empor lodern, die Wälder in Brand stecken und die Horden König Cormacs unterwerfen würde. Als Flammen aus dem Holzstoß schlugen, sang er ein weiteres Lied und rief den *Gott der Druiden* an, seinen *Gott über den anderen Göttern,* um den Wind blasen zu lassen, um die junge und alte Vegetation zu verbrennen.

Ein schneller Brand des Alten,
ein schneller Brand des Neuen.
Beißender Rauch der Eberesche,
sanfter Rauch der Eberesche,
ich wirke druidische Künste,
ich unterwerfe Cormacs Macht…

Rasch ordnete er an, seinen eigenen, von Ochsen gezogenen Wagen bereit zu machen, und dass alle Krieger für den Moment bereit sein sollten, in dem sich die Feuer nach Norden wenden würden. Dann hauchte Mog Ruith einen druidischen Atem *in die Luft und hinauf an das Firmament, so dass sich ein verfinsterndes Dickicht und eine dunkle Wolke erhoben* über den Männern Cormacs und sie mit einem Blutregen tränkten. Als die druidischen Feuer brüllend durch das Land tobten, da verschlangen sie alle Pflanzen und Bäume auf der zentralen Ebene von Munster und stiegen zum Himmel hinauf, wo sie einander angriffen wie zwei Löwen. Zu diesem Zeitpunkt bat Mog Ruith um die Haut eines hornlosen braunen Bullen. Er wickelte sich in sie ein *und legte seine gesprenkelte Federmaske mit ihren wehenden Flügeln an… dann flog er hinauf in den Himmel, ans Firmament, gemeinsam mit dem Feuer, und fuhr fort, das Feuer zu wenden und es gen Norden zu treiben, während er Gesänge intonierte. „Ich fertige Druidenpfeile…"* Bald schon hatte Mog Ruith die Zaubersprüche und das Feuer Cith Ruas besiegt. Vom Himmel herab stieg er in seinen geschmückten Wagen mit dem tobenden Ochsen und befahl der Armee von Munster, gegen die von Panik erfüllten Truppen Cormacs zu marschieren. Auf dem Weg dorthin überholte er Cormacs drei Hauptdruiden Ceacht, Crotha und Cith Rua. Da seine Götter versprochen hatten, die drei zu versteinern, musste Mog Ruith lediglich jeden von ihnen mit einem druidischen Atem anhauchen, und schon

verwandelten sich die weisen Männer in Felsen. Dies setzte Hochkönig Cormacs Versuchen, ungerechte Steuern in Munster zu erheben, ein Ende.

Mit diesem Bericht endet unsere Geschichte vom Mog Ruith. Sie ist so aufschlussreich, dass ich Dir vorschlagen möchte, Sean O'Duinns Übersetzung zu besorgen und die ganze Geschichte nachzulesen. Hier findet man alles: Zaubersprüche, Beschwörungen, Astralreisen, Atem-Magie, alles in einer Form, die den Leser an Velikovsky oder die zahlreichen Endzeitmythen erinnert, wo meist von schrecklichen Flutkatastrophen, Blutregen, Feuer am Himmel und einem verwüsteten Land die Rede ist. Was andere Kulturen göttlichem Zorn oder kämpfenden Göttern zuschrieben, legten die irischen Filid ihren Druiden zur Last.

Bei der tatsächlichen Zauberei benutzten die Gälen zahlreiche Pflanzen. Auf Skye galten Mistel, Bärlapp, Brunnenkresse, Efeu, Brombeeren, Feigwurz, Johanniskraut und Sumpfveilchen als magische Pflanzen und wurden für Beschwörungen und volkstümliche Zauberei verwendet. In Südschottland waren Kräuter, mit denen man Hexen verbannen konnte, Efeu, Winden und Farn. Pflanzen, die von Hexen bevorzugt wurden, waren Schierling, Nachtschatten und Fingerhut. Man wusste von Hexen, dass sie Ebereschen, Eiben, Holunder, Bergulme und Stechpalme hassen. Dagegen ritten sie gern auf Besen(ginster), Weißdorn und Jakobskraut. Es war kein Zufall, dass der weiße Stab Brides im Allgemeinen aus geschälter Birke, Besenginster-, Brombeer- oder Silberweidenholz hergestellt wurde. Carmichael fand einen seltsamen Reim, genannt „die Wahl des Holzes". Angeblich bezieht er sich auf die Wahl von Feuerholz, aber ich bezweifle das:

Wähl die Weide der Ströme,
wähl den Hasel der Felsen,
wähl die Erle der Sümpfe,
wähl die Birke der Wasserfälle,
wähl die Esche der Schatten,
wähl die Eibe der Spannkraft,
wähl die Ulme vom Abhang,
wähl die Eiche der Sonne.

Möglicherweise war die Verehrung heiliger Bäume eng damit verbunden. Vielleicht erinnerst Du Dich an die La Tène-Kelten und an die Bäume oder Pfähle in den dunklen Höhlungen der Kultschächte, tief unter der Oberfläche. Vielleicht dachten die Erbauer in Begriffen sexueller Symbolik, vielleicht hatten sie aber auch einfach einen Baum für die Unterwelt errichtet. Die Vorstellung, dass die Anders- (nicht notwendigerweise Unter-) Welt ebenfalls über einen eigenen Baum verfügt, findet man im *Mabinogi*. In der Geschichte von Peredur gelangt unser Held an einen bizarren andersweltlichen Ort. Hier erblickt er zwei Schafherden, die zu beiden Seiten eines Flusses grasen. Bei der einen Herde sind alle Schafe schwarz, bei der anderen weiß, und jedes Mal, wenn ein weißes Schaf blökt, überquert ein schwarzes Schaf den Fluss und wird weiß; und wenn ein schwarzes Schaf blökt, überquert ein weißes Schaf den Fluss und wird schwarz. Könnte das eine Allegorie für das Sterben und die Wiedergeburt von Menschen sein!

Am Ufer des Flusses sah er einen hohen Baum: Von der Wurzel bis zur Krone stand die eine Hälfte in Flammen, während die andere Hälfte grün von Blättern war (Übersetzung n. Gantz). Nur wenige Bilder üben so eine Faszination aus wie dieser Baum mit der Doppelnatur, der blüht und wächst, gleichzeitig aber auch von einem hungrigen Feuer verzehrt wird. Es ist ein Baum, der Leben und Tod verkörpert, oder auch Frühling und Herbst, die helle und die dunkle Seite des Jahres. Wir wissen vom Goloring, einem großen, kreisförmigen Erdwall aus der La Tène-Zeit, mit einem massiven Pfosten im Zentrum. Bäume waren den keltisch-germanischen Völkern Zentraleuropas wichtig; viele von ihnen glaubten, ein Pfeiler, ein Baum oder eine Säule verbinde Himmel, Erde und Unterwelt.

Aus dem alten Irland gibt es Berichte über heilige Bäume. Laut der *Rennes-Dind-senchas*, übersetzt von W. Stokes, zitiert nach Ann Ross, handelte es sich um:

Den Baum von Ross und den Baum von Mugna und den alten Baum von Dath-i und den astreichen Baum von Uisnech und den uralten Baum von Tortu – fünf Bäume sind es im Ganzen. Der Baum von Ross ist eine Eibe… das Rad eines Königs, das Recht eines Fürsten… ein aufrechter, standhafter Baum, ein standhafter, starker Gott. Der an Zweigen reiche Baum von Belach Dath-i ist eine Esche… Der Baum von Mugna ist eine Eiche (Anne Ross merkt an, dass „Eo" Eibe bedeutet, nicht Eiche)… drei Ernten brachte er jedes Jahr, und zwar Äpfel, ansehnlich und wunderbar, und Nüsse, rund und blutrot, und Eicheln, braun und gerippt. Der Baum von Tortu war eine Esche… Nach Norden fiel die Esche von Uisnech.

Hier haben wir also drei Eschen und zwei Eiben. Keine Eichen, trotz Plinius' Geschichten. Heilige Bäume findet man in mehreren indo-europäischen Kulturen. Bis zum heutigen Tag ist das Pflanzen und die Verehrung eines Baums Teil des indischen Navaratri-Festes. In früheren Zeiten war das Ritual noch aufwändiger. Der König fiel im benachbarten Reich ein, fällte den von den Einheimischen verehrten Baum und pflanzte seinen eigenen. Heute ist das Ritual kürzer

und weniger gewalttätig; die Könige sind abgesetzt, und Kleinkriege zwischen den Provinzen werden von einer modernen Demokratie missbilligt. Aber immer noch gilt der heilige Baum eines Bezirks als sein religiöser Mittelpunkt. Das gleiche galt vermutlich auch für die fünf irischen Provinzen mit ihren heiligen Bäumen. Gelegentlich wurde der König als mächtiger Baum gepriesen, der sich über das Land erhob. Krieger wurden in bardischer Poesie regelmäßig mit starken Bäumen verglichen, da man von ihnen erwartete, dass sie sich fest verwurzelt auf dem Schlachtfeld behaupteten. Die Menschen identifizierten sich mit Bäumen, aber durchaus nicht wahllos. Jeder Baum wies eine Anzahl von Eigenschaften auf, entweder tatsächliche oder metaphorische; das war etwas, womit die Leute sich identifizieren konnten. Und dann gab es da noch das berühmte Liebespaar aus den irischen Romanzen, den Ulster-Häuptling Baile mac Buain und Ailinn, Prinzessin von Leinster. Wie so viele Liebende der Romanzen erhielten sie gefälschte Nachrichten über den Tod des jeweils anderen und starben sofort an Kummer darüber. Aus Bailes Grab wuchs eine Eibe, während Ailinns Grab von einem Apfelbaum geschmückt wurde. Nur sieben Jahre später hatten beide Bäume ihre volle Höhe erreicht, und die Krone jedes der beiden Bäume wies eine gewisse Ähnlichkeit mit der darunter begrabenen Person auf. Die Filid fällten sie und machten jeweils eine Holztafel aus den Bäumen. Auf diesen Tafeln hielten sie die Visionen, Vermählungen und Liebschaften von Ulster und Leinster fest. Als man 150 Jahre später die Tafeln zueinander legte, zogen sie einander an und blieben aneinander haften, so dass sie niemand mehr trennen konnte. So wurden sie, wie Legenden berichten, in der Schatzkammer von Tara aufbewahrt, bis der Palast

241 unserer Zeit abbrannte, so hielten es die Schreiber 1511 fest.

Ein Baumführer

Ich bin ein Hort der Gesänge, ich bin ein Mann der Literatur,
ich liebe die hohen Bäume am Hang, die über uns Schutz gewähren,

(BvT 3)

Das Lied des wilden Suibhne Geilt vom Leben in den Wäldern

Als Suibhne von einer Hexe verfolgt wurde, flog er von Baum zu Baum. Zuletzt setzte er sich auf einen hohen, efeubewachsenen Ast, und die Hexe setzte sich auf einen Baum neben ihm. Da hörte Suibhne den Ruf eines Hirsches und er machte dieses Gedicht, in dem er die Bäume Irlands beschrieb und einige seiner eigenen Sorgen und Schwierigkeiten. Und dies ist was er sprach:

1. Junger Geweihträger, laut röhrender, du mit dem musikalischen Ruf, wir lieben es den Klang zu hören, den du in der Schlucht erzeugst.

2. Sehnsucht nach meiner geliebten Heimstatt kam mir ins Bewusstsein - nach den Herden der Ebene und den Hirschen der Bergmoore.

3. Buschige, blätttrige Eiche, du bist hoch über allen Bäumen,
kleiner Hasel, verzweigter, Hort der Haselnüsse.

4. Erle, du bist nicht feindlich, du glänzt so schön,
du bist nicht (*Stück fehlt*) stachelige (!) in der Schlucht in der du wächst.

5. Schwarzdorn, kleiner stacheliger, dunkler Träger von Schlehen,
Wasserkresse, kleine grünspitzige, vom Rand der Amselquelle.

6. Wiesensteinbrech (!) auf dem Pfad, du bist süsser als alle Kräuter,

grüne, so grüne, Pflanze auf der die Erdbeere wächst.

7. Apfelbaum, kleiner apfelbaumiger, jeder rüttelt dich stark,
Eberesche, kleine beerige, deine Blüte ist lieblich.

8. Hagebutte (oder: Brombeere), kleine buckelige, du gewährst keine gerechten Bedingungen:
du hörst nicht auf an mir zu reißen, bis du vom Blut gesättigt bist.

9. Eibenbaum, kleiner eibiger, du bist oft in den Friedhöfen zu sehen,
Efeu, o kleiner efeuiger, oft wächst du im dunklen Wald.

10. Stechpalme, kleine schutzgebende, Wand gegen den Wind,
Eschenbaum, unheilvoller, Waffe in der Kriegerhand.

11. Glatte, gesegnete Birke, melodisch und stolz,
schön ist jeder verworrene Zweig hoch an deinem Wipfel.

12. Die Pappel mit ihrem Zittern höre ich schon von weitem,
ihre schnell bewegten Blätter erinnern mich an einen Raubzug.

13. Was ich am meisten im Walde hasse (ich verberge es nicht vor allen),
ist die unfruchtbare (!) blättrige Eiche die immerzu schwankt.

(die restlichen 52 Verse haben wenig mit Bäumen zu tun. Suibhne beschreibt wie er von Kriegern, Kirchenleuten und Heiligen gejagt wird, in der Einsamkeit lebt, Hirsche hütet, auf Hirschen reitet usw. Die Übersetzung basiert auf Gerard Murphy, 1956, und Kenneth Jackson 1935)

Was wir im Ogham-Alphabet beobachten können, ist auch in der bardischen Tradition Britanniens zu sehen: Ein tiefer Strom der Liebe, des Respekts und der Verehrung für die Bäume, die das Angesicht der Landschaft geformt haben. Baumverehrung, Heilkunde und Zauberei sind eng miteinander verwoben und bilden ein Gemisch aus Kenntnissen und Mythen, die für das Wissen unserer Ahnen lebenswichtig waren. In ihrer Liebe und Verehrung für die Bäume gleichen sich die so genannten keltischen und germanischen Völker. Die *Edda* deutet an, die ersten Menschen seien von Odin geschaffen, der den Mann aus der Esche und die Frau aus der Ulme oder Erle erschuf (die Übersetzung ist nicht unumstritten). Tacitus, in seiner *Germania*, wies auf „heilige Haine" hin, in denen die „Germanen" ihre Götterbilder und Zeichen aufstellten und zu ihren Göttern beteten. Laut Tacitus fanden sie es unpassend, ihre Götter innerhalb von Wänden einzusperren oder ihnen ein menschliches Aussehen zu verleihen. Das gleiche wurde über die Bewohner Galliens und Britanniens berichtet, falls wir den Berichten über druidische Gebete unter freiem Himmel in entlegenen, bewaldeten Tälern und heiligen Hainen trauen können. Ganz zutreffend ist es nicht, denn manche Stämme verfügten offensichtlich über kleine Tempel und Schreine, und das eine oder andere Götterbild – mal menschenähnlich, mal abstrakt – wurde aus den Sümpfen geholt, die es konserviert haben. Aber mit oder ohne Götterbilder und Tempel, der heilige, geweihte Wald spielt bevorzugt in mitteleuropäischen Religionen eine Rolle. Bei den „Germanen" handelt es sich nicht notwendigerweise um solche, da der Begriff konstruiert ist und jeder damit bezeichnet wurde, der irgendwie innerhalb der römischen Provinzen Nieder- und Obergermanien lebte, zahlreiche keltisch sprechende Stämme inbegriffen.

Ebenfalls Haine waren, wenn wir unseren Quellen trauen können, die heiligen Stätten in Gallien und Britannien, an denen druidische Riten und Opfer durchgeführt wurden. Sogar die frühesten Kirchenbauten scheinen etwas von der Symbolik in sich aufgenommen zu haben, da ihre Pfeiler und Dächer oft mit symbolischen Zweigen und Blättern geschmückt waren. Bäume und das Wissen über sie waren für das Überleben wesentlich. Die Kulturen waren eng mit dem Wald verbunden, und das Wissen über Baummedizin, Baumeigenschaften und Baummagie floss in ihren Adern. Für diese frühen Kulturen waren die Grenzen zwischen Magie und Medizin ohnehin kaum vorhanden. Im Wald verbarg sich Segen und Gefahr in vielerlei Gestalt, und zweifellos stellten viele Stämme ihr eigenes Baumwissen zusammen, je nachdem, ob sie im vom Wind durchfegten Hügelland, im Sumpfland oder in den dichten Wäldern am Fluss lebten.

In diesem Kapitel möchte ich eine Reihe von volkstümlichen Bräuchen mit Bezug auf Bäume aufzählen. Die Barden und Poeten, als Hüter des Wissens ihrer Kultur, kannten sich gut aus in den Mythen und Legenden der grünen Welt. Wenn wir uns in heutiger Zeit daran machen, ihr Wissen zu rekonstruieren, stolpern wir immer über das Problem, dass so wenig echtes altes Wissen überlebt hat. Baumwissen existiert nach wie vor, üblicherweise in Gestalt zahlloser volkstümlicher Bräuche, aber es ist nahezu unmöglich, darin spezifisch „germanische" oder „keltische" Elemente auszumachen. Ich möchte nun im Anschluss ein kleines Lexikon des Baumwissens vorstellen, das ich aus verschiedenen west- und mitteleuropäischen Quellen zusammengetragen habe. Es ist aller Wahrscheinlichkeit nach nicht exakt das, was die britannischen Barden oder irischen Filid in Bezug auf Bäume glaubten. Auch innerhalb dieser Traditionen gibt es viele Widersprüche, ganz zu schweigen von denen auf dem Kontinent, wo kulturelles Wirrwarr und kirchliche Unterdrückung heidnischen Wissens sehr gründliche Arbeit geleistet haben. Zeitgenössische Quellen zum Thema sind rar und gelegentlich durch die Propaganda griechischer und römischer Autoren verdorben, mit deren Schriften viele Gelehrte des Mittelalters vertrauter waren als mit den Glaubensvorstellungen der Bauern ihres eigenen Landes. Dennoch ergibt sich als Bild ein breites Spektrum an Glaubensvorstellungen über Bäume. Du kannst sie als Beispiel nehmen und mit ihrer Hilfe Dein eigenes Baumalphabet zusammenstellen und definieren, Deine eigene Sammlung heiliger, verzauberter, beseelter Bäume. Es geht hier um mehr als das kreative Mischen von Glaubensinhalten aus unterschiedlichen Quellen; es ist einfach der beste Weg, um ein lebendiges Verständnis für den Wald und seine Mythen zu entwickeln, und es kommt der direkten Inspiration als Quelle der Erkenntnis für einen Barden sehr viel näher als jeder andere Weg. Was die Quellen angeht, so muss ich leider hinzufügen, dass die meisten alten Legenden (und ich spreche hier von mittelalterlichen Legenden, nicht von den zahllosen Mythen, die prähistorische Kulturen pflegten und die nur in ent-

stellter Form oder überhaupt nicht überliefert worden sind) äußerst unkonkret sind, was Auskünfte über Ort, Zeit und Ursprung angeht. Nur wenige mittelalterliche Gelehrte machten sich die Mühe, ihre Quellen akkurat anzugeben, und was über volkstümliche Bräuche in den letzten Jahrhunderten aufgezeichnet wurde, ist von den entsprechenden Forschern oft ebenso nachlässig behandelt worden wie das zuvor Genannte von den mittelalterlichen Gelehrten.

Aus Gründen der Einfachheit werden die Bäume hier in der modernen alphabetischen Reihenfolge aufgeführt, und nicht in der Reihenfolge des Ogham-Alphabets. Es wurden auch einige Pflanzen mit einbezogen, da das Ogham sie zu den Bäumen rechnet.

Legende:
S = schottische Folklore
I = irische Folklore
B = britische Folklore
D = deutschsprachige Länder
BvT = Buch von Taliesin
RBvH = Rotes Buch von Hergest
SBvC = Schwarzes Buch von Carmarthen
BvA = Buch von Aneirin
SG = Suibne Geilt zugeschrieben, nach Murphy und Jackson

Ahorn
(die Acer-Familie)

Obwohl verschiedene europäische Abarten auf dem Land, in Wäldern und auf Bergen wachsen, hat die Folklore diesen Baum seltsamerweise ignoriert. Es gibt fast keine auf ihn bezogenen Mythen oder Traditionen. Die heilige Hildegard bezeichnet ihn als kalt und trocken. Während des gesamten Mittelalters wurden die zerquetschten Blätter zur Kühlung auf fieberheisse Stirnen oder entzündete Wunden gelegt. Wenn man im Frühling ein Loch in den Stamm bohrte, konnte man am Tag bis zu einem Liter von dem zuckersüssen Saft auffangen. Der Saft wurde zu einem Sirup eingekocht; man braucht ungefähr 100 Liter Saft, um ihn zu 1kg Zucker auskristallisieren zu lassen.

Apfelbaum
(Malus sylvestris, Malus domestica)

12. Hell sind die Wipfel des Apfelbaums, umsichtig ist
jeder Glückliche, (*Text unverständlich*);
und, nach der Liebe, unzufrieden davonzugehen.
13. Hell sind die Wipfel des Apfelbaums, umsichtig ist
jeder Glückliche, der Tag ist lang, der Dummkopf ist verdorben;
frostig der Morgen, der Blinde ist ein Gefangener.

(RBvH 9)

Süßer Apfelbaum mit erfreulichen Zweigen, reich knospend, und berühmte Triebe hervorbringend…
Süßer Apfelbaum, o grüner Baum von reichem Wachstum,
wie groß sind seine Zweige, und schön seine Form…
Süßer Apfelbaum, und gelber Baum,
wachse in Tal Ardd, ohne umgebenden Garten…
Süßer Apfelbaum von reichem Wuchs!
An deinem Stamm habe ich Nahrung gesammelt (oder: habe ich gekämpft) um eine schönes Mädchen zu erfreuen,
als ich, mit dem Schild auf dem Rücken und dem Schwert an der Hüfte,
ganz allein schlief ich in den Wäldern Celyddons (südl. Schottland),
O kleines Schwein, wagtest du zu schlafen!…
Süßer Apfelbaum der auf einer Lichtung wächst!
Sein Zauber wird ihn vor den Männern von Rhydderch verbergen…
Süßer Apfelbaum mit zarten Blüten,
der in den Wäldern verborgen wächst!…
Süßer Apfelbaum der am Flussufer wächst!

Der näherkommende Kämmerer wird seine
hervorragenden Frucht nicht erhalten,
als mein Verstand noch nicht zerrüttet war,
war ich oft an seiner Wurzel,
mit einer schönen, verspielten Frau, schlank
wie eine Königin.
Zehn Jahre und zwanzig lebte ich gesetzlos
und verbannt,
bin ich als Geist mit Geistern gewandert,
nach Reichtum und Saitenspiel,
leide ich jetzt Not, als Geist unter Geistern…
Süßer Apfelbaum mit zarten Blüten,
der in der Erde wächst, zwischen den Bäumen!
Die Seherin sagt eine Geschichte voraus, die
sich ereignen wird -…
Süßer Apfelbaum, und Baum von roten Blüten,
der versteckt in den Wäldern Celyddons
wächst,
auch wenn deine Frucht gesucht wird, wird
es doch nicht gelingen…
(SBvC 17. Längere Prophezeiungen wurden
ausgelassen. Das Gedicht wird dem historischen Myrddin aus dem sechsten Jahrhundert zugeschrieben, die Sprache, und ein Teil
der geschichtlichen Referenzen sind aber aus
dem elften und zwölften.)

7. Apfelbaum, kleiner apfelbaumiger, jeder
rüttelt dich stark;

(SG)

Apfelbäume kommen in den europäischen Mythen zuhauf vor. Im Allgemeinen
glaubte man, dass auf ihnen der Segen des
Himmels ruhte. In den nordischen Mythen
gibt es die Göttin Idun (vielleicht verwandt
mit der inselkeltischen Dana oder Don!) deren besondere Gabe die Äpfel der Unsterblichkeit sind. Jeder Gott muss im Jahr einen
Apfel essen, sonst setzt sehr schnell der Al-

terungsprozess ein. Im Brauchtum sind Äpfel sehr oft eine Liebesgabe; Spuren davon
finden sich noch in der *Edda*, wo Skirnir der
unwilligen Riesin Gerda Äpfel als Liebesgabe anbietet.

(D): In Deutschland wurde der Apfel in
christlichen Mythen nicht ganz so sehr geschätzt, da er als Frucht des Baums des Wissens um Gut und Böse galt, dessen Genuss
den Menschen vom Allmächtigen persönlich verboten worden war. Adam und Eva
konnten nicht widerstehen, einen Bissen zu
riskieren, und wurden mit Scham, Sterblichkeit und damit bestraft, dass sie von nun an
arbeiten gehen mussten. Um auf das Übel
der fleischlichen Lust im Verein mit dem
Lohn der Sünde anzuspielen, bringt die mittelalterliche Symbolik den Apfel mit Toten-
schädeln in Verbindung.

Im prähistorischen Europa war der Holzapfel aus dem Wald eine der wenigen er-
hältlichen Obstsorten. Man konnte ihn den
Winter über als Vitaminspender aufbewahren. Holzäpfel sind viel kleiner, härter und

saurer als ihre modernen Vettern, die größtenteils während der römischen Besatzung oder der christlichen Eroberungszüge eingeführt wurden, dank dem „Sachsenschlächter" Karl dem Großen. Die ältesten noch erhaltenen Äpfel stammen aus einer neusteinzeitlichen Siedlung bei Heilbronn und sind fast 6000 Jahre alt. Es ist möglich, dass der Anbau von Äpfeln schon zu so früher Zeit betrieben wurde. Allerdings erzielten sie keine großen Fortschritte dabei; für die Römer waren die Äpfel der Germanen ein Witz – so wie die Leute, die diese Äpfel aßen.

In vielen ländlichen Gebieten ließ man die letzten Äpfel des Baums, die üblicherweise an den höchsten Zweigen des Baumes hingen, als Gabe für die Kräfte des Himmels hängen. Darin klingt eine alte Tradition an: Wenn Du Pflanzen oder Früchte sammelst, sei freundlich und lass einige zurück. Die pseudochristliche Folklore weiß zu berichten, dass in der Weihnachtsnacht die Apfelbäume im Wald plötzlich zu blühen beginnen. Wer diese Nacht unter einem Apfelbaum verbringt, kann sehen, wie sich der Himmel über ihm öffnet und einen Blick auf Gott und die Engel werfen. Traditionell wurde für jeden Jungen ein Apfelbaum gepflanzt und für jedes Mädchen ein Birnbaum oder Haselstrauch. Diese Bäume waren eng mit dem Schicksal der Menschen verbunden, für die sie standen; sie zu fällen konnte schlimme Auswirkungen haben. Äpfel wurden immer weit weg von den Räumen, wo Leute schlafen, aufbewahrt, da ihre Ausdünstungen Kopfschmerzen verursachen können. Das Ethylen, das Äpfel absondern, kann dazu führen, dass andere Früchte schneller reifen, es kann aber auch bewirken, dass sie in seltsamen Formen wachsen oder schneller verrotten. Die volkstümliche Medizin empfiehlt frische, geraspelte Äpfel gegen Durchfall, Backäpfel gegen Verstopfung, Tee aus getrockneten Apfelscheiben als fiebersenkendes Mittel und Apfelblütenwasser, um die Haut zu verschönern.

(B): In der inselkeltischen Tradition brachte man die Äpfel mit dem Paradies in Verbindung, und mit dem Zauberland Avalon, das soviel wie Apfelinsel bedeutet. Der Apfel war eine Frucht der Anderswelt.

(I): Hier ist die Verbindung mit der Anderswelt ebenso präsent. Ein Apfel ist die Gabe, die der junge Connla von der unsterblichen Dame aus der Anderswelt erhält, die aus dem Paradies im Westen kam. Er verliebte sich sofort in sie und ernährte sich in den kommenden Wochen ausschließlich von diesem Apfel, der sich glücklicherweise immer wieder erneuerte. Die Fee, die Bran besuchen kam, trug einen Apfelblütenzweig in der Hand; der Zweig war aus Silber und die Blüten aus klarem Kristall.

Besenginster
(Sarothamnus scoparius)

Ginster in der Vorhut des Heeres,
wurde in den Gräben verwundet.

(BvT 8)

der Kirschbaum wurde beleidigend.

(BvT 8)

11. Hell sind die Spitzen des Besenginsters,
die Liebenden sollen Verabredungen treffen;
sehr gelb sind die dichten Zweige,
flache Furt, die Zufriedenen können den Schlaf genießen.

(RBvH 9)

Gwydion und Math nahmen Blüten von der Eiche, von Mädesüß und Besenginster und erschufen daraus vermittels ihrer magischen Künste die schönste Frau der Welt. Sie wurde Blodeuedd genannt, von „blodeu",

Blumen, und heiratete den jungen Lleu, der verflucht war, niemals eine sterbliche Frau zu ehelichen. Wer, oder sollte man besser fragen, was war Lleus Gemahlin eigentlich? Eine Hypothese besagt, dass viele Ginsterarten psychoaktive Substanzen enthalten (s. Rätsch). In der bardischen Poesie symbolisiert der leuchtend gelbe Besenginster Frühlingsfeste, den Liebesrausch im Mai und sanftes Liebesspiel in den bewaldeten Tälern.

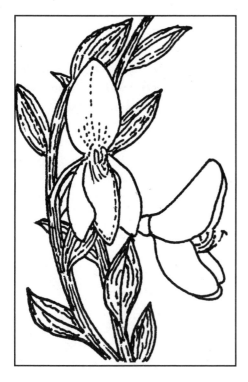

Birke
(Betula pendula, Betula pubescens)

Die Birke, trotz ihres hohen Geistes,
brauchte lange, bis sie gewappnet war,
nicht aufgrund von Feigheit,
sondern wegen ihrer Großartigkeit.

Die Wipfel der Birke bedeckten uns mit Blättern,
erneuerten unseren geschwächten Zustand.

(BvT 8)

3. Winteranfang, die Hirsche sind mager, gelb, die Wipfel der Birke, verlassen die Sommerwohnsitze;
weh dem, der für eine Kleinigkeit Strafe erhält.

(RBvH 7)

4. Die Triebe der grünwipfligen Birke,
werden meinen Fuß aus der Fessel befreien;
Vertraue dein Geheimnis keinem Jugendlichen an.

(RBvH 8)

Gesegnet ist die Birke aus dem Tal des Flusses Wye,
deren Zweige abfallen, einer nach dem anderen,
sie wird bestehen wenn in Ardudwy gekämpft wird…
Gesegnet ist die Birke in Pumlumon,
die sehen wird, wie der Zorn des Volkes entflammt…
Gesegnet ist die Birke von den Höhen Dinwythwys,
die wissen wird, wann es in Ardudwy zur Schlacht kommt…

(SBvC 16)

11. Glatte, gesegnete Birke, melodisch und stolz, schön ist jeder verworrene Zweig hoch an deinem Wipfel.

(SG)

(D): Ein beliebter Baum, der den Frühling, junges Grün und die Unschuld symbolisiert. Ihre grünen Zweige finden Verwendung bei zahlreichen Maibräuchen; meist zieht die Dorfbevölkerung hinaus in den Wald, um Zweige oder sogar junge Bäume zu schneiden, womit sie dann „den Mai" in ihre Siedlung bringen. Mit einem solchen Zweig berührt zu werden bringt Segen und Gesundheit. Haus- und Stalltüren wurden mit Birkenzweigen geschmückt. Wenn die Blätter vertrocknet waren, pulverisierte man sie und verfütterte sie an die Haustiere, um sie ein Jahr lang vor Übel und Krankheit zu bewahren. Das Verbrennen dieser Blätter vertreibt böse Geister. Am ersten Mai fanden viele Mädchen einen frischen Birkenzweig oder sogar einen jungen Baum vor ihrer Tür, den ihr Freund als Zeichen seiner Zuneigung dort plaziert hatte. Um das Feenvolk in der gefährlichen Walpurgisnacht (Beltaine) von Haus und Hof fernzuhalten, lege einen Zweig auf Deine Türschwelle, oder, noch besser, pflanze gleich einen ganzen, jungen Baum daneben. Jede Hexe, die hereinkommen möchte, ist dann gezwungen, alle Blätter zu zählen, was hoffentlich bis Sonnenaufgang dauert.

Birken wurden in manchen Gegenden auch als Maibäume verwendet, obwohl Fichten und Tannen populärer gewesen zu sein scheinen. Um noch letzte verbliebene heidnische Riten zu bekämpfen, fällte ein Beamter namens Johannes 1225 kurzerhand den Aachener Maibaum, während die Bevölkerung noch fröhlich unter den Kränzen tanzte, die an seinen blühenden Zweigen hingen. Der anschließende Tumult wurde zu einem Politikum, das schließlich mit dem grollenden Zugeständnis endete, Mai-Feierlichkeiten fürderhin als offiziell erlaubt zu betrachten. Hier ein Orakel mit Birkenreisern: Schäle eins, schäle ein zweites teilweise und lass das dritte, wie es ist. Leg sie am 22. Juni unter Dein Kopfkissen. Zieh am nächsten Morgen eins heraus, ohne hinzusehen. Am Zustand des Reis, das Du gezogen hast, erkennst Du, wie Dein zukünftiger Ehepartner finanziell gestellt sein wird: Geschält heißt arm, mit Rinde heißt reich, teilweise geschält liegt irgendwo dazwischen. Auch Besen werden oft aus Birkenreisern hergestellt, und zwar sollen die am längsten halten, die

während der zwölf Nächte zwischen Weihnachten und dem 6. Januar hergestellt werden, wenn die wilde Jagd durch den vom Schnee verwirbelten Himmel tobt. Ein über die Schwelle gelegtes Birkenreis ist eine sichere Methode, um Böses abzuwehren, und das gleiche gilt für ein aufrecht hinter die Tür gestelltes Reis.

Besen können auch verwendet werden, um Krankheiten bei Schweinen auszufegen, und ganz sicher bewirkt diese Methode auch bei Menschen wahre Wunder. Wenn in den Alpen ein Gewitter drohte, schützte ein ins Herdfeuer geworfener Birkenzweig das Haus vor Blitzschlag. Ein Amulett aus Birke, das auf der Haut getragen wird, verhütet Krämpfe. Die 77 Geister der Gicht können in einen Birkenzweig verbannt werden, wenn man den richtigen Zauberspruch kennt; die Krankheit wird übertragen, und wenn sich der Baum davon erholt hat, bist auch Du gesund. Birkenblätter wurden auch dem Essen zugefügt, in einer Frühjahrskur als

Tee getrunken (er stimuliert die Blase) oder die Birke wurde angeritzt, und man zapfte den Saft ab, um „Waldwasser" zu gewinnen, was ich nicht weiterempfehlen kann, da der Baum sehr dabei leidet. Ein starker Klebstoff wurde aus Birkenpech hergestellt (Plinius berichtet, dass die gallischen Kelten ihn verwendeten) und dass die helle Rinde verwendet wurde, um wasserdichte Behälter, Hüte und Schreibpapier herzustellen. Ein deutsches Sprichwort besagt, dass sich die Birke „erst spät bewaffnet", was soviel heißt wie dass ihre Zweige eine Weile brauchen, um richtig fest zu werden. Vielleicht hatte Taliesin etwas Ähnliches im Sinn, als er den *Kat* schrieb.

(B): Der walisische Barde Gruffydd ab Addaf ap Dafydd, ca. 1340 – 1370, vefasste eine ausführliche Ode an eine Birke mit dem Titel *Einer gefällten Birke, die in Llanidloes als Maibaum aufgestellt wurde.* In mehr als deutlichen Worten klagt der Barde, dass der Baum, als er noch in der Wildnis wuchs, *ein königliches Szepter der Wälder war ... ein grüner Schleier.* Jetzt aber, beschwert er sich, ist er vergewaltigt, grob niedergehauen worden, mit brutaler Gewalt in die Mitte der Stadt gezerrt worden, wo er nun glanzlos und elend steht. Im Wald hatte der Barde so manche Mainacht unter dem Baum mit seiner Geliebten verbracht, aber auf dem Marktplatz verwelkten seine Blätter, und kein Vogel sang in seinen einsamen, elenden Zweigen. (s. K. Jackson, 1971)

Birnbaum
(Pyrus pyraster, Pyrus communis)

Birnbäume, die besten Eindringlinge,
in den Kampf auf den Ebenen.

(BvT 8)

Angenehm, die Blüten auf den Wipfeln der Birnen;

(BvT 4)

Birnenbaum ich bitte dich,
drei Würmer plagen mich,
eins ist grau, eins blau, eins rot
ich wünschte alle drei wär'n tot.

Wie der Apfel kommt die Birne in einer wilden und einer kultivierten Form vor. Letztere verdanken wir den Griechen und den Römern; erstere hat viel kleinere Früchte mit einem reichlich sauren Geschmack. Ihre Mythologie ist wahrlich nicht überwältigend. Äpfel und Birnen wurden im Mittelalter als ein einander ergänzendes Paar betrachtet. Albertus Magnus stellte beispielsweise fest, dass die Birne das männliche Element symbolisiert. In volkstümlichen Liebesorakeln hielten die jungen Männer sich an Äpfel, die Mädchen an Birnen. Während der zwölf Raunächte warfen die Mädchen ihre Schuhe hinauf in die kahlen Zweige eines Birnbaums. Blieb einer davon hängen, durfte das Mädchen mit einer Heirat in diesem Jahr rechnen – und mit kalten Füßen auf dem Heimweg.

In späteren Jahrhunderten kehrte sich die Symbolik um, und die Birnen wurden zum Symbol der Weiblichkeit. Wilde Birnen, die im Wald wachsen, sollen Hexen (und potentielle Magenkrämpfe) beherbergen. Die Samen waren kostbar wegen ihres Öls, wobei 12kg Samen bis zu 1,5 Liter Öl ergaben. Mittelalterliche Ärzte waren vorsichtig beim Verordnen frischer Birnen, da sie schwer verdaulich sein können – manche glaubten sogar, sie seien giftig. Gekochte Birnen oder Birnensaft sind leichter zu verdauen und wurden häufig verschrieben, um eine schlechte Verdauung, hohen Blutdruck oder Blasenentzündung zu kurieren. Ein guter alter Heilzauber gegen diverse Leiden steht oben.

Im Mittelalter wurden Würmer für alle möglichen Arten von Krankheiten verantwortlich gemacht. Manche davon waren in unserem Sinne des Wortes tatsächlich Würmer, viele aber galten als unsichtbar und lauerten unter der Baumrinde oder zwischen Wurzeln, immer bereit, Unvorsichtige zu infizieren. Sogenannte Wurmkrankheiten waren Tuberkulose, Kopfschmerzen, Zahnschmerzen und Verdauungsbeschwerden. Dieser und andere ähnliche Zauber sollten die Würmer töten.

Blaubeere
(Vaccinium myrtillus)

(D): Wer Beeren sammelt, darf mit Ärger rechnen. Erd-, Wald- und Beerengeister, ja, sogar die wilde Jagd können Appetit auf die gesammelten Beeren haben, von daher müssen Kinder oder Erwachsene, die Beeren sammeln, besondere Vorsichtsmaßnahmen treffen, um einen Diebstahl, einen verdorbenen Magen oder einen verstauchten Fuß zu verhindern. In manchen Gegenden kann man das Läuten von Glocken hören, die tief unter der Erde erklingen. Dann erscheint ein schwarzer Hund, und verschwindet er wieder, sind auch die Beeren verschwunden. In Bayern beschwichtigte man das Beeren-Männchen durch eine Gabe aus Brot, Obst und Beeren, die, in drei ordentlichen Häufchen sortiert, auf einem geeigneten Stein hinterlassen wurden. In Böhmen hielt man alle Beeren, die auf den Boden fielen, für eine Gabe an Maria; sie wieder aufzuheben hätte geheißen, einen Unfall zu riskieren. In weiten Teilen von Süd- und Mitteldeutschland musste eine Handvoll Beeren geopfert werden, indem man sie in einen hohlen Baum warf; in Bendahl gab es eine Eiche, die die Opfergabe empfing. Jeder Sammler musste die drei ersten gepflückten Beeren nehmen und sie auf einem Baumstamm zerquetschen, der nach und nach ganz schwarz wurde. Ansonsten konnten die ersten drei Beeren auch über den Kopf oder die linke Schulter nach hinten geworfen werden. Am 2. Juli war das Sammeln von Beeren besonders gefährlich. Zu dieser Zeit ging die Jungfrau Maria Beeren sammeln, wobei sie ihr Haar kämmte oder auf einem weißen Ross ritt, und aus irgendeinem unchristlichen Grund pflegte sie Kinder zu entführen! Von Heidelbeeren zu träumen bedeutete Unglück. Überraschenderweise war der medizinische Gebrauch der Beeren und Blätter, mit denen man Durchfall behandeln kann, in der mittelalterlichen Literatur nahezu nicht dokumentiert. Die Pflanze enthält einen starken Farbstoff, der von Malern sehr geschätzt wurde.

Brombeere
(Rubus fructiosus, Rubus caesius)

7. Die Triebe der Brombeere tragen Beeren;
die Drossel ist auf ihrem Nest;
wie der Lügner wird sie niemals still sein.
(RBvH 8)

(S): Gelegentlich wurden Brombeeren, gemeinsam mit Eberesche und Efeu, für ein Schutzamulett verwendet. In diesen Fällen ersetzte sie das populärere Geißblatt. (MacNeill)

(D): Von allen Dornensträuchern ist die Brombeere wahrscheinlich der beharrlichste, der Kleider zerreißt und die Haut ritzt, bis sie blutet. Die dünnen Ranken können ein fantastisches Gestrüpp bilden. Wenn die Zweige den Boden erreichen, kann es sein, dass sie noch einmal Wurzeln schlagen, wieder anwachsen und natürliche Bögen bilden. Kriecht man darunter hindurch, bleiben alle Krankheiten an den Dornen hängen – insbesondere Hautkrankheiten – und entlassen einen geheilt in die Welt. Ein Kind, das nur schwer laufen lernt, kann man an einem Freitagmorgen vor Sonnenaufgang schweigend unter einem solchen Bogen durchkriechen lassen. Drei Wiederholungen sollen nötig sein, um dieses Leiden zu heilen. In Norddeutschland soll man einen Kranz aus Brombeerwurzeln unter dem Hut tragen, wenn man am Sonntag in die Kirche geht; man kann dann Hexen erkennen, die alle kleine Fässer auf dem Kopf tragen! (Fässer? Was ist mit Kesseln?) In der volkstümlichen Medizin werden Brombeerblätter verwendet, um einen wohlschmeckenden Tee zu kochen, der gelegentlich als Mittel gegen einen nervösen Magen oder zur Linderung

der Menstruation verordnet wurde. Die Blätter enthalten ein mildes Adstringens. In Eschenlauge gekocht ergeben sie ein dunkles Haarfärbemittel, während der Saft der Beeren verwendet wurde, um dem Wein eine schönere Farbe zu verleihen. Brombeeren wurden auch zerquetscht, um ein köstliches heißes Getränk herzustellen, das gegen Erkältungen und Bronchitis hilft.

Buche
(Fagus sylvatica)

und Buche triumphierte

(BvT 8)

Als verbreitetster Baum in europäischen Wäldern ist die Buche ein Baum, der so viel Schatten wirft, dass darunter keine anderen Bäume wachsen können. Daher gab es in den ursprünglichen Buchen- und Eichenwäldern der prähistorischen Kelten und Germanen kaum Unterholz. Eine Gallo-Römische Weihinschrift erwähnt die Buche als Baumgottheit (Maier, 1994). Buchen erhoben sich wie massive Säulen hoch über ausgedehnten, schattigen Hallen. Buchen wachsen gelegentlich in verbogenen und wundervoll ungewöhnlichen Formen. Wenn Zweige auseinander- und später wieder zusammenwachsen, entstehen natürliche Löcher. Solche „Nadelöhr-"Bäume, unter ihnen auch Eichen, waren sehr beliebte Orte, um Krankheiten zu heilen. Einer dieser Bäume in Norddeutschland wurde zu Verjüngung benutzt. Man musste den Baum in der Nacht vor dem ersten Mai aufsuchen. Mit einem Bad in einer nahe gelegenen Quelle reinigte man den Körper, mit einem Gebet die Seele. Dann musste man schweigend durch das Loch klettern. Für jedes Mal, das man hindurch stieg, wurde man ein Jahr jünger. Einer übertrieb es, und die Anwohner

fanden am nächsten Morgen ein schreiendes Kind unter dem Baum.

Eine Tradition aus dem Süden behauptet, dass es den Zorn der wilden Jagd erregt, wenn man nachts Buchen fällt. Ein Splitter, der zu Halloween abgeschabt wird, verrät, wie der Winter wird: Ist er feucht, wird auch die kommende Jahreszeit so. Überfluss an Bucheckern soll einen kalten Winter voraussagen. Buchen sind eng mit Schrift und Weissagekunst verbunden: Das deutsche Wort Buchstabe kommt von Buchenstab. Die weiche Rinde des Baums eignet sich hervorragend als Ritz- und Schreibmaterial, und aus diesem Grund hielt man darauf Botschaften und Zaubersprüche fest. Dem Volksglauben nach sollte eine Buche bei Gewittern den besten Schutz bieten (gesundem Menschenverstand nach allerdings nicht). Buchenasche war ein beliebtes Mittel gegen Zahnschmerzen und wurde auch zur Seifenherstellung verwendet. Buchenlauge wurde hergestellt, indem man die Asche mindestens sechs Stunden lang in warmem Wasser einweichte.

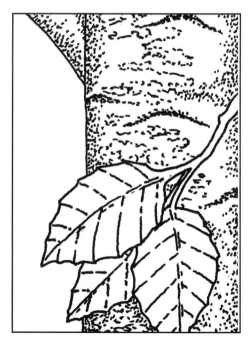

Laut Plinius stellten die gallischen Kelten ein Haarwaschmittel aus Buche, Ziegenfett und Brombeersaft (für rötlichen Glanz) her. Da den Römern so etwas völlig unbekannt war, importierten sie bald große Mengen davon aus Hessen, teils in flüssigem Zustand, teils zu Kugeln geknetet. Buchenasche gemischt mit Johanniskraut wurde in der mittelalterlichen Medizin als desinfizierende Paste verwendet. Die Blätter wurden ganz oder zerquetscht verwendet, um infizierte Wunden und geschwollene Augen zu kühlen. Bucheckern waren wesentlich für die Schweinemast; die großen Herden wurden eigens dazu jeden Herbst in die Buchenwälder getrieben. Bucheckern sind reich an Öl (bis zu 25%, manche behaupten sogar, bis zu 40%) und man verzehrte sie auch gern als Imbiss.

Allerdings kann ich das nicht weiterempfehlen, da die Eckern (anders als ihr Öl) Blausäure enthalten. Blätter, Rinde und Hülsen enthalten Fagin, einen leicht narkotisierenden Stoff, der in Menschen und Tieren ein Schwindelgefühl erzeugen kann, wenn man zuviel davon verzehrt. Buchenholz war immer sehr begehrt als Brennholz, da es sehr heiß verbrennt.

Eberesche, Quickbaum oder Bergesche
(Sorbus aucuparia)

Weiden und Ebereschen
kamen spät zum Heer.

(BvT 8)

Eberesche, kleine beerige, deine Blüte ist lieblich.

(SG)

(S) Nach schottischer Überzeugung war ein Halsband aus getrockneten Vogelbeeren, auf roten Faden gefädelt, ein zuverlässiges Amulett. Ein Kreuz aus zwei Ebereschen-

ruten, die ebenfalls mit rotem Faden zusammengebunden waren, schützte die Tiere im Stall:

Ebereschenbaum und roter Faden
lassen Hexen schleunigst fliehen.

In der Nähe der Tür in den Boden gepflanzt, sorgte der Baum dafür, dass Hexen zurückschreckten und flohen. An den Quartalstagen des gälischen Jahres trug man einen Ebereschenstab in der Tasche, und ein weiterer wurde auf den Sturz des Hauses gelegt. Er bot einen sehr notwendigen Schutz gegen die Kreaturen, die in den unheimlichen Nächten zwischen den Jahreszeiten umherstreiften. MacNeill berichtet auch von Kuchen für das Fest, die über einem Feuer aus Ebereschenscheitern gebacken wurden.

(I): In den irischen Mythen hatten die Tuatha De Danann *zur Speise... purpurrote Nüsse und Erdbeerbaumfrüchte und scharlachrote Quickbaumbeeren, die sie aus dem Land der Verheißung mitgebracht hatten. Diese Früchte hatten viele geheime Eigenschaften; und die Dedannans achteten sehr darauf, dass weder Frucht noch Nuss noch Beere den Boden Erins berührte* (Joyce, 1879). Eine der Beeren fiel zu Boden, und das Ergebnis davon war, dass eine hohe, äußerst heilige Eberesche im Wald von Dooros wuchs. Ihre Früchte schmeckten nach Honig, hoben die Lebensgeister und verjüngten so stark, dass die Tuatha De Danann sofort einen Riesen, einen Fomorier, ernannten, der die Beeren vor Missbrauch schützen sollte. Es handelte sich um Sharvan den Säuerlichen, der groß, grausam und hässlich war und ein flammendes Auge in der Mitte seiner dunklen Stirn trug. Seine Magie war so stark, dass man ihn nur töten konnte, wenn man ihm drei Schläge mit seinem eigenen Knüppel verpasste. Man findet seine Geschichte im Fenier-Zyklus (*Die Verfolgung von Dermat und Grania*), sowie auch eine Geschichte, die sich darauf bezieht, wie Finn und seine Krieger in einem verzauberten *Palast der Ebereschen* gefangen gehalten wurden. Als man sie einlud, dachten sie, eine wunderbare Halle mit sieben Türen zu betreten, die mit schönen Möbeln und Täfelungen und wundervollen andersweltlichen Reichtümern ausgestattet war, aber sobald ihr Gastgeber gegangen war, verwandelte sich das Ganze in eine schlecht gebaute, schäbige Hütte mit einer einzigen Tür, die nach Norden wies, und sie konnten sie nicht öffnen, da der Boden ihre Füße festhielt. Eine andere wunderbare Eberesche taucht in der Romanze von Froech aus dem 8. Jahrhundert auf, der von dem ihm übelwollenden Ailill ausgeschickt wurde, einen dunklen Teich in den Bergen zu durchschwimmen, um einen Ebereschenzweig zu holen. Denn Ailill wusste, dass sich ein Wasserungeheuer in dem Teich verbarg.

(B): In der britannischen Folklore spielt die Eberesche eine wichtige Rolle. Sie konnte Hexen und böse Geister bannen. Ein schlanker Ebereschenzweig, zu einem Knoten gebunden, konnte leicht über einer Tür oder einem Tor versteckt werden, um dafür zu sorgen, dass nichts Böses hereinkommen konnte.

(N) In der Mythologie der *Edda* ist der Weltenbaum eine Esche. In Island, wo die *Edda* aufgezeichnet wurde, wachsen aber keine Eschen. Statt dessen gibt es Eber- oder Bergeschen, die, obwohl sie mit den größeren Eschen nicht verwandt sind, aussehen, als wären sie ihre kleineren Vettern. Es ist fraglich, ob Snorri an eine Esche oder Eberesche dachte, als er die Mythen zusammenstellte. Die Wörter „Rowan" (engl. Eberesche) und Rune könnten sehr gut verwandt sein.

(D): In der Folklore des Kontinents spielt die Eberesche keine große Rolle. Die leuchtend roten Beeren wurden oft als Köder in Vogelfallen verwendet. Vögel haben einen engen Lebenszusammenhang mit Ebereschen, da die Samen am besten wachsen, wenn sie den Verdauungstrakt der Vögel passiert haben. Eine Folge davon ist, dass viele Ebereschen an unzugänglichen Stellen wachsen – sie sind sozusagen vom Himmel gefallen. Eine Eberesche, die auf einem anderen Baum wächst, d. h. eine Eberesche, die nie den Boden berührt hat, soll besonders magisch sein. In der volkstümlichen Medizin werden die Beeren gelegentlich verschrieben, um die Verdauung anzuregen (roh) oder um sie zu beruhigen (getrocknet). Hieronymus Bosch (16. Jh.) merkt an, dass *sie von ungewöhnlich unglücklichem Geschmack sind, so dass sie, wenn man zuviele davon ist, unwillig machen.* Sie sind reich an Vitamin C, schmecken aber so sauer, dass nur wenige sie zu mögen scheinen. Eine Ab-

art, die man in Tschechien findet, schmeckt viel süßer. Die Blätter scheinen als Zutat für Kräuterbiere verwendet worden zu sein; als Tee wurden sie als mild stopfende Substanz gegen nervöse Magenbeschwerden und Durchfall eingesetzt. Die Blüten wurden als Tee gegen Husten, Bronchitis und Lungenkrankheiten getrunken. Bauern heilten kranke Ziegen, indem sie sie mit Ebereschenlaub fütterten und berührten sie auch am 1. Mai mit einem Ebereschenzweig, um das Vieh für ein Jahr vor Krankheiten zu schützen. Sie war auch als Quickbaum bekannt, was mit dem Wort erquicken (beleben) zusammenhängt. Der Quickbaum hatte Lebensruten, die zu Ostern, Neujahr und Weihnachten von Kindern benutzt wurden, die damit von Tür zu Tür zogen, den Leuten einen Schlag versetzten und um Geschenke baten. Es sollte Segen bringen.

Efeu
(Hedera helix)

und Efeu an der Front

(BvT 8)

ich war ein Geschenk (Getränk) vor dem Guleidig (Großkönig),
ich war tot, ich war lebendig.
Mein war ein Efeuzweig (Stock; Anfall),

(BvT 7)

8. Habe ich nicht dem Kuckuck im efeuumkränzten Baum gelauscht!
Hing nicht mein Schild herab!
Was ich liebte ist doch nur Verdruss; was ich liebte ist nicht mehr.

(RBvH 10)

Efeu, o kleiner efeuiger, oft wächst du im dunklen Wald.

(SG)

(S): Ein nützliches Amulett, um Milch und die Herden zu schützen. Abenteuerlustige schottische Mädchen hefteten drei Efeublätter an ihr Nachthemd, um an den Quartalstagen von ihren zukünftigen Ehemännern zu träumen. Ein Amulett gegen Hexen und böse Geister wurde aus Eberesche, Geißblatt und Efeu hergestellt (MacNeill).

Efeu, mit der linken Hand gepflückt, füllt die Euter mit Milch (Carmichael).

Eibe
(Taxus baccata)

Eibenbaum, eibiger, auf dem Friedhof bist du offensichtlich;

(SG)

Cormac ist der Ansicht, dass die dauerhaftesten Dinge in der Welt Gras, Kupfer und Eiben sind. Wie Du Dich vielleicht erinnerst, verfügten zwei der fünf Provinzen Irlands über heilige Eiben.

Diese immergrünen Bäume erwarben schon früh in der Geschichte einen zwielichtigen Ruf. Für die Autoren der Antike war die finstere Eibe ein Baum des Todes. Ovid schrieb, dass Eiben entlang des Wegs in die Unterwelt wachsen; zu seiner Zeit galten die Zweige als ein Zeichen der Trauer. Eine andere Legende besagt, dass jemand, der im Schatten einer Eibe einschläft, niemals wieder erwacht. Vergil warnt, dass Eiben niemals in der Nähe von Bienenstöcken gepflanzt werden sollten. Der Sage nach gab es eine gallische Tradition, bei der Wein in Bechern aus Eibenholz gereicht wurde, was den, der trank, tötete.

Diesen Überzeugungen zugrunde liegt die Tatsache, dass die Eibe einer der giftigsten Bäume Europas ist. Nadeln, Rinde und Samen sind alle sehr giftig; schon kleine Mengen können zu Herzjagen führen und innerhalb von ein oder zwei Stunden den Tod herbeiführen. Cäsar teilt mit, dass der Herrscher der Eburonen, ein gewisser Catunolcus, Eibengift für seinen Selbstmord verwendete, weil er sich zu alt fühlte, um gegen seine Feinde zu kämpfen oder zu flüchten (*Bellum Gallicum*, 6.31)

In nordischen Mythen waren Eiben dem Gott Ullr heilig, dem Beschützer der Jäger. Das war vernünftig gedacht, denn die besten Jagdwaffen, seien es Speere, Bögen oder Armbrüste, bestanden aus Eibenholz. Die Eibe wächst sehr langsam und produziert ein Holz, das stark und elastisch ist und große Spannungen aushalten kann.

Die Neandertaler fertigten Mammut-Speere daraus, unsere Vorfahren in der Steinzeit verwendeten es für Jagdbögen, und auch die Gesetzlosen im Sherwood Forest und die walisischen Langbogenschützen benutzten es. Mittelalterliche Kriegführung bescherte dem Baum nahezu die Ausrottung. Da er so langsam wächst, war der Bedarf in der Regel größer als der Nachschub. Heute gibt es nur noch eine Handvoll natürlich wachsender Eiben. Da es aber ein beliebter immergrüner Baum ist, überlebte er auf Friedhöfen. Eiben wachsen zwar langsamer, aber sie leben länger als die meisten anderen Bäume. Von manchen Eiben weiß man, dass sie über 2.000 Jahre alt sind, und damit sind sie ein gutes Symbol für Langlebigkeit. In Deutschland galten Eibenzweige wegen ihrer düsteren Wesensart als wirkkräftiger Schutz gegen böse Geister, wenn man sie auf die richtige Art auf den Weg oder über die Türschwelle legte. Wurde ein Amulet aus Eibenholz unter der Kleidung getragen, schützte es vor Geistern und Krankheiten sowie bösem Zauber. Ein Sprichwort besagt: Vor Eiben kann kein Zauber bleiben.

Etwas überraschend ist, dass Hildegard von Bingen Eiben für ein Symbol der Freude hält und Wanderstäbe aus Eibe empfiehlt, um die Gesundheit zu stärken. Medizinisch wurden Eiben selten verwendet, da die enthaltenen Toxine zu stark sind.

Eiche, Steineiche
(Quercus robur, Quercus petrae)

Die Eiche, schnell in Bewegung,
vor ihr zittern Himmel und Erde.
Ein treuer Torhüter gegen den Feind.
Ihr Name wird in Erinnerung bleiben…
Die Zweige der Eiche haben uns umschlungen,
vom Gwarchan von Maelderw.

(BvT 8)

(Gwarchan = Gesang, Liederschatz
Maelderw = Eichenherr)

Die Lobpreisung Gogyrwens ist eine Opfergabe, die sie alle befriedigt hat,
mit Milch und Tau und Eicheln.

(BvT 14)

Das Wesen von Eiche und Dornen
findet Harmonie im Gesang.

(BvT 10)

Ich sah den Herrscher von Catraeth, jenseits
der Ebenen.
Sei meine Eiche (Prinz), der leuchtende Geist
(Blitz) der Cymry.

(BvT 37)

9. Hell sind die Wipfel der Eiche, bitter die
Zweige der Esche;
süß der Bärenklau, stets lacht die Welle;
die Wange wird die Aufruhr des Herzens
nicht verbergen.

(RBvH 9)

21. Hell sind die Wipfel der Eiche, laut ist
der Sturm;
die Bienen sind hoch; verdorrt ist der trockene Reisig;
oft lacht der Hemmungslose zu viel.

(RBvH9)

22. Hell sind die Wipfel des Hains; gleich
hoch sind seine Bäume
und Eichenblätter fallen;
glücklich ist, wer seine Geliebte trifft.

(RBvH 9)

23. Hell sind die Wipfel der Eichen; kalt
wirbelt der Strom;
Lasst die Rinder zur Birken umgrenzten Weide treiben;
schnell fliegt der Pfeil und bringt dem Hochmütigen Schmerz.

(RBvH 9)

9. Hoch über der fröhlichen Eiche,
habe ich dem Lied der Vögel gelauscht.
Der laute Kuckuck - ein jeder erinnert sich an
das, was er liebt.

(RBvH 10)

6. Häufig ist das Adlernest auf dem Wipfel
der Eiche;
und im Versammlungshaus (Taverne), gesprächige Männer;
das Auge ruht sanft auf dem, was es liebt.

(RBvH 6)

5. Die Schösslinge der Eiche im Hain,
werden meinen Fuß aus der Kette befreien;
vertraue kein Geheimnis einer Maid.
6. Die Schösslinge der buschigen Eiche,
werden meinen Fuß aus dem Gefängnis befreien;
vertraue kein Geheimnis einem Schwätzer.

(RBvH 8)

Der zarte weiße Leichnam wird heute bedeckt werden,
unter Erde und Eiche;
weh meiner Hand, dass mein Vetter erschlagen ward.

(RBvH 12)

Seufzen des winterlichen Windes; Klang des Sturms unter einer Eiche;
das kalte Packeis brüllt, und zerbirst zum Schrei des Garb (Fluss Barrow)

(SG)

3. Buschige, blättrige Eiche, du bist hoch über allen Bäumen;

(SG)

13. Was ich am meisten im Walde hasse (ich verberge es nicht vor allen),
ist eine unfruchtbare (!) blättrige Eiche die immerzu schwankt.

(SG)

(S): So wie die gallischen Druiden mit goldenen Sicheln Misteln schnitten, wird in einer schottischen Familientradition der Hays von Errol die Mistel verwendet. Um ein unvergleichliches Amulett zu erhalten, das zauberische Illusionen und üble Verhexungen verhindert, musste ein Zweig von der Eichenmistel an Samhain mit einem neuen Dolch geschnitten werden, nachdem man den Baum dreimal umschritten und einen Zauberspruch gemurmelt hatte. In die Wiege gelegt schützte es den Säugling vor den Händen der Elfen.

(D): Zu Zeiten von Pest und Seuchen pflegten viele ländliche Gemeinden ein Notfeuer zu entzünden. Zuerst mussten alle Feuer im Dorf gelöscht werden, da sie als böse und verdorben galten. Dann wurde in einer aufwändigen Zeremonie ein neues Feuer entzündet, bei dem eine Mischung von bis zu neun Hölzern verwendet wurde, und dazu ein Feuerbohrer oder eine Säge aus trockenem Eichenholz. Auf dem neuen Feuer (Notfeuer) ruhte der Segen des Himmels; es wurde zu jedem Herd der Gemeinde getragen. Eiche und Buche wachsen manchmal in ungewöhnlichen Formen; gelegentlich

findet man es, dass zwei Äste auseinander- und wieder zusammen wachsen. Derartige Löcher wurden oft benutzt, um Krankheiten zu heilen. Insbesondere Personen mit lahmen Gliedern, schwachen Knochen oder steifen Gelenken wurden ermutigt, hindurch zu kriechen, in der festen Überzeugung, dass der Baum die Krankheit festhalten würde und der Patient hinterher wieder so gut wie neu wäre. Für gewöhnlich war ein Ritual mit diesem Brauch verbunden. In einer Version ist es so, dass man am Freitagmorgen vor Sonnenaufgang hindurch kriechen muss. Man sollte zuerst beten und sich in einer Quelle in der Nähe waschen, und dann hindurch klettern, ohne ein Wort zu sagen. Eine vollständige Heilung erforderte vielleicht drei Wiederholungen, in extremen Fällen sogar bis zu zwölf. Einer dieser Bäume in Norddeutschland war äußerst beliebt, trotz der Tatsache, dass sich das Loch ziemlich weit oben befand, wodurch es schwer zu erreichen war (insbesondere für Leute, die an Krücken gingen). Als am Stamm Stufen befestigt wurden, ließ die Heilkraft nach; das sagt eine Menge über den Glauben an Komplikationen aus.

In einigen Fällen wurden Eichenzweige sorgfältig gespalten. Dann wurde ein Kind, das an Leistenbruch litt, durch den Spalt hindurch gereicht. Der Zweig wurde mit dünnen Lindenzweigen zusammengebunden, und während er heilte und zusammenwuchs, taten es die Eingeweide des Kindes auch (Bayern). Fieber, Zahnschmerzen und allgemeine Erschöpfung können auf eine Eiche übertragen werden, indem man ein kleines Loch hineinbohrt, Haar oder Fingernägel hineinlegt und das Loch wieder zustopft. Das gleiche gilt für böse Geister und den Geist des Pechs, und wehe dem Unglücklichen, der den Stopfen wieder aus dem Loch zog!

Eichen hatten im Allgemeinen jede Menge symbolische Bedeutungen. Um 723 herum machte sich der heilige Bonifatius einen Namen, indem er die großen Eichen fällte, die dem Donnergott Donar im Land der Chatten (Hessen) geweiht waren. Seine Mission wurde von Papst Gregor II. und vom lokalen Herrscher, Karl Martell, favorisiert, der den Mann Gottes mit einer bewaffneten Eskorte ausstattete, die jeden Heiden töten sollte, der es wagen sollte, ihm entgegen zu treten. Andere verehrungswürdige Eichen wurden mißbraucht, indem man Bilder von Maria oder anderen Heiligen in das Holz schnitzte. Karl der Große verabschiedete ein Gesetz, demzufolge jeder, der Gelübde oder Opfer an Quellen, Bäumen oder in Hainen tat oder Nahrung zur Ehre der Geister verzehrte, ein saftiges Bußgeld zu zahlen hatte – ansonsten würde er sofort ein Diener (oder Sklave!) der Kirche werden. Erinnerungen an heilige Haine blieben eine Weile bewahrt, trotz aller Verfolgung. Im 11. Jahrhundert klagte ein Mönch aus Regensburg, es gebe noch immer Bauern, die es für sündig hielten, Bäume in einem Hain zu fällen, in dem die heidnischen Priester ihre Orakel zu konsultieren pflegten. Allein stehende Eichen waren Orte für Gebet und Opfer, und in vielen indo-europäischen Traditionen waren sie den Göttern des Himmels heilig, den Blitzschleuderern wie Donar, Thunor, Zeus und Jupiter. Konsequenterweise waren sie auch Orte der Rechtsprechung, und nicht wenige Verbrecher endeten aufgehängt an ihren Zweigen. In dieser Funktion hatten Eichen oft einen grausigen Ruf und galten als Orte, wo Geister, der Teufel, schwarze Hunde, dreibeinige Hasen und dergleichen spuken sollte. Die Galläpfel wurden verwendet, um das Wetter im kommenden Winter vorherzusagen; Galläpfel ergaben auch eine brauchbare Tinte. Das Holz wurde bevorzugt für Bauwerke verwendet, da es stabil und dauerhaft ist, und die Rinde und Blätter mit ihren stark adstringierenden Eigenschaften (die Borke enthält bis zu 20% Tannin) waren nützlich, um Leder zu gerben und Wunden zu schließen.

Eicheln wurden in Zeiten der Not zu Brot gebacken. Allerdings musste man sie vorher mehrere Tage lang wässern, am besten in fließendem Wasser. Für gewöhnlich sind sie sehr bitter; nur selten findet man Eichen, die Eicheln produzieren, die beinahe süß schmecken. In Gallien, so berichtet Plinius, förderten Eichen das Wachstum der alles heilenden Mistel, die von Druiden sehr geschätzt wurde. Misteln, die auf anderen Bäumen wuchsen, waren dazu nicht imstande, hielt er fest. Spätere Ergänzungen zu den Werken Lukans behaupten, dass die Druiden Eicheln zu kauen pflegten, ehe sie Prophezeiungen aussprachen.

Erle

(Alnus glutinosa, Alnus incana)

Das Haupt der Schlachtenreihe waren die Erlen,
sie formten die Vorhut.

(BvT 8)

Warum die Erle purpurn ist,

(BvT 7)

4. Erle, du bist nicht feindlich; du glänzt so schön;
du bist nicht (*Stück fehlt*) stachelige (!) in der Schlucht in der du wächst.

(SG)

Als Baum, der gern an Wasserläufen und in Sümpfen wächst, verträgt die Erle mehr Wasser als jede andere europäische Baumart. Der Grund dafür ist eine Symbiose zwischen dem Baum und einer Pilzart, die die Wurzeln wasserfest macht und es dem Baum erlaubt, auch längere Perioden der Überflutung unbeschadet zu überstehen. Erlenholz sondert einen roten Saft ab ("blutet"), wenn es geschnitten wird. In trockenem Zustand ist es nicht sehr belastbar, aber im Kontakt mit Wasser ist es dauerhafter als jedes andere Holz. Tröge, Eimer und Wasserleitungen wurden aus Erlenholz gemacht. Fast ganz Venedig steht auf Pfeilern aus Erlenholz.

(D): Mythologisch gesehen wachsen Erlen im Sumpf, wo sich dem Volksglauben nach Hexen, Elfen und böse Geister herumtreiben. Die Erle (engl. Alder) erscheint in der Gestalt einer Frau namens Arle, Irle oder Else. Später nannte man sie die „raue Else" – eine furchterregende Erscheinung, deren Geschichte in der *Wolfdietrichsage* aus dem 13. Jahrhundert erzählt wird. Wolfdietrich sitzt an seinem Lagerfeuer, als die raue Else erscheint. Ihre Haut ist rau wie Borke,

ihr Haar wirr, in ihren Augen leuchtet der Glanz des Wahnsinns. Als sie ihn bittet, sie zu heiraten, sagt der arme Trottel nein. Deshalb belegt sie ihn mit einem Zauber, und als er flüchtet, um ihren Avancen zu entgehen, wird er verrückt und rennt wie ein wildes Tier durch den nächtlichen Sumpf. Als er am nächsten Tag mit Schlamm und Blättern bedeckt erwacht, ist sie bereits da und erwartet ihn. Nochmals bittet sie um seine Liebe. Wieder weigert er sich, und diesmal verflucht sie ihn. Sie legt ihn mit einem Schlafzauber flach, und als er hilflos daliegt, schneidet sie zwei Locken von seinem Haar und zwei Schnipsel von seinen Fingernägeln ab. So wird er ihr Gefangener. Ein halbes Jahr lang irrt er im Dickicht umher, stolpert über verschlungene Wurzeln, schläft auf dem nackten Boden und ernährt sich von Gras und Kräutern. Dann bittet ein Engel die Zauberin, den Fluch von ihm zu nehmen. Frau Else tut das auch irgendwann und bittet noch ein drittes Mal um seine Hand. Noch nicht wieder ganz bei sich willigt er ein und heiratet sie. Sie nimmt ihn mit zum Hafen, wo ein großes Schiff auf sie wartet. Das Schiff überquert die weite, schäumende See, und endlich erreicht das junge Paar ein seltsames Land, wo die raue Else als Königin begrüßt wird. Sie akzeptiert die Lobreden lächelnd, nimmt dann ein Bad im Brunnen der Jugend und erscheint in wundervoll wiederhergestellter Schönheit und mit einer sehr viel freundlicheren Einstellung zum Leben.

Hinter der Geschichte vom Sumpfgespenst steckt nicht nur das archetypische Motiv von der hellen und der dunklen Dame, sondern auch der eigenartige Glaube an Sumpfdämonen. Der Sumpf ist der finster brodelnde Kessel, in dem Fieber und Krankheit gären und in dem dem Unachtsamen noch viel Schlimmeres zustoßen kann, als nur der rauen Else zu begegnen. Die volkstümliche Medizin sucht das Heilmittel oft da, wo die Krankheit entsteht. Erlenrinde wurde als fiebersenkendes Mittel zu Tee gekocht. Die Innenseite der Rinde wurde in Essig eingeweicht und auf die Haut gerieben, um sie für Ungeziefer unattraktiv zu machen. Übrigens war Malaria noch im 19. Jahrhundert in Mitteleuropa weit verbreitet. Im Laufe der Geschichte hat diese Krankheit vermutlich einem Drittel der Menschheit das Leben gekostet. Das änderte sich erst mit der Trockenlegung großer Sumpfgebiete.

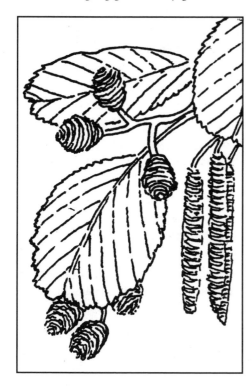

Esche
(Fraxinus excelsior)

Die reiche Beute des Eschenschafts,
ist mein schönes Awen.

(BvT 37)

Einhundert auf dieser Erde empfingen seinen Angriff,
wie der rasende Wind gegen die Eschenspeere

(BvT 46)

1. Hell sind die Wipfel der Eschen, hoch und leuchtend werden sie sein,
wenn sie oberhalb der Waldschlucht wachsen,
das sehnsüchtige Herz erkrankt vor Sorge.

(RBvH 9)

30. Verschneite Berge - der Hirsch ist auf dem Abhang,
der Wind bläst durch die Eschenwipfel.
Für die Alten ist der Stock ein dritter Fuß.

(RBvH 4)

1.Verwickelnd ist die Schlinge, in Gruppen steht die Esche,
die Enten sind im Teich, die Welle brandet weiß über Kiesel,
mächtiger als hundert ist der Rat des Herzens.

(RBvH 8)

Eschenbaum, unheilvoller, Waffe in der Kriegerhand.

(SG)

Ein englischer Reim:
With a four-leafed clover,
a double-leafed ash, and green-topped seave (rush),
You may go before the queen's daughter
Without asking leave.

Mit vierblättrigem Klee,
doppelblättriger Esche und Schilf mit grüner Spitze,
kannst du vor die Königstochter treten,
ohne um Erlaubnis zu fragen.

Doppelblättrige Eschen sind eine echte Rarität, denn die Zweige enden normalerweise in einem einzelnen Blatt. Falls Du einen doppelblättrigen Eschenzweig findest, verspricht das mit Sicherheit anhaltendes

Glück. Einige Bewohner der britannischen Inseln glaubten auch, dass Eschenbäume Schlangen fernhalten.

Viele oberflächliche Forscher betrachten die Esche als den Weltenbaum der germanischen Völker. Etwas seriösere Wissenschaftler weisen darauf hin, dass dieser Mythos ursprünglich aus Island stammt, wo keine Eschen wachsen, dafür aber Ebereschen, auch Bergeschen genannt. Ebereschen sind nicht mit Eschen verwandt, haben aber eine so starke Ähnlichkeit mit ihren zierlicheren Verwandten, dass sie in der alten Literatur immer miteinander in Verbindung gebracht werden. Die Esche oder Eberesche erscheint also als Weltenbaum in den nordischen Kulturen. In dieser Funktion weist sie drei Aspekte auf: Als Yggdrasil ist sie das schamanische Pferd, das Odin (Yggr) von der Höhe zur Tiefe reitet und umgekehrt. Als Mimameith ist sie der geheimnisvolle Baum der Riesen, von unbekanntem Ursprung und mit unbekanntem Schicksal. Als Lärad (Frie-

densbringer) gibt der Baum allen Lebewesen Speise und Nahrung (s. *Helrunar*). Die mittelalterliche Heilkunde verwendete gekochte Rinde, Wurzeln und Blätter, um Mittel gegen Schlangenbisse herzustellen. Die Blätter wurden häufig an Vieh und Pferde verfüttert, als willkommene Abwechslung auf dem Speiseplan. Man brühte daraus auch einen Tee gegen Gicht und Rheumatismus auf. Die Rinde junger Zweige ergab einen Tee gegen Fieber, ansonsten verwendete man die frische Rinde, um Wunden zu verbinden. Eschenholz ist zäh und elastisch und eignet sich hervorragend zur Herstellung von Speeren und Jagdwaffen.

Espe und Pappel
(Populus tremula; Populus alba / Populus nigra)

12. Die Pappel mit ihrem Zittern höre ich schon von weitem;
ihre schnell bewegten Blätter erinnern mich an einen Raubzug.

(SG)

(D): Im Mittelalter war der Glaube verbreitet, das Kreuz Christi sei aus Espenholz gewesen, und aufgrund dieser bösen Tat würde jede Espe bis zum heutigen Tag zittern.

Von allen Pappelarten hört man die Espe am deutlichsten, da ihre Blätter schon im leistesten Lufthauch zittern. Afgrund des Zitterns wurde die Espe zu einem Synonym für einen Feigling.

(S): In Schottland nahm die Fabel solche Ausmaße an, dass man Espen verfluchte und beschimpfte, weil man sie für hochmütig hielt. In ihren Mythen hatte die Espe sich nicht verneigt, als Jesus auf dem Weg zu seiner Hinrichtung vorbeikam. Als die Römer das sahen, machten sie das Kreuz aus

Espenholz. Fromme Hochlandbewohner pflegten Steine nach dem Baum zu werfen und verwendeten ihn nie, um Pflüge daraus herzustellen.

(I): *Cormacs Glossar* (Übersetzung n. Stokes) stellt fest: *Fe ist ein Stab aus Espenholz; düster ist dieses Ding, das den Gälen diente, um Leichen und Gräber auszumessen, und man fand diesen Stab stets auf den Friedhöfen der Heiden, und für jeden war es schrecklich, ihn in die Hand zu nehmen, und alles was ihnen verhasst war vermerkten sie darauf in Oghamschrift.*

Das mag mit einer besonderen Art von Oghamschrift zusammenhängen, die verwendet wurde, um die bösen Taten von Königen und berühmten männlichen und weiblichen Persönlichkeiten aufzuzeichnen – verschlüsselt, damit sie nicht allzu weit bekannt wurden. Espengerten wurden vielleicht bei Verfluchungen verwendet.

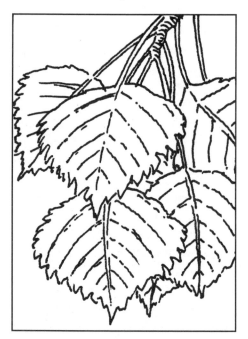

Geißblatt
(Lonicera caprifolium)

Wenn der Märzmond zunahm, pflegten die Bewohner von Moray Geißblatt zu schneiden, das sie bogen und zu Kränzen wanden. Die Kränze wurden sorgfältig aufbewahrt. Kinder, die an Fieber und Auszehrung litten, wurden dreimal durch diese Reifen gehoben, um die Krankheit von ihnen zu nehmen. (MacNeill)

Hainbuche
(Carpinus betulus)

Die Hainbuche, oft fälschlicherweise für eine kleine Buche gehalten, ist ein Baum, der lange nach der Eiszeit nach Nordeuropa zurückkehrte. Anders als Buchen sind Hainbuchen relativ klein, und ihre Blätter haben gezackte Ränder. Hainbuchen wachsen gelegentlich in seltsam verbogener Form. Da sie sich von jeder Wunde erholen, werden sie oft als idealer Baum für Hecken, Begrenzungen und Befestigungen betrachtet. Hainbuchen wachsen sehr leicht an und haben Holz, das schwer und extrem hart ist. Befestigungen aus Hainbuchenholz waren vom Mittelalter bis hinein in das 17. Jahrhundert populär. Aber schon sehr viel früher hatte Cäsar so seine Probleme mit diesen Befestigungen, auf die er während der Eroberung Galliens stieß (*Bellum Gallicum*, 2.17). Man nehme einen kleinen Hainbuchenschössling und verbiege ihn. Dann stecke man die Enden in die Erde und schneide einige Schlitze in den Bogen. Aus diesen wachsen neue Triebe, die man wieder biegen, verknoten oder flechten kann. Wenn man das wiederholt mit einigen Reihen von Hainbuchen macht, erhält man schnell eine dicht verwachsene Wand aus lebenden Bäumen. Zwischen die Hainbuchen gepflanzte Brombeeren tun ein Übriges: Als Barrieren wurden Wälle aus Hainbuchen genutzt, um Siedlungen und Burgen zu schützen. Sowas wirkte Wunder, vorausgesetzt, die Dörfler achteten auf ihre

Verteidigungsanlagen und widerstanden der Versuchung, sich Abkürzungen durch das Gestrüpp zu hacken.

Mit der Erfindung schwerer Artillerie war das Ende dieser Baum- und Dornenwände gekommen. Im Dreißigjährigen Krieg (1618 – 1648) wurden die letzten noch bestehenden Hainbuchenwälle in Stücke geschossen.

Haselstrauch
(Corylus avellana, Colyrus colurna)

Hasel beurteilte
die Waffen für die Schlacht.

(BvT 8)

(Wie) Ohne Bäume Nüsse zu ernten,

(BvT 3)

14. Hell sind die Wipfel der Haselbäume von Digoll;
unbekümmert bleiben Hohlköpfe;
es ist das Werk von Mächtigen, Verträge einzuhalten.

(RBvH 9)

kleiner Hasel, Verzweigter, Hort von Haselnüssen.

(SG)

(S) : Haselnüsse sind eng mit Samhain verbunden. Die grünen Nüsse enthalten eine Haselmilch genannte Flüssigkeit, die Glück bringen sollte. Herbstgeborene Glückskinder bekamen als erstes Getränk Haselmilch (und vermutlich einen Schluck Whisky als zweites). Während des Imbolc-Festes war Bride mit einem weißen Stab geschmückt, aller Wahrscheinlichkeit nach aus Haselholz.

(D) : Als baumähnlicher Strauch mit schlanken Gerten und nahrhaften Nüssen war der Haselstrauch eine beliebte Pflanze in vielen Bauerngärten. Im Wald bevorzugt er oft feuchten Boden und unterirdische Wasseradern. Hasel ist ein beliebtes Holz für Zauberstäbe und eignet sich auch für Wünschelruten. Um unterirdische Wasseradern zu finden, schneiden Rutengänger eine V-förmige Rute, wobei sie oft einen kleinen Zauberspruch murmeln : *Ich schneide Dich, liebste Rute, sag, was ich frag, und will mich nicht rühren eh wir die Wahrheit spüren.* Der Volksmund assoziiert Haselnüsse mit sexuellem Vergnügen. Aus diesem Grund schäumte die heilige Hildegard: *Die Haselnuss ist ein Symbol fleischlicher Lust, in der Medizin hat sie kaum einen Nutzen.* Nichtsdestotrotz schlug sie ein Mittel gegen Impotenz vor, das aus Haselnüssen, Pfeffer und dem Fleisch einer jungen Ziege und eines Schweins bestand.

Ein verbreiteter Mythos bringt Haselnüsse mit Schlangen in Verbindung. Entweder liest man da, dass Haselsträucher die perfekten Pflanzen sind, um Schlangen zu Tode zu erschrecken, oder es ist der weiße König aller Schlangen, der unter einem uralten Haselstrauch leben soll. Trug man einen Haselzweig am Hut, sollte das vor Blitzschlag schützen. « Eine Nuss knacken » ist eine gebräuchliche deutsche Umschreibung für das Lösen eines Rätsels oder eines Problems. Eine ähnliche Vorstellung findet sich in der irischen Geschichte von den Lachsen der Weisheit. Diese uralten Fische schwammen im Fluss Boyne (oder im Brunnen Connlas), an dem ein verzauberter Haselstrauch wuchs.

Er hatte die Eigenschaft, dass seine Blätter, Blüten und Nüsse alle zur gleichen Stunde am Strauch erschienen und in tiefem Purpurrot glänzten. Wenn sie in die Quelle fielen, warteten die Lachse schon darauf, die Nüsse zu verschlingen, und von ihnen erhielten sie ihre sagenhafte Weisheit. Im Fenier-Zyklus ist zu lesen, wie es Finn gelang,

eins dieser verzauberten Viecher zu fangen. Als er ihn über dem Feuer briet, spritzten drei Tropfen davon weg und verbrannten ihm den Daumen. Als er daran lutschte, stellte er überrascht fest, dass alle Weisheit der Tiefe plötzlich seinen Geist überflutete. Wie bereits in Kapitel 2 erwähnt wurden Haselnussblätter und –nüsse in einem Kultschacht verwendet, um eine Lage von Urnen abzupolstern. Eine österreichische Geschichte berichtet Ähnliches: Unter einem Haselstrauch, gekrönt von einer Mistel, lebt ein Wurm, der winzig kleine, runde Löcher in das Laub frisst. Diesen Haselwurm, der in Wirklichkeit eine junge Frau in Verkleidung sein soll, kann man fangen. Wer immer ihn isst oder bei sich trägt, wird auf jeden Fall ein großer Zauberer.

Heckenrose
(Rosa canina)

Die stacheligen Rosenbüsche,
(zogen) gegen ein zorniges Heer,

(BvT 8)

warum die Hagebutten rot sind,

(BvT 7)

Es gibt drei Quellen,
auf dem Berg der Rosen (Seon) (=Zion!),
es gibt die Reste einer Festung (!),
unter den Wogen der See.

10. Hell sind die Spitzen der Hagebutte, bei Entbehrungen gibt es keine Formalitäten; ein jeder soll bewahren was er schätzt; der größte Schandfleck sind schlechte Manieren.

(RBvH 9)

8. Hagebutte (oder: Brombeere), kleine buckelige, du gewährst keine gerechten Bedingungen:
du hörst nicht auf an mir zu reißen, bis du vom Blut gesättigt bist.

(SG)

Eine weitere Pflanze, die eng mit Liebe und Verlangen verbunden ist. Für die Römer waren Rosenblätter ein modisches Extra für eine schicke Party. Nero ließ seine Böden mit einer so dicken Schicht von Rosenblättern bedecken, dass einige seiner Gäste, die zweifellos schwer betrunken waren, darin erstickten. Die Christen hegten ein scharfes Misstrauen gegen eine Pflanze, die so stark mit Liebe, Lust und Lustbarkeiten in Verbindung gebracht wurde. Es dauerte eine Weile, bis sie imstande waren, die fünf Blätter als die fünf Wunden Christi zu interpretieren und die freudevolle Rose damit zu einem Symbol für gerechtes Martyrium zu machen. Eine Rose galt im Mittelalter als Liebesgabe, sie konnte aber auch Hingabe und Reinheit bedeuten. Normalerweise wurde die Jungfrau Maria mit ihr in Verbindung gebracht; von früheren Gottheiten wird nichts berichtet. Mehrere Legenden berichten, wie sie durch

unfruchtbares, winterliches Dornengestrüpp wandert, das dann auf wunderbare Weise zu blühen beginnt. Rosenholz war das bevorzugte Material für ihre Statuen. Verzauberte Rosengärten kommen in mehreren Mythen vor, manchmal als Gärten der Freude und Fülle, manchmal auch als Metapher für ein blutiges Schlachtfeld. Blühende Rosenbüsche sollen Zeichen für die Gnade Gottes sein, und manchmal zeigten sie den Ort an, wo eine Kapelle erbaut werden sollte. Die Rose war auch ein Symbol der Geheimhaltung: Was *sub rosa* enthüllt wurde, musste geheim bleiben.

Ein „Rosenkönig" galt als ungewöhnlicher Anblick. Dabei handelt es sich um eine Rose, in deren Blüte ein oder zwei weitere Blüten blühen – ein Omen, dass eine glückliche Heirat bevorstand. Wenn man Blut auf eine Rose tropfte und diese einem anderen gab, sollte sich diese Person in einen selbst verlieben. Die auf einer Heckenrose wachsenden Galläpfel werden Schlafäpfel genannt; man steckte sie ins Kopfkissen, um dafür zu sorgen, dass man gut schlief. Hage-

butten gehören zu den wesentlichen Ingredienzien der volkstümlichen Medizin.

Sie sind außergewöhnlich reich an Vitamin C und spielen eine wichtige Rolle bei vielen Hausmitteln. Das ätherische Öl (man braucht 4000kg Rosenblätter, um einen Liter Rosenöl herzustellen), war ein sehr geschätzter, aber teurer Bestandteil vieler Kosmetika. Rosenblüten wurden oft verwendet, um geschwollene Augen oder infizierte Wunden zu heilen. Die wilde Heckenrose, auch Hundsrose genannt, hieß so, weil man glaubte, dass man mit ihrer Hilfe den Biss eines tollwütigen Hundes heilen konnte.

Heidekraut
(Calluna vulgaris)

Heidekraut war siegreich, es behauptete sich nach allen Seiten.

(BvT 8)

Angenehm, die Heide wenn sie ergrünt,

(BvT4)

wie Wildschweine auf der Heide zu suchen,

(BvT 3)

17. Hell sind die Wipfel der Heide; häufig ist Enttäuschung
bei den Schüchternen; am Ufer ist das Wasser stark;
häufig bei den Treuen, ein ungebrochenes Wort.

(RBvH 9)

Heidekraut, insbesonders weißes Heidekraut, war ein beliebtes Zaubermittel in Schottland. Es sollte Hexen bannen und Glück bringen. Es wurde in der volkstümlichen Medizin gegen Infektionen im Mund, auf der Haut und an der Blase verwendet.

Holunder
(Sambucus niger)

Aus **Canu y Meirch**, dem Lied der Pferde:
Ich war eine Sau, ich war ein Bock,
ich war ein Seher, ich war ein Pflug,
ich war ein Ferkel, ich war ein Keiler,
ich war ein Wirbel im Sturm,
ich war eine Strömung am weiten Strand,
Ich war eine Welle im Sturm,
ich war ein Gefäß in der Flut,
ich war eine gefleckte Katze (Luchs) in drei Bäumen,
eine Uferschnepfe auf einem Holunderbaum,
ein Kranich der nach Nahrung sucht.

(BvT 25)

32. Hell sind die Wipfel der Holunder (Erle); reich (mutig) ist der einsame Sänger (Mann);
der Gewalttätige ist es gewohnt zu unterdrücken;
weh ihm, der einen Lohn aus der Hand empfängt.

(RBvH 9)

(S): In Schottland war Holunder ein wertvoller Schutz gegen Hexen. Ein Holunderkreuz schützt Stall und Bauernhaus, und ein Zweig im Knopfloch bewirkt dasselbe, wenn man draußen unterwegs ist. Wenn man in der Nähe eines Elfenhügels unter einem Holunderbusch steht, kann man die guten Nachbarn tanzen und feiern sehen. Schon ein paar Tropfen grüner Holundersaft, so will es die Legende, verleihen die Fähigkeit, die Zukunft vorherzusagen.

(D): Dieser anmutige Busch wurde oft nah ans Haus gepflanzt, da in ihm sicherlich ein hilfreicher und wohlwollender Geist wohnte. In vielen ländlichen Gegenden galt der Busch als so heilig, dass man ihn nur fällen konnte, wenn man sich zuvor ausgiebig bei ihm entschuldigt hatte. Einer dieser Bräuche, der aus dem Schlesien des 17. Jahrhunderts stammt, besagt, dass man den Hut abnehmen, sich auf ein Knie niederlassen und demütig versprechen soll: *„Frau Ellhorn, gib mir von Deinem Holz; ich gebe Dir dann von meinem, wenn es im Walde wächst."* Dadurch ist der Baum eng mit dem Tod verbunden, und in der Tat beinhalten die deutschen Bezeichnungen Holler und Holunder den Namen Helja, die dunkle Göttin des Winters und der Unterwelt. Sie erscheint als Hel in den *Eddas*, als schreckliche Göttin der neun Höllen, halb schwarz, halb weiß.

In Deutschland ist sie eine gütigere Figur, aber sie hat schreckliche Zähne. Ihr verborgenes Reich findet man unter dem See, auf einsamen Berggipfeln und im tiefen Schwarz nachtdunkler Höhlen. Ein Eintrag in hessischen Gerichtsprotokollen zu einem Hexenprozess stellt fest: Frau Holle war von vorn eine nette Frauensperson, von hinten aber sah sie aus wie ein hohler Baum mit rauher Borke. Auf Englisch heißt er „Elder", wobei sich das „El" auf sie bezieht und das „Der" Baum bedeutet. In den nordischen Mythen lebt ihre Entsprechung, die Waldgöttin Huldra, in der Wurzel eines Holunderbuschs. Sie, die Mutter aller Elfen, Zwerge und Wechselbälger, ist komplett hohl, und so haben auch die Zweige des Holunderbuschs ein hohles Zentrum, was sie zu dem idealen Baum für die Herstellung von Flöten macht. Es heißt, dass das Holz, wenn man es verbrennt, allen Menschen Pech, Trauer und Krankheit bringt. Eine ähnliche Tradition sagt, dass derjenige, der unter einem Holunderbusch schläft, ein paar Tage lang nicht aufwacht. Der Busch soll vor Blitzschlag schützen. Im Rheinland wurde ein Holunderkreuz auf den Sarg gelegt, oder in eine Ecke des frisch aufgeschütteten Grabs gelegt (Süddeutschland). Falls es Wurzeln schlägt und die Zweige zu wachsen anfangen, was beim Holunder leicht passiert, ist das ein Zeichen dafür, dass der Verstorbene frei von Sünde und in den Himmel gekommen ist. Oft wurde auch das Grab mit einer Holunderrute vermessen, und eine andere Rute des Buschs wurde verwendet, um den Leichenwagen zu lenken. Wenn man das Mark herauskratzt und in Öl taucht, leuchtet es. Solche Lichter, die man am Weihnachtsabend auf dem Wasser treiben lässt, enthüllen alle Hexen und bösen Geister.

Aus Holunder kann man verschiedene Arzneien herstellen. Der Saft der dunkelroten Beeren wurde oft als schweißtreibendes Mittel verschrieben, ein Tee aus den Blüten hatte einen ähnlichen Effekt und war ein beliebtes Heilmittel gegen Fieber und Erkältungen. Sogar die Samen wurden verwendet, um Öl herzustellen. Holunderbeersaft war ein wohlbekanntes Getränk, das Unsterblichkeit bringen sollte, und es wurde auch verwendet, um die Farbe des Weins zu verbessern.

Während Saft und Arznei dazu verwendet wurden, Fieber zu heilen, machte die volkstümliche Zauberei direkt von dem Busch Gebrauch. Ein Zweig, der von dem fiebernden Patienten selbst abgebrochen wurde, sollte das Fieber aufnehmen. Dann musste er ihn schweigend in den Boden stecken, und so, wie er Wurzeln schlug und die Zweige wuchsen, sollte das Fieber verschwinden – in der Tat ein langwieriger Heilungsprozess. Das gleiche tat man, um Gicht zu heilen. Wollte man gestohlenes Eigentum zurückhaben, konnte man einen Zweig herunter biegen und einen Zauberspruch murmeln, demzufolge der Dieb solange unter Schwierigkeiten leiden sollte, bis er oder sie das gestohlene Gut zurückgegeben hatte.

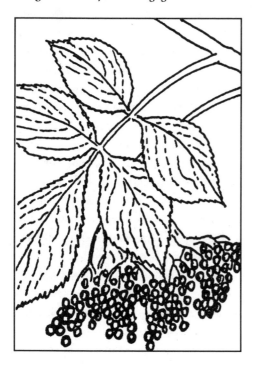

Kastanienbaum
(Aesculus hippocastanum)

> doch die Kastanie ist schüchtern,
> der Feind der Freude (starken Bäume),
>
> (BvT 8)

Über die Kastanie ist wenig Volkstümliches bekannt – wahrscheinlich deshalb, weil sie erst im Spätmittelalter in Mitteleuropa eingeführt und erst im 16. Jahrhundert richtig populär wurde.

Die volkstümliche Medizin machte gelegentlich Gebrauch von ihr als Adstringens, aber nicht sehr oft, da die richtige Dosierung ein Problem darstellt.

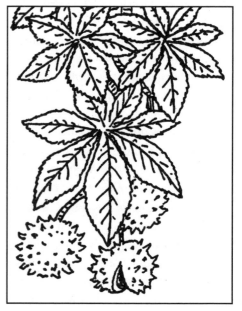

Kiefer
(Pinus sylvestris)

> Kiefern auf dem Ehrenplatz,
> ein Sitz (Versmaß) des Streites

Es ist eine interessante Frage, was eigentlich mit dem Ruf der Kiefer passiert ist. Als die letzte Eiszeit endete und die Gletscher

langsam über das abgeflachte Land zurück-
wichen, waren Birken die ersten Bäume, die
wuchsen. Als nächstes folgten die Kiefern ;
es entstanden charakteristische Birken-Kie-
fernwälder. Dann wurde es wieder kälter,
die Birken wurden kleiner und die meisten
Kiefern verschwanden.

Nach einer weiteren Kälteperiode kamen sie wieder. Nun war und ist die Birke
einer der hervorstechendsten Bäume in den
alten Mythen. Aber was geschah mit den
Kiefern? In diesen frühen von Birken und
Kiefern dominierten Wäldern jagten und
sammelten unsere Vorfahren der mittleren
Steinzeit. Der Baum muss für sie eine unge-
heure Bedeutung gehabt haben. Was ist mit
den Mythen darüber passiert? In den blätter-
reichen Wäldern Mitteleuropas verschwand
sehr viel Wissen einfach. Einige Kulturen in
Bosnien und Herzegovina haben noch den
Glauben, dass Kiefernwälder böse Geister
bannen können.

Kiefern wurden nur selten in der Nähe
von mitteleuropäischen Kirchen gepflanzt.
Ich weiß nur von einem Einzelfall in Usa-
maturze. Die Wallfahrer pflegten in der Kirche zu beten und Almosen zu geben. Dann
brach man ein paar Kiefernzweige ab und
nahm sie mit nach Hause. Die Zweige wurden in Wasser gekocht, das anschließend verwendet wurde, um zurückgebliebene Kinder
darin zu baden. Falls sie dabei starben, so
geht die Legende, dass sie von den Feen zu-
rückgelassene Wechselbälger gewesen seien,
und wenn sie es überlebten und gesund wurden, war das ein Beweis für ihre vollständige
Menschlichkeit. In der volkstümlichen Medizin wurden Kiefern ähnlich wie Tannen
und Lärchen eingesetzt: Das Harz und die
ätherischen Öle wurde verwendet, um Lungenkrankheiten und chronische Bronchitis zu
bekämpfen.

Kirsche
(Prunus avium, Prunus cerasus)

Der Kirschbaum ward herausgefordert.

(BoT, 8)

Wanderstäbe aus Vogelkirsche waren
bei der Bevölkerung von Torridon in Schottland sehr beliebt, da sie den Wanderer davor
schützen sollten, sich im Nebel zu verirren.
Sie waren auch bekannt dafür, dass sie Elfen-
zauber brachen.

Die Wildkirsche ist ein Baum, der in
begrenztem Umfang im neusteinzeitlichen
Europa kultiviert wurde. Später führten die
Römer den gemeinen Kirschbaum ein (ein
Produkt Persiens). Die Kirsche war gelegentlich ein Symbol für körperliche Liebe.
In manchen ländlichen Gegenden Deutschlands bezeichnete man ein Mädchen, das
schwanger geworden war, ohne zu heiraten,
als Kirschbaum. In der volkstümlichen Me-

dizin wurde das Harz verwendet, um Hustensirup herzustellen, und die Blätter wurden häufig zu Kräutertees hinzugefügt.

Kornfeld

Angenehm, Beeren zur Erntezeit,
auch angenehm, Weizen am Stengel…
Auch angenehm, der Ackersenf im sprießenden Getreide

(BvT 4)

Wann der Tau unberührt ist,
und der Weizen geerntet wird,

(BvT 13)

Obgleich Kornfelder im botanischen Sinn keine „Wälder" sind, führten die irischen Poeten sie mit unbefangener Subjektivität in ihren Baumlisten. Ein Kornfeld im Sommer ist eine Welt für sich. Mäuse huschen zwischen den Halmen hin und her, Rehe ruhen geschützt im Zentrum, Hasen finden Zuflucht unter den schwankenden Halmen und hin und wieder was zu knabbern, und über dem Ganzen schwebt der Falke im perfekten Gleichgewicht, die Lerche singt – sie ist Barde und Schamane der Lüfte, wenn sie schüttelnd aufsteigt. Da kein Mensch ein Kornfeld durchqueren kann, ohne eine Spur der Verwüstung zu hinterlassen, waren Felder verbotene Welten für sich. Zahllose Kinder ländlicher Gemeinden wurde mit Geschichten über die Dämonen des Feldes eingeschüchtert – die gebeugte alte Kornmutter mit ihrer Sichel, den Kornwolf und viele andere ähnliche Wächtergestalten, die nur auf arglose Eindringlinge warteten, die in der Mittagshitze ins Feld stolperten. Korngeister werden schnell wütend, wenn man sie belästigt, und so wurde die Ernte zu einer Zeit der Gefahr. Daraus entstand ein ganzer Wust an bizarren kleinen Zeremonien, bei denen die Bauern ihren ganzen, bisher unterdrückten Gefühlen Luft machen konnten. Bist Du jemals in den letzten Tagen vor der Ernte auf dem Land gewesen? Viele Bauern sind gereizt, angespannt und doch auf eine mühsam beherrschte, wütende Art geduldig. Die Schufterei und das Überleben im ganzen folgenden Jahr hängen vom rechtzeitigen Einbringen der Ernte ab. Wenn das Wetter verspricht, stabil zu bleiben, beginnt die eigentliche Ernte – eine langwierige Aufgabe, die unter großem psychologischem Druck stattfindet. Was, wenn es zu früh oder zu viel regnet? Das Überleben des ganzen Hofs hängt davon ab, dass die Ernte rechtzeitig eingebracht wird.

Im Mittelalter waren die Bauern oft verpflichtet, das Korn des Adels und der Kirche zu ernten, bevor sie sich ihren eigenen Interessen widmen durften. Das trug nicht sonderlich zur Verbesserung ihrer Laune bei. Die Festlegung des Erntebeginns war riskant, da ein unvorhergesehenes Gewitter die Arbeit von Monaten vernichten konnte, und es war eine große Erleichterung, wenn die Halme endlich geschnitten und gebündelt werden konnten. Dann wurde gefeiert. Um das Schneiden der letzten Garbe rankte sich für gewöhnlich eine kleine Zeremonie, da man davon ausging, dass der Korngeist in ihr wohnte. Oft wurde sie zusammengebunden, mit bunten Stoffetzen „bekleidet" und als Kornkönig mit nach Hause genommen. Dort verlieh man ihr einen Ehrenplatz und setzte ihr während der Festivitäten Speise und Trank vor. Das sollte den Geist beruhigen und aufheitern, damit auch das nächste Jahr eine reiche Ernte bringen würde.

Was die Arten anging, so pflanzten die alteuropäischen Kulturen viele Getreidearten, die heute selten sind, weil sie nicht genug abwerfen, um mit den ertragreicheren Sorten mithalten zu können. Die alten Kelten kannten mehr als ein Dutzend Getreidesorten; ihre heutigen Nachfahren kennen bedeutend weniger. In der späten La Tène-Zeit war die norditalienische Ebene, die von verschiedenen keltischen Völkern bebaut wurde, ein Paradies für Ackerbauern und der ganze Neid Roms. In Gallien gab es sogar so etwas wie erste Erntemaschinen – von Eseln gezogene Karren, deren Klingen die Ähren kappten und die Halme stehen ließen. Das Getreide ging dabei automatisch in den Karren.

Stroh wurde Mitte des 17. Jahrhundert von der berühmten Hexe Isobel Gowdie of Auldearn verwendet, um zum Sabbat zu reiten, wie sie unter der Folter bekannte. Strohfiguren, die oft zu hübschen Figürchen verwoben oder geknotet waren, spielten eine wichtige Rolle bei vielen Ernteritualen, und so manches wunderbare, aufwändige Strohkreuz wird mit der irischen Bride oder Brigid in Verbindung gebracht.

Eugene O'Curry (1873) berichtet, dass manche irischen Druiden einen Zauber auf ein Gras-, Heu- oder Strohbüschelchen sprachen, der *Dlui Fulla* („Flatterwisch") genannt wurde.

Sie warfen es einer Person ins Gesicht, was aus ihr einen Wahnsinnigen oder einen rastlosen Vagabunden machte. Ein eifersüchtiger Druide hatte Prinz Comgan einen ins Gesicht geworfen, da er vermutete, dass dieser mit seiner Frau im Bett gewesen sei, und Comgan, schuldig oder auch nicht, hatte sofort Blasen und Pusteln im Gesicht bekommen, seine Sprechfähigkeit, sein Haar und seine geistigen Kapazitäten verloren und verbrachte den Rest seines Lebens damit, in Gesellschaft von Schwachsinnigen über Land zu ziehen. Ein anderer Druide, der alte,

blinde Zauberer Dill, bewahrte in seinem Schuh ein verzaubertes Strohbüschelchen auf. Er plante, es zur Vernichtung der Decier von Munster einzusetzen, aber während er schlief, wurde es gestohlen. Man übergab es seinen Feinden, und sein ganzer schöner Plan scheiterte kläglich.

Lärche
(Larix decidua)

Ein Baum, über den es nicht allzuviel volkstümliches Wissen gibt, ausgenommen in den Alpen, wo er verbreitet ist und erstaunliche Höhen erreicht. Der Name des Baums soll von einer keltischen Wortwurzel herstammen. Als einziger europäischer Nadelbaum, der seine Nadeln verliert, ist er eng mit den wohlwollenden Waldnymphen verbunden. In Tirol pflegten die Baumjungfern und die Säligen (gesegneten) Fräulein sich unter diesem Baum zu versammeln.

Sie halfen schwangeren Frauen und segneten wohlerzogene Kinder, wenn sie denn mal welche fanden. Lärchen konnten unfruchtbaren Paaren Kinder verschaffen. Das Harz wurde zur Herstellung von Terpentin verwendet, und kleine Mengen davon wurden Salben gegen Gicht und Lungenkrankheiten hinzugefügt.

Linde
(Tilia platyphylos, Tilia cordata)

(D): Dieser majestätische Baum mit seinen großen herzförmigen Blättern war ein beliebtes Symbol für Liebe und Frieden. Linden waren einst der Liebesgöttin Fria, Freya und als Frouwa den Frauen im Allgemeinen geweiht. Nach der Christianisierung weihten die Missionare diese Bäume ihrer einzigen weiblichen Gottheit, der Jungfrau Maria. Zahllose Marienlinden beweisen, wie populär der Kult war. Im Rauschen der Blätter erklang die Stimme der Gottheit. Die Linde ist ein lichter und fröhlicher Baum. Sie wurde oft im Herzen einer ländlichen Gemeinde gepflanzt, oder an Orten, die für Tanz und Feste bestimmt waren. Manche Linden wurden so groß, dass die breitwüchsigen Zweige mit bis zu hundert Pfosten abgestützt werden mussten. Als Baum der Liebesgöttin wurde die Linde häufig in Liebeszauber einbezogen. So mancher Bursche sagte vor ihr einen Zauberspruch auf, um dafür zu sorgen, dass sein Liebestraum wahr wurde. Wenn es nicht funktionierte, wurde der Baum beschuldigt, und man drohte ihm an, er habe seinen Anteil an dem Leid zu tragen.

Der Minnesänger Walther von der Vogelweide dichtete Verse, in denen vom Lager unter der Linde die Rede war, gebrochenen Blumen und Gras, und einer lieblich singenden Nachtigall in den Zweigen... während Dietrich von Bern und seine Gefährten von einem Zwerg unter eine Linde geführt wurden, um sich auszuruhen, und von dort aus allerhand seltsame Dinge beobachteten, die die Vögel und Tiere trieben.

Als Siegfried sein Bad in Drachenblut nahm und unverwundbar wurde, fiel ein Lindenblatt auf seine Schulter und sorgte dafür, dass er doch sterblich blieb. Später verursachten Probleme mit der Liebe den

15. Hell sind die Wipfel des Rohrs, oft sind die Faulen
träge, und die Jungen sind Schüler;
Nur ein Narr wird ein Versprechen brechen.

(RBvH 9)

18. Hell sind die Wipfel des Schilfgras;
Kühe sind wertvoll (zahm),
heute fließen meine Tränen;
für den Einsamen gibt es keinen Trost.

(RBvH 9)

26. Hell sind die Wipfel des Schilfgras; pieksen werden sie,
wenn sie unter dem Kissen liegen;
der Geist des Liebenden ist stolz.

(RBvH 9)

11. Regen draußen, das Meer wird durchnässt;
der Wind pfeift über die Wipfel des Rohrs;
jede Leistung bleibt aus, wenn es keine Begabung gibt.

(RBvH 8)

Meuchelmord an ihm, der zufällig an einer Quelle unter einer Linde geschah.

Allein stehende Linden waren auf dem Land auch Orte der Rechtsprechung. Verurteilte Verbrecher bekamen manchmal Gelegenheit, ihre Unschuld zu beweisen, indem sie eine junge Linde verkehrt herum pflanzten. Wenn nach ein oder zwei Jahren die Zweige Wurzeln schlugen und frisches Grün erschien, hatte die Gottheit gesprochen und der Verbrecher galt als unschuldig.

Schilfrohr und Binsen

Welche schöne Quelle entspringt
über dem Dickicht (Decke) der Dunkelheit!
Wann ist Schilf weiß,
wann wird die Nacht vom Mond erhellt!

(BvT 9)

6. Hell sind die Wipfel des Schilfgras; rasend ist der Eifersüchtige,
und kann kaum befriedigt werden;
Es ist ein Werk der Weisen vertrauensvoll zu lieben.

(RBvH 9)

Schilf und Binsen waren wichtig, um Häusergemütlich einzurichten. Zum Beispiel ein Rieddach. Es sieht schön aus, ist eine Zeitlang wasserdicht und, mit etwas Glück, geht es auch nicht in Flammen auf. Schilf gewährte Schutz vor den Elementen. Insbesondere in den Zeiten, als die Häuser keine Schornsteine hatten (ein römischer Import) und frische Luft durch Löcher in der Decke und grobe Öffnungen, „Windaugen" (daher englisch „window") genannt, kam. Aber die Bequemlichkeit bezog sich nicht allein auf Dächer. Die Leute deckten auch den Boden mit dicken Lagen von Schilf und Binsen. Sie saßen auf Binsen, stopften Kissen mit Binsen, schliefen auf Binsen und froren im Allgemeinen nachts steif, wie Gerald of Wales so bewegend berichtet. Es muss extrem romantisch sein, nachts viermal aufzuwachen, weil

gar der Gletschermann aus dem Ötztal hatte eine getrocknete Schlehe in seinem Beutel. Schlehen sehen attraktiv aus, sind aber so voll von adstringierenden Stoffen, dass sie den Mund und die Zunge betäuben. Wenn man sie essen möchte, muss man warten, bis der erste Frost sie süß gemacht hat (man kann sie aber auch einfrieren, das funktioniert auch). In den Mythen Mitteleuropas ist der Schwarzdorn ein Busch, der mit den Riesen in Verbindung gebracht wird (das gilt aber auch für viele andere Dornbüsche).

es einfach verdammt zu kalt ist! Vielleicht nicht besonders erholsam, aber nützlich, wenn man sich an viele verworrene Träume erinnern möchte und anschließend schlecht gelaunt und streitsüchtig einen noch ermüdenderen Tag verbringen will. Schilfrohr ist auch wichtig für Poeten und Musiker, da viele Instrumente daraus hergestellt werden können. Zum Beispiel die Klangelemente von Tröten und Dudelsäcken.

Schlehe, Schwarzdorn
(Prunus spinosa)

5. Schwarzdorn, kleiner stacheliger, dunkler Träger von Schlehen;

(SG)

Dieser dornige Busch trägt dicke, blaue Beeren, die von den meisten frühen Kulturen sehr geschätzt wurden. Getrocknete Beeren wurden in prähistorischen Siedlungen gefunden, sei es in Behausungen an den Seen in Süddeutschland und der Schweiz, sei es bei Speiseopfern in keltischen Gräbern. So-

Speierling
(Sorbus domestica)

20. Hell sind die Wipfel des Speierlings
(Eberesche),
die Alten sorgen sich viel, Bienen sind in der
Wildnis;
außer Gott gibt es niemand, der Rache übt.

(RBvH 9)

Von den Wipfeln verdorrter Äste fallend,
durch Stechginster schreitend (ein Werk,
wahrhaftig getan);
die Menschen meidend, mit Wölfen gesellig
sein;
(mit!) einem Rothirsch über das Moor zu
rennen.

(SG)

Stechpalme / Stecheiche
(Ilex aquifolium)

Stechpalme, grün gefärbt,
war der Held.

(BvT 8)

Warum die Stechpalme grün ist,

(BvT 7)

24. Hell sind die Wipfel der starken Stechpalme, hart ist der Geizige,
doch andere sind freigiebig mit Gold,
Gott wird nicht schlafen wenn er Hilfe
bringt.

(RBvH 9)

Stechginster
(Ulex europaeus)

Stechginster hielt sich nicht gut,
trotzdem soll er ausschwärmen.

(BvT 8)

4. Hell sind die Wipfel des Stechginsters;
teile das Vertrauen
mit den Weisen; und sei für den Unweisen
abstoßend;
außer Gott gibt es keinen Wahrsager (Richter).

(RBvH 9)

Das Gold der Helden,
die Schar Stechpalmenlanzen bedeckte es mit
Blut.

(BvA 5)

10. Stechpalme, kleine schutzgebende, Wand
gegen den Wind;

(SG)

Es ist möglich, dass der englische Name
der Stechpalme, «holly» mit dem Wort «holy»
(heilig) zusammenhängt. Der immergrüne
Baum mit seinen glänzenden, gezackten
Blättern und seinen leuchtenden, tiefroten
Beeren erschreckt böse Geister und schützt
Häuser vor Blitzschlag.

Die Römer hängten Girlanden von
Stechpalmenzweigen während ihrer winterlichen Saturnalien auf. Die christliche
Kirche behauptete, Christi Dornenkrone sei
aus der Stechpalme gemacht gewesen. Im 2.
Jahrhundert wütete der christliche Autor Tertullian gegen Christen, die ihre Häuser mit
Efeu und Stechpalmenzweigen dekorierten,
ein Brauch, den er zu Recht als heidnisch (d.

h. altrömisch) bezeichnete. Die Kombination dieser beiden Pflanzen blieb populär, was
sich bis in jüngste Zeit für die außerhäusliche
Weihnachtsdekoration erhalten hat. In Britannien wurde die Pflanze oft im Winter als
Dekoration verwendet, besonders während
der Rauhnächte. Eine geisterhafte Stechpalme soll auf einer Straße in der Nähe des
Loch Fyne herumtanzen, die Ortsansässigen
erschrecken und grässliche Verkehrsstaus
bewirken. In Österreich hat die Stechpalme den Ruf, böse Geister zu verscheuchen,
wenn man sie über die Tür hängt. In der Legende heißt es, dass die Cailleach, hier als
Wintergöttin, während der hellen Jahreszeit
ihren Frost Hammer unter der Stechpalme
verbirgt.

Tanne, Fichte
(Picea abies, Abies alba)

21. Verschneite Berge - rotbraun ist der Wipfel der Tanne (Birne);
zornig der Stoß vieler Speere.
O weh, um die Sehnsucht, meine Brüder!

(RBvH 4)

(S): Bei ihren Versammlungen pflegten die schottischen Hexen Tannenfackeln
in der linken Hand zu tragen (MacNeill).
Wenn sie gegen den Uhrzeigersinn im Kreis
tanzten, wie es die Tradition erfordert, befand sich ihre Fackelhand dann in der Mitte
des Kreises.

(D): Wir werden diese Bäume gemeinsam besprechen, da sie in der Folklore auch
nicht unterschieden werden und die meisten
Leute den Unterschied sowieso nicht kennen. (Wie steht's mit Dir?) Die Geschichte
des modernen Weihnachtsbaums reicht nur
einige wenige hundert Jahre zurück, aber als
Mai- und Mitsommerbaum findet man diese hoch aufragenden, immergrünen Bäume

in den meisten Ländern nördlich der Alpen.

Solche Bäume wurden in der Regel am ersten Mai, am Pfingstsonntag oder zur Sommersonnenwende von der Dorfgemeinschaft aufgestellt, ein Brauch, den man bis ins 13. Jahrhundert zurückverfolgen kann. Für gewöhnlich ging eine Gruppe von Dörflern hinaus, um „den Mai zu suchen". Sie schlugen eine große Tanne oder Fichte, entfernten die meisten Zweige und einen Teil der Rinde, so dass sich keine Hexe darin verstecken konnte, und gelegentlich wurde der Baum auch angemalt. Dann wurde die buschige Krone dekoriert. Den Brauch, sie mit Bändern und Wimpeln zu schmücken, gibt es heute noch; verschiedene örtliche Bräuche erforderten, dass die Zunftzeichen oder eine gewisse Menge an Esswaren daran aufgehängt wurden. Man tanzte um den Maibaum herum, und manche Dörfler machten einen Sport daraus, über Nacht den Baum des Nachbardorfs zu stehlen. Kleine Maibäume – Tannen, Fichten und manchmal Birken, wurden verwendet, um Höfe und Räume zu schmücken. Zweige, die an das Dach gebunden wurden, luden den heiligen Geist ein. Vieh wurde mit diesen Zweigen vor dem 1. Mai abgebürstet, um es ein Jahr vor Krankheiten zu schützen, und manchmal wurden die Zweige verwendet, um damit Weihwasser über das gesamte Vieh des Dorfes zu sprengen. In der volkstümlichen Medizin wurden die immergrünen Zweige verwendet, um Skorbut zu heilen. Besonders im Winter sind die Nadeln reich an Vitamin C, das extrahiert wurde, indem man sie in Wasser siedete. Jäger pflegten auf Kügelchen von Tannenharz herumzukauen, um sich vor Erkältungen zu schützen, und berufliche Sänger taten das Gleiche zum Schutz ihrer Stimme. Tannenharz enthält eine Menge aromatische Essenzen, die stark desinfizierende Eigenschaften haben. Oft verwendete

man es in Salben gegen Rheumatismus und Arthritis. In Britannien war Tannenbier ein klassisches Getränk.

Ulme
(Ulmus glabra, Ulmus minor)

Die Ulme mit ihrem Reichtum
wich keinen Schritt zur Seite,
sie kämpfte in der Mitte,
an den Flanken und in der Nachhut.

(BvT 8)

Ein Baum ohne sonderlich viel Mythologie, bis auf die isländische *Edda*, die berichtet, dass Odin und Kumpanen die erste Frau aus einer Ulme geschaffen hätten. Die Sache ist allerdings nicht ganz klar, da das Wort auch Erle bedeuten könnte.

(I): Ein Handbuch der Medizin von 1509 verrät uns, dass es möglich ist, Impotenz zu heilen, vorausgesetzt, sie wurde durch Zauberei bewirkt, indem man den Namen des Patienten in Ogham-Buchstaben in einen

Ulmenzweig ritzt und ihn damit schlägt. Heute bekommt man kaum je eine gesunde Ulme zu sehen. Ein Pilz hat 90% aller mitteleuropäischen und britischen Ulmen getötet oder schwer infiziert. Die volkstümliche Medizin benutzte Ulmenrinde für einen beruhigenden Tee gegen Magenschmerzen und als Mittel gegen Durchfall. Die weichen Fasern unter der Rinde wurden in Wasser gekocht und auf Schnittwunden und Quetschungen aufgebracht, während man mit der Flüssigkeit Husten behandelte. Dies ist eine alte Therapiemethode, die der griechische Heiler Dioskurides im 1. Jahrhundert festhielt.

Wacholder
(Juniperus communis)

(S) : In den Highlands auch als « Bergeibe » bezeichnet. Zweige dieses borstigen Baums wurden in Häusern und Ställen verbrannt, um sie am Neujahrsmorgen zu reinigen. Der Baum musste mit den Wurzeln ausgezogen werden – ziemlich harte Arbeit

– damit er seine volle Wirksamkeit erreichte. Vier Bündel von Zweigen musste man zwischen den fünf Fingern halten, und ein Zauberspruch machte es möglich: *Ausreißen will ich die segenbringende Eibe durch die fünf gebogenen Rippen Christi, im Namen des Vaters, des Sohnes und des heiligen Geistes, wider Tod durch Ertrinken, Gefahr und Verwirrung.* Die Räucherung sollte gegen Krankheiten, Pech, Müdigkeit, Härten, Schmerz und so weiter helfen. Der Wacholder ist kein Baum des Waldes, er wächst und gedeiht unter freiem Himmel auf der Heide. Als immergrüner Baum war auch er ein Symbol des Lebens. Jeder wusste, dass der Rauch des Holzes böse Geister verbannte. Diese Beobachtung gründet sich auf die Tatsache, dass der Rauch stark desinfizierende Eigenschaften hat. Nach Krankheiten und insbesondere zu Zeiten von Pest und Seuche war Wacholderrauch eine der wenigen Arzneien, die halfen. Um böse Geister zu vertreiben und eine Trance herbeizuführen, wurden rauchende Wacholderzweige in verschiedenen eurasischen Schamanentraditionen verwendet. In einem Märchen der Gebrüder Grimm bewirken die Knochen eines unschuldigen ermordeten Kindes, die unter einen Wacholderbusch gelegt werden, eine erstaunliche Vision. Der Baum öffnet sich, und leuchtender Nebel wabert zwischen den Zweigen, während tief im Innern ein flackerndes Feuer zu brennen scheint. Aus Rauch und Flammen steigt die Seele des Kindes als fröhlicher Singvogel, der von Haus zu Haus fliegt und davon singt, wie seine Mutter ihn geschlachtet, sein Vater ihn gegessen und seine Schwester seine Knochen unter den Baum gelegt hat – eine Geste, die wie einer der ältesten Riten der Sammler- und Jägergesellschaft wirkt: Die Auferstehung der Toten aus ihren Knochen. Der Nebel, der aus dem Wacholder aufsteigt, sind vielleicht die Pollen – die Leute sammelten diesen feinen Staub und bewahrten ihn in Kapseln als Talisman auf. In altnordischen Sagen scheint der Baum manchmal zu rauchen oder zu brennen. Nachts kann man Stimmen hören, die aus dem Inneren zu kommen scheinen, Gelächter, Tänzer und Zwerge, die ihr Geld zählen. Im Schatten eines Wacholderbaums zu schlafen bringt Gesundheit und stellt die Vitalität wieder her. Ein Zweig, den man an der Mütze trägt, soll die körperliche Kraft verdreifachen. In Österreich wurden Wacholderzweige im Namen der Dreieinigkeit geschnitten. Man verwendete sie, um unbekannten oder abwesenden Dieben eine Tracht Prügel zu verpassen, bis die telepathische Strafe dazu führte, dass sie die gestohlenen Güter zurückgaben. Die Beeren waren eine populäre Arznei, um den Urinfluss zu verbessern und den Körper zu entgiften; heute ist diese Anwendungsform nicht mehr populär, da regelmäßiger Gebrauch zu Nierenschäden führt.

Weide
(Salix alba, Salix caprea, Salix fragilis)

Weiden und Ebereschen
kamen spät zum Heer.

(BvT 8)

3. Hell sind die Wipfel der Weiden, verspielt sind die Fische
im See; der Wind pfeift über die Spitzen der Zweige;
Natur ist dem Lernen überlegen.

(RBvH 9)

25. Hell sind die Wipfel der Weide, stark und mutig
ist das Kriegsross, lang ist der Tag des Leibeigenen,
die einander Liebenden werden sich nicht im Stich lassen.

(RBvH 9)

Die Familie der Weidenarten, die ihre anmutigen Zweige zum glitzernden Wasser herunterbeugen, fühlen sich an Bächen und Flüssen, Teichen und Sümpfen zu Hause. Bei Tag erstrahlt das frische Grün in verspielter Schönheit, und nachts, wenn Nebel vom Wasser aufsteigt und das weiße Mondlicht den Dunst versilbert, sind die Weiden Versammlungsort von Wassergeistern, Hexen, Dämonen und Geistern. In der Neujahrs- und in der Mittsommernacht können die Weiden sich entwurzeln, laufen und tanzen. Eine Tradition aus Norddeutschland besagt, dass Hexen unter Weiden initiiert werden. Unter den schwankenden Zweigen verfluchte die Novizin den christlichen Gott und besiegelte den Pakt mit einer Unterschrift aus Blut.

Weiden waren auch bei Selbstmördern beliebt, da die schlanken Ruten stabile Schlingen ergeben, und bei Personen, die an Selbstjustiz glaubten, wie die geheimen Feme-Gerichte des mittelalterlichen Deutschland.

Volkstümliche Zauber bedienten sich der Weide, um mit Hautproblemen fertig zu werden (ein Stück von der Haut wurde zum Baum gebracht und unter der Rinde verborgen) und ansonsten wurden Erkältungsfieber und Arthritis in den Baum « hineingebunden », indem man drei Zweige miteinander verknotete. Weiden wurden auch verwendet, um Pfeifen und Obertonflöten herzustellen ; besonders segensreiche Wirkung wurde dabei Weiden zugeschrieben, die niemals einen Fluss rauschen oder einen Hahn krähen gehört hatten. Aber auch sonst waren Weidenruten sehr populär, da man so viele nützliche Gegenstände aus ihnen flechten kann. Weidenkörbe wurden von den Hallstattkelten regelmäßig benutzt, um schwere Lasten zu tragen, und so manches Kind schlief in einer aus Weidenzweigen geflochtenen Wiege.

Die volkstümliche Medizin verwendet die Blätter und die Rinde, die einen hohen Gehalt an Salicylsäure haben, mit der man Kopfschmerzen, Rheuma und Fieber behandeln kann. Ein Weidenstab taucht in einer eigenartigen schottischen Geschichte auf. Ein weiser Mann aus Stratherrick trug einen solchen Stab auf einer Wanderung durch die neun fruchtbarsten Täler Schottlands bei sich. In jedem von ihnen band er den Reichtum des Bodens in seinen Stab. Dann machte er sich auf den Heimweg, mit all der gestohlenen Macht in seinem Stab, aber als er zum letzten Mal Halt machte, in Killin, traf er einen anderen Zauberer, der wusste, was vor sich ging. Die zwei fochten einen harten Kampf aus, der endete, als der Stab mit einem verzauberten Messer entzwei geschnitten wurde. Sofort verließ die ganze angestaute Macht den Stab und floss in den Boden von Killin, der schon vorher fruchtbar

gewesen und nun noch acht Mal so fruchtbar war.

Wein

Ich habe Wein und Gewürzmet getrunken,
von einem verstorbenen Bruder.

(BvT 45)

Oft ist es, dass Prinzen Feste geben ;
oft folgt aufs Trinken die Verwirrung der Sinne.

(RBvH 6)

69. Von einem Festmahl von Wein und Met
zogen sie in den Streit…
70. Von einem Festmahl von Wein und Met eilten sie,
Männer, geprüft in Widrigkeiten, unverzagt um ihre Leben,

Männer, berühmt für Schwierigkeiten, die ihres Lebens nicht achteten

(BoA, 1)

Von Plinius «Blut der Erde» genannt, inspirierte der Wein zahlreiche griechische und römische Literaten. Schon zur Hallstattzeit fanden große Mengen an Wein aus dem Mittelmeerraum ihren Weg nördlich hinter die Alpen. Aller Wahrscheinlichkeit nach war er nicht nur ein teures Getränk, sondern auch eines von religiösem Charakter. Die vielen Masken, seltsamen Kreaturen und bizarren Symbole, die Krüge und Flaschen der Hallstattzeit schmücken, hatten wahrscheinlich apotropäische (Unheil abwehrende) Funktion. Ein Getränk, das das Bewusstsein verändert, muss offenbar vor dem Einfluss böser Geister beschützt werden. Das galt auch für mit Dreiblatt-Symbol versehene Gefäße.

Der Weinanbau wurde Jahrhunderte später dank der römischen Besatzung eingeführt; Mark Aurel war einer seiner Förderer. Mit dem Weinanbau erschien ein interessanter Vegetationsgeist, der grüne Mann. Dieser Geist, der zu Unrecht oft für eine keltische oder germanische Gottheit gehalten wird, erschien in seiner frühesten Form mit einem Gesicht aus Weinblättern. Infolge des Weinanbaus wurde er in Europa bekannt und schmückte schließlich im Hochmittelalter so manche Kirche. Später wurde auch eine grüne Frau erfunden, und bald schmückten auch andere Blätter die Gesichter dieser wohlwollenden Kreaturen. Legenden erwähnen alle möglichen Arten von Wein, manche mit Trauben, denen Bärte wachsen, andere mit Blättern aus purem Gold oder solche, deren Holz in einer Form wuchs, die Jesus am Kreuz zeigte. Weinanbau kann recht schwierig sein, da Wein eine ganze Reihe von Pflanzen nicht in seiner Nähe duldet.

Das Schneiden und Pflanzen geschah nach dem Mondrhytmus, wobei eine ganze Reihe komplizierter und gelegentlich auch widersprüchlicher Regeln zur Anwendung kam. Das Tragen eines Efeukranzes sollte die Weinernte besonders erfolgreich machen. Die volkstümliche Medizin verwendete Wein bei vielen Heilmitteln, sei es nun aufgrund seiner berauschenden Qualitäten oder aufgrund der Tatsache, dass er sich so gut als Basisflüssigkeit eignete, der man leicht andere Pflanzen zusetzen konnte.

Weißdorn
(*Crataegus monogyna, Crataegus laevigata*)

Weißdorn, von Stacheln umgeben,
mit Schmerzen zur Hand.

(BvT 8)

Wenn ein Stein so schwer ist,
wenn ein Dorn so scharf ist.
Weißt du was besser ist,
sein Ansatz oder seine Spitze,

(BvT 9)

27. Hell sind die Wipfel des Weißdorns;
ein starker Reisender ist das Ross;
oft ist der Liebende ein Verfolger,
ein sorgsamer Botschafter tut Gutes.

(RBvH 9)

2. Oft kommt der Wind von Osten,
oft ist ein Mann mit geschwollener Brust
stolz,
oft ist die Drossel zwischen Dornen,
oft gibt es nach Aufruhr große Klage,
oft finden Krähen Fleisch im Wald.

(RBvH 6)

Die blühenden Hecken im Frühling lassen kaum vermuten, dass Hexen und Geister im Schatten zwischen den Zweigen und Dornen lauern. Der Weißdorn hat einen eigenartigen Ruf. Laut Robert de Borons Merlinroman (ca. 1180) wurde der alte Zauberer von der jungen Hexe Viviane (deren Name in der chaldäischen Sprache „ich werde nichts dergleichen tun" bedeutet, wie uns Robert berichtet, und deren Vater Dyonas ein enger Freund der Göttin Diana war) unter einem blühenden Weißdornstrauch verzaubert. Sie küsste den alten Zauberer, damit er einschlief, und zog einen Kreis um ihn und den Busch mit ihrem Schleier, wobei sie Zaubersprüche murmelte. Als Merlin erwachte, befand er sich in einem hohen Turm. Dort blieb er, unsichtbar und unsterblich, und nur Viviane wusste, wie man ihn besucht, was sie fast jeden Tag tat. Oder denk an den Wunder wirkenden Weißdorn, der auf dem Hügel von Glastonbury wuchs. Legenden besagen, dass Jesu Kreuz und Krone aus Weißdornholz hergestellt wurden. Da der Strauch daran ganz unschuldig war (so heißt es zumindest), kann man ihn bitterlich seufzen hören. Als Karl der Große auf dem Schlachtfeld von Roncesvalles die Ungläubigen erschlug, stellten seine Truppen hinterher erschrocken fest, dass sie die erschlagenen Christen nicht von den Heiden unterscheiden konnten. Am nächsten Morgen allerdings war in der Nähe jeder christlichen Leiche eine weiße Blume erblüht, während durch den Leichnam jedes Heiden hindurch

ein Weißdornbusch gewachsen war. Ein mit Dornen besetzter Weißdornzweig soll vor Hexen schützen, andererseits heißt es, wenn Hexen zum Sabbat reisen, machen sie Rast in einer Weißdornhecke. Das deutsche Wort „Hexe" ist eine Kurzform von Hagazussa („die in der Hecke sitzt"), was bedeutet, dass eine Hexe eine Person ist, die sich zwischen den Realitäten bewegt und eine Reisende zwischen der bekannten Welt und der gefährlichen Außenwelt ist. Weißdornhecken wurden oft gepflanzt, um Höfe und Dörfer zu schützen. Laut Squire bedeutet der Name des Riesen Yspaddaden „Weißdorn". Er tritt in der Romanze von Culhwch im *Mabinogi* auf. Der Gebrauch von Weißdorntee (aus Blüten und Blättern), um Herzkrankheiten und Blutdruckprobleme zu behandeln, scheint eine relativ neue Sache zu sein. In der mittelalterlichen Literatur kam diese Therapieform nicht vor, was vielleicht damit zusammenhängt, dass man diese Arnzei über mehrere Monate hinweg einnehmen muss, ehe ihre Wirkung offensichtlich wird.

Eine Handvoll Wälder

Was ist die Imagination (Kenntnis; Herrschaft; Tumult; Beben) der Bäume?

(BoT, 7)

Auf den vorhergehenden Seiten hast Du gelesen, wie Bäume und Bestandteile von ihnen in der volkstümlichen Medizin eingesetzt wurden. Im Allgemeinen wurden einige Bäume für den Übergangs-Effekt benutzt. Indem man hindurchkroch oder –kletterte, konnte man Krankheiten oder Pech abstreifen oder verjüngt auf der anderen Seite erscheinen. Bäume konnten Krankheiten festhalten und heilen. Ihr Holz wurde für Talismane verwendet, ihre Blätter und Blüten für Schutz und Bezauberung. In der bardischen Zauberei fand man auch noch anderweitig Verwendung für Bäume. Von allen irischen Formen der Weissagung wurde nur der *dichetal do chenaib* von St. Patrick erlaubt: *Nur den dichetal do chenaib erlaubte er, da es hierzu nicht nötig war, den Geistern Opfergaben darzubringen, denn die Erleuchtung kommt direkt von den Fingerspitzen des Poeten. (Cormac's Glossary).*

Das klingt geheimnisvoll und anregend. Wie kann man diese Worte deuten? Robert Graves, der wusste, dass sich die irischen Poeten mittels einer geheimen Zeichensprache mit ihren Fingern verständigen konnten, schlug vor, dass die Glieder der Finger mit den Buchstaben des Alphabets in Beziehung gebracht werden könnten und daher auch mit den Bäumen des Ogham-Alphabets. Demgemäß kartographierte er die Hände und fand tatsächlich Platz für 25 Bäume. Allerdings ruinierte er diese brilliante Idee wieder komplett, indem er seine persönliche „Rekonstruktion" des Ogham und seinen frei erfundenen Baumkalender zugrunde legte.

Wenn wir mal von diesen grundlegenden Fehlern absehen, haben wir immer noch ein hervorragendes Modell zur Verfügung, in dem die Fingerglieder mit Bäumen und dadurch mit deren Geist in Verbindung gebracht werden. Im rituellen Taoismus werden die Fingerglieder auf ähnliche Weise eingesetzt. In einem System werden die Zeichen der *Ba Gua*, der acht Trigramme, auf neun Fingerglieder verteilt (eins steht im Zentrum) oder das Neun-Kammern-Quadrat von Yü. Ein anderes System ordnet die zwölf Glieder von vier Fingern den zwölf Tieren des chinesischen Zodiak zu. Die taoistischen Zauberer wirkten ihre Riten der Evokation, indem sie das entsprechende Fingerglied drückten, einen besonderen Geist visualisierten, seinen geheimen Namen (Imaginär) intonierten und Speichel schluckten. Normalerweise taten sie das heimlich; das zu drückende Fingerglied war stets an der linken Hand, tief verborgen im Ärmel der zeremoniellen Robe, während die rechte Hand mit einem Schwert obskure, komplizierte Sigillenmuster in die Luft zeichnete (s. *Living Midnight*).

Du könntest nun fragen, was so Besonderes daran ist, einen Teil des Fingers zu drücken. Trotz aller Akupunkturtheorien waren die taoistischen Priester sich dessen bewusst, dass Geister, Energien oder Zeichen nicht in den Gliedern wohnen konnten, wenn man sie nicht vorher dort verankert hatte. Jeder Körperteil des Menschen kann Geister beherbergen; die Frage ist nur, wie man sie hineinbekommt. Um solche Magie zu benutzen, braucht man eine starke Assoziation, vorzugsweise eine lebhafte, starke emotionale Erfahrung. Möchtest Du diese Kunst erlernen? Würdest Du gern ganze Wälder in Deinen Fingern unterbringen und Erleben? Dann solltest Du als Erstes feststellen, aus welchen Bäumen Dein verzauberter Wald bestehen soll.

Die Matrix Nemetonas

Denk an die heiligen Haine der Druiden, das Nemeton (den heiligen Wald oder Ort) der La Tène-Kelten, deren Personifikation und Hüterin die Göttin Nemetona ist. Sie erscheint im Heiligtum, äußerlich in den Bäumen, Blumen, Tieren, Steinen und Quellen, aus denen ihr Körper besteht; und innerlich in der Gestalt, die Du träumst, genährt von der Liebe zu all dem, was Dir heilig ist. Was ist für Dich ein heiliger Hain? Wenn ich Dich bitten würde, Dir einen vorzustellen, was käme Dir in den Sinn, was würde Dich berühren? Es ist wichtig, dass sich Deine Wahl auf die Umgebung bezieht, in der Du lebst. Es hat keinen Zweck, wenn Du wunderbar druidische Bäume auswählst, die so selten sind, dass Du in den botanischen Garten gehen musst, wenn Du sie sehen willst. Viel nützlicher sind die Bäume in Deiner Nachbarschaft, die Bäume, die Du bei Deinen Spaziergängen siehst, die Bäume, die in Deinem Leben eine Rolle gespielt haben. Denk an die Bäume, die Dir etwas bedeuten. Und denk an die Bäume, die Du gern besser kennenlernen würdest. Sollten die heiligen Bäume Deiner Heimat zufällig Olivenbäume, Bambus oder Baobabbäume sein, mache sie auf jeden Fall zu einem Bestandteil Deines Alphabets. Es sind Deine Bäume, und sie sind das Material, aus denen Du Dein magisches Universum formst. Als ich dieses System entwarf, beschloss ich, zwölf Bäume zu verwenden. Graves ordnete 25 Stellen an den Fingern Ogham-Buchstaben zu. Damit das funktionierte, verwendete er nicht nur die drei Glieder an der Innenseite der Finger, sondern auch die Oberseite der Fingerspitzen und die Stelle unterhalb jedes Fingers auf der Handfläche. Ich lasse die Fingerspitzen weg, da sie im täglichen Leben zuviel Druck ausgesetzt sind, als dass die Assoziation noch zuverlässig funktionieren könnte. Das glei-

che gilt für die Stellen unterhalb der Finger, da es etwas unbequem ist, sie zu drücken. Damit bleiben zwölf Bäume oder Baumfamilien für vier Finger, oder fünfzehn, wenn wir den Daumen mit einschließen. Wenn Du mehr Bäume aufnehmen möchtest, könntest Du mehrere ähnliche oder verwandte Bäume dem gleichen Glied zuordnen. So könnte ein Fingerglied für alle Weidenarten stehen, ein anderes für alle Arten von Dornbüschen, oder Obstbäume, oder Bäume, die Nüsse tragen. Wenn Du mehr Stellen möchtest, könntest Du noch die Fingernägel einschließen oder die jeweilige Außenseite des zweiten Fingergliedes, da man sie auch noch mit dem Daumen erreichen kann. Denk darüber nach und wähle eine Lösung, die für Dich passt. Ich ordne sie dann als erstes in vier Gruppen. Der Zeigefinger steht für die Luft und Bäume, die im Gebirge wachsen, der Mittelfinger steht für feurige Bäume und Bäume des Hochwaldes, der Ringfinger für Bäume von wässriger Natur und der kleine Finger für Erde sowie Bäume in Feld und Garten. Der Daumen hat die Aufgabe, die Fingerglieder zu drücken. Natürlich kann man die Bäume auf mehrere verschiedene Weisen ordnen. Man könnte nach der Umgebung gehen, nach Vorlieben, nach ihrem medizinischen Gebrauch, nach der Zeit ihrer Blüte im Frühling, nach der alphabetischen Reihenfolge, einen Kalender erfinden, nach Himmelsrichtungen vorgehen, sie den Jahreszeiten zuordnen, nach der Festigkeit ihres Holzes, nach der Form ihrer Blätter oder was auch immer Dir gefällt. Es ist nicht wichtig, was genau Du erfindest, es kommt darauf an, dass Du eine Reihenfolge entwirfst, die Dir gefällt und die eine Reihe verschiedener Bäume beinhaltet, die für viele interessante Ideen stehen können.

Oder richte Dich nach der Funktion. Weißt Du, welche Bäume Geheimnis, Liebe, Freude, Träume, Verzauberung, Schutz, Widerstand, Anpassungsfähigkeit, Gefahr, Tod und Wiedergeburt für Dich bedeuten! Ein gutes Spektrum an Bäumen, ein harmonischer, verzauberter Wald enthält Segen aller Arten. Eine Sprache, die aus Baumzeichen besteht, sollte jede Art von Idee übermitteln können; das ist eins der Hauptkriterien für die Effektivität jedes magischen Modells der Welt. Schreib Dir alle Bäume auf, die Dir etwas bedeuten. Du musst nicht alle Spezies aufführen, eine Reihe von typischen Bäumen reicht. Es ist vielleicht sinnvoll, im Kopf zu behalten, dass Du in gewissem Sinn Bäume und Baumtypen des Waldes gruppierst. Und in einem anderen Sinn sind die Bäume selbst nur Symbole für Energien, Stimmungen, Bewusstsein und Intelligenzen. Ein Baum kann ein Baum sein, aber er kann auch ein Symbol in Gestalt eines Baums für etwas komplett Abstraktes sein. Wenn Du Bäume nur als Bäume siehst, entgeht Dir Wesentliches. Oft ist die Intelligenz, die in einem Baum steckt, viel wichtiger für Deine Magie als die tatsächliche Pflanze, die im Wald wächst.

Ordne einen Baum oder eine Familie von Bäumen jedem einzelnen Deiner Fingerglieder zu. Wenn Du Deine Sache gut gemacht hast, sollten dabei Deine magischen Lieblingsbäume nicht nur in einer bedeutsamen Reihenfolge vertreten sein, sondern es sollte auch möglich sein, eine Reise von Fingerglied zu Fingerglied oder Finger zu Finger durchzuführen. Das bedeutet, dass Dein Modell ein bedeutungsvoller Spaziergang durch verschiedene Umgebungen sein sollte. Mit anderen Worten, versuche die Bäume in einer Reihenfolge anzuordnen, wie es für den Wald natürlich ist.

Sobald Du die Reihenfolge der Bäume in Deinen Fingern ordentlich kartographiert hast, kannst Du sie mit Leben füllen. Wir könnten diese Phase als Prägung bezeichnen, aber da ich nicht an permanente Prägungen und unveränderliche Glaubensstrukturen glaube, spreche ich hier lieber von lebhaftem Assoziieren. Das Beste, was man in diesem Zusammenhang tun kann, ist, etwas zur Symbolik und Bedeutung der Bäume zu lesen. Dann wähle drei von ihnen, um Deine erste Reise durchzuführen.

Nehmen wir zum Beispiel die Birke. Geh und such Dir eine Gruppe eindrucksvoller Birken. Keine schwachen, vergifteten Birken, die am Straßenrand vor sich hin welken, sondern starke, wilde Exemplare mit eigenem Geist und eigener Kraft. Verbringe etwas Zeit mit ihnen. Sieh sie Dir von allen Seiten an. Berühre ihre helle Haut. Lausche dem Wind in ihren Zweigen. Spüre sie so intensiv, wie Du kannst. Sprich mit ihnen. Rufe ihren Geist offenen Herzens an, sprich frei und mit sanfter Freundlichkeit zu ihnen. Gleiche Dich der Stimmung der Bäume an. Falls Du das beherrschst, geh eine Weile in Trance und werde ein Baum. Komm zur Ruhe. Werde langsamer. Bäume haben viel Zeit. Sie haben nicht viel Wahlmöglichkeiten oder Handlungsfreiraum, aber sie machen ihre Arbeit gut. Werde ruhig und verträumt.

Steh mit geschlossenen Beinen, die Füße nah beieinander. Entspanne Dich. Stell Dir vor, wie aus Deinen Füßen Wurzeln wachsen und wie sie tief hinunter in die dunkle, weiche Erde greifen. Es sind große Wurzeln, und sie sind so stark, dass Du Dich auf sie verlassen kannst, und es sind auch feinere Wurzeln da, die Nahrung aufnehmen. Manche Deiner Wurzeln reichen bis hinab zu den geheimen Wassern in der Erde, andere berühren Steine, die dort schon seit Jahrhunderten liegen und träumen.

Spüre die Dunkelheit, während Du dort stehst, während Deine Wurzeln Energie aus der Tiefe ziehen, und fühle, wie Dein Körper leicht schwankt, während der Wind durch Deine Zweige streicht. Du stehst dort, leicht schwankend, Dein Atem fließt leicht, und die Stille umgibt Dich wie die helle Rinde, und Deine Blätter flattern, die Vögel singen und Du kannst die anderen Bäume in Deiner Nähe spüren. Wenn Du sie richtig spüren kannst und sie intensiver erfährst, als Du je zuvor einen Baum erfahren hast, drücke das Birken-Fingerglied Deiner Hand und lass es die Erfahrung aufnehmen. Tu das aus ganzem Herzen, mit all Deinem Wesen, aller Lust und im ganzen Bewusstsein Deiner Sinne. Je stärker Deine Erfahrung ist, desto stärker wird Deine Assoziation sein. Wenn Du das Ganze durch ein Ritual, eine Opfergabe, ein Gebet, eine Trance oder das Erzählen einer Geschichte verstärken möchtest, tu das auf jeden Fall. Sorge dafür, dass die Erfahrung stark wird, drücke Deinen Daumen gegen das Fingerglied und stelle eine Verbindung her, die das Birken-Bewusstsein herbeiruft, wann immer Du das Fingerglied drückst.

Es ist wichtig, dass Deine Erfahrung intensiv ist. Der Druck auf Dein Fingerglied muss nicht stark ausfallen, Du solltest dafür sorgen, dass das Gefühl im Rahmen des Angenehmen bleibt. Ein paar Minuten lang leichten Druck ausüben, der von starker Imagination und Emotion begleitet ist, wirkt sehr viel besser als stundenlange Verkrampfung und Abstumpfung. Wenn Du Deine Baum-Erfahrung mit Schmerz verbindest, wirst Du kaum geneigt sein, sie zu mögen! Entspanne Dich anschließend, betrachte etwas anderes in Deiner Umgebung. Dann geh zurück zur Birke, begib Dich wieder in das Bewusstsein der Birke, und drücke das Fingerglied noch einmal. Wiederhole es, so oft es Dir Spaß macht, und hör damit auf, bevor es zur Routine wird. Dann nimm ein paar Blätter oder ein Stück Holz mit und leg diese Dinge auf Deinen Altar oder unter Dein Kopfkissen, wenn

Du nach Hause kommst. Such Dir andere Birken, alte und junge. Geh in das Bewusstsein der Birke und « verankere » (im NLP ein Begriff für intensive Assoziationen, die durch ein Signal ausgelöst werden) die Erfahrung in Deinem Fingerglied für die Birke.

Fahre damit fort, bis Du mehrere intensive Erfahrungen mit der Birke gemacht hast, die Du mit einem spezifischen Druck auf Dein entsprechendes Fingerglied in Verbindung bringst. Tu das gleiche mit einem anderen Baumtyp, und vielleicht noch mit einem dritten. Das ist für einen Tag mehr als genug. Drei Baumarten pro Tag ist eine gute Anzahl, wenn es Dir um die Qualität der Erfahrung geht, vor allem, wenn Du mehrere individuelle Bäume pro Spezies wählst. Denk daran, Deinem Geist zwischen den Phasen intensiver Wahrnehmung auch Ruhepausen zu gönnen, so bleibt Deine Aufmerksamkeit länger wach. Solltest Du Dich gelegentlich abgestumpft oder unkonzentriert fühlen, ist das ganz natürlich: Das Gehirn braucht seine kleinen Pausen, in denen es gar nichts tut, um sich zu erholen. Genieße sie, sie sind ein interessanter Bewusstseinszustand.

Wenn Du innerhalb von ein paar Wochen mehrmals spazieren gehst, sammelst Du eine ganze Reihe von Erinnerungen und lebhaften Assoziationen in Deinen Fingern an. Das Drücken der Fingerglieder bringt Erinnerungen und Gefühle wieder in Dein Bewusstsein zurück, vorausgesetzt, Du verwendest die Assoziationen, um Dich in die Erfahrung hinein zu begeben. Es handelt sich dabei um aktives Imaginieren und Erinnern – Du solltest auf keinen Fall erwarten, von hunderten von Erinnerungen an Birken überschwemmt zu werden, bloß weil Du auf dem Weg zum Bus unabsichtlich das betreffende Fingerglied gedrückt hast. Die Bäume sind immer da und warten auf Dich. Deine Aufmerksamkeit ist der Schlüssel.

Der nächste Schritt ist jetzt, die Assoziationen der inneren Welt der Träume und der Phantasie zuzuwenden. Zu Hause findest Du den nötigen Frieden und die Ruhe. Entspanne Dich, erlaube Deinen Muskeln, sich zu lockern, lass Deinen Atem ganz natürlich kommen, werde langsamer, schließe die Augen und erlaube Deiner Aufmerksamkeit, sich nach innen zu wenden. Wenn Du zunächst eine Trance herbeiführen möchtest, tu das, falls nicht, wirst Du vielleicht feststellen, dass eine Trance ganz von selber entsteht, während Du Deine Bäume visualisierst. Drücke ein Fingerglied und erwecke den Wald in Dir zum Leben. Geh zwischen Deinen Erinnerungen und Visionen spazieren. Erforsche, was sich am Wegesrand findet, entdecke die Geheimnisse abgeschiedener Täler, schattiger Haine, im dicht verwachsenen Unterholz. Begegne Nemetona in den geheimen Wäldern Deines Geistes. Vielleicht erinnerst Du Dich daran, was Du früher in Bezug auf eindrucksvolle Visualisierungen entdeckt hast. Gestalte Deine inneren Bilder groß, lebhaft, farbig, nähere Dich ihnen an, schlüpfe in sie hinein und erforsche sie von innen heraus. Tu das gleiche, was Du getan hast, als Du die Assoziation in der Außenwelt überzeugend gestalten wolltest: Sieh die Bäume in Deiner Vorstellung, höre sie, fühle sie, rieche sie, versuche sie vollständig zu erfahren.

Hier wirst Du die Welt der Erinnerung verlassen und feststellen, dass Deine Visionen kreativ werden. Jede Gruppe verzauberter Bäume kann ein Tor zu unerwarteten Realitäten sein. In Märchen ist der große, ursprüngliche Wald oft ein Ort der Verheißung und Gefahr, ein wilder Ort mit seinen eigenen Geschöpfen und Traumzellen. Der Wald ist ein lebendiges Wesen – die Traumwälder, die Du in Deinem Geist erschaffst, sind es auch. Wenn Du plötzlich unerwar-

tete Dinge träumst, wenn Du in den Wäldern Deines Geistes Wesen triffst, wenn Du auf verborgene Schätze und Gefahren stößt, darfst Du sicher sein, dass die astralen Wälder erwacht sind und dass Du Dich nicht länger in dem Reich aufhältst, das Du bei Deinen Spaziergängen im Wald konstruiert hast. Die Tiefen sind zum Leben erwacht, und Du kannst sie erleben und genießen. Wie sehen die Wälder in Deinem Geist aus? Welche Geheimnisse bergen sie? Auf welche Melodien sprechen sie an?

Solche Trancereisen sollten über einen gewissen Zeitraum hinweg entwickelt werden. Du kennst Deine Wälder nicht, wenn Du sie nicht in allen Jahreszeiten und zu allen Tageszeiten erfahren hast. Wenn Du sie erforschst, wirst Du vielleicht feststellen, dass jede Reise anders ist. Manchmal steckt eine Baumgruppe für Dich voller seltsamer Erfahrungen, und manchmal sind es einfach nur ein paar Bäume, die leicht im Wind schwanken. Beim dritten Mal ist der Traum vielleicht so intensiv, dass Du die Baumgruppe, mit der Du angefangen hast, völlig vergisst. Das alles sind Forschungsreisen. Du erschaffst nicht nur Traumgegenden, Du öffnest auch Kanäle, die es Deinem Tiefenselbst erlauben, Dir ungewöhnliche Ideen zu übermitteln. Die Dinge, die passieren, all die Personen, die Du nicht erfunden hast, all die unerwarteten Überraschungen sind Dein Tiefenselbst, das zu Dir spricht. Während Du in den inneren und äußeren Wäldern spazieren gehst, wird Dein bardischer Rundgang zur Initiation.

Damit wären wir beim Thema Divination angekommen. Ich frage mich ab und zu gern, welche Art von Energie oder Bewusstseinszustand mir jetzt gut tun würde, und lasse meinen Daumen ziellos über meine Fingerglieder wandern. Nach einer Weile gibt es mir einen Ruck (ich spüre das für gewöhnlich in der Wirbelsäule), und mein Daumen bleibt an einem Fingerglied hängen. Das Gefühl ist sehr spezifisch, es ist das gleiche, das ich empfinde, wenn ich eine Rune aus meinem Beutel ziehe oder eine Tarotkarte vom Stapel nehme. Was signalisiert Dir, dass eine Karte oder Rune die richtige für Dich ist? Hörst Du etwas, hast Du ein Gefühl oder eine Vision? Was auch immer es ist, es erfüllt eine Funktion für Dich. Verwende es, wenn Du magst, oder erfinde ein anderes Signal und bitte Dein Tiefenselbst, es zu verwenden. Oder frage Dein Tiefenselbst, welches Signal es gern verwenden würde, und beobachte anschließend alle Deine Sinnesempfindungen. Mit ein bisschen Unterstützung von Deinem Tiefenselbst kannst Du ein oder mehrere Signale festlegen oder sie so fein abstimmen, dass sie ganz elegant funktionieren. Wenn ich so ein Signal bekomme, halte ich den Druck auf mein Fingerglied aufrecht, begebe mich in die Vision hinein und schaue, was passiert. Manchmal lerne ich dabei etwas, manchmal finde ich mich aber auch einfach in einem Wald mit besonderer Atmosphäre wieder, und wenn ich in mein Alltagsbewusstsein zurückkehre, fühle ich mich erfrischt und wiederhergestellt. Ich vermute, dass Tiergeister bevorzugt mit dem leicht erregbaren Sympathicus-Nervensystem kommunizieren und dass die scheinbare Passivität der Bäume sie vielleicht mit dem Parasympathicus- (Vagus) Nervensystem und seinen beruhigenden, regenerierenden Aspekten verbindet. Allerdings ist das nicht immer der Fall, da Bäume in gewissen Stimmungen alles andere als beruhigend wirken.

Wenn Du Deine Traumwälder erkundest, lernst Du wahrscheinlich, wie die innere und die äußere Welt einander spiegeln und beeinflussen. Du kannst diese Art der Divination auch benutzen, um Antworten auf andere Fragen zu erhalten. Halte die Frage einfach und kurz. Wiederhole sie in regelmäßigen Abständen, während Dein Daumen über Deine Fingerglieder wandert. Halte Deinen Geist offen – Du betreibst die Divination, um etwas Neues zu erfahren, nicht, um etwas bestätigt zu bekommen, was Du sowieso schon wusstest. Wenn Du den Wald Deiner Antwort gefunden hast, betritt und erforsche ihn. Wer weiß, was hinter der nächsten Biegung des gekrümmten Pfades auf Dich wartet? Was könntest Du noch mit Deiner Handvoll Wälder anstellen? Welche Zauber kannst Du in von Blättern beschatteten Tälern, im verschlungenen Gestrüpp wirken? Du könntest fragen, welcher Baum ein bestimmtes Bewusstsein oder eine Energie verkörpert, die Du jetzt brauchen könntest. Die Antwort liegt in Deinen Fingern. Sie sehen aus wie Bäume, fühlen sich an wie Bäume, hören sich an wie Bäume, aber hinter ihrer Oberfläche vollziehen sich Myriaden subtiler Prozesse. Das Ding ist nicht das gleiche wie die Idee, die es verkörpert. Magie arbeitet oft mit Symbolen: Während Du unter Bäumen wanderst, veränderst Du Dich und Deine Welt. Die Harfe der Wälder singt süße Melodien. Was ist der nächste Zauber auf Deinem Weg? Geh, suche und erforsche ihn.

14. Coda: Das Bett Taliesins

inter Tre Taliesin in der Nähe von Aberystwyth führt eine Straße hinauf zum Moel y Garn. Zwischen Gras und Farnwedeln erwartet den Besucher ein friedlicher Anblick. Eine große, flache Steinplatte ruht auf dem Boden. Wenige Felsen tragen dieses schwere Dach. Darunter befindet sich ein Raum, leer, hohl, schmal und dunkel. Der Wind bläst und das Gras flüstert. In der Ferne klingen die Schreie der Möwen wie ein Echo der rauschenden Wellen. Dieses Grab am Hang, unter dahinziehenden Wolken, im heulenden Wind, wer lag darin? Hier können wir wissenschaftlicher Zurückhaltung, präziser Forschung und eifriger Arbeit Lebewohl sagen. Die nach Salz schmeckende Brise führt Träume in ihren Böen mit sich; Visionen strömen im Wasser. Welle von Iwerdon, Welle von Manau, Welle des Nordens und Welle von Prydain, vier wohlgestalte Heere, singen die Totenklage eines vergessenen Zeitalters. Einen Augenblick lang steht die Zeit still. Wer bewegte die Steine, wer grub das Loch, wer errichtete das Mal, und wer, wenn überhaupt, wurde dort bestattet? Die örtliche Überlieferung bezeichnet es als *Bedd Taliesin*, das Grab Taliesins. Zwischen Heidekraut und Ginster, unter einem seelenweiten Himmel, birgt der Stein eine Zelle der Träume und Hoffnungen.

Für die, die es Bedd Taliesin nannten, war der Ursprung des Monuments ein Rätsel. Sie bezeichneten es als Grab, da ihnen gut bekannt war, dass jedes Grab lediglich ein Ort der Verwandlung und des Übergangs ist. Ein Bett ist es, ein vorübergehender Ruheplatz, ein Mutterleib, Grab, eine Kammer, wo die Glieder ruhen und die Seele heilt. Die Barden, die es nach Taliesin benannten, wussten nur zu gut, dass der Poet schlafen und in Trance gehen kann, aber niemals stirbt. Die Saat des Bewusstseins, die leuchtend rote Vogelbeere, die wandernden Köpfe, durch Milch, Tau und Eicheln werden sie wieder lebendig. Wer kennt dieses Tor, wer ist wieder und wieder hindurch gegangen? Wer weiß, wie man stirbt, wie man zurückkehrt, wie man wieder lernt, sich zu erinnern, was schon immer war?

Und wie dachten die Taliesins über ihren eigenen Tod? *Die erste Anrede Taliesins*, BoT 1, endet mit den triumphierenden Zeilen:

Und bevor ich das Ende meines Lebens begehre,
und bevor der erbrochene Schaum auf meine Lippen tritt,
und bevor ich in hölzernen Brettern verschlossen werde,
soll es Festlichkeiten für meine Seele geben!
Bücherwissen sagt mir selten
von üblem Leiden nach dem Totenbett;
und jene, die meine bardischen Bücher empfingen,
werden den Himmel erhalten, die beste aller Behausungen.

Der Begriff „Himmel" ist in diesem Kontext ganz wörtlich zu nehmen. Die Anderswelt ist im Wesentlichen unirdisch, und Taliesin ist ein unirdisches Bewusstsein wie wir alle, die wir uns erinnern und verstehen. Kessel der Tiefe, Atem der Inspiration, das Lied des Awen ertönt aus dunklen Zellen des

Gesangs, enthüllt das Unbekannte, formt die Welt um. Die wandernden Köpfe müssen weit reisen. Sie sind wie Beeren. Sie müssen durch die Oberfläche dringen, um zurück zu kommen. Sie dringen durch die Oberfläche der Welten, um bei ihren Gefährten zu sein. Manche, die kamen, kamen in einer Scheibe aus brennendem Gold. Sie wollten sich auf der Erde niederlassen, wurden aber vertrieben. Deshalb gingen sie in die Finsternis und verbargen sich in den hohlen Hügeln, unter den Wellen, unter der Erdoberfläche. Dies ist ihr Wohnort. Manchmal kommen sie heraus und wohnen im Hügel des Körpers, inkarnieren sich im lebendigen Fleisch, hinter einem dreifachen Schleier des Vergessens. Die Sterne sind nicht da draußen. Sie sind hier, und die Erde schwebt wie ein winziges Juwel in ihrer Mitte. Wenn wir uns nur erinnern.

Ich war auf einem unbequemen Sitz
über Caer Sidin,
und dem Herumwirbeln, bewegungslos,
zwischen drei Elementen.

(*Hanes Taliesin*, übersetzt von Nash)

Taliesins Sitz über Caer Sidin befindet sich oberhalb der Galaxis, direkt an der Grenze der dahinter liegenden Unendlichkeiten. Um ihn herum und unter ihm dreht sich das ganze Universum. Darf ich vorschlagen, dass Taliesins Sitz der Polarstern war, der eine bewegungslose Ort im Weltraum, umgeben von den rotierenden Wirbeln des Sternenrads? Dies ist das Land der Sommersterne, das Land der Cherubim, das Heim der Ahnen des Barden. Andere Taliesins spielten auf die Reinkarnation an. Der *Hanes Taliesin* enthält die Zeile:

Dreimal wurde ich geboren, ich erfuhr es durch Meditation;

Nur drei Mal? Ist drei Mal denn je genug gewesen? Wieviele Initiationen benötigen wir, um zur Einfachheit und zum Wunder unseres Selbst zurückzukehren?

Glaubten die Barden, dass das Bedd Taliesin ein Grab oder eine Initiationskammer war, eine dunkle Zelle, wo die brennende Intensität des Awen die Vernunft erschüttert und den Schatz der Worte des Initiaten zum Leben erweckt? Legenden sagen, wer eine Nacht am Bedd Taliesin verbringt, ist am nächsten Morgen tot, wahnsinnig oder ein inspirierter Dichter. Man hat die Wahl. Unter den Stein zu gehen. In eine winzige, dunkle Zelle. Auf kalter Erde und unter einem massiven Felsen zu liegen, den Geist weit geöffnet für die Inspiration, die mit flammender Glorie Visionen in die Schwärze der nachtdunklen Einsamkeit brennt.

Eine sehr ähnliche Geschichte stammt aus einem der schönsten Gebirge von Wales. Cader Idris, Wasserfälle entspringen in Kaskaden seinen baumgesäumten, wiesengrünen Flanken, gekrönt von einem majestätischen Gipfel aus grauem Fels, mit purpurfarbenem Heidekraut bewachsen. Er pflegte der Sitz des Riesen Idris zu sein, der hinauf in die Einsamkeit der Berghöhen mit ihren erfrischenden Sturmböen stieg, um in die Unendlichkeit jenseits unserer engen Welt zu blicken und die tanzende Bewegung der Sterne zu studieren. Auch hier weiß wieder eine fröhliche volkstümliche Überlieferung, dass eine Nacht, auf dem Sitz des Riesen verbracht, für einen Menschen Tod, Wahnsinn oder die Gabe der Dichtkunst bedeutet. Eigentlich eine interessante Sache: In einem Fall ist der Ort der magischen Transformation ein dunkles, steiniges Loch unter der Erdoberfläche und im anderen ein hoch gelegener, exponierter Ort auf einem Berg unter dem funkelnden Himmelszelt. Diese beiden Orientierungen, die Höhe und die Tiefe,

sind ein vages Echo der primären Richtungen für Opfer in früheren Zeiten; die Leute der Urnenfelder- und der Hallstattzeit opferten den Göttern des Himmels auf windumtosten Felsspitzen und steinigen Berghängen, und die La Tène-Kelten hatten eine Schwäche für Brunnen, Gruben, Höhlen und Kultschächte, die tief in den Boden hinein reichten. In unserem Fall ist ein Poet Opferpriester, aber auch Opfergabe, und letzten Endes auch Empfänger der Opfergabe. Wie Odin am windzerzausten Baum *sich selbst sich selbst* opfert, überlässt er/sie sich der Obhut größerer Geister, Intelligenzen und Gottheiten und taucht am nächsten Morgen schwer geschädigt oder höchst inspiriert wieder auf. Manchmal ist der Unterschied schwer zu erkennen.

Welche Schäden trägt man davon? Da wäre zunächst der Tod. Im wörtlichen Sinn handelt es sich hier um das Ende der inkarnierten Existenz. Magisch gesehen ist jede Initiation eine Art Tod. Es handelt sich nicht um den Tod des Körpers, der das Vehikel des Bewusstseins ist, sondern um den Tod der früheren Persönlichkeit. Der Dieb und Bettler Gwion musste sterben, bevor er mit den Auswirkungen des Awen umgehen konnte. Vollkommen namenlos trieb er in den Wassern des großen glitzernden Meeres, 40 Jahre lang (das könnte den Zwischenraum zwischen der Zeit Arthurs, der Zeit, als Ceridwen den Kessel zum Kochen brachte, und Maelgwns Zeit erklären), oder 40 Wochen, die ungefähre Dauer einer Schwangerschaft. Nach einer Zeit der Läuterung in der großen Tiefe, weit jenseits des gleißenden Salzwassergürtels und draußen in der dunkleren Flüssigkeit des Sternenraums, kehrt das alterslose Kind reif und voll wahrnehmungsfähig in die Welt der Menschen zurück, um einen Namen, eine Gestalt und ein Schicksal anzunehmen. Dieses Muster

ist grundlegend für die meisten Initiationen. Tod ist eine Möglichkeit. Die Metapher ist nett und dramatisch. Eine andere wäre ganz einfach die Aufhebung der Persönlichkeit, so dass neues Wissen in den Kessel der Inspiration strömen kann, geradewegs hinein in Deinen Kopf.

Es gibt viele Wege, um neue Einsichten, Visionen und Erleuchtungen in einem empfänglichen Geist zu bewirken. Kreativität und Inspiration sind immer gegenwärtig. Für Leute mit einer soliden Persönlichkeit, die fest in ihren Gewohnheiten stecken, ist Sterben ein Weg, über ihren alltäglichen, menschlichen Geist hinauszuwachsen. Ein anderer ist Verwirrung, Schock und Überlastung. Das führt zu einem Zustand vorübergehenden Wahnsinns, aus dem sich neue Gewohnheiten, eine neue Persönlichkeit und neue Überzeugungen formieren. Tod im gewöhnlichen, physischen Sinn bedeutet, dass die Initiation fehlgeschlagen ist. Tod im magischen Sinn ist ein Zeichen spiritueller Entwicklung. Wahnsinn im gewöhnlichen Sinn ist blind und destruktiv. Im magischen Sinn beinhaltet wahre Kunst ein gewisses Maß an Wahnsinn, insofern als Künstler ihre Sinne auf ungewöhnliche Weise einsetzen und diese neue Erfahrung ihren Zuhörern mitteilten. Wenn Kunst irgendetwas taugt, dann führt sie Dich über das hinaus, was Du früher wahrgenommen hast. Der Tod widerfährt den Strukturen des Geistes, die die Persönlichkeit definieren (das Phantasma des Ich und sein Phantom-Gegenstück, die All-Andersheit), der Zeiterfahrung (Vergangenheit, Gegenwart, Zukunft) und Wahnsinn befällt die Modelle und Überzeugungen, die wir in Bezug auf die Welt haben, an die wir glauben.

Echte Barden gehen über beides hinaus, wie eine in der Hecke sitzende Hexe, die vorsichtig durch Labyrinthe aus Dornen und

Unter den hohlen Hügeln. Eingang am Cadeir Idris.

Blüten kriecht, um die Anderswelten jenseits zu erreichen. Wenn man es so sieht, dann sind Tod und Wahnsinn keine Unfälle, und sie brechen auch nicht den Initiationsprozess ab. Sie sind lediglich Nebenwirkungen einer Kommunion des Selbst mit dem Empfindungsvermögen, das die alltägliche menschliche Persönlichkeit zerstört, um ein besseres Vehikel für Freude und Genie aufzubauen. Barden setzen sich nicht immer mit der lichten Seite der Natur auseinander. Der Tanz der Visionen beginnt und endet im Zwielichtreich zwischen Form und Abwesenheit von Form, zwischen Leben und Tod, an dem Ort, wo zwei Windkatarakte wehen und die Knochen der Barden sich in Nebel verwandeln.

Die drei Wahlmöglichkeiten sind die drei Pfade, die Dich führen, wohin immer Du willst. Tod hat mit festen Zuständen zu tun, Wahnsinn mit flüssiger Wahrnehmung, Inspiration mit gasförmigen Zuständen des Seins und Bewusstseins. Die gleiche Dreiheit, fest, flüssig und gasförmig, zieht sich wie ein roter Faden durch die verschlungenen Seitenpfade inselkeltischen Wissens. In Tiergestalt wird Gwion über Land, durch das Wasser und schließlich in der Luft gejagt. Das Awen vereint Wissen, Erinnerung und Gewohnheit für feste Zustände; Denken, Träumen und Experimente für flüssiges Bewusstsein und vereint sie in der Inspiration, Kunst und Erleuchtung, dem gasförmigen Reich der Erfahrung. Das Bewusstsein der Welt um Dich herum erscheint Dir gewohnheitsmäßig fest, die Erfahrung der inneren Welten des Träumens und Denkens flüssiger; hinter beiden liegt die Realität, sei es in der Form des totalen Bewusstseins oder der vollkommenen Bewusstlosigkeit, im traumlosen Schlaf. Wenn Du Dich auf Deine Wanderung im Kreis begibst, lebst Du zwischen Nüchternheit, Berauschtheit und reiner Wahrnehmung, und Dein tägliches Leben beinhaltet regelmäßige Arbeit, Feste und die Ausübung Deines wahren Willens. All das und mehr darfst Du genießen. Und bevor Dein müdes Fleisch sich zum Schlaf unter den Hügeln hinlegt, die der Regen nässt und die Sonne wärmt, und bevor Dein Selbst auf Reisen geht, entlang Gwydions Sternenweg durch die Spiralen der Unendlichkeit, hoch über Caer Sidin, soll es Festlichkeiten für Deine Seele geben!

Anhang

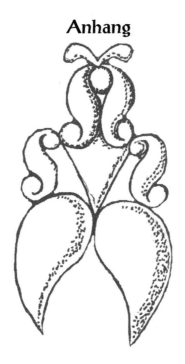

Zeittaffel

Eine ungefähre Zeittafel betreffend der in diesem Buch erwähnten Ereignisse

1200 – 800 vor unserer Zeit (?)

Mitteleuropäische Urnenfelderkultur, eine der möglichen Vorfahrinnen der keltischen Kultur

800 – 450 vor unserer Zeit (?)

Frühe keltische Hallstattkultur

450 vor unserer Zeit – Römische Besatzung

Keltische La Tène-Kultur

600 vor unserer Zeit

Die griechischen Phokäer gründen eine Handelskolonie im Land der keltischen Salluvier (bei Marseilles)

570 – 500 vor unserer Zeit

Pythagoras von Samos, Philosoph und Mathematiker, lehrte eine Reinkarnationstheorie

387 vor unserer Zeit

Kelten unter Brennus plündern Rom

279 vor unserer Zeit

Kelten unter Brennos plündern Griechenland und Mazedonien

278 vor unserer Zeit

Die keltischen Tolistoboger, Trokmerer und Tektosagen ziehen nach Kleinasien, vermischen sich dort und werden zu den Galatern

231 vor unserer Zeit

Die keltischen Insubrer und Boier Norditaliens vereinen sich, um Rom zu bekämpfen

225 vor unserer Zeit

Komplette Niederlage der Insubrer und Boier bei Telamon. Letzter Gebrauch keltischer Streitwägen auf dem Kontinent.

218 vor unserer Zeit

Hannibal überquert die Alpen mit Hilfe der keltischen Allobrogen, um gegen Rom zu kämpfen.

197 und 196 vor unserer Zeit

Niederlage Hannibals und seiner keltischen Verbündeten.

121 vor unserer Zeit

Rom besetzt das Land nördlich der Alpen und erschafft die Provinz Gallia Narbonensis.

120 vor unserer Zeit (?)

Eine riesige Horde von Teutonen, Kimbern, Ambronen und kelto-germanischen Stämmen wandert gemeinsam aus Nord-, Mittel- und Süddeutschland aus, um in Gallien oder anderswo neuen Lebensraum zu finden. Überbevölkerung und kälteres Wetter sind der Anlass zu dieser Migration.

113 vor unserer Zeit

Die Stämme begegnen den Römern nördlich der Alpen, was zu mehreren blutigen Kämpfen führt. Nach einigen internen Streitigkeiten teilen sich die Stämme in zwei Gruppen auf.

105 vor unserer Zeit

Teutonen, Kimbern, Ambronen usw. besiegen die römische Armee bei Orange.

102 vor unserer Zeit

Die Teutonen und Ambronen werden von den Römern unter Gaius Marius vernichtet

101 vor unserer Zeit

Die Kimbern werden von Marius bei Vercelli, Piemont, vernichtet

70 – 19 vor unserer Zeit

Leben des Publius Vergilius Maro (Vergil), Dichter und Autor der Aeneis

58 vor unserer Zeit

Der keltische Stamm der Helvetier (ursprünglich Bewohner Süddeutschlands, später der Schweiz) unter Orgetorix versucht, sein Territorium in der Schweiz zu verlassen und nach Südfrankreich einzuwandern. Das bietet Gaius Julius Cäsar einen Vorwand, außerhalb seiner legitimen Domäne einen Krieg anzufangen.

59 – 49 vor unserer Zeit

Julius Cäsar erobert Gallien und stattet Germanien und Britannien einen kurzen Besuch ab.

54 vor unserer Zeit

Cassivellaunus führt die Briten gegen Julius Cäsar. Sein Name erscheint als Caswallan fab Beli Mawr in der bardischen Lehre, aber seine Geschichte ist komplett unhistorisch.

15 vor unserer Zeit

Das keltische Süddeutschland wird von der römischen Armee besetzt.

- 41 (?)

Das gallische Druidentum wird allen römischen Bürgern verboten (Sueton)

40 – 50 (?)

Pomponius Mela hält fest, dass die Riten der Druiden in Gallien nicht länger praktiziert werden.

41 – 51

Herrschaft des Kaisers Claudius. Druidentum wird verhemmt unterdrückt.

43

Römische Invasion von Britannien.

60

Suetonius Paulinus plündert die Druidenenklave auf Mona (Anglesey) und macht dem Druidentum in Britannien ein Ende (Tacitus)

61

Aufstand der Königin Boudicca und der Icener gegen die Römer schlägt fehl

77 (?)

Plinius zeichnet druidische Riten auf, bei denen Misteln, Verbene, Selago, Samolus, Kannibalismus und das Schlangenei Verwendung finden. Er sagt, der Kult sei eingestellt worden.

83

Der Limes (der ca. 600 km lange Grenzwall zwischen Rhein und Donau) wird unter der Herrschaft Domitians begonnen.

Spätes 2. Jh.

Coligny-Kalender (wurde von frühen Forschern auf das 1. Jh. datiert)

3. Jh. (?) Herrschaft des semi-legendären irischen Königs Cormac MacAirt

3. Jh.

Früheste Ogham-Inschriften in Irland

235

Alexander Severus trifft in Gallien eine Druidin, die ihm seinen Untergang prophezeit

258

Die Alemannen, eine Gemeinschaft germanisch-keltischer Stämme, durchbrechen den Limes und beenden damit die römische Besatzung in Mittel- und Süddeutschland.

Spätes 3. Jh.

Piktische und keltische Stämme versuchen, den Hadrianswall südwärts zu durchbrechen

4. – 6. Jh.

Britannische Siedler überqueren den Kanal und besiedeln die Bretagne, hauptsächlich, um der angelsächsischen Invasion zu entgehen

312

Der römische Kaiser Konstantin wird offiziell Christ

331

Beginn der Verfolgung heidnischer Kulte im Römischen Reich

337

Heidnische Opfer werden im Römischen Reich offiziell verboten

357

Heidnische Tempel werden im Römischen Reich geschlossen

361

Kaiser Julian schafft das Christentum ab und führt das Heidentum wieder ein

363

Julian wird ermordet, das Christentum wird wieder eingeführt, aber die heidnische Religion wird toleriert

383

Magnus Maximus wird von seinen Truppen in Britannien zum Kaiser erklärt. Er verlässt Britannien unter Mitnahme seiner letzten Legionen, und es gelingt ihm, Gallien und Spanien zu erobern, ehe er besiegt wird. Sein Aufbruch in Richtung Kontinent lässt Britannien wehrlos zurück, so dass die Angelsachsen wieder in Britannien einfallen.

391

Kaiser Eugenius usurpiert den westlichen Teil des Kaiserreiches und führt das Heidentum wieder ein.

394

Kaiser Theodosius beseitigt Eugenius und setzt das Christentum durch. Alle heidnischen Tempel und Opfer werden verboten.

5. Jh.

Irische Siedler besetzen Teile Nordschottlands.

5. Jh. (?)

Cunedda und seine Söhne ziehen von Schottland nach Wales, wo sie erfolgreich gegen die irischen Invasoren vorgehen und ein Königshaus begründen.

5. – 6. Jh.

Die britannische Sprache entwickelt sich zu Kymrisch, Kornisch, Bretonisch und Kumbrisch.

5. Jh.

Der heilige Patrick (Padraig, früher Cothraig) bekehrt die Iren und bekämpft das Druidentum

518 (?)

Die Sachsen werden von Arthur am Mount Badon besiegt (*Annales Cambriae*)

539 (?)

Arthur und Medrawt sterben nach der sinnlosen Schlacht bei Camlan (*Annales Cambriae*)

540 (?)

Gildas verfasst *Der Untergang Britanniens* und erregt sich über die Gottlosigkeit der Könige Britanniens, insbesondere Maelgwn Gwyned, den er persönlich zu kennen scheint.

560 (?)

König Ida stirbt. Seine Zeitgenossen sind die führenden Vertreter der britannischen Poesie, die Cynfeirdd (frühen Barden), namentlich Taliesin, Bluchbard, Talhaiarn Cataguen, Cian und Neirin, laut Nennius.

565

Tod Diarmait Mac Cerbails, letzter halb heidnischer König Irlands.

573

Schlacht von Arfderydd. Gwenddoleu, der letzte halb heidnische König Britanniens, stirbt, und Myrddin wird wahnsinnig und flüchtet in die Wälder, wo er als wilder Mann lebt, ein Schatten unter Schatten.

590

Beim Aufstand von Drumketta verlieren die Filid viel von ihrer Macht, und ihre Zahl wird reduziert.

597

Colum Cille (der heilige Kolumban) stirbt, nachdem er die Pikten Schottlands bekehrt hat.

600 (?)

Y Gododdin. Schlacht von Catraeth. Neirin komponiert ein Klagelied für die Gefallenen.

634

Cadwallawn besiegt König Edwin und die Angeln.

Spätes 7. Jahrhundert

Cadwaladr fab Cadwallawn herrscht über Gwynedd. Trotz Taliesins Vorhersagen vereint er die Inselkelten nicht gegen die Angelsachsen.

679

Cenn Faelad, der erste Autor der *Auaicept Na N-Eces* stirbt

9. Jahrhundert (?)

Erste Version des *Kolloquiums der zwei Weisen*, das den Disput der beiden Filid Ferchertne und Nede über das Amt des höchsten Ollam von Irland festhält.

830 (?)

Ein anonymer Autor verfasst die *Historia Brittonum*. Dieses einflussreiche Werk wird später Nennius zugeschrieben.

850 (?)

König Kenneth MacAlpin eint die Pikten (von den Walisern Prydyn, von den Iren Cruithin genannt) und die Scoti (schottischen Iren).

900 (?)

Cormac MacCuilennain, Bischof und König von Munster, schreibt *Sanas Chormaic*, ein Glossar, das versucht, alte und obskure Namen und Wörter zu erklären.

930 (?)

Ein Taliesin verfasst die *Armes Prydein*, die große Prophezeiung Britanniens, die eine massive Niederlage der Angelsachsen gegenüber den vereinten Heeren aller keltischen Länder einschließlich der Wikinger von Dublin vorhersagt.

11. Jahrhundert

Vergil ist weithin in der populärer Folklore bekannt als mächtiger Zauberer.

11. Jahrhundert

Ein anonymer Autor erfindet oder zeichnet die *Pedeir Ceinc Y Mabinogi*, die vier Zweige des Mabinogi auf.

1100 (?)

Lebor Gabala Erenn, das *Buch der Eroberungen*, beschreibt die Vorgeschichte Irlands. Das *Lebor Na Huidre* (*Buch der gelben Kuh*), die früheste irische Manuskriptsammlung, enthält Material aus dem mythologischen Zyklus, wie beispielsweise die Geschichte des gestaltwandelnden Tuan MacCairell, der einen Großteil der Geschichte Irlands in Tiergestalt miterlebt hat, und *CuChullains*

Krankenlager oder *die einzige Eifersucht Emers*.

1160 (?)

Lebor Laignech (das *Buch von Leinster*), Manuskript, das Versionen des *Tain Bo Cuailnge*, die *Dindsenchas* und verschiedene Geschichten aus dem Ulster-Zyklus enthält.

1155

Tod Geoffreys of Monmouth, Autor *der Geschichte der Könige Britanniens* und *Das Leben Merlins*

1160 – 1190

Chretien de Troyes schreibt seine Romanzen einschließlich des unvollendet bleibenden *Perceval*. Er führt die Figur des Lanzelot ein.

1190 (?)

Giraldus Cambrensis (Gerald of Wales, 1146 – 1223) besucht den „wilden Westen" (Wales) und liefert eine Beschreibung des Landes.

1191

Mönche aus Glastonbury geben vor, das Grab von Arthur und Ginevra entdeckt zu haben.

1200 (?)

Wolfram von Eschenbach stellt sein Hauptwerk zusammen, den voluminösen *Parzival*, in dem er altfranzösische und britannische Quellen mit seiner eigenen ketzerischen Vision des Grals und seiner Ritter kombiniert.

13. – 17. Jahrhundert

Trioedd Ynys Prydein, die walisischen Triaden, eine Sammlung von Triaden aus der britannischen Mythologie und Pseudo-Geschichte. Wahrscheinlich waren diese Triaden Teil einer Liste, die von den Barden als eine Hilfe beim Memorisieren benutzt wurde.

13. Jahrhundert

Llyfr Du Caerfyrddin (*Schwarze Buch von Carmarthen*), Sammlung heroischer und religiöser Gedichte und Lieder, größtenteils anonym, aber gelegentlich Llywarch Hen und dem historischen Myrddin (Merlin) zugeschrieben, die beide im 6. Jahrhundert lebten.

Frühes 14. Jahrhundert

Llyfr Taliessin (*Buch von Taliesin*), unvollständige Sammlung von Liedern, die einem oder mehreren Barden namens Taliesin zugeschrieben wurden. Enthält Historisches, Heldenlob, Prophezeiungen, religiöse und biblische Themen, Kosmologie und mythologisches Material. Einige wenige der Lobreden auf Helden stammen aus dem 6. Jahrhundert, die Mehrheit aber aus der Gogynfeirdd-Periode vom 11. bis zum 14. Jahrhundert.

14. Jahrhundert

Llyfr Gwyn Rhydderch (*Weißes Buch von Rhydderch*), Sammlung von zehn Geschichten (die später veröffentlicht wurden als das *Mabinogi*), religiöse Texte, Apokryphen, Heiligenlegenden und walisische Übersetzungen lateinischer Texte.

14. Jahrhundert

Buch von Ballymote, Gelbes Buch von Leccan, enthält die *Forbhais Droma Damhghaire*, d. h. die Legende vom Druiden Mog Ruith.

1400 (?)

Llyfr Coch Hergest (*Rote Buch of Hergest*), umfassende Sammlung von elf Geschichten (die später veröffentlicht wurden als das *Mabinogi*), Poesie, Sprichwörter, Abhandlungen über Medizin, Grammatik, etc.

1450 – 1470

Im Gefängnis schreibt Sir Thomas Malory eine Nacherzählung einer Anzahl französischer Romanzen, das voluminöse *Morte D'Arthur*, ein einflußreiches Werk über Arthur, das viel zum Mythos vom fantastischen Rittertum beitrug.

1626 – 1697

John Aubrey, Autor und Wissenschaftler, Urheber der falschen Theorie, dass die Megalithischen Monumente druidischen Ursprungs seien.

1687 – 1765

William Stukeley, Doktor der Medizin und Wissenschaftler, identifizierte Stonehenge und Avebury als druidische Tempel und wird damit Urheber einer Mode.

1747 – 1826

Edward Williams (Iolo Morgannwg), Steinmetz, Sammler, Gelehrter, Fälscher und begeisterter Visionär, Gründer des Bardenordens der britischen Insel (1792).

1760 – 1765

James Macpherson veröffentlicht seine Fälschungen als Werke des legendären Poeten Ossian, was die romantische Vorstellung von der keltischen Mythologie beeinflusst.

1792

Anfänge des bardischen Revival.

1838 – 1849

Lady Charlotte Guest (1812 – 1895) veröffentlicht ihre Übersetzung vom *Mabinogi*, das Geschichten aus dem *Rote Buch von Hergest* und dem *Hanes Taliesin* enthält, die aus Manuskripten von Elis Gruffydd (ca. 1490 – 1552) und Llewellyn Sion stammen.

1858

Erste halbwegs zuverlässige Übersetzung des *Taliesin* von Nash.

1862

Barddas wird veröffentlicht, zusammengestellt von E. Williams, herausgegeben von W. ab Ithel

1868

William Skene (1809 – 1892) veröffentlicht die erste zuverlässige Übersetzung der *Four Ancient Books of Wales*.

1948

Der Dichter Robert Graves veröffentlicht *Die weiße Göttin*, eine inspirierende, aber völlig unzuverlässige und irreführende Studie über eine dreifache Mondgöttin, die er selbst erfunden hatte. Das Buch hat einen enormen Einfluss auf populäre neokeltische Dogmen und moderne heidnische Religionen.

Sprachen und Quellen

Britannisch vor dem 5. oder 6. Jahrhundert (seltene Inschriften und Namen in lateinischen Texten).

Frühkymrisch 6. – 8. Jahrhundert (Inschriften).

Altkymrisch 8. – 12. Jahrhundert (Namen, Glossen in lateinischen und angelsächsischen Texten, sehr wenige Manuskripte).

Mittelkymrisch 12. – 14. Jahrhundert (zahlreiche Manuskripte).

Neukymrisch nach dem 14. Jahrhundert.

Frühirisch vor dem 8. Jahrhundert (Ogham-Inschriften).

Altirisch 8. – 9. Jahrhundert (Glossen in lateinischen Texten).

Mittelirisch 9. – 13. Jahrhundert (zahlreiche Manuskripte, im Allgemeinen nach dem 11. Jahrhundert aufgezeichnet).

Frühneuirisch 14. – 16. Jahrhundert.

Neuirisch 17. Jahrhundert.Bibliographie

Index

Index

Mars 103, 117, 124, 133, 377

Marseille 16, 28, 97, 595

Masken 14, 57, 78, 261, 356, 579

Math 353, 508, 513, 543

Matronen 75, 117ff, 144, 293

Matthews, John 232f, 258, 304, 339, 356, 469, 474, 480

Matunus 18, 120

Medb 367, 380, 382, 454

Medea 491, 493

Meditation 7, 43, 80, 199, 284, 286, 322, 349, 387, 452, 588

Medrawt 403, 597

Megalithzeit 8, 408, 487

Mehrphasenbegräbnisse 487ff

Meid, Wolfgang 74, 108, 120f, 151ff, 451, 457

Meirion Pennar 10, 375

Memoiren des Marquis von Clanricarde 232, 235, 356

Menschenknochen 83, 88, 95f, 480, 488

Menschenopfer 67, 69, 88, 96, 103, 136, 141, 150, 155ff, 202, 451, 464, 490

Mercurius Avernicus 103ff, 115, 120, 200, 290

Merkur 103, 105, 110, 133, 155, 377

Merlin 139, 203, 232, 25f, 256, 303, 321f, 357, 580, 598

Merlin Ambrosius 203, 253, 322

Met 38, 57, 129, 183, 185, 191f, 205, 236, 244, 288, 338, 343, 362, 378, 467, 527, 578

Midir 166, 168f, 236, 462

Mil 74, 170, 481

Milchstraße 18, 321

Mistel 103, 142f, 145, 179, 408, 411, 518, 536, 554, 556, 562, 596

Mithras 160, 196

Mnas Brictas 134, 150

Mog Ruith 173f, 229, 333, 392, 394, 462, 508, 533f, 536, 599

Mona 145, 235, 258, 267, 356, 410, 596

Monate 38, 91, 142, 158, 171, 226, 262, 320f, 337, 428, 493, 502, 581

Mond 20, 93, 115, 142, 201, 205, 245, 267, 340, 346, 379, 382f, 453, 571

Mondgöttin 116, 267, 269, 293, 599

Morda 261, 262, 265

Mordred 334, 403

Morrigain 104, 106f, 274, 393, 449, 498

Morris, Lewis 129, 175, 263

Moses 128, 220, 320, 322

Munster 173f, 291, 392, 533f, 536, 569, 598

Münzen 13, 52, 72, 76, 86, 88, 122f, 132, 161, 167, 205, 207, 211, 219, 227, 234, 248, 282, 285, 301, 333, 347, 354, 365, 371, 393, 398, 404, 417, 419, 425, 435, 453, 458

Muscheln 64, 71, 298

Muse 49, 176, 249, 256, 258, 260, 269f, 281f, 299, 303ff, 320, 323, 359, 454, 509

Muttergöttin 105, 117f, 269f

Myfyrian Archaiology 516f

Myrddin 232, 253f, 256, 303f, 321f, 354, 448, 503, 508, 516, 542, 597f

Nantosuelta 15, 18, 20, 108

Nash, D.W. 8, 10, 130, 193, 310, 320ff, 336, 352, 356, 482, 588, 599

Nebel 46, 81, 166, 236, 238, 272, 276, 313, 334, 373, 402, 481, 483, 518, 568, 576f, 592

Nebelhecke 481, 484, 504

Neirin 191ff, 316, 503, 597

Nekromantie 49f, 402, 508

Nemain 107f

Nemeton 13, 16, 19, 84, 138, 454, 582

Nemetona 12, 19, 20, 84, 498, 582, 585

Nemetos 13f, 19

Nennius 174, 199, 316, 430f, 433, 597f

Nerto 13f, 74, 451

Nessel 349, 364, 374, 518, 525

neun 30, 38, 42, 69, 81f, 89, 124, 134, 220, 226, 235, 237, 262, 313, 320f, 337, 341, 346, 367, 374, 379f, 386, 388, 394, 447, 475, 480, 486, 502, 511, 517, 555, 565, 578, 581

Neuvy-en-Sullias 134, 149

Nimrod 218, 220f

NLP 213, 424, 436f, 508, 584

Nodens 111, 461

Norden 59, 70, 91, 93, 100, 162, 316f, 329, 372, 420, 462, 483, 533f, 537, 550

Nymphen 76, 116

Nynaw 318

O

Octavius 194, 482

Odhran 202f

Odin 111, 270, 272, 290, 341, 353, 421, 539, 558, 575, 590

Ogham 208, 221f, 225, 372, 462, 515, 519f, 522ff, 530, 532f, 538, 540, 575, 581f, 596, 600

Ogyrven 257, 260, 281, 282, 284, 306, 308, 309, 311

Ollamh 225f, 228f, 366, 372, 402, 416, 451

Opfer 13f, 16, 50f, 55, 69ff, 72, 75, 78, 83ff, 88, 91, 93, 96, 123, 133, 136f, 139, 141ff, 157f, 166, 175, 197, 200, 202f, 251, 270, 291, 308, 328, 352, 367, 374, 383, 410, 452, 455f, 469, 484, 487, 509, 539, 555f, 581, 590, 596f

Orakeltrance 249, 361

Bibliographie

Derek **Allan**, *The Coins of the Ancient Celts*, Edinburgh University Press, 1980

The **American** *Heritage Dictionary of the English Language, Appendix Indo-European Roots*, Houghton Mifflin, Boston, 1981

Ancient Irish Tales, übersetzt & herausgegeben T. **Cross** & C. **Slover**, Barnes & Noble, New York, 1996

William **Anderson**, *Green Man*, Harpercollins, London 1990

Aneirin, *The Gododdin*, Übers. Steve Short, Llanerch Publishers, Felinfach, 1994

Archäologische Ausgrabungen in Baden-Württemberg, Theiss-Verlag, Stuttgart, 1981

Robert **Bain**, *The Clans and Tartans of Scotland*, Collins, Glasgow & London, 1986

Richard **Bandler**, *Using your Brain for a Change*, Real People Press, Moab, 1985

Richard **Bandler**, *Time for a Change*, Meta Publications, Cupertino, Cal, 1993

Richard **Bandler's** *Guide to Tranceformation*, Health Communications, Deerfield Beach, 2008

Richard **Bandler**, *Get the Life You Want*, Health Communications, Deerfield Beach, 2008

Richard **Bandler** & John **Grinder**, *Trance-formations*, Real People Press, Moab, 1981

Richard **Bandler** & John **Grinder**, *Patterns of the Hypnotic Techniques of Milton H. Erickson M.D.*, Vol. 1 Cupertino, Cal, 1975

Bede, *Ecclesiastical History of the English People*, Penguin, London, 1990

Michael **Bertiaux**, *The Voudon Gnostic Workbook*, Magickal Childe, NY, 1988

Helmut **Bode**, *Frankfurter Sagenschatz*, Kramer-Verlag, Frankfurt, 1978

James **Bonwick**, *Irish Druids and Old Irish Religions*, Dorset Press, 1986 (1894)

Robert de **Boron**, *Merlin – Künder des Grals*, übers. Sandkühler, Ogham-Verlag, Stuttgart, 1980

Andre **Breeze**, *Sion Cent, The Oldest Animals and the Day of Man's Life*, Bulletin of the Board of Celtic Studies, University of Wales Press, Vol. 34, 1987

Katharine **Briggs**, *An Encyclopedia of Fairies*, Pantheon, New York, 1976

Jean-Louis **Brunaux**, *Les Gaulois, Sanctuaires et Rites*, Edition Errance, Paris, 1986

Jean-Louis **Brunaux**, *Die keltischen Heiligtümer Nordfrankreichs*, Heiligtümer und Opferkulte der Kelten, Theiss-Verlag, Stuttgart, 1995

Ernst **Bux**, Wilhelm Schöne & Hans Lamer, *Wörterbuch der Antike*, Alfred Kröner Verlag, Stuttgart, 1963

Gaius Julius **Caesar**, *Der Gallische Krieg*, Reclam, Stuttgart, 1980

John **Carey**, *A Tuath De Miscellany*, Bulletin of the Board of Celtic Studies, University of Wales Press, Vol. 39, 1992

Alexander **Carmichael**, *Carmina Gadelica*, Floris Books, Edinburgh, 1992 (1899)

John B. **Coe** & Simon **Young**, *The Celtic Sources for Arthurian Legend*, Llanerch Felinfach, 1995

Thomas **Costain**, *The Pageant of England 1135 – 1216*, Tandem, London, 1973

Das Rätsel der Kelten vom Glauberg, Katalog, Theiss-Verlag, Stuttgart, 2002

John **Davies**, *A history of Wales*, Penguin, London, 1994

Jonathan **Davies**, *Folk-Lore of West and Mid-Wales*, Llanerch Publishers, Felinfach, 1992 (1911)

Das weiße Gold der Kelten, Katalog, Archäologisches Museum Frankfurt, 2009

Die Keltenfürsten vom Glauberg, F. **Herrmann**, O. **Frey**, Archäologische Denkmäler in Hessen, Wiesbaden, 1996

Myles **Dillon**, *Early Irish Literature*, Four Courts Press, Blackrock, 1994 (1948)

Hans Ferdinand **Döbler**, *Die Germanen*, Prisma Verlag, 1975

Eactra An Madra Maoil, The Story of the Crop-Eared Dog, Eactra Macaoim-An-Iolair, The Story of the Eagle Boy, Übers. R. Stewart **Macalister**, Irish Texts Society, London, 1908

Edda, Übers. **Simrock**, Phaidon, Essen, 1987 (1876)

Jérome **Edou**, *Machig Labdrön and the Foundations of Chöd*, Snow Lion Publications, Ithaca, N.Y., 1996

Ein frühkeltischer Fürstengrabhügel am Glauberg im Wetteraukreis, Hessen, F. **Herrmann**, O. **Frey**, A. **Bartel**, A. **Kreuz**, M. **Rösch**, Archäologische Gesellschaft in Hessen, Wiesbaden, 1998

Sorita **d'Este** & David **Rankine**, *Visions of the Cailleach*, Avalonia, London, 2008

Milton **H. Erickson**, herausgegeben von Jeffrey K. Zeig, *Meine Stimme begleitet Sie überall hin, Ein Lehrseminar mit Milton H. Erickson*, Klett-Cotta, Stuttgart, 1985

Milton H. **Erickson**, E. & S. **Rossi**, *Hypnotic Realities*, Irvington Publishers, NY, 1976

Milton H. **Erickson**, E. & S. **Rossi**, *Hypnotherapy, An Explorarory Casebook*, Irvington Publishers, NY, 1979

Wolfram von **Eschenbach**, *Parzival*, Langen Müller, 1993

Alvaro **Estrada**, *Maria Sabina*, Trikont Verlag, München, 1981.

Ludwig **Ettmüller**, *Altnordischer Sagenschatz* (Saxo G.), Magnus, Stuttgart, ohne Jahresangabe

Eugen **Fehrle**, *Zauber und Sagen*, Eugen Diederichs Verlag, Jena, 1926

S. **Fischer-Fabian**, *Die ersten Deutschen*, Droemersche Verlagsanstalt, München, 1975

Forbhais Droma Damhghaire, The Siege of Knocklong, übers. V. Sean **O'Duinn**, Mercier Press, Dublin, 1992

Sir J. G. **Frazer**, *The Golden Bough*, Macmillan Press, London, gekürzte Ausgabe, 1978

Ludwig **Friedländer**, *Sittengeschichte Roms*, Bertelsmann Lesering, Konstanz, ohne Jahresangabe

Jan **Fries**, *Visual Magick*, Mandrake of Oxford, 1992

Jan **Fries**, *Helrunar*, Mandrake of Oxford, 1993

Jan **Fries**, *Seidways*, Mandrake of Oxford, 1996

Jan **Fries**, *Living Midnight*, Mandrake of Oxford, 1998

Jeffrey **Gantz**, *Early Irish Myths and Sagas*, Penguin, London, 1981

Gerald of Wales, *The Journey Through Wales, The Description of Wales*, Übers. L. **Thorpe**, Penguin, London 1978

Gerald of Wales, *The History and Topography of Ireland*, Übers. J. **O'Meara**, Penguin, London 1982

Michael **Gershon**, *The Second Brain*, Harper Collins, New York, 1998

Gold der Helvetier, Katalog, Schweizerisches Landesmuseum, Zürich, 1991

Wolfgang **Golther**, *Handbuch der germanischen Mythologie*, Magnus, Kettwig, 1987 (1908)

Robert **Graves**, *Die weiße Göttin*, 1948, 1976, Deutsche Übers. Rowohlt, Hamburg, 1985

Miranda **Green**, *Celtic Art*, Calmann & King, London, 1996

Toby **Griffen**, *Names from the Dawn of British Legend*, Llanerch Publishers, Felinfach, 1994

Jakob & Wilhelm **Grimm**, *Deutsche Sagen*, Insel-Verlag, Frankfurt 1981, (1818)

Jakob & Wilhelm **Grimm**, *Die wahren Märchen der Brüder Grimm*, (Ed. Rölleke), Fischer-Verlag, Frankfurt, 1989 (frühe Märchen, 1810, 1812, 1856)

Robert **Gurney**, *Bardic Heritage*, Chatto & Windus, London, 1969

Harald **Haarmann**, *Universalgeschichte der Schrift*, Campus, Frankfurt, 1991

Alfred **Haffner**, *Allgemeine Übersicht*, Heiligtümer und Opferkulte der Kelten, Theiss-Verlag, Stuttgart, 1995

Jay **Haley**, *Conversations with Milton H. Erickson, M. D., Vo. 2*, Triangle Press, New York & London, 1985

Joan **Halifax**, *Shamanic Voices*, Penguin, London, 1979

Marged **Haycock**, *Legendary Poems from the Book of Taliesin*, CMCS Publishing, Aberystwyth, 2007

Herkunftswörterbuch Etymologie, Duden #7, Duden-Verlag, Mannheim, 1989

Herodot, *Historien*, Kröner-Verlag, Stuttgart, 1971

F. **Herrmann**, *Die Vorgeschichte Hessens*, Theiss, Stuttgart, 1990

Hessische Sagen, hrsg. Ulf **Diederichs**, Diederichs Verlag, Köln, 1978

Peter **Hunter-Blair**, *Roman Britain and Early England*, Sphere, London, 1969 (1963)

Peter **Hunter-Blair**, *An Introduction to Anglo-Saxon England*, Cambridge University Press, 1977

Ronald **Hutton**, *The Pagan Religions of the Ancient British Isles*, Blackwell Publishers, Oxford, 1993

Ronald **Hutton**, *The Stations of the Sun*, Oxford University Press, 1996

Ronald **Hutton**, *The Triumph of the Moon*, Oxford University Press, 1999

Douglas **Hyde**, *A Literary History of Ireland*, Benn, London, 1967 (1899)

Irische Volksmärchen, Diederichs Verlag, München, 1962

Kenneth **Jackson**, *Studies in Early Celtic Nature Poetry*, Llanerch Publishers, Felinfach, 1995 (1935)

W. **Joyce**, *Old Celtic Romances*, Talbot Press, Dublin, 1961 (1879)

T. **Kendrick**, *The Druids*, Methuen, London, 1927

Rolf **Ködderitzsch**, *Die große Felsinschrift von Penalba de Villastar*, in: Sprachwissenschaftliche Forschungen, Festschrift für Johann Knobloch, Innsbruck, 1985

M. **König**, *Am Anfang der Kultur*, Ullstein-Verlag, Frankfurt, 1981

Martin **Kuckenburg**, *Vom Steinzeitlager zur Keltenstadt*, Theiss, Stuttgart, 2000

Raymond **Lamont-Brown**, *Chambers Scottish Superstitions*, Edinburgh, 1990.

Doris **Laudert**, *Mythos Baum*, BLV, München, 1999

Thierry **Lejars**, *Archéologie Aujourd'hui, Gournay III, Les Fourreaux d'epée*, Edition Errance, Paris, 1994

Lancelot **Lengyel**, *Das geheime Wissen der Kelten*, Bauer-Verlag, Freiburg, 1976

Brigitte **Lescure**, *Das kelto-ligurische Heiligtum von Roquepertuse*, in: Heiligtümer und Opferkulte der Kelten, Theiss, Stuttgart, 1995

Carl **Lofmark**, *Bards and Heroes*, Llanerch Publishers, Felinfach, 1989

Roger **Loomis**, *Celtic Myth and Arthurian Romance*, Constable, London, 1993 (1926)

Roger **Loomis**, *The Grail*, Constable, London, 1992 (1963)

Herbert **Lorenz**, *Bemerkungen zum Totenbrauchtum*, in: Die Kelten in Mitteleuropa, Katalog, Keltenmuseum Hallein, Salzburg, 1980

Lucan, *The Civil War / Pharsalia*, übers. Rowe, Everyman, London, 1998 (1719)

Donald **Mackenzie**, *Scottish Wonder Tales from Myth and Legend*, Dover Publications, Mineola, 1997 (1917)

Märchen aus Schottland, ed. H. **Aitken**, Diederichs, München, 1965

Bernhard **Maier**, *Lexikon der keltischen Religion und Kultur*, Kröner Verlag, Stuttgart, 1994

Ferdinand **Maier**, *Das Heidetränk-Oppidum*, Theiss, Stuttgart, 1985

Sir Thomas **Malory**, *Morte D'Artur*, Insel-Verlag, Leipzig, 1973

Caitlin und John **Matthews**, *The Encyclopedia of Celtic Wisdom*, Element, Shaftesbury, 1994

John **Matthews**, *Taliesin*, Aquarian Press, London, 1991

John **Matthews** (Hrsg.), *A Celtic Reader*, Thorsons, London, 1995

F. Marian **McNeill**, *The Silver Bough*, Vol. I, Maclellan, Glasgow, 1957

R. & V. **Megaw**, *Celtic Art*, Thames and Hudson, London, 1990

Wolfgang **Meid**, *Gaulish Inscriptions*, Archaeolingua, Budapest, 1992

Wolfgang **Meid**, *Celtiberian Inscriptions*, Archaeolingua, Budapest, 1994

Wolfgang **Meid**, *Die keltische Sprache und Literaturen*, Archaeolingua, Budapest, 1997

Wolfgang **Meid**, *Die erste Botorrita Inschrift*, Innsbrucker Beiträge zur Sprachwissenschaft, 1993

Wolfgang **Meid** & Peter **Anreiter** (Hrsg.) *Die größten altkeltischen Sprachdenkmäler*, Verlag des Instituts für Sprachwissenschaft, Universität Innsbruck, 1996

Otto **Milfait**, *Verehrung von Quelle und Baum im Mühlviertel*, Verlag Denkmayr, Gallneukirchen, 1990

Geoffrey of **Monmouth**, *Vita Merlini*, Übers. Inge Vielhauer, Castrum Peregrini Presse, Amsterdam, 1964

Geoffrey of **Monmouth**, *The History of the Kings of Britain*, Übers. L. Thorpe, Penguin, 1966

Rudolf **Much**, *Die Germania des Tacitus*, Carl Winter Universitätsverlag, Heidelberg,1967

Daphne **Nash**, *Coinage in the Celtic World*, Seaby, London, 1987

D. W. **Nash**, *Taliesin or the Bards and Druids of Britain*, J. Russel Smith, 1858

Nema, *Maat Magick*, Weiser, New York, 1995

Nema, *The Way of Mystery. Magick, Mysticism & Self-Transcendence*, Llewellyn, St. Paul, 2003

Birgit **Neuwald**, *Germanen und Germanien in römischen Quellen*, Phaidon, Kettwig, 1991

Elias **Owen**, *Welsh Folk-Lore*, Llanerch Publishers, Felinfach, 1976 (1887)

Eugene **O'Curry**, *On the Manners and Customs of the Ancient Irish*, Williams and Norgate, 1873, in Matthews 1995

Róisin **O'Mara** (Hrsg.), *König der Bäume. Das altirische Epos von der 'Ekstase des Suibhne'*. Dianus-Trikont, München, 1985

Ludwig **Pauli**, *Keltischer Volksglaube*, C.H. Beck'sche Verlagsbuchhandlung, München, 1975

Ludwig **Pauli**, *Die Herkunft der Kelten, Das keltische Mitteleuropa, Der Dürrnberg und die keltische Welt*, in: Die Kelten in Mitteleuropa, Katalog, Keltenmuseum Hallein, Salzburg, 1980

Leander **Petzold**, *Sagen*, Diederichs, München, 1992

Heidi **Peter-Röcher**, *Mythos Menschenfresser*, Beck, München, 1998

H. **Pleticha** & O. **Schönberger**, *Die Römer*, Gondrom, Bindlach, 1992

Plinius der Ältere, *Natural History*, Penguin, London, 1991

Plutarch, *Große Griechen und Römer*, Propyläen-Verlag, Berlin, ohne Jahresangabe

J. **Pokorny**, *Altkeltische Dichtungen*, Bern, 1944

Jane **Pugh**, *Welsh Witches and Warlocks*, Gwasg Carreg Gwalch, Llanrwst, 1987

Qu Yuan, *The Songs of the South*, Übers. David Hawkes, Penguin, London, 1985

Christian **Rätsch**, *Lexikon der Zauberpflanzen*, VMA-Verlag, Wiesbaden, 1988

A. & B. **Rees**, *Celtic Heritage*, Thames and Hudson, London, 1961

Sabine **Rieckhoff**, Jörg **Biel**, *Die Kelten in Deutschland*, Theiss, Stuttgart, 2001

T. W. **Rolleston**, *Myths and Legends of the Celtic Race*, Lemma Publishing, New York, 1974 (1934)

Ann **Ross**, *Pagan Celtic Britain*, Constable, London, 1992

E. I. **Rowlands**, *Bardic Lore and Education*, Bulletin of the Board of Celtic Studies, University of Wales Press, Vol. 32, 1985

Denny **Sargent**, *Global Ritualism*, Llewellyn, St. Paul, 1994

Karl H. **Schmidt**, *Zur keltiberischen Inschrift von Botorrita*, Bulletin of the Board of Celtic Studies, University of Wales Press, Vol. 26, 1976

Karl H. **Schmidt**, *The Gaulish Inscription of Chamalieres*, Bulletin of the Board of Celtic Studies, University of Wales Press, Vol. 29, 1981

R. **Schultes** & A. **Hofman**, *Plants of the Gods*, MacGraw-Hill, Maidenhead, 1979

Arthur **Scott**, *The Saxon Age*, Scott & Finlay, London, 1979

Gavin W. **Semple**, *Zos-Kia. An Introductory Essay on the Art and Sorcery of Austin Osman Spare*, Fulgur, London, 1995

Francisco Marco **Simon**, *Die Religion im keltischen Hispanien*, Archaeolingua, Budapest, 1998

William **Skene**, *The Four Ancient Books of Wales*, Edmonston and Douglas, Edinburgh, 1868

Daragh **Smyth**, *A Guide to Irish Mythology*, Irish Academic Press, Dublin, 1996

Lewis **Spence**, *Celtic Britain*, Parragon, Bristol, 1998 (1929)

Konrad **Spindler**, *Die frühen Kelten*, Reclam, Stuttgart, 1983

Charles **Squire**, *Celtic Myth and Legend*, Newcastle Publishing, Van Nuys, Cal. 1975 (1905)

Ian M. **Stead**, *Die Schatzfunde von Snettisham*, Heiligtümer und Opferkulte der Kelten, Theiss, Stuttgart, 1995

Alfred **Stolz**, *Schamanen: Ekstase und Jenseitssymbolik*, Dumont, Köln, 1988

Cornelius **Tacitus**, *Sämtliche erhaltenen Werke*, Übers. Bötticher und Schaefer, Phaidon, Essen

Taliesin, in *The Shrine of Wisdom*, Vol. 12, No. 48, London, 1931

Taliesin Poems, Übers. Meirion **Pennar**, Llanerch Publishers, Felinfach, 1988

The Black Book of Carmarthen, Übers. Meirion **Pennar**, Llanerch Publishers, Felinfach, 1989

The Book of Kells, Sir Edward **Sullivan**, Studio Editions, London, 1986

The Tain, Übers. Thomas **Kinsella**, Oxford University Press, 1989

Rudolf **Thurneysen**, *Keltische Sagen*, Insel-Verlag, Frankfurt am Main, 1991

Nikolai **Tolstoy**, *The Coming of the King*, Corgi, London, 1989

Nikolai **Tolstoy**, *The Quest for Merlin*, Hamilton, London, 1985

Henri de la **Tours**, *Atlas des Monnaies Gauloises*, Revue Archéologique Sites, Avignon, 1982

Trioedd Ynys Prydein, The Welsh Triads, Übers. Rachel **Bromwich**, University of Wales Press, Cardiff, 1961

Christina **Uhsadel-Gülke**, *Knochen und Kessel*, Beiträge zur klassischen Philologie 43, Verlag Anton Hain, Meisenheim, 1972

August **Verleger**, *Taunus Sagen*, Hirschgraben-Verlag, Frankfurt, 1960

Virgil, *The Aeneid*, Übers. Jackson Knight, Penguin, London, 1958

Günther **Wieland**, *Die spätkeltischen Viereckschanzen in Süddeutschland – Kultanlagen oder Rechteckhöfe? Heiligtümer und Opferkulte der Kelten*, Theiss, Stuttgart, 1995

Christoph **Willms**, *Der Keltenfürst von Frankfurt*, Katalog, Museum für Vor- und Frühgeschichte, Frankfurt, 2002

Hans-Jürgen **Wolf**, *Hexenwahn*, Gondrom, Bindlach, 1994

Juliette **Wood**, *The Folklore Background of the Gwion Bach Section of the Hanes Taliesin*, Bulletin of the Board of Celtic Studies, University of Wales Press, Vol. 29, 1982

Juliette **Wood**, *Versions of Hanes Taliesin by Owen John and Lewis Morris*, Bulletin of the Board of Celtic Studies, University of Wales Press, Vol. 29, 1981

Ifor **Williams**, *The Poems of Taliesin*, Dublin Institute of Advanced Studies, 1968

W. B. **Yeats** (Hrsg.), *Fairy and Folk Tales of Ireland*, Colin Smythe, Gerrards Cross, 1973 (1888, 1892)